中国交通年鉴

2019

Year Book of China
Transportation & Communications

《中国交通年鉴》社

中国交通年鉴

YEAR BOOK OF CHINA
TRANSPORTATION & COMMUNICATIONS

ISSN 1002-8617

9 771002 861197 12

《中国交通年鉴》2019

主　　管　中华人民共和国国家发展和改革委员会
主　　办　中国交通运输协会
出版发行　《中国交通年鉴》社
发行范围　国内外公开发行

编 辑 部　010-82281120　65544761
发 行 部　010-65544742
广 告 部　010-63022515　13910682534
通信地址　北京市东城区东四什锦花园胡同23号
邮政编码　100007
图文传真　010-65544761
电子信箱　jtnj2013@163.com

印　　刷　北京宝隆世纪印刷有限公司
开　　本　890mmx1240mm　1/16
字　　数　1700千字
印　　张　49.5
版　　别　2020年7月第1版
版　　次　2020年7月第1次印刷
刊　　号　ISSN1002-8617　CN11-1397/U
定　　价　680元　（境外）200美元
广告经营　京东工商广字第8005号

国家统一邮发代号　82-290

如有印装错误，本社负责调换

《中国交通年鉴》组织机构名单

《中国交通年鉴》编委会

顾　问

刘振芳　交通运输部党组成员、国家铁路局局长

陆东福　中国国家铁路集团有限公司董事长、党组书记

杨宇栋　中国国家铁路集团有限公司董事、总经理、党组副书记

王大忠　军委后勤保障部副部长

刘爱力　中国邮政集团有限公司党组书记、董事长

编委会主任

胡亚东　中国交通运输协会会长
原铁道部党组成员、副部长
原中国铁路总公司党组成员、副总经理

编委会副主任

刘克强　国家铁路局副局长

李凡荣　国家能源局副局长

郭成源　军委后勤保障部运输投送局局长

赵占平　中国国防交通协会常务副会长

甄忠义　中国国家铁路集团有限公司董事、党组副书记

刘起涛　中国交通建设股份有限公司董事长

张金良　中国邮政集团有限公司党组副书记、总经理

余卓民　中国交通运输协会常务副会长

编委会常务委员

李英华　国家能源局石油天然气司副司长

郭小碚　国家发展和改革委员会综合运输研究所原所长

严贺祥　国家铁路局总工程师、科技与法制司司长

朱雪源　国家铁路局综合司司长

田　军　国家铁路局安全监察司司长

白晓春　国家铁路局运输监督管理司司长

米　隆　国家铁路局工程监督管理司司长

郭福安　国家铁路局设备监督管理司司长

郭家宏　国家铁路局人事司司长

韩江平　中国国家铁路集团有限公司总经济师兼办公厅(党组办公室、董事会办公室)主任

宋修德　中国国家铁路集团有限公司总调度长兼运输部主任

康高亮　中国国家铁路集团有限公司安全总监兼安全监督管理局局长

黄殿辉　中国国家铁路集团有限公司副总工程师兼发展和改革部主任

王　峰　中国国家铁路集团有限公司副总工程师兼建设管理部主任、工程监督局局长

孙新军　中国国家铁路集团有限公司副总会计师兼财务部主任、资金清算中心主任

张志农　中国国家铁路集团有限公司副总经济师兼劳动和卫生部主任

魏南珍　中国国家铁路集团有限公司企业管理和法律事务部主任

赵国堂　中国国家铁路集团有限公司科技和信息化部(总工程师室)主任
曲　林　中国国家铁路集团有限公司党组组织部部长（人事部主任、党风廉政室主任）
马洪英　中国国家铁路集团有限公司国际合作部（港澳台办公室）主任
刘忠民　中国国家铁路集团有限公司档案史志中心主任

刘支宇　中国邮政集团有限公司综合部总经理
姜春华　中国邮政集团有限公司市场部总经理
王志奇　中国邮政集团有限公司邮政业务部总经理
李玉杰　中国邮政集团有限公司财务部总经理
徐学明　中国邮政储蓄银行副行长
陈　清　中国邮政速递物流股份有限公司总经理
张力扬　中国邮政文史中心主任

柯　斌　军委后勤保障部运输投送局投送计划处处长
孙　勇　军委后勤保障部运输投送局军事交通处处长

李　黎　国家统计局服务业统计司副司长

李　刚　中国交通运输协会副会长
李　华　中国交通运输协会副会长
赵果情　中国交通运输协会副会长
褚飞跃　中国交通运输协会副会长
张春枝　中国交通运输协会副会长

编委会委员（按国家行政区划排序）

刘道刚　天津市交通运输委员会党委委员、副主任（正局级）
闫晨曦　山西省交通运输厅党组书记、厅长
白　智　内蒙古自治区交通运输厅党组书记、厅长
赵爱军　辽宁省交通运输厅党组书记、厅长
张业岩　吉林省交通运输厅副厅长
孙　宇　黑龙江省交通运输厅党组成员、副厅长
谢　峰　上海市交通委员会党组书记、主任
陈利幸　浙江省交通运输厅厅长
徐敬启　安徽省交通运输厅党组成员、副厅长
王爱和　江西省交通运输厅党委书记、厅长
江　成　山东省交通运输厅党组书记、厅长
刘兴彬　河南省交通运输厅党组书记、厅长
王本举　湖北省交通运输厅副厅长
周海兵　湖南省交通运输厅党组书记、厅长
林　东　海南省交通运输厅党组书记、厅长
许仁安　重庆市交通局党委书记、局长
汪　洋　四川省交通运输厅党组书记、厅长
邱　江　云南省交通运输厅党组书记、厅长
永　吉　西藏自治区交通运输厅厅长
杨育生　陕西省交通运输厅党组书记、厅长
王贵玉　甘肃省交通运输厅党组成员、副厅长
毛占彪　青海省交通运输厅党组书记、厅长
曹志斌　宁夏回族自治区交通运输厅党委书记、厅长
李学东　新疆维吾尔自治区交通运输厅党委书记、副厅长
李学辉　新疆生产建设兵团交通运输局党组书记、局长

孙子宇　中国交通建设集团有限公司副总裁、总工程师
朱碧新　中国诚通控股集团有限公司党委书记、董事长
凌　霄　中国石油天然气股份有限公司副总裁
宋德星　招商局集团物流航运事业部部长、中外运长航集团总经理
张　闽　北京市首都公路发展集团有限公司董事长
吴海民　中交第四公路工程局有限公司副总经理

《中国交通年鉴》理事会成员名单

《中国交通年鉴》社
机构成员名单

《中国交通年鉴》
联络员名单

专家委员会联络员

副总编辑联络员

王永强　中国国家铁路集团有限公司办公厅副主管、高级经济师

肖文焱　中国邮政集团有限公司新闻宣传处副处长

各省（区、市）交通运输厅系统联络员

关珊珊　天津市交通运输委员会研究室主任科员

陈瑞丽　山西省交通运输厅资料信息中心副部长

刘　敏　内蒙古自治区交通运输厅办公室副主任

田　彦　辽宁省交通运输厅办公室主任

胡　勇　吉林省交通运输厅办公室副主任

杨　楠　黑龙江省交通运输厅办公室副主任

朱军贤　（联络站长）上海市交通委员会研究室主任

张　谨　上海市交通委员会研究室副调研员

王　坚　浙江省交通运输厅办公室主任

杨红雷　安徽省交通运输厅办公室副主任

黄自强　江西省交通运输厅史志办副主任

王　磊　山东省交通运输厅政策研究室主任

高　威　河南省交通运输厅办公室主任科员

石　斌　湖北省交通运输厅宣传中心主任

孙伟生　湖南省交通运输厅办公室主任科员

陈　涛　海南省交通运输厅办公室副主任

吴开心　海南省交通运输厅办公室主任科员

王维定　（联络站长）重庆市交通局研究室主任

石　光　重庆市交通局研究室主任科员

屈洪斌　四川省交通运输厅办公室主任

杨光勇　云南省交通运输厅办公室二级主任科员

向毓志　西藏自治区交通运输厅办公室主任

梁志琳　陕西省交通运输厅史志办公室副主任

莫书利　甘肃省交通运输厅办公室二级主任科员

赵兴荣　青海省交通运输厅办公室主任

林才让　青海省交通运输厅编史办主任

陈　丽　宁夏回族自治区交通运输厅办公室四级调研员

王德祥　新疆维吾尔自治区交通运输厅厅办副调研员

郑贡院　新疆生产建设兵团交通运输局办公室科员

编 辑 说 明

一、《中国交通年鉴》（简称《年鉴》）由国家发展和改革委员会主管，中国交通运输协会主办。由国家相关部委局及综合交通领域大型企事业单位联合编纂出版，其内容涵盖全国铁路、公路、水路、民航、管道运输等五大运输方式和邮政、地方交通、国防交通等综合交通各业。是全国翔实记录综合交通建设与发展的大型纪年性资料工具书。《年鉴》创刊于1986年，本刊为第34刊(卷)。

二、2019年是新中国成立70周年。本刊特别刊录了“新中国成立以来，党和国家历代主要领导人对交通行业的重要题词和指示”；刊录了“不朽的丰碑”“致敬！时代楷模”“交通重大工程建设项目”等反映70年来综合交通运输成就和交通精神的专辑。

三、2019刊《年鉴》在反映2018年全国综合交通各业大事、要事和核心信息及数据的基础上，着重刊载了70年来综合交通各业的发展历程和成就。2019刊年鉴由特载篇、大事记篇、铁路篇、公路篇、水路篇、民航篇、管道运输篇、邮政篇、国防交通篇、省区市篇、专辑篇、统计数据篇等12个篇目及附录组成。

四、本刊内容由联合编纂单位以及国家统计局等相关部门提供并审定。本刊所列全国性的统计数据，均未包含香港、澳门特别行政区和台湾省。因统计数据口径不同，个别数据有些细微差别，本刊所采用数据口径以“统计数据篇”为准。本刊没有注明年份的均为2018年。

五、本刊编辑出版得到各联合编纂单位、国家相关部委局、各省(区、市)交通运输厅 (委)，以及相关协会、研究机构和重点交通企业的支持与帮助，谨此致谢。

《中国交通年鉴》编辑委员会

EDITING SPECIFICATION

I. China Transportation Yearbook (CTY) is directed by National Development and Reform Commission (NDRC) and run by China Communications and Transportation Association. CTY was jointly compiled and published by relevant ministries, commissions and administrations under the State Council, and large enterprises and institutions in comprehensive transportation. As the large chronological annual reference book faithfully recording China' s comprehensive transport development, CTY covered five modes of transport including railway, highway, waterway, civil aviation and oil and gas pipeline, and comprehensive transportation industries such as postal services, urban transportation, national defense transportation. CTY started its publication in 1986 and the 2019 edition is the 34th volume.

II. 2019 marked the 70th anniversary of the founding of New China. Special articles part excerpted the Party and state major leaders' important inscriptions and instructions on transportation industry since the founding of the People's Republic of China. The CTY also brought into some special issues to display the achievement of China' s comprehensive transportation industries and its spirits during the 70 years such as Immortal Monument, Salute! Model of the Times, Major Transportation Engineering Construction Project.

III. 2019 edition of CTY consisted of Special Articles, Memorabilia, Railway, Highway, Waterway, Civil Aviation, Pipeline Transportion, Postal, National Defense Transportation, Provincial and Regional and Civic Traffic, Special Issues, Statistics and Appendix.

IV. The contents were provided and verified by the above joint compilation institutions and the National Bureau of Statistics. The national statistics excluded those of the Hong Kong and Macao SARs, and Taiwan. Subtle distinctions may occur to a few of them due to different statistical methods. The statistics used in this yearbook took those in the part of Statistics as the standard. The dates of all the undated contents were 2018.

V. In compiling this yearbook, all the aforementioned institutions; relevant ministries, commissions and administrations under the State Council; development and reform commissions and departments(boards) of transportation of all provinces, autonomous regions and municipalities directly under the Central Government, relevant associations, research institutions and some key transport industries rendered assistance to us. We hereby expressed our appreciation to them.

The Editorial Board of China Transportation Yearbook

目 录

特载篇

大事记篇

新中国成立70年交通各业大事记

铁路篇

国家铁路局

中国国家铁路集团有限公司

公路篇

全国公路建设与管理

水运篇

新中国成立70年水运建设与发展

民航篇

新中国成立70年民航行业建设与发展

管道运输篇

新中国成立70年管道运输行业建设与发展

邮政篇

新中国成立70年邮政行业建设与发展

中国邮政集团有限公司

国防交通篇

国防交通建设与发展

省区市篇

新中国成立70年省区市交通发展成就

专辑篇

现代物流专辑

城市轨道交通专辑

邮轮游艇专辑

交通重点企业专辑

统计数据篇

综合统计

铁路统计

公路统计

水运统计

民航统计

邮政统计

附录

“大美·中国交通”第七届摄影大赛获奖作品特辑

广告目录

Contents

Special Articles Part

Memorabilia Part

Railway Part

Highway Part

Waterway Part

Civil Aviation Part

Pipeline Transportation Part

Postal Part

National Defense Transportation Part

Provincial and Regional and Civic Traffic Part

Special Issues Part

Statistics Part

Appendix

特载篇

SPECIAL ARTICLES PART

内容提要

2019年是新中国成立70周年。70年来，中国交通运输实现了从瓶颈制约，到总体缓解，再到基本适应的重大跃升，走出了一条具有中国特色的交通运输发展道路。特别是党的十八大以来，中国已建成交通大国，正坚定地向交通强国迈进。

本篇特编辑刊录了“新中国成立以来，党和国家历代主要领导人毛泽东、邓小平、江泽民、胡锦涛、习近平对交通行业的重要题词和指示（摘录）”“不朽的丰碑”“致敬！时代楷模”“交通重大工程建设项目”专辑，以及“从统计数据看70年中国交通的发展变迁”“新中国成立70年综合交通运输管理体制改革历程”“新中国70周年综合交通运输计划规划发展历程”专文，以反映70年来综合交通运输的发展成就和交通时代精神。

新中国成立以来，党和国家历代主要领导人毛泽东、邓小平、江泽民、胡锦涛、习近平对交通行业的重要题词和指示（摘录）

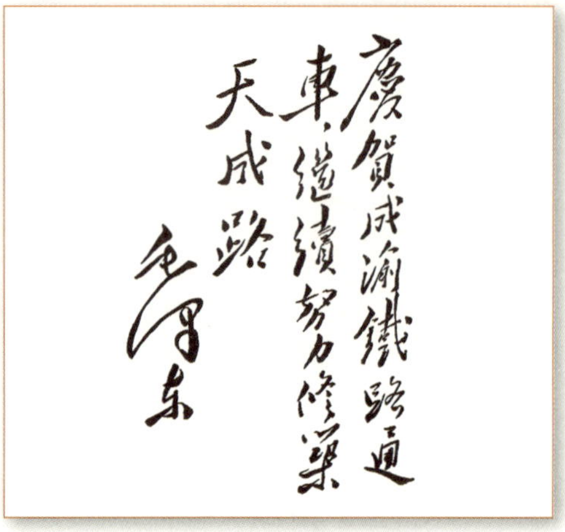

1952年7月1日，庆祝成渝铁路通车，毛泽东同志题词："庆贺成渝铁路通车，继续努力修筑天成路"。

1954年2月28日，毛泽东同志接见新任铁道兵司令员王震同志，畅谈新中国铁路建设的远景规划时指示说："我们一定要把铁路修到巴山、天山、昆仑山，一直修到喜马拉雅山去。"

我们一定要把铁路修到巴山、天山、昆仑山，一直修到喜马拉雅山去。

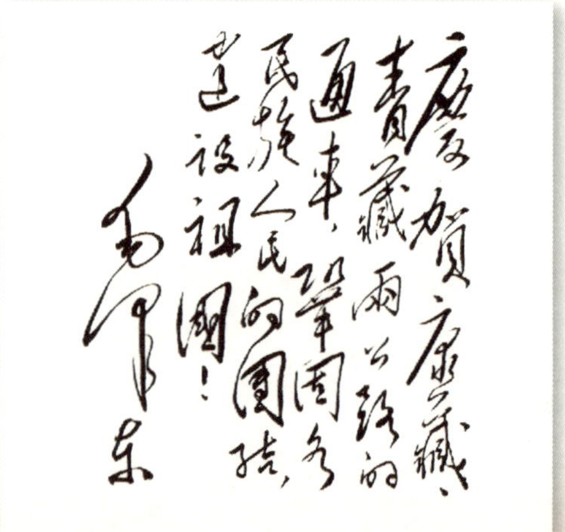

1954年12月25日，毛泽东同志为康藏、青藏公路全线通车题词："庆贺康藏、青藏两公路的通车，巩固各族人民的团结，建设祖国！"

一定要把这个大港口管理好，使它有个比较快的发展，适应社会主义建设的需要。

1955年11月5日，毛泽东同志在视察上海港口时指出："一定要把这个大港口管理好，使它有个比较快的发展，适应社会主义建设的需要。"

1956年5月底，毛泽东同志视察武汉长江大桥建设工地时指示："将来长江上修上二十个、三十个桥，黄河上修上几十个，到处能走。"毛泽东同志还写下了"一桥飞架南北，天堑变通途"的著名词句。

将来长江上修上二十个、三十个桥，黄河上修上几十个，到处能走。

要破除迷信、解放思想，要自力更生，要有自己的航空工业。要从仿制开始过渡到自行设计，不能老照葫芦画瓢，要培养自己的飞机总设计师，要搞自己设计的飞机。

1958年，毛泽东同志参观在中南海瀛台举办的新中国航空工业展览时指出："要破除迷信、解放思想，要自力更生，要有自己的航空工业。要从仿制开始过渡到自行设计，不能老照葫芦画瓢，要培养自己的飞机总设计师，要搞自己设计的飞机。"

1965年2月4日，毛泽东同志为北京地铁一期工程的远期规划方案批示："精心设计、精心施工，在建设过程中，一定会有不少错误失败，随时注意改正。"

精心设计、精心施工，在建设过程中，一定会有不少错误失败，随时注意改正。

铁路运输的问题不解决，生产部署统统打乱，整个计划都会落空。所以中央下定决心解决这个问题。

1975年3月5日，邓小平同志在《全党讲大局，把国民经济搞上去》讲话中指出："铁路运输的问题不解决，生产部署统统打乱，整个计划都会落空。所以中央下定决心解决这个问题。"

1977年，邓小平同志对集装箱运输作出指示："要搞装卸机械化，搞集装箱，港口必须搞集装箱，集装箱并不复杂。"

要搞装卸机械化，搞集装箱，港口必须搞集装箱，集装箱并不复杂。

发展工业有两个先行官：电力、交通。

1978年8月18日，邓小平同志在北京会见杨振宁时说："发展工业有两个先行官：电力、交通。"

1978年10月9日，十一届三中全会召开前夕，邓小平同志对原民航总局主要领导说，民航在现代社会是不可缺少的部门，要想办法把步子迈得大一些。他特别强调："按经济的办法来管理经济，要按企业来办。要把军队的一套改过来。"

民航在现代社会是不可缺少的部门，要想办法把步子迈得大一些。按经济的办法来管理经济，要按企业来办。要把军队的一套改过来。

交通运输，包括铁路、公路、内河航运、海运、空运、港口、码头、货栈、飞机场，也包括邮电通讯。它们对整个经济的发展关系极大。

1980年3月19日，就起草《关于建国以来党的若干历史问题的决议》等问题，邓小平同志同中央负责人谈话时指出："交通运输，包括铁路、公路、内河航运、海运、空运、港口、码头、货栈、飞机场，也包括邮电通讯。它们对整个经济的发展关系极大。"

1980年4月2日，邓小平同志与中央负责人谈长期规划问题时指出："发展商品经济，交通必须走在前面。"

发展商品经济，交通必须走在前面。

天津港下放两年来经济效益显著提高。人还是这些人，地还是这块地，一改革，效益就上来了。

1986年8月21日，邓小平同志在天津港视察时指出："天津港下放两年来经济效益显著提高。人还是这些人，地还是这块地，一改革，效益就上来了。"

1991年1月30日，邓小平同志视察上海航空工业公司时指出：坚持改革开放和加强国际合作，飞机制造业是很有前途的。

坚持改革开放和加强国际合作，飞机制造业是很有前途的。

建设南方大港，发展湛江经济。

1993年9月24日，江泽民同志视察湛江港，并为湛江港题词“建设南方大港，发展湛江经济”。

1994年在纪念青藏、川藏公路建成通车40周年时，江泽民同志题词“加强民族团结和军民团结，发展交通，开发边疆，建设西藏”。

加强民族团结和军民团结，发展交通，开发边疆，建设西藏。

修好南疆铁路，造福各族人民。

1998年12月5日，江泽民同志为南疆铁路题词：“修好南疆铁路，造福各族人民”。

1999年9月16日，江泽民同志视察首都国际机场航站区扩建工程时指出：交通运输包括民航飞行要始终把安全放在第一位。安全工作就是要天天讲、时时讲，一天也不能中断。民航部门是窗口，一定要加强管理，搞好服务，既要讲经济效益，又要讲社会效益。

交通运输包括民航飞行要始终把安全放在第一位。安全工作就是要天天讲、时时讲，一天也不能中断。民航部门是窗口，一定要加强管理，搞好服务，既要讲经济效益，又要讲社会效益。

建设青藏铁路，造福各族人民。

2002年，江泽民同志为青藏铁路建设者题词“建设青藏铁路，造福各族人民”。

2002年7月4日，西气东输工程开工典礼在京隆重举行。江泽民同志发来贺信指出：西气东输是一项举世瞩目的宏大工程，是实施西部大开发战略的重要举措。希望沿线各省区市党委和政府、参与工程建设的全体员工，精心组织，加强协作，群策群力，科学施工，把西气东输工程建成一流工程。

精心组织，加强协作，群策群力，科学施工，把西气东输工程建成一流工程。

推进西部大开发，要加强基础设施建设。要继续加快水利、交通、能源、通信、市政等基础设施建设，抓紧建设青藏铁路、西气东输、西电东送、公路国道主干线、江河上游水利枢纽等具有全局意义的战略性工程。力争用5到10年的时间，使西部地区基础设施和生态环境建设取得突破性进展。

2002年4月1日，江泽民同志在西安主持召开六省区西部大开发工作座谈会时指出：推进西部大开发，要加强基础设施建设。要继续加快水利、交通、能源、通信、市政等基础设施建设，抓紧建设青藏铁路、西气东输、西电东送、公路国道主干线、江河上游水利枢纽等具有全局意义的战略性工程。力争用5到10年的时间，使西部地区基础设施和生态环境建设取得突破性进展。

要发挥港口优势，要抓住发展机遇，要理清发展思路。

2003年4月10日，胡锦涛同志到湛江港视察时作出“要发挥港口优势，要抓住发展机遇，要理清发展思路”的重要指示。

青藏铁路全线铺通，是我国社会主义现代化建设取得的一个重大成就，对于实施西部大开发战略，对于加快青海、西藏经济社会发展，对于改善沿线各族群众生活、加强民族团结、共同实现全面建设小康社会的宏伟目标，都具有十分重要的意义。

2005年10月15日，青藏铁路全线铺通庆祝大会在拉萨隆重举行。胡锦涛同志为青藏铁路全线铺通致贺信。在贺信中指出，青藏铁路全线铺通，是我国社会主义现代化建设取得的一个重大成就，对于实施西部大开发战略，对于加快青海、西藏经济社会发展，对于改善沿线各族群众生活、加强民族团结、共同实现全面建设小康社会的宏伟目标，都具有十分重要的意义。

邮政事业关系到千家万户，关系到人民群众的切身利益。在这场雨雪冰冻灾害面前，邮政职工迎难而上，奋力拼搏，克服了种种困难，保持了邮路基本畅通。我们要更好地发展邮政事业，为人民群众提供优质的邮政服务。

2008年2月7日，胡锦涛同志在考察南宁市邮件处理中心时指出：“邮政事业关系到千家万户，关系到人民群众的切身利益。在这场雨雪冰冻灾害面前，邮政职工迎难而上，奋力拼搏，克服了种种困难，保持了邮路基本畅通。我们要更好地发展邮政事业，为人民群众提供优质的邮政服务。”

首都机场是“中国第一国门”，你们的形象代表着国家的形象，你们的服务水平体现着北京奥运会的服务水平。

2008年6月25日，胡锦涛同志来到首都机场视察奥运保障工作。胡锦涛同志说：“首都机场是‘中国第一国门’，你们的形象代表着国家的形象，你们的服务水平体现着北京奥运会的服务水平。”

2008年12月12日至14日，胡锦涛同志到辽宁考察工作。在考察营口港建设和运营时指出：“加强管理，搞好服务，在振兴东北老工业基地中发挥更大作用。”

加强管理，搞好服务，在振兴东北老工业基地中发挥更大作用。

大力推动技术进步、大力开发新型产品、大力开拓国际市场、大力降低经营成本，打造世界一流的铁路养护装备制造企业，努力开辟企业发展新天地。

2009年7月25日至28日，胡锦涛同志到云南考察，在考察昆明中铁大型养路机械集团公司时指出：“希望你们大力推动技术进步、大力开发新型产品、大力开拓国际市场、大力降低经营成本，打造世界一流的铁路养护装备制造企业，努力开辟企业发展新天地。”

2011年4月15日，在开往海口的列车上，胡锦涛同志强调，铁路作为国民经济大动脉、国家重要基础设施和大众化交通工具，在我国经济社会发展中的地位和作用至关重要。

铁路作为国民经济大动脉、国家重要基础设施和大众化交通工具，在我国经济社会发展中的地位和作用至关重要。

全力打造精品工程、样板工程、平安工程、廉洁工程，又要用好管好大桥，为粤港澳大湾区建设发挥重要作用。

2018年10月23日，习近平同志出席港珠澳大桥开通仪式，在巡览大桥后，习近平同志强调："对港珠澳大桥这样的重大工程，既要高质量建设好，全力打造精品工程、样板工程、平安工程、廉洁工程，又要用好管好大桥，为粤港澳大湾区建设发挥重要作用。"

经济要发展，国家要强大，交通特别是海运首先要强起来。要志在万里，努力打造世界一流的智慧港口、绿色港口，更好服务京津冀协同发展和共建"一带一路"。

2019年1月17日，习近平同志在考察天津港码头时强调："经济要发展，国家要强大，交通特别是海运首先要强起来。要志在万里，努力打造世界一流的智慧港口、绿色港口，更好服务京津冀协同发展和共建'一带一路'。"

城市轨道交通是现代大城市交通的发展方向。发展轨道交通是解决大城市病的有效途径，也是建设绿色城市、智能城市的有效途径。

2019年9月25日，习近平同志在考察北京市轨道交通建设发展情况和大兴机场线运营准备情况时强调："城市轨道交通是现代大城市交通的发展方向。发展轨道交通是解决大城市病的有效途径，也是建设绿色城市、智能城市的有效途径。"

要把大兴国际机场打造成为国际一流的平安机场、绿色机场、智慧机场、人文机场，打造世界级航空枢纽，向世界展示中国人民的智慧和力量，展示中国开放包容和平合作的博大胸怀。

2019年9月25日，北京大兴国际机场正式投入运营。习近平同志出席仪式，并作出系列重要指示。习近平同志强调："要把大兴国际机场打造成为国际一流的平安机场、绿色机场、智慧机场、人文机场，打造世界级航空枢纽，向世界展示中国人民的智慧和力量，展示中国开放包容和平合作的博大胸怀。"

要打造平安管道、绿色管道、发展管道、友谊管道，全力保证管道建设和投运安全可靠，促进管道沿线地区经济社会可持续发展。

2019年12月2日，习近平同志在北京同俄罗斯总统普京视频连线，共同见证中俄东线天然气管道投产通气仪式。习近平同志指出："东线天然气管道是中俄能源合作的标志性项目，也是双方深度融通、合作共赢的典范。""双方要打造平安管道、绿色管道、发展管道、友谊管道，全力保证管道建设和投运安全可靠，促进管道沿线地区经济社会可持续发展。"

2019年12月30日，京张高铁开通运营，习近平同志指出："1909年，京张铁路建成；2019年，京张高铁通车。从自主设计修建零的突破到世界最先进水平，从时速35公里到350公里，京张线见证了中国铁路的发展，也见证了中国综合国力的飞跃。回望百年历史，更觉京张高铁意义重大。"

京张线见证了中国铁路的发展，也见证了中国综合国力的飞跃。回望百年历史，更觉京张高铁意义重大。

港口是基础性、枢纽性设施，是经济发展的重要支撑。宁波–舟山港在共建"一带一路"、长江经济带发展、长三角一体化发展等国家战略中具有重要地位，是"硬核"力量。要坚持一流标准，把港口建设好、管理好，努力打造世界一流强港，为国家发展作出更大贡献。

2020年3月29日，习近平同志前往宁波–舟山港穿山港区考察。冒雨察看了码头现场集装箱作业场景，了解港口作业情况。习近平同志强调：港口是基础性、枢纽性设施，是经济发展的重要支撑。宁波–舟山港在共建"一带一路"、长江经济带发展、长三角一体化发展等国家战略中具有重要地位，是"硬核"力量。要坚持一流标准，把港口建设好、管理好，努力打造世界一流强港，为国家发展作出更大贡献。

习近平同志多次对邮政业作出重要指示，习近平同志强调：要加强快递队伍建设，做美好生活的创造者、守护者，加快农村"电商配送"渠道建设，强化快递包装废弃物防治，加强寄递渠道安全管理。

要加强快递队伍建设，做美好生活的创造者、守护者，加快农村"电商配送"渠道建设，强化快递包装废弃物防治，加强寄递渠道安全管理。

不朽的丰碑

新中国成立70年来，特别是改革开放40年来，给华夏大地带来了沧桑巨变。伟大梦想召唤奋斗，伟大精神激励前行。无数交通人正是凭着这种“逢山开路、遇水架桥”的奋斗精神，创造了无愧于伟大时代的丰功伟绩，创造了属于交通人自己的中国速度、中国交通模式和中国交通方案，改变了中国老百姓的出行方式和生活模式，竖立了属于这个时代的标志。与此同时，也涌现出了许多时代楷模，他们代表了交通人的形象，凝聚了交通文化的核心元素，也凝聚了以“两路”精神、青藏铁路精神、救捞精神、邮政精神、“中国民航英雄机组”精神等为代表的新时代交通精神。

——“一不怕苦、二不怕死，顽强拼搏、甘当路石，军民一家、民族团结”的“两路”精神

西藏和平解放后，中国人民解放军、四川和青海等省各族人民群众以及工程技术人员组成了11万人的筑路大军，在极为艰苦的条件下奋勇拼搏，3000多名英烈捐躯高原，于1954年建成了总长4360公里的川藏、青藏公路。结束了西藏没有现代公路的历史，在“人类生命禁区”的“世界屋脊”创造了公路建设史上的奇迹。

2014年8月6日，中共中央总书记、国家主席、中央军委主席习近平就川藏、青藏公路通车60周年作出重要批示，要求进一步弘扬“两路”精神，助推西藏发展。

习近平指出，这两条公路的建成通车，是在党的领导下新中国取得的重大成就，对推动西藏实现社会制度历史性跨越、经济社会快速发展，对巩固西南边疆、促进民族团结进步发挥了十分重要的作用。当年，10多万军民在极其艰苦的条件下团结奋斗，创造了世界公路史上的奇迹，结束了西藏没有公路的历史。60年来，在建设和养护公路的过程中，形成和发扬了一不怕苦、二不怕死，顽强拼搏、甘当路石，军民一家、民族团结的“两路”精神。

——“挑战极限、勇创一流”的青藏铁路精神

青藏铁路开工建设以来，1800多个日日夜夜，五度炎夏寒冬，十多万建设大军在“生命禁区”，冒严寒，顶风雪，战缺氧，斗冻土，以惊人的毅力和勇气，挑战极限。战胜各种难以想象的困难，攻克了“高寒缺氧、多年冻土、生态脆弱”三大难题，谱写了人类铁路建设史上的光辉篇章。青藏铁路建设者以敢于超越前人的大智大勇，拼搏奋斗，开拓创新，攀登不止，在雪域高原上筑起了中国铁路建设新的丰碑，也铸就了挑战极限、勇创一流的青藏铁路精神。

——“忠诚担当的政治品格、严谨科学的专业精神、团结协作的工作作风、敬业奉献的职业操守”的当代民航精神

2016年7月1日，在民航系统庆祝建党95周年暨“两优一先”表彰大会上，中国民用航空局党组书记、局长冯正霖指出：民航局党组在总结校验试飞工作时，概括提炼出“忠诚担当的政治品格、严谨科学的专业精神、

团结协作的工作作风、敬业奉献的职业操守”这一当代民航精神，是中国民航在长期发展实践中形成的优良传统和精神文化的升华。

——“不畏艰险、为民奉献、忠诚担当、团结友善”的雪线邮路精神

中国邮政集团公司四川省甘孜县邮政分公司邮车驾驶员其美多吉，承担川藏邮路甘孜到德格段的邮运任务。30年如一日，他驾驶邮车在平均海拔3500米以上，1208公里的雪线邮路上运送邮件，往返6000多次，行程140多万公里，没有发生一起责任事故。遭遇歹徒袭击时他挺身而出，用鲜血和生命守护邮件安全，身负重伤后坚持康复锻炼，重新走上工作岗位，被大家称为“雪线邮路的幸福使者”。其美多吉用实际行动诠释了“不畏艰险、为民奉献、忠诚担当、团结友善”的雪线邮路精神。

——“中国民航英雄机组”精神

2018年5月14日，川航3U8633航班在执行重庆至拉萨飞行任务中，驾驶舱右座前挡风玻璃破裂脱落，机组实施紧急备降。面对突发状况，机长刘传健等全体机组成员沉着应对，克服高空低压、低温等恶劣环境，在多部门的密切配合下，成功备降成都双流机场，确保了机上119名乘客和9名机组成员的生命财产安全。

2018年6月8日，中国民航局和四川省政府授予川航3U8633航班机组“中国民航英雄机组”称号，授予机长刘传健“中国民航英雄机长”称号。

2018年9月30日，习近平在人民大会堂亲切会见四川航空“中国民航英雄机组”全体成员，习近平指出，伟大出自平凡，英雄来自人民。把每一项平凡工作做好就是不平凡。

—— “报效祖国、忠于职守、艰苦奋斗、永当先锋”的“毛泽东号”精神

1946年，为了支援解放战争，缓解铁路运输运力不足的困难，哈尔滨机务段的工人们在中国共产党的领导下，开展了“死车复活”运动。1946年10月，在哈尔滨以西63公里的肇东站，经过27个昼夜的奋战，工人们抢修出了一台蒸汽机车。经当时的中共中央东北局批准，这台机车被命名为“毛泽东号”。“解放军打到哪里，铁路修到哪里，‘毛泽东号’就开到哪里。”承担起运送部队和战争物资的重任。1949年3月，“毛泽东号”机车随解放军南下入关，落户丰台机务段。

74年来，“毛泽东号”先后跨越蒸汽、内燃、电力3个动力时代，历经5次换型、6台机车，12任司机长和179名乘务员安全行车一事不出，取得了累计安全走行1100万公里的骄人业绩，在长期实践中创造了“责任心+责任制+基本功=安全”的基本经验，形成了“开领袖车，做领军人”的核心价值观，塑造了“报效祖国，忠于职守，艰苦奋斗，永当先锋”的“毛泽东号”精神。

——“逢山开路，遇水架桥，铁道兵前无险阻；风餐露宿，沐雨栉风，铁道兵前无困难”的铁道兵精神

1953年9月9日，中央军委决定组建铁道兵领导机关，铁道兵正式作为一个兵种进入人民解放军序列。1954年3月5日，铁道兵司令部正式在北京成立。1983年10月1日，根据国务院、中央军委的决定，中国人民解放军铁道兵归国家铁道部建制领导。从1948年解放军组建铁道纵队到1983年铁道兵并入铁道部的35年间，铁道兵先后修建了鹰厦铁路、成昆铁路、贵昆铁路、襄渝铁路、东北林区铁路、新疆南疆铁路、青藏铁路和北

京地铁工程等大型铁路工程，占全国同期新建铁路总数的三分之一。此外，还完成了一些公路、机场、洞库等国防建设工程以及包括引滦入津等任务在内的民用工程，多次完成抗洪抢险、抗震救灾、森林灭火、清雪开道等紧急任务。

铁道兵在中国人民革命解放战争、抗美援朝战争和新中国社会主义建设中，抛头颅洒热血，栉风沐雨、披荆斩棘、逢山开路、遇水架桥、流血牺牲、气壮山河，为中华民族的解放事业和建设事业做出了不朽的贡献。

——“勇攀科技高峰、争创世界一流”的高铁精神

中国引进高速铁路技术后，在重重困难面前，铁路人员没有退缩，以只争朝夕的精神，夜以继日地钻研，终于攻克了难关，高铁成为中国产业最耀眼的一颗明星。中国高铁5年走过国际上40年的道路、从追赶者变为全球领跑者，这样神奇的速度，缔造了感人肺腑的“勇攀科技高峰、争创世界一流”的高铁精神，高铁精神集中体现了爱国主义核心的民族精神和以自主创新为核心的时代精神。

——“逢山开路、遇水架桥”的港珠澳大桥建设者奋斗精神

在历经6年前期设计、9年建设，全长55公里，集桥、岛、隧于一体的港珠澳大桥于2018年10月23日宣布正式开通。在大桥的建设中，施工水域每天有4000艘船只航行，台风、大雾、强对流天气致使每年有效作业时间只有200天左右。面对防洪、防风、海事、航空限高等各种复杂建设难题，数以万计的建设者百折不挠、不懈奋斗，用心血和汗水浇筑成了横跨三地的“海上长城”。港珠澳大桥是世界上里程最长、沉管隧道最长、寿命最长、钢结构最大、施工难度最大、技术含量最高、科学专利和投资最多的跨海大桥；大桥工程的技术及设备规模创造了多项世界纪录。

2019年1月31日 交通运输部、国务院国资委、中华全国总工会联合印发《关于开展向港珠澳大桥建设者学习的决定》，号召广大劳动者、建设者学习港珠澳大桥建设者逢山开路、遇水架桥的奋斗精神。

—— “把生的希望送给别人，把死的危险留给自己”的救捞精神

中国救捞（中华人民共和国交通运输部救助打捞局的简称）是中国唯一一支国家专业救助打捞力量，它承担着对中国水域发生的海上事故的应急反应、人命救生、船舶和财产救助、沉船沉物打捞、海上消防、清除溢油污染及其他对海上运输和海上资源开发提供安全保障等多项使命。68年来，救捞系统共救助遇险人员80134名，救助了5000多艘船舶，打捞沉船1800多艘。在一次次的救助任务中，救助队员不惧风暴、与惊涛骇浪搏斗，赴汤蹈火、搏击坚冰激流，书写了一个又一个救助打捞的奇迹。他们的忠诚和热血，牺牲和奉献铸造了“把生的希望送给别人，把死的危险留给自己”可歌可泣的救捞精神。

——“为人民服务到白头”的“小扁担”精神

杨怀远曾先后担任原交通部上海海运局和平14号轮、大庆11号轮的生火工、服务员、副政委、政委。1980年他主动辞去政委职务，到长柳等轮继续担任服务员，直到1997年11月退休。38年中，他始终以雷锋为榜样，甘当人民的“挑夫”，自备120多种方便旅客的用具，肩挑小扁担，穿梭于旅客之中，为旅客排忧解难，被旅客誉为“老人的拐杖”“孩子的保姆”“病人的护士”。他独创一套语言服务和心理服务学，用日记积累了6000余

首服务诗歌、顺口溜,还把服务经验写成40余万字的《讲点服务学》。他挑着一根为人民服务的小扁担,从青年、中年挑到老年,始终不计报酬,全心全意为人民服务,被誉为"小扁担精神"。

——"爱岗敬业、无私奉献,艰苦奋斗、努力开拓,与时俱进、争创一流,团结协作、互相关爱"的"振超精神"

许振超,原青岛港(集团)明港公司桥吊队队长,许振超以"干就干一流,争就争第一"的精神,立足本职,务实创新,干一行,爱一行,精一行。他自学成才,苦练技术,练就了"一钩准""一钩净""无声响操作"等绝活,并模范地带出了"王啸飞燕""显新穿针""刘洋神绳"等一大批具有社会影响的工作品牌。他带领团队按照"泊位、船时、单机"三大效率的标准要求,深入开展比安全质量、比效率、比管理、比作风的"四比"活动,先后六次打破集装箱装卸世界纪录,使"振超效率"令世人赞叹,将"振超精神"名扬四海。

——"心系百姓、鞠躬尽瘁,勤奋务实、恪尽职守,身先士卒、清正廉洁,临危不惧、勇于牺牲"的"家富"精神

赵家富,原云南省德宏州盈江县交通局局长。2004年7月5日,在连日暴雨导致公路严重水毁和泥石流灾害、交通中断的危急情况下,赵家富不顾个人安危,带病亲临一线组织抢险救灾,途中遭遇山体滑坡,被泥石流卷走,为交通事业献出宝贵生命。

在他39年的生命历程中,他无私奉献,以忘我的拼搏精神履行使命;他深怀爱民之心,始终奉行"做官先做人,万事民为先"的准则;他克己奉公,清正廉洁,以坚强的党性原则和高尚的人格魅力树立了党员干部的良好形象;他在危难时刻把生死置之度外,敢于为国家和人民的利益挺身而出,他将一身正气永远地留在了人民群众的心中,留在了他生活战斗了20个春秋的交通系统广大干部职工的心中。

——"凝心聚力,拼搏奉献,敢为人先,追求卓越"的"润扬人"精神

2005年10月1日润扬长江公路大桥建成通车,在建成当时,这座跨度中国第一、世界第三的中国第一座悬索、斜拉混合桥,其建设规模之大、难度之高、技术之复杂,为中国桥梁建设史上之最,标志着中国桥梁建设技术已经跃居世界前列。

在润扬大桥4年半的建设期间,几万名建设者凝心聚力、拼搏奉献、敢为人先、追求卓越。工程管理者通过管理、技术和制度创新,无一起质量事故、无一起安全事故、无一起违纪违法案件。这"三无",是建设者们奉献的宝贵经验。通过创新,铸就的"润扬精神",成为一座无形的丰碑。

——"把祖国和人民的利益看作高于一切,立足本职、爱岗敬业,勤奋学习,刻苦钻研,追求卓越、勇攀高峰,努力创造一流业绩"的"起帆"精神

包起帆,一名从码头装卸工人成长起来的高级工程师,上海国际港务集团原副总裁。多年来,他和他的同事们一起完成了120多项技术创新项目,3项获得国家发明奖,2项获得国家科技进步奖,17项获得省部级科技进步奖,申请或授予41项国家专利,21项获得国际发明展览会金奖。特别是在2006年5月巴黎国际发明展览会上获得4项金奖,成为巴黎发明展创办105年来个人同时获得4项金奖的第一人。他曾发明一系列港

口装卸抓斗，被誉为“抓斗大王”，连续4次被评为全国劳动模范，2次被授予全国“五一劳动奖章”，还被评为全国优秀共产党员、全国十大杰出职工、全国优秀科技工作者，是全国各行各业十多年来广泛宣传学习的重大先进典型。

——“默默无闻、不畏艰辛、不屈不挠、任劳任怨、甘心奉献”的铺路石精神

“铺路石精神”是公路行业文化中最大闪光点之一，是百万公里公路线上近百万名养路职工的传统“家风”。靠着这种精神，几十年来，广大养路职工不畏自然气候环境的恶劣影响，不怕高山峡谷的千重万阻，不计较物质文化生活的艰苦和贫乏，爱业敬业，养路不止。“铺路石精神”的形成与发展过程，充满了几代公路人的激情、鲜血、生命、心血与汗水。主要集中体现为“默默无闻、不畏艰辛、不屈不挠、任劳任怨、甘心奉献”。

——“一心想着旅客，一切为了旅客”的12次列车精神

1959年7月22日，正向北京方向行驶的沈阳至北京的12次列车在辽宁省绥中县前卫镇遭洪水包围遇险受阻，列车被困三天三夜。20多名女乘务员在列车临时党支部的带领下，克服断粮断水种种困难，将列车上仅有的和飞机空投的食品全部供应给旅客，自己则忍饥挨饿，列车乘务人员顽强地与洪水搏斗三天三夜，不仅保护了全车612名旅客的生命安全，还营救了350余名受灾群众。受到了铁道部通令嘉奖，并被授予“英雄列车”称号。

——“一点儿也不能差，差一点儿也不行”的小东站精神

小东站是高新线上的一个四等小站，隶属于沈阳铁路局阜新车务段。自20世纪50年代起，小东人就以当家作主、尽职尽责的创业精神，摸索铁路安全生产规律、领悟铁路安全生产真谛，以遵章守纪为荣，以违章违纪为耻，凭着严、细、实的工作态度，以严字当头，铁的纪律作风，塑造了闻名全国的“一点儿也不能差，差一点儿也不行”小东站精神。先后多次被中华全国总工会、共青团中央、铁道部、辽宁省政府、铁路总公司授予荣誉称号400多项，70余人受到表彰，多人受到党和国家领导人接见。多年来，一代代小东人以强烈的主人翁责任感和集体荣誉感，矢志不渝地坚守和践行小东站精神，实现了小东站安全生产70周年的光辉业绩。

——“一心扑在线路上，一丝不苟严要求，一分钱掰成两半花”的孙家养路工区精神

孙家养路工区位于辽宁省彰武县境内大（虎山）郑（家屯）线上，现隶属中国铁路沈阳局集团有限公司阜新工务段。孙家养路工区地处风沙肆虐的丘陵地带，自然环境十分恶劣，工区管辖的10公里线路长年被沙害、水害、草害和冻害威胁着。1953年至1963年，孙家养路工区凭着高度的主人翁精神，把线路看成是自己的命根子，挥洒汗水，精检细修，彻底根治了沙、水、草、冻“四害”，使管内10公里线路成为全路闻名的优质线路，成为全路的一面红旗。当时孙家工区的18名工人，被誉为“十八条好汉”。1963年10月28日，孙家养路工区被铁道部命名为“大郑线上好工区”。

——“艰苦奋斗、无私奉献、务实创新”为基本内涵的巴山精神

巴山工务车间始建于1978年，地处秦巴山区，168名职工担负着襄渝铁路81公里线路、78座桥梁、58座隧道的养护维修任务。巴山工务车间管内有襄渝铁路全线最长的隧道、最大的坡道、最高的桥梁、最小的曲线半径、最高的海拔、最苦的工作条件“六个之最”。巴山工务车间干部职工研究探索出“工厂化单元修”“第三方查看分析”等精确修、专业修方法，有效提高了山区铁路的科学化养护水平，使列车经过巴山的时速由15公里逐步提高到90公里，线桥设备养护合格率始终保持100%。改革开放以来，一代代巴山人坚守岗位，创造了40年安全无事故的好成绩，并在长期的生产实践中培育了以“艰苦奋斗、无私奉献、务实创新”为基本内涵的“巴山精神”。

——“敬业爱岗甘当螺丝钉，无私奉献甘当践行者，温暖社会甘当一团火”的“158”精神

“158”雷锋服务站是南京站学雷锋先进集体。“158”是“义务帮”的谐音。长期以来，南京站“158”雷锋服务站坚持“人民铁路为人民”的宗旨，用“敬业爱岗甘当螺丝钉，无私奉献甘当践行者，温暖社会甘当一团火”的“158”精神指导工作实践，立足岗位学雷锋，走向社会做公益，成为全国铁路学雷锋志愿服务的一面旗帜，体现了工人阶级的伟大品格，荣获中央宣传部命名的“时代楷模”称号。

——“敬业、进取、拼搏、创新”的“祥瑞”精神

孔祥瑞，天津港中煤华能煤码头有限公司孔祥瑞操作队原党支部书记、队长，天津港(集团)有限公司科学技术协会原副主席。参加工作以来，他坚持边干边学，学以致用，练就了“听音断病”的绝活，成为“门机大王”“排障能手”，从一位初中文化的工人成长为生产一线的“蓝领专家”。主持“降低皮带机万吨故障时间”等各类技术创新项目180多项，为企业节约增效过亿元，多次填补了我国港口系统设备接卸煤炭的技术空白。2007年4月13日，交通部发出《关于开展向新时期知识型产业工人孔祥瑞同志学习活动的决定》，号召在全国交通行业广泛开展向孔祥瑞同志学习的活动，大力弘扬“祥瑞精神”。

——“一代人要有一代人的作为，一代人要有一代人的贡献，一代人要有一代人的牺牲”的青岛港精神

改革开放以来，青岛港以“建设东北亚国际航运中心，营造平安和谐幸福家园”为共同愿景，牢记并肩负好“精忠报国，服务社会，造福职工”的三大使命，大力弘扬“一代人要有一代人的作为，一代人要有一代人的贡献，一代人要有一代人的牺牲”的青岛港精神，时刻坚持好“对国家的贡献要越来越大，港口发展后劲要越来越强，职工生活质量要越来越高，精神文明建设要越搞越好”的核心价值观；全力打造“平安福港、效率快港、实力强港”，走出了一条自主创新型、资源节约型、环境友好型、质量效益型、管理精细型、亲情和谐型发展之路。青岛港是交通运输部确定的全国交通系统的典型和全国港口行业唯一的示范“窗口”，2012年2月23日，中宣部、全国总工会、交通运输部、国资委、中央编译局联合举办研讨会，会议认为，社会主义核心价值体系建设在青岛港取得成功实践，评价青岛港是“文化兴企、文化强企”的成功范本。

致敬！时代楷模！

新中国成立70年来，在中国共产党的坚强领导下，伟大祖国发生了天翻地覆的变化，中华民族迎来了从站起来、富起来到强起来的伟大飞跃。70年来，特别是党的十八大以来，中国已建成交通大国，正坚定地向交通强国迈进。一代代交通人积极投身建设新中国、探索改革路、实现中国梦的伟大实践，书写了感天动地、可歌可泣的奋斗史诗，涌现出一大批名垂青史、彪炳史册的英雄模范。

本专辑刊登的是2019年中央宣传部等九部委授予的“最美奋斗者”，2018年党中央、国务院授予的“改革先锋”和2019年中宣部、国铁集团联合发布的“最美铁路人”及时代楷模中交通领域的入选人物及他们的先进事迹。他们是国家的栋梁、民族的脊梁、时代的楷模，值得党和人民永远铭记。

一、“最美奋斗者”

马凤山

中共党员，原上海飞机设计研究所所长、总设计师，航空航天工业部干线飞机总设计师顾问，新中国第一代大中型飞机总设计师和技术开拓者。领导了中国第一款中程战略轰炸机轰6、第一款中型运输机运8和第一款大型客机运10的设计工作。领导编制了中国第一部运输类飞机适航规章，为ARJ21喷气支线客机、C919大型客机等民用飞机和民航事业腾飞奠定了坚实基石。1986年被国家科委批准为有国家级突出贡献的科技专家。积劳成疾，1990年病逝于上海。

孔祥瑞

中共党员，高级工人技师，天津港中煤华能煤码头有限公司孔祥瑞操作队原党支部书记、队长。先后在天津港一公司、六公司固机队作司机、任队长。孔祥瑞在港口一线工作的实践中，始终坚持在实践中学习，在实践中提高，潜心钻研，积极进取，学习先进技术，勇于创新实践，由一名技术工人成长为“蓝领专家”。主持“降低皮带机万吨故障时间”等各类技术创新项目180多项，为企业节约增效过亿元，多次填补了中国港口系统设备接卸煤炭的技术空白。

王顺友（苗族）

中共党员，四川凉山州邮政公司副调研员，木里县邮政公司党支部专职副书记。1984年，19岁的王顺友成为四川凉山彝族自治州木里藏族自治县一名普通的马班邮路乡邮员。20年间，他每月有28天要徒步跋涉在苍茫大山中的邮路上。他在雪域高原跋涉了26万公里，相当于走了21趟二万五千里长征、绕地球赤道6圈。每年投递报纸8000多份、杂志700多份、函件1500多份、包裹600多件；投递准确率达到100%。

巨晓林

中共党员，现任中国中铁电气化局集团第一工程有限公司第六项目管理（高铁）分公司技术员，中华全国总工会副主席（兼）。他先后参加大秦线、京沪线、京秦线、哈大线等几十项国家铁路重点工程建设。研发和革新工艺工法43项，创造经济效益600多万元；他编撰的《接触网施工经验和方法》一书，被配发给数千名接触网工作为工具书。他实现了从一名农民工到“专家职工”的跨越。2018年荣获改革先锋等荣誉称号。

包起帆

中共党员，上海国际港务（集团）股份有限公司原副总裁。他是从码头工人成长起来的教授级高级工程师。20世纪80年代，他结合港口生产实际，开展新型抓斗及工艺系统的研发，创造性地解决了一批关键技术难题，被誉为“抓斗大王”。参与开辟上海港首条内贸标准集装箱航线，建设中国首座集装箱自动化无人堆场，积极推进中国首套散矿装卸设备系统的研发，领衔制定集装箱—RFID货运标签系统国际标准。获国家发明奖3项、国家科学技术进步奖3项。2018年荣获改革先锋等荣誉称号。

孙永才

中共党员，现任中国中车集团有限公司党委副书记、总经理，中国中车股份有限公司总裁、党委副书记，是中国轨道交通装备技术创新和产品升级换代的主要组织者和学科带头人。在高速列车研发中，他提出“协同创新”的顶层设计理念，搭建起“两厂三地六同步”协同创新模式，在CRH380动车组的研发中大获成功。在“复兴号”动车组研发中，他主持的研发团队在掌握动车组九大关键技术和十项配套技术的基础上进行优化提升，解决了一系列重大技术问题和世界性难题。2018年荣获改革先锋称号。

许振超

中共党员，青岛前湾集装箱码头有限责任公司工程技术部固机高级经理。他“干一行、爱一行、精一行”，练就了“一钩准”“一钩净”“无声响操作”等绝活，他带领团队先后八次刷新集装箱装卸世界纪录，创造享誉全球的“振超效率”，铸就了“振超精神”。他连任十一届、十二届、十三届全国人大代表，当选为十一届、十二届全国人大常委会委员，并当选全国总工会兼职副主席。先后获全国五一劳动奖章、全国优秀共产党员等荣誉。2018年荣获改革先锋称号。

刘传健

中共党员，四川航空股份有限公司飞行技术管理部党支部书记、副总经理。2006年退役加入四川航空公司。曾任四川航空公司重庆分公司飞行分部责任机长，2018年5月14日，四川航空3U8633航班高空突发驾驶舱右侧风挡玻璃爆裂脱落、座舱释压的紧急状况，他和机组成员临危不乱、果断处置，保证机上128名机组和乘客的生命安全，避免了事故的发生。此次成功降落创造了国际民航客运史上在极其艰难的紧急突发情况下成功处置特情的奇迹。荣获中国民航英雄机长称号。

曲建武

中共党员，大连海事大学教授。他1982年留校任辅导员，先后任学校学生处处长、校党委副书记、辽宁省委高校工委副书记、省教育厅副厅长、正厅级巡视员。2013年，他辞官从教，重返讲台。几十年来，他将满腔热情投入到办好人民满意的高等教育中，在高校思想政治教育理论课教学与大学生日常思想政治教育管理方面取得突出成绩、做出重大贡献。中宣部在授予曲建武“时代楷模”决定中指出，曲建武是“先进思想文化的传播者”，号召全国广大党员干部群众向他学习。

李向前

中共党员，中国铁路郑州局集团有限公司洛阳机务段首席技师。国家铁路集团“李向前机车钳工技能大师工作室”负责人，首届全国铁道行业铁路职业技能大赛内燃机车钳工专业第一名。2017年当选党的十九大代表。从事铁路机车检修工作24年，解决内燃机车齿轮箱漏油、抱轴瓦发热等48项技术难题，累计检修机车5236台，维修、复检内燃机车12360台，全部达到了“零故障、零问题、零疏漏”的标准，创造了享誉全国铁路的“三零”纪录，被誉为“中原铁道首席蓝领专家”。

李素丽

中共党员，北京公交集团客服中心原主任。曾任北京市公交总公司公汽一公司第一运营分公司21路公共汽车售票员。她自1981年参加工作后，把“全心全意为人民服务”作为自己的座右铭，真诚、热情地为乘客服务，被誉为“老人的拐杖，盲人的眼睛，外地人的向导，病人的护士，群众的贴心人”。她认真学习英语、哑语，并努力钻研心理学、语言学，潜心研究各种乘客心理和要求，为不同乘客提供满意周到的服务。荣获全国优秀共产党员、全国劳动模范等荣誉称号。

杨怀远

中共党员。1937年出生，1956年入伍，1960年转业至原交通部上海海运局，先后从事船舶生火工、服务员等工作。20世纪70年代被任命为船舶政委，出于对平凡工作的热爱，他主动辞去政委职务继续担任服务员，至1997年11月退休。几十年来，杨怀远同志用热情周到的服务迎送了千千万万旅客，以互相关心、互相爱护、互相帮助的新型人际关系给广大旅客留下了美好印象，以全心全意为人民服务的“小扁担”精神赢得广泛赞誉，树立起新时代奋斗者的良好形象。

杨连弟

中共党员，生前系原铁道兵某团一连副连长。1949年3月参加铁道兵。在修复陇海铁路8号高桥时，他勇攀40多米高的桥墩，提前完成修桥任务。1952年5月15日，在抗美援朝战场清川江大桥指挥连队架桥时，被敌机投下的炸弹击中，光荣牺牲。被志愿军总部追记特等功，追授一级战斗英雄。朝鲜民主主义人民共和国追授他英雄称号和金星奖章、一级国旗勋章。生前所在连队被命名为“杨连弟连”，陇海铁路8号桥被命名为“杨连弟桥”。

其美多吉（藏族）

中共预备党员，中国邮政集团公司四川甘孜县分公司驾押组组长。30年来，他驾驶邮车往返于甘孜至德格平均海拔3500米的雪线邮路上。他每年平均行驶5万公里，行车总里程140多万公里，从未发生过一起责任事故，他带领的班组连续30年保持机要通信质量全优。遭遇歹徒袭击时他挺身而出，用鲜血和生命守护邮件安全，身负重伤康复后，重新走上工作岗位，被誉为“雪线邮路的幸福使者”。荣获全国五一劳动奖章。

单杏花

中共党员，中国铁道科学研究院集团有限公司电子所副总工，长期从事铁路客票、客运营销决策、客运收益管理、电子商务、旅客服务等客运相关领域信息系统研发和重大工程。是铁路客运信息化领域的领军人物和中国铁路客票发售和预订系统研发的技术带头人，被誉为“12306”系统的最强大脑。中国国家铁路集团“百千万人才”工程领军人物，获国家科技进步奖一等奖、中国计算机学会王选奖二等奖。荣获全国三八红旗手、最美铁路人等荣誉称号。

罗　阳

中共党员，生前系航空工业沈阳飞机工业（集团）有限公司党委副书记、董事长、总经理。他参加工作以来，立足航空一线，在平凡的岗位上缔造了卓越功勋。任职期间，他把军机研制生产作为最大的政治，完成了多个型号新机首飞和设计定型，实现了国家战略工程项目的重大突破和生产能力的新突破。2012年11月25日，他随中国第一艘航空母舰辽宁舰出海执行歼15舰载机首次起降训练。任务完成后返回大连当日，突发心肌梗塞，以身殉职。2018年荣获改革先锋称号。

茅以升

中共党员，原铁道科学研究院院长、九三学社中央副主席、第六届全国政协副主席。他是中国近代桥梁工程学的重要奠基人。20世纪30年代主持设计并领导建造了中国第一座现代化大桥——钱塘江大桥。1955年，他承担了中国第一座跨长江大桥——武汉长江大桥的建设任务，解决了14个重大技术难题。他的博士论文《框架结构的次应力》被称为“茅氏定律”，并获“斐蒂士”金质研究奖章；著有《桥梁第二应力》《钱塘江桥》等著作。

袁 庚

中共党员，招商局集团原常务副董事长。他在蛇口工业区开发建设中，坚持改革创新，推动思想、人才、生产力解放，将蛇口工业区打造成为“单位面积培育知名企业最多的地方”，形成了著名的“蛇口模式”，为中国改革开放提供了宝贵经验。他提出“时间就是金钱，效率就是生命”口号，在全国首次实行人才公开招聘，率先推行企业的管理、分配、基建、干部人事、住房等制度和社会保障体系、金融改革等一系列改革试验，创下了24项当时全国第一。2018年荣获改革先锋称号。

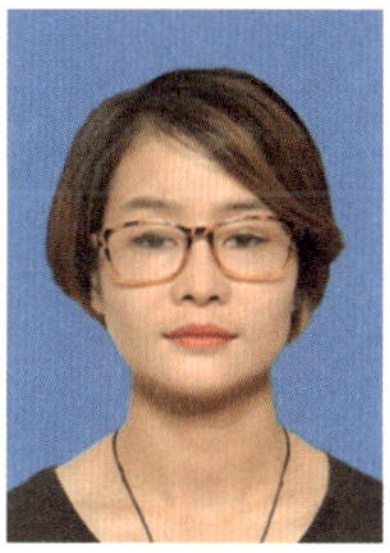

铁飞燕（回族）

中共党员，云南交投集团运营管理有限公司昆明东管理处团委副书记。2010年5月4日，随父亲到四川省绵阳市旅游，飞身跳河勇救4名落水少年，被誉为“最美90后女孩”。第十二届全国人大代表，荣获全国三八红旗手等荣誉称号。

窦铁成

中共党员，中铁一局电务公司电力试验所质量负责人中铁一局电力工工匠技师。先后参与建设了京山铁路、京秦铁路、西安地铁等上百个工程项目。他主持完成10万多字的《牵引变电所施工工艺》和中铁一局电力试验所第一刊4万多字的《电气试验作业指导书》，从一名只有初中文化的普通工人，成长为一名学习型、知识型、技能型、创新型技术专家。累计解决现场施工技术难题69项，解决送电运行故障400余次，获得国家专利2项，为企业创造和节约费用近1800余万元。

二、改革先锋

许立荣

中共党员，中国远洋海运集团有限公司党组书记、董事长。他打造了中国第一个国家级水运交易市场，成为最早对外开放的航运交易窗口。他直接策划指挥中远集装箱货运体制改革，引领中国集装箱运输事业的发展，推动中国外贸运输改革，为中国企业“走出去”搭建了桥梁。积极落实“海上丝绸之路”建设任务，探索国际合作新模式，加快推进码头产业国际化经营，着力打造中国融入全球经济的海洋运输通道和物流通道，为“一带一路”建设提供有力保障。荣获全国五一劳动奖章。

李书福

浙江吉利控股集团董事长，全国工商联副主席（兼职）。他1997年进入汽车行业，创办了中国第一家民营汽车企业。带领吉利成功完成了一系列国际化战略布局，不仅推动沃尔沃汽车取得了品牌的复兴和持续发展，还成为了沃尔沃集团第一大持股股东、戴姆勒公司第一大股东，积极推动中国汽车工业“走出去”。经过20多年蓬勃发展，吉利集团连续7年位列世界500强。荣获“浙江省非公有制经济人士新时代优秀中国特色社会主义事业建设者”称号。

吴荣南

中共党员，厦门航空有限公司党委原副书记、总经理。他带领厦航从无到有、从弱到强，探索出一条具有厦航特色的发展之路。率先在中国民航改革重组中实施有偿兼并，实行全员劳动合同制，建立一套完整而科学的现代企业制度。在他的努力下，厦航的发展壮大，被视为中国民用航空体制改革和厦门经济特区改革开放相结合的成果，成为当时全国民航系统“政企合一、航港合一”体制改革的创举。荣获福建省“突出贡献企业家”称号。

叶聪

中共党员，中国船舶重工集团有限公司第七〇二研究所副所长、水下工程研究开发部主任，“蛟龙号”深海载人潜水器首席潜航员，全海深载人潜水器总设计师。他长期从事载人潜水器的研究、设计和研发工作，通过不懈努力，终将“蛟龙号”从图纸变为现实。出于对载人深潜事业的热爱，主动肩负起试航员的重担，作为主驾驶员参与“蛟龙号”深潜作业共计50次，最大下潜深度达到7062米。荣获“载人深潜英雄”荣誉称号和全国五一劳动奖章。

三、“最美铁路人”

范　永

中共党员。1948年9月，他任昂昂溪机务段司机长，受命为东北野战军开行秘密军列，驾驶列车与敌机斗智斗勇，经过4天4夜运行853公里，安全及时地将8车弹药、22车炮弹运送到辽沈战役前线，列车乘务组被记特等功。1951年8月，抗美援朝进行到白热化阶段，他又圆满完成当时铁道部军管局运送2列军列的任务，荣记个人一等功。抗美援朝战争中，他荣获朝鲜民主主义人民共和国一、二、三级勋章。毛泽东主席曾在西柏坡握住他的手说：“向铁路工人致敬！”

冯叔瑜

中共党员，中国工程院院士、爆破专家。他从1956年起先后参与鹰厦、定成、川黔、都贵、成昆等新建铁道线的上百个重点土石方工程大爆破设计施工。他提出的坝体抛掷堆积计算的“体积平衡法”得到广泛应用，为水电、矿山、交通部门堆筑水坝尾矿坝和路堤奠定了基础。他先后获得全国科学大会奖、国家发明奖等30余项，指导的研究室先后完成国家级和部级重点科研项目40多项，并培养了一批爆破技术人才。

杜先扬

中共党员，在解放战争初期，他主动包乘破损严重的96号机车，创安全走行10.6万公里、超过两个甲检期的新纪录。1949年，96号机车被命名为“铁牛号”机车，成为全国先进机车旗帜。他被授予“特等英雄”。1950年6月，他作为劳模特约代表出席了全国政协一届二次会议，同年9月出席全国工农兵英雄模范代表大会。抗美援朝战争期间，“铁牛号”入朝开展军事运输工作。战后，“铁牛号”机车经国务院批准留在朝鲜，成为中朝人民友谊的永久见证。

郑锡坤

中共党员，1949年，他和工友利用7天业余时间修复一台报废机车，组成了苏家屯机务段第一个青年包车组，创造了全路首次实现超轴的历史。在此基础上，他摸索出“郑锡坤机车操纵法”，多次超轴运输，并于1950年创造了“超轴五百公里作业法”，有8个月全面完成了日车500公里，创造了全路最高纪录，包车组的经验被全国推广。自1951年起，郑锡坤多次被评为全国劳动模范。他当选第一、第二、第三届全国人大代表。

李锡奎

中共党员，他于1949年创造了统一指挥和分工负责的调车作业方法，并发展了班前和班后十一项制度、十项工作方法，进一步完善了调车作业程序，极大提升了列车编组和解体时间。1951年，被铁道部命名为“李锡奎调车法”，1952年8月正式在全国铁路推广。在他的带动下，先后创造了新的装车法、列车检修法等，提高了铁路运输效率，为国民经济恢复和抗美援朝物资运输提供了坚强的运输保障。他当选第一、第二、第三届全国人大代表。

田桂英

中共党员，新中国第一位女火车司机长，全国劳动模范。她出身于渔民家庭，通过刻苦学习考取火车驾驶证，于1950年3月担任大连机务段新组建的“三八号”机车包车组第一任司机长。1950年“五一”劳动节，她驾驶“三八”号机车，成功将200多名劳动模范运送到哈尔滨参加东北铁路劳模大会。同年，参加铁道部和全国工农兵英雄、模范代表大会。1955年12月，东北铁路总局授予她先进生产者金色奖章。

路金妹

中共党员。她1951年起在上海站任客运员，期间推出了“全面服务、重点照顾”等特色服务，实行“车前小扫，车后大扫，随脏随扫”。在客运岗位工作几十年，她为旅客花的钱不计其数，为老弱病残重点旅客解决困难的先进事迹数不胜数。20世纪六七十年代，她的名字成为上海站的代名词。她的先进事迹感动了一代又一代铁路职工，树立了老一辈铁路客运工作者的光辉形象。1959年，路金妹被评为全国劳动模范，1978年被评为全国铁路先进生产者。

任凤英

中共党员。生前是佳木斯列车段列车员。1993年3月1日，在275次列车上，正值乘的任凤英为保护旅客生命安全，同杀人在逃犯展开了殊死搏斗，英勇牺牲。中共中央宣传部和公安部追授她为全国见义勇为先进分子，全国总工会授予她全国五一劳动奖章，全国妇联追认她全国三八红旗手，铁道部授予她人民的好列车员称号，黑龙江省人民政府追认她为革命烈士。

史改梅

中共党员。她在太原站客运岗位工作近30年，真情为旅客服务，摸索出“需求判断”“语言沟通”“情绪调节”“心理贴近”“延续服务”等服务方法。在车站这个特殊的公共场所，她总是细心地发现一些离家出走的孩子并劝阻他们回家与父母团聚，妥善安置了150多名孤残弃儿，经常为困难旅客垫钱垫物，以她名字命名的“改梅助困室”成为全路知名的客运服务品牌。她先后荣获全国劳动模范、全国保护未成年人十大杰出公民、五一劳动奖章等荣誉称号。

孙　奇

中共党员。在22年铁路工作中，她干一行、爱一行、钻一行，在售票工作岗位上总结出“七字售票作业法”和“售票十二句服务规范用语”，做好事上千件，温暖了旅客，照亮了旅途，被誉为“微笑天使”，以她名字命名的“孙奇示范售票窗口”是全路党内优质品牌。2010年她因病离开工作岗位，在治疗期间“再为旅客服务一次”是她最大的心愿。曾荣获全国女职工建功立业标兵、全国职工职业道德建设十佳个人、全国五一劳动奖章等荣誉称号。

邵玉镇

中共党员。他担当蒸汽机车乘务工作30年，总结出了“三勤、两多、六个心中有数”安全操作法，防止各类事故150多起，创造了安全行车180万公里，11年没有一件机故、临修等惯性事故的安全成绩。他凭“严中有爱、爱中有严”的工作方法，将一个个落后班组带成先进班组，培养出多名优秀技术骨干。曾获得全国十大杰出工人、全国十大优秀共产党员、全国劳动模范等荣誉称号。

许　翱

中共党员。在参加工作的30多年里，他针对现场作业中电务、工务、车务人员不能及时了解列车运行的情况，研制了无线语音报警系统，确保了人身安全。研制的《移频多信息发送测试仪》推广应用到全路20多个电务段。曾获得安徽省十大能工巧匠、全国技术能手、全国铁路劳动模范、全国五一劳动奖章、全国劳动模范等荣誉。

侯树德

中共党员。他在南宁车辆段从事乘检工作以来，发现处理客车故障1350个，其中大故障306个，多次受到铁路局通报嘉奖。他担任乘务长后，带领班组连续实现了11个安全年。调任质检工作后短短几个月就发现170多件。曾获火车头奖章、全国铁路劳动模范、全国劳动模范等荣誉。

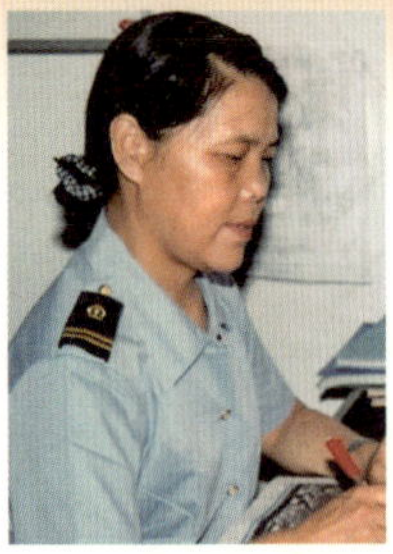

李小梅

中共党员。1996年，铁路货运市场处于低谷时期，她主动辞去干部职务，成为全路第一支营销队伍中的一员。她和团队经过艰辛而漫长的73天谈判，终于和年生产量40万吨的百威啤酒公司签订了运输合同。1996年到2001年，她用真诚的服务赢得了货主的信任，为铁路创造了110万元的经济效益。曾获得铁道部创岗建区十大标兵、火车头奖章、全国五一劳动奖章、全国劳动模范等荣誉。

邓必清

中共党员。1992年，他在一无资料二无经验的情况下，和同事一起成功修复了一台严重毁损的罗马尼亚ND2型机车。1993年，全路在工人中选拔技师，他一次通过全部考试。1994年至2008年间，他先后设计、制作了100多件柴油机检修专用工具和设备，节约检修成本几百万元，被誉为“革新大王”。曾获得火车头奖章、江西省首届高技能人才、全国五一劳动奖章等荣誉。

袁绍根

中共党员。袁绍根所在的武威工务段沙沟台养路工区管辖线路大部分位于海拔2900多米的乌鞘岭山脊上，且大部分位于20‰的长大坡道上，有2公里线路集中穿越了5座隧道。在养路工的岗位上，他巡检累计行走6.5万公里，发现重大安全隐患120多次，排除险情80多次，防止事故6起，保证了线路质量的稳定。连续15年被评为各级先进，曾获得全国五一劳动奖章、全国劳动模范等荣誉。

阿米子黑（彝族）

中共党员。他1970年调入铁路公安系统，在任西昌铁路公安处普雄车站派出所侦察员期间，先后破获刑事案件900多起，抓获犯罪嫌疑人1020名，被誉为守护成昆铁路的“凉山雄鹰”。曾获得人民铁道卫士、全国公安战线先进工作者、全国优秀公安干警、全国特级优秀人民警察、全国五一劳动奖章、全国铁路劳动模范、全国劳动模范等荣誉称号。

李建珍

中共党员，南宁局集团公司柳州机车车辆公司转向架车间材料员。1991年李建珍结婚后，公公因公殉职，婆婆体弱多病，李建珍承揽了照顾婆婆的活。后来婆婆再婚，公公中风半身瘫痪，李建珍又主动承担起照顾公公的责任。丈夫95岁高龄的外婆有轻微的老年痴呆症，大小便失禁，但她从未嫌弃，精心服侍着老人。20年来，她用责任和真情精心呵护着三个家庭。2009年，她的家庭被评为全国五好文明家庭标兵户。2011年被评为第三届全国道德模范（孝老爱亲模范）。

刘　洋

中共党员，武汉局集团公司武昌南机务段动车运用车间高铁司机。他勤奋学习、刻苦钻研，努力破解各种技术难题，先后被授予“全路青年岗位能手”“全国最美青工”“全国青年岗位能手”“全国五一劳动奖章”等荣誉称号。2013年6月18日，刘洋的父亲被高温蒸汽烧伤生命垂危，刘洋和他的哥哥先后3次接力做皮肤移植手术，使父亲的病情得到控制，“割皮救父”的孝义美德引起了极大的社会反响。2013年被评为第四届全国道德模范（孝老爱亲模范）。

唐云鹏

中共党员，沈阳局集团公司沈阳动车段技术研发中心副主任。他作为中国高铁第一代动车检修人，刻苦钻研动车技术，先后解决技术难题150多个，填补技术空白170多项，荣获CRH5型动车组职业技能竞赛全路冠军，编写了《应急故障处理手册》《制动系统作业指导书》，创造了中国高铁领域“十项第一”。曾获得全国五一劳动奖章、火车头奖章、辽宁省五一劳动奖章等荣誉，享受国务院政府特殊津贴。2018年被授予“最美铁路人”荣誉称号。

刘钰峰

中共党员，北京局集团公司丰台机务段“毛泽东号”机车组司机长、党支部书记。2012年4月成为“毛泽东号”第12任司机长以来，带头践行“抓小防大，拿猫当虎斗”的安全风险管理理念，总结提炼出“六不”安全值乘要诀。组织党员骨干总结提炼出“五字节能操纵办法”，机车单趟节电1600余度，每年节电38.4万度。曾获得全国优秀共产党员、全国五一劳动奖章、全国铁路技术能手等荣誉。2018年被授予“最美铁路人”荣誉称号。

李峻屹

中共党员，呼和浩特局集团公司呼和浩特站东胜东站副站长。2013年9月，他代替去世的妻子孙奇接过第四届全国道德模范荣誉，立志续写完成妻子“再为旅客服务一次”的心愿。5年来，他带领“峻屹爱心服务队”帮扶旅客近万人次，公布手机号与600多名重点旅客长期联系，义务资助托克托县双河镇第二小学10名学生。曾获得全国职业道德建设先进个人、中国好人、中国铁路总公司优秀共产党员、火车头奖章等荣誉。2018年被授予“最美铁路人”荣誉称号。

黄　伟

中共党员，西安局集团公司汉中工务段乐素河桥隧车间主任。2018年7月12日，由于持续降雨，宝成线发生山体坍塌，宝成铁路被迫中断。他孤身一人上山查看险情，为抢险掌握了第一手资料。主动请缨当“蜘蛛人”，承担起危活石观察清理任务，带着职工上到最危险的塌方坡面，用铁锤和钢钎将松动山体上的浮石、活石、危石敲掉，连续奋战16天。曾获陕西省扶贫先进个人，西安局集团公司宝成铁路抗洪抢险先进个人、优秀共产党员等荣誉。2018年被授予“最美铁路人”荣誉称号。

陈美芳

中共党员，上海局集团公司杭州客运段宁波至广州车队列车长。她21年值乘1200余趟车，服务旅客超过150万人次，总结出“十二个一点”工作法、“四水”服务法、“六送微笑”服务法。她把自己历年获得的各种荣誉奖金捐出成立“爱心基金”，用于帮助困难旅客，如今“陈美芳亲情服务团队”成员已发展到260余名。她开设了列车长服务热线。曾获全国劳动模范、全国青年岗位能手等荣誉，2017年当选党的十九大代表，2018年被授予“最美铁路人”荣誉称号。

陈承仪

中共党员，南昌局集团公司福州机务段动车车间动车组司机。他是南昌局集团公司首个全面掌握6种车型9种不同编组动车组操作的全能型司机，安全驾驶动车组386万公里，是唯一全程参与福建省所有新线联调联试的动车组司机。他不断学习和摸索制动闸把的操纵技巧，总结提炼的“陈承仪动车平稳操纵法”被授予全路党内优质品牌。曾获全路技术能手、铁路劳动模范、优秀共产党员、首席技师等荣誉，2017年当选党的十九大代表。2018年被授予“最美铁路人”荣誉称号。

杨卫华

中共党员，广州局集团公司娄底车务段冷水江东站调车长。他练就了“规章一口清、观距一眼准、连挂一把稳”的调车绝活，总结提炼出“杨卫华安全调车法”和24句“调车作业七字诀”。坚持“多看一眼、防范风险，多走一步、防止事故”，在调车岗位上连续30年作业零违章。2017年，他作为全国先进人物代表，在人民大会堂参加庆祝新中国成立68周年招待会。曾获全国优秀共产党员、全国铁路劳动模范等荣誉。2018年被授予“最美铁路人”荣誉称号。

徐前凯

中共党员，成都局集团公司重庆车务段荣昌车站值班员。2017年7月6日15时，他在荣昌车站进行调车作业，发现一位老人突然横穿铁路，果断从运行中的列车上跳下，奋力将其推出轨道。老人得救了，但他右腿不幸被碾压，导致膝盖以上高位截肢。2012年在盘脚营车站因勇救横穿铁道的老人受到赞誉，2017年在荣昌车站接发列车时制止扒乘车辆闲杂人员受到嘉奖。2018年被授予“最美铁路人”荣誉称号。2019年被评为第七届全国道德模范（见义勇为模范）。

代云华

中共党员，昆明局集团公司昆明供电段接触网检修车间接触网工。他先后参加20多项重点施工，发现重大设备缺陷520多个、解决作业难题300多个，避免各类事故隐患130多件。带领团队开展技术革新2项，质量攻关3项，技术改进2项，工具改造20多项，多项成果获得集团公司科研课题表彰，并在全路供电系统推广。他先后带出600多名学员，培养出3名全路技术能手。曾获全国技术能手、铁路工匠、全路首席技师等荣誉。2018年被授予“最美铁路人”荣誉称号。

刘 博

中共党员，沈阳局集团公司锦州电务段锦州车载车间车载信号工。他刻苦钻研技术，编制了数据转接、机车装载、添乘核实等工作流程、作业指导书，摸索总结了“四核对五确认”数据模拟检验工作法。他组织“刘博铁路信号工技能大师工作室”成员开展技术攻关，培训技术骨干560余人，培养局级以上技术能手、状元7人。曾获全国技术能手、铁路工匠等荣誉，享受国务院政府特殊津贴。2019年被授予“最美铁路人”荣誉称号。

张润秋

中共党员，北京局集团公司北京南站客运车间业务指导。她先后开设“润秋热线”“润秋博客”“润秋微博”“爱心专区”等，创新开展预约服务、咨询服务、引导服务、“站车”联动等爱心服务，提炼实践“三勤、三到”和“六式六心”服务法，为老人、儿童、残疾旅客等不同群体提供私人订制式专属服务。润秋服务组每天服务重点旅客1000人左右，日均为旅客解决问题1500件，接受咨询上万次。她曾获全国劳动模范等荣誉。2019年被授予“最美铁路人”荣誉称号。

景生启

中共党员，太原局集团公司湖东机务段湖东运用一车间重载司机。他是全国第一个成功试验开行大秦线3万吨列车的司机，在大秦线工作25年，往返1400余趟，安全行车185亿吨公里，先后总结出“2万吨列车精准操纵法”“3万吨列车操纵法”，填补了世界重载列车操纵技术标准空白。曾获全国五一劳动奖章、火车头奖章，全路优秀共产党员、技术能手、铁路工匠等荣誉，2017年聘为全路首席技师，享受国务院政府特殊津贴。2019年被授予“最美铁路人”荣誉称号。

陈 林

中共党员，郑州局集团公司郑州北站下行驼峰连结员。他执行解钩作业从未出现差错，并逐步成长为业务骨干，多次在车站比武大赛中拔得头筹，带领班组连续两次获得全站“调车职业技能竞赛”团体第一名。2018年春节前夕，央视《新闻联播》的报道“无敌解钩手”被人所熟知，他的事迹先后被新华社、中新社、工人日报等60余家中央和省市主流媒体报道。2019年被授予“最美铁路人”荣誉称号。

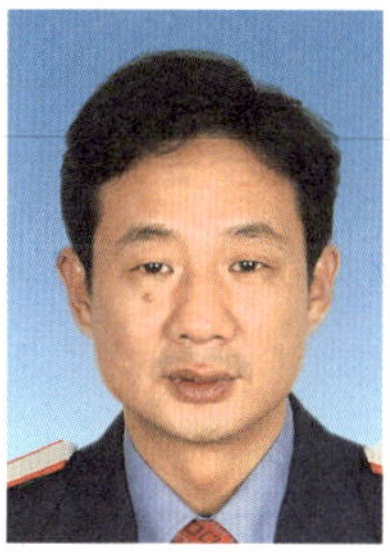

黄望明

中共党员，武汉局集团公司武昌客车车辆段武昌运用车间质检员。他累计发现1万余起车辆故障，2010年4月发现了209P型客车转向架重大裂纹故障，促使车辆部门对同型转向架进行全面彻查，笑出了行车安全隐患。总结摸索出“四站、五蹲、二钻”单车检车作业法，在全路检车员中推广应用。他牵头完成了客车轴温故障调研攻关等多个项目。曾获全国技术能手、全国铁路劳动模范、全路优秀共产党员等荣誉。2019年被授予“最美铁路人”荣誉称号。

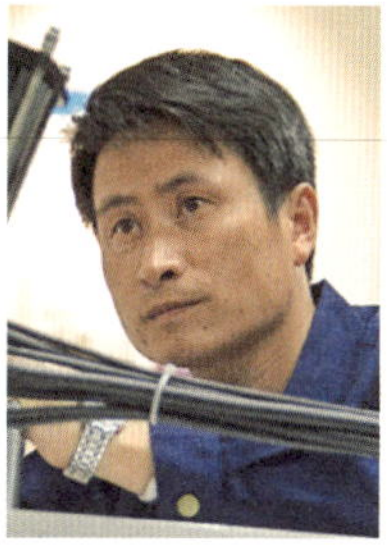

朱 挺

中共党员，上海局集团公司科研所机辆技术研究室主任。他长期从事高速铁路基础设施设备状态智能检测监测技术的研发工作。参与“最高试验时速400公里高速检测车列车关键技术研究与装备研制”，打破了该技术长期被国外垄断局面。他研制的“非接触式接触线磨损动态检测系统”，获得了上海市优秀发明一等奖。曾获全国五一劳动奖章、詹天佑青年奖、茅以升铁道工程师奖等荣誉。2019年被授予“最美铁路人”荣誉称号。

汪伯华

中共党员，南宁局集团公司百色工务段百色线路车间百色维修三工队工长。他坚持高标作业、严格管理，先后将6个落后工区带成先进班组。针对南昆铁路地质复杂、维修养护难度大的特点，他带领"汪伯华劳模创新工作室"总结出"一米一量、五米一测、每月三检"等科学方法，推出一批先进检修成果，保证了线路质量稳定。曾获火车头奖章、全国五一劳动奖章、全国劳动模范等荣誉。2019年被授予"最美铁路人"荣誉称号。

宋鹏飞

中共党员，广州铁路公安局长沙公安处刑警支队五大队大队长。他坚持15年战斗在铁路反扒第一线，破获重特大案件50余起、盗窃旅客财产案件320余件，打掉犯罪团伙18个，抓获犯罪嫌疑人270余人，为旅客挽回经济损失近百万元，以优异战绩助力平安铁路建设。曾于2016年荣立个人一等功，获广州铁路公安局查缉反扒能手、火车头奖章、全国优秀人民警察等荣誉。2019年被授予"最美铁路人"荣誉称号。

崔　欣

中国铁建中铁十一局集团桥梁有限公司曲水分公司质检女工班班长。她带领班组负责川藏铁路藏区起始段——拉林铁路新建正线403公里近45万根轨枕的质量检验工作。为保证近3150万个检测点的质量，她勤学苦练、潜心钻研，练就了"火眼金睛"，保证了自2018年6月首根轨枕生产下线至今，所有出场轨枕合格率百分之百的优异成绩。曾获全国五一巾帼奖状等荣誉。2019年被授予"最美铁路人"荣誉称号。

郭　锐

中共党员，中车青岛四方机车车辆股份有限公司钳工首席技师、中国中车首席技能专家。长期从事高速动车组转向架的装配制造，是该领域的"能工巧匠"。他参与了"和谐号"、"复兴号"不同速度等级、多种型号高速动车组转向架的制造，独创10余项绝招绝技、先进操作法，解决了大量转向架关键装配技术难题，为高速动车组的高质量制造作出了突出贡献。曾获全国五一劳动奖章、全国技术能手等荣誉。2019年被授予"最美铁路人"荣誉称号。

陈善珉

中共党员。在被犯罪分子视为走私"黄金通道"的福州站公安派出所工作期间，他把火车站台当成没有硝烟的战场，总结出"看、问、思、查"四字工作法，共抓获犯罪嫌疑人6502人，破获刑事案件120起，缴获黄金、鸦片等走私违禁物品总价值达734万元。陈善珉被公安部授予一等功，曾荣获人民铁道卫士、人民卫士、反走私斗争先进个人、全国公安战线一级英雄模范、中国十大杰出民警、全国劳动模范等荣誉称号。

新中国成立70周年综合交通重大工程建设项目选刊

铁路重大工程建设项目

成渝铁路

成渝铁路是一条连接四川省成都市与重庆市的铁路，全长505公里，是新中国成立后修建的第一条铁路干线。该线于1950年6月15日开工，先后有3万解放军战士和10万民工参加筑路。1952年6月13日竣工，7月1日通车，1953年7月30日正式交付运营。成渝铁路是中国自行设计施工，完全采用国产材料修建的第一条铁路，是在极其困难的条件下进行的。这是中国铁路史上的一个创举。图为1952年7月1日成渝铁路通车典礼。

天兰铁路

天兰铁路是陇海铁路的最西一段，东起甘肃省天水市，西至甘肃省会兰州市，全长348公里。它西连兰新、兰青铁路，北通包兰铁路，是中国内地通往大西北的咽喉要道。1946年5月开工，至1949年仅完成全部工程的13%。中华人民共和国建立后，于1950年4月15日开始施工，1952年10月1日铺轨通车，1954年8月交付正式运营。图为兰州各族各界人民欢迎到兰州的第一列火车。

集二铁路

集二铁路，南起京包铁路的集宁站，北至二连国境站，全长333公里，是北京经乌兰巴托至莫斯科的国际联运干线在中国的一部分。该线于1953年1月1日开工，1954年12月11日，按标准轨距建成并交付临时运营。1955年10月25日，根据中、苏、蒙三国政府协定，将轨距拨宽为1524毫米，12月1日正式运营。1965年12月为适应新形势和缩短国外车辆在中国境内运转停留时间，又将轨距拨回到1435毫米。图为列车过境前更换不同轨距的转向架。

黎湛铁路

黎湛铁路，自湘桂铁路的黎塘站至雷州半岛的湛江港，全长317公里，1954年9月动工兴建，1955年7月1日建成通车，1956年元旦全线交付运营。该线既是南方出海的一条通道，又是南海和海南岛地区联系华南腹地的一条铁路干线。图为1955年7月1日通车典礼。

兰新铁路

兰新铁路建于1952年—1962年。全长1892公里，在新疆境内共有978公里，结束了新疆没有铁路的历史。兰新铁路和陇海铁路共同构成横贯中国东西的交通大动脉。1971年12月，全长457公里的南疆铁路吐鲁番—库尔勒段开始修建，于1984年8月正式投入运营。1985年5月，全长476公里、自乌西站至中哈边境口岸阿拉山口站的北疆铁路动工修建，于1990年9月全线通车，贯通了东起中国连云港，西至荷兰鹿特丹的第二座亚欧大陆桥。

包兰铁路

包兰铁路自包头—兰州，全长990公里， 在中卫与干塘间通过腾格里沙漠边缘。该线于1954年10月和1955年10月分别在两端动工修建，1958年7月30日在银川接轨，8月1日全线通车，10月全线交付运营。是中国第一条沙漠铁路，是中国国民经济建设第1个五年计划规划修建的1级铁路干线。为华北通往西北的主要干线之一。图为东岗镇黄河桥全貌。

宝成铁路

宝成铁路，北起陕西宝鸡，西南到四川成都，全长669公里，是第一条入川并通向西南地区的铁路。该线于1952年7月动工修建，1958年元旦全线交付运营，沿线地势险峻，桥隧总长度占线路总长度的17%，工程艰巨为“一五”时期新建铁路之最。从1958年6月起，宝成铁路进行了电气化改造工程，1975年7月1日全线完成电气化改造，成为中国第一条电气化铁路。图为宝成铁路宝鸡县松树坡桥，是20世纪50年代中国跨度最大的石拱桥。

鹰厦铁路

鹰厦铁路，北起浙赣铁路的鹰潭，跨杏林海湾和集美—高崎海峡到达厦门，全长694公里，是福建省第一条干线铁路，也是新中国成立后建设的第二条干线铁路。该线于1955年初开工，1956年12月9日竣工通车，1958年1月1日交付运营。为缩短线路长度，修建了由杏林—集美—高崎间两座总长5公里、宽19米的海堤，是中国第一次在海上修堤筑路。1986年8月26日，鹰厦铁路电气化改造工程开工，1993年12月26日，全线电气化开通。

武汉长江大桥

武汉长江大桥是一座铁路公路两用桥，铁路桥全长1315米，其中正桥1159米，公路桥全长1670米，其中汉阳岸引桥303米，武昌岸引桥211米，从江心最低岩层至最高公路面，高83.59米，是长江上第一座大桥。该桥于1955年9月1日开工兴建，1957年10月15日建成通车。大桥施工中成功地采用管柱结构代替气压沉箱修筑基础，是近代大桥建设的创举。图为通车典礼。

环形试验铁路

中国第一条环形试验铁路，位于北京市东北郊，环形线全长9公里，呈正圆形，环内有不同半径的6条环线和1条直线，用以试验和检测机车车辆等设备运行状态的情况和数据。该线于1956年10月开工兴建，1958年1月15日建成并投入运用，是亚洲唯一的环形试验线，当时全球拥有环行试验线的国家包括中国在内有5个。图为环形试验铁路鸟瞰。

京广铁路

京广铁路的前身是京汉铁路与粤汉铁路，1957年10月15日，武汉长江大桥建成通车，原京汉铁路与粤汉铁路合并成京广铁路。图为京广铁路滹沱河大桥，全长458米，桥跨14孔，每孔32米，每个桥墩基础采用4根直径1.55米、长27米的斜管柱。该桥于1957年11月开工兴建，1958年7月25日建成，是中国铁路首次采用斜管柱基础的大桥。

岷江桥

内昆铁路宜宾岷江桥，1957年1月开工修建，1958年10月1日建成通车，是在大卵石层第一次采用管柱钻孔基础的桥梁。图为岷江桥。

余姚江大桥

萧甬铁路余姚江大桥，全长328米，1956年1月开工修建，1958年10月1日通车，是首次采用吊箱围堰施工的大桥。图为余姚江大桥。

黔桂铁路都匀—贵阳段新建工程

黔桂铁路都匀—贵阳段新建工程，长146公里，于1956年6月动工，1958年12月30日竣工通车，1959年2月7日举行通车典礼，1959年3月交付运营。至此，黔桂铁路自柳州经都匀—贵阳全线畅通，全长607公里，成为入黔的第一条铁路通道。图为黔桂铁路都贵段通车典礼现场。

太焦铁路丹河桥

太焦铁路丹河桥，全长145米，1958年5月1日开工建设，1959年1月14日竣工。该桥是20世纪50年代中国跨度最大的钢筋混凝土拱桥。图为丹河桥。

“江苏号”火车渡轮

“江苏号”火车渡轮，1959年2月6日下水，6月20日起，“江苏号”参加南京、浦口间的过江渡运。这是当时中国最大的火车渡轮。图为“江苏号”火车渡轮。

川黔铁路凉风垭隧道

川黔铁路凉风垭隧道，全长4270米，是中国在20世纪50年代兴建的最长隧道，也是首次采用平行导坑法施工的隧道。该隧道于1957年11月开工建设，1959年6月16日贯通。后因基本建设调整，全部工程于1965年8月正式验交。图为凉风垭隧道。

北京站

北京站，主楼建筑面积46700平方米，站前广场面积4万平方米，1959年1月开工，9月15日落成交付使用，是为庆祝中华人民共和国成立10周年而建设的北京十大建筑之一。

兰青铁路

兰青铁路，自兰州—西宁，全长188公里。1958年5月动工，1959年9月22日铺轨到西宁，1960年2月交付运营。该线是通向青藏高原的第一条铁路。图为列车行驶在高原牧场。

白沙沱长江大桥

川黔铁路白沙沱长江大桥，全长820.3米，1958年9月开工建设，1959年10月22日建成，1978年改为复线。该桥是长江上第二座大桥，建成后把成渝铁路和川黔铁路联为一体。图为白沙沱长江大桥。

新建苏家屯编组站

新建苏家屯编组站，1954年10月开工，1960年3月14日交付使用，是中国铁路第一个设有机械化驼峰的编组站。图为新建苏家屯编组站站场。

大庆油田原油运输

1960年6月1日，装载大庆油田原油的第一列列车从萨尔图站(后改为大庆站)开出。从此，铁路承担了大庆油田原油运出的任务。图为装载大庆油田原油的第一列列车驶出站场。

宝鸡—凤州段电气化改造工程

宝成铁路宝鸡—凤州段电气化改造工程，全长91公里，1958年6月开工，1961年8月15日竣工交付运营，是中国铁路的第一个电力牵引区段。电气化改造完成后，宝凤段的运输能力由原来的每年262万吨提高到每年1320万吨。图为1959年建成的中国铁路第一个电力机车段——宝鸡电力机车段。

“三趟快车”

“三趟快车”，是指在周恩来亲切关怀和指示下，由国家经委、外贸部、铁道部部署实施的向香港运送鲜活物资的3趟专列。1962年3月20日，第一趟赴港直达、快运鲜活物专列从江岸站发出，列车车次为751次。同年12月11日，增开由上海龙华站始发的753次列车和由郑州北站始发的755次列车。这3趟专列所提供的鲜活物资覆盖了香港的鲜活物资市场。图为满载鲜活物的列车到达香港。

赣江大桥

向九线南昌赣江大桥，分为南、北两桥，全长1180米，连接浙赣、向九两条铁路，是铁路公路两用桥。该桥于1955年9月开工，1962年6月30日竣工通车。该桥两桥桥墩均采用两根直径5.8米的大管柱基础，是中国铁路桥梁工程所用的直径最大的钢筋混凝土管柱。图为向九线南昌赣江大桥南桥。

浪江桥

湘桂铁路浪江桥，全长62.38米，跨度61.44米，架设在湘桂铁路浪江上，是中国修建的第一孔低合金钢栓焊桁梁。栓焊桁梁是结合旧桥换梁需要设计的，于1964年11月28日换梁通车。图为浪江桥。

川黔铁路

川黔铁路，北起重庆南—贵阳，全长463公里，1965年7月8日，在白沙窝中桥南端接轨通车，1965年10月1日全线交付运营。川黔铁路沿线地质条件复杂，川境多泥质岩和砂岩，黔境岩溶现象普遍，工程艰巨。图为蒙渡大桥。

汉丹铁路

汉丹铁路，起自武汉枢纽汉口西站，经襄樊到达湖北西部丹江口站，全长412公里。该线于1958年10月动工兴建，1965年10月20日全线铺通，1967年1月1日全线交付运营。该线的建成对修筑丹江口水利枢纽工程和发展鄂西北工业方面发挥了积极作用。图为1967年元旦通车典礼。

贵昆铁路

贵昆铁路，东起贵阳西站，西至昆明西站，全长644公里，是贯通黔滇两省的重要铁路干线，与湘黔、浙赣两路共同组成中国长江以南由东海之滨直至西南边陲的东西干线。该线于1958年8月开工，1966年3月4日东、西两段在树舍观音岩大桥接轨通车，1970年12月正式交付运营。该路沿线地势险峻，地质复杂，桥隧长度占线路总长度的15.6%。图为该线最长的梅花山隧道。

永定河7号桥

丰沙铁路永定河7号桥（下行线），全长2018米，主跨150米。该桥于1960年2月开工，1966年6月竣工，1972年10月正式投入运营，是当时中国跨度最大的钢筋混凝土铁路拱桥。图为永定河7号桥。

通让铁路

通让铁路，起自郑大铁路通辽站，至黑龙江省大庆油田，在让湖路站与滨洲铁路接轨，全长421公里，是一条为大庆油田运油的铁路。该线于1964年7月动工，1966年11月13日全线铺通，12月1日正式交付运营。在大庆油田外运管道建成以前，该路是重要的石油运输线。图为满载石油的列车由大庆油田开出。

牙林铁路

牙林铁路，起自滨洲铁路的牙克石站，通向大兴安岭林区深处，分为中、西、东线，全线长735公里，其中144公里为旧线改造，591公里为新建铁路。该线于1955年6月开工，1966年11月竣工，1966年12月20日全线交付运营。中线牙克石到满归。西线起自中线的朝中站，终点为莫尔道嘎。东线起自中线的伊图里河，向东到达加格达奇与嫩林铁路接轨。沿线气候严寒，最低达-50℃，土壤冻结2.5米。图为伊图里河站场。

汤林铁路

汤林铁路，位于小兴安岭林区，起自绥佳铁路的南岔站，向北经伊春—乌伊岭，全长257公里。其中南岔—伊春的104公里是日本帝国主义于1940年修建，新中国成立后，对该段进行技术改造。1952年5月开始自伊春起向北逐段修建，1966年11月竣工，1966年12月全线正式运营。线路所经属原始林区和塔头草地带，最低温度在-40℃以下，泥土冻结1.5米~3米。图为线路通向小兴安岭林区。

南京长江大桥

南京长江大桥，是一座公铁两用桥，下层为双线铁路桥，全长6772米，宽14米；上层为公路桥，全长4588米，宽15米，其两端与引桥连接处有桥头建筑。大桥于1960年1月开工建设，1968年9月30日铁路桥部分建成通车，12月29日公路桥部分建成通车。从此，津浦、沪宁两条铁路合称京沪铁路。该桥是当时世界上最长的公铁两用桥。

宜宾金沙江大桥

宜宾金沙江大桥，位于宜珙支线(宜宾至珙县)，距金沙江与岷江交汇处约1.8公里，全长1053.5米。大桥于1965年9月23日开工，1968年10月建成通车，是中国第一座采用两岸伸臂、跨中合龙法架设的钢桁梁桥。图为金沙江大桥正桥部分。

北京地下铁道一期工程

北京地下铁道一期工程，起自北京火车站，西至苹果园站，1965年7月1日动工，1969年9月20日建成通车。线路采用浅埋明挖法施工，隧道为整体式钢筋混凝土矩形结构。图为北京地铁前门站大厅。

辽河新桥

沈山铁路巨流河辽河新桥，全长925米，1969年5月2日开工，1970年4月29日竣工通车。全桥下部工程除沈阳方向桥台为明挖基础外，其余都是钻孔桩基础，是中国铁路特大桥梁工程第一次大规模使用旋转式钻机和钻孔灌注桩基础。图为巨流河辽河新桥。

成昆铁路

成昆铁路，起自成都，终到昆明，全长1091公里。1958年7月从成都段先行开工；1970年6月29日完成铺轨，7月1日举行通车典礼；1971年1月1日交付运营。成昆铁路工程艰巨，在险峻山区7次盘山展线，有隧道427座、桥梁991座，桥隧总长占线路总长的41.6%。全线122个车站，其中41个设在桥梁上或隧道内。图1为全长1148米的大田箐大桥，是全线最长的大桥；图2为成昆铁路通车典礼。

京原铁路

京原铁路，起自北京枢纽的石景山南站，至北同蒲铁路的原平站，全长419公里，是一条北京直通山西的铁路干线。1958年10月动工修建枣林—原平段，1961年7月临时运营。1965年11月修建石景山南站—枣林段，并改造枣林—原平段。全线于1971年10月31日铺通，1972年12月31日交付运营。图1为十渡高架桥。图2京原铁路驿马岭隧道，全长7032米，最大埋深500米，1967年4月开工，1969年10月建成，是当时中国最长的铁路隧道。

嫩林铁路

嫩林铁路，起自黑龙江省嫩江，经加格达奇到达古莲，全长680公里。1958年7月嫩江—加格达奇段动工兴建，后因国民经济调整停建，1964年1月复工续建，1972年8月15日全线铺通，1974年8月15日交付运营。线路所经之地冰冻期长达7个月，有终年冰雪不化的永冻层和结冰数尺厚的冰河，最低温度-57℃。嫩林铁路和牙林铁路共同形成大兴安岭林区的交通动脉。图为嫩林铁路。

湘黔铁路

湘黔铁路，起自京广铁路株洲北站，经湘西进入贵州，在贵定与黔桂铁路接轨，全长820公里，是联系西南和中南地区的重要通道。1953年6月重新动工兴建，湘潭至新化段于1962年通车，新化—贵定段于1959年开工，一度停建，1970年9月分东西两段先后复工，1972年10月13日接轨通车。1975年1月全线交付运营。图为雪峰山隧道群。

襄渝铁路

襄渝铁路，起自襄樊，终到重庆西，全长897公里。该路襄樊—莫家营与汉丹铁路共轨，于1960年建成通车。从莫家营—重庆为新建工程，东西两段分别于1968年4月、1969年3月开始施工。1973年10月9日，东西两段在大棕溪站接轨。1978年6月全线交付运营。该路工程艰巨，桥隧总长400公里，为正线长度的46%，全线有36个车站设在桥梁上或隧道内，是当时中国铁路中桥隧密度最大的铁路。图为紫阳汉江大桥，其3号墩高70.5米，为20世纪80年代初期桥墩最高的大桥。

宝成铁路电气化改造工程

宝成铁路电气化改造工程，宝鸡—凤州段于1961年8月首先实现电气化。1968年12月起，其他各段陆续完成电气化改造。1975年7月1日，宝成铁路完成电气化改造，成为中国第一条全线电气化铁路。图为观音山展线电气化。

津浦铁路子牙河大桥

津浦铁路子牙河大桥，全长1334米，1976年6月建成，是国内首次采用预制混凝土串联箱梁的铁路双线桥。图为子牙河大桥。

阳安铁路

阳安铁路电气化铁路，起自宝成铁路阳平关站，在终点安康与襄渝铁路接轨，全长357公里。1969年1月工程开工，1972年铺轨通车。1973年9月电气化工程开工，1977年6月15日全线开通，8月1日交付运营。阳安铁路是中国第一条一次建成的电气化铁路。图为缯西河三线桥。

新建京通铁路白河桥

新建京通铁路白河桥，建在密云水库白河主坝上游约10公里处，全长404.7米，是中国第一座使用15锰钒氮低合金钢制造的栓焊桁梁桥。桥式为3孔128米连续栓焊桁梁。1973年12月开工，1977年9月竣工。图为白河桥。

京通铁路

京通铁路，原称沙通铁路，起自北京昌平站，终点为内蒙古通辽站，全长804公里，是联通关内外的一条干线。该线于1972年10月开工，1977年12月4日全线铺通，1981年6月1日正式运营。图为建设者在长城脚下架设大桥。

青藏铁路关角隧道

青藏铁路关角隧道，全长4010米，洞内线路呈“人”字坡形，其最高处海拔3690米，是中国海拔最高的隧道。1958年8月开工，1961年3月停工，1974年9月复工，1977年12月竣工。图为关角隧道。

狄家河桥

太西铁路（太原—西安）西安—延安段狄家河桥，全长172.5米。1975年5月20日开工，1977年5月10日竣工。该桥为首座用顶推法施工的大桥。图为狄家河桥。

枝柳铁路

枝柳铁路，北起枝城，南达柳州，全长886公里，和焦枝铁路联成纵贯南北的又一条干线。1970年8月开始修建，1978年12月25日通车。1983年1月1日起交付武汉、广州、柳州铁路局分段运营，1985年1月6日全线正式运营。图为枝柳铁路通车庆典。

昌吉河桥

昌吉河桥，全长155米，位于兰新铁路乌鲁木齐西站以西25公里处（现属北疆铁路），1960年6月开工，1961年8月竣工。该桥为中国第一座预应力混凝土刚性梁柔性拱桥。图为昌吉河桥。

京秦铁路

京秦铁路1981年9月开工，1984年6月开通。京秦铁路全长290公里，是晋煤外运重要通道。双线电气化工程1983年3月开工，1985年12月投入运营。图为京秦线永定河大桥。

新菏铁路长东黄河大桥

新菏铁路长东黄河大桥，全长10.283公里，1984年2月开工，1985年10月建成，是中国首座桥上设会让站的铁路桥梁，长度当时居亚洲铁路桥梁第一位。

大瑶山隧道

大瑶山隧道，1980年11月开工，1988年12月开通。该隧道全长14.295公里，是当时中国建成最长的双线电气化铁路隧道，修建新技术先后获铁道部和国家科技进步奖特等奖。

京广铁路衡广段（衡阳—广州）复线

京广铁路衡广段（衡阳—广州）复线，全长526公里，1978年开工，1988年11月建成，1989年1月开通，是改造既有铁路繁忙干线的成功范例。图为衡广复线。

郑州北编组站

郑州北编组站，1955年10月开工，1985年3月建成。该编组站是中国第一个建成投产的双向三级八场、四推双溜机械化和半机械化驼峰编组站，是当时中国铁路规模最大的编组站，也是第一个实现综合自动化的大型路网性编组站。

沪杭铁路第二线钱塘江第二大桥

沪杭铁路第二线钱塘江第二大桥，全长2860.8米，1988年4月开工，1991年12月建成。该桥为铁路、公路两用桥。正桥为预应力混凝土连续梁，连续长度当时为世界之冠。

大秦铁路

大秦铁路(大同—秦皇岛)，全长653公里，1985年1月开工，1992年12月开通，是中国第一条开行万吨重载组合列车的双线电气化运煤专用铁路。图为列车驶过大秦线永定河特大桥。

宝中铁路

宝中铁路连接陕西省宝鸡市和宁夏中卫市，全长498公里，1990年10月开工，1995年6月开通，是连接陕甘宁三省区的大动脉。图为庆祝通车的列车驶出平凉站。

广深准高速铁路

广深准高速铁路，从广州经增城、东莞至深圳。是中国自行设计、施工建设的第一条时速达160公里的新型铁路。全长147公里，1991年12月开工，1994年12月开通，是在广深铁路既有线上进行技术改造建成的全封闭铁路，是中国发展高速铁路的试验线。图为春光号列车在运行中。

先行号旅客列车

1996年4月1日9时，第一趟快速旅客列车先行号从上海出发直抵南京，303.6公里的路程只用了2小时41分，最高时速达到140公里。这是中国铁路在既有线上提高运行速度的历史性突破。图为先行号旅客列车行驶在沪宁线上。

京九铁路

京九铁路，全长2398公里，1991年9月开工，1996年9月开通，该线自北京—九龙，其线路之长、规模之大、投资之多，涉及地域之广，均为当时中国铁路建设之最，同时也是中国采用合资方式建设的首例长大干线。图为1995年11月京九铁路在赣、粤交界的定河桥头接轨贯通。

南昆铁路

南昆铁路，全长898.68公里，1990年12月开工，1997年12月开通，是连接广西南宁市和云南昆明市的国铁Ⅰ级干线电气化铁路，是沟通中国西南地区与沿海地区的一条重要通道，线路桥隧总长占线路70%以上。图为该线位于贵州省兴义市境内的清水河大桥。

铁路六次大提速

1997年、1998年、2000年、2001年、2004年、2007年，全国铁路连续进行了既有线六次大面积提速调图。经过六次大提速，中国走入了高铁时代，并探索性预备了中国高速铁路的技术。图为2004年4月18日，一列由北京开往上海的Z19次列车驶出北京西站，拉开了全国铁路第五次大提速直达特快列车开行的序幕。

西康铁路秦岭Ⅰ、Ⅱ线隧道

西康铁路秦岭Ⅰ、Ⅱ线隧道，分别于1999年8月和2003年12月建成，全长分别为18459米和18456米，是两座并行的单线铁路隧道，是中国首次采用TBM施工的特长隧道。

秦沈客运专线

秦沈客运专线，全长404.64公里，1999年7月开工，2003年10月开通。2002年11月27日，中国自主研发的高速动车组“中华之星”在秦沈客运专线创造了试验时速321.5公里的最高纪录。图为“中华之星”奔驰在秦沈客运专线上。

青藏铁路

青藏铁路，一期工程西宁—格尔木段全长814公里，1958年开工，1984年5月建成；二期工程格尔木—拉萨段全长1142公里，2001年6月开工，2006年7月通车。该线自西宁—拉萨，是世界上海拔最高、线路最长的高原铁路。青藏铁路昆仑山隧道，全长1686米，是世界高原冻土第一长隧道。图为青藏铁路拉萨河桥，是青藏铁路标志性工程之一。

京津城际铁路

京津城际铁路，2005年7月开工，2008年8月开通。该线自北京—天津，运营里程118公里，是中国第一条时速350公里的高速铁路。图为京津城际列车行驶在天津的高楼大厦间。

宜万铁路

宜万铁路，2003年12月开工，2010年12月开通。线路东起宜昌东站，西至万州站，客运里程377公里。该线桥隧占比为74%，有34座高风险的岩溶隧道，是中国修建难度最大、公里造价最高、历时最长的山区铁路。图为特快列车通过宜万铁路野三河大桥。

京沪高速铁路

京沪高速铁路，2008年4月开工，2011年6月开通。该线自北京南站至上海虹桥站，全长1318公里，设24个车站。京沪高速铁路是世界上一次建成线路最长、标准最高的高速铁路，也是新中国成立以来投资规模最大的建设项目。图为京沪高铁南京大胜关长江大桥，全长约9.273公里，是世界首座六线铁路大桥。

京广高速铁路

京广高速铁路，全长2298公里，2008年10月开工，2012年12月开通，是北京—香港高速铁路的重要组成部分，被誉为世界上运营里程最长的高铁。图为京广高铁郑州黄河公铁两用特大桥。

哈大高速铁路

哈大高速铁路，全长921.2公里，2007年8月开工，2012年12月开通，是中国第一条在高纬度严寒地区建设的时速350公里客运专线。

兰新客运专线

兰新客运专线，全长1786公里，2009年11月开工，2014年12月开通，是中国一条连接甘肃省兰州市与新疆维吾尔自治区乌鲁木齐市的高速铁路，是世界上一次性建成通车里程最长的高速铁路，是中国《中长期铁路网规划》的重点项目，也是亚欧大陆桥铁路通道的重要组成部分。图为兰新客运专线大通河特大桥。

晋陕黄河特大桥

晋陕黄河特大桥是大同—西安客运专线“三隧一桥”重点控制工程之一。2010年3月开工，2014年7月开通。该桥桥梁高50米，全长9.97公里，为双线铁路桥，是中国高速铁路跨越黄河最长、建设规模最大的桥梁。

南广铁路

南广铁路是连接广西壮族自治区与广东省的区际快速铁路、国家Ⅰ级客货干线铁路，是中国华南地区铁路通道的主干部分之一，也是中国“八纵八横”高速铁路广昆通道的组成部分。2008年11月开工，2014年12月26日全线贯通。图为南广铁路桂平郁江特大桥，全长11.3公里，是中国首座设计时速250公里客运专线双线铁路钢桁斜拉桥。

合福高铁

合福高铁是连接安徽省合肥市与福建省福州市的高速铁路，全长850公里，2010年4月开工，2015年6月开通，是北京和华北、中西部地区至福州、海峡西岸快速客运通道。线路所经区域分布着歙县、绩溪、福州市等国家历史文化名城，以及“世界文化遗产和自然遗产”黄山和武夷山，并分布有巢湖、三清山等19处国家、省级风景名胜区和扬子鳄、黄楮林等36处自然保护区。被称为中国“最美高铁”。图为列车行驶在合福高铁线上。

沪昆高速铁路

沪昆高速铁路，全长2252公里，2009年2月开工，2016年12月开通，是中国东西向线路里程最长、速度等级最高、经过省份最多的高速铁路。图为动车组列车行驶在沪昆高铁贵州安顺段油菜花海里。

徐兰高速铁路

徐兰高速铁路，由徐州—兰州，全长1447公里，2005年9月开工，2017年7月开通。徐兰高速铁路宝兰段是国家中长期铁路网规划“八纵八横”高速铁路主通道中陆桥通道的重要组成部分，被称为中国“四纵四横”高速铁路网“最后一公里”。图为动车组列车行驶在宝兰高铁东岔沟大桥上。

西成客运专线

西成客运专线，2010年11月开工，2017年12月开通。该线北起西安，向南经汉中进入四川，是中国首条穿越秦岭的高速铁路。图为首列CRH3A型动车组列车驶过西成高铁跨西宝高铁特大桥。

石家庄—济南高速铁路

石家庄—济南高速铁路，2014年3月16日开工，2017年12月28日开通运营，标志着国家《中长期铁路网规划》“四纵四横”高速铁路网中的“四横”收官。图为开通当日，首趟石家庄—济南高速铁路D1611次动车组列车驶入衡水北站。

中欧班列

中欧班列是运行于中国与欧洲以及“一带一路”沿线各国的集装箱国际铁路联运班列。2016年6月20日，国家主席习近平同波兰总统杜达共同出席中欧班列首达欧洲（波兰）仪式。至2018年，中欧班列累计开行13000列。图为2016年11月28日连云港—塔什干班列成功开行100列。

浩吉铁路

浩吉铁路，北起内蒙古浩勒报吉站，终点到达江西省吉安市，线路全长1813.544公里，设计时速120公里/小时，规划输送能力超过2亿吨/年，是国家“北煤南运”新的战略大通道。2019年9月28日6时30分，首趟105节货运列车满载8400吨煤炭从内蒙古鄂尔多斯浩勒报吉南站出发，驶向江西井冈山站，标志着世界上一次建成里程最长的重载铁路和国内规模最大的运煤专线——浩（勒报吉）吉（安）铁路正式开通运营。

京张高速铁路

京张高速铁路，正线全长174公里，是连接北京市与河北省张家口市的城际高速铁路，是《中长期铁路网规划》中“八纵八横”高速铁路主通道中“京兰通道”、“京昆通道”的重要组成部分，是2022年北京冬奥会的重要交通保障设施， 是中国第一条采用自主研发的北斗卫星导航系统、设计速度350公里/小时的智能化高速铁路，也是世界上第一条最高设计速度350公里/小时的高寒、大风沙高速铁路。2016年4月29日正式开工建设，2019年12月30日正式开通运营。

公路重大工程建设项目

青藏公路

青藏公路东起青海西宁市，西止西藏拉萨市。是世界上海拔最高、线路最长的公路。1950年初，中国人民解放军挺进西藏，遵照党中央的号召和毛主席“一面进军，一面修路”的指示，和藏族同胞一起发扬艰苦奋斗的精神，历经艰险、排除万难，于1954年，在世界屋脊上修通了全长4360余公里的青藏公路，开创了西藏交通事业发展的新篇章。青藏公路是西藏与祖国内地联系的重要通道，被誉为西藏的“生命线”。

川藏公路

川藏公路，是古代川藏线的现代升级，东起四川省成都市，西止西藏拉萨市，由中国的318国道、317国道、214国道、109国道的部分路段组成，是连通成都与拉萨之间汽车通行的第一条公路，也是中国最险峻的公路。其分为南北线，南线全长2146公里，北线全长2412公里。川藏公路从1950年4月开始，经过11万军民的艰苦修建，北线于1954年12月正式通车，2000多名军民为此付出了生命。此后，筑路大军又继续修筑了东俄洛经巴塘、芒康、左贡至邦达南线段，并于1969年全部建成通车。公路平均海拔3000米左右，河谷与山脊相对高差1000米至2000米，被称为“天险奇路”。它不但是藏汉同胞通往幸福的“金桥”和“生命线”，而且是联系藏汉人民的纽带，具有极其重要的经济意义和军事价值。

海榆中线公路

1952年8月，为响应党中央“巩固国防、建设海南”的号召，解放军公路一师、二师等部队近万名指战员挥师南下，与全岛10万余民工展开了一场艰苦卓绝的筑路大会战，在极其艰苦恶劣的条件下，战天斗地、披荆斩棘，历时两年时间，于1954年10月建成了海南解放后第一条上等级干线公路——海（口）榆（林港）中线公路，公路全长296公里，打通了南北交通大动脉。这是继青藏、川藏公路开工之后，新中国成立后的第3条国防公路。

锡崖沟挂壁公路

从1963年开始，山西省陵川县东部深山中的锡崖沟村人，在村党支部的带领下，凭借滴水穿石的愚公移山精神，三十年风餐露宿，几代人前赴后继，从狼道到羊窑，从羊窑到挂壁公路，他们几代人流血流汗，硬是在北边的王莽岭绝壁上凿出一条明明暗暗公路。1991年10月，锡崖沟长7.5公里含悬崖隧道长1800米的挂壁公路，终于竣工通车，这是太行山脉中挂壁公路的先驱，创造了中国乡村筑路史的人间奇观。

墨脱公路

1965年，拉萨市试图打通自帕龙（帕隆）老虎嘴沿帕隆藏布江、雅鲁藏布江通往墨脱的道路，由于山势太险而被迫停工。20世纪70年代，国家曾两次投资对墨脱公路进行建设，但都由于特殊条件的制约，未取得实质性进展。2008年10月，墨脱公路经国务院常务会议批准立项建设，2009年4月20日，墨脱公路开工建设。2010年12月15日，嘎隆拉雪山隧道爆破成功，墨脱公路全部贯通。墨脱公路是西藏波密县扎木镇—墨脱县县城公路新改建工程，在原墨脱简易道路的基础上整治改建，新建桥梁29座、涵洞227道，路线全长117公里，2013年10月31日，墨脱公路正式通车。结束中国最后一个不通公路的县墨脱县不通公路的历史。

沪嘉高速公路

上海市区—嘉定高速公路，简称沪嘉高速，是中国大陆首条建成通车的高速公路。沪嘉高速公路于1984年12月12日开始建造，1988年10月31日通车。沪嘉高速公路的起点位于上海市区祁连山路，终点位于上海嘉定南门，全长15.9公里。高速公路车道宽度55米，设计时速每小时120公里。

沈大高速公路

沈大高速公路，现为国家高速G15（沈海高速公路）沈阳至大连段，全线总长375公里，路面宽26米，分四车道上下分向行驶，全封闭、全立交，设计时速为100－120公里，年运货能力为8000万吨，客运量1.3亿人次。1984年6月27日开工兴建，1990年10月全线正式通车。沈大高速公路是中国大陆兴建最早的高速公路，被誉为“神州第一路”。沈大高速的开通标志着中国高速公路的建设拉开了序幕。2002年开始拓宽改造，于2004年改造完毕，成为双向八车道的高速公路，设计时速为120公里。

济青高速公路

济青高速公路分为济青高速公路北线与济青高速公路南线。公路横贯山东半岛，连接济南、淄博、潍坊、青岛等山东省重要城市，穿越5条国道、15条省道。北线工程于1986年4月开始勘察设计，1990年7月开工建设，1994年年初主线工程建成通车。

京津塘高速公路

连接京津冀两市一省的高速公路全长142.69公里，其中北京段35公里，河北段6.84公里，天津段100.85公里，全线设计为双向四车道，全封闭、全立交的高等级公路，设计时速为120公里。1987年12月开工，1993年9月25日通车时间。京津塘高速公路是中国第一条利用世界银行贷款建设的跨省市高速公路。也是中国第一次按照国际惯例菲迪克条款而建的高速公路。

沪宁高速公路

公路起自上海，终于南京，全长274公里。1996年被列为国家重点建设工程，成为中国最繁忙的高速公路。全路共建有大小桥梁431座，通道294道，互通立交20座。1992年6月14日建设，1996年11月28日通车。随着长三角经济发展，交通量迅猛增长，沪宁高速公路拥堵日益严重，不能满足经济社会发展的需要。2003年5月对沪宁路进行扩建，2006年1月通车。

榆靖高速公路

榆靖高速公路是中国第一条沙漠高速公路。榆靖高速公路是一条起自榆林市榆阳区芹河乡孙家湾村，止于靖边县新农村乡石家湾村的高速公路，正线全长115.918公里，榆林、横山、靖边三条连接线长18.256公里，项目建设里程全长134.174公里。路线大部分路段穿越毛乌素沙漠。正线设计标准为全封闭、全立交、双向四车道高速公路，计算行车速度为100公里/小时。1999年12月开工，2003年8月22日通车。

农村公路“通达工程”

2005年，中国农村公路史上第一个国家级专项建设规划——《全国农村公路建设规划》正式发布，提出了21世纪前20年农村公路建设的总体目标：到2020年，全国具备条件的乡（镇）和建制村通沥青（水泥）路。

党的十八大以来，习近平总书记多次就农村公路发展作出重要指示，要求建好、管好、护好、运营好农村公路。交通运输部门强化顶层设计、打出一系列组合拳。截至2018年年底，农村公路总里程达到404万公里，占公路总里程的83.4%。

江阴长江大桥

江阴长江大桥位于江苏省江阴市黄田港以东的西山与江苏省靖江市十圩村之间，桥型采用主跨为1385米钢悬索桥，全长3071米，于1994年开工建设，1999年通车，江阴长江公路大桥是中国首座跨径超千米的特大型钢箱梁悬索桥梁，也是20世纪“中国第一、世界第四”大钢箱梁悬索桥，是国家公路主骨架中同江—三亚国道主干线及北京—上海国道主干线的跨江“咽喉”工程。

宜昌—巴东高速公路

宜巴高速是国家高速公路网规划中18条横向干线之一——G42沪蓉高速的重要组成部分，起于荆宜高速公路白河服务区约3公里处，止于鄂渝交界的火烧庵全长173公里，其中桥梁138座、隧道39座，占全线长度的74.5%，2009年7月开工，2014年12月27日，随着宜巴高速的界岭隧道正式通车，全长1966公里的沪蓉高速公路全线贯通。

鹤大高速公路

鹤岗—大连高速公路起点在黑龙江省鹤岗市，终点在辽宁省大连市，双向4车道，全长1474公里。2016年10月27日全线通车。鹤大高速是国家高速公路“7918”网中的9条南北纵线中的第一纵，也是交通运输部《规划纲要》和吉林省高速公路网规划的组成部分，是由国务院批准的《东北地区振兴规划》中确定重点建设六大通道之一。鹤大高速纵贯黑、吉、辽三省东部地区，是东北东部出海开展国际贸易的快捷通道。

矮寨特大悬索桥

矮寨特大悬索桥位于湖南省湘西州吉首市矮寨镇境内，距吉首市区约20公里，是国家重点规划的8条高速公路之一——长沙—重庆通道湖南段吉（首）茶（峒）高速公路中的重点工程。工程为双层公路、观光通道两用桥梁，四车道高速公路特大桥。桥型方案为钢桁加劲梁单跨悬索桥，全长1073.65米。悬索桥的主跨为1176米，创造了四项世界第一。项目土建工程于2007年10月28日正式开工建设，2012年3月31日正式通车试运营。

新河高速公路

新河高速公路，是云南新街—河口高速公路，是国家规划五纵七横国道主干线二连浩特—河口公路的最后一段，是云南省最近的出海通道，是中国外接越南及东南亚的重要国际大通道，路线全长56.32公里，桥隧比为37.6%，2005年5月开工建设，2008年2月通车运营，该项目分部荣获国家工程建设项目优秀设计成果一等奖、国家优质工程金质奖、第十一届中国土木工程詹天佑奖。是国家优质工程30周年经典工程中唯一的高速公路项目。

太旧高速公路

太旧高速公路作为国家和山西省“八五”重点公路建设项目之一，是山西省第一条全封闭、全立交高速公路，横贯山西中部和东部，是青岛—银川国道主干线在山西境内的重要路段，路线全长143.178公里，起点太原武宿终点河北省交界旧关。双向4车道。1993年5月18日奠基，1996年5月26日主体工程完工，6月25日竣工通车。在太旧高速公路的建设中，5万筑路大军顽强拼搏、勇于奉献，用心血和汗水铸就“自力更生、艰苦奋斗、不屈不挠、勇于奉献”的“太旧精神”。

秦岭终南山公路隧道

秦岭终南山公路隧道位包茂线陕西境西柞高速64公里+796米～82公里+816米处，即于西安市长安区五台乡青岔村铁路隧道西120米处进洞，至商洛市柞水县营盘镇小峪街铁路隧道出口西30米处出洞，穿越秦岭终南山。采用双向四车道高速公路技术标准设计、建设。隧道单洞长度18.02公里，双洞全长36.04公里，为中国第一长双洞公路隧道，也是亚洲第二长公路隧道、世界第三长公路隧道。于2007年1月20日正式通车。

重庆轨道交通2号线

重庆轨道交通2号线是中国西部地区第一条城市轨道交通线路，也是中国第一条跨座式单轨线路，同时是国家西部大开发十大重点工程之一，因其列车在李子坝站穿楼而过闻名全国。轨道运营里程为31.36公里，采用单轨系统（跨坐式单轨），共设车站25座，其中高架站22座、地下站3座。重庆轨道交通2号线于2004年11月6日开通观光运营，标识色为森林绿。

思小高速公路

云南思茅—小勐养高速公路是国家高速公路网规划中G85银川—昆明高速公路联络线G8511昆明—磨憨公路的一段，是国家西部开发八条通道之一——兰州至成都至昆明—磨憨公路（国道213线）在云南省境内的重要路段，是昆明—曼谷国际大通道上的重要路段，也是云南规划建设的“三纵三横、九大通道”的建设项目之一。全长97.75公里，项目于2003年6月开工建设，2006年4月建成通车，2009年3月通过竣工验收。

沪蓉西高速公路

沪蓉西高速公路是中国地形最复杂、建设难度最大的山区高速公路工程，也是国家公路主骨架沪蓉国道主干线的重要组成部分。公路全长约320公里，从筹备到建成，历时7年。其中，“武汉设计”在沪蓉西最难的榔坪至高坪段49公里段创造了四项世界级纪录。2004年8月开工，2009年12月18日通车。

京新高速公路

京新高速由北京—乌鲁木齐，是亚洲投资最大的单体公路建设项目，也是国家西部大开发的重要交通要道。它的临河—白疙瘩段，位于内蒙古西部巴彦淖尔市和阿拉善盟境内，全长930公里，途经巴丹吉林沙漠—腾格里沙漠—乌兰布和沙漠，是世界最长的沙漠高速公路。2012年9月开工，2019年4月23日通车。

黑河（中国）—布拉戈维申斯克（俄罗斯）黑龙江（阿穆尔河）大桥工程

黑河(中国)—布拉戈维申斯克(俄罗斯)黑龙江(阿穆尔河)大桥工程建设项目是中俄合建的首座界河公路大桥，大桥项目于2016年12月24日开工，起点位于中国吉黑高速K2+240处，终点位于俄罗斯布市卡尼库尔干村北的布哈公路，路线全长19.9公里(中方6.5公里、俄方13.4公里)，二级公路标准，设计时速80公里，跨越黑龙江特大桥长1284.1米，桥宽14.5米，规划Ⅱ级航道，主航道跨径147米。建设工期3年，2019年11月交工。

港珠澳大桥

港珠澳大桥是“一国两制”框架下、粤港澳三地首次合作共建的超大型跨海通道，大桥主体工程实行桥、岛、隧组合，总长约29.6公里，全长55公里，设计使用寿命120年。大桥于2003年8月启动前期工作，2009年12月开工建设，筹备和建设前后历时达15年，于2018年10月开通营运。至2018年10月，港珠澳大桥是世界上里程最长、沉管隧道最长、寿命最长、钢结构最大、施工难度最大、技术含量最高、科学专利和投资金额最多的跨海大桥；大桥工程的技术及设备规模创造了多项世界纪录。

拉林高等级公路

2019年4月26日，世界海拔最高公路特长隧道中国西藏米拉山隧道正式双向通车。这意味着历时6年建设，连接西藏自治区首府拉萨和林芝市的高等级公路全线通车。拉林高等级公路地处“世界屋脊”青藏高原，全长409.2公里，总投资380亿元人民币，全线采用四车道一级公路标准建设，设计时速80公里。是西藏首次大规模建设的高寒、高海拔、高等级公路。

水运重大工程建设项目

天津新港一期工程

1951年10月开工。1952年6月底，通海主航道全面挖通，10月上旬完成第一码头改造和泊地挖泥，同时完成第二码头装煤机大修和船闸检修。一期工程完成后，使新港主航道浚深至-6.5米，第一码头泊地浚深至-8.5米；将第一码头改造为8000吨级深水泊位，能同时接纳4艘吃水8米的大船；修补南、北防波堤2200米；1952年10月17日，新中国成立后第一个自行改建完成的深水港口开港。

秦皇岛港

1959年，秦皇岛港与铁路秦皇岛站共同开创了路、港"一条龙"运输大协作。1973年国务院将秦皇岛港列入首批国家重点发展建设项目。1978年12月，秦皇岛港煤码头一期工程列入"六五"期间108个重点建设项目之一 。1983年，中国第一座自行设计、施工，装卸设备自己制造、安装的大型煤炭输出专业码头建成，从此确立了秦皇岛港作为中国能源输出大港的地位。

宁波-舟山港

宁波港和舟山港历来是中国对外贸易的重要商埠。20世纪70年代初的"三年大建港"时期和改革开放以后，使宁波港得到迅速发展。2006年1月1日原宁波港和舟山港正式合并，到2018年，宁波-舟山港已成为集装箱远洋干线港、国内最大的矿石中转基地、国内最大的原油转运基地、国内沿海最大的液体化工储运基地和华东地区重要的煤炭运输基地。成为全球首个年货物吞吐量突破10亿吨大关的港口。

上海港

新中国成立后，在经过三年恢复期和70年代大建港的建设，特别是改革开放以来，上海港在黄浦江内新建了张华浜、军工路、共青、朱家门、龙吴5个港区，在长江口建了宝山、罗泾和外高桥港区。1995年12月，党中央、国务院作出建设上海国际航运中心的决策。2005年12月，洋山深水港区一期建成投产，至2018年，洋山深水港区已经成为全球规模最大、技术最先进的自动化码头。上海港已成为一个综合性、多功能、现代化的大型主枢纽港。

青岛港

青岛港由青岛老港区、黄岛油港区、前湾新港区和董家口港区等四大港区组成，被国务院明确定位为现代化的综合性大港和东北亚国际航运枢纽港。拥有可停靠15000标准箱船舶的集装箱码头，可停靠30万吨级大船的矿石码头、原油码头，可停靠10万吨级船舶的现代化煤炭码头。自1995年以来，青岛港一直是全国交通系统的典型和全国港口行业唯一的示范“窗口”。

长江口深水航道治理工程

长江口深水航道治理工程位于长江口南港和北槽河段，全长92.2公里、底宽350米～400米、深12.5米。工程于1998年开始建设，是20世纪90年代中国最大的一项水运工程，工程分三期实施，分阶段实现航道水深8.5米、10米和12.5米。于2011年5月通过国家竣工验收，并进入常态化维护管理。依托长江口12.5米深水航道，又将深水航道上延至南京，南京以下“河港变海港”。

中国南海华阳灯塔和赤瓜灯塔建成投入使用

2015年10月9日，在南海华阳礁举行华阳灯塔和赤瓜灯塔竣工发光仪式，两座大型多功能灯塔正式投入使用。华阳和赤瓜灯塔于2015年5月26日开工建设，分别采用圆柱和锥筒柱形钢筋混凝土塔体结构。塔身高50米，设计灯光射程22海里，周期8秒。灯塔安装了船舶自动识别系统（AIS）基站和甚高频（VHF）基站，可为船舶提供定位参考、航路指引、航海安全信息等高效的导航助航服务。这两座灯塔的建成，填补了南沙水域民用导助航设施的空白。

国产40万吨智能超大型矿砂船交付

2018年11月28日，由中国船舶工业集团所属上海外高桥造船有限公司为招商局能源运输股份有限公司量身订造的40万吨智能超大型矿砂船“明远”号命名交付，“明远”号总长约362米，型宽65米，型深30.4米，全船共7个货舱、1个液化天然气舱，具有智能、经济、绿色、环保、节能、安全等特点。“明远”号是世界首艘智能船舶，标志着中国智能船舶全面迈入新时代。

民航重大工程建设项目

1953年投入使用的航站楼

天津张贵庄机场改扩建工程

1952年11月，完成天津张贵庄机场改扩建工程，修筑水泥混凝土跑道一条，长2000米，宽60米，修筑水泥混凝土平行滑行道及中联络道各1条，机坪4处。这是新中国民航实施的第一个规模较大的机场工程建设项目。同年完成了太原亲贤机场的修复工程。“一五”期间，扩建了广州天河、武汉南湖、重庆白市驿、乌鲁木齐地窝堡等4个主要基地机场，新建和恢复了和田、海口等29个民航站和导航点。

北京首都机场

1954年北京首都机场开工建设，1958年3月1日建成1条2500米长的跑道及配套设施，以应临时开航。航站楼10000平方米，于当年10月1日建成投入使用，正式通航。1958年10月—1959年10月，完成昆明巫家坝机场扩建改造工程。1959年3月—1961年11月新建的南宁吴圩机场竣工。1958年10月—1959年5月新建的贵阳磊庄机场竣工。1959年—1960年完成改造成都双流机场跑道工程。

杭州笕桥机场扩建工程

为满足专机飞行需要，1971年11月8日决定扩建笕桥机场，将跑道加长、加厚，新建候机楼，扩建停机坪。1972年1月，完成杭州笕桥机场扩建工程；2月，上海虹桥机场全部转为民航使用。1973年4月，大连周水子机场经扩建军民合用。当年开始扩建天津张贵庄机场。1974年9月，批准扩建北京首都机场西跑道和新的航站区。1975年5月，西昌青山机场建成，为跑道承载等级较高的机场98.5%；2000年北京首都、上海浦东大型机场建成投产。

北京首都机场3号航站楼

为迎接2008年北京奥运会，2004年开工建设北京首都机场3号航站楼并扩建飞行区。3号航站楼是世界第二大的单体航站楼，总建筑面积98.6万平方米。新建1条长3800米、宽60米的跑道，满足F类飞机的使用要求，配备了世界上最先进的三类精密自动飞机引导系统。2007年底全面竣工，2008年2月试运行，确保了2008年北京奥运会之前投入正常运营。

昌都邦达机场

昌都邦达机场，位于藏东昌都市邦达草原、玉曲河西岸狭长山谷中，是“世界上气候最恶劣”的民用机场，海拔4300多米，跑道全长5公里，是世界上跑道最长的民用机场之一。至2019年，中国已建成高原机场18个、高高原机场19个。同时，各省会城市和大中城市为适应航空运输快速发展需求，对飞行区和航站楼进行扩建和改造。至2017年，全国共有4F级机场11个，4E级机场34个，4D级机场39个。

重庆江北国际机场

重庆江北国际机场为4F级民用国际机场，是中国八大区域枢纽机场之一，也是国家西部大开发首批十大重点工程之一。机场一期工程于1985年11月30日正式动工建设，在1990年1月22日正式建成通航，定名为重庆江北机场。1998年更名为重庆江北国际机场。后经2001年、2008年、2012年的三次扩建，机场四期按满足年旅客吞吐量4500万人次、货邮吞吐量110万吨、飞机起降37.3万架次进行设计，2017年8月完成四期扩建工程。

北京大兴国际机场

北京大兴国际机场为4F级国际机场、大型国际枢纽机场、国家发展新动力源。于2014年12月26日开工建设，2019年9月25日正式通航。北京大兴国际机场创造了40余项国际、国内第一，技术专利103项，新工法65项，国产化率达98%以上。北京大兴国际机场本着可持续发展的原则，采用滚动发展，分期建设的模式。远期规划目标：年旅客吞吐量1亿人次以上，年货邮吞吐量400万吨，飞机起降88万架次；规划用地面积45平方公里。

C919中型客机

C919中型客机是中国按照国际民航规章自行研制、具有自主知识产权的中型喷气式民用飞机，座级158~168座，航程4075公里~5555公里，2017年5月5日，C919大型客机在上海浦东机场圆满首飞。2019年12月27日，C919大型客机106架机从浦东机场起飞，在完成了30个试验点后，返航并平稳降落浦东机场，顺利完成其首次飞行任务。标志着C919大型客机6架试飞飞机已全部投入试飞工作。

邮政重大工程建设项目

北京邮票厂建成

北京邮票厂厂房工程于1956年11月15日动工兴建，1959年正式投入生产。1959年7月1日发行了纪62《“五四运动”四十周年》纪念邮票，就是北京邮票厂试印成功的第1套影写版邮票。建厂初期每年可印制1.7亿枚邮票，发展到1999年每年印制60多亿枚邮票。

中国邮政EMS诞生

1980年7月15日，中国邮政收到一封从新加坡寄来的快件。快件寄往北京市海淀区，由4名邮递员一起投递，派送过程非常隆重。这一年，北京、上海、广州、深圳等城市率先开办国际特快专递业务，EMS由此诞生。1984年，中国邮政开办了国内特快专递业务。之后，随着邮政体制改革的加速，中国邮政业形成了国有、民营、合资、外资“同台竞技”的局面。至2018年年底，快递业务总量达507亿件，持续保持世界第一。

南京中邮航空速递物流集散中心工程

南京集散中心工程于2006年12月28日开工，是中国邮政有史以来投资规模最大的单体建设项目，是首次建设集航空枢纽、分拣中心、国际国内快件物流邮件集散“三位一体”的现代化邮件快递集散中心。中心规模位于亚洲第一、世界第三。到2018年，全国建成数百个智能化分拨中心。大数据、云计算、物联网和人工智能等一批行业发展关键共性技术装备加快应用。

乡镇局所补建工程和“快递下乡”工程

“十二五”期间，中国邮政启动了邮政空白乡镇局所补建工程和“快递下乡”工程，总体实现了“乡乡设所、村村通邮”目标。至2018年，全国共建成村邮站17.8万个、“邮乐购”站点61万个，乡镇快递网点覆盖率超过了95%，建制村直接通邮率接近100%，全国县级城市党政机关人民日报当日见报率达到83.6%。邮政业年服务用户已经超过1000亿人次，支撑网络零售交易规模突破7万亿元，带动农副产品进城和工业品下乡超过7000亿元。

管道运输重大工程建设项目

克拉玛依—独山子输油管道

1956年8月1日，克拉玛依油田投入试采，所产原油用汽车运到独山子炼油厂炼制。随着油田的大规模开发和建设，原油产量俱增。同时，独山子炼油厂经过扩建后，原油处理量增大，汽车运油满足不了需要。1957年1月，石油工业部决定修建克拉玛依—独山子炼油厂的输油管道。1959年1月10日，克拉玛依—独山子输油管线正式投产，全长147.2公里，管径41厘米，年输油能力53万吨。这是新中国第一条长输原油管道。

陕京输气管道

陕京输气管道是由陕甘宁气田供应天然气至北京的输气管道系统。中国第一条有干、支线管道，压缩机站和地下储气库的完整配套的长距离输气管道系统。干线全长848公里，管径660毫米，设计压力6.4兆帕。途经陕西、山西、河北和北京三省一市。经扩建后沿线设四座压气站。有两个总储气量近6亿立方米的储气库及其与干线连接的管网近200公里。一期工程(干线部分)于1997年9月建成投产。

“八三”管道工程

为解决大庆原油外输问题，中央决定建设国内第一条大口径、长距离输油管道——大庆—抚顺输油管道。1970年8月3日，东北输油管道工程建设领导小组召开第一次全体会议，并将工程命名——“八三”管道工程。由解放军、管道技术人员、工人、民兵等组成的近20万人参加了工程建设，经5年时间完成8条原油管道的建设，形成了国内第一个原油管网，连接了抚顺、锦州、大连各炼厂及秦皇岛油港、大连新港。“八三”管道全长663.6公里，每年可输油2000万吨。

西气东输

西气东输工程是西部大开发的标志性工程。2000年2月国务院批准启动西气东输管道工程，将新疆塔里木盆地天然气输往东部地区。设计输量170亿方/年，于2004年底建成投产。随后先后建成西气东输二线、三线，形成西气东输管道供气系统，管道总长14520公里，覆盖全国16个省(市、区)和香港特别行政区。供气范围通达中国西北、中原、华东、华中、华南地区，并向华北、西南地区转供天然气，成为中国天然气管网最重要的组成部分。

中哈原油管道

2004年7月，中国石油天然气勘探开发公司（CNODC）和哈萨克斯坦国家石油运输股份公司（KTO）共同各自参股50%成立了“中哈管道有限责任公司”（KCP），负责中哈原油管道的项目投资、工程建设、管道运营管理等业务。中哈原油管道总体规划年输油能力为2000万吨，西起里海的阿特劳，途经阿克纠宾，终点为中哈边界阿拉山口，全长279公里。2003年—2009年分期分段陆续投产，于2009年7月实现由哈萨克斯坦西部到中国新疆全线贯通。

中俄原油管道

中俄原油管道起自俄罗斯远东管道斯科沃罗季诺分输站，途经中国黑龙江省和内蒙古自治区13个市、县、区，止于大庆末站。管道全长999.04公里，俄罗斯境内72公里，中国境内927.04公里。中国石油负责建设中俄原油管道中国境内段。俄罗斯将通过中俄原油管道每年向中国供应1500万吨原油，合同期20年。中俄原油管道2010年11月1日进入试运行阶段。2012年9月，中俄原油管道谈判历经15年，最终签约。

中俄东线天然气管道

2014年5月，中国石油集团和俄罗斯天然气工业股份公司签署《中俄东线供气购销合同》，合同约定总供气量超过1万亿立方米、年供气量380亿立方米，期限30年。中俄东线天然气管道起自俄罗斯东西伯利亚，由布拉戈维申斯克进入中国黑河市。中国境内段新建管道3371公里，利用已建管道1740公里。中俄东线境内段于2017年12月13日全面加速建设，2019年10月16日中俄东线北段贯通。2019年12月2日，中俄东线天然气管道正式投产通气。

中缅原油管道

中缅原油管道由中国石油和缅甸油气公司合资建设，管道全长1420公里，管道46%在中国境内。2017年6月，中缅原油管道全线投产成功，标志着中国西南、西北、东北、海上四大能源进口通道基本建成，对中国实现原油进口多元化、降低运输风险和运输成本、优化能源供应格局、促进地方经济发展等具有重大意义。至2017年12月31日，中缅原油管道输油量达472.88万吨。

从统计数据看70年中国交通的发展变迁

新中国成立以来，特别是改革开放以来，中国在经济社会发展中坚持交通运输先行理念，交通运输领域发生历史性变化，交通基础设施加速成网，运输服务能力连上台阶，为国民经济发展发挥了先行官作用。创新引领邮电通信业跨越式发展，综合通信能力显著提升，邮政新业务不断拓展，为经济发展注入新动能。

一、交通运输业蓬勃发展，实现历史性跨越

新中国成立以来的70年，是交通基础设施不断密集成网、综合运输保障能力大幅提升的70年；是交通运输业不断深化改革、向交通强国目标坚实迈进的70年。

（一）交通运输改革进程不断加速，开启交通强国新征程

1.新中国成立初期百废待兴，交通运输建设力度逐步加大。新中国成立之初，交通运输面貌十分落后。全国铁路总里程仅2.2万公里；公路里程仅8.1万公里，没有一条高速公路；内河航道7.4万公里，其中等级航道仅2.4万公里。民航航线里程1.1万公里，只有12条航线。从新中国成立到改革开放前的近30年，交通运输作为国民经济的先导性领域，在政府政策和资金支持下，基础设施建设力度逐步加大，取得阶段性成效。但总体而言，交通运输供给滞后于需求增长，成为制约国民经济发展的瓶颈之一。

2.改革开放促进经济发展，交通运输步入发展快车道。改革开放初期，随着经济体制改革推进，政府在放开交通运输市场、建立社会化融资机制方面进行开创性探索。如铁路实行经济承包责任制；出台提高养路费征收标准、开征车辆购置附加费以及“贷款修路、收费还贷”等扶持公路发展的三项政策；公路、水运工程建设项目开始实行招投标制度等。随着改革开放力度加大，交通基础设施建设加速推进，极大缓解社会经济发展和人民物质生活不断升级对交通运输发展的需求。

3.党的十八大以来全面深化改革持续推进，综合交通运输建设成绩斐然。党的十八大以来，现代综合交通运输体系建设进入新阶段。全国交通运输行业统筹推进基础设施网络化布局，铁路、公路、水运、民航基础设施建设补短板、强筋骨，“五纵五横”综合运输大通道基本贯通，交通运输服务保障能力显著提升，国民经济主动脉作用日益显现。这一阶段，交通运输发展实现由“总体缓解”向“基本适应”的阶段性转变，为国民经济持续快速发展提供强有力支撑，中国也由“交通大国”逐步向“交通强国”迈进。

（二）综合交通运输网络日趋完善，多种运输方式齐头并进

1.铁路路网纵横延伸，“四纵四横”高铁网建成运营。新中国成立后，中国以沟通西南、西北为重点，修建大量铁路线路和枢纽。成渝、天兰、兰新等大批铁路干线陆续建成，延伸到除西藏外的所有省区。到1978年末，中国铁路营业里程增至5.2万公里。改革开放后，中国铁路建设突飞猛进，路网规模进一步扩大，路网质量显著提升。到2018年末，全国铁路营业总里程达到13.2万公里，较1949年增长5.0倍，年均增长2.6%。其中，电气化里程9.2万公里，复线里程7.6万公里，电气化率和复线率分别达到70.0%和58.0%（见图1）。

2008年京津高铁开通运营，标志着中国铁路开始迈入高铁时代。经过近十年快速建设，“四纵四横”高铁网建成运营，中国成为世界上唯一高铁成网运行的国家。到2018年末，高铁营业总里程3.0万公里，是2008年的44.5倍，年均增长46.2%，高铁营业里程超过世界高铁总里程的三分之二，居世界第一位（见图2）。

2.公路路网四通八达，高速公路建设成效显著。新中国成立后，在修复原有公路基础上，陆续修建了康藏、川藏等公路干线。到1978年，全国公路通车里程达89.0万公里，是新中国成立初期的11.0倍。改革开放后，国家持续加大公路基础设施建设投资力度，公路总里程迅猛增长，路网通达度显著提高。到2018年末，全国公路总里程达到485万公里，是1949年的

60.0倍，年均增长6.1%；公路密度达到50.5公里/百平方公里，每百平方公里公路密度提高49.6公里（见图3）。党的十八大以来，国家深入开展“四好农村路”建设，实施“百项交通扶贫骨干通道工程”等工程，农村公路覆盖面和质量进一步提升。到2018年末，农村公路里程达到404万公里，通硬化路乡镇和建制村分别达到99.6%和99.5%。

自1988年中国第一条高速公路沪嘉公路建成通车以来，高速公路发展不断提速，实现从无到有再到覆盖成网的跨越式发展。到2018年末，高速公路总里程14.3万公里，年均增长25.8%，总里程居世界第一位（见图4）。

3.大型港口建设加速推进，内河航道通航条件明显改善。新中国成立初期至改革开放前，中国有计划地进行港口基础设施建设，取得明显成绩。到1978年末，全国港口生产用码头泊位数由1949年的161个增至735个。随着改革开放政策的推行和对外贸易的发展，港口建设步入高速发展阶段，特别是20世纪90年代以来，现代深水化、大型化、专业化码头建设加速推进。到2018年末，全国港口拥有生产用码头泊位23919个，是1949年的148.6倍，年均增长7.5%。其中，万吨级及以上泊位从1957年的38个增至2444个，年均增长7.1%。2018年，在全球港口集装箱吞吐量排名前十名的港口中，中国港口占有七席。同时，中国内河航道条件持续改善，形成通江达海干支衔接的航道网络。到2018年末，内河航道通航里程达12.7万公里，其中等级航道占比52.3%。

4.民航业快速发展，航线网络和机场规模不断拓展。新中国成立70年以来，民航事业从小到大，由弱变强，经历了不平凡的发展历程。经过几十年的持续、快速发展，中国民航机场设施水平不断提升，航线网络覆盖率大幅提高，航空运输保障能力显著增强。到2018年末，定期航班航线总条数达4945条，是1950年的

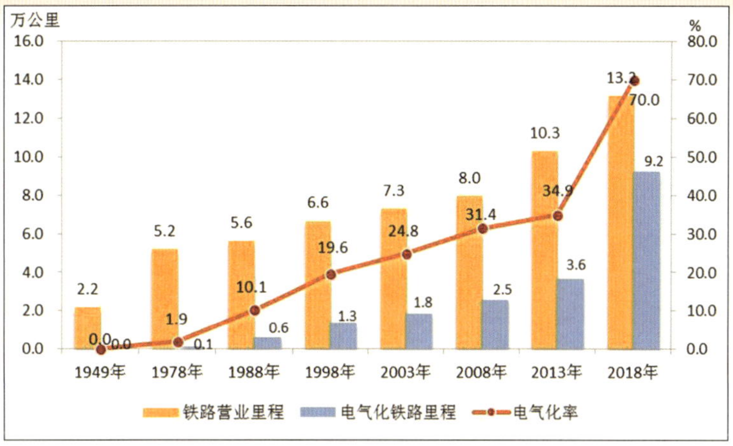

图1 1949年—2018年铁路营业里程和电气化里程

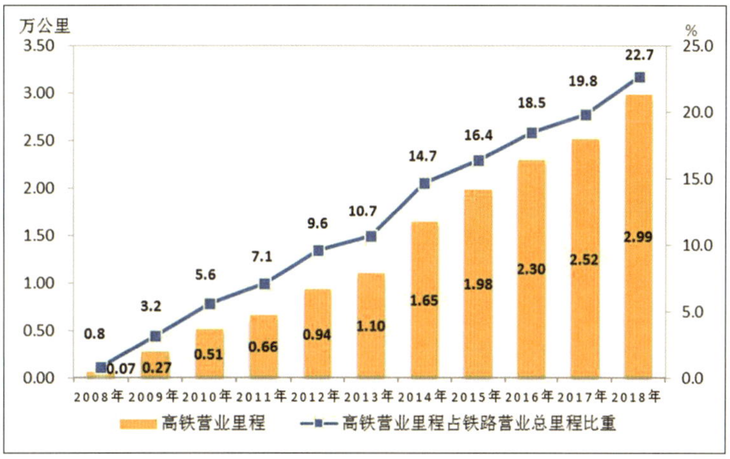

图2 2008年—2018年高铁营业里程和占比

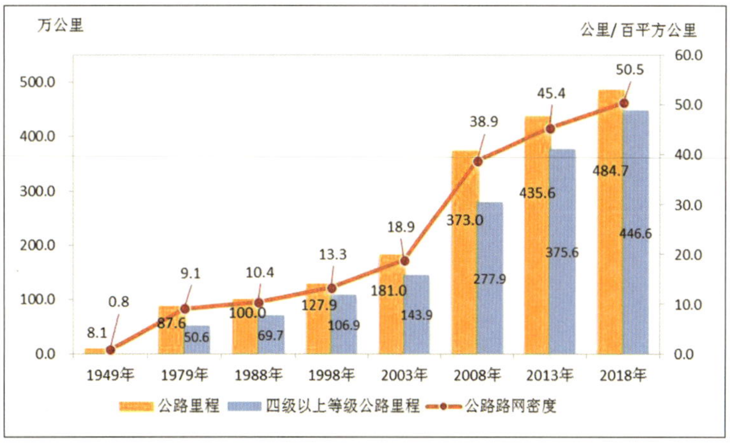

图3 1949年—2018年公路里程和等级公路里程

412.1倍，年均增长9.3%；定期航班航线里程由1950年的1.1万公里增至2018年的838万公里，年均增长10.2%（见图5）；国内定期航班通航城市由1950年的7个增至2018年的230个；定期航班通航机场数量由1949年的36个增至2018年的233个，初步形成以国际枢纽机场为中心，区域枢纽机场为骨干，其他干、支线机场相互配合的格局。

（三）运输服务保障能力显著提升，客货运量大幅增长

1.交通运输设备更新换代，科技水平日新月异。新中国成立70年来，中国交通运输设备量质齐升，得到长足发展，铁路机车、民用汽车、民用飞机、各类船舶的保有量和装备水平不断提高。到2018年末，全国铁路拥有机车2.1万台，是1949年的5.3倍；民用汽车保有量2.3亿辆，是1949年的4564.1倍；民用飞机由1985年的404架增至2018年的6134架；水上运输船舶13.7万艘，是1950年的30.3倍。数量激增的同时，各类运输装备技术不断突破创新。以高速列车、大功率机车、大型客机为代表的一批具有自主知识产权的高性能铁路和飞机装备技术达到世界先进水平。

2.运输保障能力稳步提升，交通运输量大幅增长。四通八达的交通运输网络和多元化交通工具，极大满足了居民出行和货物运输需求，带动旅客和货物运输量大幅增长。2018年，全国主要运输方式完成客运量179亿人，旅客周转量34218亿人公里，分别是1949年的128.5倍和220.8倍，年均分别增长7.3%和8.1%。完成货运量515亿吨，货物周转量204686亿吨公里，分别是1949年的275.3倍和793.8倍，年均分别增长8.5%和10.2%。随着现代化码头建设的加速推进，带动港口货物吞吐量大幅增长。2018年，全国沿海规模以上主要港口完成货物吞吐量92.2亿吨，是1949年的1390.6倍，年均增长11.1%。

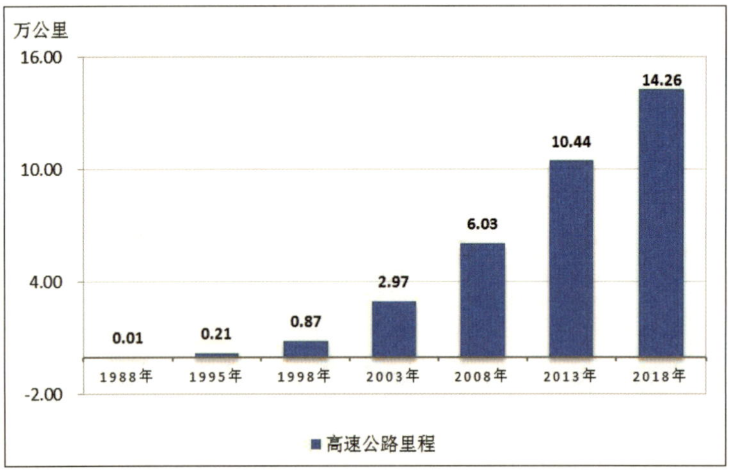

图4 1988年—2018年高速公路里程

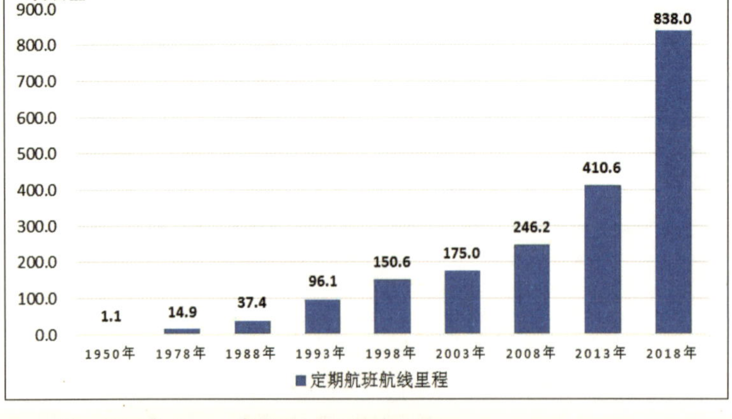

图5 1950年—2018年定期航班航线里程

3.运输服务转型升级，居民出行和货物流转更加高效。在政策积极推动下，涌现上海虹桥综合客运枢纽、广州南站综合客运枢纽等一批综合客运枢纽，实现高铁、城市客运、轨道交通、民航等交通方式无缝对接，旅客换乘更加便捷。随着互联网发展，铁路客运互联网售票等信息化服务全面普及，滴滴打车等互联网出行方式方兴未艾，居民出行方式更加多样。多式联运、无船承运、无车承运等货运组织形式快速发展，货物运输及时性和延展性大幅提高，逐步形成便捷、高效的货物运输服务体系。

二、邮政服务提质增效，新业务焕发活力

新中国成立以来的70年，是邮政业体制改革健全完善、行业发展迸发生机活力的70年；是快递服务从无到有、成为世界第一快递大国的70年。

（一）邮政业改革稳步推进，行业发展提速升档

1.新中国成立初期，邮政业在探索中前进。新中国成立初期，邮政网络残缺不全，生产设备陈旧落后，全国

邮路长度仅70.6万公里，邮政服务局所2.6万处，大部分设施集中在大中城市。此后几十年，人民邮政事业不断发展壮大，恢复和建设了沟通城乡、覆盖全国的基础性邮政网络，邮政服务水平大幅提高。到1978年末，全国邮政营业网点5.0万个，邮路总长度486万公里。

2.邮政业改革持续推进，行业发展焕发生机。改革开放后，党中央、国务院不断强化邮政业改革发展的顶层设计。1986年，新中国第一部邮政法颁布；1998年，邮政业实施重大体制改革，从“邮电合一”变为“邮电分营”；2005年，邮政业实行政企分离，邮政监管体制和运行机制更加适应市场经济需求。邮政业改革深入推进，进一步解放和发展了生产力，激发了企业创新活力。尤其是党的十八大以来，邮政业通政通民通商功能进一步强化，服务经济社会发展的基础性作用进一步凸显，中国成为全球增速最快、发展潜力最大的邮政市场。

（二）基础设施建设成绩斐然，邮政服务覆盖城乡

邮政基础设施建设成就显著，行业规模不断扩张。邮政业经过70年大规模建设，基本形成航空、铁路、公路多种运输形式综合利用，连接城乡、覆盖全国、连通世界的现代邮政网络，收寄和投递能力大幅提升，群众用邮便捷性显著提高。到2018年末，邮路总长度985万公里、邮政营业网点27.5万处，分别是1949年的14.0倍和10.4倍，年均分别增长3.9%和3.5%。1949年，中国邮政业务总量仅1.6亿元，2018年邮政业务总量已经达到上万亿的规模，全年完成邮政业务总量12345亿元。

（三）快递业从无到有蓄势崛起，业务规模连创新高

1.快递业异军突起，市场规模不断扩张。1980年和1984年，中国邮政先后开办国际、国内特快专递业务，开启了快递业务先河。随后，邮政体制改革、居民物品传递需求的增长和交通运输的发展为快递业崛起创造了前所未有的机遇和条件。快递业随着改革进程成长壮大，快递业务量自2014年首度超过美国后，持续保持世界第一。到2018年末，快递业务总量由1988年的153万件激增至507亿件，年均增速高达41.5%；2018年完成快递业务收入6038亿元，占邮政业务收入的76.4%（见图6）。

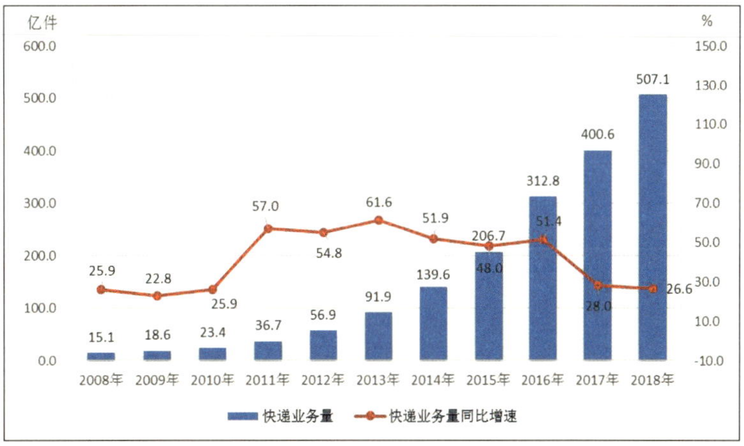

图6 2008年—2018年快递业务量及增速

2.运输装备和信息技术加快应用，快递服务质效逐步提升。快递行业运输装备数量大幅增加，大数据、云计算、物联网、智能分拣等一批行业发展关键技术加快应用，自动化分拣覆盖快递骨干企业，快递服务时效性和稳定性不断提高。到2018年末，国内快递专用货机116架，快递服务汽车23.9万辆，分别是2013年的2.1倍和1.5倍，年均增长16.5%和8.8%。

三、通信业发展突飞猛进，通信能力显著提升

新中国成立以来的70年，是通信业务推陈出新、通信方式不断变迁的70年；是通信技术迎头赶超、通信能力持续提升的70年。

（一）通信业发展步伐逐渐加快，实现跨越式发展

1.新中国成立初期至改革开放前夕，通信业缓慢发展。新中国成立初期，通信业基础设施极端落后，全国长途电缆1635皮长公里，电话用户总数21.8万户，电话普及率仅0.05部/每百人。到改革开放前的这一时期，通信业发展处于起步阶段，行业管理体制是政府部门（原邮电部）垄断经营公用电信业。到1978年，全国长途电缆11864皮长公里，电话用户193万户，电话普及率增至0.4部/每百人。

2.改革开放释放政策红利，通信业发展不断提速。随着经济社会的发展，人民的通信需求与日俱增，中国不断改革行业管理体制，引入市场竞争机制，推动通信业高速发展。通信业从邮电部政企合一经营，历经邮电分营、电信重组等关键性变革，形成中国电信、移动和联通三大运营商三足鼎立的竞争格局，行业发展环境持续优化。改革开放后，通信行业大胆引进国外先进技术，走过从引进到消化、吸收和创新的历程，

通信业现代化步伐进一步加快。尤其是党的十八大以后，国务院、工信部先后制定“宽带中国”战略，推进“光进铜退”工程、“网络提速降费”等政策实施，中国已建成全球最大固定网络和移动网络，“网络强国”建设迈出坚实步伐。

（二）通信能力大幅提升，用户规模发展壮大

1.通信网络覆盖全国，通信能力持续提升。经过70年投资建设，中国通信网络规模容量成倍扩张，已建成包括光纤、卫星、程控交换、移动通信等覆盖全国、通达世界的公用电信网。到2018年末，中国局用交换机容量13109万门，是1949的420.2倍，年均增长9.1%；移动交换机容量由1990年的5.1万户猛增至2018年的25.9亿户，年均增长47.3%；光缆线路长度由1997年的55.7万公里增至2018年的4358万公里，年均增长23.1%；互联网宽带接入端口由2003年的1802.3万个增至2018年的8.9亿个，年均增长29.6%。

2.通信技术跨越式发展，技术水平迎头赶超。新中国成立70年，尤其是改革开放以来，中国通信技术高速发展，光通信和移动通信等领域技术突破创新，实现从空白到领先的跨越。光纤宽带不断升级，百兆光纤入户逐步普及，到2018年末，光纤接入（FTTH/O）用户达3.68亿户；移动通信领域经历1G空白、2G跟随、3G突破、4G同步、5G引领的崛起历程。从2014年开始，中国用短短两三年时间建成全球规模最大、覆盖最广的4G网络。到2018年末，4G用户总数达11.7亿户，占全部移动电话用户的74.4%。中国5G技术研发于2016年初全面启动，并在商业化应用等方面不断加大工作力度。

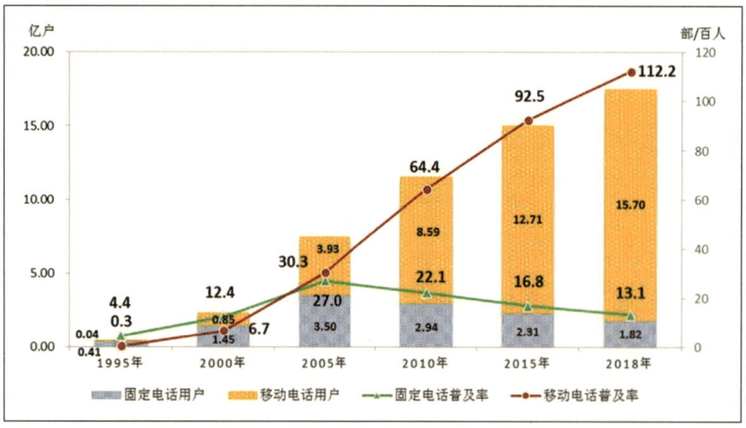

图7 1995年—2018年固定电话及移动电话用户数和普及率

3.用户规模发展壮大，电信业务总量高速增长。到2018年末，全国电话用户规模达17.5亿户，用户规模居世界第一。其中，固定电话用户数1.8亿户，是1949年的836.0倍，年均增长10.2%；移动电话用户数15.7亿户，是1988年的52.2万倍，年均增长55.1%（见图7）。移动宽带用户（即3G和4G用户）总数由2014年末的5.8亿户增至2018年末的13.1亿户，年均增长22.4%。用户规模持续壮大，拉动电信业务总量和收入快速增长。2018年，全年电信业务总量达到65556亿元；电信业务收入13010亿元，是1950年的1.3万倍，年均增长15.0%。

（三）互联网应用加速普及，互联网产业势头强劲

1.网民数量稳步提高，带动移动互联网接入流量消费快速增长。中国网民由1997年的62万人激增至2018年的8.3亿人，年均增长40.9%。其中，网民通过手机接入互联网的比例高达98.6%。随着移动通信技术和4G网络覆盖率的提高，各类出行、餐饮外卖等移动应用加快普及，带动移动互联网接入流量消费高速增长。2018年，移动互联网接入流量消费达711亿GB，是2013年的56.1倍，5年年均增速高达123.8%。

2.互联网与实体经济深度融合，为新经济发展增添活力。互联网和经济社会各领域跨界融合，催生一系列“互联网+”经济新业态，为国民经济增长注入新动力。云计算、工业互联网成为驱动企业数字化转型的重要动力，大型互联网平台企业持续通过互联网、大数据、云计算、人工智能等技术赋能实体经济，形成一批行业领先的工业互联网平台。数字消费持续释放居民需求潜力。至2018年末，中国网络购物用户规模达6.1亿，占网民总体的73.6%。

新中国成立70年来，交通运输和邮电通信业硕果累累、成绩斐然。但中国交通运输和邮电通信业仍面临诸多挑战，城市交通拥堵问题亟待解决，交通安全形势仍然严峻，绿色交通、智慧交通发展刚刚起步，网络和信息安全问题日益突出等等。

（国家统计局服务业统计司）

新中国成立70年综合交通运输管理体制改革历程

新中国成立70年来，中国的交通运输产业从“一穷二白”的基础起步，历经前30年艰苦创业的建设和后40年突飞猛进的跨越式发展，初步形成综合交通基础设施网络设施完善、建设施工和设备制造技术国际领先的综合运输产业体系。

新中国交通运输管理体制在不同时期根据发展的需要经历了从建立、计划统一、改革完善等不同的体制机制完善过程。在经历计划经济发展后，在改革开放的时代背景下，以问题与目标为导向，交通运输管理体制主要围绕运输市场改革和交通建设投融资体制改革两大主线展开，并根据国家行政管理体制的改革不断厘清政府与市场的关系、不断理顺与完善各种运输方式的综合管理机制，提高政府管理效率，发挥综合运输比较优势。

一、交通管理体制建立历程（1949年—1978年）

1.新中国经济管理体制变迁。从新中国成立到1978年改革开放前的近30年期间，中国的经济管理体制变革与发展大体经历了两个大阶段：

第一阶段，和平时期经济体制建立阶段（1949年—1957年），新中国成立初7年，为中国经济体制逐步形成与建立阶段。经济管理从战争体制逐渐过渡到和平时期经济管理状态。从1953年开始实施第一个五年计划到1957年，国民经济得到全面恢复与初步发展，政治与经济秩序恢复稳定。经过公私合营、社会主义改造等私有制到以公有制为主体的经济所有制改造，经济管理体制完全实现计划经济体制制度。

第二阶段，计划经济体制实施阶段（1958年—1978年），这一阶段即是新中国全面进行经济建设的重要时期，也是社会主义经济建设道路探索时期，经历了“大跃进”、人民公社化运动和“文化大革命”等经济上的“冒进”和政治上的动荡，经济管理体制形成单一公有制下的计划经济体制，这一阶段，以制度的优越性，初步建立起完整的国家经济与工业体系，但也由于制度的僵化和政治的动荡，导致经济发展缓慢。

交通运输管理体制与机制也是在经济体制变革中进行不断地变革与发展，以社会主义经济制度的体制优势，在新中国成立初期交通网络“一穷二百”的基础上，在较短的时间内使中国的交通基础设施得到较大的转变。

新中国成立初期，中国大陆公路仅有8.08万公里，全国铁路营业里程为2.1万公里，内河航道处于自然状态，民航航线只有12条。主要运输工具还是畜力车和木帆船等，远洋海运和国际民用航空还处于空白。

2.交通管理体制初步建立阶段（1949年—1957年）。新中国成立后，中央政府明确提出首先要创造一些基本条件恢复交通运输。在国家政务管理机构中设立了交通部负责公路与港口建设和运输，先于交通部成立的中国人民革命军事委员会铁道部（1949年1月成立）在新中国成立后由中央人民政府铁道部接受和改造，铁道部接管了中国大陆原有铁路，并完成了主要干线的修复并连接成网络。

交通部与铁道部的先后成立，奠定了中国以民用为主的交通管理体制，交通建设由战争状态“解放军打到那里，铁路就修到哪里”的急造交通建设转变为全面修复被破坏的交通运输设施设备，恢复水陆空民用运输。

经过3年恢复期，从1953年起开始有计划地进行交通运输建设。在全面恢复交通网络的同时，配合国防战略重点支持中国西南部地区交通建设，“一五”期间，新建铁路33条，恢复铁路3条，新建、修复铁路干线、复线、支线共约1万公里。宝成铁路、鹰厦铁路、武汉长江大桥先后建成。川藏、青藏、新藏公路相继通车。到1957年底，全国铁路营业里程达到2.99万公里，比1949年增加42%。全国公路通车里程达到25.46万公里，比1949年增加了2倍。

正式启动新中国航务建设。新中国成立之初，由于国民党政权对海港及海运设施的大肆破坏，当时只留下23艘轮船，总吨位3.4万吨。1950年3月，政务院发布《关于1950年航务工作的决定》中在“继续支援解放战争，解放全中国，并为恢复生产服务”的主要任务下，确定“恢复祖国航权”“整顿和建立各港埠、各航线上的管理制度，确立港埠秩序和航行秩序”“保证航行安全、改变引水制度、恢复助航设备”等一系列海洋和内河航务工作的方针、政策和中心任务。同时明确在交通部下设航务总局，在沿海主要港口及长江设立航务局，其中，1950年回归新中国的招商局和其总分支机构经过改组成为沿海与长江线上的港航单位，一个按专业由全国统一管理的水运运输体系全面形成。1951年在第二次航务工作会议上，明确机构设置要海、河分管，体现专业化精神，决定撤销航务总局和中国人民轮船公司，在交通部分别设置海运管理总局、河运管理总局、航道工程总局、船舶登记局，实施海港、航运分管制度。

在交通部与铁道部相继建立后，1949年11月中共中央政治局会议决定，在人民革命军事委员会下设民用航空局，受空军指导。“两航起义”为新中国民航建设提供了一定的物质和技术力量。1950年，新中国民航初步创立时仅有30多架小型飞机，年旅客运输量仅1万人，运输总周转量仅157万吨公里。“一五”时期初步更新了以苏联飞机机型为主的航空机队，并在这一时期重点建设了天津张贵庄机场、太原亲贤机场、武汉南湖机场和北京首都机场。

3.计划管理体制全面实施阶段（1958年—1978年）。交通运输系统在初步建立起公路、水运港口及铁路等管理体制后，为适应计划经济体制“有计划”的经济管理要求，交通在管理上实施垂直行业管理机制（条条管理）和政企合一管理体制。行业的垂直管理由交通部行使国家委托的计划管理职能并向下分解给省区交通厅（局），交通部对全国各省区交通厅（局）进行人员、财务等实施直接管理。同时，经过社会主义改造后，私有运输企业基本上消除，代之以国营企业，行业管理部门既要行使国家行政管理职能，也以计划形式直接对国有企业的财务、人员的运营进行直接管理。

高度计划体制下的交通行业管理在实施直线垂直领导的“条条管理”的基础上，在各阶段也根据国家经济调整的需要，与地方政府在交通管理职能上进行一系列的调整，形成“条条管理”“条块管理”和“条块结合管理”等不同的管理模式。而民航和铁路直接实行政企合一管理制度，行业部门即是管理者也是运行者。

公路与水路运输管理基本形成以“条条管理”为主和“条块结合管理”的体制制度。例如，1958年中央对公路建设的计划投资管理全部下放到省（区）、直辖市，公路交通管理体制从“条条管理”的垂直管理演变为地方为主的“条块结合管理”体制，将建设与运营管理职能部分下放到地方政府，交通部依然在财务、计划方面实施行业直接管理。1962年在3年自然灾害后，随着国民经济逐渐恢复，将“条块结合管理”逐步转变为“统一领导、分级管理”方式，进一步明晰中央和地方、行业和地方的管理职能。

集中统一的计划运输企业管理体制。计划经济管理体制对经济的计划管理包括对企业生产经营的指令性计划管理，交通运输业在完成对私营公路、水运企业社会主义改造后，运输基本由国有运输企业独家经营，交通部直接领导部辖长江航运和大型国有公路运输企业，地方交通主管部门通过内设机构或专门机构管理各地方辖区内的航运企业和地方公路运输企业。在企业运营组织上实施“统一货源、统一运价、统一调度”的三统管理制度。

铁路与民航政企合一的管理体制。铁路与民航从建立伊始就实施政企合一的管理方式。民用航空建立时为空军进行业务管理，1958年2月27日，国务院决定中国民用航空局划归交通部领导，全国人大常委会第95次会议批准国务院将中国民用航空局改为交通部的部属局。1960年11月17日，经国务院编制委员会讨论决定中国民用航空局改称“交通部民用航空总局”，为部属一级管理全国民用航空事业的综合性总局，负责经营管理运输航空和专业航空，直接领导地区民用航空管理局的工作。1962年4月13日，第二届全国人民代表大会常务委员会第53次会议决定民航局名称改为“中国民用航空总局”。1962年4月15日，中央决定将民用航空总局由交通部属改为国务院直属局，其业务工作、党政工作、干部人事工作等均直归空军负责管理。民用航空总局在管理上受空军管理，并直接对民航运输企业进行业务领导，形成政企合一的管理模式。

新中国铁路管理体制通过对分线管理和分区设局管理等不同管理体制的探索，最终形成统一集中管理体制。在运行上以行政手段管理和计划统一为主，收支纳入国家预算，盈利全部上缴国家，基建投资由财政拨款。这套体制从50年实行至70年末虽经几次调整，但总体上保留了铁道部、铁路局、铁路分局和站段四级纵向管理体制，并在运输系统外建立了完整的铁路工业体系、铁路基本建设体系和社会管理体系，从铁路机车车辆的修理、制造到铁路线路的设计、施工建设全部纳入到铁道部的领导下，并形成具有典型代表的政企合一管理体制。

4.集中统一管理制度下的建设成就。从新中国成立至1978年，交通运输管理体制实行的是以行政管理和高度计划统一为特征的管理体制。体制的建立与新中国经济发展的基础和发展历史具有很紧密的关系。在新中国经济基础非常薄弱、交通设施极为落后的背景下，计划管理体制通过统一建设初步建立起综合交通运输网络，通过全国统一的物资调配与指令性运输计划保障了新中国经济的发展。

以制度的优越性初步建成较为完整的交通运输网络。新中国成立初期，中国基本上是一个传统的农业国，运输需求较低，在第一个、第二个五年计划期间，国家开始全面建设国家经济与安全需要的工业体系，为支撑工业体系建设，国家投资向交通运输倾斜，改造和新建了一批铁路、公路、港口码头、民用机场，提高了西部和边远地区的交通运输基础设施覆盖程度，疏浚了主要航道，新开辟了国际、国内水路和空中航线，扩大了邮政网络，增加了运输装备数量。“一五”时期，交通运输超前建设并有了一定后备能力，满足了国民经济对运输的需求。这一时期工农业总产值年平均增长10.9%，工业产值年平均增长18%，而总货运量年平均增长20.6%。

公路通车里程由1949年的8.07万公里到1978年公路通车里程达到87.02万公里；从1952年建成成渝铁路，中国以沟通西南、西北为重点，修建了大量铁路干线、支线和枢纽，到1978年铁路总里程增加到5万多公里，全国铁路网骨架基本形成。新中国成立初期，中国内河航道里程仅为7.36万公里，其中水深1米以上的航道仅2.42万公里，新中国成立后航道建设进入了稳步发展的新时期，从1949年10月到1978年，内河航道通航里程达到13.5万公里，航道增长了84%，其中水深1米以上的航道达到了5.74万公里，增长了1.4倍。在港口建设方面，解放初期沿海港口稀少，设施落后，至1978年，全国沿海主要港口共拥有生产性码头泊位311个，其中万吨级泊位133个，港口建设取得了巨大的成就。

客货运输持续发展，在国民经济中的地位明显增强。据统计，新中国成立初中国公路客运量为1809万人，旅客周转量为7.96亿人公里，货运周转量为8.14亿公里，到1976年公路运输量有了较快的发展，客运量和旅客周转量分别比1949年增长了81倍和64倍，货物周转量274.1亿吨公里，比1949年增长了32倍。

运输装备制造业从无到有并逐步形成工业化体系。新中国成立初期，中国拥有的全部民用汽车仅5万余辆，大多数是技术状况低下的破旧汽车。1953年7月，长春第一汽车制造厂开始动工兴建，这是由苏联援建的一项重点工程。同月，第一批12辆由毛泽东亲自命名的“解放”牌载重汽车试制完成，从此结束了中国不能生产汽车的历史，中国人真正开始了自己大批量生产汽车的时代。铁路机车也通过引进吸收苏联和东欧国家技术到立足自力更生设计生产，形成与铁路线路技术匹配，拥有不同功率、不同轴式、不同牵引定数等级配套的蒸汽机车、电力机车生产系统，国产机车初步形成系列化、型谱化。

建立了完善的运输管理体系。从新中国建立开始成立交通部，经过30年的管理体制调整，形成了以铁路、公路、水运、航空和管道5种运输方式分属铁道部、交通部、民航局和石油部管道局领导和管理的独立管理体系。各部既是国家行政管理部门又直接经营与管理运输与建设企业。虽然这种把运输体系分开管理的体制对整个交通运输缺乏全行业管理，不利于统筹规划和建设结构合理的综合运输体系，也影响相关交通工程项目的同步建设和影响综合运输能力的形成。但从历史的坐标看，在新中国建立初期交通较为落后、运输方式尚不完善的条件下，运输方式独立的管理体制和政企合一的管理制度可以运用好社会主义体制能够集中力量办大事这一优势，以全国一盘棋，集中力量，突出重点，加快发展，彻底改变交通运输落后的面貌。

二、交通管理体制改革历程（1979年—2013年）

党的十一届三中全会开启了中国经济体制改革，交通运输行业管理体制也发生了重大改革，从基础设施投资到市场开放等一系列改革使交通运输网络得到较快发展，交通运输也从阻碍经济发展的“瓶颈”到适应经济发展。在交通运输全面改革中，最先实现突破的是运输市场改革，经历了对内搞活的放开经营所有制限制，极大地调动了地方政府、企业和个人参与的积极性，迅速地改变了长期交通运力不足对经济发展的制约，而市场的对外开放则通过引进外资和国外先进管理与制造技术，使国内运输载运工具发生了根本性变化；投融资体制改革也是交通行业一项重大改革，这项改革的最终成果是使中国交通基础设施从总体落后逐步发展到世界领先水平。

1.运输市场体制改革。从"三五"以后，中国交通基础设施建设的发展速度与规模总体上落后于经济发展增速，形成了全国性的交通运输紧张状况。"六五"开始中国交通运输长期紧张状况达到了最严重的程度，"六五"后期铁路客货运输只能满足运输需求的70%。随着改革开放带来的经济全面复苏，能源与交通瓶颈制约着经济发展的问题更为严重。交通管理体制与机制改革在改革方面以问题为导向，围绕市场开放与投资体制改革进行改革探索。

(1)构建起多种所有制参与的运输市场。开放公路水运运输市场。由于设施规模不足和运输结构失衡，公路、水运和民航等基础设施长期没有得到充足发展，以铁路为主要运输方式下的交通运输形成全面紧张。1982年—1984年，交通部在全国交通工作会议上，分别提出了"要努力把交通搞通、搞活、搞上去"(1982年)、"有河大家走船、有路大家走车"(1983年)和"多家经营，鼓励竞争，各部门、各行业、各地区一起干，国营、集体、个人和各种运输工具一起上"(1984年)的方针。通过开放公路内河水运运输市场和提出一系列激励政策，打破了营业性运输长期由交通部门独家经营的局面，形成了以公有制交通运输企业为主体、多种所有制企业参与的运输市场，解放了交通运输生产力，初步实现了国家、集体、个人共同参与运输的多头"办交通"的局面。根据统计，1979年公路货运周转量为745亿吨公里，到1984年，包括私营运输完成的货运量，全国货运周转量达到1536亿吨公里，年均增速达15%。1979年客运周转量为603亿人公里，到1984年达到1336.9亿人公里，年均增速达17%。

放开外贸运输管制。为加快外贸航运运输发展，交通部提出开辟国内国外两个市场，远洋运输要大力发展对外业务，为国家争取更多外汇收入。但此时，外贸运输主要还是依靠中国远洋运输总公司等国有企业完成，但随着对外贸易发展加快，进出口货物运输呈现急速增长趋势，1983年全国交通工作会议上，从放宽搞活角度，提出了"支持各省市建立外贸运输船队"，但地方船队主要承运本地区的外贸物资，并且要求"与中远公司要配合好，一致对外"。直至1988年国务院口岸领导小组颁布了《关于改革中国国际海洋运输管理工作的补充通知》，取消了外贸运输"货载保留"和"货载分配"政策，不再用行政手段规定国内船舶的承运份额，也不再规定承运外贸进出口货物中方派船比例。在对外经营业务管理上，1983年交通部批准重庆、武汉等长江中上游港口开展外贸业务，以及南京、张家港等长江下游港口对外开放，1984年又进一步放开天津、上海等14个沿海港口城市，同时积极引入国外政府贷款和世界银行等外资进行港口建设。

建立港口双重管理体制。实行改革开放政策后，伴随中国经济的发展，能源、大宗原材料运输急剧增加，水运生产能力严重不足，港口形成"压船、压港、压货"等现象。为缓解这一问题，在加快港口建设的同时，中央和交通部对港口管理体制进行了改革。1981年在大连港首先实行由交通部和大连市双重领导、交通部为主的管理体制改革试点，1984年在天津港实施了"双重领导，以地方为主"的改革试点。此后，沿海港口分批下放给地方政府，形成了港口"属地管理，交通部行业管理"的管理体制。改革调动了地方积极性，基本缓解了港口压力。

港口管理改革和航运业率先对外开放，不仅缓解水运业交通紧张状况，同时也为进一步在交通行业实现简政放权，建立省、地、市三级管理体制进行了初步实践，并且通过"放宽搞活"，实现了"多家经营"的局面。

实施铁路经济承包责任制。从新中国成立到改革开放，铁路运输一直处于集中管理运营，形成行业自然垄断，并在计划管理体制下形成各种运输方式中铁路一家独大，在承担主要运输任务的同时也因管理机制原因形成效率低下、服务水平不高等问题。为解决管理机制问题，铁道部在改革开放之初开始进行改革试点，1981年铁道部对上海铁路局等11个部属企业进行扩大企业自主权"放权让利"试点改革，将计划、财务、劳资、物资、人事等企业生产经营职能权力下放到下属路局，又通过企业基金制、全额利润留成制、税后利润递增包干等制度性安排和调整，调动了铁路职工的积极性，运输效率显著提高，平均日装车量突破7万辆，比上年增长1.6%；铁路货运机车平均日产量82.1万吨公里，比上年增长1.9%；铁路运输收入和实现利润，比上年分别增长8.7%和2.6%，铁路运输人员劳动生产率提高5.3%。在试点基础上，铁道部向国务院请示实施经济承包责任制，全称是"投入产出、以路建路经济承包责任制"，简称"大包干"。1985年铁路实行"大包干"，1986年，国务院批复了五部委《关于铁道部实行经济承包责任制的方案》，实行“以路建路”经济承包责任制，从1986年到1995年，以“大包干”为特征的铁路承包责任制显著改善了铁路运输紧张状况，1995年铁路共完成客运周转量3546亿人公里，货运周转量13050亿吨公里，分别比1985年增长了46.8%、60.6%。“大包干”在运营改革上创新地赋予了地方路局更多自主权，但由于未涉及定价体制和投融资改革，因而产生了一些问题，例如在拼设备、降成本、保指标中产生的重大事故接连发生的运输安全问题，扩大再生产激励问题等。“大包干”改革机制作为改革的试水探路者虽然在组织体制上没有形成突破，但在经营机制的转化上，一方面调动了铁路各级人员的活力，另一方面铁路开始从生产型向经营型转变，为建立现代企业制度奠定了基础。

民航实施政企分开改革。民航自建立之初一直实行军政双管理体制，1980年3月5日国务院、中央军委于发出《关于民航总局不再由空军代管的通知》，民航系统对组织体制、规章制度、核算办法等进行了全面调整，完成军政分管和企业化改革。1985年初《关于民航管理体制改革的报告》得到批准后，民航系统开始进行较全面的机构调整和企业重组，实行政企分开，建立航空公司、机场和服务保障系统分设等民航新型管理体制架构。在此管理架构下，成立了多家航空公司，形成了以国有民航公司为市场主体的运输市场。经过多轮调整和改革，以非公经营者进入运输市场和政企分开的管理机制调整为结果，民航初步建立起具有市场竞争机制的交通运输市场和政府运营组织管理体制。

(2)建立起对外开放的运输市场。中国的经济体制改革是与对外开放紧密结合进行的。在“对内搞活”政策下建立起的交通运输市场调动了各方积极性，但整体上国内企业还缺乏先进与现代的企业运营机制和先进的管理制造技术，以对外开放政策积极吸引国外投资和先进的管理与制造技术成为早期改革的实践，1980年中国第一家中外合资企业——北京航空食品有限公司被批准成立，1988年交通部批准了第一个中外合资道路运输项目。从项目资本投资到随后形成“以市场换技术”政策，例如，在汽车制造业建立合资工厂，希望通过让渡一些国内汽车市场吸引外资，换取或学习外资企业的先进技术发展中国自己的汽车产业。交通行业以“摸着石头过河”的改革实践探索中国对外开放之路，解决当时面临的资金困难、技术落后和现代企业管理经验缺乏等一系列问题。

中国水路运输是中国对外开放最早、力度最大的行业之一。1987年国务院颁布《水路运输管理条例》对设立中外合资水运企业的条件和程序作出了规定。1992年交通部《关于印发〈关于深化改革、扩大开放、加快交通发展的若干意见〉的通知》中提出水运业利用外资的总体政策。此后，对外商投资国际海上集装箱运输、装卸和设立集装箱中转站、中外合资投资船舶，以及外商独资经营国际船务的条件、范围和市场准入程序进行了政策规定。由此形成较大规模的境外航运企业在中国设立的代表处、办事处、合资船舶运输企业、外商独资船务公司和集装箱运输服务公司，以及合资在中国港口从事装卸、仓储业务，使中国航运业和国际港口服务业得到较快发展并在港口服务，如码头设施的利用、装卸费用、燃油及淡水供应等方面与国际接轨，有力地促进了中国外贸运输的发展。

中国加入WTO标志着中国运输市场进一步扩大开放，对运输市场的管制进一步放松，开放度不断提高。道路运输业承诺完全放开货运业务，因此，道路货运业是外资进入比较早的行业，其中物流业外资相较国内企业更加成熟。据统计，在加入WTO后的前三年，跨国物流企业一度收购了国内物流市场里快运、货代以及合同物流等各领域的领先企业，对国内本土企业形成巨大冲击。入世前各有关方都担忧中国本土企业在加入WTO后会消失和被冲垮。但实践表明，中国本土一些企业通过直接为外资企业服务，学习和积累了现代物流的先进专业技术、服务理念和运营经验，并在与外资企业同场竞技的过程中不断发展壮大。个别民营物流企业在加入WTO后获得超常规发展成为物流行业的佼佼者，最终形成中资与外资企业鼎足市场的格局。

(3)完善运输市场价格改革。价格机制是市场机制的核心，市场决定价格是市场在资源配置中起决定性作用的关键。完善市场价格体制，可以更好地发挥市场在资源分配中的决定性作用，发挥市场在资源配置中的作用一直是中国体制改革的核心。

改革开放初期，在以“计划经济为主、市场调节为辅”的改革思想指导下，开始实行“计划价格为主，自由价格为辅”的改革，以调整不合理的计划价格为重点，对计划价格体制作某些探索性的小破小改。在此期间，采取了“以调为主，以放为辅”的改革方式。

其中有重点地对铁路短途货物运输采取了临时征收附加费的办法，适当提高了短途运价。调整了水运运价，取消了长江和沿海7条航线的煤炭运输优待价，修订了港口计费办法，运价和计费的不合理状况逐步得到改善。

随着改革的深入，到20世纪90年代中期，根据运输公益性、社会性和市场性特征，形成政府指导与市场相结合的运输价格机制。为解决铁路客票价格存在的问题，从九十年代初起，在国家计委等综合部门的支持下，对铁路客票价格进行了一系列局部改革的尝试。1993年春运期间，对乘火车进出广东省和广东省境内的乘客实行浮动加价，第一次对春运票价进行浮动票价改革。国家计委批复自1996年4月1日起，允许广深铁路普通客运在当时票价的基础上再上下浮动50%，在规定浮动幅度内，由企业自主定价，准高速铁路客运实行企业自主定价。

总体上，完善运输价格机制的思路是放开竞争性价格，分步理顺价格水平。从改革开放之初到1984年，公路部分运输服务产品价格突破了政府定价，实行政府指导价，在一些地方货运出现市场调节价。1992年公路运价管理权限改革后，公路运价市场机制基本形成。公路运输市场放开后，极大地促进了公路运输业的发展，但也存在经营秩序混乱、欺行霸市和垄断经营等活动，运力投放、车型结构不合理、道桥收费站点设置过多过密影响车辆正常通行，加重了社会的负担。1985年—1991年，交通部通过两次调整《公路运价管理暂行规定》，明确了交通部、地方各级交通主管部门的公路运价管理职权，对国家定价、国家指导价和市场调节价进行了界定。经过市场秩序整顿调整，公路货运已接近完全竞争市场状态。公路客运价格主要实行政府指导价，与公路客货运相关的客货运站收费、服务收费实行政府定价。

为进一步理顺铁路运价，国家发展改革委会同有关方面反复研究论证，最终从铁路、公路货运相互替代竞争日益明显的实际出发，改变传统上主要依据运输成本定价的方法，建立按照与公路货运替代运输方式保持合理比价关系原则制定铁路货运价格的机制，分步理顺了国铁货物统一运价。建立运价浮动机制，增强价格弹性。为营造良好价格政策环境，吸引社会资本积极投入铁路建设运营领域，2014年4月，国家发展改革委明确神华集团新建的准池铁路货物运价实行市场调节，开创了市场决定铁路货运价格的先河，标志着中国铁路货运价格市场化改革迈出了具有里程碑意义的重要一步。长期以来，铁路运输杂费依据《铁路法》规定实行政府定价，具体收费项目和收费标准由原铁道部规定。2014年底，为顺应铁路经营管理体制改革，以及各种运输方式相互替代竞争日益明显，国家完善铁路货物运价形成机制、逐步理顺运价水平等形势发展变化，国家发展改革委提出了修订《铁路法》相关条款，放开铁路运输杂费、实行市场调节的建议。随后，又陆续放开了散货快运、包裹运输价格及社会资本控股新建铁路货物运价等竞争性铁路货运价格。

有序推进民航运价改革。1996年以前，民航客货运价格执行较为严格的政府定价制度。1996年以后，根据《民用航空法》和《价格法》，国内航线票价管理明确为以民航总局为主，会同国家计委管理，管理形式为政府指导价。民航总局先后推出一种票价多种折扣、燃油加价、旅游团队优惠、多级票价等政策，加大运价制定的市场化程度，并放松对支线票价的管理，但民航客运仍不具备企业自主定价权。民航货运在政府指导价下，除邮件以及超重行李外，享有一定的企业自主定价权。2004年后，随着人民生活水平提高和各种运输方式发展，航空运输市场规模不断扩大，国家发展改革委、民航总局积极顺应国内航空运输市场发展和各种运输方式竞争形势变化，分步改革民航国内运价及收费。2013年，放开部分与地面主要交通运输方式形成竞争、由两家以上航空公司共同经营航线旅客票价，2014年，对继续实行政府指导价的国内航线旅客票价，取消下浮幅度限制，赋予航空公司更大的票价浮动空间。2014年，放开国内航线货物运价，放开相邻省之间与地面主要交通运输方式形成竞争的短途航线旅客票价。同时，简化定价流程，由政府直接核定基准票价，改为政府制定并公布定价规则和公式，由航空公司按规则和公式自行测算确定基准票价水平，提高了监管效率。理顺民航保障系统收费管理体制。考虑到机场、飞行校验、空管等民航运输保障系统服务收费，主要调节行业内部各主体之间利益关系，在航空运输市场竞争激烈的情况下，相关服务收费调整不会影响旅客票价波动，为提高监管效率，按照简政放权要求，将民航局会同国家发展改革委管理的机场垄断环节服务、飞行校验、空管服务等收费，改为民航局单独管理。

积极完善港口收费政策。为促进中国港口事业持续健康发展，更好保障国民经济和对外贸易平稳运行，积极完善港口收费政策，交通管理部门印发、修订《港口收费计费办法》，对港口收费项目和服务内容、管理方式、计费办法等作出统一规范。放开港口竞争性服务收费。将港口集装箱、外贸散货装卸作业，国际、国内客运和旅游船舶港口码头作业等劳务性收费，船舶垃圾处理、供水等船舶供应服务收费，理货服务费，引航机构引领海上移动平台航行的技术服务收费，由此前分别实行政府指导价、政府定价统一改为市场调节，同步简化收费项目，规范劳务性收费计费方式，推行港口作业包干收费。完善船舶使费和港口设施保安费政策。对船舶使费实行政府指导价、上限管理，增强了价格弹性。将船舶使费项目由9项减少为6项。按照稳中有降的原则，完善引航费、拖轮费计费办法，拖轮费计费方式由按拖轮马力和工作时间收费改为按被拖船舶类型和大小收费，对航行国际航线超大型船舶引航费实行收费总额封顶控制；降低港口设施保安费收费标准。

(4)运输市场结构变革。中国自“六五”至“八五”期间，交通运输能力严重不足问题非常突出，一方面是交通基础设施严重不足，另一方面是不同运输方式改革进程不一致，导致对市场的需求反应敏感度不一致，运输结构不合理导致运输能力不能充分发挥和运输成本偏高等问题。

改革开放之初，铁路、公路、水运和民航在旅客运输量中的比例为32：58：9：0.09，到1990年比例变化为12.39：64.81：3.52：0.21。在货运量方面的比重，铁路从1978年占比34.48%下降到1990年的15.52%，铁路与公路在客货运量中的比重发生了明显的变化，铁路占比明显下滑，此后，铁路客货运量一直处在较低占比水平，与改革开放前铁路一家独大的“铁老大”的形象形成鲜明对比。

运输结构的变化在部分货类、货种，以及部分区域形成结构扭曲，例如，在公路客运方面，九十年代“打工潮”，农民工纷纷到沿海城市务工，形成内地到沿海城市的打工客流，各省市开辟了跨省（区）和超长距离客运班车，以及夜班车和卧铺车等不同形式的长距离班线，增强了公路客运服务能力，为旅客出行提供便利，虽然在特定的历史时期这种长途公路客运班线运营在一定程度上缓解了铁路在中长途旅客运输服务供给严重不足问题，但从经济性与技术性而言，这种运输结构不合乎运输的技术经济特性，在运输舒适性和安全性方面也存在较大问题和隐患。货运方面，由于铁路运力不足无法满足煤炭、建筑材料等运输需求，公路货运承担起大宗、低价、长途运输等符合铁路运输特性的货物运输，抬高了货运物流成本。

由于中国长期存在交通基础设施不足的短板，因此，九十年代开始，运输市场结构的调整和变化主要是解决运输效率问题，公路运输主要通过运力结构调整改变市场集中度较低的“多、小、散、乱”的市场结构特征，由粗放的经营模式向规模化和集约化经营方式转变。港口发展则以支持中国外贸发展开始组织国际集装箱联运。铁路从1997年开始实施以京广、京沪、京哈三大干线为重点的第一次大面积提速，取得了良好效果。到2007年共进行了6次大提速，运输服务质量和效率得到较大提高。

在两次国际金融危机以基础设施拉动经济的积极的财政政策支持下，交通基础设施大规模建设使各种运输方式网络布局得到完善，综合运输大通道加快形成。在设施逐步完善的条件下，运输结构调整从单一方式运力结构调整转变为以多式联运为主体的综合运输综合能力调整。

在综合运输管理上，在“十五”计划编制中首次将综合交通专项规划纳入到国民经济和社会发展五年计划的配套专项规划中，同时，以综合交通方式对交通的未来发展进行了谋划，提出对运输网络结构、装备与设施技术、客货运输产品结构进行优化，充分发挥铁路、公路、水运、民航及管道等运输方式各自的优势，使各种运输方式的交通设施规模与布局更为合理，运输产品更适应不同层次客货运输用户的要求。

2.投融资体制改革。中国交通运输改革在放开运输市场改革的同时，也开放了交通建设市场，多元化、多渠道的投资资本进入到交通建设中来，使中国的交通基础设施呈现出跨越式发展局面。

(1)初步形成资本要素配置市场化。转变投资管理体制。1979年国务院批转国家计委、国家建委、财政部《关于基本建设投资试行贷款办法报告》及《基本建设贷款试行条例》，1984年国务院颁布《关于改革建筑业和基本建设管理体制若干问题的暂行规定》等政策，交通建设资金的配置由国家财政拨付改为银行贷款，并从1985年起，凡是由中央预算安排的基建投资全部由财政拨款改为银行贷款，标志着中国在交通领域初步形成资本要素有偿使用的市场化雏形，但尚未解决资本投入来源多元化，以及重点建设项目资金保障问题。

转换行政性投资主体。1992年，朱镕基副总理在全国交通工作会议上的讲话中提到“交通运输要靠地方的积极性，不靠地方搞不起来”。交通系统先后经过政企分离、企业下放地方、部属管理权限下放等多轮管理体制改革，交通基本建设投资由单一的中央投资模式向中央与地方共同投资的模式转变。基本形成“国家投资、地方筹资、社会融资、利用外资”的投资体制。通过“贷款修路、收费还贷”政策，以地方政府为主导的二级汽车专用路等高等级收费公路建设形成交通基础设施建设热潮。多元化投资主体的合资铁路也得到迅速发展，1992年，国务院同意国家计委、铁道部《关于发展中央和地方合资建设铁路的意见》，“八五”期间，铁路总投资为1213.11亿元，其中，财政预算内资金为71.54亿元，地方政府及合资公司投资占到铁路总投资的10%，达126.06亿元，超出国家财政投资76%。铁路投资开始破除单一国家投资的传统投资模式，京九、南昆铁路等长大干线，实行以中央投资为主，地方筹资为辅，中央与地方联合建设模式，合资铁路实行项目业主负责制模式，集通、广梅汕等合资铁路创造了较好的经济效益。各类投融资模式的实践直接改变了铁道部作为铁路唯一投资主体的局面，使铁路开始走上产业化发展的道路。

稳固投资资本加强对重点建设的支持。为保证国家规划的重点建设项目的进行，在加强多元化投资市场化改革的基础上，建立基本建设基金制，将国家财政预算内安排的用于一些重大的社会发展项目的建设资金，作为基金周转使用。交通领域先后开始征收能源交通重点建设基金、铁路建设基金、内河航道养护费、机场管理建设费、民航基础设施建设基金等，至此形成交通建设基金体系雏形，为交通投资可持续发展提供了政策性资金保障。

(2)建立资本运营平台。1992年10月党的十四大明确指出，中国经济体制改革的目标是建立社会主义市场经济体制，使市场在国家宏观调控下对资源配置起基础性作用。经过探索和实践，1995年中国首例以BOT(建设—经营—转让)方式试点的京通高速公路项目竣工，融资19亿元，特许经营期20年，此后高速公路建设项目大部分都采取BOT模式，并组建省政府授权并直接领导的国有独资或控股性质的高速公路总公司或高速公路融资实体，融资渠道由项目直接融资扩展到以项目经营收费为依托，通过上市融资、发行债券等方式进行资本运营，融资实体平台建设实现了投融资渠道多元化，完善了直接与间接投融资渠道。

铁路投融资平台是在特定的运营体制管理下形成的。首先是建立中国铁路建设投资公司，一方面作为国有资本的代表履行出资人代表职能，确保国有资产保值增值，另一方面作为资本运营企业负责铁路建设项目的招商引资，筹集社会资金，寻求战略投资伙伴。其次是构建部省合作机制，以地方资本运营平台作为投资建设资本。2004年铁道部与上海市签署《关于加快上海铁路建设工作的会议纪要》，2005年铁道部与海南省签署《关于海南铁路建设有关问题的会谈纪要》，由此形成部省合作投资铁路的模式，后续铁道部与大部分省市自治区均签署了相应的合作协议。虽然在形式上这种合作看上去依然是政府间的合作，但是，由于地方政府通过各种市场化融资平台去承担本地区的铁路建设项目省级资本金筹措和相关债务融资及沿线土地等资源综合开发，因此，从资本来源与运作形式而言也是来源于资本运营平台的一种市场化的融资，并且这种地方政府主导的市场化融资不仅没有破坏铁路整体运营制度，也解决了建设资金不足问题。

同样，公路、水路与铁路的改革模式在机场建设和航空企业飞机采购与租赁上得到融合应用，航空公司飞机采购与租赁则完全是市场化模式，利用融资租赁的信贷方式迅速扩大机队和航线。

资本运营平台对交通领域的投资促进了交通基础设施的发展，至2009年，在中国应对全球金融危机的4万亿投资刺激政策出台后，地方交通等投融资平台发展达到鼎盛。各商业银行纷纷宣布将积极支持国家重点基础设施建设，以公路为代表的交通融资平台数量和贷款余额迅速增长，甚至很多县级交通融资平台纷纷成立，带动交通投资大幅增长。但也带来了政府债务规模迅速膨胀问题，到2013年，融资平台在地方政府性债务中占比达到40%，交通运输在地方政府性债务中占比达到1/4。

3.体制改革成就。在改革开放过程中，交通投融资体制改革一直处于摸索前行，不断完善财政投资的效率和扩大市场对资源配置的作用和份额。通过这些改革促进了基础设施建设的加快，交通运输紧张状况不断得到缓解。当然也经历和出现过盲目竞争、投资过热等问题，但总体上，运输市场化程度越高的行业，其投融资市场化程度也越高，运输满足公众出行的便利性也就越强。

（1）建立起与市场规律相适应的制度框架。社会主义市场化建设形成了由有限领域和范围开放向倡导全方位、多层次、宽领域开放的转变，由强调政策性开放向强调体制性开放的转变。交通运输行业市场化改革通过实践，逐步实行从市场准入激励到规范市场运营管理机制等一系列的改革。

从“有路大家走车、有河大家走船”的市场经营机制改革，到完成政企分开的管理体制改革。通过交通运输各领域、各环节改革深入推进，逐步形成适应市场化发展的运价、管理体制及运输结构等系统性运输市场制度框架。在制度约束与引导下，企业开始实现规模化、集约化经营，网络型运输服务企业快速发展。经营结构、运力结构和运输组织结构得到优化。在市场建设上，交通主管部门开始进行运输交易市场建设，依托枢纽建设货运交易市场，运营组织开始从区域向全国，从个体、单线向网络化发展。

利用政策与法律完善了市场经营环境。通过持续推进价格和管理体制改革完善市场秩序、维护市场发展环境，保障了运输市场稳定健康发展。

（2）形成市场资源配置与政府引导相结合的政策路径。正确处理政府与市场、政府与社会的关系，合理确定政府提供基本公共服务的范围和方式，将应由市场或社会承担的事务，交由市场主体或社会力量承担。充分发挥企业、行业协会等市场主体的能动性，促进运输资源跨方式、跨区域优化配置。按照现代企业制度要求，深化铁路、邮政等政企合一管理部门实现政企分离和市场化改革，建立事权和运营责任相适应的管理制度。

从“贷款修路，收费还贷”到PPP融资模式，以多元化投融资为目标的投资体制改革在发展中不断丰富着改革内涵，投资决策由中央政府进行项目决策的单一层次，发展为中央政府、地方政府、企业部门、企业和个人等多层次项目决策。投资方式由政府拨贷款建设发展为合资、合作、股份合作、项目融资、BOT、TOT等多种方式。投资来源渠道形成财政拨款、专项基金、国内银行贷款、投资主体自有资金、发行债券、国外贷款、外商直接投资等多种多样的资金来源渠道。

（3）完善与优化运输市场竞争机制与环境。运输市场与建设市场的开发与搞活并健康发展，需要有完善的竞争环境，在改革过程中，完善与优化运输市场竞争机制与环境始终是制度建设的重点。

一是建立完善的法律法规体系，提升政府治理能力。改革开放以来，中国相继出台了《铁路法》《海商法》《民用航空法》《公路法》《港口法》《邮政法》《航道法》等多部法律，编制实施了《航道管理条例》《通用航空飞行管制条例》《道路运输条例》《收费公路管理条例》《民用机场管理条例》《国内水路运输管理条例》《铁路安全管理条例》《国际海运条例》等行业条例，使得交通运输执法和行政管理有法可依，降低了行政管理和执法的随意性和选择性。

二是通过改革逐步扩大由市场定价的范围，放开竞争性环节运输服务价格，促进各种运输方式纵向竞争和运输企业间横向竞争，构建多元化经营主体。发挥价格杠杆对运输需求的自发调节作用，以价格机制促进市场配置交通运输资源。

三是加快建立统一开放、竞争有序的交通运输市场，营造良好营商环境，逐步扩大对民资和外资运输市场开放。充分发挥企业、行业协会等市场主体的能动性，促进运输资源跨方式、跨区域优化配置。

（4）综合运输保障能力持续提高。通过运输市场化改革和投融资体制改革，使中国交通运输保障能力持续提高。

交通基础设施规模持续增长，使运输紧张状况得到较好的解决。1978年，中国综合交通运输网中，公路总里程只有87万公里，到2012年底，公路总里程已达到375.56万公里，其中高速公路通车里程达到10.4万公里，90年代初期规划的以高速公路为主的“五纵七横”国家主干道网提前近10年全部建成。铁路营业里程达到9.8万公里，比1978年的5万公里增加近1倍，电气化铁路电气化率、复线率均达到50%以上。1997年—2007年，铁路10年6次提速改造和2003年首条客运专线建成，铁路客货运能得到较大的发展，从“六五”开始的运输紧张局面经过30年的建设终于得到全面缓解。

倾斜性支持政策加快了中西部地区交通发展。2004年7月，国务院发布《关于投资体制改革的决定》（国发〔2004〕20号），对交通运输基础设施建设多样化融资发挥了重要作用，同年，国家西部大开发战略亦开始实施，民航发展规划中支线机场建设向中、西部地区倾斜，使得机场建设尤其是位于西部广大地区、预期效益不佳但对地方经济发展和对外沟通起重要作用的机场，获得了发展机遇，机场建设进入新一轮大规模建设期。仅就西部地区而言，2012年与2004年相比，机场数量从62个增加到91个，增幅达47%，且可起降B737及以上机型的机场占比从63%提高到92%。

对外开放的海运大国地位得到确立。进入二十一世纪的前十年，中国加入WTO后，对外开放政策不断创新，经济与产业领域出口导向型经济发展模式确立，中国对外贸易得到了迅猛发展，由此带来大量国际航运物流需求。民营资本进入、国有资本加快整合兼并重组和国务院下文取消货运代理企业经营资格行政审批等一系列开放政策推进了国际船队规模的扩张，港口和航运中心的建设，国际航运及服务贸易能力不断增强，推动中国"海运大国"地位形成。2010年，上海港完成集装箱吞吐量2905万标箱，成为世界第一大集装箱港，此后一直保持这一地位。

三、交通管理体制深化改革历程（2013年—2019年）

从1978年改革开放开始，通过逐步进行运输市场管理体制改革和以政企分开、政资分开、所有权与经营权分离的行政管理改革及国有企业改革，运输市场和交通建设市场基本建成以市场化为基础的运输资源要素配置和以政府引导配置基础运输服务功能的管理体制，保障了交通运输发挥其在国民经济中的基础性和支撑性作用。党的十八大以来，针对制约交通运输转型升级的体制机制障碍，交通运输领域进一步深化了以"大部制"改革为代表的综合运输行政管理体制改革，优化营商环境、简政放权的"放管服"管理职能改革和深化职能制度性改革的供给侧结构性改革，推进交通运输行业治理体系和治理能力现代化。完善了事权与支出责任相适应的投融资体制改革，以及建设交通强国，以创新为引领的交通高质量发展的体制机制改革。

1.深化综合运输行政管理体制改革。

（1）建立综合运输大部制管理机构。自改革开放以来，交通领域行政管理体制改革一直在不断地改革和完善，消除市场准入的行业壁垒和转变政企合一管理机制等转变政府管理职能体制的改革，行政管理职能不断与社会主义市场经济相适应，交通运输对经济的支撑与引领作用不断增强。但依然存在不同运输方式分头管理导致运输结构难以有效整合，设施建设难以高效统一等与综合运输网络发展与建设不相适应的问题。2013年，在原2009年组建的交通运输部的基础上，将铁道部拆分合并成具有历史意义的、全面管理中国交通运输领域的交通运输部。通过职能整合、机构合并减少了职能交叉，精简了机构和人员，提高政府工作效率，增强政府公共服务能力，同时，通过整合管理各种运输方式的职能可以合理利用资源，发挥组合效率，推进综合运输体系建设。

（2）推进"放管服"转变管理职能。处理好政府和市场的关系，是改革开放以来政府适应以市场为主体的管理职能转变的改革主线，贯穿于改革的各个时期。通过改革从管企业、管运行、管市场的管理型政府转变为精简管理事项、建立市场规则、维护市场公平、建立诚信体系的服务型政府。交通运输部在《关于加快转变政府职能深化行政审批制度改革的意见》中明确提出"充分尊重市场在资源配置中的决定性作用，最大限度减少交通运输部门对微观经济事务的管理，把该放的权力放到位"。2013年，行政体制改革把简政放权、放管结合作为"当头炮"和"先手棋"，交通运输部在逐步取消和下放行政审批事项的基础上，以"双随机、一公开""一单二库"（随机抽查清单、抽查事项建立一个市场主体名录库、检查人员名录库）监管机制推进事中事后监管。

（3）补短强基加强供给侧改革。以增强政府服务能力，简政放权、强化服务、改善监管和补交通服务设施短板提升供给的品质为重点。交通运输供给侧的结构性改革，以畅通物流大通道，建设综合交通枢纽，发展多式联运，提升物流效率降低流通成本为改革内容，以机制改革推进制度性交易成本、服务性交易成本降低。加快补基础设施的短板，通过加大固定资产投资的力度，围绕国家大战略精准补足设施短板，聚焦2020年贫困地区和贫困人口整体脱贫，加强农村公路建设，加强交通扶贫脱贫攻坚，以贫困地区为重点，大力推进乡镇、建制村通硬化路的建设。围绕新技术、新业态，落实细化完善政策措施，鼓励"互联网+交通运输"、通运航空、邮轮游艇、交通旅游融合等新型业态发展，促进交通运输跨界跨域融合发展。

2.深化投融资体制改革。在经济增速转入中高速增长新常态后，交通运输基础设施继续保持对消化钢铁、水泥等过剩产能，拉动国内需求，稳定经济增长，不断改善民生的促进作用。但现行的投融资模式难以满足交通运输发展的需要，特别是不能适应国家深化财税体制改革的要求，政府投资主体作用不强、公共财政投入不足，各级政府交通事权不清晰、支出责任不明确，融资政策不完善、社会资本投入动力不足，政府举债不规范、债务负担较重等问题，需要以新的交通运输基础设施投融资模式破解。

（1）进一步完善“政府主导、分级负责”的投融资管理体制。2015年，交通运输部在《关于深化交通运输基础设施投融资改革的指导意见》提出，建立和完善交通运输发展“政府主导、分级负责、多元筹资、规范高效”的投融资管理体制。加快形成中央领导、权责清晰、财力协调、区域均衡、监管有力、运转高效的交通运输领域财政事权和支出责任划分模式。

防范化解重大金融投资风险，规范地方政府举债。2017年开始，在金融市场高杠杆率、高负债率和高流动性背景下，交通等基础设施投融资开始重点以防控地方政府债务风险为总基调。2017年，针对地方政府融资不畅而大量变相举债的现象，财政部分别从政府投资基金、PPP融资、政府购买服务、PPP项目库等方面颁布多个文件，促进地方政府融资的规范发展。国家发改委要求进一步规范地方融资平台发行的企业债券，财政部要求金融企业规范对地方政府和国有企业的投融资行为，以及加强PPP示范项目规范管理。

构建“政府主导、多方参与”的筹资机制。用好中央交通专项资金政策，加强交通转移支付资金对中央重大决策部署的保障，继续优化中央交通专项资金支出结构，优先保障国家重大战略项目，加大对调结构、补短板及脱贫攻坚等项目的支持力度。

发挥市场在资源配置上的决定性作用，2016年，中国民用航空局在《关于鼓励社会资本投资建设运营民用机场的意见》提出，全面放开民用机场建设和运营市场，广泛吸引社会资本参与民用机场及其服务配套设施项目建设和运营。合规有序利用PPP模式推进交通基础设施建设，并不断进行探索创新。

（2）建立中央与地方在交通基础设施项目上的事权划分机制。根据项目功能与公益性属性合理划分中央和地方各自负责的领域。长期以来交通基础设施处于不充分状况，为推进交通基础设施尽快发展，中央和地方处于相互捆绑发展状态，各自主体负责领域没有明确划分，传统的“中央投资、地方筹资、社会融资、利用外资”投融资模式在部分地区和领域存在社会融资与利用外资渠道不畅、利用不充分问题。同时，在交通基础设施建设依然是拉动地方GDP的推动力，地方政府规划和建设交通的热情比较高，在收费公路、高速铁路和支线机场等方面在各个五年规划中都形成了一批大的基建项目，部分地区出现项目收益不高、债务负担较重的现象。通过事权划分改革，在中央统一规划的前提下，通过增强中央政府事权逐步完善国家主干运输通道和对中西部、老少边穷、集中连片特困地区以及农村公路通畅工程等民生工程支持倾斜，并依规下放部分事权，提升地方支出责任。这些改革措施有利于解决交通运输领域发展不平衡不充分问题。

通过事权划分合理配置中央和地方财政资源。在完善中央决策、地方执行机制的基础上，强调省级统筹，适度加强省级政府承担交通运输基本公共服务的职责和能力，减少基层政府财务承担责任。

3.推进交通高质量发展。党的十九大报告在准确把握中国经济发展在速度上将由高速增长转向中高速增长，在发展方式将从规模速度型粗放增长转向质量效率型集约增长等新阶段发展的特点的基础上，提出高质量发展理念，以供给侧结构性改革为主线，推动经济发展质量变革、效率变革和动力变革，以新发展理念和政策与制度创新推进供给体系优化、提升资源配置效率和加快新旧动能转换。

（1）完善高质量发展的体制。加强供给侧改革对高质量发展的推动作用，以健全产业链发展环境、推进国家战略实施为抓手，交通运输部先后推出《关于大力推进海运业高质量发展的指导意见》《关于推进长江航运高质量发展的意见》等行业发展指导意见。

交通运输部联合6个部委局形成发布《关于大力推进海运业高质量发展的指导意见》，从全球视野、发展大局和进一步开放国际合作角度提出建设现代化海运船队和完善全球海运服务网络，以高质量海运业发展体系为中国到2035年实现社会主义现代化强国提供坚实支撑。

2018年11月6日，习近平总书记视频连线上海洋山港时强调，“经济强国必定是海洋强国、航运强国”。2019年1月17日，习近平总书记视察天津港时强调，“经济要发展，国家要强大，交通特别是海运首先要强起来”。海运业是拉动经济稳增长的重要力量，也关系到国家经济运行安全和国家防卫安全，以及海外权益的重要保障。以海运业作为交通运输高质量发展的突破口，一方面补齐海运发展短板尽快将中国从海运大国向海运强国转变，另一方面与中国自由贸易试验区、中国特色自由贸易港建设政策制度衔接，通过优化海运业发展政策制度环境和对外开放经济与产业政策形成产业发展政策链条，进一步推进中国对外发展。

（2）强化高质量发展创新机制。2019年中共中央国务院印发《交通强国建设纲要》中提出，交通运输的发展方向是“各种交通方式相对独立发展向更加注重一体化融合发展转变，由依靠传统要素驱动向更加注重创新驱动转变，构建安全、便捷、高效、绿色、经济的现代化综合交通体系”。

按照纲要要求，综合交通运输体系发展在基础设施方面不仅要实现各种交通网络补短板、立体互联发展，同时，加强现代科技在交通基础设施中的应用，大力推动数字化、智能化的新一代基础设施发展和以高科技技术装备赋能传统设施和装备，以科技创新提高交通基础设施运行质量和效率。在构建综合运输服务体系方面，积极探索旅客联程运输电子客票，鼓励各种运输方式改进售检票系统功能，创新身份查验方式，方便旅客验票乘车；鼓励不同运输方式企业积极发展“空铁通”、公铁联运等服务产品，为旅客提供“行李直挂”服务，同时创新旅游交通产品，促进“运游结合”，通过丰富运输产品和服务供给，切实增强旅客出行的幸福感。

围绕科技赋能交通，形成了与传统产业并行发展并具有互联网特征的新业态，需要按照“包容审慎”的监管理念进一步简政放权完善监管机制，同时要形成与新业态特征相吻合和具有时代特征的管理服务手段，交通管理部门按照“放管服”改革精神推进“互联网+政务”服务，并在《数字交通发展规划纲要》中提出鼓励“以数据为关键要素，赋能交通运输及关联产业，推动模式、业态、产品、服务等联动创新，提升出行和物流服务品质”。

加强机制融合进一步推进交通融合发展。以政策标准化推进综合交通运输体系构建，以标准化提升管理与服务水平，强化大部制改革下的综合创新工作机制，促进铁路、公路、水运、民航和邮政融合发展。进一步发挥交通运输在经济与产业发展中的基础性、战略性和引领性作用，围绕交产融合、交旅融合，以需求为导向，完善行业间跨界融合、跨域融合机制，2017年，交通运输部与其他5部委和企业共同发布《关于促进交通运输与旅游融合发展的若干意见》，以旅游与交通融合联动发展新模式推进交通运输有效供给，为强大国内市场消费提供支撑。

(3)优化高质量发展驱动机制。在中国经济发展进入中高速增长、要素成本上升，投入边际效益递减新常态化下，创新驱动和改革开放成为高质量发展换挡提速新动力。

以交通绿色发展激发创新型发展动力。以节能减排、节能降耗等手段优化运输结构，提高交通低碳环保运输方式（水运、铁路）在综合运输中的比重，鼓励多式联运、江海直达、滚装运输、甩挂运输、驼背运输等先进运输组织模式。以智慧交通、共享单车等信息化管理系统和新业态进一步提升城市公交、地铁及自行车等绿色低碳出行方式比重，以高效衔接和便捷服务鼓励公众使用绿色出行方式。全社会的生态文明建设环境和管理部门强约束性的绿色交通建设促进交通运输结构向绿色、低碳转化，通过组织创新和政策支持为货运多式联运、集装箱铁水联运等运输组织模式提供网络化和规模化运营环境。

以中国标准和技术国际化推进国际合作。将中国交通发展模式与国际先进发展理念、经验和技术相融合，推动中国具有比较优势的标准、技术“走出去”，以中国标准与技术的国际化推进中国交通装备设施、交通建设技术和运营服务走向国际市场。积极利用多双边机制和平台，加强国际交通、能源与气候合作，积极参与民航业、海运业温室气体减排全球治理事务，参加联合国气候变化框架公约、国际民航组织、国际海事组织等框架下国际谈判与合作，推动建立公平合理、合作共赢的民航、海运气候治理体系，以中国方案提高中国国际影响力和话语权。

4.深化改革成就。

(1)进一步提升交通运输引领作用。随着中国经济发展进入新常态，以及国家陆续出台长江三角洲、粤港澳、京津冀、长江经济带等国家区域战略和新型城镇化等重大战略，交通运输支撑引领经济社会发展的作用不断增强。2015年5月，国家发展改革委发布《关于当前更好发挥交通运输支撑引领经济社会发展作用的意见》，11月《京津冀协同发展交通一体化规划(2014–2020年)》获批，“一带一路”、长江经济带、新型城镇化、扶贫攻坚等相关交通规划或指导意见陆续出台。上述政策文件从强支撑、重引领、补短板等全方位，加强了交通运输对经济社会发展和国家战略的支撑引领作用，构成了交通运输“支撑引领”的战略体系。

(2)以创新驱动交通转型升级发展。党的十八大以来，交通运输业发展路径发生了较为重大改变，按照《中共中央关于全面深化改革若干重大问题的决定》中提出的以新发展理念为指导、以供给侧结构性改革为主线的改革框架，交通运输发展目标在满足与适应经济发展需求的基础上，开始从科技进步与创新、质量效益提升与运输效率提高、绿色交通与资源环境相协调等方面实施转型发展，发展路径由基础设施规模扩张向提升服务质量与效益转变，管理模式由外延粗放向内涵集约管理转变。

大部制改革使综合运输管理体制更加完善，管理体制改革实现了通过综合布局规划和产业政策引导促进客运枢纽衔接一体化、供应链物流衔接无缝化、运输服务多元化等综合运输体系发展。

按照问题导向，通过重点发展、融合发展和绿色发展加快交通转型升级，形成了高铁经济、临港临空经济、枢纽经济圈、互联网+交通运输等一系列以交通引领为主的交通与产业和城市融合发展模式，交通发展模式在契合社会经济发展趋势下实现融合与引领式发展。科技创新也强化了铁路、公路、水运、民航、邮政的资源整合和大数据平台建设，基本实现交通运输出行信息、多式联运信息、旅客运输联网售票等网络化服务。智慧物流作为互联网、物联网技术应用和与生产制造、流通和金融融合的重要环节，商务部办公厅在《关于智慧物流配送体系建设实施方案的通知》(2015)中提出加快实现交通运输基础设施和运载工具数字化、网络化及运营运行智能化发展要求并给予了财税和投资支持政策。

(3)综合交通运输制度体系更加完善。党的十八大以来，围绕交通治理能力的提高，通过深化“放管服”改革健全和完善了公共决策机制，建成政府、市场、社会各方协作，共建共治共享的现代治理体系，政府与市场关系更加明晰，政府通过持续支持农村公路建养、邮政普遍服务等公益性和公共性基础设施建设和运营的同时，加快政府审批监管职能转变，加强对市场性项目的事中事后监管，构建以“双随机、一公开”监管为基本手段、重点监管为补充、信用为基础的新型监管机制。优化提升服务，深入实施“互联网+”政务服务。

(4)交通成为“一带一路”倡议重要载体。中欧班列成为“一带一路”倡议重要载体。随着“一带一路”倡议得到沿线国家和地区的广泛支持，至2019年，中欧班列累计开行数量近2万列。服务范围快速拓展，中国已同137个国家和30个国际组织签署197份共建“一带一路”合作文件。国内开行中欧班列的城市已达到60个，到达欧洲15个国家40多个城市。运行效率不断提升，铺画了时速120公里中欧班列专用运行线，全程运行时间从开行初期的20天以上逐步缩短至12~14天。运行成本不断降低，整体运输费用较开行初期下降约40%。货源品类不断丰富，由开行初期的手机、电脑等IT产品逐步扩大到衣服鞋帽、汽车及配件、粮食、葡萄酒、咖啡豆、木材等品类。

未来，依托中欧班列的规模化开行优势，赋能沿线国家间产能合作及贸易往来，形成以铁路国际多式联运提单为牵引、以贸易和产业为依托、以中国金融服务为支撑、以人民币国际化为导向的贸易新规则，创新实现“物流+贸易+产业+金融”一体化运作的政策措施，中欧班列有望成为重塑中国为主导的国际贸易新规则的重要支撑。

（国家发展和改革委员会综合交通运输研究所 苏斌）

新中国70周年综合交通运输计划规划发展历程

1954年，第一届全国人民代表大会第一次会议通过《中华人民共和国宪法》，其中规定“国家用经济计划指导国民经济的发展和改造，使生产力不断提高，以改进人民的物质生活和文化生活，巩固国家的独立和安全”。党的十九大报告中提出“加强规划战略导向作用”，在现代化经济体系建设中构建“宏观调控有度、市场机制有效、微观主体有活力”的经济体制，对新时代规划发展提出新的要求。自新中国经济体制建立以来，计划规划体制作为指导中国社会经济发展的、重要的战略性、纲领性、宏观性政策纲要文件，成为宏观政策层面指导经济社会发展的主要方式。

新中国成立以来，在经济社会发展计划规划体系统筹指导下，中国交通运输计划规划体系逐步建立并不断完善，较好发挥了对综合交通运输发展的宏观指导作用，支撑了交通运输对经济社会支撑引领作用的发挥。整体来看，交通运输计划规划体系发展紧紧围绕国家重大战略布局，经过不断实践与探索逐步建立综合交通运输体系概念，并形成综合交通运输体系计划规划及配套政策体系，为中国交通基础设施快速发展和新阶段下交通运输高质量发展指明了前进方向。

在交通运输计划规划体系指引下，70年来，中国交通运输发生巨大变化，为经济社会发展提供重要支撑，建设成就赢得国际认可。特别是自1978年改革开放以来，在较短的时期内大幅度提升了交通运输等基础设施的水平，成功消除了交通运输对经济社会发展的“瓶颈”制约。“要想富，先修路”反映了经济社会发展中对交通运输发展的整体布局，交通运输与经济社会整体发展的互动关系演进也体现在规划发展中，成为规划制定的出发点和落脚点。

通过梳理新中国成立以来的交通运输规划政策体系，结合中国计划规划体系建设，中国交通运输规划体系整体可分为三个阶段，即改革开放前计划体制阶段，改革开放后由计划体制向规划体制过渡阶段，改革开放后的规划体制阶段。其中，综合交通运输发展从无到有，并逐步形成规划政策体系。

一、第一阶段：改革开放前分方式发展的综合交通运输规划

在这一阶段，中国计划体系主要通过五年计划形式实现，在计划经济体制下，经济社会发展以推进工业化建设为主要方向，交通运输布局主要以协调配合工业发展为主。交通运输发展大多以计划性安排，尚未针对本领域形成常态化的规划编制机制。同时，新中国成立时交通运输发展基础薄弱，发展条件较为艰苦，这一阶段的规划重点仍然集中在加快推进交通设施发展上。

1.“一五”计划时期（1953年—1957年）。在新中国成立初期，中国面对仍显复杂的国内外发展形势，采取了一系列政策措施，初步形成了计划经济体制环境，为有计划地进行经济建设创造了条件。“一五”计划期间，对标苏联发展模式。集中主要力量建立中国社会主义工业化的初步基础、建立对于农业和手工业的社会主义改造的初步基础、建立对于私营工商业的社会主义改造的基础。这一期间，围绕改变中国工业极端落后的局面，交通运输发展布局着重加强服务东北工业基地、内蒙古、西北、华北等相关地区工业城市建设，强化相关地区交通运输联系。其中对交通运输发展的具体部署安排主要集中以具体的建设任务指标和分方式的具体工程项目建设中，主要为各领域分散推进，尚未进入体系化规划统筹的阶段，部分具体部署安排也着重提升工程质量、加强检查监督等方面。在相关规划理念指导下，多个重大交通运输工程项目相继完成，其中包括武汉长江大桥建成通车“天堑变通途”，康藏、青藏、新藏公路建成，宝成等多条铁路建成等。

2.“二五”计划时期（1958年—1962年）。前半期主要围绕着“大跃进”与“人民公社化”运动展开，而随着经济结构失调导致的三年经济困难，“二五”后半段致力于国民经济结构的调整。在“一五”计划实施的基础上，进一步围绕整体发展要求，实事求是地估计到第二个五年计划期间国内外的各种条件，在发展目标中

提出“在发展基本建设和继续完成社会主义改造的基础上，进一步地发展工业、农业和手工业的生产，相应地发展运输业和商业”。围绕经济社会各部门按比例、相互协调地发展，统筹工农业生产和运输、商品流转间的关系。这一阶段，国家继续实行以工业为中心的经济建设，交通运输计划在服务合理配置中国生产力需要的同时，着重优化工业企业的运输条件，推动各地区生产力的合理分工。具体而言，针对交通运输领域，明确提出以铁路为重点，一方面对原有线路和设备进行必要的改建和技术改造，另一方面加强西北和西南两个地区的铁路、公路的建设，以及沿海、长江等港口建设。结合交通运输发展基础和整体条件，“二五”计划期间明确以增加必要的运输设备、提升运输组织能力和技术措施、加强近代运输工具与民间运输工具等相结合的方式快速提升交通运输能力。在相关计划安排中，提出交通运输发展要分轻重缓急、全面规划，体现出政府与民间合作统筹整体资源配置的规划考虑，但具体规划内容主要聚焦分方式运输方式，尚未体现综合交通运输体系发展的规划布局。

“二五”时期后期，由于受“大跃进”运动影响，国民经济比例严重失调，针对性提出“调整、巩固、充实、提高”八字方针，提出按照农业、轻工业、重工业的次序安排经济生活，调整各部门之间的比例关系，在进一步优化完善发展计划机制的同时，将国民经济转入调整的正轨。

3.“三五”计划时期(1966年—1970年)。受到“备战、备荒、为人民”的指示和日趋紧张的国际形势影响，“三五”计划的主要任务提出立足于战争，从准备大打、早打出发，积极备战，把国防建设放在第一位，加快三线建设，逐步改变工业布局等。“三五”时期，交通运输发展主要围绕加强新三线建设和备战，发展计划的主要发展思路经过多次完善，计划编制的主要考虑、实施机制均和前两次计划存在一定的差异。在相关计划实施过程中，交通运输主要围绕工业布局调整，有针对性地开展以铁路为主的交通运输工程项目建设，对于经济建设和人民生活水平提高的相关考虑较少。

4.“四五”计划时期(1971年—1975年)。“四五”计划提出狠抓交通运输建设。但在具体实施中，受到林彪、江青两个反革命集团的干扰破坏，加之经济建设中出现的突出建设重工业、提高指标等倾向，后对规划内容进行了调整，但由于当时的历史条件所限，对计划不可能实行有力的调整措施。这一期间，交通运输协同社会经济整体发展的要求对发展指标、规划实施等方面均进行了完善调整的尝试，但整体效果欠佳，国民经济主要比例严重失调，经济效益不断下降，人民生活问题积累成堆。

5.“五五”计划时期(1976年—1980年)。“五五”计划期间，以1976年—1985年10年发展远景拟定发展长远计划，涵盖了第五、第六两个五年计划的设想，但由于开展了“批邓”“反击右倾翻案风”运动，业已形成的10年规划发展草案并未按计划执行，随后于1977年出台调整修改的《国家计委关于1976-1985年国民经济发展十年规划纲要(修订草案)》。在规划纲要中，提出“五五”和“六五”期间，发展国民经济的奋斗目标是:在1980年建成中国独立的比较完整的工业体系和国民经济体系;到1985年进一步完善全国的经济体系，各个部门的主要环节基本掌握现代先进技术，在全国基本建成六个大区不同水平、各有特点、各自为战、大力协同、农轻重比较协调发展的经济体系。同时细化了交通运输领域发展目标“建立起适应经济发展和战备需要的交通运输网。铁路、公路、水运互相衔接，远洋运输和民航相应发展。”

在规划部署中，交通运输主要作为壮大基础工业的分支行业，继续以铁路建设为主导“要加快九条重要铁路干线的技术改造，增修复线，装置自动闭塞，实现装卸机械化，十年内使这些干线的通过能力提高一倍左右。要逐步实现机车电气化、内燃化，使1985年电力、内燃机车运量占全国铁路运量的比重，由现在的百分之十七提高到百分之六七十。”结合发展需要提出主要建设发展的铁路干线通道、重点工程项目。同时对内河水运、公路、航空和沿海、远洋航运也做了部署。但整体来看，规划中提出的规定目标、任务，严重脱离国情、国力，具体指标规定偏高，自1978年下半年开始，进一步扩大了基本建设投资规模，加剧了国民经济比例失调。

1978年12月，党的十一届三中全会作出了把工作重点转移到社会主义现代化建设上来的战略决策，从指导思想上实现了拨乱反正。整体来看，改革开放前的交通运输规划主要从属于经济社会发展计划，主要服从于工业化布局发展需要，并着重聚焦于运输通道的建设，尚未形成综合交通运输体系思路。同时，规划发展建设以政府主导为主，虽然对民间交通运输发展装备有所涉及，但整体为政府资源统筹，不涉及政府与市场的资源配置问题。

二、第二阶段:改革开放后持续探索的综合交通运输规划阶段

1978年，党的十一届三中全会提出了改革开放方

针，但并没有及时反映在当时"五五"计划上。改革开放以来，中国交通运输快速发展，取得巨大建设成就，受到世界关注。中国结合经济社会发展和交通运输需要，在规划计划体制下，形成了具有中国特色的交通运输规划体系，以对综合交通运输体系发展的认识理解为线索，以不同时间维度、空间维度、行政维度、物性维度规划发展，形成了日益丰富和完善的综合运输规划体系。而在改革开放初期至"十一五"时期，综合交通运输规划持续探索、不断演进，通过经济社会发展规划、专项规划等形式出现。

"六五"时期至"九五"时期，综合交通体系概念初步在计划规划中有所体现，具体规划也作为主要内容体现在国民经济和社会发展五年计划中。虽然经过"一五"至"五五"时期发展，但总体上中国交通运输水平依然处于落后状态，网络构建尚未形成，规模小、层次低、质量不高，交通运输能力低下成为制约经济社会发展的"瓶颈"。围绕经济发展和结构调整，突破交通运输对国民经济发展的短板，实现保障经济社会发展需求的交通运输成为规划需要解决的重要问题。这一阶段，交通运输规划中考虑了各种运输方式的技术经济优势，各方式衔接、协调、合作的综合交通运输体系理念逐步形成，"七五"时期明确提出"交通运输优先发展"，"八五"时期提出"综合运输体系思路"，"九五"时期综合运输大通道思想逐步成型。

1."六五"计划时期(1981年—1985年)。1982年10月，第五届全国人大第五次会议通过了"六五"计划，在计划中没有对综合交通运输的发展目标和总体发展方针提出宏观发展要求，而重点根据经济社会发展需要，明确提出铁路、公路、水运、民航四种运输方式的货运能力建设目标与建设发展重点等，即到1985年的铁路、轮驳船、沿海港口、公路、航空等货运总量指标，并针对铁路建设和公路建设进一步推进主要运输通道建设和具体运输工程。在保障举措方面，提出交通运输建设资金由国家统筹，为了服务国家工业化建设，围绕煤炭运输干线能力建设是重中之重，特别是铁路和水运方面。在区域发展方面，根据沿海、内陆交通运输发展水平差异，提出了不同的发展目标，沿海地区着重港口、铁路建设和技术改造升级，内陆地区则在支援沿海地区发展的同时继续加快交通建设。能源交通与农业、教育科学并列为国家三大战略重点之一，也是技术攻关的八个重点方面之一。

2."七五"计划时期(1986年—1990年)。这一阶段中，经济体制改革由农村转向城市，以城市为重点的全面经济改革开始推进，多种所有制共同发展的所有制形态逐步建立，依托双轨制逐步建立市场对资源的配置机制。在产业结构调整的时势要求下，《国民经济和社会发展第七个五年计划》明确提出将交通运输放在优先发展的地位，资金安排的比例和绝对额都明显高于前一时期，并提出"坚持国家、集体、个人一起上，多方筹资兴办交通。支持有条件的地方、部门合资或自建港口和专用码头，成立航空公司。"同时，建设"交通运输网络"的思想逐步显现。虽然没有设置总体目标和发展方针，但总量规模在货运的基础上增加客运内容，并提出运输方式间协同增加客运能力；基础设施发展在"量"的基础上也提出了"质"的要求，双管齐下，同时相比前一阶段明显弱化了对于单个工程项目的详细部署。为服务国家突出区域经济发展的相关部署，交通运输建设目标也已分区作为描述，分为东部沿海地带、中部地带、西部地带和老少边穷地区。值得一提的是，城市公共交通发展作为鼓励消费的措施也出现在规划中。

3."八五"计划时期(1991年—1995年)时期。"八五"时期，国家对于改革开放的标准进行了更为深入的探索，明确改革应向有利于社会主义社会的生产力方向发展。基于此，1991年4月，第七届全国人民代表大会审议通过的《国民经济和社会发展十年规划和第八个五年计划纲要》中，要求交通运输要着眼于2000年或者更远一点时间国民经济发展对运力的需要，"交通运输网"建设思想进一步完善和充实，"综合运输体系"思路被明确提出，积极发挥多种运输方式的优势，使各种运输方式衔接配套，并确立了"统筹规划、条块结合、分层负责、联合建设"的发展方针。同时，以开发与节约并重为方针，对基础工业和基础设施采取了投资适度倾斜的政策，也对运输投资体制进行了改革，丰富建设资金来源，包括铁路大包干、机场建设费、公路养路费等等。此阶段未明确提出总量规模的目标，但分方式、分地区提出了相应建设目标。交通科技攻关内容更加具体，主要在提高技术水平的同时，提升专业化、等级化水平。

4."九五"计划时期(1995年—2000年)。为全面完成现代化建设的第二步战略部署的冲刺期，党的十四大确立的建设中国特色社会主义市场经济体制这一改革开放重点目标逐步在国家发展计划中体现。为追赶经济社会发展需要，1996年3月，在《国家"九五"计划和2010年远景目标建议》中，按照全面推进建设中国特色社会主义市场经济体制要求，综合运输发展任务重点进一步深化明晰。一方面，围绕"系统建设"的思想，依托"六五"以来交通运输的发展积累，在运输体系骨架基本确立的基础之上，综合运输大通道的思想逐步成型，充分发挥多种运输方式的技术和经济优势，提升设施的覆盖度，构建经济区发展的依托，建成与国民经济发展相适应的基础设施，另一方面，进一步丰富和完善投融资体制，在东部地区发展中鼓励多利用国外资金，在公路发展中尝试多元化的投融资体制，逐步形成"国家投资、地方筹资、社会配资、利用外资"的投融资体系。同时，统筹安排多种运输方式，服务国家大宗、重要物资运输系统配套建设，结合"货运高效化、客运高速化"相关要求，在继续推进运输基础设施基础的同时，注重运输装备的技术研发和水平支撑。

从"六五"至"九五"时期，按照"交通运输优先发展"的部署，公平仍是规划要实现的主要目标，仍以政府为主开展交通运输发展建设，这一阶段，虽然尚无专门的综合交通运输规划，但相继出台了一系列分方式规划，为综合交通运输体系建设和综合交通运输体系规划形成了有力支撑。

这一阶段，党的十四大经济体制改革目标中提出"市场在资源配置中起基础性作用"，据此，在政府宏观统筹的前提下，市场这只看不见的手逐步参与到交通运输建设发展中，同时配合相关企业单位建设参与需求，中国基础设施相关规划建设项目规划实施机制也不断完善，以规划项目为实施依据，工程项目审批等作为规划实施机制的重要保障和连接点，中国还出台了"拨改贷"、对新建大中型基本建设项目和限额以上技术改造项目的可行性研究报告"先评估、后决策"、实行项目法人责任制、出台项目资本金制度等一系列基本建设程序的优化改进。通过一系列政策措施，在规范交通运输规划微观实施过程的同时，也为综合交通运输体系规划发展提供了较为完备的配套政策体系。

三、第三阶段：综合交通运输体系规划独立发展阶段

经过新中国成立50年的不断发展积累，自"十五"阶段，长期困扰中国经济发展的交通运输落后被动的局面初步扭转。但统筹发展形势，世界范围内信息科技革命迅猛发展，经济全球化趋势不断增强，世界各国加快参与到国际深度竞争合作中，现代信息技术等高技术不断应用。在迎头赶上、实现跨越式发展的历史性机遇中，交通运输快速发展，作为先行领域奠定了整体较好地设施发展基础。在统筹市场与政府、兼顾效率有公平的基础上，"十五"时期开始，以综合交通为主题的专项规划与铁路、公路、港口、民航等分领域规划快速发展，门类丰富的交通运输规划体系开始形成。

1."十五"计划时期（2001年—2005年）。根据研判，交通运输仍处于国民经济与社会发展的薄弱环节，《国民经济和社会发展第十个五年计划纲要》提出加强交通基础设施建设，"要加强公路、铁路、港口、航道、机场、管道系统的建设，建立健全畅通、安全、便捷的现代综合运输体系。"

这一阶段，原国家计划委员会编制印发了《综合交通体系发展"十五"重点专项规划》，该计划是中国第一部独立的综合交通运输专项计划，首次将交通运输发展的布局安排和发展考虑以专项规划形式在国民经济和社会发展五年规划中体现，也标志着交通运输专项计划正式成为国民经济和社会发展五年计划正式的配套专项规划。该重点专项规划以"深化改革、扩大网络、优化结构、完善系统、提高质量、开放西部"为方针，围绕"以市场经济为导向，以可持续发展为前提，建立客运快速化、货运物流化的智能型综合交通体系"的长期发展目标，明确了运输市场体系、综合运输体系、物流体系的发展目标，并对基础设施、运输服务、行业管理提出了具体发展指标，同时涉及到管道运输和城市交通等内容，也明确了交通运输发展对于西部大开发的支撑作用。

专项规划中主要着重设施总量、地区发展、运输方式间和内部结构、装备技术水平、交通运输改革等问题，结合交通运输基础公共服务的性质，如何取舍公平与效率的问题成为了规划方向把握的重点。同时，设置"主要政策和措施"部分，设计建设资金、制度改革、技术发展等内容，并对发展重点内容给予了差别化的优惠政策。

2."十一五"计划时期（2006年—2010年）。开始从"十一五"开始，中国从计划体系全面转变为发展规划体系，旨在通过规划"阐明国家战略意图、明确政府工作重点并引导市场主体行为，作为政府履行经济调节、市场监管、市场管理和公共服务职责的重要依据"。这一阶段，交通运输发展从被动适应向先导促进转变，需要满足发展需求。《国民经济和社会发展第十一个五年规划纲要》明确优先发展交通运输业，提出"统筹规划、合理布局交通基础设施，做好各种运输方式相互衔接，发挥组合效率和整体优势，建设便捷、通畅、高效、安全的综合运输体系"。

经国务院同意，2007年11月，由国家发展改革委编制印发了中国第一部面向中长期的《综合交通网中长期发展规划》，这在中国综合交通运输规划发展历

史上具有里程碑意义。在2004年《全国高速公路网规划》《中长期铁路网规划》等分领域规划的基础上,《综合交通网中长期发展规划》提出了2020年发展目标。在体系质量方面,到2020年,将基本建成空间布局合理,结构层次清晰,能力负荷充分,功能衔接顺畅的现代综合交通网络。网络规模方面,提出了一系列具体指标,网络总密度达到35公里/百平方公里,其中铁路1.25公里/百平方公里,公路31.25公里/百平方公里,内河航道1.35公里/百平方公里,油气干支线管道1.25公里/百平方公里,民航机场25个/百万平方公里。形成1.5万公里高速客运专线网,10万公里高速公路网,2万公里内河高等级航道网、以244个机场为节点的航空运输网和12万公里油气管道网,形成完善的煤炭、油气、矿石和集装箱运输系统。

在此基础上,综合交通发展方向进一步明确,《"十一五"综合交通体系发展规划》中,提出在"十一五"时期,实现"通过大力发展与改革,大幅度提高运输能力,基本消除运输对经济增长的制约;公平与效率充分兼顾,推进城乡、区域交通协调发展;运输质量、资源利用效率明显提高,交通安全得到有效保障,管理体制获得创新;初步形成便捷、通畅、高效、安全的综合交通运输体系"的发展目标。

《"十一五"综合交通体系发展规划》重点解决体制改革、协调发展和科技创新应用,消除对经济增长的制约,充分兼顾公平与效率,提高运输服务质量和资源利用效率。交通运输发展重点不再平铺到各种运输方式,而是围绕综合运输大通道与枢纽、能源运输系统、集装箱运输系统、城市群及特大城市交通、区域开发和农村交通、交通科技进步与信息化、交通安全和国防交通建设、运输服务八个方面统筹协调多种运输方式,对网络规模与运力、运输服务、技术装备等方面进行部署。"计划"变"规划"全面转换中,政府职能有了更深一步地转换,通过政策支持促进运输市场发育,不再对反映市场行为的价格机制等进行规划。

这一阶段,综合交通运输体系规划逐步独立成型,综合交通运输体系不再是指导交通运输领域发展的理念,而是统筹交通发展布局中的重要内容和交通运输规划中统筹分方式规划的重要依据。交通运输基础设施也在规划发展中切实承担了相应职能,在中国深入参与全球化分工合作中,提供了重要支撑。值得一提的是,在综合交通运输发展公平和效率关系不断优化的同时,规划实施的配套政策也逐步调整政府与市场整体建设发展关系,2004年国务院《关于投资体制改革的决定》,明确"谁投资、谁决策、谁收益、谁承担风险"的原则,合理界定政府投资职能,确定企业投资主体地位:企业投资建设实行核准制的项目,项目由企业自主决策、自担风险,在规范政府投资过程中,明确了投资的宏观调控原则,即"按照规定程序批准的发展建设规划是投资决策的重要依据"。在相关政策支撑下,规划的严肃性和权威性进一步提升。

四、第四阶段:初步建立的综合交通运输规划体系阶段

"十二五"时期以来,中国综合交通运输规划体系进一步完善,而且规划层级进一步提升,"十二五"、"十三五"两个五年的综合交通运输规划均由国务院印发,综合交通运输体系规划上升为国家常规性专项发展规划,全面引领交通运输规划体系。这一阶段,兼顾公平与效率是规划中贯彻的理念,十八届三中全会指出,"使市场在资源配置中起决定性作用和更好发挥政府作用",综合交通运输体系规划的研究、编制、调整、实施等等过程也反映除了交通运输在经济社会发展中的功能角色的演进与探索。

立足既有发展成果,交通运输对经济社会"瓶颈"制约基本缓解,中国构建综合交通运输体系的条件已初步具备。为推进工业化、城镇化和农业现代化,加快转型的经济结构和整体提升的科技水平,庞大的生产能力和日益提升的人民生活需要,交通运输发展不再"追赶式"匆忙地填补基础设施空缺,着重更加精准地运用各种运输方式的技术经济优势,满足经济社会发展需要。"十二五"提出交通运输必须适度超前建设,并适应经济社会发展需要,"十三五"提出,交通运输发展整体适应经济社会发展需求,需要更好地发挥支撑引领作用,同时在规划中,市场在资源配置中的决定性作用也进一步体现。

1."十二五"计划时期(2011年—2015年)。"十二五"是中国全面建设小康社会的关键时期,中国综合国力和影响力已得到明显提高,对外开放水平进一步提升,进出口总额达到世界第二位,但由于金融危机后全球需求改变,中国经济结构和生产能力受到了严峻挑战。同时,规划中对于可持续发展和落实科学发展观的诉求进一步突出。经历过前"十一五"交通运输基础设施快速发展,中国基础设施网络架构逐步形成,综合枢纽起步建设,技术装备实现了跨越式发展,运输服务的能力和水平也有了一定的提升,"十二五"时期成为构建综合交通运输体系的重要时期。《国民经济和社会发

展第十二个五年规划纲要》提出，“按照适度超前原则，统筹各种运输方式发展，基本建成国家快速铁路网和高速公路网，初步形成网络设施配套衔接、技术装备先进适用、运输服务安全高效的综合交通运输体系。”

2012年7月，由国家发展改革委编制的《“十二五”综合交通运输体系规划》，成为第一部由国务院印发的交通运输领域五年发展专项规划。规划中明确提出“加快转变交通发展方式，实现各种运输方式从分散、独立发展转向一体化发展，初步形成网络设施配套衔接、技术装备先进适用、运输服务安全高效的综合交通运输体系，总体适应经济社会发展和人民群众出行需要。”整体来看，《“十二五”综合交通运输体系规划》中，基础设施发展仍是重点任务，提升综合交通网络的通达性，着重高速铁路网络、高速公路建设，发挥运输的整体优势和集约效能。同时，在规划中继续突出交通运输技术发展，强调将先进技术发展应用到交通运输发展中，并进一步增强政府公共管理，提升运输服务水平，通过建立跨区域、跨行业的综合交通运输体系规划、建设、运营管理新机制，提高综合交通运输体系的发展质量与水平。需要指出的是，该规划中第一次在国家政府文件中明确了综合交通运输的概念构成，即综合交通运输体系包括基础设施、运输服务、技术装备三大部分。由此，规划围绕网络设施配套衔接、技术装备先进适用、运输服务安全高效等要求，统筹多种运输方式，从基础设施、技术装备、运输服务、安全保障、节约环保等五个方面做出发展部署。

同时，以城市群为代表的新型城镇化建设发展迅速，2015年4月，经国务院批复，国家发展改革委、国家住房城乡建设部联合印发了中国第一个跨区域城市群规划《长江中游城市群规划》，规划围绕基础设施互联互通，提出构筑综合交通运输网络的相关部署，联系区域实际和发展需求，打造紧密协作的水运网络，完善互联互通的陆运网络，建设高效便捷的空运网络。同时，围绕推进综合交通运输与城市交通发展改革创新，对跨区域管理协调体制机制、运输服务协同、城市群交通运输发展支持等方面提出了积极探索，为后续城市群发展规划和区域间交通运输发展协同奠定良好基础。

2.“十三五”计划时期（2016年—2020年）。“十三五”时期，中国经济发展呈现新常态，也进入全面建成小康社会决胜阶段，生产力布局、产业结构、消费及流通格局加速调整变化，国内外发展环境诸多矛盾叠加，市场在资源配置中起决定性作用进一步明晰。《中华人民共和国国民经济和社会发展第十三个五年规划纲要》明确提出，坚持网络化布局、智能化管理、一体化服务、绿色化发展，建设国内国际通道联通、区域城乡覆盖广泛、枢纽节点功能完善、运输服务一体高效的综合交通运输体系。

围绕“十三五”规划相关要求，结合新形势新要求，国家发展改革委、交通运输部联合编制了《“十三五”现代综合交通运输体系发展规划》，并于2017年2月3日由国务院印发。该规划明确提出“‘十三五’时期，中国交通运输发展正处于支撑全面建成小康社会的攻坚期、优化网络布局的关键期、提质增效升级的转型期，将进入现代化建设新阶段。站在新的发展起点上，交通运输要准确把握经济发展新常态下的新形势、新要求，切实转变发展思路、方式和路径”。规划首次提出了交通运输是国民经济中战略性产业的定位，在关注传统发展领域的基础上，高度关注交通运输新领域新业态，旨在更好发挥交通运输对于经济社会的支撑引领作用。

《“十三五”现代综合交通运输体系规划》围绕交通运输支撑引领作用发挥、优化网络布局、提质增效升级三大主题，对新时代综合交通运输发展做出部署，提出实现“安全、便捷、高效、绿色的现代综合交通运输体系，部分地区和领域率先基本实现交通运输现代化”。在规划中，着重网络化布局进一步完善，规划构建横贯东西、纵贯南北、内畅外通的“十纵十横”综合运输大通道。同时，融合发展的思想逐步深入，一方面多种运输方式之间的衔接协调进一步突出，强调发挥各种运输方式的比较优势和组合效率，另一方面，交通运输与生产生活、城市发展、环境生态等方面的融合理念在规划中凸显，强调补足发展短板，通过匹配、适合的运力布局和服务品质，顺应新业态新模式新需求，提升发展质量和效率，也同时强化了交通运输与国土空间开发、重大产业布局、信息通信发展等经济社会发展中重要领域的规划、政策、标准体系等内容的衔接对接。

国家发展改革委等部委先后编制印发了《城镇化地区综合交通网规划》《长江经济带综合立体交通走廊规划》等区域交通规划，印发和修编了国家公路网、国家铁路网、民用运输机场、油气管道网等中长期规划。同时，结合中央层面规划，各地联系地方实际，也都编制印发了相应的交通规划。

随着综合交通运输体系发展理念不断完善，交通运输领域公平与效率间的关系不断优化，整体效率和综合效益不断提升。同时配合交通运输简政放权等相关部署安排，在规划政策指引下，交通运输领域政府和市场关系不断调整，在“充分发挥市场在资源配置中的决定性作用”要求下，在项目建设层面，2016年出台《企业投资项目核准和备案管理条例》，充分发挥市场在资源配置中的决定性作用和更好发挥政府作用，充分激发社会投资动力和活力、发挥好政府投资的引导和带动作用，创新融资机制，畅通投资项目融资渠道，切实转变政府职能，提升综合服务管理水平，为社会各界参与交通运输建设提供了良好基础和发展环境。2019年出台《政府投资条例》进一步规范政府投资。从规划实施角度来看，在强化规划对交通建设项目统筹的同时，完善和强化了项目建设的配套政策和监督管理措施，有力扩充了规划政策体系含义内容。

党的十八届三中全会明确指出，“政府要加强发展战略、规划、政策、标准等制定和实施”，并指出，中央政府要“健全以国家发展战略和规划为导向、以财政政策和货币政策为主要手段的宏观调控体系”。整体来看，通过13个五年规划计划推进发展，对规划的理解认识也不断深化，在发展中形成“指导性+约束性、时序性+空间性、促增长+兜红线相互结合”的规划指导模式，深入应用在包含交通运输在内的经济社会各部门中。以综合交通运输发展规划为统领，交通运输领域，统筹和协调各专项规划，形成了时间、空间、行政层级、物性等不同维度下的规划体系。

交通运输规划内容涵盖网络布局、基础设施建设、服务供给、技术装备、投融资机制、综合开发、规划实施的政策保障等等。在时间维度上，形成“中长期规划+五年规划+短期滚动实施方案”的体系模式；在空间维度上，形成“跨区域规划+城市群规划+城市规划+农村规划”的体系模式；在行政维度上，形成“中央规划+地方规划”的体系模式；在物性维度上，形成“综合规划+行业专项规划”的体系模式。通过良好协调的规划运输流程、逐步衔接的规划编制指导以及不断丰富完善的综合交通运输体系，为新中国成立70年后的交通运输新发展奠定了良好的规划基础保障。

五、第五阶段：继往开来、持续优化发展的综合交通运输发展阶段

新中国成立70年来，交通运输规划体系更加完善和丰富，2017年，党的十九大报告中明确指出，“加强规划的战略指导作用”，构建“市场机制有效、微观主体有活力、宏观调控有度”的现代化经济体系，这不仅是对新时期综合交通运输规划发展的重要部署，也是将新中国成立70周年以来的发展成果传承延续的重要安排。按照建设社会主义现代化国家的总体部署，中国综合交通运输发展方向和任务也在进一步深化调整，交通运输发展规划作为行业内纲领性发展内容，也在持续演进和优化完善之中。规划先行、宏观管理的规划发展思路将会在发展中更加深入的体现。

2019年，《交通强国建设纲要》（以下简称《纲要》）印发，提出“建设交通强国是以习近平同志为核心的党中央立足国情、着眼全局、面向未来作出的重大战略决策，是建设现代化经济体系的先行领域，是全面建成社会主义现代化强国的重要支撑，是新时代做好交通工作的总抓手。为统筹推进交通强国建设，制定本纲要”。《纲要》是交通运输领域首个在国家宏观层面印发的建设纲要，是交通强国建设的顶层设计和纲领性文件。《纲要》明确了交通“先行官”地位，适度超前。提出从“从2021年到本世纪中叶，分两个阶段推进交通强国建设。到2035年，基本建成交通强国。到本世纪中叶，全面建成人民满意、保障有力、世界前列的交通强国。”同时明确“统筹制定交通发展战略、规划和政策，加快建设现代化综合交通体系。强化规划协同，实现‘多规合一’、‘多规融合’。”

在新时代新阶段，交通运输发展规划在强调融合发展的理念同时，更进一步强调在规划板块与既有的国土空间规划等约束性规划以及城市建设规划、产业布局规划等指导性规划充分衔接、有机协调，在规划层面切实实现“多规合一”“多规融合”。“十三五”规划也进入收官阶段，在充分对《“十三五”现代综合交通运输体系发展规划》的整体实施成果进行充分总结评估的基础上，也立足规划发展延续衔接的要求，加快推进“十四五”相关规划的衔接实施。

新中国成立70年来，中国计划规划体系通过一系列改革和调整不断适应经济社会发展需求，保持发展政策核心地位，是中国特色社会主义道路的重要探索，也成为中国方案走向世界的重要窗口。继往开来，在未来，综合交通运输领域相关规划将切实着眼交通强国建设和交通运输现代化，按照经济高质量发展要求立足2035年乃至更长远时期的综合交通运输发展规划研究问题，用规划政策体系有效串接整体发展布局和当前急切发展诉求，有效指导社会各界参与交通运输发展，切实发挥交通运输“先行官”作用和功能、服务保障国家重大战略实施。

（国家发展和改革委员会综合交通运输研究所 马艺菲）

大事记篇

MEMORABILIA PART

内容提要

本篇内容由相关部委局、企业支持提供。同时，本刊编辑部从专业史料及历年刊登的大事记中逐一挑选，经过认真核验、补充、编辑、整理，在铁路、公路、水运、民航、管道、邮政、国防交通7大运输行业中选出新中国成立70年中最重要、最具有时代意义、最具影响力的重大事件，经专家逐条审阅后，精编成篇。它们是对中国综合交通运输建设发展的忠实记录和展示。

新中国成立70年交通各业大事记

铁路行业大事记

1949年

1月 中国人民革命军事委员会铁道部在石家庄成立。

10月1日 根据《中华人民共和国中央人民政府组织法》第十八条的规定，设置中央人民政府铁道部。

12月6日 铁道部调整货物运价。经过此次调整，南、北方铁路货物运价得到统一。

1950年

1月1日 全国铁路推行“新养路法”。新养路法是将养路作业分为大修、中修和经常养路三种，实行包修包养包检。

1月19日 铁道部公布中华人民共和国铁路路徽式样。

3月8日 新中国铁路第一批火车女司机正式驾驶机车行驶。

6月1日 全国铁路实行《中华人民共和国铁路技术管理规程》。这是新中国第一次在全国实施的铁路技术管理基本法规。

8月24日 铁道部在北京首次召开全国铁路计划工作会议，研究并讨论了1951年铁路计划和1951年—1953年铁路建设轮廓。

11月 铁道部根据中共中央关于抗美援朝的指示，组成两支队伍，一是铁路工程总队，分赴朝鲜铁路各线，担负抢修任务；二是志愿援朝大队，深入朝鲜铁路各站段，与朝方共同管理军事运输工作。

12月 三桥车辆修理厂开始改建。该厂是新中国成立后经国家批准的第一个改建的铁路工厂。

1951年

7月 铁道部发布《中华人民共和国铁路建筑标准图》，这是新中国铁路第一套全路通用标准设计。

1952年

1月1日 中国自己设计和施工的第一个进路式继电电气集中联锁工程在粤汉线衡阳站建成并开通使用。

5月26日 铁道部发布《蒸汽机车单线铁路设计规程(草案)》。这是中国铁路的第一部内容较为完整的工程设计规程。

6月18日 广州—满洲里间开行货物直达列车。全程4636公里。这是当时中国铁路开行的运距最长的直达列车。

7月1日 成渝铁路建成通车，这是新中国成立后建设的第一条铁路。毛主席题词：“庆贺成渝铁路通车，继续努力修筑天成路。”成渝铁路全长530公里，于1950年6月开工建设。

7月26日 四方铁路工厂制造出新中国第一台解放型蒸汽机车，命名为“八一号”，向中国人民解放军建军节献礼。

10月1日 天兰铁路通车典礼在兰州举行。天兰铁路东起天水，西至兰州，全长346公里，为陇海铁路的最西一段，是内地通往大西北的咽喉要道。1954年8月，天兰铁路正式交付运营。

1953年

4月26日 中国自制的第一辆轨道检查车在唐山机车车辆修理工厂试制成功。

7月 陇海铁路全线通车，正线全长1759公里。陇海铁路连接中国重要港口城市连云港和西北重镇兰州，是贯穿中国东中西部最主要的铁路干线，也是新亚欧大陆桥的重要组成部分。

9月9日 中央军委电令，成立中国人民解放军铁道兵，同时撤销中国人民解放军铁道兵团的番号。

1954年

1月31日 北京、莫斯科间正式开行直通旅客列车。这趟列车全程9050公里，是世界上里程最长的直通旅客列车。全程走行215个小时。

6月3日 中朝联运客车开始运行。北京—平壤直通旅客列车由北京开出，全程1364公里。

9月 第一届全国人民代表大会第一次会议后，根据《中华人民共和国国务院组织法》第二条，原中央人民政府铁道部改为中华人民共和国铁道部。

1955年

5月20日 兰新铁路玉门至国境段1500公里采用航空测量新技术。这是新中国成立后第一次在铁路勘测中采用航测技术。

7月1日 新中国在黄河上新建的第一座铁路大桥——兰新铁路河口黄河大桥正式通车，该桥于1954年4月开工兴建，全长278.4米。

●黎湛铁路建成通车。黎湛铁路起自湘桂铁路的黎塘到达雷州半岛的湛江港，全长317公里，1954年9月动工兴建。

10月1日 经国务院批准，全国铁路实行统一计划运输制度，合理分配各地区、各物资部门、各个品类货物的运量，均衡安排运输任务。

1956年

6月23日 社会主义国家第一届主管铁道部长会议在保加利亚举行。会议决定成立铁路合作组织。

11月5日 中国铁路第一座预应力钢筋混凝土大桥——陇海铁路东段新沂河大桥落成。这座大桥共28孔，全长700米。

1957年

2月28日 中国第一辆坐卧两用全钢开敞式硬席客车在四方机车车辆工厂试制成功。

4月1日 中国铁路的第一条12路载波电话线路，在郑州—北京、郑州—宝鸡间开通。

10月15日 武汉长江大桥举行通车典礼，这是中国在长江上修建的第一座铁路、公路两用桥梁。大桥规模宏大，技术复杂，施工中成功地采用管柱结构代替气压沉箱修筑基础，是中国桥梁建设史上的创举。该桥于1955年9月1日开工兴建，1957年10月上旬工程竣工。

12月14日 铁道部发布《中华人民共和国蒸汽机车牵引计算规程》，这是中国铁路的第一部列车牵引计算规程。

1958年

1月1日 四川与全国路网相连的第一干线——宝成铁路建成通车。宝成铁路北起陕西省宝鸡市，南行到达四川省成都市，与成渝、成昆两线衔接，全长669公里。

1月15日 中国第一条环形试验铁路在北京市东北郊建成并投入运用。

6月14日 成都机车车辆工厂建成通过验收。该厂于1951年8月开工建设，由中国自己设计、自己施工，绝大部分设备都由中国自己制造，是新中国新建的第一个机车车辆工厂。

8月1日 包兰铁路全线通车，分别在兰州、银川、包头举行通车典礼。该线路在中卫与干塘间通过腾格里沙漠边缘，它是中国修建最早的沙漠铁路。

9月6日 长辛店机车车辆修理工厂制成中国第一台电力传动内燃机车。9月22日，四方机车车辆工厂制成中国第一台液力传动内燃机车。

12月28日 6Y1型干线电力机车试制成功，这是中国自制的第一台电力机车。

1959年

2月6日 “江苏号”火车渡轮下水。这是当时中国最大的火车渡轮。

6月16日 川黔铁路凉风垭隧道贯通。该隧道全长4270米，是中国在50年代兴建的最长隧道，也是首次采用导坑施工的隧道。

9月15日 新建北京站落成，交付使用。北京站是为庆祝中华人民共和国成立10周年而建设的北京十大建筑之一。工程于1月开工，以不到10个月的时间高速建成。毛泽东题写了站名。

9月22日 兰青铁路全线通车。兰青铁路自兰州至西宁，是通向青藏高原的第一条铁路，全长188公里。修建期间，朱德委员长题词：“把兰青铁路早日修通”。

1961年

1月1日 铁道部决定，工程局不再管理营业铁路。这是改变工管合一、一省一局管理体制的开始。

7月15日 铁道部修订发布《标准轨距铁路设计技术规范》，连同前后陆续修订的各种标准规范，形成了比较完整的铁路工程的标准规范体系，为铁路设计、施工及验收提供了根据。

8月15日 宝成铁路宝鸡—凤州段电气化改造工程竣工交付运营。这段电气化铁路全长91公里，是中国铁路的第一个电力牵引区段。

1962年

3月15日 由四方机车车辆工厂设计制造的第一列双层客车，在京山铁路试运行成功。

1963年

7月30日 国家计委、国家经委联合发布《关于加强地方铁路管理的有关决定》。12月1日，铁道部成立地方铁路局。地方铁路由铁道部归口管理。

1966年

1月1日 兰新铁路正式运营。线路全长1903.8公里，1962年12月全线铺通。兰新铁路和陇海铁路共同构成横贯中国东西的交通大动脉。

3月4日 贵昆铁路建成通车。该铁路的建成，使云南省有了第一条通往国内的铁路。

11月 成昆铁路旧庄河一号桥竣工。该桥全长106米，是中国第一座悬拼法预应力混凝土铰接悬臂铁路桥。1966年5月开工。该桥的修建技术达到了当时同类型铁路桥梁的国际水平，荣获1978年全国科学大会奖。

1967年

6月12日 国务院、中央军委决定，对全国铁路实行全面军事管理。

9月5日 中国、坦桑尼亚、赞比亚三国政府关于修建坦赞铁路的协定在北京签字。

1968年

10月 宜宾金沙江大桥建成通车。这座大桥全长1053.5米，于1965年9月23日开工，位于宜珙支线(宜宾至珙县)，距金沙江与岷江交汇处约1.8公里，这是中国第一座伸臂架设、跨中合龙的钢桁梁桥。

12月29日 南京长江大桥全线建成通车。大桥于1960年1月18日正式动工建设，是长江上第一座由中国自行设计和建造的双层式铁路、公路两用桥梁，在中国桥梁史和世界桥梁史上具有重要意义。

1969年

9月26日 第一台东风4型电传动内燃机车试制成功，1974年开始批量生产。

1970年

7月1日 成昆铁路建成通车。线路全长1096公里。1958年7月开工建设，1984年12月 成昆铁路工程被联合国组织评为“象征20世纪人类征服自然的三大奇迹”之一。

● 中共中央、国务院决定，铁道部、交通部和邮电部的邮政部分合并组成新的交通部。

1972年

10月13日 湘黔铁路接轨通车。该铁路全长820公里，是联系西南和中南地区的重要通道。该铁路的建成，对西南地区经济建设和国防建设具有重要意义。

1973年

10月9日 襄渝铁路全线通车。该铁路是连接中南、西南地区的铁路干线，全长897公里。全线东西两段分别于1968年4月、1969年3月开始施工，1978年6月全线交付运营。该路工程艰巨，桥隧共长400公里，是当时中国铁路中桥隧密度最大的铁路。

1974年

5月7日 枝柳铁路牛角山隧道竣工。这是中国铁路首次使用反台阶法施工的隧道。

1975年

1月17日 第四届全国人大第一次会议决定，将交通部分设为铁道部和交通部，各自恢复建制。

3月5日 中共中央印发《关于加强铁路工作的决定》，把铁路作为国家开展全面整顿的突破口。

7月1日 宝成铁路完成电气化改造，成为中国第一条全线电气化铁路。

1976年

7月14日 中国当时最大的援外项目——坦赞铁路竣工，交接仪式在赞比亚举行，全长1860.5公里。

7月28日 河北省唐山、丰南一带发生强烈地震。唐山、天津地区交通基础设施破坏极其严重。地震发生后，铁路部门迅速组织人力物力，抗灾救灾。

1977年

6月15日 阳安铁路新建电气化铁路全线开通使用。该铁路1969年1月开工，全长357公里，是中国一次性建成的第一条电气化新建铁路。

1979年

2月 铁道部发布《铁路科学技术发展主要技术政策》，在全路试行；1983年5月正式颁布实行《铁路主要技术政策》，成为20世纪80年代铁路现代化改造和建设的依据，对铁路发展产生深远影响。

4月4日 广州—九龙直达旅客特别快车正式开行。

7月 国际铁路联盟第三十七届全体大会通过恢复中国在铁盟的成员地位。铁盟是以欧洲铁路为主体的非政府性国际铁路组织，总部设在巴黎。中国是铁盟的创始国之一，1922年曾派代表出席铁盟成立大会。

12月7日 中国和日本两国政府在北京发表会谈公报，日本政府向中国提供第一批日元贷款，总金额为1300亿日元，用于京广铁路衡广段复线（含部分区段电气化和大瑶山隧道）、京秦铁路、兖石铁路建设工程。这是改革开放以来铁道部第一次使用国外政府的贷款。

1980年

1月1日 铁道部发布的《改革铁路运输企业财务管理体制试行办法》开始施行，这是中国铁路在财务制度上的一次重大改革。

7月25日 铁道部、司法部发出通知，决定在北京设立铁路运输高级法院，在铁路局所在地设立铁路运输中级法院，在铁路分局所在地设立铁路运输法院，主要任务是审判危害铁路运输的刑事案件和不服仲裁的经济案件。

10月25日 铁道部、最高人民检察院发出通知，决定在北京设立全国铁路运输检察院，在铁路局所在地设立铁路运输检察院（后改铁路运输检察分院），在铁路分局所在地设立铁路运输基层检察院，负责受理铁路运输方面的刑事案件和有关经济案件。

1981年

1月1日 铁路开始试行全行业（包括运输、工业和供销企业）全额利润留成制度。这是财政体制改革的一个重大步骤，也是扩大企业自主权的一项重要内容。

10月20日 南疆铁路吐鲁番—库尔勒段开始临时运营。南疆铁路是继兰新铁路之后在新疆境内修建的第二条铁路干线，线路自吐鲁番—喀什，全长1440多公里。吐库段长475公里，1974年4月动工修建，1984年8月7日通过国家验收。

1982年

9月29日 石太电气化铁路阳泉—太原段通车典礼在太原举行，标志着中国第一条复线电气化铁路全线建成通车。该线全长235公里，第一期工程石家庄—阳泉段1975年开工，1980年9月建成通车。阳泉—太原段为第二期工程。

1983年

5月14日 铁道部首次公布实行《铁路主要技术政策》。这是铁路技术发展的纲要文件，随着铁路发展不定期进行修订，对铁路运输生产、规划建设和科技进步起到了积极的指导和推动作用。

7月 韩郸地方铁路全线通车。该线在河南省境内，西起禹县的韩岗，东至郸城，正线全长254公里，是全国最长的一条窄轨（762毫米）地方铁路。

9月2日 铁道部印发《铁道部计划体制改革的初步方案》，按照"统一计划、分级管理、综合平衡、确保重点"的原则，在铁路企业首次实行指令性计划与指导性计划相结合制度。

12月15日 铁道部顺势利导，以广深铁路作为经营管理体制改革的试验田，成立了具有相对独立性质的经济实体——广深铁路公司，进一步进行改革的探索，摸索自主经营、自负盈亏的管理机制和经营模式。

12月20日 京秦铁路全线在抚宁接轨。该线从北京枢纽的双桥站经狼窝铺到秦皇岛，全长290公里，是利用外资修建的晋煤外运重要通道。1981年9月开工，1984年6月30日开始运煤。复线电气化工程1983年3月开工，1985年12月15日投入运营。1986年12月11日通过国家验收。

1984年

1月1日 根据国务院、中央军委

1983年10月28日的决定，铁道兵指挥部及其所属单位划归铁道部领导。原铁道兵指挥部改称铁道部工程指挥部，1989年改称中国铁道建筑总公司，仍隶属铁道部。

3月1日 中国铁路第一条实用化光纤通信线路在北京铁路局并网使用。这条线路全长12公里，是全国第一个采用无人值守中继方式的实用化光纤通信系统。

5月1日 青藏铁路西宁—格尔木段正式通车，全长845公里，是计划修建的青藏铁路一期工程，也是中国第一条高原铁路。同年7月30日，全段通过国家验收并正式运营。

6月5日 铁道部和各铁路局之间开始正式使用传真电报通信。这是铁路通信技术的一项重大改革。

7月16日 中国铁路代表团赴苏联考察重载列车运输技术。这是中苏政府间科技合作中断了20年后中国派出的第一个铁路考察团。

8月1日 电子计算机应用于铁路的重大试点工程——京沪铁路运营管理系统总体方案开始实施。

1985年

3月5日 铁道部发布《实行运输承包经济责任制办法》，规定铁路局对铁道部的承包项目为客货发送量、换算周转量、煤炭及统配煤运量、货车周转时间、分界口交接运量、运输劳动生产率等6项指标。完成和超额完成承包指标时，除铁道部提取集中费外，留利全部给铁路局；完不成承包指标时，要扣除部分留利。

9月 铁道部向中共中央和国务院报送《关于“七五”加强铁路建设及经营改革的报告》，提出“七五”以改造旧线为主，修建急需的新线；请求批准铁路从“七五”开始实行经济承包责任制(即“大包干”)，自负盈亏，以路建路。1986年3月31日，国务院批准铁道部实行经济承包责任制方案。

10月11日 全国铁路38项科技成果获首次国家级科技进步奖。其中，南京长江大桥建桥新技术，在复杂地质、险峻山区修建成昆铁路新技术获特等奖。

12月5日 中国铁路系统第一家中外合资企业——卡斯柯信号有限公司合同签字仪式在北京举行。该公司由中国铁路通信信号公司和美国通用铁路信号公司共同投资创办，总部设在上海。

1986年

3月31日 国务院批准铁道部实行经济承包责任制方案。

4月25日 国家经济贸易委员会、国家计划委员会、财政部、交通部、铁道部联合发布《关于发展联合运输若干问题的暂行规定》。

1987年

3月14日 铁道部批准广州铁路局全面经济承包方案。这是全路第一个实行全面承包、一包4年、现收现支、定率上交的铁路局。

3月16日 国家经济贸易委员会、国家计划委员会、交通部、铁道部联合印发《关于进一步加强公铁分流工作的通知》。

1988年

7月15日 包兰线沙坡头地段铁路治沙防护体系科技成果获本年度国家科技进步奖特等奖。

8月20日 柳州铁路局经营广西地方铁路承包合同在南宁签字生效。这是全国第一份由铁路局承包经营地方铁路的合同。

9月20日 “东方快车”第一次来中国。这趟豪华快车于9月5日从瑞士苏黎世始发，途径巴黎、柏林、华沙、莫斯科等地，9月22日到达北京，10月18日到达终点东京。

12月16日 京广铁路衡阳—广州段复线通车。

12月28日 郑州—宝鸡段电气化铁路通车。至此，东起郑州西—兰州、全长1187公里的西陇海铁路全部实现电气化，成为当时中国铁路网中最长的干线电气化铁路。

1989年

8月15日 国务院颁布《铁路运输安全保护条例》。该条例是中国交通运输行业第一部完整、独立的安全管理法规，对铁路行业的安全保护有积极意义。

8月25日 中国第一列国产25.5米新型空调客车在长沙—广州间正式投入运营。

9月19日 中国铁路第一列万吨运煤重载试验列车由大秦线湖东站开出，直驶秦皇岛。这趟列车挂有敞车117辆、客车3辆，长1.5公里，用韶山1型电力机车双机牵引。

12月28日 郑州北编组站现代化工程建成，这是当时全国铁路规模最大的编组站，也是第一个实现综合自动化的大型路网性编组站。

1990年

9月1日 北疆铁路全线通车。这条铁路从乌鲁木齐西站—阿拉山口，全长457.7公里，是新疆北部地区的东西向主要干线。它与兰新、陇海两大干线相连，构成东起连云港、西至阿拉山口的东西大动脉，成为沟通亚欧两州第二座大陆桥的组成部分。

9月7日 《中华人民共和国铁路法》经第七届全国人大常委会第十五次会议审议通过，以中华人民共和国主席令第32号公布，自1991年5月1日起施行。

1991年

3月1日 经国务院批准，对经由铁路运输的货物开始征收铁路建设基金，平均每吨公里2厘。1992年7月1日起，每吨公里再增收1分。

4月21日 全国首次开行全列卧铺车。该车为北京—沈阳的53/54次特快直达旅客列车。

12月26日 西延铁路铺轨到达延安，结束了革命圣地延安无铁路的历史。这条铁路南起西安东郊陇海线上的新丰镇，北至延安杨家村，全长315公里。

12月28日 川黔铁路电气化改造工程全线开通。这项工程全长417公里，1988年11月开工。至此，贵州省境内贵昆、湘黔、川黔三条干线全部实现电气化。

1992年

3月25日 中国铁路首次进行准高速行车试验。这次试验是采用国产机车车辆，在铁道部科学研究院环形试验线上进行的，时速为160公里，持续运行最长距离50公里。

4月1日 中国铁路第一条集装箱快运运行线——哈尔滨经郑州—广州开始运行集装箱快运直达列车。这次组成的三列快运列车分别从沈阳西站、哈尔滨站、郑州北站开往广州。

4月11日 进行劳动工资制度综合改革试点的全国百家企业之一的济南铁路局和青岛铁路分局签订第一份劳动合同，揭开铁路系统劳动工资制度综合改革的序幕。

8月14日 国务院批转国家计委、铁道部《关于发展中央和地方合资建设铁路的意见》。《意见》明确，合资建设铁路要贯彻统筹规划、条块结合、分层负责、联合建设的方针，由投资各方按投资比例共担风险，分享利益；合资铁路要自主经营，自负盈亏，自偿本息和自我积累；由铁道部进行行业管理；实行特殊运价。

8月26日 铁道部委托中国人民建设银行代理发行总额为20亿元的铁路投资债券签字仪式在北京举行。这是新中国第一次发行铁路投资债券。

12月21日 大秦铁路全线贯通。这是中国第一条重载列车线路，第一条实现微机化调度集中系统线路，第一条采用全线光纤通信系统的线路，科技含量达到了国际水平。2009年1月9日大秦铁路重载运输成套技术与应用项目荣获2008年度国家科技进步一等奖。大秦铁路开通后，2002年年运量达到1亿吨，2007年增长到3亿吨，2010年超过4亿吨。

1993年

1月27日 铁道部发出《关于铁路工业产品价格改革的通知》。

2月8日 中国铁路运输业第一家企业集团——广州铁路（集团）公司正式成立，从此开始了中国铁路运输业公司化、集团化经营改革的新探索，对中国铁路推进改革开放进程具有里程碑的意义。

3月28日 新中国第一条中外企业合资修建、完全按照股份制方式经营和管理的深圳平（湖）南（头）铁路建成通车，全长50.2公里。至此，中国第九大港口——深圳港不通铁路的历史结束。

9月1日 中国铁路开始办理全国联网的铁路包裹特快运输业务。该业务以铁路旅客列车的行李车为主要运输工具，采用特殊的运输组织方式，确保当日收货、当日发运，及时中转，3日之内可到达全国各主要城市。

12月28日 鹰厦铁路电气化工程全线建成通车。该线全长694公里，是华东地区第一条电气化铁路。

1994年

5月4日 集通铁路全线铺通。集通铁路由集宁—通辽，线路全长943公里，由铁道部和内蒙古自治区合资兴建，是当时中国最长的准轨地方铁路。

9月16日 兰新铁路复线全线铺通。该工程从武威—乌鲁木齐，总长1622公里，由铁道部和甘肃省、新疆维吾尔自治区合资建设。

12月22日 广深铁路准高速铁路建成通车，线路全长147公里。

1995年

2月7日 铁道部发出《关于运输企业建立自主经营机制若干问题的意见》。

5月11日 中国第一台载人磁悬浮列车在国防科技大学研制成功。

1996年

1月21日 北京西站开通运营。该站于1993年1月19日全面开工。北京西站是京九铁路的龙头，总面积达50万平方米，规模是北京站的7.5倍，可同时容纳2万人候车，是当时中国铁路建设史上投资最多、规模最大、技术先进、功能齐全的客运站。

5月14日 广深铁路股份有限公司在中国香港和美国完成上市，成为中国铁路进入国际资本市场的标志。

5月31日 铁道部、国家计委联合印发《合资铁路管理办法（试行）》。

9月1日 京九铁路建成通车，北起北京西客站，跨越京、津、冀、鲁、豫、皖、鄂、赣、粤九省市的98个市县，南至深圳，连接香港九龙，包括同期建成的天津至霸州以及麻城至武汉两条联络线在内，全长2553公里。

1997年

4月1日 全国铁路开始实施第一次大面积提速，京沪、京广、京哈三大干线客货列车全部提速。

1998年

3月18日 全国铁路第一列行包快运专列——北京—沈阳行包快运专列开行。专列定时、定点、定线、定编组，比普通货运列车快6倍。

6月22日 广（通）大（理）铁路全线铺通典礼在大理火车站举行，滇西地区从此结束了没有铁路的历史。

7月28日 铁道部与中国铁路工程总公司、中国铁道建筑总公司、中国铁路通信信号总公司、中国土木工程集团公司、中国机车车辆工业总公司签订1998年—2000年的《资产经营责任书》。这是五大公司与铁道部实行结构性分离的重要标志之一。

10月1日 全国铁路第二次大面积提速开始实施。提速后，快速铁路最高运行时速达到160公里。

1999年

1月1日 由铁道部和国家国内贸易局批准的第一条鲜活商品铁路"绿色通道"在湛江站开通。

12月6日 南疆铁路全线开通运营。南疆铁路是国家"九五"重点建设项目，全长1446公里。

1999年 全国铁路客票发售和预订系统建设取得重要成果。截至12月30日 除香港中心外，铁道部售票中心和其他24个地区售票中心全部建成。全国铁路593个车站建成计算机售票系统，5804个窗口实现计算机售票。

2000年

4月 国务院批准铁道部、国家经贸委《关于铁路非运输企业政企分开的请示》，同意铁道部与"五大公司"，即中国铁路工程总公司、中国铁路建筑总公司、中国铁路机车车辆工业总公司、中国铁路通信信号总公司和中国土木工程集团公司实施政企分开。

9月28日 铁道部印发《关于向中央企业工委移交中国铁路工程总公司等企业领导班子管理职责的通知》，铁道部与中国铁路工程总公司、中国铁道建筑总公司、中国铁路通信信号总公司、中国土木工程集团公司、中国机车车辆工业总公司(组建为中国北方机车车辆工业集团公司、中国南方机车车辆工业集团公司)实施政企分开。

9月30日 芜湖长江大桥通车。芜湖长江大桥是中国第一座公、铁两用斜拉桥，铁路桥全长10624米，公路桥全长6078米，总投资27亿元，工程总量相当于武汉、南京长江大桥的总和，采用多项世界先进技术，创下10多项全国第一，历经3年零6个月建成。

10月1日 铁道部发布《合资铁路与地方铁路行车安全管理办法》。

10月21日 全国铁路第三次大面积提速顺利实施。至此，全国铁路提速线路延展里程接近1万公里，初步形成了覆盖全国主要地区的"四纵两横"提速网络。

12月26日 铁道通信信息有限责任公司正式成立，成为全国七大电信运营商之一。

2001年

1月8日 西安安康铁路开通临管运营，成为中国21世纪首条开通的铁路。西安安康铁路北起陇海线西安枢纽新丰镇编组站，南至安康站，全长267.49公里，桥隧长占总长度的60%。

2月7日 国务院批准建设青藏铁路。青藏铁路东起青海格尔木，西至西藏拉萨，全长1118公里。修建青藏铁路对加快西部地区特别是西藏地区的经济社会发展，造福沿线各族人民具有重要意义。

8月14日 由长春客车厂、西南交通大学和株洲电力机车研究所联合开发研制的中国第一辆磁悬浮客车在长春客车厂竣工下线。这标志着中国继德国、日本之后，成为第三个掌握磁悬浮客车技术的国家。

9月10日 武广电气化铁路正式开通运营，这标志着全长2300公里的京广铁路全线实现电气化。

10月21日 全国铁路第四次大面积提速调图开始实施。此次提速延展里程达到13000公里，基本覆盖全国较大城市和大部分地区，特快列车最高时速达到160公里~200公里。

11月18日 中国自行研制生产并拥有完全自主知识产权的160公里/小时动力分散性"中原之星"电动车组正式投入运营。

11月23日 全国最长的合资铁路——集通铁路工程，正式通过国家验收。该铁路是国家"八五"重点建设项目，1990年6月22日开工建设，1995年12月1日通过初验并投入运营。

11月30日 哈大电气化铁路全线开通运营，从而结束了东北地区无电气化铁路的历史。哈大电气化铁路1994年正式开工，全长946.5公里，是中国第一条引进德国牵引供电技术、设备和管理的电气化铁路，也是中国电气化铁路建设史上投资最大、技术含量最高、一次性开通里程最长的工程。

2002年

4月26日 中国铁路首条跨国旅游列车专线正式启动，中国桂林—越南下龙湾"友谊号"国际旅游列车从桂林站首发。

9月3日 青藏铁路公司成立大会在青海省西宁市举行。

10月2日 朔黄铁路全线建成投产。朔黄铁路中正线总长588公里，是继大秦铁路之后中国又一条双线电气化运煤重载铁路。

10月19日 世界海拔最高的高原冻土隧道青藏铁路风火山隧道提前10个月贯通。隧道位于青藏高原可可西里"无人区"边缘，全长1338米，轨面标高4905米。

2003年

1月10日 京九铁路复线全线贯通。

10月12日 秦沈铁路客运专线开通运营。该线全长404.64公里，是中国自行设计修建的第一条双线电气化客运专线，也是世纪之交中国铁路建设的一项标志性工程。

12月28日 中铁集装箱运输有限责任公司、中铁特货运输有限责任公司、中铁行包快递有限责任公司正式挂牌成立。

2004年

1月7日 国务院常务会议审议通过《中长期铁路网规划》，这是国家批复的第一个行业中长期规划。规划明确，到2020年，全国铁路营业里程达到10万公里，主要繁忙干线实现客货分线，建设客运专线1.2万公里以上，复线率和电气化率均达到50%，运输能力满足国民经济和社会发展需要，主要技术装备达到或接近国际先进水平。

4月18日 全国铁路第五次大面积提速调图实施。京广、京沪、京哈等干线的部分地段线路基础达到时速200公里的要求，提速网络总里程16500公里，其中时速160公里及以上提速线路7700公里，新增19对直达特快旅客列车。

4月19日 北京—上海双层集装箱运输班列顺利开行。这是中国开行的第一列双层集装箱运输班列。

6月25日 大秦线首次批量开行组合式重载列车。

7月16日 粤海铁路通道全线开通运营。该铁路通道是中国第一条跨海铁路通道。

12月27日 国务院颁布《铁路运输安全保护条例》。《条例》共7章103条，2005年4月1日起施行。

2003年—2004年 铁道部进一步推进"主辅分离"，部属4个勘察设计院、铁路局所属38家设计施工企业和中国铁路物资总公司、铁道通信信息有限责任公司由铁道部移交国资委管理。

2005年

3月18日 中国铁路"铁道部—铁路局—铁路分局—站段"四级管理体制宣告终结，铁路局全部实行直接管理站段的新体制。

4月6日 渝怀铁路全线铺通，全长625公里，是国家实施西部大开发战略的标志性工程之一，于2000年12月16日开工建设。

7月13日 铁道部出台《关于鼓励支持和引导非公有制经济参与铁路建设经营的实施意见》，为非公有资本进入铁路提供了政策法规支持和保障。

10月12日 青藏铁路铺轨完成贯通。

2006年

4月27日 上海磁悬浮列车正式投入营运，全长29.9公里，是世界上首条投入商业化运营的磁悬浮列车示范线。

7月1日 世界上海拔最高、线路里程最长的高原铁路——青藏铁路建成通车。青藏铁路建设是世界铁路建设史上最具挑战性的工程之一，攻克了多年冻土、高寒缺氧、生态脆弱三大世界性工程难题，形成多项行业标准、部级和国家级工法。

2007年

4月18日 全国铁路第六次大面积提速顺利实施。通过此次提速，初步形成了具有世界先进水平和中国特色的时速200公里提速技术体系，为客运专线建设和运营打下坚实的技术基础。

7月11日 国务院颁布《铁路交通事故应急救援和调查处理条例》，2007年9月1日起施行。该条例是中国第一部全面规范铁路交通事故调查处理的行政法规。

8月20日 黄河上第一座公铁两用大桥——山东滨州黄河公铁两用桥通车。大桥全长7000米，跨越黄河主河槽的主桥长781.5米。大桥铁路部分于2009年9月29日试运行。

12月22日 中国自主创新研制的国产时速300公里CHR2型动车组下线，中国由此成为继日本、法国、德国之后第四个能够独立研发制造时速300公里动车组的国家。

2008年

4月18日 中国第一条时速250公里的客运专线——合宁铁路开通运营。

5月12日 四川汶川发生强烈地震，地震导致宝成线、成昆线、成渝线、陇海线天宝段、襄渝线等主要铁路干线及设备设施不同程度受损。地震发生后，铁路部门立即启动应急预案，组织抗震救灾。

8月1日 中国第一条拥有完全自主知识产权、具有世界一流水平的高速铁路——京津城际铁路通车，中国迈入高铁时代。京津城际铁路于2005年7月开工建设，线路全长120公里，最高运行时速350公里，全程运行时间30分钟。

10月31日 《中长期铁路网规划（2008年调整）》经国家批准正式颁布实施。新调整的方案，将2020年全国铁路营业里程规划目标由10万公里调整为12万公里以上，其中客运专线由1.2万公里调整为1.6万公里，电化率由50%调整为60%，主要繁忙干线实现客货分线，基本形成布局合理、结构清晰、功能完善、衔接顺畅的铁路网络，运输能力满足国民经济和社会发展需要，主要技术装备达到或接近国际先进水平。

2009年

1月9日 青藏铁路项目荣获2008年度国家科技进步奖特等奖。青藏铁路建设攻克了多年冻土、高寒缺氧、生态脆弱三大世界性工程难题，形成多项行业标准、部级和国家级工法，获专利数十项，发表论文千余篇，极大推动了多年冻土工程、高原医学和环境保护等领域的科技进步，总体技术达到国际领先水平。

4月1日 石太铁路客运专线正式开通运营。该线全长212公里，是中国首条山区客运专线。

7月1日 洛湛铁路永州至玉林段正式开通，标志着中国实现了"八纵八横"铁路网主骨架。

12月26日 武广高速铁路客运新干线全面投入运营，标志着中国已从机车制造，到铁路设计、施工建设以及列车运行控制、铁路运营管理等方面全面掌握高速铁路技术，率先步入高速铁路新时代。

● 武汉天兴洲公铁两用长江大桥全面建成通车。正桥长度4657米。大桥建设创造了跨度、荷载、设计通行速度、宽度4个"世界第一"。

2010年

1月30日 中国铁路12306网站开通并进行试运行。2011年6月12日，京津城际铁路开始试行网络售票，同年12月23日，网络售票覆盖所有车次。2013年12月8日，12306手机客户端正式开放下载。

2月6日 中西部湿陷性黄土地区建设的首条高速铁路——郑西高速铁路开通。线路全长505公里，设计时速350公里。

7月1日 沪宁城际高速铁路正式开通运营，线路全长301公里。这是世界上标准最高、里程最长、运营速度最快的一条城际高速铁路。

12月3日 CRH380A型新一代"和谐号"动车组在京沪高速铁路枣庄—蚌埠间试验段创造了时速486.1公里的世界铁路运营试验速度最高纪录。

12月30日 海南东环高速铁路开通。这是中国最靠近赤道的高速铁路。

2011年

6月30日 京沪高速铁路开通运营。该高速铁路于2008年4月18日开工，线路全长1318公里，设计速度350公里/小时，初期运营速度300公里/小时。2010年12月3日16辆编组动车组最高试验时速486.1公里，刷新了世界铁路运营列车试验最高速度。开通之后，京沪间最短旅行时间为4小时48分钟。该线是当时世界上一次建成线路最长、标准最高的高速铁路。

2012年

1月1日 全国所有旅客列车实行车票实名制，旅客须凭本人有效身份证件购买车票，并持车票及购票时所使用的乘车人本人有效身份证件原件进站、乘车。

5月16日 铁道部印发《关于鼓励和引导民间资本投资铁路的实施意见》，鼓励和引导民间资本依法合规进入铁路领域。

6月30日 全国17个铁路运输检察院、59个铁路运输基层检察院全部移交给29个省级人民检察院，实行属地管理。

7月31日 根据中共中央关于铁路运输法院管理体制改革要求，全国17个铁路运输中级法院、58个铁路运输基层法院改制工作基本完成，全部移交地方管理，顺利实现整体纳入国家司法体系。

12月1日 世界首条在高寒地区修建的高速铁路——哈大高速铁路全线投入运营。线路全长921公里，设计时速350公里。

12月7日—9日 第七届世界高速铁路大会在北京召开。会议由中华人民共和国铁道部和国际铁路联盟共同主办，会议主题为高速铁路承载绿色交通新使命。

12月26日 世界上运营里程最长的高速铁路——京广高速铁路开通。线路全长2298公里，设计时速350公里，跨越温带、亚热带等多个气候带，穿越长江、黄河、山区、平原等多种地理环境。

2013年

3月14日 第十二届全国人民代表大会第一次会议审议通过《国务院机构改革和职能转变方案》，实行铁路政企分开，完善综合交通运输体系。将铁道部拟订铁路发展规划和政策的行政职责划入交通运输部。交通运输部统筹规划铁路、公路、水路、民航发展，加快推进综合交通运输体系建设。组建国家铁路局，由交通运输部管理，承担铁道部的其他行政职责，负责拟订铁路技术标准，监督管理铁路安全生产、运输服务质量和铁路工程质量等。组建中国铁路总公司，承担铁道部的企业职责，负责铁路运输统一调度指挥，经营铁路客货运输业务，承担专运、特运任务，负责铁路建设，承担铁路安全生产主体责任等。不再保留铁道部。

3月19日 国务院任命陆东福为交通运输部副部长、国家铁路局局长。

3月21日 国务院办公厅印发《国家铁路局主要职责内设机构和人员编制规定》，明确国家铁路局主要职责，规定国家铁路局设综合司（外事司）、科技与法制司、安全监察司、运输监督管理司、工程监督管理司、设备监督管理司、人事司等7个内设机构和机关党委，机关行政编制130名；规定国家铁路局设沈阳、上海、广州、成都、武汉、西安、兰州等7个地区铁路监督管理局，行政编制350名。

8月9日 国务院印发《国务院关于改革铁路投融资体制加快推进铁路建设的意见》，从推进铁路投融资体制改革、完善铁路运价机制、建立铁路公益性政策性运输补贴的制度、加大力度盘活铁路用地资源、鼓励土地综合开发利用、提高资产收益水平等6个方面提出具体要求。

8月17日 国务院第639号令颁布《铁路安全管理条例》。《条例》共8章108条，为依法加强铁路安全质量监管提供了基本依据。2004年颁布的《铁路运输安全保护条例》同时废止。

12月12日 国际铁路联盟第83次全体会议在法国巴黎召开，会议确认中国国家铁路局为国际铁路联盟正式成员。

12月24日 交通运输部2013年第13号、第14号、第21号、第22号部令发布《铁路机车车辆设计制造维修进口许可办法》《铁路机车车辆驾驶人员资格许可办法》《铁路运输基础设备生产企业审批办法》《违反〈铁路安全管理条例〉行政处罚实施办法》等4件《铁路安全管理条例》配套规章。

12月26日 中央机构编制委员会办公室印发《关于国家铁路局所属事业单位机构编制的批复》，同意国家铁路局设立信息中心、安全技术中心、装备技术中心、工程质量监督中心、市场监测评价中心、规划与标准研究院、机关服务中心7个事业单位，事业编制470名。

12月29日 国家铁路局印发《铁路行政执法人员管理办法》。

2014年

1月6日 国家铁路局举行揭牌仪式暨政府网站开通仪式。

1月8日 国家铁路局印发《铁路建设工程质量安全监管暂行办法》。

1月15日 国家铁路局印发《铁路建设工程招标投标监管暂行办法》。

2月14日 印发《国家铁路局关于公开取消和保留的铁路行政审批事项的通知》，公布取消“企业自备车辆参加铁路运输审批”等11项铁路行政审批项目，“铁路运输企业设立、撤销、变更审批”等8项铁路行政审批项目依法保留并由国家铁路局实施。

2月20日 国家铁路局印发《铁路牵引供电设备生产企业审批实施细则》《铁路道岔设备生产企业审批实施细则》《铁路通信信号设备生产企业审批实施细则》。

3月7日 交通运输部2014年第6号部令公布《关于废止7件铁路规章的决定》，废止《企业自备货车经国家铁路过轨运输许可办法》《铁路超限超长超重集重货物承运人资质许可办法》《铁路危险货物承运人资质许可办法》《铁路危险货物托运人资质许可办法》《设置或者拓宽铁路道口人行过道审批办法》《铁路专用线与国铁接轨审批办法》《铁道部规章制定办法》等7件铁路规章。

3月25日 国家铁路局印发《铁路机车车辆驾驶人员资格许可实施细则》。

4月4日 国家铁路局印发《铁路机车车辆设计制造维修进口许可实施细则》。

5月7日 国家铁路局印发《铁路工程建设标准管理办法》。

5月8日 国家铁路局印发《铁路行业技术标准管理办法》。

5月9日 国家铁路局印发《铁路专用设备行政许可企业监督检查计划管理办法》。

5月14日—16日 国家铁路局与国务院有关部门、咨询机构、中国铁路总公司等10家单位组成渝怀铁路国家验收委员会，对渝怀铁路进行验收。

6月3日 国家铁路局印发《铁路工程造价标准管理办法》。

6月12日 国家铁路局印发《铁路产品质量监督抽查管理办法》。

6月16日 国家铁路局政务微博"铁道政言"开通。

6月30日—7月8日 沈阳、上海、广州、成都、武汉、西安、兰州7个铁路监督管理局相继挂牌履职，国家铁路局完成两级监管机构组建，进入全面履职阶段。

7月29日 国务院办公厅印发《国务院办公厅关于支持铁路建设实施土地综合开发的意见》，实施铁路用地及站场毗邻区域土地综合开发利用政策，支持铁路建设。

8月13日 印发《国家铁路局关于调整公布铁路行政审批项目目录的通知》，其中由国家铁路局实施的铁路行政审批项目有6个，暂列国家铁路局名下的铁路行政审批项目有5个。

8月21日 国家铁路局与蒙古国交通运输部签署《中华人民共和国政府和蒙古国政府关于发展铁路过境运输合作的协议》《中华人民共和国政府和蒙古国政府关于加强铁路合作的谅解备忘录》《中华人民共和国国家铁路局和蒙古国交通运输部关于修订〈中蒙国境铁路协定〉的谅解备忘录》。

8月29日 国家铁路局政府网站公布现行有效的铁路行业118项工程建设标准、61项工程造价标准，以及95项在编项目的目录，进一步明确了相关行业标准与企业标准的管理界面。

9月18日 国家铁路局与印度铁道部签署《中华人民共和国政府与印度共和国政府关于深化铁路技术合作的谅解备忘录》和《中华人民共和国国家铁路局与印度共和国铁道部关于深化铁路合作的行动计划》，中印两国在铁路既有线提速、重载铁路运输培训、车站升级改造及高速铁路等领域的合作交流进入务实推进新阶段。

9月19日 国家安全监管总局、交通运输部、国务院国资委、国家铁路局联合印发《隧道施工安全九条规定》。

9月25日—26日 国家铁路局与国家发展改革委等12家单位共同组成京津城际铁路国家验收委员会，对京津城际铁路工程进行验收。

10月13日 国家铁路局政府网站公布现行有效的铁路行业898项铁路装备技术标准目录，进一步明确了相关行业标准与企业标准的管理界面。

12月1日 国家铁路局公布《高速铁路设计规范》。这是在系统总结中国时速250公里～350公里高速铁路建设、运营实践经验的基础上，正式发布的中国第一部高速铁路设计行业标准。

12月8日 交通运输部2014年第19号、第20号、第21号部令发布《铁路运输企业准入许可办法》《铁路旅客车票实名制管理办法》《铁路旅客运输安全检查管理办法》。

12月13日 国家铁路局印发《铁路计量管理办法》。

12月29日 国家铁路局公布《城际铁路设计规范》。这是中国第一部城际铁路建设的行业标准。

2015年

2月4日 国家铁路局、公安部联合发布《铁路〈禁止携带物品目录〉公告》，进一步明确并规范了铁路禁止携带物品的种类、范围及名称。

3月12日 交通运输部2015年第1号、第2号部令发布《铁路危险货物运输安全监督管理规定》《铁路建设工程质量监督管理规定》。

3月31日 国家铁路局在北京组织召开铁路技术标准工作座谈会。这是铁路行业召开的第一次技术标准工作专题会议。

4月20日 国家铁路局与巴基斯坦铁道部签署《中华人民共和国国家铁路局与巴基斯坦伊斯兰共和国铁道部关于开展1号铁路干线（ML1）升级和哈维连陆港建设联合可行性研究的框架协议》。

5月5日 国家铁路局向中国首列CRH6A新型城际动车组颁发型号合格证和制造许可证，标志着CRH6A新型城际动车组具备了批量生产和正式上线载客运营的条件，为进一步鼓励和扩大社会资本投资建设、经营城际铁路提供了技术装备保障。

5月8日 国家铁路局印发《铁路运输企业准入许可实施细则》。

5月19日 国家铁路局印发《铁路安全生产违法行为公告办法》。

7月7日 国家铁路局政府网站公布行政许可权力清单。

7月10日 国家发展改革委、财政部、国土资源部、银监会、国家铁路局联合发布《关于进一步鼓励和扩大社会资本投资建设铁路的实施意见》，明确提出，列入中长期铁路网规划、国家批准的专项规划和区域规划的各类铁路项目，除法律法规明确禁止的外，均向社会资本开放。

8月9日 国家铁路局发布《关于调整铁路运输基础设备目录的公告》，铁路运输基础设备生产企业审批由50项精简为40项，进一步缩减了设备生产企业许可范围。

● 国家铁路局印发《铁路工程建设投诉举报处理办法》。

9月14日 国家发展改革委、最高人民法院、财政部、交通运输部、国家铁路局等部门联合印发《失信企业协调监管和联合惩戒合作备忘录》。

9月21日 印发《国家铁路局铁路交通事故调查处理暂行办法》。

9月22日 印发《国家铁路局行政处罚管理办法》。

11月19日 交通运输部2015年第23号部令发布《铁路专用设备缺陷产品召回管理办法》。这是铁路行业第一部关于缺陷产品召回管理方面的规章。

12月1日 国家发展改革委、国家铁路局联合发布《铁路建设项目国家验收实施办法》，对国家发展改革委审批、组织验收或委托国家铁路局组织验收政府投资铁路项目的国家验收工作进行了规范。

12月10日 中国国家铁路局与阿塞拜疆铁路股份公司签署《中华人民共和国国家铁路局与阿塞拜疆铁路股份公司铁路运输领域合作协议》。

2016年

2月16日 国家铁路局印发《铁路工程建设市场秩序监管暂行办法》。

2月25日 国家铁路局修订印发《铁路工程建设投诉举报处理办法》《铁路建设工程招标投标监管暂行办法》《铁路建设工程质量安全监管暂行办法》。

4月15日 印发《国家铁路局铁路建设项目国家验收实施管理办法》(国铁工程监〔2016〕13号)。

5月6日 长沙磁悬浮正式启动载客试运营。长沙磁浮线全长18.55公里，是中国首条完全拥有自主知识产权的中低速磁浮商业运营示范线，也是世界上最长的中低速磁浮商业运营线。

8月23日—26日 国家铁路局会同有关部门组成的国家验收委员会对兰新铁路乌西—精河段增建二线工程、新建奎屯—北屯铁路、新建精河至霍尔果斯铁路3个铁路建设项目进行国家验收。

8月30日 交通运输部2016年第65号部令公布《关于废止〈外商投资铁路货物运输业审批与管理暂行办法〉的决定》。

● 最高人民法院、国家发展改革委、工业和信息化部、住房和城乡建设部、交通运输部、水利部、商务部、国家铁路局、中国民用航空局9部门联合印发《关于在招标投标活动中对失信被执行人实施联合惩戒的通知》。

9月21日 国家铁路局举行首次宪法宣誓仪式。

9月30日 国家铁路局发布《贯彻落实〈国务院关于第二批清理规范192项国务院行政审批中介服务事项的决定〉情况公告》，对铁路运输基础设备生产企业审批、铁路机车车辆驾驶资格许可等行政审批中介服务事项进行规范。

10月14日 国家铁路局印发《铁路机车车辆驾驶人员资格许可实施细则》。

10月16日 国务院决定，免去陆东福的交通运输部副部长、国家铁路局局长职务，任中国铁路总公司总经理。

11月4日 南昌铁路局、东南沿海铁路福建公司与福州市公路局签订杭深高铁牛尾山桥工程设施移交及养护管理协议，标志着由国家铁路局重点督办的110座高铁上跨立交桥移交工作全部完成。

12月11日 国务院任命杨宇栋为交通运输部副部长、国家铁路局局长。

2017年

1月3日 国家铁路局向中车长春轨道客车股份有限公司、中车青岛四方机车车辆股份有限公司颁发中国标准动车组型号合格证和制造许可证，标志着中国动车组具备了大规模生产许可条件和上线商业运营资格。

1月15日 国家铁路局完成铁路乘车证清理工作，对全局工作人员持有的445张乘车证全部清理取消，公务出差乘火车一律购买火车票。

1月16日 国家铁路局印发《铁路优质工程(勘察设计)奖评选办法》《铁路工程建设工法管理办法》。

1月24日 交通运输部、国家旅游局、国家铁路局、中国民用航空局、中国铁路总公司、国家开发银行联合印发《关于促进交通运输与旅游融合发展的若干意见》。

2月20日 国家铁路局印发《贯彻落实〈中共中央国务院关于推进安全生产领域改革发展的意见〉实施办法》。

2月27日 国家铁路局发布《铁路标准化"十三五"发展规划》。这是中国铁路领域第一个标准化发展规划，对铁路标准化工作具有重要的战略意义。

3月13日 国家铁路局印发《铁路建设工程监管行政处罚信息公开办法》。

3月17日 印发《国家铁路局关于加强铁路安全生产源头质量控制和安全准入工作的指导意见》。

● 印发《国家铁路局关于进一步规范铁路建设工程行政监管相关事项的指导意见》。

4月18日 印发《国家铁路局行政处罚信息公开办法》。

6月9日 国家铁路局印发《铁路专用设备产品质量安全监管约谈暂行办法》。

6月21日 国家铁路局印发《铁路重大科技创新成果管理办法》。

7月25日 国家铁路局印发《铁路安全生产"十三五"规划》。

9月6日 国家铁路局印发《铁路专用设备产品质量安全投诉举报处理办法》。

9月21日 国家铁路局印发《铁路建设工程材料构件设备产品进场质量验收监督管理办法》。

9月29日 交通运输部2017年第31号部令公布《交通运输部关于修改〈铁路运输企业准入许可办法〉的决定》。

11月7日 国家铁路局与国家安全监管总局联合印发《复杂地质条件下铁路建设安全风险防范若干措施》。

● 国家铁路局修订印发《铁路专用产品质量监督抽查管理办法》。

11月20日 国家发展改革委、交通运输部、国家铁路局、中国铁路总公司联合印发《铁路"十三五"发展规划》，提出到2020年全国铁路营业里程达到15万公里，其中高速铁路3万公里，基本形成布局合理、覆盖广泛、层次分明、安全高效的铁路网络。

12月31日 交通运输部、国家发展改革委、国家旅游局、国家铁路局、中国民用航空局、国家邮政局、中国铁路总公司联合印发《关于加快推进旅客联程运输发展的指导意见》。

2018年

1月12日 国家铁路局修订印发《铁路行政执法人员管理办法》(国铁安监〔2018〕3号)。

1月16日 国家铁路局向肯尼亚蒙

内铁路中方运营单位中国路桥工程有限责任公司颁发铁路运输许可证。这是国家铁路局第一次向从事海外铁路运营的中国企业颁发铁路运输许可证。

1月25日 国家铁路局印发《铁路专用设备产品质量安全监督管理办法》。

1月29日 国家铁路局修订印发《铁路运输企业准入许可实施细则》。

2月2日 国家铁路局印发《铁路运输服务质量投诉处理办法》。

4月13日 印发《国家铁路局关于推进铁路行业信用体系建设的指导意见》。

5月8日 国家铁路局对原铁道部1165件规范性文件的清理工作全部完成，为有效规范政府行为、合理划清政府和企业管理界限、推进铁路依法行政、促进铁路行业健康发展奠定良好基础。

5月16日 印发《国家铁路局关于建立规范性文件清理工作长效机制进一步规范事中事后监管的意见》。

5月22日 交通运输部2018年第6号部令发布《铁路行业统计管理规定》。

● 国家铁路局印发《铁路专用设备产品质量监督抽查计划管理办法》。

7月2日 国家铁路局印发《铁路机车无线电台执照核发管理暂行办法》。

7月18日 印发《国家铁路局关于铁路行业全面加强生态环境保护坚决打好污染防治攻坚战的意见》。

7月30日 国家铁路局印发《内地与香港过境铁路机车车辆驾驶人员资格管理办法》。

8月31日 交通运输部2018年第13号、第18号、第19号部令发布《铁路工程建设项目招标投标管理办法》《交通运输部关于修改〈铁路专用设备缺陷产品召回管理办法〉的决定》《高速铁路基础设施运用状态检测管理办法》。

9月13日 国家铁路局印发《铁路行业统计调查制度》。

9月17日 国家铁路局印发《铁路工程建设失信行为认定记录公布管理办法》。

10月15日 国家铁路局印发《铁路运输业信用管理暂行办法》。

● 国家铁路局印发《铁路运输基础设备生产企业审批实施细则》。

10月18日 国家铁路局印发《铁路安全生产约谈实施办法（试行）》。

11月12日 国家铁路局发布铁路工程施工质量系列验收标准。新验收标准共17项，首次明确提出城际铁路和重载铁路的验收要求，为保障铁路工程建设质量和铁路运输安全提供了重要依据。

12月3日 国家铁路局发布《铁路建设项目预可行性研究、可行性研究和设计文件编制办法》，规范铁路建设项目决策、设计实施各阶段文件组成，统一设计内容要求，有效提升了铁路行业勘察设计管理水平。

（铁路行业大事记由本刊编辑部根据国家铁路局、中国国家铁路集团有限公司来稿编辑整理）

中国国家铁路集团有限公司

2013年

3月14日 十二届全国人大一次会议第四次全体会议表决通过《关于国务院机构改革和职能转变方案的决定（草案）》，批准《国务院机构改革和职能转变方案》。《方案》将铁道部拟定铁路发展规划和政策的行政职责划入交通运输部。组建国家铁路局，由交通运输部管理。组建中国铁路总公司，承担铁道部的企业职责，负责铁路运输统一调度指挥，经营铁路客货运输业务，承担专运、特运任务，负责铁路建设，承担铁路安全生产主体责任等。

根据《国务院关于组建中国铁路总公司有关问题的批复》（国函〔2013〕47号）文件，中国铁路总公司是由中央管理的国有独资企业，由财政部代表国务院履行出资人职责，交通运输部、国家铁路局依法对公司进行行业监管。同日，国务院在原铁道部召开中国铁路总公司成立大会。

8月9日 国务院印发《关于改革铁路投融资体制加快推进铁路建设的意见》（国发〔2013〕33号）。从深化铁路投融资体制改革，完善铁路运价机制，建立铁路公益性、政策性补贴制度，鼓励土地综合开发，强化企业经营管理，加快项目前期建设等方面明确了改革要求和支持政策。

9月1日 铁路部门实行新的火车票退票和改签办法，推出火车票全国通退通签业务，即旅客退票和改签由原来的票面指定的开车时间前仅能在购票地车站或票面乘车站办理，改为在票面指定的开车时间前可到任意一个车站办理。

12月1日 津秦高速铁路开通运营。该线运营里程287公里，设计时速350公里，初期运营时速300公里，起点为天津西站，终点为秦皇岛站。

2014年

4月30日 国务院印发《关于铁路发展基金设立方案的批复》（国函〔2014〕52号），2014年9月中国铁路发展基金股份有限公司完成设立。铁路发展基金是中央政府支持的、以财政性资金为引导的多元化铁路投融资市场主体，主要用于国家批准的铁路项目资本金。中国铁路发展基金股份有限公司由国务院授权中国铁路总公司为政府出资人代表，并作为基金主发起人吸引社会投资人依照公司法设立。

6月29日 针对铁路政企分开后的企业特点，中国铁路总公司制定发布了第一版《技规》，分为高速铁路部分和普速铁路部分两册。总公司第一版《技规》的颁布，是铁路技术管理工作的一次重大完善和进步，对规范国家铁路技术管理、促进铁路建设和运输生产、保障铁路运输安全、提高铁路运输效率具有积极作用。

7月1日 大西高速铁路太原南至西安北段开通运营。该线全长681公里，其中山西省境内540公里，陕西省境内141公里，最高运营时速250公里。

8月15日 世界海拔最高铁路青藏铁路的首条延伸线拉萨—日喀则铁路

开通运营。线路全长251公里，对完善西藏铁路网结构，改变西藏西南部地区单一依靠公路运输的局面，对推动西藏经济社会发展，改善沿线各族人民出行条件，增进民族团结具有重要意义。

12月26日 兰新（兰州—乌鲁木齐）客运专线全线贯通，其中乌鲁木齐南—哈密间于2014年11月16日先期开通。该线全长1786公里，是世界上一次性建成通车里程最长的高速铁路，也是亚欧大陆桥铁路通道的重要组成部分。

● 贵广高铁全线贯通，全长857公里。该铁路于2008年10月13日开工建设，穿越西南地区地质极其复杂的崇山峻岭，238座隧道、504座桥梁首尾相连，将西南山区和珠三角连为一体，铺就西南省区最便捷的出海大通道。

2015年

1月20日 中共中央总书记习近平到昆明火车南站考察，听取了“八出省、四出境”铁路通道重要枢纽以及建设面向西南大通道等情况和昆明火车南站规划、建设情况，对铁路建设工作提出要求。

6月28日 合福高速铁路全线通车，途经中国七大自然风景区，被誉为“风景最美的高铁”。

6月29日 按照中央巡视工作统一部署，中央第八巡视组进驻中国铁路总公司党组开展专项巡视。10月21日，中央第八巡视组向铁路总公司党组反馈专项巡视情况。

7月30日 国家发展改革委、财政部、国土部、银监会、国家铁路局联合发布《关于进一步鼓励和扩大社会资本投资建设铁路的实施意见》。《意见》提出，全面放开铁路投资与运营市场，推进投融资方式多样化，完善社会资本投资的实施机制，进一步改善社会资本投资环境，加大对社会资本投资的政策支持。

12月30日 海南环岛高铁西段建成通车，与2010年12月开通的海南环岛高铁东段共同构筑海南环岛高铁。

2016年

1月8日 京沪高速铁路项目荣获2015年度国家科技进步奖特等奖。

5月6日 长沙磁悬浮正式启动载客试运营。长沙磁浮线全长18.55公里，是中国首条完全拥有自主知识产权的中低速磁浮商业运营示范线。

6月20日 统一品牌中欧班列首达欧洲（波兰）仪式在波兰华沙布拉格货运站举行。中国国家主席习近平与波兰总统杜达共同出席仪式。

7月15日 两列自主研制的中国标准动车组在郑州至徐州高速铁路进行综合试验，以时速420公里进行单组交会及双组重联运行，创造了动车组在实际运营环境下的世界最高运行速度。

10月5日 连接埃塞俄比亚和吉布提两国首都的亚吉铁路建成通车。该铁路全长752.7公里，于2012年4月开工建设，是非洲第一条电气化铁路，也是中国铁路首次实现全产业链“走出去”的工程项目。

12月25日 中老铁路正式开工建设。线路由中老边境口岸磨憨/磨丁到老挝首都万象，向北连接中国境内玉磨铁路，向南与中泰合作建设的曼谷至廊开铁路衔接，构成泛亚铁路中通道。线路全长414公里，采用中国铁路技术标准：国际标准轨，单线，电力牵引，客货共线运行，旅客列车设计速度160公里/小时。项目建设工期5年，计划2021年12月完工。

12月28日 上海—昆明高速铁路贵阳—昆明段开通运营，标志着中国又一条东西向的高铁干线沪昆高铁全线贯通。上海—昆明高速铁路是国家《中长期铁路网规划》“八纵八横”高速铁路主通道的重要组成部分，全长2252公里，其中，上海—杭州段于2010年10月26日开通，杭州—长沙段于2014年12月10日开通，长沙—贵阳段于2015年6月18日开通。

2017年

1月5日 交通运输部、国家铁路局、中国铁路总公司联合印发《“十三五”港口集疏运系统建设方案》。该方案明确了车购税资金支持集疏运铁路、公路建设的重点和投资标准，将重点突破铁路、公路进港“最后一公里”，加快推进港口集疏运系统建设，为促进港口转型升级、多式联运发展、物流业“降本增效”以及推进交通运输供给侧结构性改革、服务“三大战略”提供支撑和保障。

3月6日 按照中央巡视工作统一部署，中央第六巡视组进驻中国铁路总公司党组开展“机动式”巡视。6月10日，中央第六巡视组向中国铁路总公司党组反馈“机动式”巡视情况。

5月31日 由中国企业承建的肯尼亚蒙巴萨—内罗毕准轨铁路（蒙内铁路）正式通车。蒙内铁路是肯尼亚独立以来的首条新铁路和最大的基础设施建设工程，2014年12月12日正式开工。线路全长472公里，全线采用中国标准、中国设计、中国装备、中国建设、中国运营，是一条采用中国铁路标准全方位运营维护的国际干线铁路，打造了中国铁路“走出去”的成功范例。

6月8日 中国国家主席习近平与哈萨克斯坦总统纳扎尔巴耶夫在阿斯塔纳专项世界博览会中国国家馆共同出席中哈亚欧跨境运输视频连线仪式。中哈两国元首共同推动操控杆，中哈连云港物流合作基地和“霍尔果斯—东大门”经济特区无水港两个分会场四列火车鸣笛开行。

6月25日 时速350公里中国标准动车组正式命名为“复兴号”，于26日在京沪高铁正式双向首发。2017年9月21日起，7对“复兴号”动车组列车在京沪高铁线实现时速350公里运营，是世界高铁商业运营最高速度。

7月13日 中国铁路总公司党组印发实施第一个企业发展规划，该规划是指导未来三年铁路总公司发展的纲领性文件。

8月3日 呼和浩特东—乌兰察布段高铁线路开通运营，标志着内蒙古自治区迈进高铁时代。线路全长128公里，是张家口—呼和浩特高铁的一部分。

9月21日 "复兴号"动车组在京沪高铁上实现350公里时速运营，京沪之间全程运行时间缩短至4小时30分左右，这标志着中国为世界高速铁路商业运营树立了新的标杆。

9月29日 兰渝铁路全线开通运营。兰渝铁路是一条纵贯南北、连接西北与西南地区的客货并重便捷、快速、大能力运输通道，对推动西部大开发战略实施、助力"一带一路"建设具有重大意义。兰渝铁路全长886公里，2008年9月26日开工建设。

11月15日 中国铁路总公司所属18个铁路局均已完成公司制改革工商变更登记，19日正式挂牌。这标志着铁路公司制改革取得重要成果，为国铁企业实现从传统运输生产型企业向现代运输经营型企业转型发展迈出了重要一步。

11月19日 中国铁路总公司所属18个铁路局完成公司制改革工商变更登记，改制为集团有限公司并正式挂牌。

11月22日 铁路部门在海南环岛高铁开始实行电子客票应用试点，乘客用二代身份证等证件、电子客票通知单或12306动态二维码就可"一扫进站"。

12月6日 西安—成都高铁开通运营，千年来阻隔中国西北西南的秦岭天堑贯通，蜀道难成为历史。西成高铁全长658公里，运营时速达250公里，是中国第一条穿越秦岭的高速铁路。

12月28日 石家庄—济南高铁开通运营，标志着中国"四纵四横"高铁网完美收官。

12月31日 国家主席习近平在新年贺词中回顾2017年党和国家事业取得的重大成就时，指出"复兴号奔驰在祖国广袤的大地上"。2018年5月28日，习近平总书记在中国科学院第十九次院士大会、中国工程院第十四次院士大会上的重要讲话中，指出"复兴号高速列车迈出从追赶到领跑的关键一步"。

铁路总公司以习近平总书记重要指示为引领，深入实施"复兴号"品牌战略。截至2018年底，"复兴号"在38条高铁线路上运营，通达23个省会以上城市及香港特别行政区，平均客座率较高铁列车平均客座率高出4.2个百分点。

2017年 中国铁路总公司党组建立内部巡视制度，成立党组巡视机构。2018年，出台《中国铁路总公司党组巡视工作规划(2018—2022年)》，明确巡视全覆盖任务，启动党组巡视工作。

2018年

1月2日 在中国铁路总公司工作会议上，总公司党组书记、总经理陆东福代表党组明确提出，贯彻党的十九大作出的建设交通强国战略部署，铁路要先行，并明确提出了"铁路网规模和质量达到世界领先，铁路技术装备和创新能力达到世界领先，铁路运输安全和经营管理水平达到世界领先；铁路企业体制机制改革创新水平进一步提升，铁路在综合交通运输体系中的地位和作用进一步提升，铁路服务国家战略和对经济社会发展的贡献进一步提升"的交通强国、铁路先行目标任务。

1月8日 中国铁路总公司与深圳证券交易所签署双方战略合作协议。

1月25日 重庆—贵阳铁路开通运营。两地间铁路旅行时间由10小时缩短至2小时左右。

1月26日 中国铁路总公司所属18家铁路局集团公司与50家大型企业在总公司签署年度运量运能互保协议。

1月29日 中国铁路总公司总经理陆东福与香港特别行政区行政长官林郑月娥在香港举行会晤，签署《关于广深港高速铁路香港段运营准备工作重点事项安排备忘录》。

2月28日 京雄城际铁路正式开工，标志着雄安新区重大基础设施启动建设。

3月30日 中国铁路总公司与上海证券交易所签署双方战略合作协议。

4月2日 中共中央总书记、国家主席、中央军委主席、中央财经委员会主任习近平主持召开中央财经委员会第一次会议，研究打好决胜全面建成小康社会三大攻坚战的思路和举措，提出"要调整运输结构，减少公路运输量，增加铁路运输量"的明确要求。

为贯彻落实习近平总书记的重要指示精神，中国铁路总公司制定并实施2018年—2020年铁路货运增量行动方案，三年计划增运11亿吨。到2020年，全国铁路货运量达到47.9亿吨，较2017年增长30%。

● 中国铁路总公司组织中国铁道科学研究院集团有限公司、中国中车集团公司所属企业、相关高校和科研院所等产学研用联合创新团队共同研发的时速250公里"复兴号"中国标准动车组通过设计方案评审。

4月24日 中国铁路总公司与中国建设银行股份有限公司签署《中国铁路总公司 中国建设银行股份有限公司关于市场化债转股合作框架协议》《厦深铁路广东有限公司市场化债转股合作协议》及备忘录《中国铁路广州局集团有限公司 中国建设银行广东省分行战略合作协议》。

5月10日 中国铁路总公司与中国民用航空局签署《中国民用航空局 中国铁路总公司推进空铁联运战略合作协议》。

5月15日 世界首座高速铁路悬索桥——新建连云港—镇江铁路五峰山长江公铁两用大桥南主塔成功封顶，标志着铁路系统探索实践智能建造技术与建设管理深度融合取得新成果。

5月28日 习近平总书记在中国科学院第十九次院士大会、中国工程院第十四次院士大会开幕式上发表的重要讲话中指出"复兴号高速列车迈出从追赶到领跑的关键一步"。

6月1日 中国铁路总公司与相关企业共同签署《CR400AF型动车组共有知识产权许可协议》，实现铁路总公司知识产权市场化转让"第一单"。

6月7日 中国铁路总公司在京沈客运专线启动高速动车组自动驾驶系统现场试验，标志着中国铁路在智能高铁关键核心技术自主创新上取得重要阶段成果。

6月8日 中国国家主席习近平和

俄罗斯总统普京同乘京津城际高铁列车，在列车上观看《中国铁路》宣传片，见证中国铁路总公司总经理陆东福和俄罗斯铁路股份公司总裁别洛泽罗夫签署中俄铁路和货物运输等双边合作文件。

6月26日 “复兴号”动车组上线运营一周年，累计发送旅客4130万人次，单日最高客座率达到97.6%。

6月 印尼雅加达—万隆高速铁路（雅万高铁）全面开工，标志着雅万高铁建设进入全面实施推进新阶段。雅万高铁是中国高速铁路从技术标准、勘察设计、工程施工、装备制造、物资供应，到运营管理、人才培训、沿线综合开发（TOD）等全方位整体走出去的第一单项目。

● 匈塞铁路塞尔维亚段正式开工建设。线路起自匈牙利首都布达佩斯，终至塞尔维亚首都贝尔格莱德，全长约350公里，设计时速200公里。项目由中国铁路总公司牵头组成的中国企业联合体承建。

7月1日 全国铁路实施新的列车运行图，16辆长编组“复兴号”动车组首次投入运营。调图后，“复兴号”动车组通达23个直辖市、省会城市和自治区首府。

● 东北至西南地区首开沈阳北—成都东的高铁列车，运行里程2556公里，运行时间14小时33分钟，比最快普速列车运行时间压缩26小时以上。

8月8日 京津城际铁路实施新列车运行图，“复兴号”动车组在京津城际铁路实现时速350公里运行，北京南站—天津站列车运行时间由35分钟压缩至30分钟。

8月26日 中欧班列累计开行数量达到10000列，成为“一带一路”建设的标志性成果。

8月30日 青藏铁路格尔木—拉萨段南山口最后一处线路拨接工程完工，标志着青藏铁路格拉段扩能改造主体工程顺利完工。

9月8日 广深港高铁香港段运营协议签字仪式在北京举行。中国铁路总公司与香港铁路有限公司签署《中国铁路总公司与香港铁路有限公司广深港高速铁路运营总体协议》《广深港高速铁路跨境旅客运输组织规则》《广深港高速铁路运输清算协议》。

9月17日—18日 中欧班列运输联合工作组第三次会议在德国柏林召开。会议审议中欧班列运输情况、运输组织和营销及信息协作两个专家组工作结果，以及奥地利、拉脱维亚、立陶宛三国铁路加入联合工作组等议题，核准《中欧班列合并优化编组运输组织协作办法》《中欧班列发生运输组织障碍时相互通报信息和协作办法》，签署《联合工作组第三次会议纪要》。

9月23日 广深港高铁香港段正式开通，香港铁路首次进入国家高铁网。线路全长141公里，其中内地段115公里，香港段26公里。

9月30日 中国高寒地区最长快速铁路——哈佳快速铁路列车正式开通运营。线路全长343公里，设计时速200公里。

11月11日—18日 中国铁路总公司分别与德国铁路股份公司、西班牙国家铁路公司和西班牙国家铁路基础设施管理公司进行会谈，并签署《中国铁路总公司与德国铁路股份公司合作协议》《中国铁路总公司与西班牙国家铁路公司关于开展铁路合作的谅解备忘录》和《中国铁路总公司与西班牙铁路基础设施管理公司关于开展铁路合作的谅解备忘录》。

11月21日 中国铁路总公司与中国科学院签署《中国科学院 中国铁路总公司战略合作协议》。

12月9日 中国铁路总公司组织申报的“复兴号”中国标准动车组项目荣获第五届中国工业大奖。

12月14日 中国铁路总公司与中国工程院签署《中国工程院 中国铁路总公司战略合作协议》。

12月27日 中共中央批准成立中国国家铁路集团有限公司党组，并明确了党组领导班子组成人员。

12月28日 成都—雅安铁路开通运营。成雅铁路全长140公里，崇州、大邑、蒲江、雅安等川西多个市县迈入动车时代，融入全国高铁网。

2018年 国家铁路未发生责任一般A类及以上事故，未发生造成旅客死亡的责任行车事故。铁路交通事故、责任行车事故和路外死亡人数同比下降6.5%、11.1%、4.4%。

18个铁路局集团公司内设机构优化调整改革顺利完成；铁路局集团公司法人治理体系进一步优化完善，所属非运输业整合重组和公司制改革工作同步推进；中国铁路总公司所属非运输企业公司制改革基本完成。

全国铁路固定资产投资完成8028亿元，其中，国家铁路完成7603亿元；新开工项目26个，新增投资规模3382亿元；投产新线4683公里，其中，高铁4100公里。到2018年底，全国铁路营业里程达到13.1万公里以上，其中，高铁2.9万公里以上。

京哈高铁承德—沈阳段、新民—通辽高铁、哈尔滨—牡丹江高铁、济南—青岛高铁、青岛—盐城铁路、杭昌高铁杭州—黄山段、南平—龙岩铁路、怀化—衡阳铁路、铜仁—玉屏铁路、成都—雅安铁路等10条铁路新线在一周内密集开通，全国高铁营业里程达2.9万公里。

全国铁路完成旅客发送量33.75亿人，同比增加2.91亿人、增长9.4%；国家铁路完成33.17亿人，同比增加2.79亿人、增长9.2%，其中，动车组20.06亿人、同比增长16.9%。全国铁路完成货物发送量40.25亿吨，同比增加3.38亿吨、增长9.2%；国家铁路完成31.90亿吨，同比增加2.72亿吨、增长9.3%。

国家铁路运输总收入7720亿元，同比增收759亿元、增长10.9%，创历史新高。

国家铁路单位运输工作量综合能耗同比下降6.2%，特别是实施货运增量行动对节能减排贡献巨大，与公路完成同样货运量相比，节省标准煤4108万吨，减少二氧化碳排放10092万吨。

（中国国家铁路集团有限公司）

公路行业大事记

1949年

11月1日 中央人民政府交通部成立。

11月19日 交通部在北京召开首届全国航务、公路工作会议，提出了1950年公路工作任务，制定了公路交通管理体制和一系列重大方针政策。中央人民政府副主席朱德和政务院副总理陈云到会作重要指示。

11月25日 为支援解放军进军西南，广州市军管会公路处组织工程队配合工兵和当地群众，抢修粤桂西线。1950年1月5日，广东境内恢复通车。

11月 苏联专家阿连达耶夫应聘担任交通部公路、桥梁建设首席顾问。

1950年

1月3日 中央人民政府交通部公路总局成立，主管全国公路交通事宜。

2月21日 政务院发布《关于1950年航务、公路工作的决定》。明确规定公路工作的方针任务是："继续支援解放战争，争取全国彻底胜利，恢复生产。"并要求将公路划分为国道、省道，实行分级管理。同时对公路交通管理体制，公路留地，公路养护等事项都作了原则规定。

2月 西南军政委员会交通部康藏公路雅甘工程处在雅安成立，负责雅安—甘孜马尼干戈段699公里公路的修复改建任务。

3月11日 交通部颁布《公路行道树栽植试行办法》。

3月30日 广东省交通厅为支援解放海南岛，成立广州—海安(南线)公路抢修工程队，经抢修全线于4月底恢复通车。

4月13日 康藏公路雅安—甘孜马尼干戈段修复工程在川康交界处金鸡关开工。同年8月25日竣工通车。

4月 交通部设立京塘国道管理段，为专线专业养护管理机构。

7月8日 交通部颁布《养护公路暂行办法》。

7月20日 交通部颁布《公路养路费征收暂行办法》。

8月 滇藏公路动工修建。该路起点为云南省下关市，终点为西藏自治区昌都地区芒康县，与康藏公路南线相接，全长716公里(西藏境内119公里)。

9月9日 中财委和交通部联合颁布《公路留地办法》。

10月1日 西南军政委员会交通部康藏公路工程处在雅安成立，筹建甘孜马尼干戈—拉萨公路的修建任务(1951年11月改组为康藏公路第二工程局)。

10月9日 交通部颁布《公路养护须知》。

10月 交通部公路总局颁布《桥涵载重标准》。

11月 东北人民政府公路管理总局抽出主要力量，组成中国人民志愿军公路工程总队，下设二个大队，跨过鸭绿江抗美援朝。1951年2月撤销总队建制，改组成中国人民志愿军公路工程第一、二、三大队，分别隶属于中国人民志愿军后勤司令部第一、二、三分部领导。1952年2月调回国内。

12月 政务院正式决定修建康藏公路。

1951年

2月23日—3月11日 交通部在北京召开第二次全国航务、公路工作会议。政务院总理周恩来、副总理陈云到会作了重要讲话。

5月12日 康藏公路修建司令部成立。

5月25日 政务院颁布《关于1951年民工整修公路的暂行规定》。

6月1日 康藏公路泸定大渡河单孔双铰式加劲桁构悬索桥建成通车。中国人民解放军总司令朱德为大桥题联：万里长征犹忆泸关险，三军远戍严防帝国侵。该桥于1950年11月正式动工修建。

9月1日 交通部颁布《公路工程设计准则(草案)》，将公路分为五级。

11月1日 交通部在北京召开全国交通统计工作会议。

12月14日—24日 交通部在北京召开首届全国养路工作会议，要求养路工作依靠地方、依靠群众、学习苏联经验；建立与健全基层养路组织，实行计划养路。

1952年

2月12日 交通部颁布《公路工程技术安全暂行规定》。

3月15日 为更好地学习苏联先进经验，交通部公路总局译印苏联桥涵标准图51册。

6月6日 政务院公布《关于市郊公路关系的决定》。

7月29日 政务院发布《关于修建华南国防公路的决定》。决定修建、修复、改建海南岛等地区公路10条，共计2417公里。1954年6月全部建成通车。

9月18日 交通部颁布《公路行道树栽植办法》。

10月15日 交通部颁布《公路基本建设工程检查验收暂行办法》。

11月15日 中央人民政府委员会第19次会议通过《关于改变大行政区人民政府(军政委员会)机构与任务的决定》，大行政区人民政府改称行政委员会。从此大行政区交通管理机构改称为大行政区交通局。

11月20日 康藏公路康定—昌都段通车。毛泽东主席题词："为了帮助兄弟民族，不怕困难，努力筑路"。

1953年

2月17日 康藏公路昌都—拉萨东段 (昌都—巴河)动工兴建。同年4月20日，西段巴河—拉萨开工。

6月 为支援解放一江山岛，浙江省路桥—海门公路恢复工程竣工。

8月 交通部颁布《关于公路建设与公路运输工作的指示》。公路建设方面，首先修建国防公路，特别是边防、海防公路，并有重点地发展经济干线公路；改进公路测设质量，加强施工领导，实行计划管理，建立责任制。公路养护方面，实行有计划、有标准地养护公路，做到专款专用。

10月15日 交通部颁布《关于使用养路费的暂行规定》。

11月27日 政务院发布《关于加强地方交通工作的指示》。明确了地方交通工作范围、领导关系和地方交通组织机构设置等，并要求依靠地方人力、财力，加强现有道路的养护和修建急需的简易公路、桥梁、渡口。

12月30日 交通部颁布自编的《公路桥涵洞标准图》15册。

12月 交通部颁布《公路基本建设工程初步设计、技术设计及公路基建工程技术监理工作暂行办法》。

1954年

3月17日 中央人民政府批准修建青藏公路。

5月11日 交通部发出《关于公路工作的指示》。

6月19日 中央人民政府委员会第32次会议通过《关于撤销大区一级行政机构和合并若干省、市建制的决定》。各大区行政机构撤销后，大区交通局所属运输企业下放省交通厅(局)领导，设计和施工单位划归交通部公路总局领导。

7月22日 交通部在北京召开全国公路养护工作会议。会议要求，加强养护计划性，确立养护的技术政策，对现有公路要分期改善，逐步提高质量，并要求各省进行线路排队，加强与充实各级养路机构，贯彻依靠群众、依靠地方养好公路的方针。

8月23日 交通部公路总局在北京成立公路设计局，并在重庆、武汉等地成立5个公路设计分局(1956年9月公路设计局改为交通部公路勘察设计院与分院)。同时在成都、武汉等地成立6个直属公路工程局(后增加到7个)。

9月1日 交通部颁布新的《公路工程设计准则》，将公路分为六级。

9月 交通部公路运输局与公路总局合并，合并后称交通部公路总局。

12月25日 康藏、青藏两条公路全线通车。康藏公路全长2271公里，青藏公路全长2100公里。毛泽东主席为康藏、青藏公路通车题词："庆贺康藏青藏两公路的通车，巩固各民族人民的团结，建设祖国。"

1955年

2月2日 毛泽东主席授予康藏、青藏公路筑路人员锦旗典礼大会在拉萨举行。

2月21日 交通部在北京召开全国公路基本建设会议。

3月9日 国务院第7次全体会议通过《关于有关西藏交通运输问题的决定》：一、成立西藏交通局（由交通部领导），统一领导康藏公路和青藏公路的改建、运输、养护和管理工作，并负责研究和管理西藏地方交通运输、公路修建和养护工作(交通局于10月23日成立)；二、在西藏交通局下设康藏和青藏两个公路管理局，分别负责两路的运输和养护工作(前者6月1日在昌都成立，后者5月11日在格尔木成立)；三、1955年内按粗通标准，继续修建羊八井—日喀则和日喀则—江孜两条公路；四、追加的投资，列西藏投资专款，由财政部分年拨给交通部。

3月 交通部公路总局颁布《基本建设工程技术监理暂行办法(草案)》。

5月3日 交通部、中国公路运输工会在北京召开全国公路第一届劳动模范代表大会，表彰了13个先进集体和81名劳动模范。

5月 安徽省公路部门首创的砂礓石路面在蚌阜公路曹店至阜阳段108公里修建成功，达到晴雨通车，为皖北无砂石地区路面修建开辟了新途径。

9月19日 交通部、财政部联合颁布《全国公路养路费收支管理的规定》。由交通部每年发布各省养路费控制指标，纳入国家计划预算。

11月15日 交通部颁布《公路养护修理技术规范(草案)》。

11月21日 交通部颁布《公路渡口管理暂行办法》。

11月29日 国务院发布《关于改进民工建勤养护公路和修建地方道路的指示》，规定每年每个劳动力至多不超过5个工作日。

12月20日 交通部成立公路工程总局和地方交通管理局，公路总局同时撤销。

12月21日 交通部在北京召开全国地方交通会议，要求加速地方交通建设和对私营运输业的社会主义改造。

1956年

3月2日 交通部颁布《公路绿化暂行办法》。

3月8日 毛泽东主席在听取交通部汇报时指出：工业农业都在发展，两方面靠交通运输做纽带，交通运输要与工农业发展相适应。公路少，要多修，要发挥地方的积极性。

3月12日 交通部颁布《公路基本建设交工验收暂行办法》。

4月20日—28日 交通部在北京召开全国交通先进生产者代表大会，毛泽东主席接见了全体代表。

4月21日 交通部发出《关于加强地方交通建设的指示(修正草案)》。

● 交通部发出《关于资本主义运输业及个体运输业社会主义改造的指示》中规定："私人公路由国家交通机关接管，进行管理养护，路权暂不处理，人员适当安插使用。"

5月8日 交通部颁布《养路工人、测设工人、土建工人、修理及筑路机械工人技术标准》。

5月 国务院发出《关于调整地方交通机构的通知》，《通知》中提出人口在3000万以上，公路通车里程3年内可达1万公里以上的省可设公路厅，否则设局，管理全省的道路工程和公路运输等。

6月30日 交通部颁布《公路工程设计准则(修订草案)》及《简易公路设计准则(草案)》。同时废止1954年9月颁布的《公路工程设计准则》。

7月26日 交通部、财政部发出关于自1957年1月1日起，各省、自治区养路费收支由其自行平衡，中央不再发布控制指标的联合通知。

8月18日 交通部在北京召开全国养路工作会议。提出公路养护工作的方针是："依靠地方，依靠群众，就地取材，以养好路面为中心，加强全面养护，重点修理，分期改善，逐步提高使用质量，以适应运输发展的需要"。

11月24日 交通部颁布《公路基本建设工程设计和预算文件审核批准程序暂行办法》。

12月17日 交通部在北京召开全国交通技术(公路交通部分)座谈会，会议对现有公路技术状况的改善，新建公路的技术要求，以及筑路机械和试验设备的统一管理与集中使用等问题进行了讨论和研究。会议还讨论了汽车运输的有关问题。

1957年

4月 交通部在北京召开全国养路技术会议。

5月22日 交通部、铁道部、农垦部、水利部联合发出《关于各部门基本建设工程占用公路暂行规定》的通知。

1958年

1月27日 交通部、水利部发出《关于沿公路线兴建农田水利工程需要注意事项》的联合通知。

4月 西安公路学院成立。

8月15日 交通部将7个直属公路工程局和5个公路勘察设计分院下放地方，并将公路勘察设计院直属勘测总队也下放地方。公路勘察设计院改名为公路设计院。

9月 交通部颁布《公路养护技术规范(修订草案)》。

10月 交通部派出技术人员援助北也门王国修建公路。

11月8日 交通部公路科学研究所成立。

12月5日 全国公路科研工作会议闭幕，会议初步确定了第二个五年计划期间的科研规划和1959年的具体科研项目。

1959年

1月 交通部在北京召开全国交通工作会议，总结1958年全党全民办交通的经验。

6月6日 川藏公路拉萨—林芝段修复工程动工。该段公路长420公里，同年10月修复通车。

6月30日 交通部颁布《公路工程安全技术暂行规程》。

12月20日 湖南省石门—清官渡公路黄虎港石拱桥建成通车，主跨60米，全长103米，桥高52米，跨径和桥孔高度均创记录，使石拱桥的建筑技术登上一个新台阶。交通部公路总局召开现场会，推广湖南省的经验。

1960年

2月4日 交通部、财政部联合颁布《关于养路费征收和使用暂行规定》。

4月22日 交通部颁发《公路养护暂行规定》，把公路按其在国民经济、国防上的重要性划分为干线公路、县社公路、专用公路，要求干线公路由省、自治区、直辖市或专区(市、盟、自治州)公路部门设置专业机构，配备专业工人负责养护或采用专业工人与群众共同养护的办法。

7月16日 苏联政府片面撕毁同中国签订的专家合同和科技合同，公路总局的苏联专家也随之撤走。

10月 交通部颁发《关于公路里程统计范围及公路划分原则的规定》，要求各省、自治区扣除浮夸虚报、不符合最低技术标准的公路里程，并规定公路划分为干线公路、县社公路、专用公路。

12月 交通部公路总局撤销，其业务分别划归新组建的运输总局、基本建设总局和工业局。

1961年

2月28日 交通部在北京召开全国交通工作会议，根据中共中央提出的"调整、巩固，充实、提高"方针，讨论交通运输事业三年"大跃进"的基本总结和1961年的方针任务。

9月 交通科学研究院与河北省交通厅在天津至唐山公路芦台段首次试铺渣油表处路面，为土路改善开辟了新途径。

● 云南省昆明—那发公路南盘江空腹式公路石拱桥建成通车，桥长171.2米，主孔跨径112.5米，是中国第一座跨径超过百米的大型石拱桥。

10月18日 交通部颁布《基本建设工程验收试行办法》。

10月 交通部颁布《公路桥涵设计规范》《基本建设工程设计文件审批试行办法》《基本建设工程施工技术管理试行办法》。

1962年

1月20日 交通部颁布《公路渡口管理办法(草案)》。

5月21日 交通部颁布《关于管理地方交通工作范围的暂行规定》。

8月 交通部颁布《关于公路养护和管理工作的若干规定(试行草案)》。

10月12日 交通部发出《关于青藏、川藏两条公路养护工作的指示》。

10月18日—12月2日 在中印边界自卫还击战期间，西藏交通战线广大职工全力支援还击战。除出动车辆817车次，完成115万车公里运输外，先后派遣领导干部、技术人员、民工近千人，抢修公路100多公里，安全及时地完成了支援任务，受到中共西藏工委和军区的通报表扬。

12月14日—19日 交通部在北京召开地方交通支援农业会议，确定把交通工作转移到以农业为基础的轨道上来。

1963年

2月8日 国务院批转交通部《关于在现有路面上加铺沥青磨耗层的请示报告》《关于改建公路和农村道路上的木桥的请示报告》《关于完善地把交通部门的工作转向以农业为基础的轨道上来的几个问题的报告》。

3月28日 交通部、财政部发出《关于在地方附加收入中安排县乡道路建设费用的联合通知》，要求各地在地方附加收入中对县乡道路建设需用的开支作适当的安排。

4月 交通部调整内部机构，基建总局和运输总局撤销，成立公路工程管理局、公路总局(不久改为公路运输局)、民间运输局。

6月24日 交通部、财政部颁布《关于公路养路费征收和使用的补充规定》。

10月5日 交通部重建直属公路建设队伍，第一、二、三、四公路工程局先后在北京、西安、福州、成都成立（第三、四公路工程局后又下放地方）；第一、第二公路勘察设计院分别在西安、武汉成立，其行政业务归公路设计院代部管理。

1964年

1月 交通部在唐山市召开全国渣油路面会议，肯定了渣油的路用性能，号召大力推广。

2月23日 河南省罗山竹竿河大桥开工，7月28日竣工。该大桥为钢筋混凝土T形梁，22孔跨径15米，全长373.6米。其基础是首次正式应用钻孔灌注桩的大型公路桥梁。

3月 交通部颁发《沥青表面处治和贯入式路面施工技术规范》。

4月 江苏省无锡县交通局在东亭乡春合、东亭两村交界处的板桥浜上试建成功第一座具有民族特色的双曲拱桥——东拱农桥。从此在中国出现了一种新形桥梁结构。

6月10日 交通部、财政部、农机部发出《关于农业部门的拖拉机暂定减免养路费的通知》。

9月17日 青藏公路通天河大桥建成通车。该桥为7孔跨径16米，全长117.6米的钢筋混凝土T形梁桥。

9月21日—10月19日 全国计划会议提出，将19个非工业部门的基本建设投资计划交地方安排，即国家投资每年切块一部分交地方统筹安排。公路基本建设被划入19个非工业部门。

1965年

2月10日 交通部、林业部发出《关于加强公路绿化工作的联合通知》。

4月27日 国务院决定从河北、河南、山东三省组织2.6万工役制工人修建队伍，支援国防公路建设。

5月30日 中国政府与越南政府签订中国援助越南修建12条公路的协定。

7月1日 中国通往尼泊尔的中尼公路国内段（日喀则至友谊桥）建成通车，全长488.87公里。

8月30日 中国公路首次采用悬臂施工方法修建的预应力混凝土T形刚构试验桥在江苏省新集盐河上建成。桥长82.5米，主路33米。

12月 广西都阳—凤山公路通车，全长213公里。1955年开工，历时10年建成，结束了沿线少数民族地区交通闭塞的状态。

1966年

2月24日 交通部颁布《加强公路基本建设管理工作的要求》。

2月28日 交通部在北京召开全国交通工作会议、全国交通政治工作会议和全国交通系统学习毛主席著作积极分子代表会议，交流总结学习毛主席著作经验，深入开展以“五好”为目标的“比、学、赶、超”运动，全面实现交通工作革命化。

3月18日 交通部提出关于全国公路干线网的初步意见。计划在“三五”期间，要求在现有48万公里公路的基础上，初步提出8万公里作为全国的主要干线公路(即国道)，要求在较短的时间内形成一个公路干线网。

12月 四川省渡口市(1987年1月改为攀枝花市)建成中国第一座箱形钢肋拱桥(2号桥)，跨径180米。

1967年

5月 中共中央发布决定，对交通部实行军事管制。

7月 交通部颁布《公路桥涵车辆荷载及净空标准暂行规定》。

● 中国援助巴基斯坦修建的喀喇昆仑公路第一期工程长156.7公里开工，1971年2月完成。此路起自中、巴两国交界处的红其拉甫山口，经吉尔特—塔科特，全长616公里。这是一条中巴友谊之路。其余459.3公里为第二期工程，竣工于1979年10月。

12月29日 公铁两用南京长江大桥建成通车，正桥10孔，跨径布置为128+9×160米，连续钢桁梁。公路桥全长4580米，铁路桥全长6772米。该桥于1960年1月18日开工。

1969年

7月 北京—塘沽公路天津市永定新河大桥（也称引河桥，长459米）竣工通车。

11月13日 井冈山—韶山公路全线贯通。

1970年

3月 交通部在北京召开交通战备工作会议。

7月1日 交通部、铁道部、邮电部(邮政部分)合并为交通部。公路工程管理局被撤销。

12月14日 交通部公路设计院撤销，并入第一公路工程局。

1972年

1月 交通科学研究院与铁道科学研究院合并为交通部科学研究院。

3月27日 交通部颁发《公路工程技术标准（试行）》，新标准将公路分为四级。

4月14日 交通部在北京召开地方交通、邮政工作座谈会，除讨论如何搞好交通运输、邮政安全质量问题外，还研讨了公路养护工作。

11月 四川省丰都县建成九溪沟石拱桥，跨径116米，是当时世界之最。

1973年

3月23日 交通部颁发《公路工程基本建设管理办法（试行）》。

7月17日 交通部颁发《公路基本建设工程设计文件编制办法》。

12月 交通部在江苏省徐州市召开全国公路养护机械选型配套经验交流会议。当年初交通部撤销公路组，成立公路局。

1974年

2月26日 交通部颁发《公路桥涵设计规范(试行)》。

9月8日 辽宁省沈阳—抚顺南线公路竣工通车。这是中国大陆上建设的第一条一级公路,全长27.24公里。

10月 中国人民解放军基建工程兵交通部办公室成立,简称"交通部兵办"。1985年1月改称中国人民武装警察部队交通指挥部,简称"武警交通指挥部"。

1975年

1月 根据第四届全国人民代表大会决议,交通部与铁道部分开设置(邮电部已于1973年3月恢复建制)。交通部设公路局,掌管全国公路工程建设及养护、汽车运输和公路交通工业等工作。

2月 四川省云阳县汤溪河上建成中国第一座斜拉桥试验桥。

3月20日 交通部决定将第一公路工程局设计所与第二公路工程局勘察设计处和第一、二公路工程局分开,恢复成立交通部公路规划设计院(4月25日正式成立)与交通部第一公路勘察设计院。

9月25日 交通部颁发《公路养护管理暂行规定》。

1976年

7月28日 唐山、丰南一带发生强烈地震。灾区公路桥梁破坏极其严重。交通部立即成立抗震指挥机构,迅速调派队伍、器材及车辆,奔赴灾区组织抢修。

1977年

3月21日—4月2日 交通部在北京召开全国交通工作会议,讨论加快工业学大庆的步伐和整顿企业,对公路建设提出了面向边远地区、老区、山区"三面向"的要求和全国公路通车里程1985年达到110万公里的目标。

7月 河北省洺河公路桥建成通车。该工程于1978年3月被交通部评定为"全国交通战线重要科技成果",同年在全国科学大会上又荣列获奖项目。

9月2日 交通部颁发《公路工程抗震设计规范》。

11月26日—12月5日 交通部在湖南省常德市召开全国公路设计革命化经验交流会议。

1978年

3月18日—31日 全国科学大会在北京隆重召开。在授奖仪式上,65项公路交通优秀科技成果获奖,公路工程方面有37项。

7月1日 中国第一座抗高烈度地震公路桥——河北滦河新桥竣工通车,大桥全长979.2米。

1979年

1月26日 首次使用顶推法施工的广东广州—深圳公路万江大桥建成通车。该桥为全长485.2米的预应力混凝土连续梁桥。

5月24日 交通部发布《公路养护质量检查评定暂行办法》。

9月24日 国家计委、交通部、财政部、中国人民银行联合发布《关于养路费征收和使用的规定》。

1980年

1月10日—15日 交通部在北京召开全国国道公路网规划座谈会,研究确定国道公路网布局,形成《国家干线公路网线路名称及主要控制点方案》。

5月10日 交通部发布《全国汽车客运管理暂行规定》,对公路与城市汽车客运服务对象和经营范围作出明确规定。

7月8日 国务院发布《关于在公路养护和修建中合理使用农村社员义务建勤的指示》,明确从1981年起,每个社队整劳力每年义务建勤由过去的5个标准工作日改为3个标准工作日。

9月 交通部、建材部发布《关于推广水泥混凝土路面的联合通知》。

11月8日 交通部公布了截至1979年底的全国公路普查数据。

1981年

6月 交通部撤销交通科学研究院,分设标准、电子、科技情报、公路、水运五个研究所,直属交通部领导。

11月30日 经国务院批准,国家计委、国家经委、交通部联合发布《关于划定国家干线公路网(试行方案)的通知》。国家干线公路网(即国道网)规划线路70条,全长约11万公里。

1982年

4月1日 交通部印发《关于国家干线公路网建设的实施意见》。

5月3日 交通部向国家计委报送《"六五"交通运输基本建设计划和"七五"规划要点(草案)》。提出重点建设青藏公路和天山公路,开工建设京塘公路。

6月8日—14日 交通部在北京召开修通干线公路断头路规划会议,贯彻国务院《关于限期修通国家和省级干线公路断头路的通知》。

7月14日 山东济南黄河公路大桥建成通车。该桥全长2023.4米,其中主桥为预应力混凝土连续梁斜拉桥,跨径组合为40+94+220+94+40米;该桥获国家优秀设计奖,获国家优秀工程银质奖。

10月 中国第一座玻璃钢公路试验桥在北京市密云县建成通车。

12月10日 第五届全国人民代表大会第五次会议通过"六五"计划,其中公路建设要求集中力量新建和改建7条干线公路;继续实行民工建勤和民办公助办法、修建县社公路、改善农村公路条件等。

1983年

3月7日 全国交通工作会议上提出:"有河大家走船,有路大家走车"的改革设想,交通运输市场开始向全社会开放。

5月21日 交通部和财政部联合发布《关于个人机动车辆征收公路养路费的通知》,规定对个人或联户通过购买、转让、转借、赠送、承包等各种方式所得到的汽车和拖拉机，可按照《关于公路养路费征收和使用的规定》征收养路费。

7月21日 经国务院批准，国家经委、交通部联合发布《关于改进公路运输管理的通知》，规定凡从事营业运输的单位和个人，按运输营业额缴纳不超过1%的运输管理费。

1984年

1月7日 国务院正式批准修建京津塘汽车专业公路工程；同年10月又改为高速公路。

1月9日 国家经委印发《加强国际集装箱港口疏运工作暂行办法》，要求港口和内地间路程在200公里左右的整箱运输，原则上安排汽车运输。

4月29日 国务院同意交通部设立审计局；6月15日，交通部发文正式成立部审计局；11月，部审计局正式开始办公。

7月 全国道路交通标志和交通标线预审会宣布：全国实行统一的交通标志和交通标线。

10月25日 陕西虢镇渭河大桥通车。该桥为32孔、跨径20米、全长644米的钢筋混凝土梁桥，施工中首次使用水平滑模就地浇注钢筋混凝土梁新工艺。

11月 国务院决定，从1984年冬开始，在3年内从商业库存中拿出一部分粮食、棉花、棉布，拨给贫困地区用“以工代赈”的方式兴建道路和水利工程，帮助群众脱贫致富。

● 广东省贷款1.5亿港元修建广州至珠海公路上的4座大桥先后竣工，并通过收取过桥费的形式偿还本息。这是中国首次尝试贷款修路、收费还贷的公路建设筹资方式。

1985年

4月2日 国务院发布《车辆购置附加费征收办法》。

4月6日 交通部、财政部、中国工商银行联合发布《车辆购置附加费征收办法实施细则》。

7月5日 国务院发布《关于立即制止在公路上乱设卡、滥收费、滥罚款的通知》。

1985年 国家科学技术进步奖评审委员会首次评定核准授予的国家级科技进步奖中，公路项目(包括1978年以来的重大成果)获一等奖的是“山东省济南黄河公路斜拉桥”；获二等奖的有“天山独库公路工程设计”等7项；获三等奖的有“预应力高强精轧螺纹钢筋施工体系”等5项。

1986年

2月27日 交通部印发《交通运输第七个五年计划的总体安排》，提出到1990年末，中国公路总里程达到100万公里；高速公路、汽车专用公路和一级公路达到1200公里；“七五”期间要重点建设经济干线、疏港公路、能源运输和国家确定的重点旅游线路。

3月20日 交通部印发《关于实施国家干线公路网里程碑统一桩号的通知》，要求此项工作在1987年前完成。

5月1日 经中国政府和巴基斯坦政府批准，中巴公路红其拉甫市口岸即日起向第三国开放。红其拉甫市口岸是中国通往巴基斯坦唯一的陆路进出境通道，也是通往南亚次大陆乃至欧洲的重要门户。

7月8日 交通部召开加强老、少、边贫困地区交通建设会议。确定了“调查摸底，选择重点，配套扶助，单项定案，现场拍板”的指导思想，并落实了建设资金和人才培养经费来源。

10月1日 郑州黄河公路大桥建成通车。大桥全长5549.9米，成为当时中国大陆最长的公路桥。

10月7日 国务院发出通知，决定改革中国道路交通安全管理体制，由公安机关对城乡道路交通安全负责统一管理。

11月1日 沈大公路沈阳—鞍山段93公里建成通车。第二年决定将沈大公路两端改建为高速公路，沈鞍段按高速公路配套辅路；1988年决定全线按高速公路标准修建，即沈大高速公路。

1987年

2月3日 国家计委、国家经委、交通部、财政部联合发布《公路养路费使用管理规定》。

3月4日 中央绿化委员会授予交通部全国绿化先进单位，3月11日，交通部绿化委员会正式成立并召开第一次全体会议。

5月11日 交通部发布《县乡公路建设与养护管理办法》。

8月31日 天津津汉公路永和大桥合龙。该桥长515.8米，主跨260米，居世界第十位，是当时亚洲跨度最大的预应力钢筋混凝土斜拉桥，于12月底竣工通车。

9月9日 交通部发布《国际集装箱汽车运输费收规则》和《国内集装箱汽车运输费收规则》。

9月19日 交通部印发《交通部推行和完善公路养护经济责任制的若干意见》。

9月30日 山东东营胜利黄河大桥建成通车。这是中国首座钢斜拉桥，全长2800米，主跨288米，获中国建筑业联合会颁发的“鲁班奖”。

10月13日 国务院发布《中华人民共和国公路管理条例》。

10月23日 京津塘高速公路土建工程承包合同签字仪式在北京举行，这是中国第一个利用国际银行贷款并通过国际招标方式进行建设的公路项目；是年12月10日，全长142.69公里的京津塘高速公路正式动工，该路的建设标志着工程建设监理制度(FIDIC)进入中国。

1988年

1月5日 交通部、财政部、国家物价局联合发布《贷款修建高等级公路和大型公路桥梁、隧道收取车辆通行费规定》。

3月11日—15日 交通部在河南开封召开全国公路基建调度会。会上就“七五”期间要完成的27条国家重点公路建设项目和部分地方重点公路建设项目，交通部与各省(区、市)交通厅(局)签订投资与工期包干协议59份，明确了协议双方在工程项目建设中的职责。

这标志着中国公路建设从计划管理逐步走向合同管理，是加快公路建设改革的一个重要步骤。

4月 斜拉桥聚乙烯热挤索套防护拉索由交通部重庆公路科学研究所和湖南省路桥物资设备公司共同研制成功并通过交通部鉴定。中国成为世界上第二个能生产该产品的国家，并于1990年获国家专利。

5月12日 交通部印发《关于印发和实施107国道GBM工程实施标准(试行)的通知》，决定在"七五"后三年内，在107国道全线实施具有中国特色的公路标准化、美化建设(即GBM工程)。107国道也是中国第一条纳入亚洲公路网的公路。

6月15日 广东中山与江门间跨越西江的外海大桥建成通车。该桥全长1769.7米，为9孔预应力混凝土连续箱梁，桥宽17米。这是中国大陆首次由境外机构设计，境外公司承包施工的大桥。

6月19日 经国务院批准，国家交通投资公司成立，管理交通行业的经营性建设资金。

8月28日 广东番禺洛溪大桥建成通车，这是中国第一座预应力混凝土连续刚构桥，全长1916.04米，主跨180米。该桥1989年获交通部优秀设计一等奖，1991年获国家优秀设计金质奖。

10月31日 沪嘉高速公路建成通车。其中高速公路段长15.9公里，加上两端连接线全长20.5公里。沪嘉高速公路是中国大陆上第一条按高速公路标准施工、沿线设施、设备齐全的高速公路。

10月 泡沫沥青路面首次在湖北当阳烟集—远安段修建成功。中国成为继日本、苏联等少数国家之后成功应用此项技术的国家。

12月28日 全长1096.5米、主跨230米的重庆嘉陵江石门大桥建成通车，这是中国首座大跨径独塔单面索斜拉桥，最大跨径230米。

1989年

1月25日 湖南省洞口县淘金村自锚上承式钢筋混凝土悬带桥建成，跨径70米。这是中国首座悬带桥。

7月 交通部在沈阳召开第一次全国高等级公路建设经验交流现场会，明确了中国必须发展高速公路。

8月7日 交通部成立环境保护委员会，负责统一组织、协调交通行业的环境保护工作。

10月18日 经交通部批准，中国公路建设总公司成立。

12月30日 西安—三原一级公路建成通车。这是中国内地第一次利用世界银行贷款修建的公路工程，结束了三秦大地无高等级公路的历史。该项目荣获国家优秀设计银质奖，被列为世界银行亚太地区公路工程设计招标范本。

1990年

5月1日 安徽省凤台淮河大桥建成通车。大桥全长766米，桥面宽15米，双向四车道，设计时速80公里。该桥在桥塔基础施工中成功地采用了冷冻施工工艺，属国内首创。

6月19日—23日 交通部在辽宁大连召开全国公路养护与管理工作会议。会议确定了"全面规划、协调发展，加强养护、积极改善，科学管理、提高质量，依法治路、保障畅通"的"三十二字方针"。

9月1日 沈大高速公路举行全线通车典礼。沈大高速公路全长375公里，是当时全国最长的高速公路。

9月12日 全长71.7公里的京津塘高速公路北京—天津杨村段主体工程试通车，这是国内第一条施行监理工程师制度(FIDIC条款)的高速公路。

10月27日 陕西西安—临潼高速公路建成通车。这是中国西部地区建成通车的第一条高速公路。

12月14日 交通部在西藏拉萨举行命名大会，命名青藏公路109道班为"天下第一道班"。

12月 湖南省凤凰县乌巢河大桥建成。大桥为跨径120米的石拱桥，是当时世界上跨径最大的石拱桥。

1991年

2月2日 交通部发布《全民所有制交通企业承包经营责任制实施办法(试行)》。

5月14日 中国西南地区第一条高等级公路——贵阳—黄果树公路建成通车。贵黄公路建有全长778.72米的中国第一座公路声屏障。

8月24日 交通部印发《全国交通专用通信网总体规划》。

1992年

5月11日 交通部决定从1992年10月1日起启用《中华人民共和国道路运输证》。

7月25日 交通部印发《关于深化改革、扩大开放、加快交通发展的若干意见》，简化了外商投资公路项目的审批手续，为公路市场的招商引资开辟了更广阔的渠道。该《意见》简称"二十五条"。

1993年

1月8日 交通部、国家体改委、国务院经贸办联合发布《全民所有制交通企业转换经营机制实施办法》。

6月18日—23日 交通部在山东济南召开全国公路建设工作会议。会议强调加快公路建设步伐，明确了率先建成"五纵七横"国道主干线中的"两纵两横和三个重要路段"。

6月21日 交通部发布《出租汽车客运服务规范(试行)》。

9月25日 京津塘高速公路全线通车。京津塘高速公路是国务院批准建设的首条采用国际通行的菲迪克条款进行国际招标建设的高速公路，也是中国第一条跨省市的高速公路，全长142.69公里。

1994年

4月28日 重庆开始在全长114公里的成渝高速重庆段，试行集安全、征稽、运管、港航、路政执法为一体的"统一管理， 综合执法"的"重庆模式"，交通综合执法体制改革正式启动。

11月15日—26日 107国道文明样板路建设通过交通部验收，这是全国第一条通过部级验收的文明样板路。

1995年

3月25日 交通部成立现代企业试点领导小组，并确定交通部第一公路工程总公司等部属及双重领导企业为建立现代企业制度试点单位。

12月28日 中国当时第一座大跨度跨海悬索桥——汕头海湾大桥建成通车。

1996年

4月4日 中央机构编制委员会办公室批准交通部成立交通部环境保护中心，原设在部水运科学研究所的交通部环境监测总站同时撤销。

1997年

3月18日 国家“八五”重点工程，全长2384米的312国道六盘山隧道建成通车。

6月 在香港回归前夕，具有世界领先水平的广东虎门大桥和香港青马大桥相继通车，其中青马大桥是当时中国跨径最大的悬索桥，主跨1377米；虎门大桥主航道桥为主跨888米的加劲钢箱梁悬索桥，其辅航道桥主跨270米，是当时世界最大跨径的预应力混凝土连续刚构桥。

7月3日 中华人民共和国主席令第86号发布《中华人民共和国公路法》。

1998年

1月1日 《中华人民共和国公路法》正式实施。

9月3日 华北高速公路股份有限公司、东北高速公路股份有限公司、湖南长永高速公路股份有限公司、广西五洲交通股份有限公司被批准为第一批使用国家特批指标在国内发行A种股票的公路公司。公路建设筹资和融资步伐加快。

1999年

9月9日 全长96.2公里、总投资9800万元的独龙江公路竣工通车，中国最后一个少数民族聚居乡通了公路。该公路是交通部、云南省交通厅对怒江的重点扶贫项目，从贡山县城到独龙江乡孔当。

9月28日 全长2888米、主跨1385米的江苏江阴长江公路大桥建成通车，这是当时国内跨径最大的悬索，世界排名第四。

10月31日 京沪高速公路济南—泰安段建成通车，标志着全国高速公路通车里程突破1万公里，跃居世界第四。

12月30日 中国首座三跨全飘悬索桥——厦门海沧大桥建成通车。

2000年

8月 《关于加快农村公路发展的若干意见》发布。

9月15日 全长658公里的京沈高速公路全线建成通车。京沈高速公路是“两纵两横三个重要路段”中的“三个重要路段”之一，是中国第一条全程双向六车道的高速公路。

10月22日 国务院令发布《中华人民共和国车辆购置税暂行条例》，自2001年1月1日起实施。已征收15年的车辆购置附加费被车辆购置税替代。

12月18日 全长1262公里的京沪高速公路全线建成通车，这是“两纵两横三个重要路段”中的“三个重要路段”之一。至此，中国高速公路通车里程突破1.6万公里，跃居世界第三位。

2001年

3月22日—24日 江阴长江公路大桥通过了交通部组织的竣工验收。该桥主跨1385米，是中国首座跨径超千米的特大型钢箱梁悬索桥梁，列世界第四位。

3月29日 全国第一家由交通部批准的跨省(市)高速公路快运企业——新国线运输有限责任公司正式挂牌成立。

5月29日 交通部公布《2001—2010年公路水路交通行业政策及产业发展序列目录》，这是中国政府交通主管部门第一次比较全面和系统地发布公路、水路交通行业政策。

7月19日 交通部、国家经贸委等七部委联合发布《关于进一步做好“三绿工程”工作的意见》，共同开展以“开辟绿色通道、培育绿色市场、提倡绿色消费”为主要内容的“三绿工程”。

10月25日 投资规模达373亿元的西部地区通县公路建设工程正式启动。该工程涉及17个省(区、市)250个县，改建公路里程2.5万公里。

11月20日 交通部、对外贸易经济合作部令2001年第9号联合发布《外商投资道路运输业管理规定》。

2002年

2月5日 历时一年多的第二次全国公路普查工作圆满结束。交通部、国家统计局联合发布的第二次全国公路普查数据表明，截至2000年12月31日，全国公路总里程达到167.98万公里，比1979年第一次普查时增加了80万公里。

11月6日—8日 国际隧道研讨会暨公路建设技术交流大会在北京举行。这是世界道路协会(PLARC)首次在中国举办的大型公路技术交流国际会议。

2003年

4月1日 面对“非典”疫情，交通部及时提出要“抓试点、抗‘非典’、促重点”的方针，先后下发了43个文件，自上而下形成了统一领导、齐抓共管、运转协调、各负其责、群防群控的领导体系。全国交通行业共投入9.97亿元资金防控“非典”。

4月3日 京珠高速公路粤境北段建成通车。该段高速公路全长109.93公里，是中国境内里程最长、投资最大、施工难度最大的山区高速公路。

8月22日 全长116公里、中国第一条沙漠高速公路——榆林—靖边高速公路建成通车。榆靖高速公路的建设，填补了中国沙漠高速公路建设的空白。

10月20日 京沈高速公路联网收费工程正式开通运行，这是国内第一条跨省(市)联网收费的高速公路。它对全国高速公路联网收费、进而实现高速公路管理网络化和信息化，都具有极为重要的指导和现实意义。

2003年 江阴长江公路大桥、芜湖长江大桥、南京长江第二大桥、香港红磡绕道与公主道连接路、广渝高速公路华登山隧道、227国道大坂山隧道、京沈高速公路绥中—沈阳段、北京市四环路工程等公路、桥梁、隧道工程获得第三届“中国土木工程(詹天佑)大奖”。

2004年

4月30日 国务院发布《中华人民共和国道路运输条例》。

5月14日 交通部组织首次全国公路、水运监理工程师执业资格统一考试。

8月29日 沈大高速公路改扩建工程竣工,全路段为八车道,设计行车时速120公里。沈大高速公路改扩建工程,充分应用新技术、新材料、新工艺,是科学发展观在交通建设上的成功实践,为中国高速公路改扩建积累了宝贵经验、提供了重要示范。

10月27日 中国高速公路通车里程达3.42万公里,居世界第二位。

12月30日 交通部2004年经国务院批准取消行政许可项目9项,调整行政许可项目3项,设定行政许可项目6项,依法继续实施的行政许可项目39项。

2005年

1月13日 交通部宣布《国家高速公路网规划》正式出台。国家高速公路是中国公路网中最高层次的公路通道,全长8.5万公里,由7条首都放射线、9条南北纵向线和18条东西横向线组成,简称为“7918网”,将联结中国人口超过20万的城市,覆盖10亿人口。

2月2日 《农村公路建设规划》经国务院第八十次常务会议研究通过。

4月30日 江苏润扬长江大桥建成通车,大桥全长35.66公里,由北汊斜拉桥、南汊悬索桥等组成。其中南汊悬索桥主跨1490米,是当时中国第一、世界第三的特大跨径悬索桥。

10月7日 南京长江第三大桥建成通车。该桥全长15.6公里,其中跨江大桥长度超过4.7公里,主桥采用主跨648米的双钢塔钢箱梁斜拉桥,为国内第一座钢塔斜拉桥,也是当时中国最大跨径的斜拉桥。南京长江三桥是国家干线公路网的又一标志性工程,它的建成对于推动沿江开发具有重要意义。

12月8日 中国交通建设集团有限公司挂牌成立。该集团由原中国路桥(集团)总公司和中国港湾建设(集团)总公司重组合并而成,是特大型的国有企业;2006年在内地和香港同步上市。

2005年 上海卢浦大桥、岳阳洞庭湖大桥、湖北宜昌长江公路大桥、上海大连路越江隧道、湖南临湘—长沙高速公路等公路、桥梁和隧道工程获得第五届“中国土木工程(詹天佑)大奖”。

2006年

7月28日 交通部、国家发展改革委、财政部联合发布《关于进一步做好农村公路管理养护体制改革的通知》。

9月24日 中国公路“零公里”标志正式落成于北京天安门广场正阳门前。9月27日,中国公路“零公里”标志正式向社会公众开放。

2007年

1月20日 中国自行设计、施工、监理和管理的世界最长双洞单向公路隧道——西(安)柞(水)高速公路秦岭终南山公路隧道正式竣工通车。该隧道单洞长18.02公里。为世界最长的双洞公路隧道,如按单调里程计算,仅次于挪威单洞双向行车的莱尔多公路隧道。

4月18日 交通部发布《全国农村公路通达情况专项调查主要数据公报》。《公报》显示,截至2005年12月31日,符合专项调查方案要求的全国农村公路总里程达到296.5万公里,其中县道50.7万公里,乡道98.8万公里,首次进行详细调查并正式纳入统计范围的村道公路为142万公里。截至2007年底,全国县道达51.44万公里,乡道达99.84万公里,村道达162.15万公里。

5月14日 “中国公路安全保障工程”项目荣获国际道路联合会“2006年度欧洲道路安全奖”,这是中国公路交通行业第一次获此奖项。

10月16日 交通部令发布《经营性公路建设项目投资人招标投标管理规定》。

12月18日 国务院新闻办举行“五纵七横”国道主干线基本贯通新闻发布会。总规模约39万公里的“五纵七横”国道主干线系统于2007年底基本贯通,其中高速公路里程占76%。

2007年 南京长江第三大桥、厦门海沧大桥、上海中环线北虹路地道、南京九华山隧道、沈阳—大连高速公路改扩建、江苏沿江高速公路常州—太仓段、湖北省襄樊—十堰高速公路、山西省祁县—临汾高速公路等公路、桥梁、隧道工程获得第七届“中国土木工程(詹天佑)大奖”。

2008年

3月19日 交通运输部成立。根据十一届全国人大一次会议通过的国务院机构改革方案,新组建的交通运输部整合了原交通部、原中国民用航空总局的职责以及原建设部的指导城市客运职责,并负责管理国家邮政局和新组建的国家民用航空局。交通运输部的主要职责是,拟订并组织实施公路、水陆、民航行业规划、政策和标准,承担涉及综合运输体系的规划协调工作,促进各种运输方式相互衔接等。

3月21日 云南昆明—磨憨高等级公路建成通车,标志着云南昆明—泰国曼谷国际大通道中国路段全线贯通。

5月1日 杭州湾跨海大桥建成通车。跨海大桥北起嘉兴海盐,南接宁波慈溪,全长36公里,由中国自行设计、自行管理、自行投资、自行建造。建成通车后的杭州湾跨海大桥,连接杭州湾南北两岸,直接带动嘉兴海盐、平湖的发展,推动宁波杭州湾新区从无到有的形成,同时也将长三角区域原“Z字形”发展转变为“A字形”发展空间格局,拉近宁波至上海、江苏间的时空距离,对实现长三角南北两翼一体化发展、港口协同发展、产业统筹布局等方面具有非常重要的意义。

6月30日 世界最大跨径的斜拉桥——苏通长江公路大桥建成通车。该桥全长32.4公里,主要由跨江大桥工程和南、北岸接线工程三部分组成。全线采用双向六车道高速公路标准。主桥采用主跨1088米双塔斜拉桥,是世界最大跨径斜拉桥，通航净空尺度为高62米、宽891米，满足5万吨级集装箱货轮和4.8万吨级船队通航需要。苏通大桥是中国建桥史上建设标准最高、技术最复杂、科技含量最高的现代化特大型桥梁工程之一，创下了"主跨径最宽、斜拉索最长、主桥塔最高、群桩基础最深"四个世界第一。

11月12日 国务院成立由国家发展改革委、财政部、交通运输部、农业部、税务总局五部门组成的改革工作小组，正式启动完善成品油价格形成机制、推进燃油税费改革的有关工作。

11月26日 国务院第37次常务会议审议并原则通过成品油价格和税费改革方案，定于2009年1月1日实施改革。

2009年

3月24日 交通运输部"三定"方案获批，增设道路运输司，职责范围不仅包括道路运输管理职能，还新增对城市客运、地铁运营、出租车、物流行业管理的职能。

4月20日 交通运输部颁布《关于修改〈道路货物运输及站场管理规定〉的决定》和《关于修改〈道路旅客运输及客运站管理规定〉的决定》。

6月8日 交通运输部、国家发展改革委印发《汽车运价规则》《道路运输价格管理规定》。

6月13日 交通运输部颁布《关于修改〈中华人民共和国公路管理条例实施细则〉的决定》。

2010年

2月2日 交通运输部印发《关于对重点危桥治理实行挂牌督办的通知》，对国家高速公路网中11座重点危桥的治理实行挂牌督办。

3月5日 交通运输部印发《关于做好2010年农村公路工作的若干意见》，要求以"农村公路建设质量年活动"为载体，以第三批农村公路建设示范工程为导向，继续加快农村公路建设，推进管理养护工作的常态化、规范化。

4月14日 青海省玉树县发生7.1级地震。地震发生后，交通运输部立即启动国家公路交通运输突发事件应急一级响应，成立抗震救灾工作小组，并组织青海、甘肃交通运输部门和正在附近施工的武警交通部队，全力抢通灾区受损公路，震后6小时就抢通214国道和玉树机场路单车道；震后21小时实现214国道、308省道和玉树机场公路全幅通车，使通往灾区的4条救援通道全部畅通。

4月26日 中国大陆第一条大断面海底隧道——厦门翔安海底隧道建成通车。

4月28日 交通运输部印发《关于严格执行标准进一步加强高速公路建设项目管理工作的通知》。

7月 历时3年多的国家高速公路网命名编号实施工作完成。

8月9日 交通运输部颁布《关于加快公路建设市场信用体系建设的通知》。

8月17日—19日 全国公路建设座谈会在福建省厦门市召开，会议提出"加强推行现代工程管理，全面提高公路建设管理水平"总体要求，以及"发展理念人本化，项目管理专业化，工程施工标准化，管理手段信息化，日常管理精细化"的"五化"管理要求。

11月26日 根据国务院第133次常务会议精神和国发〔2010〕40号文件要求，交通运输部联合国家发展改革委、财政部下发《关于进一步完善鲜活农产品运输绿色通道政策的紧急通知》，明确"扩大鲜活农产品运输'绿色通道'网络""增加鲜活农产品品种"等5项主要政策措施。通知要求12月1日起，全国所有收费公路(含收费的独立桥梁、隧道)全部纳入鲜活农产品运输"绿色通道"网络范围，并对整车合法装载运输鲜活农产品车辆免收车辆通行费。

2011年

4月27日 交通运输部印发《关于进一步加强道路运输市场诚信体系建设的意见》。《意见》明确力争5年左右基本建立起全国道路运输市场诚信法规体系、诚信信息征集和披露体系、诚信评价体系、失信惩戒体系。

9月13日 交通运输部印发《关于积极推进城乡道路客运一体化发展的意见》。《意见》明确力争用5年左右时间使全国城乡道路客运一体化发展取得重要突破，城乡道路客运发展更加协调、网络衔接更加顺畅、政策保障更加到位，服务广度和深度逐步提升，服务质量显著改善，可持续发展能力明显增强。

10月9日 交通运输部第11次部务会议通过修订后的《公路建设市场管理办法》，该《办法》自2011年11月30日起施行。

11月28日 交通运输部印发《关于开展国家公交都市建设示范工程有关事项的通知》。

2012年

3月15日 全国道路运输标准化技术委员会成立。

3月16日 交通运输部、中国进出口银行和中国交通建设集团有限公司在北京人民大会堂联合举行中国交通建设标准规范外文版发布会，首批12本中国交通建设标准规范外文版正式对海外发布，其中公路行业标准规范10本(含8本英文版和2本法文版)。

4月6日 财政部、交通运输部联合印发《公路甩挂运输试点专项资金管理暂行办法》。

4月12日 交通运输部印发《关于认真做好道路运输车辆卫星定位系统平台标准符合性审查工作的通知》。

5月30日 交通运输部印发《关于开展"安全带—生命带"专项行动有关事项的通知》，从2012年7月1日起，高速公路客车旅客不佩戴安全带的，禁止出站。

7月18日 交通运输部路网监测与应急处置中心在北京挂牌运行。

7月20日 全国城市客运标准化技术委员会成立。

7月24日 国务院印发《关于批转交通运输部等部门重大节假日免收小

型客车通行费实施方案的通知》。

8月6日 教育部、交通运输部等20部门印发《关于贯彻落实〈校车安全管理条例〉进一步加强校车安全管理工作的通知》《关于印发〈校车安全管理部级联席会议成员单位职责〉的通知》。

10月10日 国务院召开常务会议，研究部署在城市优先发展公共交通工作，并原则通过《关于城市优先发展公共交通的指导意见》。

12月13日 全国交通行业11名技术专家当选世界道路协会技术委员会委员。

12月17日 国务院公布《国务院关于修改〈机动车交通事故强制保险条例〉的决定》。

2013年

6月20日 交通部发布《国家公路网规划(2013年—2030年)》。

9月27日 连接京港澳高速、连霍高速、郑焦晋高速和郑州绕城高速的河南省桃花峪黄河大桥建成通车。桃花峪黄河大桥全长28.6公里，其中主桥长7.7公里，双向六车道。主桥为三跨双塔自锚式悬索桥，是当时世界上跨度最大的同类桥梁。

10月31日 西藏墨脱公路正式通车，标志着中国结束了最后一个县不通公路的历史，实现“县县通公路”的目标。

12月10日 交通运输部发布《公路工程抗震规范》。

2014年

1月15日—16日 湖北省鄂东长江公路大桥通过交通运输部竣工验收。路线全长约15.149公里，其中大桥全长约6.3公里，主桥主跨为926米组合梁斜拉桥，居世界同类桥梁第二位，为湖北第一桥。

3月14日 交通运输部印发《关于开展全国高速公路电子不停车收费联网工作的通知》。同时，发布《关于修改〈公路水运工程监理企业资质管理规定〉的决定》。

5月4日 交通运输部、公安部印发《交通运输部公安部关于开展全国公路隧道安全隐患排查治理专项行动的通知》《交通运输部关于推行农村公路建设“七公开”制度的意见》。

7月15日 全国ETC联网管理委员会成立。会议讨论并表决通过了全国ETC联网管理委员会章程，选举成立了管委会第一届委员会。

9月25日 全国公路建设管理体制改革座谈会在新疆召开。会议总结全国高速公路施工标准化活动和全国公路援疆代建工作，部署推进公路建设管理体制改革工作。

2015年

2月1日 “一带一路”建设工作领导小组成立。

3月17日 交通运输部、国家能源局、国家安全监管总局印发《关于规范公路桥梁与石油天然气管道交叉工程管理的通知》。

4月13日 国务院批复同意《长江中游城市群发展规划》，这是贯彻落实长江经济带重大国家战略的重要举措，也是《国家新型城镇化规划(2014—2020年)》出台后国家批复的第一个跨区域城市群规划。

4月16日 交通运输部、财政部印发《关于在收费公路领域推广运用政府和社会资本合作模式的实施意见》。总体目标是鼓励社会资本通过政府和社会资本合作(PPP)模式，参与收费公路投资、建设、运营和维护，与政府共同参与项目全周期管理，发挥政府和社会资本各自优势，提高收费公路服务供给的质量和效率；鼓励社会投资者按照市场化原则出资，独自或与政府指定机构共同成立项目公司建设和运营收费公路项目，政府要逐步从“补建设”向“补运营”转变，以项目运营绩效评价结果为依据，适时对价格和补贴进行调整，支持社会资本参与收费公路建设运营，提高财政支出的引导和带动作用，拓宽社会资本发展空间，有效释放市场活力；同时要完善收费公路建设、管理、养护长效机制。

5月12日 交通运输部印发《交通运输部关于推进“四好农村路”建设的意见》。提出推进“四好农村路”建设的重大意义、工作目标与任务、权责一致，规范运行、措施与要求等方面的具体意见。

9月28日 交通运输部部长杨传堂在全国ETC联网电视电话会议上宣布，全国ETC联网目标成功实现，2100余万用户实现一卡畅行全国。

11月4日 国务院召开常务会议，决定将高速公路审批前置要件从17项减为7项，对具备条件的报建手续推行“先建后验”；同一投资项目审批所涉事项要协同下放，将其中涉及重大规划布局、重要资源开发配置等项目审批核准权留在省、市级政府；对必要的中介服务实行清单管理，探索整合高速公路项目节能、地质灾害等专题评价，实行联合评估评审；推行网上并联审批，加快在线审批监管平台纵向贯通。

11月18日 国家发展改革委、交通运输部印发《京津冀协同发展交通一体化规划》。到2020年，京津冀交通一体化多节点、网格状的区域交通网络基本形成，城际铁路主骨架基本建成，公路网络完善通畅，港口群机场群整体服务、交通智能化、运营管理力争达到国际先进水平，基本建成安全可靠、便捷高效、经济适用、绿色环保的综合交通运输体系。形成京津石中心城区与新城、卫星城之间的“1小时通勤圈”，京津保唐“1小时交通圈”，相邻城市间基本实现1.5小时通达。到2030年形成“安全、便捷、高效、绿色、经济”的一体化综合交通运输体系。

11月24日 国家发展改革委、交通运输部印发《城镇化地区综合交通网规划》通知。

2016年

1月14日 交通运输部、教育部、公安部、人力资源和社会保障部、中华全国总工会联合印发《道路运输从业人员素质提升工程工作方案》。

1月22日 《道路运输车辆技术管理规定》发布，自2016年3月1日起施行。

1月 《农村公路养护管理办法》实施。

4月6日 交通运输部印发《交通运输(公路水路)基本建设中央投资管理办法(试行)》。

4月8日 交通运输部印发《公路水运工程施工企业主要负责人和安全生产管理人员考核管理办法》。

6月2日 交通运输部印发《"十三五"公路养护管理发展纲要》。

2017年

2月28日 国务院发布《"十三五"现代综合交通运输体系发展规划》。这是国务院大部制改革后第一个综合交通运输发展规划。《规划》提出,到2020年,基本建成安全、便捷、高效、绿色的现代综合交通运输体系,部分地区和领域率先基本实现交通运输现代化。《规划》凸显融合的重要性,提出要打造"三张网",一是构建高品质的快速交通网,也就是以高铁、高速公路、民航等为主体,构建品质高、运行速度快的骨干网络;二是强化高效率的普通干线网,也就是以普通高等级公路、普速铁路、内河航道等为主体,形成普通干线网络;三是拓展广覆盖的基础服务网,也就是以农村公路、支线铁路等为主体的服务网络。

3月7日 交通运输部公布《城市公共汽车和电车客运管理规定》,该规定自2017年5月1日起施行。

4月17日 世界首座三维异形结构桥梁——苏州星港街过街天桥主体完工。2018年3月24日,该桥正式投入使用。

6月12日 交通运输部公布《公路水运工程安全生产监督管理办法》,该办法自2017年8月1日起施行。

6月28日 中央编办、交通运输部联合印发《关于地方交通运输行业承担行政职能事业单位改革有关问题的意见》。

7月5日 国务院常务会议确定部分高速路试点分时段差异化收费。

7月12日 财政部和交通运输部联合印发《地方政府收费公路专项债券管理办法(试行)》,明确从2017年开始试点发行地方政府收费公路专项债券,这将是今后政府修建收费公路解决举债融资问题的唯一渠道。《办法》指出,收费公路专项债券期限应当与政府收费公路收费期限相适应,原则上单次发行不超过15年,具体由省级财政部门会同省级交通运输部门根据项目建设、运营、回收周期和债券市场状况等因素综合确定。办法明确,收费公路专项债券资金应专项用于政府收费公路项目建设,优先用于国家高速公路项目建设。

7月15日 京(北京)新(新疆)高速公路实现全线通车。京新高速公路是中国高速公路网规划的第七条放射线,是亚洲投资最大的单体公路建设项目,也是"一带一路"标志性工程,总里程约2768公里。

8月1日 共玉高速公路正式通车运营。该高速公路是中国在青藏高原多年冻土区建设的第一条高速公路。这条高速公路在平均海拔4100米以上的高寒高海拔地带,横跨生态敏感的三江源地区,穿越227公里的多年冻土地带,具有建设技术含量高、建设难度大、生态保护要求高、社会关注度高、一次性建设里程最长(634.8公里)、单次投入建设资金大(269.6亿元)等特点和难点。共玉高速不仅结束了青南高原没有高等级公路的历史,也为高寒、高海拔地区修建高等级公路积累了宝贵的一线经验。

8月4日 交通运输部公布"十三五"期全面推进"公交都市"建设第一批创建城市名单,河北省张家口市等25个省(区、市)的50个城市入选。

11月4日 第十二届全国人民代表大会常务委员会第三十次会议决定,通过对《中华人民共和国公路法》作出修改。自2017年11月5日起施行。

11月9日 交通运输部与公安部联合印发《关于治理车辆超限超载联合执法常态化制度化工作的实施意见(试行)》,要求各地交通运输、公安部门严格规范治超检查和处罚行为,推进治超联合执法常态化、制度化。

2018年

1月1日 收费公路通行费增值税电子普通发票开具平台正式上线运行。

1月14日 交通运输部发布《公路工程标准施工监理招标文件》《公路工程标准施工监理招标资格预审文件》和《公路工程标准勘察设计招标文件》《公路工程标准勘察设计招标资格预审文件》。

1月15日 新版"交通运输部路况信息管理系统"启用。

● 交通运输部办公厅印发《关于调整交通运输部扶贫开发和农村公路工作领导小组有关事项的通知》。

1月19日 交通运输部办公厅印发《关于界定和激励公路水运工程建设领域守信典型企业有关事项的通知》,建立交通运输行业第一个信用"红名单"制度。

1月22日 中国首座跨海峡公铁两用大桥——福建平潭海峡公铁两用大桥首跨3400吨级跨斜拉桥钢桁梁海上成功整孔架设。

2月6日 位于四川省甘孜藏族自治州泸定县的"川藏第一桥"——雅康高速公路泸定大渡河兴康大桥正式合龙。

2月7日 交通运输部发布《关于做好推进道路货运车辆检验检测改革工作的通知》,进一步推动落实道路货运车辆安全技术检验和综合性能检测依法合并。

4月11日 《公路水运工程监理企业资质管理规定》在交通运输部第5次部务会议获得通过,并予以发布。自2018年7月1日起施行。

4月19日 交通运输部办公厅印发《关于扩大高速公路差异化收费试点工作的指导意见》。

5月1日 交通运输部发布的《公路水运工程平安工地建设管理办法》开始施行。

● 交通运输部、工业和信息化部、公安部联合印发的《智能网联汽车道路测试管理规范(试行)》开始施行。

● 《道路客运接驳运输管理办法

(试行)》实施，有效期5年。该《办法》旨在规范道路客运接驳运输，提高道路客运安全管理水平，促进道路客运转型升级，保障人民群众安全高效出行。

5月7日 延(庆)崇(礼)高速公路金家庄特长螺旋隧道被世界纪录英国总部认证官现场认证为在建世界最长高速公路螺旋隧道。

5月8日 交通运输部发布《农村公路建设管理办法》，并于6月1日起施行。鼓励在农村公路建设中应用新技术、新材料、新工艺、新设备，提高建设质量。

5月14日 世界第一大有推力钢箱梁拱桥——广西柳州官塘大桥的5885吨中拱段整体提升到位。其首创的一系列整体提升施工方案填补了大量的技术空白。

5月18日 由中国交通运输部、海关总署和俄罗斯联邦运输部共同主办，中国大连至俄罗斯新西伯利亚国际道路运输试运行启动仪式在大连举行，这标志着国际公路运输系统正式在中国落地实施。

5月22日 交通运输部办公厅印发《自动驾驶封闭场地建设技术指南(暂行)》。

5月24日 交通运输部公布新修订的《出租汽车服务质量信誉考核办法》(简称《办法》)。《办法》进一步优化完善了巡游车企业和驾驶员服务质量信誉考核指标，并将网约车平台公司和驾驶员纳入考核体系，全面提升出租汽车行业服务水平。

6月1日 新版《公路养护工程管理办法》施行。

6月12日 交通运输部、农业农村部、国务院扶贫办印发《关于联合开展"四好农村路"全国示范县创建和命名工作的通知》。

7月6日 交通运输部办公厅印发《交通运输脱贫攻坚三年行动计划》。

7月25日 国务院办公厅印发《关于同意建立交通运输新业态协同监管部际联席会议制度的函》。经国务院同意，由交通运输部牵头，联合中央宣传部、中央政法委、中央网信办、国家发展改革委、工业和信息化部、公安部、司法部、中国人民银行、国家市场监督管理总局、国家信访局等部门和单位建立交通运输新业态协同监管部际联席会议制度。

7月30日 川藏公路林(芝)拉(萨)高等级公路米拉山隧道进口左洞顺利贯通，标志着米拉山隧道全线贯通。米拉山隧道全长5720米，平均海拔4750米。

7月31日 交通运输新业态协同监管部际联席会议第一次全体会议召开。联席会议制度建立健全了多部门协同监管机制，提高了行业治理和应急处置能力，有利于行业持续稳定健康发展。

8月1日 交通强国建设纲要起草组办公室印发《关于交通强国建设纲要起草组工作会议制度的通知》。

8月27日 国家发展改革委办公厅、交通运输部办公厅、公安部办公厅联合印发《关于开展交通出行领域严重失信行为专项治理工作的通知》。

8月31日 交通运输新业态协同监管部际联席会议第二次会议召开，决定自9月5日起，在全国范围内对所有网约车顺风车平台公司开展进驻式全面检查。

9月19日 交通运输部印发《关于进一步优化公路投资项目行业审查审批工作的通知》。

10月16日 河北省交通运输厅组织召开雄安新区智能交通专项规划编制工作启动会。会议介绍了《雄安新区智能交通专项规划工作大纲》相关工作开展情况，成立了雄安新区智能交通专项规划工作组，指导下一步规划编制工作。

10月23日 世界最长跨海大桥、全长55公里的港珠澳大桥开通。中共中央总书记、国家主席、中央军委主席习近平宣布大桥正式开通。习近平总书记指出，港珠澳大桥的建设创下多项世界之最，非常了不起，体现了一个国家逢山开路、遇水架桥的奋斗精神，体现了中国综合国力、自主创新能力，体现了勇创世界一流的民族志气。

10月31日 交通运输部、国家发改委、财政部印发《关于做好公路收费权转让备案工作的通知》。

10月 国务院办公厅印发《推进运输结构调整三年行动计划(2018—2020年)》，提出实施铁路运能提升行动、水运系统升级行动、公路货运治理行动、多式联运提速行动、城市绿色配送行动、信息资源整合行动六大行动。

11月1日 交通运输部党组中心组举行2018年第十一次集体学习(扩大)，主题是深入学习贯彻习近平总书记在中央政治局第八次集体学习时的重要讲话精神，深刻认识实施乡村振兴战略的重大意义，高质量建设"四好农村路"，扎实推进交通脱贫攻坚工作，切实发挥好交通运输在乡村振兴战略中的先行保障作用。

11月2日 交通运输部办公厅印发《关于提升农村公路工程质量耐久性的实施意见》。

11月15日 交通运输部办公厅印发了《加快推进道路运输车辆综合性能检测联网实现普通货运车辆全国异地检测工作方案》，以促进物流降本增效，切实提升行业服务水平，加快推进道路运输车辆综合性能检测全国联网，实现普通货运车辆全国范围异地检测。

12月10日 交通运输部、商务部发布《关于废止〈外商投资道路运输业管理规定〉的决定》。

2018年 武深高速公路等重点项目顺利完成；首都地区环线高速公路通州—大兴段、京秦高速公路北京段正式通车，国家高速公路网北京市境内"断头路"全部消除；全年新增高速公路通车里程6000公里。随着龙(川)怀(集)和仁(化)博(罗)两条高速公路建成通车，中国高速公路总里程突破14万公里。

综合交通运输管理体制机制改革扎实推进。山东等10个省(区、市)实现综合交通运输管理。交通运输综合行政执法改革启动，推进执法职责整合，组建综合执法队伍，以交通运输部门名义实行统一执法。收费公路改革深入推进。

水运行业大事记

1949年

1月15日 天津市解放。天津市军事管制委员会立即对旧政府的航政局、招商局天津分公司、天津港口和船厂等实行军事接管。1月17日即行办公,发布第一张军管布告。

5月15日 天津市塘沽新港首次恢复建设计划。

9月28日 招商局“海辽”轮冲破国民党在海上的重重封锁,历经8天9夜,最终到达大连港,成为新中国第一艘升起五星红旗的海轮。毛泽东主席发电报祝贺。

1949年 国民党政府溃逃台湾,约有100万总吨的海船被国民党军队胁迫去台湾,留下来可营运的仅有沿海轮船33艘、5.6万总吨。

1950年

1月8日 中央人民政府交通部拨款用于塘沽新港修建防坡堤、疏浚航道等项工程。

1958年

7月 交通部成立远洋运输局,开始着手组建远洋船队。

1960年

1月14日 新港二线船闸修建工程正式开工,开挖了船闸基坑预制混凝土桩等构体,至1961年完成投资209.1万元。

1月18日 塘沽新港在建设中打破了中国北方筑港工程冬季不施工的常规,开创了常年施工的先例。

4月30日 交通部召开的全国港口、水运工业规划会议结束。会议作了题为《全面规划、加强领导,为高速度建设中国现代化的港口和水运工业而奋斗》的报告。

8月1日 交通部颁发《船舶登记章程》。

1961年

2月7日 根据中共中央一月提出的调整管理体制的精神,确定将原来下放地方管理的大连、秦皇岛、天津、烟台、青岛、连云港、上海、黄埔、湛江、八所等10个沿海港口,收归交通部领导。以后,又将重庆、九江等10个长江干线港口和天津航道局、上海筑港局等6个工程局以及2个工厂、2个交通学校和1个轮驳公司改为以交通部为主管理。

4月27日 中国远洋运输公司在北京成立,广州分公司同时成立。

4月28日 中国自营的“光华”客船从黄埔港启航前往印度尼西亚接运华侨。

1962年

8月18日 中国自行设计施工的深水突堤码头——天津港第三码头通过验收。

1963年

1月7日 国家计划委员会颁发《全国天然渠化河流及人工运河通航试行标准》,将全国的内河航道分为六级:一至六级航道分别通航3000吨级、2000吨级、1000吨级、500吨级、300吨级和50吨~100吨级驳船,并对各级航道的通航水深、航道宽度、弯曲半径和跨河建筑物的通航净空作了具体规定,从而统一了全国内河航道规划设计标准。

12月16日—28日 第二次全国航务电信会议在北京召开,制定交通系统航务通信网络组织的调整与加强管理方案。

1964年

3月3日 国务院发布《关于加强航道管理和养护工作的指示》。

4月1日 为加强海运业务,中国远洋运输公司上海分公司(现上海远洋运输公司)正式成立。

8月17日 中共中央和国务院批转国家经委党组《关于试办工业、交通托拉斯的意见的报告》,批准在全国试办12个托拉斯,为消除中国现行的用行政办法而不是用经济办法管理工业所产生的各种弊端摸索经验。这是中国工业管理体制的一项重大改革。交通部为进行航运企业托拉斯试点,将长江航运管理局改为长江航运公司,统一管理港口、航道、船舶、工厂和科研、设计教育等部门。1978年撤销,恢复原建制。

1965年

12月 中国首次自行设计和建造的第一艘万吨级远洋货轮“东风号”,在江南造船厂建成。1966年投入运营。

1966年

4月19日 交通部施行《国境河流外国籍船舶管理办法》。

1967年

6月22日 中国—坦桑尼亚联合海运公司成立。

1969年

12月28日 中国自行设计和建造的第一艘3200吨级破冰船在上海下水。

1970年

10月1日 天津远洋运输公司成立。

1970年 中国开始利用中国银行贷款,平均每年购买近100万吨船舶。

1971年

6月27日 江南造船厂建造的中国第一艘2万载重吨级远洋货船“长风号”下水。

1973年

9月 全国第一次港口建设会议召开,确定三年港口建设目标是:新建深水泊位51个,建成投产40个,增开舱口作业线150条,总计新增港口通过能力5500万吨,以及其他配套设施。

10月5日 中国政府决定参加1960年6月17日在伦敦签订的国际海上人命安全公约和1966年在伦敦签订的国际船舶载重线公约,并退出1930年7月5日在伦敦签订的国际船舶载重线公约,同时作如下保留:关于中国沿海区域的划分,不受该公约附则第49条和第50条有关规定的约束。并决定1974年1月5日起对中国生效。

1973年 中国恢复国际海事组织成员国地位。

1974年

4月4日 国务院、中央军委批转交通部、外贸部《关于扭转当前港口严重压船情况的请示报告》。

11月13日 中日海运协定在东京签订。

1976年

7月1日 青岛远洋运输公司正式成立。

1978年

3月29日 交通部决定将原水运局一分为二，分别成立港口局、水运局。

9月23日 中国远洋"熊岳城"轮从上海港出发驶往澳大利亚，开始每月一班的班轮服务。从此，中国真正有了自己的国际集装箱班轮运输。

9月26日 中国第一艘国际集装箱班轮"平乡城"装载162个集装箱从上海港开赴澳大利亚港口，标志着中国远洋集装箱运输的正式开始。

12月21日 中共上海市委，上海市革命委员会和交通部召开大庆式企业命名大会，命名上海港务管理局为"大庆式局"。

1979年

2月25日 根据国家基本建设委员会、交通部关于"港口建设指挥部实行中央、地方双重领导，以交通部为主的领导体制"文件精神，交通部发出通知，各港口建设指挥部的劳动计划，自1979年起由交通部直接管理。

2月 经国务院批准，由交通部驻港企业——招商局在深圳创办蛇口工业区。

3月22日 交通部发布《船舶进出港口签证管理办法》。

6月11日 广州海运局万吨级货船"红旗121号"从珠江口出发，穿过台湾海峡驶抵上海，率先完成商船通过台湾海峡的试航任务，使中断30年之久的台湾海峡恢复通航。

7月3日 国务院决定中国加入国际海事卫星组织，交通部代表中国于7月13日办理了加入手续，申报15%的投资费。同年10月24日交通部派员出席在伦敦召开的海事卫星第一届大会，并正式申请加入国际海事卫星组织。

7月24日 香港招商局蛇口工业区航道开挖，建设开始。五湾杂货码头1981年9月15日竣工投产，它是中国第一个对外开放经济特区。

8月20日 交通部颁发《中国外轮理货公司国内业务章程》。

8月23日 经国务院批准，交通部设立北京船舶通信导航公司，加入国际海事卫星组织。

8月25日 交通部颁布《中华人民共和国对外籍船舶管理规则》。原颁发的管理办法同时废止。

9月25日 中国最大的港口上海港与美国西雅图港结为友好港，开创中国与国外港口建立友好港关系的先河。

1980年

1月5日 交通部发出通知，决定将长江航政局设在长江各港的机构，统一为"中华人民共和国××港务监督""中华人民共和国船舶检验局××办事处"，对航行国际航线的船舶进行监督和检验。

2月15日 国务院批准交通部成立中国港湾工程公司。

4月17日 经国务院批准，中国在长江沿岸的张家港港、南通港、南京港、芜湖港、九江港、武汉港、城陵矶港、重庆港为对外贸易运输港口。

12月20日 南通港两个万吨级泊位正式投产，这是中国第一次在长江内河港兴建的万吨级深水码头。

1981年

6月15日 中国在长江上修建的第一座大型通航建筑物——葛洲坝水利枢纽2号船闸首次试航成功。

1982年

1月6日 交通部转发《国务院关于大连港口体制改革试行方案的批复》。

7月27日—31日 交通部科技局在北京召开"水运管理电子计算机应用代码标准编制工作会议"。

9月 交通部决定成立内河运输管理局，加强对内河运输的领导和管理。

1983年

3月 交通部提出"有河大家走船"的开放思路，水运市场从此形成了个体、集体、国有多种经济主体形式并存的格局。

5月19日 国务院决定，将黑龙江省航运局划归交通部，实行交通部和黑龙江省双重领导、以交通部为主的管理体制。

6月 秦皇岛港煤码头第一期工程完工，7月1日投产。年通过能力1000万吨，总投资18419万元.由交通部第一、二航务工程局设计并施工。

9月2日 中华人民共和国主席令第7号公布《中华人民共和国海上交通安全法》。

12月29日 国务院发布《中华人民共和国防止船舶污染海域管理条例》。

1984年

1月1日 经国务院批准，新组建的长江航务管理局和长江轮船总公司开始办公。长江航务管理局是交通部的派出机构；长江轮船总公司是交通部直属一级独立核算的运输企业。

4月6日 在北京结束的沿海部分城市座谈会，建议进一步开放由北至南的大连、北海等14个沿海港口城市，作为中国实行对外开放的一个新的重要步骤。这些港口城市同深圳、珠海、厦门、汕头四个经济特区，将成为中国对外开放的前沿地带。

4月12日 交通部决定撤销各级水上运输检察院筹备组。

6月1日 按照中共中央、国务院《关于天津港实行体制改革试点的批复》精神，天津港下放天津市政府管理，将中央政府直接管理的港口领导体制改为由中央和地方政府"双重领导，以地方为主"的管理体制，实行"以收抵支，以港养港"的财务管理体制。

9月5日 交通部正式批准将长江

航务管理局的重庆、武汉、南京三港列入首批6个港口(另3个港口是烟台、湛江、哈尔滨)企业工资分配制度改革试点单位。

11月3日 国务院发出《关于改革中国国际海洋运输管理工作的通知》,明确中远总公司为独立经营的经济实体,与交通部远洋局实行政企职责分开。

11月6日 交通部内河运输局、海洋运输局与南通港务局联合开辟的南通经上海港中转到大连、烟台、青岛,福州等地的5吨集装箱陆、江、海联运线,开始营运。

1985年

5月25日 香港招商局集团成立。

1986年

1月1日 经国务院批准,中国船级社成立。

1月28日 交通部颁布《港口建设费征收办法施行细则》,开始对进出28个沿海港口征收港口建设费,实行"以港养港,以收抵支"政策。

4月29日 大连港正式移交大连市管理,实行交通部与大连市双重领导,以大连市领导为主的管理体制。

6月1日 中国远洋运输总公司经营的定航线、定船舶、定货种、定泊位、定时间的中国国际班轮正式运行。

6月2日 国务院批准将海关征收的吨税划归交通部管理。

7月1日 经国务院同意,交通部批准成立珠江航务管理局。

1987年

5月6日 经交通部党组批准,中国外轮理货总公司从海洋运输管理局划出,成为交通部属一级企业。

5月12日 国务院发布《中华人民共和国水路运输管理条例》。

6月25日 交通部决定撤销中国海难救助打捞总公司和海上拖航公司,恢复交通部海上救助打捞局,为部属一级事业单位。交通部烟台、上海、广州海难救助打捞局的名称分别改为交通部烟台、上海、广州海上救助打捞局。

9月8日 国务院批准长江港口管理体制改革方案。长江干线港口全部下放,实行以地方领导为主的管理体制,长江航务管理局仍由交通部直接领导。

9月22日 国务院发布《中华人民共和国航道管理条例》。

1989年

2月3日 中国最大的内河船闸之一——广西西江桂平航运枢纽船闸正式使用。

4月25日 中国内河最大的港口基础数据库——长江水系基础数据库正式投入使用。

5月22日 中国第一家商业性保税仓库在天津港正式开放。

6月23日 交通部决定将交通部长江航政管理局更名为"交通部长江港航监督局",隶属关系不变。

8月14日 交通部第7号令发布《中华人民共和国海员证管理办法》。

10月9日—20日 国际海事组织在英国伦敦召开第十六届大会,在大会上,中国被选为A类理事国,成为世界八大航运国家之一,连任至今。

1990年

10月25日 中国第一座内河雷达站——江苏镇江段大沙雷达监控站正式开机运行。

12月15日 交通部修改的全国《内河通航标准》被列为国家标准,自1991年8月1日起施行。

12月22日 交通部长江轮船总公司更名为中国长江轮船总公司。

1991年

6月3日 北京国际海事卫星地面站开通。

1992年

2月4日 国务院生产办公室会同有关部门成立全国集装箱工作协调小组,下设办公室,自1992年7月1日起开始办公。

11月7日 中华人民共和国主席令第64号公布《中华人民共和国海商法》。

1993年

1月8日 交通部、国家经济体制改革委员会、国务院经贸办联合发布《全民所有制交通企业转换经营机制实施办法》。

2月16日 中国远洋运输集团正式成立。

3月6日 中国长江航运集团正式成立,该集团核心企业为中国长江轮船总公司。

7月1日 被称为海上运输法律"母法"的《中华人民共和国海商法》开始施行。

1994年

3月9日 中国船级社获得国际船级社协会(IACS)颁发的质量体系合格证书,成为国内第一家通过国际认证的检验机构。

3月31日 中国加入《1989年国际救助公约》。

9月2日 交通部发布《水运工程建设行业标准管理办法》。

9月27日 交通部救捞系统以"中国救捞公司"名义正式加入"国际救助联合会"。

1995年

1月14日 海峡两岸航运交流协会在北京成立。

3月25日 交通部确定广州海运(集团)公司、中国远洋运输集团、中国长江航运集团、上海海运(集团)公司、交通部第一航务工程局、交通部第三航务工程局、交通部第一公路工程总公司、营口港务局和交通部第二航务工程勘察设计院作为现代企业制度试点单位。

7月1日 根据国际船级社协会的规定及其第31次理事会决定,中国船级社自7月1日起担任国际船级社协会副主席。

8月 海南木栏湾的木栏头灯塔建成发光,该灯塔是当时亚洲最高的灯塔,塔高72.1米。

12月19日 宁波港北仑港区20万吨级矿石码头通过国家竣工验收,该码头为当前国内最大的矿石码头。

12月25日 交通部下发《交通部救助打捞局体制改革实施方案》。交通部党组决定，交通部海上救助打捞局对所属的烟台、上海、广州海上救助打捞局及华德海洋工程有限公司、中国海洋工程服务有限公司实行统一领导和全面管理。

1996年

6月7日 中远集团大远航运公司所属的"中原"号客滚船首航大连—上海航线，开创中国沿海长距离客滚运输的先例。

6月12日 交通部决定，自7月1日起(为期1年)暂停审批新的从事国内沿海、内河及国际海上运输的船公司(包括扩大经营范国的公司)、港澳运输的船公司及现有船公司新增运力的申请，开始对中国水运市场进行调查整顿。

10月21日 经国务院批准，中国海上便利运输委员会成立，办公室设在交通部安全监督局。

11月28日 上海航交所成立，它是经国务院批准、由交通部和上海市政府共同组建的中国唯一一家国家级航运交易所。

1997年

3月28日 中国在国际搜救卫星系统内的身份由"使用国"改变为"地面设备提供国"。

6月6日 交通部烟台救助打捞局成功救助17万吨级塞浦路斯籍货轮"继承号"，创中国救助史上救助船舶吨位的最高纪录。

7月1日 中国海运(集团)总公司成立。

9月25日 交通部、铁道部联合颁发《关于贯彻实施〈国际集装箱多式联运管理规则〉的通知》。

12月18日 长江干线南京至浏河口(364公里)船舶交通管理系统正式开通运行，这标志着中国内河航运交通及安全管理开始走上科学化、现代化轨道。

12月24日 "天津港发展有限公司"正式在香港挂牌上市，成为中国内地第一个在香港挂牌上市的港口企业。

1998年

1月1日 中国交通进出口总公司正式划入招商局集团。

4月16日 上海航运交易所首次发布中国出口集装箱运价指数(CCFI)。

10月27日 中华人民共和国海事局(交通部海事局)成立。

11月28日 中远广州远洋运输公司"华铜海"轮，在完成最后一次远航任务后正式退役。该轮自1984年开始出租，期间没有出过一次事故，没有误过一天船期，没有发生过违法违纪的事件，被国际航运界誉为"中国出租船的一面旗帜"，成为"海上中华名牌"。

1999年

11月24日 山东烟大汽车轮渡股份有限公司的"大舜"号客滚轮从烟台开往大连途中遇险。于当晚11时45分倾覆沉没，船上共有旅客船员304人，获救的幸存者仅有22人。25日，交通部发布《关于加强船舶安全生产的紧急通知》。27日，交通部发布《关于加强渤海湾客滚船舶安全管理的紧急通知》。2000年11月24日，交通部决定，在该届政府任期内，将每年11月24日确定为"水上运输安全警示日"。

2000年

1月28日 交通部、对外贸易经济合作部发布《外商独资船务公司审批管理暂行办法》。

5月28日 上海海上搜救直升机机场建设工程开工，这是中国首次建设专门用于海上搜救的直升机机场。

11月27日 上海港国际集装箱吞吐量突破500万标箱，成为中国内地第一个突破500万标箱大关的港口。

12月25日 上海港全年货物吞吐量累计完成2亿吨，成为中国第一个突破2亿吨的港口。

2001年

2月6日 交通部印发《西部地区内河航运发展规划纲要》。

5月29日 交通部公布《2001—2010年公路水路交通行业政策及产业发展序列目录》，这是中国政府交通主管部门第一次比较全面和系统地发布公路水路交通行业政策。

7月28日 国内最大的集装箱船中国远洋运输(集团)总公司所属"COSCO SHANGHAI"轮(5446标箱)举行首航仪式。

10月11日 交通部发布《内河运输船舶标准化管理规定》。

12月11日 中国正式加入WTO。为满足WTO的要求，国务院公布《中华人民共和国国际海运条例》并自2002年1月1日起实施。

12月22日 中国第一艘大型专用巡视船"海巡21"号在上海交付使用。该船总长93米，是当时中国吨位最大、装备最先进、功能最齐全的第一艘跨无限航区巡视船。

2002年

7月25日 26万吨的超级油轮"俄耳普斯亚洲"号，在航经巴士海峡北口时主机失灵，交通部打捞系统顺利完成救捞任务，这是中国救助大型满载船舶吨位最大的一次救捞行动。

2003年

3月10日 交通部下发《关于加快港口政企分开步伐和加强港口行政管理的通知》。

6月28日 中华人民共和国主席令第5号公布《中华人民共和国港口法》。

● 交通部北海、东海、南海救助局和交通部烟台、上海、广州打捞局成立大会暨交通部东海救助局、上海打捞局，交通部上海海上救助飞行队揭牌仪式在上海举行。7月15日，交通部上海海上救助飞行队开始担负海上救助值班待命任务，中国长江口水域海空立体救助体系正式运行。

10月 党中央、国务院提出把大连建成东北亚重要的国际航运中心。

12月31日 中国港口集装箱年吞吐总量超过美国，跃居世界第一。上海、深圳港集装箱年吞吐量双双突破

1000万标箱大关。

2004年

8月8日 交通部南海第一救助飞行队成立。20日，交通部东海第二救助飞行队成立。

8月13日 国务院三峡工程建设委员会批准三峡船闸由试通航转为正式通航。

2005年

2月24日 "中国海上搜救中心"成立。

4月25日 国务院批复同意7月11日为中国"航海日"，同时也作为"世界海事日"在中国的实施日期。

6月22日 国务院批复同意设立中国第一个保税港区——上海洋山保税港区。

10月24日 交通部发布《关于我国港口引航管理体制改革实施意见的通知》。

12月1日 交通部编制完成《京津冀暨环渤海地区现代化公路水路交通规划纲要》(2005年—2020年)。

2006年

2月14日 交通部印发《全国内河船型标准化发展纲要》。

6月 党中央、国务院提出将天津滨海新区建设成为北方国际航运中心和国际物流中心。

7月15日 交通部西沙救助基地启用仪式在永兴岛举行。该基地是中国最南端的救助基地，它的正式启用标志着海上立体救助体系已覆盖中国南海海域。

9月30日 长江口深水航道治理三期工程正式开工。

2007年

1月1日 京杭运河全线禁航挂桨机船。

4月29日 交通部在第三届两岸经贸文化论坛上宣布了五项促进台湾海峡两岸海上直航的政策措施。

6月26日 经国务院批准，国家发展改革委和交通部联合编制的《全国内河航道与港口布局规划》(2006年—2020年)正式发布实施。

9月 《中华人民共和国船员条例》正式施行。

2008年

1月15日 交通部极端天气预警警报信息发布短信平台正式启用，为从事海上航行、作业的单位及时提供极端天气预警信息。

1月28日 亚太经合组织(APEC)港口服务网络办公室正式挂牌成立。

2月13日 交通部颁布《中华人民共和国引航员注册和任职资格管理办法》。

3月1日 《中欧海运协定》正式生效。

3月12日 全球首条集装箱电子标签航线(上海港—美国萨瓦纳港)在上海开航。

4月14日 长江中游重点碍航浅滩碾子湾水道整治工程通过竣工验收。

5月1日 总长36公里，世界最长的跨海湾大桥杭州湾跨海大桥建成通车。

6月30日 世界最大跨径的斜拉桥苏通长江公路大桥建成通车。

9月18日—19日 第一届中国-东盟海运磋商会议在北京举行。中国和东盟双方就《中国-东盟海运协定》生效进展情况、各自海运政策及其他共同关心的问题进行了交流与沟通。

9月26日 2688公里的长江干线航道全部实现夜航。

10月8日 中共中央、国务院、中央军委授予交通运输部南海第一救助飞行队"B-7125"救助直升机机长高广"全国抗震救灾模范"称号。

11月4日 海协会和海基会签署《海峡两岸海运协议》，宣告两岸客货运输海上直航的到来。

11月17日 国务院批准加入《2001年国际燃油污染损害民事责任公约》。

12月1日 由交通运输部、外交部、总参联合上报党中央、国务院和中央军委的《关于我派军舰前往亚丁湾、索马里海域执行护航任务的请示》获批准。

12月15日 台湾海峡两岸实现全面直接双向海上直航，在天津港、上海港、太仓港、福州港等地举行两岸海上直航首航仪式。

12月18日 《成品油价税费改革方案》正式出台。决定自2009年1月1日起实施成品油价税费改革。成品油价税费改革取消航道养护费等六项收费，汽、柴油等成品油消费税实现价内征收。对于水运行业加快淘汰能耗高的船舶、调整运力结构、促进节能减排产生积极影响。

● 中国首个内陆保税港区、第一个"空港+水港"双功能保税港区——重庆两路寸滩保税港区正式挂牌。

2009年

3月12日 交通运输部印发《长江干线航道总体规划纲要》。

4月14日 国务院发布《关于推进上海加快发展现代服务业和先进制造业建设国际金融中心和国际航运中心的意见》，将形成以上海为中心、以江浙为两翼，以长江流域为腹地，与国内其他港口合理分工、紧密协作的国际航运枢纽港。

4月27日 中国首次对海面溢油进行卫星监视，填补了国内溢油监视领域相关技术的空白，使中国溢油监视技术达到国际先进水平。

5月25日 全长22.2公里，可供30万吨级空载船舶及20万吨级以下船舶通航，水深达25.3米的虾峙门口外航道整治工程通过竣工验收，标志着中国第一条30万吨级人工航道正式建成。

7月13日 大陆直航台湾本岛首艘客轮"新金桥Ⅱ"起航，这是两岸海上客滚直航福州马尾的首航，也是大陆直航台湾本岛的第一艘客轮。

9月9日 国务院颁布《防治船舶污染海洋环境管理条例》。

11月19日 中国远洋运输(集团)公司所属厦门远洋运输公司"中远之星"轮开通台湾海峡两岸首条定期客滚班轮航线。

● 国务院批准加入国际海事组织(IMO)《2000年有毒有害物质污染事故

防备、反应与合作议定书》。该议定书于2010年2月19日生效，同时适用于澳门特区，暂不适用于香港特区。

11月23日 财政部、交通运输部联合颁布《农村老旧渡船更新专项奖励资金管理办法》。

12月23日 中国首部全国性行业集体协议——《中国船员集体协议》首签仪式在京举行，标志着中国已建立海上劳动关系三方协调机制。

2010年

6月25日 国际海事组织(IMO)在菲律宾马尼拉召开修订《海员培训、发证和值班标准国际公约》(STCW公约)缔约国外交大会，经国务院批准，交通运输部组团与会。会议最终通过STCW公约2010年马尼拉修正案(简称马尼拉修正案)及19项大会决议，并决定每年6月25日为世界海员日。

7月22日 国务院批准加入《控制船舶有害防污系统国际公约》(《AFS公约》)，同时声明公约暂不适用于香港特区。

8月23日 内河船舶自动识别系统(AIS)岸台网络一期工程启动。该系统自北向南，由东向西，沿黑龙江、松花江、长江、京杭运河、淮河、珠江等内河主要水系设置4座AIS水系中心、13座AIS辖区中心、143座AIS岸台基站，覆盖中国四级以上内河高等级航道里程7900公里。

12月2日 中国第一支省级海上搜救志愿者队伍在天津市建立。

12月15日 《关于重大海上溢油应急处置牵头部门和职责分工的通知》(中央编办发〔2010〕203号)印发，明确建立国家重大海上溢油应急处置部际联席会议制度，由交通运输部牵头，具体工作由中国海上搜救中心承担。

2011年

1月8日 交通运输部和江苏省联合举办12.5米深水航道上延至太仓试通航启动仪式，标志着深水航道上延至太仓，长江航运江海直通取得重大突破。

1月10日 国务院印发《关于加快长江等内河水运发展的意见》，提出"利用10年左右的时间，建成畅通、高效、平安、绿色的现代化内河水运体系"的发展目标。

3月24日 国家内河高等级航道"十二五"建设正式启动，拉开全国内河航道建设序幕。

4月25日 财政部、交通运输部发布《港口建设费征收使用管理办法》，推行了25年的港口建设费由原来港口企业代收代缴转变为海事管理机构征收。

8月23日 国际海上人命救助联盟(IMRF)亚太交流中心在上海成立。

8月24日 "城市智能交通物联网应用示范工程"和"长三角地区内河航道网及京杭运河水系智能航运服务物联网应用示范工程"获准列入首批国家物联网应用示范工程。

9月29日 交通运输部与铁道部联合发布《关于加快铁水联运发展的指导意见》。

12月23日 上海港集装箱年吞吐量突破3000万标箱，创造全球港口集装箱年吞吐量最新纪录。

2011年 交通运输部出台《关于促进沿海港口健康持续发展的意见》。

2012年

6月26日 中国自主研发的世界上第一台盘管式水下导向攻泥器在上海打捞局外高桥浮筒基地竣工交接。

8月1日 国务院加强上海国际航运中心建设中最受关注的中国"启运港退税政策"，在中国沿海的青岛前湾港和内陆武汉阳逻港—上海洋山保税港区之间试行正式启动。

8月8日 亚洲最大、最先进、最安全、最豪华、装载能力最强的客滚船"渤海翠珠"轮首航。

8月28日 中国"十二五"期投资规模最大、技术最复杂的国家重点内河水运工程——长江南京以下12.5米深水航道一期工程开工。

10月15日 中国北海、东海和南海三大航海保障中心正式成立。

10月31日 中国救助功能最齐全、技术最先进的远洋救助船"东海救101"轮正式列编。

11月29日 运用中长期投融资手段，专为中国航运、造船企业以及在中国的境外船东提供融资、融智服务的国家开发银行船舶融资中心在大连正式成立。

2013年

2月28日 由"海巡21""海巡31""海巡166"三艘海巡船组成的中国海事巡航编队从三亚港启航赴南海水域执行巡航任务，这是中国海事局组建以来最大规模的南海巡航执法活动。

6月10日 中国海事旗舰"海巡01"起航出访澳大利亚和东盟三国，历时62天，这是中国海事公务船首次穿越赤道访问南半球国家，也是海事公务船首次跨洋出访多个国家。

8月1日 全国取消船舶证明签证费等6项行政事业性收费。

8月8日 中国远洋运输(集团)公司"永盛"轮"试水"北极东北航道首航仪式在大连港举行，这是中国商船首次尝试经由北极东北航道到达欧洲。

8月26日 交通运输部出台《关于促进航运业转型升级健康发展的若干意见》。

9月14日 长江中游荆江航道整治工程全面开工。

9月26日 全国首个水上LNG(液化天然气)加注站——"海港星01号"在南京市八卦洲投入试运行，标志着中国水上运输开始进入全新的"天然气时代"。

9月27日 交通运输部、上海市人民政府制定《关于落实〈中国(上海)自由贸易试验区总体方案〉加快推进上海国际航运中心建设的实施意见》。

11月19日 中国沿海首个北斗连续运行参考站(BD—CORS)系统——"北方海区3D高精度定位渤海湾示范系统"投入运行，这标志着中国海上定位系统首次进入了"厘米时代"。

2014年

1月12日 中国首次完成300米饱和潜水海底出潜探摸作业，实现最大巡回潜水深度313.5米，再创中国饱和潜水海上作业深度新纪录。

3月8日 马来西亚航空公司由吉隆坡飞往北京的波音777型客机MH370航班失去联系，机上有154名中国公民。交通运输部第一时间启动应急响应，协调开展海上搜救。

4月11日 中国履行《1978年海员培训、发证和值班标准国际公约》的工作得到了欧盟海事局的认可，为中国船员打开通向欧洲航运市场大门。

9月3日 国务院印发《关于促进海运业健康发展的若干意见》。

9月12日 国务院印发《关于依托黄金水道推动长江经济带发展的指导意见》，随《意见》一并印发了《长江经济带综合立体交通走廊规划(2014—2020年)》。

9月25日 《国务院关于依托黄金水道推动长江经济带发展的指导意见》发布，同步印发《长江经济带综合立体交通走廊规划(2014年—2020年)》。

11月21日 国际海事组织海上安全委员会审议通过对北斗卫星导航系统认可的航行安全通函，标志着北斗卫星导航系统正式成为全球无线电导航系统的组成部分，取得面向海事应用的国际合法地位。

12月12日 《内河运输船舶标准化管理规定》发布。

12月29日 交通运输部、国家发展改革委印发《关于放开港口竞争性服务收费有关问题的通知》。

2015年

1月4日 长江"水上导航系统"正式投入使用。

3月1日 《中华人民共和国航道法》施行。

4月10日 交通运输部印发《全国沿海邮轮港口布局规划方案》。

5月26日 《船舶能效规则港口国监督检查(PSC)导则》被东京备忘录国家认可。

6月1日 重庆东方轮船公司所属"东方之星"号客轮在湖北省荆州市监利县长江大马洲水道(长江中游航道里程300.8公里处)翻沉。交通运输部启动Ⅰ级应急响应，成立应对"东方之星"号客轮翻沉事件应急工作领导小组。

6月16日 交通运输部、财政部、国家发展改革委、工业和信息化部印发《关于延续老旧运输船舶和单壳油轮提前报废更新政策的通知》。

6月18日 中国船舶油污损害赔偿基金管理委员会在北京正式成立，标志着中国正式启动运作全新的船舶油污损害赔偿机制。

7月2日 由交通运输部会同环境保护部、工业和信息化部、安全监管总局制定的《内河禁运危险化学品目录(2015版)》(以下简称《禁运目录》)正式发布，并于8月25日起实施。

8月12日 位于天津市滨海新区天津港的瑞海国际物流有限公司危险品仓库发生火灾爆炸事故。此次事故造成165人遇难、8人失踪、798人受伤。

8月25日 财政部、国家发展改革委发布《关于取消有关水运涉企行政事业性收费项目的通知》，明确自10月1日起，取消船舶港务费等7项中央级设立的行政事业性收费。

8月29日 中国正式加入《2006海事劳工公约》。

9月12日 中国设计建造的最大集装箱船"郑和"号交付使用。该船装载量18000标箱，打破韩国造船厂在这一领域的垄断地位，标志着中国跨入世界超大型集装箱船开发、设计和建造的第一方阵。

10月9日 南海华阳灯塔和赤瓜灯塔竣工发光，这是中国开展南海民用导航助航设施建设的有益开端，有效填补该海域民用导航助航设施的空白。

10月29日 中国首部《北极航海地图集》正式出版发行。

12月2日 长江南京以下12.5米深水航道一期工程顺利通过竣工验收，标志着长江干线太仓至南通段12.5米深水航道进入正式运行阶段。

12月11日 国务院批准招商局集团与中国外运长航集团实施战略重组，中国外运长航集团以无偿划转方式整体并入招商局集团，成为其全资子企业。

2016年

1月14日 交通运输部、国家发展改革委联合印发《国家重大海上溢油应急能力建设规划(2015—2020年)》。

1月 习近平总书记在重庆召开推动长江经济带发展座谈会。同年9月，《长江经济带发展规划纲要》正式印发，成为推动长江经济带发展重大国家战略的纲领性文件。

2月18日 由中国远洋运输(集团)总公司、中国海运(集团)总公司两大航运央企合并而成的中国远洋海运集团有限公司在上海挂牌成立。整合后的中国远洋海运集团拥有总资产6100亿元人民币，员工11.8万人，运营规模将实现船队综合运力、干散货自有船队运力、油轮运力、杂货特种船队运力4个世界第一，在集装箱码头、集装箱吞吐量、全球船舶燃料销量、集装箱租赁规模、集装箱船队规模、海洋工程装备制造接单规模以及船舶代理业务等6个方面居于世界前列。

3月1日 交通运输部、国家发展改革委联合印发的《港口收费计费办法》开始实行。

3月15日 国务院印发《关于深化泛珠三角区域合作的指导意见》，围绕深化泛珠三角区域合作，提出利用10年左右时间，基本建成畅通、安全、绿色、高效的珠江黄金水道的总体发展目标。

4月1日 长三角水域率先实施船舶排放控制区，迈出中国船舶减排第一步。

4月5日 交通运输部在南海渚碧礁举行渚碧灯塔启用仪式；交通运输部海事局南海航海保障中心南沙航标处渚碧航标管理站正式投入使用。

4月8日 中国远洋海运集团收购希腊最大港口——比雷埃夫斯港股权。中远海运和希腊共和国发展基金签署股权转让协议和股东协议，中远海运以3.685亿欧元收购比雷埃夫斯港口管理局67%的股权。

4月27日 国务院发布《国务院关于同意设立舟山江海联运服务中心的批复》，原则同意设立舟山江海联运服务中心。12月19日，宁波-舟山港年货物吞吐量突破9亿吨，成为全球首个9亿吨大港。

4月 交通运输部出台《关于深化长江航运行政管理体制改革的意见》，对深入贯彻落实党中央、国务院关于依托黄金水道推动长江经济带发展的重大战略部署，促进交通运输在长江经济带发展中当好先行引领起到重要作用。

8月1日 中国首部航运中心建设地方性法规《上海市推进国际航运中心建设条例》正式实施。

9月2日 交通运输部发布《中国船员发展规划(2016—2020年)》。

9月9日 《水路旅客运输实名制管理规定》发布。

11月22日 中国籍国内航行海船在中国管辖水域内航行取消签证，实施船舶进出港报告制度。12月5日，交通运输部海事局对航行于长江、珠江、黑龙江、京杭运河的四级以上高等级航道内河船舶进出港施行电子签证。这意味着继国内航行海船进出港签证取消后，内河航行船舶进出港签证取消也进入了准备阶段。

11月28日 中共中央办公厅、国务院办公厅联合印发了《关于全面推行河长制的意见》，正式在全国范围内全面推行河长制。

12月24日 中俄界河黑龙江上首座跨境公路大桥——黑河—布拉戈维申斯克黑龙江(阿穆尔河)大桥项目正式开工。

12月29日 国务院新闻办公室首次发表《中国交通运输发展》白皮书。

2017年

3月8日 中国首艘具备深远海搜寻能力的海上专业救助船"南海救102"正式列编交通运输部南海救助局，这是中国第一艘同时具备空中、水面、水下综合搜寻能力的海上专业救助船，入列后的"南海救102"将被部署到中国南部海区，执行海上救助和值班待命任务。

5月10日 国家发展改革委和宁波市人民政府在北京举行海上丝路贸易指数发布会，正式对外发布和解读海上丝路贸易指数。

5月11日 亚洲首个全自动化码头——青岛港全自动化集装箱码头投入商业运营，开创了全自动化集装箱作业的新纪元。

5月25日 "新疆—连云港—新德里"首列公铁海联运班列在经过110小时的铁路运输后，抵达江苏连云港港集装箱码头。

8月22日 深中通道项目钢壳沉管隧道专题通过专家评审。

10月25日 国内船东投资并自主研发设计、建造营运的技术水平最先进、车位数最大的新型汽车运输船，各项技术与经济指标均处于国际领先地位的"安吉23"由烟台驶往墨西哥。此次是"安吉23"自2017年5月营运以来执行的首次国际航线运输任务。

11月3日 亚洲最大、最先进绞吸挖泥船"天鲲号"在南通启东振华重工码头顺利完成出坞靠泊作业，标志着中国疏浚装备研发建造能力已处于世界先进水平。

12月9日 斯里兰卡政府将正式把斯里兰卡南部的汉班托塔港的资产和经营管理权移交给中国招商局集团，汉班托塔港将被打造成南亚地区航运中心。

12月10日 上海洋山港四期自动化码头正式开港试运行，这也是全球最大的单体全自动化码头和全球综合自动化程度最高的码头。

12月27日 宁波-舟山港成为全球首个年货物吞吐量超10亿吨大港，连续9年位居世界第一。

● 十二届全国人大常委会第三十一次会议表决通过了《中华人民共和国船舶吨税法》，自2018年7月1日起施行。

12月28日 长江航道图APP上线试运行，为用户提供了更快捷、更直观的长江电子航道图服务。

2018年

1月1日 长江口深水航道大型邮轮与大型集装箱船超宽交会启动试运行。

1月6日 巴拿马籍油船"桑吉"轮与中国香港籍散货船"长峰水晶"轮在长江口以东约160海里处发生碰撞。事故导致"桑吉"轮燃爆起火沉没，9人死亡、29人失踪。事故发生后，交通运输部快速响应，认真落实习近平总书记等中央领导同志指示批示精神和国务院专题会议部署，成立应对"桑吉"轮碰撞燃爆事故处置工作专项小组，全力做好人员搜救、灭火作业、溢油监测、事故调查和残油清除等各项工作。

国际海事组织(IMO)秘书长林基泽1月17日致中驻英大使信函，对中国政府在极端恶劣天气和海况下开展的搜救行动表示赞赏，并对中方救援人员勇敢行为表示赞许。

1月15日 交通运输部发布《港口工程建设管理规定》。

1月19日 交通运输部办公厅印发《关于界定和激励公路水运工程建设领域守信典型企业有关事项的通知》，建立交通运输行业第一个信用"红名单"制度。

2月2日 交通运输部办公厅印发《关于全面推行直属海事系统权责清单制度的通知》，对8大项109小项权责事项实行清单管理。

3月1日 交通运输部办公厅印发《关于推进通关一体化改革提升海事港口服务效率的意见》。

3月12日 交通运输部发布《水运工程标准体系》。

3月13日 十三届全国人大一次会议举行第四次全体会议，听取了国务院关于国务院机构改革方案的说明。按照该方案，将农业部的渔船检验和监督管理职责划入交通运输部。

3月29日 交通运输部发布交通运输行业标准《中国港口代码》第1号修改单。

● 中国是国际海事组织(IMO)A类理事国中首批批准使用电子证书的缔约国。中国海事局于2018年3月29日授权中国船级社对中国籍国际航行船舶法定检验，2018年4月17日，中国船级社上海分社签发"新美洲"轮电子证书，这是中国海事局授权中国船级社签发的首份中国籍国际航行船舶电子证书。船舶电子证书等效于传统纸质证书，可以实现秒级传递，极大地提高了管理效能，是简政放权的具体举措。

是中国海事贯彻交通强国、海洋强国战略，积极推进交通科技创新和智慧海事建设的有力举措，中国作为国际海事组织(IMO)A类理事国中首批批准使用电子证书的缔约国，彰显了航运大国的责任担当。

4月3日 习近平总书记在庆祝海南建省办经济特区30周年大会上发表重要讲话强调，党中央决定支持海南全岛建设自由贸易试验区，支持海南逐步探索、稳步推进中国特色自由贸易港建设。2018年7月，《交通运输部贯彻落实〈中共中央 国务院关于支持海南全面深化改革开放的指导意见〉实施方案》印发，在支持海南在国际海运领域全面对外开放，完善南海救援保障体系、服务国家重大战略实施，指导海南港航管理机制创新、推进琼州海峡港航一体化发展等，从指导编制综合交通运输体系规划、加快自由贸易试验区和中国特色自由贸易港建设、健全南海海上救援保障机制体制等方面提出了26项具体的政策措施和工作任务。

4月10日 满载着2万多吨铁矿石的国内首艘江海直达船——"江海直达1"轮在安徽马鞍山马钢港务原料总厂码头启动卸货作业，首航任务顺利完成。

4月17日 中国籍国际航行船舶"新美洲"轮通过电邮收到了法定检验证书。这是交通运输部海事局授权中国船级社签发的首份中国籍国际航行船舶电子证书。

4月24日—26日 习近平总书记深入湖北宜昌市和荆州市、湖南岳阳市以及三峡坝区等地，调研长江生态保护和长江经济带发展，并主持召开深入推动长江经济带发展座谈会，强调要正确把握五个关系，坚持新发展理念，坚持共抓大保护、不搞大开发，以长江经济带发展推动经济高质量发展。2018年11月6日，习近平总书记在上海考察期间指出，经济强国必定是海洋强国、航运强国。

5月8日 长江南京以下12.5米深水航道全线贯通，黄金水道建设取得里程碑进展。自1998年起，历经艰难的建设，长江口航道水深从原本的7米增深到12.5米，通航保障率大幅提高。

5月17日 交通运输部发布《公路水运工程监理企业资质管理规定》。

6月12日 中国远洋海运集团超大型集装箱船"中远海运宇宙"轮交付。

● 交通运输部、国家发展改革委联合印发《关于进一步放开港口部分收费等有关事项的通知》(简称《通知》)。根据《通知》，6月20日起，放开沿海、长江干线主要港口及其他所有对外开放港口部分收费，实行市场调节，同时规范船舶护航和监护使用拖轮收费，进一步规范港口收费，促进港口行业高质量发展。

《通知》提出，放开驳船取送费和特殊平舱费，实行市场调节，纳入港口作业包干费计费范围，由提供服务的港口经营人与船方、货方或其代理人协商确定收费标准。港口经营人不得在港口作业包干费以外对驳船取送、特殊平舱作业单设项目收费。

● 交通运输部、国家发展改革委联合印发《关于进一步放开港口部分收费等有关事项的通知》。《通知》自2018年6月20日起执行，以前规定与本通知规定不符的按本通知规定执行。《交通部关于加强港口拖轮经营市场管理的通知》同时废止。

● 国内首艘河海直达集装箱船"汉唐上海"轮靠泊洋山深水港三期7泊位，这标志河海直达集装箱船正式投入运营，中国江海联运开启新征程。

"汉唐上海"是自2017年交通运输部发布《关于推进特定航线江海直达运输发展的意见》及相关建造规范和配套监管办法后建造的首艘河海直达集装箱船， 该轮载箱量为124标准箱，主要投运洋山深水港至苏州航线。该航次的始发港为苏高新港，途径京杭运河、芜申运河、黄浦江、长江口，最后经过海区到达洋山深水港。

7月27日 交通运输部南海救助局派遣专业海洋救助船"南海救115"轮从三亚解缆启航，进驻南沙群岛渚碧礁开始执行该区域海上救助和值班待命任务。这是南沙岛礁扩建后，中国民事专业救助力量首次进驻南沙。

7月31日 交通运输部发布《关于修改港口经营管理规定的决定》《船舶载运危险货物安全监督管理规定》。

8月1日 交通强国建设纲要起草组办公室印发《关于交通强国建设纲要起草组工作会议制度的通知》。

8月13日 交通运输部办公厅印发《深入推进长江经济带多式联运发展三年行动计划》。

8月27日 国家发展改革委办公厅、交通运输部办公厅、公安部办公厅联合印发《关于开展交通出行领域严重失信行为专项治理工作的通知》。

9月27日 交通运输部在新闻发布会上宣布，交通运输部和国家发展改革委等十部门联合制定印发《关于促进我国邮轮经济发展的若干意见》。《意见》明确了积极培育邮轮市场、拓展提升港口服务能力、加快推进邮轮建造及配套装备产业发展等未来9个方面主要任务，勾画了到2035年国内邮轮产业发展蓝图。2018年11月6日，中、美、意三国企业共同签约，宣布开建第一艘"中国制造"大型邮轮，首艘国产邮轮的建造为中国邮轮经济发展注入了强劲动力。

10月20日 交通运输部发布《关于修改〈中华人民共和国海事行政许可条件规定〉的决定》。《决定》自2018年12月1日起施行。

11月30日 交通运输部发布《船舶大气污染物排放控制区实施方案》。船舶大气污染排放控制区扩大至全国沿海。

11月 江海直达1140型集装箱示范船"汉海1号"轮从武汉新港阳逻港区二期驶出，首次执行武汉新港至上海港洋山港区江海直达运输任务。这艘长130米、宽23.9米、深11米的轮船，最大载重量达13600吨，成为长江中上游最大集装箱船。

民航行业大事记

1949年

3月5日 毛泽东等中共中央领导同志在西柏坡听取关于筹办航空的汇报。3月17日决定成立中央军委航空局。

9月29日 当日通过的《中国人民政治协商会议共同纲领》第三十六条中提出："有计划有步骤地建造各种交通工具和创办民用航空。"

11月2日 中共中央政治局会议决定，在人民革命军事委员会下设民用航空局，受空军司令部指导。

11月9日 刘敬宜、陈卓林率领"中国航空""中央航空"两公司在香港的全体员工宣布起义。当日，"两航"12架飞机飞抵北京和天津。

11月12日 毛泽东主席、周恩来总理分别致电、致函刘、陈二位总经理及"两航"全体员工表示欢迎和慰问，指出"这是一个有重大意义的爱国举动"。

12月5日 "中国航空""中央航空"两航空公司归民航局领导。12月间，政务院决定将起义后的两航空公司于1950年与民航局合并。

1950年

3月27日 中国和苏联政府在莫斯科签订《关于创办中苏民用航空股份公司的协定》。7月1日，成立中苏民用航空股份公司，并开辟北京至赤塔、伊尔库茨克、阿拉木图3条国际航线，这是新中国民航首次开辟国际航线。

8月1日 天津经汉口—广州，天津经汉口—重庆航线正式开辟。这是新中国民航国内航线的正式开航，史称"八一"开航。

8月5日 全国各地邮局开始收寄国内航空邮件。

11月1日 《中华人民共和国飞行基本规则》颁发。这是新中国颁布的第一部飞行基本规则。

● 军委民航局公布了《外国民用航空器飞行管理规则》。

1951年

12月5日 重庆—西昌航线正式开辟。这是新中国民航开辟的第一条地方航线。

1952年

2月1日 军委民航局颁布《民航飞行暂行规则(草案)》《航务规则制度(草案)》《飞行签派制度(草案)》《空中管制制度(草案)》和《机场开放关闭暂行条例(草案)》。

5月7日 中央军委、国务院作出《关于整编民航的决定》。将民航局改归空军建制，并将民用航空的行政管理和业务经营机构分开，改设民用航空局和民用航空公司。各地区管理分局自9月25日起撤销。

7月17日 中国人民航空公司在天津成立。

1953年

6月9日 民航局发布决定，撤销中国人民航空公司，在局内成立商务、机务、航行处。

1954年

10月12日 中国政府和苏联政府发表会谈公报，自1955年1月1日起，将中苏合营公司中的苏联股份全部移交中国。

11月10日 国务院通知，"中央人民政府人民革命军事委员会民用航空局"更名为"中国民用航空局"，直属国务院领导。

1955年

5月20日 民航执行印度尼西亚总理阿里访华的专机任务，这是第一次在国内执行外国首脑专机。

1955年 中国民航局在北京招收了16名女中学生，加上2名从部队转业的女战士，共18名，成为新中国民航的第一批正式的乘务员。称"十八姐妹"。

1956年

11月17日 民航局派出伊尔14型632号、626号飞机，执行周恩来总理访问越南、柬埔寨和缅甸三国的专机任务，这是中国民航首次执行国家领导人出国访问的专机任务。

1957年

1月26日 中国民航高级航校正式开学。

9月17日 使用伊尔-14型飞机648号机，从北京起飞经郑州、武汉、长沙至广州航线夜航试航成功。这是中国民航第一次长航线夜航。

1958年

2月27日 国务院通知，中国民用航空局划归交通部领导。3月19日，通知改为部属局。

7月18日 中国民航与北欧航空公司签订联运代理合同。

7月20日 中国正式加入1929年10月12日签订的《统一国际航空运输某些规则的公约》(简称《华沙条约》)。该公约自1958年10月18日起对中国生效。

10月1日 首都机场正式启用。

1959年

6月16日 民航局颁发《关于民航制服样式的制作办法的规定》。

9月18日 中国民航从苏联订购的第一架伊尔18型飞机到货。

1960年

2月20日 经教育部批准，交通部在北京成立民航学院。

11月7日 民航局通知各地区和省级管理局实行局站合一。

11月17日 中国民用航空局改称"交通部民用航空局"(对国外行文仍用原名)。

1961年

1月1日 民航局颁发实行分级核算制办法，实行按地区管理局完成的吨公里进行业务收入分配制度。

1月9日 民航局党委发出《关于

民航现有军籍空勤人员退出现役的指示》，原有军籍空勤人员一律退出现役。

1962年

4月13日 民航局名称改为“中国民用航空总局”，英文缩写为CAAC。

4月15日 中央决定将中国民用航空总局由交通部部属局改为国务院直属局。

1963年

5月20日 国务院批准中国民航开辟至东南亚、西亚、北非航线，同时增加开放上海虹桥机场以供国际通航。

10月13日 国务院批准广州白云机场扩建为国际航线机场。

1965年

3月10日 北京—成都—拉萨航线开航。

5月28日—6月10日 民航北京管理局伊尔18型208号飞机张瑞霭等机组完成试航西亚、非洲航线任务，并完成周恩来总理出访巴基斯坦、坦桑尼亚的专机任务，飞经16个国家和地区，是中国民航第一次飞行距离最远、持续飞行时间最长的专机飞行。

8月14日 民航总局印发试行《中国民用航空飞行条例》《中国民用航空工程机务条例》《中国民用航空通信导航工作条例》《中国民用航空运输业务工作条例》。

10月16日 国务院同意民航实行义务工役制。

1966年

3月23日—24日 民航局抽调19架飞机，执行河北邢台地震灾区的紧急空投和救灾任务。

1967年

1月26日 国务院、中央军委下达《关于民用航空系统由军队接管的命令》。

1968年

2月10日 民航总局下达《确保空中安全、把好客货关的通知》。

1969年

11月20日 国务院、中央军委批准并转发中共民航总局委员会《关于进一步改革民航体制和制度的报告》。决定把民航划归中国人民解放军建制，成为空军的组成部分，各项制度按军队的执行。

1970年

9月25日 民航总局党委作出《关于加强运输服务队伍建设的决定》。

1971年

11月19日 国际民用航空组织承认中华人民共和国的代表为中国唯一合法代表。

1972年

2月25日—29日 中国民航派出5架伊尔18型飞机，执行周恩来总理陪同美国尼克松总统访问杭州、上海等地的专机任务。

1973年

11月27日 国务院中央军委印发《关于外国飞机临时入出境和过境飞行的处理办法》。

1974年

1月1日 民航总局颁布《民航运输企业核算草案》，恢复“文革”中被取消的经济核算制。

9月20日 民航国际航线向中国人民保险公司投保航空险。

9月24日—10月15日 中国民航代表团出席在蒙特利尔举行的国际民用航空组织第21届大会。会上，中国当选为理事国。

9月29日 中国民航开辟北京经上海至大阪、东京国际航线。

11月29日 民航北京管理局使用波音—707型2418号飞机首航北京—卡拉奇至巴黎航线。中法航线是中国民航开辟通往西欧的第一条远程国际航线。

1974年 中国民航从东西两个方向环绕地球一周，同时试航纽约成功，随后开辟4条国际航线。

1975年

8月20日 中国正式加入1955年9月28日在海牙签订的《修改1929年10月20日华沙签订的统一国际航空运输某些规则的公约议定书》(简称《海牙议定书》)。

9月30日 国务院决定保留中国民用航空总局，由空军代管。

1976年

4月5日 国际民用航空组织第87届理事会第12次会议通过决议，敦促其他非政府性民用航空国际组织驱逐国民党代表。

1977年

2月17日 国务院、中央军委印发《关于保护机场净空的规定》。

4月21日 国务院、中央军委印发修订的《中华人民共和国飞行基本规则》。

9月 国际民用航空组织第二十二届大会通过汉语作为国际民用航空组织的工作语言。

1978年

3月31日 北京—卡拉奇—亚的斯亚贝巴国际航线正式开航。这是中国民航开辟通往非洲的第一条航线。

7月28日 民航上海售票处与国际旅行社上海分社旅游服务科签订代售国内客票协议。这是全国首家非民航单位出售国内机票的售票点。

8月25日 经国务院批准，同意民航开辟香港—广州航线和由香港至内地一些城市的定期或不定期航线。

11月14日 中国有保留地加入1963年9月14日在东京签订的《关于航空器内的犯罪和其他某些行为的公约》(简称《东京公约》)。该公约自1979年12月2日起对中国生效。

12月8日 民航总局下发《关于改革民航运输企业核算体制的通知》。

1979年

9月13日 中国民航开辟北京—上海—长崎航线。日本航空公司于9月11日开辟东京—长崎—上海航线。

9月18日 民航总局发布《关于收

取机场费的通知》。《通知》规定自1980年1月1日起，对每一从北京、上海、广州出境的国际旅客(含乘坐中外民航班机的中外旅客及持免票、折扣票的旅客)在出境点收取机场费人民币10元，但对外交官或过境旅客或12岁以下儿童免收。同时，要求机场增加服务项目。

1980年

2月27日 中国民航从美国订购的波音-747SP型飞机第一架到货，4月1日起正式加入航班飞行。

3月5日 民航总局根据国务院、中央军委《关于民航总局不再由空军代管的通知》，改为国务院直属局。

5月3日 由民航北京管理局与香港中国航空食品有限公司合资经营的北京航空食品公司正式成立。这是中国政府自1978年实行对外开放政策后批准的第一个中外合资企业。

5月17日 国务院、中央军委《关于民航管理体制若干问题的决定》：民航总局是国家管理民航事业的行政机构，统一管理全国民航的机构、人员和业务，逐步实现企业化管理。

9月10日 中国正式加入1970年12月16日在海牙签订的《关于制止劫持航空器的公约》(简称《海牙公约》)和1971年9月23日在蒙特利尔签订的《关于制止危害民用航空安全的非法行为的公约》(简称《蒙特利尔公约》)。两公约自1980年10月10日起对中国生效。

9月17日 中国政府和美国政府在华盛顿签署《民用航空运输协定》。

9月23日 中国民航租机谈判小组与美国汉诺威公司就采用投资减税杠杆租赁方式签订中国民航引进的波音-747 SP型飞机租赁协议书，开创中国民航业利用外资融资租赁飞机的历程。

10月11日 国务院批准空军(民航)第十四航校更名为“中国民用航空飞行学校”，由民航总局直接领导。

10月13日 国家计委批准成立中国航空器材公司。

1981年

1月7日 中国民航开辟北京—上海—旧金山—纽约国际航线。

3月 国务院批准民航飞行专科学校从本年起参加全国统一招生。

4月1日 根据公安部公告，从即日起，在中国境内各民用机场，对乘坐国际航班飞机的中外旅客及携带的行李物品，由安全检查机构实行安全检查。

7月9日 国务院同意民航总局组建民航系统公安机构。

8月10日 中国民用航空专科学校改为“中国民用航空学院”。

10月9日 国家紧急处置劫机领导小组成立。

1982年

6月11日 国务院常务会议决定，为了使机构名称规范化，同意去掉民航总局中的“总”字，称“中国民用航空局”。8月23日，全国五届人大常委会第24次全会审议通过。

6月27日 中国民航利用科威特阿拉伯基金委员会贷款修建厦门高崎机场协议书在厦门签字，中国民航开始利用外资修建机场。

12月1日 国务院发布《关于保障民用航空安全的通告》。通告就保障民用航空的安全，防止劫机、破坏民航飞机和破坏民用航空事件的发生，作了七条具体规定。

12月3日 中国海洋直升机服务公司在深圳成立。

1983年

2月25日 国家经济贸易委员会批准组建中国海洋直升机专业公司。

5月8日 国务院发布《关于加强防止劫机的安全保卫工作的命令》。此后，中国民航各机场建立旅客隔离区和安全检查站。

1984年

1月24日 国产运-7型客机由西安飞机制造公司交付中国民航使用。运-7的出现，结束了中国民航全部使用外国飞机的历史。

3月2日 民航局和福建省人民政府批准成立厦门航空有限公司，这是中国第一家股份制航空公司。

8月29日 中国民航干部学校改为“中国民航管理干部学院”。

9月1日 中国民航局、国家物价局、国家旅游局、国务院侨务办公室联合发出《关于国内航线实行一种运价的通知》。

10月9日 中央财经领导小组召开会议决定：民航管理体制按政企分开原则进行改革；同意中国民航向中国银行贷款购买或向国外租赁所需飞机，并拨给民航相应外汇额度；“七五”和“八五”期间民航得到的外汇收入和利润由国家和民航按“一九”分成；调动地方修建机场的积极性并逐步下放机场管理权；在调查研究后提出改革空管体制方案，经批准后改革中国空管体制。

1985年

1月7日 国务院批转中国民航局《关于民航系统管理体制改革的报告》，现行民航管理体制要按“政企分开、简政放权”的原则进行改革。将中国民航局、地区管理局、省(区、市)局、航空站四级管理改为中国民航局和地区管理局两级管理，组建6个国家骨干航空公司，并将机场和航务管理分开。

2月12日 民航西藏自治区管理局成立。

6月13日 中国民航局组建中国联合航空公司。12月25日，中国联合航空公司在北京成立。

6月20日 中国民航第一批飞行员赴美接受波音喷气客机改装训练。

7月11日 国务院办公厅、中央军委办公厅颁发《关于建设机场和合用机场审批程序的若干规定》。

11月2日 中国民航局对乘务员定员作出规定。

12月10日 中国民航局为航空工业部哈尔滨飞机制造公司生产的运-12型飞机颁发型号合格证。运-12飞机取得了中国民航局颁发的第一个民用飞机型号合格证。

1986年

1月6日 民航局、财政部颁发《民用机场收费标准暂行规定》。

1月8日 国务院发布《通用航空管理暂行规定》。

1月30日 国务院、中央军委决定设立国家空中交通管制局，负责全国空中交通管制工作。

4月6日 国务院发布《民用机场管理暂行规定》。

4月29日 国产运-7型飞机载客首航典礼在安徽合肥机场举行。

12月24日 中国民航局向哈尔滨飞机厂颁发运-12Ⅱ型飞机生产许可证，这是中国第一个按适航证要求取得生产许可证的民用飞机。

1987年

1月30日 国务院批准中国民航局《关于民航管理体制改革方案和实施步骤的报告》。

3月26日 国务院批准撤销空警建制，由民航组建航空安全员队伍。

4月27日 中国民航局颁发《国际航空运输销售代理人管理暂行规定》。

5月4日 国务院颁布《中华人民共和国航空器适航管理条例》，自1987年6月1日起施行。

7月27日 中国民航局为西安飞机制造公司颁发"运-7飞机生产许可证"。

7月31日 中美合作制造的第一架MD-82型客机交付中国民航沈阳管理局。

10月6日 民航工业航空服务公司成功利用双水獭飞机试航塔克拉玛干沙漠钢板跑道，为沙漠石油钻井工人提供服务和运送急需物资。

12月21日 国务院办公厅批复中国民航局和福建省人民政府《关于改变厦门国际机场管理体制的请示》，同意该机场下放给厦门市人民政府管理。

12月30日 国家空中交通管制局撤销。

1988年

6月25日 民航上海管理局实行政企分开，分别成立民航华东管理局、中国东方航空公司和上海虹桥国际机场。

7月1日 民航北京管理局实行政企分开，分别成立民航华北管理局、中国国际航空公司和北京首都国际机场。

10月22日 中国民航厦门航站作为机场管理体制改革试点下放地方政府管理。

11月15日 国家机构编制委员会印发《中国民用航空局"三定"方案》的通知。

1989年

2月20日 国务院发布《国内航空运输旅客身体损害赔偿暂行规定》，自5月1日起实施。

3月2日 国务院颁发《民用航空运输不定期飞行管理暂行规定》。

3月20日 中国民航局和中国人民保险公司决定在全国范围内开办航空运输人身意外伤害保险业务。

5月26日 中国民用航空飞行校验中心正式成立。

8月1日 北京飞机维修工程有限公司(Ameco)成立。

8月13日 中国民航工业航空服务公司改为"中国通用航空公司"。

10月28日 中国民航建立的计算机旅客订座系统正式启用。

12月6日 中国民航西北管理局、西北航空公司和西安西关机场正式成立。

1990年

2月27日—3月2日 中国民航局在北京与英国民航局进行地区航线谈判，签署了会谈纪要，取得了中国3家企业在内地8个点至香港地区航线飞定期航班的权利。

3月16日 中国民航局发出《关于在北京进近和上海—广州航路进行雷达管制试点的通知》，12月1日在北京实行雷达监控试点。

4月1日 中国各大航空公司及未实行政企分开的地区管理局在业务活动中使用由国际航协分配的航空公司两字代号和三字运输凭证数字代码。

4月19日 第11届亚洲运动会组委会飞行指挥部在北京成立。中国民航飞机承担此届亚洲运动会的火种运送任务。中国民航亚运会航空运输保障：6月21日—10月6日，中国国际航空公司、通用航空公司派出直升机3架、运-5型飞机2架为亚运会提供服务，共飞行170架次、122小时。

7月3日 国务院批准民航局《关于加强中国大陆和台湾间直达航空运输统一管理的意见》。

7月 中国通用航空公司3架里-2型飞机退役，至此，为民航服役40年的里-2型飞机全部退役。

10月10日 中国民航局转发《国务院、中央军委空中交通管制委员会关于向国际开放两条过境航路问题的通知》，即香港经武汉、北京、二连至苏联，平壤经开源至苏联航路，1991年1月13日20时正式对外航开放。

11月1日 国务院口岸办、海关总署、中国民航局联合发文，同意国际航班国内段可载运外国旅客、华侨、港澳台胞。

1991年

2月1日 中国南方航空公司成立。

4月1日 中国北方航空公司成立。

7月27日 中国国际航空公司、首都国际机场、东方航空公司等17家民航直属企业，分别同中国民航局签订承包经营责任书。民航直属企业全民所有制企业全面实行承包经营责任制。

8月24日 深圳机场候机楼通过国家验收。这是中国第一座中外企业合资修建的候机楼。

10月11日 中国航空结算中心成立。

1992年

3月1日 中国民航局、财政部、国家物价局联合颁发《关于征收民航机场管理建设费的通知》。

6月16日 民航东北管理局、沈阳桃仙机场、民航东北管理局航务管理中心正式成立。

6月17日 新疆通用航空公司成立。

7月18日 新疆航空公司从乌兹别

克斯坦航空公司“湿租”的两架客机抵达乌鲁木齐机场，这是中国首例以“湿租”方式引进飞机。

7月28日 中国云南航空公司成立。

8月12日 第一家中外合资航空油料企业——深圳承远航空油料有限公司正式运营。

9月2日 长城航空公司成立。

9月6日 邮电部租用包机开辟的大连经南京至广州航空邮路投入运营。

9月19日 民航青海省管理局和中国南方航空海南公司成立。

10月11日 中国航空公司（香港）有限公司注册成立。

11月25日 深圳航空公司成立。

12月20日 民航广州管理局实施体制改革，民航中南管理局、广州白云国际机场正式成立。

12月25日 经国务院批准，以中国东方航空公司为核心企业组建中国东方航空集团。

12月26日 国家计委、国家体改委、国务院经贸办批准组建中国国际航空集团和中国南方航空集团。

1993年

1月1日 经国务院批准，中国民航局向国内航空运输企业的国际、国内航线运输收入按比例征收民航基础设施建设基金。

1月8日 海南航空公司注册成立。

1月22日 中国民航局发布《湿租外国航空器从事商业运输暂行规定》。

3月3日 国务院经济贸易办公室同意赋予中国国际航空集团、中国南方航空集团进出口经营权。

4月7日—24日、5月6日—18日 中国民航局参加国家空中交通管制考察团，对美国、澳大利亚、俄罗斯进行考察。9月8日，国务院、中央军委转发了该团的考察报告和分三步实现中国空管体制改革的意见。

4月19日 中国民用航空局改称中国民用航空总局。

5月2日 海南航空公司正式投入运营，是中国第一家直接接收外资的公司。

5月4日 中国国际航空公司在由北京飞往广州的2448号客机上，首次使用机载卫星电话。

6月6日 中国新华航空公司在北京成立，基地设在天津张贵庄机场。

7月29日 中国民用航空总局发布《定期国际航空运输管理规定》。

7月30日 民航飞行学院所属1、2、3、4分院分别更名为中国民用航空飞行学院新津、广汉、洛阳、绵阳分院。

8月12日 民航总局批准中国南方航空公司和北京航空航天大学联合组建飞行学院。

10月6日 中国东方航空集团在上海成立。

10月10日 中国南方航空集团在广州成立。

10月15日 中国实施新的高度层配备，6000米以上的飞行垂直间隔由1000米减为600米。

10月16日 国家技术监督局批准发布《民用航空器飞行事故等级》标准。

12月10日 中国国际航空集团在北京成立。

12月20日 国务院决定，中国民用航空总局的机构规格由副部级调整为正部级。

12月30日 民航总局通知，从1994年1月1日起，与人民币汇率并轨同幅度调整国内航线公布票价。

1993年 颁布《旅客意外伤害强制保险条例》。

1994年

1月1日 中国民航航空结算中心代表国内各航空公司加入国际航空协会清算所，实现中国民航财务清算与国际民航接轨。

1月26日 运-8型（货运）飞机取得型号合格证。与其配套的涡桨-6型发动机和J-17GB型螺旋桨也取得型号合格证。

3月10日 民航快递中心成立。

3月12日 山东航空公司成立。

6月15日 运-7H500型飞机获中国民航型号合格证。

7月3日 运-12型飞机获民航总局颁发的型号合格证。

10月16日 西藏昌都邦达机场竣工，机场标高4334米，为世界上海拔最高的机场。

12月1日 中国航空器材波音北京零备件中心正式成立。

12月26日 民航总局与上海市人民政府签订交接议定书，将上海虹桥国际机场现有各单位的人员和财产全部移交给上海市人民政府管理。

12月31日 国家体改委批准设立中国南方航空股份有限公司和中国东方航空股份有限公司。

1995年

3月26日 中国运-12IV型号飞机获美国联邦民航局型号合格证。这是中国制造的民用飞机首次获美国联邦民航局适航证。

9月1日 首都机场36R仪表着陆系统开始使用，成为中国首先使用Ⅱ类仪表着陆进近的机场。

10月30日 第八届全国人大常务委员会第十六次会议通过《中华人民共和国民用航空法》，自1996年3月1日起施行。

1996年

1月31日 民航总局党委作出《关于发展通用航空若干问题的决定》。

3月1日 中国国际、东方、南方航空公司与台湾中华航空公司联运协议生效，开始互相接受航空运输凭证，内地经香港至台湾实现一票到底。

3月18日 国家技术监督局发布《公共航空运输服务质量标准》（GB/T16177-1996），自9月1日起施行。这是中国运输行业第一部服务质量国家标准。

11月25日 中国邮政航空公司成立。

1996年 中国东方航空公司招收日本籍空姐。首开中国民航聘用外籍乘务员的先例。

1997年

2月4日 中国东方航空股份有限

公司股票在美国纽约交易所上市。

6月25日 国务院决定，中国政府加入《关于国际民用航空公约第56条的议定书》等五项关于修改《国际民航公约》的议定书。国际民航组织通知自7月23日起生效。

6月29日—7月2日 中国民航圆满完成中国政府代表团出席香港政权交接仪式暨香港特别行政区政府成立庆典活动的专机任务。这是中国民航历史上规模最大的专机飞行。

10月26日 民航总局向陕西飞机制造公司颁发Y8F 200型飞机TC003A型号合格证。

12月30日 北京终端管理区开始实施雷达管制。

1998年

1月5日 民航总局批准东方航空集团公司对中国通用航空公司实行兼并。

3月10日 贵州航空股份有限公司成立。

3月29日 国务院关于机构设置通知，国务院机构设置“中国民用航空总局”。

4月1日 京沪、沪穗两条航路正式开始实施雷达监控，飞行间隔由150公里缩小到75公里。

4月29日 民航总局向西安飞机工业公司颁发Y7-200A飞机VTC009A型号合格证。

5月28日 上海机场(集团)有限公司正式成立。

8月18日 中国第一家专业航空货运公司——中国航空货运有限公司在上海成立。

9月28日—10月1日 国际民航组织举行关于《国际民航公约》中文正式文本的外交会议，通过了《关于国际民用航空公约(1944年，芝加哥)6种语言正式文本的协议书》，规定中文为公约的正式文本。

11月4日 第九届全国人民代表大会常务委员会第五次会议决定：批准《制止在用于国际民用航空的机场发生的非法暴力行为以补充1971年9月23日订于蒙特利尔的制止危害民用航空安全的非法行为的公约的议定书》，同时声明：中国在加入《制止危害民用航空安全的非法行为的公约》时对该公约第14条第1款所作的保留同样适用于该议定书。

1999年

1月25日 国家计委、民航总局印发《关于加强民航国内航线票价管理制止低价竞销行为的通知》。

4月15日 民航总局同意台湾“中华航空公司”、长荣航空公司在北京设立办事处。

5月9日—11日 中国国际航空公司刘晋平机组出色完成赴南斯拉夫首都贝尔格莱德接回中国驻南斯拉夫大使馆人员的专机任务。

5月10日—28日 国际民航组织在蒙特利尔召开航空法大会，制订审议和通过新的《统一国际民航运输某些规则的公约》(《蒙特利尔公约》，又称《新华沙条约》)。经国务院批准和授权，由民航总局、外交部及香港特别行政区政府代表组成的中国政府代表团出席大会，并签署大会的最后文件和公约。

9月16日 上海浦东国际机场通航。

11月1日 首都国际机场新航站楼正式启用。

12月19日—20日 中国国际航空公司机组圆满完成澳门回归的专机保障任务。

2000年

1月5日 广州空中交通管制区域实施雷达管制指挥。这是中国民航首次在一个大的飞行区域范围内进行雷达管制，飞行间隔缩小到20千米。同日，经修改的《中国民用航空空中交通管理规则》开始施行。

3月21日 中国民用航空学院空中交通管理学院成立。

4月1日 即日起，国内25家航空公司在108条多家共飞航线上实现联营，以避免各航空公司间的恶性竞争，促进全行业的健康发展。

4月3日 民航总局发布《民航运输机场应急救援规则》(CCAR-139-II)，自发布之日起施行。

6月24日 中国第一条欧亚新航行系统航路L888试飞成功。

7月24日 《中华人民共和国飞行基本规则》由中华人民共和国国务院总理和中央军事委员会主席签署命令发布，自2001年8月1日零时起施行。

7月31日 中信海洋直升机股份有限公司在深圳证券交易所上市。成为中国通用航空企业第一家上市公司。

8月18日 中国航空油料股份有限公司成立。

10月18日 中国民航信息网络股份有限公司成立。

2001年

1月1日 即日起，全国3765家航空运输销售代理企业使用自动打票机销售BSP中性机票。手写机票在中国成为历史。

1月15日 自即日起，北京空中交通管制区实施雷达管制指挥。

1月16日 首都国际机场与天津滨海国际机场联合组建机场集团，这是中国民航首次跨越区域的机场合并。

3月25日 中国东方航空公司商务旅客推出“东航快线”服务，成为中国首家在同一航线推出公交化航班的航空公司。

3月26日 中国东方航空公司正式开通北京直飞巴黎的航线，改变了国内航班北京飞巴黎需经上海转乘的历史。

3月28日 国务院第97次总理办公会议讨论民航总局《关于深化民航体制改革总体框架及直属航空运输企业重组方案》，原则同意按该方案实施改革，民航直属航空运输和服务保障企业改革重组工作正式启动。

4月16日 中国首次颁发民用直升机型号合格证。

4月17日 山东航空公司、上海航空公司、深圳航空公司、四川航空公司、武汉航空公司、中国邮政航空公司签署

《组建中国中天航空企业集团协议书》。

6月30日 中国第一条雷达管制航路——北京—广州航路（京广航路）正式开通。

6月 中国西南航空公司招收中国民航史上首批藏族大学生飞行学员。

8月28日 中国第一个空港国际物流区在天津滨海国际机场举行奠基仪式，标志着中国航空港国际物流的发展步入了一个全新的阶段。

9月25日 美国"9·11"恐怖袭击发生后，国际航空险承保人向投保人发出通知，增加附加保费，降低赔偿限额，致使该限额无法满足航空公司的正常飞行需要。为此，中国政府决定出资援助国内航空公司。

11月22日 北京首都国际机场通过世界卫生组织验收，成为亚洲第二家通过世界卫生组织确认的国际卫生机场。

11月28日 民航总局根据中央关于深化民航改革的精神，对民航云南省局进行分立重组，新的民航云南省局、云南航空公司和民航昆明空管中心正式成立。

2002年

1月1日 北京时间零时起，各民用航空机场正式启用修改后的《国际航空气象电码》。

1月8日 全国民航空管机构全部挂牌成立。

2月3日 山东航空公司彩虹公务机有限公司正式成立。

2月7日 国务院批准中国民航总局组建空中人民警察队伍。

3月3日 国务院《关于印发民航体制改革方案的通知》同意国家计委会同有关部门和单位研究提出的《民航体制改革方案》。

3月12日 中国民航首度使用白皮书。

● 山东航空集团公司正式成立。

3月15日 24家航空公司组成旅客维权网以保护航空旅客的合法权益。

3月16日 西安飞机公司（集团）有限责任公司、武汉航空公司与深圳金融租赁公司签订购买及租赁3架新舟60飞机合同和5架意向协议，这是中国首次通过租赁方式销售国产飞机。

6月1日 民航总局、外贸部联名发布《外商投资民航业的政策规定》。

6月21日 由民航总局、外经贸部、国家计委以民航总局第110号令公布《外商投资民用航空业规定》，自8月1日起施行。

7月11日 哈尔滨飞机公司的H4110A直升机获得民航总局颁发型号合格证。

7月12日 中国首支武警反劫机中队在上海成立。

7月 中国第一台行李自动处理系统在贵阳龙洞堡机场投入试运行。

8月1日 中国军航、民航开始开始实施统一的《飞行间隔规定》。

8月7日 民航总局与上海市政府共同决定：将虹桥机场定位为国内机场，保留部分国际机场备降功能，浦东机场定为国际机场，并自2002年10月28日开始实施。

8月29日 四川航空股份有限公司成立。同时，四川航空集团公司成立。

10月1日 中国民用航空总局与中国环保总局联合发布并正式实施《环境影响评价技术导则——民用机场建设工程》，这是民航总局首次发布关于机场建设工程中环境保护方面的标准。

10月11日 中国航空集团公司、中国东方航空集团公司、中国南方航空集团公司三大航空运输集团和中国民航信息集团公司、中国航空油料集团公司、中国航空器材进出口集团公司三大航空服务保障集团在北京成立，标志着中国民航企业联合重组和行政管理体制改革进入新阶段。

11月1日 国务院印发取消第一批行政审批项目的决定，其中民航总局取消的第一批行政审批项目共64项。

11月4日 民航总局发出《关于国内航线联营问题的通知》，决定取消国内航线联营。

11月20日 民航总局全面启动民航省（区、市）行政管理和机场管理体制改革试点工作。

2003年

1月10日 《通用航空飞行管制条例》发布，该条例自2003年5月1日施行，这是中国民航首次颁布此类条例。

1月14日 民航总局下发《关于恢复民航地区管理局通用航空企业审批权限的通知》（民航运发〔2003〕9号），从4月开始恢复民航地区管理局乙、丙类通用航空企业审批等权限，并增加有关职责。

1月26日 执行台商春节包机首航任务的台湾"中华航空公司"的波音747—400大型客机降落在上海浦东机场，成为53年来首架降落祖国大陆的台湾民航客机。

4月8日 民航总局成立非典型肺炎预防控制工作领导小组。全面布置了民航系统防控非典型肺炎工作。

4月15日 民航总局、公安部、人事部、财政部联合下发《中国民航空中警察组建方案》。6月17日，组建工作全面启动。

6月30日 民航总局印发《关于实施民航振兴计划的通知》。

8月30日 民航总局和公安部联合印发《民用机场公安机构改革方案》，确定除首都机场集团公司所属机场（含首都国际机场、天津滨海国际机场）、西藏自治区内机场及中国民航飞行学院所属机场的公安机构外，机场公安机构和民航省（区、市）局公安处随同机场下放，一并移交地方人民政府管理。

12月12日 中国国际货运航空有限公司在北京挂牌。

2004年

4月7日 中国民航总局和香港特别行政区民航处在北京签署《航空器事故调查和搜寻救援合作安排》。

4月20日 《民航国内航空运输价格改革方案》正式生效。

7月7日 奥凯航空有限公司正式成立。

7月24日 中国与美国两国政府《民航运输协定》在北京签订。同时，中美两国的航空部门正式签署为期6年的《中美扩展航空服务协议》。

9月1日 中国BSP国内电子客票正式实施。

10月2日 在国际民用航空组织第35届大会上，中国以150票的高票数首次当选为该组织一类理事国。

11月8日 中国石油、中国石化、中国航油联合设立中国航空油料有限责任公司。

11月17日 民航总局和澳门特别行政区民航局两地航空运输备忘录在澳门签订。

2005年

1月24日 民航总局、商务部和国家发改委共同发布民航总局第139号令《〈外商投资民用航空业规定〉的补充规定》(CCAR-201LR-R2)，自2月24日起施行。

1月29日—2月20日 祖国大陆民航飞机与台湾民航飞机首次双向对飞。

2月28日 第十届全国人民代表大会第十四次常务委员会批准《统一国际航空运输某些规则的公约》(《1999年蒙特利尔公约》)，公约于7月31日对中国生效。

3月15日 通过考试的5名藏族飞行学员被国航西南分公司正式接收为飞行员，这是国内航空公司接收的首批藏族本科飞行员。

4月15日 杭州萧山国际机场有限公司与香港机场管理局签署合资协议，杭州萧山国际机场成为中国内地首个整体合资的民用机场。

5月18日 中国民航华东地区管理局向美国西北航空公司颁发《CCAR129部运行规范》。

7月1日 自即日起，海关实行旅客申报制度改革，要求从空港进出境的旅客一律填写《中华人民共和国海关进出境旅客行李物品申报单》，向海关申报。

7月29日 民航总局批准设立中国联合航空有限公司。

7月31日 《统一国际航空运输某些规则的公约》(简称《蒙特利尔公约》)对中华人民共和国生效。

2006年

1月16日 《中国民用航空国内航线经营许可规定》发布，自2006年3月20日起施行。

2月28日 民航总局发布《国内航空运输承运人赔偿责任限额规定》，自3月28日起正式施行。

3月21日 民航总局印发《关于深化民航改革的指导意见》。

3月28日 陕西省机场管理集团公司和青海省民用机场有限公司联合重组协议签字仪式在西宁举行。7月24日，陕西省机场管理集团公司更名为陕西机场管理集团公司，其下辖西安、银川、榆林、延安、汉中、安康、西宁、格尔木8个机场。

5月24日 中国民航安全学院在北京正式成立。

5月30日 教育部批准同意中国民用航空学院更名为中国民航大学，8月26日揭牌。

6月1日 全国试行由国家税务总局统一监制的航空运输电子客票行程单作为旅客购买电子客票的付款、报销凭证。

12月10日 中国国际航空公司CA907航班从北京起飞，经停西班牙首都马德里至巴西圣保罗，这是中国与南美之间开辟的第一条空中航线。

2007年

5月29日 中国南方航空公司宣布首次招收自费飞行学员，这是对航空公司传统的招飞模式的变革。

6月12日 北京首都机场集团公司与香港机场管理局签署《3号航站楼接收项目合作备忘录》，标志着京港机场合作正式展开。

8月6日 由中国国际航空、中国东方航空、上海航空、中国南方航空、海南航空5家航空公司共同实施的“京沪空中快线”开飞。这是中国推出的首条“空中巴士”航线。

8月7日 民航总局印发《民航航班时刻管理暂行办法》。

9月18日 国际民航组织第32次缩小垂直间隔工作组会议在北京召开，会议决定同意中国民航于当年11月22日实施缩小垂直间隔。

9月22日 在加拿大蒙特利尔举行的国际民航组织第36届大会上，中国以历史上最高票连任国际民航组织一类理事国。

11月15日 中国南方航空公司正式加入天合联盟，成为中国内地首家加入国际航空联盟的航空公司。

12月28日 民航总局、国家发展改革委联合印发《民用机场收费改革方案》和《民用机场收费改革实施方案》，两方案于2008年3月1日起施行。

2008年

1月27日 《全国民用机场布局规划》获得国务院批准。

2月8日 民航总局印发《关于加强国家航空运输体系建设的若干意见》，对国家航空运输体系建设目标、原则、具体措施等进行了明确的规定。

3月11日 全国人大审议通过《国务院机构改革方案》，组建国家民航局，由交通运输部管理。

4月7日 自即日起，禁止旅客随身携带打火机、火柴乘坐民航飞机。

5月—7月 中国民航在四川汶川特大地震抗震救灾中，从5月12日—31日协调安排专门包机255班；运送人员21993人；运送物资5505吨。国际救援物资方面，截至7月1日，批复17个国家和组织的26家外国航空公司货运包机65班，承运救援物资492吨；批复国内公司国际包机16班，承运救灾物资1405吨；协调国内航空公司转运24个国家的救灾物资(这些物资主要通过68个国际航班运抵中国)由北京、上海及广州等地及时转运到成都，共约705吨。

8月—9月 在北京召开奥运会和残奥会期间，中国民航共保障涉奥飞行9278架次，保障人员抵离131629人；保障国际贵宾1395批，共计9286人，包括总统、总理等100余位注册国际贵宾。在13天内保障火炬包机飞越48个国家和地区，降落25个境外城市、53个境内城市，飞行了59个航段，保障了运行团队境内转场33个航班。为残奥会火炬传递保障火炬团队转场13个航班。奥运会和残奥会火炬传递航空运输总里程达25万公里。

10月7日 中国首家以大型客机和支线飞机为主要服务内容的上海飞机客户服务有限公司成立。

12月15日 海峡两岸空中双向直达航路正式开通。

2009年

3月2日 国务院办公厅下发《关于印发中国民用航空局重要职责、内设机构和人员编制规定的通知》，根据《关于部委管理的国家局设置的通知》，设立中国民用航空局(副部级)，为交通运输部管理的国家局。

3月18日 中国南方航空公司空客330-343/B6098号客机成功完成拉萨RNP运行验证试飞，标志着中国民航在全世界首次获得宽体机RNP运行能力。

3月26日 民航局与国际民航组织签订协议，成立亚太地区PBN飞行程序办公室。

4月13日 国务院发布《民用机场管理条例》，于2009年7月1日起正式施行。

4月26日 海峡两岸关系协会与台湾海峡交流基金会在南京签署《海峡两岸空运补充协议》。

4月30日 中国民航局运输司颁发《残疾人航空运输办法(试行)》。

5月18日 首架由空中客车(天津)总装有限公司完成总装的空客320飞机在天津滨海机场成功完成测试飞行。

6月30日 中国民航局和河南省人民政府签订《关于促进河南省民航发展的会谈纪要》。

8月18日 中国国际货运航空公司装载着海协会调集的40多吨救灾物资从北京首都国际机场起飞到台湾高雄国际机场，这是祖国大陆第一次通过货运包机空运救灾物资到台湾。

11月5日 中国民航局获国际飞行安全基金会颁发的全球唯一的世界民航安全杰出贡献奖。

12月23日 民航局印发《关于加快通用航空发展有关措施的通知》。

2010年

1月22日 成都航空挂牌成立。成都航空是由中国商飞飞机有限责任公司、四川航空、成都交通投资集团三方对鹰联航空进行重组。成都航空的成立开创了国内中央企业、省属企业、市属企业共谋发展投资建企的先河。

1月28日 广州空港保税物流中心正式开关运作，该中心是中国第一个由航空公司主要投资的保税物流中心。

2月5日 重庆机场联手成都铁路局，在机场候机楼设立火车票售票处，在全国率先以该方式实现“空铁联运”。

2月25日 民航局印发《建设民航强国的战略构想》，从六个方面对民航强国建设进行阐述。

4月8日 中国南方航空公司在广州—哈尔滨的CZ3623航班上试运行货运电子舱单，成为中国首家实现电子货运的航空公司。

4月29日 中国民航货运“电子货单”测试成功，民航货邮有了“电子行程”。

5月5日 首都机场起降航班开始实施全英语通话标准运行模式。

6月8日 中国南方航空公司与天合货运联盟在上海签订入盟意向书，南航将成为中国首家加入国际货运联盟的航空公司。

6月12日 中国国际航空公司推出中国首个“绿色航班”。通过企业“自愿减排”方式，抵消该航班全程排放的二氧化碳，通过北京环境交易所，对这些二氧化碳“埋单”。

7月2日 河北航空公司成立。

8月19日 国务院、中央军委印发《关于深化我国低空空域管理改革的意见》，提出要充分开发和有效利用低空空域资源。

11月1日 民航局印发《关于鼓励和引导民间投资健康发展的若干意见》。

11月28日 中国(大珠三角)城市候机楼联盟宣告成立，形成资源共享、和谐共赢格局。这是中国首个城市候机楼联盟。

12月20日 中国货运航空有限公司、上海国际货运航空有限公司、长城航空有限公司的四方股东——东航集团、中远集团、长荣航空和新加坡货运航空正式签署成立新中货航的增资协议，标志着3家货航重组取得实质性进展，国内最大航空货运公司诞生。

2011年

1月10日 中国民航第一综合性科学技术研究院——中国民航科学技术研究院成立大会在北京人民大会堂举行。

2月23日—3月5日 中国民航执行有史以来最大规模的海外紧急航空运输任务，撤离滞留利比亚同胞。中国民航共派91班包机，飞赴利比亚、希腊、突尼斯、马耳他、埃及、阿联酋6个国家，接回同胞26240人。

3月1日 中航工业通飞公司与美国西锐飞机工业公司股东签订协议，将以公司合并的形式，收购美国西锐公司100%的股权。这是中国航空工业企业首次并购欧美发达国家飞机整机制造企业。

4月29日 中国民航机场行业首家企业技术中心——上海机场集团技术中心(上海机场集团技术咨询有限公司)在上海挂牌成立。

5月31日 中国最大货运航空公司——新中国货运航空公司在上海挂牌成立。

6月9日 投资9800万元、年产值超过2亿元的无人机项目落户珠海航空产业园。

6月28日 中国民航局空管局与南京信息工程大学共建的民用航空气象研究中心(基地)成立。

7月1日 中国民航统一清算签约仪式在北京举行。中国国际航空、中国东方航空、中国南方航空和海南航空代表行业内航空公司，首都机场、上海机场和广州白云机场代表机场与清算中心、招商银行共同签署协议，将机场的5项航空性服务收费(起降费、旅客服务费、安检费、停场费和客桥服务费)纳入统一清算。

7月6日 深圳航空公司与国际上最大的航空联盟——星空联盟在深圳签署谅解备忘录，成为星空联盟的准会员。

7月26日 全球首家高高原航空公司——西藏航空有限公司成功首航，正式投入运营。

8月8日 大连航空有限责任公司成立。

8月15日 春秋航空获得京沪航线经营权。这是低成本航空公司首次加盟京沪航线。

9月15日 中国首届中国天津国际直升机博览会在天津滨海新区举行。

10月28日 北京首都国际机场通过国际机场协会(ACI)的机场服务质量认证，成为中国首家获得该认证的机场。至2011年底，共有欧洲、亚洲、非洲。

● 中国国际航空公司完成中国首次生物燃料飞行试验。

2012年

1月5日 中国民航局向中国航空工业集团公司自主研制的AC313型大型民用直升机颁发型号合格证。

2月8日 中国民航局为民航空管技术装备发展有限公司ADSB-2000A型广播式自动相关监视(ADS-B)地面站(接收)设备颁发使用许可。这是中国第一部获民航设备使用许可的国产ADS-B地面站(接收)设备。

2月21日—22日 包括中国在内的32个国际民航组织非欧盟成员国在莫斯科召开反对欧盟将航空纳入碳排放交易体系磋商会议，并通过《莫斯科宣言》。

3月26日 “中国公务机上海联盟”宣布成立，波音、空客、庞巴迪等17家公务机制造和运营企业共同发布《2012中国公务机上海宣言》。

7月8日 《国务院关于促进民航业发展的若干意见》(国发〔2012〕24号)正式印发。

9月10日 经中编办批准，中国民用航空局审计中心成立。

11月5日 国际民航组织第197届理事会决定，将国际民航组织亚太地区分办事处设在北京。

12月3日 中国民航局向华欧航空培训中心颁发新的空中客车320全动模拟机(S35)验收合格证。这是中国第一台可支持空中客车320neo飞行训练的全动模拟机。

12月13日 中国飞龙通用航空有限公司B-3837号Y12飞机与4艘海监船密切配合，完成中国钓鱼岛海域海空立体巡航任务。

2013年

1月1日 飞行标准监督管理系统(FSOP)审定监察系统在全国范围内全面使用。

6月27日 国际民航组织亚太地区分办事处在北京举行启用仪式，这是国际民航组织设立的第一个地区分办事处。

7月23日 由民航科学技术研究院自主设计的RNP AR程序在拉萨验证试飞成功。这是中国首次依靠自身技术完成的RNP AR飞行程序设计任务。

11月6日 总参谋部、中国民航局印发《通用航空飞行任务审批与管理规定》。

11月23日 中国政府根据《中华人民共和国国防法》《中华人民共和国民用航空法》《中华人民共和国飞行基本规则》设立中华人民共和国东海防空识别区。位于东海防空识别区飞行的航空器应当向中华人民共和国外交部或中国民用航空局通报飞行计划。

12月17日 内蒙古阿拉善盟通勤机场项目建成，这是中国第一个通勤航空试点项目。

2014年

1月16日 民航局等全国八个部门和企业在北京联合举办“构建诚信，惩戒失信”发布会，并签署《构建诚信，惩戒失信》合作备忘录。

2月12日 中国民航局为中国石油化工股份有限公司颁发1号生物航煤技术标准规定项目批准书。这是中国第一次对生物航煤进行适航审定。

2月18日 中国民航大学举办中欧航空工程师学院首届学生毕业典礼。该学院是中国唯一国际合作航空类工程师学院。

4月2日 中国民航局向中国国际航空股份有限公司颁发民用航空器适航检查委任单位代表证书。中国国际航空股份有限公司成为第一家获中国民航局适航检查委任单位代表资格授权并成立适航委任代表组的单位。

4月14日 财政部、中国民航局联合印发《关于加强公务机票购买管理有关事项的通知》。

4月28日 由中国生产的ARJ21-700型新支线飞机在北美完成自然结冰试验试飞，此次试飞环球飞行3万公里，飞越10个国家的17座机场。

5月15日 国际航空运输协会向中国南方航空股份有限公司颁发CARGO 2000正式会员资格证书。南航成为中国第一家、全球第19家CARGO 2000正式会员航空公司。

5月28日 爱飞客航空俱乐部的西锐SR20飞机完成珠海—阳江—罗定航线的首航飞行。该航线是中国第一条低空航线。

7月5日 由中航通用飞机有限责任公司研发的全复合材料涡桨公务机“领世AG300”飞机，在珠海金湾机场首飞成功。这是中国第一款具有自主知识产权的公务机。

7月23日 中国东方航空股份有限公司完成中国内地第一个卫星宽带空地互联航班商业测试。

8月28日 上海国际航空仲裁院成立，这是全球第一家专门服务于民航业的国际仲裁机构。

12月12日 中国民航局发布《关于推进京津冀民航协同发展的意见》。

12月22日 《京津冀三地机场协同

发展战略合作框架协议》在北京签署。

12月30日 中国民航局为中国商用飞机有限责任公司ARJ21-700飞机颁发型号合格证，标志着中国自主研制的第一款喷气支线客机即将投入航线运行。

2015年

1月4日 中国民航局批准合资成立庞巴迪(天津)航空服务有限公司项目。

1月9日 民航局印发《京津冀机场航线航班网络优化实施办法》。

1月21日 春秋航空公司在上海证券交易所上市，成为中国第一家上市的民营航空公司。

1月28日 中国民航局印发《关于控股航空公司实施统一运行有关问题的通知》，允许母公司控股达到51%及以上、按照《大型飞机公共航空运输承运人运行合格审定规则》(CCAR-121)运行的母子航空公司实施统一运行。

2月15日 中国民航局印发《中国民航航空安全方案》。

● 中国国际航空股份有限公司携手京东商城打造的全球第一个互联网众筹航班从北京首都国际机场起飞。互联网众筹航班是空中互联网产业联盟成立后，推出的首个跨界创新合作产品。

2月24日 国务院印发《关于取消和调整一批行政审批项目等事项的决定》，其中涉及民航的项目共39项，包括下放行政审批、取消资格认可和认定、取消评比达标等方面。

3月4日 中共中央总书记习近平对民航安全发展工作作出重要批示：近年来，民航业快速发展、安全发展，有效服务了经济社会发展大局，圆满完成了各项保障任务。民航业是重要的战略产业，要始终坚持安全第一，严格行业管理，强化科技支撑，着力提升运输质量和国际竞争力，更好服务国家发展战略，更好满足广大人民群众需求。国务院总理李克强批示：近年来民航工作富有成效，要继续强化管理和服务，狠抓安全防范，为建设民航强国做出新贡献。

3月11日 在国际民航组织第204届理事会上，中国政府提名的现任国际民航组织行政服务局局长柳芳当选为国际民航组织新一任秘书长。

3月20日 中国民航局向东营华亚国联航空燃料有限公司颁发适航批准书，该公司自主研发的100LL(低含铅量)航空汽油是中国第一款符合国际标准的航空汽油产品。

3月21日 海南航空股份有限公司HU7604航班波音737-800型飞机加注中国石化1号生物航空煤油从上海虹桥国际机场起飞，于11时降落在北京首都国际机场。这是使用中国自主研发生产的1号生物航煤进行的第一次商业载客飞行。

4月24日 国产ARJ21-700飞机生产许可审定委员会(PCB)第一次会议在上海召开，标志着国产ARJ21-700飞机生产许可证适航审定工作正式启动。

4月29日 中国民航完成首次卫星着陆系统(GLS)演示验证飞行，标志着精密着陆技术在中国民航的推广应用拉开序幕。

6月11日 中国民航局为民航局第二研究所颁发中国第一个场面多点定位系统使用许可证。

8月25日 海峡两岸关系协会、台湾海峡交流基金会在福州签署《海峡两岸民航飞行安全与适航合作协议》。

10月10日 中国民航局印发《航班时刻资源市场配置改革试点方案》，决定在广州白云国际机场开展以“时刻拍卖”为模式的初级市场改革试点，在上海浦东国际机场开展以“时刻抽签+使用费”为模式的初级市场改革试点。

11月2日 中国自主研制的C919大型客机在上海中国商用飞机有限责任公司总装下线，标志着中国大飞机制造进入新阶段。

11月29日 中国商用飞机有限责任公司向国产支线客机的全球首家启动用户成都航空公司交付第一架ARJ21-700飞机。

12月12日 中国民航局为中航工业哈尔滨飞机工业集团有限责任公司自主研制的新一代先进涡桨通用支线飞机——运-12型飞机颁发型号合格证。

2016年

2月1日 中国国际航空股份有限公司、中国东方航空股份有限公司、中国南方航空股份有限公司、海航集团有限公司和春秋航空股份有限公司共同签署《关于共同营造文明乘机大环境的联合声明》，宣布对进入《民航旅客不文明行为记录管理办法》中的旅客采取一定限制服务措施。

2月2日 中国民用航空局与中国气象局签署《中国气象局与中国民用航空局共同推进航空气象战略合作协议》。

2月22日 由中航工业哈尔滨飞机工业集团有限责任公司研制的Y12F飞机获得美国联邦航空局颁发型号合格证，这是中国第一个接受美国联邦航空局同步认可审查并获得批准的型号。

2月24日 中国民用航空局与欧洲航空安全局北京签署《中欧民航合作伙伴项目(APP)合作备忘录》，标志着新一期中欧民航合作项目启动，该项目首次由中国民用航空局和欧洲航空安全局共同实施，实施期5年。

3月4日 交通运输部发布修订的《民用航空安全信息管理规定》(交通运输部令2016年第8号)，该规定自2016年4月4日起施行。

3月25日 全国214家民用运输机场向社会共同发布《中国机场服务宣言》。

4月6日 中国民用航空局批准西安直升机有限公司研发的北斗航空监控系统在通航领域内推广使用，北斗系统在民航领域的应用取得突破性进展。

5月6日 国家卫生计生委、公安部、交通运输部、中国民航局、中国铁路总公司、中国红十字会联合印发《关于建立人体捐献器官转运绿色通道的通知》。

5月13日 国务院办公厅印发《关于促进通用航空业发展的指导意见》，这是中华人民共和国成立以来国务院出台的第一个促进通用航空业发展的政策性文件，明确了未来五年中国通用航空业发展的总体思路和主要任务，也是“十三五”时期指导中国通用航空改革发展的纲领性文件。

6月28日 由中国自主研制的第一架喷气式支线客机ARJ21完成首次载客商业航线运营。

8月15日 中国民航局在北京受理中国石油化工股份有限公司石油化工科学研究院RIPP4061航空润滑油适航审定申请，这是第一款接受适航审定的国产民用活塞式航空润滑油。

9月7日 中国民航局印发《民航“十三五”立法规划(2016—2020)》，这是首部行业立法规划。

9月29日 中国民航局、国家发展改革委联合印发《关于深化民航国内航空旅客运输票价改革有关问题的通知》，决定自2016年11月1日起，进一步扩大市场调节价航线范围，对800公里以下航线、800公里以上与高铁动车组列车形成竞争航线旅客运输票价实行市场调节价。

● 重庆机场集团公司整体移交重庆市人民政府管理。

10月18日 中国航空器材有限责任公司(航材共享平台公司)在北京成立。该公司经国资委批准，在原中国航空器材进出口有限责任公司基础上，由中国南方航空集团公司、中国航空集团公司、中国东方航空集团公司、中国航材集团公司及中国国新控股有限责任公司共同改组设立。

10月24日 中国民航局、中国气象局、香港天文台在北京签署合作协议，联合建设亚洲航空气象中心。

12月16日 作为中国民航空管系统七大区域运行管制中心建设的收官之作，新疆乌鲁木齐区域管制中心正式投入运行，该中心是中国民航局“十一五”和“十二五”时期重点建设项目。

12月23日 航空食品行业首个国家级标准《食品安全国家标准航空食品卫生规范》由国家卫计委和食药监总局颁布，于2017年12月23日施行。

12月30日 中国民航局、国家发展改革委和交通运输部联合印发《中国民用航空发展第十三个五年规划》，明确了“十三五”时期民航发展的五大任务。

2017年

1月1日 《航班正常管理规定》于即日起正式施行。这是中国第一部规范航班正常工作的经济管理类规章，对旅客集中关切的航班延误原因界定、延误后的信息告知方案、投诉的及时处理反馈及服务保障流程等问题作出了具体规范，是保障航班运行正常、保护消费者合法权益的重要依据。

1月14日 中国民航局发布《轻小型民用无人机系统运行管理暂行规定》《使用民用无人驾驶航空器系统开展通用航空经营活动管理暂行办法(征求意见稿)》。

2月13日 国产大型灭火/水上救援水陆两栖飞机AG600全部4台发动机首次试车成功。AG600是国务院立项批复的大型民机项目，是为满足中国森林灭火和水上救援的迫切需要，首次按照中国民航适航规章要求研制的大型特种用途飞机，是国家应急救援体系建设急需的重大航空装备。该机灵活性，技术和性能达到当前国际同类飞机先进水平。

● 国家发展改革委、民航局联合印发《全国民用运输机场布局规划》。

2月22日 中国民航局发布《2016年通用和小型运输运行概况》，至2016年底，中国有224家实际在运行的通用及小型运输航空公司，从业飞行人员2524名，航空器1472架，经批准的国内驾驶员航校共有20家。其中，中国民用无人机系统依据空机重量和起飞全重划分为9类。2016年，由行业协会实施管理的各类无人机持有合格证共10255个。

2月23日 中共中央总书记、国家主席、中央军委主席习近平考察了建设中的北京新机场。他强调，新机场是首都的重大标志性工程，是国家发展一个新的动力源，必须全力打造精品工程、样板工程、平安工程、廉洁工程。

3月3日 中国民航局决定取消通用航空器引进审批(备案)程序，对企业或个人引进一般通用航空器和喷气公务机不再实施审批和备案。此举将有利于减少通用航空企业(个人)的运营成本，减轻企业压力，提高通用航空器引进效率。

4月14日 中国民航局发布《通用机场分类管理办法》，对通用机场实施分类分级管理。《办法》创新了通用机场行业管理制度，促进了通用机场健康发展。

4月25日 中国民航局发布《民航局关于印发推进民航科技教育创新发展2017年度重点工作安排的通知》，鼓励全社会资源共同参与民航科教创新工作，努力推进创新型民航行业建设。

4月28日 吉祥航空3架空客A321客机顺利降落在上海虹桥国际机场，完成了中国民航首次ADS-B IN(广播式自动相关监视接收)演示飞行。

5月5日 具有完全自主知识产权的大飞机C919首架机空中飞行79分钟完成所有任务试验点，圆满完成首飞任务。C919飞机是中国按国际标准自主研制的第一款干线商用客机。

5月14日—15日 “一带一路”国际合作高峰论坛在北京举行。中国民用航空局与国际民用航空组织签署合作意向书。根据协议，双方将进一步加强国际民航组织提出的“不让一个国家掉队”倡议与中国提出的“一带一路”倡议之间的对接，在提高“一带一路”沿线各国航空安全、提升沿线各国安全和安保监管能力、推动并促进实施沿线各国航空能力建设、促进沿线国家航空运输自由化和便利化等诸多方面展开深度合作，合力推动“一带一路”沿线国家和地区的民航发展。

5月16日 中国民航局下发《民用无人驾驶航空器实名制登记管理规定》，要求自2017年6月1日起，民用无人机的拥有者必须进行实名登记。

5月27日 中国民航局印发《通用航空市场监管手册》(WM-TR-2017-01)，填补了通用航空市场监管手册体系的空白，为经济管理类监察员提供了工作依据和操作指南。

6月3日 中国首架空客A380飞机在广州飞机维修工程有限公司(GAMECO)完成检修，重新投入航班飞行，执行当天的CZ3099(广州—北京)航班。这是中国首次完成空客A380飞机最高级别检修。

6月5日 中航工业贵州有限公司总装分厂全新"沙漠迷彩"涂装的"山鹰"首架外贸机总装下线，标志着中国完全拥有自主知识产权的"山鹰"飞机向飞进国际市场的目标迈出关键一步。

6月19日 中国东方航空集团公司旗下的东方航空物流有限公司实现混合所有制改革，东航集团与联想控股股份有限公司、普洛斯投资(上海)有限公司、德邦物流股份有限公司、绿地金融投资控股集团有限公司4家投资者，以及东航物流核心员工持股层代表，签署增资协议、股东协议和公司章程。4家企业总计购买45%的东航物流股份，东航物流核心员工购买10%的股份，其余45%的股份则由东航集团下属东方航空产业投资有限公司拥有。

6月28日 中国南方航空公司在河南南阳机场启用国内首个人脸识别智能化登机系统。

7月1日 中国民航局对《定期国际航空运输管理规定》进行修订，并于即日起正式施行。《规定》共25条，包括许可条件、许可程序、监督管理、法律责任及生效时间等内容。此次修订是中国民航局贯彻落实全国推进简政放权、放管结合、优化服务的改革任务要求，是中国国际航空运输更好地对接国家战略、服务市场主体的具体体现。

7月9日 中国民航局在北京向中国商用飞机有限责任公司颁发ARJ21-700飞机生产许可证，标志着该机型正式进入批量生产阶段。ARJ21-700飞机生产许可证是中国自主研发的喷气式客机的首张生产许可证，ARJ21-700飞机自2015年11月29日首架交付成都航空以来，累计载客超过1.5万人次，获得19家客户共计413架飞机的订单。

7月13日 中国民航局发布《中国民航航空器追踪监控体系建设实施路线图》，明确到2025年底前，完善民航运行信息监控网络，全面提升中国民航航空器全球追踪监控能力，建成具有自主知识产权的中国民航航空器追踪监控体系。

7月28日 南航通用航空有限公司一架S92型直升机在珠海九洲机场安全落地，标志着中国首个通用机场PBN(基于性能导航)飞行程序、首个直升机PinS(空间点)程序试飞成功。

8月16日 中国民航局发布《关于进一步统筹推进机场协同决策(A-CDM)建设的通知》，要求行业各单位进一步统筹推进机场协同决策(ACDM)建设，在2018年底前，年旅客吞吐量3000万人次以上机场ACDM数据要与民航局运行监控中心运行数据共享平台及空管CDM系统完成对接，全面实现机场、航空公司、空管和监管单位之间的信息互通互联。

8月31日 中国民航局发布《关于落实航班正常管理措施有关情况的通告》。

● 中国首个得到正式许可的民用无人机试飞运行基地在上海揭牌启用并投入试运行。

9月2日 中国民航通过国际民航组织航空安保审计。审计结果显示，中国民航安保立法、监管体系比较完善，完全符合国际民航组织《芝加哥公约》附件17各项要求。

9月6日 民航运行数据共享第一次联席会议在北京召开，中国民航局运行监控中心、空管局、航科院，国航、东航、南航、海航、深圳航空、四川航空、厦门航空、山东航空、春秋航空、顺丰航空，首都机场、虹桥机场、浦东机场、白云机场、深圳机场、成都机场、昆明机场、西安机场、重庆机场、杭州机场等23家单位签署《中国民航运行数据共享协议》。这标志着中国民航业在推进运行数据共享合作、开展数据中心建设的工作中迈出坚实第一步。

10月12日 中国首个低空数字化应用创新基地在上海临港滴水湖揭牌。应用创新基地可以让无人机在真实环境下进行联网测试，挖掘低空飞行情况下的蜂窝(移动通信网络)需求，探讨应用创新研发与测试验证及新商业模式等内容，推动网联无人机应用的落地。

10月14日 中国自主研发的北斗卫星导航系统首次在中国完全自主设计并制造的支线客机——ARJ21-700飞机上进行测试试飞，试验取得成功。本次试飞是北斗卫星导航系统第一次在国产民用客机上的测试应用，是国产民用客机第一次使用国产导航系统，是实施国家创新驱动发展战略及《中国制造2025》的重要举措。

10月17日 中国民用航空局与美国联邦航空局签署的《适航实施程序》(简称IPA)正式生效。

10月19日 中国商飞公司向成都航空交付第3架ARJ21新支线喷气客机。这是ARJ21-700飞机首次通过售后回租形式交付的第一架飞机，也是ARJ21-700飞机获得中国民航局颁发生产许可证后交付的首架飞机，标志着中国支线喷气客机向批产化稳步迈进。

10月29日 中国民航青岛空管站与天津七六四通信导航技术有限公司全向信标/测距仪设备采购项目合同签约仪式在天津举行。此套设备是继通信、监视设备后，首套进入民航市场的国产地面导航核心设备，实现了民航通信导航监视核心装备的全面国产化应用。

11月4日 第十二届全国人大第三十次常委会议决定，对《中华人民共和国民用航空法》进行第四次修订。

11月6日 中国民航局印发《民航行业信用管理办法(试行)》。《管理办法》共5章31条，对民航行业信用信息的采集、使用、移除等事项进行了规范。《管理办法》自2018年1月1日试行，其中关于一般失信行为信息的规定，自2020年1月1日起生效。

11月21日 海南航空HU497航班从北京起飞，经过近12个小时的飞行，在美国芝加哥安全落地，实现了中国民航首次使用生物航煤跨洋载客飞行。

标志着中国民航在新型能源应用方面取得了重要进展，在优化民航能源结构、推进民航绿色发展上实现突破。

11月27日 国家发展改革委、中国民航局印发《推进京津冀民航协同发展实施意见》。《实施意见》明确，将遵循分工协作、互利共赢，协调联动、两翼齐飞，互联互通、一体发展，创新融合、扩大开放的基本原则推进京津冀民航协同发展。

12月13日 ARJ21国产飞机正式执飞首条国内支线航线。

12月17日 民航局、国家发展改革委联合印发《关于印发民用航空国内运输市场价格行为规则的通知》和《关于进一步推进民航国内航空运输价格改革有关问题的通知》。

12月21日 由中国民航局和中国气象局合作研制的《面向航空安全和效率的气象大数据共享与服务云平台》项目通过验收。该平台实现民航气象信息在国家层面的全面共享，是中国气象和中国民航气象资源共享的历史性突破，有利于进一步提高航班运行效率，提升中国气象服务的国际竞争力。

12月24日 中国首次按照中国民航适航规章要求研制的大型水陆两栖飞机"鲲龙"AG600成功首飞。AG600飞机是落实"中国制造2025"发展规划的举措，彰显创新驱动发展，体现创新型国家建设的成果。

12月27日 全国民航工作召开，会议提出，在新时代民航建设新征程中，中国民航将正确把握新时代民航强国的发展方向，准确把握新时代民航强国的阶段性特征，按照"一二三三四"新时期民航总体工作思路，聚焦每个发展阶段的主要矛盾和突出问题，明确任务和措施。

2018年

1月2日 中国、东方、南方三大航空集团公司完成公司制改革。

1月5日 民航局印发《民航航班时刻管理办法》。

1月12日 民航局与上海市、江苏省、浙江省、安徽省共同签署《关于共同推进长三角地区民航协同发展努力打造长三角世界级机场群合作协议》。

1月19日 修订后的《国内投资民用航空业规定》正式实施，进一步放宽国有和非国有主体投资民航业准入标准，鼓励、支持国内投资主体投资民用航空业，以促进民用航空业快速健康发展。

1月26日 民航局印发《关于进一步提升民航服务质量的指导意见》。

2月13日 交通运输部发布《民用航空安全管理规定》。

5月2日 民航局印发修订的《国际航权资源配置与使用管理办法》。

5月10日 民航局与中国铁路总公司签署推进空铁联运战略合作协议。

5月11日 民航局印发《关于促进航空物流业发展的指导意见》。

5月14日 四川航空公司空客A319飞机执行重庆至拉萨的3U8633航班任务，驾驶舱右座前风挡玻璃突然破裂并脱落，造成严重险情，机组沉着应对，安全着陆备降机场。6月8日，该机组被民航局、四川省人民政府授予"中国民航英雄机组"称号。9月30日，习近平总书记邀请机组全体成员参加庆祝中华人民共和国成立69周年招待会，亲切接见机组成员、并发表重要讲话。

5月22日 交通运输部发布《外国航空运输企业常驻代表机构审批管理办法》。

6月1日 民航局公布首批《民航限制乘坐民用航空器严重失信人名单》。

● 《民用无人驾驶航空器经营性飞行活动管理办法(暂行)》正式实施。

7月11日 中国民航局、中国气象局、香港天文台三方联合建设的亚洲航空气象中心正式运行。

7月18日 《民航局关于通用航空分类管理的指导意见》印发。

8月1日 交通强国建设纲要起草组办公室印发《关于交通强国建设纲要起草组工作会议制度的通知》。

8月14日 民航局、国家发展改革委联合印发《关于促进通用机场有序发展的意见》。

8月22日 民航局、国家发展改革委联合印发《民航领域鼓励民间投资项目清单》。

9月14日 依据《地名管理条例》和《民用机场使用许可规定》等规定，并报经党中央、国务院审批同意，北京新机场名称确定为"北京大兴国际机场"。

9月26日 民航局印发《关于进一步完善通用航空机场收费政策有关问题的通知》。

9月28日 民航局印发《低空飞行服务保障体系建设总体方案》。

11月2日 民航局印发修订的《中国民航国内航线航班评审规则》。

11月16日 民航局印发《关于深入推进民航绿色发展的实施意见》。

11月26日 民航局印发《新时代民航强国建设行动纲要》。

12月6日 中国民航首条对外空中大通道"中韩空中大通道"建成启用。

12月10日 《新时代民航强国建设行动纲要》出台。

12月27日 中国民航机场建设集团有限公司重组成立大会在北京召开。

12月28日 北京首都国际机场年旅客吞吐量突破1亿人次，成为中国第一个，全球第二个年旅客吞吐量过亿人次的机场。

● 民航局印发《北京大兴国际机场转场投运及"一市两场"航班时刻资源配置方案》和《北京"一市两场"转场投运期资源协调方案》。

2018年 "10+3"空中骨干大通道完成3条建设。3月，成都至拉萨航路复线启用运行，标志着成都到拉萨航路正式实现双线运行、单向进出的新格局。10月11日零时起，连接中国东北和长三角地区的沪哈空中大通道(一期)空域优化方案正式启用，它的启用开辟了一个东北地区去往华东区域的空中"新出口"。12月6日零时起，中国首条对外空中交通大通道——中韩大通道正式启用。

管道运输行业大事记

1949年

10月1日 中华人民共和国成立。中央人民政府设燃料工业部。

1950年

4月13日—24日 燃料工业部在北京召开第一次全国石油工业会议。会议决定成立石油管理总局。

1952年

2月 毛泽东主席签署命令，决定把中国人民解放军19军57师转为石油工程第一师，支援石油建设。

10月1日 中央人民政府政务院批准建立北京石油学院。1953年11月1日正式成立。

1953年

3月 石油管理总局设计局成立。

1955年

7月30日 第一届全国人民代表大会第二次会议决定撤销燃料工业部，成立石油工业部、煤炭工业部和电力工业部。

1959年

1月10日 中国第一条输油管线——新疆克拉玛依到独山子间的输油管线建成并开始输油。管线全长147公里。

10月8日 大庆油田正式命名。

1960年

2月22日 中共中央发文《中央决定动员三万名退伍兵给石油工业部》，参加大庆油田开发建设工作。

1965年

2月 中国共产党石油工业部委员会成立。

8月 为解决原油出路，胜利油田建成了石化辖区的第一条原油长输管线东辛线（东营至辛店），管径426毫米，长72公里，设计输油能力540万吨。原油管输到辛店，再装火车运送到黄岛装船外运。

1967年

3月23日 中共中央、国务院、中央军委作出《关于大庆油田实行军事管制的决定》。

6月 石油工业部实行军事管制。

1969年

4月 大庆油田王进喜参加中国共产党第九次全国代表大会，并当选为中央委员。

1970年

6月22日 中共中央决定，煤炭工业部、石油工业部、化学工业部合并，成立燃料化学工业部。

8月3日 东北"八三"输油管道会战领导小组成立，第一期工程先抢建大庆油田—抚顺的输油管道。

1971年

10月 大庆油田—抚顺输油管道建成。

1973年

8月 燃料化学工业部石油天然气管道局（后为石油工业部管道局）成立。

9月 铁岭—秦皇岛输油管道建成。

10月 克拉玛依—乌鲁木齐输油管道建成。

1974年

7月 山东东营—黄岛输油管道建成。

9月 大庆油田—铁岭输油管道复线建成。

1975年

1月17日 第四届全国人民代表大会第一次会议决定撤销燃料化学工业部，成立煤炭工业部和石油化学工业部。

6月 秦皇岛—北京输油管道建成，以大庆为起点的输油管道可以直通北京。

1976年

7月1日 任丘—北京输油管道建成。

1978年

3月5日 第五届全国人民代表大会第一次会议决定撤销石油化学工业部，分别成立石油工业部、化学工业部。

5月23日 交通部、石油工业部联合下发《关于处理石油管道和天然气管道与公路相互关系的若干规定（试行）》。

7月13日 国务院批准石油工业部、国家建设委员会、公安部《关于保护输油管道安全生产的报告》。将油气管道的安全生产列入国家保护范围。

7月 江苏仪征油港建成投产，胜利油田原油通过鲁宁管道和仪征油港转运至长江沿岸各大炼厂。

● 山东临邑—江苏仪征输油管道建成。

10月23日 华东输油管道指挥部更名为华东输油管理局，工作重点由管道建设转向生产管理，负责鲁宁输油管道的输油管理工作。

1979年

4月5日 国内首次采用全线机械化施工的管道，克拉玛依—乌鲁木齐原油管道复线开工，1981年11月1日投产。至此，管道施工由手工操作为主转变为机械化为主。

7月6日 川渝境内南半环天然气管网建成投产。川东、川南和川西北4个产气区全部贯通。

8月8日 国务院副总理邓小平视察了天津大港—周李庄原油管道滨海站。

9月 在罗马尼亚布加勒斯特召开的第十次世界石油大会上，大会理事会通过决议，接纳中国的世界石油大会国家委员会为中国唯一合法的国家委员会。

1981年

6月 石油工业部石油天然气管道

局首次选派1200人以劳务形式参加伊拉克巴格达市区供水管道工程建设。

10月 克拉玛依—乌鲁木齐输油管道复线建成。

1981年 石油工业部开始陆续颁发长输管道设计、施工及验收等各项规范。

1982年

2月15日 经国务院批准成立中国海洋石油总公司，隶属石油工业部，从事海上石油、天然气开采和对外合作。

2月 渤海埕北油田海底双层保温原油管道开工，1985年7月投产。为国内第一条海底管道。

12月15日 经国务院批准，财政部成立海洋石油税务局，统一管理和征收海洋石油作业的各种税收。

1983年

7月12日 中共中央、国务院决定，成立中国石油化工总公司，主管全国炼化企业，直属国务院领导。

11月6日 河南魏岗—湖北荆门原油管道汉江跨越工程开工，该工程为国内最长的斜拉索管桥，荣获国家优质工程奖、鲁班奖。

1984年

6月 河南濮阳—洛阳炼厂原油管道开工，1985年2月投产。为国内首次采用下向焊焊接工艺进行焊接。这条管道也是国内首次全线集中建设职工生活基地。

1985年

4月1日 河南濮阳—沧州天然气管道开工，1986年8月7日投产。为国内首次采用燃气轮机带动离心压缩机，加压输送天然气的长输管道。

7月30日 秦皇岛输油站两座10万立方米浮顶储油罐开工，1987年11月24日投产，为国内第一次建设的大型浮顶油罐。1993年油罐区首次实现消防自动化。

7月 山东东营—黄岛原油管道复线开工，1986年7月17日投产.为国内第一条密闭输送、自动控制的管道。东黄复线1998年10月改造原输油流程，从黄岛油港输入进口原油。黄岛油库逐步发展为国内最大的原油储库。

10月 河北永清—北京天然气管道投产，华北油田向北京供气。

1986年

4月—7月 河南濮阳—开封天然气管道黄河穿越段铺设穿越复线时，首次采用定向钻穿越黄河。

7月17日 东黄复线投产，该条管线是中国第一条具有80年代国际先进水平的自动化输油管道，全线采用先炉后泵密闭输送工艺。东黄复线干线长248公里，管径711毫米，途径东营市、潍坊市、青岛市3个地级市。

8月7日 中沧线投产运营，该管道设计压力4兆帕，设计年输气能力4亿立方米，全长366.5公里，起自河南省濮阳市柳屯镇，途经河南、山东、河北3省4市16县，是国内建成的首条长距离天然气管道。

1987年

2月19日 沈阳—抚顺原油管道开工，10月20日投产，为国内第一条输送稠油的管道。

9月 青海油田花土沟—格尔木原油管道工程开工。1990年9月21日投产。为国内海拔最高（3422米）的原油管道。

10月1日 石油工业部与铁道部联合频发《原油、天然气长输管道与铁路相互关系的若干规定》。

11月 川渝地区天然气管道形成全境管网，为国内第一个大型天然气管网，连接了川渝境内各大中城市。为四川、重庆、云南、贵州3省1市化工、化肥、冶炼等580多家企业和城市居民用户供气。

● 甘肃—宁夏的马惠宁原油管道开始添加降凝剂工业性试验，1989年获得成功，高凝原油首次实现不加热常温输送。

1988年

9月17日 国务院决定，撤销石油工业部，成立中国石油天然气总公司。

10月 内蒙古阿尔善—赛汉塔拉原油管道开工，1989年7月投产。为国内第一次以设计、施工、采办总承包方式建设。

1989年

3月12日 国务院颁布《石油、天然气管道保护条例》。油气管道保护列入了国家法规。

1990年

12月20日 “石油工程计算机辅助设计在长输管道上的应用”通过了部级鉴定验收。

1991年

7月 中国石油天然气总公司北京天然气集输公司成立。

12月24日 国产“CY系列原油降凝剂的研制及应用”科研项目通过了部级鉴定。

1992年

4月16日 管道工程结构技术国际研讨会首次在中国河北廊坊市召开。来自美国、英国、日本等14个国家和港台地区的200多名专家、学者参加了大会。

7月1日 新疆塔里木轮南—库尔勒原油管道建成投产。为国内首次应用卫星遥感技术优选线路。投产后首次采用劳务方式，由乙方承包运行管理。

12月 铁岭—大连输油管道完成密闭输送、自动控制改造。为国内在不停输条件下进行改造的第一条管道。

1992年 中国石油天然气总公司西北石油管道建设指挥部成立。

1993年

3月 抚顺—营口鲅鱼圈成品油管道开工，1995年10月投产。为国内第一条自动控制、顺序输送的成品油管道。

4月30日 中国石油天然气管道局承建的突尼斯天然气管道工程开工，1995年完工。为第一次在国外以总承包形式承建的管道工程。

1994年

8月11日—18日 由中国石油天然气总公司牵头主办的首届管道技术交流、交易会，在北戴河召开。

1995年

7月1日 新疆塔克拉玛干沙漠塔中4号联合站—轮南管道工程开工，1996年8月16日投产。为中国第一条铺设于流动性沙漠的管道，原油管道、天然气管道及通信光缆同沟敷设。

11月 库都输油管道工程开工。

1996年

1月1日 崖城13-1气田至香港海底管道建成投产。该海底管道长778公里，直径28英寸，总长度世界第二，中国第一。为香港经济社会发展提供清洁能源保障。

4月29日 海南三亚—八所输气管道工程建成投产，管道全长124公里，输气能力为8亿方/年。

9月26日 新疆鄯善—乌鲁木齐天然气管道工程开工，1997年9月29日投产。为陆上首次按照国际惯例组织施工的大型项目，首次进行工程风险投保。

1997年

9月10日 陕京输气管道通气举行点火仪式。陕京输气管道主干线全长918.42公里，为20世纪国内最长、管径最大、所经地区地质条件最为复杂、自动化程度最高的天然气管道。达到20世纪90年代国际先进水平，在中国油气长输管道建设史上具有里程碑意义。

1998年

6月23日 中国石油化工集团下发《关于组建中国石化集团管道储运公司的通知》，决定由华东输油管理局、胜利输油公司(1984年在胜利油田东黄输油大队和东临输油大队基础上组建而成，时称胜利输油公司，隶属中国石油天然气管道局。1994年4月，两公司合并称胜利输油公司)、新乡输油公司(1984年4月组建，时称石油工业部管道局新乡输油公司)、襄樊输油公司(前身为河南油田采油厂长输大队。1984年划归石油工业部管道局，改名襄樊输油公司)合并成立中国石化集团管道储运公司。

9月29日 为适应东部原油流向调整的需要，封存了12年的东黄老线重新启用，在不到20天时间内先后重新调整投运东临复线、东黄老线、东黄复线、广齐线，同时对东临老线扫线停输封存，五线联运一次成功。本次原油流向调整，开通了东临复线及广齐线、封存东临老线、东黄复线停止输送胜利油下海，改输进口原油上岸，通过广齐线为齐鲁石化输送进口原油到厂，从新启用的东黄老线输送胜利原油，胶青线由东黄复转输改为东黄老线转输。

10月28日 国务院批准广东先行试点引进LNG。

1998年 国务院本着上下游、内外贸、产销一体化的原则，在中国石油天然气总公司和中国石油化工总公司的基础上，组建了中国石油天然气集团公司和中国石化集团公司。石油、石化两大集团公司的重组，给销售体制、销售队伍、资源结构、销售业务范围和工作任务带来了深刻变化，为适应这种变化，确保国务院改革方案的实施，按照中国石油集团公司的统一部署，中国石油销售总公司随即成立。

● 中国石油销售总公司系统初步确定了成品油销售运行机制，实施了“资源统一配置、运输统一组织、价格统一制定、结算统一管理”的“四统一”原则，修改和完善了成品油销售运行办法和价格形成机制，大力开展了成品油市场规范和市场开发工作。1998年是中国原油、成品油流通体制改革重要的一年，是石油价格管理体制发生了深刻变化的一年。

1999年

6月30日 在中国石油天然气集团公司内部重组改制，主辅业务分开，分离出中国石油天然气股份公司后，8月，中国石油天然气管道局重组改制。

9月20日 天津大张坨板867地下储气库开工(为陕京线配套工程，用于天然气调峰)，2000年1月5日投产，为国内首次建设的地下大型储气库。至2003年，又续建了板中北另两个储气库。

12月31日 国家批准立项中国内地首个LNG项目(中外合资)——广东大鹏LNG试点工程总体项目。

1999年 中国石油集团公司重点工程—涩宁兰输气管线、兰成渝成品油管线、忠武输气管线工程全面启动开展前期工作，这些项目将开辟中国管道建设大发展的新篇章。

2000年

2月 经国务院批准，国家成立了西气东输工程领导小组。3月25日—26日，领导小组第一次会议在北京召开。

3月13日 中国石油天然气集团公司成立了西气东输领导小组。3月，中油股份公司成立了西气东输管道公司。

3月30日 举行涩宁兰输气管道开工典礼，5月1日正式全面打火开焊。该管道首起青海涩北气田，经西宁分输站后，止于甘肃省兰州市，全长约930公里，管径660毫米，设计压力6.4兆帕，输气能力20亿立方米/年。2001年12月12日涩宁兰输气管道全线正式投产运行。涩宁兰输气管道工程是党中央、国务院提出西部大开发战略后第一个付诸实施的大型能源建设项目，它的建设对于中国石油工业、特别是管道事业的发展具有非同寻常的意义。

2001年

2月6日—8日 中油股份公司在北京对兰成渝输油管道工程的初步设计进行了审查。工程全面开工建设。兰成渝输油管道是股份公司解决西北成品油出路和占领西南成品油市场的生命线工程。该管道为国内距离最长、管径最大、压力最高、输量最大和分输点最多的密闭顺序输送、自动控制的成品油管道。

10月8日 时任中国海油总经理卫留成与时任福建省省长习近平在福州签订福建LNG项目原则性协议，为福建LNG站线项目在福建省顺利落户奠定了坚实基础。

2001年 天然气与管道分公司成立了天然气与管道技术委员会，制订了《天然气与管道专业技术委员会简章》，建立了管理机构，明确了科技管理人员，落实了科技经费，使科技工作有完整的组织保障。

● 建成大连鲇鱼湾新港计量站。配备了七台DN400美国Smith刮板流量计，一套Smith标准体积管，最大排量为每小时2000立方米，是中国当时排量最大、设备最先进的计量站。

2002年

1月16日 国家计委下发计价格〔2002〕39号文，规定将国内天然气井口价外加收的净化费并入价内，合并为统一的出厂价，并将出厂价每立方米提高0.03元人民币。

2月3日 中国石化镇杭管道二期工程2308米定向钻穿越钱塘江管道顺利回拖，创造了国内成品油管道第一次成功穿越钱塘江的历史。

2月25日 "长江第一穿"开钻，3月12日长1688米原油管线成功穿越长江。

5月20日 中国石油天然气股份有限公司在廊坊召开了西气东输管道工程初步设计审查会。

7月4日 西气东输管道工程开工仪式在人民大会堂举行，国务院向新疆塔里木、上海等5个分会场和5个开工现场，发出全线开工指令，西气东输管道工程正式开工。

8月8日 和田电站供气管道工程正式开工，管道全长176.5公里、管径355.6毫米、设计压力6.3兆帕、输气能力5.5亿立方米/年。10月22日管道线路工程全部完成并完成全线密闭性试压，达到投产条件。是中国石油贯彻党中央和国务院实施西部大开发战略的一项扶贫工程。

12月 中济线建成投产。中原—济南输气管道（即中济线）是中国石化首条跨省天然气输气管道，先后经历了1999年的濮临输油管道输气改造及段庄—济南45公里天然气管道建设，2001年11月—2002年12月的新中济线建设两个阶段，于2002年12月完工并投入运营。中济线的建成投产和运行，标志着中国石化天然气业务开始向跨省管道建设及省级管网运营转变。

2003年

8月6日 海南东方—洋浦—海口输气管道投产。该管道全长241公里，输气能力为16亿方/年，是中国海油直接投资建设的第一条陆上天然气长输管道。

8月28日 国家发改委正式批准了忠武输气管道工程的开工报告并于同日在湖北省宜昌市举行了开工仪式。忠武输气管道是将中国石油在西南地区的天然气资源输送到能源紧缺的湖北、湖南两省的基础设施建设项目。忠武输气管道包括忠武输气干线和三条输气支线，管道设计输量为30亿立方米/年，最大输气能力为39亿立方米/年。忠武输气管道干线全长738公里，管径711毫米，设计压力忠县—利川段为6.8兆帕，利川—武汉段为6.3兆帕。该管道于2004年于11月16日进气投产。

10月1日 西气东输工程东段管道如期建成并投产一次成功。同年底，塔里木—上海管道主体工程竣工。

2004年

3月20日 中国石化管道储运公司杭州湾直径711毫米、长53公里的甬沪宁杭州湾海底管道组焊完毕，标志甬沪宁进口原油管道全线贯通。3月20日—6月29日，甬沪宁进口原油管网实现全线分段投产一次成功。

11月4日 中国石油天然气集团公司与广西壮族自治区政府签署了"关于开展广西LNG（液化天然气）项目的合作协议"，项目总投资约52亿元。这是中国石油集团首次进入LNG领域。

11月12日 中国与巴西签署协议：由中国石油天然气集团公司承建巴西里约州到巴伊亚州1300公里的天然气管线工程（Gasena），设计造价13亿美元。这是中国公司在巴西石油天然气工程领域的第一个合作项目。

2004年 中国石油管道实现历史性跨越发展。西气东输管道工程西段于9月1日进气投产，标志着这条长达3840公里、跨越9个省（市）自治区的长距离输气管道全面建成投产。西气东输管道工程是国家重点工程项目，是实施西部大开发战略的标志性工程，也是加快西北地区经济发展、促进长江三角洲地区能源结构调整、保护环境的造福工程。

2005年

3月 西部管道工程正式开工建设，西部管道工程是继西气东输之后中国能源建设方面又一项大型工程，包括原油、成品油两条管道。西部原油成品油管道工程首次采用双管同沟并行敷设、站场合并建设的设计方案，首次采用原油管道加热密闭顺序输送工艺，是当时国内输送距离最长、设计压力最大、年输量最多、自动化程度最高的输油管道之一。该工程于2007年8月底建成投产。

5月 中国石油天然气股份有限公司天然气与管道分公司发布了管道抢修方案。根据天然气与管道分公司长输油气管道的分布状况，分东北、华北、西北、西南、华中和华东六大区域建设维护和抢修体系。共设维护和抢修中心12个，承担管道A类事故的抢修工作和负责区域内管道的维护工作；共设维抢修队26个，负责区域管道设施的日常维护并配合维护和抢修中心的抢修工作。

2005年 西气东输管道工程技术研究与应用获得中石油股份公司技术创新特等奖。系统研究总结了大口径、高等级钢管管材、制管、焊接技术，大型河流顶管穿越、盾构穿越及黄土塬等特殊地段施工技术，天然气管网运行控制与抢修技术，为今后大口径、高压天然气管线的建设与运行提供了技术储备。

2006年

2月12日 珠海—中山天然气管道一期工程投产，线路全长67.7公里，是广东省首个投产运营的天然气长输管道项目，为珠海、中山市城市燃气、电厂等用户供气。

5月8日 北京油气调控中心正式成立。北京油气调控中心属于中国石油天然气股份有限公司的直属单位，主要职能是对中国石油所属长输油气管道实施集中调度指挥、远程监控操作、维修作业协调和管网运行优化。

5月28日 全长979公里，横跨5省、12市的仪征—长岭原油管道工程一次投产成功。

7月25日 阿独输油管道正式投产输油，7月29日原油油头抵达独山子末站，管线投产成功。阿独输油管道是中哈管道的国内段，是中国西部大开发的重要工程之一。阿拉山口—独山子输油管道工程被建设成"精品工程""三高工程"（工程建设质量、投产运行管理、经济效益指标）三个方面的整体水平高于哈萨克斯坦境内的水平。

9月15日 浙江省时任省委书记习近平视察浙江LNG接收站项目。

9月26日 在中澳两国总理的见证下，国内首座LNG接收站——广东大鹏LNG接收站投入商业运营，拉开了中国海油助力打造引进海外天然气的沿海大通道，积极布局LNG产业链的序幕。

10月29日 中缅双方就油气管道合作达成一致意见。

2007年

4月 中石油天然气与管道分公司组建了管道建设项目经理部，并开展了以西气东输二线为重点的新建管道的组织实施，实现了新建长输油气管道建设的集中统一管理。

8月18日 兰郑长成品油管道正式开工建设，该管道全长3007公里，是当时中国最长的成品油输送管道，由1条干线、2条输入支线和13条分输支线组成。兰郑长是继兰成渝之后又一条国家能源战略大动脉。2009年3月兰州—郑州段（1200公里）建成投产，2009年10月郑州—武汉段建成投产（580公里）。

9月1日 珠海—中山天然气管道二期工程正式开工建设，顺利完成当时"世界第一穿"磨刀门水道穿越。珠中二期工程于2009年6月30日建成投产，线路全长44.4公里。

2008年

2月22日 举世瞩目的西气东输二线管道工程正式开工建设。

4月3日 以中国为主建造的第一艘LNG船"大鹏昊"交付使用。

5月2日 福建LNG站线项目接卸首船LNG。福建LNG站线项目是中国内陆第一个由国内企业自主引进、建设、管理的大型液化天然气项目。

6月 中国石油正式开工建设中亚天然气管道。管道分AB双线敷设，单线长1833公里，是世界上最长的天然气管道。A线于2009年12月投入运行，B线于2010年10月投入运行。

2009年

2月—2014年4月 川气东送管道投产。川气东送管道是国家"十一五"重点工程，是国家继西气东输后规划修建的又一条横贯东西的能源大动脉，也是中国石化修建的第一条大口径、长距离、高压力干线输气管道。

4月24日 中国石化鲁皖二期郑州—汤阴成品油管道郑州黄河穿越工程，顺利完成回拖。该项目创下了当时国内外第一长定向钻管道穿越工程、第一长光缆穿越工程以及第一次超长距离采用钻头对接技术等多项之最。

4月27日 中俄原油管道俄罗斯境内段开工建设。5月18日，中俄原油管道中国境内段（漠河—大庆原油管道）开工。

5月15日 陕京三线工程正式开工建设。

2010年

6月3日 中缅原油天然气管道工程正式开工建设。中缅油气管道是继中亚油气管道、中俄原油管道、海上通道之后的第四大能源进口通道。

6月25日 《中华人民共和国石油天然气管道保护法》正式颁布。

9月27日 中俄原油管道工程竣工。

10月 榆林—济南输气管道投产。榆济管道是国家"十一五"重点建设工程及中国石化2010年度20项重点工程之一，也是天然气分公司自主建设的第一条天然气长输管道工程。

2011年

5月24日 第一艘LNG船船靠泊卸货，标志着江苏LNG工程正式建成投产。

6月30日 西气东输二线东段干线建成投产。

10月13日 日照至仪征原油管道及配套工程一次投产成功。

11月16日—18日 第一艘LNG运输船靠泊大连LNG专用码头，并开始系统预冷，成功与大连LNG接收站码头管道连接，标志着中国石油大连LNG接收站正式投产。

11月29日 广东省天然气管网一期工程鳌头—广州干线正式投产，中国石油西气东输二线天然气可输向广东省内用户。

11月 为进一步理顺天然气购销体制，中石油股份公司成立天然气销售分公司，与天然气与管道分公司"一个机构、两块牌子"。

2011年 为适应管道联网运行需要，按区域化管理原则进一步调整理顺管道运营管理体制，中国石油天然气集团公司成立西南管道公司，整体形成以管道公司、西气东输管道公司、北京天然气管道公司、西部管道公司、西南管道公司5个综合性运营公司为主、西南油气田为补充的"5+1"国内管道运营管理体系，重新划分管理界面，坚持输销一体化管理。

2012年

4月10日 中缅原油管道开工建设。

7月29日 海西天然气管网二期工程陆续开工。项目主要包括漳州—诏安、漳州—龙岩、福州—福鼎、福州—三明4条主干线和1条德化支线以及2条国家互联互通重点项目，总投资约110亿元。

8月18日 锦郑成品油管道开工建设。锦郑成品油管道建成后，将与兰郑长成品油管道连通，在中国中原腹地形成更加完整的成品油供应网络，有效缓解东北地区成品油产量过剩和华北、华东、华中地区资源紧缺局面。

9月6日 文96储气库注气投产试运成功。文96储气库是中国石化首座地下储气库，于2012年9月6日实现注气投产试运、2013年10月10日采气系统试运行。文96储气库的投产，有效缓解了华北市场的管道调峰压力，提升了冬季供暖期市场的保供能力和应急状态下管道的平稳运行能力，并为后期金坛储气库、文23储气库等储气库建设运营提供了经验支持和人才、技术保障。

9月29日 中国海油浙江LNG首次成功接卸全球最大型Q-Max船，开创了国内首次靠泊一艘LNG船舶同时对两个储罐进行置换、遇冷和卸料的先河，并独立自主完成卸料、储存、火炬等系统的置换、预冷和填充。

11月 锦州25-1南天然气利用项目机械完工，项目包括1座18万方/天液化能力的天然气液化厂及1条98公里营口仙人岛至大石桥长输管线，设计输气能力3.76亿方/年。

2013年

1月9日 中国石化贵渝成品油管道项目重庆南山定向钻穿越工程，顺利完成主管道回拖。重庆南山定向钻穿越创造了国内最长距离的岩石山体穿越纪录，施工工艺首开国内定向钻穿越施工的先河，并取得了长距离山体定向钻穿越施工的宝贵经验。

6月 相国寺储气库注气成功。该储气库位于重庆市，是西南地区首座储气库。设计总库容量42.6亿立方米，采气日处理能力2855万立方米，是中国注采能力最大、日调峰采气量最高的储气库。

10月13日 中缅天然气干线管道建成投产。

10月25日 中国海油广东珠海金湾LNG项目接卸首船LNG。珠海LNG项目一期工程获评为"改革开放40年百项经典工程"，项目打破4个中国工业新纪录，荣获15项国家级或省部级奖项。

10月 中贵线全线贯通投产。该管道长为1613公里，管径1616毫米。中贵线是中国西部气源外输的重要通道，实现了西气东输、陕京线、川渝管网、中缅输气管线互联互通。

11月15日 中国海油天津浮式LNG项目顺利通过机械完工及安全检查验收，标志着国内首个浮式LNG项目陆上配套浮式系统正式建成，具备气态外输条件。

2014年

4月18日 中国石化股份公司下发通知，决定在中国石化股份公司管道储运分公司的基础上成立中国石化管道储运有限公司。

4月24日 荔湾3-1气田至高栏终端国内压力最高的天然气输送管道建成投产。该管道长261公里、直径30英寸，设计输送压力24兆帕、设计输送能力120亿方/年，开创了国内1500米水深开采天然气的先河，为深港澳大湾区经济社会发展提供清洁能源保障。

5月31日 中亚天然气管道C线投产。

11月14日 山东LNG接收站投产。山东LNG接收站是中国石化首座LNG接收站，于2010年7月获得国家核准、2014年11月14日首船成功靠泊、12月3日实现气化外输、12月10日完成首车槽车LNG充装。

11月20日 西气东输三线西段全线贯通。

12月26日 中国自主研制的30兆瓦级国产燃驱压缩机组产品在西三线烟墩站一次点火成功，实现中国管道核心装备的又一重大突破。

2014年 X90/X100管道应用技术成果通过中国石油集团公司的鉴定。0.8设计系数输气管道应用技术，在西气东输三线上已成功实施了261公里的试验段工程。

2015年

1月9日 广东管网二期工程珠海LNG西干线高栏港分输站—肇庆段、二期工程高明—肇庆联络线合计168.5公里管线顺利投产，标志着全长621公里的珠三角天然气外环管网全线投产。

5月11日 涪陵—王场输气管道投产。涪陵—王场输气管道是中国石化川东南涪陵页岩气田主要的外输管道工程，于2015年4月22日全线贯通，2015年5月11日建成投运。

6月 中俄东线天然气管道工程开工建设北段试验段，这是中国首条采用1422毫米超大直径、X80高钢级管材、12兆帕高压力等级的世界上单管输量最大的跨境长输天然气管道工程。管道沿线自然环境复杂，多年冻土水网沼泽和林带交替分布，冬季最低气温达零下40℃，为管道建设带来巨大挑战。

2016年

2月23日 国家石油天然气大流量计量站武汉分站投产。国家石油天然气大流量计量站武汉分站位于湖北省武汉市江夏区川气东送管道武汉输气站内，于2013年4月开工建设，2016年2月23日投产。

3月28日 广西LNG接收站成功试投产。广西LNG项目是华南地区最大的LNG接收站项目，于2013年6月24日获得国家发改委核准、同年7月30日开工，2016年3月8日开始首船调试气接卸。2017年6月9日实现国际LNG船舶进港常态化。

5月30日 金坛储气库一期投产成功。金坛储气库作为川气东送管道的重要配套工程，主要用于长江三角洲地区天然气的冬夏季调峰和应急储备。

8月13日 中俄原油管道二线工程正式开工建设。该管道起始于黑龙江省漠河县兴安镇漠河首站，途径黑龙江、内蒙古两省，止于黑龙江省大庆市大同区林源输油站，管道全长941.80公里，年供油能力1500万吨。中俄原油二线工程是中俄全面战略协作伙伴关系在能源领域的重要体现，是加快中国能源战略通道建设，保障国家能源供应安全的重要举措。该工程有利于进一步完善国家东北油气战略通道，优化国内油品供需格局，提振东北工业经济，有力助推中国经济社会健康持续发展。

9月 中国石化集团公司全面深化改革领导小组第十二次会议通过《中国石油天然气集团公司天然气销售管理体制改革方案》，11月印发《关于天然气销售与管道业务体制调整的通知》，决定做实天然气销售分公司与中油管道公司，天然气销售与管输业务分立运行。

2017年

1月2日 中国石化浙江甬台温管道温州瑞安飞云江特大型定向钻跨年回拖一次成功，创造了国内最长的对穿海底握手成品油管道定向钻的新奇迹。

5月19日 文23储气库项目（一期工程）开工。文23储气库是国内东部地区迄今为止库容最大、工作气量最高、调峰能力最强的储气库设施。

6月 中缅原油管道全线投产成功，标志着中国西南、西北、东北、海上四大能源进口通道基本建成，对中国实现原油进口多元化、降低运输风险和运输成本、优化能源供应格局、促进地方经济等具有重大意义。

9月12日 立沙油品储运项目输油管道一次投油成功，安全顺利实现柴油航煤连续管输分输下载的分输工艺，以及国内首例航煤顺序输送无中间库直接分输工艺。

10月29日 陕京四线天然气管道干线工程顺利贯通。

12月16日 广东管网广州鳌头首站开启天然气反输通道，将来自中国海油的南海海气和珠海LNG资源反输进入西气东输二线，是推进天然气产供储销体系建设、有效保障天然气冬季保供的重要举措。

12月26日 蒙西管道项目获得国家发改委核准，项目按三阶段分期建设、分期投产。一期工程东起中国海油天津LNG临港分输站，西至毗邻雄安新区的定兴分输站，南至河北沧州黄骅末站，北至廊坊末站，全长约413.5公里，总投资85.98亿元，被国家发改委列入2019年天然气基础设施互联互通重点工程。

2018年

2月 国家发展改革委下发《关于加快推进2018年天然气基础设施互联互通重点工程有关事项的通知》，以实现天然气管道"全国一张网"格局，最大限度地发挥天然气调峰水平，保障民生用气。

● 中国自主铺设国内最长海底管线完工。中国海油公司所属深水起重铺管船"海洋石油201"完成南海东方13－2气田海域195公里的海底管线铺设，为中国迄今为止自主铺设的最长海底管线。

3月21日 中国海油海南LNG接收站通过海关保税仓储验收、成为全国首例LNG保税仓库。

4月17日 天津LNG项目正式投入商业试运营。天津LNG工程项目是国家"十三五"重点工程，也是国务院"稳增长、促改革、调结构、惠民生"重点督办项目，天津市政府、中国石化重点推进及投产试运行项目。该项目于2017年主体完工、2018年2月6日实现首船接气、2月14日实现LNG槽车首车外运、3月12日实现管道气化外输，创造了国内LNG接收站投产时间最短、全部关键设备投料试车一次成功等7项纪录。

4月 南川水江—涪陵白涛输气管道工程（南川—涪陵管道）开工建设。

5月9日 广西管道与中国石油中缅管道钦州互联互通工程完工；8月29日，川气东送管道与中国石油西气东输一线江苏青山互联互通工程完工；9月28日，广西管道与中国石油中缅管道来宾互联互通工程完工；11月1日，天津管道与中国石油港清线南港互联互通工程完工；合计新增互供输气能力3600万方/日。

5月 鄂安沧管道（一期工程）开工建设，2019年9月全线建成试生产。鄂安沧管道项目是国家、河北省和中国石化重点督办的天然气保供工程，先后被列入国家能源发展、天然气发展和河北省天然气发展《"十三五"规划》。

8月1日 中国海油深圳LNG项目接卸首船LNG。该项目是深圳市政府与中国海洋石油总公司的战略合作重点内容之一，是国家规划建设的重大能源基础设施项目。

9月 抚锦成品油管道全线输油贯通。这标志着辽宁省境内又一条能源大动脉投入使用。

●中科炼化一体化工程配套输气管道工程开工建设。中科炼化一体化项目为中科两国政府关于加强能源领域合作框架指导下的重大合作项目。

10月30日 广东管道与广东大鹏LNG南沙分输站联通，标志着珠三角东西两岸的天然气管道正式联通，珠三角天然气内环管网正式形成，通过与外环管网相接，南海“海气”、进口LNG、“西二线”气等多气源实现资源互通，切实提升了天然气管网输送能力。

11月4日 中国海油创新海运模式，将130个LNG罐箱从海南洋浦港专船运至山东龙口和辽宁锦州。

11月15日 蒙西管道一期工程天津互联互通段成功投产试运行。蒙西管道一期工程互联互通段是国家能源局2018年天然气产供储销体系建设的重点工程之一。

11月 鄂安沧管道一期工程投产。鄂安沧管道一期工程形成了华北腹地资源大通道，提高了供气的可靠性和灵活性。

●山东液化天然气(LNG)项目二期工程开工建设。山东LNG二期工程投用后可极大缓解华北地区冬季天然气供应缺口。

12月 中国海油试点LNG罐箱“江海联运”，将24个LNG罐箱从山东日照港运抵南京龙潭港。

（管道运输行业大事记由本刊编辑部根据中国石油、中国石化、中国海油来稿编辑整理）

邮政行业大事记

1949年

10月8日 庆祝中国人民政治协商会议第一届全体会议纪念邮票发行，这是新中国发行的第一套邮票。

11月1日 中央人民政府邮电部成立并启用印信。

12月10日—28日 中央人民政府邮电部在北京召开第一次全国邮政工作会议。

12月25日 中国与朝鲜在北京签署邮政、电报、电话三个通信协定。这是新中国签订的第一个国际通信协定。

1950年

1月1日 邮电部邮政总局成立并启用印信。

3月27日 中国邮政工会与中国电信工会合并成立中国邮电工会。

5月5日 外交部长周恩来致电万国邮政联盟，任命中国邮政总局局长苏幼农为出席万国邮联执行及联络委员会的中国全权代表。苏幼农于24日参加了万国邮联执行及联络委员会会议。

7月22日—31日 邮电部在北京召开大行政区邮电管理局长会议，决定实行邮政电信合一的管理体制。大行政区和省分别设立邮电管理局，各地分别设立邮电局。

11月1日 恢复收寄发往英、美、瑞士、加拿大、丹麦、瑞典等国的国际邮件包裹。

1951年

5月31日 邮电部强烈抗议万国邮联于5月21日通过美国提出的剥夺中国在万国邮联合法权利的非法决定。

1952年

12月28日 邮电部与出版总署联合发出《关于改进出版物发行工作的联合决定》。至此，全国中央一级和省级报刊全部由邮局发行。

1954年

11月15日 国务院决定“中央人民政府邮电部”改称“中华人民共和国邮电部”。

12月15日 开通成都经昌都至拉萨的自办汽车邮路，邮政汽车第一次从四川开到了拉萨。

1955年

4月1日 中国和印度政府联合发表关于印度政府将其在中国西藏地方所经营的邮政、电报、电话等企业及其设备和12个驿站及其设备移交中国政府所有的公报。

1956年

1月22日 北京市邮局开始使用信函分拣传送机。这是国内首先采用的信函分拣机械。

4月20日—27日 全国邮电先进生产者代表会议在北京举行，毛泽东、朱德、刘少奇、周恩来等接见全体代表。

1957年

1月1日 中国民用航空局新开航线并加密原有航线班期，至此，全国已有23个省、市、自治区邮件通达定期航空运输。

6月5日 中国邮政自办第一条青藏邮运汽车邮路开通。

6月10日 邮电部与中国人民解放军总参谋部联合发出通知，自9月1日起，中国人民解放军军邮站取消，军事邮件寄递工作移交邮局接办。

1958年

1月1日 邮电资费全国统一。

7月1日 经中央批准，各省、市、自治区(北京市除外)邮电管理局自本月起下放地方，实行以省市区为主的邮电部和省市区双重领导。

1959年

9月25日 北京邮票厂建成投产。

1960年

3月20日—31日 邮电部在北京召开全国邮电技术表演比赛大会。出席的技术革新和生产能手740多人进行了技术表演，总结出90多项成套先进经验，其中邮政方面31项。会议期间，国家领导人周恩来、朱德、董必武、邓小平接见了全体代表。

1962年

1月1日 经中共中央批准，除西藏仍以地方为主外，全国邮电企业实行以邮电部和各省、市、自治区双重领导，业务以邮电部为主的管理体制。

1970年

1月1日 邮电部撤销。邮政系统划归交通部领导。

7月1日 铁道、交通、邮政合并组成新的交通部启用印章，交通部邮政总局印章同日启用。

1972年

4月13日 万国邮联恢复中华人民共和国自1951年起被非法剥夺长达20年的万国邮联代表席位。

1973年

6月1日 邮电部正式恢复。

1975年

11月13日 亚太邮联承认中华人民共和国为合法代表。

1976年

2月28日 中国外交部通过菲律宾外交部通知亚太邮联总部，中国政府决定加入亚太邮联，并签署亚洲"太平洋邮政公约"。

1979年

1月1日 全国人大常委会发表《告台湾同胞书》，建议台湾和大陆之间尽快实现通航、通邮，以利两地同胞直接接触、互通信息。

3月30日 第17次全国邮电工作会议在北京召开。会议贯彻中共中央十一届三中全会决议精神，决定邮电工作以通信建设及经济建设服务为重点。

5月 开放对台湾平信业务。

6月 开放对台湾挂号信业务。

1980年

5月29日 邮电部决定自7月份起在北京、上海、天津、广州、福州、深圳等城市开办国际特快专递邮件业务。

7月1日 邮电部门在全国范围内推行邮政编码。

1981年

11月 国务院同意恢复办理邮政储蓄业务，邮电部开始筹备。

1983年

3月30日 上海国际邮件交换站落成，出口邮件采用标准集装箱，通过远洋轮船直接运出。

1984年

10月12日 国务院总理主持国务院常务会议，听取了邮电部关于发展邮电事业的规划目标和"七五"计划安排的汇报。会后国务院对邮电工作发了6条指示。

10月16日 财政部决定1984年—1990年，对邮电部所属企业实现的利润实行倒一九分成，即上缴财政10%，90%留邮电部门用于发展邮电事业，外汇收入继续按90%留成。

11月1日 邮电部门开办国内特快专递邮件业务。

1985年

2月5日 邮电部决定成立审计监察局。

2月20日 中国南极长城站邮局开始营业。

7月1日 邮电部决定根据政企分开的原则改革邮票发行和集邮管理体制，从即日起，将中国邮票总公司正式分设为邮电部邮票发行局和中国集邮总公司。

7月29日 北京国际邮电局建成，正式交付使用。

9月1日 中国和巴基斯坦签订协议，决定开通中国红其拉甫至巴基斯坦苏士德的陆地邮路，自9月4日起在边境直接交换邮件。

● 邮电部决定在全国推广用户专用邮袋，并颁发《加强邮袋管理的暂行规定》。

10月11日 邮电部决定自1986年1月1日起调整国际函件资费。

10月28日 邮电部颁发《国际邮件处理规则》，自1986年1月1日起执行。

10月31日 中国和朝鲜民主主义人民共和国邮政部门商定，自1986年1月1日起，在中国丹东和朝鲜新义州实行对等轮流交换邮件办法。

11月15日 中国正式开放至南极信函业务。

11月21日 邮电部决定成立中国速递服务公司，经营管理快递业务。

1986年

1月1日 经国务院批准，内地寄往香港、澳门地区的函件实行新的资费标准。

1月8日 中央财经领导小组召开办公会议，确定对邮政部门实行"以邮养邮"政策。

2月1日 邮电部门正式开办邮政储蓄业务，北京、天津、郑州3市10个邮政储蓄点开业。

3月18日 邮电部成立邮政储汇局。

7月1日 北京、天津、上海、广州开办邮政活期储蓄异地存取业务。

10月1日 邮电部决定对国际、港澳地区特快专递邮件业务和国际、港澳电信业务资费进行适当调整。

● 拉萨市开办邮政储蓄业务。至此，各省、自治区、直辖市全部开办了邮政储蓄业务。

12月2日 第六届全国人民代表大会常务委员会第十八次会议审议通过《中华人民共和国邮政法》，自1987年1月1日起施行。

1987年

1月22日 第六届全国人民代表大

会常务委员会第19次会议决定：批准中国政府代表于1984年7月27日在汉堡签署的《万国邮政联盟组织法第三附加议定书》。

● 天津—广州定期海上航班举行首航式，每次航班双方对发18个集装箱邮件。

2月20日 邮电部邮政运输局成立大连水运分局，组建船队进行邮运。

4月28日 由中国远洋轮船运输的中国第一条国际远洋集装箱邮路开通。

5月27日 国家经委会同邮电部、铁道部、交通部、中国民用航空局，公安部、城乡建设环境保护部和中国交通运输协会联合印发《关于加强邮政运输工作的通知》。

9月25日 邮电部颁发《邮袋使用管理规则》。

10月5日 邮电部决定从1987年11月1日起在全国196个大中城市同时开办"国内邮政快件"业务。

12月2日 邮电部通过新华社发表公告，宣布对台湾开办邮电业务，并为回大陆探亲旅游的台湾同胞提供方便。

1988年

2月11日 邮电部发布《邮电部关于邮政储汇安全管理的规定》，自发布之日起施行。

4月20日 邮电部决定设立海南省邮电管理局。

8月27日 邮电部发布《各省、自治区、直辖市邮电管理局工资总额同邮电业务总量挂钩试行办法》，自1988年起实行。

1989年

4月27日 邮电部宣布从1989年5月起，投寄信函要书写寄件人邮政编码；从1990年5月起，寄件人、收件人邮政编码均须书写。

7月24日 邮电部发出通知要求各级邮电部门组织好台湾来话、来报的接续和信函投递工作。

11月13日—12月4日 邮电部部长杨泰芳率中国邮政代表团出席在美国华盛顿召开的万国邮政联盟第20届代表大会。杨泰芳当选为本届大会副主席，中国当选为邮政联盟执行理事会和邮政研究咨询理事会理事国。

1990年

2月5日 邮电部决定将部邮票发行局和中国集邮总公司合并，组建中国邮票总公司。

9月23日 经人事部批准，邮电部档案馆、中国邮电博物馆、中国邮票博物馆合并组建为邮电部邮电文史中心。

11月12日 国务院发布第65号令，公布《中华人民共和国邮政法实施细则》。

1991年

9月14日 邮电部发行《赈灾》特种邮票，全部收入捐献灾区。

10月30日 七届全国人大常务委员会批准中国政府代表签署的《万国邮政联盟组织法第四附加议定书》。

1992年

1月2日 上海虹桥国际航空邮件交换站启用，这是继北京之后全国第二个国际航空邮件交换站。

4月30日 中国1990年发行的特种邮票《韩熙载夜宴图》在世界政府邮票印刷业者第四届会议上获"新技术发明奖"最佳邮票。

5月12日 经国务院批准，邮电部自1992年7月1日起，开办国际邮政汇兑业务。

6月16日 邮电部发出通知，自1992年7月1日起开办国内邮政电子信函业务。

10月9日 中国和越南恢复两国水陆邮件总包直接交换。

1993年

1月1日 乌鲁木齐—阿拉木图国际航空邮路开通。

1月27日 邮电部发出通知，为贯彻执行国务院《储蓄管理条例》和中国人民银行"关于执行《条例》的若干规定"，《条例》自1993年3月1日起施行，邮电部1986年3月颁布的原《邮政储蓄章程》废止。

3月15日 20世纪中国规模最大的邮政建设工程——北京铁路西客站邮件处理中心破土动工。

4月1日 连云港—徐州—上海一级干线火车邮路开通。

4月29日 海峡两岸关系协会与台湾海峡交流基金会在新加坡签署《两岸挂号信函查询补偿事宜协议》。

5月29日 《两岸挂号信函查询补偿事宜协议》生效。

6月2日 上海邮局收到"台北航空邮件处理中心"寄来的首批挂号函件，实现两岸挂号函件双向互寄。

7月5日 中国最大的邮件集散地和处理中心——北京邮政枢纽落成投产。

8月14日 北京—香港首次开通NO.7信令国际电路。

10月20日 邮电部印发《国际电子信函邮件处理规则》，自1994年1月1日起实行。

1994年

3月22日 中国(塘沽)至韩国(釜山)直达海上邮路正式开航。

4月30日 邮电部发文赋予中国邮票博物馆承担邮票鉴定的政府职能。

5月30日 由22家邮电单位集股组建的第一家邮品生产经营性公司——北京鸿纳邮品股份有限公司在北京成立。

7月1日 全国最大的跨省市移动电话网——京津冀移动电话实行联网并自动漫游。

9月9日 在汉城举行的万国邮政联盟第21届大会上，中国申办1999年北京万国邮联第22届大会获得通过。

11月29日 经国务院同意，中国民航总局复函邮电部，同意筹建中国邮政航空有限责任公司。

1995年

2月9日 邮电部机构编制委员会发文，撤销省(区、市)集邮公司。邮资票品的发行、分配等各项管理工作，由省(区、市)邮电管理局负责。

9月25日 中国邮政第一艘邮客兼营的邮轮“中驿”号在重庆起锚。

9月26日 邮电部、国家工商行政管理局联合发布《个人经营集邮票品管理办法》，自发布之日起施行。

10月4日 邮电部邮政总局正式注册企业法人资格。名称为“中国邮电邮政总局”(简称“中国邮政”)。

1996年

7月18日 第22届万国邮政联盟大会中国组委会和中国1999年世界集邮展览组委会在北京正式成立。

9月6日 邮电部明确邮政总局对外称谓，即对外为中国邮电邮政总局(DIRECTORATE GENERALOFPOSTS P&T CHINA)，简称“中国邮政”。

10月22日 中国邮政航空有限责任公司正式成立，该公司为邮电部直属全民所有制企业。

1997年

1月10日 邮电部就邮电通信企业标识使用问题作出规定：邮、电合设的机构、场所和共同使用的业务用品，使用邮电徽；邮、电分设的机构、专用品、业务宣传，分别使用“中国邮政”“中国电信”的企业标识；各管理局、各邮电通信企业不另设、启用企业标识。

2月27日 中国邮政航空有限责任公司航空邮路开通。标有“中国邮政”字样的Y－8型飞机装载首批邮件自天津起飞，经上海抵厦门。

4月1日 青岛通过韩国汉城开通了至纽约、洛杉矶、东京3条国际航空快递邮路，快件达到每周13频次。

4月24日 邮电部决定取消办理邮政储蓄异地存取款业务手续费，自1997年6月1日起执行。

6月9日 中国与万国邮政联盟签署正式协议，邮联大会1999年8月在北京举行。

6月18日 邮电部决定，海南省邮电管理局实行邮电分营试点。

7月1日 邮电部发行《香港回归祖国》纪念邮票。

9月11日 中国首条自办海上国际邮路大连至日本、韩国邮路试航成功。

10月13日—14日 邮电部副部长刘立清率中国邮电代表团赴日内瓦出席并主持万国邮政联盟战略大会。

11月1日 南京邮政局停用长江航运邮路，结束南京自1897年开始的长江水路运邮历史。

1998年

1月20日 自拉萨“绿卡”工程完工，并联入网后，全国邮政储蓄计算机联网工程——“绿卡”工程实现全国30个省(区、市)联网。至此，“绿卡”网已成为全国最大的金融网。

● 中共中央批准成立国家邮政局党组，任命刘立清为党组书记。

3月10日 第九届全国人大第一次会议通过关于国务院机构改革方案，决定在邮电部和电子工业部的基础上组建信息产业部。成立国家邮政局，由信息产业部管理。

4月28日 国家邮政局正式挂牌成立。

4月30日 信息产业部印发《邮电分营指导意见》，在全国组织实施邮电分营工作。

5月7日 国务院颁发的“国家邮政局”印章启用。

7月1日 中国邮政取消“邮政快件”业务。

9月14日 国家邮政局在英特网开通中国邮政主页。

12月18日 国家邮政局发行《中国共产党十一届三中全会二十周年》纪念邮票一套2枚。

12月25日 国家邮政局党组任命天津市等29个省(区、市)邮政局领导班子成员，全国各省(区、市)邮政局领导班子组建完成。

12月26日 国家邮政局发行《毛泽东同志题词“人民邮电”五十周年》纪念邮资明信片一套1枚。

12月31日 全国各级邮区中心局的设置工作完成，确定各级邮区中心局共236个，其中一级邮区中心局7个、二级邮区中心局63个、三级邮区中心局166个。

1999年

1月6日 山东省邮政局正式挂牌，至此，全国31个省(区、市)邮政局全部成立，全国邮电分营分设工作完成。

6月23日 国家邮政局与中国联通公司签署一系列业务代销、代办、代收等合作协议书。

7月9日 中国第一个邮政综合业务计算机网在福建省福州市建成，并通过国家邮政局验收投入使用。

8月21日—30日 中国1999世界集邮展览在北京国际会议中心举行。这是中国首次举办的世界综合性集邮展览。

8月 第22届万国邮政联盟大会在北京隆重举行。这是万国邮联成立125年和中国加入万国邮联85年来，首次在中国举行这样的大会。

11月26日 国家邮政局与中国商品交易市场业务合作协议书签字仪式在北京举行。

12月20日 国家邮政局发行《澳门回归祖国》纪念邮票一套2枚，小型张2枚。

2000年

1月1日 《中国邮政报》正式创刊。

6月24日 国家邮政局、国家工商行政管理局联合发布《集邮市场管理办法》，并自发布之日起施行。

7月1日 国家邮政局调整国际特

快专递业务资费标准，资费平均降幅约为10%。

● 全国省会城市城区包裹实行直投到户。

8月14日 国家邮政局科学技术委员会在北京成立，委员68人。

9月1日 国家邮政局实行邮件传递全面提速，用户将用相同的邮资，享受快件的服务：普通包裹提前2~4天、平常函件提前1~2天。

9月29日 经国家经贸委批准，中国邮政首家科技股份公司湖南湘邮科技股份有限公司成立。

12月 邮区中心局体制实施工作取得重大进展。全国邮政各省会除拉萨外，全部成立邮区中心局并运行。将原236个邮区中心局调整为201个。

2001年

3月1日 国家邮政局制定的新的《国内邮件处理规则》公布执行。

7月1日 国家邮政局发行《中国共产党成立八十周年》纪念封一枚。同日，国家邮政局还发行了《中国共产党成立八十周年》纪念邮票一套1枚。

7月6日 《北京申办2008年奥运会成功纪念》邮票首发式在国家邮政局举行。

8月10日 信息产业部第13号部令，发布《邮政用品用具监督管理办法》，自发布之日起施行。

12月11日 国家邮政局发行《中国加入世界贸易组织》纪念邮票一套1枚。

12月29日 国家邮政局、铁道部在北京联合举行《青藏铁路开工纪念》邮票首发式。

12月 至年底，中国邮政完成了三年扭亏的历史任务，扭转了中国邮政多年来一直亏损的局面。这是中国邮政具有历史意义的一次突破，为邮政下一步走上良性循环奠定了坚实的基础。

2002年

6月18日 国家邮政局与中国南方航空公司在北京签约，双方重组并合资经营中国邮政航空公司。重组后的邮政航空公司国家邮政局持股51%，南方航空公司持股49%。

9月5日 信息产业部、对外贸易经济合作部、国家邮政局联合下发《关于办理进出境信件和具有信件性质的物品寄递业务的补充通知》。要求国际货物运输代理企业办理进出境信件和具有信件性质物品的寄递业务，必须经邮政部门委托。

9月28日 国家邮政局在全国范围内正式开办混合信函业务。这是用户利用计算机发信，通过英特网传输，由专用信函打印封装机打印、封装，按平常投递的信函业务。

2003年

1月18日 中邮物流有限责任公司正式挂牌，标志中国邮政大举进军物流业。

9月25日 国家邮政局、俄罗斯邮政总局《关于加强两国邮政领域合作的联合议定书》在北京签署。

9月26日 《铁道部、国家邮政局战略合作框架协议》在北京签署。

10月16日 《中国首次载人航天飞行成功》邮票首发式在北京航天城举行。

11月25日 经中国证监会批准，湖南湘邮科技股份有限公司股票在沪、深两市公开发行，并于12月10日在上海证券交易所正式上市。它的发行与上市开创了中国邮政向资本市场进军的先河。2002年11月，湖南湘邮科技股份有限公司通过中国证监会股票发行的审核，成为"中国邮政第一股"。

12月1日 凌晨，"中国邮政号"波音737—QC飞机从上海浦东国际机场起飞，前往日本大阪，宣告上海寄往日本的国际快件实现了"今天寄出明天投递"。

2004年

6月30日 全国邮政存款余额突破万亿元大关，达到10082.88亿元。

8月18日 中国邮政EMS"全夜航"正式开通，全国27个省区的136个大中城市间的EMS邮件可实现"次日递"。

9月15日 国家邮政局发行《人民代表大会成立五十周年》纪念邮票一套2枚。

9月29日 国家邮政局局长助理黄国忠当选为万国邮联国际局副总局长。这是中国乃至亚洲地区的邮政官员首次当选这一有130年历史的联合国专门机构的高层领导职务。同时中国以最高票数156票当选为行政理事会理事国，以138票连任邮政经营理事会理事国，显示了中国在世界邮政领域的重要地位。

2005年

1月21日 中国邮政与中国联通公司联合举行合作发展"宝视通"视讯业务协议签字仪式。

● 中国南极长城站邮政局揭牌营业，标志着从北京到南极17051公里的邮路开通。

1月 中央一号文件《中共中央国务院关于进一步加强农村工作提高农业综合生产能力若干政策的意见》中提出："鼓励邮政系统开展直接为农民生产生活服务的连锁配送业务。"邮政配送服务"三农"写进中央一号文件。

3月 万国邮联EMS(邮政快递)合作机构公布2004年4季度各成员国邮政EMS质量认证结果，中国邮政EMS首次进入银牌级名单。

4月14日 国家邮政局与中国电信集团公司全面合作框架协议签字仪式在北京举行。

6月28日 全国31个省(区、市)局的两网上线工作全部结束，使中国邮政全网实现了邮政储蓄系统与汇兑系统的互联互通及邮政储蓄资金和汇兑资金的合并使用。

7月20日 国务院常务会议讨论并原则通过邮政体制改革方案，并于8月19日以正式文件下发。标志着中国邮政体制改革工作，开始步入具体实施操作阶段。《方案》的核心是“政企分开、两改革、四项措施”。

10月19日 “神舟”六号返回舱开舱。中国邮政搭载的《中华人民共和国国旗国徽》邮票小版200版、《“神舟”六号》个性化邮票5000版等邮品“走”出返回舱向世人亮相，并进行现场公证。

2006年

2月13日 国务院批准国家邮政局“三定方案”。重组后的国家邮政局是信息产业部管理的国家邮政监管机构，实行政企分开，继续行使政府对邮政监督管理职能，企业职能剥离给新组建的中国邮政集团公司。

9月15日 全国31个省(区、市)邮政监管机构全部成立。

2007年

1月29日 新组建的国家邮政局和中国邮政集团公司正式揭牌。

8月1日 北京2008年奥运会专用邮政编码——102008正式启用。北京奥运大厦邮电所正式开业。北京奥运通信局正式开通。

9月21日 国家邮政局正式发布《快递服务》邮政行业标准。自2008年1月1日起施行。

2008年

1月1日 《中华人民共和国邮政行业标准－快递服务》自2008年1月1日实施。《快递服务》标准的颁布实施，填补了中国快递服务行业标准的空白，是中国邮政监管基础性建设的一次历史性突破。

5月21日 国家邮政局以国邮发〔2008〕98号文正式发布实施《邮政业标准体系和邮政业标准化2008年—2010年发展规划》。

7月12日 《快递市场管理办法》(交通运输部令2008年第4号)发布，自发布之日起施行。这是中国第一部规范快递市场的行政立法性文件(行政规章)。

11月4日 海峡两岸关系协会与台湾海峡交流基金会在台北签署《海峡两岸邮政协议》。这使长期以来两岸间的部分间接通邮变为全面直接通邮。两岸全面直接通邮，对促进两岸经贸交流，增进两岸同胞福祉，推进两岸和平发展意义重大。

12月17日 全国邮政业标准化技术委员会成立。

● 全国邮政业标准化技术委员会全体委员审查通过《快递封装用品》和《住宅信报箱》两项国家标准。

2009年

4月24日 第十一届全国人民代表大会常务委员会第八次会议通过修订后的《中华人民共和国邮政法》，修订后的《中华人民共和国邮政法》自2009年10月1日起施行。全面修订后的《邮政法》明确了邮政普遍服务的承担主体、业务范围以及服务和资费规定，强化了邮政普遍服务的支持保障机制，加大了对邮政和快递服务的监管力度，完善了通信安全和用户权益保护制度，对于进一步提高邮政普遍服务能力和水平，更好地满足人民生活和社会发展需要，具有重要意义。

5月23日 国务院办公厅转发六部门联合出台的《关于推动农村邮政物流发展的意见》，通过支持邮政企业发展农村物流，改善农民的生产和生活条件，促进农村经济繁荣发展，推进社会主义新农村的建设。

8月27日 《快递业务经营许可管理办法》(交通运输部令2009年第12号)发布，自2009年10月1日起施行。

9月18日 《邮政普遍服务标准》颁布，10月1日起施行。

2010年

1月5日 国家邮政局为中外运航空发展有限公司等4家企业核发首批国际快递业务经营许可证。

2011年

1月4日 《邮政行业安全监督管理办法》(交通运输部2011年第2号令)颁布，自2011年2月1日起施行。

1月20日 国家邮政局联合国家工商总局共同发布《快递行业特许经营(加盟)合同(示范文本)》。

3月16日 《中华人民共和国国民经济和社会发展第十二个五年规划纲要》提出邮政行业多项任务目标，首次将邮政服务纳入到基本公共服务范围。

5月3日 《集邮市场管理办法》由交通运输部部务会议审议通过。

6月27日 国家邮政局系统网站新主域名spb.gov.cn正式启用。

7月6日 国家邮政局组织编制的《住宅信报箱工程技术规范》经住房和城乡建设部批准公布，2011年8月1日起实施。

7月7日 国家邮政局会同公安部、国家安全部联合下发通知部署加强寄递渠道治安管理工作。

7月29日 国家邮政局发布《快递市场监管报告制度》。

8月11日 国家邮政局制定《快递业务操作指导规范》。

8月24日 国家邮政局发布《快递企业等级评定管理办法(试行)》。

9月15日 国家邮政局发布《邮政业消费者申诉处理规程》。

9月22日 《邮政行业统计管理办法》经交通运输部部务会议审议通过。

10月11日 《邮政行业统计管理办法》(交通运输部2011年第8号令)颁布，自2012年1月1日起施行。

10月26日 《住宅设计规范》国家标准发布，标志着中国已经基本建立了一整套完善的住宅信报箱设置建设的国家标准体系。

11月29日 国家邮政局发布《海峡西岸经济区快递服务发展规划(2011—2015)》。

12月23日 国家邮政局发布《邮政

行业安全防范工作规范》。

2011年 在2011年揭晓的《财富》世界500强企业排名中，中国邮政集团公司首次入围世界500强，排名第343位。

2012年

1月20日 国务院办公厅印发《国务院办公厅关于省级以下邮政监管体制的通知》(国办发〔2012〕6号)。

2月1日 中共中央国务院发布《关于加快推进农业科技创新持续增强农产品供给保障能力的若干意见》(即2012年中央"一号文件")提出支持邮政物流涉农服务。

3月16日 国家邮政局、公安部、国家安全部联合印发《寄递渠道治安检查工作规定》。

3月21日 国务院召开常务会议，讨论通过《"十二五"综合交通运输体系规划》，邮政业被首次纳入综合交通运输体系规划，体现国家"加强邮政与交通运输统筹管理"的战略意图。

5月8日 国家邮政局第119次局长办公会审议通过《邮政普遍服务"十二五"规划》。

5月15日—18日 2012年第一期全国邮政市场执法和安全监管培训班在贵阳举办。

5月19日 2012年首次快递业务员职业技能鉴定全国统考在29个省(区、市)同时开考，参加考试人数29531人，其中参加初级鉴定25882人、中级3649人。

7月10日 国家邮政局批准发布YZ/T0130—2012《快递服务与电子商务信息交换标准化指南》邮政行业标准。

8月7日 国家邮政局转发GB/T28585—2012《快递运单》国家标准发布公告。

9月6日 国家邮政局批准联邦快递(中国)有限公司(联邦快递)、优比速包裹运送(广东)有限公司(联合包裹)经营国内快递业务。

9月29日 深圳市邮政管理局成立揭牌仪式在深圳市福田区举行，这是全国首个揭牌成立的市(地)邮政管理局。

10月8日 万国邮联大会首次部长级会议召开，中国代表团团长、国家邮政局局长马军胜在会议上就《邮政在2020年世界中的作用和地位》做主题发言。

10月9日 交通运输部第8次部务会议审议通过《邮政业标准化管理办法》。

10月26日 《全国人民代表大会常务委员会修改〈中华人民共和国邮政法〉的决定》公布。修改决定自公布之日起施行，《中华人民共和国邮政法》根据决定作相应修改，并重新公布。

11月11日—13日 全国快递日处理量突破3000万件。

11月17日 《邮政业标准化管理办法》(交通运输部令2012年第7号)公布，自2013年1月1日起施行。

2013年

1月11日 交通运输部公布修订后的《快递市场管理办法》(交通运输部令2013年第1号)。自2013年3月1日起施行。

1月31日 中共中央、国务院《关于加快发展现代农业进一步增强农村发展活力的若干意见》(即2013年中央"一号文件")，提出：支持供销合作社、大型商贸集团、邮政系统开展农产品流通。

2月20日 国家邮政局第133次局长办公会审议并原则通过《国家邮政业突发事件应急预案(修订)》。

2月27日 国家邮政局第134次局长办公会议审议并原则通过《快件跟踪查询信息服务规范》。

2月28日 交通运输部、公安部、国家发展改革委、工业和信息化部、住房城乡建设部、商务部、国家邮政局7部门联合发布《关于加强和改进城市配送管理工作的意见》(交运发〔2013〕138号)。

3月1日 国家邮政局公布《邮政行政处罚程序规定》(国邮发〔2013〕32号)，自2013年5月1日起施行。

4月18日 全国邮政业标准化技术委员会在北京召开2013年度第二次工作会议，审查通过《邮政业机构代码编制规则》行业标准。

5月16日 国家邮政局、工业和信息化部、公安部、国家安全部、商务部和国家工商行政管理总局以国邮发〔2013〕96号文的形式联合印发《关于切实做好寄递服务信息安全监管工作的通知》。

6月9日 国家邮政局第142次局长办公会议审议并原则通过《邮政业机构代码编制规则》。

9月6日 在印度首都新德里举行的第11届亚太邮政联盟代表大会上，国家邮政局普遍服务司司长林洪亮高票当选为亚太邮联秘书长。这是中国加入亚太邮联组织以来首次当选该要职。

10月9日 全国邮政业标准化技术委员会2013年度第三次工作会议审查通过《智能快件箱》《快递代收货款服务规范》两项行业标准。

10月31日 国家邮政局发布《智能快件箱》《快递代收货款服务规范》邮政行业标准。

11月22日 国家邮政局发布《关于提升快递末端投递服务水平的指导意见》。

12月16日 国家邮政局局长马军胜率团出席在台北举办的两岸直接通邮五周年纪念活动，两岸邮政e小包开通仪式暨海峡两岸珍邮特展开幕典礼同时举行。

12月25日 浙江省杭州市正式被国家邮政局授予全国首个"中国快递示范城市"称号。

2014年

1月19日 中共中央、国务院《关于全面深化农村改革加快推进农业现代化的若干意见》(2014年中央"一号文件”)，要求加快邮政服务“三农”平台建设，鼓励邮储银行拓展农村金融业务。

2月13日 国家邮政局审议并通过《邮政业标准体系》。

2月28日 国家邮政局审议并原则通过《寄递服务用户个人信息安全管理规定》《无法投递又无法退回快件管理规定》等规范性文件。

3月10日 全国362个市(地)邮政企业完成更名、企业登记变更及挂新牌工作。

3月20日 国家邮政局审议通过《经营快递业务的企业分支机构备案管理规定》。

4月29日 中国梦·邮政情“寻找最美快递员”揭晓发布会在北京举行，10名基层快递员和2个快递员集体获“最美快递员”称号。

5月8日 国家邮政局审议并通过《快递业务经营许可注销管理规定》《快递业温室气体排放测量方法》行业标准。

5月27日 国家邮政局与中国民用航空局联合印发《锂电池邮件航空运输管理办法》(民航发〔2014〕31号)。

6月10日 国家邮政局审议通过《关于全面推进邮政行业文化建设的指导意见》《快递专用电动三轮车技术要求》行业标准。

6月25日 国家邮政局联合中国邮政集团公司召开专题电视电话会议，动员部署空白乡镇邮政局所补建和开业运营工作。

7月21日 国家邮政局发布《关于贯彻落实快递业务经营许可证变更审核流程优化方案的通知》。

8月1日 国家邮政局审议并原则通过《国家邮政局政府信息公开工作办法》。

8月21日 国家邮政局正式推出邮政业消费者申诉微信平台，服务号为“yz12305”。

8月29日 国家邮政局印发《关于转发〈国务院关于取消和调整一批行政审批项目等事项的决定〉的通知》(国邮发〔2014〕167号)，全面启动集邮市场行政审批制度改革。

9月18日 国家邮政局印发《关于规范使用快递电子运单的通知》(国邮发〔2014〕180号)，对邮政、快递企业在制作、使用和管理电子运单方面提出要求。

9月26日 中央综治办、公安部、交通运输部、国家邮政局、国家安全部等9部门联合印发《关于加强邮件、快件寄递安全管理工作的若干意见》(中综办〔2014〕24号)，从完善寄递安全管理制度、加强安全检查、增强安全防范能力建设、严厉打击相关违法犯罪活动等方面提出具体意见措施。

10月10日 国家邮政局审议通过《2014年快递业务旺季服务保障工作方案》。

10月20日 根据国家邮政局统计，全国快递服务企业业务量突破100亿件，中国快递年业务量首次突破百亿。

11月26日 国家邮政局会同国家发改委、交通运输部、商务部、国家铁路局、中国民用航空局、国家标准管理委员会联合印发《关于我国物流业信用体系建设的指导意见》，对物流业信用体系建设工作进行部署。

12月19日 中央综治办、国家邮政局、公安部、交通运输部、国家安全部、海关总署等9部门在京联合召开寄递渠道安全管理领导小组第一次会议。

12月26日 国家邮政局邮政业安全中心成立。

2015年

1月1日 《邮政行政执法监督办法》正式生效实施。

1月22日 国家邮政局审议通过《快递营业场所设计指南》《邮政业从业企业标准化工作指南》2项行业标准。

2月5日 中央综治办、国家邮政局等9部门在北京联合召开《关于加强邮件、快件寄递安全管理工作的若干意见》宣贯部署电视电话会议，明确任务分工。

3月4日 中共中央总书记习近平对邮政工作作出重要指示：“农村市场广阔，电子商务更是大有可为！希望邮政能够做好！”

3月19日 国家邮政局审议并原则通过《邮政业安全生产设备配置规范》《邮件和快件投递状态分类与代码》两项标准。

3月24日 国家邮政局审议并原则通过《关于促进邮政服务创新发展的若干意见》《村邮站服务规范》。

3月26日 2015中国快递论坛在上海召开，首次发布中国快递发展指数。

4月24日 第十二届全国人民代表大会常务委员会第十四次会议决定对《中华人民共和国邮政法》进行第二次修正。

4月27日 国家邮政局审议并原则通过《邮政业信息系统安全等级保护定级指南》《快递代收货款服务信息交换指南》两项标准。

5月15日 国家邮政局审议并原则通过《快递业务经营许可工作优化方案》。

5月29日 国家邮政局审议并原则通过《国家邮政局关于规范和改进邮政行政审批工作深入推进简政放权放管结合职能转变的实施方案》《邮件快件收寄验视规定》。

6月1日 部分邮政业务资费放开，国内特快专递资费等竞争性包裹寄递资费，由政府定价改为实行市场调节价。

6月12日 国家邮政局审议通过《邮政企业设置和撤销邮政营业场所管理规定》《邮政企业停止办理或者限制办理邮政普遍服务和特殊服务业务管理规定》两项规定和《快件基础数据元》《快递末端投递服务规范》《邮政业服务设施设备分类与代码》3项标准。

7月29日 快递员作为新职业纳入2015版《中华人民共和国职业分类大典》，这是快递员职业身份在“国家确定职业分类”中首次得以确立。

9月2日 国家邮政局审议并原则通过《寄递服务用户个人信息保护指南》《快递服务监管信息交换规范》《经营邮政通信业务审批工作细则（试行）》。

10月8日 国家邮政局审议并原则通过《集邮市场管理办法（修订送审稿）》《2016年纪特邮票发行计划》。

10月9日 交通运输部审议通过《邮政普遍服务监督管理办法（修订送审修改稿）》。

10月16日 国家邮政局审议通过《国家邮政局教育部关于加快发展邮政行业职业教育的指导意见（送审稿）》。

10月23日 国务院发布《国务院关于促进快递业发展的若干意见》（国发〔2015〕61号）。

11月3日 国家邮政局与北京市人民政府签署《关于加快推进首都邮政行业建设与发展合作协议》，共同加快建设“国内领先、国际一流”首都邮政业。

12月1日 新修订的《邮政普遍服务监督管理办法》正式施行。

12月2日 中央综治办、公安部、国家邮政局联合召开全国视频座谈会，专题研究部署寄递安全“收寄验视+实名收寄+过机安检”3项制度推进落实工作。

12月8日 国家邮政局审议并原则通过《快递电子运单》《快递安全生产操作规范》两项行业标准及《智能快件箱投递服务管理规定（暂行）》。

12月25日 国家邮政局宣布，中国快递年业务量于当日首次突破200亿件大关，继续稳居世界第一。

2016年

1月14日 国家邮政局召开2016年第一次局长办公会，传达国务院关于邮政业工作的重要批示精神，审议并通过了2016年工作任务目标分解安排和《京津冀邮政业协同发展指导意见》。

1月27日 中共中央、国务院《关于落实发展新理念加快农业现代化实现全面小康目标的若干意见》（即2016年中央“一号文件”）发布，支持邮政参与农村电商和金融服务体系建设，支持邮储蓄银行建立“三农”金融事业部，打造专业化为农服务体系。

3月15日 国家邮政局召开局党组会议，审议通过《国家邮政局党组关于贯彻落实全面从严治党要求的实施意见》。

5月19日 国家邮政局召开2016年第5次局长办公会，审议并通过《2015年度快递市场监管报告》。

5月30日 2016中国快递行业（国际）发展大会在北京召开。全国“互联网+”快递大学生创新创业大赛启动。

6月12日 国家邮政局召开2016年第6次局长办公会，审议并通过《2015年邮政普遍服务监管报告》《2015年邮票发行监管报告》。

6月24日 国家邮政局召开2016年第7次局长办公会，审议并原则通过《邮件快件微剂量X射线安全检查设备配置管理办法》和修订后的《禁止寄递物品管理规定（试行）》。

6月27日 国家邮政局发布《2015年度快递市场监管报告》。

7月20日 中国邮政集团公司在美国《财富》杂志发布的世界500强排行榜中列第105位，比上年上升38位，首次超过美国邮政。

7月29日 陕西省人民政府和国家邮政局在西安签署协议，共建西安邮电大学现代邮政学院和邮政研究院。

8月16日 国家邮政局召开2016年第9次局长办公会，审议并原则通过《邮政普遍服务“十三五”规划》。

8月31日 国家邮政局召开2016年第10次局长办公会，审议并原则通过《邮政市场监管约谈暂行办法》。

9月18日 全国第一个现代邮政学院——北京邮电大学现代邮政学院首批本科新生开学典礼举行，标志着邮政快递高等人才教育培养工作正式进入实施阶段。

10月21日 国家邮政局召开2016年第13次局长办公会，审议并原则通过《邮政业信息系统安全等级保护基本要求》《快递末端投递服务信息交换规范》两项标准和《关于加快长江经济带邮政业发展的指导意见》《2016年快递业务旺季服务保障工作方案》。

10月29日 江苏省人民政府与国家邮政局共建的南京邮电大学现代邮政学院、现代邮政研究院揭牌仪式在南京举行。

11月1日 国家邮政局召开2016年第14次局长办公会，审议并原则通过《国家邮政局关于促进邮政行业科技创新工作的指导意见》《快递业发展“十三五”规划（送审稿）》。

12月13日 国家邮政局召开2016年第15次局长办公会，审议并原则通过《邮政业监管体系建设“十三五”规划》《邮政普遍服务基础设施布局规划（2016—2020年）》和《快递寄递状态分类与代码》《快递集装容器第1部分：集装笼》两项标准。

12月20日 国家邮政局宣布2016年中国快递业务量已突破300亿件，继续稳居世界第一。

● 国家邮政局会同国家发展改革委、交通运输部联合印发《邮政业发展“十三五”规划》。

12月30日 国家邮政局召开2016年第16次局长办公会，审议并原则通过《邮政管理部门随机抽查工作细则》《随机抽查事项清单》和《快递营业场所基础数据元》《快递车辆基础数据元》两项标准。

2017年

3月1日 根据《中华人民共和国邮政法》《邮政普遍服务监督管理办法》的有关规定，国家邮政局会同财政部对2009年发布实施的《邮政普遍服务》标准（YZ/T0129—2009）进行修订，修订后的《邮政普遍服务》标准（编号为

YZ/T0129－2016）自2017年3月1日起实施，原标准将同时废止。

3月27日 国家邮政局发布京津冀地区、长江三角洲地区和珠江三角洲地区快递服务发展“十三五”规划。三大区域快递规划是“十三五”时期中国区域快递协同发展的纲领性文件和行动指南。

12月1日 国家邮政局在上海组织召开中欧班列快件运输座谈会，聚焦建设中欧班列快件运输机制，积极服务“一带一路”建设，发挥寄递互联互通的作用，更好服务国家全面开放新格局。

2017年 中国快递业务量完成401亿件，快递业务量连续4年稳居世界第一。

2018年

1月10日 国家邮政局党组召开会议，审议通过《推进邮政强国建设工作方案》。

1月23日 国务院办公厅印发《关于推进电子商务与快递物流协同发展的意见》。

2月7日 国务院第198次常务会议通过《快递暂行条例》。

7月6日 交通运输部办公厅印发《交通运输脱贫攻坚三年行动计划》。

7月19日 国家邮政局印发《国家邮政局关于同意国际快递业务(代理)经营许可审批事项下放中国(广东)自由贸易试验区的批复》，将国际快递业务(代理)经营许可审批权限下放至广东省邮政管理局。

8月20日 国家邮政局印发《国家邮政局关于同意国际快递业务(代理)经营许可审批事项下放天津市邮政管理局有关工作的通知》，正式将国际快递业务(代理)经营许可审批权限下放至天津市邮政管理局。

10月18日 交通运输部部务会通过发布《邮件快件实名收寄管理办法》《快递业务经营许可管理办法》。

11月29日 国家邮政局发布《邮件快件包装填充物技术要求》等四项标准。

12月12日 国家邮政局召开2018年第12次局长办公会议，审议并原则通过《快递业绿色包装指引》《邮政业“三新”单位核实认定工作方案》《国家邮政局推进一体化在线政务服务平台建设实施方案》等文件。

（邮政行业大事记由本刊编辑部根据历年年鉴和相关资料编辑整理）

中国邮政集团有限公司

2005年

1月 中央一号文件《中共中央国务院关于进一步加强农村工作提高农业综合生产能力若干政策的意见》中提出：“鼓励邮政系统开展直接为农民生产生活服务的连锁配送业务。”邮政配送服务“三农”写进中央一号文件。

6月28日 全国31个省(区、市)局的两网上线工作全部结束，使中国邮政全网实现了邮政储蓄系统与汇兑系统的互联互通及邮政储蓄资金和汇兑资金的合并使用。7月23日—10月18日，全国邮政外币储蓄系统一期工程建设全面完成，全国31个省(区、市)局共有46个地(市)局、56个县(市)局和118个邮政储蓄网点联入邮政外币储蓄系统。8月19日，中国邮政业务量收管理系统在天津市邮政局率先投入使用，标志着中国邮政的信息化建设重点从业务处理向经营管理发展的转折点。至2005年底，邮政电子化支局系统统一版本工程除北京、黑龙江、上海、广东、江苏、河北、云南7个省(市)外，其余24个统一版本推广省(区、市)局完成了推广任务。邮政信息化建设取得的丰硕成果标志着邮政信息化迈上一个新台阶。

7月20日 国务院常务会议讨论并原则通过邮政体制改革方案，并于8月19日以正式文件下发。标志着中国邮政体制改革工作，开始步入具体实施操作阶段。《方案》的核心是“政企分开、两改革、四项措施”。政企分开——重新组建国家邮政局，在各省(区、市)设立邮政管理局；组建中国邮政集团公司。两改革——改革邮政主业；改革邮政储蓄，成立中国邮政储蓄银行，由中国邮政集团公司控股。四项措施——建立普遍服务机制、完善特殊服务机制、强化安全保障机制、改革价格形成机制。

2006年

7月5日 9：32，由西藏拉萨始发青海西宁、搭载着出藏邮件的K918次列车开行；当天20：07，由西宁始发拉萨，搭载着进藏邮件的列车发车。这标志着进出藏火车邮路的正式开通。青藏铁路的开通是中国铁路建设史上的辉煌一页，是被称为“天路”的运输大动脉，伴随它开通的火车邮路，不但为内地与西藏间几十年的汽车邮路历史画上了句号，而且大大降低了邮运成本，它的社会效益和经济效益将日益凸现。

8月3日 中国货运邮政航空公司首飞北京—韩国首尔航线，这是邮航在开通自主航空邮路的基础上走出国门飞向世界的开始。2006年，到韩国首尔(8月3日)和日本大阪(12月19日)的国际航线先后开通，中国邮政的快速运递网络能力大幅提升，在竞争中获得了更多的主动权。

2007年

1月29日 重组后的国家邮政局和新组建的中国邮政集团公司在人民大会堂隆重举行揭牌仪式。同日，中国邮政集团公司挂牌成立。这标志着中国邮政体制改革取得重大进展，邮政政企分开工作基本完成。

3月20日 中国邮政储蓄银行成立。这是继中国邮政集团公司成立后，中国邮政储蓄体制改革迈出的实质性步伐，也是邮政体制改革的重要组成部分。

9月4日 西藏自治区邮政管理局和西藏区邮政公司在拉萨举行挂牌仪式。至此，31个省（区、市）邮政全部实现政企分开，企业独立自主经营、政府依法监管的新型邮政体制初步形成。

2008年

2月8日 农历大年初一，胡锦涛总书记到广西邮政生产现场视察慰问时指出："邮政事业关系到千家万户，关系到人民群众的切身利益。在这场雨雪冰冻灾害面前，邮政职工迎难而上，奋力拼搏，克服了种种困难，保持了邮路基本畅通。我们要更好地发展邮政事业，为人民群众提供优质的邮政服务。"

11月4日 《海峡两岸邮政协议》的签署，使长期以来两岸间的部分间接通邮变为全面直接通邮。两岸全面直接通邮，扩大了业务合作范围，提高了邮件传递速度，方便了两岸民众用邮，对促进两岸经贸交流，增进两岸同胞福祉，推进两岸和平发展意义重大。12月15日，海峡两岸正式开始直接通邮仪式在北京航空邮件交换站拉开帷幕。这标志着海峡两岸从此开始全面、直接、双向通邮，直接开办各项邮政业务。历时30年艰辛努力，两岸民众期盼已久的梦想终于成为现实。

2008年 全国各级邮政企业，特别是北京等涉奥城市邮政，在集团公司的领导和指挥下，为奥运做好服务支撑，保证了奥运邮政服务及时、高效运行，为北京奥运会、残奥会和奥博会提供了同样有特色、高水平、全方位的邮政服务。国际奥委会终身名誉主席萨马兰奇先生称赞邮政服务工作是北京奥运会的一个亮点。

奥运会前后，由中国邮政制作发行的各种画面精美、题材丰富的纪念邮品和运动员个性化邮票，成为老百姓喜闻乐见的奥运收藏品和纪念品。中国邮政还承担了为各国代表团运输行李器械的工作，以周到、细致的服务赢得了国际社会的广泛好评。在以"给未来的信"为主题的残奥会闭幕式中，邮政形象贯穿始终，充分展示了邮政在社会和经济发展中的重要作用，极大提升了中国邮政的社会形象和地位。在奥运会期间，中国邮政成功承办了首届奥林匹克博览会，与国际知名企业开展合作，充分展现和诠释了奥林匹克丰富的精神和文化内涵。作为奥运会期间重要的官方文化活动，奥博会的成功举办为中国赢得了更多的世界喝彩。

2009年

4月24日 新《邮政法》顺利通过，10月1日起正式实施。全面修订后的《邮政法》明确了邮政普遍服务的承担主体、业务范围以及服务和资费规定，强化了邮政普遍服务的支持保障机制，加大了对邮政和快递服务的监管力度，完善了通信安全和用户权益保护制度，对于进一步提高邮政普遍服务能力和水平，更好地满足人民生活和社会发展需要，具有重要意义。9月18日，《邮政普遍服务标准》颁布，10月1日起施行。

5月25日—26日 全国推广山东邮政发展农村物流经验现场会在山东省青岛市召开。会议进一步指明了邮政服务"三农"的工作方向，提高了邮政在国家推进"三农"服务工作中的战略地位。5月23日，国务院办公厅转发六部门联合出台的《关于推动农村邮政物流发展的意见》，通过支持邮政企业发展农村物流，改善农民的生产和生活条件，促进农村经济繁荣发展，推进社会主义新农村的建设。

9月9日 经保监会批准，中邮人寿保险股份有限公司正式成立。这是中国邮政体制改革的又一硕果，是集团公司贯彻中央精神、深入实践科学发展观的具体体现。它的成立进一步丰富邮政金融业务品种，促进了邮政金融业务的多元化发展，为中国邮政更好地服务民生拓展了道路，也为中国邮政自身不断创新发展增强了动力。

2010年

6月29日 中国邮政速递物流股份有限公司揭牌。这是中国邮政按照国务院关于邮政体制改革的总体要求，深化邮政主业改革的重要举措，标志着中国邮政向现代邮政转型迈出了重要一步。31个省（区、市）邮政速递物流有限公司同日全部挂牌。

7月1日 中国邮政网络培训学院（www.cpou.cn）正式开通。国务院领导对此作出重要批示，肯定了邮政自2005年以来开展全系统远程培训所取得的显著成绩，要求邮政以此为契机，培养更多的专业人才，造就宏大的人才队伍，为中国邮政事业提供坚实的人才保障和智力支持。

12月21日 中国邮政开通福州—台北往返自主邮货运输航线。这是在海峡两岸实现全面、直接、双向通邮两周年之际，中国邮政促进两岸经贸发展，方便民众生活的又一重要举措。邮航成为大陆首家开通福州—台北航线的货运航空公司。

2011年

6月30日 《中国共产党成立九十周年》纪念封首发仪式在人民大会堂隆重举行。中国邮政发行《中国共产党成立九十周年》纪念邮票和纪念封各一套。胡锦涛总书记为纪念封亲笔题词："中国共产党成立九十周年。"

11月3日 凌晨1时36分，神舟八号飞船与天宫一号目标飞行器成功实现中国首次空间交会对接，这使得地面与太空的邮件传递成为可能。当天上午10时，中国邮政太空邮局开通仪式在北京航天城举行。航天英雄杨利伟担任太空邮局首任局长。

2011年 在揭晓的2011年《财富》世界500强企业排名中，中国邮政集团公司首次入围世界500强，排名第343位。

2012年

3月22日—23日 中国邮政集团工会第一次代表大会在北京隆重召开。经中国国防邮电工会、全国总工会组织部研究决定，中国邮政集团公司工会组织名称为“中国邮政集团工会委员会”。

9月12日 海峡两岸邮政交流协会在北京国家会议中心成立。海峡两岸邮政交流协会是经党中央、国务院同意，民政部和国台办批准，中国邮政集团公司发起成立的由全国邮政单位和人士自愿结成的具有法人地位的全国性、行业性、非营利性社团组织。协会旨在促进两岸邮政业务的不断发展，推动两岸邮政的交流合作。

10月10日 南京中邮航空速递物流集散中心对南京市出口的标准速递邮件实行上机分拣，这标志着该中心建成并开始试投产。

11月8日 为庆祝中国共产党第十八次全国代表大会胜利召开，中国邮政发行了《中国共产党第十八次全国代表大会》特种纪念封1枚，纪念邮票一套2枚，小型张1枚。十八大召开前夕，胡锦涛总书记专门为特种纪念封题词：中国共产党第十八次全国代表大会。

2013年

3月 十二届全国人大一次会议召开期间，中共中央总书记习近平、国务院总理李克强与十二届全国人大一次会议主席团成员、江苏省泰兴市邮政局江平路支局局长何健忠亲切交谈，对邮政工作给予肯定，向全国邮政职工问好，并对邮政发展提出希望。

9月26日—29日 由中国集邮总公司和中国国际贸易中心共同主办的2013（第一届）中国国际集藏文化博览会在北京展览馆成功举行。来自35个国家和地区的45家参展商，展销了60余个国家和地区及公司的各类邮票、集邮用品、邮币封等。170余件国家级博物馆藏品、全国31个省（区、市）的地域文化也悉数亮相。中国邮政储蓄银行、中国邮政速递物流股份有限公司、中邮保险有限公司等中国邮政三大板块企业和邮票印制局等直属单位共同展示了百年中国邮政的历史和未来发展。

2013年 集团公司认真开展第一批党的群众路线教育实践活动。

2014年

3月 全国“两会”期间，在接见邮政系统全国人大代表何健忠时，习近平总书记对邮政进一步调整业务结构、转型升级、创新发展表示肯定，寄语邮政不断创新、找准落脚点，希望邮政把工作做得更好；李克强总理听取了邮政服务民生的汇报，对邮政发展普惠金融及服务“三农”、服务社区、服务中小企业等工作表示赞许；张德江委员长希望邮政各项工作再上一个台阶。

习近平总书记考察了郑州市跨境贸易电子商务服务试点项目邮政保税物流，李克强总理考察了陕西省商洛市镇安县邮政储蓄网点，极大地振奋了全国邮政干部职工加快发展中国特色邮政事业的信心。

10月15日 中国共产党中国邮政集团公司党校在集团公司培训中心（石家庄邮电职业技术学院）揭牌成立，党校的成立，对全面推进企业党的建设和高素质干部队伍建设、推动邮政事业发展具有重要意义。

10月26日 邮政储蓄系统逻辑集中工程最后一个推广省份北京顺利上线。至此，于2011年6月16日正式启动、历时三年多的工程全国推广上线工作取得圆满成功，标志着邮储银行在开放式系统小型机集群技术应用方面实现了新突破。

2014年 集团公司网运体系实施干线运输方式改革，改变以火车运输为主的干线运输模式，通过取消部分中短途自备火车和行李车运邮，撤销部分火车转运站，打造以自主、灵活、方便的大吨位汽车运输为主的干线运输网络，共撤销火车邮路150条、新开汽车邮路169条。通过改革，邮件全程时限水平得到明显提升，邮件待发时间平均缩短13个小时。

2015年

5月11日 集团公司党组印发方案，对“三严三实”专题教育作出部署。6月30日—8月30日，按照中央统一部署，中央第六巡视组对中国邮政集团公司进行了专项巡视。

5月 经财政部批准，集团公司、速递物流公司与所属省级分公司由“母子公司制”改为“总分公司制”。

9月3日 在中国国家主席习近平和俄罗斯总统普京共同见证下，中国邮政集团公司总经理李国华与俄罗斯联邦邮政总裁德米特里E·斯特拉什诺夫在人民大会堂签署了《关于响应“一带一路”倡议 加强合作推进跨境电商市场发展的协议》。此次协议的签订，是响应国家“一带一路”发展倡议、中俄两国邮政间富有成效的合作。

2016年

3月4日 十二届全国人民代表大会第四次会议主席团第一次会议召开前，习近平总书记在听取了全国人大代表、江苏省泰兴市邮政分公司江平路邮政支局局长何健忠关于邮政开展预防邮路建设和精准扶贫工作的情况汇报后，对邮政工作给予肯定，称赞邮政又做了两件有意义的事情。

4月12日—13日 为落实国家“一带一路”建设倡议，由中国邮政集团公司主办，以“合作共赢、促进发展”为主题的2016中国（重庆）跨境电商邮政高层论坛举行，并一致通过了《重庆宣言》，就跨境电商环境下邮政合作共赢、促进发展达成广泛共识。

4月20日 集团公司党组对“两学一做”学习教育进行动员部署，并印发《邮政系统开展“两学一做”学习教育的指导意见》。

8月18日 中国邮政企业文化体系正式发布，同时推出《中国邮政企业文化手册（2016年版）》。中国邮政企业文化体系包含一个理念系统、三个行为模型、五个传播模块。

9月28日 中国邮政储蓄银行在香港联合交易所主板成功上市，募集资金总额达591.5亿港元。至此，邮储银行圆满完成“股改—引战—上市”三步走改革路线图，正式登陆国际资本市场。

2017年

3月4日 第十二届全国人民代表大会第五次会议主席团第一次会议召开前，习近平总书记在听取了全国人大代表、江苏省泰兴市邮政分公司江平路支局局长何健忠关于邮政深入推进改革、实现转型升级的有关情况汇报后作出指示，企业只有不断创新增效，才能持续发展。

7月7日 集团公司召开推进“双创”工作电视电话会，成立创新工作领导小组，设立创新管理办事机构，出台激励办法，加快云创平台建设，在全系统开展“提创意、争创新”活动，激发了全员创新活力。

7月 集团公司中邮资本联手菜鸟网络、复星集团，收购国内最大智能包裹柜运营商速递易64%股权。集团公司控股速递易，快速实现了物流智能化终端的战略布局，提升了中国邮政“寄递翼”的核心竞争力。

9月1日—19日 中国邮政成功举办首届“邮乐919购物狂欢节”。通过“邮乐919”活动，极大地提高了邮乐网的知名度，提升了邮政农村电商的影响力，中国邮政农村电商进入了一个新的发展阶段。

2017年 为迎接党的十九大胜利召开，集团公司开展了“砥砺奋进的五年”重大主题系列宣传活动，在《人民日报》《光明日报》《经济日报》等中央及行业媒体刊发系列宣传报道，举办了中国邮政发展成就报告会及图片展等活动。11月6日，集团公司党组召开全系统电视电话会议，对学习宣传贯彻党的十九大精神进行部署；及时下发了《中国邮政集团公司党组关于邮政系统认真学习宣传贯彻党的十九大精神的通知》和《邮政系统学习宣传贯彻党的十九大精神工作方案》，组织和动员各级党组织和广大党员干部，深入学习贯彻党的十九大精神，以习近平新时代中国特色社会主义思想为指导，不忘初心，牢记使命，始终以永不懈怠的精神状态和一往无前的奋斗姿态，开创新时代中国邮政改革发展的新局面，在服务党和国家事业发展大局中作出新贡献。

● 新一代寄递业务信息平台一阶段功能在全国邮速两大板块推广上线。该平台以提升客户服务与体验为核心，采用新理念、新流程、新模式、新架构、新技术，通过高水平咨询设计与企业自主研发，基于邮政私有云构建，实现了国内领先规模的私有云应用，效率效益提升显著，资源利用率提高4倍以上，实现旺季生产零故障。平台涵盖邮务板块和速递物流板块寄递业务的所有营运支撑相关功能，支撑所有寄递类业务产品，实现了邮务、速递两个板块核心业务流程的基本统一，实现了邮速产品、资费、机构、客户、资源的统一管理，为邮速的资源整合、统一调度、共享共用、实时结算打下了坚实基础，可有效提升一线员工的工作效率，改善客户体验，提高寄递业务核心竞争能力。

2018年

2月23日—5月23日 根据中央统一部署，中央第二巡视组对中国邮政集团公司党组进行了政治巡视。7月，巡视组向中国邮政集团公司党组反馈了巡视意见。中共中央政治局委员、中央巡视工作领导小组副组长杨晓渡主持召开向党组书记、董事长刘爱力的反馈会议，出席巡视中国邮政集团公司党组情况反馈会议，对抓好巡视整改工作提出要求。

5月 MSCI指数评估结果公布，中国邮政储蓄银行股份有限公司被纳入MSCI中国指数成分股。MSCI指数是由摩根士丹利资本国际公司编制的跟踪概念股票表现的指数，中文名称为明晟指数，在全球具有广泛影响力。MSCI中国指数是由MSCI公司编制的跟踪中国概念股票表现的指数。

根据国际评级机构2018年发布的邮储银行评级结果，惠誉、穆迪分别给予邮储银行与中国主权一致的A+、A1评级，标普给予A评级，邮储银行的综合评级继续居国有大行最优水平。

7月9日 集团公司召开寄递事业部成立大会，对寄递业务进行改革，确立了“整合资源、加快发展、引战上市”三步走的战略发展目标。《中国邮政集团公司关于寄递网资源整合工作的指导意见》等文件下发，推动产品、网络、营销等资源的整合。各级寄递事业部全部组建完毕。

11月26日 一批来自德国杜伊斯堡的邮包到达重庆国际邮件互换局铁路口岸中心，中欧班列（重庆）首次回程运邮测试成功，标志着中欧班列首次实现国际邮包双向运输，中国邮政积极服务国家“一带一路”建设迈出了新步伐，将为沿线各国客户提供更好的邮政服务，助力跨境电商业务发展。

2018年 中国邮政全面贯彻落实中央重大决策部署，积极响应党中央打好三大攻坚战的号召，成立领导小组，出台关于打好防范化解重大风险攻坚战、助力打赢脱贫攻坚战、打好污染防治攻坚战的相关文件，扎实推进各项工作。集团公司发布《中国邮政服务乡村振兴战略三年行动方案（2018—2020年）》《中国邮政定点扶贫、电商扶贫和金融扶贫三年规划（2018—2020）及2018年工作计划》，投入定点扶贫资金865.4万元，通过党建扶贫、产业扶贫等六大项目全年带动2.1万贫困人口脱贫；举办主题为“邮政919，丰收欢乐购”的邮政“919电商节”，全国累计上线扶贫农产品6000多款，在邮乐网上打造709个扶贫地方馆；金融精准扶贫贷款余额达778.6亿元，年净增162.96亿元。全面推进绿色邮政建设行动，发布《绿色邮政建设行动三年规划大纲（2018—2020年）》，并获得亚太邮联最佳可持续性项目（倡议）奖。《中国邮政储蓄银行打好防范化解重大风险攻坚战三年规划》《中邮人寿保险股份有限公司打好防范化解重大风险攻坚战三年规划（2018—2020年）》《中邮证券有限责任公司“打好防范化解金融风险攻坚战”工作方案》出台，切实提升风险管理能力。

同时，中国邮政积极对接雄安新区建设，9月21日，中国邮政储蓄银行与雄安新区管委会签署战略合作协议，完成对雄安集团800亿元人民币授信，积极支持新区在基础设施建设、资本市场融资、普惠金融等方面的发展。河北雄安邮政分公司已于5月31日挂牌，并在河北雄安新区党工委指导下正式设立党委，对接、落实雄安新区规划建设要求，助力雄安新区建设。

2019年

6月6日—12月 据中央安排，中国邮政在全系统开展了“不忘初心、牢记使命”主题教育。主题教育自上而下分两批进行：第一批6月至9月，包括集团公司总部机关、控股子公司、集团所属各二级单位；第二批9月至12月，包括各省、市、县分支机构。

9月27日 中共中央总书记、国家主席、中央军委主席习近平出席全国民族团结进步表彰大会，亲自为“全国民族团结进步模范个人”其美多吉颁奖。

12月10日 中国邮政储蓄银行A股成功上市。成功完成A股IPO，是邮储银行继2016年9月28日香港上市后又一重大改革，是全面完成国务院确立的“股改—引战—A、H两地上市”三步走改革要求，完善资本补充长效机制、增强服务实体经济能力的重要一步，具有里程碑意义，标志着国有大型商业银行A、H两地上市圆满收官。

12月28日 中国邮政集团有限公司成功举行了揭牌仪式。根据中央深化国有企业改革的工作部署，经国务院批准、财政部批复，中国邮政集团公司制改革工作顺利推进，完成了工商变更登记手续，标志着中国邮政的改革发展进入了新的历史阶段，在推进公司治理体系和治理能力现代化方面迈出了坚实一步，是中国邮政独立运营以来的又一次意义重大、影响深远的体制改革。

改制后，“中国邮政集团公司”企业名称变更为“中国邮政集团有限公司”，企业性质由全民所有制企业变更为国有独资公司。

（中国邮政集团有限公司 供稿）

本篇责任编辑：刘 庶
本篇责任校对：刘 庶

铁路篇

RAILWAY PART

内容提要

此篇由“国家铁路局”和“中国国家铁路集团有限公司”两部分内容组成，内容涵盖新中国成立70年来，中国铁路行业发展的历史进程及所取得的成就，并包含2018年铁道统计公报和2018年铁路安全情况公告。

国家铁路局

新中国成立70年铁路行业发展历程与成就

基础设施建设

【概 述】新中国成立之前，中国铁路发展缓慢，线路里程少，技术标准低，且近一半处于瘫痪状态。1949年，铁路营业里程2.2万公里，能够维持通车的仅1.1万公里。新中国成立70年来，中国铁路基础设施建设取得了世界瞩目的成就。特别是党的十八大以来，在以习近平同志为核心的党中央坚强领导下，中国铁路网不断完善，为国民经济持续快速发展和满足人民群众对美好生活的向往提供了可靠运输保障。截至2018年底，全国铁路营业里程达13.1万公里，比新中国成立时增加5倍；复线里程7.6万公里，复线率58%；电气化里程9.2万公里，电化率70%；路网密度136.9公里/万平方公里；高铁2.9万公里以上，建成了现代化的铁路网和世界上最发达的高铁网。

【普速铁路】1949年1月，中国人民革命军事委员会铁道部成立，实行统一的铁路管理组织、统一的铁路维修材料调配。年底，全国铁路主要干线基本修复。

20世纪50年代，是新中国铁路快速发展的时期。在财政十分困难的情况下，国家投资建设了成渝铁路、天兰铁路、湘桂铁路来睦段。1952年7月，成渝铁路建成通车，线路全长504公里。这是新中国成立后建设的第一条铁路。毛泽东主席题词："庆贺成渝铁路通车，继续努力修筑天成路。"1953年，陇海铁路建成通车，全长1746公里，西起甘肃兰州，东至江苏连云港，横贯江苏、安徽、河南、陕西和甘肃五省，串联中国西北、华中和华东三大地理区域，是贯穿东中西部的干线铁路，也是新亚欧大陆桥的重要组成部分。"一五"期间，陆续兴建了宝成铁路、兰新铁路、包兰铁路等项目，累计6179.8公里。1957年10月，长江上第一座铁路公路两用桥——武汉长江大桥建成通车，整个工期比国家规定提前15个月。在建设新线的同时，铁路部门积极改造旧线，治理改善南同蒲单线铁路，修复、增建二线铁路，更新改造通信信号，改建扩建枢纽，修建桥梁隧道，提高线路通过能力。

1961年，中央提出"调整、巩固、充实、提高"八字方针。铁路部门贯彻落实中央要求，全面整顿规章制度，整修行车设备，整理运行秩序，缩短基建战线。1964年，中央决定开展大规模的战略后方建设。新建的成昆铁路、川黔铁路、贵昆铁路等干线项目，巩固了国防建设，促进了西南经济发展。尤其是中国自行设计修建的第一条内燃铁路——成昆铁路，克服了复杂的地质构造、恶劣的施工条件，架桥梁、修隧道成为世界筑路史上的奇迹。1958年至1965年，是中国铁路机车、车辆、通信、基建技术、作业水平大规模发展的8年，正式交付使用新线干线9698公里、支线2309公里，复线增加3385公里，复线率由8.2%提高到15.4%。

"文革"期间，中国铁路发展受到影响，但铁路建设仍在继续推进。1966年兰新铁路全线投入运营。这是新中国成立后截至当时修建的最长铁路干线。兰新铁路和陇海铁路共同构成中国东西的交通大动脉，结束了新疆维吾尔自治区不通铁路的历史。1968年12月，南京长江大桥全线贯通，全长6700多米，是武汉长江大桥的4倍。这是长江上第一座由中国自行设计和建造的双层式铁路公路两用桥梁，以"最长的公铁两用桥"载入吉尼斯世界纪录。1970年7月，有世界"地质博物馆"之称的成昆铁路通车，全长1085公里。1975年，党中央发布《关于加强铁路工作的决定》，全力整顿运输秩序，重建规章制度，加强集中统一。1975年7月，宝成铁路全线完成电气化改造。这是中国第一条电气化铁路。邯长、太焦、南疆线吐鲁番—库尔勒段等新建铁路部分铺轨通车，对外援建项目——坦赞铁路基本建成。

1976年，全国铁路展开整顿工作，疏通"堵点"，整修基础设备，加快推进线路新建、改建项目。至1978年，全国铁路运营里程5.2万公里，其中复线7630公里，电气化铁路1030公里。但总体看，路网规模小，运输效率低，不能适应经济社会发展需要。

20世纪80年代，铁路建设的重点主要放在提高"三西"（山西、陕西、蒙西）煤炭外运能力和加强沿海港口后方铁路的运输能力，特别是"卡脖子"区段通过能力方面，先后建成了京秦铁路、大秦铁路、兖石铁路等复线，对丰沙大铁路、石太铁路、太焦铁路等项目进行了电气化改造。其中，1988年12月建成通车的大秦铁路，全长653公里，是中国第一条重载铁路。至1990年末，铁路营业里程5.79万公里，复线13024公里，电气化里程6941公里。

"八五"期间，国民经济高速发展，铁路运输紧张状况加剧。党中央、国务院高度重视铁路发展，出台了一系列政策措施。中国铁路建设以缓解运输紧张状况为重点，突出干线通道建设，宝中铁路、兰新复线、浙赣复线等相继建成投产，铁路网布局有了一定改善，投入运营新线4351公里、复线2545公里、电气化2747公里。至1995年底，中国铁路营业里程达到6.24万公里，复线率由“七五”末的22.5%上升至27.1%，电气化铁路由12%升至15.6%。1995年11月，纵贯南北的京九铁路全线铺通，于1996年9月投入运营。

“九五”期间，铁路发展以建设大能力客货运输通道和打通主要限制口为重点，优化和强化路网结构，提高铁路的综合运输能力和现代化水平，集中力量建设和改造一批对国民经济发展全局有重要影响、在路网上起骨干作用的大能力干线，并建设部分地区性辅助通道，促进区域经济发展，如南昆线、朔黄线、西安安康线等。1998年，面对东南亚金融危机的冲击，党中央、国务院从国民经济持续快速健康发展的战略高度，作出加大基础设施建设投资力度、扩大内需、拉动国民经济发展的重大决策。铁道部组织实施“决战西南、强攻煤运、建设高速、扩展路网、突破七万”跨世纪五年铁路建设会战，安排投资2500亿元，建设新线5340公里，复线2580公里，电化改造4400公里。

2004年1月，国务院常务会议审议通过中国铁路史上第一个《中长期铁路网规划》。至2005年底，全国铁路总营业里程达7.54万公里，其中复线2.6万公里，电化铁路2万公里。举世瞩目的青藏铁路建设在攻克“多年冻土、高寒缺氧、环境保护”三大世界性难题方面取得重大成果，2005年10月全线提前铺通，2006年7月投入运营。渝怀线、宁西线西合段、赣龙线等项目建成投产，宜万线、浙赣电化、洛湛线永岑段等项目全面完成建设进度任务。

“十五”期间，中国铁路全面加快了既有线技术改造和限制口扩能改造，扩充运输能力。2001年、2004年，实施了铁路第四次、第五次大面积提速，2005年启动了第六次提速工程。至2005 年底，时速120公里以上的线路延展里程达22090公里，时速160 公里以上的线路延展里程达14025公里，时速200公里以上的线路延展里程达5371公里，为进一步提高干线运输能力拓展了空间。以六大繁忙干线和煤运通道为重点，对线路、枢纽、车站、通信信号等基础设施实施技术改造，大幅度增加了重载列车的开行数量和开行范围。通过技术改造，六大干线普遍开行5000吨重载列车，部分区段达5500吨～6500吨，其他部分干线普遍提高列车牵引定数，增加了既有线输送能力，保证了六大干线以占全路16%的运营里程，完成了全路客运量的58%，货运量的34%。

成贵铁路金沙江大桥合龙。 （曹 宁 摄）

上海金山城市市郊快速铁路建设。 （上海市交通运输委员会 供图）

“十一五”时期，大规模铁路建设加快推进，全国铁路基本建设投资完成1.98万亿元，是“十五”投资的6.3倍；新线投产1.47万公里，是“十五”的2倍；复线投产1.12万公里、电气化投产2.13万公里，分别为“十五”的3.1和3.9倍。全路复线率、电化率分别达41.1%、46.6%。2010年底，全国铁路营业里程达9.1万公里，居世界第二。

2008年，国家批准《中长期铁路网规划》调整。按照党中央加快发展铁路的决策部署，铁路部门加快实施《中长期铁路网规划》，推进普速区际干线通道“瓶颈”路段、“卡脖子”路段建设，提升既有路网运输能力。至2010年，铁路大能力货运通道网络基本形成。京哈、京沪、京广等既有干线进行电气化改造完成，成为以货运为主的大能力通道。太中银铁路、临策铁路临河—额济纳段、渝怀铁路等区际干线建成投产。中国各大区域之间大能力货运通道网络基本形成，铁路“瓶颈”状况大为缓解。

"十二五"期间,一大批新建铁路项目和既有线改造项目陆续建成投产。全国铁路营业里程从2010年9.1万公里增加至2015年12.1万公里,路网规模快速扩充,路网质量实现大幅提升。2015年末,全国铁路复线率和电化率分别达53.5%和61.8%,电气化铁路里程位居世界第一。"十三五"期间,中国铁路建设积极服务国家发展战略,以中西部铁路为主,完善干线铁路布局。2019年9月,浩吉铁路正式开通运营,线路全长1813.5公里,北起内蒙古浩勒报吉南站,经陕西、山西、河南、湖北、湖南,终到江西吉安,初期开办车站77座,是"北煤南运"国家战略运输通道。

2016年,新制定的《中长期铁路网规划》明确:扩大中西部路网覆盖,完善东部网络布局,提升既有路网质量,推进周边互联互通,形成覆盖广泛、内联外通、通边达海的普速铁路网,提高对扶贫脱贫、地区发展、对外开放、国家安全等方面的支撑保障能力。到2020年,铁路网规模达15万公里左右,到2025年,铁路网规模达17.5万公里左右,其中,普速铁路网规模达13.1万公里左右,并规划实施既有线扩能改造2万公里左右,全国铁路网基本覆盖县级以上行政区。展望到2030年,基本实现内外互联互通、区际多路畅通、省会高铁连通、地市快速通达、县域基本覆盖,铁路网规模计划达到20万公里左右。

【高速铁路】 2004年,第一个《中长期铁路网规划》实施以来,中国开始了大规模的高速铁路建设。截至2018年底,中国高铁营业总里程2.9万公里以上,占世界高铁总里程的2/3,居世界第一位,"四纵四横"高铁主骨架提前建成并成网运营,形成核心技术体系、成套建造体系、产业制造体系、运维服务体系和人才支撑体系五大优势,积累了丰富的建设、运营和管理经验,成为推动经济社会发展的强力引擎、国家外交的"新名片"。

1978年10月,邓小平访问日本,乘坐世界上第一条投入商业运营的高速铁路日本新干线列车,感慨地说"就感觉到快,有催人跑的意思,我们现在正合适坐这样的车"。建设高速铁路一直是国人的夙愿。20世纪80年代,东部沿海经济起飞,京沪铁路客货运量猛增,各区段能力利用率均达100%,严重制约了沿线地区经济社会发展。国家经济贸易委员会向党中央提出建议:修建一条京沪高速铁路。1990年,铁道部向国务院报送《关于"八五"期间开展高速铁路技术攻关的报告》。1991年5月,铁道部印发《关于开展京沪高速铁路可行性研究有关问题的通知》,开始对修建京沪高铁的可行性进行研究。这是最早开展中国高铁研究的政府文件。1992年,铁道部颁布《铁路今后十年和"八五"科技发展纲要》,提出研究开发高速客运技术和建设时速200公里以上高速铁路,向国务院报送《关于尽快修建高速铁路的建议报告》《北京至上海旅客列车专用高速铁路研究的初步设想》。1993年,国家科学技术委员会、国家经济体制改革委员会和铁道部等组织100多位专家开展京沪高速铁路的前期研究,编写《京沪高速铁路重大技术经济问题前期研究报告》。1994年5月,国务院总理办公会议听取有关京沪高速铁路建设的汇报。1996年3月,《国民经济和社会发展"九五"计划和2010年远景目标纲要》发布,明确着手建设京沪高铁,形成大客运量的现代化运输通道。同年,铁道部向国务院报送《关于京沪高速铁路预可行性研究情况报告》。1997年3月,《北京至上海高速铁路项目建议书》报送国家计划委员会。1998年,党中央把建设京沪高速铁路列入工作重点之一。

1999年8月,使用轮轨高铁技术的秦沈客运专线开工建设,2003年10月开通运营。2001年3月,使用磁浮高铁技术的上海磁悬浮列车示范运营线工程开工,2002年12月开通,2003年1月开始商业运营。2003年5月,铁道部完成《京沪高速铁路磁悬浮与轮轨方案比较报告》。

与此同时,中国铁路开始在既有线实施提速。1997年1月,在北京环行铁道试验线进行高速试验,列车时速212.6公里。中国铁路首次实现高速突破。在大量试验的基础上,中国铁路从1997年4月开始,陆续实施6次大提速,最高时速达200公里。在有效缓解中国铁路"瓶颈"问题的同时,为中国高铁时代的到来做了技术理论和运营实践的准备。

2004年1月,国务院常务会议审议通过《中长期铁路网规划》,提出建设超过1.2万公里"四纵四横"快速客运专线网的目标,客车时速目标值达200公里及以上。石太客专、武广客专、京津城际等一大批高速铁路建设全面展开。2008年8月,中国第一条具有自主知

2016年7月15日,复兴号中国标准动车组试验车在郑徐高铁成功完成时速420公里交会试验。(罗春晓 摄)

识产权、运营速度世界最快的高速铁路——京津城际铁路开通运营。随着《中长期铁路网规划》的实施，全社会对铁路建设的需求越来越强烈，地方政府纷纷提出加快铁路建设，原规划已不再适应。2008年11月，国家发展改革委发布《中长期铁路网规划》调整方案，确定到2020年全国铁路营业里程达12万公里以上，其中客运专线及城际铁路1.6万公里以上。

中国高铁建设迅速大规模展开。2010年2月，在中西部湿陷性黄土地区建设的首条高速铁路郑西高铁建成通车。2010年12月，最靠近赤道的海南东环高铁开通。2011年6月，世界一次建成里程最长、标准最高的京沪高铁建成通车。2012年12月，世界首条在高寒地区修建的哈大高铁建成通车。2012年12月，穿越长江、黄河、山区等多种地理环境，世界上运营里程最长的京广高铁全线通车。

党的十八大以来，中国高铁建设快速推进，“十二五”规划目标顺利完成。2013年7月，宁杭高铁、杭甬高铁开通，构筑了长三角高速铁路主骨架，形成了以上海、杭州、南京、宁波为中心的长三角地区1小时和2小时交通圈。2013年12月，津秦高铁开通，为推动京津冀地区一体化发展提供了重要支撑。2014年12月，贵广高铁全线贯通，穿越西南地区地质极其复杂的崇山峻岭，将西南山区和珠三角连为一体，铺就西南省区最便捷的出海大通道。2014年12月，兰新高铁开通，途经西北边陲，穿越自然环境恶劣、最大风速高达60米/秒的风区和戈壁荒漠，塞外边关从此融入高铁版图。2015年6月，合福高铁全线通车，途经中国七大自然风景区，被誉为“风景最美的高铁”。2016年12月，沪昆高铁全线通车，是中国东西向线路里程最长的高速铁路。2017年7月，宝兰高铁全线通车，标志着西北地区融入全国高速铁路网。2017年12月，西成高铁全线通车，穿越秦岭山脉，秦巴贫困山区迈入高铁时代。2017年12月，石济高铁全线通车，“四纵四横”高速铁路主骨架全面建成。2018年9月，广深港高铁香港段开通运营，香港融入全国高铁网。2018年底，杭黄高铁、哈牡高铁、济青高铁等项目开通，新增高铁营业里程2500公里。2019年10月，梅汕高铁开通运营，京张高铁、大张高铁、张呼高铁等进入联调联试或试运行阶段，年底前将陆续投入运营。

2016年7月，新制定的《中长期铁路网规划》提出：为满足快速增长的客运需求，优化拓展区域发展空间，在“四纵四横”高速铁路网的基础上，增加客流支撑、标准适宜、发展需要的高速铁路，部分利用时速200公里的铁路，形成以“八纵八横”主通道为骨架、区域连接线衔接、城际铁路补充的高速铁路网，实现省会城市高速铁路通达、区际之间高效便捷相连。“八纵”通道包括沿海通道、京沪通道、京港(台)通道、京哈—京港澳通道、呼南通道、京昆通道、包(银)海通道、兰(西)广通道。“八横”通道包括绥满通道、京兰通道、青银通道、陆桥通道、沿江通道、沪昆通道、厦渝通道、广昆通道。在“八纵八横”主通道的基础上，规划建设高速铁路区域连接线，进一步完善路网、扩大覆盖，构建便捷、高效的高速铁路网络，拓展服务覆盖范围，缩短区域间的时空距离。到2020年，中国将实现高铁运营里程3万公里；到2025年，高铁运营里程3.8万公里左右。通过构建高速铁路主通道、拓展区域铁路连接线、发展城际客运铁路，建成现代的高速铁路网，连接主要城市群，基本连接省会城市和其他50万人口以上大中城市，形成以特大城市为中心覆盖全国、以省会城市为支点覆盖周边的高速铁路网，实现相邻大中城市间1～4小时交通圈，城市群内0.5～2小时交通圈。

【城际铁路】 城际铁路是指专门服务于相邻城市间或城市群，旅客列车设计时速200公里及以下的快速、便捷、高密度客运专线铁路，一般采用高密度、小编组、公交化的运输组织模式。2008年《中长期铁路网规划》调整方案发布后，环渤海、长三角、珠三角及中原、武汉、长株潭等城市群城际轨道交通网规划相继获得批复。截至2019年，已建成京津、沈抚、沪宁等城际铁路，正在建设莞惠深、京霸、京滨等城际铁路。

1.京津城际铁路：中国第一条实现完全“公交化”的城际铁路，2008年8月建成通车，线路全长115公里，运行时间29分钟，高密度、快速度、公交化的列车开行，推动了京津冀协同发展和京津一体化发展的进程。

2.沪宁城际铁路：2010年7月正式开通运营，线路全长300公里，设计最高时速350公里。沪宁城际铁路的建成，呼应了长三角率先实现现代化的发展要求，大幅度扩展了长三角地区经济活动空间和生产力辐射范围。

3.昌九城际铁路：2010年9月开通运营，全长131.27公里，设计最高时速250公里。昌九城际铁路的建成，使南昌到九江的时间缩短为50分钟，对促进鄱阳湖生态经济区建设具有十分重要的作用。

4.广珠城际铁路：2012年12月全线贯通，线路北起广州南站，经广州市番禺区、佛山市顺德区、中山市，南至珠海站，全长116公里，设计运营时速200公里。支线由中山市小榄镇引出，止于新会站，线路里程27公里。全线设21个车站，其中主线设16个车站，初期办理客运的车站10个；支线设5个车站，初期办理客运的车站3个。广珠城际铁路采用公交化开行方式，运行密度高，根据客流需要安排日常、周末和高峰3种开行方案。

5.成绵乐城际铁路：2014年12月正式投入运营。成绵乐城际铁路起于成都东站，向北经广汉北站、德阳站、绵阳站抵江油站，与西成高速铁路相接可达西安；向南经成都南站、双流机场站、眉山东站、乐山站到达峨眉山站，与成贵高铁相接可至贵阳。成绵乐城际铁路设计时速250公里，初期运营时速200公里，沿线设21个车站，基本实现公交化运营。

6.青烟威荣城际铁路(即墨—荣城段)：2014年12月正式通车运行。2015年2月，烟荣联络线、青烟直通线正式通车运行，烟台站首次始发动车组列车。2016年11月，青烟威荣城际铁路(即墨—青岛段）正式通车运行，标志着青烟威荣城际铁路全线通车，沿线设烟台、威海、荣城等16个车站，设计最高时速250公里。

7.长株潭城际铁路：2017年12月全线建成通车。它是连接长沙市、株洲市和湘潭市的城际铁路，呈南北走向，为长株潭城际轨道交通网的主干线路，2010年6月动工建设，长沙站以南段于2016年12月竣工运营；长沙站以西段于2017年12月建成通车，全长105公里，共设24座车站，设计运营时速200公里。

8.京雄城际铁路（北京段）：2019年9月正式开通运营。京雄城际北起京九铁路李营站，途经北京大兴区、北京新机场、河北省廊坊市、霸州市至雄安新区，新建正线92.4公里，设计时速目标值350公里，共设黄村、新机场、雄安等5个车站。

2015年11月，国家发布《城镇化地区综合交通网规划》要求，构建城镇化地区以综合运输大通道为主骨架、重点建设城镇化地区城际铁路网，鼓励采取开放式、立体化方式建设铁路、公路、机场、城市交通于一体的综合交通枢纽，高效衔接大中小城市和小城镇的结构优化、层次多样、快速便捷交通运输网络，提升一体化运输服务质量和水平，有效支撑和引导城镇化发展。至2020年，京津冀、长江三角洲、珠江三角洲三大城市群基本建成城际交通网络，相邻核心城市之间、核心城市与周边节点城市之间实现1小时通达，其余城镇化地区初步形成城际交通网络骨架，大部分核心城市之间、核心城市与周边节点城市之间实现1～2小时通达，覆盖98%的节点城市和近60%的县（市）。展望2030年，基本建成城镇化地区城际交通网络，核心城市之间、核心城市与周边节点城市之间实现1小时通达。《城镇化地区综合交通网规划》提出，构建京津冀、长江三角洲、珠江三角洲等21个城镇化地区的城际交通网络。据统计，中国既有、在建以及规划城际铁路合计规模2万公里以上。

【铁路枢纽】 铁路枢纽是指在铁路网的交汇点或终端地区，由铁路线路、专业车站以及其他为运输服务的设备设施组成的系统。铁路枢纽及站场是铁路建设的重要领域，关系到路网构成、运输组织、工程造价和运营效果等。铁路枢纽是与国民经济各部门联系的重要环节，是城市、工业区客货到发和联运的集中地区，是铁路网的重要组成部分。枢纽内各站既有分工又有联系，共同担负着枢纽地区的铁路运输任务。

按照在全国铁路网上的地位和作用，中国铁路枢纽可分为3类。一是路网性铁路枢纽。承担的客货运量和车流组织任务涉及整个铁路网，一般位于多条铁路干线交叉或衔接的大城市。办理大量的跨局通过车流和地方车流，设有较多的专业车站，其设备的规模和能力都很大，如沈阳、北京、武汉等枢纽。二是区域性铁路枢纽。承担的客货运量和车流组织主要为一定的区域范围服务，一般位于干线和支线的交叉或衔接的大中型城市，办理管内的通过车流和地方车流，设备规模不大，如长春、柳州等枢纽。三是地方性铁路枢纽。承担的运量和车流组织主要为某一工业区或港湾等地方作业服务，一般位于大型工业企业和水陆联运地区，办理大量的货物装卸和小运转作业，如大连、秦皇岛、大同等枢纽。

新中国成立以来，特别是20世纪90年代后，随着中国铁路网的快速发展，铁路枢纽建设同步加快。1999年，建成南宁铁路枢纽南昆线引入工程、昆明铁路枢纽南昆线引入工程。2002年，建设天津铁路枢纽南仓编组站东疏解工程，实施乌鲁木齐铁路客运设施改扩建工程。2003年，实施北京站扩能改造工程，满足北京站客运量快速增长需要；为解决广州站候车能力、站场能力、检修能力严重不足的问题，提高京广通道能力，开工建设广州站改造工程；完善成都铁路枢纽能力，开工建设成都北编组站工程；为加强上海铁路枢纽客运能力，发挥城市综合交通功能，新建上海南站。2004年，随着武广客运专线、珠江三角洲城际轨道交通的规划建设，开工建设广州南站，通过联络线与广州站、广州东站沟通。2005年，开工建设西安铁路枢纽北环线，实施扩建新丰镇编组站工程；完善大连铁路枢纽布局，实施金窑线扩能改造；扩大贵阳铁路枢纽解编能力及通过能力，建设贵阳南编组站扩建工程；完善北京铁路枢纽布局，开工建设北京南站，京津城际和京沪高铁引入北京南站。2006年，开工建设大同铁路枢纽湖东—大同东联络线增建二线工程；实施沈阳铁路枢纽东北环线工程；扩大武汉铁路枢纽解编能力及通过能力，按双向三级七场建设武汉北编组站。为实现点线能力协调，新建郑西高铁引入西安铁路枢纽客运北环线。

蓝天下的昌九城际动车组列车。（罗春晓 摄）

2007年，为缓解南昌铁路枢纽“瓶颈”制约，充分发挥京九铁路、浙赣铁路的作用，配合京九电化、昌九城际、向莆铁路建设，建设南昌铁路枢纽西环线工程；为适应京津城际、津秦客运专线、京沪高铁的建设，实施天津站改扩建工程。2008年，优化成都铁路枢纽客运，建设成都新客站，实施成都货车外绕线工程；提高通辽铁路枢纽运输组织灵活性，实施改扩建。2009年，实施石家庄铁路枢纽货运系统迁建工程、太原铁路枢纽新建西南环线工程、昆明铁路枢纽扩能改造工程、宁波铁路枢纽北环线工程和合肥铁路枢纽南环线工程。2010年，实施昆明铁路枢纽东南环线工程，建设贵阳铁路枢纽白云—龙里北联络线工程，实施武汉铁路枢纽新建滠口货场工程和舵落口货场改扩建工程。

“十二五”期间，为满足铁路网发展和生产力布局调整需要，按照“点线配套”原则，重点加强客运站、货运设施、机辆设施、枢纽联络线和综合配套设施建设。客运站建设方面，完成新建成都新客站、南京南站、哈尔滨西客站等6座客站工程，完成银川站站房、天津西站、宁波站等15座车站改扩建工程，开工新建深圳福田站、乌鲁木齐新客站、广州枢纽佛山站3座和改扩建西安站、哈尔滨站、无锡站等9座客站。为适应运输需求结构变化，货物运输直达化、重载化和货流作业集中化需要，促进现代物流业发展，加大了货运设施改造投资力度，完成了株洲北、哈尔滨南、济南西、南翔4个编组站综合自动化改造；完成金州物流基地、贵阳改貌货运中心和哈尔滨、天津集装箱中心站建设；完成金州站货场改造、平原货场扩建、安康东站货场改造等15个货场新建、改扩建工程；开工建设襄阳北、乌鲁木齐西、南京东等5个编组站改造，桃花村物流基地、沈阳文官屯物流基地、大连南关岭物流基地等7个物流基地（中心）新建和改扩建工程，滠口货场、齐齐哈尔站货场、小南垭货场等21个货场新建、改扩建工程。配套新线建设和既有线改造，重点强化动车组设施和机务整备设施，完成机辆设施建设项目20项，开工建设项目22项。为适应枢纽运输组织灵活、协调发展需要，加强了枢纽联络线建设。完成北京—北京西地下直径线、天津西—天津站地下直径线、哈密货车南环线等7项联络线建设工程和洛阳、北京、大连3个枢纽的技术改造工程；开工建设太原铁路枢纽西南环线、宁波铁路枢纽北环线、沈阳铁路枢纽东北环线增建二线等8项联络线新建和改造工程，以及昆明铁路枢纽的扩能改造工程。同时，根据生产力布局调整和路网发展需要，建设综合维修基地、基础设施维修基地、大功率机车检修基地等运营配套设施。

动车维修人员在检修列车。　　（天津市交通运输委员会 供图）

2012年8月，铁道部对全国重要铁路枢纽总图规划进行研究，汇编发布《全国主要铁路枢纽规划图集》，汇集省会城市和重要的地级市等72个铁路枢纽规划图，基本涵盖全国重要铁路枢纽，对后续铁路项目引入和枢纽建设具有重要指导作用。2016年，新的《中长期铁路网规划》提出统筹运输网络格局，按照“客内货外”的原则，优化铁路枢纽布局，完善系统配套设施，创新体制机制，统筹建设运营，促进同步建设、协同管理，形成系统配套、一体便捷、站城融合的现代综合枢纽。《规划》明确构建北京、上海、广州等19个综合铁路枢纽。

北京铁路枢纽是联结8个方向的全国最大铁路枢纽，有京广线、京沪线、京九线等众多铁路干线呈辐射状通向全国各地，并有国际列车通往朝鲜、蒙古国和俄罗斯。北京铁路枢纽是以特大型客运站北京站、北京西站、北京南站和路网性编组站丰台西站为主，辅之以北京北站等客运站和枢纽辅助编组站丰台站、双桥站，以及北京东站、大红门站、百子湾站等货运站组成的铁路枢纽。

上海铁路枢纽是东部沿海地区最大的枢纽，既是京沪线和沪杭线的终点，又是中国远洋航运和沿海南北航线的中心，客流量和货运量极大。上海铁路枢纽有京沪、沪杭两大干线引入，并有南何、真西、淞沪等7条支线，共有车站35个，其中设有上海、上海南、上海虹桥3个特大型客运站，南翔、新龙华等一主一辅两个编组站，北郊、桃浦、上海西等6个主要货运站。

广州铁路枢纽是华南地区最大的铁路枢纽，主要衔接京广线、广深线、广茂线，广珠城际铁路、武广高速铁路、广深港高速铁路等干线，随着贵广铁路、南广铁路、广珠城际铁路等线路的陆续建成，广州铁路枢纽将逐步形成衔接7个方向、12条线路的双“人”字形格局，形成以广州南站、广州站、广州东站为主，广州北站、新塘站为辅的“三主两辅”的铁路枢纽客运格局，客运站28个、货运站场38个。

武汉铁路枢纽依托武汉市沿江武昌区、青山区、洪山区等区域内巨大而繁忙的客流、物流和车流而建，并辐射湖北省全境以至华中地区和全国各地。东起合武铁路的喻家线路所、武汉新港江北铁路的香炉山站及武九铁路的何刘站，与鄂州—黄石工业港区紧密相连，北抵京广铁路与横麻铁路交会的横店站及特大型货运编组站武汉北站，西接汉丹铁路与长荆铁路交会的长江埠站及汉宜铁路的汉川站，是沪汉蓉铁路大通道各方向上的重要联络点。自枢纽向南，引出京广南线、京广高铁南段和武咸城际铁路，直至枢纽南侧的乌龙泉站和乌龙泉东站，向北连接京广铁路北线和京广高铁北段，在中国铁路网中起着承南启北、连接东西的重要作用。

成都铁路枢纽是衔接西安、重庆、贵阳等8个方向及13条干线引入的大型放射状枢纽。路网由成渝铁路、成绵乐城际铁路、西成高铁等组成，主要有成都站、成都东站和成都南站3座铁路客运站，规划建成成都站、成都东站、十陵站以及天府站、成都南站、成都西站等“三主三辅”客运站布局。

西安铁路枢纽由西安北站、西安站、西安东站、西安南站和阿房宫站构成“四主一辅”客运系统，北至包西铁路钟家村站，南至西康铁路西安南站，东至陇海铁路渭南站，西至陇海铁路兴平站。西安铁路枢纽规划形成衔接8条高铁、引入7条普速铁路和4条城际铁路共11个方向的大型环形放射状铁路枢纽的格局。

郑州铁路枢纽是京广铁路、陇海铁路（新欧亚大陆桥）两大铁路大动脉和京港高铁、徐兰高铁两大高铁交通大动脉的交会点，是沟通南北、连贯东西的交通要冲，在全国铁路网中居于重要位置。米字型高铁建成后，以郑州为中心，2小时可到石家庄、西安、济南、合肥、南京、太原，3小时可到北京、武汉、青岛、天津，4小时可到长沙、南昌、杭州、上海、重庆，6小时可到广州、沈阳、福州、深圳、南宁、贵阳、成都、兰州、银川，8小时可到哈尔滨、长春。

铁路运输

【概　述】 新中国成立以来，随着中国铁路网规模、质量显著提升和铁路管理体制机制的变革，铁路客货运输快速发展。2018年，全国铁路旅客发送量完成33.75亿人，旅客周转量完成14146.58亿人公里；全国铁路货运总发送量完成40.26亿吨，货运总周转量完成28820.99亿吨公里，运输效率世界第一，为经济社会发展作出了重要贡献。

【铁路客运】 铁路部门始终践行“人民铁路为人民”的服务宗旨，把满足人民群众不断增长的出行需求作为工作的重中之重，持续优化客运产品供给，实现社会效益和经济效益全面提升，人民群众的获得感、幸福感、安全感不断增强。

70年来，全国铁路客运发送量持续增长。1949年，全国铁路旅客发送量1.02亿人，旅客周转量130.01亿人公里。1978年，全国铁路旅客发送量8.15亿人，旅客周转量1093.22亿人公里。新中国成立之后到改革开放初期，由于受生产力布局、城镇化及人口分布、铁路基建等因素影响，铁路客流主要以中长途客流和探亲流为主，1978年—1990年中长途客流始终占铁路旅客发送量的八成左右。为适应国民经济和社会发展的需要，中国铁路对既有线的固定设备和移动设备进行全面改造，从1997年到2007年，中国铁路进行了6次大面积提速。客车最高运行时速提高到200公里—250公里，达到世界先进水平；客车平均运行时速由1978年的28.2公里，提高到2007年的70.2公里；全国铁路快速客运网络迅速扩大，旅客列车最高运行速度达120公里及以上的线路延展里程达2.2万公里，时速160公里及以上提速线路延展里程达1.4万公里，时速200公里线路延展里程达6227公里，时速250公里的线路延展里程达1019公里。随着技术装备水平的不断提高，动车组列车、空调列车等高等级装备的广泛运用，不但极大地缩短了旅客平均出行时间，而且旅客运输服务的便捷性和舒适性显著增强。

自2008年以来，随着高铁线路运营里程不断增加，铁路客流需求构成逐渐发生变化，主要表现为长途客流逐渐下降，中短途客流出行持续增加。铁路旅客出行距离在500公里及以下的中短途旅客客运量从2008年的10.54亿人次增加到2017年的16.98亿人次，增加61.1%。同期，1000公里及以上的旅客比重从17.37%下降到14.15%。春运、暑运、小长假和国庆黄金周等重要客运节点的主要客运指标屡创新高。

2017年，中国“四纵四横”高速铁路网建成。高铁网把西部大漠、中原地带、沿海地区有机连接起来，基本覆盖全国省会及50万以上人口城市，长三角、珠三角、环渤海等城市群因高铁联系更加紧密，东部、中部、西部和东北四

海南的环岛高铁，动车驶过陵水香水湾。　（海南省交通运输厅 供图）

大板块实现了高铁互联互通。高铁成网运行让区域和城市间的时空距离大大缩短，东北、华北、华中等地区形成1小时交通圈，“同城化”效应不断扩大；北京、天津、上海等大城市间实现1000公里内5小时到达，2000公里内8小时到达。特别是在西南山区等原本交通不发达的地区，这种变化尤为明显。2014年底开通的贵阳—广州高铁，使两地之间的旅行时间由开通前的21小时压缩至4小时，大大提升了人民群众出行的快捷性。

近年来，铁路部门适应人们日益增长的旅行需求，充分发挥高铁龙头作用，组织开行旅游列车，积极探索开发“铁路+旅游”模式，全面推广“铁路+旅游”品牌系列产品，发挥铁路和地方资源优势，推动合作共赢。每年3月至6月客运淡季，根据旅游客流去向，有针对性地组织推出“樱花专列”“桃花专列”“踏青专列”等旅游品牌，并随季节变化动态调整。设计推广“联程组合”客运产品，采取高铁间、普速间、高铁与普速间的不同接续方式，通过组合生成新的“夕发朝至”客运产品吸引客流。开行81对公益性“慢火车”，覆盖全国21个省区市，经停530个车站，途经35个少数民族地区。

为适应铁路客流大、密度高、阶段性客流集中的特点，满足旅客自助化、个性化、多样化的服务需求，铁路部门推广建立综合售票服务体系，采用云计算、大数据、移动互联网等先进信息技术，实行票额自动预分、智能监控和科学分配。实施车票实名制管理，构建窗口售票、12306网站售票、手机购票等多种售票渠道和方式，实现了支付方式电子化。12306互联网售票系统已成为世界上点击量最大的系统之一。延长互联网售票时间、引入支付宝和微信支付、自助售取票、自助验证验票、自助检票进站、优化网络购票验证码、互联网订餐、动车组选座和“铁路畅行”常旅客会员服务等，旅客购票更加便捷。

党的十八大以来，随着中国铁路网的快速建设与发展，以及行业的深化改革，先进发达的铁路网释放出巨大

乘客为“复兴号”点赞。（天津市交通运输委员会 供图）

运能，铁路运输供给侧结构性改革成果显现，发挥出方便快捷的高铁运输服务优势，加速了客运持续快速增长。中国铁路客运实现年均10%的持续高位增长，其中高铁旅客发送量年均增长35%以上。2018年，中国铁路日均开行旅客列车8000多列，全年完成旅客发送量33.75亿人；全国铁路旅客周转量完成14146.58亿人公里。其中动车组发送旅客20.05亿人次，占旅客发送量的60%以上。2019年国庆期间，全国铁路累计发送旅客1.38亿人次，其中10月1日发送旅客1713.3万人次，创国庆假期单日旅客发送量历史新高。

【铁路货运】 新中国成立初期，路网规模小，铁路货物运输很落后。70年来，铁路货物运输能力显著提高，基本适应经济社会发展需要。1949年，货物年发送量5589万吨，总换算周转量184.6亿吨公里。2018年，日均开行货物列车2万列，全年完成货物发送量40.26亿吨，是1949年的72倍；货运总周转量完成28820.99亿吨公里，是1949年的156倍；中国铁路货运发送量、换算周转量、运输密度等指标，均居世界第一。

1949年12月，全国铁路货物运价统一。此后，铁路运输管理实行高度集中计划经济体制下的三级管理机制，坚持“以生产为中心”的指导思想，以“装、卸、排”为主要的考核指标。20世纪80年代初，铁路货物运输部门的主要工作仍然是抓计划、保任务，上级决策下级执行，遇到问题找上级解决，既不了解市场，也不研究市场，不能面向市场制定营销策略，积极主动参与市场竞争。铁路货物运输能力全面紧张，严重制约着国民经济快速发展。

20世纪90年代以来，铁路部门在全面展开大规模铁路建设的同时，以提速和重载为抓手，大力发展专业化运输，持续深化内涵扩大再生产，不断扩充铁路货物运输能力。1997年4月，成立中铁快运股份有限公司，提供普通货物快运（时限快运、标准快运、特色快运）、货物快运（铁路整车、零担、集装箱）和普通包裹代理（铁路车站行包房受理行李、包裹）等系列产品服务。2003年，成立中铁特货运输有限责任公司，主要从事商品汽车、超限货物、鲜活易腐货物的铁路运输。同年，成立中铁集装箱运输有限责任公司，主要从事国内、国际集装箱铁路运输、集装箱多式联运、国际铁路联运，仓储、装卸、包装、配送等物流服务，集装箱、集装箱专用车辆、集装箱专用设施、铁路篷布等经营和租赁业务。1997年至2007年，铁路实施6次大面积提速。2004年12月，大秦线2万吨列车牵引试验成功。2007年8月，大秦线成功开行两台和谐型机车牵引2万吨重载组

动车组行驶在沪昆高铁鹰潭北站旁鹰东大道立交特大桥上。

合列车，以时速80公里运行。此后，大秦线实施日均开行100对、月均运量100万吨以上的运输组织模式，达到国际先进水平。自2008年开始，全国铁路主要干线普遍开行了5000吨～6500吨货物列车，达到世界先进水平，从根本上扭转了中国铁路货运列车速度长期在低水平徘徊、不适应市场需求的局面。2008年，全国铁路货运量为33.04亿吨，货物周转量为25106.28亿吨公里。

“十二五”期间，铁路货车系统坚持“保障运输发展，适应运输发展，促进运输发展”的指导思想，立足自主创新、集成创新，系统掌握了时速120公里提速铁路货车、大轴重铁路货车关键技术，研制了敞、棚、平、罐、漏斗五大系列通用铁路货车和长大货车、特种铁路货车、专用铁路货车等系列产品，通用铁路货车载重由60吨级全面向70吨级升级换代，为提高铁路货运能力提供了装备基础。同时，加快发展铁路货运电子商务，建设95306网站，实现货运业务受理、货运提报、查询、支付、理赔全程电子化，实现商流、信息流、物流、资金流的一体化运作，推动铁路传统运输向现代综合物流服务转变。

2013年6月，铁路实施货运改革，以“实货制”运输为核心，根据客户运输需求选择运输组织方式，及时安排装运，清理规范货运收费。但由于宏观经济形势等多方面因素影响，货运量一度出现大幅下滑，货运组织改革成效不大。2018年，党中央作出调整运输结构、推进实施“公转铁”运输的决策部署，国家印发《推进运输结构调整三年行动计划（2018—2020年）》，铁路货运发展迎来了新的历史机遇，当年增运超过3亿吨。2019年前三季度，铁路货物发送量31.54亿吨，同比增长6.1%。

1.大宗货物运输。铁路运输准时、安全、可以全年、全天候不间断运输，而且速度快、成本低，便于统一调度和编排，一直以来是木材、煤炭、粮食等大宗物资运输的主要运输方式。特别是改革开放以来，国民经济高速发展，对煤炭、矿石、钢铁等需求量大。铁路部门作为物流运输行业的龙头，大宗货运量快速持续增长。1978年，大宗物资运输货运量78553.8万吨。1988年，大宗物资货运量119962.9万吨，是10年前的1.53倍。但总的趋势是，铁路运输与国民经济发展的不适应性日益突出，已经成为经济社会发展中的薄弱环节。1993年至1999年，铁路基建投资和更改投资不足，投资增长缓慢，铁路网规模扩展缓慢，技术装备落后，运载工具数量偏少，铁路运输能力不足。1999年，大宗物资货运量142338万吨，仅仅是10年前的1.19倍。“十一五”期间，铁路运输增长较快，能源、原材料等大宗货物运输保持快速增长。2003年到2007年，铁路货物发送量每年增加2亿吨以上，年均增长8.7%。2010年，铁路大宗物资货运量223986万吨。“十二五”期间，铁路强化能源、资源运输通道，集中运力保障各种能源资源的运输，基本满足了国民经济发展和人民生活需要。一是强化煤运通道建设，确保“北煤南运”“西煤东运”的畅通。建成山西中南部、集包四线、邢黄等铁路，开工建设了张唐铁路、蒙西至华中地区煤运通道等铁路。2015年，完成煤炭运量19.94亿吨，煤炭产运系数为53.2%。二是保障粮食、木材、原油等关系国计民生的大宗货物运输。铁路承担了全社会约85%的木材、85%的原油、80%的钢铁及冶炼物资的运输任务，保证了国民经济平稳运行和人民群众生产生活需要。“十三五”期间，建成浩吉铁路等大能力货运干线，加快研制时速160公里～200公里系列快捷货车、快捷棚车等新型货运装备，完善大宗货物运输策略，深入推进“公转铁”运输，完善铁路运价灵活调整机制，降低专用线和短驳服务收费，进一步降低社会物流成本，大宗货物运输持续快速增长。

2.铁路集装箱运输。中国铁路集装箱运输起步较晚。20世纪80年代，开始组织研制集装箱专用平车。1980年，研制载重量为40吨的第一代NJ4A型集装箱专用平车、NJ4A型平车和5D箱。1987年，研制载重量为60吨的第二代NJ6A型集装箱专用平车。1990年，中国铁路完成集装箱运输量1107万吨。从1999年开始，铁路部门通过采取开行“五定”班列、改善运输组织、推行“一口价”等一系列措施，集装箱运量有了较快的增长，当年运量突破3000万吨，达3284万吨，比1998年增长16.9%。“十五”期间，是铁路集装箱发送量增长较为迅速的时期，除了拥有1吨、5吨、10吨集装箱，20英尺、40英尺以及48英尺国际通用箱外，开发的20英尺弧形罐式、台架箱和50英尺双层汽车箱等专用集装箱，可以承运油品、化工、散装水泥、汽车等特种货物，双层集装箱运输方式逐步推广，建立集装箱运输通道，开行直达列车。铁路集装箱5年货物发送量1411.5万标箱，发送26644.2万吨，年均发送5328万吨。“十一五”期间，铁路部门规划建设18个集装箱中心站。2007年，铁路集装箱发送量创造历史新高，达7116万吨。2008年，国际金融危机造成全球经济放缓，铁路集装箱运量有所下降，但2009年即开始回升。5年平均增长速度达12.93%，高于普通货物。“十二五”期间，铁路加快推进集装箱运输改革，推行集装箱运输网上受理，扩大了块煤、焦炭等入箱品类，推出自备空箱堆存、空重联运业务以及批量零散货物入箱业务，优化了铁路箱出境下水业务手续，强化了与港航企业合作，促进铁水联运发展，大幅增加集装箱办理站，加快推进全路集装箱接取送达网络建设。“十三五”期间，国家大力推进多式联运，出台《“十三五”铁路集装箱多式联运发展规划》等文件，推动建设150个左右公共服务属性突出、辐射范围广、带动力强的货运枢纽（物流园区），主要港口疏港公路和铁路集装箱中心站基本建成，铁路集装箱运输发展迅速。6条集装箱铁水联运示范通道建设不断深入，200个左右甩挂运输试点项目成效显著，首批包括驮背运输（公铁联运）、集装箱海铁公多式联运、公铁联运冷链物流等16个多式联运示范工程建设全面启动；启动覆盖港口及物流枢纽集疏运铁路建设、铁路物流基地建设、铁路货场周边道路畅通建设等5大方面63项重点项目；推动港口集疏运系统建设，打通铁路、公路进港“最后一公里”，加快推进多式联运发展，构建现代综合交通运输体系。2018年，全国80%左右的主要港口和大型物流园区引入铁路，集装箱铁水联运量年均增长10%以上，铁路集装箱装车比率提高至10%以上。预计2020年，中国沿海主要港口铁路专用线接入比例将达80%，多式联运货运量将达30.28亿吨，复合增长率为20.11%。

中欧班列的常态化运行，已经成为具有国际竞争力的世界著名物流品牌和推进“一带一路”建设的重要抓手。目前，依托西伯利亚大陆桥和新亚欧大陆桥，中国已初步形成西中东3条中欧班列运输通道，发展势头迅猛，辐射范围快速扩大，货物品类逐步拓展，开行质量大幅提高。2016年10月，国家编制发布的《中欧班列建设发展规划（2016—2020年）》明确，到2020年，基本形成布局合理、设施完善、运量稳定、便捷高效、安全畅通的中欧班列综合服务体系。2017年4月，中国、俄罗斯、德国等7个国家铁路部门签署《关于深化中欧班列合作协议》，联手打造中欧班列国际物流品牌。到2019年8月，中欧班列累计开行1.8万多列，运送货物157万标箱。

3.抢险救灾物资运输。新中国成立以来，铁路部门在历次抗震救灾、抗洪抢险、森林灭火等重大抢险救灾工作中，积极主动发挥作用。1976年河北唐山大地震、1997年大兴安岭特大森林火灾、2008年四川汶川大地震、2013年雅安地震等自然灾害发生后，铁路部门迅速行动，加强与地方政府的沟通协调，及时掌握需求，安排足够运力，保证救灾物资供应，做到急事急办，特事特办，开辟绿色通道，层层安排专人负责，实行计划、审批、配车、装车、挂运“五优先”，为抗灾救灾提供了强有力的运输支持。

【行车组织】铁路行车组织是铁路运输工作的重要组成部分，主要包括列车运行图编制、客货车流组织以及行车指挥、车站行车工作等内容。在长期的行车组织实践中，铁路部门从中国国情出发，形成了一整套符合自身特点的行车组织方式和方法。在行车组织工作中，中国铁路始终贯彻安全生产的方针，坚持高度集中、统一领导的原则，运输、机务、车辆等部门发扬协作精神，主动配合，紧密联系，协同动作，组织均衡生产，不断提高效率，挖掘运输潜力，较好地完成了运输计划任务。

1949年1月，中国人民革命军事委员会铁道部成立，对全国铁路进行集中统一管理，实行统一的铁路管理组织、统一的铁路维修材料调配。20世纪50年代，逐步制定实施一系列适合国情路情的行车管理制度，取得了较好的效果。“文革”期间，铁路行业受到严重冲击，一些铁路地区发生大规模武斗，占领铁路，拦停列车，造成枢纽堵塞、货物积压、人员滞留，铁路运输秩序失控，运输计划无法完成，工业、生活用煤吃紧，运输生产陷入半瘫痪状态。1975年，中共中央颁布《关于加强铁路工作的决定》，全力整顿运输秩序，重建规章制度，加强集中统一，改进运输组织工作，全路的运输生产局面全面好转。

改革开放初期，中国铁路受技术装备、运输生产力水平以及铁路管理体制的制约，铁路行车组织水平还不够高，

便捷乘降、舒适乘车、快速旅行，已是中国广大人民群众对乘坐高铁的普遍认同，这是2015年外出打工的农民工正在南京站快速进站上车。（原瑞伦 摄）

机车车辆检修和运用分散、效率不高，调度指挥水平亟待提高，劳动组织方式不尽合理，运输产品的市场适应性和灵活性存在差距。

随着铁路管理体制改革，铁路科技发展，新装备、新技术的大量应用，新线开通运营，高速列车和重载列车的开行等，铁路行车组织的方式不断发生变化，逐步向扁平化、规模化、集中化、专业化、重载化、高速化、智能化、市场化发展。在列车运行图管理方面，实现了计算机编制列车运行图，由原来4年一次手工调整列车运行图，变为随着市场变化随时调整列车运行图，如春运图、暑运图、假日图等，缩短了列车运行图调整周期，科学配置运输资源，为提高铁路运输效率打下了坚实基础。中国铁路列车运行优化，坚持速密重并举的理念，强化列车运行图作为综合运输计划与运输产品表现形式的双重属性，将追求市场满足率的最大化作为运行图铺画的重要目标，实现了施工维修天窗法定化，推行季节性运行规律化，逐步增加班列化货物列车运行线。在客货车流组织方面，坚持市场为导向，充分发挥市场配置资源的作用，更好地发挥铁路的市场服务功能，有效提升了铁路的市场形象和竞争力。加大运输产品开发力度，在充分研究市场、细分市场、确定目标市场的基础上，不断丰富铁路运输产品系列，优化列车时空布局、技术标准、停站方案，高速、城际铁路大量开行高密度公交化动车组列车，主要货运通道开行6000吨、10000吨、20000吨重载列车，基本形成了符合中国铁路路情的行车组织格局。在行车指挥和车站行车组织方面，由改革开放初期的手工作业向智能化方向发展。行车调度指挥由手工编制计划、人工指挥行车，发展为采用铁路行车指挥自动化指挥，广泛采用列车调度指挥管理系统(TDCS)、调度集中控制系统(CTC)等先进的行车指挥设备。车站行车组织工作广泛采用计算机联锁设备，主要编组站采用综合自动化系统，较大提高了车站作业效率和安全保障能力。

随着国产动车组、大功能机车投产，铁路信息化、智能化水平不断提高，铁路行车组织方式也将向客车高速、列车重载、作业智能化方向发展，满足广大人民群众对美好生活向往的需求。

【铁路运输发展】 中国特色社会主义进入新时代，作为国民经济大动脉、关键基础设施和重大民生工程，铁路在经济社会发展中的地位和作用更加重要。铁路运输将突出便民、利民、惠民服务理念，不断拓展服务内涵，打造服务优势，创建服务品牌，努力实现服务品质与服务能力同步提升，运营效益和比较优势同步增长，服务经济社会发展大局。

1.提高旅客运输能力。发挥高速铁路运输网络准点高效、快速通达、覆盖面广的优势，优化组织和调度，深度挖掘客运潜力，提升网络客运能力。加强对城际、市域(郊)及其他短途客运市场、旅游市场的开发和培育，充分利用既有能力开行城际、市域(郊)列车。加大客运产品开发，创新服务理念和服务模式，形成高速动车、城际列车、普速客车等层次多样、能力协同、适应需求的客运系列产品，提高铁路有效供给能力和质量。

2.提升客运服务水平。适应一体化、高品质出行服务需求，修订完善铁路旅客运输服务质量标准体系，加强各种运输方式运力衔接与组织协同，开展旅客联程运输服务。优化售票组织和服务，进一步完善12306网络售票，采用互联网购票和手机APP购票等方式。完善动静态引导系统、图形标志及广播、视频监控等站车设施设备，提高信息服务能力，地市级车站全面实现自助实名验证和检票。提高旅客列车正点率，提升动车服务品质，改善普通旅客列车服务水平，为旅客提供更好出行体验。

3.拓展铁路货运市场。充分发挥铁路绿色环保和规模运输优势，盘活路网资源，扩大铁路在大宗货物运输中的市场份额。大力发展集装箱、铁路快运、冷链运输等新业务，构建快捷货运班列网络。引导培育多式联运市场主体，加强多式联运技术标准、服务规范、信息资源等有效衔接，推进铁水、铁公等多式联运发展，探索开展双层集装箱运输、驮背运输等。进一步简化货运办理手续，全面畅通货运受理渠道。强化运输环境治理，规范货运经营者收费行为，提高透明度，接受社会监督。

4.发展铁路现代物流。推进物流基础设施建设，依托主要经济中心、港口、铁路车站等打造铁路区域物流中心，加快形成京沪、京广、欧亚大陆桥等连通国内外主要经济区域、与其他运输方式有效衔接的物流大通道。大力发展铁路现代物流综合服务，加强铁路物流园区、货运场站及物流信息平台建设，促进各类平台之间的互联互通和信息共享，推进运输、仓储、信息服务等融合发展。加强铁路与邮政、快递等物流设施衔接协同，发展高铁快运及电商快递班列等。进一步创新铁路运输组织模式，培育壮大一批竞争力强的现代铁路物流骨干企业。

5.打造中欧班列物流品牌。落实《中欧班列品牌建设方案》，创新中欧班列服务模式，增强综合服务能力，将中欧班列打造成为具有国际竞争力和良好商誉度的世界知名物流品牌，成为推进“一带一路”建设的重要平台。完善中欧铁路运输通道，在内陆主要货源地、主要铁路枢纽、沿海重要港口等规划设立一批中欧班列枢纽节点，强化货源支撑和运输组织，降低全程物流成本，推进便利化大通关，基本形成布局合理、设施完善、运量稳定、便捷高效、安全畅通的中欧班列综合服务体系。

行业管理

【概　述】 新中国成立以来，铁路行业不断探索，加强管理，稳步发展。特别是改革开放以来，铁路行业管理由计划经济模式逐步转变为市场经济模式，法治建设深入推进，技术标准不断完善，铁路领域生产关系与生产力发展进一步适应，行业管理制度逐步成熟。

【发展历程】 新中国成立之后，国民经

济得到恢复和发展，中国铁路也进入了新的建设与发展时期。改革开放以来，铁路行业管理体制改革不断推进。从改革开放之初的放权让利，到实行经济承包责任制和建立现代企业制度试点，以及辅业改制，撤销铁路分局、减少管理层次，再到政企分开，铁路行业的管理体制从计划经济时期的高度集中、大一统、半军事化形态逐步向适应社会主义市场经济要求的形态转变。

1949年，根据《中华人民共和国中央人民政府组织法》第十八条的规定，政务院设立铁道部，在政务院财政经济委员会指导下工作。铁道部的前身是中央军委铁道部，改由中央人民政府领导后，作为国家行政机构对全国铁路实行统一归口管理，并直接经营管理国家铁路。

20世纪50年代，是新中国铁路快速发展的时期。中国铁路立足国情，学习“中长铁路”管理经验，实施了一套理论与实际结合、适合国情路情的管理制度，取得了较好的效果，以全新的面貌成为新中国经济复苏的支柱。1953年9月，中央军委电令，成立中国人民解放军铁道兵，撤销中国人民解放军铁道兵团的番号。1958年，由于“大跃进”的冲击，铁路运量猛跌、设备失修、损坏严重，基建工程几经改动，浪费严重，企业管理混乱。

1961年初，中央提出“调整、巩固、充实、提高”八字方针，铁路部门全面整顿规章制度，使铁路事业重新走上正轨。1966年5月开始的“文化大革命”，严重破坏了铁路运输的管理基础，主要干线几度濒临瘫痪。1967年5月，为了保障铁路运输畅通，中央决定对铁道部实行军事管制，成立铁道部军事管制委员会，对全国铁路实行统一领导。随后，中央发布《关于坚持维护铁路、交通运输革命秩序的命令》，全国铁路的混乱势头得到一定程度的遏制。1968年，面对极少数人破坏铁路、炸毁桥梁的犯罪活动，中央发布命令指出：煽动、操纵和指挥破坏铁路、炸毁桥梁、袭击列车的极少数造反派头头是反革命分子，必须坚决镇压法办。此后，全国铁路运输秩序逐渐恢复正常。

1970年7月，党中央、国务院决定，铁道部、交通部和邮电部的邮政部分，合并组成新的交通部。1975年1月，四届全国人大第一次会议决定，将交通部分设为铁道部和交通部。同年，中共中央颁布《关于加强铁路工作的决定》，全力整顿运输秩序，重建规章制度，加强集中统一。1976年，全路展开整顿工作，运输生产局面全面好转。1979年5月，铁道部决定，部所属工业总局、基本建设总局、物资管理总局对外分别称中国铁路技术装备总公司（1982年10月改称中国铁路机车车辆工业总公司）、中国铁路工程总公司、中国铁路物资总公司，实行企业化管理。

从20世纪80年代开始，根据国务院一系列关于扩大企业自主权的改革精神，铁道部逐步把计划、财务、物资等权力下放给铁路局，实行利润留成制度，铁路局得到一定的经营自主权。按照党的十二届三中全会通过的《中共中央关于经济体制改革的决定》，铁道部提出了《关于铁路改革的意见》，要求在有利于确保安全生产、有利于路风建设、有利于提高经济效益、有利于调动企业职工的积极性、有利于加快铁路建设的步伐的前提下，把铁路企业建成相对独立、自主经营、自负盈亏的经济实体以增强活力。铁道部与铁路运输企业之间单一的行政化上下级关系开始发生变化，铁路局、铁路分局纷纷以基层单位经济承包责任制的形式，扩大企业自主权。1981年12月，铁道部批准上海铁路局进行扩大企业自主权的试点方案。上海铁路局从试行利润留成发展到试行利润递增包干，充分利用扩权让利的有利条件，千方百计挖潜改造，保证运输需要，经济效益明显提高。1984年1月，按照党中央决定和国务院、中央军委命令，铁道兵全体官兵整建制集体兵改工，铁道兵司令部改为铁道部工程指挥部，改归铁道部建制领导；1989年改称中国铁道建筑总公司，仍隶属铁道部。

“七五”期间，铁道部提出实行“一包五年投入产出，以路建路和以路养路”的经济承包责任制。1986年3月，国务院批准了由国家计划委员会、国家经济贸易委员会、财政部、中国人民银行、铁道部等5个部门联合提出的《关于铁道部实行经济承包责任制的方案》（简称“大包干”），要求铁路以经济承包责任制为中心，全面改革经济管理制度，充分发挥铁路职工的主动性、积极性、创造性，以自身多创的积累，加快铁路建设和技术改造的步伐。“大包干”方案对铁路与国家的经济关系作了具体规定，一方面是铁路对国家的承包，另一方面是国家对铁道部承包的支持和保证条件。铁道部对国家的承包内容主要有：包运输任务，包机车车辆生产任务，包铁路建设规模和形成运输能力，包基本建设投资和机车车辆购置费，包缴纳税款；保证严格遵守财经纪律，接受国家的财政监督。从1986年开始实行，5年不变。同时，国家在统配物资、营业税、银行贷款、铁路运价、基本折旧率和大修折旧率、工资总量包干等6个方面给予支持和优惠。

1992年，铁道部开始建立现代企业制度试点。广铁集团成为第一家改制组建的铁路运输企业集团。铁道部对其实行有别于其他铁路局的行业归口管理，实行投入产出总承包，自主经营，自负盈亏，自筹资金，自我建路。在执行全路统一列车运行图和列车编组计划，确保国家重点物资运输和分界口畅通的前提下，广铁集团自主组织管内运输。改制后，广铁集团在经营计划、财务、人事、劳资等方面，全面实行特区企业的经营机制，享有特区企业的自主权，其责任主要是加快管内铁路建设和改造，搞好运输经营，自行积累和筹集资金，向铁道部上交专项资金与事业费，偿还贷款债务，提供铁路建设基金等。

1995年12月，大连铁路分局改制为国有独资的大连铁道有限责任公司，享有资产收益权、干部管理权、投资计划权和税收优惠政策，享有更多的运输组织权，建立收支并轨的财务核算体系，取得独立完整的运输营业收入。1996年5月，广深铁路股份有限公司在中国香港和美国同时上市，成为中国铁路进入国际资本市场的标志。1998年6月，不设分局的呼和浩特、南昌、柳州、昆明4个铁路局开始试行资产经营责任制，在界定经营性及非经营性资产的基础上，提出资产经营责任考核指标和考核办法。铁路工程、建筑、工业、物资、通信五大总公司与铁道部签订了资产经营责任书。在铁路行业的管理体系中，除铁路局和分局外，出现了公司制企业、上市企业和签订资产经营责任制的企业。1999年，铁路提前一年实现三年扭亏目标。

进入21世纪后，铁道部开始深入研究铁路改革总体方案。2000年，铁路工程、铁道建筑、机车车辆、通信信号和土木工程五大公司与铁道部脱钩；10所普通高校及一批中专、技校、成人教育移交教育部或地方管理。2001年，铁路系统开始实施新一轮的资产经营责任制，按照主辅分离、干支分离和客货网分账核算的思路，推进铁路各项改革。2002年9月，北京铁路局客运公司挂牌，全路14个铁路局全部组建内部客运公司。客运公司按事业部体制运行，承担客运经营管理责任，实行客运收入直接从市场取得的财务清算办法。经过一年左右的实践，发现“网运分离”模式不符合当时中国铁路路情，特别是造成客运安全形势不稳，随后撤销各铁路局内部客运公司。2003年12月，中铁集装箱运输有限责任公司、中铁特货运输有限责任公司、中铁行包快递有限责任公司3家专业运输公司挂牌成立，标志着铁路专业运输管理体制改革取得实质性进展。全路劳动生产率大幅提高，与1997年末相比，在铁路营业里程不断增加的情况下，国铁职工人数从334.2万人降至228.5万人，其中运输业人员从189.9万人降至144.3万人。

2004年，根据《国务院关于投资体制改革的决定》的要求，铁道部确立“政府主导、多元化投资、市场化运作”的铁路投融资体制改革总体思路。2005年，铁道部颁布《关于鼓励支持和引导非公有制经济参与铁路建设经营的实施意见》。2005年以来，铁道部先后与31个省、市、自治区政府签订了共同加快铁路建设的战略合作协议，合资铁路公司成为铁路投资建设的主要方式。推进优质企业股改上市筹集资金也成为铁路投融资体制改革的重要举措。2006年，大秦铁路公司和广深铁路公司首发A股上市募集资金150亿元和103亿元。2007年铁龙公司增发股票再融资7亿元。

2005年3月，铁道部实行铁路局直接管理站段的体制改革，撤销铁路分局，铁路管理由四级变为三级，减少了运力配置的中间层次，打通了分局间分界口限制，整合了运输调度指挥系统，提高了管理效率，释放了运输生产力。同时，对全路车站、机务、工务和电务段等生产力布局进行全面调整，站段数量由1491个减少到627个，改善了铁路运力资源的配置效率，解决了长期存在的运力资源分散问题。在基本完成社会职能移交、主辅分离的基础上，铁路运输企业积极推进辅业改制。

2011年，中央批准铁路运输法院、检察院划归地方的改革方案。

2013年3月，十二届全国人大一次会议审议通过《国务院机构改革和职能转变方案》，实行铁路政企分开，不再保留原铁道部。将原铁道部拟订铁路发展规划和政策的行政职责划入交通运输部。组建国家铁路局，由交通运输部管理，承担原铁道部的其他行政职责，负责拟订铁路技术标准，监督管理铁路安全生产、运输服务质量和铁路工程质量等。组建中国铁路总公司，承担原铁道部的企业职责，负责铁路运输统一调度指挥，经营铁路客货运输业务，承担专运、特运任务，负责铁路建设，承担铁路安全生产主体责任。同日，国务院印发《国务院关于组建中国铁路总公司有关问题的批复》，进一步明确中国铁路总公司负责国家铁路运输经营、建设、安全生产等，同时明确由财政部代表国务院履行出资人职责，交通运输部、国家铁路局依法对中国铁路总公司进行行业监管。

2013年3月，国务院办公厅印发《国家铁路局主要职责内设机构和人员编制规定》，明确国家铁路局主要职责：一是起草铁路监督管理的法律法规、规章草案，参与研究铁路发展规划、政策和体制改革工作，组织拟订铁路技术标准并监督实施。二是负责铁路安全生产监督管理，制定铁路运输安全、工程质量安全和设备质量安全监督管理办法并组织实施，组织实施依法设定的行政许可。组织或参与铁路生产安全事故调查处理。三是负责拟订规范铁路运输和工程建设市场秩序政策措施并组织实施，监督铁路运输服务质量和铁路企业承担国家规定的公益性运输任务情况。四是负责组织监测分析铁路运行情况，开展铁路行业统计工作。五是负责开展铁路的政府间有关国际交流与合作。六是承办国务院及交通运输部交办的其他事项。内设机构为综合司（外事司）、科技与法制司、安全监察司、运输监管司、工程监管司、设备监管司、人事司，全国设立沈阳、上海、广州、成都、武汉、西安、兰州7个地区铁路监督管理局，负责辖区内铁路监督管理工作。同时，设立信息中心、安全技术中心、装备技术中心、工程质量监督中心、市场监测评价中心、规划与标准研究院、机关服务中心7个事业单位，为行政履职提供技术支撑、专业服务和后勤保障。

2017年，中国铁路总公司提出铁路企业实行公司制改革的总体思路和方案，分三步走推进改革。第一步是对中国铁路建设投资公司、中国铁道科学研究院等非运输类企业进行公司制改革。第二步对全国18家铁路局进行公司制改革。第三步对中国铁路总公司总部进行公司制改革。2017年11月，中国铁路总公司所属18个铁路局全部完成公司制改革工商变更登记，正式挂牌。2018年11月，中央经济工作会议作出加快推动中国铁路总公司股份制改造的决策部署。2019年6月，中国铁路总公司改制，挂牌成立中国国家铁路集团有限公司。同年，根据《行业公安机关管理体制调整工作方案》，铁路公安调整为直接归属公安部领导，实行垂直领导。

【法治建设】 新中国成立以来，铁路法治建设不断推进，制定并实施了《中华人民共和国铁路法》(简称《铁路法》)、《铁路运输安全保护条例》《铁路安全管理条例》《铁路交通事故应急救援和调查处理条例》，制修订了一系列配套规章和规范性文件，初步建立起符合铁路发展需要的法规体系。

1.《铁路法》。根据国务院1982年－1986年五年经济立法规划的安排，1983年9月铁道部成立《铁路法》起草委员会，专门负责《铁路法》的起草工作。1990年初，《铁路法(草案)》，经过国务院常务会议讨论通过后呈送第七届全国人大常委会审议。1990年9月，第七届全国人大常委会第十五次会议审议通过《铁路法》，1991年5月起施行。2009年、2015年，全国人大常委会两次修正《铁路法》。现行《铁路法》共6章74条，内容包括总则、铁路运输营业、铁路建设、铁路安全与保护、法律责任、附则。《铁路法》的实施，是中国铁路史上的一件大事。这部法律反映了中国铁路现实对法律的需求，在结构上体现了铁路运输的特点，明确了铁路运输安全管理的要求，对于推动铁路事业发展，起到了积极的作用。一是铁路发展有法可依。铁路法是新中国第一部铁路法律，对规范铁路行为、保护铁路与各方当事人的合法权益起到了积极作用。二是《铁路法》关于保价运输的规定，首次明确了运输责任的可补充性，既有利于承运人，也有利于托运人。三是《铁路法》关于人身损害赔偿原则的规定，有利于维护铁路运输安全，有利于及时快捷处理铁路交通事故，为后续配套立法提供了法律依据。鉴于中国铁路管理体制发生重大变化，2013年《铁路法》修订工作启动。

2.《铁路运输安全保护条例》与《铁路安全管理条例》。1989年，国务院决定制定专门的铁路安全保护行政法规，并责成铁道部起草。1989年8月国务院常务会议讨论并通过《铁路运输安全保护条例》。该条例作为中国运输行业安全管理第一部专门行政法规，对铁路运输安全相关问题作出规范，对维护铁路运输安全、保障铁路运输畅通起到了积极的作用。随着经济社会的发展，铁路运输安全也面临着许多的新情况新问题。特别是高速铁路的发展，对运输安全的要求更高。2004年，国务院对该条例进行全面修订，并以国务院令第430号公布，自2005年4月1日起施行。铁路政企分开后，国务院对该条例进行第二次修订。2013年8月，新修订的条例公布并更名为《铁路安全管理条例》，自2014年1月1日起施行。《铁路安全管理条例》共8章108条，主要内容包括总则、铁路建设质量安全、铁路专用设备质量安全、铁路线路安全、铁路运营安全、监督检查、法律责任、附则。新修订的条例，第一次将高速铁路安全管理纳入法治轨道，满足了高速铁路发展对安全立法的需求。

3.《铁路交通事故应急救援和调查处理条例》。2005年，铁道部组织起草《铁路交通事故应急救援和调查处理条例》。该条例是对《关于重新修订火车与其他车辆碰撞和铁路路外伤亡事故处理暂行规定》(国发〔1979〕178号)进行全面修订后形成的法规草案，被列入国务院2006年一类立法计划。2007年7月，国务院第501号令发布了该条例，自同年9月1日起施行。2012年11月，根据《国务院关于修改和废止部分行政法规的决定》，修订条例。《铁路交通事故应急救援和调查处理条例》共8章40条，主要内容包括铁路交通事故应急救援和调查处理的原则、管理体制、事故等级及分类、事故报告程序、事故应急救援、调查处理的程序、事故赔偿以及违反条例的法律责任。条例对铁路交通事故涉及的主体、内容及其权利义务都做了详细的规定，对及时处理事故、恢复铁路运行秩序、维护各方当事人的合法权益具有积极意义。

2013年，铁路实行政企分开改革。新组建的国家铁路局依法履职，提出构建"一法三条例、若干配套规章"的铁路行业法律法规体系，并制定建章立制三年工作规划。一是推动发布《铁路安全管理条例》。明确了铁路监管机构主要职责，确立了监管的基本制度，撰写条例解读、释义、图册等配套材料30余万字并组织宣贯。二是提请将《铁路法》修订列入第十二届全国人大常委会立法工作规划。深入研究铁路改革发展的重大问题，形成《铁路法》修订草案，于2019年7月网上公开征求社会意见。三是开展《铁路交通事故应急救援和调查处理条例》修订工作。根据政企分开后的新形势新情况，对铁路交通事故应急救援和调查处理的主体和相关职责进行调整，进一步规范事故调查程序。四是启动《铁路运输条例》制定工作。组织对铁路运输基本制度规范、运输企业与旅客货主的权利义务关系进行研究，形成征求意见稿。五是开展铁路行业规章制修订工作。共制定行政许可、行政处罚、安全质量监管等方面的铁路规章11件。为加强铁路安全管理，组织起草《铁路技术安全规程》。针对高速铁路安全管理的急迫需要，组织起草《高速铁路安全防护管理办法》《高速铁路基础设备运用状态检测管理办法》。回应人民群众对铁路运输服务质量的更高要求，组织起草《铁路运输服务质量监督管理办法》。铁路行业监管规章体系初步建立，有效地保障了铁路建设运输的顺利进行和铁路安全畅通。六是有序开展规范性文件清理工作。对原铁道部1165件规范性文件进行全面清理，按照"先易后难、有序推进，边清理、边出成果、边向社会公开"的原则，分批次向社会公布清理结果，将702件属于铁路企业经营管理的规范性文件明确交由企业管理，废止和宣布失效207件与铁路发展改革实际不符的规范性文件。

【技术标准】 伴随着铁路发展进程，铁路技术标准特别是高速铁路建设和动车组等技术标准，从无到有、从追赶到超越，从探索到成熟，为保障铁路建设和运营安全质量、促进铁路科技创新和产业升级、服务铁路“走出去”发挥了重要支撑作用。

1.铁路产品技术标准。新中国成立以来，根据铁路技术发展和建设运营需要，中国铁路建立了由普速、高速、重载铁路三大体系组成的铁路技术标准体系。铁路政企分开改革后，国家铁路局完成了既有技术标准的优化整合，不断完善铁路技术标准体系。截至2018年，中国共有铁路产品技术标准1183项，其中包括铁道国家标准209项、铁道行业标准974项，内容覆盖铁路机车车辆、工务设备、通信信号、牵引供电、运营服务等专业。铁路产品技术标准体系全面完整、内容先进，系统反映了中国铁路综合技术实力。

2.铁路工程建设标准。1951年7月，铁道部发布《中华人民共和国铁路建筑标准图》。这是新中国铁路史上第一套全路通用标准设计。目前，中国铁路已建成系统、综合、可操作性强的铁路工程建设标准体系，由基础、综合、专业三大类标准组成，其中，基础标准包括术语、符号、制图等标准，为规范编写、正确理解和应用标准使用；综合标准包括高速、城际、重载、客货共线和市域（郊）铁路设计规范，是铁路建设最基本、最重要的标准，规定各类铁路设计的总体原则、主要技术标准及各专业接口；专业标准突出本专业的具体技术要求，与综合标准配套使用。中国的铁路工程建设标准体系涵盖工程建设的勘察、设计、施工、验收各阶段，覆盖各专业，标准编制突出安全可靠、技术先进、经济适用的特点，为铁路大规模、高效率、高质量建设提供了基础支撑。截至2019年，铁路工程建设标准共123项，其中，国家标准4项，行业标准118项。具有代表性的有6项。一是《高速铁路设计规范》。系统总结和吸纳了不同类型、不同技术特点的高铁建设运营实践经验，充分吸纳国内科研成果、国外先进设计理念及相关国际咨询成果，规定了高铁工程建设各专业领域的技术要求，是高铁建设最基本、最重要的行业标准。二是《城际铁路设计规范》。这是为贯彻落实国务院深化铁路投融资体制改革的要求、支持地方政府和社会资本投资建设城际铁路，新制定的一项重要技术标准。三是《重载铁路设计规范》。这是中国第一部重载铁路行业标准，也是世界上首部系统完整、内容全面的重载铁路设计规范，填补了重载运输领域技术标准的空白，对指导重载铁路建设具有重大意义。四是《铁路线路设计规范》和《铁路车站及枢纽设计规范》。规范编制突出了国家关于生态环境保护、水土保持、土地保护等法律法规和现代综合交通运输发展要求，强化了综合选线和铁路车站及枢纽设计落实铁路网规划、城市总体规划和综合交通规划等要求。五是《铁路旅客车站设计规范》。结合打造现代综合交通枢纽、“零距离”换乘等要求，优化铁路客站功能布局，提高旅客出行质量及效率，坚持安全优先为原则，为旅客出行安全提供保障，使铁路旅客车站设计更加符合安全可靠、便捷舒适、经济适用等要求。六是《磁浮铁路技术标准（试行）》。自2020年1月1日起实施，确定先期按常导短定子和常导长定子两种磁浮制式编制技术标准，统一了限界、轨距、轨道基准面等基本技术要求，明确了磁浮车辆主要技术规格，为规范和引领磁浮铁路建设和装备制造提供了重要技术支撑。

3.铁路工程造价标准。铁路工程造价标准是对铁路工程建设项目进行宏观决策和投资控制的重要基础，是编制项目投资（预）估算和设计概（预）算的重要依据。铁路部门始终坚持按照不同历史时期国家宏观经济政策、社会发展、科技进步和铁路基本建设指导方针的要求，结合不同阶段铁路建设项目政策性、指导性文件，历经五轮制修订，逐步建立了包括办法规则、专业定额、费用定额和价格信息等内容的铁路工程造价标准体系。办法规则包括铁路基本建设项目投资控制管理办法、投资预估算、估算编制办法、设计概（预）算编制办法、更新改造工程设计概（预）算编制办法、铁路工程概预算工程量计算规则、铁路工程施工组织设计指南以及其他政策性调整的办法规则等。专业定额主要是指铁路工程在建设前期使用的估算定额、概算定额、预算定额（包括补充预算定额）等。费用标准包括各种材料基期价格、设备基期价格、机械台班费用定额、费税取值规定等。造价信息主要包括建设前期所需的单价信息及投资估算指数等各类综合价信息。铁路政企分开改革后，国家铁路局发布18册铁路工程造价标准，首次实现了编制办法、预算定额、费用定额三类标准同步修编、同时发布、同期实施，具有顶层设计、统筹兼顾、系统调整、总体把控等特点，进一步优化完善了铁路工程造价标准体系。新修订的造价标准，按照“创新、协调、绿色、开放、共享”的发展理念，贯彻落实了国家相关政策法规，客观反映了近年来铁路建设经验和建设水平，充分体现了新技术、新工艺、新材料、新设备的应用，积极响应了机械化、工厂化、专业化、信息化4个支撑手段的发展要求，有效提升了造价标准的合规性、科学性、合理性、时效性，基本满足了高速、城际、客货共线等铁路工程设计概（预）算编制的需要，为发挥市场在资源配置中的决定性作用、维护铁路建设市场秩序、提高铁路建设投资效益、保障铁路建设安全质量提供了基础支撑。截至2018年，中国铁路共有工程造价标准48项，内容覆盖路基、桥涵、隧道等13个专业。

4.铁路技术标准国际化。党的十八大以来，随着“一带一路”国际合作的深入推进，中国铁路大力推进标准国际化，积极参与国际标准化组织铁路应用技术委员会（ISO/TC269）、国际电工委员会轨道交通电气设备与系统技术委员会（IEC/TC9）、国际铁路联盟（UIC）等国际铁路标准组织开展的国际标准制修订工作。截至2019年6月，中国主持ISO和IEC国际标准制修订项目19项，累计参与国际标准制修订项目137项。主持编制UIC标准23项，累计参与编制UIC标准26项。近年来，铁路政府部门和企业积极推广中国铁路产品技术标准和铁路工程建设标准在境外铁路项目的应用，亚吉铁路、蒙内铁路、内马铁路等多个境外项目采用中国标准。为支持中国铁路“走出去”，深入推进铁路行业标准外文版翻译出版工作，组织完成《标准轨距铁路机车车辆限界》等138项产品技术标准和110多项工程建设标准英文翻译和发布，基本实现重要铁路装备所需产品技术标准和现行全套工程建设标准均有英文版的目标，增强了中国铁路标准的宣传力度和国际影响力。同时，推进中国标准俄文、泰文、印尼文等翻译工作，组织编译铁路技术标准汉语英语、汉语印尼语、汉语阿拉伯语词典。

【安全管理】1950年1月，津浦线花旗营车站发生旅客列车与货物列车相撞事故，死伤62人，损失巨大。政务院就此给予严厉批评并通报全国。1953年6月，全国铁路工作会议召开。政务院分管铁道部的副总理邓小平出席会议并讲话，重点强调要加强铁路安全管理，要有高度的组织性、高度的纪律性、高度的统一性、高度的准确性，指出“铁路运输关系着人们生命财产的安全，不要再发生花旗营那样的事故。铁路要像钟表一样准确，列车就要正点运行”，为全路鸣响了“安全第一”的警钟。铁路部门始终把安全作为永恒的主题，不断深化运输安全管理。从新中国成立到改革开放前，铁路安全管理制度从无到有，逐步制定《铁路技术管理规程》《铁路行车事故处理规则》等系列规章制度。“文革”期间，铁路运输秩序一度非常混乱，行车事故急剧增加。1969年5月，北京站发生兰州至北京的44次快车与北京至太原的87次快车正面冲突的重大行车事故，当场死亡2人，重伤10人，轻伤457人，全国震惊。铁路安全问题引起党中央高度重视。国务院总理周恩来亲自听取事故情况汇报，分析原因，提出对策，并对全国铁路安全加以整顿，恢复了运输安全秩序。

改革开放以来，铁路运输步入快速发展阶段，运输安全也面临着严峻的挑战，特别是1978年陇海铁路“12•16”列车相撞事故、1981年成昆铁路“7•9”旅客列车因洪灾坠河事故、1988年京广铁路“1•7”旅客列车火灾事故、1988年贵昆铁路“1•24”旅客列车颠覆事故、1988年沪杭铁路“3•24”旅客列车相撞事故、1993年京广铁路“7•10”旅客列车追尾事故、1999年京广铁路“4•29”荣家湾站旅客列车追尾事故、2008年胶济铁路“4•28”列车相撞事故、2011年甬温铁路“7•23”动车追尾事故，给人民群众生命财产造成了重大损失，给国家形象和铁路事业发展造成了严重影响，教训极为深刻。为加强铁路安全管理，国家制定颁布《铁路运输安全保护条例》《铁路安全管理条例》《铁路交通事故应急救援和调查处理条例》等一系列加强铁路安全管理的法规规章制度。

党的十八大以来，铁路部门牢固树立安全发展理念，坚守发展决不能以牺牲安全为代价这条不可逾越的红线，坚持“安全第一、预防为主、综合治理”的方针，以确保高铁和旅客列车安全为重点，落实企业安全生产主体责任，大力推进科技保安全，狠抓主要行车设备质量，严肃整顿干部职工违章违纪，强化营业线施工安全控制，强化安全监管执法，发挥地方政府和相关部门整体合力，加强铁路沿线综合治理，夯实安全管理基础，加强安全风险防控，完善安全保障体系，全面提升铁路行业安全管理水平，全国铁路未发生铁路交通特别重大、重大事故，铁路交通事故死亡人数从2011年的1566人下降到2018年的857人，10亿吨公里死亡率从2011年的0.401下降到2018年的0.199。

科技创新

【概 述】新中国成立以来，铁路系统不断深化科技体制改革，推动行业科技创新。特别是党的十八大以来，中国铁路科技创新实现了历史性跨越，在高速铁路等领域取得了举世瞩目的伟大成就，在促进经济社会发展、保障和改善民生、支撑国家重大战略实施、增强中国综合实力和国际影响力等方面发挥了重要作用，成为创新型国家建设的新名片，受到社会的广泛赞誉和普遍欢迎，成为中国现代化建设成就的重要展示。2018年，铁道行业获国家科学技术奖8项，其中“中南大学轨道交通空气动力与碰撞安全技术创新团队”获科技进步创新团队奖。中国铁路总公司“‘复兴号’中国标准动车组”获第五届中国工业大奖。铁道行业获第二十届中国专利奖24项，其中，中国中车青岛四方机车车辆股份有限公司“一种轨道车辆前端吸能装置”获金奖。铁道行业获中国标准创新贡献奖组织奖1项、标准项目奖2项。2018年度，铁路重大科技创新成果库经评审入库367项，其中，铁路科技项目75项、铁路专利67项、铁路技术标准49项、铁路科技论文176项。

【技术创新工程与重大科技项目】

1.中国铁路提速工程。1997至2007年，中国铁路实施了六次大提速。其中，2007年4月实施的第六次大提速，繁忙干线提速区段达到时速200至250公里。这是世界铁路既有线提速的最高值。首次开行时速200公里及以上的“和谐号”动车组212对，形成一批快速客运通道，快速铁路进一步发展，为中国高铁技术设备的研发研制、应用实践和发展完善提供了丰富的经验。2002年，《中国铁路提速工程成套技术与装备》荣获国家科技进步一等奖。

2.大秦铁路重载运输成套技术与应用。大秦线是中国最重要的煤炭通道，1992年全面开通，2002年达年运量1亿吨设计能力。2003年经科学论证，决定依靠重载技术自主创新，将列车重量由5000吨级提高到1万吨和2万吨，形成具有自主知识产权重载运输技术体系，年运输能力到4亿吨，创造了世界重载铁路运输新纪录。2008年，《大秦铁路重载运输成套技术与应用》荣获国家科技进步一等奖。

3.青藏铁路工程。青藏铁路工程

项目属多学科综合性技术，分属土木建筑、高原卫生、环境保护等科技领域。青藏铁路格尔木至拉萨段全长1142公里，海拔高于4000米地段长达960公里，最高点5072米，是世界上海拔最高的铁路。工程建设攻克了多年冻土、高寒缺氧、生态脆弱三大世界性工程难题。2006年7月开通运营以来，工程设施保持稳定，旅客列车运行时速达100公里，创造了高原冻土铁路运行时速的最高世界纪录，实现了建设世界一流高原铁路目标。2008年，《青藏铁路工程》荣获国家科技进步特等奖。

4.京津城际铁路。京津城际铁路是中国第一条时速350公里的高速铁路。2005年7月开工，2008年8月开通运营。沿途设北京南、武清、天津3座车站，正线全长113.5公里，其中85%为高架线路。2012年，《京津城际铁路工程》荣获国家科技进步一等奖。

5.京沪高速铁路工程。京沪高速铁路全长1318公里，设计时速380公里。作为国家战略性重大交通工程和重大创新工程，创造了一次建成里程最长、线路标准最高、运行速度最快的世界纪录，代表了中国高速铁路最高技术水平。围绕京沪高速铁路建设，经历了近20年的科研和技术攻关，形成了时速350公里高速铁路理论体系，建成了高标准和高平顺性的基础设施、研制了高速铁路重大技术装备、研发了安全运营保障技术等，拥有了自主知识产权的技术和标准，工程技术、质量和管理等达到世界先进水平。2015年，《京沪高速铁路工程》荣获国家科技进步特等奖。

6.中国铁路客票发售和预订系统。2000年10月，中国铁路客票发售和预订系统基本建设完成，实现全国铁路主要快车营业站计算机联网售票。同年，该项目荣获国家科技进步一等奖。2010年1月，中国铁路12306网站开通并进行试运行。2011年12月，网络售票覆盖全国铁路所有车次。2013年12月，改版后的12306网站上线，新版网站增加自动查询、自动提交订单、有票提醒等功能，同时12306手机客户端正式开放下载，与12306网站共享用户、订单和票额等信息，并使用统一的购票业务规则。2017年11月，12306网站微信支付功能上线试运行。

7.六轴7200kW大功率交流传动电力机车的研发及应用。该项目集成国际先进水平的微机网络控制系统，大功率IGBT变流机组和机车制动机，设计研制了性能优良的转向架、高强度车体及大容量牵引变压器，采用轴控方式提升了牵引制动性能，具有功率大、结构安全、维护工作量小、节能等优点，拥有自主知识产权，填补了国内外空白，突破了一系列关键技术，取得了多项技术创新成果，形成了大功率交流传动电力机车设计制造、试验评估、检修维护技术体系。六轴7200kW大功率交流传动电力机车批量运用在京沪、京广、石太等干线铁路，大幅提高了中国铁路货运列车的运行速度和牵引定数，提升了中国铁路机车整体技术水平，具有较强的国际竞争优势，形成的成套技术达到国际先进水平，为研发制造大功率交流传动电力机车系列化产品搭建了技术平台。2010年，《六轴7200kW大功率交流传动电力机车的研发及应用》荣获国家科技进步一等奖。

8."复兴号"动车组的研发及应用。2013年，中国启动"复兴号"中国标准动车组的研制。2017年9月，"复兴号"正式以时速350公里的速度投入运行。在"复兴号"所涉及的254项重要标准中，中国标准占了84%。一列"复兴号"动车组有13117种零部件，涉及机械、材料、冶金等10多个行业领域。"复兴号"能以350公里的时速在风霜雨雪的天气变幻中持续运营2500公里以上，具有强大的地理气候适应能力以及丰富的运营经验，具有复制、借鉴和推广到全球的技术基础、经验基础和"全球效应"。2017年，"复兴号"拿下"中国好设计"金奖。

【技术装备现代化】 在旧中国，中国铁路的机车车辆几乎全部从国外进口，设备质量差，类型杂乱。新中国成立后，中国铁路开始自行研制机车车辆等重大技术装备，从仿造起步，再从仿造到改造，从引进国外先进技术消化吸收再创新到完全自主创新，形成了适合中国铁路运输要求、结构性能先进的系列铁路技术装备和全球领先的铁路工业生产体系。截至2018年底，中国铁路机车拥有量为2.1万台，其中，内燃机车0.8万台，电力机车1.3万台；全国铁路客车拥有量为7.2万辆，其中，动车组3256标准组、26048辆；全国铁路货车拥有量为83万辆。

1.蒸汽机车。蒸汽机车曾是中国铁路运输的主要牵引力。新中国成立初期，国家急需机车。中国铁路工厂利用遗留下来的零散部件组装了一些蒸汽机车。通过学习和仿制，1952年7月，四方铁路工厂制造出新中国第一台解放型蒸汽机车，命名为"八一号"，结束了中国铁路机车车辆几乎全部从国外进口、设备质量差、类型杂乱的历史，中国机车制造进入了新的历史时期。此后，解放型干线蒸汽机车，曾由四方厂、大连厂和齐齐哈尔厂投入批量生产，直到1960年停产，共制造了455台，成为中国第一代货运蒸汽机车。1956年9月，从设计到生产，四方厂仅用8个月就生产出2台新型客运机车，命名为"胜利型"，成为中国第一代客运蒸汽机车。随后，相继生产了"解放型""建设型""人民型""和平型""前进型"蒸汽机车。在相当长一段时间内，蒸汽机车是中国铁路牵引动力的主力，为新中国铁路发展做出了不可磨灭的贡献。随着牵引动力的改革，蒸汽机车逐渐退役。1988年12月，前进型干线蒸汽机车停产。1996年，上游型厂矿蒸汽机车停产。随着蒸汽机车的逐渐退役，中国铁路开始走向内燃和电力时代。

2.内燃机车。从1956年起，中国铁路就开始规划发展内燃机车。1958年初，第一台内燃机车——建设型600马力电动传动调车内燃机车在长辛店机车车辆厂下线。在这一时期，巨龙型双节4000马力电传动内燃机车、先行型2000马力电传动内燃机车和卫星型2000马力液力传动内燃机车先后在大连厂、戚墅堰厂和四方厂下线，开启了中国内燃机车发展的历程。1966年，中国开始批量生产东方红1型(DFH1)内燃机车。1969年9月，第一台东风4(DF4)型电传动干线内燃机车制成，装车功率2426千瓦，是中国第二代内燃机车中首先定型的机车，1974年开始批量生产，成为中国铁路内燃牵引的主型机车之一。为了满足既有线提速和重载要求，20世纪90年代，以大连厂生产DF6、DF4D(K)和戚墅堰厂生产的DF88、DF11型机车为代表的第三代内燃机车相继下线。其中DF88、DF11成为中国铁路第一次至第四次大提速的主力车型。2003年，戚墅堰厂在DF11型机车的基础上进行技术升级，生产了DF11G型内燃机车，在全国铁路第五次和第六次大提速中，牵引部分直达特快列车，发挥了重要作用。2004年以后，中国开始研发制造时速100公里—120公里、牵引总重5000吨～5500吨的和谐型内燃机车。

3.电力机车。1958年12月，第一台电力机车试制成功，并定型为6Y1型。1969年1月，经过技术改造，第8台6Y1型机车试制成功，正式定型为韶山1(SS1)型，开始批量生产。这是中国第一代主型电力机车，是20世纪70至80年代中国电气化铁路干线的主型电力机车。1978年，韶山3(SS3)型机车研制成功，并于1988年大批量生产，成为中国第二代干线主型电力机车。SS3型机车及其派生车型，也成为中国目前运用最多的电力机车。通过学习进口机车的先进技术，中国第三代电力机车技术有了长足发展，形成了覆盖全面的电力机车型谱。1996年，中国首台干线交流传动电力机车原型车——ACA4000型交直交传动电力机车试制成功。2001年，株洲电力机车厂与西门子公司合作生产20台DJ1型双机重联货运电力机车，先后用于宝成铁路、大秦铁路牵引。2004年，中国通过引进技术，研发出时速120公里～160公里、轴6～8轴、总功率7200千瓦～9600千瓦的HXD和谐型电力机车，实现了核心部件和整车制造的升级换代。2008年以来，研制了中国第一代30吨轴重的HXD和谐型重载电力机车，牵引时速100公里，8轴，总功率达9600千瓦。

4.动车组。20世纪90年代，中国开始研发“先锋”“蓝剑”“中华之星”等国产高速列车。其中，最具代表性的是“中华之星”，于2000年立项，最高运营时速270公里，2002年在秦沈客运专线冲刺试验中创造了时速321.5公里的纪录。通过该项目，中国获得了动车组制造的系统集成能力，在动力系统、高速制动系统、转向架等方面实现了技术积累。然而，“中华之星”在试验和运行中出现了一些故障。2003年，铁道部召开的高速动车组专家研讨会，认为该型列车与国外先进水平在技术水平、产品成熟度和可靠性方面存在比较明显的差距，其动力集中式布局的技术路线也与国外分散式布局的主流路线相悖。

2004年4月，国务院确定了“引进先进技术，联合设计生产，打造中国品牌”的铁路装备现代化总体方针。2004年6月，铁道部为第六次大提速进行时速200公里动车组招标，中国本土企业引进国外先进技术中标后，研发出CRH1、CRH2、CRH5三类车型。通过这一轮制造工艺、制造流程和制造技术的引进，改善了中国企业技术管理平台，打通了材料和部件引进渠道，使得国内企业实现了核心部件和整车在制造上的本地化。

2005年，铁道部启动引进设计时速300公里及以上的动力分散型动车组采购项目。南车集团青岛四方机车车辆股份有限公司在经历上一轮技术引进消化吸收后，独立中标。从第一轮投标生产的CRH2A到第二次投标中生产的CRH2C，在很多领域都有改善，如列车牵引电机功率的提升、传动比改进带来总牵引功率提升以及车体结构、降噪、转向架等领域的改进。至此，中国企业通过引进国际先进技术成功锻炼了设计能力，拥有了制造能力，逐渐追上了世界先进水平。

2008年，铁道部与科技部签署《中国高速列车自主创新联合行动计划》，提出研制新一代时速350公里及以上的高速列车，目标就是形成完全自主的中国高速列车技术、装备、产业化能力和运行服务能力。该计划的出台，标志着中国高铁装备进入自主创新阶段。中国企业、高校、科研院所、重点实验室和工程研究中心，通过国家科技支撑计划项目组织起来，突破关键技术，生产重点产品和零部件，最终研制成功拥有自主知识产权的CRH380系列动车组。CRH380B是长春轨道客车股份有限公司针对东北地区研发的高寒型动车组，能够适应-40℃气温下的运营，实现了中国高铁装备领域的重大突破，完善了中国高速动车组谱系。在前两款车型基础上，中国企业研制了CRH380C新型动车组，在牵引传动系统等方面实现了重大突破。

2012年，国家出台《高速列车科技“十二五”专项规划》，明确提出要发展“基于永磁电机的新兴牵引传动技术、标准和装备体系”以及“适应并引领世界高速列车牵引传动模式的技术和装备战略转型”。设立了“时速500公里条件下的高速列车基础力学问题研究”国家“973计划”项目，研发出CRH380AM-0204综合检测列车(CIT500更高速度试验列车)。2015年6月下线的中国标准动车组，不仅实现了对动力、变流、网络控制等关键系统部件的自主化，更有标志性意义的是，通过正向设计，建立了中国高铁列车标准体系，涵盖了动车组基础通用、车体、走行装置等13个方面。2017年6月，完全自主知识产权的中国高铁动车组“复兴号”正式投入运营。

目前，中国已实现高铁列车自主设计、制造、调试的完整链条，在线路工程、列控系统、牵引供电等方面的技术水平达世界领先水平。中国自主研发的CRH380A型动车组保持着486.1公里/小时的世界高铁运行试验速度纪录，其脱轨系数、轮轴横向力和轮重减载率等高速列车的三项最重要安全指标，全部优于国际标准，成为世界上最安全的高铁列车之一。

铁路对外合作

【概 述】新中国成立后，中国铁路发展"以苏俄为师"，国际合作交流范围主要是以苏联为首的东欧社会主义国家和周边国家。改革开放以来，中国铁路合作交流的范围更加广泛，遍及全球。总体看，党的十八大以前，中国铁路的国际合作交流，以学习借鉴国外先进技术为主，形态是"引进来"；党的十八大以来，中国铁路的国际交流合作以"走出去"为主要形态。

【双边合作】

1.中俄铁路合作。新中国成立后，中国铁路很长一段时期是学习苏俄，双边交流密切。1951年签订《中苏国境铁路协定》，1998年修改为《中俄国境铁路协定》。1996年，建立了中俄政府首脑（总理）定期会晤机制。目前，国家铁路局牵头负责中俄总理定期会晤委员会运输合作分委会铁路工作组会议。近年来，中俄运输合作分委会及其过境运输工作组、中俄投资合作委员会框架下的中俄高铁联合工作组和上海合作组织框架下的中俄铁路运输合作以及中俄两国政府间铁路领域重大合作项目推进顺利。两国铁路部门加强沟通，推动合作发展，总结审查年度工作成果，分析铁路口岸客货运输情况，并就加强铁路口岸及后方通道发展、加快中俄同江铁路大桥建设、推动国境铁路协定修订、支持交通院校合作等议题深化合作，取得了丰硕成果，为推动落实"一带一路"国际合作和铁路"走出去"发挥了重要作用。中俄企业签署了莫斯科—喀山高铁合作意向书并开展工作。该项目全长770公里，最高设计时速400公里。

2.中蒙铁路合作。1955年底，中蒙跨境铁路建成通车，双方签署《中蒙国境铁路协定》。2014年8月，国家铁路局与蒙古国道路运输部代表两国政府签署《关于加强铁路合作的谅解备忘录》《关于发展中蒙铁路过境运输合作的协议》《关于修订〈中蒙过境铁路协定〉的谅解备忘录》。双方商定将根据实际发展需要，研究修订《中蒙国境铁路协定》，就中蒙铁路过境运输、建设与中国相连铁路采用标准轨距等问题达成了共识。

3.中哈铁路合作。中哈跨境铁路有两条，一条从乌鲁木齐经阿拉山口至哈萨克斯坦阿克斗卡，另一条是国内精河—伊宁—霍尔果斯铁路，经霍尔果斯至哈萨克斯坦阿拉木图。《中哈国境铁路协定》于1992年8月在北京签订，2012年12月修订。中哈合作委员会于2004年成立，2013年后，国家铁路局作为铁路分委会中方工作牵头单位开展工作。中哈铁路分委会会议每年轮流在两国召开。中哈铁路分委会成立以来共举行11次会议。借助机制化的会议，双方就深化中哈铁路政府间合作、服务落实"丝绸之路经济带"建设与"光明之路"新经济政策对接、服务支持两国经贸关系扩大发展等问题达成广泛共识。

4.中巴铁路合作。2015年4月，国家铁路局与巴基斯坦铁道部签署《中华人民共和国国家铁路局与巴基斯坦伊斯兰共和国铁道部关于开展1号铁路干线（ML-1）升级和哈维连陆港建设联合可行性研究的框架协议》。在中巴经济走廊联委会框架下，国家铁路局积极推进中巴铁路领域合作，与巴方建立政府、企业层面沟通机制，组织设计单位完成ML-1项目可行性研究并通过评审；指导国内有实力、有经验的大型工程承包企业组建联合体，启动施工准备工作；积极参与融资磋商有关工作。2017年5月"一带一路"国际合作高峰论坛期间，签署《中华人民共和国国家铁路局与巴基斯坦伊斯兰共和国铁道部关于实施巴基斯坦1号铁路干线升级改造和哈维连陆港项目建设的框架协议》，标志着中巴铁路合作进入实质性阶段。双方企业已签署初步设计商务合同，并提交一期工程初步设计文件，巴方已启动初步设计评审工作。

5.中尼铁路合作。2017年，国家铁路局深入贯彻落实中尼两国领导人共识，与尼泊尔基础设施和交通部积极开展合作，首次构建中尼两国在铁路领域政府间合作机制，双方同意在平等互利、合作共赢的原则下，开展铁路领域合作，中尼铁路政府间合作正式启动，畅通了沟通渠道，搭建了工作平台，成功举办中尼铁路技术交流和工作会商。国家铁路局指导中方设计单位开展中尼铁路前期研究工作和专题研究工作。2018年6月，中尼两国交通部门签署《中华人民共和国交通运输部与尼泊尔基础设施和交通部关于开展铁路项目合作的谅解备忘录》，中尼跨境铁路前期研究进入实质性阶段。2019年10月，中尼共同发表联合声明，双方同意开展跨境铁路项目可行性研究。

6.中印铁路合作。2014年3月，第三次中印战略经济对话期间，中印双方就开展铁路合作达成原则共识。2014年9月，签署《中华人民共和国政府与印度共和国政府关于深化铁路技术合作的谅解备忘录》《中华人民共和国国家铁路局与印度共和国铁道部关于深化铁路合作的行动计划》。2015年5月，中印铁路部门签署《中华人民共和国国家铁路局与印度共和国铁道部关于深化铁路合作的行动计划（2015-2016年）》。根据合作文件精神，国家铁路局与印度铁道部指导两国企业和高校开展了金奈—班加罗尔—迈索尔铁路提速改造、德里—金奈高速铁路、车站再开发、重载铁路培训、设立铁道大学等五个方面的合作。

7.中越铁路合作。中国与越南之间目前有两条跨境铁路。滇越铁路是连接越南海防—老街—中国河口—昆明的铁路，是中国西南地区的第一条铁路。南段海防—老街在越南境内，称河老铁路，长389公里。北段昆明—河口在中国境内，称昆河铁路。另一条中越铁路从南宁经凭祥、友谊关进入越南，经同登、谅山至河内。1992年3月，中越双方签订《中越国境铁路协定》。1996年2月，滇越铁路恢复中越国际联运。

2009年1月，南宁—河内国际旅客列车开行。2010年，泛亚铁路东线云南段准轨建设全面展开。2015年，越方向中方提出签订新的政府间铁路运输协定。国家铁路局正在开展研究，已形成新的协定文本。

8.中泰铁路合作。2013年10月，两国政府签署《中华人民共和国政府和泰王国政府关于泰国铁路基础设施发展与泰国农产品交换的政府间合作项目的谅解备忘录》。根据中泰两国政府于2012年4月签署的《中华人民共和国政府与泰王国政府关于铁路发展合作的谅解备忘录》，在中泰铁路发展合作联合指导委员会框架下，稳步推进中泰铁路合作。中泰铁路包括廊开—呵叻—耿奎—玛它普和耿奎—曼谷两条国际标准轨铁路，线路全长845公里。2017年，中泰铁路一期工程正式开工建设。

9.中非铁路合作。1967年9月，中国、坦桑尼亚、赞比亚三国政府关于修建坦赞铁路的协定在北京签字。1976年7月，中国当时最大的援外项目——坦赞铁路竣工，交接仪式在赞比亚举行，全长1860.5公里，是迄今中国最大的援外成套项目之一。2016年10月，连接埃塞俄比亚和吉布提两国首都的亚吉铁路建成通车，全长760公里，是中国企业在海外首次采用全套中国标准和装备建造的第一条现代电气化铁路。2017年5月，连接肯尼亚首都内罗毕与东非第一大港蒙巴萨的蒙内铁路通车，全长472公里。这条被肯尼亚人誉为"世纪铁路"的蒙内铁路，由中国公司承建，坚持中国标准、中国设计、中国建设、中国制造、中国运营、中国品牌，打造了中国铁路"走出去"的成功典范，是肯尼亚独立建国后实施完成的最大型基建工程。

此外，中国铁路部门还积极参与沙特、缅甸、老挝、印尼以及南美洲、中东欧地区的境外铁路项目。2010年11月开通运营的麦加轻轨，由中国企业承建，是沙特阿拉伯第一条轻轨铁路，全长18.25公里，共设9座车站，设计运能为每小时单向7.2万人，是迄今世界上设计运能最大、运营模式最复杂、室外温度最高、同类工程建设工期最短的轻轨铁路项目。中老铁路全长417.8公里，设计时速160公里，2017年正式开工。雅万高铁于2017年正式开工，线路一期全长142公里，最高设计时速350公里，预计3年建成通车。截至2019年，中国铁路已经与40余个国家和地区合作开展铁路规划、设计和建造，技术装备输出遍布全球100多个国家和地区。

【区域合作】 大湄公河区域铁路联盟是大湄公河次区域经济合作(GMS)框架下的铁路协调促进机构。2013年，亚洲开发银行牵头起草形成政府间的《成立大湄公河区域铁路联盟谅解备忘录》。2013年12月，第19次GMS部长级会议期间，中国、柬埔寨、老挝、缅甸代表签署备忘录。2014年8月，泰国、越南代表签署该备忘录，标志联盟正式成立。2015年3月，联盟第一次全体大会决定成立三个工作组：网络互联工作组，由柬埔寨和越南牵头负责；网络一体化及互通工作组，由老挝和泰国牵头负责；合作伙伴及联盟运作工作组，由中国和缅甸牵头负责。

【国际组织】

1.铁路合作组织。铁路合作组织(简称铁组)成立于1956年，是协调促进亚欧铁路国际联运发展的组织，其成员是有关国家主管铁路运输的中央国家机关或政府授权机构。苏联、中国等10个社会主义国家是铁组的创始成员国。经国务院批准，铁道部自铁组成立即参与铁组工作。1957年5月，社会主义国家第二届主管铁道部长会议在北京开幕。会议通过了铁组章程，铁组委员会设在华沙，由各国铁道部部长委派的常驻代表组成。铁路实行政企分开后，国家铁路局承继原铁道部的铁组成员资格。目前，铁组成员共29个，涵盖东亚、高加索、中亚、俄罗斯、中东欧等国家和地区，与"一带一路"地理范围高度契合，是中国推进共建"一带一路"倡议的重要平台。铁组的最高领导机关是铁组部长会议。国家铁路局为铁组部长会议成员单位，部长会议每年举行一次，在政府层面上审查铁组活动的重要问题并通过相应决议。中国铁路部门在此框架下深入参与国际铁路联运规则制修订，组织修订公布《国际旅客联运协定》《国际旅客联运协定办事细则》以及《国际货约/国际货协运单指导手册》《危险货物运送规则》中文版，协调国内相关部门参与制定《关于简化国际铁路旅客、行李、包裹运送过境条件公约》《国际铁路直通联运公约》。

2.国际铁路联盟。国际铁路联盟(简称铁盟)成立于1922年，总部设在巴黎。中国铁路是铁盟创始成员之一，1922年曾派代表出席铁盟成立大会。1979年7月，铁盟第三十七届全体大会通过恢复中国在铁盟的成员地位。铁盟成员主要包括各国铁路运输主管政府机构、铁路运营单位、科研及学术机构等。国家铁路局作为铁盟正式成员，近年来与铁盟以多种方式进行合作，积极推进铁路标准统一工作，参与国际标准的制修订。

3.国际铁路运输政府间组织。国际铁路运输政府间组织(OTIF)作为国际铁路运输领域重要的铁路政府间组织，致力于推动亚欧国家间铁路运输便利化。国家铁路局一直积极推动中欧间通道建设及国际铁路联运工作。双方在2016年7月签署《合作谅解备忘录》。近年来，中国铁路部门就中欧班列开行、推动中欧间运输通道建设、电子运单使用、加强铁路国际组织合作等问题，与该组织进行深入交流，拓展务实合作关系，推动亚欧区域铁路互联互通，促进亚欧大陆铁路国际联运发展，推动落实"一带一路"国际合作。

4.国际标准化组织铁路应用技术委员会。国际标准化组织铁路应用技术委员会(ISO/TC269)成立于2012年，是国际标准化组织(ISO)在铁路应用领域设置的技术委员会。该委员会现有包括中国在内的20个积极成员和13个观察成员，中国铁道科学研究院作为国内技术对口单位，负责开展相关工作。2015年，中国铁路成功承办第四届全体大会，积极参与基础设施、机车车辆、运营与服务3个分委会的方案设计。这次大会确定由法国、中国联合承担基础设施分技术委员会秘书处和机车车辆分技术委员会主席工作，实现了中国铁路在国际标准化组织关键职位上的重要突破。

5.国际电工委员会轨道交通电气设备与系统技术委员会。国际电工委员会轨道交通电气设备与系统技术委员会(IEC/TC9)成立于1924年，是国际电工委员会(IEC)在轨道交通电气设备领域设置的技术委员会，负责轨道交通牵引电气设备与系统领域的国际标准化工作，涉及机车车辆、地面设备、轨道交通运行控制系统等。IEC/TC9归口的国际标准，涵盖干线铁路和城市轨道交通(包括地铁、有轨电车、无轨电车和全自动运输系统)以及磁浮交通运输系统领域。IEC/TC9现有包括中国在内的28个正式成员和13个观察员。中国中车株洲电力机车研究所作为IEC/TC9的国内技术对口单位，负责开展相关工作。中国参与IEC/TC9标准化工作主要涉及主持制定国际标准、参与制定国际标准和参加国际会议。迄今为止，中国负责的IEC/TC9国际标准制定项目累计11个，涵盖无线重联系统、车载视频监视系统、复合绝缘子等领域，其中8项已经发布。

6.国际电信联盟。国际电信联盟是联合国的专门机构，主管信息通信技术事务，负责分配和管理全球无线电频谱与卫星轨道资源，制定全球电信标准，目前共有193个成员国和700多个部门成员及部门准成员和学术成员。在亚洲及太平洋地区设立亚太电信联盟，中国是正式成员国。国际电信联盟每隔几年召开世界无线电通信大会，会议的主要任务是修订《无线电规则》和所有相关的频率指配和分配规划。2015年，由中国主导提出的“列车与轨旁间铁路无线电通信系统(RSTT)”提案，在日内瓦2015年世界无线电通信大会上获得通过，形成236号决议。

精神文明

【铁路文化发展】中国铁路发展史，就是一部承载着铁路人光荣传统和深厚文化底蕴的历史，是自立自强的历史、爱国进步的历史、艰苦创业的历史、敬业奉献的历史。新中国成立以来，铁路优秀传统文化基因在一代代铁路人的传递中既一脉相承，又彰显了时代特征，成为传承铁路文化传统的精神纽带。各个时期的铁路文化建设，引领铁路人战胜了建设发展过程中一个个困难，创造了铁路发展历史上一个个奇迹。

抗美援朝时期，铁路干部职工发扬英勇无畏、不怕牺牲精神，筑造了“打不垮、炸不烂的钢铁运输线”。社会主义建设时期，铁路人用自己的双手甚至生命谱写了一部新中国铁路的创业史，铸就了一座座精神丰碑。这其中，有“治山斗水保畅通，团结务实创一流”的成昆精神，“一心想着旅客，一切为了旅客”的12次列车精神，“一点儿也不能差，差一点儿也不行”的小东站精神，“一心扑在线路上，一丝不苟严要求，一分钱掰成两半花”的孙家养路工区精神等。这是一代代铁路人顾全大局、团结协作、遵章守纪、服从指挥的真实写照，展现着优秀精神风貌和厚重文化积淀的历史传统，是新时期铁路文化建设应该继承和发扬的宝贵精神财富。

改革开放以来，铁路人在推进中国铁路事业发展历程中，注重树立行业形象和精神丰碑。进行六次大提速，让“安全、方便、快捷、舒适”的服务追求得以实现，永不止步的服务追求和优质的服务承诺，塑造了铁路服务民生、自我加压、锐意进取的良好形象。攻克“多年冻土、高寒缺氧、生态脆弱”高原铁路建设三大世界性工程难题，形成了“挑战极限，勇创一流”的青藏铁路精神。打造“勇攀科技高峰、争创世界一流”的高铁精神，以不畏艰险的英雄气概和求真务实的科学态度，创造了世界一流的高铁运营水平，成为推进铁路建设的精神价值引领和前进动力，进一步丰富了铁路核心价值观的内涵。

党的十八大以来，铁路系统坚持以习近平新时代中国特色社会主义思想为指导，立足铁路实际，结合时代条件，发展具有行业特点的新时代铁路文化，坚持用社会主义核心价值体系教育和引领铁路干部职工，开展“当代铁路职工核心价值观”教育实践活动，形成统一指导思想、共同理想信念、强大精神动力和基本道德规范，使干部职工自觉地把个人追求融入到铁路发展的目标上来，把个人奋斗融入到实现铁路现代化奋斗中，把个人利益融入到推进铁路发展的伟大实践中。2019年1月，中央宣传部、中国铁路总公司向全社会公开发布2018年“最美铁路人”先进事迹，在全社会产生热烈反响。

【铁路行业文明建设】铁路行业高度重视精神文明建设，始终牢记“人民铁路为人民”的服务宗旨，积极培育良好的铁路职业道德，先后涌现出一大批遵守职业道德的先进典型。2005年中央文明委举办首届文明单位评选以来，北京站等91个单位获全国文明单位称号，青岛客运段“海之情”青京车队等数百个单位获全国精神文明建设工作先进单位称号。铁路部门积极组织文明单位评选活动，上百个单位被评为“全国铁路文明单位”。《人民铁道》报、影视中心和新媒体平台开设“全国文明单位风采”“精神文明创建”“文明单位巡视”专版专栏，广泛宣传铁路精神文明创建成果。

1.巴山精神。巴山工务车间始建于1978年，地处秦巴山区，168名职工担负着襄渝铁路81公里线路、78座桥梁、58座隧道的养护维修任务。巴山工务车间管内有襄渝铁路全线最长的隧道、最大的坡道、最高的桥梁、最小的曲线半径、最高的海拔、最苦的工作条件“六个之最”。巴山工务车间干部职工研究探索出“工厂化单元修”“第三方查看分析”等精确修、专业修方法，有效提高了山区铁路的科学化养护水平，使列车经过巴山的时速由15公里逐步提高到90公里，线桥设备养护合格率始终保持

100%。改革开放以来，一代代巴山人坚守岗位，创造了40年安全无事故的好成绩，并在长期的生产实践中培育了以“艰苦奋斗、无私奉献、务实创新”为基本内涵的“巴山精神”。

2.“158”雷锋服务站。“158”雷锋服务站是南京站学雷锋先进集体。“158”是“义务帮”的谐音。长期以来，南京站“158”雷锋服务站坚持“人民铁路为人民”的宗旨，用“敬业爱岗甘当螺丝钉，无私奉献甘当践行者，温暖社会甘当一团火”的“158”精神指导工作实践，立足岗位学雷锋，走向社会做公益，成为全国铁路学雷锋志愿服务的一面旗帜，体现了工人阶级的伟大品格，荣获中央宣传部命名的“时代楷模”称号。

3.北京西站“036”候车室。多年来，北京西站“036”候车室自觉践行“人民铁路为人民”的服务宗旨，在平凡的岗位上，以“诚心待客、热心服务、真心助人、实心爱岗”的“四心服务”，为南来北往的旅客奉献爱心、提供帮助。在“036”候车室的带动下，各班组常年坚持优质服务，为旅客做了数不清的好事，在社会上叫响了“036”服务品牌，集中体现了铁路职工高尚的道德情操和全心全意为人民服务的奉献精神，为客运岗位职工提供了学习榜样。

4.“毛泽东号”机车组。1946年10月，“毛泽东号”机车诞生于哈尔滨机务段。1949年3月，它随解放军南下，落户北京铁路局丰台机务段至今。“毛泽东号”先后跨越蒸汽、内燃、电力3个动力时代，历经5次换型、6台机车。73年安全行车一事不出，取得了累计安全走行1100万公里的骄人业绩，“毛泽东号”机车被誉为“火车头中的火车头”。机车组先后有6人获得全国劳动模范，120多次获得全国、地方先进集体荣誉称号，成为新中国成立以来全路机车组组建时间最长、涌现劳模最多、安全成绩最好、完成任务量最大的先进机车组。2019年9月，中央宣传部评选表彰新中国成立以来涌现的英雄模范，“毛泽东号”机车组被授予“最美奋斗者”称号。

【铁路文化事业】 新中国成立以来，铁路部门大力加强博物馆、纪念馆、展览馆、体育馆、爱国主义教育基地以及文化宫、俱乐部、文体活动中心的建设和管理，为社会公众和铁路干部职工提供功能齐全、实用性强的文化活动场所。充分发挥中国铁路文联、中国铁路文工团等文化组织、文艺团体的主体作用和创作优势，组织铁路文艺工作者深入现场、深入生活，大力繁荣铁路文化产品创作。积极运用现代信息网络技术，加强国家铁路局政府网站、国铁集团网站、人民铁道网等重点网站建设，努力开辟铁路文化传播新平台，扩大铁路文化的影响力。

成立于1950年10月的中国铁路文工团，培养出一大批优秀艺术人才，原创5部剧目、节目获中央宣传部“五个一工程”奖。创作推出一大批反映铁路一线职工工作生活的“铁字号”文艺作品。2015年创作的铁路题材大型音乐剧《站台》在15个省、区、直辖市大剧院成功演出32场，引起轰动。微电影《爱的延续》和专题片《铁轨上的青春》在第十九届中国行业电视节目展评中获一、二等奖。小品《那年那月那一天》《美丽的心灵》在中国第十届艺术节暨文化部“群星奖”比赛中进入决赛。

中国铁路文联团结路内外作家，组织铁路文艺骨干结合运输生产实践，创作了大批接地气、有温度的优秀文学作品，为职工群众提供了丰富健康的精神食粮。铁路作家李国文1980年发表的《月蚀》获当年全国优秀短篇小说奖，1981年出版的长篇小说《冬天里的春天》获首届茅盾文学奖。铁路作家孙天才2016年获第七届冰心散文奖。铁路作家胡烟2017年获第二届三毛散文奖，2018年获第八届冰心散文奖。中国铁路文联组织的纪念改革开放30周年铁路诗歌、散文征文作品选《大地飞歌》在《人民文学》2009年2月号刊出。2010年，铁路诗人李木马创作的《铿锵青藏》诗集获第五届鲁迅文学奖提名奖；长诗《竹简，向高处打开的经卷》获郭沫若诗歌奖。

2000年，上海电影制片厂拍摄电影《詹天佑》。2003年，八一电影制片厂拍摄反映铁路旅客列车上抗击“非典”的电影《惊心动魄》。2004年，铁道部政治部宣传部与中央人民广播电台联合制作的《铁路第五次大提速》大型直播节目，获中国新闻奖一等奖。2005年，中国五洲传播中心和美国彩虹电视台制作发行纪录片《在中国乘火车》，以美国人的所见所闻和真实感受，向美国公众展现了中国铁路发展成就，在美国第二十六届TELLY奖的角逐中，摘取电视纪录片奖和电视纪录片导演奖两大奖项，并通过美国公共电视网播出，引起良好反响。2006年，中国五洲传播中心与Discovery探索频道和新西兰自然历史制作公司联合拍摄的纪录片《青藏铁路》，体现了国际化特色，在2010中国(广州)国际纪录片大会上作为优秀纪录片展映。

铁路摄影家原瑞伦拍摄的作品《青藏铁路开工》，被作为小型张邮票全国发行。铁路摄影家王福春跟踪记录改革开放以来火车车厢里的人生百态，拍摄的作品集《火车上的中国人》在中国美术馆展出，出版后引起社会强烈反响，作者获第十七届全国影展金奖、第三届中国摄影艺术金像奖。2003年8月，铁道部举办“青藏铁路杯”青藏铁路建设歌曲征集活动，共征集作品687首，其中《天路》获一等奖，唱响大江南北。

2010年，铁道部政治部宣传部发起创作的《京沪高铁揽胜图》巨幅中国画百米长卷，以全景式、俯瞰式、多角度的艺术手法，描绘了高铁动车组穿越京沪高铁的全过程，真实而艺术地再现了中国铁路的时代风貌，创造出了中国气派，诠释了民族文化和铁路文化精神，在第七届世界高速铁路大会上展出，随后在全国进行巡回展。新华社刊发的长篇纪实通讯《穿越梦幻的时空——中国高速铁路发展纪实》，人民日报刊发的报告文学《闪着泪光的事业——和谐号：“中国创造”的加速度》，光明日报刊发的长篇通讯《中国高铁“冲击波”》，全方位展现了中国高速铁路发展的追梦之旅和辉煌成就。

2018年铁道统计公报

2018年，全国铁路坚持以习近平新时代中国特色社会主义思想为指导，坚持稳中求进工作总基调，认真贯彻党中央国务院决策部署，落实新发展理念，实施“三年行动计划”，推进“安全质量服务深化年”建设，客货运输、铁路安全、建设发展、科技创新取得新成效。

一、运输生产

旅客运输。全国铁路旅客发送量完成33.75亿人，比上年增加2.91亿人，增长9.4%。其中，国家铁路33.17亿人，比上年增长9.2%。全国铁路旅客周转量完成14146.58亿人公里，比上年增加689.66亿人公里，增长5.1%。其中，国家铁路14063.99亿人公里，比上年增长5.0%。

货物运输。全国铁路货运总发送量完成40.26亿吨，比上年增加3.38亿吨，增长9.2%。其中，国家铁路31.91亿吨，比上年增长9.3%。全国铁路货运总周转量完成28820.99亿吨公里，比上年增加1858.78亿吨公里，增长6.9%。其中，国家铁路25800.96亿吨公里，比上年增长7.1%。

换算周转量。全国铁路总换算周转量完成42967.57亿吨公里，比上年增加2548.44亿吨公里，增长6.3%。其中，国家铁路39864.95亿吨公里，比上年增长6.3%。

运输安全。全年全国铁路未发生铁路交通特别重大、重大事故；发生较大事故1件，同比持平。铁路交通事故死亡人数比上年下降4.6%。

二、铁路建设

全国铁路固定资产投资完成8028亿元，投产新线4683公里，其中高速铁路4100公里。

路网规模。全国铁路营业里程达到13.1万公里，其中，高速铁路营业里程达到2.9万公里；复线里程7.6万公里，复线率58.0%；电气化里程9.2万公里，电化率70.0%；西部地区铁路营业里程5.3万公里。全国铁路路网密度136.9公里/万平方公里。

移动装备。全国铁路机车拥有量为2.1万台，其中，内燃机车0.8万台，

全国铁路旅客运输量

指 标	单 位	2018年	比上年±%
旅客发送量	万人	337495	9.4
国家铁路	万人	331740	9.2
旅客周转量	亿人公里	14146.58	5.1
国家铁路	亿人公里	14063.99	5.0

全国铁路货物运输量

指 标	单 位	2018年	比上年±%
货运总发送量	万吨	402631	9.2
国家铁路	万吨	319060	9.3
货运总周转量	亿吨公里	28820.99	6.9
国家铁路	亿吨公里	25800.96	7.1

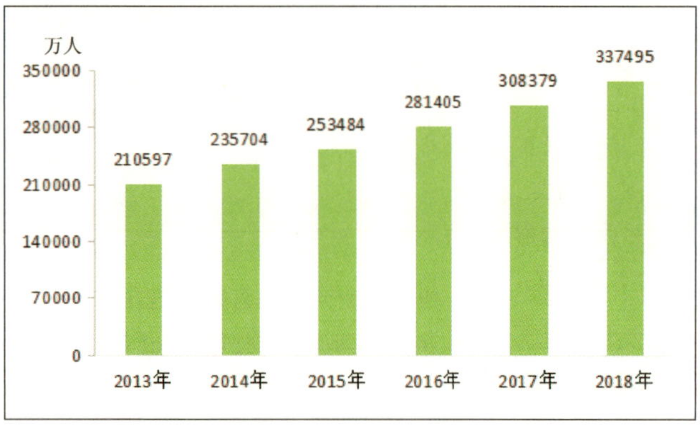

全国铁路旅客发送量

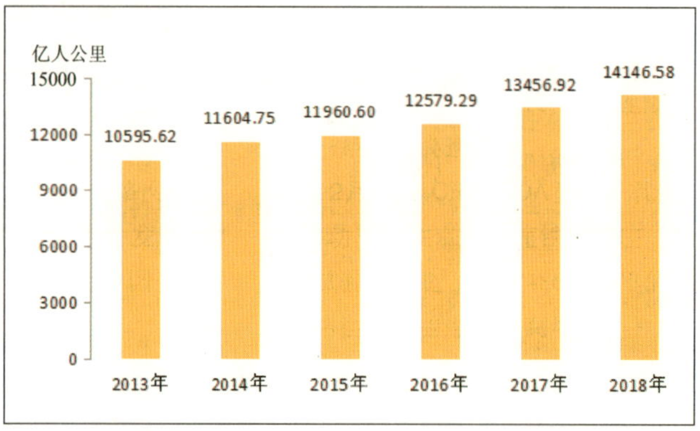

全国铁路旅客周转量

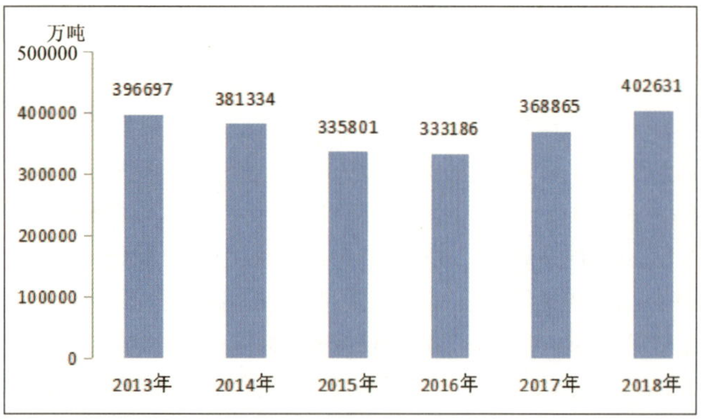

全国铁路货运总发送量

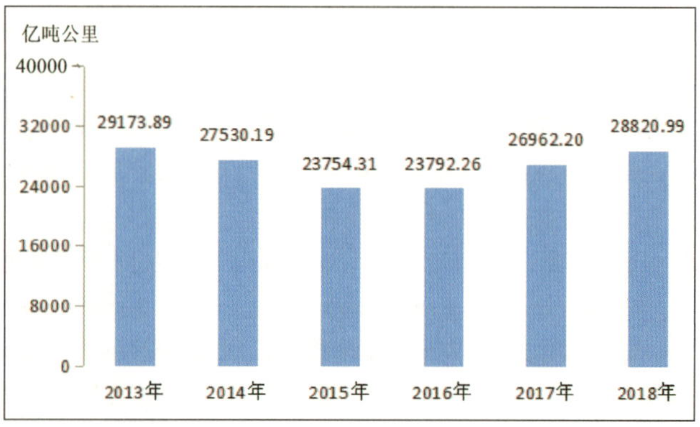

全国铁路货运总周转量

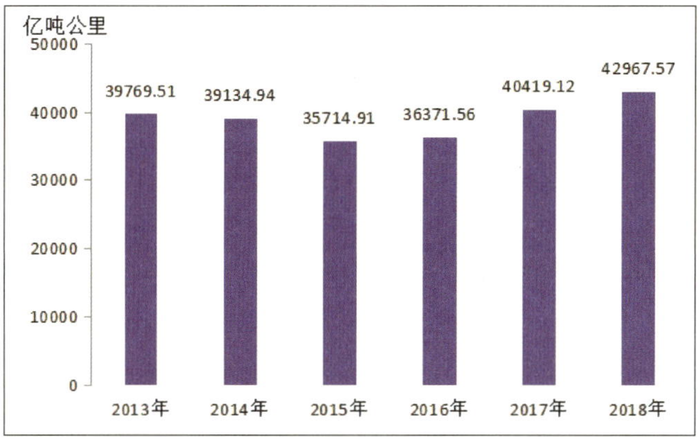

全国铁路总换算周转量

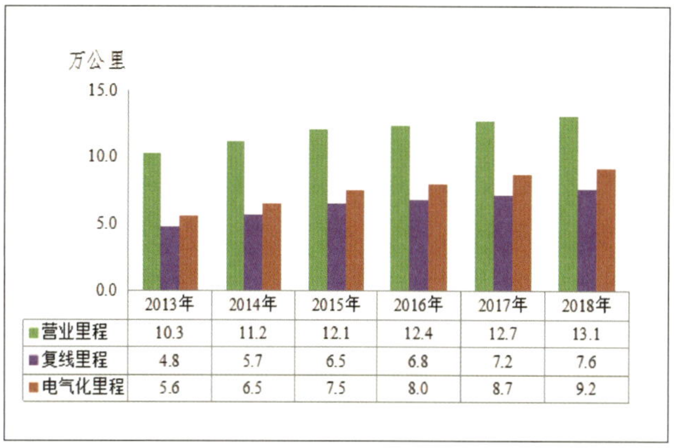

全国铁路营业里程

电力机车1.3万台。全国铁路客车拥有量为7.2万辆，其中，动车组3256标准组、26048辆。全国铁路货车拥有量为83.0万辆。

三、技术标准和科技创新

重要技术标准制修订。

报经国家标准委审批发布铁道国家标准41项、国家标准修改单2项。发布铁道行业标准（技术标准）公告16批，共计技术标准130项、标准修改单12项。发布铁道行业标准（工程建设标准）公告8批，共计工程建设标准26项。发布铁路工程造价标准公告3批，共计铁路工程造价标准15项。发布铁道行业技术标准英文译本41项、铁道行业工程建设标准英文译本12项。

报经国家市场监管总局审批发布国家计量规程规范5项。发布铁道行业计量规程规范1项。

知识产权及获奖情况。

2018年铁道行业获国家科学技术奖8项，其中“中南大学轨道交通空气动力与碰撞安全技术创新团队”获科技进步创新团队奖。

中国铁路总公司“‘复兴号’中国标准动车组”获第五届中国工业大奖。

2018年铁道行业获第二十届中国专利奖24项，其中中车青岛四方机车车辆股份有限公司“一种轨道车辆前端吸能装置”获金奖。

2018年铁道行业获中国标准创新贡献奖组织奖1项、标准项目奖2项。

铁路重大科技创新成果库2018年度经评审入库367项，其中，铁路科技项目75项、铁路专利67项、铁路技术标准49项、铁路科技论文176项。

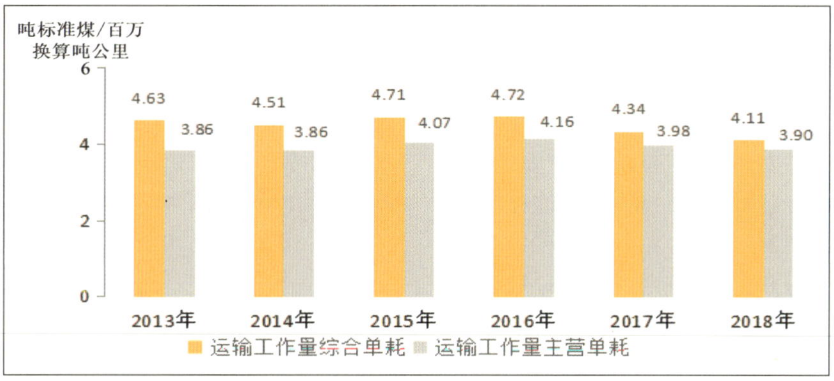

国家铁路运输工作量综合单耗、主营单耗

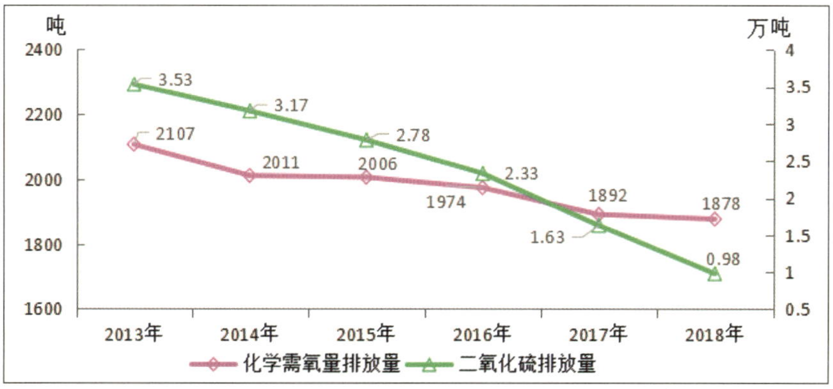

国家铁路化学需氧量、二氧化硫排放量

四、节能减排

综合能耗。国家铁路能源消耗折算标准煤1624.21万吨，比上年减少2.57万吨，下降0.2%。单位运输工作量综合能耗4.11吨标准煤/百万换算吨公里，比上年减少0.23吨标准煤/百万换算吨公里，下降5.3%。单位运输工作量主营综合能耗3.90吨标准煤/百万换算吨公里，比上年减少0.08吨标准煤/百万换算吨公里，下降2.0%。

主要污染物排放量。国家铁路化学需氧量排放量1878吨，比上年减排14吨，降低0.7%。二氧化硫排放量9836吨，比上年减排6468吨，降低39.7%。

注：

1.除注明外，国家铁路含中国铁路总公司及其控股合资铁路。

2.客货发送量、客货周转量、运输设备为确报数，其余数据均为速报数。

3.统计范围不含港澳台。

4.除注明外，比上年为同口径。

2018年铁路安全情况公告

至2018年底，全国铁路营业里程达到13.1万公里，同比增长3.1%。铁路路网密度达到136.0公里/万平方公里，比上年增加3.7公里/万平方公里。全国铁路旅客发送量完成33.75亿人，同比增长9.4%；铁路货物发送量完成40.26亿吨，同比增长9.1%；总换算周转量完成42967.13亿吨公里，同比增加2548.01亿吨公里，增长6.3%。2018年，铁路行业坚持以习近平新时代中国特色社会主义思想为指导，认真贯彻党中央国务院决策部署，坚持以人民为中心的思想，树立安全发展理念，坚持安全第一、预防为主、综合治理的方针，以确保高铁和旅客列车安全为重点，落实企业安全生产主体责任，强化安全监管执法，夯实安全管理基础，加强安全风险防控，完善安全保障体系，统筹推进改革发展与安全生产，实现了铁路安全持续稳定。

一、2018年铁路安全工作情况

企业认真落实安全生产主体责任。中国铁路总公司及18个铁路局集团公司、各地方铁路运输企业把安全发展作为高质量发展最关键的内在要求，认真落实安全生产主体责任，建立健全各层级各岗位安全生产责任制，突出源头治理、超前预防，加强技防、物防、人防“三位一体”安全保障体系建设，推行安全生产标准化规范化，强化安全生产过程控制，全面提高应急处置能力，开展高铁外部环境安全风险评价和重大风险隐患综合整治，铁路运输安全管理水平持续提升。

铁路建设、勘察设计、施工、监理等参建单位认真落实主体责任，强化以质量为核心的绿色、智能、精品建设理念，优化铁路建设标准体系，强化安全生产标准化，严格质量安全红线管理，全面开展在建工程质量安全隐患排查整治，实施质量安全专项行动，加强铁路工程勘察设计、施工等各个环节过程控制和监督检查，质量安全管控水平持续提升，保证了铁路建设顺利推进。

铁路设备造修企业贯彻“质量第一，预防为主”思想，进一步夯实质量管理基础，推动建立全过程质量管控机制，持续提升质量管理水平。坚持问题导向，开展专项质量检查，强化产品质量问题整治，不断改进设计和生产工艺，实施产品全寿命周期管理，持续推进供应商产品质量改善，大力提升售后服务水平，产品质量基础不断加强，为铁路运输安全持续稳定提供了可靠保障。

铁路监管部门依法履职监管。国家铁路局及所属各地区铁路监督管理局深入落实习近平总书记关于安全生产的重要指示精神和党中央国务院决策部署，落实新发展理念，推进“安全质量服务深化年”建设。以运输高峰期、恶劣气象条件下和运输安全关键环节为重点，加强安全监管执法，开展安全监督检查19项1059组次，发现问题9157件，对严重问题下达整改通知书219份，坚决查处危及铁路安全违法行为，依法实施行政处罚195起，处罚金额3567.94万元，并按规定向社会公开。深入实施高铁安全防护工程，开展“平安高铁”普法专题行动，推进建立沿线综合整治长效机制，加强高铁沿线安全环境整治，积极开展铁路安全生产约谈，督促落实维护铁路安全的责任。推进铁路工程建设信用体系建设，深化铁路工程“三不问题质量行为”专项整治行动。开展铁路专用设备产品源头质量安全专项整治行动，加强铁路专用设备产品运用质量监督检查和铁路专用产品质量监督抽查。发布《高速铁路基础设施运用状态检测管理办法》等部门规章，建立规范性文件管理长效机制，全面清理原铁道部规范性文件，编制发布115项铁道行业标准、17项铁路工程建设标准，铁路法规和标准体系建设持续推进。

有关部门、各级地方人民政府积极维护铁路安全。国务院各有关部门、各级地方人民政府认真落实确保铁路运输安全的法定职责，积极开展铁路沿线环境综合整治工作。8个省份颁布了保障铁路安全的地方性法规或政府规章，15个省份与铁路监管机构和铁路运输企业建立了铁路沿线环境综合整治长效机制，检察机关推进铁路线下环境整治，公安机关加强铁路及沿线治安管理，打击查处了一批危及铁路运输安全特别是高铁安全的违法行为，铁路运输安全外部环境进一步好转。

二、高速铁路运营安全情况

至2018年底，全国高铁营业里程达到2.9万公里。高铁发送旅客18.08亿人，占旅客总发送量的53.6%。高铁综合检测列车定期对全国高铁进行轨道和接触网进行检测，累计检测里程1423720公里，其中200~250km/h区段平均轨道不平顺质量指数[1]（TQI）3.3，250~350km/h区段平均轨道不平顺质量指数（TQI）2.8，各项指标均优于管理标准；各条高铁弓网接触力[2]、拉出值[3]、受流参数[4]等安全检测数据均满足相关管理标准要求，弓网运行质量良好。

三、铁路交通事故情况

2018年全国铁路未发生铁路交通特别重大、重大事故；发生较大事故1件，同比持平。铁路交通事故死亡人数857人，同比减少死亡41人，下降4.6%；10亿吨公里死亡率[5]0.199，同比下降10.4%。

四、铁路安全存在的主要问题

（一）铁路沿线外部环境方面。全年因地方单位邻近铁路沿线施工造成线路塌陷较大事故1件。高铁沿线彩钢瓦、防尘网等物体飞上线路，影响高铁运行安全问题时有发生。行人非法上道、机动车抢越铁路道口、沿线非法施工损坏铁路设备设施、上跨桥及公铁并行区段机动车肇事侵入线路等事故较为突出。

（二）现场安全管理方面。个别基层单位安全管理仍存在薄弱环节，基本作业制度、作业标准落实仍需进一步加强。部分地方铁路（铁路专用线、专

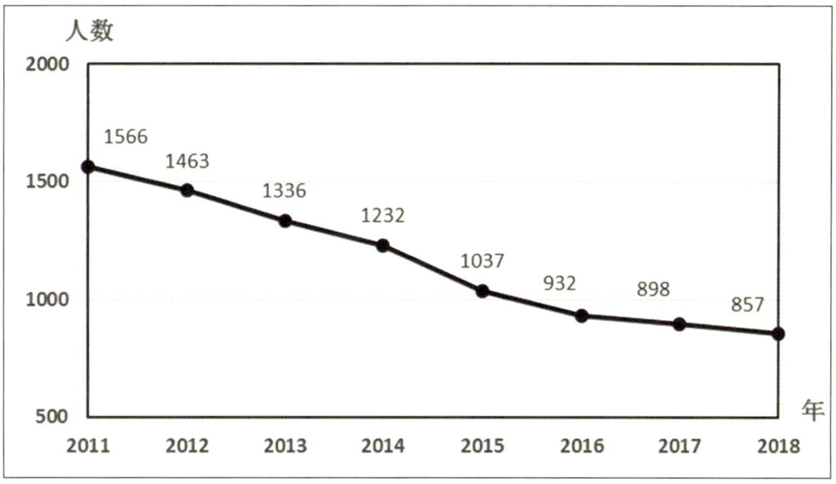

“十二五”以来铁路交通事故死亡人数变化趋势图

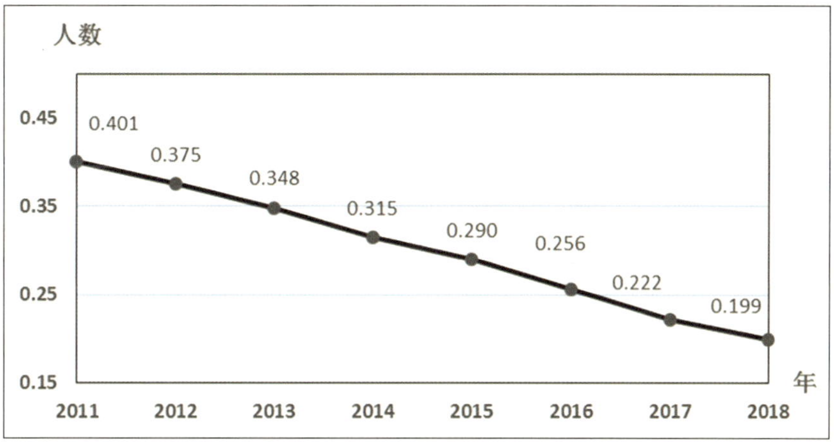

“十二五”以来铁路交通事故10亿吨公里死亡率变化趋势图

用铁路)设备设施失养失修，现场作业失管失控，调车冲脱挤等问题多发。

（三）主要行车设备方面。机车车辆、通信信号、接触网等设备故障时有发生，对铁路运输秩序造成一定影响，给旅客出行带来不便。主要行车设备源头质量和养护维修质量需进一步提高。

（四）自然灾害影响方面。全年虽然没有发生因自然灾害造成的严重铁路交通事故，但强降雨、台风、雾霾、低温冰冻等恶劣天气引发的设备设施受损、线路中断、列车停运等问题较为突出，应急处置面临严峻考验，灾害监测预警、抗灾能力建设等环节需进一步加强。

五、2019年铁路安全监管工作重点

深入学习贯彻党的十九大、十九届二中、三中全会和中央经济工作会议精神，坚持以习近平新时代中国特色社会主义思想为指导，贯彻落实党中央、国务院关于安全生产工作的部署要求，紧密围绕交通强国铁路篇建设，突出重大安全风险防范，以高铁和旅客列车安全为重点，健全完善安全监管制度机制，督促企业落实安全生产主体责任，进一步强化安全基础，确保铁路安全持续稳定。

（一）筑牢铁路运输安全基础。进一步督促企业落实安全生产主体责任，遵循安全生产规律，落实各级管理者的岗位责任制和逐级负责制，完善安全风险预测分析制度，健全运输安全专业管理体系，优化区域管理体系，规范规章技术管理体系，推行科学的安全决策制度，完善设备管理体系，推进装备升级换代，落实安全检查制度，改进安全评估考核激励制度，不断夯实安全工作基础，提升铁路运输安全管理水平。

（二）加强铁路运输安全监管。坚持抓小防大，盯住铁路运输安全关键，对倾向性问题及时预警，切实消除安全隐患。围绕运输高峰期、国家重大活动时期、列车调图、提速达速以及恶劣气象条件等关键时期，加大监督检查力度，督促企业堵塞安全漏洞。指导相关单位全面开展安全隐患排查整治，坚决防范铁路交通重特大事故发生。推进实施高铁安全防护工程，落实高铁沿线环境综合整治长效机制，健全“双段长”制，及时发现、妥善处置高铁沿线环境隐患问题，全力维护高铁运营安全。

（三）加强铁路工程质量安全监管。加大铁路工程质量安全监督检查力度，推进铁路建设工程“三不问题质量行为”专项整治行动第四阶段工作，加强川藏铁路等重点工程质量安全监管。严格规范铁路工程建设市场秩序，全面开展惩戒失信行为专项行动。推进地方铁路监管职责落实，落实国铁企业自行决定项目铁路工程质量安全监督委托工作，制定铁路工程质量行政监管工作指导意见、竣工验收监管办法、铁路工程企业资质核查办法等，进一步完善铁路工程监管体系。

（四）加强铁路专用设备产品质量安全监管。严格铁路专用设备行政许可审查，对不再符合许可条件的企业，依法实行许可退出，切实从源头保障铁路专用设备产品质量安全。督促和指导企业提升铁路专用设备产品设计制造维修水平。健全铁路设备产品质量问题库，研究分析动车组运用状态规律，加大高铁设备产品生产企业监督检查密度。推进《高速铁路基础设施运用状态检测管理办法》实施，督促和指导企业强化高铁基础设施检查维护，加强铁路专用设备产品源头和运用质量安全监督检查。

（五）加强铁路沿线环境安全监管。督促铁路运输企业及设备管理单位加强日常检查巡查，及时发现铁路沿线安全隐患，做到早发现、早处置。推进铁路安全保护区划定，加大铁路沿线

环境问题执法力度。严格路外原因事故责任追究，加大对上跨桥机动车坠落、道口道路交通肇事、挖断铁路电缆等外部原因导致铁路交通事故的行政处罚力度。落实《铁路安全生产约谈实施办法（试行）》，积极开展铁路安全生产约谈，促进铁路安全责任落实。

（六）加强铁路法规和标准体系建设。扎实做好铁路立法工作，推进《铁路法》《铁路交通事故应急救援和调查处理条例》修订。完善规章制度体系，推进《铁路交通事故调查处理规则》《铁路机车车辆驾驶人员资格许可办法》《地方铁路、铁路专用线和专用铁路安全监督管理办法》等规章制度制修订。加强标准体系建设，推进《高铁安全防护设计规范》等标准规范，以及《国家处置铁路交通事故应急预案》《国家铁路局突发事件应急预案》制修订。

注释：

1. 轨道不平顺质量指数：简称TQI，为一个区段线路七项主要平顺性指标（左右高低、左右轨向、轨距、水平、三角坑）标准差之和，用于反映该区段线路平顺性，其数值越小，说明线路平顺性越好。

2. 弓网接触力：接触网通过高速动车组上的受电弓为其提供持续、稳定的电能。弓网接触力即受电弓和接触网之间的力，为保证动车组的能够稳定运行，弓网接触力需要保持在一个合适的范围内，不能太大或太小。

3. 拉出值：为保证受电弓滑板的磨损比较均匀，接触线一般布置为“之”字形。拉出值即接触线距离受电弓滑板中心的距离。

4. 受流参数：反映动车组从接触网上取流稳定性的一些参数，主要包括接触力硬点、燃弧等。

5. 10亿吨公里死亡率=铁路交通事故死亡人数/换算周转量（10亿吨公里）

中国国家铁路集团有限公司

奋勇担当交通强国铁路先行历史使命
谱写新中国铁路改革发展辉煌篇章

中国国家铁路集团有限公司董事长、党组书记 陆东福

2019年，中华人民共和国迎来了70华诞。70年来，我们党团结带领中国人民，筚路蓝缕，砥砺奋进，走过了波澜壮阔的历史征程，取得了彪炳史册的光辉业绩，谱写了从站起来、富起来到强起来的壮丽史诗。70年来，在党的坚强领导下，铁路产业大军弘扬革命光荣传统，传承红色基因，始终听党话、跟党走，坚持人民铁路为人民，接续奋斗，开拓创新，推动铁路事业取得举世瞩目的重大成就，谱写了新中国恢弘历史画卷的铁路篇章。

一、铁路建设取得历史性成就，建成了世界上最现代化的铁路网和最发达的高铁网

新中国成立初期，全国仅有2.2万公里铁路，不仅路网稀疏、技术标准低，而且近一半处于瘫痪状态。70年来，国家始终把铁路建设作为推动国民经济发展的基础性工程，不断加大投入，推动铁路网规模和质量发生了翻天覆地的变化。70年累计完成铁路固定资产投资9.6万亿元，铁路营业里程由1949年底的2.2万公里增加到2018年底的13.1万公里、增长503.3%，铁路营业里程居世界第二位；复线率由4.0%增长到58.3%，居世界第一位；电气化率从零增长到70.3%，居世界第二位；路网密度和人均铁路拥有量由22.7公里/万平方公里、0.40公里/万人增长到136.9公里/万平方公里、0.95公里/万人；高速铁路从无到有，营业里程达2.9万公里，居世界第一位，占世界高铁总里程的66.8%。

党的十八大以来，全国铁路完成固定资产投资4.7万亿元，其中2014年以来，铁路固定资产投资规模连续6年保持在8000亿元以上，是历史上铁路投资规模最大的时期；新增铁路营业里程3.4万公里，其中投产高铁1.99万公里，“四纵四横”高铁网提前建成运营。铁路网对20万人口以上的城市覆盖率达98%；高速铁路对100万人口以上的城市覆盖率达80%，对50万人口以上的城市覆盖率达72%。在祖国广袤的大地上，铁路密布，高铁飞驰，香港进入全国高铁网，形成了世界上最现代化的铁路网和最发达的高铁网。

站在新的历史起点上，我们将认真贯彻习近平总书记关于加大基础设施等领域补短板力度的部署要求，紧密对接国家战略，优化调整铁路规划方案，按照“保开通、保在建、保开工”的顺序，加大重点工程项目组织力度，精准发力补短板，科学有序推进铁路建设，高质量完成2019年8000亿元铁路投资任务；坚决落实习近平总书记关于规划建设川藏铁路的重要讲话和重要指示精神，高起点高标准高质量做好川藏铁路规划建设工作，确保这项世纪性战略工程科学扎实推进，努力为“六稳”作出新贡献。

二、运输服务保障能力大幅提升，铁路在综合交通体系中的骨干作用显著增强

新中国成立初期，铁路管理处于分割状态，管理标准不一，运输效率低下。70年来，中国铁路人始终牢记人民铁路为人民的宗旨，不断创新运输产品供给，提升运输服务品质，铁路客货运量持续大幅增长。

党的十八大以来，我们坚持以人民为中心的发展思想，努力满足人民群众对美好生活的向往，以市场为导向，深化铁路运输供给侧结构性改革，深入实施货运增量行动、客运提质计划和复兴号品牌战略三大举措，进一步强化铁路运输保障能力，增强了人民群众的幸福感、获得感和安全感。

70年来，旅客列车开行数量由332列增加到8486列、增长25.6倍，旅客列车运营速度由时速34公里提高到时速350公里，国家铁路旅客发送量由1.03亿人增长到33.17亿人、增长32.2倍，旅客周转量由130亿人公里增长到14064亿人公里、增长108倍；动车组列车成为客运的主力军，2018年日均开行动车组5200多列，年发送旅客20.05亿人、占比达60.4%；互联网售票比例达74.3%，人们在窗口彻夜排队购票成为历史；国家铁路货物发送量由5589万吨增长到31.9亿吨、增长

57倍，货物周转量由184亿吨公里增长到25785亿吨公里、增长了140倍。中国铁路已由运能严重不足的瓶颈制约型运输，发展为运能紧张基本缓解的逐步适应型运输，客运周转量、货运发送量、换算周转量、换算运输密度等主要运输经济指标稳居世界第一。

站在新的历史起点上，我们要认真贯彻落实习近平总书记关于推进供给侧结构性改革的部署要求，将立足管好用好世界上最现代化的铁路网和最发达的高铁网，以市场需求为导向，深化运输供给侧结构性改革，优化运力资源配置，创新客货运输产品，提高铁路运输供给质量和服务保障能力，努力为方便人民群众出行、降低社会物流成本、打好污染防治攻坚战再立新功。

三、铁路科技创新取得重要成就，铁路技术水平实现了从追赶到领跑的重大转变

新中国成立初期，中国铁路技术装备基础极为薄弱，机车车辆等装备均从国外进口。70年来，中国铁路坚持自力更生、开放合作，持续开展关键技术攻关，走出了一条具有中国铁路特色的技术创新之路。

党的十八大以来，我们深入落实创新驱动发展战略，在铁路机车车辆、勘察设计、工程建造、高速列车、列车控制、牵引供电、运营管理、安全保障等领域取得一系列创新成果，成功构建了具有完全自主知识产权的高速、普速、重载铁路技术标准体系，形成铁路工程建设、装备制造、运营管理成套技术体系，铁路总体技术水平迈入世界先进行列，部分达到世界领先水平。

特别是在高铁领域，中国成为世界上唯一能在各种气候环境和复杂地质条件下建设和运营高铁的国家，成功研制了拥有完全自主知识产权、具有世界先进水平的复兴号中国标准动车组，逐步形成覆盖时速350公里、时速250公里、时速160公里等不同速度等级，适应各种运行环境需求的复兴号系列产品，复兴号在世界上率先实现时速350公里商业运营，迈出从追赶到领跑的关键一步。

站在新的历史起点上，我们要认真贯彻落实习近平总书记关于科技创新的重要论述，着眼于保持中国铁路特别是高铁在世界的领跑优势，持续深化高铁智能建造、智能装备、智能运营等引领性关键核心技术攻关和基础理论研究，着力打造新一代高速动车组平台；以川藏铁路规划建设等需求为引领，突出抓好铁路应用型技术创新；高质量推进铁路信息系统网络安全一体化示范工程，加快推进人工智能和铁路业务深度融合，为实现铁路高质量发展注入持久强劲动力。

四、铁路管理体制机制实现重大变革创新，国铁企业发展内生动力和活力显著增强

70年来，积极适应铁路生产力发展要求，持续推进铁路体制机制变革，在扩大企业自主权、创新运输管理体制、推进市场化经营、实施主辅分离改革等方面进行大胆探索和实践，国铁企业发展动力和经营活力不断提升。

党的十八大以来，我们坚持以全路一张网、运输集中统一指挥和保持国家对干线铁路控制力为前提，持续加大铁路改革力度，2013年3月顺利实施铁路政企分开，组建中国铁路总公司；落实"两个一以贯之"要求，2019年6月改制成立中国国家铁路集团有限公司，在构建具有中国铁路特色、符合市场经济要求的现代国铁企业管理体制和运行机制上取得重要进展。全面建立以收支利刚性约束为核心的预算目标管理制度，实施工资总额与安全业绩、盈亏结果和运输总收入挂钩考核机制，建立市场化客运和货运承运清算体系，促进了企业提质降本增效。深化铁路投融资体制改革，推行铁路分类分层建设，对合资铁路公司进行重组整合。积极推进铁路资产资本化股权化证券化，一批资本运作重点项目落实落地。

站在新的历史起点上，我们要认真贯彻落实习近平总书记关于加快推动公司股份制改造的重要指示，有序推进京沪高铁公司等股改上市工作，稳步实施市场化债转股和上市公司再融资工作，持续深化管理体制机制创新，尽快形成现代企业治理结构和运行机制，提升铁路法治化市场化经营水平，全面增强国铁企业发展活力和内在动力。

五、铁路对外开放的广度和深度不断拓展，中国铁路的国际影响力和竞争力显著提升

70年来，中国铁路自觉服务国家外交大局，积极开展铁路对外经济技术合作，20世纪60年代就援建了被誉为"自由之路"的坦赞铁路，铸就了中非人民友好史上不朽的丰碑。

党的十八大以来，我们紧紧抓住推进"一带一路"建设的历史机遇，以发展国际铁路物流和推进政府间合作项目为重点，加快铁路走出去步伐，成功打造了中欧班列国际物流品牌，可由中国60个城市通达欧洲16个国家53个城市，累计开行超过1.7万列，中欧班列已成为"一带一路"建设的标志性成果。充分发挥国铁集团在企业层面的牵头作用，中老铁路、雅万高铁、匈塞铁路、中泰铁路和巴基斯坦拉合尔橙线等境外铁路合作项目稳步实施。

站在新的历史起点上，我们要认真贯彻落实习近平总书记对中老铁路、雅万高铁的重要批示精神，以中老铁路建设"一带一路"、中老友谊标志性工程和雅万高铁打造"一带一路"标志性项目为带动，科学有序推进境外重点项目建设。持续打造中欧班列国际物流品牌，不断提升中欧班列开行质量，深化铁路领域国际双边、多边交流合作，推动铁路走出去不断取得新进展。

六、积极履行国铁企业的社会政治责任，为服务经济社会发展大局作出重要贡献

70年来，我们始终坚持国家铁路基本战略定位，坚持在大局下行动，切实承担保障国民经济运行和服务人民群众的重大社会责任，主动承担公益性运输任务，在促进国民经济增长、推动区域经济协调发展、加快贫困地区脱贫致富等方面发挥了重要作用。铁路承担了全社会41%客运周转量、

55%煤炭、65%原油、50%粮食及棉花、80%钢铁及冶炼物资的运输，有力保障了关系国计民生的重点物资运输。

党的十八大以来，我们认真落实中央关于打好脱贫攻坚战的决策部署，充分发挥铁路行业优势，主动担当社会责任，统筹做好铁路建设扶贫、运输扶贫和定点扶贫工作，为精准扶贫、精准脱贫提供了强有力支撑。2013年—2018年，14个集中连片地区完成铁路基建投资24191亿元，占全国铁路基建投资的70.6%。精心开好主要服务于老少边穷地区的公益性“慢火车”和农民工集中地区的普速客车，全面落实运力支持、运价优惠等倾斜政策，有力促进了贫困地区的经济社会发展。2011年—2018年累计向定点帮扶的河南栾川县、陕西勉县、宁夏固原市原州区、新疆和田县投入扶贫资金2.4亿元，实施了521个扶贫项目，为打好脱贫攻坚战发挥了重要作用。

站在新的历史起点上，我们要认真学习贯彻习近平总书记关于扶贫开发工作的重要论述，进一步发挥行业优势，稳步推进2018年—2020年铁路建设支持打好精准脱贫攻坚战工作方案，加快补齐中西部铁路基础设施短板，继续完善运输扶贫措施，向集中连片特困地区和老少边地区实行运力倾斜，精准开展定点扶贫工作，为如期打赢脱贫攻坚战作出更大贡献。

回顾总结新中国成立70年铁路改革发展的历程和取得的成就，有以下工作启示和经验：一是必须始终坚持听党话、跟党走，传承好中国铁路最听党的话、永远跟党走、特别能吃苦、特别能战斗、特别讲奉献的光荣传统和红色基因，更加自觉地做到“两个维护”，在党的方向指引和英明领导下，推动铁路事业沿着正确的方向和道路不断前进。二是必须始终牢记初心使命，坚持人民铁路为人民，把维护和发展最广大人民群众的根本利益作为一切工作的出发点和落脚点，把人民对美好旅行生活的向往作为奋斗目标，坚持从满足人民群众日益增长的运输需求出发来思考、谋划、推进工作，让人民群众在新时代有更多、更实在的获得感、幸福感和安全感。三是必须始终坚持在大局下行动，自觉担负开路先锋和先行官的重任，自觉肩负保障国家重大战略实施、推动中国经济实现高质量发展的重大政治责任和社会责任，与时代同呼吸、与祖国共命运，忠诚担当，不懈奋斗，为全面建成小康社会、实现“两个一百年”奋斗目标作出新贡献。四是必须坚持目标引领和问题导向，大力弘扬自我革命精神，以正视问题的自觉和刀刃向内的勇气，革故鼎新、守正创新，不断实现自我净化、自我完善、自我革新、自我提高，走好新时代的长征路，创造无愧于时代、无愧于党和人民的光辉业绩。

70年砥砺奋进，70年铸就辉煌。在党的坚强领导下，中国铁路走过了与祖国共奋进的光辉历程。展望未来，在习近平同志为核心的党中央英明领导下，国铁集团将始终牢记国家铁路的战略定位，不忘初心，牢记使命，聚焦交通强国、铁路先行，全面推进铁路高质量发展，努力为决胜全面建成小康社会、实现 “两个一百年”奋斗目标作出新的更大贡献。

新中国成立70周年铁路改革发展成就

新中国成立70周年以来，在党的领导下，铁路产业大军弘扬革命光荣传统，砥砺前行、接续奋斗，推动铁路事业取得举世瞩目的重大成就，谱写了新中国恢宏历史画卷的铁路篇章。

铁路建设

新中国成立初期，全国仅有2.2万公里铁路，而且近一半处于瘫痪状态。新中国成立后，在国家百业待兴、财政非常困难的情况下，党中央毅然决定从铁路入手恢复国民经济，1953年铁路第一个五年计划实施，开始有计划地进行较大规模的铁路建设。铁路人坚决响应党中央号召，靠肩挑背扛推进铁路建设，成渝铁路、天兰铁路、兰新铁路、湘黔铁路、成昆铁路等一批新线建成通车。到1978年，中国铁路营业里程增加到5.2万公里，增长1.4倍。其中，复线7630公里，电气化铁路1030公里。中国铁路网初步形成，成为国民经济大动脉。

改革开放后，面对“一票难求、一车难求”的紧张状况和铁路运输瓶颈制约，铁路部门组织了一次次建设大会战，从南攻衡广、北战大秦、中取华东，到强攻京九、兰新，陆续建成了横贯东西、沟通南北的铁路大干线。2004年，国家制定了第一个《中长期铁路网规划》，开启了中国铁路现代化的新征程，继2008年第一条设计时速350公里的高速铁路——京津城际建成运营后，京沪、武广、郑西、哈大等一大批高铁相继开通运营，北京南站、上海虹桥站等大型客运枢纽陆续建成，中国高铁建设迈出了坚实步伐，为服务保障经济社会发展大局、建设中国特色社会主义作出了突出贡献。到2012年底，全国铁路营业里程已达9.8万公里，高铁运营里程达9536公里。

党的十八大之后，铁路部门坚决落实中央的部署要求，铁路固定资产投资连续6年保持在8000亿元以上，是历史上铁路投资规模最大的时期；新增铁路营业里程3.4万公里，其中投产高铁1.99万公里，“四纵四横”高铁网提前建成运营，在祖国广袤的大地上，铁路密布、高铁飞驰，香港进入全国高铁网，一张世界上最现代化的铁路网和最发达的高铁网展现在世人面前。坚决落实中央关于打好精准脱贫攻坚战的重大决策部署，充分发挥铁路行业优势，精准做好建设扶贫工作，2013年—2018年14个集中连片地区完成铁路基建投资24191亿元，占全国铁路基建投资的70.6%，为精准扶贫、精准脱贫提供了强有力支撑。

高铁开进青藏高原。　　（李建勇　摄）

70年来，累计完成铁路固定资产投资9.6万亿元，铁路营业里程由1949年底的2.2万公里增加到2018年底的13.1万公里、增长503.3%，铁路营业里程居世界第二位；复线率由4.0%增长到58.3%，居世界第一位；电气化率从零增长到70.3%，居世界第二位；路网密度和人均铁路拥有量由22.7公里/万平方公里、0.40公里/万人增长到136.9公里/万平方公里、0.95公里/万人；高速铁路从无到有，营业里程达2.9万公里，居世界第一位，占世界高铁总里程的66.8%。铁路网对20万人口以上的城市覆盖率达98%；高速铁路对100万人口以上的城市覆盖率达80%，对50万人口以上的城市覆盖率达72%。

运输服务保障

新中国成立初期，铁路基础设施落后，管理分割且标准不一，运输效率低下。新中国成立后，铁路部门不断扩大运输能力，深入开展满载、超轴、五百公里等多种形式的劳动竞赛和轰轰烈烈的“铁牛运动”，客货运量实现了较快增长。改革开放后，在国民经济快速增长的情况下，铁路部门把挖潜扩能摆在突出位置，不断提高运输效率，大力实施既有线大面积提速，实现了铁路客货运量持续增长，为经济社会发展提供了强有力的运力保障。进入新时代，铁路坚持以人民为中心的发展思想，努力满足人民群众对美好生活的需要，以市场为导向，深化铁路运输供给侧结构性改革，大力实施货运增量行动、客运提质计划和“复兴号”品牌战略三大举措，以京沪高铁为代表的高铁经济效益和社会效益显著，服务贫困地区的公益性“慢火车”持续运营，铁路货运保障能力明显增强，铁路运能紧张状况有效缓解，在综合交通运输中的骨干地位不断强化。

70年来，旅客列车开行数量由332列增加到8486列、增长25.6倍，旅客列车运营速度由时速34公里提高到时速350公里，国家铁路旅客发送量由1.03亿人增长到33.17亿人、增长32.2倍，旅客周转量由130亿人公里增长到14064亿人公里、增长108倍；动车组列车成为客运的主力军，2018年日均开行动车组5200多列，年发送旅客20.05亿人、占比达60.4%；截至2018年底，"复兴号"在38条高铁线路上运营，通达23个省会以上城市及香港特别行政区，累计发送旅客13086.9万人，平均客座率78.8%；互联网售票比例达74.3%，人们在窗口彻夜排队购票成为历史；国家铁路货物发送量由5589万吨增长到31.9亿吨、增长57倍，货物周转量由184亿吨公里增长到25785亿吨公里、增长140倍；铁路承担了全社会55%煤炭、65%原油、50%粮食及棉花、80%钢铁及冶炼物资的运输，有力保障了关系国计民生的重点物资运输。中国铁路已由运能严重不足的"瓶颈"制约型运输，发展为运能紧张基本缓解的逐步适应型运输，客运周转量、货运发送量、换算周转量、换算运输密度等主要运输经济指标稳居世界第一。

科技创新

新中国成立初期，中国铁路技术装备基础极为薄弱，机车车辆等装备均从国外进口。新中国成立后，铁路开始自行研制机车车辆等重大技术装备，1952年7月，新中国制造的第一台蒸汽机车下线投用，1969年1月，中国第一代电力机车"韶山1型"电力机车批量生产，铁路通信信号技术得到改进，铁路主要技术装备水平持续提升。

改革开放后，铁路部门大胆改革创新，积极开展关键技术攻关，在铁路勘察设计、工程建造、高速列车、列车控制、牵引供电、运营管理、安全保障等领域取得一系列创新成果，高速铁路、高原铁路、重载铁路技术快速发展并进入世界先进行列，铁路科技创新水平大幅提高。中国自主研发制造的"东风"内燃机车、"韶山"电力机车陆续成为主力机型，铁路技术装备多次实现升级换代；青藏铁路攻克了三大世界性难题，创造了世界铁路建设史上的奇迹；大秦铁路以年运量超过4亿吨的骄人业绩，奠定了中国在世界重载铁路领域的领先地位；2011年，世界上技术标准最高的高速铁路——京沪高铁竣工投产，获得国家科技进步奖特等奖。

进入新时代，铁路深入落实创新驱动发展战略，坚定不移走自主创新之路，成功构建了具有完全自主知识产权的高速、普速、重载三大领域铁路技术标准体系，形成工程建设、装备制造、运营管理三大领域成套技术体系，铁路总体技术水平迈入世界先进行列，部分达到世界领先水平。特别是在高铁领域，中国成为世界上唯一能在各种气候环境和复杂地质条件下建设和运营高铁的国家，成功研制了拥有完全自主知识产权、具有世界先进水平的复兴号中国标准动车组，逐步形成覆盖时速350公里、时速250公里、时速160公里等不同速度等级，适应各种运行环境需求的"复兴号"系列产品，"复兴号"在世界上率先实现时速350公里商业运营，率先实现时速350公里自动驾驶功能，迈出从追赶到领跑的关键一步。

安全管理

新中国成立初期，铁路安全管理机构和法规不健全、设施设备落后、安全管理基础薄弱。新中国成立后特别是改革开放以来，为遏制与减少行车、人身和路外伤亡三类事故，铁路部门不断探索和把握安全规律，通过逐步完善安全法规、加强安全基础建设、强化安全现场管控、加大安全隐患整治力度、推行安全评估机制等措施，持续提高安全管理水平，推动铁路安全工作步入良性发展轨道。

进入新时代，铁路部门认真学习贯彻习近平总书记关于安全生产工作的重要论述，坚守高铁和旅客列车安全万无一失的政治红线和职业底线，建立健全覆盖各层级各岗位的安全生产责任制，突出源头治理、超前预防，持续深化人防、物防、技防"三位一体"安全保障体系建设，推进高铁安全标准示范线建设和安全生产标准化规范化建设，开展高铁安全风险综合评价和重大风险隐患综合整治，完善安全生产巡查、安全管理评估等制度，全面强化高铁应急处置工作，大力推进高铁外部环境联合整治，强化安全履职考评和责任追究，在铁路网规模快速扩张、高速铁路集中投产、新技术新装备大量投入运用的情况下，有效防范和化解了各类安全风险，铁路运输安全持续保持稳定。自2015年以来，铁路连续4年未发生责任一般A类及以上行车事故，是铁路历史上安全最稳定的时期。

管理体制机制改革

新中国成立后，铁路部门积极适应铁路生产力发展要求，持续深化铁路体制机制变革，在扩大企业自主权、创新运输管理体制、推进市场化经营等方面进行大胆探索和实践，国铁企业发展动力和经营活力不断提升。尤其是改革开放以来，实行了以"放权让利"为主要内容的改革、以"大包干"为主的全行业经济承包责任制，积极推进企业经营机制转换，探索企业市场化改革。2000年起，大力推进主辅分离，将铁路物资、通信、设计、施工企业移交国资委及所属企业管理，将铁路中小学校、医院全部移交地方政府管理；2003年开始，按照"政府主导、多元化投资、市场化运作"的思路，深化铁路投融资体制改革，扩大合资建路规模。2005年成功实施铁路局直接管理站段的改革，撤销全路41个铁路分局和2个铁路公司，并对运输生产力布局进行了大规模调整，全路运输站段数量减少58%。大秦铁路公司成功上市，广深铁路公司首发A股成功，铁龙公司进行增资扩股，搭建了资本市场融资平台。

进入新时代，坚持以全路一张网、

运输集中统一指挥和保持国家对干线铁路控制力为前提，持续加大铁路改革力度，2013年3月顺利实施铁路政企分开，组建中国铁路总公司；落实“两个一以贯之”要求，2019年6月改制成立中国国家铁路集团有限公司，在构建具有中国铁路特色、符合市场经济要求的现代国铁企业管理体制和运行机制上取得重要进展。全面建立以收支利刚性约束为核心的预算目标管理制度，实施工资总额与安全业绩、盈亏结果和运输总收入挂钩考核机制，建立市场化客运和货运承运清算体系，促进了企业提质降本增效。深化铁路投融资体制改革，推行铁路分类分层建设，对合资铁路公司进行重组整合。积极推进铁路资产资本化股权化证券化，一批资本运作重点项目落实落地。加快推动公司股份制改造，京沪高铁公司、中铁特货公司等企业股改上市工作有序推进，市场化债转股和上市公司再融资工作稳步实施，铁路改革持续深化。

对外开放

新中国成立后，铁路部门自觉服务国家外交大局，积极开展铁路对外经济技术合作，1976年7月，由中国、坦桑尼亚和赞比亚三国合作建设、被誉为“自由之路”的坦赞铁路开通运营，成为中非友谊的丰碑。

改革开放后，在全方位对外开放格局中，从日本、法国、德国等高铁技术的“引进来”，到拥有全套自主知识产权的高铁技术和装备的“走出去”，铁路对外开放的广度和深度不断拓展，成效逐步显现。

进入新时代，铁路紧紧抓住“一带一路”建设的历史机遇，以发展国际铁路物流和推进政府间合作项目为重点，铁路“走出去”成绩斐然。成功打造中欧班列国际物流品牌，截至2019年10月底中欧班列已覆盖境外18个国家、55个城市，成功开行1.97万列，运送170万标箱，成为“一带一路”建设的标志性成果。充分发挥国铁集团在企业层面的牵头作用，以中老铁路建设“一带一路”、中老友谊标志性工程和雅万高铁打造“一带一路”标志性项目为带动，科学有序推进境外重点铁路合作项目建设，取得重要阶段性成果。强化铁路国际双边、多边交流，成功举办第23次铁盟亚太区全体大会、2017中国—阿拉伯国家博览会高铁分会、第十四届中国国际现代化铁路技术装备展等重大活动，主持召开铁盟亚太区第27次全体大会，深化铁路标准国际化工作，中国铁路的国际影响力持续提升。

党的建设和宣传思想文化工作

铁路具有坚持党的领导、加强党的建设的优良传统和红色基因。新中国成立以来，铁路各级党组织始终紧密团结在党中央周围，坚持以马列主义、毛泽东思想、邓小平理论、“三个代表”重要思想、科学发展观和习近平新时代中国特色社会主义思想为指导，紧紧围绕铁路改革发展不同历史时期的重点任务，不断加强和改进铁路党的建设工作，为铁路改革发展提供了强有力的政治保证、思想保证和组织保证。

进入新时代，铁路各级党组织把坚决维护习近平总书记的核心地位、坚决维护党中央权威和集中统一领导，作为最大的政治、最重要的政治纪律、最根本的政治规矩，坚持不懈用习近平新时代中国特色社会主义思想武装头脑、指导实践、推动工作。落实“两个一以贯之”要求，适应铁路新的管理体制，强化党组织在企业中的法定地位，建立健全从严管理领导班子的制度机制，完善和落实“三重一大”决策制度，实施领导人员转型提质行动，实施运输一线党支部建设三年基础工程，全面提升铁路党建工作水平。以中央专项巡视和“机动式”巡视反馈问题整改为契机，持续正风肃纪，激浊扬清、正本清源，营造了风清气正、干事创业的政治生态。始终坚持正确的政治方向和舆论导向，深入落实“举旗帜、聚民心、育新人、兴文化、展形象”的使命任务，持续加强和改进宣传思想文化工作，为推动铁路改革发展凝聚起了强大的精神力量。

2013年7月10日和谐号动车奔驰在姚江青林渡铁路大桥上。（陈加华 摄）

中国国家铁路集团有限公司所属企业

中国铁路哈尔滨局集团有限公司

【概　况】中国铁路哈尔滨局集团有限公司位于全国路网的东北端。2018年，哈尔滨局集团管辖线路覆盖黑龙江省全境，兼跨内蒙古自治区呼伦贝尔市。有干线、支线、联络线100条，营业里程8044.97(含合资)公里，其中黑龙江省境内6030.595(含合资)公里、内蒙古自治区境内986.94(含合资)公里、吉林省境内27.439公里。滨绥线东端的绥芬河站和滨洲线西端的满洲里站，分别与俄罗斯远东铁路、后贝加尔铁路接轨。管辖线路南端在7条铁路的分界点(京哈线1172.00公里处的兰棱站、平齐线450.00公里处的泰来站、通让线335.00公里处的立志站、拉滨线120.955公里处的五常站和图佳线146.22公里处的斗沟子站、伊阿线185.235公里的阿尔山北、京哈高速线1144.56公里的扶余北站)与沈阳局集团公司管辖线路衔接。

2018年，线路总延展长度15732.21公里，其中正线延展长度11726.00公里。有道口1079个，其中有人看守道口88个；有道岔12428组；有桥梁2034座，681109延长米；有隧道108座，173664延长米。机车配属1113台，其中内燃机车866台，电力机车247台，动车组616辆；客车配属年末实有数4965辆。集团公司管辖车站470个，其中特等站4个、一等站25个、二等站32个、三等站77个，四等站287个，五等站31个，部级编组站2个，线路所14个。

固定资产原值1976.35亿元，净值1629.83亿元。

2018年，集团公司完成货物发送量19404万吨，同比增加808万吨，增长4.3%；旅客发送量11066万人，同比增加50万人，增长0.5%；货物周转量111213百万吨公里，同比增加8240百万吨公里，增长8.0%。基本建设投资完成1865122万元；更新改造投资完成188799.4万元；大修支出46.95亿元。

截至2018年12月末，哈尔滨局集团公司机关职能机构28个，生产机构1个，附属机构30个，派出机构2个；集团公司直属机构10个，铁路建设项目管理机构4个，国铁控股合资铁路公司5个；集团公司管辖运输站段53个，运输辅助单位7个，非运输企业16个。

哈尔滨局集团公司年末职工166444人，其中，工人144036人。管理(专业技术)人员17857人(在岗)，技师7719人、高级技师2409人。运输站段11192人，运输辅助单位1228人，非运输企业2055人，机关部门及附属机构2199人，直属机构1006人，其他单位177人；管理人员10230人，专职专业技术人员7627人；具有大学本科及以上学历10592人，大学专科学历6245人。

【安全管理】2018年，优化完善安全管理制度体系。制定《安全生产标准化创建三年规划》，组织修订《安全职责管理办法》《领导人员和机关管理(专业技术)人员现场检查管理办法》等19个安全基本管理制度和覆盖车、机、工、电、辆、供电、房产等各系统、各岗位的全员安全职责，初步形成集团公司安全管理架构体系；推进岗位履职“两个清单”。组织推动“岗位履职依据清单和岗位履职项点落实清单”建设，全面梳理需要遵循的上级和本级规章制度、文件目录，把每个制度办法需要本职岗位执行的硬性量化内容全部摘录出来，促进各级干部自觉履职；深化双重预防机制运行。全面加强安全趋势和突出性、季节性、阶段性重点风险分析研判和管控。

【质量管控】2018年，大力推进用、检、修、验“四位一体”设备质量控制体系建设。针对机务、车辆、工务等设备管理系统，结合修程修制改革，将四个环节的责任落实到班组、到岗位、到人头，实现记名检、记名修、记名验，并建立数字化的问题库和设备设施养护、维修、检修电子档案，实现对所有技术履历档案和问题信息及责任人的信息化、数字化、智能化管理。加强铁路机车车辆及其重要零部件监造源头质量管控。对涉及“货车七防”“客车六防”等事关运输安全的关键产品、关键工序、关键质量特性值进行严格控制，重点强化对企业质量保证体系的监督，严控机车车辆产品源头质量。车辆系统推广现场安全生产“网格化”管理、“五色图”、料机具二维码管理等新模式，以规范化管理提高设备零部件源头质量。

【安全生产大数据平台建设】2018年，按照“管理制度化、制度流程化、流程清单化、清单信息化”思路，集团公司启动安全生产大数据信息系统建设，规划按照人防、物防、技防三个系统分三期建设，形成面向全局17万名干部职工，涵盖5大专业系统行车主要设备，整合27项监控监测资源，实现“职工作业、干部履职、设备管控、技术防范、辅助决策”五大管理功能的安全生产大数据综合管理平台。2018年一期人防体系建设已经完成，整合了行车概况、数字安监、哈铁政务、工作督办、问题跟踪等系统功能，共享了数字职教、人力资源管理系统部分基础数据，建成概况管理、监督检查、问题管理、任务管理、履职评价、绩效考核、积分考核七个业务流程，做到干部管理和职工作业行为“一人一档”，工作落实“一事一档”，设备管理“一车一档、一个设备一档”，实现安全管理信息化、自动化，尤其是依托七个业务流程产生积累的海量基础数据，能够分析形成74种安全工作报表，运用BI技术能够对安全趋势、风险管控、干部作用、职工行为、设备质量、管理状态、组织作用等各个方面工作情况开展多维度、数据化分析，实现了跨系统跨专业的信息融合、数据集成、互通共享、综合利用，推动了安全分析决策从“经验判断型向数据分析型”转变，提升了现场管控能力，促进了安全管理制度有效运行。

【干线货物列车提速】 2018年4月10日起，管内京哈线、通让线、平齐线等8条干线，整列重车或整列空车运行速度提升至90公里/小时。5月15日起，对提速标尺进一步优化，并针对提速货物列车开行比例低的问题，实施了经过修订的《货物列车提速行车组织办法》，取消枢纽列车、摘挂列车提速限制，具备整列重车或整列空车条件的均按90公里/小时开行。7月1日第二阶段图实施起，滨北线提速区段延伸至绥北单线区段。通过各编组货车站加大编组提速货车组织工作力度，提速区段提速货物列车开行比例已达到75.0%以上。2018年，货车技术速度完成65.1 公里/小时，比2017年62.5公里/小时提高2.6公里/小时；货车旅行速度完成54.4公里/小时，比2017年51.7公里/小时提高2.7公里/小时。

【营销服务】 2018年，按照“平安春运、有序春运、温馨春运，让旅客体验更美好”的春运工作新理念要求。1月14日，集团公司工作会议专门对做好2018年春运工作作出细致安排，在客流集中地区安排开行直通临客30.5对，扩大动车组重联比例，高峰期增开9对夜间高铁列车；扩展自动售票机发售跨局异地票功能，推出微信二维码余票信息查询服务。春运前对影响旅客流线、阻碍进出站通道畅通、挤占旅客候车空间的商业、店铺、广告进行排查整治。对站车厕所和环境卫生实现常态化管理，为旅客提供整洁有序的旅行环境。在改进站车餐营服务中，集团公司将提升旅客互联网订餐体验，订餐预定时限压缩至开车前1小时，改进和优化作业流程，确保餐食和特产配送服务到位，提升订餐便捷性。

【爱民隧道建设】 哈牡客专是中国《中长期铁路网规划》的主要建设项目之一，为中国“八纵八横”高铁网中最北“一横”，也是构成东北铁路快速客运网络的重要组成部分。客专设计时速250公里/小时，全长292.995公里，新建新香坊北、阿城北、帽儿山西等10个站。爱民隧道位于哈牡客专线牡丹江市爱民区，全长2940米，2015年8月开工建设。隧道周边地质软岩占比之高国内罕见，存在高寒、浅埋、偏压、富水、大跨等多项施工控制难题，被总公司确定为极高风险等级的隧道。此项工程克服冻胀、雪害和冬季施工等困难，成功攻克“松散沉积层”“第三系泥沙岩”“膨胀岩”等难关，安全实现工期目标。这条隧道也是继2017年最长的8755米的虎峰岭隧道和第二长的7152米的威虎山隧道贯通后，哈牡客专全线39条隧道中最后一条隧道。隧道内总体呈“V”字形，列车进入后先向下行，而后再向上行，高差41.8米，两边坡度分别是14.8‰、18‰，在高铁线路中较为罕见。1月16日9时，爱民隧道全线贯通，为2018年底哈牡客专通车运营奠定了基础。

【多式联运】 2018年，随着区域经济的发展，辖区内粮食加工制品年外销量约50万吨，大多经铁路发往鲅鱼圈港，再销往南方省份。1月21日2时13分，挂有53辆40英尺集装箱的X2402次班列在绥化站出发，并于当日21时9分顺利抵达鲅鱼圈北站。此趟班列的开行，标志着集团公司打造跨局“多式联运集装箱”班列新产品项目正式启动。采取开行定时、定线、定货源、定箱型、定股道，减少了反复倒装、编组、推拉货物等环节，大幅压缩货物装卸作业和周转时间，减少了货物破损概率。运到时限也由过去的4天，减至现在的1天，降低了企业综合物流成本。班列常态化开行，为黑龙江省粮食深加工产品构建了一条货物运输新通道。

【中欧班列增装车】 2018年，大庆车务段针对大庆沃尔沃汽车制造有限公司提出的原装车地点让湖路站距厂区距离较远，短途运输成本较高的问题，积极沟通协调，经集团公司批准，在管内增加卧里屯站装车点。2月7日10时35分，X8031次大庆—泽布鲁日中欧班列从卧里屯站鸣笛驶出。这是2017年6月6日开行以来，大庆—泽布鲁日中欧班列首次在卧里屯站装车始发。截至当日，该趟中欧班列已常态化开行80列，累计向比利时方向运送沃尔沃轿车10936辆，帮助客户降低了运输成本。

中国铁路沈阳局集团有限公司

【概　况】 中国铁路沈阳局集团有限公司位于东北路网的中南部，以沈阳枢纽为中心，东起浑东铁路东宁，西至珠珠线356.30公里珠恩嘎达布其站，南起沈大线起点0.682公里辽宁省大连站，北至伊阿线伊通—白阿线伊尔炮南354.711公里。西南与北京局集团有限公司相依、北与哈尔滨局集团公司毗邻，西与呼和浩特局集团公司相伴，东与朝鲜民主主义人民共和国铁路相接，南临渤海湾。管内线路跨及辽宁省、吉林省的全部，内蒙古自治区东南部、黑龙江省南部、河北省东北部分地区。

截至2018年末，集团公司资产总额为5890亿元，其中：固定资产原价4850.80亿元，累计折旧897.12亿元，固定资产净值3953.68亿元，固定资产减值准备0.87亿元，固定资产净额3952.81亿元。

【运输经营状况】 截至2018年底，沈阳局集团公司旅客发送量完成24261万人，完成总公司计划的102.5%，同比增幅4.1%，多运960万人；旅客周转量完成962.0亿人公里，完成总公司计划的100.7%，同比增长1.6%，增运15.4亿人公里。货物发送量完成34604万吨，完成总公司预算目标的104.9%，同比增幅10.4%，增运3248万吨；货物周转量完成2371.8亿吨公里，完成总公司预算目标的100.5%，同比增幅7.7%，增运168.6亿吨公里。货运机车日车公里完成702公里，比总公司计划增加47公里，同比增加38公里；货运机车日产量完成231.9万吨公里，比总公司计划增加21.8万吨公里，同比增加17.2万吨公里；货运列车平均总重完成3632吨，比总公司计划增加132吨，同比增加49吨。

【高铁管控体系建设】 2018年1月3日下发《车务系统高铁管控体系指导意见》，规范高铁安全管理，坚决确保高铁安全万无一失。一是逐步调整人员。按照总公司高铁值班员的任职资格要求，对现有高铁车站值班员进行全面调查，针对不符合资质的65名高铁车站值班员进行调整。二是制定作业流程标准。按C2、C3区段作业的不同，重新制定《高速铁路车站值班员岗位作业指导书》。根据高铁车站常见设备故障现象，制定高铁各种设备故障处置流程，有效的指导站段应急处置。三是开展针对性培训。共举办4期高铁应急团队培训班共22人，举办6期高铁值班员轮训班共225人，举办2期拟提高铁值班员培训班共74人。四是强化问题分析。组织开发《动客车高危作业检索系统》，对高危作业须件件检索，对检索出的高危作业，根据CTC回放，对作业过程进行全面分析，找出产生高危作业的真实原因，制定整治措施进行全面整治。

【货运安全管理】 2018年，一是明确货运安全红线和底线。货运部组织制定《沈阳集团公司货运系统安全专业管理考核评价办法》，明确货运系统7项安全红线和底线问题项点。二是坚持问题导向。结合季节性特点，定期开展货场防火、防溜、道口安全等隐患排查，发现249件各类问题，纳入问题库管理，并向现场反馈，跟踪督办整改。三是督促问题整改。根据每月确定的安全风险整治重点，明确防控措施和手段，指定专人每天对8个货运中心、17个货运检查站安全信息进行收集、汇总和分析，对系统发生的10件较严重的安全问题，进行交班分析，组织责任单位抓好问题整改，保证责任得到追究。四是重点强化军运装备装载加固质量。严把装车质量关，装车前重点对装备车窗未关闭、车门未加锁、三角挡破损等典型问题进行检查，补强加固措施，并组织托运部队签订《军事运输装备托运安全承诺书》。五是确保超限货物运输安全。六是强化动货混跑区段安全控制。七是开展装卸安全检查整治。

【大宗货物"公转铁"】 2018年，货运部抓住大宗货物"公转铁"的有利契机，并按照总公司总体要求，组织制定《2018—2020年货运增量行动实施方案》，确定到2020年实现货运量3.5亿吨的三年总体增量目标，并按照"疏港矿石、煤炭、集装箱多式联运、商品汽车和集港粮食"细分了五项具体增量目标。货运部全力组织推进落实货运增量行动方案，积极协调辽吉两省政府，多次对接地方交通主管部门，并对管内"公铁并行"的139家重点企业全面走访，按照"一港一策、一企一策"的原则，制定了具体的"公转铁"方案。以东西向的西煤东运，南北向的北粮南运，以及集疏港运输为重点，实施了"打满两翼港品、释放中路通道、盘活整体路网"战略，深入挖掘运输潜力，不断提高服务质量，在运力配置、空车调配等运输组织方面提供支持，为承接"公转铁"运量提供能力保障。

【集装箱多式联运】 加大35吨敞顶箱投入运用，在2017年的基础上，增加局属敞顶箱投入数量，全年已累计达到6000只。同时，鼓励企业购置自备敞顶箱，已累计达27193只。相继开发敞顶箱项目30余个，敞顶箱日均装车达542车，同比增加283车，增幅达109%。为推动集装箱多式联运稳步发展，陆续开发文官屯沃尔沃汽车零配件、法库出口瓷砖、华航小汽车入箱等40余个多式联运项目，集装箱装车比例达到10.8%，同比增加0.6个百分点。2018年，全集团集装箱日均装车1850车，同比增加295车，增幅11.6%。全力抓好中欧班列开行组织，货运部主动融入自贸区建设，围绕装备制造、汽车及零部件、航空装备等先进制造业和金融、科技、物流等现代服务业，开展铁路物流，全力打造"大连、营口、沈阳—满洲里""沈阳—二连"的中欧班列品牌，全年开行中欧班列236列。

【营销体系建设】 一是在集团公司层面，组建货运营销中心。构建对接物流市场的货运营销体系，统筹运用货运资源，统一开发货运市场，强化货运专业化营销，将货运部的市场营销职能和专业管理职能分开。在建货运营销中心内设能源、矿冶、粮食、多式联运四个品类板块项目部以及市场监测部、客户服务部，强化营销品类攻关，实施市场动态监测，改善客户发货体验。二是在货运中心层面，组建区域营销事业部。将货运中心营业室生产职能与营销职能分开，结合各中心辖区内企业分布、货源结构特点，进一步优化营业室设置，根据营销业务量大小，按区域设置营销事业部，并将378名综合素质好、营销能力强的人员充实到一线营销岗位，负责区域内货运市场营销、物流项目组织实施、客户日常维护管理等工作。全集团8个货运中心共设置区域营销事业部43个，与集团公司货运营销中心形成了"经纬结合"的立体营销网络。三是扩大基层营销自主权。集团公司先后出台货物运价管理权限下放，大力推进物流总包业务开展，吸引社会资本投资铁路货运设施，运用专用线、专用铁路委托服务费用作为议价工具等9项对接市场的系列政策办法，提高了基层面对市场的灵活性。四是充分发挥营销激励作用。实施了营销人员"保底+提成，上不封顶"的工资收入分配机制，在营销上充分体现"多劳多得、按劳分配"，彻底消除"吃大锅饭"的思想，进一步调动干部职工营销积极性。

【客运提质】 推进提质计划，提升客运服务质量。以推进畅通工程落实为突破口，提升旅客舒心便捷的出行体验。一是解决旅客购票瓶颈。落实七项具体措施方便旅客购票，人工窗口售票比例为30.8%，比2017年同期下降7.1个百分点，互联网售票占比64.3%，比上年同期提高8.9个百分点。二是优化自助售取票机配置。根据旅客进站流线优化自助售票机投放地点，将自助设备前置到站前广场、公交站点、地铁中转换乘厅等旅客聚集场所，提高自助售取票设备利用率。前置自助售票设备90台，站段间调配自助售取票机14台，新购自助售取票机67台，年内实现日均互联网售票450张以上车站自助售取票设备全覆盖。三是优化旅客进出站流线。为3个车站增加12台自助实名制核验闸机通道，全局10个较大车站自助实名制核验通道增加至73个；扩大丹东站进站口空间提高旅客进站通过能力，新建门斗，增设4台自助实名制核验闸机、4组三品检查仪及4台自动取票机，确保了进站畅通；沈阳北、葫芦岛站站房改造完成设计方案，正在实施推进。四是优化了候车环境。对沈阳站、沈阳北站、大连站、长春站等4个大站候车区中间商亭进行了清理。将小红帽业务、重点旅客服务区、高铁快运、公安问询等功能一并纳入12306服务功能。对候车室内遮挡动静态标识和业务信息的不规范商业广告和店铺招牌进行了清理；将公益广告以及宣传标识全部纳入了电子显示屏管理。五是完善了引导标识。对沈阳、大连、长春等7个大型车站引导标识揭示系统进行调研，重新设计，实现引导标识规范、清晰、连续。对引导标识错误、破损、遮挡的问题进行整改。

【完善"三防"体系】一是通过科学维护强化人防。利用维修管理系统，依据设备基础档案、设备维护周期及重点工作内容，自动形成年月表，自动监督实施，提示检修信息，杜绝漏检失修。实行动态分路不良区段、结合部状态不良道岔等关键设备领养制，落实设备静态问题包机人承责、动态问题检修人承责制度，落实车间季度全覆盖检查，确保设备运用全过程受控。二是通过隐患整治强化物防。如：高铁密检器防水罩全部拆除，防止外物击打浮起刮车。高铁应答器高度由135毫米降低至70毫米扩大试验，消除冰雪击打隐患。采用一次性浇筑方案，整治高铁轨道电路等阻线引坡风化等。三是通过科技创新强化技防。在信号专业上，列控安全数据网升级了网管系统，又增设CTC综合维护平台。普速信号机械室加装环境监控，具备烟感、温湿度、门禁报警、空调远控等功能。对关键站的关键道岔加装缺口视频监测，实时监督动态变化。对设备、器材、工具实施二维码管理，实现全过程全寿命卡控。在通信专业上，建立了完善的各类网管、机房动环监控、站场视频监控，对通信设备、现场作业实现全方位监控。

中国铁路北京局集团有限公司

【概　况】中国铁路北京局集团有限公司（简称北京局集团公司）所辖线路分布在北京、天津、河北及山东、河南、山西省的部分地区，与沈阳、济南、郑州、太原、呼和浩特局相接。

2018年，全局管辖线路20052.76公里，其中正线延展长14502.51公里、站段岔特线延展长5550.26公里。铁路营业里程4859.7公里(国铁)，其中双线铁路3048.5公里，电气化铁路3239.4公里。桥梁7523座/2394.34延长公里；隧道818座/854.91延长公里；涵渠15560座/423.55延长公里。车站471个，其中特等站7个、一等站29个、二等站48个、三等站105个、四等站267个、五等站2个、站管非营业站13个。

北京局集团公司下辖有干部任免权限单位111个，其中运输单位76个、运输辅助单位6个、非运输企业18个、其他局属单位11个。集团公司机关行政职能管理机构26个、附属机构26个，派出机构9个、单列机构2个、生产机构1个、其他单位5个。党群部门9个、党群附属7个。

【安全生产】构建"三位一体"安全保障体系，推进标准化规范化建设，修订全员安全生产责任制。完成京津城际标准线建设，实现复兴号动车组350公里运营。加强工电供综合维修生产一体化管理，实施京沪、京广、京津、京哈高铁线路车间"七统一、一联合"，试行普速线路站区"六联合"，提升固定设备维修质量效率。深化外部环境专项治理，加强路地协作，深化检企、法企共建，建立完善"双段长"制等长效机制，形成保障净化新格局。优化应急指挥体系，开发应急处置综合管理平台，组织专项应急演练，拓展轨道车、接触网作业车救援动车组新方式。落实安全双重预防机制，研判入库安全风险1497项，投入3.9亿元完成安全专项整治65项，奖励发现重大安全隐患189人次。完成春暑运、小长假、调图和全国"两会"、上合组织青岛峰会、中非合作论坛北京峰会、首届中国国际进口博览会等运输保障任务，实现第7个安全年。

【运输经营】

1.在客运方面：全年旅客发送32132.1万人，完成年预算指标99.6%，同比增加1403.4万人，增幅4.6%，其中直通旅客13828.2万人，同比增加293.4万人，增幅2.2%，管内旅客18303.9万人，同比增加1109.9万人，增幅6.5%。客运收入471.46亿元，同比增加27.45亿元，增幅6.2%，其中客票收入449.80亿元，同比增加26.15亿元，增幅6.2%。客收率139.98元/人，同比增加2.11元/人。客运营业收入310.63亿元，同比增加37.25亿元，增幅13.6%，其中旅客票价收入295.49亿元，同比增加35.36亿元，增幅13.6%。

2.在货运方面：加强路地路企合作，制定货运增量三年行动方案，以天津港、京唐港、黄骅港等集疏港矿粉、煤炭运输"公转铁"和集装箱多式联运为重点，组织丰沙、石太、邯黄等线路上量，建成投产专用线7条，开通唐曹线货物运输，完成大宗互保协议运量。扩大中欧中亚班列开行服务"一带一路"建设；与北京市确定推动城市绿色物流体系“2+9”外集内配布局规划；优化行车组织和机车机班运用，提高邯长、邯黄等线牵引质量，改进重点区域装卸作业模式。全年货物发送量30043万吨，比年计划增加705.3万吨，同比增加3196.4万吨，增幅11.9%；日均装车12993车，同比增加1257车；日均装煤7300车，同比增加595车，增幅8.9%；日均装“白货”（指非煤炭物资，下同）5693车，同比增加662车，增幅13.2%。日均卸空车14517车，同比增加1662车，增幅12.9%。煤运货运量18562.8万吨，占比61.8%，同比增加1823.9万吨，增幅10.9%；“白货”运量11480.5万吨，占比38.2%，同比增加1372.5万吨，增幅13.6%；货车周转时间2.08天，压缩计划下达0.04天，同比压缩0.06天；静载重63.4吨，比年计划提高0.9吨，同比提高0.7吨；换算周转量3665.7亿吨公里，比3618亿吨公里年计划增加47.7亿吨公里，同比增加374.4亿吨公里；货物周转量2181.7亿吨公里，比2130亿吨公里年计划增加51.7亿吨公里，同比增加348.6亿吨公里；货运收入231.46亿元，超年计划2.26亿元，同比增加18.21亿元，增幅8.5%；运输收入702.85亿元，超年计划2.32亿元，同比增加45.71亿元，增幅7.0%。

3.非运输企业及其他业务：实施非运输企业集约化经营，做强做优主营业务，调动非运输企业和站段综合创效积极性，非运输企业收入149.74亿元，利润6.1亿元、同比增长154%；运输其他业务收入28.87亿元，利润12.18亿元、同比增长174%。

【货运增量】 2018年，根据总公司《铁路货运增量行动方案（2018—2020年）》（铁总货〔2018〕104号），北京局集团公司在组织货运、运输、计统、科信、机务、供电、调度等部门专题实地调研基础上，制定以承接内陆大型厂矿企业、物流园区、沿海港口矿石、煤炭等大宗散货和集装箱多式联运公路转移运量为重点的《中国铁路北京局集团有限公司货运增量行动方案（2018—2020年）》，确定2018年—2020年30000万吨、34020万吨、37600万吨3年货运目标并按板块提出增量行动方案。

【中欧、中亚班列开行】 2018年，以推进“一带一路”物流经济带建设为导向，北京局集团公司加强路地、路企协作，增开新港站—二连（境）站（中蒙俄）、南堡站—二连（境）站、石家庄西站—满洲里（境）站、高邑站—满洲里（境）站国际班列4趟，满足管内发往中欧、中亚铁路通道沿线各国联运货物增长运输需要。截至年末，集团公司分别开行中欧、中亚班列105列和429列，实现运量55942标箱，同比增收2900万元。

【京、津物资铁路运输】 2018年，北京市经铁路运输货运量586.6万吨，同比减少135.4万吨，其中煤炭185.1万吨，同比减少71万吨；“白货”383.5万吨，同比减少64.4万吨。天津市经铁路运输货运量9247.79万吨，同比增加512.8万吨，其中煤炭5004.9万吨，同比增加537.9万吨；“白货”4242.8吨，同比减少25.1万吨。

【黄骅港运输组织】 2018年内，北京局集团公司从4个方面强化黄骅港运输组织：1.自4月10日起调整邯黄线运行图，增开货物列车由8对增至12对，提高牵引定数由5000吨增至6000吨；2.制定黄骅港“公转铁”集疏运增量方案，优化邯黄线天窗设置，实现与京广线、邯济线施工天窗有效衔接，减小施工对运输影响；3.制定北京京铁运输有限公司承担邯黄铁路机车牵引业务运营方案，解决邯黄线机车及乘务员班次紧张问题；4.增加邯黄线牵引变电所数量由3个增至4个，有人值守车站由17个增至21个。截至年末，黄骅港铁路疏港运量908万吨，同比增加276万吨，增幅43.6%。

【普速线路维修体制改革】 2018年，按照“全面实施车间组织生产模式”要求，北京局集团公司在普速工务段推进包括“检、养、修”分开，专业化、机械化修理，设备修程修制优化，设备等级管理试行，设备修理周期延长等在内的普速线路维修体制改革，配套制订《工务系统普速线路车间组织生产模式实施指导方案》，普速工务段组织落实，优化车间工区设置，其中减少车间3个、工区139个。召开塘沽站现场会，推行包括工、电、供生产融合在内的联合检查、联合作业，完成工电供联合创建标准站12个。协调天窗困难地段综合利用，在狼窝铺、天津站、龙家营、黄村等运输繁忙站线组织综合整修。

【政府购买运输服务机制推进】 2018年，围绕服务京津冀协同发展战略和天津市、河北省、山东省德州市等地方政府及客流需求，北京局集团公司发挥铁路资源优势，根据分析客车开行、线路通过能力、车站到发等情况优化列车运行图调整，增加七滦线旅客列车开行补贴协议，实现争取地方政府购买服务持续增长。

【旅游列车开行】 北京局集团公司在提高旅游列车开行利润率新模式、新方向上创新探索、取得实效。2018年，担当旅游列车66列、同比减少10%，发送游客26194人、同比减少32%，票款收入2357万元、同比减少39%，经营收入4837万元、同比减少17%，实现毛利1256万元、同比增长13%，实现利润930万元、同比增长2%，获政府奖励625万元、同比减少33%。围绕京津冀协同发展战略，发挥地域路网优势，开行“一带一路”沿线国家大使及国际友人专列、“快乐老爸老妈”周末旅游及中学生研学专列等“京津冀旅游班列”11趟；首次开行“集安号”冠名旅游专列2列、首次开行冬季“阿尔山冰雪”专列1列；以推动旅游减贫、带动和田地区旅游业发展为动力，连续4年开行“京和号”3列、“津和号”4列，其中“京和号”列车以其突出的减贫效果和特有的“铁路+旅游+对口帮扶”模式，成功入围世界旅游联盟2018年全球唯一铁路减贫案例。

【“复兴号”品牌战略实施】按照《北京局集团公司“复兴号”品牌战略实施方案》打造“复兴号”服务品牌、提升“复兴号”服务质量要求，客运部制定《“复兴号”乘务作业质量标准(暂行)》，对局属各客运段、各高铁乘务单位、北京京铁列车服务有限公司担当“复兴号”列车的乘务班组人员配备、技能素质、安全管理、文明服务、乘务作业等管理规范提出要求。

【优化公益“慢火车”开行】2018年内，北京局集团公司客运部从协调运行组织、完善站车设备设施等方面做好公益性“慢火车”优化开行。1.根据客流情况，通过恢复编组、满编运行、停站增加等方式方便当地群众和游客出行。2.针对列车车底老旧所致设备老化、车门变形等安全隐患，研发直杆伸缩型车门锁闭器试用担当列车效果良好，拟在绿皮列车上推广安装。3.增加改造高站台、照明等旅客乘降设施资金投入，提高“慢火车”服务质量。

【客运站车厕所达标】2017年12月起，北京局集团公司组织所属客运、车辆、建筑等单位启动客运站车厕所达标活动。2018年2月14日，北京局集团公司下发《客运站车厕所卫生管理办法》，对完善工作机制、强化日常监督、严肃问题考核、加强典型引领、推进厕所改建和实行厕所“双所长制”等提出要求。客运部会同车辆、土地房产部组织各专业月度检查基础上，开展每季联合质量检查，通报并督促厕所卫生和设备设施问题解决。各单位围绕提高厕所质量研发保洁工具、药剂，创新作业方法，推动全局站车卫生环境整体改善，提升旅客服务体验。截至2018年底，集团公司所属20个客运车站完成厕所更新改造，其中16个车站改造厕所35处、新建6处，客运部编发“厕所革命”专报12期，交流活动信息，推广典型经验，通报问题整改。

【高铁快件运输】2018年，按照铁路总公司统一部署，北京局集团公司研究制订利用动车组列车开展高铁快件运输组织方案，完成G83/G506次“复兴号”动车组座椅移出有关加固、防护等装载推演、运行试验，确保“双11”电商黄金周期间列车安全运行。

中国铁路太原局集团有限公司

【概　况】中国铁路太原局集团有限公司(以下简称太原局集团)现有干部职工10.5万人，是全国铁路货运量最大，重载技术最先进，唯一运输主业整体改制上市的铁路局集团公司，是国家5A级综合服务型物流企业。路网纵贯三晋南北，横跨晋冀京津两省两市，主要担负着山西省的客货运输任务和周边冀、京、津、蒙、陕等省市区的部分货运任务，在全国铁路网和山西省综合交通运输体系中处于重要地位。

2018年末，集团公司管辖大西高铁、石太客专、南同蒲、北同蒲、大秦、侯月、侯阎、石太、太中银、韩原、太兴、瓦日、京原、京包、太焦、迁曹等干线和支线。与4个铁路局集团公司交界：京包线K225+000处(郭磊庄站)、京原线K234+000处(灵丘站)、石太线K117+000处(赛鱼站)、石太客运专线K222+400处(太原东站)与北京局集团公司分界；南同蒲线K849+500处(风陵渡站)、侯阎线K76+650处(禹门口站)、太中银线K1173+650处(吴堡站)、大西高速线K686+048处(永济北站)与西安局集团公司分界；太焦线K190+700处(夏店站)、侯月线K147+273处(嘉峰站)、瓦日线K501＋417处(长子南站)与郑州局集团公司分界；京包线K380+500处(古店站)与呼和浩特局集团公司分界。线路总延展里程11841.734公里，营业里程4538.699公里。其中客运专线534.569公里，双线营业里程3501.01公里，电气化营业里程4246.797公里。道岔10739组，道口120处，桥梁3895座，隧道535座，明洞23座。配属机车1154台，客车1821辆，动车组54组。

【机构设置】集团公司机关职能机构26个，生产机构1个，附属机构30个，派出机构3个；集团公司下设运输站段38个，其中：直属站5个，车务段7个，客运段1个，机务段3个，供电段3个，车辆段4个，工务段9个，工务机械段1个，电务段3个，通信段1个，综合段1个；运输辅助单位9个；非运输企业9个；工程建设指挥部及合资公司13个；其他单位7个。党群机构设：党委办公室、党委组织部、党委宣传部、巡察工作领导小组办公室、纪委、政法委、工会、团委、机关党委、调度所党委、离退休管理部党总支；直属基层党组织61个，其中基层党委60个，党工委1个。

【公司制改革】搭建完成法人治理架构，建立现代企业制度，推进企业法治化市场化经营，非运输企业由12个重组整合为9个，并全部完成公司制改革。改革优化集团公司机关经营管理机构，设职能机构26个，生产机构1个，附属机构30个，派出机构3个，内设机构、人员编制分别精简45.9%、25.6%。

【安全管理】加强安全基础建设，清单化构建制度、指标和评价体系，完善安全管理制度，全员建立健全岗位安全生产责任制，出台安全巡查、红线管理等办法，规范站段安全管理制度体系，先后清理废止“僵尸”文件639个、“土政策、土规定”117项，车间班组台账和工作量化指标同比精简47%和38.6%。开展高铁“普速化、普铁化”整治，排查高铁轨旁设备和沿线环境，推进大西高铁综合维修生产一体化建设，高铁和客车安全得到有效保证。完成大秦、同蒲等铁路16次集中修、综合修施工，10组2A型动车组、50台和谐机车，以及道岔打磨车等新装备投入运用，有效防控摩天岭隧道基底涌水等重大隐患。全年，集团公司消灭一般A类及以上事故，高铁、重载未发生责任行车作业事故；责任铁路交通事故同比减少28件、降幅30%。

【货运增量】贯彻中央调整运输结构的

战略部署，制定实施货运增量三年行动方案。一是紧盯市场，访煤企、赴港区、进电厂，抓网格化营销，盯"公转铁"货源，为货运增量提供货源支撑。二是坚持北打大秦、中攻瓦日，构建路港联动机制，拓展下游接卸市场，大秦线年运量完成4.51亿吨，创历史新高。瓦日线年运量完成3395万吨，比上年增长75.6%。三是实施专项提效措施，两级调度阶段计划平均兑现率由不足50%提升到80%以上，货车周转时间、技术速度等主要运输效率指标均创历史最好水平。全年，货物发送量比上年增加7972万吨，占全路增运总量的29.3%。

【客运提质】 实施站车畅通工程，开展客运基本服务专项整治，大西高铁18个高铁车站全部实现持二代身份证直接进站，常旅客积分、网上订餐等便民举措得到旅客好评。落实"一日一图"要求，错峰安排动车整修，先后增开杭州、长沙等方向动车组，全年旅客发送量比上年增加341.9万人，增长4.7%，自2016年来，首次完成旅客发送任务。开行"蔡家崖号"旅客列车，吕梁—太原实现乘火车一日往返。举办"山西全域旅游铁路行"主题推介活动，开发十大旅游精品线路，全年开行普速旅游专列44列、动车旅游专列11列，引流入晋102列。

【现代物流】 现代物流稳步发展，集装箱、冷链物流分别提前81天、142天完成年度目标；全年开行中欧班列51列、同比增加41列，中鼎物流园年吞吐量达到432.5万吨、同比增长88%。截至2018年末，中鼎物流园入园企业60余家，仓库运用率达85%，货物吞吐量完成265万吨，收入1.48亿元。完善中鼎云平台功能，注册客户1.2万个，成交金额1.5亿元，成为国内首家自动生成公铁联运解决方案、实现"铁路+公路"物流轨迹追踪等功能的互联网物流平台。

【资产经营】 走整合发展、联合发展、阶梯发展之路，注销辅业国有资产管理中心，全部剥离28个站段管辖的33个非运输企业，资产资源向核心业务、优势企业集中。研究出台推动和促进非运输业发展实施意见，明确38项具体举措，支持非运输企业把优势做优、把长板做长。先后开发了吕临能化物流总包业务，专用线商贸合作打开新局面。商品汽车接卸业务实现新发展，拿下了45%的山西市场。电液转辙机优势项目完成升级换代，增加9.7亿元的产值收入。工程施工项目合同总金额达到5.09亿元。站车商业、列车冠名、广告开发累计创效0.8亿元。全年，非运输业预计实现利润8亿元。

【铁路工程建设】 打通高铁重载运输新通道，大西高铁原平西—太原南段2018年9月28日顺利开通运营，朔州—准格尔铁路、朔山联络线和东港站改造工程有序推进，太原枢纽西南环线路基工程、全线架梁施工全部完成，太原站增建"两线一台"，瓦日线南吕梁山、石楼、华子节隧道病害整治完成阶段任务。启动22个短平快扩能改造项目，开工8项、完成3项。严格质量安全红线管理，杜绝工程质量一般以上事故。2018年，累计完成建设投资170.06亿元，兑现年度计划。

【人才建设】 坚持教育培养、政策激励双促双进，落实"百千万人才"工程，实施"910"骨干人才选拔培养，推进主要行车工种三年轮训计划，14186名现场作业人员进行轮训，1868名高铁从业人员完成岗位适应性培训。实施"三个一"工程，推行"名师带徒"，创新手机移动学习平台，职工教育硬件设施持续改善，培训载体更加丰富。全年，先后选拔1376名专业技术骨干到院校学习深造，840名职工晋升技师、高级技师，1人获"全国技术能手"、33人获"全路技术能手"称号。围绕《新时期产业工人队伍建设改革方案》目标，选树的10名职工被授予"太铁工匠"荣誉称号，并享受每月1000元"太铁工匠"津贴。湖东电力机务段大秦第二机车队重载司机景生启，太原电务段动车车载设备车间党支部书记、工程师王晓霞被评为"新时代·铁路榜样"。加强高技能优秀团队创建，太原高铁工务段王东晓技能大师工作室被山西省命名为山西省技能大师工作室；新建、调整28个技师小组，技师小组达到473个。全年组织14个技能大师工作室和473个技师小组开展技术攻关和导师带徒，课题立项566个。

【科技创新】 成立全路首家重载铁路技术研究中心，5个领域11项课题在国铁集团立项。有序推进安全大数据应用和数据服务平台建设，智慧物流云平台、基于G网的STP传输技术等成果应用取得实质性突破；投资960万元开展重点课题攻关，34项成果得到推广运用；投入627万元奖励57项科技成果和854项合理化建议。评选集团公司级优秀QC成果211个，推荐铁道行业优秀QC小组19个，获得山西省级优秀QC小组79个。

【风险防范】 一是严控安全生产风险。加强安全风险研判和隐患排查治理，主动防范太原枢纽动客货混跑等突出风险，集中排查整治高铁外部环境隐患，对重载设备设施、运营环境等开展系统评估和综合评定，推进施工安全等专项整治，加大安全红线管控力度，强化应急处置"五个第一时间"，安全风险得到有效控制。二是严控经营管理风险。坚持把规范管理作为提升经营质量和效益的基本前提，突出领导人员"四个亲自"，开展规范经营管理行为专项治理和审计问题整改，形成真查、真纠、真改的态势。三是严控铁路建设风险。健全质量安全红线、提前介入、信用评价等7项管理制度，严把隧道质量、工程验收、问题整改、开通运营等关键，有效防范工程质量、安全、进度、稳定等问题。四是严控廉政风险。注重源头治理，以物资采购、货物运输为突破口，深化廉政风险防控机制建设，形成管理环节、管理部门、措施要素全覆盖的廉政风险防控格局。

中国铁路呼和浩特局集团有限公司

【概　况】 中国铁路呼和浩特局集团有限公司(以下简称呼和浩特局集团公司)地处内蒙古自治区中西部，管内大部分线路北傍阴山，南沿黄河，由西向东穿越自治区3盟(阿拉善、锡林郭勒、兴安盟)、8市(乌海、鄂尔多斯、巴彦淖尔、包头、呼和浩特、乌兰察布、赤峰、通辽)，向北经二连浩特、策克口岸与蒙古国连接，是连接中国西北、华北物资运输的主要通道，也是连接蒙古国、俄罗斯的重要国际通道。

集团公司分别与北京、太原、沈阳、西安、兰州、乌鲁木齐局毗邻，北面与蒙古国接轨。其中，唐呼线(曹妃甸北—台阁牧)与北京局相连；京包线(北京—包头东)与太原局相连；集通线(贲红—通辽)与沈阳局相连；锡乌线(锡林浩特—霍林河)与沈阳局相连；包西线(包头—西安)与西安局相连；包兰线(包头东—兰州)与兰州局相连；临哈线(临河—哈密)与乌鲁木齐局相连；集二线(集宁—二连)与蒙古国接轨。

运营线路，总延展长3632.747公里，其中正线延展长2307.111公里(准轨2301.736公里，宽轨5.375公里)。无缝线路总长度2177.748公里，其中：正线无缝线路总长度2101.812公里，占正线延展长91.3%；站线无缝线路总长度75.936公里，占站线延展长7.2%。60千克/米钢轨正线铺设总长度2136.121公里，占正线总延展长度的92.8%。道岔总计3905组，其中正线道岔1160组。

合资线路，总延展长8430.793公里，其中正线延展长7094.204公里。无缝线路总长度5382.496公里，其中：正线无缝线路总长度5336.94公里，占正线延展长75.2%；站线无缝线路总长度45.556公里，占站线延展长3.8%。60kg/m钢轨正线铺设总长度5742.475公里，占正线总延展长度的80.9%。道岔总计3645组，其中正线道岔1672组。

桥隧涵及附属设备共计4227桥隧百换算米，桥梁3100座456767米，隧道109座169912米，涵渠10342座223366米。其中，国铁桥梁1232座41490米，隧道9座8488米，涵渠1347座30262米，计433.76桥隧百换算米；合资桥梁1868座415277米，隧道100座161424米，涵渠8995座193104米，计3793.99桥隧百换算米。

2018年末，呼和浩特局集团公司所属单位53个，其中：运输单位37个(直属站5个、车务段5个、客运段2个、机务段3个、供电段2个、工务段4个、电务段2个、车辆段3个、通信段1个、工务机械段1个、临策运输管理部1个、临策基础管理部1个、货运中心4个、综合维修段3个)；非运输企业有内蒙古铁鑫煤化集团有限公司、内蒙古铁路运营管理集团有限公司、内蒙古呼铁物流有限责任公司、内蒙古蒙铁石油有限公司、沁原工程建设监理有限责任公司、蒙铁工程项目管理公司等；运输辅助单位1个(恒诺房建生活段)，其他单位扬州培训中心、科研所、信息技术所、呼和浩特职工培训基地、包头职工培训基地、疾病预防控制所、港口工作办公室、焊轨段、包头住房建设指挥部、林业总场、铁路巡防支队等14个。

呼和浩特局集团公司机关机构编制依据中国铁路总公司《关于铁路局集团公司机关内部经营管理机构设置和人员编制管理的指导意见》，对机关机构编制进行了改革优化。机构改革优化后，行政职能管理机构27个，定员编制585名；生产机构1个，定员编制524人；派出机构1个，定员编制9名；附属机构29个，定员编制770名。

【运输安全】 整治动车径路安全隐患，系统总结呼张客专(呼和浩特—乌兰察布段)开行一年的安全工作，修订高铁、客车安全18条红线措施，加强高铁和客车安全管理。围绕唐呼线开行万吨列车，制定完善各专业的安全管理制度，加强关键环节卡控，确保万吨列车开行安全。加强安全基础建设，健全全员安全生产责任制，动态修订专业技术规章，分系统开展标准化规范化建设，补强万吨通道、干线G网、自闭区段逻辑检查等“物防”短板，完善7U、6A、5T、6C等“技防”手段。强化现场作业控制，全年责任作业事故同比下降11.8%。推行安全风险管控和安全隐患排查治理，开展施工安全、人身安全、电务联锁试验、动车组出入库、自轮运转设备、危险品运输等安全专项整治33项，整治重大安全隐患96个。加强应急管理工作，修订路局、站段两级应急预案，完善路局应急指挥中心和应急调度指挥系统功能，组织动车组救援、恶劣天气处置等综合性救援演练12场次，有效处置了包白、包兰、临哈等线突发洪灾。加强消防安全管理、站车反恐防暴和路外安全工作，加大平交道口改造力度，全年路外伤亡事故同比压减55.6%。

【货运增量】 按照总公司关于货运增量行动部署，瞄准唐呼线5000万吨运输目标，调整唐呼线运行图线条，提前开展机车乘务员培训，加快实施机车、车辆整备等补强项目，组织新配118台HXD1型机车、104台HXD2型机车和12600辆C80货车快速整备上线，2018年5月17日唐呼线首开万吨列车，7月1日起实现常态化日均开行25列，最高达28列。开展货源营销，优化运输产品结构，与包钢、伊利、蒙牛等重点企业开展“总对总”战略合作，对21家企业提供“物流总包”，扩大管内电煤、商品汽车、中欧班列等市场，全年集装箱运量同比增长78.4%，商品汽车运输突破万辆，白货运量同比增加709万吨。二连口岸常态化开行6000吨矿石通关列车，进出口运量创造了1314万吨新纪录。加强集通线调度集中统一指挥，调整锡乌、锡二线车流径路，协调霍林河口敞口接车，促进了集通公司装车上量。研究货运承运制清算办法，完善配套制度，加强收入管理，实施精准营销，算账组织装车，提高运输组织效率效益。全年货物发送量完成2.11亿吨，同比增加2807万吨，增长15.4%；运输收入完成302.3亿元，同比增加39.7亿元，增长15.1%。

【客运服务】实施客运提质计划，优化客车管直结构，组织呼鄂线开行动车组，增加管内动车组运行图7对，全年动车客流同比增长26.7%。推进基本服务提质升级，深化“厕所革命”、推行餐饮改革、实施车站畅通工程，异地机售、刷脸核验、扫码支付等技术广泛推广，车上预定、统一配送、送餐到座的中式快餐广受欢迎，共享汽车、无人超市、列车餐饮体验店等落户主要客站。打造特色服务品牌，孙奇服务台、峻屹服务队、12306服务品牌广受社会好评；全年开行“草原之星”旅游列车25列，“胡杨节”服务中外游客3万余人次。2018年，在直通客流同比减少72万人情况下，旅客发送量完成3556万人，同比增加57万人，增长1.6%；客运收入完成27.7亿元，同比增加2029万元，增长0.7%。

【企业经营】严格收支利刚性约束，实施成本分线核算，加强资金资产统筹，严格物资采购和调剂管理，推进设备修程修制改革，全年37个生产单位成本无一超支。依法规范企业经营行为，“一案一策”清理风险债权，加强法律审查、合同管理和诉讼维权，全年清理风险债权1597笔53.3亿元，依法处理法律纠纷91起，挽回经济损失4596万元。通过采取延长贷款期限、开展融资租赁、发行短期债券等措施，缓解合资铁路公司资金紧张状况。推进资产经营开发，全面实施非运输企业煤炭战略合作，做大做强口岸贸易，统筹发展运营委管、建设咨询、站车商贸、物资销售、广告旅游、土地开发等业务，10个非运输企业全部实现盈利，非运输企业和站段其他业务完成收入46.7亿元、利润6.6亿元，分别同比增长19.4%和16.7%。集团公司整体盈利1.95亿元。

【企业内部改革】规范集团公司和非运输企业两级法人治理结构，健全完善制度体系，修订所属单位“三重一大”决策程序。加大企业内部改革力度，精简集团公司机关管理机构，职能机构由32个优化为27个，行政附属机构由39个优化为29个，人员编制由1704人减至1357人。整合内蒙古铁道报社、呼铁有线电视台和宣传部新媒体工作室，成立融媒体中心。实施集通公司管理体制改革，优化生产力布局，实施专业直管和调度统一指挥，提升管理效能。推进南部和沿河铁路公司重组，整合包满、西甘、海公公司管理机构，增强可持续发展能力。推进非运输企业重组整合，建工集团整建制并入蒙铁工程公司，深圳蒙鑫公司业务和投资关系分类调整至呼铁物流、物资工业、蒙铁石油公司，非运输一、二级企业数量共压减17个，资源配置进一步优化。探索更加灵活的用工、用人、分配机制，实施车务和客运系统职工转岗并岗，推进高铁综合维修一体化模式，全员劳动生产率同比提高14%；实行高技能人才全解重聘，推行等级司机和客运星级评比，试行全挂全考工资总额调控和部分工种差异考核等激励措施，有效调动了广大职工完成生产经营任务的积极性。

【铁路建设】对接总公司建设规划和自治区发展需求，科学有序推进在建项目建设，呼张客专张集段站前工程全部完工，集通线扩能改造查公段顺利开通。推进项目前期工作，包银客专、锡太铁路完成可研审查，临河、鄂尔多斯物流园前期工作取得重要进展，集通电气化改造控制性工程先行开工。加快运输急需项目建设，呼和南机务整备能力补强、古城湾C80货车整备场改造、二连站集装箱堆场硬化、集通线K314道口平改立等重点项目按期交付，包钢新体系、七苏木电厂专用线等代建工程顺利投产。加强建设安全质量管理，严格营业线施工安全卡控，全年消灭建设施工C类以上事故和人身安全事故，圆满完成总公司下达的建设任务。

【科教信息文化】推进学习型企业建设，完善网络化、实景化实训设施，校企联合开展职工适应性、资格性培训，持续深化“千人工程”，全年送培高铁作业人员1799人次，评选推荐专业带头人、拔尖人才、技术骨干265人；分工种组织职业技能竞赛，78名选手在省部级技能大赛上取得名次。加强科技攻关，全年立项科研课题325项，智慧车门、智能防溜等10项科技成果通过集团公司技术评审并转化运用，空气源热泵超低温应用、机车模拟演练系统等3项课题获得省部级科技进步奖。全面推进信息化和网络化建设，加强网络安全管理和检查，沿线网络覆盖面进一步提高，电子公文和督查督办系统、货运承运清算分析系统、职工培训管理信息系统等投入运用，口岸电子运单和货运票据电子化稳步实施，企业“大数据”分析初具形态。加强企业文化建设，开展不忘初心、牢记使命、交通强国、铁路先行宣讲活动，组织草原铁路“辉煌60年人物”评选和劳模典型选树宣传，开展群众性文化创建活动，在包头地区召开企业文化建设现场推进会，进一步营造了浓厚的文化氛围。

中国铁路郑州局集团有限公司

【概　况】中国铁路郑州局集团有限公司（以下简称郑州局集团公司）地处中原，位于全国路网中心，初步形成全国铁路“双十字”铁路客运枢纽，是“米”字形高速铁路网交会点。管辖线路横跨河南、山西、山东、陕西、湖北、安徽6省，通过16个分界口与周边北京、西安、武汉、太原、上海、济南局集团公司相邻，所辖营业线路及枢纽纵横交织成网，构成东达沿海、南通两湖、西连秦晋、北接京津的铁路网络，被誉为中国铁路“中心局”“心脏局”“枢纽局”。

2018年末，郑州局集团公司管辖运营线路正线及联络线71条，主要包括京广、陇海、焦柳、京九、宁西、太焦、侯月、新兖、新焦等铁路干线，运营线路营业长度2389.7公里，总延展长7340.09公里，其中正线延展长4814.98公里，同比增加17.29公里，为南阳疏解区改造新增联络线8.25公里及新建汤阴宜沟联络线9.04公里；站段岔特线延展长2525.07公里，同比增加1.35公里；正线60型钢轨4692.08公里，占正线总延展97.4%；正线无缝线路延展长4551.98公里，占正线总延展94.5%；道岔8714组，其中正线道岔3331组；正线曲线3257条计1466.66公里。运营线路桥隧总换算长268215米，桥梁3318座计251132米，其中特大桥72座、大桥317座；隧道171座计107932米，其中3公里以上长隧道5座；涵渠7204座计203655米。

合资线路正线及联络线27条，包括新密、安李、石林、徐兰高铁、京广高铁、郑开城际、郑机城际、郑焦线、瓦日线及相关联络线，线路营业里程1548.4公里，线路总延展长3398.526公里。

2018年运营汇总固定资产期末原值1084.48亿元，比2017年增加64.96亿元。其中：运输业固定资产期末原值1081.58亿元，比2017年增加65.29亿元；其他固定资产期末原值2.90亿元，比2017年减少3334.38万元。

2018年，郑州局集团公司设置职能机构26个、附属机构27个、生产机构1个、派出机构1个，集团公司党委设职能机构4个，各类基层单位62个。其中，运输站段34个、运输辅助及其他单位17个、非运输企业11个。

【组织机构变动】 2018年1月印发《郑州局集团公司关于变更机关内设行政机构和公司所属相关单位冠名的通知》，对集团公司机关内设行政机构和公司所属相关单位冠名予以变更，将集团公司、机关各类机构、学协会、其内设机构及单位，凡另挂冠有郑州铁路局名称牌子的，其牌子冠名一并变更为中国铁路郑州局集团有限公司。同日，成立中国铁路郑州局集团有限公司董事会办公室，与集团公司办公室、党委办公室为1个机构3块牌子。

2018年8月16日，将郑州铁路局安李支线公司冠名变更为中国铁路郑州局集团有限公司安李支线公司。8月21日，设立郑州南站工程建设指挥部，为集团公司直接管理的建设项目管理机构，其工程建设管理业务受集团公司建设管理处指导。8月24日，将概预算审查所的管理关系由集团公司直接管理调整由计划统计处归口管理；将总工程师室鉴委办公室更名为设计审查科。

2018年11月印发《集团公司 集团公司党委关于改革优化集团公司机关经营管理机构编制的通知》，对集团公司机关经营管理机构编制进行改革优化。

【专业融合管理】 2017年12月成立中国铁路郑州局集团有限公司安阳综合段，在瓦日线实行综合段管理模式，同时撤销安阳车务段，将安阳车务段、长治北车站所辖位于瓦日线上的13个车站整建制纳入安阳综合段管理，同时将新乡桥工段、月山工务段、新乡电务段等段所辖位于瓦日线上工务、电务、通信、供电、房建系统的生产业务、资产及人员一并纳入安阳综合段管理，自发文之日起至2018年1月31日18点为调整过渡期，明确过渡期间调整业务范围内安全生产、队伍稳定的管理责任由原划出单位负责，过渡期后由安阳综合段负责。2018年，安阳综合段以高铁管理精细化、干线管理标准化、支线管理干线化、重载管理再强化、系统管理综合化、现场管理信息化、技能实训外包化、维修管理一体化、设备大修专业化、集中整治机械化为工作指导方针，从人力、物力、环境、管理方面立标立规，实行瓦日线综合管理，京广高铁、京广普速、汤鹤支线为既有车务管理模式。在瓦日线各车间实现工务、电务、供电、车务等专业大融合，打破原有分专业的工区形式，统一为值班检查工区、综合维修工区、专业维修工区计3类专业工区，每个工区担负职责范围内所有设备检、养、修任务，突破各系统限制条件等效果显著。

【安全生产管理】 2018年，集团公司将高铁、旅客列车安全作为政治红线和职业底线，以“五个年建设”为动力，贯彻落实总公司党组和集团公司1号文件精神。年内，集团公司新的防洪应急预案正式实施，将汛期安全防线提前、进一步细化各项防洪措施、明确各级防洪工作责任。2018版《中国铁路郑州局集团有限公司普速铁路行车组织规则》《中国铁路郑州局集团有限公司高速铁路行车组织细则》正式施行，新版《行规》《行细》首次采用全路统一的章节及条款结构，更方便干部职工学习应用。年末集团公司实现连续安全生产747天，实现第14个防洪安全年。

【铁路建设管理】 2018年，总公司下达集团公司年度投资计划242.6亿元，年度投资实物完成100%。一是组织各层面记名式传达、学习质量安全红线管理规定、安全353号、170号文件，收集行业质量、安全事故案例，组织开展现场会、座谈会等形式的警示教育。二是对管内铁路建设项目进行全过程、全覆盖、无遗漏检查督导，每月建设部、项目管理机构集中组织检查，发现整改一般质量安全和管理问题2304件，涉及质量安全红线问题163件，整改销号162件。三是组织完成在建项目T梁钢支架人行道、墩台吊篮排查、冬期停工复工和春融期施工质量安全情况专项检查、在建项目铁路隧道防灾疏散救援工程建设情况排查、“安全生产月”和拉网式风险隐患排查整治、工程转包分包和“黑中介”清理等专项活动，建设项目监控大队开展常态化检查，分时段紧盯安全重点隐患排查和风险管控，实现安全年。四是加大处罚严厉打击。经济处罚参建施工、监理单位涉及质量安全红线问题责任人20人次计84600元，清退不合格劳务队3批次，清场不合格建筑材料19批次，认定参建施工、监理单位一般不良行为40项，并纳入信用评价。五是提前介入全面深入。按照集团公司提前介入专题部署，健全各级组织机构、工作机制，组织各系统实施全程深度介入。六是遗留项目扫尾清零。南阳站房包括南阳疏解区和南阳站改工程完工，郑州东动车所郑万场投用。洛张电化改造工程环水保完成自主验收，客专项目土地证办理完成1716.85

公顷。七是重点更改项目投产。黄河南岸行车调车实训基地、郑西客专综合维修工区6站轨道车库改造等“强基达标、提质增效”项目建成投用。长北邯长联络线、郑州物流基地二期等货运基站项目按期投产。郑州东动车所公寓等项目兑现工期目标。八是建设项目有序推进。郑万、郑阜、郑济等在建项目6项，其中郑万、郑阜、商合杭高铁主体工程、架梁完成，铺轨按计划节点推进。承建外委项目47项，完工投产郑州豫一路、安阳西北绕城跨安李铁路等10项工程。

【提效增运】 一是以加强作业衔接、理顺作业环节、优化作业流程、明确各项作业时间标准、压缩空费时间为重点，为42个重点作业站完善“一站一案”站务组织优化方案，提高车站作业效率；实施太焦线“增牵加密”行动，管内太焦线下行货物列车单机牵引定数由4500吨提高到4800吨，晋城北至月山间货物列车由60对增加到66对。二是加强编组计划管理，解决月山、洛阳北站南下车流混编问题，减少中间站解货列车的翻钩作业；协调将10台和谐D2C型机车配属到新乡机务段，增加侯日通道动力；调整嘉峰口货车结构，推行调车组与调车机一体化生产组织模式，人随车走、流动作业，减少人等车、车等人现象；推广应用机车达速分析系统和机车移动跟踪标识系统，加强调车机车作业过程监控分析。三是2018年，积极应对前7个月集团公司运输收入亏欠局面，于8月起开展增收增量补亏欠攻坚行动，牵头制定行动方案，包含50个方面具体措施；推行“增收增量逐日专题专项合署联署办公协调机制”，利用每天生产对话会，围绕各项目标找问题、查原因、定措施、抓兑现；采取“日分析、周通报、月小结”的方式，分析评估增收增量措施落实情况及效果，及时调整策略；制定专门的工资挂钩考核办法和增收增量分配办法，每周通报各单位、部门增收目标实现情况，调动干部职工增收增量积极性。

中国铁路武汉局集团有限公司

【概　况】 中国铁路武汉局集团有限公司由原武汉铁路局实施公司制改革，于2017年11月19日挂牌成立。集团公司是全国铁路的重要枢纽和中部地区、长江城市集群综合交通体系的重要组成部分，承担湖北省全境、河南省南部以及安徽省部分地区铁路运输任务。

至2018年末，武汉局集团公司管内管辖线路94条，包含京广高速、沪蓉高速（合武、汉宜段）、武九客专、武咸城际、武冈城际、武孝城际6条高速铁路，沪蓉高速（宜万段）、京广、京九、焦柳、武九、汉丹、襄渝、宁西、孟宝、漯阜10条普速干线。

线路营业里程5263.80公里，线路总延展长12257.4公里，其中正线延展长9342.83公里。桥梁3257座/661986换算米。隧道411座/275441换算米。道口315处，其中正线道口269处。高速铁路营业里程1346.70公里（其中时速300公里及以上572.94营业公里，时速200公里—250公里773.754营业公里），线路总延展长2745.03公里，其中正线延展长2583.36公里。桥梁640座/409066换算米。隧道97座/66870换算米。

集团公司配属机车992台，其中内燃机车237台，电力机车755台。配属动车组158列208标准组。至2018年末，固定资产原值3668.17亿元，累计折旧905.54亿元，固定资产净额2762.57亿元。

至2018年末，集团公司机关职能机构26个，生产机构1个，附属机构26个，派出机构3个。集团公司直管基层单位总数74个：其中车务系统17个（直管车站9个，车务段6个，客运段2个），机务系统4个，供电系统3个，车辆系统4个，工务系统8个，电务系统4个，运输辅助单位4个，非运输企业10个，项目管理机构11个，其他直属单位9个。局管内车站270个。其中，特等站3个、一等站15个、二等站33个、三等站67个、四等站93个、五等站59个。

【运输安全】 全年消灭一般C类及以上责任行车事故，责任行车事故、责任设备故障、路外死亡人数分别下降28.8%、16.8%、19%，实现第14个防洪安全年。开展高铁动车运营十年大讨论，查摆隐患问题780个，修订完善安全制度38项。开展高铁客车安全风险研判和隐患排查，研判安全风险760项，排查隐患269个。开展高铁隧道风险、动车组源头质量、客运站车和电器消防安全等15项专项整治，特别是宜万线病害整治得到总公司领导高度关注，一年来首次实现汛期不断道。强化高铁应急处置，开展50余次综合演练，实战水平得到提升。完善技术规章194项、废止199项，修订发布《行规》《行细》。严格落实安全风险管控和隐患排查治理双重预防机制，完善集团公司层面10类70项安全风险管控措施。广泛开展“靶向”培训和技能竞赛，促进职工业务素质不断提升。顺利完成主要干线集中修和合武客专达速达标，实施行车设备平推检查、集中整治，累计检查行车设备4.4万余处，发现并整治隐患问题1万余件。线路质量高铁优良率100%，普铁优良率99.98%。实施“视频到车间、光纤到班组”建设，建成覆盖585个车间的视频会议系统。推进综合维修生产一体化，建成5个高铁综合维修车间。实施车间中层提质专项行动，完成8个系统车间主任书记全覆盖培训。梳理85个暑期高温艰苦岗位、13种情形冬季重点岗位，开展领导干部带班写实，解决问题1万多件。宣贯《湖北省铁路安全管理办法》，承办湖北省护路联防工作会，推动老丹线、宁西线、京广高铁等沿线路外隐患难点问题解决。开展高铁沿线路外安全环境整治，排查隐患370处、整治销号208处。建立京广高铁湖北段“双段长”责任制。摸排沿线276座水库隐患。与15个地市防汛、防震部门建立沟通机制，畅通信息。

【客货运输】 全年发送旅客1.82亿人、同比增长5.8%，其中动车组1.17亿人，同比增长9.8%，发送货物7372.6万吨、增长5.6%；完成运输收入297.9亿元、增长7.7%。坚持“发掘总量、提升大宗、汇集白货”，建立与地方经信委三级工作联系机制，各级领导带头上门营销，基础货源增加411万吨、增长11.1%。大力发展多式联运，联合地方政府，打造武汉阳逻港、黄石新港、鄂州三江港等5个国家多式联运示范工程。支持荆沙地铁、宜昌紫云铁路、鄂州三江港港区铁路、黄石山南铁路建设和运营，铁路联通长江航道主要港口达10个，完成集装箱铁水联运4.8万标箱，同比增长205%。打造特色品牌，全年集装箱、商品汽车、冷链运输同比分别增长47.3%、23.7%、81%。中欧班列到发424列、同比增长15.3%。实施京山石料、丹江农夫山泉、周口电厂等14个“公转铁”项目，承接转移运量305万吨。抓住多轮次调图机会，优化开车结构，扩大动车开行范围，开行武汉—北京、上海间7对标杆车，进一步提升客运供给水平。深挖“一日一图”潜力，精确设计开车方案，扩大有效供给，全年多供车1506组次，加开临客4762列、动车重联2462列，实现增运500万人。主动满足地方开车需求，开行政府定制列车5对，增开长三角、川渝等方向客车，沿江方向运输能力得到提升，取得良好的社会效益和经济效益。建立客车开行效益评价机制和市场化票价机制，客票收入率增加4.2元/人。提升服务质量，持续推进“厕所革命”，实施客站“1+7”补强工程和畅通工程，宜昌东、十堰等站春节前投用。实施普速客车卧具一乘一换，落实军人依法优先，推出刷脸核验、在线选座、互联网订餐等新举措，推动客运服务提档升级。

【挖潜扩能】 适应武汉枢纽总体布局，关闭武昌南编组站功能，完成襄阳北编组站第一阶段扩能改造、武汉北站运输组织优化，按站顺编车，减少中间站平面调车作业，发挥编组站服务保障作用。襄阳北站日办理车能力由1.9万辆提升至2.5万辆，缓解襄渝、焦柳等线能力紧张局面，带动全局日均完成中转服务收入338万元，比改造前增长41%。敞开口子接车、满轴满吨交车，在大面积集中修、重车集中到达、车流积压的情况下，保持分界口大进大出，分界口日均接交货车增长3.6%。货运周转量1148.8亿吨公里、增长8.6%。全年接重车576.2万辆，同比多接重车40.7万辆、增长7.6%，创收7.1亿元。实施焦柳线枝江站货车乘务交路拉通、长荆线按图行车，以及京广、漯阜、京九线机车和乘务交路调整等工作，带动运输组织更加顺畅和运输效率提升。狠抓货运机车乘务员超劳整治，基本消灭正常情况下3小时以上超劳。

【经营管理】 全年运输营业收入804.3亿元、增长27%；非运输业务经营收入101.7亿元、增长10.6%，综合创效10.1亿元、增长43.7%。成本支出得到有效控制，实现盈利68.5亿元，较总公司年度盈亏考核基数多盈18亿元，利润总额全路排名前三。坚持把资源配置到企业市场化经营最需要的领域，完善预算目标管理制度，组织专家团队开展成本定额写实，科学编制预算，实现财务预算与业务预算有效融合。突出安全、效益、效率导向，修订工效挂钩考核办法，完善基层单位、机关和控股合资公司的经营业绩考核办法，充分调动各层面增收节支的积极性。深化修程修制改革，动车组高级修检修费用下降2240万元，承修外局和谐机车创效6700万元。加强能源管理，通过需量法计费，扩大直购电额度，减少电费支出3.47亿元。加强物资采购和库存管理，通过电商采购、集中采购，节支4.4亿元，运维物资库存下降11%。加强资金集中管理，实现资金收益7亿元。用好国家减负政策，减少社保支出1.52亿元，降低税负4179万元。建立大修、更改专家评审分类管理机制，实施大修、更改评审项目1542个，节约投资2.7亿元。持续开展“清家底”、经营管理行为自查自纠、“小金库”治理，积极整改问题，完善管理制度。健全重大决策法律论证制度，规范合同和印章管理，深化债权债务清理，加大主动维权力度，在全路率先实行领导干部直接代理案件，挽回或减少经济损失1.2亿元。落实审计全覆盖要求，完成经营业绩、经济责任、工程项目造价等审计87项，实现增收节支3717万元。完成武九北环线、黄石铁黄线等20个地块2484亩土地的资产处置，取得合同收益61亿元。推动列车餐营由自主经营模式向外包经营模式转型，实现创效1.14亿元，增长41.6%。

【企业改革】 推进公司制改革，建立新体制下的集团公司领导班子工作规则，相关工作细则和议事规则，以及“三重一大”决策事项实施细则，实现公司治理高效运行。完成12个非运输企业公司制改革，对6家非运输企业进行重组整合，三级法人由13家减少到10家，压减23%，基本形成“一个专业一个公司”的经营开发格局。推进集团公司机关机构改革，职能机构由32个调整为26个，附属机构由35个调整为26个，机关经营管理机构编制精简17个、减幅23.3%，人员编制精简152人、减幅7.7%。调整9个车务站段、49个中间站的管理隶属关系，解决站段管辖大小不均、管界交错、高普混杂的问题。推进通信信号专业融合，13个异地通信车间、2个无线通信车间整建制划交3个电务段，强化车间属地化管理。漯阜公司四级管理变为三级管理，压减管理和专业技术岗位246人，减幅38%。实施涉铁工程管理改革。设立涉铁工程服务办，成立工程项目管理公司，对外一个窗口服务，解决多头对接、服务断档、效率不高的问题。累计接洽涉铁工程项目229项，工程规模78.4亿元，承接委托代建合同金额20亿元，带动工程板块创效2.3亿元、增长60%。推进干部人事制度改革，全面启动岗位管理工作，516名一线优秀技能人才走上管理和专业技术岗位。优化生产劳动组织，压减定员3085人，综合用工定员劳动生产率提高3.1%。完善收入分配机制，优化岗位安全绩效考核工资制度，激发全员劳动创效的积极性。

【铁路建设】2018年集团公司完成固定资产投资266.2亿元，建成投产项目9个，新开工项目16个。落实总公司与湖北省主要领导两轮会谈精神，推进沿江高铁建设、武汉枢纽改造、构建以武汉为中心的“米”字形高铁骨架等12项重点工程。做好项目前期工作，宜昌—郑万铁路联络线、西安—十堰高铁、阳逻港铁水联运二期工程、襄阳—常德铁路、宜万线新开高坪站、花园站房改造、荆门站房改造等项目取得进展。武西高铁汉十段、郑万铁路湖北段、安庆—九江高铁湖北段、黄冈—黄梅高铁、武汉新港江北铁路二期等在建项目有序推进。天门—仙桃铁路、潜江铁路支线建成投用。严格质量安全红线管理，严厉打击质量安全违规行为，以质量为核心的绿色、智能、精品建设理念得到强化。

中国铁路西安局集团有限公司

【概　况】中国铁路西安局集团有限公司管内线路覆盖陕西全省，辐射甘肃、宁夏、内蒙古、山西、河南、湖北、四川、重庆等8个省区市，是进出西北、西南地区的咽喉要道，在全国路网中具有承东启西、连接南北的重要作用。管内有陇海、宁西、宝中、西平、宝成、西康、襄渝、阳安、包西、太中、神大、黄韩侯、西安枢纽北环线等23条普速线路和徐兰、大西、西成3条高速铁路，总营业里程5140.4公里。2018年末，集团公司职工总数85849人。固定资产原值29535369万元。

【安全管理】把确保高铁和旅客列车安全万无一失作为政治红线和职业底线，修订全员安全生产责任制，开展规章制度“体检式”检查，清理公布集团公司技术规章347项、管理制度1362项。以机辆系统为试点，推进标准化规范化建设，推广五色图和6S管理，安全基础更加牢固。建成安全大数据分析预警系统，实施信息“双报一确认”制度，前移安全关口。紧盯西成高铁安全，系统完善41项保障措施，补强长大坡道区段应急救援能力，完成纸坊救援站示范工程建设，常态化开展培训演练、帮教指导，12月6日西成高铁实现安全运营一周年。推进高铁综合维修生产一体化，优化月度综合检测列车开行模式，开展集中修、春秋检和百日安全平推检查，投入4.55亿元实施133个行车安全措施项目，及时消除了隐患。坚持全员防洪、全年防灾，固化“六则四大胆”临机处置权，有效应对55轮降雨过程，成功经受宝成线K227山体崩塌、冒天山隧道病害、咸阳渭河桥河床下切等严峻考验。密切路地联动，深化检企共建，协调省护路办下发高铁环境治理长效机制，在西成高铁率先实施“双段长”制，利用遥感技术监测高铁沿线彩钢房，开展重大隐患排查治理，解决安全环境突出问题363件，完成安保区划定工作。全年消灭了高铁、客车一般C类及以上责任事故，实现了第十四个安全年。

【客货运输】2018年，集团公司完成旅客发送量11047万人，首破一亿大关，同比增长22.8%、全路排名第一；货物发送量16716万吨，同比增长17.8%、全路排名第二；换算周转量2264.4亿吨公里，同比增长4.7%；运输总收入414.84亿元，同比增长25.6%、全路排名第一。

客运方面，发挥高铁成网优势，实行“分时图”运行，充分释放西成新增运力。创新营销方法，推出众筹、共享、研学、丝路等定制化客运产品，拓展客运市场份额，动车组累计发送旅客5628.7万人，同比增长73.4%，占比提高到51%，动车旅客发送量首次超过普速。畅通售取票渠道，网售比例达到76.2%。深化厕所革命，改善旅客出行体验。实施畅通工程，做好扫码支付、互联网订餐，开展“西铁长乐行”粉丝家园活动，推出智能导航、自助验票等新举措，不断提升服务质量。按照“慢火车•优生活”理念，打造7对西铁品牌“慢火车”，服务沿线群众200万人次以上，受到社会各界好评。

货运方面，制定货运增量三年行动方案，坚持稳黑增白，打好煤炭上量，开展“大干50天、冲刺目标值”增运补欠攻坚战，采取开行陕北C80百辆空车列车等措施，提前18天完成补欠任务，全年发送煤炭1.27亿吨、同比增长24.1%，单日装车22次刷新历史纪录，编组站办理车、分界口交接车等多项运输指标屡创新高，展示了西铁人敢打必胜的优良作风。抢占白货市场，发送集装箱38.7万标箱、商品汽车11.7万台，同比增长35.6%和48%。用好“铁e达”平台，完成接取送达3.45万批178.2万吨。每日常态化开行3～4列中欧班列，全年累计开行1189列，是2017年的7倍，为陕西“三个经济”发展提供了重要支撑。

【经营效益】适应总公司清算考核的新变化，编制《货运承运清算指导手册》，修订工效挂钩、货运营销、经营业绩考核办法，加大收入与安全绩效联挂考核力度，用经济杠杆撬动积极性。搭建资产资源综合开发体系，建立6个开发平台，推动商贸物流、广告商业、工程建筑、工业制造等产业升级，加大土地综合开发，发展“高铁+共享汽车”业务，提高市场创效能力。全年完成资产经营开发收入372.9亿元，同比增长11.8%；综合创效7.85亿元，同比增长33.8%。细化94项增收节支措施，节支5.45亿元。清理风险债权15亿元，防范国有资产流失。健全法律纠纷案件管理和责任追究机制，办理诉讼案件235起，避免经济损失6639.3万元。用好国家降税减费政策，实现减费1.86亿元。主动对接地方政府，争取稳岗补贴3671万元，争取免缴残疾人就业保障金、工伤保险费、生育保险费等政策，节约支出2.38亿元。2018年，完成营业收入695.1亿元，实现盈亏考核29.16亿元，全面完成年度经营目标。

【铁路建设】贯彻省总会谈精神，用好路地联席会议制度，安全高效推进西安站改、阳安二线、西银高铁、阳平物流基地等9个在建项目，完成建设投资132.9亿元。改扩建安康东站直通场，开通大岭铺—安康东直通线，安康枢纽瓶颈制约得到全面缓解。新建调度楼普速台顺利搬迁，应急救援指挥中心业务部门合署办公，调度指挥能力升级换代。服务"一带一路"建设，新筑物流基地按期开通，中欧班列运输能力成倍增长。加大内外协调力度，西延高铁可研获批，西康、西十、延榆高铁前期工作有序推进，宝鸡、安康铁路枢纽总图完成批复，西安动车段高级修补强工程开工建设。加快实施"短平快"项目，褒河物流基地、行者—临潼北联络线、银西四线库、新丰镇—零口区间自闭设备改造顺利竣工，区域路网结构不断优化，点线能力进一步提高。

【企业改革】 依据《公司法》及相关法律法规，修订集团公司《章程》，细化"三重一大"事项决策程序和清单，规范法人治理运行机制。依法行使出资人权责，规范9家直属公司法人治理结构，优化重组陇海旅游、西铁商旅2个专业公司，建立全资子公司董事会、监事会年度工作报告制度，提升企业治理水平。推进机关机构改革优化，精简职能机构4个，压减定员编制8%；精简附属机构16个，压减定员编制24.8%。整合职工培训基地，优化培训资源。深化劳动组织改革，通过兼职并岗、修程修制改革等措施节约岗位用工1226人，按价值量计算的运输业劳动生产率达50.47万元/人，同比增长25.8%。深化人事制度改革，全面推行岗位管理，326名全日制本科生、优秀工班长、工人技师走向管理和专业技术岗位。主动对接地方政府，稳妥推进"三供一业"分离移交，保持了平稳有序。

【科技创新】 制定科技创新三年规划，完善绩效考核、创新奖励、成果转化等激励机制，全年投入科技基金1344.3万元，立项133个，综合防洪防灾、智能防溜铁鞋等5个项目实现创新突破，首个在国内货运机车自动驾驶领域使用HXD1型机车自动驾驶系统；线路异物监测报警系统等24项成果通过集团公司技术评审，2人获茅以升铁道工程师奖，3人获铁道科学技术奖。出台智慧西铁建设规划，引领各专业信息化建设。与华为公司签订战略合作协议，建设联合创新中心，在大数据、物联网、云计算等8个领域开展交流合作。举办创客大赛，公布揭榜111项。发挥91个劳模和工匠人才创新工作室作用，先后完成技术革新、发明创造1645项，获得国家专利66项，4个创新工作室受到陕西省、总公司命名，带动培养了一大批创新人才。开展质量攻关，4项成果获得"国优"称号，5个班组被评为"全国质量信得过班组"。汇聚群众聪明才智，征集合理化建议2795条，创新创造形成氛围。

【队伍素质】 优化队伍结构，向基层单位分配高职、本科及以上毕业生3422人，储备高铁人员1069人，35岁以下青工达3.68万人，占职工总数的42.7%。清理整顿劳动用工，解除、终止劳动合同623人，清理机车乘务员"两非"人员284人。开展脱产轮训、岗位练兵、技能竞赛，完成主要行车工种培训1.3万人，组织"学练强反"集中抽考7735人次，命名岗位明星508人。择优录用33名劳务派遣工为劳动合同制职工，拓展了劳务工成长发展通道。加强高技能人才培养，建成2个技能大师工作室，累计取得技师、高级技师职业技能等级5110人，占技能人才总数的8.2%，培养造就全路首席技师4人，铁路工匠、三秦工匠10人，西铁工匠30人，陕西省和全路技术能手224人。落实"百千万人才"工程，出台干部人才培养"百人计划"，层层选拔15名总公司专业带头人、210名专业拔尖人才。推进干部人才队伍建设，选拔62名优秀年轻干部交流挂职锻炼，组织185名中青年骨干分2期集中培训，选派138名高铁技术人员"走出去"培训。注重大学生培养，选拔241名优秀大学本科毕业生挂职车间副主任、党支部副书记和担任班组党支部书记。常态化开展职业信用评价管理，拓宽信用等级在评先、晋级、提干、招聘、分房等方面关联应用，激励作用持续释放。

中国铁路济南局集团有限公司

【概　况】 中国铁路济南局集团有限公司（以下简称济南局集团公司）所管辖铁路位于中国东部沿海、黄河下游。京沪铁路的中段，京九铁路的北段，华东路网的东部，运量主要集中在东部沿海和鲁南地区。

截至2018年末，管内干、支、联络线计98条，主要线路12条。管内线路延展里程13362.50公里，车站329个，其中二等及以上车站57个。配属机车746台，其中电力机车419台，内燃机车327台。配属客车3094辆，其中动车组151组、1568辆。

总资产2633.95亿元，其中固定资产原值2007.19亿元，净值1614.47亿元。2018年内基本建设总投资289.27亿元，其中大中型项目投资289.27亿元；更新改造投资10.54亿元。其中济南局集团公司管理项目8.36亿万元。至年末，济南局集团公司机关行政职能管理机构26个，行政附属机构29个；党群机构7个。下设运输站段34个，合资公司7个；非运输单位19个。全局有职工87912人（在岗职工87129人，非在岗职工783人），其中铁路运输业职工75348人；有干部16783人。

全年旅客发送量完成14547.7万人，货物发送量18728.0万吨，换算周转量完成207295百万吨公里。

【安全生产】 开展安全生产大反思、回头看，强化全员安全警示教育，树立安全责任意识。完善落实安全生产责任制，狠抓干部履职考核。健全规章制度体系，深化岗位星级达标，提升现场作业标准化水平。推进修程修制改革，深化高铁综合维修生产一体化管理，推行专业化集中修，设备质量稳步提高。开展安全生产"大快严"和"两纪一化""两查一整"专项行动，对重大风险隐患挂牌督办、专项整治，安全基础进一步夯实。深化京沪高铁标准示范线建设，开展胶济客专安全达标线建设，加强沿线环境综合治理，强化治安反恐防暴工作，青岛峰会安保任务圆满完成。坚守高铁和旅客列车安全万无一失的政治红线和职业底线，人防、物防、技防“三位一体”的安全保障体系不断巩固完善，实现安全生产3700天，连续实现了第十个安全年和第五个劳动安全年。

修订铁路行车设备故障调查处理实施细则。针对行车设备故障考核追责暴露问题，修订《铁路行车设备故障调查处理实施细则》，坚持高铁、动车故障从严，普速线路适度的原则，实行设备故障定标考核，责任故障考核到人。修订安全管理责任追究办法。强化事故责任追究和日常管理失职行为责任追究。一是涉及高铁、动车事故隐患提级处理。二是触碰底线加重处理。对瞒报谎报事故、连续发生事故、同类事故重复发生的，给予加重追责。三是注重管理过程追责。施工安全监控，采取全过程监控、重点检查、随机抽查等方式，强化施工安全管控。在检查监控施工安全的同时，落实安全问题发现解决机制，加大对各单位安全管理、现场作业、设备质量等方面监督检查，督促责任单位整改落实。以营业线施工过程监控管控为突破，推广应用邻近营业线施工安全监控及防护预警、人工挖孔桩在线监测、构筑物沉降观测自动报警等技术手段，提高科技保安全的水平。

【公司制改革】坚持加强党的领导与完善公司治理相统一，完善“三会一层”议事规则，修订“三重一大”事项决策实施细则，研究制定《中国铁路济南局集团有限公司决策“三重一大”事项实施细则(暂行)》，形成70项“三重一大”事项清单。健全分层管理、分层决策运行机制，进一步厘清党委会、董事会和经理层决策“三重一大”事项的权责边界，发挥党委会领导作用和董事会决策主体、经理层执行主体作用，内部治理体系更加规范。实施公司机关机构改革优化，坚持降本提质增效要求，生产作业组织模式不断创新。探索推进三项制度改革，完善选人用人机制，加强劳动用工管理，优化分配考核模式，激发全员劳动创造的积极性。实行非运输企业财务集中管理，完成“三供一业”分离移交。研究安全与发展等八个方面关系，形成15项改革创新成果。坚持市场化法治化经营方向，经营管理机制进一步健全，推动现代企业运行机制加快形成。

【铁路建设】济青高铁、青盐铁路安全开通运营。张东电化、董家口疏港铁路和5个物流基地竣工投产，鲁南高铁菏泽—曲阜段、大莱龙扩能改造工程开工建设，雄商、郑济高铁及京沪二通道、济青高铁联络线等项目前期工作加快推进。济西环到环发、潍坊动车存车线等“短平快”项目投入运用。以工程管理平台为重点，加快信息化建设，通过信息化手段，有效提升建设项目管控水平。

【运输经营】坚持三去三存，优化运输组织，落实货运增量行动、客运提质计划、复兴号品牌战略三大举措，强化现场作业，合理安排施工，提升运输效率，完成全年运输生产经营任务。抓港口、稳大宗、增白货，拓展集装箱、海铁联运，实施路港企战略合作，开行中欧中亚班列，开发生产资料配送业务，打好增运补欠攻坚战，全年货物发送、运费收入同比增长4.8%、11.9%。科学调配运力资源，落实畅行计划、畅通工程，配属开行复兴号，开好公益性“慢火车”，旅客出行体验不断改善。全年旅客发送、客票收入同比增长8.5%、7.9%。“双轮驱动、融合发展”，加快非运输业转型升级，推进土地综合开发，物流园形成经营创效能力。坚持精细管理、集约经营，加强全面预算管理。防范市场风险，强化审计监督，规范经营行为。全年运输总收入、非运输业利润同比增长7.3%、23.1%。

【技术规章管理】强化技术规章归口管理。落实技术规章计划提报、起草、意见征求等程序，并做好技术规章编号。定期对集团公司技术规章清理并汇总、公布技术规章目录，2018年集团公司新增技术规章39个，修订技术规章39个，失效技术规章4个，废止技术规章51个，截至2018年12月31日，集团公司有效技术规章344个，其中基本规章6个，系统规章220个，单项规章92个，临时规章26个。

加强基本技术规章管理。根据铁路总公司《〈行规〉〈行细〉编制规则》，按照“确保安全、确保畅通、确保高效、确保符合规定和方便执行”的原则，组织编制集团公司新版《行规》《行细》，通过组织召开宣贯会、编制对照学习材料、举办专题培训班等措施，保证新版《行规》《行细》的顺利实施。根据《行规》《行细》执行中反馈的意见和新线开通需要，组织对《行规》《行细》进行两次修订完善。

优化专业技术规章管理。组织对含有技术规章内容的文电、铁路总公司(集团公司)专业技术规章需要集团公司(站段)细化、明确的事项及到期或过期的临时技术规章清理，完成《站细》《段细》修订，消除“土”规定。按计划开展“铁路行车设备结合部技术管理研究”课题攻关，对铁路总公司、集团公司有关行车设备管理分工的规章制度研究分析，结合集团公司行车设备管理实际，提出集团公司行车设备管理结合部分工原则、结合部处理程序及设备管理分工界面等，为强化集团公司行车设备管理提供技术支撑。

加强技术规章监督检查和指导。推进集团公司《关于进一步加强技术规章管理工作的指导意见》的落实，坚持每月对2—3个站段进行技术规章管理检查指导，提高技术规章管理及编写质量。2018年，结合新建、改建铁路安全评估，对25个单位的技术规章管理情况检查，发现108条问题，对其中的重要问题均纳入集团公司安全逐级负责制考核，使技术规章管理形成闭环。

【信息化管理】探索研究信息规划，研究完善网络安全保障体系，确保网络安全。明确纳入《行规》《行细》的行车直接相关信息系统。先后修订27项信息规章制度，并汇编印刷成册。组织完善信息技术所和运输站段信息系统应急处置预案，定期组织开展应急演练。完成信息系统运维管理培训170人次。

网络安全工作。组织完成对客票发售和预订系统的等保测评，对互联网网站群平台定级、备案及等保测评工作，实施网络安全平台的更新改造。每月部署安全重点工作和监督检查，重点检查“一机两网”“随意开启远程端口”“私自连接外网”以及“弱口令”等严重问题，并对违规问题等严肃处理。

信息化建设应用。完成18个更新改造项目。组织做好济青高铁、青连铁路信息系统建设。落实“五位一体”质量管理新模式，强化质量监管，加强提前介入，按线成立信息相关工程提前介入工作组，制定信息系统提前介入实施方案，审核局属单位提前介入方案，检查、考核有关单位开展提前介入工作；协调解决提前介入工作发现的共性、疑难问题，提高提前介入工作的及时性、有效性和问题质量，提升信息工程规范化、标准化水平，确保满足运营维护要求和施工质量达标创优。明确21项信息专业介入工作内容、范围和人员。强化工程验收和达标评定，落实质量安全管理。以济青高铁建设为契机，组织建设、设计、施工单位和设备管理单位对信息机房(信息设备间)布局、机柜内设备安装布置和设备供电等进行细部设计并完善主要工艺工法，经高密北站首件工程实施，效果良好。

规范安全红线管理。修订完善信息系统现场管理人员和作业人员的安全红线制度，在《信息系统安全“红线”管理办法》的基础上，修订红线4项，严格红线管理，规范触碰安全红线人员责任追究措施。

【科技创新】 健全科研管理评价制度，加强技术创新应用，立项攻关课题70项，胶济通道运输能力优化配置、海铁联运系统技术研究等课题取得成效，机车辅助操控系统等技术成果推广应用。推进两网融合工程，加强技术装备研发和信息平台建设，“技术站行车综合管理系统”“国铁检修车辅助管理系统”等一批先进检测监测设备投入使用。以129个创新工作室为带动，深化群众性技术攻关，形成各类创新成果1257项。评选集团公司科技进步奖18项，获得铁道科技奖2项。

中国铁路上海局集团有限公司

【概　况】 中国铁路上海局集团有限公司(简称上海局集团公司)地处华东长江中下游地区(长江三角洲)。铁道线路主要分布在安徽、江苏、浙江、上海“三省一市”，区域经济发达，铁路建设高效、科技创新活跃，城际高铁成网、交通运输便利，是全国客货运输最繁忙的铁路局集团公司之一。

2018年末，上海局集团公司铁路营业里程为10555.7公里，同比增加487.3公里。其中高铁里程为4171公里，同比增加503.2公里；复线营业里程7717.4公里，同比增加598.3公里，复线率73.1%、同比提高2.4%；电气化营业里程7911.6公里，同比增加1006.0公里，电化率74.9%、同比提高6.3%；合资铁路公司营业里程6466.3公里(含集团公司管内京沪高铁、郑徐客专、金温铁路、淮萧客车联络线、芦潮港线)，占集团公司比重由2017年末的59.3%上升到61.2%。线路延展里程24945.4公里，其中正线延展里程18593.3公里，正线60公斤钢轨延展里程17943.9公里。道岔20409组，其中国铁14927组，合资铁路5482组。有砟线路桥梁7878座、隧道360座、涵渠24769座(其中有砟高铁桥梁1644座、隧道273座、涵渠4110座)；无砟桥梁1009座2005公里、隧道135座138公里、涵洞1593座41公里。有道口401处、平过道1265处、人行过道210处。

配属动车组503组(其中长编组180组)、5464辆，其中“复兴号”100组、1048辆。配属普速客车3461辆、同比减少134辆，其中国铁配属2881辆、合资铁路公司配属580辆。配属机车1522台，同比减少42台，其中国铁配属1441台、同比减少45台，合资铁路公司配属81台(均为内燃机车)；国铁配属机车中电力机车648台(含和谐型电力机车592台)，内燃机车793台(含和谐型内燃机车62台)。

集团公司机关经营管理职能机构26个，附属机构28个，生产机构1个(调度所)。派出机构6个：合肥、南京、杭州铁路办事处，常州机车车辆、南京车辆、铜陵车辆监造项目部。

有运输站段73个：直属站17个，车务段8个，货运中心9个，客运段4个，机务(机车检修)段6个，车辆(动车)段6个，工务(桥工、大机、大修、高铁维修)段13个，电务(通信)段6个，供电段4个。运输辅助单位5个。直属非运输企业16个。其他直属单位12个：职培基地5个、疾控所和卫生监督所5个、科研所1个、党(干)校1个。指挥部8个。控股合资铁路管理机构10个，其中上海局集团公司管理8个，中国铁路总公司管理2个。其他机构1个：上海铁路股份有限公司筹备组。

至2018年末，上海局集团公司完成运输总收入1004.49亿元，同比增加73.56亿元、增长7.9%。其中客运收入799.94亿元、增长9.6%，货运收入172.90亿元、增长0.9%。完成盈亏总额24.94亿元，在2017年扭亏为盈的基础上创利润近20亿元，其中非运输企业利润总额9.75亿元。完成铁路基本建设投资834.35亿元，为年度预期值的100.0%。

【铁路建设】 2018年，上海局集团公司完成基本建设投资834.3亿元，更新改造投资29.6亿元，12个项目建成投产，6个项目新开工，18个续建项目有序推进，特别是杭黄铁路开通运营并召开全路建设质量现场会。制定集团公司2018年—2020年发展规划，修订了合肥、南京、上海、杭州、宁波5个重点地区枢纽总图。提高建设全过程管理水平，全年实现工程质量和生产安全"零事故"、人员"零死亡"、工程合格率100%,精品客站建设、建维一体化管理等经验在全路推广,年内14个已开通项目完成环保验收、2万亩铁路用地办理确权领证。

"十三五"以来,上海局集团公司基建投资完成额始终保持在每年800亿元以上,3年完成2638.14亿元,已超过"十一五"2506.42亿元和"十二五"2411.21亿元的五年投资规模。

2018年,上海局集团公司完成铺轨新线455.5公里、复线308.6公里、站线171.6公里,土石方4020.0万立方米、特大中桥53.6万延长米、隧道6.8万延长米,电气化铁路接触网2159.4条公里,牵引变电所22座。完成征地24041亩,房屋拆迁220.5万平方米。新增运输生产能力:新线531.9公里,复线610.9公里,电气化铁路1060.2公里。

【经营管理】 全面开展规范经营管理行为专项工作和风险债权专项清理,廉政风险防控机制向纵深推进,审计联席会议机制发挥更大作用,促进了管理规范、风险受控。坚持以预算配资源、用预算促管理、向预算要效益,业财融合更加紧密,预算目标更加精准、过程全面受控、结果好于预期,大力降本增效,推进设备修程修制改革、高铁综合维修一体化管理、普铁工电供融合改革、枢纽站区集中修,提高了投入产出效益。扩大移动设备自主修,节约修理支出2.7亿元。加强物资采购、库存、使用全过程管理,节约物资成本2.23亿元。推行最大需量法付费、直购电、变电所经济运行等措施,节约电费8.6亿元。争取政府购买服务、税收减免、社保优惠等政策,为企业增收节支8.4亿元。

2018年,上海局集团公司各非运输企业坚持专业化经营、集约化配置、规模化创效、市场化运作、规范化管理,落实预算保障措施,压实经营质量,促进资产经营开发效益持续提升,五大业务板块(物流商贸、客运关联、工程建设、工业制造、资产综合开发)效益全面增长。推进土地房屋资产专业化经营,年内出租出借收入同比增长38.2%。推动路企、路地合作,旅行管家、共享汽车、网上商城等"高铁网+互联网"融合项目有序实施,绍兴—钱清、宁波—余姚市域列车成功开行,杭黄铁路旅游产业链初见成效,促进了经营与服务"双赢"。

【旅客运输】 2018年,上海局集团公司图定(年末满图铺画)开行旅客列车1009对(动车组754.5对、普速254.5对),其中上海(直属)站每天到发图定旅客列车490对(上海站132对、上海南站86对、上海虹桥站272对)。管内三省一市旅客发送量全部平稳增长。浙江、安徽两省旅客发送量突破2亿人,安徽省旅客发送量超过上海市位居第三。其中浙江省内车站发送旅客21613万人、同比增长8.9%,江苏省内车站发送旅客21204万人、同比增长7.2%,安徽省内车站发送旅客12306万人、同比增长7.3%,上海市内车站发送旅客12267万人、同比增长5.6%。10月1日发送旅客304.8万人,首次突破300万人,刷新单日客发纪录。

实施客运提质计划和"复兴号"品牌战略,全面推行市场导向下的"有效供给",取得明显成效。将"4+3"周运力安排进一步做精做细为"一日一图",精准预测客流,科学开车售票,提高供给质量和经营收益,实现"两升两降":担当列车客座率同比提升1.6%,客票收入率同比提升1.6%,客运担当收入付费率同口径下降2%,单位客发动车组走行公里同比下降4.3%。2018年内动车组发送旅客50700万人,同比增加4008万人、增长8.6%;动车组发送占集团公司旅客发送量的75.1%、同比提高0.8%。深入推进"厕所革命"、畅通工程和"四区一室"建设,推广扫码支付、网上订餐、智能导航等便民利民新举措,互联网售票占比超过80%,旅客出行体验持续改善。

至2018年底,集团公司完成旅客发送量67513万人,同比增加4682万人,增长7.5%,旅客发送量占全国铁路比重20.4%。其中发送管内旅客52633万人,增长7.9%;发送直通旅客14880万人,增长5.7%;高铁发送46103万人,同比增加3617万人,增长8.5%。旅客周转量2410.31亿人公里。客运收入799.94亿元,同比增长9.6%。

【货物运输】 2018年,实施货运增量行动,在"去产能"大背景下,管内"八矿"铁运份额占比提高3%,连云港、宁波港铁路运量同比分别增长9.7%、3.3%。年内承接"公转铁"项目35个、新增运量1210万吨,开行中欧班列1205列、同比增长12%。加强承运制清算政策研究,精准用好价格策略,年内货运吨收入率增长11%,货票盈余率比预期值提高2.6%。推行精细化调度组织,加速车辆周转,日均卸车同比增加433辆、计费车较预期值压缩1447辆,节约支出6510万元。制定货运能力建设三年规划,年内投入4.8亿元,新开通物流基地10个、新开工9个。大力推进标准化货场创建,38个货场通过达标验收。至2018年末,集团公司发送货物1.806亿吨、同比下降3%,主要是受煤炭减量影响;货运供给结构进一步优化,集装箱同比增长17%、商品车同比增长45%、冷链运量同比增长64%,其中集装箱装车占比达到20.9%;货运经营效益进一步提升,完成货运收入172.90亿元、同比增长0.9%。完成货物周转量1245.98亿吨公里,换算周转量365629百万换算吨公里。

【科教人才】 2018年,全局投入科研经费2007万元,立项攻关课题186项,141项优秀成果获集团公司科技进步奖、9项获省部级科技奖。牵头研究铁路总公司重大课题12项,2项完成结题验收。完成计算机网、通信网"两网融合"主体工程,信息网络带宽大幅提升。积极推进机车乘务员操作智能评价等大数据应用系统建设,初步构建集团公司企业云。鼓励职工创新创造,采纳合理化建议和技术改进优秀成果100项,表彰"创新团队"10个、"职工创客”10个。实施“311”人才培养计划，挂职交流175人。

【安全运输生产】2018年，安全管理坚持重抓基础、超前预防，坚守政治红线和职业底线，运输安全保持总体稳定。常态化组织开展安全教育，使职工牢固树立高铁和旅客列车安全万无一失的理念，安全主体责任和最终责任意识明显增强。以双重预防机制运作为抓手关口前移把握安全主动权，加强风险动态研判和超前防范，有序应对4次大雪冰冻、16次强降雨和5次强台风考验，完成各类施工1.7万项；加强隐患滚动排查和分类整治，投入设备大修、安全专项整治费用119亿元，预防性实施高铁Ⅱ型轨道板防胀整治2016公里。健全落实覆盖全员的安全生产责任制，把应急处置管理上升到集团公司层面，修订完善应急预案和处置方案。以标准化规范化建设为载体坚持不懈强化安全基础，完成新一轮的规章清理整合、履职指南编制和作业指导书修订，动态抓好立标学标落标，严格对标开展等级评定，在合肥、徐州地区召开了现场推进会。以强化干部履职为突破口补强抓落实“短板”，对安全事故及严重问题“一事三查”，加强以安全生产过程管理为重点的履职督查，问责560人，其中领导人员50人、中层管理人员358人。加大安全奖惩力度，兑现安全质量奖励5.37亿元、扣罚1022万元，新增“6+1”解除合同红线条款，重奖防止事故255人共28.1万元，奖罚分明，凝聚了共保安全的合力。至2018年12月31日，集团公司未发生责任人身伤害铁路交通事故，发生责任行车一般C类事故2件，设备故障下降4.9%，确保了全国“两会”、进博会等重点时段的安全稳定，实现安全生产1693天、高质量的安全年。

中国铁路南昌局集团有限公司

【概　况】2018年，中国铁路南昌局集团有限公司（简称南昌局集团公司）管辖赣闽两省全部和湘鄂浙皖四省部分铁路，营业里程8082.5公里，全路排名第6位，其中高速铁路2467.4公里，全路排名第5位，时速200公里及以上铁路3321.6公里，时速300公里及以上的铁路1078.3公里。

南昌局集团公司主要经营江西、福建两省全部和湖南、湖北省境内部分铁路运输及其相关产业。管辖京九、沪昆、杭深等干线和60余条支线，管辖范围东接“长三角”地区、南连“珠三角”地区，在全国铁路网中发挥着承东启西、沟通南北的作用。

【安全生产】坚守政治红线和职业底线，加大“三位一体”安全保障体系建设力度，推进安全“三防”有机结合、协调发展。健全完善安全基础管理体系，修订安全规章、事故责任追究办法等管理制度，结合现场安全实际完善71项专业技术规章、动态修订岗位作业指导书；分系统每半年组织一次管理人员业务考试，并将成绩纳入干部履职考核。落实双重预防机制，研发“安全管理信息系统”手机APP功能，动态完善三级安全风险库，按照“专题调研”和“解剖麻雀”相结合的方式对7个安全滑坡单位开展重点帮促。加快标准化规范化建设，机务、车辆系统分别择优选定13个、19个单元项目作为创建重点，打造精品示范标杆。运输、供电、工务、电务部门学习借鉴其他局集团公司先进经验，标准化规范化建设稳步推进。强化设备质量卡控，严把设备设施质量源头关，推进供应商信用评价。抓好机车牵引电机环火、车辆热轴、钢轨防胀防断、接触网断线等惯性故障、质量隐患整治，实现以质量保安全的目标。推进高铁综合维修一体化，细化完善“高铁一体化作业管理办法”“高速铁路维修作业综合防护管理办法”等规章制度，加快高铁综合维修工区建设，31个综合工区实现达标、占总数84%。提升应急处置水平，完善应急救援指挥中心管理办法和工作机制，建立应急专家库，优化高铁救援抢险力量配置，组织多工种联合开展客车晚点、列车脱轨等非正常情况应急处置实战演练，提高了突发事件应对能力。严控安全生产关键，围绕防洪、施工、劳动、设备质量等重点安全工作，全年开展35项安全专项整治，消除了一批影响安全的重大隐患。加强铁路安全环境保护和反恐怖斗争，确保了全国“两会”、上合组织青岛峰会、中非合作论坛北京峰会、上海“进博会”等重要时期安全稳定。截至2019年1月11日，实现运输安全2101天，创企业历史最好成绩。

【铁路建设】按计划完成年度394.25亿元的投资任务。湄洲湾港口罗屿支线、皖赣线浯溪口水库段改线工程、南龙铁路等建设项目按期开通；向塘物流基地于2018年12月24日开通投产，全年新增运营里程319.3公里；福厦、昌赣、赣深客专及衢宁、兴泉、福平、浦梅铁路等在建项目有序推进；按EPC模式建设的昌景黄铁路开工建设。深化铁路投融资体制改革，严格落实分层分类投资建设原则，探索研究管内首条采用PPP模式建设的昌九客专项目建设方案；签署沪昆铁路客运专线江西有限责任公司和九景衢铁路江西有限责任公司路地出资置换协议，合资铁路管理质量全面提升。开发施工分包信息化管理平台、铁路建设工程电子交易系统，健全建设项目信用和诚信行为管理考核机制，提高依法建设水平。建立健全质量安全管理体系，先后开展施工安全、质量安全红线等专项检查整治，确保施工过程、检测检验、验收开通等关键环节可控，有效防控质量安全风险。

【经营管理】2018年，全面推进客运提质计划、货运增量行动、复兴号品牌战略三大举措，实现客货运输快速增长，完成旅客发送量2.33亿人、同比增加1387万人、增长6.3%；完成货物发送量8579.6万吨、同比增加596.8万吨、增长7.5%；完成运输总收入317.91亿元、同比增长8.7%；盈亏总额同比减亏18.95亿元，取得了较好的经营结果。

推进客运提质计划，以满足旅客出行需求为目标，建立以市场为导向的算账开车机制，科学实施“一日一图”，动态组织动车组站内重联解编，优化列车交路、挖掘运力潜能，深化票额智能预分，担当列车客座率同比提高2.6%。落实客运基本服务要求，投入284.5万元对20个客运车站厕所进行改造，推行客运站车厕所“双所长”制，全面实施畅通工程专项行动，推行“互联网+餐饮、特产”等综合服务，改善旅客出行体验。抢抓春运、暑运、黄金周等有利时机，推动增运增收，春运以发送旅客2902万人的成绩刷新了历史纪录；10月1日发送旅客120.6万人，刷新单日发送旅客纪录。

实施货运增量行动，紧盯“公转铁”货源兑现，建立客户经济活动情况档案，实施货运清算办法改革，优化港口分工，降低企业物流成本，大力开展多式联运，拓展集装箱、冷链、商品车运输市场，优化中欧（亚）班列开行方案，实现增运增收；全年发送集装箱47.93万标箱、同比增长11.54%，冷链物流量6.17万吨、同比增长99.46%，商品车7.23万辆、同比增长55.77%，开行中欧（亚）班列305列、同比增长165%。开展标准化货运站建设，推行货运服务质量规范标准和考评制度，建立客户诉求高效处理联动机制，利用95306网络平台，提高物流综合服务能力和质量。

有序推进复兴号品牌战略，抓好广深港高铁复兴号动车组过境列车开行安全、服务保障工作，对预备开行复兴号的线路按照复兴号开行标准进行准备，提前做好南昌西动车二所复兴号检修能力储备，为管内开行复兴号打下良好基础。持续提升运输效率，科学调度指挥，加强分界口交车组织，加快管内空车移动，减少违流运输和单机走行，加大货车周时考核权重，持续推进机车长交路、乘务区段化，按照“有货必装、以装定卸、以装定交”原则抓装车上量，运输效率进一步提高。货物周转量完成725.68亿吨公里、同比增长2.2%；货车周时2.41天、同比压缩0.07天；日均装车4037辆、同比增长6.3%；列车平牵完成2574吨、同比增长2.2%；机车日产量同比增长4.0%；货车旅速39.1公里/小时、同比提高0.9公里/小时，运输组织效率进一步提升。

推进降本增效，加强集约经营，强化全面预算管理，加大债权债务清理力度，经营成本、经营风险得到有效控制。严抓劳动定额标准制定、机车乘务员“两非”人员清理等工作，加强劳动组织改革，严格控制用工总量，每营业公里用工人数10.9人、同比减少0.7人，比全路平均水平少用3.5人。推进节支降耗，严控设备修理成本，节约大修投资3.8亿元。加强能耗管理，采取最大需量法计费和直购电等方式节约电费，全年节支4.5亿元。推进风险债权清理，风险债权比上年压缩28%。加大资产经营开发力度，大力发展站车商业、广告传媒、旅游酒店、物流商贸等客货运关联业务，优化涉铁工程管理和土地综合开发机制，抓好土地确权认证，全年非运输业完成收入115.3亿元、同比增长7.6%，实现综合创效18.97亿元、同比增长28%。

【企业改革】推进集团公司治理结构改革，建立法人治理体系，优化集团公司机关管理机构设置和人员编制，机关职能机构、附属机构分别精简16.1%、37%，人员精简11.2%。修订《集团公司决策“三重一大”事项实施细则》，推进以公司章程为核心的管理制度体系建设，修订综合管理制度45项。修订完善经营业绩考核办法，对73个基层单位经营业绩基础管理工作进行全面对标考核。南铁国旅混合所有制改革、天河建设公司股权优化重构等项目有序推进。

【人才队伍建设】优化干部队伍结构，出台以年轻干部培养选拔实施方案为主体的“1+4”系列文件，提拔33名“70后”、9名“80后”到领导岗位。组织9期1044名领导人员集中轮训。培训管理和专业技术人员1.71万人次，选拔集团公司专业带头人17人、专业拔尖人才59人；向总公司推荐专业领军人物候选人5人、专业带头人候选人27人。按照每年完成脱产工种人数1/3的培训要求，累计培训14298人。开展学技练功、职业技能竞赛活动，各系统参加路内外职业技能竞赛均取得良好成绩。

【科技成果】全年安排科研经费452万元，科研攻关项目33项，完成科技成果技术审查和技术验收20项，完成生产工艺审查24项。开展合理化建议征集活动，集纳职工群众智慧，完成330项合理化建议与技术改进项目的评审，其中109个项目立为储备项目。深入开展“五小”活动，参与海峡“6.18”创新成果展和福建省“百万职工创新大赛”，获一等奖17个、二等奖25个、三等奖84个。一批具有自主知识产权的新技术得到推广应用，安全技防能力、设备保障水平及生产大数据共享运用得到进一步融合，信息化建设迈上新台阶，有效提升了集团公司安全生产管理数字化、智能化水平。

中国铁路广州局集团有限公司

【概　况】中国铁路广州局集团有限公司位于中国铁路网中南部，北与武汉局集团有限公司、西与成都局集团有限公司、西南与南宁局集团有限公司、东与南昌局集团有限公司、东南与香港九广铁路公司相邻，管辖线路跨及广东、湖南、海南三省境内，以及贵州、湖北、江西省和重庆市境内部分铁路。

管内主要干线营业里程：京广线高速线940.35公里，京广线927.5公里，焦柳线571.62公里，沪昆线547.50公里，沪昆高速线497.56公里，益湛线470.00公里，广茂线368.98公里，杭深线362.90公里，西环货线356.69公里，海南环岛高铁653.32公里，京九线300.98公里，石长线261.94公里，漳龙线229.16公里，南广线216.16公里，渝怀线193.29公里，广珠货线189.36

公里，贵广客专170.92公里，衡柳线146.52公里，广深线146.20公里，湘桂线138.07公里，湛海线138.03公里，畲龙线113.27公里，广珠城际116.32公里，赣韶线111.65公里，广深港高速线115.43公里，广肇城际81.01公里，长株城际（含湘潭城际、长沙西城际）103.76公里，广惠城际100.8公里，深湛线354.97公里，怀衡线319.03公里。

广线北端（蒲圻站）K1337+600处与武汉局集团有限公司分界；焦柳线北端（西斋站）K798+451处与武汉局集团有限公司分界，南端（牙屯堡站）K1370+069处与南宁局集团有限公司分界；京九线北端（定南站）K2008+200处与南昌局集团有限公司分界；广深线南端（罗湖桥）K147+261处与香港铁路有限公司分界；沪昆线东端（株洲站）K1102+000处与南昌局集团有限公司分界，西端（大龙站）K1649+495处与成都局集团有限公司分界；渝怀线西北端（秀山站）K426+768处与成都局集团有限公司分界；漳龙线北端（虓市）K143+037处与南昌局集团有限公司分界；湘桂线西南端（滩头湾）K147+600处与南宁局集团有限公司分界；益湛线南端（楠木塘站）K333+629处与南宁局集团有限公司分界，马路圩站K798+722与南宁局集团有限公司分界；广茂线西南端（茂名站）K368+310处与南宁局集团有限公司分界；湛海线北端（塘口站）K0+907处与南宁局集团有限公司分界；京广高速北端（赤壁站）K1353+654处与武汉局集团有限公司分界；赣韶线K66+819处与南昌局集团有限公司分界；衡柳线K147+873处与南宁局集团有限公司分界；沪昆高速K1006+798处与南昌局集团有限公司分界，K1504+361处与成都局集团有限公司分界；杭深线K1259+992处与南昌局集团有限公司分界；南广线K359+295处与南宁局集团有限公司分界；贵广客专线K688+661处与南宁局集团有限公司分界。

管内高温多雨多台风，防洪防风防高温为每年运输生产的重点工作。2018年内经历19轮强降雨，有5个台风登陆或影响管内。累计发生水害271处，影响行车水害65处，其中正线断道水害28处，中断行车159小时59分钟；正线慢行水害13处，慢行时长5989小时54分钟；站线影响行车水害24处。不影响行车水害206处。

管内线路总延展长度21232公里，其中正线16742公里。营业里程9719公里，其中双线及其以上营业里程6743公里。电气化营业里程7545公里，其中双线及其以上营业里程6743公里。无缝线路16760公里。道岔15619组。道口338个，其中有人看守道口199个。桥梁6022座、2456059延长米。隧道1812.5座、1528968延长米。配属机车1370台，其中电力机车758台、内燃机车612台。

公司机关设行政职能管理机构28个，行政附属机构29个，派出机构8个，合资公司27个，非运输企业16个，工程建设管理机构8个，疾病预防控制所2个，职工培训基地4个，其他直属单位6个。党委机构设置4个，纪委、监察处机构设置5个，工会机构设置6个，团委机构设置2个，党委政法委机构设置1个。直属机关党委设党群工作办公室。

运输站段65个，其中直属车站10个、车务段9个、机务段7个、客运段3个、车辆段5个、工务段14个、供电段5个、电务段6个、通信段1个、货运中心5个。运输辅助单位5个。

2018年末，在岗职工141636人，非在岗职工2768人。管理、专业技术人员24660人，同比减少765人。在岗干部24468人，其中行政管理干部13183人、党群干部2420人、专职专业技术干部8865人。取得专业技术职务任职资格21105人，其中高级1495人、中级7301人、初级12309人。工人119698人。其中，技术工人106528人，占工人总数89%。技术工人中取得职业资格证书（含技术等级证书）90126人，其中初级工3925人、中级工31196人、高级工43574人、技师10169人、高级技师1262人。

【铁路建设】 2018年全年完成大中型项目投资576.2亿元，连续6年保持在500亿元以上高位。江湛铁路、广深港高铁福田—西九龙段、怀衡铁路等5个项目按计划高质量开通运营，投产新线659公里，集团公司营业里程达到9715公里，其中时速200公里及以上铁路4222公里、居全路第一。汕汕铁路、新建广州白云站等5个项目顺利开工建设。

【安全生产】 全年杜绝一般B类及以上行车事故，路外伤亡人数下降24.7%，实现了第5个安全年。

【企业改革】 2018年，公司在全路率先建立“1+6”公司治理文件体系，率先完成二级非运输企业公司制改革。公司机关机构改革顺利完成，机构、编制定员分别精简29.1%和21%。湘粤两省路地股权无偿划转取得突破，厦深公司债转股基本完成。

【客货运输】 2018年，发送旅客4.7亿人，增长13.9%、连续5年超过10%，其中动车组发送3.7亿人、占比达78.7%。发送货物9572万吨，增长7.1%、创近5年最大增幅，其中商品汽车、冷链物流运输分别增长25.6%、23.4%。运输效率进一步提升，动车、货车、机车的日产量分别增长1.3%、4.4%、4.7%。

【经营质量】 2018年实现运输收入708.1亿元，同比增加78.38亿元、增幅12.5%，创历史新纪录。非运输业务实现收入162.26亿元，其中非运输企业完成营业收入130.35亿元、增长20%，实现综合效益16.4亿元、增长9.7%，收入利润率和户均综合创效水平稳居全路前列。成本支出有序可控，超额完成总公司下达的盈亏目标。

【春节旅客运输】 2018年春运（2月1日至3月12日），公司发送旅客5437.4万人，日均发送135.9万人，同比增长8.8%。其中：最高日（2月10日）发送173万人，高铁发送3457.2万人、占发送总量的63.6%、同比增长10.8%，均创历史新高；普铁发送1980.2万人、占发送总量的36.4%、同比增长5.6%。发送货物862.5万吨，同比增长2.6%。日均装车3761辆，同比增长4.0%。日均卸空车6347辆，同比增长7.9%。运输收入完成82.77亿元，同比增长9.9%。其中：客运收入完成74.24亿元、同比增长10.4%，货运收入完成8.53亿元，同比增长6.0%。

【"黄金周"旅客运输】2018年国庆"黄金周"期间（9月28至10月7日），集团公司采取增开动车组386列、增开普速临客470列等措施，扩大运输能力，尽量满足旅客出行需求，共发送旅客1865.3万人（高铁和城际铁路发送1304.5万人，普速线发送560.8万人），同比增加235.9万人，增幅14.5%，占全路发送总量的14.6%，旅客发送量居全路第2位，增幅居全路第6位；最高日（10月1日）发送旅客240.2万人，同比增加31.1万人，增幅14.8%。

【科技创新】2018年，集团公司层面全年立项139个科研项目，7项科研成果获得中国铁道科技奖，保持全路领先水平。

中国铁路南宁局集团有限公司

【概　况】中国铁路南宁局集团有限公司（简称南宁局集团公司）位于全国铁路南端，管辖线路分布在广西壮族自治区全境和广东、湖南、贵州3省部分地区。管内多石山和丘陵，线路多为山区铁路，降雨丰沛，台风频繁，防汛抗洪是每年安全重点之一。

辖区沿边沿海，背靠大西南，是大西南、大西北最便捷出海通道。面向东南亚，湘桂线南端与越南铁路接轨，是推进中国与东盟区域经济合作的陆地国际通道；黎湛线连接粤海铁路通向海南岛，是南海海域与大陆重要战略通道；南昆、黔桂线连接大西南，经南防、黎钦、钦北、邕北、钦防等合资铁路连通北部湾港口群，构成西南地域出海通道。

南宁局集团公司（不含广西沿海铁路公司）管辖线路延展长9657.40公里，正线延展长7485.31公里，其中复线延展长4953.92公里；站段岔特线延展长2179.47公里，其中站线延展长1873.06公里，段管线延展长210.73公里，岔线延展长64.22公里，特别用途线延展长31.47公里。无缝线路延展长750.79公里；营业长度4993.5公里（其中复线2497.1公里）；道岔6852组。运营线路桥梁1879座31.9万延米；隧道480座33.6万延米。涵渠12125座27.4万延米。

配属机车784台（不含广西沿海铁路公司），其中内燃机车358台，电力机车426台；配属客车2627辆，其中空调客车2531辆、和谐动车组1032辆。联锁车站（场）348个，其中计算机联锁车站（场）187个，继电联锁车站（场）154个。自动闭塞线路2895.49公里，站间闭塞线路85.57公里，半自动闭塞线路2680.03公里。

运营合资铁路公司7个，营业里程分别为：南广铁路有限责任公司487.9公里，柳南铁路有限责任公司222.9公里，云桂铁路广西有限责任公司256.9公里，黎南铁路有限责任公司84.8公里，广西沿海铁路股份有限公司939.8公里，钦州市钦州港鹰岭铁路有限责任公司5.4公里，贵广铁路有限责任公司411公里。

南宁局集团公司运输业（含控股合资公司）固定资产原值2475.68亿元。机关经营管理职能部门27个，党群部门8个；机关经营管理附属及派出机构30个；机关经营管理生产内设机构1个；运输生产单位34个，运输辅助单位2个。运输生产单位中车站5个，车务段6个，货运中心5个，客运段1个，机务段2个，供电段2个，工务段（含工务机械段1个）7个，电务段2个，通信段1个，车辆段3个。管辖车站262个，其中特等站2个，一等站11个，二等站11个，三等站29个。

【公司治理】2018年，南宁局集团公司依法建立公司法人治理结构，规范设置党委会（13名委员）、董事会（13名董事）、经理层（9名经理人员）、监事会（3名监事）。落实"双向进入、交叉任职"的领导体制，党委书记和董事长由一人担任，董事长为法定代表人，将党委会先行研究讨论作为董事会、经理层决策重大问题的前置程序。明确治理主体权责划分，制定公布127项党委会、董事会、总经理办公会决策"三重一大"事项清单及党委会前置清单，确定34项向铁路总公司请示报告事项清单，27项治理主体成员职责。完善议事决策模式，制定实施党委会、董事会、总经理办公会会议流程规范，明确治理主体议事决策程序和具体方式。理顺两级单位管理关系，出台规范非运输企业治理主体职责分工和决策的指导意见及78项决策"三重一大"事项清单范本，初步明晰集团公司与非运输企业行权界限；建立站段领导班子工作机制，完善站段决策"三重一大"事项制度，规范站段议事决策行为，基本明晰集团公司与运输站段之间的权责。

【管理制度建设】2018年南宁局集团公司印发《中国铁路南宁局集团有限公司公司章程》《中国铁路南宁局集团有限公司党委会议事规则》《中国铁路南宁局集团有限公司董事会议事规则》等公司治理基本制度。组织机关部门开展集团公司制度"立、改、废"工作。截至2018年末，现行有效制度1246个，全年废止及失效制度421个、新印发制度311个。

【企业改革】2018年南宁局集团公司对机关内设机构设置实行分类管理，将行政机构更名为经营管理机构，各职能处室名称由"处"改称"部"，集团公司信息化处和总工程师室职能整合，设立科技和信息化部（总工程师室），整合安全保卫、国防战备、民兵武装、维稳工作等职责，设立保卫部（人民武装部），收入稽查部职能并入财务部，设立财务部（收入部），国际联运、对外合作、外事管理职能及定员由原属部（室）划出，设立对外合作部。调整后，集团公司机关设置经营管理职能机构27个，人员编制560名（含经营管理班子人员编制13名）。将原按附属机构编列的施工管理办公室划入调度所为其内设科室，调度所为集团公司机关生产机构，人员编制446名。集团公司机务、车辆检测所，工务、电务、供电检测所，资金结算所、财务集中核算管理所、职业技能鉴定指导站、劳动力调剂站、房产管理所、土地管理办公室等部门分别合并设置；撤销集团公司企业自备货车管理办公室、房建工程管理所；调整后，集团公司机关设置附属机构29个，人员编制700名。撤销集团公司柳州铁路办事处，集团公司派出机构1个，为柳州机车车辆监造项目部，人员编制13名。广西铁道学会、企业管理协会、财会学会有关职责，分别交由科技和信息化部、企法部、财务部负责。

【法律机构设置】 2018年内，南宁局集团公司组建完善两级法务机构，设置总法律顾问岗位，总法律顾问以集团公司高管身份履职。实行基层单位设置专职法律岗、非运输企业设法务部的试点改革，专职法律岗总编制由7个扩至72个。集团公司法律服务所增设3个部室，由7人扩编至12人；7家非运输企业设置法务部，内设3个专职法律岗；3家非运输企业、36个运输站段设置1个专职法律岗。集团公司有法律背景人员增至43人，其中取得A证和律师证执业资格30人、铁路公司律师13人。

【铁路建设】 2018年，南宁局集团公司基本建设投资完成62.41亿元，比上年增加9.1亿元、增长17.0%。南昆铁路南宁—百色段增建二线完成投资2亿元，开累完成89亿元，为计划总投资的94.0%。开累完成复线铺轨210公里，站线铺轨29公里，路基土石方1214万立方米，特大中桥148座、4.55万延长米，隧道15座、1.31万延长米，接触网457.7条公里，牵引变电所6处，征地8437亩，拆迁11.3万平方米。黎湛铁路电气化改造工程完成投资2亿元，开累完成34.1亿元，为计划总投资的92.9%。开累完成站线铺轨2.1公里，路基土石方143.2万立方米，特大中桥4座、344延长米，接触网1028.5条公里，牵引变电所4处，征地881亩，拆迁4.3万平方米。焦柳铁路怀化—柳州段电气化改造工程完成投资5.2亿元，开累完成5.43亿元，为计划总投资的19.9%。开累完成路基土石方160万立方米，特大中桥36延长米，接触网120条公里，征地1332亩，拆迁3.7万平方米。柳州站站房扩建工程完成投资8亿元，开累完成18.5亿元，为计划总投资的81.3%。云桂铁路完成投资1000万元，开累完成288.7亿元，为计划总投资的96.3%。开累完成新线铺轨298.1公里，复线铺轨321.6公里，站线铺轨73.3公里，路基土石方4536.6万立方米，特大中桥130座、74731延长米，隧道94座、10.65万延长米，接触网815.9条公里，牵引变电所7处，征地1.41万亩，拆迁35.5万平方米。合浦—湛江铁路完成投资100万元，开累完成5200万元，为计划总投资的0.4%。贵阳—南宁铁路客运专线完成投资45亿元，开累完成59亿元，为计划总投资的15.7%。开累完成路基土石方470万立方米，特大中桥2.09万延长米，隧道9702延长米，征地9298亩，拆迁37万平方米。防城港至东兴铁路完成投资1000万元，开累完成1000万元，为计划总投资的0.2%。

【安全生产】 2018年内，南宁局集团公司健全落实全员安全生产责任制，强化源头治理，高效优质完成柳南客专达标线建设，铁路运输安全、治安秩序持续稳定。全年各类铁路交通事故同比下降7.7%、设备故障同比下降31.2%，实现第5个高铁安全年和第9个防洪安全年。

开展标准化规范化建设，以机务系统为先行试点，立标打样，形成良好示范效应；高效推进14个高铁综合维修一体化车间、26个综合维修工区建设，改革普铁养护维修体制，实行车间组织生产，实现检、养、修分开。务实构建安全保障体系，职工业务培训超计划完成，车务、车辆、工务、调度系统在全路职业技能竞赛中名列前茅；安全更改投入1.83亿元补短板，占更改投资总额的25.9%；工务设备大修完成6.5亿元，为历年之最；各类视频监控和安全检测监测技术广泛应用，物防、技防水平进一步提升。严格落实安全双重预防机制，滚动开展48项安全检查整治，解决一大批安全隐患问题；突出动态防洪、精准防洪，强化应急联动，有效应对25次强降雨、4次台风考验，实现平安度汛。加强安全环境依法治理，与地方政府协调沟通，推动安全立法、安保区划定、平改立等工作取得新突破，沿线治安综合治理、站车安检查危、反恐防暴等工作明显加强，确保重要时期安全稳定和大局稳定。

2018年，管内发生铁路交通事故131件，其中行车事故58件，从业人员伤亡B类事故9件，路外相撞事故64件。事故总件数同比减少11件，其中行车事故减少3件，从业人员事故同比增加1件，路外事故同比减少9件。截至2018年12月31日，实现无责任铁路交通一般A类及以上事故1813天，实现高铁安全运营5周年、安全度汛9周年。

【客货营运】 2018年，南宁局集团公司完成运输收入242.23亿元，比上年增长5.13%。发送旅客1.15亿人，比上年增长12.63%；旅客周转量480.76亿人公里，比上年增长13.4%；客票收入99.89亿元，比上年增长15.86%；货物发送量1.05亿吨，比上年增长5.0%；货物周转量850.12亿吨公里，比上年增长0.6%；货运收入115.40亿元，比上年下降1.86%；换算周转量1330.89亿吨公里，比上年增长4.9%；日均装车4792车，日均卸空车4112车；停时22.9小时，中时5.6小时。

【国际联运】 2018年，南宁局集团公司运送出入境联运旅客5.02万人，比上年下降1.5%，其中出境旅客2.71万人，入境旅客2.31万人。进出口货物22.1万吨，比上年下降8.6%，其中出口货物18.7万吨，进口货物3.4万吨。

【防洪抢险】 2018年，南宁局集团公司管内遭受25次强降雨和4个台风的影响，平均降雨量1796.5毫米，发生水害241件，累计中断正线行车79小时36分，比上年同期增加9小时38分。南宁局集团公司发布强降雨（台风）预警调度命令29次，启动防洪防风应急响应22次，有效应对强降雨、台风，连续9年实现防洪安全年。南宁局集团公司采取超前充分准备，坚持预防为主，突出主动避险，注重科技投入，坚持合力共为等措施，有效控制了灾情险情，把损失降到了最低。

中国铁路成都局集团有限公司

【概　况】2018年，中国铁路成都局集团有限公司（以下简称成都局集团公司）管辖四川省、贵州省、云南省（部分）、湖北省（部分）、重庆市四省一市国有铁路，营业里程5229.3公里，管内有宝成、成渝、襄渝、成昆、川黔、黔桂、沪昆、内六、渝怀、沪蓉、万凉11条干线。管辖32条合资铁路，计4800.6公里。

2018年，成都局集团公司营业里程5229.3公里，其中复线1944公里。电气化4863.8公里，占93%，内燃化铁路365.5公里，占7%；营业车站484个；桥梁4199座，610825延长米；隧道及明洞1870座，1386569延长米。

2018年，集团公司所属运输单位64个，运输辅助单位4个，建设单位15个（含总公司管理项目4个），其他单位11个，非运输企业14个。集团公司机关设置职能管理机构26个、生产机构1个、派出机构3个。

2018年，集团公司运输收入完成461.26亿元，超年计划24.08亿元，同比增加75.63亿元。其中客运收入完成310.01亿元，比年计划增加21.85亿元，同比增加71.00亿元；货运收入完成151.25亿元，超年计划2.23亿元，同比增加4.63亿元。装车日均完成5724车，比年计划增加69车，同比增加137车。卸空车数日均完成11954车，同比增加690车。全年货物发送完成11256.00万吨，超年计划6.00万吨，同比增加150.21吨。

【铁路建设】 2018年，集团公司全年完成投资674.13亿元，占总公司下达年度考核计划666.7亿元的101.1%，同比增加7%。其中局管项目完成投资359.37亿元，占考核计划358.24亿元的100.3%，同比增加27%。

突出质量管理、安全盯控、提前介入、验收评估，确保渝贵铁路、重庆西站、成蒲铁路等12个项目建成或分段投用，开通新线566公里。贵阳—南宁铁路等26个在建项目兑现节点，重庆—黔江铁路等4个项目开工建设，渝昆铁路等8个前期项目有序推进，配合做好川藏铁路雅安—林芝段建设方案研究等相关工作，加快西南铁路现代化建设进程。突出“补短板、重配套、强弱项”，投入8857万元实施13个货运短平快项目。重庆西、贵阳北2个动车所建成投用，使点线能力更加完善匹配。普兴站货场改造工程、安顺站西货场扩能改造工程、甘洛车站货场改造工程、城厢站新建货5、6线工程等一批卸车项目和重点物流基地按期建成投产。

【公司制改革】 优化企业法人治理结构，细化60余个配套办法，精简机关内设机构和岗位编制，推进非运输企业改制，深入开展“三清理”活动，初步建立现代企业管理体系。创新维修体制机制，实现沪昆、贵广等线高铁综合维修一体化，成立重庆、宜宾、六盘水工电段等6个站段，实施兼职并岗，推进业务外包，用工总量节约4064人，管理效率效能持续提升。严格预算管理，强化节支降耗，完善经营业绩考核机制，开展审计监督、财会检查和专项巡察，提升了经营管理法制化、规范化水平。

【安全监管】 健全安全生产责任体系，构建6大应急保障体系，建立行车设备电子档案，在机务系统试点标准化规范化建设，管理基础更牢靠。运用大数据分析，强化趋势研判和风险预警，制定下发42条安全“红线”，风险管控更严密。抓好西成客专标准示范线建设，加强货机乘务员辅时控制和结合部管理，强化防洪、施工、路外、反恐防暴等专项整治，专业管理更有效，确保重要时期安全稳定，行安事故、设备故障同比分别下降24.8%、6%，实现第3个安全年。

把汛期行车安全作为重中之重，汛前对防汛路材路料、应急发电机、热备内燃机车储备、水害客车禁停股道情况进行梳理并分劈上台，抽查并督促列车调度员加强对各类应急资料的掌握情况。以确保高铁和客车安全为重点，严格执行2018年防洪工作要求和汛期雨量警戒办法，卡控预警命令、列车放行、应急处置等安全关键，有序处置“6.20”沪昆高铁西段岗乌隧道漏水、“6.21”沪昆高铁东段白岩脚隧道漏水、“6.22”沪昆线大暴雨导致的大面积客车滞留等多起灾害事故。特别是面对“7.11”宝成线特大洪水以及成昆线“7.30”“8.2”连续两次泥石流上道的严重灾害时，采取“重车压梁”等措施，及时扣停列车，按规定发布封锁、救援、折返等调度命令，按现场要求及时调动救援车辆、物资、运送抢险人员及机具。全年汛期累计扣停客车2830列、货车5528列，确保汛期行车安全有序。

【客运经营管理】 落实总公司“客运提质计划”，以西成、渝贵开通为契机，增开至北京等高品质直通动车，覆盖面进一步扩大。落实“一日一图”和“4+3”开行方案，提高客座率、上线率。打造成灌、重庆市域公交化产品，优化成贵、渝贵城际动车开行，推进成都平原7个城市铁路公交化运行，争取地方财政补贴10.5亿元。推广互联网订餐、订特产、常旅客、商务座等服务，开展“厕所革命”，实施畅通工程，改善旅客乘车体验。全年实现客发2.9亿人、客收310亿元，同比分别增长18.4%、29.3%，客收增幅历年最高。

以客车、客站、客票为依托，盘活客运资产资源，支持非运输企业和站段加大开发力度，推动市场深度拓展和资本保值增值。全面实施"一日一图"，增加动车组列车重联或大编组运行，开行日常线534对、周末线19.5对、高峰线6对，通过优化客流产品努力增收创效。打好"假日经济"，春暑运及小长假期间，共加开客车399对、安排动车重联998列、加挂扩编2718辆次，特别是"十一"国庆黄金周期间客运生产指标创造了单日客发(10月1日发送131.03万人)、管内客发(10月1日、7日分别发送104万人、100.4万人)、单日客收(10月7日完成1.4亿元)的全局历史"三个新高"。优化旅游开行，2018年开行旅游列车108列，实现收入9555万元。合理设计商业布局丰富商业业态，2018年西铁旅实现商业收入17120万元。提升广告经营效益，积极打造全方位、立体化开发的商业格局，2018年传媒公司实现广告收入32175万元；客运系统实现商业广告收入71914万元。推广互联网特产预定，扩大合作商家规模，丰富特产品种，在成都、重庆、贵阳组织4家商家提供44种上线产品，为旅客提供10个品种的盒饭餐食，实现餐饮收入264.4万元。

【货运经营管理】 围绕总公司"三年增量行动"，发展绿色物流，打造班列品牌，实施51个"公转铁"项目，开行中欧、沿江、南向班列3631列、同比增长1.31倍，推广路地揽货平台经验，协调川渝黔桂地方政府推进国际陆海贸易新通道建设，助推降低社会物流成本。投用黄许镇等10个物流基地，加快皂角铺等铁路物流港建设，促进货运产品、货源结构、服务质量转型升级。全年实现货发1.13亿吨、到达2.24亿吨、货收151.1亿元，同比分别增长1.3%、5.7%、3%。

集团公司货运系统杜绝责任旅客列车事故；杜绝了责任危险货物运输事故；杜绝责任火灾、爆炸事故。截至2018年12月31日18时，发生2件货装D类责任事故，同比增加1件，全局货运系统实现无货运责任行车一般A类及以上铁路交通事故6379天，无货运责任一般B1类及以上责任人身伤亡事故1018天。

集团公司全年货运收入完成151.25亿元，同比增加4.6亿元、增长3.2%，超计划进度2.2亿元；装卸收入完成9.1亿元，同比增加7539.7万元、增长9.1%；接取送达收入完成3.0亿元，同比减少1102.8万元，下降3.6%；保价收入完成9830.5万元，同比减少1845.2万元。集团公司全年货发量完成11256.0万吨，同比增加150.2万吨、增长1.4%，超计划进度6.0万吨；集团公司日均装车5724车，同比增加137车、增长2.5%，超计划69车；日均卸车11954车，同比增加690车、增长6.1%。装卸机械化作业比重90%，其中成件货物机械化比重67.5%，增长2%。

【新线运营】 提前明确新站新线介入范围，成立前期专班，做好成雅、铜玉等新线开通前期介入工作，抓好安全评估期间46条涉及客运部门问题的整改。强化培训演练，开展涉及客运的主要工种人员储备任职资格培训525人次，组织沿线180余名客运职工及相关岗位人员开展了动车组晚点、突发大客流等30余个项目的应急处置演练；抓好6大项34小项服务标准建设，修订20余项作业指导书、50余项高铁专项管理办法，督促站段完善规章制度，编制本单位作业指导书，确保渝贵"1.25"、吉玉线铜玉段"12.26"、成雅"12.28"顺利开通运营，全年共新增里程558公里、新增车站24个。提升新线运营品质，以打造西成客专标准化示范线建设为抓手，进一步补强运输能力，分区段做好客流分析和票额调整，优化列车开行方案，努力增运增收。2018年西成、渝贵客专日均分别发送旅客11.5万人、10.8万人，日均分别完成客运收入1345.1万元、1679.6万元，经营效益良好。

【中欧班列】 集团公司新增成都至意大利米兰、匈牙利布达佩斯、维也纳、哈萨克斯坦阿拉木图，重庆新增至波兰马拉、白俄罗斯科里亚蒂奇、斯洛伐克多布拉等多条中欧班列线路。新增东风汽车、国际邮件、蔬果等品名。重启城厢、团结村经霍尔果斯出境至波兰罗兹和德国杜伊斯堡的班列，形成常态化运输。中欧班列全年开行2825列114813车，占全路开行总量的44.4%，同比增加1357列54309车。其中成都地区开行1443列57590车，重庆地区开行1382列57227车。中亚班列全年开行52列2242车。

【集装箱多式联运】 推进国内集装箱班列通道建设。对接长安集团、中储粮、联想集团等制造企业，联合民生物流、中远海运等重点物流企业，加强与宁波港、武汉港、北部湾的沟通联系，与中铁集、中铁快等铁路专业公司共同搭建沿江、南向通道等优质班列的综合性揽货平台。沿江班列开行548列20746车，同比增加366列12590车。陆海新通道班列开行531列13711车。抓好适箱重点物流项目。抓好万州港散粮入箱项目，通过开行固定车底的循环列车搭配1200只敞顶箱，成功吸引水公联运粮食转铁路运输，共计完成9179车。凯里西—乌局小黄山氧化铝运输，共发运133列5049车，收入1.46亿元。配齐设备拓展集装化市场。利用集团公司购置的3000只敞顶箱，除万州散粮项目外，还开发了穿心店—大弯镇砂石班列、竹园坝石英砂、马角坝碎石等项目，截至2018年12月共计发送15122车。补强和新增办理网点。对运力紧张的普兴、新兴镇等站进行扩能改造，增加门吊等设备，同时围绕市场所需积极开办集装箱办理站点，2018年新增集装箱办理站点6个，全局达到139个。

【公转铁】 按"一厂一策""一港一策"的原则，开发定制化价格、运输等产品，提高服务质量，争取铁路份额。对攀钢、德钢、威钢等六大钢厂继续加大钢矿捆绑力度，将企业钢铁和金矿铁路运输纳入货运日历装车计划予以保障，全年，六大钢厂"一厂一策"实际完成铁路运输3701万吨，同比增加168万吨，增幅4.7%；（钢铁、金矿实际完成1280万吨、1715万吨，同比分别增加13万吨、196万吨，增幅分别为1.1%、12.9%。）。针对四川、重庆地区七个沿江港口推进集疏港运输上量。重点支持果园港与管内钢厂合作开发巴西铁矿、纽曼矿石等全程物流产品，果园港全年金矿疏港运量2.29万车/153万吨，同比增加164%；针对在川粮企长期在重庆码头大量水公联运上水散粮，选定水路条件最好的万州港，推出铁路敞顶箱集装化班列疏港产品，得到了中纺粮油、中储油、益海嘉里等粮食企业认可，共计发送9179车/54.64万吨。

【运输互保机制】 管内四大煤企、六大钢厂计10家重点企业签订2018年《大宗货物运输互保协议》，锁定运量5113万吨，全年，完成协议运量5057万吨。同时组织站段与主要客户签订《铁路物流框架协议》96家，锁定运量4555万吨。上述106家合同运输客户涉及运量占2018年总任务运量的85.9%，占比同比增长20.2%。

【冷链物流】 开发了既有雪花啤酒项目进藏方向、既有双汇项目新疆方向的货源，大幅提高既有项目吨收益率。年冷链累计发送8.39万吨，同比增长0.8万吨，增幅10.6%。与成都市冷链商会组成联合调研组，赴北京局就冷链物流领域建设进行交流、学习，结合成都、重庆铁路枢纽规划（2016年—2030年），启动对成都、重庆市域铁路冷链布局的总体研究设计。

中国铁路昆明局集团有限公司

【概　况】 中国铁路昆明局集团有限公司辖区地处中国西南边陲，管辖线路跨越云南、四川、贵州、广西4省（自治区），涉及12个地州市、51个市（区）县。辖区大部分位于云贵高原东中部，地势北高南低，山区、半山区面积占94%；海拔高差较大，沿线地形复杂，自然灾害多发。

管内线路有准轨、米轨两种轨距，是全国18个铁路集团有限公司中唯一准、米轨并存的公司。管辖沪昆客专、云桂铁路、昆玉河线昆明南—玉溪段、昆楚大线4条时速在200公里及以上的高速铁路，沪昆、成昆、南昆、威红、盘西、昆阳、大丽、水红、昆玉河线玉蒙和蒙河段9条准轨普速电气化铁路，安宁、羊场、东川、东王、广大、昆玉6条准轨普速铁路，昆河、蒙宝、昆石、昆小、草官5条米轨铁路。其中，沪昆客专、云桂铁路、昆玉河（包括昆明南—玉溪、玉溪—蒙自、蒙自—河口）、昆楚大广通北—大理、大丽、水红6条属合资铁路，昆玉1条属地方铁路。沪昆客专在云南省富源北站至贵州省盘州站间K2071＋456处、沪昆线在云南省凤凰山站—徐屯站间K2370＋000处、成昆线在四川省攀枝花站—迤资站间K750＋897处与成都局集团有限公司交界，云桂铁路在广西壮族自治区阳圩站—者桑站间K255＋390处、南昆线在贵州省威舍站—品甸站间K491＋129处与南宁局集团有限公司交界，昆河线在中越铁路大桥K464＋444处与越南铁路衔接。

截至2018年末，线路总延展长度6861.32公里（正线5325.064公里），其中国家铁路3534.199公里（米轨759.981公里）、合资铁路3253.021公里、地方铁路74.1公里；营业里程3906.069公里（复线铁路1412.829公里），其中国家铁路2106.629公里（米轨653.2公里）、合资铁路1743.54公里、地方铁路55.9公里；电气化铁路2859.143公里，其中国家铁路1287.949公里、合资铁路1571.194公里。高铁营业里程1039.059公里，占26.6%；电气化率73.20%，复线率36.17%。桥梁2364座459046延长米，隧道1093.5座1223605延长米。信号设备4083.423公里；信号联锁设备267站，其中计算机联锁219站（高铁36站）、电气集中继电联锁27站、色灯电锁器联锁21站；半自动闭塞1825.837公里，自动闭塞1534.294公里（高速铁路区段755.45公里），自动站间闭塞584.389公里。管辖车站224个，其中国铁车站128个、合资及地方铁路车站96个。按等级分，特等站1个、一等站6个、二等站13个、三等站17个、四等站97个、五等站90个。拥有各种型号机车578台（准轨551台、米轨27台），其中内燃机车208台（合资公司配属11台）、电力机车370台；配属客车2301辆（动车78组624辆、普速准轨1658辆、米轨19辆）。全局固定资产原值1921.52亿元。

集团公司机关共设行政部门35个，党群部门9个；下设基层单位43个，其中，运输站段21个（车务系统6个、客运系统1个、机务系统1个、供电系统2个、工务系统6个、电务系统3个、车辆系统2个）、运输辅助单位2个、直属单位11个、非运输企业9个。截至2018年12月31日，全局职工总数3.67万人，其中运输业职工3.47万人、非运输业职工0.2万人。干部8639人（行政干部6354人，技术干部2285人，政工干部625人），其中党员干部5655人、妇女干部2413人、少数民族干部1059人；高级专业技术人员440人（正高级8人），中级专业技术人员2109人。操作技能人员（含工岗干部）30042人，其中技术工人27244人；高级技师352人，技师2316人，高级工15650人。

【客货运输】 2018年，管内客运营业站50个，图定旅客列车194.5对（高铁动车129对，比2017年增加90对，增幅231%），日均开行158对（比2017年增加83.5对，增幅112%）。完成旅客发送5460.7万人，同比增加720.7万人，增长15.2%，其中高铁发送2235.7万人，同比增长85.5%，占客发总量的40.9%，对客票收入贡献率达62%，首次实现旅客发送人数高铁超普铁、客运收入超货运收入。

货运营业站89个，准轨日均装车2946车，同比增加146车；日均卸车4212车，同比增加171车。准轨单日装车7次、卸车6次刷新纪录，装车最高（11月7日）达3571车，卸车最高（12月17日）达

5209车，卸车首次突破5200车。完成货物发送5872.08万吨，同比增加56.7万吨，增长1.0%，其中集装箱、石油、钢铁运输分别同比增长21.3%、133.0%、45.2%；货运周转量436.08亿吨公里，同比增加15.46亿吨公里，增长3.7%。

【货运增量】 围绕服务设施设备、运输通道与点线能力、运输产品结构、运输组织效率、服务质量水平“五个提升”，推进货运增量行动，推动大宗物流由公路运输转向铁路运输。

推进公转铁项目攻关。2018年，云南省财政下拨扩销促产铁路运费补助1.14亿元，补助企业113家，引导企业单位推进“公转铁”相关工作，为打好污染防治攻坚战尤其是蓝天保卫战、实现铁路运输市场份额不断扩大提供政策支持。针对2017年云南省公路货运量为铁路货运量的21倍，“公转铁”市场资源潜力巨大的实际，把挖掘新市场、拓展新项目作为攻关重点，集中开展公路运输市场调查研究和重点客户企业走访，查清“可铁未铁”货源流向，研究回应客户潜在需求，对煤焦、磷化工等10大板块实施营销项目管理和重点攻关，梳理确定、推进落实两批39个“公转铁”重点营销项目。

深化路企战略合作。与云天化集团、昆钢集团、中石油、盘江集团等7家大企业面对面会商，与32家大客户签订战略合作协议，协议客户比2017年增加11家，协议运量4042万吨，同比增加544万吨，巩固和稳定铁路基础货源。优化营销服务，把重点客户服务作为重中之重，研究制定基础货源运输需求保障实施办法，按“运输需求100%全部提报、除运输能力制约外货运日计划100%编制、日常重点运输组织100%装车”的“三个100%”承诺，重点给予运力保障支持。

加大货运无轨站建设。在办理铁路货运不方便及不通铁路的德宏、保山、临沧、普洱、西双版纳等9个州市设置16个公铁联运无轨站，集营销、揽货、受理、信息服务、配送服务、仓储服务为一体，构建全覆盖、网格化、便捷式的经营服务网络，有效开发布局无轨地区货运市场，降低企业物流成本，推进铁路货运向现代物流转型发展。

加大集装箱运输组织。发挥集装箱“门到门、零货损、污染小”运输优势，把发展集装箱运输作为实现铁路货运增量目标的重要着力点，按“宜箱则箱”思路，加大散货入箱组织力度，以提升服务品质促增运上量；用好集装箱回空方向运价自主下浮利好政策，加强集装箱回空方向“捎货”运输组织，实现整体效益最大化。

2018年，在煤炭、铁矿石等基础货源大幅下滑的情况下，39个“公转铁”项目完成运量1957.9万吨，同比增加601.6万吨，增长41.6%。32家大客户完成协议运量4189万吨，占货物发送总量的71.3%，同比增长15%。16个无轨站揽货192.5万吨。51个集装箱办理站日均装车880车，同比增加138车，增长18.6%，装车占比29.8%。

【客运提质】 实施客运畅通工程和“厕所革命”。完成昆明站和大理站畅通改造，推进主要客运站实名验证及安检、售取票功能外移，打造开阔、通透的候车区域；逐站逐车开展卫生达标补强，完善硬件设施和管理制度，以服务赢得市场。春运起，在昆明、昆明南、曲靖北、普者黑等客流较大车站，设置自助检票闸机通道36个，旅客通过“刷脸进站”，3秒钟完成人、票、证核对，替代人工查验，提高实名制验票准确率，缩短旅客排队验票时间，实现进站乘车快速有序；与云南省能源投资集团有限公司联合，在昆明站、昆明南站投入共享汽车40辆，在全路首次推出汽车租赁和共享汽车服务，实现高铁和共享汽车“无缝对接”，并在昆明市区提供异地送车、异地取车服务，打通服务旅客“无缝化”乘车中转“最后一公里”。2018年6月，在昆明站出站口大厅建成“旅客换乘服务中心”，提供空公铁联运便捷中转换乘服务，并具备长途汽车和摆渡汽车购票、铁路业务咨询、共享汽车租车、接驳引导等服务功能，旅客不出站即可购买机场大巴车票，办理登机牌等手续，初步形成空铁、公铁联运一体化运输模式。7月1日，昆明南站候车室G3、G4卫生间升级改造完成并正式投用，重点增加婴儿多功能台、儿童安全座椅、无障碍成人坐便器、烘干器、挂衣钩等，成为全局首个第三卫生间，进一步提升旅客出行体验。

拓展客运营销功能。建立客运票价市场化机制，完善“铁路畅行”常旅客会员、网上订餐、移动支付等便民利民举措；推进无轨高铁站建设，19个无轨站投入运营，高铁无轨站达到48个，提供公铁换乘服务等；在42个中国建设银行网点部署46台自助售票机，非车站窗口售票比例达77.1%。

升级客运市场经营层次。推行“一日一图”，紧贴市场需求，延伸动客车开行区段，优化动车组重联和加密开行，提升客运产品分众化、分时化供给质量；结合呈贡办公区、大学城旅客出行特点，提高昆明南—昆明间动车开行密度，由最初4对增至11对，并做好动车开行时刻与早晚、周末回城高峰衔接，实现经济效益与社会效益双赢。

7月1日昆楚大线投入运营后，形成滇中滇西快速客运通道，客流爆发式增长，动车平均客座率保持在81.4%以上。暑运期间，大理、丽江地区旅游客流同比增加277.3万人，增长14.8%。10月1日，发送旅客30.5万人，首次突破30万人大关，创单日旅客发送量最高纪录。

【春运组织】 2018年2月1日—3月12日，组织开展“交通强国勇争先、美好春运金花伴”主题活动，创新便民利民举措，累计发送旅客670.30万人，同比增加17.45万人，增长2.7%。其中，高铁发送旅客190.60万人，同比增加43.91万人，增长29.9%，占旅客发送总量的28.4%。日均开行图定客车137对（普速客车62.5对、高铁动车74.5对），适时增开重庆、上海南、广州等方向临客470列，加挂客车1292辆次；日均运能23.8万座卧，同比增加1.0万座卧，增长4.1%。2月

20日—27日，连续8天单日客流量突破20万人，2月21日发送旅客23.83万人，创春运单日客流量历史新高。

丰富购票手段。管内50个客运站和348个代售点640个售票窗口、248台自助售取票机共同投入，推出微信和支付宝扫码支付及自助售票机异地售票，互联网、电话订票、代售点、车站窗口和自助售票机等渠道通售共享，实现分流购票、快捷服务，网上购票成为主流，旅客春运排长队购票成为历史。春运期间，总计售出火车票680.1万张，其中互联网（手机）售票423.9万张，占春运售票总数的62.3%，同比增长31.1%。开设学生、团体旅客、重点旅客购票专窗，优先保障学生、贫困地区务工人员购票需求，累计发售学生票33.87万张，办理务工人员团体票44批4037张。

提高服务品质。推行重点旅客"爱心预约"服务，重点旅客拨打预约电话，即可享受优先购票、咨询、中转换乘、候车及免费搬运行李、轮椅担架接送等服务。昆明南站新增主体景观、云南铁路"微型博物馆"、儿童乐园等28个特色服务功能区；曲靖站开辟务工人员专用候车区、优先进站通道，多角度提升旅客出行体验。

【货运票据电子化】 2018年4月1日，货运票据电子化系统正式投用，货主在网上即可办理货物运输的所有流程。自此，管内纸质货票全面取消，纸质货票成为历史。

管内货运票据电子化工程于2017年12月1日启动，原货物运单、货票整合为"一单制"新货物运单，11种货运票据格式实现更新，货运站、集装箱信息管理、零散快运平台、制票共8个核心系统完成升级。通过电子货票综合管理系统，货票可以在车站间以及车站各岗位之间进行电子化传递，实现数据共享和全程管控，取代以往手工填记及纸质货票随车人工传递的方式，解决了之前货票容易错漏、毁损或丢失及效率低下等问题，并适应国内物流"一单制"的运输需求。

【铁路冷链运输市场开发】 发挥铁路冷链运输长距离、大运量、安全高效、全程制冷控温、全天候运输不受天气影响的优势，与中铁特货运输有限责任公司昆明分公司合作，在河口边贸口岸和公路冷链运输基地组织开展铁路冷链营销，开发冷链运输货源，开启铁路冷链运输探索和试验。2018年11月8日，红树莓、油麦菜等18种水果、10种蔬菜由大理东站运抵王家营西站，历经3天，蓄冷式冷链装备（40英尺无源冷藏集装箱，由中国中车自主研发，5天内保持5～12℃温度）公铁联运达到预期实验目的，云南铁路冷链运输破冰起步。

中国铁路兰州局集团有限公司

【概　况】 中国铁路兰州局集团有限公司（简称兰州局集团公司）始建于1956年，地处西部铁路网的枢纽，管内有宝兰高铁、兰新客专、陇海、兰新、兰渝、兰青、包兰、宝中、干武、太中银、中川城际、天平（天华）、西平、敦煌14条干线和其他4条支线，连接甘、宁、青、新、蒙、陕、川、渝等8省（区）及直辖市，是亚欧大陆桥在中国境内的重要区段，是西北交通运输和经济建设的大动脉。截至2018年底，集团公司铁路营业里程5382.4公里，其中高铁1056.7公里，职工总人数80166人，机关行政管理职能机构26个、生产机构1个、附属机构26个，基层单位53个；管辖车站（线路所）299个，配属机车1346台、客车车辆2038辆、动车组47组；担当图定客车112.5对，其中管内56对、跨局56.5对。年末固定资产原值882.74亿元。

【基础设施】 截至2018年末，兰州局集团公司管辖线路延长总计11006.94公里，其中正线延长8795.35公里、站特线延长2211.59公里；集团公司道岔总计7083组，其中正线道岔2820组、站特线道岔4263组；受委托管理的太中银铁路太中线、定银线，兰渝铁路兰州北环线、兰渝线，敦煌线，西平线、中川城际线、天平（天华）线等普速合资铁路延长2686.88公里，其中正线2147.30公里、站特岔线539.58公里；道岔总计1502组，其中正线496组、站特线1006组。受委托管理的徐兰高速（宝兰高铁）、兰新客专线路延长2215.16公里，其中正线2113.40公里、站特岔线101.76公里；道岔总计339组，其中正线198组、站特线141组。接触网运营总里程5196.59公里（12977.31条公里），其中高铁接触网运营里程1104.60公里（3013.91条公里）；电力线路16227.20公里（高铁3680.24公里），集团公司接轨的专用线、专用铁路232条，其中专用线206条、专用铁路26条。

【运输安全】 优化完善人防、物防、技防"三位一体"安全保障体系的工作要求，结合集团公司安全总体工作，下发《关于做好2018年运输安全工作的通知》（兰铁办〔2018〕1号），明确全年安全重点工作，对67项安全工作、10大控制关键、16项专项整治，逐项制定任务展开表，明确落实责任和完成期限。组织修订涵盖从主要负责人到一线从业人员共计10509个岗位的安全生产职责，明确责任范围、考核标准。把8352名管理人员的"常态工作质量标准"与安全生产职责一一对应，按月实施逐级考评。整合《兰州铁路局"红线"及对触碰"红线"人员处理办法》（兰铁劳卫函〔2014〕80号）等3个与红线有关的文件，出台《兰州局集团公司安全红线管理办法》（兰铁劳卫〔2018〕136号），把原有113条"红线"精简为50条，明确触碰红线的追责处理标准，突出"严抓、严管、严考核"，形成刚性约束。采用"提炼关键、按岗定制"的方式，全面推行"卡片式"管理。设立安全生产突出贡献奖，出台安全一般问题容错纠错、安全隐患自查自报自改、安全事故问责人员谈话、安全事故责任追究办法等制度，进一步增强干部职工群策群力保安全的主动性和积极性。

【客货运输】 全年兰州局集团公司累

计完成旅客发送量6049.5万人，日均16.6万人，完成年度计划5790万人的104.5%，同比增加1006.1万人，增长19.9%，超年计划259.5万人。完成旅客周转量412.78亿人公里，日均11309万人公里，完成年度预算397亿人公里的104.0%，同比增加37.55亿人公里，增长10.0%，超年计划15.78亿人公里。货物发送量7666万吨，完成年度预算7600万吨的100.9%，货物周转量全年完成1491.61亿吨公里，为年计划1425亿吨公里的104.7%。

【列车运行图及编组计划调整】 2018年4月10日，第一阶段调整列车运行图。主要变化：增加高峰线3对，停运客车1对，变更运行区段2对，增开客车1对；管内客车纳入运行图2对，停运2对；货物列车定边口减少2对，其他分界口列车对数维持现行不变。4月26日，为应对日常、周末、小长假和突发客流需求，实行日常图、周末图和高峰运行图。每周二至周四间实行日常图，每周五至周一间实行周末图，高峰客流需求实行高峰图。7月1日，第二阶段调整列车运行图。主要变化：新增动车组3.5对，延长动车组运行区段5对；调整高峰线1对；新增普速列车4对；停运1对；改经由2对。9月20日，因宝成线自然灾害，总公司组织调整部分线路运行图。客车调整运行径路4对；新增客车1对。柳敦联络线开通，9月20日—10月10日间兰州西、嘉峪关南—敦煌开行动车组列车2.5对。

编组计划调整：根据柳沟车站煤炭始发运量增加，新增柳沟—兰州北、武威南等安排煤炭始发直达列车，实行集团公司“百日会战”战略。

【基本建设】 2018年内，中国铁路总公司下达兰州局集团公司基本建设项目投资计划2009970万元。其中，收尾销号项目2个，计134100万元；续建项目6个，计1850870万元；新开工项目1个，计25000万元。2个收尾销号项目下达投资计划分别为兰州—重庆铁路130000万元、新建宝鸡—兰州客运专线甘肃段4100万元；6个续建项目下达投资计划分别为新建敦煌—格尔木铁路甘肃段80000万元、兰州—合作铁路100万元、银川—西安铁路甘肃宁夏段1430000万元、吴忠—中卫铁路290000万元、平罗铁路综合货场500万元、平凉南铁路综合货场270万元、中卫—兰州铁路50000万元；1个新开工项目下达投资计划为敦煌铁路提速改造工程25000万元。

【设备更新改造】 乌鞘岭隧道自动闭塞设备改造为ZPW-2000型无绝缘轨道电路自动闭塞设备，建成投用减少电务信号设备对运输安全生产的影响，保证兰新线铁路运输安全畅通。乌鞘岭隧道长20.05公里，工程批复总概算4806.9万元，改造工程于6月开工，12月竣工，计划于2019年1月投入运营。

【货运产品供给】 全年完成冷链物流运量9.54万吨，同比增加2.22万吨，增幅30.32%，主要是组织青铜峡、银川南发往成都局、上海局、郑州局和广铁集团等站奶制品；组织开行兰州东川、陇南西发往钦州港的中新南向班列（洋葱、苹果）；组织兰州东、骆驼巷发往拉萨西的苹果、饮料、冻肉等。商品汽车运输方面，与中铁特货、兰州广运铁路货运代理有限公司、吉林华航等企业开展合作，全年运输5270台，同比增加4293台，增长439%。

【国际运输】 配合地方政府“丝绸之路经济带”建设，开行经阿拉山口（霍尔果斯）口岸出入境，在中国与亚洲、欧洲国家间开行，固定发到站、固定车次和运行线，明确开行周期和全程运行时刻，按快运货物班列模式组织开行的集装箱国际联运货物列车。兰州局集团公司现图定开行每周4列，装车组织站兰州东川、中川北、白银市、武威南、迎水桥、银川南站，主要到达国家哈萨克斯坦、乌兹别克斯坦、土库曼斯坦、吉尔吉斯斯坦、塔吉克斯坦、尼泊尔、白俄罗斯。主要发送货物为建筑材料、瓷砖、石材、玻璃、机械设备、日用品、医药用品等。

【机车、乘务交路】 发挥和谐型大功率机车的效能，优化调整机车交路，客运机车交路通至北京、太原、集宁南、武昌、上海、成都、重庆、肃北、乌鲁木齐、西宁；客运乘务交路担当至太原、包头、西安（北）、广元、嘉峪关（南）、肃北、西宁。货运机车交路通至榆次、包头西、郑州北、千河、成都北、兴隆场、肃北、乌鲁木齐西、西宁货；货运乘务交路担当至惠农、靖边、新丰镇、广元南、肃北、柳园、西宁货。主要客运机车交路实现HXD1D、HXD3D型160公里/小时客运机车牵引，兰渝线货运交路牵引定数实现4500吨贯通，兰新线货运交路牵引定数实现5000吨贯通。

【购票移动支付方式】 为满足广大旅客使用微信、支付宝等移动端APP完成购票支付的需求，兰州局集团公司管内主要车站窗口、部分客票代售点、所有自助售取票设备以及担当主要列车的移动补票机均开通手机扫码支付功能，旅客购票支付更加便捷。

【临客及旅游列车开行】 全年组织开行临客329列、旅游列车48列。春运期间，加开临客102列（其中兰州—北京西31列、银川—北京西37列、嘉峪关—上海34列）；暑运期间，加开临客155列（其中兰州西—北京西49列、嘉峪关—上海34列、兰州—平凉36列、平凉—兰州36列）；端午、“十一”期间，共加开临客72列（其中兰州西—北京西18列、嘉峪关—上海18列、兰州—平凉18列、平凉—兰州18列）。全年开行跨局旅游专列17列、“环西部火车游”旅游专列24列、管内旅游专列7列。

【人才战略】 全年举办“兰铁工匠”培训班219期，培训工匠式、高技能人才1951人，完成年度培训计划的134%；深化“实用人才”培训品牌，启动主要行车工种三年脱产轮训工程，举办培训班489期，轮训11745人，完成年度计划的106.8%；严把高铁岗位资格准入关，举办“高铁基石”培训班234期，培训2937人，完成年度计划的98.56%；举办“智慧蓝领”培训班217期，培训7238人，完成年度计划的100.11%；举办“管理精英”培训班24期，培训拟任班组长969人，完成年度计划的138.43%；深化“行家里手”培训品牌，举办“四新”（新知识、新设备、新技术、新工艺）知识培训班103期，培训关键岗位职工4979人，完成年度培训计划的106.85%。建立“每周一学、每月一练、每季一检、每年一评”日常业务培训制度，完成春暑运、调图、防洪等各类专项适应性培训31万人次，为安全生产提供素质保障。

【民生工程】2018年内，兰州局集团公司投入1亿元（工会配套3000万元），完成涉及兰新线、包兰线、天兰线等41个站区、212项“三线一场”建设任务；提前介入同步做好新线职工生活设施的配套建设，按期完成宝兰高铁站区生产生活一体化管理相关配套改造项目；协调兰渝公司分2批次下达立项计划52项，投资估算3536.91万元，推动兰渝线职工生产生活建设项目落实落地；完成68个站区“互联网进站区”工程。落实精准帮扶措施，支出帮扶救助资金3648.85万元，帮扶困难职工31923人次；推进“幸福餐桌”建设，通过补强硬件设施、举办职工厨艺大赛、开展幸福餐桌调研等，提升全局伙食团饭菜质量；大力推进“健康兰铁”建设，提高职工健康体检费用标准，体检率达94%。

【机构调整】2018年内，成立中国铁路兰州局集团有限公司后勤保障服务中心，为集团公司其他直属单位。撤销中国铁路兰州局集团有限公司南京高原病康复院，人员、资产等整建制划归甘肃兰铁国际旅行社有限公司，按子公司管理，更名为“南京金润旅游客运有限公司”（以工商注册为准）；撤销中国铁路兰州局集团有限公司洛门疗养院，人员、资产等整建制划归甘肃兰铁国际旅行社有限公司，按分公司管理，更名为“甘肃兰铁国际旅行社有限公司洛门分公司”。集团公司职能机构由30个调整为26个，集团公司附属机构由38个调整为26个。

中国铁路乌鲁木齐局集团有限公司

【概 况】中国铁路乌鲁木齐局集团有限公司（以下简称乌鲁木齐局集团公司）位于全国铁路网西北末端，主要承担新疆全境、进出疆客货运输和与哈萨克斯坦等中亚、欧洲国家陆路物资运输任务。

2018年，乌鲁木齐局集团公司管辖营业里程6256.84公里，其中复线铁路3069.31公里、电气化铁路2972.66公里、高速铁路845.37公里。营业里程中国铁性质3960.57公里、合资公司性质2230.19公里、地方铁路性质66.08公里。线路总延展长度11563.33公里。

管辖营业线22条，分别是兰新客专线东起石板墩南站，西至乌鲁木齐站，全长845.37公里；兰新线东起甘肃境内的安北站，西至与哈萨克斯坦接壤的口岸阿拉山口站，全长1414.46公里，复线（精河—阿拉山口为单线），电力牵引；南疆线北起吐鲁番站，南至和田站，全长1805.91公里，吐鲁番—库尔勒为复线、电力牵引，库尔勒—阿克苏为复线、内燃牵引，阿克苏—喀什—和田为单线、内燃牵引；精霍线由兰新线精河站引出，至与哈萨克斯坦接壤的口岸霍尔果斯站，全长292.05公里，单线，电力牵引；阿境线（宽轨），全长4.7公里，单线、内燃牵引；霍境线（宽轨），全长4.19公里，单线、内燃牵引；哈罗线由兰新线哈密南站引出至罗中站，全长367.98公里，单线，内燃牵引；库俄线由南疆线库车西站引出至俄霍布拉克站，全长85.88公里，单线，内燃牵引；乌将线由芦草沟线乌北站引出至将军庙站，全长257.37公里，单线，内燃牵引；准东线；奎北线；临哈线；芦草沟线；六道湾线；红岭线；鱼焉线；红光线；哈密联络线；哈密西联络线；北阿线（地方铁路）；乌西至乌北联络线；南疆铁路至兰新铁路联络线。

共设置车站255个（高铁和普通共用3个），包括编组站1个（乌西站），区段站15个，中间站239个。其中普速238个，其中口岸站2个：阿拉山口站、霍尔果斯站；一等站12个分别为：哈密、哈密东、乌鲁木齐南、乌鲁木齐、乌西、乌北、准东北、奎屯、石河子、阿拉山口、霍尔果斯、库尔勒；二等站10个分别为：柳树泉、鄯善、吐鲁番、乌东、小黄山、北屯市、伊宁、库车、阿克苏、喀什；三等站27个；四等站53个；五等站110个；未定站等26个。高铁站20个，其中一等站3个，分别为哈密、乌鲁木齐、乌鲁木齐南，二等站1个（吐鲁番北），四等站3个，五等站13个。

【机构设置】改制后，集团公司设机关行政职能机构26个，生产机构1个，为调度所。附属机构30个，派出机构1个（局自管），运输站段40个。直属单位8个，非运输企业10个，控股合资公司7个，铁路建设项目管理机构3个。截至2018年12月，集团公司共有职工51124人，其他从业人员7493人。

【客货运输】2018年，集团公司旅客发送量完成3811.5万人（其中直通发送752万人，管内发送3059.5万人），同比增长8.1%；货物发送量完成12512.7万吨，同比增长28.5%，增幅全路第一；铁路口岸过货量完成1397.8万吨（其中阿拉山口口岸站过货量1127.1万吨，霍尔果斯口岸站过货量270.7万吨），同比增长37.7%；换算周转量完成1428.31亿吨公里，同比增长12.1%。

截至2018年12月，集团公司开行图定旅客列车103对。其中直通29对（动车4对、直达7对、特快6对、快速12对），局担当16对，外局13对；管内74对（动车9.5对、直达特快8对、特快9对、快速36.5对、普快6对、普客3对、旅游2对）。图定安北口旅客列车25对、货物列车70对，石板墩南口动车4对，梧桐水口货物列车5对。

【机车配属及信号设备】 截至2018年12月，集团公司共配属机车355台，共有12种机型，客车配属2999辆（转入25G型客车270辆、配属新造25G/ΛC380V型40辆）。

信号专业管辖范围6660公里，信号设备运用总量为130879组换算道岔，全局通信专业管辖范围6342公里，其中普速线5490公里，兰新客专线852.11公里。通信设备运用总量为270219.53皮长公里，换算道岔组数总量为129705.37组/换算道岔。

【安全管理】 构建集团公司安全生产责任制体系，加强安全风险防控和安全隐患排查整治工作，规范集团公司安全生产基础管理。修订《安规》《安细》《安全管理规定》《行车设备故障考核办法》《车机联控管理细则》《安全生产责任制》《铁路交通事故和安全生产事故责任追究办法》。

2018年，集团公司推进标准化创建工作，打造集团公司路外工作精细化、人性化安全管理模式，盯住问题、严格管理，管控道口、铁路沿线路外环境现实安全，健全路外应急处置工作，强化现场安全监督检查，实现高铁和旅客安全万无一失。截至2018年12月31日，集团公司杜绝一般A类及以上责任铁路交通事故，实现安全生产2269天。

【法人治理】 2018年，遵循公司法和公司章程，加快建立适应新机制运行的法人治理结构，印发《中国铁路乌鲁木齐局集团有限公司派出董事管理办法（试行）》《中国铁路乌鲁木齐局集团有限公司派出监事管理办法（试行）》，规范集团公司派出董事、监事管理，确保派出董事、监事依法规范履职；印发《中国铁路乌鲁木齐局集团有限公司全资子公司董事会年度工作报告暂行规定》《中国铁路乌鲁木齐局集团有限公司全资子公司监事会年度工作报告暂行规定》，加强对集团公司全资子公司董事会、监事会工作的指导监督，促进集团公司全资子公司董事会、监事会规范高效运行。

【财务经营成果】 集团公司2018年度盈亏总额实际完成-41.97亿元，比年度预算减亏0.06亿元，其中国铁运输业亏损28.16亿元，运输其他业务利润完成2.82亿元，非运输企业实现盈利3.66亿元，合资公司亏损19.77亿元。

【运输收入】 2018年，集团公司运输总收入实际完成335.19亿元，增幅17.6%。客运收入实际完成55.56亿元，完成计划的101.3%，比上年同期增幅6.3%。货运收入实际完成279.63亿元，完成年度执行预算的97.0%，比上年同期增收46.89亿元，增幅20.1%。

【站场整治】 2018年7月15日起，集团公司实施乌鲁木齐西站站场标准化建设。历经4个月，集团公司所属7个工务段集中力量共同施工，完成了乌西站五个场65条股道、287组道岔结构综合整治，更换轨枕1.3万根、钢轨917根、胶垫4.9万块，补充道碴5.8万方，平整场地40万平方米。大规模设备资源更新整合后，各场之间分布清晰有序，开阔通达，视野极佳，设备软硬件实现高大上，生产组织指挥更加集约，运输效率得到明显提升，改善了乌西站场到发线接发车能力紧张局面。至此，乌鲁木齐西站从站场设施设备质量到运输组织水平都得到了极大改观。

【重点工程项目】 格库铁路（新疆段）：2018年投资计划36亿元，其中隧道工程开累完成31278开挖米，完成设计量的78.3%。路基工程累计完成5317.5万方，完成设计量的99.9%。特大、大、中桥工程累计完成80107延米，完成设计量的98.85%。涵洞工程累计完成33825横延米，完成设计量的99.8%。预制梁累计完成1778孔，完成设计量的70.06%。累计架梁1172孔，完成设计量的46.18%。正线铺轨累计完成525.2公里，完成设计量的73%。

阿富准铁路2018年投资计划15.85亿元，其中路基工程开累完成2902.6万方，完成设计量的74.7%。隧道工程开累完成5186米，完成设计总量的67.1%。铺架工程开累完成36.9千米，完成设计量的9%。桥梁预制开累完成388孔，完成设计量43%；桥梁架设开累完成199孔，完成设计量20%。博州支线2018年投资计划3亿元，完成设计量的67.64%。2018年乌西—乌北联络线工程投资计划5.5亿元，于同年11月30日建成投入使用。克塔铁路铁厂沟—塔城段：2018年投资计划12亿元，完成设计量的21.74%。乌将铁路乌北—准东段扩能改造工程2018年投资计划3.5亿元，2018年8月30日项目全部建成投入使用。南疆铁路库尔勒—喀什段提速扩能改造工程2018年完成投资计划1亿元。新建和田—若羌铁路投资计划为8.0亿元，2018年12月20日，新建和（田）若（羌）铁路正式开工建设。和若铁路位于和田地区和巴音郭楞蒙古自治州境内，是中国《中长期铁路网规划》中确定的规划项目，是西部地区重要的区域路网干线，同时是新疆铁路环线的重要组成部分。线路从和田站引出，途经和田、洛浦、策勒、于田、民丰、且末、若羌7县市及新疆生产建设兵团第十四师二二五团、三十八团和第二师三十七团，最终接入格库铁路若羌站。和若铁路线路全长825.476公里，工程总投资221.5亿元，线路设计标准为国铁Ⅰ级、单线铁路，按照客货共线、内燃（预留电化）标准建设，线路平面预留发展条件。该线设计时速120公里，全线共设车站65处，项目建设总工期三年半。

【新增客货运输业务】 2018年新增开办客货运输业务的站线：3月26日哈密东站、10月17日巴音达拉站、12月15日魏家泉站分别开办货运业务；12月18日起，北阿线开办货物直通运输；10月20日起，鱼焉线和静—焉耆段开办旅客直通运输；11月25日起，达坂城站开办客运业务。

中国铁路青藏集团有限公司

【概　况】中国铁路青藏集团有限公司管辖铁路地处世界屋脊青藏高原，位于全国路网西北端。有兰青、青藏、拉日、敦煌、兰新客专5条干线，宁大、茶卡、双湟3条支线，控股管理哈尔盖—木里合资铁路，跨甘肃、青海、西藏三个省（区）。

兰青线在海石湾至水车湾站K60+000处与兰州局集团公司交界，终点位于西宁西站至双寨站K188+000处；青藏线起点在西宁西站至双寨站K0+000处，终点位于拉萨站K1956+547处；拉日线起点在拉萨站K0+000处，终点位于日喀则站K252+527处；敦煌线在团结站K261+740处与兰州局集团公司为界；兰新客运专线青藏集团公司管辖段在民和南站K1726+500、浩门站K1944+926处与兰州局集团公司分界。

至2018年末，管辖铁路线路里程3097.34公里，其中，青藏线1955.93公里，兰青线128.04公里，兰新客运专线民和南—浩门段218.43公里，拉日线252.527公里，敦煌线215.08公里（含饮马峡疏解线和饮马峡西联络线），宁大支线35.90公里，茶卡支线36.62公里，双湟支线33.89公里，哈木支线194.68公里；双线、电气化里程1160公里；线路延展长4941.118公里，其中正线长4114.144公里、站线长826.97公里；双线地段2168.43公里；正线无缝线路延展长3789.18公里。道岔2584组。桥梁1520座370699延长米，隧道123座294037延长米，涵渠5252座107066延长米。

管辖车站142个（含2个线路所、2个辅助所），其中一等站3个、二等站9个、三等站16个、四等站30个、五等站80个、线路所和辅助所各2个；按车站技术性质划分，区段站6个，中间站132个；按车站业务性质划分，客运站7个，货运站36个，客货运站11个，非营业站84个。营业里程3069公里。

配属机车328台、客车981辆、CRH5G防风沙型高寒动车5组。信号设备联锁车站（场）154个，信号设备换算道岔53970.940组。通信普速线路4808.761公里、高速线路440.06公里，支线线路420.204公里，通信设备换算皮长公里182723.84公里。

2018年末运输业固定资产原值956.37亿元。

机关职能机构22个、学协会5个、附属机构24个、派出机构1个、直属机构5个、生产机构1个，运输站段19个，运输辅助单位3个、非运输企业7个。

【安全管理】2018年，集团公司落实全员安全生产责任制，制定5055份安全生产职责，构建安全风险管控和隐患排查治理双重预防机制，实施周安全风险预警管控和安全专项检查，开展拉网式风险隐患排查整治、安全“大反思、大检查、大整治”活动和安全专项整治，精准管控风险，全面整治隐患。坚守高铁和旅客列车安全的政治红线和职业底线，构建“三位一体”安全保障体系。制定安全生产职责，修订完善安全管理制度、应急预案，接通19个运输站段应急视频系统。开展标准化车间和标准化机务段建设工作，抓好“立标、贯标、对标”，推进技术、管理、作业标准化规范化，组织举办现场会和机务系统学规大赛，提升现场管理水平。投入8.56亿元加快基础设施设备升级改造，更换格拉段29组提速道岔，智能铁鞋、无缝线路线上气压焊、调车安全防护装置、智能巡测机器人等技术设施广泛应用。按照“七统一、一联合”的要求，在全路率先实现高铁综合维修生产一体化。加强防洪安全检查，果断处置严重水害险情11处，确保汛期行车安全。2018年，集团公司杜绝责任一般B类及以上铁路交通事故，连续实现第5个安全年。

【客货运输】落实客运提质计划，根据市场需求，铺画日常、周末、高峰“三张图”，分块、分线、分季节确定营销策略，动态优化客车开行方案，新增157辆25T型客车车体，全年加挂车辆5154辆、加开临客1715列、增加席位能力177.8万个。开行“德令哈号”城际列车、“中国原子城号”“天空之镜”旅游列车和“唐竺古道号”品牌列车，取得良好的社会效益和经济效益。落实站车保洁、餐饮管理等服务措施，补强客服基础设施，推进“厕所革命”，实施客站畅通工程，试点推行西宁—门源电子客票，改善旅客出行体验。面对有效货源不足、货运收入持续亏欠的形势，集团公司精细运输组织，全力以赴增运补欠。与14家生产企业签订2570万吨运量协议，推进货运增量。格拉段客车牵引由原来NJ2机车重联改为NJ2机车与HXN3机车“1+1”牵引，腾出部分NJ2机车保障货物运输，日均增开货车1.3列，全年运送进出藏物资同比增长15.8%。投入1699.4万元补强完善货运设施，推进路企多式联运示范项目合作，集团公司通过5A级物流企业复审。利用敞顶箱循环运输散堆装货物，全年集装箱运量同比增长42.3%，推进集装化运输。组织开行两趟德令哈至俄罗斯巴尔瑙尔中欧班列，开辟继双寨和格尔木站后第三条中欧班列线路。全年，集团公司旅客发送量完成1655.6万人，超年计划85.6万人，与上年同比增运154.9万人、增长10.3%。货物发送量完成3400.3万吨，完成年度计划，与上年同比增运178.7万吨、增长5.5%。

【货票电子化】依据总公司货运票据电子化推进工作的总体安排，在2017年完成设施设备建设的基础上，加强网络通道、信息设备运用管理，组织培训站段230名货运和车号岗位人员，开展货运票据电子化试运行工作，2018年3月在集团公司管内全面实施货运电子化工作，随后全路正式实施货运票据电子化。集团公司结合实际制定《铁路货运票据电子化管理实施办法》《铁路货运票据电子化作业补充办法》《货运票据电子化考核办法》等办法，加强货运票据电子化管理。

【公司制改革】2018年，完成集团公司及非运输企业公司制改革，进一步规范议事规则，厘清“三会”权责边界，优化调整集团公司机关内设经营管理机构，现代企业制度和运行机制逐步完善。落实防止领导人员“带病提拔”、推进领导人员能上能下等实施办法，规范基层单位干部选拔任用、大学生选拔使用工作流程和干部岗位退出管理。重新核定岗位定员标准，积极推进兼职并岗、适岗调剂，畅通劳务派遣工职业发展通道，促进人力资源优化配置，内部挖潜节约用工744人，清理规范非在岗人员265人。健全完善工效挂钩机制，实施岗位安全绩效考核工资制度，加强单位内部工资分配管理与考核，形成保安全、创效益的正向激励。

【铁路建设】 落实“五位一体”质量管理新模式，全面完成总公司下达的73.04亿元建设投资。制定32项提升建设管理品质的具体任务和方案措施，建立健全《铁路建设项目质量安全红线管理办法》《铁路建设管理人员责任追究实施细则》《提前介入铁路建设项目管理工作实施办法》等5项制度，强化质量安全管控和监督检查，纵深推进标准化建设，督促整改兰新客专存在的问题，开展质量安全排查整治专项行动，消除一批质量安全隐患。坚持提前介入，全程把关监督，安全优质完成西宁枢纽高普联络线应急工程、格拉段扩能改造主体工程以及连湖、陶力等五站增加渡线工程，格库、敦格和拉林铁路代建段工程投资计划和实物工作量按期完成。同时，积极配合提前介入川藏铁路雅安至林芝段建设前期工作，推进格拉段电气化改造前期工作。

【电商直购】 2018年9月，青藏集团公司启动电商直购工作，选择京东作为合作电商，搭建“京东慧采天路商城”平台，管辖各单位、部室(所)、工会通用物资全部纳入“天路商城”进行采购。至2018年末，电商采购订单3758单，采购金额752万元，优惠金额111万元。

【扶贫工作】 青藏集团公司主要负责青海省湟中县李家山镇金跃村、青海省海西州德令哈市柯鲁柯镇莲湖村、西藏自治区安多县帕那镇申格卡岗村三个村的定点帮扶工作。经集团公司结对帮扶，2016年末青海省对莲湖村评估验收达到脱贫标准，年内通过国家第三方评估验收，退出贫困村。金跃村2017年末完成贫困村退出和贫困户脱贫的攻坚任务，年内新识别低保贫困户1户2人，计划2019年脱贫。申格卡岗村2017年脱贫户2户13人、年内脱贫76户278人。

2018年2月1日，集团公司开行西宁—格尔木7581/7582次公益性“扶贫慢火车”，列车由2节硬座和2节硬卧车厢组成，列车中途停靠海晏、哈尔盖、刚察、察尔汗等20个站，运行约10小时。继续在西宁火车站设置“路地共建助力精准扶贫柴达木农副产品展销”展柜，展销柴达木特产。同年8月22日，集团公司机关开展“奉献爱心、助力扶贫”捐款活动，募集扶贫资金328050元，全部用于集团公司3个定点扶贫村。解决申格卡岗村停电问题，满足牧民群众生活用电。全年集团公司安排扶贫资金46.22万元购买农用机具、牛羊，整治村容村貌，改善农牧民居住环境。

【科技创新】 2018年，青藏集团公司组织召开首届科技创新大会，表彰奖励2018年科技创新获奖项目、科技工作先进单位和优秀科技工作者，推动科技创新工作步伐。全年投入科研经费959万元，开展集团公司科研课题34项、承担参与总公司科研项目5项，完成15项科研课题结题，8个课题申报中国铁道学会科学技术奖。推进高原铁路关键领域技术攻关和科技创新，高海拔电气化工程技术研究、轨道车GYK远程维护监测系统等8项科研成果有效运用于安全生产领域。加强信息化建设，完善大数据应用，完成集团公司云平台第一期建设，兰青线GSM-R系统建成投用，TMIS网与数据网实现双网融合，建设物资信息管理系统，研发投用客运人员考勤管理、施工电子登销记以及移动办公APP等系统，按期实现货运票据电子化。激发全员创新创造活力，命名4个劳模(先进)创新工作室，9个QC小组获全国铁道行业优秀质量管理小组称号。

【职工培训】 推进职教“实训化、信息化、品牌化”建设，投入1612.4万元，补强海石湾职工培训基地实训设施，建成段级培训基地18个、车间(班组)级实训演练场所216个，车间远程培训网络和班组学习终端覆盖率分别达到96%和98.8%，21个单位建成班前答题系统，在西宁通信段启动“智慧职教”建设试点，创建职工培训品牌28个。实施职工技能星级管理，配齐配强兼职教师，立足现场开发培训教材，全年组织培训7.6万人次。全面实施“1533”人才培育规划，组织干部培训68期4676人次，外聘师资现场教学29期2514人次，送培专业技术人员23期843人次，选派25名管理人员分赴外局挂职锻炼，举办首届中青年干部培训班培训49人。实施铁路工匠引领工程，2人被授予全路铁路工匠称号，17人获全路技术能手称号。

【高原卫生保障】 继续以降低高原病发病率和防控鼠疫传播为重点，加强卫生保障管理，规范进藏旅客列车随乘医护人员乘务工作。2018年，疾控、卫生监督专业人员16次到青藏线格拉段、拉日线、哈木线专项调查和监督卫生保障、鼠疫防控、氧气配送、食品安全工作，掌握人员变化，按时配送氧气、配发预防药品，确保卫生保障工作及时到位。

集团公司全年为青藏线格拉段、哈木线、拉日线职工配发预防药品诺迪康胶囊10.66万盒，善存片5.43万瓶，金纳多10.81万盒。格拉段旅客列车、医疗救治站下送各类患病旅客、职工105人，其中脑水肿17人、肺水肿6人、高原反应82人，无一名旅客和职工(劳务工)因救治不及时而导致死亡。

本篇责任编辑：戴利明
本篇责任校对：戴利明

公路篇

HIGHWAY PART

内容提要

此篇由新中国成立70年公路行业发展历程与成就、2018年交通运输行业发展统计公报和2018年全国收费公路统计公报三个部分内容组成。文中数据来自国家发展和改革委员会综合运输研究所和国家相关部委，它记录了新中国成立70年来公路建设、养护、管理、投融资、法规制定、对外合作等的全过程。

全国公路建设与管理

新中国成立70年公路行业发展历程与成就

发展历程

【概 述】1949年新中国成立之初，中国公路通车里程仅8.07万公里，公路等级都在二级以下，有路面里程只有3万公里。

在新中国成立以来的70年里，中国公路交通取得了飞跃式发展。从公路交通与经济社会发展的关系来看，先后经历了五个阶段：改革开放前30年的长期滞后阶段、改革开放后前10年的严重制约阶段、20世纪80年代末至21世纪初的明显缓解阶段、21世纪前15年的局部适应阶段和“十三五”以来的总体适应阶段。

1.长期滞后阶段(1949年—1978年)。1949年，中国公路交通基础十分薄弱，公路设施极为落后，1949年全国公路通车里程仅8.07万公里，公路密度仅0.8公里/百平方公里。新中国成立后，党中央及各级地方政府和交通部门根据当时国际、国内特殊的政治、经济形势，在积极修复原有公路的基础上，实行“依靠地方、依靠群众、普及为主”的公路建设方针，开展了大规模的公路建设，中国公路交通在经历一段时期的恢复后获得较快发展，1952年公路里程达12.7万公里。20世纪50年代中后期，为适应经济发展和开发边疆的需要，中国开始大规模建设通往边疆和山区的公路，相继修建了川藏公路、青藏公路，并在东南沿海、东北和西南地区修建国防公路，公路里程迅速增长，1959年达50多万公里。

20世纪60年代，中国在继续大力兴建公路的同时，加强了公路技术改造，有路面道路里程及其高级、次高级路面比重显著提高。20世纪70年代中期，中国开始对青藏公路进行技术改造，20世纪80年代全面完成，建成世界上海拔最高的沥青路面公路。随着公路事业的发展，公路桥梁建设也得到发展，建成了一批具有中国特色的石拱桥、双曲拱桥、钢筋混凝土拱桥以及各式混凝土和预应力梁式桥。

到1978年，全国公路总里程发展到89万公里，公路密度达9.3公里/百平方公里，比新中国成立之初增长10倍，有路面公路里程发展到65万公里，增长近20倍。但由于该阶段公路建设主要以“普及”和“修通”为主，路网结构和功能不明晰，公路技术等级偏低。至改革开放初期，全国二级及以上公路里程还不足2万公里，四级和等外公路占公路总里程的90%左右。

在1949年—1978年的30年间，尽管中国国民经济发展道路曲折，但公路建设仍基本保持持续增长。然而，由于当时中国国民经济基础十分薄弱，且长期处于计划经济的体制环境下，国家对公路交通的基础性和先导性作用认识不足，导致投资严重不足，公路交通长期滞后于国民经济与社会发展，以至于到了改革开放初期，公路交通成为国民经济发展中一个突出的薄弱环节。

2.严重制约阶段(1978年—1987年)。1978年，党的十一届三中全会确立了以经济建设为中心，建设中国特色社会主义的发展纲领，中国经济开始步入持续、快速、健康发展的轨道，公路基础设施建设开始发生历史性转变。主要表现在：一是公路建设得到中央和地方各级政府的重视，“要想富、先修路”，公路建设的重要性逐步为全社会所认识；二是在统一规划的基础上，开始有计划的全国公路基础设施建设，20世纪80年代初国家干线公路网(即国道网)的划定，使中国干线公路网有了明确的布局框架；三是公路建设在扩大总规模的同时，重点加强了质量，高等级公路迅速发展，公路基础设施的总体技术水平得到提高；四是公路建设筹资走向多元化，尤其是1984年底国务院决定提高养路费征收标准、开征车辆购置附加费、允许高等级公路收费还贷，使公路建设有了稳定的资金来源。

1978年—1987年的10年间，中国公路基础设施建设步伐进一步加快。到1987年底，全国公路通车里程达98万公里，比1978年增加9.2万公里；二级以上公路2.9万公里，比1978年增加近2倍，公路网的整体水平得到明显提高。但是，在改革开放后的10年间，中国国民经济出现强劲增长趋势，公路运输需求急剧增加。尽管同期中国公路交通保持快速发展，但其发展速度与需求的增长相比仍然偏低，加之历史欠账巨大，导致公路交通的瓶颈制约状况进一步加剧。特别是交通干线和城市出入口公路严重阻塞，混合交通严重，交通事故频发，干线运输效率低下，“行路难”问题成为当时国民经济的突出矛盾。

3.明显缓解阶段(1987年—1999年)。20世纪80年代末90年代初，中央明确把加快交通运输发展作为事关国民经济全局的战略性和紧迫性任务，公路交通迎来了大发展的历史机遇。从“八五”开始，中国公路建设进入发展速度快、建设规模大、科技含量不断提高的新时期。年均新增通车里程由初期的几百公里增长到几千公里。

20世纪80年代末，原交通部提出中国公路、水路交通“三主一支持”(即国道主干线、水运主通道、港站主枢纽和交通支持系统)长远发展战略构想，并制定国道主干线规划。国道主干线的提出使中国骨架公路的功能得到明确，即采用较高的技术标准，以承担长距离、大运量、高速度的运输为主，重点保证客、货运输的机动性，避免一般国道技术等级较低、多种车辆混行、横向干扰较多、行驶速度不高的问题。以国道主干线的规划建设为标志，中国公路发展进入以通道建设为重点的新阶段。1988年沪嘉高速公路的建成通车，实现中国大陆高速公路零的突破。

进入20世纪90年代，在国道主干线总体规划指导下，中国高速公路建设步伐加快，高速公路从无到有，发展迅速。每年建成的高速公路由几十公里上升到一千公里以上。到1999年底，全国高速公路通车里程已达11605公里。短短10年间，中国高速公路就走过了发达国家高速公路一般需要40年完成的发展历程。高速公路及其他高等级公路的建设，改善了中国公路的技术等级结构，改变了中国公路事业的落后面貌。

到1999年，全国公路里程达135万公里，公路密度达14.1公里／百平方公里，为1978年的1.5倍。二级以上公路占全国公路总里程的比重由1979年的1.3%提高到1999年的12.5%，主要城市之间的公路交通条件显著改善，公路交通紧张状况初步缓解。同时，县、乡公路里程快速增长，质量也有很大提高，有的省份已实现全部县道铺筑沥青路面乃至达到二级技术标准，全国实现100%的县、98%的乡和89%的行政村通公路。一个干支衔接、布局合理、四通八达的全国公路网已初步形成。高速公路及其他高等级公路的建设，大大改善了中国公路的技术等级结构，明显缓解了对国民经济发展的瓶颈制约，也大大缩短了中国同发达国家之间的差距。

4.局部适应阶段（1999年—2010年）。1998年亚洲金融危机以后，国家实施积极的财政政策，加快基础设施建设步伐。交通行业按照国家的统一部署，加大了公路建设和投资力度，高速公路建设进入快速发展期，国道主干线建设

澄迈大丰西环铁与西线高速组成立体式交通线。（海南省交通运输厅 供图）

进程大大加快。这一时期，随着对中国公路交通未来发展认识的不断深入，为适应当时经济社会发展需要，原交通部相继开展省际经济干线、国家重点公路以及国家高速公路的规划研究工作，特别是2004年底经国务院审议通过的《国家高速公路网规划》，成为指导中国此后20年—30年间高速公路建设和发展的纲领性文件。

21世纪以来，为进一步提高中国公路交通区域协调发展的水平，国家相继出台一系列战略措施，在继续完善国道主干网的基础上，加快了西部地区区域路网改造、农村公路“通达工程”和“通畅工程”的建设，使西部地区公路交通的面貌发生了根本性变化，有效缩小了与东中部发达地区的差距。

2003年，随着国家提出建设社会主义新农村的战略，原交通部启动西部通县、中部通乡、东部通村的农村公路改建工程。从2003年到2005年底，中国农村公路累计完成投资超过3000亿元，建成农村公路约50万公里，使农村出行条件得到了明显改善。“十一五”期间，新改建农村公路120万公里，基本实现全国所有具备条件的乡镇、建制村通公路，95%的乡镇和80%的建制村通沥青路或水泥路。

“十一五”后期，为应对国际金融危机，中国实行“保增长、扩内需、促民生”的方针，实施了大规模的交通基础设施建设，加快了高速公路、国省干线、农村公路建设步伐，其中加大了对区域间大通道、中西部地区公路网建设，进一步提高了中国公路交通区域协调发展的水平。

截至2010年，全国公路通车里程达400.8万公里，是1999年的3倍，全国公路密度达41.75公里／百平方公里；二级以上公路44.7万公里，是1999年的2.6倍。公路网的规模和等级均有大幅度提升，中国基本解决了公路交通的“不及”问题，部分发达地区的公路交通基本达到或已经达到与经济社会需求相适应的状态。中国公路交通与国民经济的关系开始由滞后发展状态向基本适应状态的方向发展。

5.总体适应阶段（2010年以来）。“十二五”以来，中国各种交通运输方式快速发展，综合交通运输体系不断完善，交通运输基础设施网络初步形成，总体适应经济社会发展要求。中国公路发展也于2013年进入新的发展时期，《国家公路网规划（2013年—2030年）》获国务院批准，国家公路网规划总规模约40.1万公里，规划形成布局合理、功能完善、覆盖广泛、安全可靠的国家干线公路网络，实现首都辐射省会、省际多路连通，地市高速通达、县县国道覆盖。党的十八大以来，国家公路网不断补“断头”、填“空白”、畅“动脉”，原“7918”国家高速公路网基本建成，国省干线公路连接了全国县级及以上行政区，“四好农村路”建设开启了农村公路

表1　中国公路基础设施增长情况

年份	公路总里程（万公里）	二级以上公路里程（万公里）	高速公路里程（万公里）
1949	8	–	–
1978	89	1.0	–
1987	98	2.9	–
1999	135	16.8	1.16
2010	400.8	44.7	7.41
2018	484.65	64.78	14.26

高质量发展的新征程。

在规划的科学指引下，中国公路路网规模、技术等级、通达深度发生了翻天覆地的变化。截至2018年底，全国公路总里程484.65万公里，公路密度50.48公里/百平方公里，全国公路总里程、公路密度均为新中国成立初期的60倍，14.26万公里高速公路如同大动脉为经济社会发展输入不竭动力，404万公里农村公路"毛细血管"成为民生路、产业路、致富路。总体来看，公路交通历经70年的发展，有效支撑了中国国土开发建设和经济社会发展，经过改革开放以来特别是近些年的快速发展，公路交通的供给能力总体上已能够满足经济社会发展对公路的运输需求。

建设成就

【概　述】 新中国成立70年来，中国公路事业取得的成就举世瞩目。基础设施建设尤其是高速公路建设实现了跨越式发展，为公路运输的加速发展提供了坚实的基础，公路运输的保障性作用也日益突出。

1.高速公路。1988年中国大陆首条高速公路建成以来，中国高速公路建设突飞猛进。2001年起，在总结评估"五纵七横"国道主干线规划建设情况的基础上，原交通部开始组织研究着眼于全面建设小康社会长远发展需要的国家高速公路网规划方案。2004年12月，国务院常务会议审议通过《国家高速公路网规划》，总规模约8.5万公里，由7条首都放射线、9条南北纵线和18条东西横线组成，简称"7918"网。2013年国务院批准通过《国家公路网规划（2013年—2030年）》，总规模约11.8万公里，另规划远期展望线约1.8万公里，由7条首都放射线、11条北南纵线、18条东西横线，以及地区环线、并行线、联络线等组成，简称"71118"网。从高速公路发展历程来看，中国高速公路总规模每年持续增长。"十二五"之前，尽管增长率总体呈现下降趋势，但年度新增里程在波动中持续上升。截至2018年底，全国高速公路通车里程达14.26万公里（其中国家高速公路里程10.55万公里），通车里程已位居世界第一，用约30年的时间超越了美国80年积累的高速公路里程规模。

2.普通国省干线公路。1981年经国务院授权，国家计委、国家经委、交通部颁布《国家干线公路网（试行方案）》，由70条具有全国重要政治、经济和国防意义的主要干线公路组成，包括首都放射线12条（含1条北京环线），南北纵线28条，东西横线30条，总里程10.92万公里。1989年，交通部提出建设公路主骨架、水运主通道、港站主枢纽和交通支持系统（简称"三主一支持"）的长远规划设想，公路主骨架正式定名为"国道主干线系统"，国道主干线系统规划布局方案由"五纵七横"共12条路线组成，总里程约3.5万公里。2013年6月，国务院批准的《国家公路网规划（2013年－2030年）》，规划普通国道由12条首都放射线、47条北南纵线、60条东西横线和81条联络线组成，总规模约26.5万

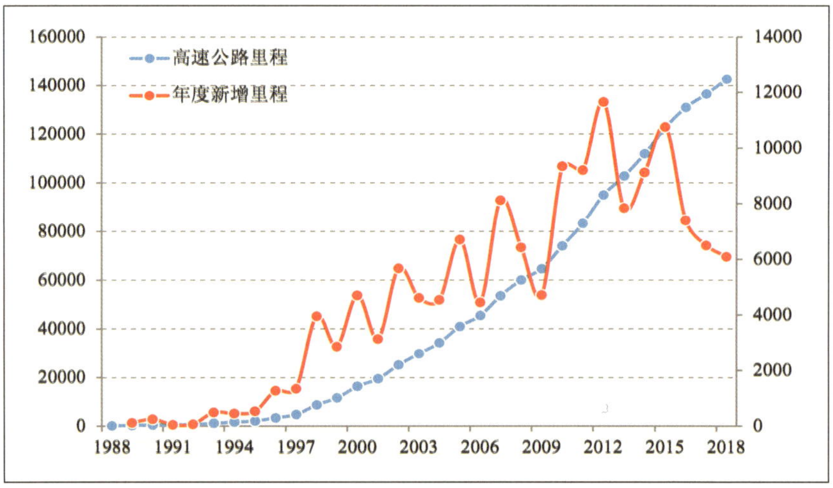

中国高速公路规模发展历程图。

G6京藏高速公路与G55二广高速公路集宁互通立交桥。
（内蒙古自治区交通运输厅 供图）

公里，建成后，全国所有县级及以上行政区将全部实现普通国道覆盖。截至2018年，全国普通国道里程36.30万公里，省道里程37.22万公里，二级及以上等级公路里程64.78万公里，占公路总里程13.4%。

3.农村公路。新中国成立70年来，中国农村公路建设取得显著成就，特别是2000年以来进入快速发展阶段，为脱贫攻坚和乡村振兴战略实施奠定了坚实基础。2000年原交通部提出实施农村公路“通达工程”，到2002年底全国仍有5.7万余个建制村没有通公路。从2003年起，原交通部决定加大对农村公路建设车购税投资力度。2003年—2004年，全国共建成农村硬化路19.2万公里，超过1949年—2002年间农村硬化路建设的总和。2005年，中国农村公路史上第一个国家级专项建设规划——《全国农村公路建设规划》正式发布，提出21世纪前20年农村公路建设的总体目标，到2020年全国具备条件的乡（镇）和建制村通沥青（水泥）路。党的十八大以来，习近平总书记多次就农村公路发展作出重要指示，要求建好、管好、护好、运营好农村公路，标志着中国农村公路进入高质量发展的新阶段。截至2018年底，农村公路总里程达404万公里，占公路总里程的83.4%，其中县道里程54.97万公里，乡道里程117.38万公里，村道里程231.62万公里。

4.公路桥隧等。桥梁是公路建设的重要组成部分，随着中国公路建设的发展，一般公路和高等级公路上的中小桥、立交桥等快速涌现，数量众多，形式多样，工程质量不断提高，跨越大江（河）、海峡（湾）的长大桥梁建设也相继修建，为公路运输提供了安全、便捷的服务。截至2018年末，全国公路桥梁85.15万座、5568.59万米，其中特大桥梁5053座、902.69万米，大桥98869座、2637.04万米。在公路隧道方面，1949年中国仅有公路隧道30多座，总长2.5公里。20世纪60至70年代，中国开始在干线公路上修建一些百米以上的隧道，但标准很低；20世纪80年代后期，中国才真正开始兴建高速公路隧道；20世纪90年代，中国公路隧道单洞长度已经提高到3000米以上；进入21世纪，中国公路网交通逐渐向崇山峻岭穿越，向离岸深水延伸，秦岭终南山隧道、上海崇明隧桥、厦门翔安海底隧道等重大工程相继建成。截至2018年底，全国公路隧道17738处、1723.61万米，其中特长隧道1058处、470.66万米，长隧道4315处、742.18万米。

黄河第一湾大桥。（甘肃省交通运输厅 供图）

G18荣乌高速公路准格尔黄河斜拉特大桥。（内蒙古自治区交通运输厅 供图）

管理体制

【概 述】伴随着公路基础设施和运输服务的日益发展，中国公路行业管理体制基本形成。新中国成立70年来，公路行业管理不断加强，管理水平不断提高，为中国公路行业从封闭状态，到逐渐步入市场化、法制化奠定了良好的基础。

1.管理体制、管理机构与管理工作的初步建立(1949年—1957年)。1949年11月，中央人民政府交通部成立，1950年2月政务院发布《关于1950年航务和公路工作的决定》(以下简称《决定》)。《决定》提出将公路按性质划分为国道、省道及县乡道路，实行分级管理。国道由交通部公路总局直接管理，修建经费由中央开支。省道由交通部督导，各大行政区、各省交通部门管理。《决定》还规定在交通部下设置公路总局，管理全国公路建设、养护，制定各种规章、制度及工程标准等。各大区及省设公路局（或处），办理公路事宜，专区和县负责完成该地区的公路修建、养护等任务。自此，中国公路行业主管部门成立，并初步确立管理体制，为中国公路建设、养护和管理工作指明了方向。

公路管理机构的建立，是公路事业发展的组织保证。交通部的公路管理机构公路总局遵照政务院通知于1950年1月3日在北京成立。为适应公路事业发展的需要，各地先后组建了交通部公路总局直属的7个公路工程局，同时在北京成立了设计局，这些施工、设计单位主要承担中央财政投资的干线公路勘察、设计、施工任务。随着各省和沿海港口的解放，逐步自上而下建立了大区和省、自治区、直辖市的公路管理机构。

这一阶段，公路管理工作的建立主要包括基本建设管理、养护管理与投融资管理等几个方面。

建设管理工作方面，1950年公路总局编制《处理公路工事暂行规则》，对公路工程等级及投资建设主体进行了划分。1951年下半年中财委颁发《基本建设工作程序暂行办法》，使全国基建单位有章可循；年底交通部制订《基本建设公路工程竣工验收办法》；1953年7月颁发《工程技术设计文件编制办法》；1954年12月颁发《公路基本建设计划编制办法》；1955年3月颁发《基本建设工程技术监理暂行办法》和《公路技术管理暂行办法》，在公路行业建设各个环节都做出了具体的规定和要求。

公路养护工作管理方面，公路总局成立之初内设公路养护处管理全国公路养护事宜。1950年7月由交通部颁发《养护公路暂行办法》，确定不同等级公路的养护方式。1951年5月交通部发布《关于道群分工、共养公路的指示》，并于1951年底在北京召开的第一届全国养路会议上强调了“修养并重”的原则和“通车必养、有路必护”的方针。

投融资体制方面，这一阶段主要可分为国家投资和其他政策支持两个方面。国家投资可分为中央财政和地方财政两个部分，中央财政是中央人民政府政务院通过财经委员会在国民经济恢复时期对交通部的公路建设投资，地方财政投资是指省、直辖市、自治区的财政投资，以及收缴的养路费用于公路建设的补助投资。其他政策主要指1951年5月中央人民政府政务院颁布的《关于1951年整修公路的暂行规定》，以国家法令的形式所确定的民工建勤养路、修路制度，通过这一制度动员广大农民对公路的建设和养护作出了巨大的贡献。

2.公路管理机构的不断调整与变动(1958年—1978年)。随着国民经济和交通事业的发展，公路行政管理机构也在不断地进行调整。1958年国家开始经济体制改革，中共中央和国务院分别于4月和6月作出企业下放的规定，并对各部门提出具体要求，其中“交通部除保留必要的援外单位外全部下放”。从全国来看，公路管理机构的下放基本有三种情况：一是交通部和大部分省、自治区交通厅下放的过多、偏下；二是少数省和自治区没有下放或下放不久就收回，变动不大；三是两个直辖市北京、上海及一个省辖市天津没有下放，只对管理体制和机构进行反复调整。基于以上情况，交通部公路总局开始精简人员，并于1960年12月撤销公路总局，另行组建基本建设总局、运输局和工业局，负责相关职能工作。1963年4月，基建总局撤销，成立公路工程管理局和公路运输局，其中公路工程管理局主管公路设计、施工单位、重点工程及全国公路的养护工作。随着公路事业的继续发展，公路管理体制、机构调整的总趋势是逐步建立专业化的管理机构。

1966年开始的“文化大革命”使各级公路部门受到严重的冲击破坏，公路生产、管理工作基本瘫痪。1969年交通部军管后，部机关和直属单位仅留少数人员参加各级生产班子，交通管理机构基本处于取消状态。直到1970年7月，交通、铁道、邮电三部合并为交通部，原来部内主管公路的公路工程管理局被撤销，取而代之的是公路组。1973年初，公路组撤销，成立公路局，随着交通部从“五七干校”陆续抽回人员充实力量，公路管理工作基本得到恢复。

3.公路法制建设、管理体制、机构的改革和提高(1979年—1998年)。1978年中国共产党第十一届三中全会以后，公路建设实现从过去长期以国防公路为重点到以经济公路为重点的转轨。为适应“改革、开放、搞活”总方针贯彻实施后整个社会、经济发展的需要，中共中央、国务院要求加强公路建设，交通部制定“普及与提高相结合，以提高为主”的公路建设方针，相应的这一阶段公路管理水平也得到进一步的发展和提高，公路事业取得了突出的成就。

《中华人民共和国公路法》起草工作启动于1979年11月，1987年10月3日国务院发布《中华人民共和国公路管理条例》作为行政法规，是《公路法》出台前最高级别的行业法规，初步解决新中国成立以来公路行业建设、管理、养护缺乏根本法规层面依据的问题。1990年开始，交通部总结了《公路管理条例》实施以来的经验，分析了改革开放以来公路建设和管理上出现的新问题、新情况，在反复听取各地方及国务院其

兰州南绕城高速公路西固黄河大桥。 （甘肃省交通运输厅 供图）

他有关部门意见，并借鉴国外公路立法经验的基础上，再次形成《公路法（送审稿）》，并于1995年4月报请国务院审批。此后，国务院法制局经反复研究、修改，形成了《中华人民共和国公路法（草案）》，提请国务院常务会议讨论。1997年2月，《公路法（草案）》由国务院提请全国人大常委会审议。1997年7月，第八届全国人大常委会第26次会议审议通过《中华人民共和国公路法》，并于1998年1月1日起施行。《公路法》颁布施行后，1987年由国务院颁布的《公路管理条例》继续实施，此后交通部开始着手对《公路管理条例》进行修订。《公路法》的颁布实施，为公路行业法规体系的完整构建奠定了坚实的基础，公路法制建设进入全新的时代。

商洛公路管理局在312国道K1247+800段除雪保畅。

（陕西省交通运输厅 供图）

公路管理机构改革方面，1978年改革前，交通部的公路管理机构是1973年初恢复建立的公路局，局下设若干处、室，分管工程建设、养路、路政、工业、运输和交通监理等事宜。有关公路的规划、计划、科研、教育等业务，则分别由交通部计划局、科技局、教育局主管。1980年，为了加强公路事业的管理，交通部增加公路局的编制，充实了人员。1988年4月，七届全国人大一次会议通过《国务院机构改革方案》后，国务院确定交通部为国家机关改革的试点单位之一。交通部遵循“转变职能，下放权力、调整结构，精简人员”的方针和“政企分开、党政分开”及“精简、效能”的原则进行了改革。

20世纪80年代机构改革经历了两个阶段，首先是确定交通部机构改革的“三定”方案；继而是为实施“三定”方案做好准备和落实。根据交通部提出的行使政府职能的原则，公路管理机构设置改革主要是撤并原部公路局，将其主管的公路运输业务划归新设置的运输管理司，其原主管的公路建设、养护、路政管理和公路工业等，均划归新组建的工程管理司。机关机构改革的同时，交通部对直属的公路企事业单位也做了调整。

进入上世纪90年代，交通部继续按1988年确定的机构改革模式进行调整。1994年2月，国务院办公厅发布《关于印发交通部职能配置、内设机构和人员编制方案通知》，根据公路运输的实际情况和特点，交通部将原来的运输管理司、工程管理司调整为公路管理司、水运管理司和基建管理司；将政策法规司和体制改革司调整为体改法规司，明确各机构相应职能。调整后的交通部由17个司局级机构组成。在1998年3月第九届全国人大一次会议审议通过的《关于国务院机构改革方案的决定》中进行的职能调整，将出租车管理职能交给了地方人民政府。同年6月国务院办公厅印发《交通部职能配置、内设机构和人员编制规定》，交通部进行部内机构调整，与1994年相比将水运管理司和基本建设管理司合并组建水运司，将科学技术司和教育司合并组建科技教育司，综合计划司更名为综合规划司，公路管理司更名为公路司，调整后交通部由14个司局级机构组成。此次调整后公路司行业管理的职能得到加强，公路管理的主体框架基本形成。

公路设施管理方面，1978年10月，交通部公路规划设计院根据交通部“关于实现交通运输现代化汇报提纲”中对新时期公路事业发展的设想，编制《一九七八～一九八五年十万公里国道网规划（讨论稿）》并征求意见，经过修改后于1979年4月形成《一九八一年至一九九零年十万公里国道网规划（初步方案）》。1981年6月由交通部向国务院上报《关于划定国家干线公路网的报告》，同年11月经国务院授权，由国家计委、国家经委、交通部联合发出《关于划定国家干线公路网（试行方案）》的通知，批准了报告，划定了国家干线公路网并要求各地试行。这是国家加强公路建设与管理，实现交通运输现代化的重要措施，为制定国家干线公路的建设规划，有计划有目标的分批进行修建奠定了基础，是公路建设和管理进入新时期的重要标志之一。从“八五”开始到1998年福州会议前，各地方开始出现高等级公路、普通国省干线公路、县乡公路管理逐步分开的趋势，国省干线管理体制机制出现“条条、条块、块块”三种模式并存的局面。

公路项目建设管理方面，1983年2月，交通部正式颁布《公路工程基本建设管理办法》，并于同年制定颁布《公路建设可行性研究试行办法》，以上办法强调“一切大中型和中央建设项目上报的设计、计划任务书，凡未经可行性研究，一律不予审批”，对避免大中型项目盲目上马起到了积极的影响。同时，随着《公路工程技术标准》的重新修订和公路工程科学技术的新发展，到1990年末，共计修订和制定新的标准、规范、规程等36项。交通部公路工程定额站自1989年起还着手修订《公路基本建设概算、预算编制办法》，提高了公路企业的管理水平，有效推动了成本降低和质量提高。

进入20世纪90年代后，交通部不断深化公路基础设施建设制度改革，广泛深入开展公路工程招投标管理，探索市场经济条件下公路建设项目的管理体制，逐步建立起以项目业主（法人）责任制、工程招投标、工程监理制和合同管理等“四项制度”为主导的公路建设市场管理体制和运行机制，逐步将公路建设项目推向市场，并纳入依法管理的轨道。其中，《公路工程招标国际文件范本》通过审定后，1991年新开工的高等级公路或其他重点公路工程项目，开始通过招标确定施工单位和管理方式。1992年，中国部分地区积极探索公路建设项目管理体制改革，试行筹划、建设、运营、还贷一条龙的经营机制。1993年3月，交通部召开会议探讨公路项目业主责任制的意义和可行性，开始推动实行公路项目业主责任制。1996年7月，交通部发布《公路建设市场管理办法》，突出政府职能，使公路建设市场进一步向市场开放。

在行业管理方面，随着1984年10月《中共中央关于经济体制改革的决定》的发布，1985年3月全国交通工作会议上又讨论了进一步改革交通运输体制问题，明确要求各级交通部门的行政管理工作要逐步实行“两个转变”。这一时期生产建设单位开始实行以承包为主要内容的经济责任制，主要表现为公路建设项目从开始以主管部门或建设单位实行投资包干，发展到省交通厅（局）就全省的公路建设、养护投资向省（自治区）政府实行大包干。

公路投融资管理方面，从1983年开始交通部对扩大公路建设资金的问题进行研究，1984年12月在国务院第54次常务会议上，会议原则同意交通部提出的征收汽车购置附加费、提高养路费征收费率和允许用贷款修建的公路、大型桥梁和隧道等工程收取通行费，用以偿还贷款的本息等意见。自此公路建设资金来源除了中央财政的专项拨款、地方对公路建设的投资、修建扶贫公路的专项拨款、利用外资等途径外，车辆购置附加费和养路费也为公路建设起到了重要的作用。

从黄土高原葱郁的山峁中穿过的沿黄观光路延安段。　　（陕西省交通运输厅　供图）

进入20世纪90年代，公路投融资管理同时向市场化、多元化、多渠道发展。1990年1月，交通部发布《公路、水运交通产业政策实施办法（试行）》，其中明确提出要多方筹集和有效使用建设资金，加速交通基础设施建设。继续鼓励地方对交通投资，采取国家补助、地方集资、民工建勤、民办公助、以工代赈等办法，加快发展地方公路交通。从1992年开始，中外合资、合作、外商独资、境外股票上市、转让经营权、项目融资等各种直接利用外资的形式取得了很大进展，采取转让公路收费权、发行企业债券以及发展股票等形式，利用资本市场进入公路投融资领域也进一步拓宽了融资渠道。这一时期公路投融资管理改革取得明显成效的关键在于坚持以市场为导向，促进行业的全面开放，建立了投资激励机制，调动了各方利益主体的积极性，变行业行为为政府行为、社会行为，形成全社会大办交通的局面，极大地促进了公路基础设施的发展。

4.公路管理水平的改革和加快发展（1999年—2019年）。进入21世纪后，是中国公路事业加快发展的阶段，以高速公路为主的公路基础设施实现了跨越式发展。在党中央、国务院“实施积极财政政策，加快基础设施建设，扩大内需”决策的推动下，全国开始加快大规模公路建设。为指导公路行业的发展，交通部（交通运输部）面向市场，结合中国经济社会发展需要、基础设施建设、重大关键技术问题等，不断提高公路行业管理水平，引导公路建设、养护和管理走上可持续发展的轨道。

在行业法规体系建设方面，《公路法》颁布实施后，根据实际情况，1999年10月，第九届全国人大常委会第12次会议通过《关于修改〈中华人民共和国公路法〉的决定》，使公路行业“费改税”的改革在法律上取得突破性进展，对公路规费的征收产生了重大影响。2004年8月，第十届全国人大常委会第11次会议通过《关于修改〈中华人民共和国公路法〉的决定》，进一步明确各级公路管理部门进行公路管理的主体地位和职责。2009年8月，第十一届全国人民代表大会常务委员会第10次会议通过《关于修改部分法律的决定》对《公路法》进行了第三次修正，本次修订主要是解决《治安管理处罚法》与已经废止的《治安管理处罚条例》的衔接问题，将相关法律和有关法律问题的决定中引用的《治安管理处罚条例》修改为《治安管理处罚法》；或者对有关法律和有关法律决定中关于治安管理处罚的具体规定作出修改。2016年11月，第十二届全国人民代表大会常务委员会第24次会议通过《关于修改〈中华人民共和国对外贸易法〉等十二部法律的决定》对《公路法》进行了第四次修正，本次修订主要是强化对农业生产的支持和对公路的保护，取消了铁轮车、履带车和其他可能损害公路路面的机具在公路上行驶的许可，改为一律禁止。2017年11月，第十二届全国人民代表大会常务委员会第30次会议《关于修改〈中华人民共和国会计法〉等十一部法律的决定》，对《公路法》进行了第五次修正，本次修订主要内容是政府还贷公路收费权转让的行政审批问题的改革。

《公路法》颁布实施后，公路法制建设步入全新的时代，公路行业法制建设开始围绕完整的法规体系开展，地方公路法制建设也迈上新台阶。1999年交通部组织编制并于2000年发布《公路、水路交通法规体系框架和实施意见》，明确要求建立9个法规子系统。涉及公路行业的有公路法规系统、道路运输法规系统两个子系统，计划用10年时间实施。《意见》的出台，确立了公路行业法规体系的基本框架，在这个框架指导下，公路交通法制工作步入规范化、法制化的轨道。收费公路管理立法方面，2004年9月，国务院发布《收费公路管理条例》，这是中国规范收费公路管理的重要法规。建设市场管理方面，1999年2月交通部发布《公路工程质量管理办法》，2000年8月交通部发布《公路建设市场准入办法》《公路建设四项制度实施办法》和《公路建设监督管理办法》，2002年6月颁布《公路工程施工招标投标管理办法》，2004年3月发布修订后的《公路工程竣(交)工验收办法》，2004年12月发布新修订的《公路建设市场管理办法》，2005年5月颁布《公路工程质量监督规定》和《公路工程设计变更管理办法》，2007年10月颁布《经营性公路建设项目投资人招标投标管理规定》。公路养护管理方面，为治理超限超载运输，遏制公路、桥梁损坏严重的势头，2000年2月交通部发布《超限运输车辆行驶公路管理规定》，为2004年开始全面“治超”做好了法律准备，2005年10月，交通部印发《关于收费公路试行计重收费的指导意见》。

2006年1月交通部颁布《农村公路建设管理办法》，这是交通部颁布的第一部规范农村公路建设的公路行业规章。2008年大部制改革后，城市公共客运的管理职能划归交通运输部，2008年交通运输部重新起草工作，形成《城市公共交通条例(征求意见稿)》。2008年交通运输部、国家发展改革委、财政部联合颁布《收费公路权益转让办法》，规范了公路建设的市场行为，保持了公路建设投融资市场的开放，明确了社会资本进入公路市场特许经营的实质，维护了公路建设市场的快速、健康和平稳发展。

2013年初，交通运输部印发《关于全面建设交通运输法治政府部门的若干意见》。意见明确提出，到2020年基本建成交通运输法治政府部门的目标。根据国务院关于加快转变政府职能，深化行政体制改革工作作出的全面部署，交通运输部对现行的行政审批项目进行了清理。针对交通运输领域一些单位执法不规范等突出问题，交通运输部高度重视执法队伍建设，制定了一系列制度措施，特别是把“三基三化”建设作为交通运输法治政府部门建设的着力点。截至2019年，交通运输部积极推进交通运输法律法规重点项目制修订工作，印发了《交通运输部关于完善综合交通运输法规体系的实施意见》，深化研究《收费公路管理条例(修订)》重大制度和关键问题，《快递暂行条例》已公布并于2018年5月1日起实施，加快推进《铁路交通事故应急救援和调查处理条例(修订)》，针对“互联网+”的社会发展需求，研究提出了新业态立法诉求，设计与开发了交通运输法规查询系统手机APP，探索建立法治政府部门建设考核评价督导机制。研究起草《交通运输法治政府部门建设考核评价暂行办法》，全面推进交通运输法治政府部门建设。研究起草交通运输法治政府部门建设白皮书。围绕全面落实党的十八大、十八届三中、四中全会、十九大精神和《法治政府建设纲要(2015—2020年)》要求，总结了近年来交通运输法治政府部门建设成就。

在体制机制改革方面，交通部行政职能与内设机构在1998年重新调整后，基本保持稳定，未再进行重大改革和调整。仅在2006年11月，印发《关于设立部公路司农村公路处的通知》，决定在公路司增设农村公路处，以进一步加强农村公路建设管理工作。2008年2月，中国共产党第十七届二中全会通过《关于深化行政管理体制改革的意见》，同年3月，在十一届全国人大一次会议上就《国务院机构改革方案》作了说明，其中涉及公路交通系统的是：组建交通运输部，加快形成综合运输体系。2008年3月，交通运输部正式成立。2009年3月，国务院办公厅发布《关于印发交通运输部主要职责、内设机构和人员编制规定的通知》，明确了交通运输部主要职责调整，与1998年机构改革相比，公路方面的主要变化是拆分了公路司职能，成立公路局，将道路运输管理的职能划入新成立的道路运输司。2009年3月下旬至7月，与公路行业关系密切的政策法规司、科技司、安全监督司(应急办公室)、科技司等内设机构先后组建完成。

1998年的福州会议对深化公路管理体制改革提出了明确的要求，指出改革的主要任务一是改革管理机构，从中央到地方按四级设置，每一级设立一个公路管理机构，各级公路管理机构在改革中都要政企分开、事企分开，转变职能，精简机构，压缩编制，建立精简高效、运转协调的管理机构。二是建立符合现代企业制度的高速公路经营管理体制，按照要求组建高速公路经营公司，实行企业化管理。高速公路的路政管理职责，由省级交通主管部门或授权省级公路管理机构行使。三是改革养护体制，提高养护质量和效率。四是改革、完善公路和建设市场管理。五是严格审批、规范收费公路的管理。六要加强公路法规体系建设。

经过长期的管理体制改革，高速公

路管理体制大致分为以下四种模式：一是交通主管部门统一领导，公路管理机构实施行业管理；二是交通主管部门下设高速公路管理局直接管理；三是由集团公司统一管理；四是由交通主管部门领导，各路段成立公路或管理段，按一路一公司模式管理。高速公路的交通安全管理由公安交通安全管理部门负责。

国省干线公路管理体制改革基本延续了20世纪90年代中期的形式，在“条条、条块、块块”3种公路管理模式间选择，但有了加快建设周期的特点，总体上看，实行“条条”模式的省份有增有减，实行“条块结合”模式的省份中，公路管理体制出现了分割、重组、化整为零的趋势。农村公路管理体制改革方面，按照《公路管理条例》和《公路法》的规定，由县级人民政府负责养护管理，省公路管理机构负责行业指导和补助资金。

在养护管理方面，进入21世纪后，“建养并重”成为行业必须努力解决的首要问题。为顺应行业发展的需要，公路养护由传统行业管理开始向现代化服务业转变。根据交通部提出的“管养分离，事企分开”的原则，到“九五”末期全国公路养护初步实现“养护生产单位由事业型向企业型转变，养护任务由指定养护向合同养护转变，养护形式由分散的小道班向大道班（工区、站）和机械化作业转变”的“三个转变”。在此基础上，2001年5月交通部在南昌召开的“全国公路养护管理工作会议”上又提出“十五”期间公路工作方针、目标任务和实施措施。会议提出“建养并重、强化管理；深化改革、调整结构；依靠科技、提高质量；依法治路、保障畅通”的32字公路养护管理工作方针，同时提出要牢固树立“建设是发展，养护管理也是发展”“以人为本、以车为本”“以体制创新促进养护管理发展”“通过科技创新实现公路可持续发展”的四个新观念，对于做好新世纪公路养护管理工作具有很强的指导意义。

为切实提高公路养护和管理水平，适应新世纪经济和社会发展的需要，2001年6月交通部印发《公路养护与管理发展纲要（2001—2010年）》和《公路养护工程管理办法》，公路养护开始逐步纳入规范化管理的轨道。2006年5月在济南召开的“全国公路养护管理工作会议”上，提出“更好的为公众服务”的新价值观和“公路建设是创造财富，养护管理是保护财富”的理念。2011年10月，在南京召开的“全国公路养护管理工作会议”上，提出“畅通主导、安全至上、服务为本、创新引领”的“十六字”方针，指出随着布局合理、功能完善的公路网络基本形成，公路交通工作的重点将逐步转变为维持路况、加强养护、规范管理、提升服务以及完善路网支撑系统等。2016年6月，在徐州召开的“全国公路养护管理工作会议”上提出 “改革攻坚、养护转型、管理升级、服务提质”的十六字方针，明确深化养护管理改革、推动养护现代化、提升路网管理水平、优化公众服务、加强农村公路养护、强化资金保障等六大重点任务。随着公路养护管理水平的不断提高，使公路养护管理全面迈入协调可持续发展的轨道。

在投融资管理改革上，这一阶段成就主要表现在公路行业费税改革的推进与完成，以及投融资主体多元化的探索和社会资本进入两个方面。一是公路行业税费改革，1998年12月，财政部、交通部下发《关于加强养路费等交通规费征收工作的紧急通知》，指出为理顺税费关系，合理筹集交通维护和建设资金，国务院决定对交通和车辆收费进行税费改革。2000年1月，国务院转发了交通部、财政部、公安部、国家发展计划委等部门制订的《关于继续做好公路养路费等交通规费征收工作的意见》，明确要求在交通和车辆税费改革方案正式实施前，各地要严格执行现有相关规定，继续做好养路费等交通规费的征收工作，在此背景下养路费征收工作的被动局面得以扭转，养路费征收环境明显改善。2004年，交通部加大了公路养路费管理方面的政策法规建设力度，启动了《公路养路费征收管理办法》的修订工作。2006年12月，国务院办公厅发出《关于在燃油税正式实施前切实加强和规范公路养路费征收管理工作的通知》，2007年3月，交通部发出《进一步规范公路养路费征收管理工作的通知》，要求各地按照国办《通知》切实做好养路费征管工作。2007年下半年，国家启动成品油税费改革，于2008年12月，由国家发展改革委、财政部、交通运输部和税务总局联合发布公告，就《成品油价格和税费改革方案（征求意见稿）》向社会公开征求意见，其中明确提出由燃油消费税替代的相关费用包括公路养路费和公路运输管理费、客货运附加费等六项，逐步有序取消已审批的政府还贷二级公路收费。《成品油价税费改革方案》于2009年1月1日实施。从1994年动议实施燃油费改税开始，1997年出台的《公路法》在法律上正式确立征收燃油税代替养路费等交通规费，到2009年开始实施成品油价税费改革，从1950年开征的养路费走过了59年的风雨历程，为中国公路的建设、养护提供了最大、最稳定、最有保障的资金来源。特别是改革开放以来，随着中国汽车保有量的快速攀升，养路费、车购费（税）等规费的征收成为各级政府和交通主管部门实施公路建设、筹集政府资本金的主要来源，也是超过300万公里公路养护的主要资金来源，为中国公路建设、养护和可持续发展做出了突出的贡献。

在车购费改税方面，1998年《公路法》正式实施后，为理顺国家税费关系，2000年10月国务院批准了财政部、国家发展计划委、国家经贸委、交通部等12个部门制定的《交通和车辆税费改革实施方案》，决定自2001年1月1日起先行实施车辆购置税，此项资金从此纳入国家财政预算管理。《实施方案》明确了税费改革的指导思想、基本原则和改革的主要内容，对车辆购置税和燃油税的征收环节、税收分配与使用安排、改革的配套措施等做了原则性规定。同日，国务院颁布《中华人民共和国车辆购置税暂行条例》，自2001年1月1日起实施。已征收15年的车辆购置附加费被车辆购置税替代。

从投融资主体多元化的探索和社会资本进入方面来看，首先是为了应对1997年金融危机对中国经济造成的不利影响，中央政府、国务院对宏观经济政策进行重大调整，做出“实施积极财政政策，加快基础设施建设，扩大内需”的重大决策，具体措施是在1998年重点实施公路、铁路等基础设施建设，而其中公路成了重中之重。为落实中央政府部属，交通部于1998年6月在福州召开“全国加快公路建设工作会议”，会议明确将1998年公路建设投资规模由原计划的1200亿元调增至1600亿元，正式开放国内银行贷款进入公路建设领域。在此情况下，公路部门重点加快了在建项目进度，并加快上了一批新项目，增加了大量贷款。更重要的是，在此背景下公路行业明确了筹集建设资金的三条主要措施：一是抓紧落实国务院支持公路建设的四项措施；二是争取地方政府继续对公路建设实施优惠政策，增加地方财力对公路建设的投入，并从每个地方实际情况出发出台一些新的政策；三是增加银行贷款和发放债券，关键是抓好银行贷款的落实到位。

到2006年，国家对固定资产投资过快并呈现加剧的趋势，为此提出了要进行坚决抑制的要求。国家发展改革委、银监会和国土资源部通过下发《关于加强固定资产投资调控从严控制新开工项目的意见》，对固定资产投资和新开工项目等方面采取有力措施从严调控。2006年12月交通部下发《关于进一步规范收费公路管理工作的通知》，使得收费公路经营权转让被暂停并面临清理整顿，而各地方各公路公司在资本市场发行股票的上市热潮也因为其对融资的重新规范而实质上被终止。政府财政投资方面，国债资金的使用方向发生了重大转变，本应投向收费公路的资金投向了农村公路，车购税中投向农村公路的比重也大幅提升。为了进一步将收费公路投资建设的步伐放缓，国家发展改革委于2007年4月发布《关于高速公路建设有关问题的通知》，提出要把“突出重点，把握节奏，科学管理，协调发展”作为今后一段时期收费公路建设的基本方针，试图从政策上对收费公路进行调整和完善。

2008年，随着一场新的金融危机的到来，11月国务院常务会议上提出以公共投资为主的“四万亿经济刺激计划”，以此来扩大内需，2009年国家再次加大对高速公路等重大基础设施建设的投入。在市场化融资方面，为了支持收费公路的投资建设，收费公路权益转让开始重启，各大银行又纷纷与地方政府签署合作协议，地方债券又开始批准发行，国债也开始屡创新高，一度停止的公路公司上市又开始实施。

经过上一阶段的快速发展，公路行业债务规模及引起的问题也愈发突出。因此，中央政府开始对地方政府及其融资平台进行约束和清理，并在提出分税制的背景下对公路行业成品油价格和养路费进行税费改革，还开始逐步取消二级公路的收费。在这一背景下，收费公路投融资采取政府和社会资本合作（PPP）模式逐渐开始兴起，并逐渐成为收费公路主要的投融资模式。从2014年开始，财政部和国家发展改革委接连下发《政府和社会资本合作模式操作指南（试行）》《政府和社会资本合作项目通用合同指南（2014版）》《关于在收费公路领域推广运用政府和社会资本合作模式的实施意见》等政策文件与实施意见，对社会资本进入收费公路投融资领域进行引导与规范。

作为十八届三中全会最重要的成果之一，PPP模式为中国公路投融资做出了巨大的贡献。但经过一段时期的发展，在防范系统性金融风险，以及财政系统严格做好地方和国企债务管理的多重施压下，公路行业PPP模式也逐渐规范。这一时期从国务院、财政部、国家发展改革委等部门密集发布政策文件，以明晰PPP的规范化要求，找到合理的政策依据。其中最主要的有：2014年10月发布的《国务院关于加强地方政府性债务管理的意见》，这是十八届三中全会后首个明确PPP作用的政策文件，是PPP模式全面开展的开端；同年9月24日发布《关于推广运用政府和社会资本合作模式有关问题的通知》，归纳了中国当前推出PPP模式的主要问题，首次提到PPP模式的管理框架；2015年4月发布的《基础设施和公用事业特许经营管理办法》，是目前关于基础设施和公用事业特许经营管理的效力层级最高的规范，对于规范开展PPP项目具有重要意义；2017年5月发布的《关于进一步规范地方政府举债融资行为的通知》，对地方政府不合规融资行为和政府产业基金进行了进一步的约束；2017年9月发布的《国务院办公厅关于进一步激发民间有效投资活力促进经济持续健康发展的指导意见》，明确禁止在PPP领域排斥、限制或歧视民间资本的行为；2017年11月发布的《关于规范政府和社会资本合作（PPP）综合信息平台项目库管理的通知》，由财政部对PPP入库项目进行进一步的规范；2018年2月发布的《财政部关于公布第四批政府和社会资本合作示范项目名单的通知》，开启了PPP高质量发展的新时代；2019年3月发布的《财政部关于推进政府和社会资本合作规范发展的实施意见》，对之前一些未明确而市场关注度较高的问题做出更详细的解释，部分条款对PPP项目合规性的标准及后续开展空间要求比之前更严格。

截至2018年底，公路行业采用PPP模式融资仍是地方政府提供公路基础设施及服务的主要手段之一，虽然经历了PPP项目建设的热潮，且近来PPP模式走向冷却，但其整体的科学管理模式已基本建立完成，其在下一阶段不会再像此前一样具有“普遍适用性”，而会具有更为理性的立项过程，更为严谨的投资决策以及管理手段等特征。

道路运输发展历程与成就

【概 述】新中国成立70年至今，中国道路运输发展成绩斐然。从新中国成立之初大量依靠人背畜驮，到改革开放带来汽车保有量的猛增，再到如今便捷通畅的客运出行、持续扩大的货运规模，道路运输业在70年之间实现了飞速发展。从运输服务、运输装备、国际运输等多个方面综合来看，当前中国道路运输行业总体已具备较高的发展水平，并成为培育交通运输新动能的重要载体。

1.运输服务。

（1）客运公交。公路客运规模方面，截至2018年底中国公路营业性客运量和旅客周转量分别达136.7亿人和9279.7亿人公里，约为1978年改革开放之初两项数据的9倍和18倍，同时是1949年新中国成立之初的700多倍和1100多倍。这期间的发展历程大致可分为三个阶段。第一阶段，从新中国成立之初到改革开放，中国公路营业性客运量和旅客周转量虽保持逐年上涨之势，但总体上仍长期处在相对较低的水平；第二阶段，自20世纪70年代末到2013年，两项数据实现了跨越式增长；第三阶段，在这之后拐点出现，客运量和周转量均开始逐年下行。对于近来的下滑态势，一方面是源于公路营业性运输相关统计口径的转变，另一方面也受益于自驾、租车等中短途公路运输方式的愈加流行，以及中国铁路、民航客运的快速发展，从而分担了更多的旅客运输量。例如，随着中国高速公路里程和私家车数量的快速增长，近年来高速公路旅客出行量和周转量均已全面超越全国公路的营业性客运量和旅客周转量。2018年中国公路营业性客运量占到所有运输方式客运总量的76.2%，旅客周转量占到所有运输方式总量的27.1%。

城市道路客运规模方面，随着改革开放以来城镇化的加速推进，城市道路客运水平不断提升。到2018年，全公共汽电车运营线路已突破6万条，运营线路总长度达119.9万公里，并且当前依然保持着较高的增长水平。2018年全年中国实现公共汽电车客运量697亿人，运营里程346.1亿公里；城市巡游出租车完成客运量351.7亿人。

此外，道路客运在城乡服务均等化、出行快速便捷化，以及道路交通安全等方面也取得了令人瞩目的成就，运输服务发展不平衡不充分的问题正在加速得到改善。截至2018年底，全国建制村通客车率已达到97.6%，不久将实现“具备条件的建制村全部通客车”的兜底性发展目标，为全面建成小康社会提供坚实支撑。近年来，以“互联网+”和“旅游+”为代表的道路客运服务新业态新模式不断推陈出新，公路与铁路等旅客联程运输组织效率不断提高，都极大地提升了出行便捷度，有力保障和改善了旅客的出行体验。到2018年，中国网约出租车和专车用户规模均攀升至3.3亿水平线，并依然处在高速增长之中。2018年全年中国网约出租车合计完成客运量约200亿人次，已占到出租车客运总量的近四成。在机动车和驾驶员数量逐年增加的背景下，中国道路交通安全水平持续提升。2018年道路交通事故死亡人数同比下降，特别是一次死亡十人以上重大事故数下降44.4%。

（2）货运物流。公路货运规模方面，截至2018年底中国公路营业性货运量和货物周转量分别达395.7亿吨和71249.2亿吨公里，约为1978年改革开放之初两项数据的26倍和200倍，同时是1949年新中国成立之初的近500倍和近9000倍。改革开放之前的几十年，中国公路货运发展缓慢；在此之后，公路货运量和货物周转量均步入高速增长阶段，并在当前依然拥有蓬勃发展的良好态势，两项数据继续保持在世界第一的水平。近年来，高速公路对货物运输的承载能力持续提升，当前其承担的货运量和周转量占全国公路货运量和周转量的比重均已接近50%，并且仍在逐年增加之中。2018年中国公路营业性货运量占到所有运输方式货运总量的76.8%，货物周转量占到所有运输方式总量的34.8%。

从道路货运细分市场看，虽然快递业务体量近年来涨势迅猛，但整车和零担业务依然占据主导并且增长稳健。2018年三类业务市场规模分别达整车4万亿元，零担1.4万亿元，快递6000亿元。同时，市场主体结构持续优化。截至2018年底，全国道路货运行业共有企业56.6万户，个体运输户513.3万户。虽然目前后者的数量仍然占90%左右，但行业近年来已逐渐呈现出规范化、规模化的发展趋势。例如，集装箱运输企业和大件运输企业已分别占到各自经营主体的87%和45%，危险货物运输企业已实现100%占比。此外，当前道路货运行业从业人员已超过2100万，可以占到交通运输从业人员总数的70%以上。

党的十八大以来，道路货运新的增

天津市的绿海蓝天外环线。 （天津市交通运输委员会 供图）

长点亦不断涌现。在交通与产业协同发展走向深入的背景下，道路货运依托临空、临港经济拥有更大的发展空间，服务区经济进一步壮大。以绿色高效的现代物流系统建设为导向，道路货运依托其“门到门”的优势，正在多式联运组织中发挥着重要作用。通过加速推进互联网、大数据、云计算、物联网等新一代信息技术的融合应用，以及推动冷链快递、即时直递等新物流业态发展，近年来道路货运的专业性、及时性、延展性均得到大幅提升，当前总体上已形成较为便捷和高效的货物运输服务体系。

2.运输装备。新中国成立70年间，中国公路运输装备实现了数量与质量的全面提升。数量方面，在新中国成立之初，中国公路运输市场规模较小，全国民用汽车保有量仅在5.1万辆，主要归国营及各省直属的汽车运输公司所有；到1978年改革开放初期，民用汽车增至135.8万辆，但其中的大部分仍为载货汽车，载客汽车约为载货的1/4。随着经济的飞速发展，载客汽车需求在近40年大幅飙升。截至2018年底，中国民用汽车总数已跃升至2.3亿辆，其中载客汽车2.1亿辆，规模达到载货汽车的8倍左右。另据统计，当前国家高速公路年平均日车流量已达2.6万辆的水平，普通国道年平均日车流量也在1万辆以上，民用汽车使用高度活跃。与此同时，随着人民物质生活水平的不断提高，私人汽车逐渐成为带动民用汽车数量增长的主要力量来源。交通部1985年提出“各部门、各行业、各地区一起干，国营、集体、个体以及各种运输工具一起上”的号召后，运输工具所有制束缚被打破，众多个体运输户涌现出来，私人汽车市场开始迅猛发展。2018年数据显示，中国私人汽车拥有量首次突破2亿辆，已占到民用汽车总数的近90%。近十年来，公路营运汽车数量基本保持稳定，2018年总数约为1400万辆，其中载货汽车占比超过九成。在数量基本稳定的同时，货运汽车一直保持着向大型化发展的趋势，2018年中国载货营运汽车总吨位已增至将近1.3亿吨的水平。

对于城市公共汽车而言，新中国成立初期受限于汽油供应的严重短缺，公共汽车数量水平极低，甚至很多地区长期依靠木炭为车辆提供动力。在逐步解决燃料供应问题后，中国于20世纪80年代开始提出“公交优先”的发展导向，城市公共汽车投运数量伴随着改革开放的进一步深化和经济发展而逐年增长。近年来，随着“十二五”规划进一步提出要启动“公交都市”建设示范工程，公共汽车发展迈上了新的台阶，不仅数量继续增加，燃料也朝着更加清洁化加速转型。2018年数据显示，当前中国城市道路上营运公共汽电车累计已增至67.3万辆，其中包括近一万辆BRT车辆。按燃料类型分，以化石能源为动力的车辆占比已不足五成（其中柴油车占22.2%，天然气车占24.5%）；同时，纯电动车数量占比升至37.8%，混合动力车升至12.9%。城市出租车的发展同样兴起于改革开放，并逐渐成为城市道路运输的重要组成部分。近年来，信息技术革命为网约车的诞生与崛起创造了条件，传统出租车发展空间受到挤压。在国家2016年出台出租车改革方案正式赋予网约车合法身份之后，城市巡游出租车数量开始出现下降苗头。2018年，中国共拥有城市巡游出租车138.9万辆，继续呈现与前一年相似的回落态势。

运输装备质量方面，中国汽车工业技术水平在70年间也取得了长足进步。汽车制造业从新中国成立初期艰难的起步探索，实现汽车生产零的突破，到顺应国家改革开放大势，通过对外合资合作形成了较为完整的产业体系，再到如今自主创新取得积极成果、品牌影响力不断提升。截至2018年底，中国汽车制造业已拥有规模以上企业超过1.5万家，资产合计近8万亿元。当前，中国汽车制造业正朝着低碳化、智能化方向转型升级。近年来，新能源汽车已被列为中国七大战略性新兴产业之一，市场需求逐年增大，2018年销量更是首次达100万辆以上；自动驾驶、车路协同等智能网联汽车技术研发应用也在不断取得新突破，努力朝着世界一流水平迈进。70年间，汽车维修业同样经历了蓬勃发展。起初在计划经济时代，汽修业务主要依附于运输企业，但随着市场经济以及私家车时代的到来，汽修业务逐渐走向独立，并从产品型行业转变为服务型行业，实体得到显著增强。中国高度重视汽修业的发展，近年来通过融合应用互联网技术，进一步推动了行业的转型升级。截至2018年底，全国汽车维修电子健康档案系统已覆盖28个省（区、市）共365个地市，有力满足了广大消费者对汽车质量和维修工作日益严格的要求。

3.驾驶人员。车辆驾驶员是道路运输的另一重要组成部分。改革开放以前，中国机动车保有量长期处于较低水平，驾驶员培训行业也主要由政府包办，受众面小、门槛高，一直到1978年中国道路运输市场的潜能仍未得到充分释放，全国只有不到200万的汽车驾驶员。随着20世纪80年代经济建设工作的有序推进，待到1990年时，汽车驾驶员人数已大幅跃升至近800万，而同年，全国机动车驾驶员数量达1635.9万人。也正是从20世纪80年代末这一时期开始，驾培和驾考的门槛逐步放低，行业开始探索向社会化转型，直到新世纪开启后最终实现了“考培分离”，社会资源得以全面进入驾培行业。历经漫长的改革探索，中国驾驶员培训当前正朝着“市场化、便民化、信息化”的方向继续迈进。截至2018年底，全国机动车和汽车驾驶员数量已分别增至4.1亿人和3.7亿人，两项数据均高居世界第一。

4.国际运输。国际道路运输是中国交通运输行业推进“一带一路”建设、扩大对外开放最为有效的抓手之一，当前中国已提出到2020年初步建成开放有序、现代高效的国际道路运输体系的发展目标。近年来，面向国际的道路运输便利程度得到了显著提升。中国于2016年加入联合国《国际公路运输公约》，2018年公约正式在中国落地实施。自此以后，中国获得资质的道路运输企业便能够在公约覆盖的60多个国家间畅通无阻，通行手续大幅简化。与此同时，中国也陆续与周边多国签订国际道路运输双边协定，跨境运输合作不断走向深入。到2018年末，中国国际道路运输经营业户已增至近1500户，拥有营运车辆超过6.4万辆，运输企业规模化、专业化程度不断提高，市场竞争力日益增强。在中国已开放的77个国际公路口岸中，有73个口岸已开展国际道路运输业务，国际道路运输年过客量、年过货量现基本稳定在800万人次和5000万吨以上水平，其中年货运量在百万吨以上的口岸达7个。

重大科技创新成果与推广应用

【概　述】新中国成立70年来，中国筑路、桥隧技术经过多年的科技攻关，在新材料、工程、管理等方面取得了很大的成绩，特大桥梁、长大隧道、高等级公路建设、多塔连跨悬索桥、快速成岛技术水平跻身世界强国之列，有力支撑了以港珠澳大桥为代表的一批中国路、中国桥、中国隧等举世瞩目的重大工程建设，引领了世界交通基础设施建养技术的发展。

1.公路建设养护技术。70年来，围绕中国公路交通建设发展的特殊地质筑路技术难题，从勘察、设计、施工、养护等方面开展系统性研究，攻克了沙漠高速公路路基压实、多年冻土地区公路病害机理、膨胀土路堑边坡稳定等世界性技术难题，形成了沙漠、冻土、膨胀土、岩溶、黄土、盐渍土6大特殊地质筑路成套技术，极大地支持了中国公路事业的跨越式发展。改革开放后，在建设的每一条高速公路中，都具有很高的科技含量。例如，2018年云南大理—丽江高速公路由于在科技创新与新技术应用成绩显著，获得詹天佑奖。

(1)公路勘察设计技术。20世纪80年代后，随着电子计算机技术的应用和推广，公路勘探设计部门引入计算机辅助系统(CAD)。随后，在公路勘察、设计中，不断对计算机辅助设计(CAD)系统进行开发研究应用。从20世纪80年代开发的数字地面模型子系统，路线平、纵、横断面设计和透视图子系统，公路平、纵、断面优化设计子系统等6个子系统，到20世纪90年代开发的现代高新空间技术、信息技术为核心的公路勘察设计技术体系、IKONOS卫星图像控制布设和加密模式、多级工程地质遥感勘查体系等成果，以及21世纪的数字地面模型系统BID−Land、路线与互通立交集成BID−Road、利用集成技术成果进行公路勘察设计的整体化解决方案等成果，实现了公路规划勘察设计环境评估全过程的一体化、自动化和集成化，使公路设计由二维设计提升为空间三维设计，由静态设计提升为动态化设计，大大提高了设计效率，有效减少了公路测量野外工作量，还提高了设计质量，采用多方案优化设计，使平均里程缩短3%～5%，节省土石方量5%～10%，推广过程中，已经完成40余项近4000公里新技术应用的典型案例。

公路计算机辅助设计(CAD)、道路设计软件(Card/1)、仿真技术等实现了空间三维设计，使平均设计效率提高了2倍～3倍。通过建立行驶质量舒适性评价模型，道路边坡景观设计采取数据库和数学模型；道路绿化材质数据库和数学模型；跨线桥梁景观选型造型数据库，利用平面数据库，建立任意状态的三维跨线桥数学模型，建立跨线桥与地形和道路匹配的模型；建立交通设施与道路沿线环境的关系，建立交通设施三维实景设计模型等，为优化公路勘探设计提供了方法和技术。

(2)岩土工程技术。软土路基筑路技术。中国沿海与内陆平原地区地势低洼、潮湿土质、含水量高。"六五"国家攻关课题《高等级公路路基综合稳定技术》，提出了软土路基综合设计方法和处理施工技术，以及高等级公路过湿土路夯实标准及设计、施工、新型NCS固化材料全套技术，提出和完善了高等级路面排水系统设计方法，土工织物用于路基排水和降低地下水位等，解决了中国软土地区的筑路技术。

黄土地区公路修筑技术。中国黄土地区主要在青、甘、宁、蒙、陕五省区，由于黄土具有湿陷性，易容蚀易冲刷和各向异性等特点，给西部地区公路建设和养护带来了许多困难。黄土地区公路修筑成套技术提出：黄土潜水对路基与边坡等构筑物影响的评价方法，黄土地区公路边坡的防护技术，总结出八类黄土高边坡地质结构模型，为黄土地区公路高边坡稳定性分析、设计与防护提供了重要依据。"宽台陡坡"的设计理念、公路暗穴防治措施、黄土路基压实标准、路基施工方法及工艺、湿陷性黄土地区病害的防治技术等以及对黄土边坡植物防护机理、草种选择与综合护坡技术的研究和应用、平台植树、土工格室和绿化防护板等新型生态防护技术，为中国黄土地区筑路提供了有力的技术支撑。

沙漠地区公路筑路技术。该技术科学地描述了公路路基横断面形式的输沙、阻沙规律，获得了各种公路横断面形式与建设养护费用的关系，提出了沙漠地区公路路基横断面设计指南；按不同沙丘类型、不同等级的沙漠公路，提出了沙漠地区公路路基合理填土高度建议值以及不同等级上公路路基压实标准，形成了设计、施工、养护、质量检测等一系列成套技术；即沙漠地区植被封育技术、干旱区公路沙害综合治理技术、半干旱区公路沙害防治技术、土工合成材料固沙技术、沙产业开发利用技术、公路边坡防护技术、极端干旱地区公路植物防沙体系建设技术等，这些研究成果形成了沙漠筑路的成套技术，为中国沙漠公路的修筑提供了有力的技术支撑，为沙漠地区公路技术规范的制定提供了依据。

冻土地区公路修筑技术。青藏高原是世界上唯一的高海拔低纬度的多年冻土地区，占中国国土面积的60%以上，多年冻土地区公路修筑一直是世界性难题，中国冻土地区公路筑路技术通过野外调查室内冻土路基大型模型实验验证和理论计算，摸清了水热力三场耦合的规律和公路病害的成因机理。进而采用热力棒、聚氨酯板、遮阳板、热沥青下封层、植被覆盖等多种措施促进路基的稳定性，解决了这一世界性难题。项目对伴有相变的路基非稳态温度场进行了数据分析，并用室内冻土路基大型模型实验验证理论计算，分析了路基高度、路线走向与路基坡向、路面类型和不同路基结构类型对多年冻土区路基温度场的影响；掌握了公路动态成因与机理、公路路基保护冻土措施、桥梁基础稳定性评价方法及桥梁基础冻害防治措施；提出了多年冻土地区公路路基合理断面结构形式、填土高度和路面典型结构，以及公路路域生态环境保护等多项措施。对多年冻土乃至季节冻结地区路基修筑技术奠定了坚实基础，解决了多年冻土地区路基设计理论与方法的不足，使得冻土地区路基高度更加合理，减少路基、路面冻土病害的发生，延长道路使用寿命。

熔岩地区公路修筑技术。熔岩在中国广泛分布，主要集中在贵州、广西、云南等省区，占国土陆地面积的13.5%。针对熔岩地区岩石破碎、山体不稳、大小溶洞暗流不断、工程地质灾害严重，给公路建设带来的困难，熔岩地区公路修筑技术研究总结出各种地质勘查方法的适用条件，进而采用各种工程措施攻克了这一难题。提出了熔岩地区公路工程地质勘查中各种方法的适用条件，适合不同勘查阶段的勘查技术以及一套较为完善的熔岩地区公路工程地质综合勘察技术体系；熔岩地区公路工程稳定性综合评价理论和方法；结合三维离散元FLAC对熔岩边坡进行数字模拟，改进提出了路边坡的防护措施和方法；以沉降压缩率法和固相体积律法控制填石路基压实质量，既有普遍规律，又具地域特色的景观设计方法；石方边坡绿化、美化和生态恢复技术等。解决了熔岩地区公路建设中的关键技术。

盐渍土地区公路修筑技术。盐渍土主要分布在新疆、青海、宁夏、甘肃等西部省区，受盐渍化影响，形成严重的公路病害，通过现场地质雷达、面波探测和钻孔勘探等综合调查、岩盐样品的毛细水试验、室内工程实验路基挤密桩加固、土工布隔水、修筑万丈盐桥实验路等措施，探明了万丈盐桥沿线的地质情况、摸清了沿线溶洞的分布情况和工程措施的效果，为万丈盐桥公路改建工程提供了可靠的技术保障，有效治理了严桥公路病害，减少了养护费用，提高了公路使用效率，对其他盐渍土地区有参考价值。

膨胀土地区公路修筑技术。在中国西部地区尤其是西南地区，均有大面积的膨胀土分布。针对膨胀土遇水膨胀、失水收缩特性对公路建设的影响，通过调查研究及实验段的工程实体实验，摸清了膨胀土的工程特性，得到了一系列膨胀土属性参数，提出了膨胀土压力板试验，重力含水率和体积含水率的换算，膨胀土力度和孔径的分形分析方法；独立研制了膨胀土的三相膨胀和收缩试验仪，进行了膨胀土的三相膨胀与收缩实验；系统研究了膨胀土地区公路勘察的原位测试及评价技术；提出了反映膨胀土本质特性的膨胀土标准吸湿含水率的概念，研制了标准吸湿含水率实验装置，制定了标准吸湿含水率试验方法，提出了以标准吸湿含水率为指标的新的判别与分类方法；研究了膨胀土的公路工程性质，提出了膨胀土裂隙定量描述的理论方法和膨胀土地基变形计算的方法；在国内首次提出了公路膨胀土路基填料分类、膨胀土地基分类、膨胀土路X边坡分类和膨胀土场地分类的方法，形成了完整的膨胀土工程分类体系，利用GIS软件平台建立数学模型进行二次开发，开发了“数字化全国膨胀土地理信息系统”，为中国膨胀土地区筑路技术提供了关键技术。

红层软岩地区公路修建技术。红岩软岩地区主要分布在中国西南地区和甘肃省。针对红层软岩特点，建立了红层软岩岩体结构类型划分体系，提出了红层软岩岩体稳定性的结构分析方法，为红层软岩岩体稳定性分析奠定了理论基础，并对红层软岩岩体力学性质进行了系统实验，得出了红层软岩压剪荷载下的变形和强度特征、各类结构面抗剪强度特征、红层软岩和软弱夹层的流变特征等，提出了红层软岩岩体力学参数参考值，为红层软岩岩体稳定性分析计算提供了依据。结合四川、云南等典型依托工程工点，提出了近水平地层边坡、倾斜地层边坡、断(层)—褶(曲)破碎地层边坡三种岩体结构类型红层软岩边坡稳定性分析评价方法及防护与加固技术(包括生态防护技术)，以及考虑红层软岩及软弱夹层流变性的公路边坡稳定性分析方法。该成果已在四川、重庆、云南，甘肃等省区市的多个高等级公路建设项目中得到广泛的应用。

草炭土地区公路建设技术。针对草炭土地区公路建设中路基路面存在不均匀沉陷、塌陷、开裂、冻胀和翻浆等突出病害和隐患，以及对草炭土及深入系统的物理化学特性研究、工程特性研究、冻胀特性研究为基础，考虑季节性冰冻气候影响和荷载作用，提出恰当的处置对策，修筑实体试验工程；系统分析研究了草炭土地路基结构的变形规律，比较评价处置对策效果，确定草炭土路低的极限，填筑高度，与传统处置对策相比可降低建设成本15%—20%，产生的直接经济效益十分显著。

(3)公路路面技术。高等级公路半刚性基层沥青路面和抗划表面成套技术。1978年起，中国开始对高等级公路路面设计、铺设材料以及抗滑、环保等研究，提出了路基路面设计施工配套成果，优选推荐了两类半刚性基层材料，并为减薄沥青路面厚度提出了建议；并通过对影响高等级公路路面抗滑的路面微观构造、宏观构造和污染性滑溜三个要素深入研究，提出一套修建抗滑表面的技术措施。这些成套技术在国内多条高速公路得到应用。

水泥混凝土路面修筑技术。20世纪80年代末，开始对水泥混凝土路面进行系统研究，解决了碾压混凝土路面、滑模摊铺水泥混凝土路面的成套技术问题。为中国高速公路大规模机械化施工提供了有力的技术支撑。

西部地区合理路面厚度及路面结构技术。通过系统的材料研究，施工工艺研究和加速加载实验验证研究，提出了合理沥青路面结构组合形式，从不同路面结构形式，可取代国外方法进行路面结构设计，取得自主知识产权，形成可供现实应用的技术标准。研究成果已在浙江、江苏、福建、湖北等省区推广应用。

新老路基结合部处治技术。多年来通过多种技术手段对路基拓宽工程中的技术特征和工程问题，新老路基不协调变形的计算方法、特点及对路面结构的影响，拓宽拓路基的设计理论和方法，新老路基结合部处治的原理、方法和施工技术进行了深入系统的研究，提出了新老路基不协调变形的计算方法，揭示了新老路基不协调变形的特殊规律、路面结构对路基不协调变形的力学响应及相应的损坏模式，建立了基于不协调变形控制的路基拓宽设计理论和方法，系统地提出了不同条件下新老路基结合部的处置技术及其施工控制，对中国经济发达地区高速公路的拓宽改造提供了有力的技术支撑。并在重庆、陕西、上海等多地高速公路拓宽工程中进行应用。

乳化沥青材料应用技术。研制了阳离子乳化沥青、阳乳沥青稀浆封层、沥青路面旧材料再生利用新技术和新材料，在全国广泛应用。

西部地区地方性材料应用技术。该技术针对西部地区的交通状况和地理气候特点，使西部地区公路建设达到因地制宜、就地取材、确保工程质量、节省工程造价和保护自然环境的目的。对西部地区公路的线路方案选择、路面结构设计、工程施工、养护及材料开发和应用等方面均具有重要的价值，这些技术在西部地区得到全面推广应用。

废胎胶粉在筑路工程中的应用技术。废胎胶粉用于筑路技术的使用，可以降低路面的厚度，达到降低工程造价和能源消耗的目的，橡胶沥青混凝土路面具有降低噪音的性能，可以改善人居环境。在公路建设中被广泛应用。

2.桥梁建设技术。70年来，重点攻克了桥位勘测、适宜大跨结构设计和生态保护施工等方面的技术难题，形成了大跨千米级钢桁悬索桥、钢管混凝土拱桥、高墩大跨弯坡斜桥、大跨钢筋混凝土箱型拱桥、钢—混凝土组合桥梁等的设计施工成套技术，围绕在役桥梁安全运营方面亟待解决的重大技术难题，重点攻克了桥梁检测诊断、安全与耐久性评估、维修加固改造、剩余寿命预测与全寿命周期设计等关键技术，大幅提升了中国桥梁养管技术水平。缔造了港珠澳大桥——中国公路建设史上实施难度最大的跨海桥隧项目。

(1)桥梁设计技术。中国经过多年的研究和实践，在各类桥梁的设计技术上处于世界领先地位。在预应力混凝土箱梁桥、弯桥、斜拉桥的成桥合理受力状态，钢管混凝土拱的凝土收缩徐变影响，钢管混凝土节点，混合量的钢混过渡段、组合结构等的构造、分析和计算上都有很好的成果。

(2)桥梁施工技术。多年来中国在大跨径桥梁的无支架施工方面取得了十分显著的成绩。对于拱桥的施工，中国已形成了一整套以悬臂扣挂吊装法和劲性骨架法为主的具有中国特色的无支架施工方法；对于悬索桥的施工，采用发射火箭或直升机牵引过河的方法；对于桥梁及斜拉桥的施工，以悬臂浇筑和吊装方法为主。这些多样的桥梁施工方法，广泛应用于中国交通基础设施建设中。

(3)钢管混凝土拱桥。完成了钢管混凝土拱桥设计方法与计算理论研究，形成了钢管混凝土拱桥结构设计与合理构造形式，突破了钢管混凝土拱桥施工关键技术，形成了钢管混凝土拱桥养护维护技术。广泛应用于中国公路桥梁建设中。

(4)高墩湾桥。完成了高墩大跨径弯桥上下部结合形式、预应力设置及分析、收缩徐变和温度效应的分析、箱梁薄壁墩空间分析、全过程稳定分析、支撑布置对箱梁结构影响、动力及地震反应三维分析、施工方法和监控方法的研究应用等。

(5)特大跨径桥梁。对特大跨境桥梁，主要形成了以下几项关键技术成果。一是超过1000米的大跨径，对结构体小，阻尼限位装置，抗风抗震，静力稳定性及结构非线性的分析等。二是深水群桩基础的设计与施工，包括桩的设计、桩底注浆技术、施工工艺、桩基承台施工平台，超大型承台的施工技术以及冲刷防护技术等。三是300米的高塔，对钢—混组合结构设计，施工质量的监测与保障混凝土浇筑技术及抗台风等。四是长索的设计与施工，采用强度为1770兆帕的直径7毫米钢丝的平行钢丝索，寿命50年，多是防腐系统，可更换，多重减震措施等。五是长跨径连续钢构的设计与施工，主要防止长期权运营中跨中梁下挠的措施。这些具有创新性的成果，为世界超大跨斜拉桥的技术做出了重大贡献。

(6)深水基础建造技术。20世纪90年代后，在大跨径桥梁大量增长时，一方面减少了最困难、最费时的深水基础的数量，加快了施工进度。另一方面也减少了船撞的危险。简化了防撞设施。深水基础建造的设计和施工方法主要包括钻孔灌注桩。钢管桩、沉井基础、复合基础、地下连续墙以及冰冻围堰等。为大桥的稳定施工提供了技术支撑。

3.隧道建设技术。多年来重点解决了特长公路隧道通风、防灾、运营、监控，特殊结构形式公路隧道设计计算方法、爆破控制、合理支护设计等技术难题，支持了凉山州锦屏山隧道、米仓山隧道、雅泸高速公路干海子小半径双螺旋隧道等上万条座隧道、工程的建设，缔造了秦岭终南山隧道“天下第一隧”的壮举，见证了中国特长公路隧道从不敢建、到敢于建、善于建的全过程技术发展周期，使中国山岭公路隧道建造水平进入世界前列。

(1)山岭隧道建设技术。1983年依托天山公路隧道建设开展了寒地区隧道安全建设技术研究。30多年来，山岭公路隧道土建技术蓬勃发展，隧道科研全方位开展，主要成果体现在隧道规模的发展、隧道结构形式的丰富、复杂条件下的隧道建设技术的发展、隧道环保技术的发展以及各种新材料新工艺的应用。

（2）复杂地质地理条件下的隧道建设技术。面对中国隧道所处场区的地质条件和地理条件的多样性，形成了的包括岩爆、高地应力、大变形、构造破碎带及活动断裂、松散地层、特殊性土、采空区、岩溶、涌水、有毒气体、浅埋，高海拔及高寒等山岭隧道建设技术的复杂性，展开了一系列的专题研究，突破了复杂条件下隧道勘探、设计、施工等技术“瓶颈”，为提高隧道使用品质和寿命，降低工程造价和养护成本提供了强大的技术支撑。

（3）水下隧道技术。20世纪末以来，中国开展了大量水下隧道的修建技术攻关，极大地推动了中国水下隧道技术的发展。中国已经熟练掌握三种常见的水下隧道建造技术，即钻爆法、盾构法和沉管法。在水下隧道建造技术方面集成创新出了具有中国自主知识产权的水下隧道建设技术，并达到国际先进技术水平，为中国庞大的水下隧道建设提供技术支撑并具有参与国际重大水下隧道工程项目竞争的实力。

（4）长隧道通风技术。随着中国公路隧道建设数量、建设规模、建设方式的不断发展，公路隧道通风逐渐成为隧道建设的关键技术，甚至是控制性因素。从1990年开始以成渝高速公路中梁山隧道为依托工程，开始把半横向通风变更为纵向通风研究，取得了成功。此后，在多单元送排式分段通风理论和模型实测、通风防灾及其控制技术、竖井排出式纵向通风、多单元送排式纵向通风、海底隧道的通风方案和防灾以及特长公路隧道通风技术研究等方面，取得了一系列成果并推广应用，解决了送排式纵向通风的关键技术。

4.筑路技术设备。从1959年起，在非常困难的条件下，就成功仿制出中国第一台手扶式振动压路机。随后，手压式沥青洒布机、碎石铺撒机先后试制成功。1969年成功研制中国第一套LB30型沥青混合料搅拌设备，1976年又成功研制出中国第一台LT6型沥青混凝土摊铺机。这两种大型路面机械开发应用，改写了中国不能生产筑路机械的历史，为中国公路跨越式发展做出了巨大贡献。2019年，中国筑路大型装备已在海外65个国家和地区累计销售300多套。

5.绿色交通技术。近年来，在公路建设上以突破解决生态选线、植被恢复、地景融合等技术为重点，“在设计上最大限度地保护生态，在施工中最低程度地破坏和最大限度地恢复生态”，引领了中国公路建设与自然和谐发展之路。“材料节约与循环利用专项行动计划”大力推广了机制砂、岩沥青、硅藻土、火山灰、工业废弃物等地方性材料筑路技术成果，有效降低了工程造价；以废旧橡胶粉应用、路面材料再生、温拌沥青路面为代表的资源节约技术的普及应用，改善了区域环境，促进了循环经济的发展，为交通行业走“资源节约型、环境友好型”发展之路奠定了坚实的基础。

对外合作历程与成就

【概　述】新中国成立以来，围绕利用外资、对外投资、周边互联互通和运输便利化等重点领域，中国积极开展公路对外合作，取得了举世瞩目的成就。一是积极利用外资，有效解决了中国公路建设初期的资金不足难题。二是主动参与境外公路建设与投资，体现了中国在推进人类社会共同进步中的大国担当。三是推进与周边国家公路互联互通，改善了与周边国家经贸人文合作的基础设施条件。四是开展国际及区域运输便利化制度化合作，有效发挥了中国在全球治理中的作用。

1.利用外资建设国内公路。中国利用外资进行公路建设，始于改革开放之后。“八五”期间，原国家计委、经贸委、外经贸部联合发布《指导外资投资方向暂行规定》《外商投资产业指导目录》，将公路列为鼓励外商投资的领域。1985年，中国开始利用世界银行贷款；1987年开始利用香港汇丰银行贷款；1990年，开始利用日元贷款；1992年开始利用亚洲开发银行贷款。进入21世纪，高速公路引入外资工作开始加速。据历年《公路水路交通行业发展统计公报》数据，2003年—2012年，中国公路建设累计利用外资达561.57亿元，占全部公路建设资金的0.8%（详见表2）。

从外资来源结构看，世界银行、亚洲开发银行贷款是主要来源。据不完全统计，截至2009年7月，全国利用外资建设的高速公路项目多达68项，其中利用国际金融组织贷款建设项目60项，贷款金额约180亿美元，外商直接投资建设项目8项。国际金融组织贷款项目中，世界银行贷款项目数占比为57%、资金占比为44%，亚洲开发银行贷款项目数占比为28%、资金占比为40%，此外，日本协力银行贷款项目数占比12%、科威特发展银行贷款项目数占比为3%（详见表3）。

通过利用外资开展公路建设，不仅解决了中国公路建设资金短缺问题，

表2　2003年—2012年间中国公路利用外资规模统计

年份	到位资金（亿元）	利用外资（亿元）	占比（%）
2003	3443.60	75.76	2.2
2004	4390.35	57.07	1.3
2005	4880.65	63.45	1.3
2006	5481.85	49.34	0.9
2007	5744.92	45.96	0.8
2008	6880.64	68.81	1.0
2009	8768.09	52.61	0.6
2010	10166.55	50.83	0.5
2011	10648.94	53.24	0.5
2012	11124.90	44.50	0.4
合计	71530.49	561.57	0.79

数据来源：根据历年《公路水路交通行业发展统计公报》整理得到。

表3　中国高速公路利用国外机构贷款项目统计（截至2009年7月）

序号	所在省份	项目名称	贷款银行	贷款金额
1	宁夏	同心至沿川子高速公路	亚洲开发银行	2.5亿美元
2		211国道银川机场至甜水堡段高速公路	世界银行	2.5亿美元
3	甘肃	平凉至定西高速公路	亚洲开发银行	3亿美元
4		武罐高速公路	亚洲开发银行	3亿美元
5		刘寨柯至白银高速公路	日本协力银行贷款	200.13亿日元
6		柳沟河至界牌村高速公路	世界银行	1亿美元
7	新疆	库尔勒至库车高速公路	亚洲开发银行	1.5亿美元
8		乌鲁木齐至奎屯高速公路	世界银行	3亿美元
9		吐鲁番至乌鲁木齐至大黄山高等级公路	世界银行	1.5亿美元
10		和硕至库尔勒高速公路	世界银行	——
11		奎屯至赛里木湖高速公路	世界银行	1.5亿美元
12	湖南	吉首至茶洞高速公路	亚洲开发银行	2.08亿美元
13		湘潭至耒阳高速公路	世界银行	2亿美元
14		湘潭至耒阳高速公路二期	世界银行	2亿美元
15	山西	侯马至禹城高速公路	亚洲开发银行	1.24亿美元
16	广西	南宁至百色高速公路	亚洲开发银行	2亿美元
17	四川	成都至南充高速公路	亚洲开发银行	2.5亿美元
18		西昌至攀枝花高速公路	亚洲开发银行	3亿美元
19		达州至万源高速公路	亚洲开发银行	2亿美元
20		雅安至西昌高速公路	亚洲开发银行	6亿美元
21	湖北	宜昌至巴东高速公路	世界银行	1.5亿美元
22		京珠国道湖北北段	世界银行	2.5亿美元
23		孝感至襄阳高速公路	世界银行	2.5亿美元
24		京珠国道湖北南段	世界银行	3.5亿美元
25		十堰至漫山关高速公路	世界银行	2亿美元
26	江西	瑞金至赣州高速公路	世界银行	2亿美元
27		九江至景德镇高速公路	亚洲开发银行	1.5亿美元
28		南昌至九江高速公路	世界银行	0.5亿美元
29		泰和至赣州高速公路	世界银行	2亿美元
30	广东	深圳至汕头高速公路	世界银行	——
31		佛山至开平高速公路	世界银行	——
32		京珠高速小塘至甘塘段	世界银行	2亿美元
33	河北	北京至天津至塘沽高速公路	世界银行	1.5亿美元
34		石家庄至安平高速公路	世界银行	2.4亿美元
35	山东	济南至青岛高速公路	世界银行	1.1亿美元
36	陕西	固良至禹门口高速公路	亚洲开发银行	2.5亿美元
37		安康至毛坝高速公路	世界银行	3亿美元
38		榆林至靖边高速公路	科威特阿拉伯经济发展基金	0.35亿美元
39		西安至宝鸡高速公路	科威特阿拉伯经济发展基金	0.3亿美元
40	福建	泉州至厦门高速公路	世界银行	1.4亿美元
41		漳州至诏安高速公路	世界银行	2亿美元
42	内蒙古	包头至东胜高速公路	世界银行	1.5亿美元
43		110国道济宁至老爷庙段	世界银行	2亿美元
44	河南	开封至洛阳高速公路	世界银行	——
45		洛阳至三门峡至灵宝高速公路	世界银行	——
46		商丘至开封高速公路	世界银行	——
47		新乡至郑州高速公路	日本协力银行	234.91亿日元

（续）

序 号	所在省份	项目名称	贷款银行	贷款金额
48	安徽	合肥至安庆高速公路	世界银行	2亿美元
49		铜陵至黄山汤口高速公路	世界银行	2.16亿美元
50	海南	东线高速公路扩建	日本协力银行	73.19亿日元
51	浙江	杭州至衢州高速公路	日本协力银行	300亿日元
52		上海至杭州至宁波高速公路	世界银行	2.3亿美元
53	吉林	长春至拉林河高速公路	亚洲开发银行	——
54	辽宁	铁岭至四平高速公路	世界银行	——
55		沈阳至本溪高速公路小堡至南芬段	亚洲开发银行	0.5亿日元
56		沈阳至山海关高速公路	亚洲开发银行	——
57		锦州至沈阳高速公路	世界银行	2亿美元
58	黑龙江	前锋农场至嫩江公路伊春至嫩江段	亚洲开发银行	——
59	重庆	万州至梁平高速公路	日本协力银行	370亿日元
60	贵州	贵阳至新寨高速公路	日本协力银行	——

数据来源：蓝兰.中国高速公路建设利用外资情况[J].交通世界，2009年第21期。

在其他方面也取得了明显成就。第一，学到了国外的先进工程管理方法。早在1985年，第一批世界银行贷款公路项目实施过程中，中国公路行业就开始认真学习国外先进的施工管理方法，率先在国内建筑业打破地区、国家和行业界限，引进了招投标机制，进行了监理工程师制度的初步尝试，在保证工程质量、控制工程造价和建设周期方面取得了显著效果，特别是在京津塘高速公路项目上，严格推行了一整套菲迪克工程监理制度，迈出了中国公路建设管理体制改革的第一步。第二，培养锻炼了一批工程技术和管理人才。中国通过世界银行、亚洲开发银行贷款项目每年派出一批技术和管理人员，分赴美国、英国、德国等发达国家进行研修、培训和考察，内容涉及公路规划、公路项目经济分析评估、项目管理等内容。第三，引进了一批现代化的筑路机械和科学仪器。中国分别从美国、德国、日本等国续采购了公路设计、施工、养护等多类设备数万台（套），特别是进口了一批具有世界先进水平的大型专用设备，如调频调幅大型振动压路机、电脑控制沥青混凝土拌合站、高密度沥青砼摊铺机等。第四，取得了一批技术合作成果。如“干线公路路面补强和改造需求确定”“缓解中国城市市郊交通拥堵对策”“道路安全”等，对中国公路行业发展起到了积极的促进作用。

2.参与境外公路投资与建设。中国在利用外资开展国内公路建设的同时，没有忘记承担相应国际义务，尽自己的力量参与境外公路投资与建设。20世纪50年代，新中国成立后不久，中国在自身财力十分紧张、物资相当匮乏的情况下，开始对外提供经济技术援助，并逐步将公路建设纳入援助范围。改革开放以来，中国经济快速发展，综合国力显著提升，但依然是一个人均GDP水平不高、贫困人口众多的发展中国家，尽管如此，依然量力而行，尽力开展对外援助，帮助受援国提高公路等经济基础设施水平。

1992年以后，中国大力推行援外优惠贷款，通过银行提供本金、政府贴息的方式，扩大援外资金来源。利用援外资金，先后援建了赞比亚公路水毁修复工程、也门谢赛公路水毁修复工程、赤道几内亚63公里公路的测绘设计等境外公路建设项目。

党的十六大之后，中国参与境外公路投资与建设力度进一步加大。2002年与东盟签署《中国—东盟全面经济合作框架协议》后，实施了一批公路建设合作项目。2007年建成昆曼公路老挝境内229公里路段，其中中国政府、泰国政府和亚洲开发银行各投资3000万美元。2008年推进中吉乌、中蒙俄等国际公路建设。同时积极规划参与“亚洲公路网”中国境内线路的规划和建设，并为周边国家提供援助。

党的十八大以来，在“一带一路”基础设施互联互通框架下，深入推进中巴经济走廊卡拉奇—拉合尔高速公路（苏库尔—木耳坦段）、喀喇昆仑公路升级改造二期（哈维连—塔科特段）、中俄黑河公路跨境桥梁等境外公路和桥梁项目开工建设。

根据《中国的对外援助白皮书》（2011年、2014年版），到2009年底，中国共帮助发展中国家建成442个经济基础设施项目，其中，公路和桥梁项目有也门萨那—荷台达公路、巴基斯坦喀喇昆仑公路、孟加拉国6座大桥等公路和桥梁等，显著改善了受援国的生活和生产环境，为受援国经济和社会发展创造了更好的条件。2011年、2012年两年间，中国继续对外援建了156个经济基础设施项目，其中交通运输项目70余个，如肯尼亚西卡高速公路第三标段，使首都内罗毕到经济重镇西卡全线贯通，为肯尼亚、埃塞俄比亚、坦桑尼亚等国实现互联互通作出了贡献。据不完全统计，2006年—2019年间，中国企业在境外开展公路投资与建设项目达99项，项目遍及全球五大洲50多个国家，建设公路总里程超过8000公里、累计投资额（不含桥梁）超过600亿美元（详见表4）。

表4 2006年—2019年中国承建或投资的境外公路项目统计

序号	所在洲	所在国	项目名称	线路长度（公里）	投资额（亿美元）	起始年份	建设进展	合作方式
1	北美洲	牙买加	牙买加南北高速公路	66.7	7.00	2012	建成	承建
2	大洋洲	巴布亚新几内亚	巴布亚新几内亚公路Henganofi-Nupuru公路	34	0.25	2017	在建	承建
3	大洋洲	巴布亚新几内亚	巴布亚新几内亚Scratchley & Pari Road重建项目	3.45	0.08	2018	建成	承建
4	大洋洲	巴布亚新几内亚	巴布亚新几内亚尤-亚公路	16	0.12	2011	建成	援建
5	大洋洲	巴布亚新几内亚	巴布亚新几内亚新爱尔兰岛公路	12	0.09	2016	建成	承建
6	大洋洲	巴布亚新几内亚	巴布亚新几内亚新诺汉威岛公路	50	0.37	2018	建成	承建
7	大洋洲	巴布亚新几内亚	巴布亚新几内亚摩罗比省Laenadzab至东部高地省Henga桥高地公路	210	1.56	2019	签约	承建
8	大洋洲	纽埃	纽埃环岛公路	46.1	0.34	2019	中标	援建
9	非洲	阿尔及利亚	阿尔及利亚东西高速公路	528	65.00	2006	建成	联合承建
10	非洲	阿尔及利亚	阿尔及利亚迪巴扎高速公路	48	5.91	2008	建成	承建
11	非洲	阿尔及利亚	阿尔及利亚南北高速公路	53	11.00	2012	部分建成	承建
12	非洲	阿尔及利亚	阿尔及利亚榭尔榭尔绕城高速路	18.3	2.25	2014	建成	承建
13	非洲	阿尔及利亚	阿尔及利亚贝佳亚高速公路	100	13.02	2013	在建	承建
14	非洲	埃塞俄比亚	埃塞俄比亚亚阿高速公路	79.66	9.81	2012	建成	承建
15	非洲	埃塞俄比亚	埃塞俄比亚南部南方各族洲和奥萝米亚洲境内公路	92.5	11.39	2017	在建	承建
16	非洲	埃塞俄比亚	埃塞俄比亚迪巴克-扎瑞马(绕行利马利莫)公路		0.79	2018	在建	承建
17	非洲	埃塞俄比亚	埃塞俄比亚吉吉加市政公路	9.125	1.12	2019	签约	承建
18	非洲	埃塞俄比亚	埃塞俄比亚阿比河大桥			2019	签约	承建
19	非洲	埃塞俄比亚	埃塞俄比亚Bka公路	92.94	11.44	2019	签约	承建
20	非洲	埃塞俄比亚	埃塞俄比亚Kip连接线公路	3.2	0.39	2019	签约	承建
21	非洲	安哥拉	安哥拉罗安达省二、三级道路升级改造一期	75.73	2.58	2018	在建	承建
22	非洲	多哥	多哥首都洛美绕城一期公路	14.1	1.00	2010	建成	承建
23	非洲	冈比亚	冈比亚公路桥梁	48		2018	在建	援建
24	非洲	刚果（金）	刚果（金）属巴昌巴-奇卡帕1号国道公路PK104+600-PK112+600段	8	0.40	2018	在建	承建
25	非洲	刚果布	刚果（布）国家1号公路	580	28.90	2013	建成	援建
26	非洲	加蓬	加蓬国家1号公路PK12-PK105段道路	93	2.00	2018	在建	承建
27	非洲	喀麦隆	喀麦隆一号国道修复工程	131.52	0.78	2013	建成	承建
28	非洲	喀麦隆	喀麦隆乌杜拉公路	87	5.78	2017	在建	承建
29	非洲	喀麦隆	喀麦隆杜阿拉东部公路	8.6	0.57	2018	在建	承建
30	非洲	喀麦隆	喀麦隆明图姆公路	67.5	4.49	2017	在建	承建

（续）

序号	所在洲	所在国	项目名称	线路长度（公里）	投资额（亿美元）	起始年份	建设进展	合作方式
31	非洲	科特迪瓦	科特迪瓦铁比苏–布瓦凯高速公路	96	0.69	2017	在建	承建
32	非洲	肯尼亚	肯尼亚内罗毕—锡卡（Thika）高速公路	50	3.60	2008	建成	承建
33	非洲	肯尼亚	肯尼亚卡洛贝耶河–纳达帕/纳克托公路	88	0.77	2017	在建	承建
34	非洲	肯尼亚	肯尼亚乡村公路局Rwc497公路	70	0.15	2017	在建	承建
35	非洲	肯尼亚	肯尼亚巴萨旁城公路	6.86	0.42	2018	在建	承建
36	非洲	肯尼亚	肯尼亚乡村公路557标段	65	4.01	2019	在建	承建
37	非洲	肯尼亚	肯尼亚内罗毕东环和北环公路	52	3.21	2018	在建	承建
38	非洲	卢旺达	卢旺达雅阁塔雷—卢工姆公路	73.3	0.12	2018	在建	承建
39	非洲	卢旺达	卢旺达布格塞拉国际机场路升级	13.85	0.86	2018	建成	承建
40	非洲	马达加斯加	马达加斯加塔塔高速公路、纳林达深水港以及5A国道改扩建		30.18	2017	在建	承建
41	非洲	马达加斯加	马达加斯加首都郊区公路	19.25	1.19	2018	在建	援建
42	非洲	马里	马里卡伊–奥鲁–毛塔公路	165	1.57	2017	在建	承建
43	非洲	南苏丹	南苏丹朱巴–伦拜克公路	1100	67.93	2014	在建	承建
44	非洲	尼日利亚	尼日利亚东南部阿夸伊博州公路	19	1.17	2013	建成	承建
45	非洲	塞内加尔	塞内加尔捷斯–图巴高速公路	112.93	8.00	2015	在建	承建
46	非洲	坦桑尼亚	坦桑尼亚桑给巴尔公路	51.78	0.75	2017	在建	承建
47	非洲	坦桑尼亚	坦桑尼亚多多马–巴巴提公路	43.65	0.63	2011	建成	承建
48	非洲	坦桑尼亚	坦桑尼亚伊拉麦拉市政道路、阿鲁沙市政道路、多多马市政道路	36.1	1.00	2018	建成	承建
49	非洲	坦桑尼亚	坦桑尼亚姆贝亚–卢万吉罗公路	36	0.52	2015	建成	承建
50	非洲	坦桑尼亚	坦桑尼亚达累斯萨拉姆快速公交系统	20.3	1.59	2018	在建	承建
51	非洲	乌干达	乌干达Kapchorwa–Suam公路	73	2.53	2018	在建	承建
52	非洲	乌干达	乌干达坎帕拉至恩德培国际机场高速公路	37	1.28	2012	在建	承建
53	非洲	赞比亚	赞比亚卢恩高速公路	336	12.45	2017	在建	承建
54	南美洲	阿根廷	阿根廷国道B线	538	21.30	2018	在建	承建
55	南美洲	玻利维亚	玻利维亚鲁斯—特立尼达公路			2018	在建	承建
56	南美洲	玻利维亚	玻利维亚双圣公路	139.6	0.40	2017	在建	承建
57	南美洲	玻利维亚	玻利维亚圣何塞至圣伊格纳西奥道路	208	3.27	2018	在建	承建
58	南美洲	秘鲁	秘鲁瓦努科至瓦杨柯公路	236.6	3.71	2018	在建	承建
59	南美洲	秘鲁	秘鲁利马市英雄路至帕查古特克公路	12.23	0.19	2019	签约	承建
60	南美洲	秘鲁	秘鲁奥永至安博公路	49	0.77	2019	签约	承建
61	南美洲	秘鲁	秘鲁利马市滨海公路–坎昆公路	7.8	0.12	2019	中标	承建
62	南美洲	秘鲁	秘鲁万卡班巴公路	71	1.11	2018	在建	联合承建

（续）

序号	所在洲	所在国	项目名称	线路长度（公里）	投资额（亿美元）	起始年份	建设进展	合作方式
63	欧洲	波黑	波黑公路	42	1.97	2017	在建	承建
64	欧洲	黑山共和国	黑山共和国柯维克—马特塞沃高速公路	41	11.10	2014	在建	承建
65	欧洲	黑山共和国	黑山斯莫科瓦茨-马泰舍沃段南北高速公路	41	7.35	2015	在建	联合承建
66	欧洲	马其顿	欧洲8号走廊1.马其顿基切沃-奥赫里德的高速公路2.马其顿米拉蒂诺维奇—斯蒂普（MS）高速公路	45.84	12.41	2014	在建	承建
67	欧洲	塞尔维亚	塞尔维亚E763高速公路苏尔钦 -奥布雷诺瓦茨	17.586	2.33	2017	建成	承建
68	欧洲	塞尔维亚	塞尔维亚泽蒙-博尔察大桥	1.5		2015	建成	承建
69	亚洲	巴基斯坦	巴基斯坦南部信德省Hyderabad和Sukkur高速公路	296	20.46	2017	在建	承建
70	亚洲	巴基斯坦	巴基斯坦M4高速公路	64	5.20	2016	在建	承建
71	亚洲	东帝汶	东帝汶苏艾高速公路	155.68	2.98	2016	建成	联合承建
72	亚洲	俄罗斯	黑河—布拉戈维申斯克黑龙江（阿穆尔河）大桥			2016	建成	承建
73	亚洲	菲律宾	菲律宾吕宋中部高速公路第五包段-萨拉戈萨立交		0.12	2019	中标	联合承建
74	亚洲	格鲁吉亚	格鲁吉亚E60科维-优比萨高速公路	12.2	2.86	2018	在建	承建
75	亚洲	哈萨克斯坦	哈萨克斯坦双西公路希姆肯特-塔什干段公路	34	1.96	2010	建成	承建
76	亚洲	哈萨克斯坦	哈萨克斯坦库尔特-布雷尔拜塔公路	81	0.71	2017	在建	承建
77	亚洲	哈萨克斯坦	哈萨克斯坦Kb公路		1.43	2018	在建	承建
78	亚洲	吉尔吉斯斯坦	吉尔吉斯斯坦比纳吐公路	93	0.41	2013	建成	承建
79	亚洲	吉尔吉斯斯坦	吉尔吉斯斯坦（比什凯克-奥什公路）改造项目四期比什凯克-卡拉巴尔塔标段	15.99	0.20	2017	在建	承建
80	亚洲	柬埔寨	柬埔寨金西高速公路	190.63	19.00	2019	在建	承建
81	亚洲	科威特	科威特海湾大桥	48.54	5.50	2013	建成	承建
82	亚洲	老挝	老挝万巴高速公路	128	23.12	2018	在建	联合承建
83	亚洲	老挝	老挝北13号公路项目万象-万荣公路	58	10.48	2018	在建	承建
84	亚洲	老挝	老挝沙湾拿吉公路	88.2	15.93	2018	在建	承建
85	亚洲	马尔代夫	中马友谊大桥	2		2015	建成	承建
86	亚洲	马来西亚	马来西亚槟城第二跨海大桥（槟城二桥）	22.5	14.50	2008	建成	联合承建
87	亚洲	蒙古	蒙古国乌兰巴托-中央省贺西格新机场高速公路	32.23	20.77	2016	在建	承建
88	亚洲	蒙古	蒙古国公路	20.9	13.47	2019	签约	承建
89	亚洲	孟加拉国	孟加拉国Elenga-Hatikamrul-Rangpur四车道公路改建项目WP10、WP11标、WP12三个标段	81	2.20	2019	中标	承建
90	亚洲	孟加拉国	孟加拉国达卡环城高速公路	48.11	4.12	2019	在建	投资建设

（续）

序号	所在洲	所在国	项目名称	线路长度（公里）	投资额（亿美元）	起始年份	建设进展	合作方式
91	亚洲	缅甸	缅甸曼德勒产业新城基础设施工程		4.98	2019	在建	承建
92	亚洲	缅甸	缅甸仰光新城配套公路	26	4.70	2018	在建	承建
93	亚洲	尼泊尔	加德满都经库里卡尼至黑托达高速公路	60	10.84	2017	在建	承建
94	亚洲	尼泊尔	尼泊尔纳拉扬加特–布德沃尔高速公路路段	113	1.53	2019	开工	承建
95	亚洲	塔吉克斯坦	塔吉克斯坦Vk87公路	87	15.71	2014	建成	承建
96	亚洲	文莱	文莱大摩拉岛大桥		1.82	2015	建成	承建
97	亚洲	印度	印度马哈拉施特拉邦南地德地区三条公路工程		0.96	2018	在建	联合承建
98	亚洲	印度	印度古吉拉特邦内NH47和NH27两条国道公路	69.77	1.23	2017	建成	承建
99	亚洲	印度尼西亚	印尼东加里曼丹省高速收费公路项目第五标段	11.11	0.55	2015	建成	承建

数据来源：http://www.sciencedb.cn/dataSet/handle/867。

3.推进与周边国家公路互联互通。中国陆上与14个国家接壤，与周边国家互联互通是公路对外开放的重点合作领域。新中国成立以后，1978年就开放了临江、南平、三合等16个公路口岸，为对外开放和边境地区经济发展奠定了基础。20世纪80年代以后，沙头角、文锦渡、日屋等公路口岸相继开放。1985年和1987年，国务院先后颁发《关于口岸开放的若干规定》《关于进一步加强口岸工作领导的通知》，公路口岸开放进入正规化、制度化、规范化阶段。截至目前，中国已开通公路口岸74个，通过口岸开放，打通了中国与接壤国家的公路联系，逐渐实现了与周边国家的公路联通。

据不完全统计，中国通过正式开放口岸与周边国家联通的公路线路有24条，其中，与越南联通线路3条、与缅甸联通线路2条、与老挝和泰国联通线路1条、与尼泊尔联通线路3条、与巴基斯坦联通线路1条、与哈萨克斯坦联通线路5条、与吉尔吉斯斯坦联通线路2条、与塔吉克斯坦联通线路1条、与俄罗斯联通线路3条、与蒙古国联通线路1条、与朝鲜联通线路2条。按区域分布看，中国通往东南亚方向公路线路6条，通往南亚方向公路线路4条，通往中亚方向公路线路8条，通往东北亚方向公路线路6条（详见表5）。除此之外，中国沿边省份与接壤国家间还存在着大量边境互市贸易通道和临时开放性口岸道路。

4.开展国际及区域运输便利化合作。公路对外合作的另一个重要领域是开展国际及区域道路运输便利化合作。新中国成立以来，中外交通高层领导人互访遍及五大洲，签署了一系列协定、协议和备忘录。1978年之前，尚无任何国家与中国签订汽车运输协定。1991年开始，中国政府与蒙古国政府签订首个中外汽车运输协定，此后，陆续与多个国家签订汽车运输协定。截至2019年3月，中国已与周边接壤的13个国家签订政府间汽车运输便利化协定，与"一带一路"沿线国家签订运输便利化协定总数达18个，各种双边、多边汽车运输协议和条约达40多个，开通周边国家国际道路客货运输线路356条，总长度5万公里。如《中华人民共和国政府和俄罗斯联邦政府汽车运输协议》《中华人民共和国政府和哈萨克斯坦共和国政府汽车运输协议》《中华人民共和国政府和塔吉克斯坦共和国政府国际汽车运输协议》等双边协议，《上海合作组织成员国政府间国际道路运输便利化协定》《大湄公河次区域客货跨境运输便利化协定》等多边协议。这些双边、多边协定具体规定了国际公路运输的经营范围、行车距离、许可证照等相关规则和事宜。

与此同时，中国政府及交通运输管理部门积极参与各类国际多双边合作会议机制，推进国际道路运输便利化。充分利用中国—东盟交通部长会议、上海合作组织交通部长会议、中日韩运输及物流部长会议等区域合作机制，以及中巴、中俄、中哈等双边交通运输合作机制，不断深化与周边国家互联互通。完成了《中国—东盟交通合作发展战略规划》《GMS交通运输10年战略框架》《CAREC交通和贸易便利化战略行动计划》，启动了《中巴经济走廊交通基础设施总体规划》，建成了昆曼公路、中吉乌公路、中越红河大桥等战略路途通道，实施了中朝鸭绿江公路大桥、中尼热索桥、中巴喀喇昆仑公路升级改造等重点项目的建设，开通了中韩陆海联运汽车运输通道，达成《GMS便利货物及人员跨境运输协定》等重要文件。这些道路运输便利化协定的签署与有效实施，为促进中国与周边国家的经贸合作和人员往来提供了支持和保障，为巩固和发展睦邻友好、互利合作作出了积极贡献。

表5 中国与周边国家公路互联互通线路统计

序号	地区	国家	境内节点	过境口岸	线路走向
1	东南亚	越南	广西南宁	友谊关（友谊）东兴（芒街）	南宁—友谊关—河内
2	东南亚	越南	云南昆明	河口（老街）	昆明—河口—河内
3	东南亚	越南	云南昆明	天保（清水）	昆明—天保—河内
4	东南亚	缅甸	云南昆明	瑞丽（木姐）	昆明—瑞丽—腊戌（缅）—曼德勒—内比都
5	东南亚	缅甸	云南昆明	猴桥（甘拜地）	昆明—猴桥—密支那
6	东南亚	老挝/泰国	云南昆明	磨憨（磨丁）	昆明—磨憨—万象（老挝）—曼谷（泰国）
7	南亚	尼泊尔	西藏拉萨	樟木（科达里）	拉萨—樟木—加德满都
8	南亚	尼泊尔	西藏拉萨	吉隆（热索瓦）	拉萨—吉隆—加德满都
9	南亚	尼泊尔	西藏拉萨	普兰（雅犁）	拉萨—普兰—加德满都
10	南亚	巴基斯坦	新疆喀什	红其拉甫（苏斯特）	喀什—红其拉甫—伊斯兰堡
11	中亚	哈萨克斯坦	新疆乌鲁木齐	吉木乃（迈哈布奇盖）	乌鲁木齐—吉木乃—塞米巴拉金斯克
12	中亚	哈萨克斯坦	新疆乌鲁木齐	巴克图（巴克特）	乌鲁木齐—巴克图—阿亚古兹
13	中亚	哈萨克斯坦	新疆乌鲁木齐	阿拉山口（多斯特克）	乌鲁木齐—阿拉山口—阿克斗卡
14	中亚	哈萨克斯坦	新疆乌鲁木齐	霍尔果斯（霍尔果斯）	乌鲁木齐—霍尔果斯—阿拉木图
15	中亚	哈萨克斯坦	新疆乌鲁木齐	都拉塔（科尔扎特）	乌鲁木齐—都拉塔—阿拉木图（哈）
16	中亚	吉尔吉斯斯坦	新疆喀什	吐尔尕特（图噜噶尔特）	喀什—吐尔尕特—比什凯克（吉）
17	中亚	吉尔吉斯斯坦	新疆喀什	伊尔克什坦（伊尔克什坦）	喀什—伊尔克什坦—奥什（吉）—塔什干（乌）
18	中亚	塔吉克斯坦	新疆喀什	卡拉苏（阔勒买）	喀什—卡拉苏—杜尚别（塔）
19	东北亚	俄罗斯	黑龙江哈尔滨	满洲里（后贝加尔斯克）	哈尔滨—满洲里—赤塔
20	东北亚	俄罗斯	黑龙江哈尔滨	绥芬河（波格拉尼奇内）东宁（波尔塔夫卡）	哈尔滨—绥芬河、东宁—符拉蒂沃斯托克（俄）
21	东北亚	俄罗斯	黑龙江哈尔滨	黑河（布拉戈维申斯克）	哈尔滨—黑河——布拉戈维申斯克（俄）
22	东北亚	蒙古	内蒙古二连浩特	二连浩特（扎门乌德）	集宁—二连浩特—乌兰巴托（蒙古）
23	东北亚	朝鲜	吉林圈河	圈河（元汀）	圈河——罗津（朝鲜）
24	东北亚	朝鲜	辽宁丹东	丹东（新义州）	丹东——新义州（朝鲜）

参考文献

[1] 中国公路交通史编审委员会,《中国公路史》第二册 现代公路[M].北京:人民交通出版社,1999。

[2] 中国公路学会,《中国公路史》第三册 [M].北京:人民交通出版社股份有限公司,2017。

[3] 砥砺大道国运兴——新中国成立七十周年公路交通发展成就综述[OL].2019-10-10https://www.sohu.com/a/346022389_100031334.

[4] 潘永辉.畅通主导:一个崭新的起点——2011年全国公路养护管理工作会议全景扫描[J].中国公路,2011(21)。

[5] 徐德谦,冼巧凤. 路精于勤,更精于创新——记2016年全国公路养护管理工作会[J].中国公路,2016(13)。

[6] 中华人民共和国交通运输部,《中国交通运输改革开放40年》丛书编委会 中国交通运输改革开放综合卷40年[M].北京:人民交通出版社股份有限公司,2018。

[7] 中国交通新闻网.新中国成立七十周年公路交通发展成就综述[OL]. 2019-10-08. http://www.zgjtb.com/2019-10/08/content_230254.htm.

[8] 中国道路运输协会.道路货运业高质量发展之策[J]. 中国道路运输,2019(6)。

[9] 杨璐.我国城市公共交通发展沿革及现状初探 [J].商情,2015(28)。

[10] 刘治国、刘伟俊,et al.中国驾培行业发展报告2018.[M].北京:社会科学文献出版社,2018。

[11] 王水平.国际道路运输立足周边辐射沿线面向全球[OL]. 2018-10-10.http://www.gov.cn/xinwen/2018-10/10/content_5329159.htm.

[12] 李维双. 利用外资建设公路:稳中求进[J]. 中国投资与建设,1997年底10期。

[13] 蓝兰. 中国高速公路建设利用外资情况[J]. 交通世界,2009年第21期。

[14] 中华人民共和国国务院新闻办公室. 中国的对外援助(2014)[R]. 2014年7月。

[15] 中华人民共和国国务院新闻办公室.中国的对外援助[R].2011年4月。

[16] 国家发展改革委综合运输研究所."一带一路"战略下交通互联互通发展研究[R]. 2005年11月。

（国家发展和改革委员会综合运输研究所　贺兴东、丁金学、秦山、李卫波、孙炜　撰稿）

2018年交通运输行业发展统计公报

（公路部分）

2018年是全面贯彻落实党的十九大精神的开局之年，是改革开放40周年，也是决胜全面建成小康社会、实施“十三五”规划承上启下的关键一年。各级交通运输部门深入学习贯彻习近平新时代中国特色社会主义思想和党的十九大精神，坚持稳中求进工作总基调，坚持新发展理念，坚持推动高质量发展，按照党中央、国务院决策部署，全面推进各项工作，取得明显成效。

一、基础设施

（一）铁路

……

（二）公路

年末全国公路总里程484.65万公里，比上年增加7.31万公里。公路密度50.48公里/百平方公里，增加0.76公里/百平方公里。公路养护里程475.78万公里，占公路总里程98.2%。

年末全国四级及以上等级公路里程446.59万公里，比上年增加12.73万公里，占公路总里程92.1%，提高1.3个百分点。二级及以上等级公路里程64.78万公里，增加2.56万公里，占公路总里程13.4%，提高0.3个百分点。高速公路里程14.26万公里，增加0.61万公里；高速公路车道里程63.33万公里，增加2.90万公里。国家高速公路里程10.55万公里，增加0.33万公里。

年末国道里程36.30万公里，省道里程37.22万公里。农村公路里程403.97万公里，其中县道里程54.97万公里，乡道里程117.38万公里，村道里程231.62万公里。

年末全国公路桥梁85.15万座、5568.59万米，比上年增加1.90万座、342.97万米，其中特大桥梁5053座、902.69万米，大桥98869座、2637.04万米。全国公路隧道17738处、1723.61万米，增加1509处、195.10万米，其中特长隧道1058处、470.66万米，长隧道4315处、742.18万米。

（三）水路

1. 内河航道

……

2. 港口

……

（四）民航

……

（五）公路交通流量

全国国道观测里程21.88万公里，机动车年平均日交通量为14179辆，比上年增长3.5%，年平均日行驶量为309939万车公里，增长2.5%。其中，国家高速公路年平均日交通量为26435辆，增长5.4%，年平均日行驶量为138840万车公里，增长6.0%；普通国道年平均日交通量为10307辆，增长1.4%，年平均日行驶量为171094万车公里，下降0.1%。

二、运输装备

（一）公路

年末全国拥有公路营运汽车1435.48万辆，比上年下降1.0%。

拥有载客汽车79.66万辆，比上年下降2.4%，2048.11万客位，下降2.4%。其中大型客车30.27万辆，下降1.0%，1333.99万客位，下降0.4%。

拥有载货汽车1355.82万辆，比上年下降0.9%，12872.97万吨位，增长9.3%。其中，普通货车816.76万辆，下降9.5%，4791.21万吨位，下降1.6%；专用货车52.63万辆，增长13.8%，547.59万吨位，增长9.7%；牵引车237.67万辆，增长14.7%；挂车248.76万辆，增长17.2%。

（二）水路

……

（三）城市客运

年末全国拥有公共汽电车67.34万辆，比上年增长3.4%，其中BRT车辆9110辆，增长3.5%。按车辆燃料类型分，柴油车占22.2%，天然气车占24.5%，纯电动车占37.8%，混合动力车占12.9%。

拥有轨道交通车站3412个，增加362个；运营车辆34012辆，增长18.5%。

拥有巡游出租车138.89万辆，下降0.5%。拥有城市客运轮渡船舶250艘，下降5.3%。

三、运输服务

2018年，完成营业性客运量179.38

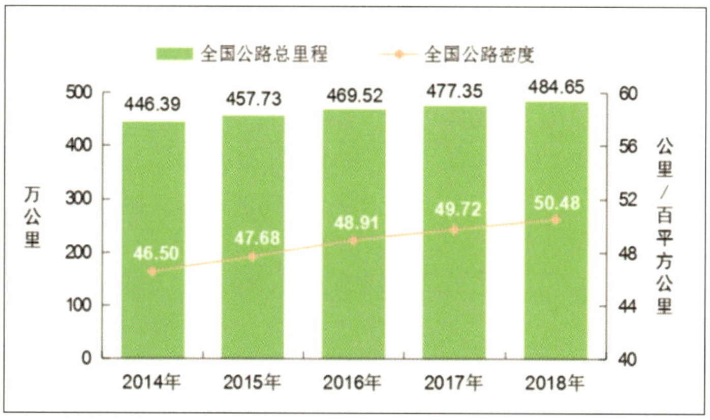

图2 2014—2018年全国公路总里程及公路密度

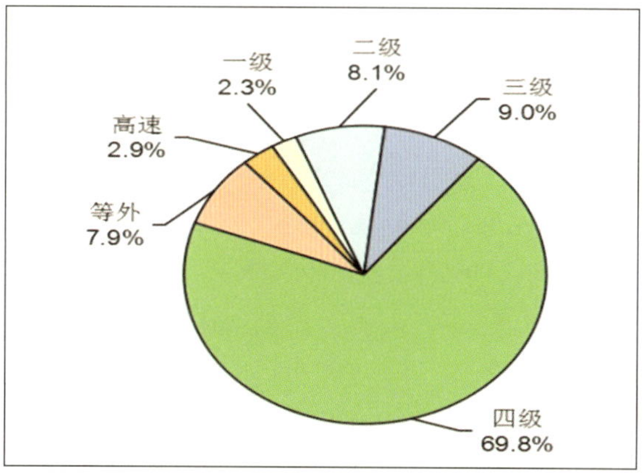

图3 2018年全国公路里程分技术等级构成

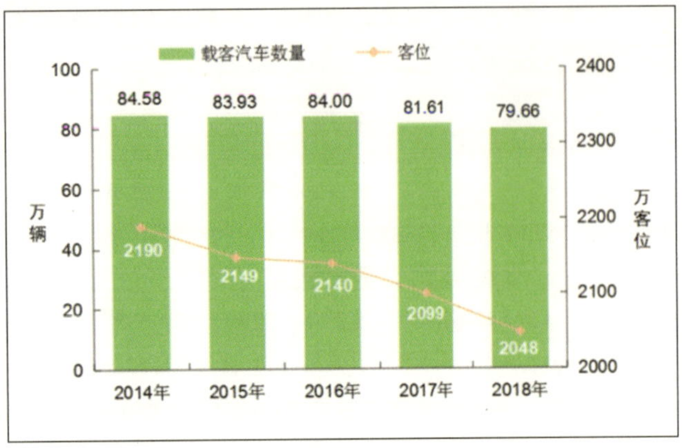

图5　2014—2018年全国载客汽车拥有量

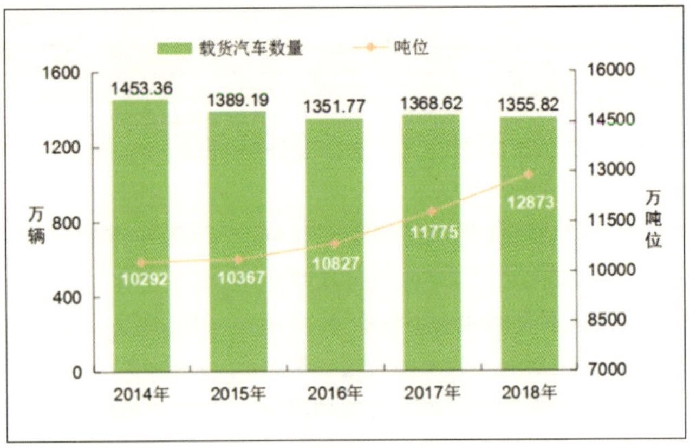

图6　2014—2018年全国载货汽车拥有量

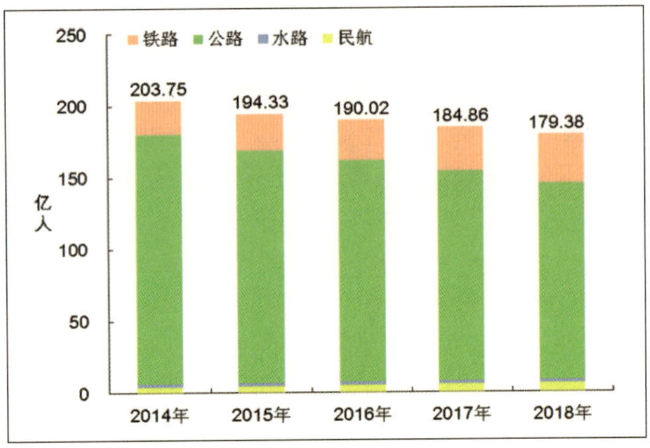

图8　2014—2018年营业性客运量

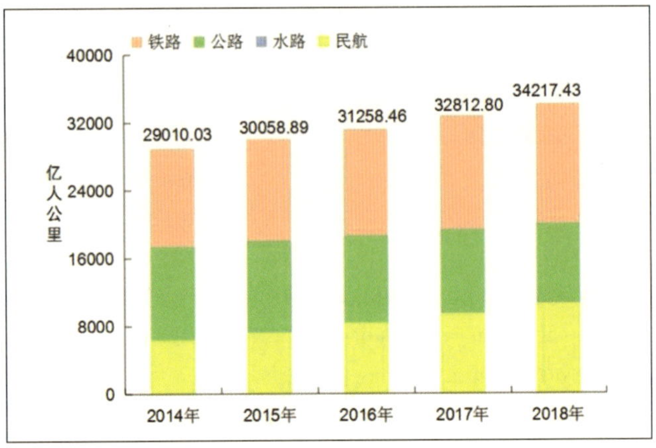

图9　2014—2018年营业性旅客周转量

表4　全国城市客运装备拥有量

年　份	公共汽电车（万辆）	轨道交通运营车辆（辆）	巡游出租车（万辆）	城市客运轮渡船舶（艘）
2014年	52.88	17300	137.01	329
2015年	56.18	19941	139.25	310
2016年	60.86	23791	140.40	282
2017年	65.12	28707	139.58	264
2018年	67.34	34012	138.89	250

亿人，比上年下降3.0%，旅客周转量34217.43亿人公里，增长4.3%，营业性货运量506.29亿吨，增长7.2%，货物周转量199385.00亿吨公里，增长3.5%。

（一）铁路

……

（二）公路

全年完成营业性客运量136.72亿人，比上年下降6.2%，旅客周转量9279.68亿人公里，下降5.0%。完成货运量395.69亿吨，增长7.3%，货物周转量71249.21亿吨公里，增长6.7%。

（三）水路

……

（四）民航

……

（五）邮政

……

（六）城市客运

年末全国拥有公共汽电车运营线路60590条，比上年增加3804条，运营线路总长度119.9万公里，增加13.01万公里。其中，公交专用车道12850.2公里，增加1935.7公里；BRT线路长度5119.3公里。轨道交通运营线路171条，增加18条，运营里程5295.1公里，增加711.8公里；其中，地铁线路143条、4726.5公里，轻轨线路6条、217.6公里。城市客运轮渡运营航线91条，减少1条，运营航线总长度376.6公里，减少58.3公里。

全年完成城市客运量1262.24亿人，比上年下降0.9%。其中，公共汽电车完成697.00亿人，下降3.6%，其中BRT客运量15.87亿人，公共汽电车运营里程346.10亿公里，下降2.6%；轨道交通完成212.77亿人，增长15.4%，运营车公里35.26亿车公里，增长18.6%；巡游出租车完成351.67亿人，下降3.8%；客运轮渡完成0.80亿人，下降3.1%。

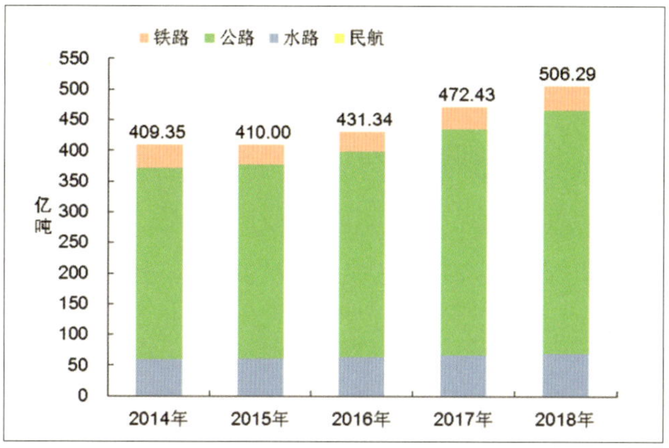

图10　2014—2018年营业性货运量

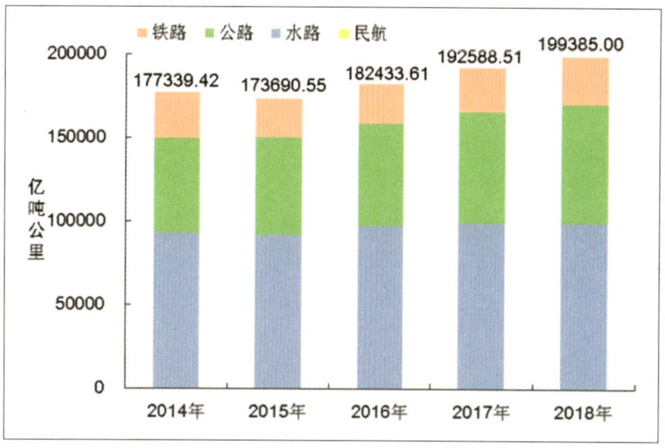

图11　2014—2018年营业性货物周转量

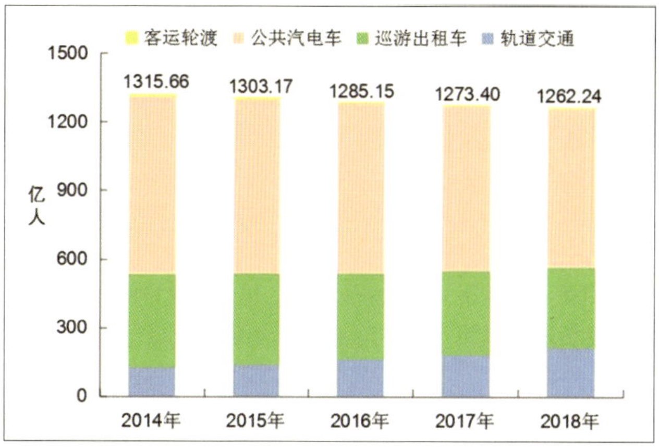

图15　2014—2018年全国城市客运量

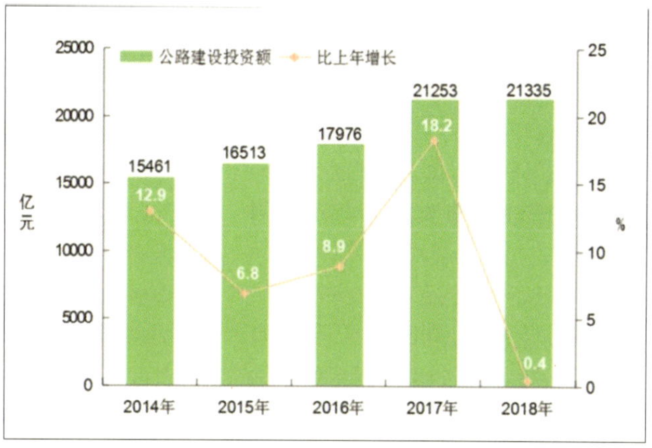

图16　2014—2018年公路建设投资额及增长速度

四、交通固定资产投资

全年完成交通固定资产投资32235亿元，比上年增长0.7%。

（一）铁路

……

（二）公路水路

1　公路

全年完成公路建设投资21335亿元，比上年增长0.4%。其中，高速公路建设完成投资9972亿元，增长7.7%；普通国省道建设完成投资6378亿元，下降12.2%；农村公路建设完成投资4986亿元，增长5.4%。

2. 水路

……

3. 公路水路其他

全年完成公路水路支持系统及其他建设投资824亿元，比上年增长26.9%。

（三）民航

……

五、生产安全

……

……

公路水路交通运输建设领域全年共发生生产安全事故41起，比上年下降6.8%，死亡63人，下降4.5%。未发生重特大事故。

六、能源消耗

全年共监测公路水路运输企业123家。监测的城市公交企业每万人次单耗1.5吨标准煤，比上年下降5.2%，百车公里单耗41.7千克标准煤，下降8.9%；公路班线客运企业每千人公里单耗14.6千克标准煤，下降0.6%，百车公里单耗29.1千克标准煤，下降0.6%；公路专业货运企业每百吨公里单耗2千克标准煤，增长11.1%；远洋和沿海货运企业每千吨海里单耗4.1千克标准煤，下降6.8%；港口企业每万吨单耗2.3吨标准煤，下降4.1%。

七、科技与人才队伍建设

……

全年公路水路交通运输科研基础条件建设完成投资15亿余元。年末交通运输行业共有52个行业重点实验室，48个行业研发中心以及19个协同创新平台，8项科技成果获2018年度国家科学技术进步奖，其中一等奖1项，二等奖7项。

部全年表彰2016－2017年度全国交通运输行业文明单位198个、文明示范窗口217个、文明职工标兵213人、精神文明建设先进工作者94人。全年获得“全国技术能手”称号20人、“全国交通技术能手”称号96人，共评选培养“交通运输青年科技英才”130人。

注释：

1.香港、澳门特别行政区及台湾省统计数据未包括在本公报内。

2.按照《国家公路网规划（2013—

2030年)》,结合各省(区、市)路网调整情况,本公报中国道、省道、县道、乡道、村道里程的统计口径作了部分调整。

3.本公报中营业性旅客运输量为铁路、公路、水路、民航完成数,不包括城市客运量;营业性货物运输量为铁路、公路、水路、民航完成数,不包括管道数据。

4.铁路数据为快报数据。国家铁路含控股合资铁路。

5.民航运输数据为快报数据。

6.邮政数据为月度快报统计数据。

资料来源:

本公报数据来自交通运输部、国家铁路局、中国民用航空局、国家邮政局和中国铁路总公司。

(交通运输部公路局)

2018年全国收费公路统计公报

交通运输部公路局

(2019年8月29日)

根据《政府信息公开条例》的有关规定,经汇总各省(区、市)已公布的收费公路统计数据,现将2018年全国收费公路统计汇总结果公报如下:

一、收费公路总体情况

(一)里程构成。

2018年末,全国收费公路里程16.81万公里,占公路总里程484.65万公里的3.5%。其中,高速公路13.79万公里,一级公路1.96万公里,二级公路0.97万公里,独立桥梁及隧道951公里,占比分别为82.0%、11.7%、5.7%和0.6%。

全国收费公路里程比上年末净增加4335公里。其中,高速公路净增加5239公里,一级公路净减少1074公里,二级公路净增加101公里,独立桥梁及隧道净增加69公里。

(二)主线收费站。

2018年末,全国收费公路共有主线收费站1316个,比上年末净减少22个。其中,高速公路755个,一级公路354.5个,二级公路144个,独立桥梁及隧道62.5个,占比分别为57.4%、26.9%、10.9%和4.7%。

(三)建设投资。

2018年末,全国收费公路累计建设投资总额88823.5亿元,较上年末净增加6479.5亿元,增长7.9%。其中,累计资本金投入27044.7亿元,资本金比例30.4%;累计债务性资金投入61778.8亿元,债务性资金比例69.6%。

(四)债务余额。

2018年末,全国收费公路债务余额56913.6亿元,比上年末增加4070.1亿元,增长7.7%。其中,年末银行贷款余额47744.2亿元,年末其他债务余额9169.5亿元,占比分别为83.9%和16.1%。

(五)收入支出。

2018年度,全国收费公路通行费收入5552.4亿元,比上年增加422.2亿元,增长8.2%;支出总额9621.8亿元,比上年增加465.1亿元,增长5.1%;通行费收支缺口4069.4亿元,比上年增加42.9亿元,增长1.1%。

2018年度支出总额中,偿还债务本金5066.7亿元,偿还债务利息2647.9亿元,养护支出589.3亿元,公路及附属设施改扩建工程支出191.4亿元,运营管理支出707.2亿元,税费支出377.3亿元,其他支出41.9亿元,占比分别为52.7%、27.5%、6.1%、2.0%、7.3%、3.9%和0.4%。

二、政府还贷公路情况

2018年末,全国政府还贷公路里程9.33万公里,累计建设投资总额44870.5亿元,债务余额30536.1亿元,年通行费收入2142.3亿元,年支出总额4160.7亿元,分别占全国收费公路的55.5%、50.5%、53.7%、38.6%和43.2%。

(一)里程构成。

政府还贷公路总里程9.33万公里,其中,高速公路7.26万公里,一级公路1.51万公里,二级公路0.53万公里,独立桥梁及隧道203公里,占比分别为77.8%、16.2%、5.7%和0.2%。政府还贷高速公路占收费高速公路里程的52.6%。

(二)建设投资。

政府还贷公路累计建设投资总额44870.5亿元,其中,高速公路40626.2亿元,一级公路3010.1 亿元,二级公路306.9亿元,独立桥梁及隧道927.4亿元,占比分别为90.5%、6.7%、0.7%和2.1%。

政府还贷公路累计建设投资总额中,累计资本金投入12922.5亿元,资本金比例28.8%;累计债务性资金投入31948.0亿元,债务性资金比例71.2%。

(三)债务余额。

2018年末政府还贷公路债务余额30536.1亿元,其中,高速公路28420.3亿元,一级公路1635.0亿元,二级公路58.8亿元,独立桥梁及隧道422.1亿元,占比分别为93.1%、5.4%、0.2%和1.4%。

(四)收入支出。

2018年度政府还贷公路通行费收入2142.3亿元。其中,高速公路2016.0亿元,一级公路78.1亿元,二级公路16.8亿元,独立桥梁及隧道31.4亿元, 占比分别为94.1%、3.6%、0.8%和1.5%。

2018年度政府还贷公路支出总额4160.7亿元。其中偿还债务本金2012.3亿元,偿还债务利息1452.2亿元,养护支出286.1亿元,公路及附属设施改扩建工程支出26.8亿元,运营管理支出314.4亿元,税费支出65.4亿元,其他支出3.6亿元，占比分别为48.4%、34.9%、6.9%、0.6%、7.6%、1.6%和0.1%。

2018年度政府还贷公路通行费收支缺口2018.5亿元。其中，高速公路缺口1854.1亿元，一级公路缺口147.8亿元，二级公路盈余2.3亿元，独立桥梁及隧道缺口18.8亿元。

三、经营性公路情况

2018年末，全国经营性公路里程7.48万公里，累计建设投资总额43953.0亿元，债务余额26377.5亿元，年通行费收入3410.1亿元，年支出总额5461.1亿元，分别占全国收费公路的44.5%、49.5%、46.3%、61.4%和56.8%。

（一）里程构成。

经营性公路总里程为7.48万公里，其中，高速公路6.53万公里，一级公路0.45万公里，二级公路0.43万公里，独立桥梁及隧道749公里，分别占经营性公路里程的87.3%、6.0%、5.8%和1.0%。经营性高速公路占收费高速公路里程的47.4%。

（二）建设投资。

经营性公路累计建设投资总额43953.0亿元，其中，高速公路41443.3亿元，一级公路860.3亿元，二级公路192.3亿元，独立桥梁及隧道1457.1亿元，占比分别为94.3%、2.0%、0.4%和3.3%。

经营性公路累计建设投资总额中，累计资本金投入14122.2亿元，资本金比例32.1%；累计债务性资金投入29830.8亿元，债务性资金比例67.9%。

（三）债务余额。

经营性公路债务余额26377.5亿元，其中，高速公路25245.9亿元，一级公路395.5 亿元，二级公路54.6亿元，独立桥梁及隧道681.5亿元，占比分别为95.7%、1.5%、0.2%和2.6%。

（四）收入支出。

2018年度，经营性公路通行费收入3410.1亿元。其中，高速公路3152.4亿元，一级公路48.0亿元，二级公路25.4亿元，独立桥梁及隧道184.3亿元，占比分别为92.4%、1.4%、0.7%和5.4%。

2018年度经营性公路支出总额为5461.1亿元。其中偿还债务本金3054.4亿元，偿还债务利息1195.7亿元，养护支出303.2亿元，公路及附属设施改扩建工程支出164.7亿元，运营管理支出392.7亿元，税费支出312.0亿元，其他支出38.3亿元，占比分别为55.9%、21.9%、5.6%、3.0%、7.2%、5.7%和0.7%。

2018年度经营性公路通行费收支缺口2050.9亿元。其中，高速公路缺口2003.2亿元，一级公路缺口17.3亿元，二级公路缺口1.8亿元，独立桥梁及隧道缺口28.7亿元。

四、通行费减免情况

2018年度，全国收费公路共减免车辆通行费917.8亿元，比上年增加96.1亿元，增长11.7%。其中，“绿色通道”（鲜活农产品运输车辆）减免345.0亿元，重大节假日小型客车免费通行减免307.9亿元，其他政策性减免264.9亿元，占比分别为37.6%、33.6%和28.9%。

注释：

1.政府还贷公路：是指县级以上地方人民政府交通运输主管部门利用贷款或者向企业、个人有偿集资建设的公路，收费时使用财政票据。

2.经营性公路：是指国内外经济组织投资建设或者依照公路法的规定受让政府还贷公路收费权的公路，收费时使用税务票据。

3.累计建设投资总额：是指历年建设投资和当年新增建设投资之和，包括征地拆迁、土木工程、交通工程及沿线设施的投资，不含养护、大中修投资。

4.财政性资本金投入、非财政性资本金投入：是累计建设投资总额中分别属政府财政和其他来源（如社会资本投资、企事业单位自筹）的资本金部分。

5.举借银行贷款本金、举借其他债务本金：是指累计建设投资总额中通过举借银行贷款和举借其他债务（如发行债券、对外借款）筹集的债务性资金，即原始银行贷款本金和原始其他债务本金，不考虑偿还因素。

6.养护支出：是指公路日常小修保养（含养护人员薪酬）、大中修工程、预防性养护、养护设施设备购置、养护检查检测、应急养护、机电系统改造维护、生产及照明用电等费用支出之和。

7.公路及附属设施改扩建工程支出：是指公路及附属设施的改建支出，如收费站、收费广场，部分路段线位调整、提升技术等级、增加车道数和出入口，以及立交工程的改建工程。

8.税费支出：是指税务部门征收的所有税金与政府财政等有关部门，按相关规定征收或提取的规费之和，包括增值税、所得税、城建税、房产税、教育附加费、水利基金、交警经费等。

9.运营管理支出：指收费业务、日常管理、路政管理及治超工作支出之和，包括收费人员、管理人员、后勤人员和路政治超人员薪酬、收费业务费用、日常管理办公经费（含）、其他管理支出、路政治超办公及业务费用、执法装备使用及维修、路产巡查等支出。

10.其他支出：指除还本付息支出、养护支出、公路及附属设施改扩建工程支出、税费支出和运营管理支出之外应由通行费收入列支的所有费用支出。

11.通行费收支缺口：使用通行费收入减去支出总额，通行费收入大于支出总额为盈余，通行费收入小于支出总额为缺口。

12.部分数据因四舍五入的原因，存在着与分项合计不等的情况；占比率根据四舍五入前数据计算。

本篇责任编辑：戴利明
本篇责任校对：戴利明

2018年全国收费公路统计汇总表

项目		编号	收费公路里程	主线收费站	建设投资情况					债务余额情况（万元）		
					累计建设投资总额	财政性资本金投入	非财政性资本金投入	举借银行贷款本金	举借其他债务本金	年末债务余额小计	年末银行贷款余额	年末其他债务余额
			公里	个	万元	万元	万元	万元	万元	万元	万元	万元
甲		乙	1	2	3	4	5	6	7	8	9	10
总计		1	168,071.4	1,316.0	888,234,798	150,530,292	119,916,513	572,373,393	45,414,599	569,136,202	477,441,655	91,694,547
还贷性		2	93,257.0	709.5	448,704,876	108,766,032	20,458,614	303,618,631	15,861,599	305,361,307	266,883,331	38,477,976
经营性		3	74,814.3	606.5	439,529,921	41,764,260	99,457,899	268,754,763	29,553,000	263,774,895	210,558,324	53,216,571
高速	小计	4	137,876.7	755.0	820,694,540	135,753,331	108,864,043	534,944,312	41,132,854	536,661,857	453,730,002	82,931,856
	还贷性	5	72,577.8	395.5	406,261,857	96,030,550	16,791,425	278,877,372	14,562,509	284,202,998	251,063,573	33,139,425
	经营性	6	65,298.8	359.5	414,432,683	39,722,781	92,072,618	256,066,940	26,570,344	252,458,859	202,666,428	49,792,431
一级	小计	7	19,592.3	354.5	38,703,896	10,296,066	4,374,399	21,568,895	2,464,535	20,304,685	13,268,966	7,035,719
	还贷性	8	15,132.0	259.5	30,100,749	9,301,782	2,032,629	17,627,028	1,139,310	16,349,709	11,230,070	5,119,639
	经营性	9	4,460.3	95.0	8,603,147	994,285	2,341,770	3,941,867	1,325,225	3,954,976	2,038,896	1,916,080
二级	小计	10	9,651.0	144.0	4,991,361	1,813,922	823,224	1,910,603	443,611	1,134,184	778,844	355,340
	还贷性	11	5,344.5	43.0	3,068,596	1,658,835	–	1,382,081	27,679	587,854	584,581	3,273
	经营性	12	4,306.5	101.0	1,922,765	155,087	823,224	528,522	415,932	546,330	194,263	352,068
独立桥梁	小计	13	818.4	52.5	21,042,728	2,405,060	5,022,177	12,693,566	921,925	9,847,020	8,919,900	927,120
	还贷性	14	178.7	8.5	8,381,310	1,513,073	1,634,560	5,204,454	29,224	3,908,365	3,772,847	135,518
	经营性	15	639.7	44.0	12,661,418	891,987	3,387,617	7,489,112	892,702	5,938,655	5,147,053	791,602
独立隧道	小计	16	133.0	10.0	2,802,272	261,911	832,670	1,256,017	451,673	1,188,455	743,944	444,512
	还贷性	17	23.9	3.0	892,364	261,791	–	527,696	102,877	312,380	232,260	80,121
	经营性	18	109.1	7.0	1,909,908	120	832,670	728,321	348,796	876,075	511,684	364,391

注：1. 同一收费项目中含不同技术或行政等级，项目的技术和行政等级按里程长的计算；2.收费站按所属项目技术等级计算；3.省界主线共管收费站，各省分别按0.5个计算。

2018年全国收费公路统计汇总表（续表）

项目	编号	年通行费收入	年支出总额	还本付息支出小计	偿还债务本金支出	偿还债务利息支出	养护支出	公路及附属设施改扩建工程支出	运营管理支出	税费支出	其他支出	通行费减免情况：年绿色通道减免金额	通行费减免情况：年节假日小型客车减免金额	通行费减免情况：年其他政策性减免金额
		万元	万元	万元	万元	万元	万元	万元	万元	万元	万元	万元	万元	万元
甲	乙	11	12	13	14	15	16	17	18	19	20	21	22	23
总计	1	55,524,119	96,218,009	77,146,441	50,667,318	26,479,123	5,893,192	1,914,402	7,071,568	3,773,410	418,997	3,449,670	3,079,337	2,649,052
还贷性	2	21,422,663	41,607,467	34,645,268	20,122,826	14,522,442	2,861,008	267,652	3,144,462	653,560	35,518	1,573,095	1,127,236	896,502
经营性	3	34,101,456	54,610,542	42,501,173	30,544,492	11,956,681	3,032,184	1,646,750	3,927,106	3,119,850	383,479	1,876,575	1,952,100	1,752,550
高速 小计	4	51,683,847	90,256,852	72,654,476	47,662,043	24,992,433	5,363,226	1,844,114	6,560,650	3,431,562	402,825	3,326,617	2,922,781	2,470,898
高速 还贷性	5	20,159,548	38,701,018	32,285,255	18,747,528	13,537,726	2,616,606	245,529	2,900,101	624,225	29,302	1,533,672	1,081,722	828,960
高速 经营性	6	31,524,299	51,555,834	40,369,221	28,914,514	11,454,707	2,746,619	1,598,585	3,660,549	2,807,338	373,523	1,792,946	1,841,059	1,641,938
一级 小计	7	1,260,469	2,911,542	2,279,713	1,366,203	913,510	248,949	44,414	270,118	61,974	6,374	22,759	44,668	79,966
一级 还贷性	8	780,872	2,259,168	1,844,933	1,093,077	751,856	177,422	19,425	190,022	24,898	2,467	16,677	22,345	46,099
一级 经营性	9	479,597	652,374	434,779	273,126	161,654	71,527	24,989	80,096	37,076	3,907	6,082	22,323	33,867
二级 小计	10	422,721	417,510	200,617	136,395	64,222	103,896	5,682	75,196	30,867	1,254	13,506	8,442	20,735
二级 还贷性	11	168,365	145,238	77,846	44,852	32,994	39,474	509	27,409	–	–	11,496	4,265	8,843
二级 经营性	12	254,356	272,272	122,771	91,543	31,229	64,422	5,173	47,786	30,867	1,254	2,010	4,176	11,891
独立桥梁 小计	13	2,028,203	2,244,280	1,662,210	1,200,702	461,508	156,321	20,137	155,136	244,001	6,476	85,901	99,675	74,890
独立桥梁 还贷性	14	299,211	361,682	307,159	124,244	182,915	21,862	2,189	23,699	4,000	2,773	11,144	18,448	12,515
独立桥梁 经营性	15	1,728,992	1,882,599	1,355,052	1,076,458	278,593	134,459	17,948	131,437	240,000	3,703	74,757	81,228	62,375
独立隧道 小计	16	128,879	387,825	349,426	301,976	47,449	20,800	55	10,469	5,007	2,069	887	3,771	2,563
独立隧道 还贷性	17	14,667	140,363	130,075	113,124	16,951	5,644	–	3,230	437	976	107	456	85
独立隧道 经营性	18	114,212	247,462	219,350	188,852	30,498	15,156	55	7,238	4,570	1,093	780	3,315	2,478

中国交通年鉴

水运篇

WATERWAY TRANSPORTATION PART

内容提要

此篇内容包括：水运行业70年发展成就、新中国成立70年长江航运发展成就、2018年交通运输行业发展统计公报（水运部分）、2018年国内沿海货运船舶运力分析报告、2018年珠江水运经济运行和琼州海峡客滚运输情况分析。2018年水运行业主要数据如下：

——运输船舶13.70万艘

——水运客运量2.80亿人

——水运货运量70.27亿吨

——全国港口码头泊位23919个

——港口集装箱吞吐量2.51亿标箱

——港口货物吞吐量143.51亿吨

——内河航道通航里程12.71万公里

新中国成立70年水运建设与发展

水运行业70年发展成就

基础设施建设与发展

【概　述】新中国成立初期，中国水运基础设施十分落后，存在数量少、质量差、等级低、布局偏的问题，沿海港口生产用码头泊位仅161个，没有一个深水码头泊位，内河航道里程仅7.4万公里。经过70年的发展，中国水运基础设施建设成效显著。基本形成布局合理、层次清晰、功能齐全、河海兼顾、优势互补、配套设施完善、现代化程度较高的港口体系，港口向大型化、深水化、专业化、智能化、绿色化方向发展。投资渠道日趋多样，投资主体日益多元，打破单一投资方式对水运基础设施建设的限制。内河航运基本形成由长江干线、西江航运干线、京杭运河、长江三角洲高等级航道网、珠江三角洲高等级航道网和18条主要干支流航道构成的“两横一纵两网十八线”内河高等级航道骨架。沿海港口深水航道陆续投运，通航条件持续改善，较好地适应船舶大型化的发展要求。至2018年底，中国已拥有生产性码头泊位23919个，是1949年的148.6倍，其中万吨级以上码头泊位有2444个；内河航道通航里程12.7万公里，等级航道里程6.64万公里。

【港口建设】

1.港口设施建设。新中国成立初期，中国港口基础设施薄弱，港口淤浅、码头失修，处在恢复改造和早期发展阶段。1949年，全国港口生产用泊位数量仅161个。20世纪50年代，相继新建塘沽港、湛江港、裕溪口港等港口。至1957年，万吨级及以上泊位数量达到38个。1973年国务院发出“三年改变港口面貌”的号召，全国开始第一次大规模港口建设。1978年底，中国港口生产用泊位数量735个，是1949年的4.6倍，其中万吨级及以上深水泊位133个，内河没有万吨级及以上泊位。改革开放后，国家将港口作为国民经济建设的战略重点，开始注重深水化、专业化泊位建设，开始又一轮港口建设。“六五”“七五”期间，港口建设以解决能源和外贸运输为重点，实行大中小港口并举、大中小泊位并举的建设方针。至1997年底，全国沿海港口共拥有中级以上泊位1446个，其中深水泊位553个。进入21世纪后，逐步形成环渤海、长江三角洲、东南沿海、珠江三角洲和西南沿海五大沿海港口群，以煤炭、石油、铁矿石、集装箱、粮食、商品汽车、陆岛滚装和旅客运输等为重点架构的八大运输系统，建成一批专业化泊位。在长江水系、珠江水系、京杭运河与淮河水系、黑龙江和松辽水系及其他水系，基本形成沿江沿河港口带，初步形成以28个内河主要港口为主，地区重要港口和一般港口为辅的层次化内河港口布局。党的十八大以来，全国港口不断朝着大型化、智能化、绿色化的方向发展。2014年，厦门港建成中国第一个全自动化集装箱码头。2017年，青岛港全自动化集装箱码头成功投产。同年，全球最大单体全自动化集装箱码头——上海洋山港区四期工程开港运营。为推动港口绿色化发展，上海港不断更新和改造老旧设施设备，船舶岸基供电、绿色照明等绿色装备技术在港区得到推广应用。青岛港积极推进船舶岸电建设和应用，数十个泊位已具备高压岸电或低压岸电连船能力。全国初步建成布局合理、层次分明、功能齐全、河海兼顾、优势互补、配套设施完善、现代化程度较高的港口体系。中国港口无论在规模上、还是在专业化程度和管理水平上，都迈上新台阶。中国沿海部分主要港口的基础设施已经步入世界一流水平，港口装卸技术和服务效率处于世界前列。2018年世界集装箱吞吐量排名前十的港口(上海港、新加坡港、宁波-舟山港、深圳港、广州港、釜山港、香港港、青岛港、天津港、迪拜港)中国上榜7个，上海港位列第一。至2018年底，中国港口生产用泊位数量23919个，是1949年的148.6倍(如图1所示)。万吨级及以上泊位达到2444个，10万吨级及以上泊位达到397个，较2012年分别增加558个和159个。2019年，唐山港建成中国第四个全自动化集装箱码头。

2.水运固定资产投资。新中国成立初期，由于基础设施建设均由国家投资，且国家资金相对短缺，导致水运基础设施建设资金严重不足，供需矛盾较为突出。1978年改革开放以来，国家不断深化投资体制改革，打破单一投资方式对交通运输发展的限制，

图1　1949年—2018年全国港口泊位数量

海南洋浦港。　　（海南省交通运输厅 供稿）

2017年12月，上海洋山港四期自动化码头开港。（上海市交通委员会 供稿）

构建“中央投资、地方筹资、社会融资、利用外资”等多种方式融合发展的新体制，投资渠道多样化，投资主体多元化。中国从20世纪80年代允许外资进入港口，90年代起民营资本也开始进入港口。1991年水运交通投资总额达到68亿元，1998年增至163亿元，增长139.7%。这一系列措施拓宽建设资金来源渠道，水运基础设施建设取得长足的发展。70年来，水运固定资产投资从主要依靠国家投入，转变为以社会资金为主，除国家拨款外，地方投资、银行贷款、引进外资、社会融资、企业自筹等，已成为港口建设资金的主要来源。2018年全年完成水运建设投资1191亿元，其中内河建设完成投资628亿元，沿海建设完成投资563亿元。

【航道建设】

1.内河航道建设。新中国成立之初，内河航道里程短、等级低、条件差。1949年，全国内河航道里程仅7.4万公里。20世纪50年代初到80年代末，航道进入逐步恢复发展阶段。1957年，全国内河航道里程达到14.4万公里，1962年达到16.2万公里。这个时期，国家重点对川江航道进行系统治理，实现川江夜航，以京杭运河扩建工程为重点，开始大规模内河航道整治。随着内河航道基础设施的不断完善，内河航道网初步形成，航道成为水运经济大动脉。进入90年代，水运建设资金投入力度不断加大，以内河水运主通道建设为重点，实施一批航道建设项目，内河航道进入全面建设发展阶段，航道通航条件明显改善。1994年，以长江中游界牌水道整治工程为标志，开始长江中下游航道系统治理，并开展长江沙质河床航道治理。进入21世纪，内河航道建设进入快速发展阶段。随着长江三峡水利枢纽双线五级船闸投入使用，长江上游航行条件得到全面改善。国家进一步开启长江航道“深下游、畅中游、延上游、通支流”建设，对干线航道进行大规模整治建设，20余段重点碍航险滩得到有效治理。2010年，长江口深水航道整治工程完工，长江口至太仓段12.5米深水航道全面贯通。随着西江、北江等航道扩能升级工程陆续完工，珠江水系航道基础设施不断改善，干支衔接、区域成网、江海贯通的珠江黄金水道骨架基本形成。此外，对松花江、湘江、汉江、嘉陵江等一些重要河流的整治、渠化和梯级开发也取得重大成果。京杭运河(浙江段)航道整治工程稳步推进。党的十八大以来，依托长江黄金水道推动长江经济带发展上升为国家重大战略。2017年，长江中游“645工程”(武汉至安庆6米水深、武汉至宜昌4.5米水深航道整治工程)启动实施，有效解决长江干线航道“两头深、中间浅”问题，形成一条串起湘、鄂、赣、皖四省的“水上高速公路”。长江南京以下12.5米深水航道二期工程于2019年正式运行，实现南京至长江出海口全程通航5万吨级及以上船舶，将海港向内河纵深推进，相当于增加近800公里的海岸线，大规模实现中国黄金水道江海联运。内河水运由注重基础设施建设转向更加注重运输安全、绿色和可持续发展，内河航道开启现代化建设新征程。70年来，经过整治建设和大力维护，内河航道的通航尺度大幅提升。至2018年底，中国内河航道通航里程12.7万公里(如图2所示)，比1949年增加5.3万公里，其中等级航道里程6.6万公里，三级及以上航道里程1.3万公里，分别占内河航道总里程的52%和10%。由长江干线、西江航运干线、京杭运河、长江三角洲高等级航道网、珠江三角洲高等级航道网和18条主要干支流航道构成的“两横一纵两网十八线”

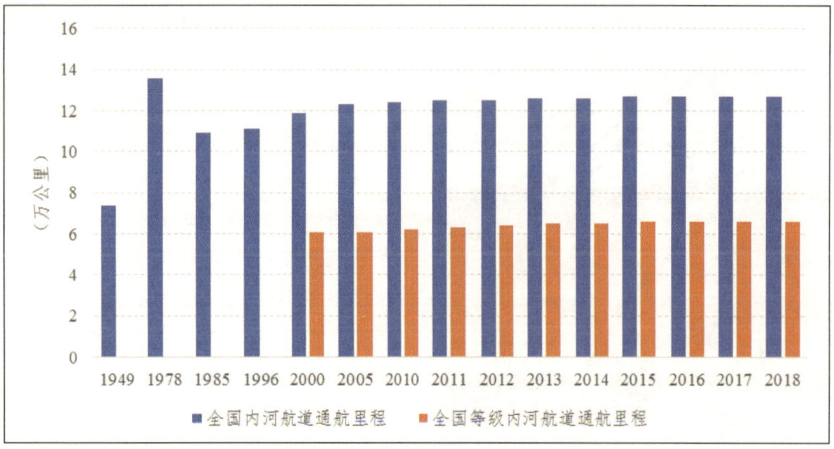

图2　1949年—2018年全国内河航道里程

（注：1999年底全面完成首次全国内河航道技术等级评定工作）

内河高等级航道骨架基本形成，干支线航道网不断提档升级，形成跨省干线航道网络和江海直达运输体系。

2.深水航道建设。新中国成立以来，为了适应船舶大型化和泊位专业化趋势，陆续建成宁波–舟山港、天津港、黄骅港和广州港等一批人工深水航道。2009年，宁波–舟山港虾峙门口外30万吨级深水航道正式投运，该航道是中国首条人工疏浚形成的特大深水航道，其扩建工程正在推进过程中。2014年，天津港30万吨级复式航道正式启用，实现大小船舶双进双出。2016年，黄骅港20万吨级航道正式通航。2017年，广州港深水航道拓宽工程（一期）投入使用，满足10万吨级集装箱船与15万吨级集装箱船双向通航。至2018年底，沿海主要港口中，除海口港外均可通航10万吨级及以上船舶，绝大部分煤炭、原油接卸、铁矿石接卸、集装箱码头所在港区的航道等级与码头泊位等级相匹配。

（国家发改委综合运输研究所　刘思琦）

水路运输发展成就

【概　述】水路运输是现代综合运输体系中的重要组成部分，对发展国民经济，特别是对发展对外贸易起到举足轻重的作用。自新中国成立之后，尤其是改革开放以来，中国水路运输加快发展，取得举世瞩目的成就，成为中国社会主义现代化建设和中华民族伟大复兴的重要力量。中国水路运输发展经历以下三个阶段。

1.改革开放以前（1949年—1978年）。新中国成立之初，中国百废待兴，起义归来的船舶、船员、码头工人等共同组成新中国水运业发展的第一批骨干力量。之后，以恢复国民经济、改善人民生活和巩固国防为导向，交通部门接收了官僚资本航运企业，成立各级航务机构、打捞沉船，迅速恢复沿海、近洋航运。“一五”期间，水运生产资料所有制社会主义改造基本完成，挖掘运输生产潜力，水路运输行业得到相应发展。

为缓解运力严重不足矛盾，交通部门采取“租、买、造”等途径发展船舶运力，并加强运输组织协调。1951年，中国与波兰政府合营组建中波轮船股份有限公司，一些国家与中国陆续建立远洋运输业务关系。1955年中越航线开通，成为新中国成立后中国开辟的第一条国际航线。1958年秦皇岛港务局和车站共同推行路、港、航大协作，成为新中国第一次开展的铁水联运业务。为改变主要依靠租用大量外国船舶的被动局面，1970年之后，中国从国外大量购置二手船，远洋运输船队发展迅速，于1975年达到500万载重吨。

2.改革开放以来（1979年—2011年）。1978年，党的十一届三中全会召开，明确了改革开放和以经济建设为中心的治国方略，水路运输业迎来蓬勃发展的机遇，成为率先融入市场经济和国际竞争的运输方式。改革开放以来的30余年，是中国水运事业发展最为强劲、变化最为明显、业绩最为辉煌的时期。随着经济和外贸的迅速发展，水运尤其是海运需求快速增长，成了中国外贸运输的第一大载体。

20世纪80年代，水运行业认真贯彻落实“对内搞活、对外开放”的方针政策，打破传统的计划经济体制，稳步推进水运经营主体多元化，使水运业初步形成多种经济成分并存、多种经营方式并举的格局。1983年，交通部明确提出“有水大家走船”，破除水路交通的地区封锁，个体和集体运输快速发展。1985年，水运行业政策进一步放宽，允许各行各业各种经济成分从事水路运输，国内水路运输价格也有所放开。

20世纪90年代，中国水路运输行业进一步推进运输市场建设，加快国有企业改革，扩大对外开放，并取得突破性进展。1992年，以中国远洋运输总公司和中国长江轮船总公司为班底，分别组建中国远洋运输集团、中国长江航运集团。1997年，适时将交通部属企业合并重组中国海运集团。同时做好放开搞活中小型水运企业，采取股份合作制以及职工持股、租赁、承包或产权转让等多种形式进行水路运输企业改革。

21世纪初期，中国水路运输围绕全面建设小康社会战略部署要求，调整水路运输结构，促进优化升级，增强运输服务保障能力。铁水联运等服务功能快速拓展，水运行业物流效率进一步提升，水运在大宗物资长距离运输中优势明显。船舶运力更新改造步伐加快，内河船型标准化积极推进，船队集约化、专业化经营水平明显提升。节能新技术、新设备、新产品、新工艺积极推广应用，船舶排放标准严格执行，船舶污染排放水平不断降低。

3.党的十八大以来（2012年—2018年）。党的十八大以来，中国经济开始逐步转入高质量发展阶段，水路运输以提高人民群众满意度、有效支撑经济社会发展为核心，紧抓提升服务水平的关键环节，按照高质量发展的要求实施转型。水路运输积极支撑国民经济持续健康发展，促进提升物流效率和降低物流成本，增强与“一带一路”沿线国家水运往来，加快走出去步伐，以港口为核心载体的保税港区、国际航运中心、自由贸易试验区等开放区域的建设，进一步提升中国对外开放水平。推动长江经济带发展成为国家战略，长江、西江等内河水运通道成为引导产业集聚、沟通东中西部、促进区域协调发展的战略支撑，成了沟通“陆海联运、东西互济”的重要运输通道。“绿水青山就是金山银山”理念在水路运输行业深入贯彻，水运进入绿色高效发展阶段，推动长江船型标准化工作走向纵深，实施中长距离大宗货物“公转水”“公转铁”，铁水联运迎来发展机遇，港口集疏运更加便捷高效，水运在综合运输体系中的骨干作用得到进一步强化。

【客货运输】

1.客运市场。1949年—1978年30年间，中国水运比较优势越来越明显，在综合运输体系中发挥重要作用。1949年水运客运量、旅客周转量分别为1562万人、15.17亿人公里，1978年水运客运量、旅客周转量分别达到2.3亿人、100.6亿人公里，分别是1949年的14.7倍和6.6倍。改革开放以来，水路运输迎来快速发展机遇，在综合客运体系中的功能作用不断优化调整，水运客运量在20世纪80年代后期达到顶峰后逐渐下降，水路在客运尤其是中长距离客运中的功能逐渐削弱。90年代起，传统水路客运逐步衰退，许多中长途客运航线停航。在珠三角水网密集城市内部的公共客运功能增强，在西部经济欠发达、交通落后地区承担过江过河的重要轮渡功能，成为铁路、公路方式的重要补充。1949年—2018年水路客运量变化如图3~6所示。

21世纪以来，随着铁路、公路、航空，尤其是高速公路的迅速发展，其他运输方式对居民水路出行的分流作用进一步增强，水路客运开始朝着高速化、客滚化、旅游化方向发展。邮轮游艇等新兴水运服务市场快速壮大。2018年，中国港口接待邮轮976艘次，邮轮游客出入境总数488.67万人次。同时，适应高端旅游发展需求，依托优良的滨海和内河旅游条件，国内也开始积极发展游艇旅游，至2018年底，中国游艇保有量约2500艘，拥有现艇停泊的游艇会62家，停泊游艇数近2000艘，其中大部分集中在近20家较大规模的游艇会。

2.货运市场。新中国成立之后，中国水路货运作用快速发挥，成为中国沿海南北运输和长江上中下游货物交流的重要支撑，实现较快发展。1949年—1978年的30年间，水运比较优势越来越

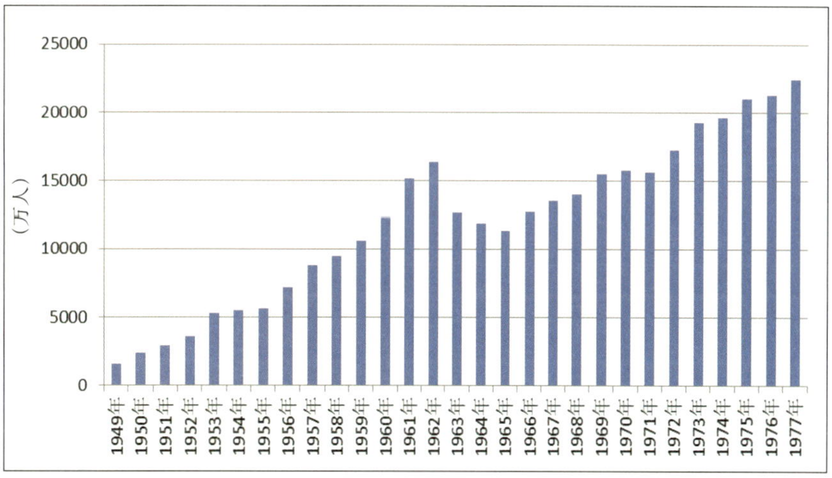

图3　1949年—1977年中国水运客运量变化

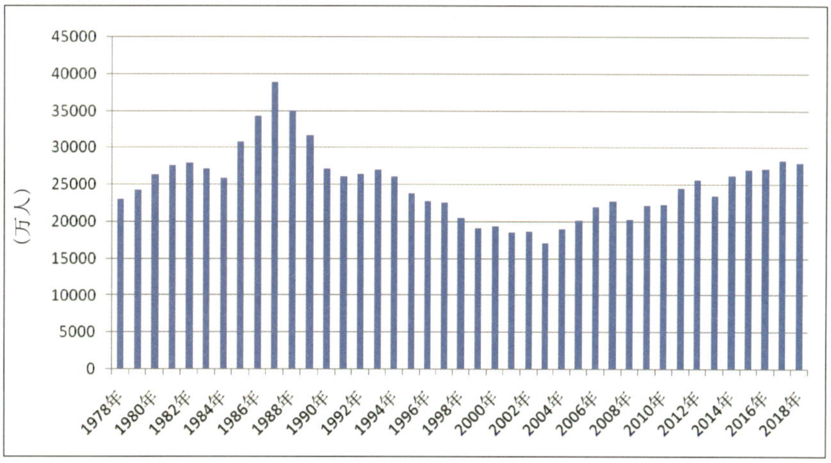

图4　1978年—2018年中国水运客运量变化

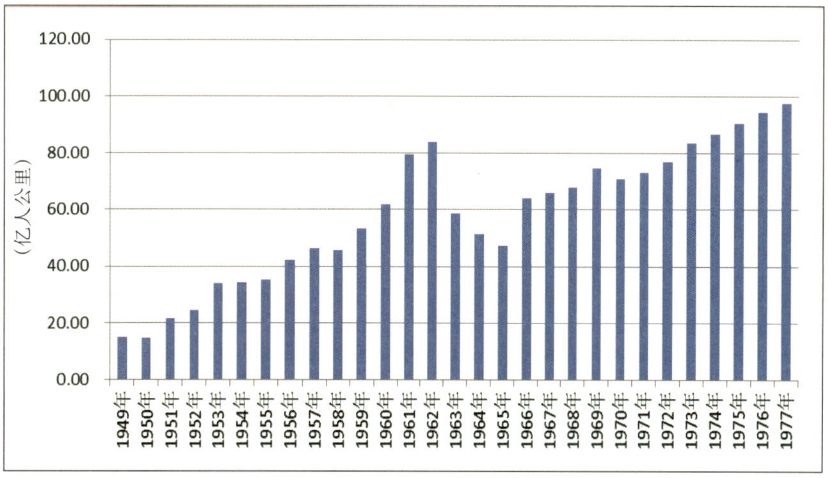

图5　1949年—1977年中国水运旅客周转量变化

明显，在综合运输体系中发挥重要作用。1949年水运货运量、货物周转量分别为2543万吨、63.12亿吨公里，1978年水运货运量、货物周转量分别达到4.74亿吨、3801.8亿吨公里，分别是1949年的18.6倍和60.2倍。

改革开放以来，中国经济市场化程度逐渐提高，国际国内货物贸易增多，水运尤其是远洋运输得到持续快速发展。中国外贸进出口量增长迅速，平均年增速超过20%，其中90%的转运量由水运承担，年度进出口集装箱上亿标准箱。同时，在能源进口方面，海运承担95%的进口原油、99%的进口铁矿石运输。水运成为中国国际货物往来的核心交通方式。2018年，中国水运总共完成货运量70.27亿吨、货物周转量99052.82亿吨公里。水运货物周转量在综合交通体系中所占比例不断提高，由1978年的38.3%上升至2018年的49.68%（含远洋运输）（如图7~10所示）。在内河航运方面，长江、珠江、京杭运河等内河水运在北粮南运、北煤南运和加强地区间物资交流中发挥中坚作用，有力促进流域社会经济协调发展。在市场培育方面，经过40年的发展，中国培育多家运力规模世界领先的航运公司，中国远洋海运集团和招商局集团成为世界有影响力的重要航运企业，2018年中国远洋海运集团运力达到1296艘，综合运力超过1亿吨，世界排名第一。

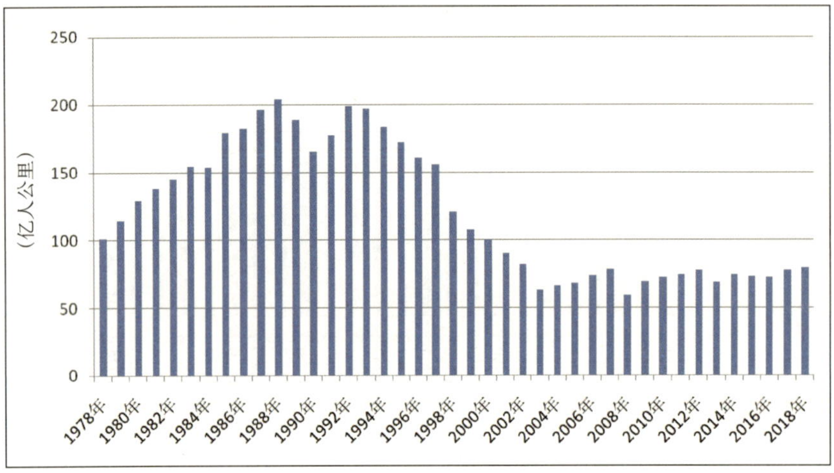

图6　1978年—2018年中国水运旅客周转量变化

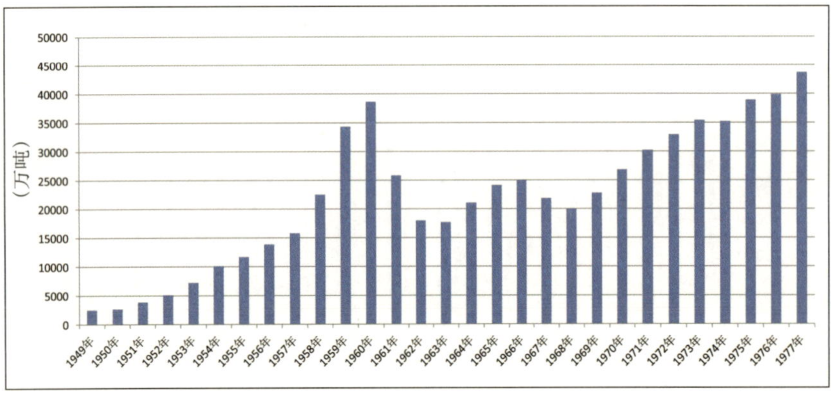

图7　1949年—1977年中国水运货运量变化

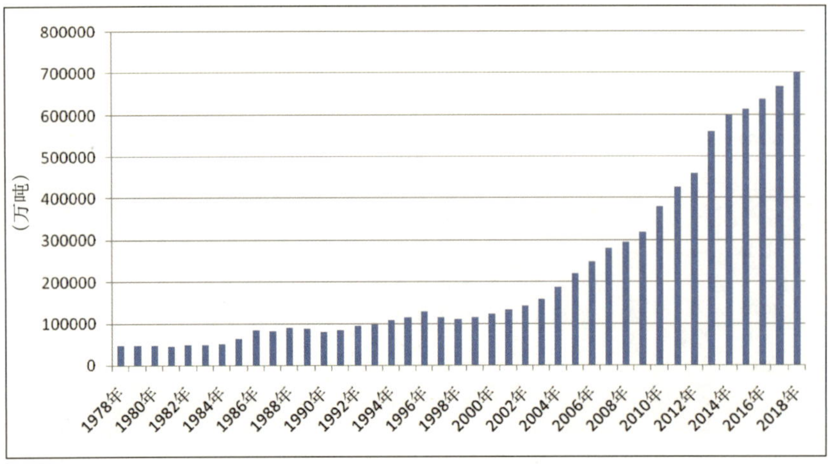

图8　1978年—2018年中国水运货运量变化

3.国际航线。中国地处东亚地区，背靠广阔的亚欧大陆，东临太平洋，主要海上运输需要经过太平洋与其他地区连接。新中国成立初期，中国国际贸易极少，国际航线寥寥无几。1978年，中国开辟的国际航线数量极其有限，国际集装箱班轮更是处于空白状态。至2018年，中国开辟的远洋、近洋航线多达上千条，国际航线遍布全球12个航区各重要港口，不仅可以满足中国石油、铁矿石、煤炭等大宗外贸进出口货物运输需要，而且能吸引国际海运市场的货源经中国港口中转。远洋航线方面，中国开辟与美国、加拿大等国家诸多港口直通航线，为中国轻工业制品以及机电、钢铁制品的出口搭建畅通的货物运输线。开辟通往南美洲秘鲁、智利等国的重要港口航线，满足铁矿石、大豆等大宗货物进口需要。开辟到达欧洲各国的航线，途经或到达红海、地中海、北非等区域，联系欧洲各国以及部分非洲国家，打通亚太与欧洲之间运输捷径。开通通往澳大利亚和新西兰等国家航线，便捷中国与相关国家的铁矿石、石油等原材料贸易。在近洋地区，中国东部沿海各港口开通到达位于日本本岛的大阪、名古屋、横滨，九州岛的门司和韩国釜山、仁川的港口航线。为与新加坡加大贸易往来，利用其作为国际中转港的优势，为东南亚各国转运货物，同时开通多条中东地区航线，可到达南亚、东南亚国家诸多港口，为中国机电产品、纺织品、家电产品、医疗器械等商品的出口打开通道，同时也为石油等战备资源输入提供保障。

【港口生产】

1.港口货运。新中国成立初期，中国港口货物吞吐量仅有1000万吨。经过70年不断努力，尤其是改革开放40年以来，中国港口货物吞吐量保持快速增长(如图11所示)。自2003年起，中国港口货物总吞吐量、上海港集装箱吞吐量、宁波-舟山港货物吞吐量均位居世界第一。2018年，中国港口货物吞吐量143.51亿吨，是新中国成立初期的1000倍以上。其中，沿海港口完成货物吞吐量94.63亿吨，内河港口完成货物吞吐量48.88亿吨；外贸货物吞吐量达到41.89亿吨，内贸货物吞吐量达到101.62亿吨。中国集装箱运输迅猛增长，成为中国水运向现代化迈进的重要标志。2018年，全国港口集装箱吞吐量达到2.51亿标箱，其中沿海港口完成2.22亿标箱、内河港口完成2909万标箱。改革开放初期，中国港口无一进入世界港口集装箱吞吐量前100名的行列中，2018年在世界前十的集装箱港口中，中国占据7席。

2.重点货类。新中国成立以后，尤其是改革开放以来，中国经济快速发展，沿江沿海各港口积极组织煤、矿、油、(集装)箱、粮等重点物资运输，有力保障国家经济高效安全运行。煤炭需求快速增长，全国港口煤炭吞吐能力迅速提升，解决港口对煤炭运输的瓶颈问题。2018年，全国规模以上港口完成煤炭及制品吞吐量24.5亿吨，比上年增长2.9%。石油天然气方面，中国已经成为世界石油资源主要进口国之一，自1993年成为石油净进口国后，二十年间，石油需求量增长了十几倍。2018年，中国从国外进口原油已超过4亿吨，成品油3350万吨，其中90%以上的油品通过水运方式运到国内。金属矿石方面，进入21世纪后，中国钢产量增长迅猛，已成为世界最大的钢铁生产国和消费国。2018年中国生铁、粗钢和钢材累计产量分别为7.71亿吨、9.28亿吨和11.06亿吨，粗钢产量占世界产量

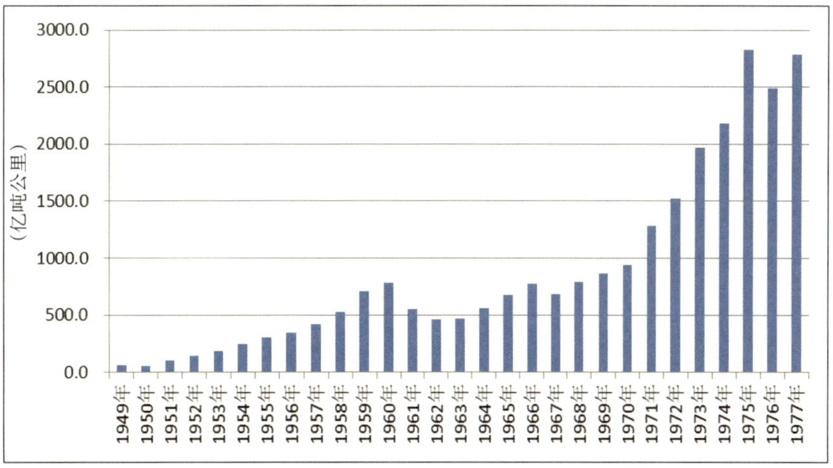

图9　1949年—1977年中国水运货物周转量变化

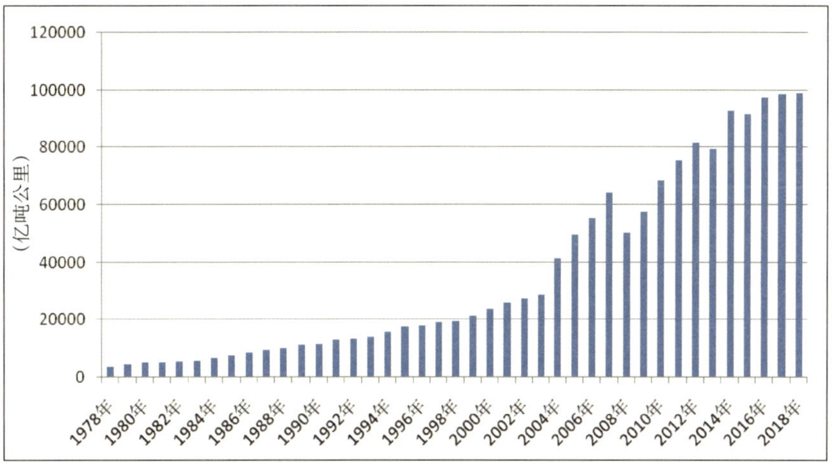

图10　1978年—2018年中国水运货物周转量变化

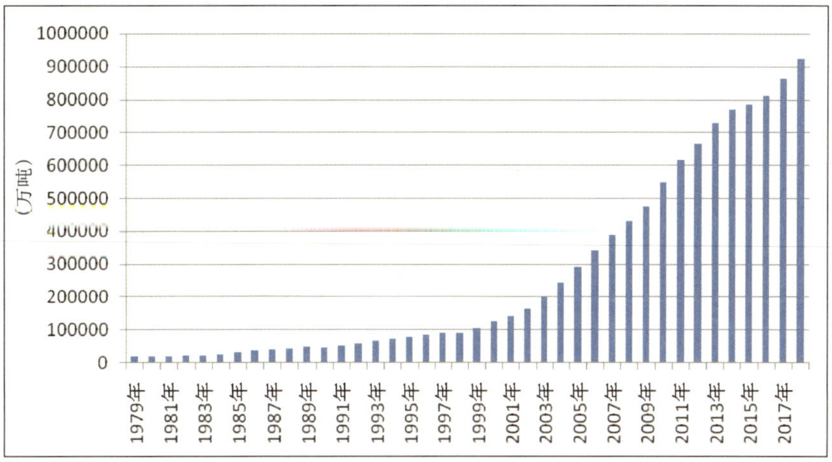

图11　1979年—2017年沿海主要港口主要货物吞吐量变化

的51.3%，铁矿石进口量超过10亿吨，占全球铁矿石海运贸易量的一半以上，铁矿石已成为中国外贸进口第一大货类。粮食方面，进入21世纪以来，粮食外贸进出口量快速增长，水运主要承担“北粮南运”和外贸粮食进口的任务，粮食生产和运输对中国国计民生具有非常重要的全局性意义。

3.新型客运。进入21世纪以来，旅游业已成为世界经济增长最快的业态之一。在旅游业中，由于人民收入水平提高和休闲时间的增加，邮轮旅游作

为新兴休闲度假方式越来越受到消费者的喜爱。自2006年中国邮轮市场起步发展以来，邮轮旅客接待量年均增长近40%。"十三五"时期以来，国家出台一系列政策鼓励发展游艇及滨水旅游休闲产业，上海、天津、厦门、舟山等港口陆续建成专业化邮轮码头，7个沿海港口共建成18个邮轮泊位。中国已成为亚洲最大、全球第二大邮轮客源国市场。随着中国高收入人群迅速扩大，游艇俱乐部也成为港口发展水上客运的新亮点，三亚、珠海、厦门、青岛等旅游城市推动出台邮轮游艇旅游产业利好性政策，企业数量和游艇数量不断增加，为港口水路客运发展注入新动能。

【运输装备】

1.船队运力。新中国成立初期，中国水路运输船舶品种单一、吨位小、技术落后，仅有轮驳船4000多艘、帆船30万艘。70年来，随着客货运量的快速增长和基础设施显著改善，中国运输船队结构不断优化，船舶大型化专业化趋势明显，运输船队运力迈入世界前列。到2018年底，全国拥有水上运输船舶13.70万艘、净载重量25115.29万吨，分别为新中国成立初期的30倍和627倍，载客量96.33万客位，集装箱箱位196.78万标箱。其中，内河运输船舶12.43万艘，净载重量12915.5万吨，载客量71.59万客位，集装箱箱位33.81万标箱；沿海运输船舶10379艘，净载重量6885.06万吨，载客量22.68万客位，集装箱箱位56.62万标箱；远洋运输船舶2251艘，净载重量5314.73万吨，载客量2.06万客位，集装箱箱位106.34万标箱。同时，中国船队拥有世界上大型的30万吨级原油船、40万吨级铁矿石运输船舶、2.2万标箱集装箱船、17.5万立方米仓容的LNG船舶等大型船舶，并已投入运营。

2.智能技术。"十三五"以来，船舶工业和智能港口建设迅速发展，运输船舶基本实现大型化、专业化，全面淘汰帆船、挂桨机船和水泥质船，船舶现代化程度明显提高，动力性、安全性和舒适性明显改善，船舶吨位和技术含量不断提高。中国自主建造船舶水平已达世界先进水平，掌握40万吨级矿石船舶、LNG船舶、大型集装箱船等船舶自主建造技术。智慧港口建设加快，港口技术装备水平逐渐现代化。码头自动化、智能化装备水平不断提升。港口由劳动密集型产业向技术密集型产业转型，现代信息技术已全面融入港口生产营运、精细化管理以及对外服务的全过程，港口已全面进入"互联网+"时代，实现从人拉肩扛到信息化、智能化、自动化的转变，先后有厦门远海、青岛前湾、上海洋山四期、唐山港等全自动化集装箱码头建成投产。中国全自动化集装箱码头建设及营运日臻成熟，成为中国港口行业的新名片，为世界港口提供中国方案、贡献中国智慧。

3.船型标准化。改革开放以来，尤其是21世纪以来，中国船型标准化程度不断提升。2000年以前，船型标准化工作的特点是船型简统选优与制定船型标准同步进行，船型简统选优工作对推进全国内河船舶技术进步和船型标准化向规范化方向发展起到积极的促进作用。2000年以来，交通部先后在京杭运河和川江及三峡库区实施两个具有划时代意义的示范性工程，并发布《全国内河船型标准化发展纲要》，2009年《推进长江干线船型标准化实施方案》印发实施，至2018年，三峡船闸600总吨以下过闸船、三峡库区单壳油船和单壳化学品船，以及长江干线大量老旧运输船舶提前退出市场，绝大多数三峡库区客船已完成生活污水处理装置改造。党的十八大以后，内河船型标准化工作进入全面推进阶段，实施范围扩大至《全国内河航道与港口布局规划》确定的"两横一纵两网十八线"全国高等级航道网，增加新建示范船补贴政策，内河船型标准化工作上升到一个全新高度。

（国家发改委综合运输研究所 刘昭然）

科技创新成果与应用

【概 述】新中国成立70年来，特别是改革开放以来，中国水运领域发生了历史性变化。水运行业实施创新驱动发展战略，增强自主创新能力，水运科技进步日新月异，重大成果不断涌现，中国水运科技步入快速发展轨道。在离岸深水港建设关键技术、巨型河口航道整治技术、长河段航道系统治理技术以及集装箱自动化码头装卸技术等方面取得重大突破，大型集装箱港口机械研发与制造走在世界前列，科技创新引领水运行业实现历史性跨越。

【航道整治技术】"十一五"以来，结合沿海深水航道和内河航道建设工程，在航道勘测测量新技术、航道整治工程设计及施工新技术、整治建筑物形式及其稳定性技术难题等方面，形成一整套河流不同类型滩险整治理论和技术成果。保障中国长江、西江、黄河等流域内河航道建设工程及航运梯级开发的顺利实施。

1.巨型复杂河口航道整治技术。世界上最复杂、治理难度极大的巨型、丰水、多沙、多汊河口——长江口深水航道治理工程，是新中国成立以来，规模最大的水上基础设施建设项目。自20世纪50年代末开始现场勘测和试验研究，经过几代科技工作者和工程建设者集体付出的智慧和坚持不懈地努力，在航道治理思路、工程结构形式、工艺技术装备、工程建设管理等领域取得一系列创新成果。工程自1998年起，历经艰苦卓绝的20年建设，长江口航道水深从7米增深到12.5米，长江南京以下12.5米深水航道全线贯通，黄金水道建设取得里程碑进展。长江口深水航道治理工程的成套技术，首次建立径流、潮流、波浪和盐水等多种复杂因素共同作用下的长江口全沙（悬沙和底沙）数学模型，解决长江河口航道回淤预报的技术难题；首次解决室内动三轴试验中模拟波浪动载荷作用的实验方法；首创利用固定测斜仪组监测全断面地表沉降的方法；对整治建筑物的结构形式及设计方法作了全面创新；开发了全套水上施工大型专用作业船和施工工艺，对大型挖泥船进行创造性的技术改造，提升了中国疏浚装备的能力。这项工程是中国河口治理和水运事业的伟大创举，是世界上巨型复杂河口航道治理的成功范例。该项目获得詹天佑大奖和国家优质工程金质奖，形成的大型河口治理成套技术成果多达74项，获发明专利2项、实用新型专利12项，获得“2007年度国家科技进步一等奖”。大量成果已在洋山深水港、黄骅港外航道等重大工程中推广应用，受到国内外水利、土木等相关行业的高度评价。

2.山区河流航道整治技术。“十一五”以来，针对内河急流险滩众多、山区航道河床水流条件复杂的特点，先后开展山区河流航道整治关键技术、典型浅滩演变规律与整治措施研究。形成山区河流急、险、浅滩整治疏浚技术在山区河流水面线技术计算方法、砂卵石河床整治水位和整治前宽度确定方法、卵石推移质运动规律及推移河床变形计算方法、石质河流滩整治技术、泡漩水形成机理、抛石稳定性计算方法、支流河口治理技术等一系列综合开发利用山区内河水资源的创新性研究成果。这些成果已经应用于长江上游宜宾至重庆段航道治理以及长江、西江中游浅滩的整治等方面。

3.枢纽通航建筑物建设技术。三峡双线五级船闸，规模举世无双，是世界上最大的水利枢纽。在工程的总体布置方面，在解决适应较大库水位变幅的分期建设技术方面，在超高水头船闸输水设计方面，在深切岩槽中采用大型薄衬砌船闸结构及高边坡设计与施工方面，在船闸大型人字闸门及启闭机设计、制造和安装方面，在船闸运行自动化监控方面，以及大型水利工程建设管理方面，取得一系列重大突破和创新，使中国船闸技术有了突破性发展，是重大水利工程维护河流功能的典范。

通过对西江水运主航道通航枢纽建设关键技术和季节性冰冻河流航电枢纽工程防冻防冰问题、西部超高水头枢纽通航建筑物关键技术等项目研究，山区河流梯级渠化技术研究在枢纽通航建筑物平面布置及周边通航水流特性、船闸引航道防淤减淤措施、冰冻河流枢纽防冻防冰措施以及西部河流超高水头船闸输水技术和水力式升船机的关键技术等方面取得重大进展。

研究成果已运用于西江、京杭运河、长三角、珠三角等国家高等级航道网通过能力提升上。特别是随着三峡与葛洲坝枢纽进行通过能力提升、三峡水运新通道和葛洲坝航运扩能工程建成以及荆江多目标协同大型人工水道建设，重大水利枢纽通航建筑物关键技术在减少船舶待闸时间、缩短航运里程、船舶大型化、水运替代陆路降低成本等综合经济效益十分显著。

4.河流渠化技术。嘉陵江是长江上游的重要支流，长江水系的主通道之一。多年来围绕嘉陵江航运梯级渠化工程，针对枢纽总体布局、船闸引航道布置、船闸设计最高通航水位确定、重力式衬砌墙和输水系统等关键技术开展科技攻关，在全面总结分析渠化梯级枢纽平面布置形式的基础上，提出山区河流不同类型渠化梯级枢纽平面布置原则和适用条件；针对嘉陵江航运枢纽船闸引航道布置难以满足直线段长度要求的特定条件，首次提出船闸引航道导航段和停泊段呈折线布置的方式；针对山区河流洪水暴涨暴落的特点，提出合理确定船闸设计最高通航水位的方法；对直流入汇河段首次采用水气两相三维流场数值模拟的方法，开发了适用于大尺度不规则边界的三维流场计算软件。这些研究成果都成功地应用于渠化建设工程中。

【港口建设技术】新中国成立以来，特别是改革开放以来，中国水运工程科技进步，取得突破性进展。在码头结构、地基处理、施工工艺、工程材料、工程试验等方面，取得一批具有中国特色的专有技术。初步形成大型专业化码头建设成套技术，为中国港口的发展注入强劲动力。

1.离岸深水港建设关键技术。离岸深水港建设关键技术与工程应用，是新中国成立以来中国水运科技领域迄今最大的技术开发项目，是《国家中长期科学和技术发展规划纲要(2006－2020)》中的优先发展主题。项目历经10年研究，在离岸深水港安全高效总体规划与运营、海工新型结构设计与新材料、外海快速环保施工成套装备与工艺、新的土体极限分析理论与计算方法和水下原位自动化监测等四个方面取得突破。在国际上率先形成系统完备的离岸深水港建设核心技术，解决了外海恶劣自然条件下建设大型离岸深水港口的世界性难题，形成外海深水、开敞水域孤岛建设大型港口工程勘察设计施工成套技术，使中国具备在外海建设港口和陆域基地的实力。2013年“离岸深水港建设关键技术与工程应用”获得国家科技进步一等奖。

该项目创新成果已在国内大连港、天津港、青岛港、上海洋山港区、宁波－舟山港、广州港等大型深水港口建设中得到应用，并在海外港口建设市场竞争中发挥关键作用。成果已延伸推广到港珠澳大桥、厦门翔安海底隧道、南中国海岛礁开发等基础设施建设中。

2.港口水流泥沙基础理论与模拟技术。针对中国特殊自然条件建设港口需求，围绕粉沙质海岸港口泥沙淤积问题、高含沙强潮流岛群间建港工程泥沙问题、深水码头的结构形式等关键技术问题进行深入系统的研究，在海岸水动力及泥沙运动规律方面取得重大进展，基本认清粉沙质海岸泥沙淤积机理，提出岛群海域港址选择和检疫措施。港口工程多动力因素综合模拟技术取得长足进步：实现模拟波浪水流共同作用下的泥沙问题；物理模型与数值模拟相结合。复合模型实验技术得到发展；水流流向、流速、含沙量、波浪要素以及地形变化等测试手段及数据处理逐步实现自动化。

3.码头新结构的开发应用。70年来，在重力式、高桩和板桩等三大传统港口码头结构方面取得创新发展。重力式码头成功引进格型钢板桩、大直径钢筋混凝土薄壁圆筒、开孔消浪沉箱结构，相继开发钢筋混凝土半圆体、半圆沉箱、箱桶型基础等结构方式，使得码头建设从有掩护水域走向开敞、深水、大型化发展；高桩码头结构开发新型高桩码头接岸结构和先张法预应力混凝土管桩，使高桩码头桩型向多样化、大截面、长桩发展；板桩码头结构开发半遮帘式板桩码头结构和全遮帘式板桩码头结构，实现板桩码头向大型化、深水化发展。同时开发应用大圆筒结构、内河大水位差码头结构新型式，半圆防波堤结构、插入式箱桶基础防波堤结构，以及水下基床抛石整平机械化施工工艺、大型沉箱出运、海上远距离拖运和安装工艺、疏浚与吹填施工新工艺，为复杂环境条件下的港口建设提供了技术支撑。

4.港口地基处理技术。中国在港口地基处理方面通过开发、研究形成水泥深层搅拌法、真空预压法、爆破挤淤法、土工织物垫层法等方法，其应用范围、处理效果、加固工程数量都居世界领先地位。软基处理技术的突破和创新，有效解决中国淤泥质海岸港口建设中的关键技术，使中国海岸线资源得到最大程度的应用。真空预压法处理技术开发应用始于20世纪80年代，为解决天津新港大面积软基处理问题。科研人员研发真空预压法加固软土地基，该法是打设竖向排水通道后，其上覆膜形成封闭状态，抽去水和空气而形成真空，将大气压力作为预压荷载的方法。该法获优秀专利发明奖。此后在全国范围内推广应用，并在应用中日渐成熟完善，经过几十年的室内外试验研究与工程实际应用，使中国的真空预压技术水平始终处于国际领先地位。

海上深层水泥搅拌法地基处理技术是在地基中注入水泥硬化材料，用特殊搅拌机械与原地基土就地拌和快速加固软弱地基的化学加固法。该方法的最大优点是快速、高强、无噪声、无弃土、无污染。中国首次应用水泥深层搅拌法的海上工程是20世纪80年末期在天津新港东突堤南侧码头，接着应用于北侧码头，共完成12个泊位的软基处理，后被广泛应用于洋山港等码头建设。

爆破挤淤法是包括处理软基技术，这是根据中国实际情况开发的经济实用的软基筑堤方法。是1984年为建造连云港港西大堤而研究开发的新型软基处理技术。该法施工工艺简单、施工速度快、工程造价低，特别适用于淤泥与超软地基上填筑石堤。通过30余年的推广应用与研究改进，该法已逐步完善成熟，其技术水平与应用规模都具有世界先进水平，在天津港东突堤码头等工程应用中取得较好的工程效果。

【港口装卸技术与装备技术】 为了适应运输船舶大型化发展趋势，中国港口装备在专业化、高效化装卸工艺技术和港口重大技术装备研究和开发方面取得重大进展，向大型化、专业化、高效化以及现代化方向发展，产品的技术水平已经达到国际先进水平，具备很强的国际竞争力。

1.集装箱装卸技术与装备。20世纪80年代末期，为了提高中国沿海港口集装箱通过能力，通过国家科技攻关计划和国家企业技术开发计划，支持国内大型集装箱港口机械的研发，先后开展岸边集装箱起重机，轮胎式集装箱龙门起重机、集装箱跨运车、集装箱正面吊运机、集装箱挂车的研制，通过引进消化吸收再创新，形成具有自主知识产权和国际先进水平的集装箱港口机械产品。以自主设计开发并首创的可吊双40英尺箱、三只40英尺箱和全自动化双小车岸边集装箱起重机以及具备GPS导航精准定位、双向防摇、节能环保、市电供电等特性的轮胎式集装箱龙门起重机为代表的振华港机公司的港机产品已进入世界50多个国家和地区。占有世界集装箱岸边起重机和轮胎式龙门起重机市场70%以上份额。

2.散货装卸技术与装备。为了尽快提高中国港口散货装卸效率，依托湛江港粮食码头建设，采用工业控制计算机通过可编控制技术对150多台装卸机械及设备按照23条工艺流程进行全自动控制，通过该系统使装卸工艺流程能按时序启动、自动换仓、自动处理系统故障，按照设置自动终止流程，大大提高生产连续作业的能力，减少船舶停靠时间，提高码头生产效率。项目的推广应用，开始了中国散货码头普遍采用自动控制和管理系统的历程，以秦皇岛煤码头、大连北良粮食码头为代表的散货码头装卸工艺与自动控制系统，已将先进的信息技术、通信技术、网络技术应用于控制系统中，系统功能从最初的自动控制和数据采集、拓展到实时监控、故障诊断、自动识别，图像传输远程调度等。同时在散货装卸机械商业取得很好的成绩，成功研制连续式散货装船机、大型抓斗卸船机、链斗卸船机等散货装备设备。不仅为中国大型港口散货卸船机械替代进口设备创造条件，而且为其走向世界奠定基础。

【运输组织技术】 70年来，为适应中国水运航运发展的需求，开发了一系列船舶运输组织新技术和新方法，不断提高中国船舶运输技术的国际水平。

1.国际集装箱多式联运工业性试验。从20世纪70年代开始，以上海港为枢纽港进行“国际集装箱运输系统(多式联运)工业性试验”(以下简称“工试”)。项目汇集全国水运、公路、铁路、经贸行业共50多家单位2000余人参与科研工作，开发了一个覆盖“工试”网络范围、对集装箱进行动态跟踪的信息系统，建立了干支衔接的国际集装箱运输系统和示范模式，成功地研制了适用于中国内陆港站的40英尺集装箱正面吊运机、36/16吨铁路龙门起重机以及35吨内河港池大跨距桥式起重机。以上关键技术的突破，为中国全面解决国际集装箱运输的正规化现代化奠定了基础。“工试”项目有效地解决港口集疏运能力薄弱问题。并在大连、天津推广，在青岛、广州等18个口岸使用集装箱运输新单证，使中国集装箱运输走上正规化、标准化的道路，2018年全国港口完成集装箱吞吐量2.51亿标箱。

2.分节驳顶推船队运输成套技术。分节驳顶推船队运输方式具有载量大、投资省、互换性好等诸多优点，是现代内河货物运输的一种先进运输方式。围绕扩大船队载运量、提高推船单位功率推载量、降低燃油消耗、降低运输成本、提高劳动生产率五个方面，以系统研究和成套技术作为核心，以硬件开发作为工程依托，以大幅度的提高分节驳船队技术水平为目标，通过50个单位共计科研人员523人，历时近10年的科技攻关，获得七大类30项丰硕成果，重点解决分节驳营运经济论证、减阻防浪分节驳船型、分节驳船对阻力计算方法。雪橇首纵流型推船等关键技术，并进行实船开发；开展尾部综合体的研究开发、襟翼舵及倒车舵的系列实验研究，提出提高推进效率与改善操纵性的综合技术与措施；研制安全可靠、通用性强、造价低的新型系列装置；设计开发便于货物装卸、提高运输质量及造价低的新型驳船结构；解决主机操纵与主机遥控装置、主机减震装置等技术，提高推船推力、改善船队操纵性和自动化水平；通过单船和船队的快速性与操纵性实验、分节驳船结构实验、大型船队的系结力实验及营运试验，进一步验证团队和推船的技术性能，使中国的分节驳顶推运输成套技术在总体上达到国际上水运发达国家的技术水平。

【智能交通运用技术】 重点开展基于物联网的基础设施和交通状态感知等技术研发和集成应用，在船联网、物流信息平台、出行信息服务等方面取得显著进展。随着青岛港自动化码头、上海洋山港四期自动化码头的建成运营，港口装卸向智能化、自动化方向发展。2015年1月，长江电子航道图系统正式向社会推广应用；2019年青岛港建成全球首个5G智慧码头，同年整合长江全线航标、水情、航道尺度等动态信息资源的长江干线数字航道全面联通运行。航标遥测遥控技术已全面打通无线网、AIS、北斗、海事卫星等远程传输通道，实现航标运行状态监测的远程化、实时化和智能化。

【安全应急领域】 2011年成功研制中国具有自主知识产权的首套完整的VTS系统，2016年3月，连云港海事局在国内首次应用国产化VTS系统PRIDE VTS 1000。上海打捞局2014年实现中国首次300米饱和潜水作业，大深度饱和潜水技术跻身国际前列。1977年展开的打捞“阿波丸”号，“南海一号”考古、“世越”号打捞等重大事件，显著提升中国大吨位沉船整体打捞能力和水平。深海遇险目标搜寻、水下沉船三维点云成像技术、水下精确定位技术等达到世界先进水平。飞行救助实现复杂气象条件下跨区域长距离救助，救助直升机海上应急处置的技术走向成熟。

【节能环保技术】 重点开展清洁能源与可再生能源应用，基础设施与工艺设备节能、水环境保护等节能环保技术研发，在靠港船舶使用岸电、海上溢油应急处置等方面取得重要技术进步。1985年，交通部组织开展对近海环境污染的预测工作，1987年立项开展充气式橡胶围油栏的研制；在国家科技支撑计划项目的支持下，开展远洋船舶压载水净化和水面溢油应急处理关键技术的研究。“十三五”以来，水运工程建设中生态环境保护与恢复技术广泛应用，荆江河段航道整治工程通过透水框架、护岸鱼巢等生态技术，形成系统化的生态航道技术体系，被评为“内河航道生态环保示范工程”。

（国家发改委综合运输研究所 孙 炜）

对外合作与交流

【外商投资】 1973年，国务院发出“三年改变港口面貌”的号召，中国沿海港口开始加速发展。1973年—1980年，全国共建设81个万吨级以上的新码头。1978年改革开放后，沿海港口作为最早对外开放的领域之一，吸引大量外资的关注。1985年9月，国务院颁布《中华人民共和国国务院关于中外合资建设港口码头优惠待遇的暂行规定》，中国港口建设向外资开放的大门正式打开。1987年12月5日，由南京港务局与美国英塞纳码头公司共同组建的中美合资南京国际集装箱装卸有限公司成立，成为中国第一家中外合资港口企业。1992年7月25日，交通部颁发《关于深化改革、扩大开放、加快交通发展的若干意见》，再次提出鼓励中外合作经营码头业务，允许外资建设货主专用码头和专用航道。至1996年底，中国港口建设利用外资贷款累计近17亿美元，配套国内投资，建成17个港口项目、100多个深水泊位，增加港口吞吐能力1.5亿吨。这些外资绝大部分用于中国天津、上海、广州、大连、宁波、厦门、连云港等港的集装箱码头和秦皇岛、日照、青岛港的煤炭码头建设。由于国务院20世纪80年代中期颁布的《外商投资产业指导目录》中规定外方在合资公司中所占股份不超过49%，导致这一时期多数合资公司普遍规模较小。1993年8月，由上海港与当时香港和记黄埔码头有限公司合资组建的上海集装箱码头有限公司（SCT），双方各占50%股权，总投资达56亿元，首次实现合资公司股比和规模突破。同年10月，香港和记黄埔码头有限公司与深圳盐田港集团有限公司合资成立盐田国际集装箱码头有限公司，双方股权分别为73%和27%，注册资本24亿元港币，成为国内首家由外资控股的大型集装箱码头企业，在股比上有了进一步突破。2002年，国务院批准由原国家计委等发布《外商投资产业指导目录》，正式取消公共码头建设必须中方控股或占主导地位的要求。2004年1月1日起实施的《中华人民共和国港口法》中，再次明确提出“国家鼓励国内外经济组织和个人依法投资建设、经营港口，保护投资者的合法权益”，促使外资进入港口建设领域的势头更加强劲。2007年1月30日，国家发改委核准外商独资建设青岛港前湾港区迪拜环球码头工程项目，总投资约34.76亿元，注册资本金占总投资的35%，这是中国第一个由外商独资建设的公共码头，标志着中国港口建设对外开放程度进一步提高。随着中国经济实力的增长，外资在基础设施建设中的所发挥的作用相对有所降低。然而伴随着新一轮高水平对外开放进程的加快，国际海运领域全面对外开放将更加深入，在积极探索建设中国特色自由贸易港的大背景下，境外投资者参与中国港口基础设施经营管理的、设立国际海运企业的趋势将有所加强。

【对外投资】 中国海外港口投资始于1978年援建毛里塔尼亚友谊港，与发达国家和地区航运企业开始投资的时期大致相同，但在起步阶段发展极为缓慢且投资形式比较初级，以援非项目和港口建设工程承建为主。2000年以前，中国企业在海外港口的投资建设主要集中在北非地区，仅包含友谊港和苏丹港2个港口。伴随着2000年中国政府提出"走出去"战略，中国企业参与海外港口项目的进程不断加快。2001年—2012年期间，中国新增合作海外港口多达22个，包括瓜达尔港、安特卫普码头、塞得港、西雅图码头、长滩港、洛杉矶港、西哈努克港、头顿港等。其中较有代表性的是2001年中国应巴基斯坦要求援建瓜达尔港。2007年瓜达尔港建设完工后新加坡港务局竞标获得经营权，由于经营不善，巴基斯坦于2012年正式将港口经营权移交给中国。这一时期，中国企业参与的海外合作港口在地域上从非洲拓展到北美、西欧、东南亚、朝鲜半岛、西亚波斯湾地区、大洋洲巴新地区、中美洲南部，欧洲的海外港口布局从西北欧向南延伸，包括莱茵河沿岸、爱琴海地区，非洲则从北非地区向南延伸，包括几内亚湾地区和东非等。2013年"一带一路"倡议提出以来，中国海外港口的投资建设呈现爆发式的增长态势，仅2013年—2016年期间，新增海外合作港口就高达52个，包括釜山港、科伦坡港、亚丁港、海法港、皎漂港、吉大港、昆波特港、皇京港、吉布提港、泽布吕赫港、鹿特丹港、墨尔本港、休斯顿港等。其中比较有代表性的是：2013年10月，广西港务集团与马来西亚财富集团签署《马来西亚关丹港股权转让协议》，正式参股关丹港建设，中国企业首次实现以建设和运营方式整体入股东南亚港口。

从空间布局来看，2013年以后港口合作出现明显的集聚。一方面，投资显著集中于"一带一路"沿线地区的枢纽港和干线港。另一方面，从局部集聚的海外港口分布来看，2013年—2016年期间中国进一步加强世界范围战略通道和重要海域的投资，在直布罗陀海峡、突尼斯海峡、曼德海峡、几内亚湾、英吉利海峡、多佛尔海峡、达达尼尔海峡、博斯普鲁斯海峡、波斯湾、阿曼湾、孟加拉湾、马六甲海峡、佛罗里达海峡均有中国企业参与建设的港口。从参与主体来看，企业类型也更加多样化，中国建筑、中国岚桥集团、中铁七局、中国电建集团、中投公司、上港集团、青岛国际、河北港口集团等均有参与。至2019年，中国企业参与投资和建设的海外港口数量已经超过100个。随着"一带一路"倡议的不断落实，中国海外港口合作范围不断扩大，从东南亚、欧洲，逐步向非洲、南美洲拓展，部分港口项目进入实质性运营阶段，为后续项目建设和运营起到很好的先行示范。如早在2009年，中国远洋海运集团就获得比雷埃夫斯港口集装箱货运码头为期35年的特许经营权，并在2016年收购比雷埃夫斯港口51%的股权。2019年11月，中国远洋海运集团再次向希腊比雷埃夫斯港投资6亿欧元，以增强其作为亚洲和欧洲之间快速增长的贸易枢纽作用，并争取将其建成欧洲第一大港口。

【国际及区域组织合作】

1.国际海事组织。该组织成立于1959年，成立初期有24个理事国，1983年发展至32个，其中A类理事国只有8个席位。中国1973年正式加入国际海事组织，仅在1977年、1979年、1981年、1985年当选为B类理事国。20世纪80年代末，中国海运船队运力规模已经达到世界第七八位，拥有竞选A类理事国的实力基础。1989年3月，中国向国际海事组织提交竞选A类理事国的申请，并成功入选，标志着中国海运大国的地位正式得到国际认同，为中国在国际海运界赢得话语权。1989年以来，中国已连续15次当选为国际海事组织A类理事国。2017年12月7日，中国代表首次当选国际海事组织理事会主席。

2.海事劳工公约。2006年2月，第九十四届国际劳工（海事）大会在日内瓦召开，中国派出由政府、船东、船员三方代表组成的代表团出席这次会议。为期3周的大会最终以314票赞同、0票反对、4票弃权的结果通过《2006年海事劳工公约》（以下简称《公约》），为海运业制定了全球统一的海员社会和劳动保护国际标准。中国是最早参与《公约》制定的国家之一，通过长期的艰苦工作对《公约》的形成产生积极影响。《公约》通过后，交通部同相关部门投入大量的人力物力，制定实施文件，完善履约措施，发挥全国海上劳动关系三方协调机制作用，积极推进《公约》在中国落地。2015年8月29日，经第十二届全国人大常委会第十六次会议审议通过，并向国际劳工组织国际劳工局递交《公约》批准书，2016年11月12日，《公约》正式对中国生效，中国成为第68个批准《公约》的国际劳工组织成员国。随后，在全国海上劳动关系三方协调机制框架下，中国籍国际航行和国内沿海航行商船船员的上船工作最低要求、就业条件、健康保护和社会保障等方面逐步与国际接轨，船员权益得到进一步保护。

3.海运安保合作。2006年1月12日—13日，国际运输保安部长会议在东京召开，来自中国、澳大利亚、加拿大、法国、德国、印度尼西亚、意大利、韩国、马来西亚、俄罗斯联邦、新加坡、英国和美国的运输部长出席会议。会议通过关于国际海运业保安的部长声明，欢迎和支持由相关国际组织尤其是国际海事组织、世界海关组织采取的强有力的海事保安行动。2007年，印度洋海域的亚丁湾、索马里地区海盗猖獗，使这一地区的航行安全受到极大威胁，联合国安理会及国际海事组织先后通过4个决议，呼吁有海上保障能力的国家参与该海域的护航。中国每年约有1000多艘商船通过亚丁湾经苏伊士运河前往欧洲，该条横跨印度洋的航线对中国的石油、粮食、集装箱运输安全至关重要。为保障中国远洋运输安全，同时履行2006年国际运输保安部长会议联合声明，党中央、国务院和中央军委决定派出海军舰艇赴该海域执行护航任务。通过护航行动，为中国参与国际海上运输保障、共同维护海上安全积累宝贵经验。至

2018年10月，中国海军护航舰队已完成1181批次6573艘船舶的护航任务。

4.澜沧江-湄公河商船通航协定。澜沧江-湄公河是亚洲唯一的一江连六国的国际河流。1993年2月，中老缅泰四国政府组成联合考察团对上湄公河航运进行考察，一致认为应将合作开发放在湄公河国际合作开发的优先位置，并提出应尽快签订通航协定和进行上湄公河航道整治等建议。自1994年开始历经7年6次事务级会谈后，四国交通部长于2000年4月20日在缅甸正式签署中老缅泰四国《澜沧江-湄公河商船通航协定》。该协定第2条规定，自协定签署1年后，缔约任何一方的船舶均可按照该协定和缔约各方共同制定的有关规则在中国思茅和老挝琅勃拉邦港之间自由航行。为有效实施通航协定，四国在该协定签署后即成立实施协定技术工作组，由中方牵头，负责起草6个与实施协定有关的技术性规则。该工作组分别于2000年5月、2000年9月和2001年3月在中国景洪、昆明和北京召开3次会议，审议和通过中方起草的6个技术性规则。为协调和处理与实施通航协定有关的事宜，四国联合成立中老缅泰澜沧江-湄公河商船通航联合协调委员会，由四国各指派1名主任委员、1名副主任委员和6名专业委员组成，每年至少召开1次会议。按照字母表次序，中国将自委员会成立之日起担任第一任轮值主席，任期2年。中老缅泰四国澜沧江-湄公河商船正式通航，有力推动该地区交通、旅游、能源、经贸、人力资源开发等方面的迅速发展，对该地区经济及社会的发展将起到积极的促进作用，从而造福沿岸各国人民。

5.双边海运协定。是两国政府间（或区域性组织）通过一系列协商和谈判，针对双方海上运输诸方面达成一致并订立共同遵守条款的协议文件。在中国国际海运合作体系中具有举足轻重的地位。1958年4月23日，新中国第一份中外双边海运协定——《中华人民共和国和苏维埃社会主义共和国联盟通商航海条约》在北京签订。进入二十世纪六七十年代，随着中国国际地位的不断提升以及经贸与海运实力的增强，相继与一些第三世界国家和少数发达国家签订双边海运协定，如1966年10月21日在拉瓦尔品第签订的《中华人民共和国政府和巴基斯坦伊斯兰共和国政府海运协定》，1972年10月8日在北京签订的《中华人民共和国政府和意大利共和国政府海运协定》。改革开放以来，特别是2001年加入世贸组织后，随着中国远洋运输需求不断增大，中国双边海运协定的签订数量也逐渐增多。2013年“一带一路”倡议提出后，中外双边海运协定发展正值“黄金时期”。至2018年，中国已与“一带一路”沿线38个国家及欧盟、东盟签订双边海运协定，完成28本水运工程标准外文版翻译工作，在加强规则和标准对接，遵循国际通行规则，加强口岸监管互认、货物通关、检验检疫、环境保护等对接和合作方面发挥重要作用。

（国家发改委综合运输研究所 王淑伟）

新中国成立70年长江航运发展成就

新中国成立70年来，经过一代代长航人勇于开拓、敢为人先、接续奋斗，推动长江航运实现从“有没有”，到“够不够”，再到“好不好”的巨大转变，实现从落后时代，到赶上时代，再到奋进新时代的历史性跨越。长江黄金水道成了推动长江经济带发展的重要依托和坚强支撑，并为实施交通强国战略奠定坚实基础。长江航运正在向“强起来”迈进。

长江航运70年建设发展成就

1.战略地位大幅提升。长江黄金水道的资源优势、经济优势、生态优势不断凸显，在国家战略中的主通道作用、在综合立体交通走廊中的主骨架作用、在沿江产业布局中的主支撑作用、在多式联运中的主枢纽作用、在生态文明建设中的主基调作用日益增强，长江经济带一步步上升为国家核心战略。长江黄金水道成为长江经济带的基本依托，连接“一带一路”的纽带，以长江为主轴构建了与公路、铁路、航空、管道相衔接的沿江综合立体交通走廊。上海、武汉、重庆三大航运中心及沿江主要港口充分发挥了主枢纽作用。高效、畅通、便捷的长江航运，支撑沿江经济社会高速发展，集聚近一半全国500强企业。长江航运的绿色生态优势成为长江经济带可持续发展的主基调。沿江经济社会发展所需85%的铁矿石、83%的电煤和85%的外贸货物运输量（中上游地区达90%）主要依靠长江航运来实现；全行业从业人员超过200万人，间接带动就业超过1000万人；每年对沿江经济发展的直接贡献达2000亿元以上，间接贡献达4.3万亿元以上。

2.发展理念更加清晰。70年来，长江航运的发展理念不断创新、日臻完善、更加科学。尤其是2009年，长江航务管理局（简称长航局）提出“一条主线四个长江”“四个长江三步构建”的发展战略，并创新一系列科学发展理念。规划方面，提出“又好又快重在好、高速高效重在效”“决不搞饥不择食的低水平建设、决不搞发展中的落后”的理念，提升规划的科学性、前瞻性和可操作性；航道建设方面，提出“深下游、畅中游、延上游、通支流”的理念，并上升为国家层面对长江航道建设的指导意见；安全管理方面，提出“安全是长江航运的生命线”的大安全理念；凝聚发展合力方面，在系统内提出“长航一家人、系统一盘棋”理念，在行业内提出“长江一家人、行业一盘棋”理念，凝聚建设黄金水道的强大合力；行业治理方面，提出“服务长江航运、服务沿江经济、服务流域百姓”的根本宗旨，明确发展的目的；生态文明方面，提出“保护生态就是保护航运、发展航运必须保护生态”的理念，长江航运走上可持续发展的道路。

3.航运基础更加坚实。长江航道通航条件和支持保障设施大为改善，基础设施不断增强，长江航运面貌发生巨大变化。长江干线航道得到有效治理，长江口深水航道全面建成，南京以下12.5米深水航道实现贯通，荆江“瓶颈”被初步打通，“645工程”全面开工，上游航道整治稳步推进，干支连通成网取得积极进展，长江干线全面建成高等级航道，并实现昼夜通航，通航能力大幅提升。长江海事现代化监管救助基地、监控系统等一批保障项目建成并投入使用，三峡工作基地、监管系统、通航管理信息化等项目建成，长江干线宜宾—上海段光传输系统全线贯通，长航局系统船艇装备布局结构进一步优化，船型标准化、系列化发展体系逐步形成。5万吨级海轮可满载直达南京港；南京—武汉可通航5000吨级海轮；武汉—重庆中洪水期可通航5000吨级单船和万吨级船队；重庆以上可通航1000吨级船舶。长江港口专业化、规模化、现代化程度不断提高，亿吨大港从无发展到15个；万吨级泊位从寥寥无几发展到595个；长江干线形成三大航运中心、5个自由贸易区、22个主要港口和26个水运开放口岸。长江水系14省市拥有内河运输船舶10.6万艘、1.16亿载重吨，分别为1949年的130倍、700倍，干线货船平均吨位达1880吨，居世界先进水平。

4.市场体系逐步完善。长江航运市场体系从无到有，逐步建立和完善，为长江航运发展注入活力。市场主体方面，由国有经济一家独大，发展到多种所有制经济形式共存的格局。长江水系14省市内河船舶运输企业发展到3700余家，港口企业2000余家。运力发展方面，由政府对企业运力下达指令性计划，逐步转变为政府采取经济、技术、法律和必要的行政手段调控运力总量、优化运力结构。运价制定方面，由政府制定运输价格，逐步转变为内贸运输的运价和港口装卸费市场放开。此外，液货危险品运输、商品车滚装运输等专业化运输形式得到全面发展。市场对长江航运资源配置的决定性作用和政府对市场的宏观调控作用进一步突显，长江航运生产力潜能不断释放，2019年，长江干线货运量可望超过29亿吨，稳居世界内河第一。

5.体制机制更加健全。长江航运管理体制不断调整，管理内容和职责历经变化，更加科学规范、充实明晰。从政企分开、港航分管、分级管理的管理体制，到政事企分开、港口下放，再到“统一政令、统一规划、统一标准、统一执法、统一管理”和“一体化管理、一条龙服务”，长江航运集中统一、权责一致、关系顺畅、协调有序、运转高效的行政管理体制和运行机制逐步建立健全，基本适应航运生产力发展的需要。尤其是2016年长江航运行政管理体制改革，具有里程碑意义。同时，由长航局提议并创立的与沿江省市交通运输主管部门、沿江地市人民政府之间的“2+N”合作模式创立并巩固发展，系统内基层单位之间的区域联席会议制度有效建立，长江航运内外共建合力不断显现，长江航运治理体系和治理能力现代化水平不断提升。

6.依法行政逐步规范。长江航运执法体制机制不断完善，执法队伍正规化、专业化、职业化水平全面提升，执法监督机制不断完备，法治建设有力推进。涵盖水路运输、港口、航道、安全和综合管理的“4+1”法规规范体系逐步形成，实现法规体系从零散到总体完备的重大转变，尤其是《港口法》《航道法》的出台，为长江航运提供强有力的法律保障。行政执法三项制度逐步推进，法治政府部门建设和“放管服”改革全面深化，权力清单、责任清单制度实施，重点领域信用体系逐步建立。此外，目标责任制全面建立，行政执法评议考核有效开展，执法机关依法行政的能力水平得到极大提升，依法治航成效明显。

7.创新驱动强劲有力。长航局系统创新成果层出不穷，一大批科技成果获得国家重大奖项，或填补国内空白，或达到国际领先水平。长江口深水航道治理工程成套技术经40余年研究和科技攻关，获得国家科技进步奖一等奖；长江航道整治工程获得国家级工程建设质量最高奖；长江航道局开发的长江电子航道图和郑启湘团队研制的太阳能一体化系列航标灯，均为国内首创、国际领先。与此同时，长航科技创新体系逐步形成，涌现国家“新世纪百千万人才工程”人选等一批科技人才队伍。“云上长航”不断推进，大数据体系初步构建，涵盖电子航道图、数字航道、电子巡航、电子签证（报港）、远程申报、船舶动态监控、110指挥调度、北斗系统等领域的信息化建设成果得到广泛应用或大力推进，信息化应用水平引领内河航运。

8.生态保护成效显著。长江生态文明建设力度不断加大，尤其是党的十八大以来，长航局将“生态优先、绿色发展”理念融入长江航运发展的血脉，着力加强长江生态保护。绿色航道建设方面，形成生态修复和生态补偿相结合的新机制；绿色港口建设方面，大力推动港口岸电、港口机械清洁能源使用、船舶污染物岸上接收转运设施建设，促进LNG加注站布局与建设；绿色船舶建设方面，大力实施船型标准化，累计拆解、改造老旧落后运输船舶5万余艘，新建、改建LNG动力示范船、三峡船型示范船279艘；绿色运输组织方式方面，着力发挥水运的比较优势和多式联运的组织优势，集装箱和大宗货物铁水联运比重持续提升，江海直达船舶规模不断扩大。此外，全国人大采纳长航局关于“非法采砂入刑”的建议，并付诸实践，打击非法采砂拥有强有力的法律武器。积极配合整治长江干线非法码头1361座，累计破获破坏长江生态环境刑事案件5500余起，长江水域危害生态环境行为得到有效遏制。在绿色发展理念指引下，生态长江、美丽长江建设取得明显成效，人与自然和谐共生局面逐步形成。

9.安全形势稳中趋好。长江航运安全形势不断向好，安全监管与应急能力水平不断提高。通过建设现代化监管装备，提升现场监管水平，强化事故预防预控，完善长效管理机制，平安长江建设取得明显成效。长江干线近5年（2014年—2018年）一般以上等级事故数、死亡失踪人数、沉船数以及直接经济损失等四项指标同比前5年（2009年—2013年）分别下降41.2%、36.2%、48.6%和42.2%，水上安全形势总体稳定、稳中趋好。

10.党的建设持续加强。长航局党委始终与党中央保持高度一致，坚决贯彻部党组的决策部署，长航局系统党的政治建设、思想建设、组织建设、作风建设、纪律建设和制度建设全面推进，为长江航运发展提供了强大的思想保证。以"万里长江党旗红"为标志的党建创新工程大力推进，精神文明建设取得成效，涌现出许多先进典型和时代楷模。

长江航运2018年工作重点与成就

2018年，长航局全面实施新时代长江航运现代化发展战略，深入推进供给侧结构性改革，在生态保护、干线航道治理、运输生产、水上安全、党的建设五个方面取得亮点和成绩，在规划建设、航道通航、安全监督、运输服务、行业治理、绿色智慧、党建及精神文明七个方面取得成效。

1.五大亮点。

（1）生态保护成效显著。坚决贯彻习近平总书记重要指示，长江全线重拳出击，严厉打击非法采砂、非法捕捞、非法排污、非法倾倒固体废物等破坏生态环境行为，成功侦破多起污染长江环境案件；大力开展非法码头整治行动，配合地方政府关停或拆除非法码头1361座；全面加强船舶水污染物接收、转运和处置联合监管。通过一系列有力举措，长江航运生态保护、绿色发展取得显著成效。

（2）干线航道治理加快推进。实施《长江经济带发展规划纲要》，长江南京以下12.5米深水航道实现贯通并投入试运行，武汉—安庆段6米水深航道整治工程全面开工，长江口南槽航道整治一期工程提前半年开工。黄金水道建设全面提速，通航能力持续提升。

（3）运输生产再创历史新高。深入挖掘水运潜能，积极发挥水运优势，2018年长江干线货物通过量达到26.9亿吨，同比增长7.6%；集装箱吞吐量完成1750万标箱，同比增长6.1%；三峡枢纽通过量1.44亿吨，同比增长3.9%。长江航运在国家战略中的地位作用愈加凸显。

（4）水上安全形势总体稳定。不断完善安全责任体系，加强隐患治理和风险管控，开展一系列安全专项行动，强化应急处置能力，确保长江干线水上交通安全形势总体稳定，全年没有发生一次性死亡（失踪）10人以上的事故和重大船舶污染事故，事故"四项指标"同比全面下降。全年共发生运输船舶等级事故27件，死亡失踪35人，沉船19艘，直接经济损失3926万元，同比分别下降5.2%、20.4%、5%和39.2%。同时，妥善应对"10•28"重庆万州公交车坠江等突发事件。

（5）党的建设取得成效。深入开展基层党支部标准化规范化建设，全系统支部规范化建设实现总体达标，并得到交通运输部党组的充分肯定，工作经验在部组织人事工作会议上进行交流。同时，长航局获"湖北省党建工作先进单位"称号。

2.七大成效。

（1）规划建设取得新成效。一是规划引领不断加强。配合部完成水运和支持系统"十三五"规划中期评估和调整，制定《长江航运发展三年行动计划（2018—2020年）》，开展《长江航运发展规划纲要（2021—2035年）》研究，代部起草《推进北斗导航系统在长江航运应用全覆盖的实施方案》。二是工程项目稳步推进。全年完成投资28.4亿元，完成27个项目"工可"批复立项、17个项目"初设"批复和27个项目的竣工验收；推进长江干线北斗地基增强系统工程，已有3230座航标、102艘公务船舶安装北斗终端；三峡后续规划项目稳步实施；长航局档案业务用房建成并投入使用。三是工程质量不断提高。开展工程设计、施工和监理单位信用评价，加强质量安全综合督查，工程质量安全管理水平逐步提升。

（2）航道通航取得新成效。一是干线航道保障水平不断提升。强化疏浚保障与航标维护，全年完成疏浚量8969万方（其中长江口航道疏浚量6201万方），航标正常率100%；坚持"两充分一加强"，部分河段航道维护尺度进一步提升，宜昌—荆州、荆州—岳阳、岳阳—武汉、安庆吉阳矶—皖河口河段枯水期最小维护水深分别由3.2米、3.3米、3.7米、4.5米正式提升至3.5米、3.8米、4.0米、6.0米，城陵矶—武汉河段枯水期最小维护水深由4.0米试运行提高至4.2米；全力做好南京以下12.5米深水航道试运行维护和长江口深水航道边坡利用试运行工作，南京长江大桥等重点桥区水域通航保障优化提升工作取得明显成效。二是航道行政管理工作持续加强。推进航道行政管理委托技术咨询服务，出具航评审核意见125项、办理专用航标许可107项；制定发布《长江干线跨河建筑物通航净空尺度公布管理办法》，完成《航道保护范围划定技术规定》等各项行业标准修订工作；持续强化采砂管理、岸线评估等专项工作。三是三峡枢纽通航安全有序。圆满完成三峡南线船闸停航检修及检修期通航保障工作，停航检修期由40天缩至33天，并提前20小时复航；严格实施过坝船舶联动控制，近坝水域待闸船舶数量严格控制在600艘以内；修订三峡—葛洲坝枢纽通航调度规程，制定三峡升船机通航船舶船型技术要求；2018年6月1日起全面实施过闸船舶100%安全检查，累计检查过闸船舶3.2万艘次；开展三峡水运新通道航运关键技术比较研究，相关成果已报送上级决策。

（3）安全监管取得新成效。一是重点领域安全监管不断强化。有效落实渡船"116"长效管理机制、停航封渡水位划定和重点渡口签单发航等制度，实施渡船"斑马线"行动；开展客运码头经营资质查验和实名制检查，对违规的省际客船、液货危险品船实施停航整顿；圆满完成春运、全国“两会”、汛期、枯水期等重点时段安全保障工作。二是专项行动有效开展。开展“平安长江百日行动”，实施长江干线省际客运安全“回头看”专项治理和“2+7”冬季安全专项行动等。三是应急处置能力不断提升。长江干线水上搜救责任区实现全覆盖，人命救助成功率98.1%。四是安保任务圆满完成。以最高标准、最严要求、最强措施，圆满完成“1801”一级加强任务；完成上海进博会、中非合作论坛等重大活动期间的长江干线水域安保任务。五是长效管理机制不断加强。全面推广江苏海事局“12345”科学安全监管体系；建立实施“双随机、一公开”监督检查工作机制，健全运输市场和安全生产信用管理。

(4)运输服务取得新成效。一是运输结构不断优化。推动19家省际客船、液货危险品船运输企业实施兼并重组，注销、撤销16家企业经营资质；继续推进船型标准化，长江干线货船平均吨位由2017年的1630吨提升至1780吨；江海直达1140集装箱示范船“汉海1号”顺利首航；长江干线万吨级泊位达到587个。二是运输组织保障不断加强。圆满完成春节、黄金周旅客运输和军事运输保障任务，协调保障15万吨重点急运物资优先过闸。三是引航服务持续提升。推出引航服务新“八项承诺”，全年共引领中外籍船舶62755艘次、6.2亿净吨，同比分别增长1.2%、7.5%；助力长江航运物流降本增效，引领船舶最大吃水太仓港突破至12.3米、南通港突破至12米、南通以上至南京各港均达到11.36米；修订实施《长江干线船舶靠离泊和引航或移泊辅助作业拖轮配备标准》，有效减轻航运企业负担。四是持续开展“春暖行动”。制订并实施《2018年长航局促进港航企业转型升级工作措施》；落实第五批便利船员服务清单，加快推进电子政务建设；开设“三峡水上温情驿站”，实施便民服务；加强信息引导，编制发布《长江航运发展报告》及长江航运景气指数、信心指数、船员工资指数等。五是支持港口扩大开放。配合完成泸州、宜宾、黄石口岸临时开放及重庆、九江口岸扩大开放；支持三大航运中心和沿江自贸区发展，主动对接单一窗口建设，实现口岸联合登临检查常态化。

(5)行业治理取得新成效。一是航道事企分开改革取得突破。长江航道工程局有限责任公司正式挂牌，公司“两会一层”正式运转，与长江航道局及5个工程单位之间的事权关系进一步理顺。二是通信、搜救、引航等改革深入推进。顺利完成长江干线通信管理体制改革和长江无线电通信行政管理交接；泸州、宜宾长江水上搜救中心正式挂牌运行；印发《长江引航中心体制改革意见》，完成“三定”方案编制并报部；完成三峡过闸船舶安检机构设立工作。三是改革发展理论研究结出硕果。精心组织编撰《长江航务管理理论与实践》一书，系统归纳提炼长江航务管理经验。四是长江航运法规规范体系不断完善。配合部开展《海商法》《内河交通安全管理条例》等重点法律法规修订工作；制定安全监管、航道管理、运输管理等航运发展管理制度；加强规范性文件及经济合同的合法性审查。五是执法改革试点有序开展。荆州海事局行政执法公示制国家级试点、武汉港区海事处执法全过程记录部级试点工作进展顺利。六是水上综合执法深入推进。航道执法系统投入运行，航道行政处罚实现网上办理，综合执法示范区建设顺利开展。

(6)绿色智慧发展取得新成效。一是危险货物运输管理不断强化。淘汰老旧省际液货危险品船舶138艘(约5万载重吨)；实施载运一类危险货物船舶动态监控3005艘次、现场维护551艘次；成功举办川江段首次船舶溢油应急演习；积极配合部编制完成《长江干线水上洗舱站布局方案》。二是清洁能源扩大使用。加快推广LNG动力船，研究制订《LNG动力船通过三峡船闸的工作方案》；三峡坝区岸电实验区建设有序推进；配合部出台《关于加快长江干线水运推广清洁能源应用工作的指导意见》。三是疏浚土综合利用有效推进。在荆州、鄂州、九江等地组织开展疏浚弃土综合利用试点，并取得初步成效；上海横沙岛八期滩涂整治工程疏浚土吹填持续推进，长江口全年累计吹填疏浚土3407万方，利用率57.4%。四是长江大保护形成合力。与沿江7省(市)交通运输主管部门、长江委、中国船级社等单位共同签署并印发《保护长江生态、发展绿色航运行动方案》。五是实用型技术设备广泛推广应用。打造“互联网+航道信息服务”，实施长江船员“口袋工程”；优化完善长江电子航道图APP，用户下载量近3万人次；开发运行全国首款水上交通导航系统“船E行”，活跃用户1.6万人；首创警示浮舟和抬缆警示浮，并纳入国标。六是科技与信息化建设加快推进。长江航运数据中心等“云上长航”核心项目获部批立项；长江干线数字航道综合服务平台开工建设，无人测量船项目顺利通过部验收，无人机技术在海事立体监管和航道一体化测量中得到示范应用；制定印发《长航局关于进一步加强长江航运科技创新工作的意见》《长江航运标准化发展规划》《长江航运标准化管理办法》；长江航运技术研发中心通过部评估。七是网络安全保障有力。全力完成全国“两会”、上海进博会等重大活动及节假日期间的网络安全保障工作，成功经受住部组织的网络安全攻击演练的考验。

(7)党建及精神文明建设取得新成效。深入组织学习习近平新时代中国特色社会主义思想和党的十九大精神，扎实推进“两学一做”学习教育常态化制度化，出台《关于坚决维护以习近平同志为核心的党中央权威和集中统一领导的具体规定》《贯彻落实中央八项规定实施细则精神的实施办法》等，严明党的政治纪律和政治规矩，引导全系统广大党员干部不断提高政治站位，切实树牢“四个意识”，坚定“四个自信”，坚决做到“两个维护”。

(长江航务管理局 供稿)

2018年交通运输行业发展统计公报

（水运部分）

一、基础设施

（一）铁路。……

（二）公路。……

（三）水路。

1.内河航道。

年末全国内河航道通航里程12.71万公里（如图1所示），比上年增加108公里。等级航道里程6.64万公里，占总里程52.3%，提高0.2个百分点。三级及以上航道里程1.35万公里，占总里程10.6%，提高0.8个百分点。

各等级内河航道通航里程分别为：一级航道1828公里，二级航道3947公里，三级航道7686公里，四级航道10732公里，五级航道7613公里，六级航道17522公里，七级航道17114公里。等外航道里程6.07万公里。

各水系内河航道通航里程分别为：长江水系64848公里，珠江水系16477公里，黄河水系3533公里，黑龙江水系8211公里，京杭运河1438公里，闽江水系1973公里，淮河水系17504公里。

2.港口。

年末全国港口拥有生产用码头泊位23919个，比上年减少3659个。其中，沿海港口生产用码头泊位5734个，减少96个；内河港口生产用码头泊位18185个，减少3563个。

年末全国港口拥有万吨级及以上泊位2444个（见表1），比上年增加78个。其中，沿海港口万吨级及以上泊位2007个，增加59个；内河港口万吨级及以上泊位437个，增加19个。

全国万吨级及以上泊位中，专业化泊位1297个（见表2），比上年增加43个；通用散货泊位531个，增加18个；通用件杂货泊位396个，增加8个。

（四）民航。……

（五）公路交通流量。……

二、运输装备

（一）公路。……

（二）水路。

年末全国拥有水上运输船舶13.70万艘（如图2所示），比上年下降5.5%；净载重量25115.29万吨，下降2.1%；载客量96.33万客位，下降0.4%；集装箱箱位196.78万标准箱，下降9.0%。2018年全国水上运输船舶构成见表3。

（三）城市客运。……

三、运输服务

2018年，完成营业性客运量179.38亿人（如图3所示），比上年下降3.0%，旅客周转量34217.43亿人公里（如图4所示），增长4.3%，营业性货运量506.29亿吨（如图5所示），增长7.2%，货物周转量199385.00亿吨公里（如图6所示），增长3.5%。

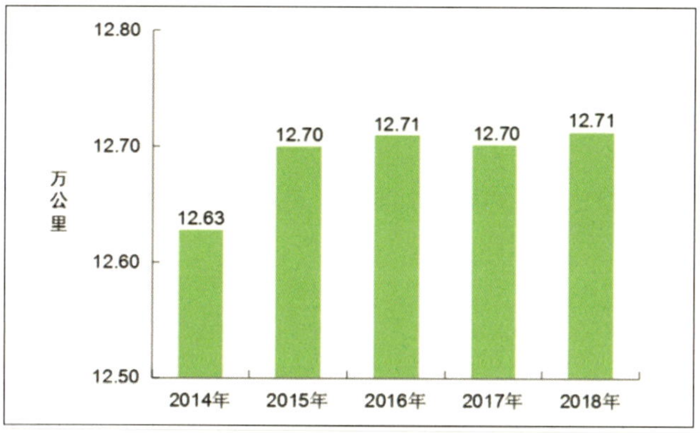

图1 2014年—2018年全国内河航道通航里程

图2 2014年—2018年全国水上运输船舶拥有量

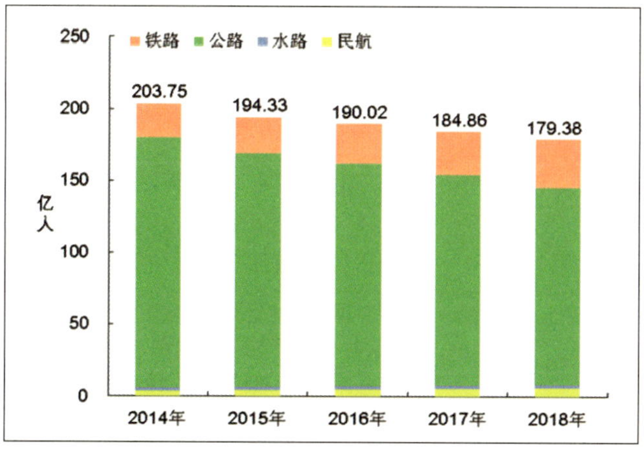

图3 2014年—2018年营业性客运量

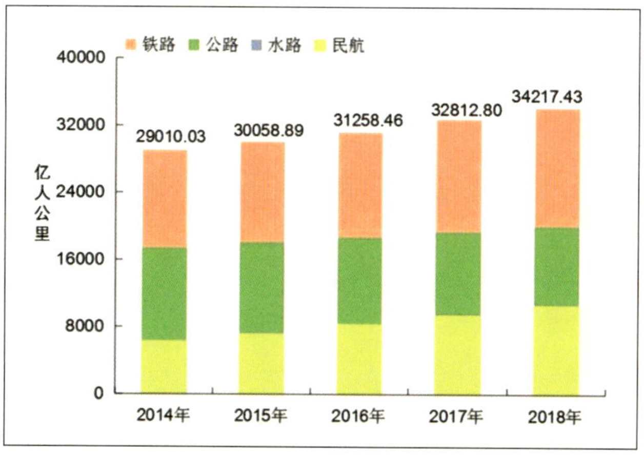

图4 2014年—2018年营业性旅客周转量

表1 全国港口万吨级及以上的泊位数量　　计量单位：个

泊位吨级	全国港口	比上年增加	沿海港口	比上年增加	内河港口	比上年增加
合 计	**2444**	**78**	**2007**	**59**	**437**	**19**
1万~3万吨级（不含3万）	845	11	656	5	189	6
3万~5万吨级（不含5万）	416	17	294	9	122	8
5万~10万吨级（不含10万）	786	24	672	19	114	5
10万吨级及以上	397	26	385	26	12	–

表2 全国万吨级及以上泊位构成（按主要用途分）　　计量单位：个

泊位用途	2018年	2017年	比上年增加
专业化泊位	1297	1254	43
#集装箱泊位	338	328	10
煤炭泊位	252	246	6
金属矿石泊位	85	84	1
原油泊位	82	77	5
成品油泊位	140	140	–
液体化工泊位	217	205	12
散装粮食泊位	41	41	–
通用散货泊位	531	513	18
通用件杂货泊位	396	388	8

表3 全国水上运输船舶构成（按航行区域分）

指 标	计量单位	实 绩	比上年增长（%）
内河运输船舶：			
运输船舶数量	万艘	12.43	−6.0
净载重量	万吨	12915.50	−1.8
载客量	万客位	71.59	−1.0
集装箱箱位	万TEU	33.81	4.1
沿海运输船舶：			
运输船舶数量	艘	10379	0.6
净载重量	万吨	6885.06	−2.3
载客量	万客位	22.68	1.4
集装箱箱位	万TEU	56.62	12.9
远洋运输船舶：			
运输船舶数量	艘	2251	−2.4
净载重量	万吨	5314.73	−2.6
载客量	万客位	2.06	−1.0
集装箱箱位	万TEU	106.34	−20.4

（一）铁路。……

（二）公路。……

（三）水路。

全年完成客运量2.80亿人，比上年下降1.1%，旅客周转量79.57亿人公里，增长2.5%。完成货运量70.27亿吨，增长5.2%，货物周转量99052.82亿吨公里，增长0.4%。其中，内河运输完成货运量37.43亿吨、货物周转量15365.89亿吨公里；沿海运输完成货运量25.14亿吨、货物周转量31760.34亿吨公里；远洋运输完成货运量7.70亿吨、货物周转量51926.58亿吨公里。

全国港口完成旅客吞吐量1.77亿人，比上年下降4.3%。其中，沿海港口完成0.88亿人，增长1.9%；内河港口完成0.89亿人，下降9.7%。全年我国邮轮旅客运输量250万人，增长2.7%。

全国港口完成货物吞吐量143.51亿吨（如图7所示），比上年增长2.5%。其中，沿海港口完成94.63亿吨，增长4.5%；内河港口完成48.88亿吨，下降1.3%。

全国港口完成外贸货物吞吐量41.89亿吨（如图8所示），比上年增长2.4%。其中，沿海港口完成37.44亿吨，增长2.5%；内河港口完成4.45亿吨，增长1.6%。

全国港口完成集装箱吞吐量2.51亿TEU（如图9所示），比上年增长5.3%。其中，沿海港口完成2.22亿TEU，增长5.2%；内河港口完成2909万TEU，增长6.2%。全国规模以上港口完成集装箱铁水联运量450万TEU，增长29.4%，占规模以上港口集装箱吞吐量1.80%。

全国规模以上港口完成货物吞吐量133.45亿吨，比上年增长2.9%。其中，完成煤炭及制品吞吐量24.50亿吨，增长3.4%；石油、天然气及制品吞吐量10.66亿吨，增长3.8%；金属矿石吞吐量21.22亿吨，增长3.1%。

（四）民航。……

（五）邮政。……

（六）城市客运。……

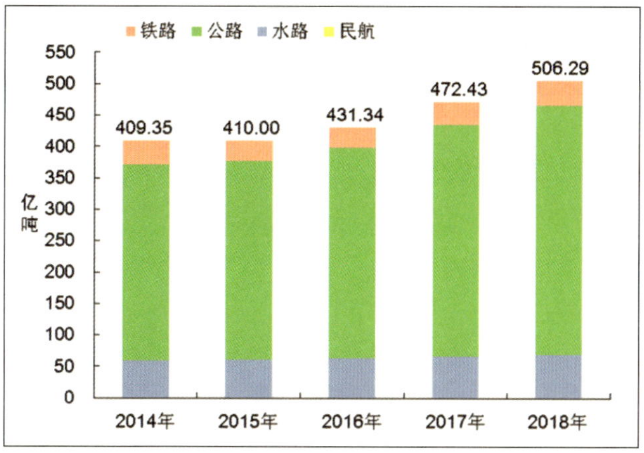

图5 2014年—2018年营业性货运量

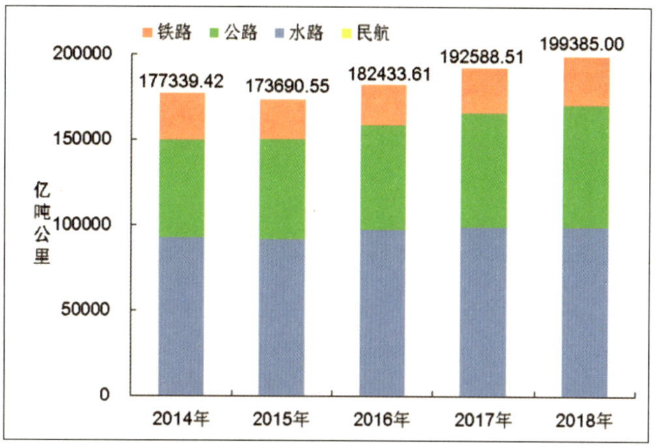

图6 2014年—2018年营业性货物周转量

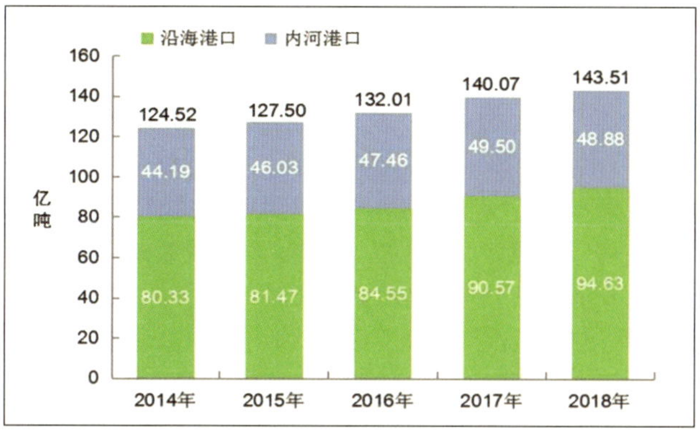

图7 2014年—2018年全国港口货物吞吐量

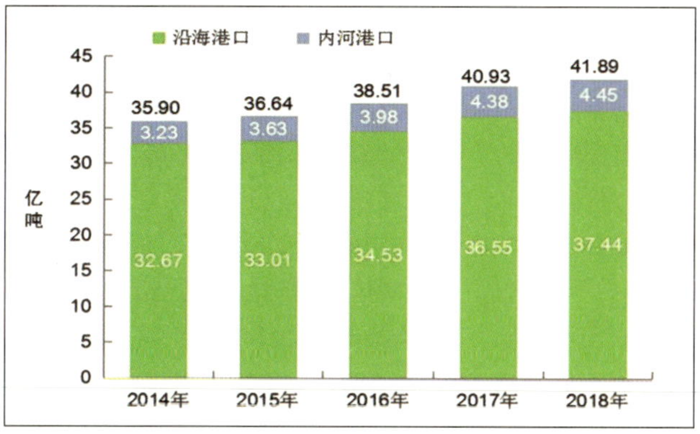

图8 2014年—2018年全国港口外贸货物吞吐量

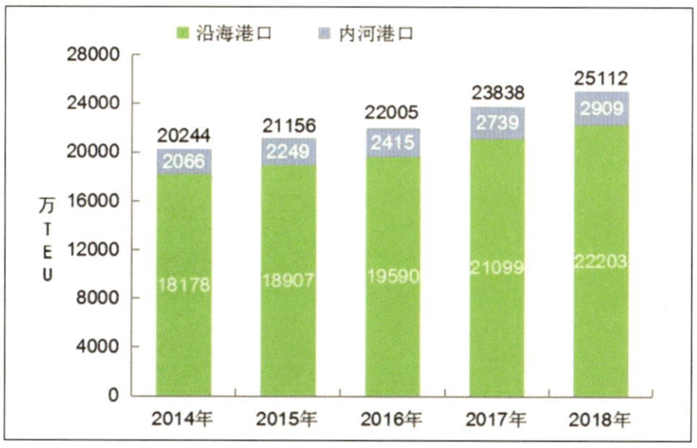

图9 2014年—2018年全国港口集装箱吞吐量

四、交通固定资产投资

全年完成交通固定资产投资32235亿元，比上年增长0.7%。

（一）铁路。……

（二）公路水路。

1.公路。……

2.水路。

全年完成水运建设投资1191亿元，比上年下降3.8%。其中，内河建设完成投资628亿元，增长10.3%；沿海建设完成投资563亿元，下降15.8%。

3.公路水路其他。

全年完成公路水路支持系统及其他建设投资824亿元，比上年增长26.9%。

（三）民航。……

五、生产安全

……

全年共发生运输船舶水上交通事故176件，下降10.2%，死亡失踪237人，增长24.7%，沉船83艘，增长3.8%。全国各级海上搜救中心共组织、协调搜救行动1902次；在我国搜救责任区内成功搜救1295艘中外遇险船舶，12463名中外遇险人员，搜救成功率95.3%。

公路水路交通运输建设领域全年共发生生产安全事故41起，比上年下降6.8%，死亡63人，下降4.5%。未发生重特大事故。

六、能源消耗

全年共监测公路水路运输企业123家。……远洋和沿海货运企业每千吨海里单耗4.1千克标准煤，下降6.8%；港口企业每万吨单耗2.3吨标准煤，下降4.1%。

七、科技与人才队伍建设

……

全年公路水路交通运输科研基础条件建设完成投资15亿余元。年末交通运输行业共有52个行业重点实验室，48个行业研发中心以及19个协同创新平台。8项科技成果获2018年度国家科学技术进步奖，其中一等奖1项，二等奖7项。

部全年表彰2016—2017年度全国交通运输行业文明单位198个、文明示范窗口217个、文明职工标兵213人、精神文明建设先进工作者94人。全年获得“全国技术能手”称号20人、“全国交通技术能手”称号96人，共评选培养“交通运输青年科技英才”130人。

注释：

1. 香港、澳门特别行政区及台湾地

区统计数据未包括在本公报内。

2. 按照《国家公路网规划(2013-2030年)》,结合各省(区、市)路网调整情况,该公报中国道、省道、县道、乡道、村道里程的统计口径作了部分调整。

3. 该公报中营业性旅客运输量为铁路、公路、水路、民航完成数,不包括城市客运量;营业性货物运输量为铁路、公路、水路、民航完成数,不包括管道数据。

4. 铁路数据为快报数据。国家铁路含控股合资铁路。

5. 民航运输数据为快报数据。

6. 邮政数据为月度快报统计数据。

资料来源:

该公报数据来自交通运输部、国家铁路局、中国民用航空局、国家邮政局和中国铁路总公司。

2018年国内沿海货运船舶运力分析报告

一、干散货船运力情况

截至2018年12月31日,沿海省际运输干散货船(万吨以上,不含重大件船、多用途船等普通货船,下同)共计1832艘、6247.56万载重吨,同比增加161艘、725.68万载重吨,吨位增幅13.14%。全年新增运力211艘、869.98万载重吨;除强制报废4艘、12.90万载重吨船舶外,受企业主动调整运力结构等因素影响,共有46艘、133.39万载重吨船舶运力提前退出市场(部分船舶经检验后变更了载重吨,总计核增1.99万载重吨)。

沿海省际运输干散货船平均船龄10.09年,其中,老旧船舶(船龄18年以上)和特检船舶(船龄28年以上)分别有190艘、36艘,占总艘数的10.37%和1.97%。

二、集装箱船运力情况

截至2018年12月31日,沿海省际运输集装箱船(700标箱以上,不含多用途船,下同)共计252艘、71.58万标箱,同比增加57艘、11.06万标箱,载箱量增幅18.27%。全年新增运力62艘、12.34万标箱;没有强制报废船舶;因市场低迷,企业主动调整运力结构,共有5艘、1.22万标箱集装箱船提前退出市场(部分船舶经检验后变更了载重吨,总计核减0.06万标箱)。

沿海省际运输集装箱船平均船龄9.63年,其中,老旧船舶(船龄20年以上)有27艘,占总艘数的10.71%,没有特检船舶(船龄29年以上)。

三、液货危险品船运力情况

(一)油品船。

截至2018年12月31日,沿海省际运输油品船(含原油船、成品油船,不含油品、化学品两用船)共计1296艘、1024.34万载重吨,同比减少20艘,吨位增加15.45万载重吨,增幅1.53%。全年新增油品船运力51艘、31.67万载重吨;除强制报废3艘、0.2万载重吨船舶外,共有68艘、16.00万载重吨提前退出市场(部分船舶经检验后变更了载重吨,总计核减0.02万载重吨)。

沿海省际运输油品船平均船龄9.76年,其中,老旧船舶(船龄12年以上)和特检船舶(船龄26年以上)分别有448艘、11艘,占总艘数的34.57%和0.85%。

(二)化学品船。

截至2018年12月31日,沿海省际运输化学品船(含油品、化学品两用船,下同)共计288艘、112.90万载重吨,同比增加16艘、6.72万载重吨,增幅6.33%。全年新增运力19艘、8.00万载重吨;无强制报废船舶;共有3艘、1.16万载重吨化学品船提前退出市场(部分船舶经检验后变更了载重吨,总计核减0.12万载重吨)。

沿海省际运输化学品船平均船龄10.01年,其中,老旧船舶(船龄12年以上)和特检船舶(船龄26年以上)分别有107艘、2艘,占总艘数的37.15%和0.69%。

(三)液化气船。

截至2018年12月31日,沿海省际运输液化气船共计72艘、24.79万载重吨,同比数量不变,吨位增加0.29万载重吨,增幅1.18%。全年新增运力1艘、0.31万载重吨;没有强制报废船舶;同时有1艘、0.025万载重吨船舶提前退出市场(部分船舶经检验后核增了载重吨,总计核增0.01万载重吨)。

沿海省际运输液化气船平均船龄11.30年,其中,老旧船(船龄12年以上)和特检船(船龄26年以上)分别有19艘、3艘,占总艘数的26.39%和4.17%。

(资料来源:交通运输部网站)

2018年8月20日,“中远海运天蝎座”轮交付使用。

2018年珠江水运经济运行和琼州海峡客滚运输情况分析

2018年，面对外部挑战与国内矛盾交织叠加的复杂局面，珠江水运和琼州海峡客滚运输全行业认真贯彻落实党中央、国务院的决策部署，按照高质量发展的要求，以水运供给侧结构性改革为主线，统筹稳增长、促改革、调结构、惠民生、防风险各项工作，取得了积极成效。全年水运经济运行在合理区间，保持总体平稳、稳中有进的发展态势，与宏观经济稳中有进的运行态势总体吻合。

一、珠江水运经济总体运行态势及特点

（一）客货运输量运行态势及特点。

2018年珠江水系水路客货运输保持增长态势，全年完成货运量、货物周转量、客运量、旅客周转量分别为9.5亿吨、1858.5亿吨公里、2625.4万人、11.4亿人公里，与2017年同期相比分别增长5.7%、4.8%、0.2%、-0.2%。各季度客货运输量数据见表1。

表1 珠江水系2018年客货运输量统计表

	一季度	二季度	三季度	四季度	全 年
货运量（万吨）	20700	23853	24836	25749	95138
同比增长	3.7%	5.4%	8.1%	4.4%	5.7%
货物周转量（亿吨公里）	394	462	482	521	1858.5
同比增长	2.6%	6.5%	3.8%	5.9%	4.8%
客运量（万人）	565	641	714	705	2625
同比增长	-1.2%	0.6%	1.3%	-0.7%	0.2%
旅客周转量（万人公里）	23688	28286	32540	29578	114092
同比增长	-0.1%	1.3%	0.8%	-3.0%	-0.2%

注：相关数据参照交通运输综合统计报表

从表中数据分析，珠江水系客货运输均呈现不同程度增长，运输生产“客低货快”。内河货运量保持较快增长态势，前三季度一直增长，第三季度增速达到8.1%，第四季度增速有所回落。珠江水系内河旅客运输整体平稳，除1月份受春节假期错位影响，客运量和旅客周转量同比下降外，其他月份均表现稳定，总体呈现低速增长态势。客货运输量特点如下：

1.内河客运总量低速增长。2018年珠江水系完成客运量、旅客周转量分别为2625.4万人、11.4亿人公里，同比分别增长0.2%、-0.2%。广东省拓展港澳高速客运服务，发展粤港澳高速客运海空联运，满足人们便捷高效出行需求；广西推动“水运+旅游”融合发展，进一步释放水上休闲旅游消费需求，带动旅游客运发展。

2.内河货运量增速趋缓。在国家全力推进大宗物资运输向铁路、水运转移的背景下，珠江水系内河货运量保持较快增长，但增速趋缓。2018年完成内河货运量9.5亿吨，同比增长5.7%，增速较2017年下降了2.3个百分点。水路运输“五大货类”集中度较高，煤炭、石油及其制品、矿建材料、金属矿石、非金属矿石五大货类合计占水路货运量比重达70%，这一货类结构也与水路货物运输的技术经济优势相符。

（二）港口运行态势及特点。

2018年，珠江水系港口延续2017年的良好发展态势，规模以上港口完成货物吞吐量65154万吨，同比增长8.9%。受中美贸易摩擦的影响，外贸货物吞吐量7633万吨，同比下降4.1%；完成集装箱吞吐量1280万TEU，同比增长1.0%。各季度港口货物吞吐量数据见表2。

表2 珠江水系2018年规模以上港口吞吐量统计表

	一季度	二季度	三季度	四季度	全 年
港口吞吐量（万吨）	13176	16949	17326	17693	65145
同比增速	6.6%	14.3%	8.6%	6.2%	8.9%
外贸吞吐量（万吨）	1907	2025	1952	1749	7633
同比增速	5.6%	0.5%	-9.7%	-11.5%	-4.1%
集装箱吞吐量（万TEU）	280	334	319	347	1280
同比增速	-0.1%	1.0%	-4.8%	8.3%	1.0%

注：相关数据参照每月珠江水系规模以上港口综合统计报表

1.货物吞吐量持续较快增长。2018年，虽然国内外经济形势复杂，但中国宏观经济运行继续保持稳定增长，港口生产的经济基础稳固。珠江水系规模以上港口完成货物吞吐量65154万吨，同比增长8.9%，增速比上年增长0.2个百分点，增长的稳定性和持续性

较强。

2.外贸货物吞吐量下降。2018年，全球经济形势较2017年有所弱化，珠江水系港口生产面临的外部不利因素增多，规模以上港口完成外贸货物吞吐量7633万吨，同比下降4.1%。受煤炭进口政策放开的影响，煤炭外贸吞吐量同比快速增长。

3.集装箱吞吐量微涨。2018年，珠江水系港口完成集装箱吞吐量1280万TEU，同比略微增长1.0%，港口集装箱生产表现不及预期，主要原因有：一是2017年集装箱吞吐量强劲增长、基数较高；二是中美贸易摩擦影响外贸集装箱吞吐量。

（三）长洲枢纽船闸运行分析。

2018年，长洲枢纽船闸运行情况总体良好，过闸船舶和货物通过量较往年均有较大幅度增长，长洲枢纽船闸货物通过量首次突破1.3亿吨大关，同比增长33.4%，再创历史新高。

1.船闸运行总量。2018年，长洲枢纽船闸运行14656闸次，其中1线船闸3958闸次、2线船闸2351闸次、3线船闸4187闸次、4线船闸4160闸次，通过船舶135580艘次，船闸货物通过量13179万吨，长洲枢纽船闸基本保持高效正常运行。

2.过闸船舶情况。2018年过闸船舶135580艘次，同比增长32.1%；过闸船舶核载吨位为22537万吨，平均核载吨位达1662吨，较2017年增加198吨，过闸船舶大型化趋势更加显著。

3.过闸货物通过量情况。2018年长洲枢纽船闸货物通过量1.32亿吨，同比增长33.4%，上下行货物通过量分别为3102万吨和10077万吨，上行货物以煤炭和粮食作物为主，主要有原煤、玉米、集装箱、铁矿砂等，约占上航货物总量的70%；下行货物以建筑用料为主，主要有碎石、水泥及水泥熟料、石灰石、石粉、钢材等，约占下航货物总量的72%。各季度长洲枢纽过闸船舶及过货量数据见表3。

（四）水路运输市场行情。

2018年，因运力成本上升，大部分货类航线运价继续保持上升。2018年代表航线贵港至广州平均运价为27.5元，比2017年增加2.5元；贵港至深圳平均运价为32元，比2017年增加4元。各月代表航线平均运价数据见表4。

2018年贵港中心港区至珠江三角洲主要航线的月单船周转率总体保持在1.0~2.0个航次之间。船舶候闸时间大部分保持在24小时之内，12月西江航运干线长洲枢纽出现船舶滞留现象，部分船舶营运周转期偏长。

（五）存在问题。

随着珠江-西江经济带发展规划和粤港澳大湾区建设的深入实施，珠江水系航运体系建设明显加快，港航基础设施、物流水平都在逐渐提高，但高等级航道占比低、干支联动弱，港口和船舶运力结构性矛盾、多式联运发展缓慢，航运服务体系不完善，制约着珠江水运发展。

1.航道保障能力方面。珠江水系高等级航道2016公里，仅占通航总里程的13%，占比仍然较低。珠江重要支流左江、绣江、贺江、东江等仍不能全线通航，支流对干线的货运贡献率不足10%，尚未形成干支联动水运网。

2.港口吞吐能力方面。部分港口码头前沿水深、装卸设备等条件不能满足大型船舶靠泊需要。铁、公、水联运的枢纽型港口仍然不足，珠江铁水转运不到港口集疏运比例的2%，而发达国家港口和铁路衔接运输比例达到30%。

3.船舶运输能力方面。船舶运输

表3 2018年长洲枢纽过闸船舶艘数及过货量统计表

时 期	年 度	一季度	二季度	三季度	四季度	全 年
过闸船舶艘数（艘次）	2017年	20072	24178	25237	33132	102619
	2018年	27600	34258	35327	38395	135580
	同比增速	37.5%	41.7%	40.0%	15.9%	32.1%
过货量（万吨）	2017年	1696	2302	2537	3345	9880
	2018年	2744	3266	3443	3726	13179
	同比增速	61.8%	41.9%	35.7%	11.4%	33.4%

表4 2017年—2018年西江水路货运各月平均运价统计表 单位：元

月 份		1月	2月	3月	4月	5月	6月	7月	8月	9月	10月	11月	12月
贵港—广州	2017年	15	15	13	13	18	18	18	18	18	20	20	28
	2018年	28	24	23	23	24	25	25	25	26	26	27	27
贵港—深圳	2017年	17	17	15	15	20	20	20	20	20	22	22	32
	2018年	32	28	25	25	26	27	27	27	28	28	29	29

能力明显提高，但仍存在船舶运力供需平衡和运力结构性矛盾，如干散货运输市场，技术标准低、老旧船舶明显过剩，高新型标准化、大型化船舶略显不足。

4.航运服务能力方面。由于航运市场不透明、信息不对称，航运金融支持力度不够，航运融资困难；航运保险不规范，保险费率高、理赔服务差；航运“孤岛”现象严重，信息服务能力不足，珠江水系现代航运服务体系还不够完善。

5.航运人才方面。珠江航运快速发展，但船员短缺、素质下降、无序流动等问题十分突出，给水上运输安全和行业健康发展带来较大影响。

二、琼州海峡客滚运输情况分析

（一）基本情况。

至2018年底，琼州海峡两岸3省（区）共有8家航运公司经营两大航线（海口至海安、海口至北海），58艘客船和客滚船，总客位51211个，车位2786个，分别停靠两岸的9大港区。

2018年，琼州海峡进出岛航班（含危险品）52706航次，同比增长8.0%。其中进岛实航27072航次，同比增长10.5%；出岛实航25634航次，同比增长5.4%。平均每日航班144航次，进岛74航次、出岛70航次。单日最高航次为2月20日（年初五）237航次，进岛87航次、出岛150航次。

进出岛客流量1522.4万人，同比增长1.7%。其中，进岛客流量748.6万人，同比增长0.6%；出岛客流量773.8万人，同比增长2.7%。平均每日客流量41709人，进岛20511人、出岛21198人。单日最高客流量为2月20日（年初五）163950人，进岛47435人、出岛116515人。

进出岛车流量331.5万台次，同比增长9.1%。其中，进岛车流量167.6万台次，同比增长7.8%；出岛车流量164.0万台次，同比增长10.5%。平均每日车流量9083台次，进岛4590台次、出岛4493台次。单日最高车流量为2月20日（年初五）34037台次，进岛11076台次、出岛22961台次。

（二）存在问题。

1.安全通航条件有待改善。琼州海峡海口港新海港区至海安航线双向通航的航道（宽700米）是粤海铁火车轮渡运输原有航道（总宽1500米）的一部分，航道宽度不足，船舶航行和避让受限；新海港区一侧渔网遍布且紧临进港航道，进出港航道过于狭窄，不能双向通航，不仅存在很大安全隐患，还制约运输效率提高。

2.港口集疏运水平有待提高。除粤海铁南北港实行真正意义的“车客分流”外，其他港区旅客和车辆均从同一通道上下船舶；同时，港口的集疏运不通畅，港区车辆待渡场地不足，严重影响装卸效率的提高并存在较大的安全隐患。

3.运输组织方式有待优化。琼州海峡客滚运输的组织方式亟须持续全面优化，人民群众的殷切希望和新时代的发展需要暂未得到充分满足，海峡客滚运输各方要进一步实现科学和精细化管理，加快推进“六定二分”（定时、定班、定船、定员、定线、定靠，旅客与客运车辆上下船分流、旅客及客运车辆与货车分运）工作。

4.应急协调机制亟须建立。琼州海峡客滚船运输的应急协调机制尚不完善，亟须建立一个统一、完整、能够与琼州海峡客滚船运输应急管理相适应的应急协调机制。

三、2019年客货运量预测

中国经济下行压力既有贸易战导致的外部环境恶化因素，也有前期中国加强金融监管、去杠杆、环保加码与房地产调控等政策调整带来的后续阵痛。但随着中国经济转型升级，内需在经济增长中所起的作用不断增强，中国经济将持续稳定运行。

2019年将是改革开放新征程的新起点，新时代改革开放将会释放发展的新红利。随着供给侧结构性改革相关的各项政策落实到位，新一轮对外开放以及粤港澳大湾区建设和海南自贸区建设的积极推进，将带动客货运输需求增强。计划2019年珠江水系完成货运量、货物周转量、客运量、旅客周转量相比2018年分别增长5.0%、4.5%、1.0%、0.5%。计划2019年琼州海峡客滚运输将继续保持同比增长，完成客运量、车运量相比2018年分别增长2.0%、9.0%。

（资料来源：交通运输部网站）

本篇责任编辑：左文胜
本篇责任校对：左文胜

北京全路通信信号研究设计院集团有限公司

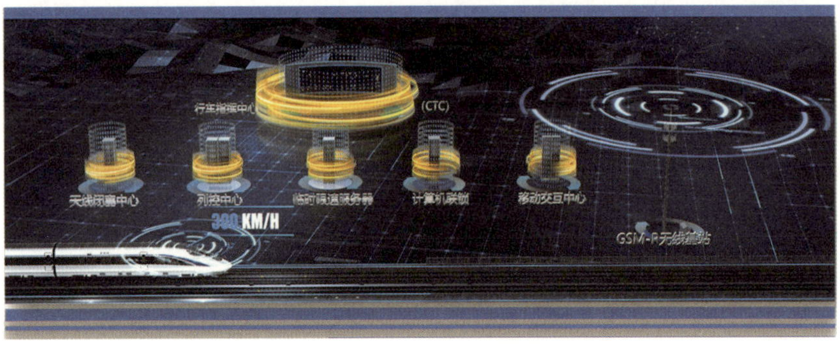

北京全路通信信号研究设计院集团有限公司(以下简称公司)是中国铁路通信信号股份有限公司下属全资子公司。公司自1953年成立以来,确立为国家和民族提供完全独立自主的轨道交通控制系统的目标,以市场需求为导向,以技术创新为驱动,以质量安全为根本,不忘初心,砥砺前行。

从新中国成立初期实施铁路电气化改造,到21世纪中国高速铁路快速发展,到在"一带一路"战略推动下中国铁路走向海外;从国内第一条城市轨道交通开通运营,到北京8号线CBTC系统全自主生产,到国内首条互联互通地铁——重庆地铁5号线开通运营;从世界最繁忙的京沪高速铁路的通信信号系统建设,到全自主化C3系统的研制成功,到国家高速铁路网的全面建成,公司伴随着共和国的成长和中国轨道交通从无到有,从弱到强的发展历程而不断壮大。经过60余年的不懈努力,公司凝聚了世界轨道交通的尖端科技,已发展成为中国轨道交通安全控制和信息技术领域的领先企业。

公司秉承着"艰苦奋斗,自主创新"的精神,组成多个自主化攻关团队,响应国家轨道交通的发展需要,实现了中国列车控制系统技术的自主化,从根本上保障了国家铁路建设和运输安全,为国家"一带一路"建设和高铁"走出去"提供核心技术支撑。

公司业务以轨道交通领域为核心,覆盖信号、通信、信息、电力电气化、土建、建筑等专业的设计咨询、系统研究、标准制定、应用开发、集成交付、检验检测、运营维护等七大类业务,在轨道交通安全控制和信息技术领域为用户提供系统解决方案一站式服务。

中国交通年鉴

民航篇

CIVIL AVIATION PART

内容提要

此篇主要内容由新中国成立70年民航行业发展历程与成就、2018年民航行业发展统计公报、2018年民航机场生产统计公报等组成。2018年民航行业主要数据如下：

——运输总周转量1206.53亿吨公里

——旅客运输量61173.77万人次

——货邮运输量738.51万吨

——航线（定期航班）4945条

——航线里程（重复距离）1219.06万公里

——运输机场235个

新中国成立70年民航行业建设与发展

民航行业发展历程与成就

行政体制沿革

【概 述】

1.第一阶段(1949年—1978年)。1949年11月2日,中共中央政治局会议决定,在人民革命军事委员会下设民用航空局,受空军指导。

1958年2月27日,国务院通知:中国民用航空局划归交通部领导。

1958年3月19日,国务院通知:全国人民代表大会常务委员会第95次会议批准国务院将中国民用航空局改为交通部的部属局。

1960年11月17日,经国务院编制委员会讨论原则通过,决定中国民用航空局改称为交通部民用航空总局。为部属一级管理全国民用航空事业的综合性总局,负责经营管理运输航空和专业航空,直接领导地区民用航空管理局的工作。

1962年4月13日,第二届全国人民代表大会常务委员会第五十三次会议决定民航局名称改为中国民用航空总局。

1962年4月15日,中央决定将民用航空总局由交通部属改为国务院直属局,其业务工作、党政工作、干部人事工作等均直归空军负责管理。

2.第二阶段(1978年—1987年)。1980年3月5日,中国政府决定民航脱离军队建制,把中国民航局从隶属于空军改为国务院直属机构,实行企业化管理。这期间中国民航局是政企合一,既是主管民航事务的政府部门,又是以"中国民航(CAAC)"名义直接经营航空运输、通用航空业务的全国性企业。下设北京、上海、广州、成都、兰州(后迁至西安)、沈阳6个地区管理局。

3.第三阶段(1987年—2002年)。1987年,中国政府决定对民航业进行以航空公司与机场分设为特征的体制改革。主要内容是将原民航北京、上海、广州、西安、成都、沈阳6个地区管理局的航空运输和通用航空相关业务、资产和人员分离出来,组建6个国家骨干航空公司,实行自主经营、自负盈亏、平等竞争。这6个国家骨干航空公司是:中国国际航空公司、中国东方航空公司、中国南方航空公司、中国西南航空公司、中国西北航空公司、中国北方航空公司。此外,以经营通用航空业务为主并兼营航空运输业务的中国通用航空公司于1989年7月成立。

在组建骨干航空公司的同时,在原民航北京管理局、上海管理局、广州管理局、成都管理局、西安管理局和沈阳管理局所在地的机场部分基础上,组建了民航华北、华东、中南、西南、西北和东北六个地区管理局及北京首都机场、上海虹桥机场、广州白云机场、成都双流机场、西安西关机场(现已迁至咸阳,改为西安咸阳机场)和沈阳桃仙机场。六个地区管理局既是管理地区民航事务的政府部门,又是企业,领导管理各民航省(区、市)局和机场。

航空运输服务保障系统也按专业化分工的要求相应进行了改革。1990年,在原民航各级供油部门的基础上组建了专门从事航空油料供应保障业务的中国航空油料总公司,该公司通过设在各机场的分支机构为航空公司提供油料供应。属于这类性质的单位还有从事航空器材(飞机、发动机等)进出口业务的中国航空器材公司,从事全国计算机订票销售系统管理与开发的计算机信息中心,为各航空公司提供航空运输国际结算服务的航空结算中心,以及飞机维修公司、航空食品公司等。

1993年4月19日,中国民用航空局改称中国民用航空总局,属国务院直属机构。12月20日,中国民用航空总局的机构规格由副部级调整为正部级。

4.第四阶段(2002年—2018年)。2002年3月,中国政府决定对中国民航业再次进行重组。一是航空公司与服务保障企业的联合重组。民航总局直属航空公司及服务保障企业合并,于2002年10月11日正式挂牌成立,组成为六大集团公司,分别是中国航空集团公司、东方航空集团公司、南方航空集团公司、中国民航信息集团公司、中国航空油料集团公司、中国航空器材进出口集团公司。成立后的六大集团公司与民航总局脱钩,交由中央管理。

二是民航政府监管机构改革。民航总局下属7个地区管理局(华北地区管理局、东北地区管理局、华东地区管理局、中南地区管理局、西南地区管理局、西北地区管理局、新疆管理局)和26个省级安全监督管理办公室(天津、河北、山西、内蒙古、大连、吉林、黑龙江、江苏、浙江、安徽、福建、江西、山东、青岛、河南、湖北、湖南、海南、广西、深圳、重庆、贵州、云南、甘肃、青海、宁夏),对民航事务实施监管。

三是机场实行属地管理按照政企分开、属地管理原则,对90个机场进行了属地化管理改革。民航总局直接管理的机场下放所在省(区、市)管理,相关资产、负债和人员一并划转;民航总局与地方政府联合管理的民用机场和军民合用机场,属民航总局管理的资产、负债及相关人员一并划转所在省(区、市)管理。首都机场、西藏自治区区内的民用机场继续由民航总局管理。

2004年7月8日,随着甘肃机场移交地方,机场属地化管理改革全面完成,也标志着民航体制改革全面完成。

2008年3月,中国民用航空总局由国务院直属机构改制为部委管理的国家局，由交通运输部管理，同时更名为中国民用航空局。

基础设施建设

【概 述】新中国成立初期，中国（含港澳台）民用航空运输机场仅有36个，且大多数为军民合用机场。中国民用机场从对军管机场的边接收边改建到机场建设的艰苦探索，到改革开放以后机场建设大规模发展，经历了边接收边改建阶段、探索建设阶段、恢复建设阶段、机场建设高峰阶段、结构性建设阶段及高质量建设阶段。至2018年底，全国共有颁证运输机场235个，其中年旅客吞吐量达到千万级机场37个，平均每10万平方公里拥有2.4个机场，每百万人口拥有机场0.17个，覆盖全国86.25%人口和91.13%GDP产区。经过70年的不断改建、扩建、新建，初步形成了以北京、上海、广州等国际枢纽机场为中心，省会城市和重点区域枢纽机场为骨干，其他干支机场相互配合的机场格局。（见图1）

1.1949年—1965年，边接收边改建阶段。新中国刚成立时机场建设处于发展初期，能用于航空运输的主要航线机场只有36个，且多是小型机场，大都设备简陋。至1951年，民航接收和使用北京西郊、天津张贵庄、太原亲贤、石家庄、上海龙华、南京、武昌、郑州、安阳、昆明、保山等11个机场。1952年11月，完成天津张贵庄机场改扩建工程，

1958年建成的北京首都机场。

该工程是新中国民航第一个规模较大的建设项目。同年完成了太原亲贤机场的修复工程。“一五”计划期间，扩建了广州天河、武汉南湖、重庆白市驿、乌鲁木齐地窝堡等4个主要基地机场，新建和恢复了和田、海口等29个民航站和导航点。1956年中央决定设立中国人民解放军第十四航空学校后，随即展开机场建设等工程。“大跃进” 期间，根据通航计划，新建和改扩建机场较多。1958年实施24个机场建设项目，大部分为改造和扩建机场。1954年北京首都机场开工建设，1958年3月1日建成1条2500米长的跑道及配套设施，以应临时开航。航站楼10000平方米，于当年10月1日建成投入使用，正式通航。1958年10月—1959年10月，完成昆明巫家坝机场扩建改造工程。1959年3月—1961年11月新建的南宁吴圩机场竣工。1958年8月，民航局颁发《民用机场等级和净空要求的规定》。1958年10月—1959年5月新建的贵阳磊庄机场竣工。1959年—1960年完成改造成都双流机场跑道工程。在此期间，各省、自治区有20多个城市修复、改造小型机场，开辟了支线运输。

2.1966年—1978年，探索建设阶段。受社会和经济的影响，完成了部分机场建设工程。此阶段民航机队、机场规模开始扩展，根据开辟航线的需求改扩建机场，注重加强战备功能。在“备战、备荒、为人民”方针指导下，民航按照“三线建设”“靠山、分散、隐蔽”的要求修建机场。1968年1月，国务院批准民航总局山西太原武宿机场、兰州中川机场建设工程。其中兰州中川机场系将原选场址西移至永登县西槽乡马家山脚下，并确定为甘肃省“三线建设”重点工程，代号为“74号工程”。1970年7月，新建兰州中川机场竣工。该机场距市区54.5公里，机场基准点标高（1956黄海高程基准）1947.2米，跑道长3400米。根据战备需要，除直接为飞行服务的设施靠近机坪外，其他房屋设施，包括飞机维修库、航材库、油库、车库、办

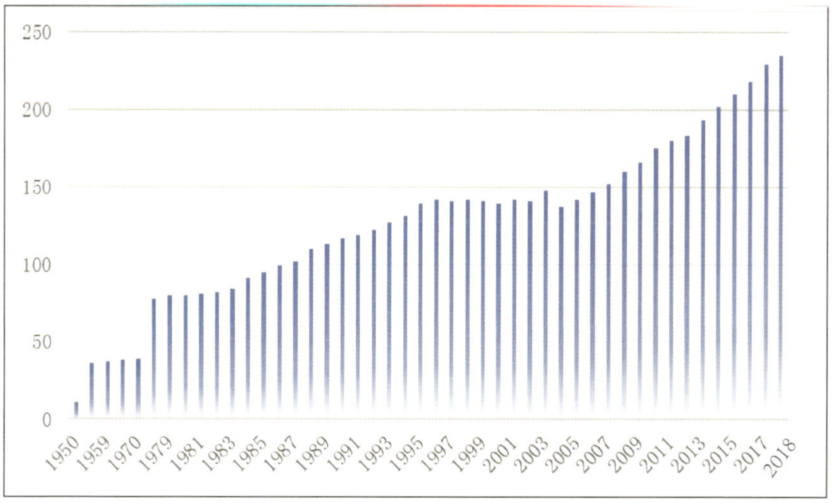

图1 机场建设情况（单位：座）

公楼、宿舍等均建在机场西侧的几条山沟里。1971年7月，太原武宿机场扩建工程完成，系由军用机场转为民用。1972年1月，为满足专机飞行需要，完成杭州笕桥机场扩建工程；2月，上海虹桥机场全部转为民航使用。1973年4月，大连周水子机场经扩建军民合用。当年开始扩建天津张贵庄机场。1974年9月，批准扩建北京首都机场西跑道和新的航站区。1975年5月，西昌青山机场建成，为跑道承载等级较高的机场。1977年12月，新建的合肥骆岗机场竣工。这一阶段，先后有乌兰浩特、丽江、库尔勒、铜仁、汕头、林西、大寨、庆阳等机场新建或改扩建后开航。1977年2月，国务院、中央军委颁发《关于保护机场净空的规定》，促使各地在这方面遵从规范。至1978年，全国共有航空运输机场78个。

3.1978年—1993年，恢复建设阶段。改革开放以后，国家对机场建设投资力度不断加大，各地为促进区域经济和社会发展以交通先行，自筹资金修建机场积极性高涨，在多方力量共同促进之下，初步形成了以大型的技术装备比较先进的机场为骨干，连接中小型机场的全国机场网络。至1993年，全国机场数量达到104个，相比1978年增加26个。新建、迁建的省会城市、直辖市、自治区首府和重点开放、旅游城市机场有哈尔滨太平、厦门高崎、沈阳桃仙、长沙黄花、重庆江北、西安咸阳、深圳黄田、西宁曹家堡、济南遥墙、石家庄正定、北海福成、宁波栎社、温州永强等机场。在新建、改扩建机场的同时，一些中小城市利用军用机场通航，正式改为军民合用机场。此阶段，在机场建设中增加和完善了航油供应设施，建立了民航机场设施建设基金，强化了机场属地化管理，规范了军民合用机场的建设和管理，并实施了机场运行资质管理，建立使用许可证制度。

1983年厦门机场正式通航。

1991年10月，深圳黄田国际机场建成。

4.1994年—2005年，机场建设高峰阶段。随着航空运输的快速发展，亟须强化和完善基础设施；机场管理体制改革、建立民航基础设施建设基金、扩大对外开放等前期政策红利的释放，以及各地高度重视，对机场建设加大投资力度，这一阶段处于机场建设高峰期。机场建设主要围绕四个方面开展：一是继续实施省会城市、直辖市、自治区首府机场及沿海开放城市和重点旅游城市机场的新建（迁建）；二是新建（迁建）中小城市机场30多个；三是在部分中小城市机场实行军民合用，改扩建后通航；四是对没有迁建的省会级城市和重点开放城市、旅游城市的机场均进行改扩建，对20世纪80年代新建（迁建）的部分机场进行改扩建，共改扩建大中型机场项目50余项。至2005年，颁证运输机场142个，比1993年增加38个，其中年旅客吞吐量在100万人次以上机场42个，完成旅客吞吐量占全部机场旅客吞吐量94.7%；年旅客吞吐量在1000万人次以上7个，完成旅客吞吐量占全部机场旅客吞吐量52.1%；北京、上海和广州三大城市机场旅客吞吐量占全部机场旅客吞吐量的37.3%；年货邮吞吐量在10000吨以上机场39个，完成货邮吞吐量占全部机场货邮吞吐量的98.5%；2000年北京首都、上海浦东大型机场建成投产，其中首都机场业务量位居亚洲机场之首，北京、上海和广州三大城市机场货邮吞吐量占全部机场货邮吞吐量的56.9%。此外，为迎接2008年北京奥运会，2004年开工建设北京首都机场3号航站楼并扩建飞行区。

5.2006年—2017年，结构性建设阶段。国家和地方继续大力加强机场建设，完善机场管理体系。2007年，民航总局发布《民用机场运行安全管理规定》；2008年1月，国务院批转《全国民用机场布局规划》；2009年4月13日，国务院颁布《民用机场管理条例》，自2009年7月1日起施行；2012年12月，民航局发布《民用机场建设管理规定》；2015年6月8日，民航局发布《民用机场总体规划规范》(MH 5002—1999)第一修订案和《民用航空支线机场建设标准》(MH 5023—2006)第一修订案，自2015年7月1日起施行；2017年2月13日，国家发展改革委、民航局联合印发《全国民用运输机场布局规划》等政策，促进机场建设和深化机场管理。至2017年底，全国共有颁证运输机场229个，比2005年增加87个(除迁建的昆明长水国际机场和合肥新桥国际机场外，其他新增机场多为4C级机场，主要位于中西部和东北地区)，建成高原机场18个、高高原机场19个。同时，各省会城市和大中城市为适应航空运输快速发展需求，对飞行区和航站楼进行扩建和改造。至2017年，全国共有4F级机场11个，4E级机场34个，4D级机场39个。年旅客吞吐量100万人次以上的运输机场84个，年旅客吞吐量在1000万人次以上运输机场32个，完成旅客吞吐量占全部机场旅客吞吐量的81%；北京、上海和广州三大城市机场旅客吞吐量占国内机场旅客吞吐量的24.3%。年货邮吞吐量1万吨以上的运输机场52个，完成货邮吞吐量占全部机场货邮吞吐量的98.5%；北京、上海和广州三大城市机场货邮吞吐量占国内机场货邮吞吐量的49.9%。

昆明长水国际机场。

上海虹桥国际机场。

6.2018年，高质量建设阶段。2018年，民航局发布《新时代民航强国建设行动纲要》，提出要建设布局功能合理的国际航空枢纽及国内机场网络。至2018年底，全国有颁证机场437个，其中运输机场235个，通用航空机场202个。在运输机场中，4F级机场12个，4E级机场35个，4D级机场40个，4C级及以下机场148个。2018年，全国运输机场完成旅客吞吐量12.65亿人次、货邮吞吐量1674万吨。航空枢纽建设取得较大进展。2018年旅客吞吐量5000万人次以下、3000万人次以上的有深圳宝安、昆明长水、西安咸阳、上海虹桥、重庆江北、杭州萧山等6个机场，旅客吞吐量5000万人次以上的有北京首都、上海浦东、广州白云、成都双流等4个机场。北京首都国际机场旅客吞吐量为1.01亿人次，连续9年居世界第二位；上海浦东国际机场货邮吞吐量为377万吨，连续11年居世界第三位。

航空运输

【概 述】新中国成立70年来，中国的民用航空运输业呈现迅猛增长，新中国成立初期，中国民航只有10余家小飞机，几条短航线，机场少且设施极为简陋，尚不具备规模发展民航事业的条件，主要执行一些临时性专机、包机飞行任务。1950年，只有国内航线7条，通航城市8个，年运输总周转量、旅客运输量和货邮运输量分别为157万吨公里、1万人次和767吨。在经历了初期发展、“大跃进”盲目冒进、调整过渡走以及“十年内乱”期间的曲折探索发展，1978年中国民航拥有短程航线162条、航线里程14.9万公里。改革开放对航空运输产生了巨大需求，增强了行业活力，发展速度明显加快。至2018年底，中国民航定期航班、航线4945条，全年运输总周转量1207亿吨公里，旅客运输量61174万人次，货邮周转量262.5万吨公里，民航运输规模连续14年稳居世界第二，成为世界公认的民航大国。

1.发展历程。

(1)1949年—1977年，航空运输艰难发展阶段。“一五”计划及其前期

(1949年—1957年)，航空运输处于起步阶段。1950年7月1日，中苏民用航空股份公司正式成立，开辟了以北京为中心，经过中国东北和西北广大地区，分别通往苏联的赤塔、伊尔库茨克和阿拉木图的3条国际航线，这是新中国民航国际航线正式开航。中苏民航公司的成立，不仅打破了帝国主义的封锁，便利了中国与世界各国的友好往来，也对新中国民航事业的建设作出贡献。8月1日"北京"号飞机执飞"天津—北京—汉口—重庆"与"天津—北京—汉口—广州"2条航线，也就是"八一开航"，标志着中国民航国内航线正式开通，中国民航运输进入新的发展阶段。1952年7月，中国人民航空公司在天津正式成立，主要承办原军委民航局直接经营的全部航空运输和通用航空业务，这是新中国创办的第一个国营航空运输企业，这也是进行企业化运行的初步有益尝试。1953年6月，该公司被撤销，合并到民航局。1955年1月1日，苏联将中苏民航公司中的苏联股份全部移交给中方，中苏民航公司所经营的航线和业务由中国民航局接管经营，从而实现了中国民航事业统一领导和经营的管理体制。在新中国成立后的头8年里，中国民航是在摸索中前进，尽管碰到不少问题，出现不少反复，但仍然得到相对稳定的发展，在航线网建设、发展航空业务等方面都取得了不少成绩，基本满足当时国家发展生产、政治文化、国防建设的需要，也为以后民航事业发展奠定基础。

"一五"计划期间，除1957年因发生飞行事故运输量下降外，总体发展较快，超额完成"一五"计划确定的各项主要指标，1957年全行业完成运输总周转量1534万吨里、旅客运输量6.9万人次、货邮运输量7976吨，与1952年相比，年均增长28.7%、25.3%和31.3%。1957年共有航线27条，比1952年增加17条。其中，国内航线23条、通航36个城市，分别增加16条、24个城市；国际航线4条、通航3个国家，除原已通航苏联外，1956年与缅甸和越南通航。中国民航以首都北京为中心的国内航线网络初具规模，并与世界各国40多家航空公司直接或间接地建立了联运关系。

"二五"计划及后期(1957年—1965年)，航空业盲目冒进与调整过渡并存发展。1958年1月，中共中央召开南宁会议，提出国民经济全面"大跃进"。3月，民航局编制的"二五"计划提出：本着"多、快、好、省"方针，进一步发挥速度快、效率高、时间省的特点，大力进行技术革命，改善经营管理，以适应国民经济发展的需要，并为在15年内赶上世界先进技术水平奠定基础。当时提出"运输航空四通八达"的要求，大力拓展国内航线，积极增路国际航线，运输总周转量每年平均增长30%以上。当时不计成本核算，从1958年7月1日起降低运价从铁路运输分流部分旅客与货物。调整的运价水平为沿铁路线每客公里0.08～0.1元，不沿铁路线每客公里0.13～0.15元，平均降低40%；专包机收费标准降低50%，还规定地方航线运价不低于直接成本的50%。当年增加国内航线31条、新通航21个城市，运输总周转量、旅客运输量、货邮运输量分别比上年增长49.3%、80.35%和89.3%。1959年仍然保持这种态势。1960年，完成航空运输总周转量4045万吨公里、旅客运输量20.7万人次、货邮运输量31788吨，与1957年相比，年均增长率分别为38.2%、44.6%和58.5%。这种迅猛发展是不正常的，违背了客观规律。1961年，中央提出"调整、巩固、充实、提高"八字方针。6月，民航局发布《关于精简职工工作若干问题的通知》，各管理局、工厂、院校进行人员精简。与此同时，降低生产指标，压缩建设规模，从各方面厉行节约。1962年完成航空运输总周转量、旅客运输量、货邮运输量分别比1960年下降36.8%、18.4%和41.9%。随着国民经济进入过渡阶

"八一"开航典礼(广州航空站)。

1952年7月，中国人民航空公司成立。图为中国人民航空公司C-46型飞机机群。

段，情况逐步好转，航空运输逐渐恢复发展，沿海各大城市运往西南、西北地区支持“三线建设”的旅客和货物运输均有大幅增长。1965年，全行业完成航空运输总周转量4662万吨公路、旅客运输量27.2万人次、货运运输量27163吨，与1962年相比，年均增长率分别为22.1%、17.4%和13.7%；与1951年相比，年均增长率分别为20.3%、18.9%和22%；共有航线57条，里程3.94万公里，其中国内航线51条、里程39439公里，通航城市50个；国际航线6条，里程4475公里，通航国家5个。

“三五”计划（1966年—1970年），航空运输发展停滞。由于“三五”期间受“文革”影响，国民经济处于混乱状态，民航“三五”计划未能完成。1970年全行业完成航空运输总周转量为4822万吨公里，略高于1965年，低于1966年，5年平均增长1.6%；旅客运输量由1965的27.2万人次，下降到21.7万人次，年均降低4.4%；货邮运输量年均增长6.3%。“三五”期间共有航线71条，总里程40642公里，其中国内航线67条，比1965年增加16条，里程36247公里，通航城市65个；国际航线4条，里程4395公里，通航4个国家。

“四五”计划及后期（1971年—1977年），航空运输恢复发展。1971年开始执行的民航发展第四个五年计划，贯彻“抓革命、促生产、促工作、促战备”方针，提出1971年—1975年，航空运输年均增长5%～8%，实际执行结果大幅超过计划指标。1977年，完成运输总周转量2.08亿吨公里，与1970年相比，年均增长率为23.2%，旅客、货邮运输量年均分别增长33.5%和5.3%；航线达144条，比1970年增加73条，总里程13.2万公里，其中国内航线136条，增加69条，通航城市81座，总里程9.1万公里。此外，随着中国恢复联合国合法席位，国际关系好转，与中国建交的国家增多，民航将重点工作放在开辟远程国际航线上，至1977年，共有国际航线8条，比1970年增加4条，总里程4.1万公里，通航国家11个，其中1974年—1977年，国际航线运输总周转量年均增长18%。

（2）1978年—2018年，航空运输快速发展阶段。“五五”后期及“六五”期间（1978年—1985年），航空运输高速发展。“五五”计划后3年及“六五”期间，航空运输总周转量年均增长25.4%；旅客和货邮运输量年均增长率分别为20.8%和17.7%。国内航线运输总周转量年均增长19.59%，旅客和货邮运输量年均分别增长18.1%和13.4%。与此同时，根据国家对外开放的需要，国际和地区航线运输的发展突飞猛进，国际航线运输总周转量年均增长率34.9%，旅客和货邮运输量年均增长率分别为34.1%和33.2%。1980年开辟内地至香港地区定期航班后，至1985年，运输总周转量年均增长率为44%，旅客和货邮运输量年均增长率分别为26%和29.2%

“七五”期间（1986年—1990年），航空运输持续发展。受1989年政治风波影响，航空运输总周转量、旅客和货邮运输量增长率比上一阶段降低较多，航空运输总周转量年均增长率为14.5%，旅客和货邮运输量年均增长率分别为17.3%和13.6%，其中1989年航空运输总周转量下降11%，1990年只比1988年增长8.1%。“七五”期间，对国内航线运输影响相对较小，而且恢复较快，运输总周转量5年平均增长16.6%，旅客和货邮运输量年均分别增长17.7%和13.1%。国际航线运输增长明显下降，运输总周转量年均增长10.3%，旅客和货邮运输量年均分别增长8.6%和16.4%。其中，1989年旅客运输量下降24.8%，1990年还没有达到1989年的水平。至香港的地区航线运输总周转量年均增长196%，旅客和货邮运输量年均分别增长21.1%和16.5%。

“八五”期间（1991年—1995年），航空运输快速发展。进入90年代，随着改革开放的深化，航空运输呈现全面高速增长态势。1995年全行业完成航空运输总周转量71.1亿吨，比1990年增长1.9倍，年均增长23.4%；完成旅客运输量112万人次，比1990年增长2.1倍，年均增长25.2%；完成货邮运输量101万吨，比1990年增长1.7倍，年均增长22.2%。共有航线797条，比1990年增加360条，其中国际航线85条，通航33个国家和地区的53个城市，国内航线通航133个城市，比1990年增加34个。“八五”期间航空运输总周转量年均增长速度为国民生产总值增长速度2倍，世界航空运输业1倍。

“九五”期间（1996年—2000年），航空运输能力进一步增强。“九五”期间实现了计划经济向市场经济转变，民航运输不断增辟航线和增加运力，2000年全行业完成航空运输总周转量122.5亿吨公里，旅客运输量6721.7万人次，货邮运输量196.7万吨，分别比1995年增

繁忙的空港。

长71.5%、31.4%和94.8%，5年平均增长11.4%、5.6%和14.1%。定期航线总数达到1120条，比1995年增加323条，其中国内航线(包括香港和澳门航线)990条，比1995年增加278条，通航135个城市；国际航线130条，比1995年增加45条，通航34个国家60个城市。整体来看，航空运输基本适应国家经济社会发展和对外开放需要，在社会主义现代化建设中发挥越来越大的作用。

"十五"期间(2001年—2005年)，民航运输取得阶段性成果。一方面，航空运输跃居世界第二位。2005年全行业完成航空运输总周转量261.3亿吨公里，中国航空运输总周转量位居世界第二位。另一方面，航空应对市场波动能力增加。2001年9月11日美国发生恐怖袭击事件，对全球航空运输造成巨大冲击，全球航空业总周转量下降4%。中国国际航线运输受到影响，运输总周量同比下降1%，针对"9·11"事件对国际航线运输需求影响，中国航空公司及时调配运力保证国内航线运输，同时采取市场开发措施，促进国际航线运输的恢复。"9·11"事件带来的另一个巨大冲击，是国际保险机构取消对航空公司的第三者战争责任险所提供的担保。如果没有其他解决途径，航空公司的飞机将面临全部停航。在紧急情况下，国务院迅速做出决定，中国政府从2000年9月24日开始提供这项担保，保证了航空公司稳定持续经营。这项政策保障一直延续到2014年3月，方可购买商业保险。

2003年第二季度"非典型性肺炎"疫情蔓延造成第二季度旅客运输量下降48.9%，民航开展"蓝天振兴计划"和扶持政策，共免征民航基础建设基金和营业税等税收37.6亿元，民航运输生产较快恢复。2005年民航"十五"规划确定目标全面实现，中国民航共有航线1257条，总里程199.8万公里，其中国内航线1024条、总里程114.3万公里，通航城市133个。国内航线中包括内地至港澳台航线43条，总里程6.1万公里，通航内地城市38个。国际航线233条，总里程85.6万公里，通航国家33个。

"十一五"期间(2006年—2010年)，民航运输质量显著向好。行业规模持续扩大，2010年全行业完成运输总周转量538.45亿吨公里，其中旅客周转量359.55亿吨公里、货邮周转量178.9亿吨公里，完成旅客运输量2.68亿人次，完成货邮运输量563万吨，"十一五"期间运输总周转量、旅客周转量、货邮运输量年均增长率分别15.6%、14.1%和12.9%；共有定期航班航线1880条，按不重复距离计算的航线里程为276.5万公里，"十一五"期间定期航班航线增加623条，年均增长8.4%，按不重复距离计算的航线里程增加76.7万公里，年均增长6.7%。航空双边关系进一步发展，至2010年，中国与其他国家或地区签订双边航空运输协定112个，比"十五"末期增加13个。加大了对西部地区的投入，有效地改善了当地的交通运输条件，促进了当地经济快速发展和社会和谐稳定，2010年，全国16个省(区、市)旅客吞吐量增长高于行业平均水平(15.8%)，其中包括7个西部地区：新疆(41.88%)、内蒙古(31.63%)、宁夏(28.33%)、青海(27.92%)、甘肃(26.01%)、陕西(18.86%)、西藏(16.87%)。此外，民航完成了北京奥运会、上海世博会、广州亚运会等重大航空运输保障任务，在汶川、玉树抗震救灾等国家紧急航空运输和抢险救灾方面发挥不可替代作用，全行业有效地应对了国际金融危机的冲击，在全球民航业中恢复最快、增长最快、效益最好。

上海浦东国际机场停机坪。

"十二五"期间(2011年—2015年)，民航运输综合能力显著提升。民航业围绕着推进京津冀民航协同发展，"一带一路"沿线国家航空运输互联互通，促进长江经济带机场群建设等国家战略，加强对外交流合作，不断扩大国际市场空间，大力发展支线航空，实现了航空运输的持续快速发展，航空运输规模稳居全球第二。2012年国务院出台《关于促进民航业发展的若干意见》，标志着发展民航业上升为国家战略，加速了民航业快速发展。"十二五"期间，中国民航完成运输总周转量3457.5亿吨公里，年均增长9.6%；旅客运输量18亿人次，年均增长10.4%；货邮运输量2887.6万吨，年均增长2.3%。至2015年底，定期航班航线3326条，其中国内航线2666条，国际航线660条，中国航空公司国际定期航班通航55个国家和地区的137个城市，国际客运市场份额达到49%，国际影响力日益提升。民航旅客周转量在综合交通运输体系中比重接近1/4，上升8.3个百分点。此外，民航与区域经济融合发展进程加快，临空经济成为推动地区转变发展方式新亮点。航空服务更加便捷，80%县级行政区和84%的人口能够享受航空运输服务，低成本航空市场份额由2.2%上升到9%。

"十三五"期间(2016年—2018年)，民航运输高质量发展。航空运输业务

中国国际货运航空公司运输飞机。

快速增长，民航大众化发展效果日趋显著。2018年，民航完成运输总周转量1206.53亿吨公里。其中，国内航线完成运输总周转量771.51亿吨公里；港澳台航线完成17.51亿吨公里；国际航线完成运输总周转量435.02亿吨公里。共有定期航班航线4945条，国内航线4096条，其中港澳台航线100条，国际航线849条，按不重复距离计算的航线里程837.98万公里。航空在居民出行中的地位和作用逐步增强，民航旅客周转量在综合交通中的比重达到31%，提前完成《中国民用航空发展第十三个五年规划》中“到2020年旅客周转量比重将达到28%”的目标。此外，国际航空市场不断拓展，国际航线日益增多，构筑起畅行全球、高效通达的国际航空服务体系。至2018年底，与中国签署航空运输协定的国家126个，国内37家航空公司共安排国际航班每周5171班，其中客运4768班、货运403班；通航国家65个，通航城市165个。此外，航空运输开展基本航空服务计划，开通通达老少边穷地区航线，打造“民生航空”服务体系，从2017年起，青海连续实施基本航空运输服务计划试点，内蒙古、新疆、云南、黑龙江等地实施与基本航空运输服务功能类似的通勤航空或通航短途运输试点，取得成效。

2.发展成就。

(1)航空运输总周转量。新中国成立以来，中国航空运输总周转量呈现高速增长态势，1950年民航运输总周转量157万吨公里，2018年完成运输总周转量1206.53亿吨公里，70年年均增长14%。国内航线完成运输总周转量771.51亿吨公里，年均增长17%。其中港澳台航线完成17.51亿吨公里，年均增长13%；国际航线完成运输总周转量435.02亿吨公里，年均增长24%。(见图2)

(2)旅客运输。航空运输旅客运输快速增长，1950年民航旅客运输量仅1万人次，1978年开通地区航线后旅客运输量9.5万人次，2018年民用航空完成旅客运输量61174万人次，70年年均增长17.5%。国内航线完成旅客运输量54806.5万人次，年均增长17.8%，其中港澳台航线完成旅客运输量1127万人次，年均增长13.0%。国际航线完成旅客运输量6367.27万人次，年均增长20.4%。

2018年民用航空旅客周转量10712.32亿人公里，70年年均增长19%。国内航线完成旅客周转量

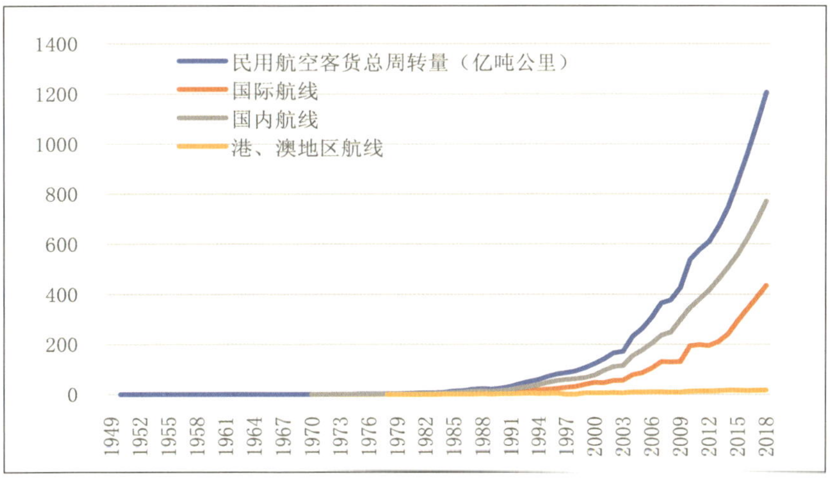

图2 民用航空客货总周转量（单位：亿吨公里）

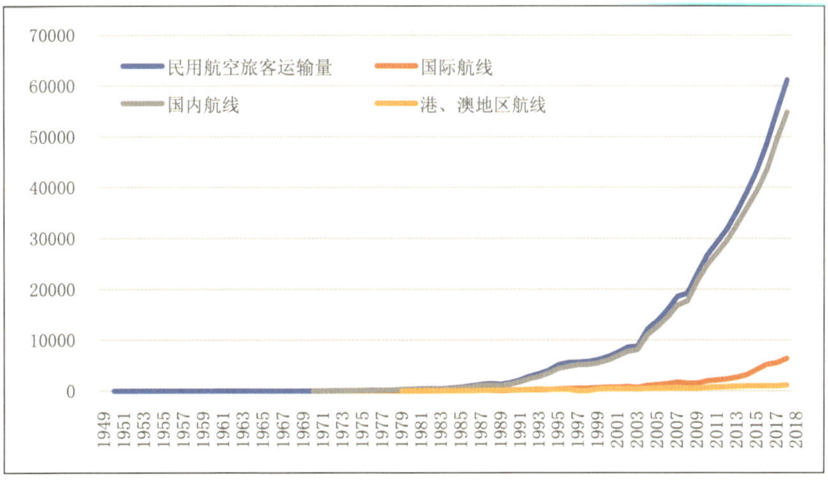

图3 民用航空旅客运量（单位：万人）

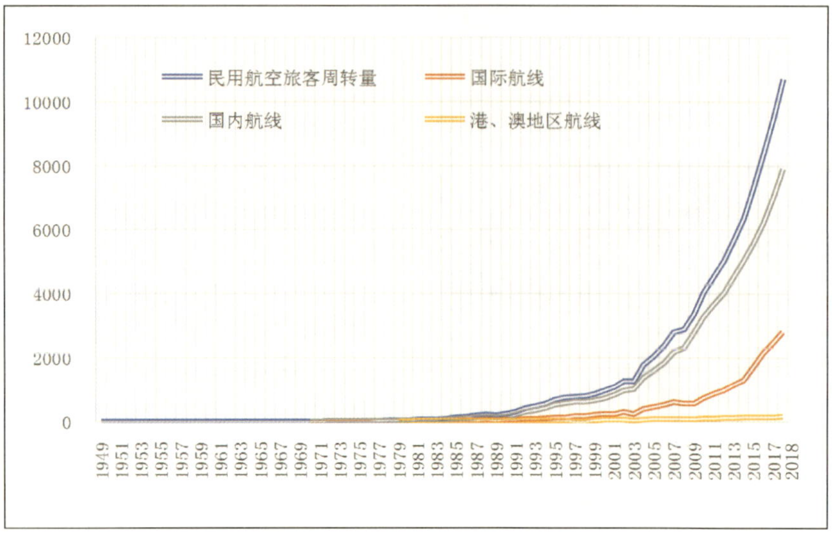

图4 民用航空旅客周转量（单位：亿人公里）

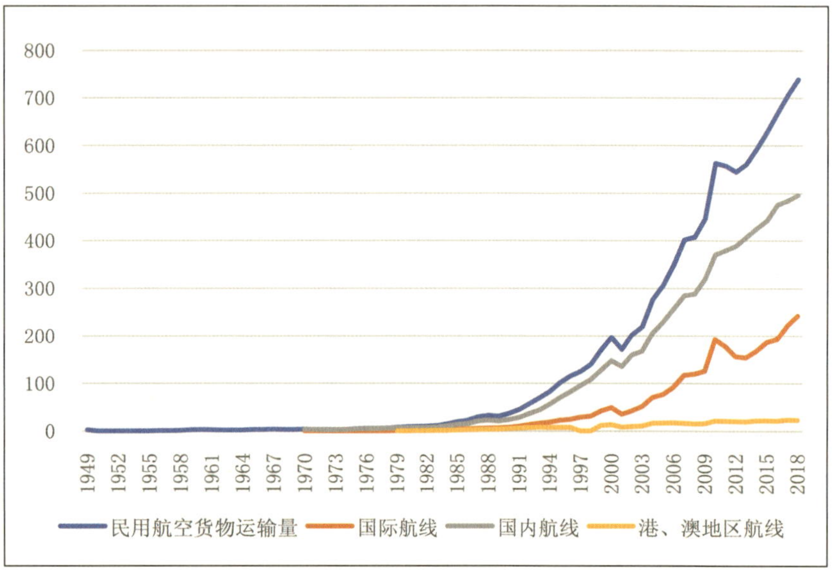

图5 民用航空货邮运输量（单位：万吨）

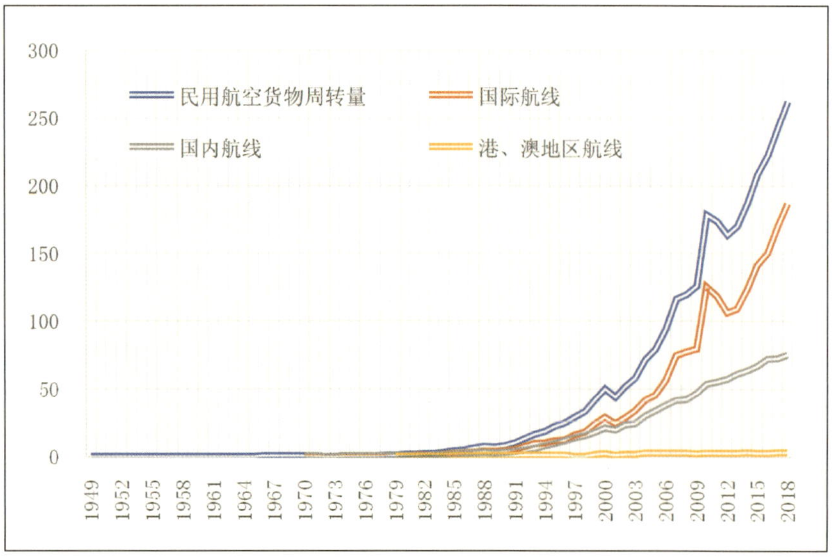

图6 民用航空货邮吞吐量（单位：亿吨公里）

7889.70亿人公里，年均增长19%，其中港澳台航线完成旅客周转量165亿人公里，年均增长14%；国际航线完成旅客周转量2822.61亿人公里，年均增长24%。（见图3、图4）

（3）货邮运输。航空运输货邮运输稳步增长态势，1950年民航货邮运输量0.1万吨，2018年货邮运输量738.51万吨，70年年均增长14%。国内航线完成货邮运输量495.79万吨、年均增长11%，其中港澳台航线完成23.48万吨，年均增长10%；国际航线完成货邮运输量242.72万吨，年均增长17%。

2018年民航货邮周转量262.5亿吨公里，70年年均增长16%。国内航线完成货邮周转量75.47亿吨公里，年均增长12%，其中港澳台航线完成3.01亿吨公里，年均增长11%；国际航线完成187.03亿吨公里，年均增长23%。（见图5、图6）

（4）航线发展。70年来，中国的航线、通航城市、航线里程快速增长。1950年民用航空航线12条，其中国内航线9条、国际航线3条。2018年中国共有定期航班航线4945条，70年年均增长9.3%。国内航线4096条，年均增长9.4%，其中港澳台航线100条，年均增长8.7%；国际航线849条，年均增长9.7%。（见图7）

1950年国内通航城市7个，通航国家3个，至2018年底，定期航班国内通航城市230个（不含香港、澳门、台湾），70年均增长5.3%，中国航空公司国际定期航班通航65个国家的165个城市，70年年均增长4.6%和5.5%。（见图8）

1950年定期航班航线里程1.14万公里，国际航线里程0.69万公里，国内航线里程0.45万公里。至2018年底，按不重复距离计算航线里程837.98万公里，70年年均增长10.2%。国内航线按不重复距离计算的航线里程478.09万公里，年均增长10.8%，其中港澳台航线里程为15.31万公里，年均增长10.4%；国际航线按不重复距离计算的航线里程359.89万公里，年均增长9.6%。（见图9）

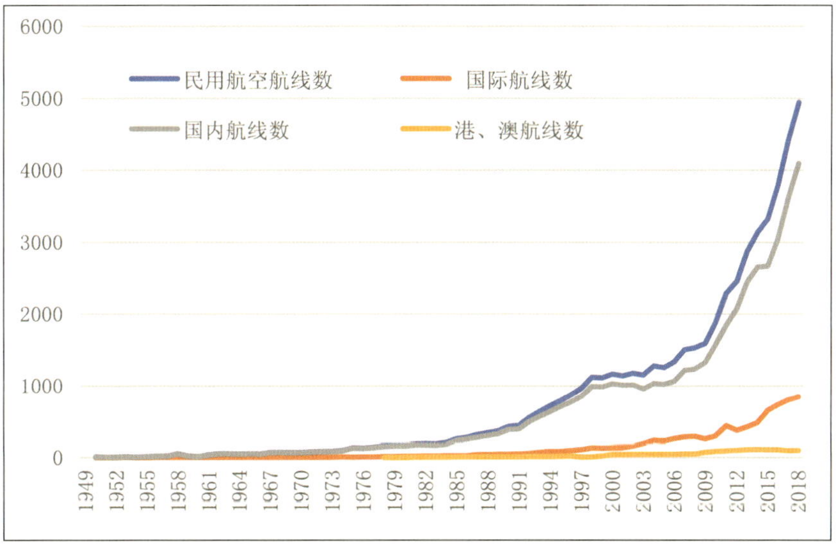

图7　民用航空航线数量（单位：条）

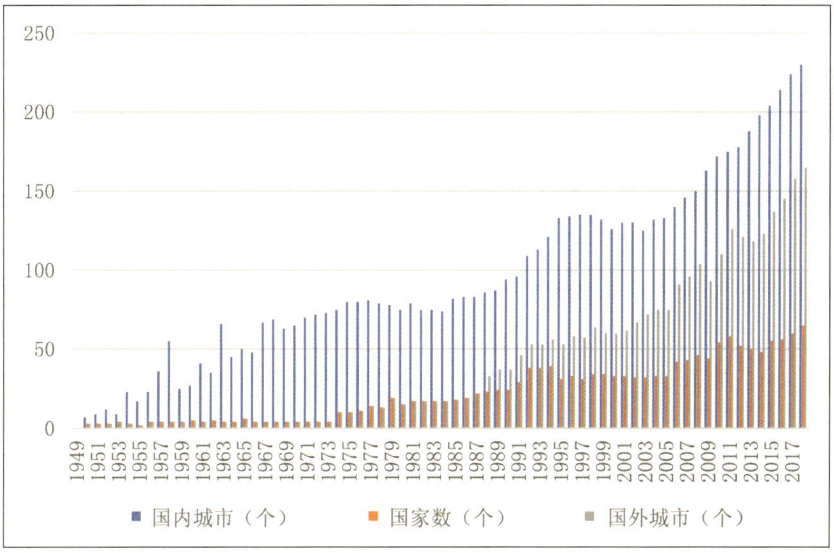

图8　民用航空通航城市及国家

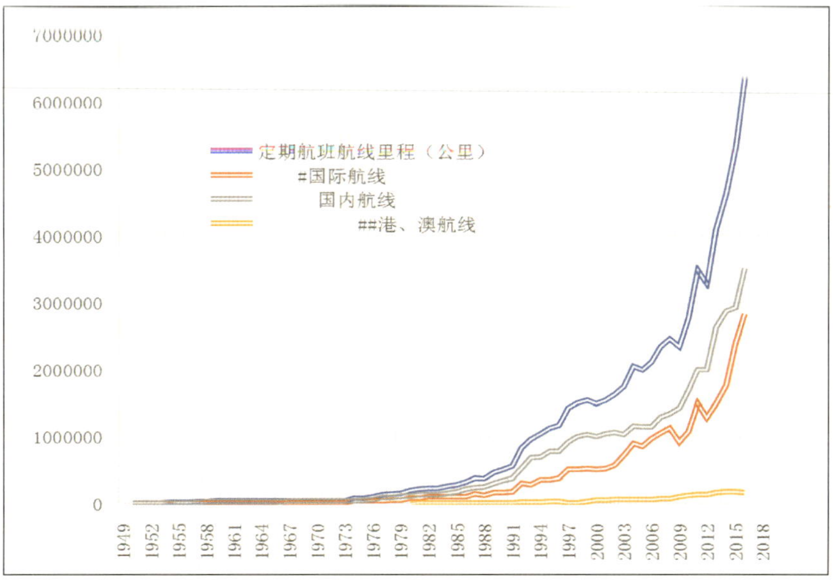

图9　民用航空定期航班航线里程（单位：公里）

通用航空

【概　述】新中国成立70年来，通用航空建设持续不断发展，取得了令人瞩目的成绩。新中国成立初期，民航局设专业航空处，负责通用航空的管理和发展，通用航空飞行小时数和运输航空飞行小时数不相上下，基本上处于两翼齐飞的状态。但由于资源短缺和满足运输航空需求增长，通用航空发展缓慢。从1996年开始，国家陆续出台政策支持通用航空发展，通用航空呈现持续和快速增长，至2018年底，通用航空的作业项目由过去的两三种，增加到遍及农业、林业、牧业、渔业、测绘、水利、地矿、冶金、核工业、煤炭、石油、铁路、交通、邮电、城建、环保、海洋、气象、文教、体育、旅游、卫生和科研等10大类100多项，作业范围遍及全国（除台湾省外）的所有省（区、市），通用机场数量稳步增长，机场网络进一步完善，机场管理改革不断推进，全国各省（区、市）大多完成通用机场布局规划，为全国航空发展提供了重要基础保障。回顾中国通用航空的发展历程，可分为创建发展、恢复发展、持续发展、加快发展四个阶段。

1.1949年—1977年，通用航空创建发展阶段。1951年民航广州管理处派出飞机在广州市上空执行了41架次的灭蚊飞行任务，由此中国通用航空发展进入新的阶段。1952年，组建立了第一支通用航空队伍——军委民航局航空农林队，拥有10架捷克制爱罗45型飞机，职工60余人，当年飞行总量为959小时，专供通用航空生产作业的机场或起降点约40个。通用航空发展初期在工农业生产和基本建设中发挥了重要作用，在航空运价较低的情况下，通用航空利润弥补了航班经营的亏损，培养飞行员，为通用航空运输和航空运输发展储备人才。其中，“一五”计划期间，通用航空在工农业生产和基本建设中作用初显，1957年完成飞行1.04万小时，与1952年相比，年均增长率61%，提前2年多完成“一五”计划。“二五”计划期间，通用航空发展与航空运输发展特征相似，在"大跃进"阶段中以"专业航空遍地开花"为目标，1960年完成飞行6.48万小时，3年平均增长84.2%；国民经济调整阶段，通用航空飞行量大幅减少，1962年完成飞行3.8万小时，比1960年下降41.4%；1965年作业飞行3.3万小时，比1960年减少12.2%。1965年比1952年增长34倍，年均增长率31.3%。此阶段通用航空以工业和农林业航空作业飞行为主，完成飞行2.16万小时，占比64.7%；学校训练1.18万小时，占比35.3%。"三五"和"四五"计划通用航空作业飞行时间年均增长率分别为8%和6%，而实际通用航空发展缓慢，"三五"期间年均增长3.7%，"四五"后呈现下降趋势，1977年通用航空作业飞行时间为24451小时，与1965年相比，年均仅增长1.1%。飞行作业集中在航空探矿、航空摄影、农林化飞行、航空护林、飞播造林五个方面，1969年—1970年，民航第二飞行总队使用安–12型飞机执行对西藏高原11.22万平方公里的航测任务，提供了大量国土资源勘查资料。

2.1978年—1989年，通用航空恢复发展阶段。改革开放后，国家实行计划经济和市场经济相结合发展，通用航空面临结构性调整。

着力稳定传统作业项目，积极拓展新的业务，努力满足社会需求。从生产性作业飞行来看，1984年达到47303小时，与1977年相比，年均增长率为9.9%。在此期间，增加了一些新的作业项目。1979年—1981年，民航共出动飞机50架次，在北方牧区、黄土高原水土流失区和南方草山区、红壤黄壤水土流失区的16个省、区的44个县(旗)，推广飞播种草，作业面积120多万亩。其中，内蒙古乌审旗牧区草产量增加10倍；陕西榆林、吴起县播种沙打旺草种，第二年就形成了茂密的草地。1987年5月，黑龙江省大兴安岭地区西林吉、图强、阿尔木和塔河4个林业局相继发生新中国成立以来最大的森林火灾，过火面积为1.01万平方公里，其中有林面积近70%。民航沈阳、北京、成都管理局和工业航空服务公司共出动56架飞机、直升机参加灭火，主要承担巡查灾情、机降森警、运送灭火设备和物资等任务。与此同时，石油勘探类的工业航空作业及其配套的直升机机场建设开始兴起。1985年，中国已建起通用机场60个，起降点300个。1986年国务院颁发《关于通用航空管理的暂行规定》，明确了中国通用航空的归口单位，规范了中国通用航空行业的报批手续、审批程序等各项管理，正式将"专业飞行"(1986年以前成为专业飞行)改名为"通用航空"与国际通行称呼一致。1988年7月，在佳木斯召开"全国通用航空发展政策研讨会"，对促进通用航空发展起到重要作用。

3.1990年—1995年，通用航空缓慢发展阶段。由于民航直属通用航空企业大规模转型从事航空运输，通用航空作业量发生严重下滑，多型飞机陈旧落后，机型得不到更新，可用飞机数量减少，整体实力下降。制约通用航空业发展的瓶颈因素未得到解决，通用机场和起降点建设进展缓慢，长期维持原有的通用机场和起降点数量。同时，因地方防治农林业害虫作业能力提高，农林航空作业发展相对缓慢，农业航空飞行小时数量下降，较多农林机场处于闲置或不饱和飞行状态。至1995年，中国通用航空累计完成作业飞行39485小时，比1990年下降24%。

4.1996年—2011年，通用航空持续发展阶段。1996年，民航总局下发《中共民航总局党委关于发展通用航空若干问题的决定》，大力促进通用航空的发展。此后，通用航空出现了新的生机，至2011年，通用航空累计完成作业飞行1670842小时，年均作业量98285飞行小时。其中，"九五"计划期间通用航空发展较快，2000年全行业完成通用航空生产作业4.3万小时，5年累计完成21万小时，基本满足工农业生产、能源开发和生态保护的需要。"十五"期间通用航空服务于工业、农业、林业、石油等行业，作业项目达十大类100多个项目，完成通用航空作业飞行33.6万小时，比"九五"期间增长59%，年均增长率11%左右。"十一五"期间，国家加快完善通用航空法律法规和标准体系，鼓励社会资本投入通用航空产业，与此同时，大力扶持能源建设、环境保护、抢险救灾等公益性航空作业，此阶段通用航空作业飞机数量快速增加，至2010年底，作业飞机达到1000架，通用航空作业飞行小时年均增长10%。

5.2011年—2018年，通用航空加快发展。在通用航空利好政策推动和市场积极培育的合力作用下，省、地、市三级地方政府积极参与通用航空产业建设，中国通用航空业的发展模式持续完善，国家不断加大政策扶持力度，体制机制障碍逐渐破除，行业驱动力、实施路径和承担主体不断演化，以及中国低空开放战略的实施，通用航空业迎

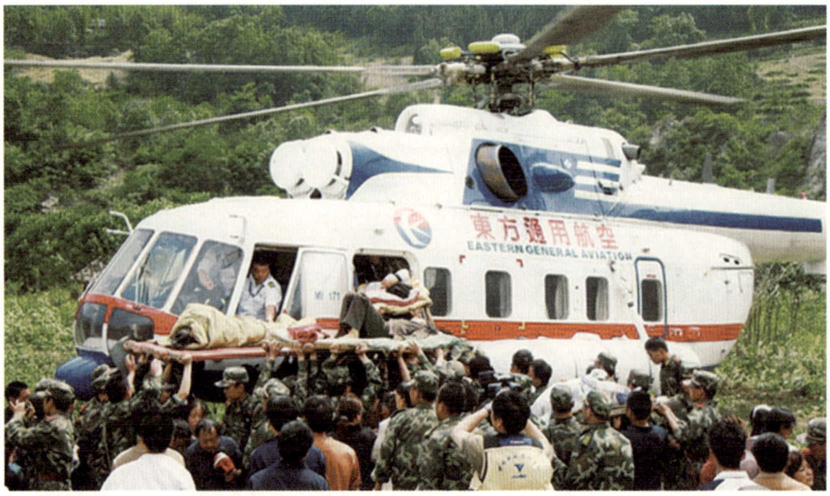

2008年"5·12"汶川特大地震发生后，东方通用航空直升机疏运伤员。

来快速发展期。其中，2012年12月，民航局、财政部联合印发的《通用航空发展专项资金管理暂行办法》正式颁布实施，对于公益性较强的通用航空作业、通航飞行员培训、完善通用航空设施设备等进行补贴。2013年12月，中国人民解放军总参谋部和中国民用航空局联合出台的《通用航空飞行任务审批与管理规定》正式施行，简化了审批程序。为加强飞行专业人才储备，民航局放宽了私用飞行驾照在理论考试、实践考试、体检等三个方面的获取标准。2016年5月13日，国务院办公厅印发《关于促进通用航空业发展的指导意见》（以下简称《指导意见》），对进一步促进通用航空业发展作出部署。《指导意见》指出，要加大改革创新力度，突出通用航空交通服务功能，大力培育通用航空市场，加快构建基础设施网络，促进产业转型升级，提升空管保障能力，努力建成布局合理、便利快捷、制造先进、安全规范、应用广泛、军民兼顾的通用航空体系，此外要科学推广改革试点，扩大低空空域真高至3000米的目标。2017年，民航局颁发《民用无人驾驶航空器实名制登记管理规定》，对最大起飞重量为250克（含）以上的民用无人机，实施拥有者实名登记。2018年，全年出台130余份通用航空政策文件，推进多项试点，涵盖市场管理、飞行计划任务审批、适航管理、通用机场、飞行人员、运行管理、航空器（无人机）制造标准、民航项目审批等方面，极大地推动了通用航空发展。2018年完成通用航空生产飞行93.71万小时，其中载客类作业完成8.47万小时、作业类作业完成15.39万小时、培训类作业完成30.65万小时、其他类作业完成4.99万小时、非经营性完成34.21万小时。获得通用航空许可证企业422家；通用航空在册航空器2495架，其中教学训练用飞机692架；获得民航局颁证通航机场202座。此外，随着无人机技术的不断发展，中国通用航空领域无人机规模获得较大突破，2018年无人机拥有者注册用户27.1万个，无人机有效驾驶员执照44573本。注册无人

中飞通用航空飞机执行青藏高原磁测作业。

无人机物流递送。

机28.7万架，无人机经营性飞行活动37万小时。

空中交通管理

【概 述】新中国成立70年来，中国空管行业从小到大、从弱到强，管理体系从无到有、日渐完善。21世纪以来，中国居民收入水平不断提高，经济发展快速融入全球产业分工体系，民用航空运输业务量快速增长，空域资源开发利用要求越来越高。中国民航空管坚守安全底线，以体制机制改革为动力，以新技术创新应用为抓手，不断探索，锐意进取，着力提高管理水平和保障能力，建设“强安全、强效率、强智慧、强协同”现代化空管体系，助力民航强国建设。

1.空管体制改革历程。

（1）空军统一代管时期（1949年—1985年）。1949年11月2日，中央军委民航局成立，下设机航处，负责航空器运行、空中交通服务和飞行安全等工作。1950年11月1日，颁布《中华人民共和国飞行基本规则》，这是新中国颁布的第一部飞行基本规则。《规则》明确中国人民解放军空军司令部航行处是统筹中国境内航行的中央机关，在空军内设置中国人民解放军空军司令部航行处（科）。1951年，民航局颁布《空中管制制度（草案）》。在开航初期，航空公司自行负责经营航线的航行调度和飞行指挥工作；通用航空作业由相关单位派航行调度人员到基地工作或由机组自行负责。1955年开始，全国民航的航行调度业务归民航局统一管理。这一时期，中国民航使用空域占比较低，民航空域采取空军统一代管的模式。1980年3月，民航局由军队建制改为国务院直属局，民航总局不再由空军代管，但空管体制没有改变，仍按《中华人民共和国飞行基本规则》规定的“中国人民解放军空军统一领导全国的飞行管制”执行。

(2)空管改革探索时期(1985年—1993年)。1985年,中国开启了将空中交通管制服务移交民航主管部门的改革探索。1985年,国务院批转中国民用航空局《关于民航系统管理体制改革的报告的通知》,提出民航局的职能包括对全国民用机场和民用航路建设制定标准,实行统一规划,管理民用航路,统一指挥民用飞机的飞行;为统一和加强飞行指挥,在全国设若干民航调度指挥中心,主要掌管协调和指挥飞行。

1985年1月,国务院派出中国航空管理考察组,对美国、法国、英国、日本、南新拉夫进行考察。根据考察组的报告,国务院、中央军委于1986年1月30日印发了《关于改革我国空中交通管制体制,逐步实现空中交通管制现代化的通知》(以下简称《通知》),按照《通知》"国务院、中央军委空中交通管制委员会"(简称国家空管委),统一领导全国的空中交通管制工作,审议和决定空中交通管制工作中的重大问题。与此相配套,国家空中交通管制局于当年下半年正式成立,负责全国空中交通管制工作。由于与空军和民航的职能分工难以界定,该局于1989年撤销。1990年,在总参作战部设立国家空管委办公室,负责承办国家空管委的日常工作。在行业领导管理层面,民航空域管理由军政共管,但民用航路仍由空军组织实施飞行管制。

(3)空管改革加速时期(1993年—2000年)。深化空管体制改革一直备受关注,由于军民协同因素影响安全的问题凸显,使这项改革再次提上议程。1993年4月—5月,国务院派考察团先后对美国、澳大利亚、俄罗斯进行考察。1993年年9月8日,国务院、中央军委批转该团所报《关于出国考察空管体制情况报告及我国空管体制改革意见请示》,确定了空管体制改革"三步走"方案:第一步,将北京—广州—深圳航路交由民航管制指挥作为试点;第二步,分期分批将全国航路和部分飞行繁忙的航线升格为航路后交由民航管制指挥,航路外由军航负责管制指挥,实现"一个空域内一家管制"的体制;第三步,建成国家统一管制的雏形,实现改革既定目标。该方案全面规划了空管体制改革的蓝图,为实施改革奠定基础。

全国民航航路移交工作总结表彰大会。

仪表着陆系统航向信标天线。

1994年8月,中国民用航空总局在原航行司和航务管理中心的基础上组建中国民用航空总局空中交通管理局,七大地区空管局按照行政区划设立,负责民用航空空域管理及空中交通服务的组织实施,以保证航空器的飞行安全,维护和加快空中交通的有序流动。同年4月1日,开展将北京—广州—深圳航路交由民航管制指挥的试点;1996年6月30日,京沪及沪广航路交由民航空管系统指挥;2000年6月30日,国务院、中央军委空中交通委员会颁发的《全国军民航管制区域调整方案》和《全国军民航航路移交和航线管制指挥方案》正式实施。调整后,军民航管制区边界基本一致。军航为7个飞行管制区和37个飞行管制分区,民航为27个高空管制区和28个中低空管制区。全国共29条航路(其中9条航线升格为航路)由空军移交民航管制指挥。至此,空域管理为军政共管,运行管制为"统一管制、分别指挥",初步形成了一个空域内由一家管制指挥的体制格局。2000年7月24日,国务院、中央军委颁布修改后的《中华人民共和国飞行基本规则》对这一体制加以明确:国务院、中央军事委员会空中交通管制委员会领导全国的飞行管制工作。中华人民共和国境内的飞行管制,由中国人民解放军空军统一组织实施,各有关飞行管制部门按照各自的职责分工提供空中交通管制服务。

(4)空管现代化发展时期(2000

年—2019年)。2001年,中国民航管理体制改革进一步深化,将全国31个省级机场的民航管制、雷达、通信、导航、气象、情报等服务职能分离,组建空管中心(站),属于事业单位,受所在地区空管局(业务方面)和民航监管局(行政方面)的双重领导。

2002年3月3日,国务院于批准《民航体制改革方案》,其中空中交通管理体制是改革重点内容,按照集中统一的原则,改革民航空中交通管理体制,建立民航总局空管局—地区空管局—机场空管中心(站)为一体的空中交通管理体系,空管系统按事业单位性质管理。其中,民航总局空管局对全国民航空中交通管制实行统一指挥,对空管建设规划、标准、设备选型和人员培训等实行统一管理;地区空管局负责对本地区分管空域的飞行活动实施指挥和管理;各空管中心(站)对本中心(站)分管空域的飞行活动实施指挥和管理。另外,不承担区域管制任务的支线机场的塔台管制由所在机场负责,业务上接受民航空管部门的统一指挥和行业管理。2007年9月5日,民航新疆空管局成立,标志着民航空管系统一体化管理改革工作完成,形成了民航总局空管局—地区空管局—空管分局(站)三级管理与运营的体制架构。

2007年4月27日,民航局下发《民航空中交通管理体制改革方案》,开始了民航空管政事分离改革,民航总局空管局、民航地区空管局的空管行业管理职能与运行职能实行分离,行业管理职能交由民航总局、民航地区管理局行使;民航总局空管局、民航地区空管局及所属空管单位主要行使业务管理与运行职能,实行垂直管理,并相应理顺管理关系,实现一体化运行。2012年7月8日,国务院印发《关于促进民航业发展的若干意见》,提出加大空域管理改革力度,以充分开发和有效利用空域资源为宗旨,加快改革步伐,营造适应航空运输、通用航空和军事航空和谐发展的空域管理环境,统筹军民航空域需求,加快推进空域管理方式的转变。加强军民航协调,完善空域动态灵活使用机制。科学划分空域类别,实施分类管理。

加快低空空域管理体制改革。2010年,国务院、中央军委印发《关于深化我国低空空域管理改革的意见》,将低空空域分为管制空域、监视空域和报告空域三类,高度范围原则确定为真高1000米以下,实施分类管理,逐步降低对低空飞行的运行要求。2012年国务院印发《关于促进民航业发展的若干意见》,要求做好推进低空空域管理改革的配套工作,在低空空域管理领域建立科学的基础理论、法规标准、运行管理和服务保障体系,逐步形成一整套既有中国特色又符合低空空域管理改革发展特点的组织模式、制度安排和运行方式。2016年5月13日,国务院发布《关于促进通用航空业发展的指导意见》,提出扩大低空空域开放,实现真高3000米以下监视空域和报告空域无缝衔接,划设低空目视飞行航线,方便通用航空器快捷机动飞行。

中国现实行"统一管制、分别指挥"的行业管理体制。在国务院、中央军委空中交通管制委员会的领导下,由空军负责实施全国的飞行管制,军用飞机由空军和海军航空兵实施指挥,民用飞行和外航飞行由民航实施指挥。现阶段,空域资源不足已经成为制约民航发展的"瓶颈"。空域管理体制改革是航空领域供给侧结构性改革的重大命题,2016年11月,民航局党组会议审议并原则通过《统筹推进民航空管深化改革的实施意见》,2019年9月,中共中央、国务院印发《交通强国建设纲要》要求不断深化空域管理体制改革。

2.空管系统安全体系建设。民航空管安全是关系民航生存和发展的第一要素,安全体系建设涉及行业管理、技术设备、气象监测、人员素质和安全文化等多个方面。70年来,新中国民航安全体系建设取得了卓越的发展成就,运输航空百万小时重大事故率10年滚动值已从新中国成立初期的27.05降至2019年的0.013,安全业绩稳居世界前列。

1955年,民航局颁布《飞行事故调查程序》《中国民航飞行事故等级及调查、预防程序工作细则》。1960年11月,中央气象局、民航局发布《关于交接民航气象工作的联合通知》,确定民航专用气象台哨划民航建制,国家气象部门仍在技术业务上进行领导。1961年2月1日进行交接,民航在全国设立54个气象台和45个观测哨。1962年3月,民航局颁发《领航等有关暂行规定》。为提高安全管理水平,1964年4月,民航总局首次购买英国产的达卡-43型气象雷达,分别安装在上海虹桥和广州白云机场。1973年底,中国引进第一套自动化空管系统,由此开始了中国空管现代化建设的进程。

20世纪80年代,国际民航组织(ICAO)提出空管安全管理体系(简称SMS),建议各国在空中交通服务单位中建立SMS,全球空管安全管理体系化

2016年12月16日,乌鲁木齐区域管制中心正式投入运行。

建设加快。90年代初，开始实施中国民航航路改造工程（部分使用日本海外协力基金贷款），2000年全部完工，该工程投资约30亿元，完成518个单项工程，通过大规模引进和建设，中国空管系统快速实现了技术升级。国际航路和国内北京、太原、成都、昆明一线以东地区主要航路7000米以上实现全向信标、测距仪导航、甚高频通信和二次雷达监视覆盖；适用波音737以上机型起降的机场配备仪表着陆系统；繁忙机场设置一次雷达；建立民航平面通信网络和专用卫星话音、数据传输网络；建成航空气象中心和8个分中心。

2006年，民航局在《中国民航安全生产"十一五"规划》中对全行业的安全管理体系工作进行了规划，明确要求全民航建立符合国际民航组织要求的安全管理体系，并于2007年发布《关于中国民航实施安全管理体系建设的通知》和《实施方案》。为保证空管行业协调一致地全面推进民航空管行业SMS建设任务，民航局于2008年发布了《关于全面推进空管安全管理体系（SMS）建设的通知》，要求民航空管运行单位要严格按照民航局有关SMS建设的要求，建立健全符合民航局认可的安全管理体系，确保在可接受的安全水平上健康持续发展。

2008年12月8日，民航局正式启动空管SMS建设试点工作，试点工作选择在舟山普陀山机场和西双版纳机场2家机场的空管运行单位进行，该工作主要是为民航空管行业全面推广实施SMS做准备。2009年8月，《民航空管安全管理体系建设指导手册（第二版）》正式发布。2010年，民航局发布《民用航空空中交通管理运行单位安全管理规则》。2011年，中国民用航空局空管行业管理办公室印发《民航空管安全管理体系（SMS）审核管理办法》，民航局指导监督全国空管运行单位的SMS审核工作，地区管理局负责组织实施对本辖区内各空管运行单位的SMS审核工作，地区管理局可委托监管局具体实施SMS审核工作。2011年5月10日，民航局发布《民航空中交通管理安全管理体系（SMS）建设指导手册（第三版）》。至2011年底，民航枢纽机场、干线机场及部分支线机场的空管运行单位建立了符合要求的安全管理体系。至2014年底，全民航建立了完善的空管安全管理体系。

2015年以来，面对民航运输业快速发展、航班量大幅增长、安全保障压力持续增大等严峻挑战，民航空管系统圆满完成了大兴国际机场通航、国庆70周年阅兵保障、2019年10月10日航行情报资料生效等重大任务，在安全保障上取得了"零事故、零事故征候"的优异成绩，其中2019年年均事故征候万架次率0.0028。

2016年9月4日—5日，G20峰会在杭州举行，空管系统圆满完成G20峰会保障工作。

3.空管法规标准制定。1950年颁布新中国成立以来的第一部飞行基本规则——《中华人民共和国飞行基本规则》（简称《基本规划》），对境内的飞行管制、机场和航路及飞行规则和高度配备、特殊情况处置、各种飞行保障工作做出明确规定。20世纪50年代初，根据《基本规划》，民航局颁布了《民航飞行暂行规定（草案）》《空中交通管制制度（草案）》《飞行签派制度（草案）》《统一签派制度（草案）》《关闭机场暂行条件（草案）》等法规，规范了航空公司组织和实施航空器运行和飞行签派工作的思想和行为。为补充飞行和空中交通管制方面的法规，1955年民航局颁布《中国民航飞行条令（草案）》《中国民航飞行指挥工作细则》《中国民航航线上特殊飞行工作细则（草案）》。

20世纪60年代，中国民航在管理飞行方面积累了一定经验，1964年民航局颁布《外国民用航空器飞行管理规则》，1965年民航局颁布《中国民航飞行条例（草案）》和《中国民航飞行指挥工作细则》。《中国民航飞行指挥工作细则》是中国民航组织飞行和指挥飞行的基本依据，是中国民航管理飞行的基本规章。中国民航逐步建立了航行管制方面的规章制度和管理体系。

为了配合民航空管行业改革，1990年—1995年，民航局颁发《中国民用航空飞行规则》《中国民用航空空中交通管制规则》《中国民用航空飞行签派工作细则》《中国民用航空专机工作细则》等文件。其中《中国民用航空空中交通管制规则》将原《中国民航飞行指挥工作细则》中有关空中交通管制的内容摘出，参考国际民航公约附件二《空中规划》和附件十一《空中交通服务》，并结合中国民航体制改革后的情况进行修订，主要内容有空中交通管制的一般规定和航行管理、程序管制、雷达管制、目视飞行管制、通用航空管制及复杂气象条件和特殊情况下管制，明确了中国民航空中交通管制责任和提供空中交通服务的内容，基本上做到与国际民航接轨。

1995年10月30日，全国八届人大常委会第十六次会议通过《中华人民共和国民用航空法》，于1996年3月1日起施行。这是中国第一部全面规范民用航空活动的法律，该法第七章“空中航行”对空域公里、飞行管理和飞行保障工作作出原则性规定，为空中交通管理工作建立了法律依据。1997年7月5日，民航局颁发《中国民用航空空中交通管理规则》，是在原《中国民航空中交通管制规则》的基础上，根据《中华人民共和国民用航空法》的有关规定，广泛吸收国际民航组织的相关技术标准后修订的，为民航实施雷达管制提供法律依据。2001年，修订《中国民用航空空中交通管理规则》。

为了适应低空空域改革发展需求，2003年1月10日国务院、中央军委发布《通用航空飞行管制条例》，以法律形式规范了通用航空飞行活动，为通用航空的发展提供根本保障。随着空管相关领域不断发展和变化，为适应空管工作需要，同时引领空管行业的未来发展，根据民航空管工作的实际情况，参考国际民航公约附件及其他民航发达国家规章的修订情况，民航局完成《民用航空空中交通管理规则》第五次修订工作。2017年11月28日，交通运输部发布《民用航空空中交通管理规则》，自2018年5月1日起施行。

除上述规章外，在通信导航、航空气象、无人机和航行情报等方面出台了系列法规标准，如2019年2月1日，民航局发布《特定类无人机试运行管理规程（暂行）》，11月5日，民航局发布《轻小型民用无人机飞行动态数据管理规定》。机构设置方面上，民航局空管行业管理办公室负责起草民航空管法规、规章、政策、标准和技术规范，民航局空管局拟定民航空管运行管理制度、标准、程序。中国空管行业初步形成了由1部法律、27部行政法规和现行有效规章，以及184部行业标准和规范性文件组成的多层次的空管法规体系框架。

4.人员资质管理。严把专业人员资质能力关是实现空管持续安全的必然要求。1986年4月起，对空中交通管制员、航行调度员、飞行签派员、航行情报员，实施执照上岗制度，这标志着中国民航建立了管制员执照管理体系，是空管专业人员资质能力规范化管理的开端。20世纪90年代初期，正值中国民航大发展时期，空管部门存在管制员明显缺乏的现象，国家空管局为改变这种局面，借鉴发达国家管制员培养的经验，决定招收“4+1”式的管制员，以加快管制员培养的步伐。“4+1”式培养模式，即从应届大学本科毕业生中，选拔符合管制员培养要求的人员，送往民航所属的两所院校（中国民航学院和中国飞行学院），进行为期1年的空中交通管制专业学习，1991年第一批华东地区“4+1”式管制员毕业上岗。经过多年探索之后，1998年民航局颁布《中国民用航空空中交通管制岗位培训管理规则》，2000年3月中国民航学院成立空中交通管理学院。

为进一步规范民用航空空中交通管制员执照管理，2010年8月31日，民航局发布《民航空中交通管制员执照管理规则》，规定管制执照是管制专业技术人员上岗的资格证书，由民航局核发。2011年，民航局印发《民航专业人才队伍建设中长期规划（2010—2020年）》，提出加快培养空管人才，把好人才培养的“入口关”和“出口关”，建立完善空管专业人才培养机制，加快培养成熟管制员。2014年，民航局印发《民用航空情报员执照技能考核管理办法》。2016年，《民用航空空中交通管制培训管理规则》替代原有的《中国民用航空空中交通管制岗位培训管理规则》。同时，为了提高空管人员素质和资质管理水平，各地方空管局技术保障部门每年开展人员培训和资质能力排查工作。2019年，全国空管行业共完成各专业培训4860人次，开展资质能力排查4403人次。

5.航班时刻管理。随着民航持续快速发展，一些大型机场时刻资源紧缺状况日益凸显。2005年4月起，民航总局在华北、华东地区试点施行《民航航班时刻管理试行办法》，探索建立公平、公正、公开的航班时刻分配与管理制度。经过2年多的实践探索和深入研究，民航局于2007年8月发布《民航航班时刻管理暂行办法》，自2007年9月1日起施行。为进一步明确和规范外国和台、港、澳地区航空公司航班时刻申办过程中的有关工作程序，2008年，民航局印发《外航航班时刻申办工作程序》。

为解决航班时刻管理工作存在目标任务定位不清晰、制度程序不尽完善、时刻配置有定性原则无定量指标、与国际规则接轨不够、各地区时刻管理政策措施差异大等问题，2014年6月，民

中信海直“海豚”直升机执行搜救任务。

2015年12月，航班时刻资源市场配置改革试点工作启动。

航局启动《民航航班时刻管理办法》(以下简称《办法》)修订工作。2015年10月，民航局发布《航班时刻资源市场配置改革试点方案》，启动航班时刻资源市场配置改革试点工作。广州白云机场开展以“时刻拍卖”为模式的初级市场改革试点，上海浦东机场开展以“时刻抽签+使用费”为模式的初级市场改革试点。两个机场各提供每周98个航班时刻，用于改革试点工作。此次《办法》的修订是一次全面彻底的修订，对航班时刻分类管理、航班时刻历史优先权资格、航班时刻优先配置量化规则等做了明确规定和重大改革。2018年2月24日，民航局印发《民航航班时刻管理办法》，于2018年4月1日起实施。2019年航班正常率达到81.65%，同比提高1.52%。

6.安全运行监管。安全管理的关键是预防，安全运行监管是预防的重中之重，空管安全运行监管是空管系统安全管理体系的重要组成部分。2004年，民航总局空管局提出，为应对民航航班量的快速发展给空管系统带来的巨大安全压力，建立系统完善的空管安全风险管理体系及预警机制迫在眉睫。2006年，民航空管系统启动旨在提高安全运行水平与国际接轨的安全监督与安全管理体系建设，通过在空管行业推广安全管理体系，在各级组织机构设立了安全监督、检查机制。

中国民航局空管行业管理办公室负责民航空管运行安全的监督检查工作，各地区民航管理局通过电话和网络等手段，对辖区各空管运行单位的运行保障情况进行展监督检查。同时，民航局空管局提供全国民航空中交通管制和通信导航监视、航行情报、航空气象服务，监控全国民航空管系统运行状况。2010年，为了加强民用运输机场的空管运行管理，规范机场空管运行，提高空管安全管理和运行效率，民航局印发《民用运输机场空管安全运行指导意见》，要求民用运输机场管理机构设置独立的空管运行单位，提供空中交通管制、通信导航监视、航空气象和航空情报服务，保障运输机场空管运行安全。

至2018年10月底，中国航空运输连续安全飞行98个月，累计飞行时间6600多万小时。为提高空管运行安全监管水平，加快建设智慧空管，2019年完成卫星导航地基增强系统(GBAS)校验试飞，国产空中交通进港排序辅助决策系统(AMAN)实现示范应用，成功开展四维航迹试验运行，成为全世界第二个运用该技术的国家。

(国家发展和改革委员会综合运输研究所 乔 婧 李名良)

2019年9月25日，北京大兴国际机场正式通航。

2018年民航行业发展统计公报[1]

2018年，民航全行业以习近平新时代中国特色社会主义思想为指导，全面贯彻党的十九大和十九届二中、三中全会以及中央经济工作会议精神，坚持稳中求进总基调，坚持供给侧结构性改革，全面落实“一二三三四”[2]民航总体工作思路，积极推进“一加快、两实现”战略进程，圆满完成各项工作任务，在许多方面取得了突破性的成绩，是民航发展史上意义非凡的一年。

一、运输航空[3]

2018年，我国发展面临多年少有的国内外复杂严峻形势，经济出现新的下行压力，民航紧扣行业发展的主要矛盾和制约瓶颈，步步为营，攻坚克难，行业发展保持了稳中有进的良好态势。

1.运输周转量[4]

2018年，全行业完成运输总周转量1206.53亿吨公里，比上年增长11.4%。国内航线完成运输总周转量771.51亿吨公里，比上年增长11.1%，其中港澳台航线完成17.51亿吨公里，比上年增长8.8%；国际航线完成运输总周转量435.02亿吨公里，比上年增长12.0%。

全行业完成旅客周转量10712.32亿人公里，比上年增长12.6%。国内航线完成旅客周转量7889.70亿人公里，比上年增长12.1%，其中港澳台航线完成165.05亿人公里，比上年增长11.3%；国际航线完成旅客周转量2822.61亿人公里，比上年增长14.0%。

全行业完成货邮周转量262.50亿吨公里，比上年增长7.8%。国内航线完成货邮周转量75.47亿吨公里，比上年增长3.4%，其中港澳台航线完成3.01亿吨公里，比上年下降1.2%；国际航线完成货邮周转量187.03亿吨公里，比上年增长9.6%。

2.旅客运输量

2018年，全行业完成旅客运输量61173.77万人次，比上年增长10.9%。国内航线完成旅客运输量54806.50万人次，比上年增长10.5%，其中港澳台航线完成1127.09万人次，比上年增长9.8%；国际航线完成旅客运输量6367.27万人次，比上年增长14.8%。

3.货邮运输量

2018年，全行业完成货邮运输量738.51万吨，比上年增长4.6%。国内航线完成货邮运输量495.79万吨，比上年增长2.5%，其中港澳台航线完成23.48万吨，比上年下降2.8%；国际航线完成货邮运输量242.72万吨，比上年增长9.3%。

4.飞行小时和起飞架次

2018年，全行业运输航空公司完成运输飞行小时1153.52万小时，比上年增长8.9%。国内航线完成运输飞行小时934.00万小时，比上年增长8.4%，其中港澳台航线完成19.73万小时，比上年增长8.3%；国际航线完成运输飞行小时219.52万小时，比上年增长10.8%。

2018年，全行业运输航空公司完成运输起飞架次469.47万架次，比上年增长7.6%。国内航线完成运输起飞架次

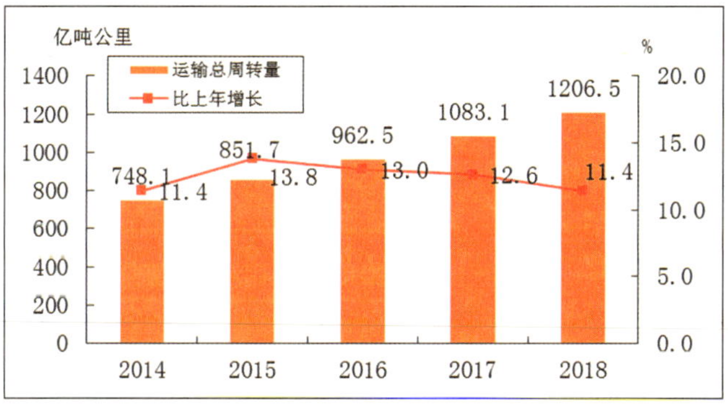

图1 2014—2018年民航运输总周转量

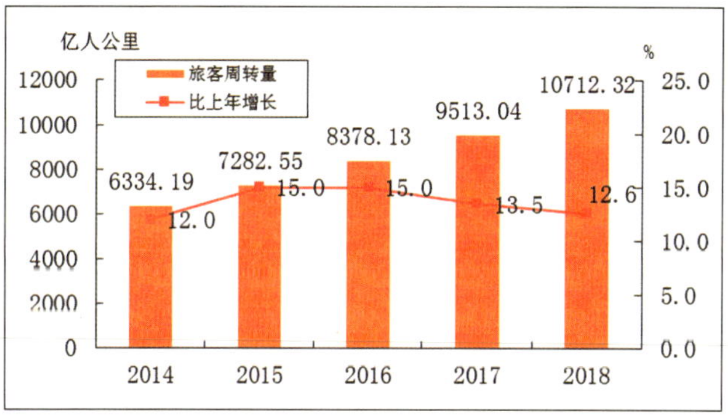

图2 2014—2018年民航旅客周转量

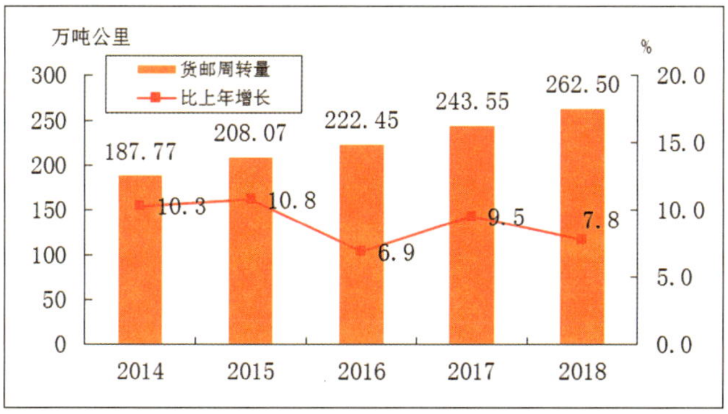

图3 2014—2018年民航货邮周转量

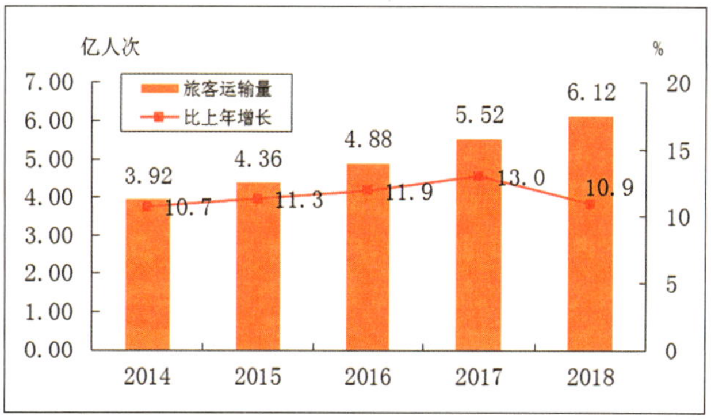

图4 2014—2018年民航旅客运输量

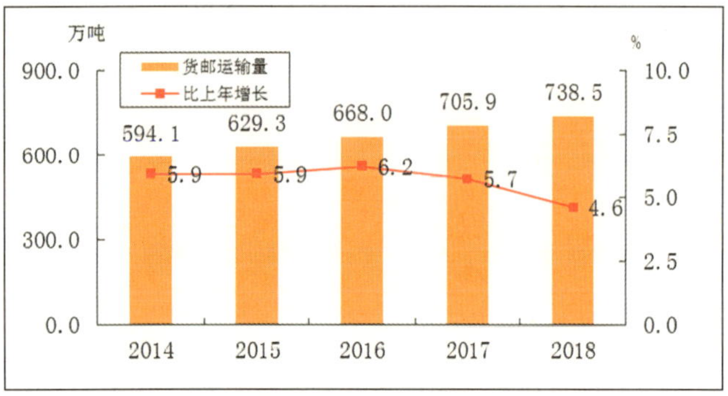

图5 2014—2018年民航货邮运输量

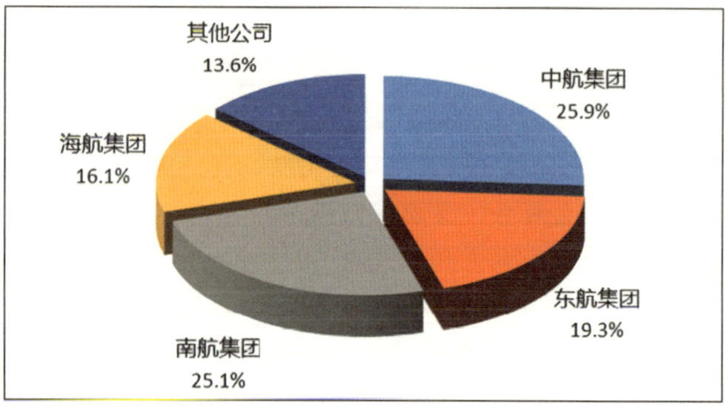

图6 2018年各航空（集团）公司运输总周转量比重

425.95万架次，比上年增长7.3%，其中港澳台航线完成8.22万架次，比上年增长7.3%；国际航线完成运输起飞架次43.52万架次，比上年增长10.8%。

2018年，全行业运输航空公司完成非生产飞行小时4.46万小时，其中训练飞行1.63万小时；完成非生产起飞架次7.29万架次。

5.运输航空企业数量

截至2018年底，我国共有运输航空公司60家，比上年底净增2家，按不同所有制类别划分：国有控股公司45家，民营和民营控股公司15家。在全部运输航空公司中，全货运航空公司9家，中外合资航空公司10家，上市公司8家。

6.运输机队

截至2018年底，民航全行业运输飞机期末在册架数3639架，比上年底增加343架。

7.航线网络

截至2018年底，我国共有定期航班航线4945条，国内航线4096条，其中港澳台航线100条，国际航线849条。按重复距离计算的航线里程为1219.06万公里，按不重复距离计算的航线里程为837.98万公里。

截至2018年底，定期航班国内通航城市230个（不含香港、澳门、台湾）。我国航空公司国际定期航班通航65个国家的165个城市，国内航空公司定期航班从32个内地城市通航香港，从14个内地城市通航澳门，大陆航空公司从48个大陆城市通航台湾地区。

8.运输航空（集团）公司生产[6]

2018年，中航集团完成飞行小时270.75万小时，完成运输总周转量312.53亿吨公里，比上年增长9.1%，完成旅客运输量1.37亿人次，比上年增长8.6%，完成货邮运输量209.11万吨，比上年增长4.0%。

2018年，东航集团完成飞行小时224.77万小时，完成运输总周转量232.73亿吨公里，比上年增长9.1%，完成旅客运输量1.21亿人次，比上年增长9.4%，完成货邮运输量144.30万吨，比上年增长0.3%。

2018年，南航集团完成飞行小时277.20万小时，完成运输总周转量303.34亿吨公里，比上年增长11.2%，完成旅客运输量1.40亿人次，比上年增长10.8%，完成货邮运输量173.23万吨，比上年增长3.6%。

2018年，海航集团完成飞行小时185.19万小时，完成运输总周转量194.42亿吨公里，比上年增长15.5%，完成旅客运输量1.09亿人次，比上年增长10.3%，完成货邮运输量86.14万吨，比上年增长10.1%。

2018年，其他航空公司共完成飞行小时195.61万小时，完成运输总周转量163.51亿吨公里，比上年增长14.9%，完成旅客运输量1.05亿人次，比上年增长16.8%，完成货邮运输量125.73万吨，比上年增长8.9%。

9.运输机场

截至2018年底，我国共有颁证运输机场235个，比上年底增加6个，2018年新增机场分别为甘肃陇南机场、新疆若羌机场、青海海北机场、河南信阳机场、湖南岳阳机场、新疆图木舒克机场。

2018年，安康机场和梧州长洲岛机场停航。

颁证运输机场按飞行区指标[7]分类：4F级机场12个，4E级机场35个，4D级机场40个，4C级机场142个，3C级机场5个，3C级以下机场1个。

2018年，全行业全年新开工、续建机场项目174个，新增跑道6条，停机位305个，航站楼面积133.1万平米。截止

表1 2018年运输飞机数量

单位：架

飞机分类	飞机数量	比上年增加	在运输机队占比
合计	3639	343	100.0%
客运飞机[5]	3479	331	95.6%
其中：宽体飞机	409	47	11.2%
窄体飞机	2883	273	79.2%
支线飞机	187	11	5.1%
货运飞机	160	12	4.4%

表2 2018年我国定期航班条数及里程

指标：单位	数　量
航线条数：条	4945
国内航线	4096
其中：港澳台航线	100
国际航线	849
按重复距离计算的航线里程：万公里	1219.06
国内航线	806.54
其中：港澳台航线	15.63
国际航线	412.52
按不重复距离计算的航线里程：万公里	837.98
国内航线	478.09
其中：港澳台航线	15.31
国际航线	359.89

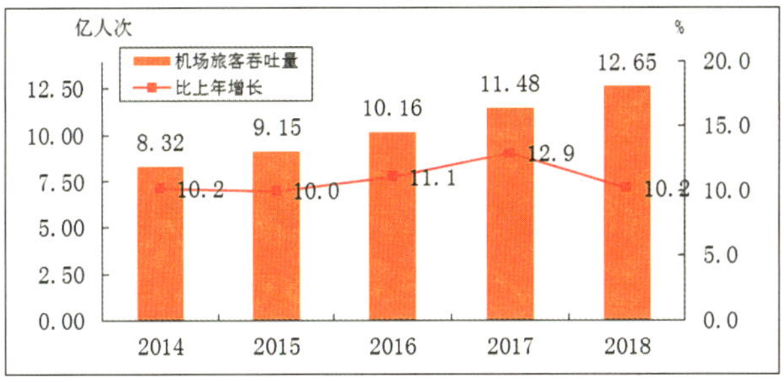

图7 2014—2018年民航运输机场旅客吞吐量

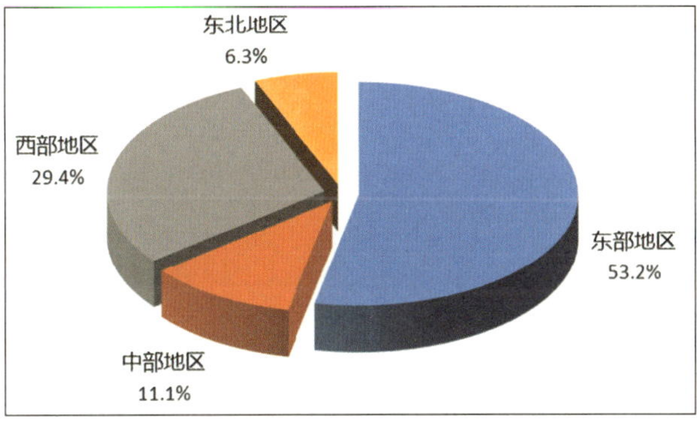

图8 2018年民航运输机场旅客吞吐量按地区分布

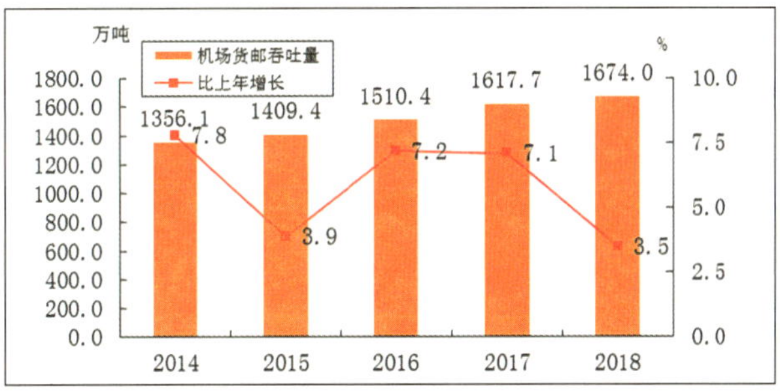

图9 2014—2018年民航运输机场货邮吞吐量

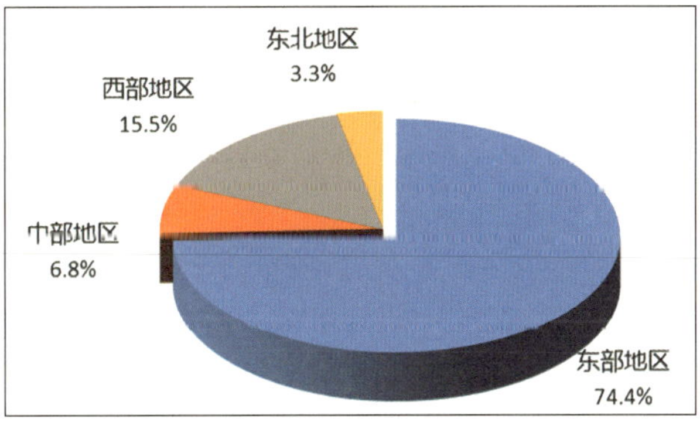

图10 2018年民航运输机场货邮吞吐量按地区分布

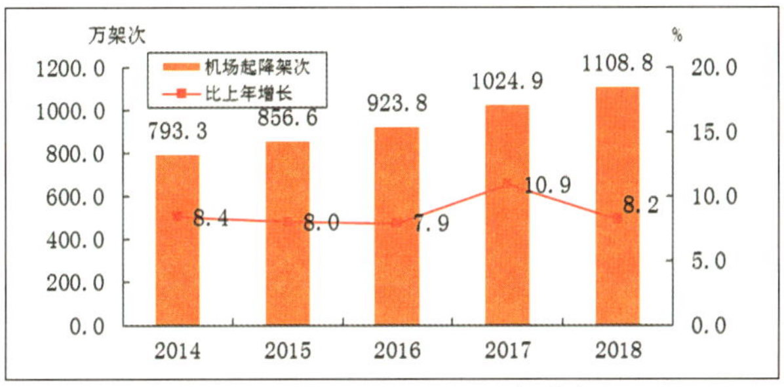

图11 2014—2018年民航运输机场起降架次

2018年底，全行业运输机场共有跑道255条，停机位5800个，航站楼面积1454.58万平米。

10.机场业务量

2018年，全国民航运输机场完成旅客吞吐量[8]12.65亿人次，比上年增长10.2%。

其中：2018年东部地区[9]完成旅客吞吐量6.73亿人次，比上年增长9.7%；东北地区完成旅客吞吐量0.79亿人次，比上年增长9.7%；中部地区完成旅客吞吐量1.40亿人次，比上年增长14.8%；西部地区完成旅客吞吐量3.72亿人次，比上年增长9.4%。

2018年全国民航运输机场完成货邮吞吐量[10]1674.02万吨，比上年增长3.5%。

其中：2018年东部地区完成货邮吞吐量1245.75万吨，比上年增长2.5%；东北地区完成货邮吞吐量55.07万吨，比上年增长0.6%；中部地区完成货邮吞吐量113.42万吨，比上年增长10.5%；西部地区完成货邮吞吐量259.78万吨，比上年增长6.3%。

2018年，全国民航运输机场完成起降架次[11]1108.83万架次，比上年增长8.2%。其中运输架次937.27万架次，比上年增长7.4%。

2018年，年旅客吞吐量100万人次以上的运输机场95个，其中北京、上海和广州三大城市机场旅客吞吐量占全部境内机场旅客吞吐量的23.3%，比上年降低1.0个百分点。

2018年，年货邮吞吐量1万吨以上的运输机场53个，其中北京、上海和广州三大城市机场货邮吞吐量占全部境内机场货邮吞吐量的48.8%，比上年降低1.1个百分点。

2018年，北京首都机场完成旅客吞吐量1.01亿人次，连续9年位居世界第二；上海浦东机场完成货邮吞吐量376.86万吨，连续11年位居世界第三。

二、通用航空

1.通用航空企业数量[12]

截至2018年底，获得通用航空经营

表3 2018年各地区颁证运输机场数量 单位：个

地　区	颁证运输机场数量	占全国比例%
全国	235	100.0%
其中：东北地区	27	11.5%
东部地区	54	23.0%
西部地区	118	50.2%
中部地区	36	15.3%

表4 2018年旅客吞吐量100万人次以上的机场数量

单位：个

年旅客吞吐量	机场数量	比上年增加	吞吐量占全国比例
1000万人次以上	37	5	83.6%
100–1000万人次	58	6	12.7%

表5 2018年货邮吞吐量万吨以上的机场数量

单位：个

年货邮吞吐量	机场数量	比上年增加	吞吐量占全国比例
10000吨以上	53	1	98.4%

许可证的通用航空企业422家。其中，华北地区96家，中南地区37家，华东地区106家，东北地区89家，西南地区52家，西北地区27家，新疆地区15家。

2.机队规模

2018年底，通用航空在册航空器总数达到2495架，其中教学训练用飞机692架。

3.通航机场

2018年，共有126座通用机场获得颁证，全行业颁证通用机场数量达到202座。

4.飞行小时

2018年，全行业完成通用航空生产飞行93.71万小时，比上年增长11.9%。其中：载客类作业完成8.47万小时，比上年增长7.9%；作业类作业完成15.39万小时，比上年增长6.4%；培训类作业完成30.65万小时，比上年增长18.6%；其他类作业完成4.99万小时，比上年增长200.5%；非经营性完成34.21万小时，比上年增长0.8%。

5.无人机情况

截至2018年底，全行业无人机拥有者注册用户达27.1万个，其中个人用户24万个，企业、事业、机关法人单位用户3.1万个。

2018年，全行业无人机有效驾驶员执照44573本。

2018年，全行业注册无人机共28.7万架，无人机经营性飞行活动达37万小时。

三、运输效率与经济效益

1.运输效率

2018年，全行业在册运输飞机平均日利用率为9.36小时，比上年减少0.13小时。其中，大中型飞机[13]平均日利用率为9.48小时，比上年减少0.15小时，小型飞机平均日利用率为6.91小时，比上年减少0.13小时。

2018年，正班客座率平均为83.2%，与上年持平。

2018年，正班载运率平均为73.2%，比上年降低0.3个百分点。

2.经济效益[14]

据初步统计，2018年，全行业累计实现营业收入10142.5亿元，比上年增长18.5%，利润总额536.6亿元，比上年减少122.7亿元。其中，航空公司实现营业收入6130.2亿元，比上年增长14.5%，利润总额250.3亿元，比上年减少160.4亿元；机场实现营业收入1104.2亿元，比上年增长16.0%，利润总额173.2亿元，比上年增加28.2亿元；保障企业实现营业收入2908.1亿元，比上年增长29.2%，利润总额113.1亿元，比上年增加9.4亿元。

据初步统计，2018年，全行业运输收入水平为4.69元/吨公里，比上年提高0.11元/吨公里。其中，客运收入水平5.61元/吨公里，比上年提高0.09元/吨公里；货邮运输收入水平1.56元/吨公里，比上年提高0.07元/吨公里。

据初步统计，2018年，民航全行业应交税金366.8亿元，比上年减少10.6%。

四、航空安全与服务质量

1.航空安全

2018年，民航安全运行平稳可控，运输航空百万小时重大事故率十年滚动值为0.013（世界平均水平为0.153）。发生通用航空事故13起，死亡15人。

自2010年8月25日至2018年底，运输航空连续安全飞行100个月，累计安全飞行6836万小时。

2018年，全年共发生运输航空事故征候568起，同比下降1.22%，其中运输航空严重事故征候16起，同比下降23.81%。严重事故征候和人为责任原因事故征候万时率分别为0.0139和0.0329，各项指标均较好控制在年度安全目标范围内。

2018年，全行业共有38家运输航空公司未发生责任事故征候。

2.空防安全

2018年，全国民航安检部门共检查旅客6.16亿人次，检查旅客托运行李3.36亿件次，检查航空货物（不含邮件、快件）4.69亿件次，检查邮件、快件2.44亿件次，处置编造虚假恐怖威胁信息非法干扰事件41起，查处各类安保事件17515起，同比下降9.58%，妥善处置国航“4·15”、首都机场“7·19”等重大敏感突发事件，确保了民航空防持续安全。截至2018年底，民航实现16年零8个月的空防安全零责任事故纪录。

3.航班正常率

2018年，全国客运航空公司共执行航班434.58万班次，其中正常航班348.24万班次，平均航班正常率为80.13%。

2018年，主要航空公司[15]共执行航班316.43万班次，其中正常航班252.98万班次，平均航班正常率为79.95%。

表6 2018年正班客座率和正班载运率

指 标	指标值	比上年提高百分点
正班客座率	83.2%	0.0
国内航线	84.8%	0.0
其中：港澳台航线	80.9%	0.7
国际航线	78.9%	0.0
正班载运率	73.2%	−0.3
国内航线	75.6%	−0.3
其中：港澳台航线	67.7%	0.2
国际航线	69.5%	−0.1

表7 2018年航班不正常原因分类统计

指 标	占全部比例	比上年增减：百分点
全部航空公司航班不正常原因	100.00%	0.00
其中：天气原因	47.46%	−3.83
航空公司原因[16]	21.14%	12.52
空管原因（含流量原因）	2.31%	−5.42
其他	29.09%	−3.29
主要航空公司航班不正常原因	100.00%	0.00
其中：天气原因	48.62%	−2.85
航空公司原因	21.00%	11.75
空管原因（含流量原因）	2.75%	−5.38
其他	27.63%	−3.52

2018年，全国客运航班平均延误时间为15分钟，同比减少9分钟。

4.服务质量

截至2018年底，全国229家机场全面开通“航信通”，32家机场实现国内航班旅客乘机全流程电子化，全年“无纸化”乘机的旅客达2.25亿人次。已有12家航空公司在301架航空器上开通客舱网络服务。

2018年，民航局、各地区管理局、民航局消费者事务中心和中国航空运输协会共受理航空消费者投诉20761件[17]，2018年全年受理投诉总量比上年减少4020件，下降16.2%。

2018年，旅客对航空公司和机场服务满意度分别为4.30分和4.32分（满分5分）[18]。

五、教育与科技创新

1.教育情况

2018年，民航直属院校共招收学生23119人，其中：研究生1037人，普通本专科生19639人，成人招生2443人。全年招收飞行学生5521人。

2018年，民航直属院校在校生数达到72944人，其中：研究生3198人，普通本专科生64908人，成人在校生4838人。

2018年，民航直属院校共毕业学生18715人，其中：硕士研究生825人，普通本专科16334人，成人学生1556人。

2.科技创新

2018年，全行业首批遴选出民航科技创新12名领军人才，33名拔尖人才和20个创新团队。31家民航科技创新“四型”科研院所和“五大”基地[19]通过评审。国家重点研发计划项目立项1项。

2018年，民航共验收科技成果17项，评选民航协会科学技术奖18项。

3.航行新技术应用

截至2018年底，全行业14家航空公司具备HUD运行能力，1133架运输飞机具备HUD能力，具备HUD特殊Ⅰ类标准的机场82个（2018年新增8个），具备HUD特殊Ⅱ类标准的机场19个，具备HUD RVR150米起飞标准的机场10个。

全行业225个运输机场具备PBN飞行程序，地形复杂的22个机场配备RNP AR程序，98%的运输飞机具备ADS-B能力，32家航空公司应用了电子飞行包（EFB）。

六、专业技术人员

1.飞行员数量

截至2018年底，中国民航驾驶员有效执照总数为61492本，比上年底增加5727本；其中运动驾驶员执照（SPL）894本，私用驾驶员执照（PPL）3735本，商用驾驶员执照（CPL）32084本，多人制机组驾驶员执照（MPL）185本，航线运输驾驶员执照（ATPL）24594本。

2.其他专业技术人员

截至2018年底，全行业持照机务人员55243名，比上年增加3076名；持照签派员7643名，比上年增加950名。

截至2018年底，空管系统四类专业技术人员共17757人[20]，比上年新增443人。其中，空中交通管制人员8851人，比上年新增481人。

七、对外关系

2018年，我国先后与29个国家或地区举行双边航空会谈或书面磋商。截至2018年底，我国与其他国家或地区签订双边航空运输协定126个，比上年底增加4个（分别是：刚果布、科特迪瓦、卢旺达、多米尼加），其中：亚洲有44个（含东盟），非洲有27个，欧洲有37个，美洲有11个，大洋洲有7个。

表8 2018年中国民航驾驶员执照分类统计表

	执照种类	数量	比上年增减：个
在职	121部运输航空公司（运行人员）	39435	3458
	121部运输航空公司（非运行人员）	5193	1058
	通用航空公司	3504	684
	141部飞行学校教员	985	230
	政府事务	104	1
在训	141部私照持有人	2186	380
	141部商照持有人	470	-1117
	61部训练机构在训学生	415	-89
非在职	私用驾驶员	801	28
	运动航空器驾驶员	894	89
	待飞行就业人员	3034	565
非活跃		4471	440
合计		61492	5727

八、适航审定

2018年，全行业新增862架航空器国籍登记。其中，新注册运输航空器444架，通用航空器418架，新注册通用航空器连续两年超过400架。

2018年，民航适航审定部门共颁发212份航空器型号批准证件，18份生产批准证件，航油航化产品批准函24份，有力支持了国产航空产品的使用，保障了民航行业发展。

九、固定资产投资

2018年，民航固定资产投资总额

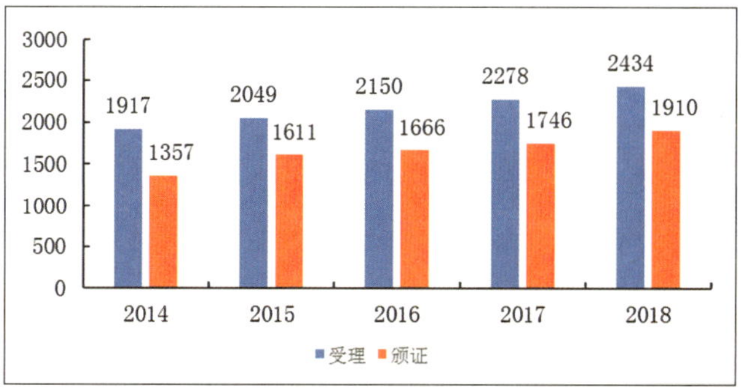

图12 2014—2018年型号合格、认可审定数量

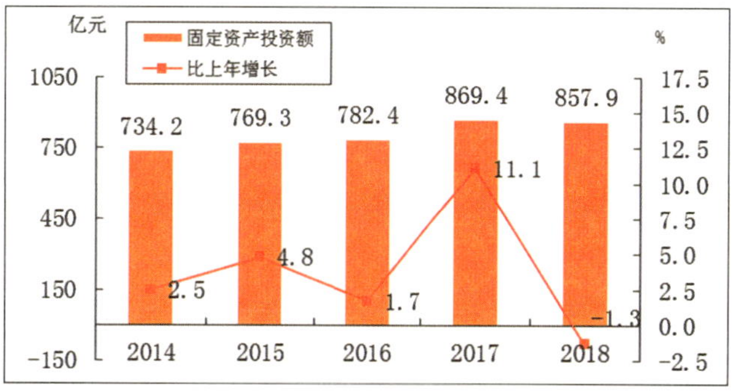

图13 2014—2018年民航基本建设和技术改造投资额

1957.8亿元，其中：民航基本建设和技术改造投资857.9亿元，比上年下降1.3%。

基本建设和技术改造投资按系统划分如下：机场系统完成678.6亿元，空管系统完成44.5亿元，安全安检消防系统完成3.7亿元，信息系统完成14.0亿元，科研、教育系统完成2.7亿元，油料系统完成21.9亿元，机务维修系统完成6.0亿元，运输服务系统完成28.6亿元，公共设施系统完成4.3亿元，其他系统完成53.7亿元。

十、节能减排

2018年，中国民航吨公里油耗为0.287公斤，较2005年（行业节能减排目标基年）下降15.6%，机场每客能耗较“十二五”末（2013—2015年）均值下降约12%。

2018年，共有39万架次航班使用临时航路，缩短飞行距离1574万公里，节省燃油消耗8.5万吨，减少二氧化碳排放约26.8万吨。

截至2018年，全国年旅客吞吐量500万人次以上机场中95%以上的单位已完成APU替代设备安装并投入使用。

截至2018年，民航机场地面保障车辆设备中，共有电动车辆1524台，充电设施827个，电动车辆占比约5%。

2018年，机场清洁化运行水平稳步提升，全国机场光伏发电超2000万千瓦时，机场综合能耗中，电力、天然气、外购热力占比达到80%。

十一、法规和信用体系建设

2018年12月29日，《中华人民共和国民用航空法》完成第五次修订。2018年，20部民航规章完成制修订。

2018年，全行业共发生行政处罚案件149起；10个自然人和2家单位因实施《民航行业信用管理办法（试行）》规定的严重失信行为而被列入民航行业严重失信人名单；4209名旅客被列入限制乘坐民用航空器特定严重失信人名单[21]。

十二、工会工作

经民航工会工作调查，截至2018年12月底，全行业职工70.5万人。

2018年，经中国民航工会申报，民航系统1个先进单位被授予“全国五一劳动奖状”、3名先进个人被授予“全国五一劳动奖章”、10个先进班组被授予“全国工人先锋号”荣誉称号。

2018年，在全行业“安康杯”竞赛活动中，共有440个单位、3.1万个班组、63.3万名职工参加。

注释：

[1]本公报未包括香港、澳门特别行政区及台湾省统计数据。公报中部分数据因四舍五入原因，存在着与分项合计不等的情况。

[2]一二三三四：指民航行业“践行一个理念、推动两翼齐飞、坚守三条底线、完善三张网络、补齐四个短板”的总体工作思路。

[3]运输航空各项数据为正式年报数据，部分统计数据与此前公布的初步统计数据如有出入，以本次公布数据为准。

[4]运输周转量、旅客运输量、货邮运输量、飞行小时和起飞架次涉及的数据均为国内航空公司承运的数据。

[5]客运飞机中，宽体飞机指250座级以上运输飞机，窄体飞机指100—200座级运输飞机，支线飞机指100座级以下运输飞机。

[6]中航集团包括国航、国际货运航空、深圳航空、山东航空、昆明航空、西藏航空、国航内蒙古公司、大连航空和北京航空；东航集团包括东航、中国货运航空、上海航空联合航空、东航江苏公司、东航武汉公司和东航云南公司；南航集团包括南航、厦门航空、南航河南航空、贵州航空、汕头航空、重庆航空、河北航空、珠海航空和江西航空；海航集团包括海南航空、首都航空、天津航空、金鹏航空、大新华航空、祥鹏航空、西部航空、长安航空、福州航空、乌鲁木齐航空、北部湾航空、桂林航空和新华航空。

[7]包括飞行区指标Ⅰ和飞行区指标Ⅱ，飞行区指标Ⅰ按拟使用机场跑道的各类飞机中最长的基准飞行场地长度，分为1、2、3、4 四个等级；飞行区指标Ⅱ按使用该机场飞行区的各类飞机中的最大翼展或最大主起落架外轮外侧边的间距，分为A、B、C、D、E、F六个等级，两者中取其较高等级。

飞行区指标Ⅰ	飞机基准飞行场地长度（米）
1	<800
2	800—<1200
3	1200—<1800
4	≥1800

飞行区指标Ⅱ	翼展（米）	主起落架外轮外侧边间距（M）
A	<15	<4.5
B	15—<24	4.5—<6
C	24—<36	6—<9
D	36—<52	9—<14
E	52—<65	9—<14
F	65—<80	14—<16

[8]旅客吞吐量：指报告期内进港（机场）和出港的旅客人数。

[9]东部地区是指北京、上海、山东、江苏、天津、浙江、海南、河北、福建和广东10省市；东北地区是指黑龙江、辽宁和吉林3省；中部地区是指江西、湖北、湖南、河南、安徽和山西6省；西部地区是指宁夏、陕西、云南、内蒙古、广西、甘肃、贵州、西藏、新疆、重庆、青海和四川12省（区、市）。

[10]货邮吞吐量：指报告期内货物和邮件的进出港数量。

[11]起降架次：指报告期内在机场进出港飞机的全部起飞和降落次数，起飞、降落各算一架次。

[12]通用航空企业地区分布按民航各地区管理局所辖区域划分。

[13]大中型飞机是指座级在100座级以上的运输飞机，小型飞机是指座级在100座级以下的运输飞机。

[14]经济效益涉及数据为财务快报数据，最终数据以财务年报数据为准。

[15]主要航空公司是指南航、国航、东航、海南、深圳、四川、厦门、山东、上海、天津等十家航空公司。

[16]2018年9月1日起，行业对航班不正常原因的判定规则进行部分修改，航空公司原因不正常航班的统计口径

发生变化。

[17]投诉总数包含旅客与企业自行解决的首次电话投诉。

[18]根据中国民航科学技术研究院、中国民航报社、航旅纵横、中国民航机场协会共同发布的《2018年年度中国民航服务旅客满意度评价报告》。

[19]民航科技创新"四型"科研院所指"基础技术研究型、应用技术开发型、成果转化效益型、技术政策暨服务智库型科研院所";民航科技创新"五大"基地指"基础技术研究基地、应用技术开发基地、核心技术产业基地、成果转化效益基地和创新人才发展基地"。

[20]空管系统四类专业人员包括空中交通管制员、航空电信人员、航空情报人员和航空气象人员。

[21]依据《关于在一定期限内适当限制特定严重失信人乘坐民用航空器推动社会信用体系建设的意见》(发改财金〔2018〕385号)相关规定。

2018年民航机场生产统计公报

一、通航城市和机场

2018年，我国境内民用航空(颁证)机场共有235个(不含香港、澳门和台湾地区，下同)，其中定期航班通航机场233个，定期航班通航城市230个。

年内定期航班新通航的城市有：甘肃陇南、新疆若羌、青海海北、河南信阳、湖南岳阳、新疆图木舒克。陕西安康机场和广西梧州西江(原梧州长洲岛)机场停航。

二、主要生产指标

2018年我国机场主要生产指标继续保持平稳较快增长，全年旅客吞吐量超过12亿人次，完成126468.9万人次，较上年增长10.2%。分航线看，国内航线完成113842.7万人次，较上年增长9.9%(其中内地至香港、澳门和台湾地区航线完成2872.7万人次，较上年增长6.0%)；国际航线完成12626.1万人次，较上年增长13.0%。

完成货邮吞吐量1674.0万吨，较上年增长3.5%。分航线看，国内航线完成1030.8万吨，较上年增长3.1%(其中内地至香港、澳门和台湾地区航线完成99.3万吨，较上年增长0.3%)；国际航线完成643.2万吨，较上年增长4.1%。

完成飞机起降1108.8万架次，较上年增长8.2%(其中运输架次为937.3万架次，较上年增长7.4%)。分航线看，国内航线完成1015.6万架次，较上年增长8.3%(其中内地至香港、澳门和台湾地区航线完成19.7万架次，较上年增长2.3%)；国际航线完成93.3万架次，较上年增长7.3%。

三、旅客吞吐量分布

各机场中，年旅客吞吐量1000万人次以上的机场达到37个，较上年净增5个(宁波栎社、石家庄正定、珠海金湾、温州龙湾、合肥新桥机场)，完成旅客吞吐量占全部境内机场旅客吞吐量的83.6%，较上年提高2.6个百分点。首都机场旅客吞吐量突破1亿人次，北京、上海和广州三大城市机场旅客吞吐量

表1 各省旅客吞吐量及增速

地区	增速排名	旅客吞吐量(人次)		
		本期完成	上期完成	增减%
全国合计		**126468.9**	**114786.7**	**10.2**
江西	1	1733.6	1415.5	22.5
安徽	2	1360.0	1141.7	19.1
河北	3	1390.9	1186.2	17.3
西藏	4	532.0	454.8	17.0
山西	5	1843.0	1583.4	16.4
江苏	6	5164.6	4446.1	16.2
山东	7	5763.4	5023.6	14.7
福建	8	4944.2	4313.0	14.6
青海	9	714.9	625.5	14.3
河南	10	2964.9	2596.1	14.2
宁夏	11	941.5	825.3	14.1
贵州	12	2799.5	2457.7	13.9
浙江	13	6538.7	5758.9	13.5
内蒙古	14	2530.0	2231.0	13.4
湖南	15	3023.8	2683.1	12.7
天津	16	2359.1	2100.5	12.3
新疆	17	3368.0	3015.7	11.7
广西	18	2765.6	2477.6	11.6
甘肃	19	1639.7	1470.2	11.5
吉林	20	1539.5	1386.2	11.1
湖北	21	3109.8	2805.0	10.9
黑龙江	22	2444.8	2210.9	10.6
广东	23	14184.5	12940.2	9.6
辽宁	24	3889.8	3582.2	8.6
重庆	25	4287.6	3966.0	8.1
云南	26	6758.1	6278.8	7.6
陕西	27	4762.5	4437.7	7.3
四川	28	6124.9	5777.0	6.0
海南	29	4477.1	4234.1	5.7
北京	30	10749.6	10174.0	5.7
上海	31	11763.4	11188.5	5.1

占全部境内机场旅客吞吐量的23.3%，较上年下降1.0个百分点。年旅客吞吐量200—1000万人次机场有29个，较上年净增3个，完成旅客吞吐量占全部境内机场旅客吞吐量的9.6%，较上年下降2.2个百分点。年旅客吞吐量200万人次以下的机场有169个，较上年减少2个，完成旅客吞吐量占全部境内机场旅客吞吐量的6.9%，较上年下降0.4个百分点。京津冀机场群完成旅客吞吐量14499.7万人次，较上年增长7.7%。长三角机场群完成旅客吞吐量22805.0万人次，较上年增长9.1%。粤港澳大湾区机场群珠三角九市完成旅客吞吐量13227.9万人次，较上年增长8.4%。成渝机场群完成旅客吞吐量10202.2万人次，较上年增长7.3%。

国内各地区旅客吞吐量的分布情况是：华北地区占14.9%，东北地区占6.2%，华东地区占29.5%，中南地区占24.1%，西南地区占16.2%，西北地区占6.4%，新疆地区占2.7%（注：由于四舍五入的原因，各地区占比之和可能不等于100%）。

旅客吞吐量增速高于全国平均水平的22个省（区、市）中，东部地区有6个：河北（17.3%）、江苏（16.2%）、山东（14.7%）、福建（14.6%）、浙江（13.5%）、天津（12.3%）。中部地区有6个：江西（22.5%）、安徽（19.1%）、山西（16.4%）、河南（14.2%）、湖南（12.7%）、湖北（10.9%）。西部地区有8个：西藏（17.0%）、青海（14.3%）、宁夏（14.1%）、贵州（13.9%）、内蒙古（13.4%）、新疆（11.7%）、广西（11.7%）、甘肃（11.5%）。东北地区有2个：吉林（11.1%）、黑龙江（10.6%）。

表2 各省货邮吞吐量及增速

地　区	增速排名	货邮吞吐量（万吨）		
		2018年	2017年	增减%
全国合计		1674.0	1617.7	3.5
江西	1	9.1	6.4	43.7
青海	2	3.7	3.0	26.2
陕西	3	32.0	26.5	20.7
宁夏	4	5.1	4.2	20.4
湖北	5	23.1	19.3	19.4
西藏	6	4.0	3.5	12.9
山西	7	6.2	5.5	12.7
河北	8	4.9	4.4	12.4
湖南	9	15.8	14.1	12.0
贵州	10	11.8	10.7	10.2
安徽	11	7.5	6.8	9.9
海南	12	26.4	24.4	8.5
广西	13	15.7	14.6	7.8
广东	14	319.2	301.3	6.0
山东	15	43.3	41.0	5.5
浙江	16	84.4	80.0	5.5
江苏	17	59.7	57.1	4.6
重庆	18	38.4	36.9	4.2
福建	19	54.4	52.5	3.7
四川	20	68.5	66.2	3.6
黑龙江	21	13.0	12.6	3.5
云南	22	47.5	46.3	2.7
河南	23	51.7	50.5	2.4
新疆	24	19.2	18.8	2.3
北京	25	209.9	205.3	2.3
辽宁	26	33.2	32.6	1.7
甘肃	27	6.4	6.4	0.6
上海	28	417.6	423.2	−1.3
内蒙古	29	7.4	7.5	−1.8
天津	30	25.9	26.8	−3.6
吉林	31	8.9	9.5	−6.9

四、机场货邮吞吐量分布

各机场中，年货邮吞吐量10000吨以上的机场有53个，较上年净增1个，完成货邮吞吐量占全部境内机场货邮吞吐量的98.4%，较上年下降0.1个百分点，其中北京、上海和广州三大城市机场货邮吞吐量占全部境内机场货邮吞吐量的48.8%，较上年下降1.1个百分点。年货邮吞吐量10000吨以下的机场有182个，较上年净增5个，完成货邮吞吐量占全部境内机场货邮吞吐量的1.6%，较上年上升0.1个百分点。京津冀机场群完成货邮吞吐量240.7万吨，较上年增长1.8%。长三角机场群完成货邮吞吐量558.0万吨，较上年增长0.2%。粤港澳大湾区机场群珠三角九市完成货邮吞吐量316.1万吨，较上年增长6.0%。成渝机场群完成货邮吞吐量106.6万吨，较上年增长3.8%。

国内各地区货邮吞吐量的分布情况是：华北地区占15.2%，东北地区占3.3%，华东地区占40.4%，中南地区占27.0%，西南地区占10.2%，西北地区占2.8%，新疆地区占1.1%（注：由于四舍五入的原因，各地区占比之和可能不等于100%）。

货邮吞吐量增速超过10%的10个省（区、市）中，东部地区有1个：河北（12.4%）。中部地区有4个：江西（43.7%）、湖北（19.4%）、山西（12.7%）、湖南（12.0%）。西部地区有5个：青海（26.2%）、陕西（20.7%）、宁夏（20.4%）、西藏（12.9%）、贵州（10.2%）。

2018年机场吞吐量排名

2018-01-01到2018-12-31

机场	旅客吞吐量（人次）				货邮吞吐量（吨）				起降架次（架次）			
	名次	本期完成	上年同期	同比增速%	名次	本期完成	上年同期	同比增速%	名次	本期完成	上年同期	同比增速%
合 计		**1,264,688,737**	**1,147,866,788**	**10.2**		**16,740,229.1**	**16,177,345.4**	**3.5**		**11,088,251**	**10,248,859**	**8.2**
北京/首都	1	100,983,290	95,786,296	5.4	2	2,074,005.4	2,029,583.6	2.2	1	614,022	597,259	2.8
上海/浦东	2	74,006,331	70,001,237	5.7	1	3,768,572.6	3,824,279.9	−1.5	2	504,794	496,774	1.6
广州/白云	3	69,720,403	65,806,977	5.9	3	1,890,560.0	1,780,423.1	6.2	3	477,364	465,295	2.6
成都/双流	4	52,950,529	49,801,693	6.3	5	665,128.4	642,872.0	3.5	6	352,124	337,055	4.5
深圳/宝安	5	49,348,950	45,610,651	8.2	4	1,218,502.2	1,159,018.6	5.1	5	355,907	340,385	4.6
昆明/长水	6	47,088,140	44,727,691	5.3	8	428,292.1	418,033.6	2.5	4	360,785	350,273	3.0
西安/咸阳	7	44,653,311	41,857,229	6.7	13	312,637.1	259,872.5	20.3	7	330,477	318,959	3.6
上海/虹桥	8	43,628,004	41,884,059	4.2	9	407,154.6	407,461.1	−0.1	10	266,790	263,586	1.2
重庆/江北	9	41,595,887	38,715,210	7.4	10	382,160.8	366,278.3	4.3	8	300,745	288,598	4.2
杭州/萧山	10	38,241,630	35,570,411	7.5	6	640,896.0	589,461.6	8.7	9	284,893	271,066	5.1
南京/禄口	11	28,581,546	25,822,936	10.7	11	365,054.4	374,214.9	−2.4	11	220,849	209,394	5.5
郑州/新郑	12	27,334,730	24,299,073	12.5	7	514,922.4	502,714.8	2.4	12	209,646	195,717	7.1
厦门/高崎	13	26,553,438	24,485,239	8.4	12	345,529.1	338,655.7	2.0	13	193,385	186,454	3.7
长沙/黄花	14	25,266,251	23,764,820	6.3	21	155,513.1	138,737.6	12.1	15	186,772	179,575	4.0
青岛/流亭	15	24,535,738	23,210,530	5.7	15	224,533.8	232,063.9	−3.2	16	182,642	179,592	1.7
武汉/天河	16	24,500,356	23,129,400	5.9	16	221,576.3	185,016.7	19.8	14	187,699	183,883	2.1
海口/美兰	17	24,123,582	22,584,815	6.8	17	168,622.2	154,496.0	9.1	21	165,186	157,535	4.9
天津/滨海	18	23,591,412	21,005,001	12.3	14	258,734.8	268,283.5	−3.6	18	179,414	169,585	5.8
乌鲁木齐/地窝堡	19	23,027,788	21,500,901	7.1	20	157,725.8	156,741.5	0.6	20	176,346	167,822	5.1
哈尔滨/太平	20	20,431,432	18,810,317	8.6	23	125,042.0	121,176.2	3.2	24	146,416	136,803	7.0
贵阳/龙洞堡	21	20,094,681	18,109,610	11.0	27	112,396.2	102,369.7	9.8	22	158,567	149,050	6.4
三亚/凤凰	22	20,039,035	19,389,936	3.3	29	95,132.9	89,115.9	6.8	27	123,507	121,558	1.6
沈阳/桃仙	23	19,027,398	17,342,626	9.7	18	168,558.0	159,117.1	5.9	25	137,661	127,387	8.1
大连/周水子	24	18,758,171	17,503,810	7.2	19	161,887.3	164,777.6	−1.8	23	146,652	141,428	3.7
济南/遥墙	25	16,611,795	14,319,264	16.0	26	113,627.9	95,151.5	19.4	26	126,828	115,529	9.8
南宁/吴圩	26	15,091,614	13,915,542	8.5	25	118,035.6	110,444.2	6.9	28	113,474	108,049	5.0
福州/长乐	27	14,393,532	12,469,235	15.4	22	133,189.4	125,602.7	6.0	29	110,243	98,908	11.5
兰州/中川	28	13,858,151	12,816,443	8.1	35	61,450.4	60,905.5	0.9	30	109,902	103,690	6.0
太原/武宿	29	13,588,423	12,401,086	9.6	36	53,402.1	48,428.4	10.3	32	107,930	101,076	6.8
南昌/昌北	30	13,524,159	10,937,105	23.7	31	82,604.4	52,262.4	58.1	31	108,614	89,863	20.9
长春/龙嘉	31	12,969,503	11,662,943	11.2	30	83,093.0	88,907.3	−6.5	37	92,807	86,041	7.9
呼和浩特/白塔	32	12,159,175	10,348,617	17.5	42	40,210.1	39,611.3	1.5	34	105,328	96,872	8.7
宁波/栎社	33	11,718,416	9,390,527	24.8	28	105,673.2	120,446.9	−12.3	41	85,434	73,257	16.6

（续）

机 场	旅客吞吐量（人次）				货邮吞吐量（吨）				起降架次（架次）			
	名次	本期完成	上年同期	同比增速%	名次	本期完成	上年同期	同比增速%	名次	本期完成	上年同期	同比增速%
石家庄/正定	34	11,332,518	9,582,921	18.3	40	46,145.9	41,013.2	12.5	38	89,717	80,492	11.5
珠海/金湾	35	11,220,703	9,216,808	21.7	39	46,393.0	37,379.0	24.1	42	85,380	74,694	14.3
温州/龙湾	36	11,218,701	9,285,621	20.8	32	80,189.5	75,531.9	6.2	40	86,362	74,505	15.9
合肥/新桥	37	11,110,596	9,147,128	21.5	33	69,787.3	63,575.0	9.8	39	89,005	76,263	16.7
银川/河东	38	8,944,837	7,936,445	12.7	38	50,733.5	42,181.6	20.3	46	75,635	67,059	12.8
桂林/两江	39	8,732,176	7,862,015	11.1	46	27,074.5	24,188.3	11.9	49	71,364	64,260	11.1
烟台/蓬莱	40	8,433,179	6,503,015	29.7	37	51,465.0	41,140.7	25.1	47	75,500	62,105	21.6
丽江/三义	41	7,529,935	7,105,345	6.0	51	11,329.9	10,265.6	10.4	52	56,932	54,250	4.9
泉州/晋江	42	7,443,161	5,340,586	39.4	34	63,845.4	59,277.8	7.7	51	58,319	43,926	32.8
无锡/硕放	43	7,207,529	6,683,380	7.8	24	123,818.9	107,598.1	15.1	54	56,066	52,839	6.1
北京/南苑	44	6,512,740	5,953,883	9.4	48	25,122.2	23,204.9	8.3	62	44,468	41,340	7.6
揭阳/潮汕	45	6,493,930	4,851,015	33.9	47	25,249.7	26,271.4	−3.9	55	55,564	49,109	13.1
西宁/曹家堡	46	6,339,622	5,627,696	12.7	44	33,879.1	27,687.2	22.4	56	55,064	48,529	13.5
西双版纳/嘎洒	47	4,446,247	3,990,867	11.4	50	13,207.2	13,060.7	1.1	67	34,828	31,925	9.1
拉萨/贡嘎	48	4,353,948	3,718,350	17.1	43	36,320.4	32,364.9	12.2	66	36,224	32,561	11.2
绵阳/南郊	49	3,938,882	3,543,403	11.2	60	7,586.7	7,225.0	5.0	19	176,550	169,088	4.4
常州/奔牛	50	3,327,722	2,510,512	32.6	45	28,170.1	18,871.3	49.3	61	45,676	40,498	12.8
宜昌/三峡	51	2,948,668	2,243,812	31.4	78	4,441.1	4,205.7	5.6	45	76,526	76,974	−0.6
南通/兴东	52	2,771,326	2,009,038	37.9	41	42,989.9	39,447.3	9.0	70	33,781	28,623	18.0
湛江	53	2,559,507	2,090,568	22.4	69	5,945.1	5,238.9	13.5	74	28,961	25,487	13.6
徐州/观音	54	2,518,799	1,916,517	31.4	53	10,065.7	9,232.9	9.0	58	51,770	36,537	41.7
威海/大水泊	55	2,508,155	2,037,485	23.1	63	6,764.6	5,729.0	18.1	84	20,889	17,780	17.5
鄂尔多斯/伊金霍洛	56	2,475,281	2,105,842	17.5	54	9,984.4	11,815.8	−15.5	71	33,156	45,483	−27.1
扬州/泰州	57	2,384,382	1,836,515	29.8	52	11,136.8	9,377.6	18.8	59	50,590	55,503	−8.9
呼伦贝尔/东山	58	2,328,816	2,169,197	7.4	71	5,767.4	5,000.0	15.3	87	20,126	18,464	9.0
北海/福成	59	2,282,218	1,711,199	33.4	67	6,446.1	5,511.2	17.0	92	18,427	16,635	10.8
张家界/荷花	60	2,209,911	1,773,700	24.6	109	1,176.0	1,426.3	−17.5	86	20,583	17,289	19.1
榆林/榆阳	61	2,090,209	1,771,190	18.0	72	5,527.1	4,178.5	32.3	85	20,835	18,327	13.7
喀什	62	2,060,100	2,048,004	0.6	57	8,225.0	7,718.7	6.6	94	17,643	30,679	−42.5
运城/张孝	63	2,052,654	1,444,590	42.1	75	5,081.2	3,173.0	60.1	69	34,630	32,265	7.3
遵义/新舟	64	2,033,587	1,561,066	30.3	86	2,315.9	1,618.1	43.1	90	18,902	15,310	23.5
包头/二里半	65	2,032,157	2,089,009	−2.7	62	7,144.6	8,981.5	−20.5	89	18,980	20,668	−8.2
临沂/沭埠岭	66	2,006,104	1,328,071	51.1	58	8,036.5	6,128.7	31.1	97	16,953	12,281	38.0
惠州/平潭	67	1,879,645	956,858	96.4	73	5,501.3	3,985.9	38.0	101	15,110	8,670	74.3

（续）

机 场	旅客吞吐量（人次）				货邮吞吐量（吨）				起降架次（架次）			
	名次	本期完成	上年同期	同比增速%	名次	本期完成	上年同期	同比增速%	名次	本期完成	上年同期	同比增速%
盐城/南洋	68	1,822,173	1,302,974	39.8	66	6,587.1	5,539.6	18.9	98	16,711	13,121	27.4
德宏/芒市	69	1,813,896	1,652,533	9.8	56	8,330.2	8,510.5	−2.1	99	15,528	13,982	11.1
大理	70	1,776,364	1,581,271	12.3	64	6,723.9	5,907.5	13.8	96	17,293	15,105	14.5
库尔勒	71	1,743,761	1,279,829	36.2	59	7,646.0	7,314.1	4.5	93	17,906	11,738	52.5
义乌	72	1,635,673	1,294,895	26.3	55	8,800.1	6,870.8	28.1	111	12,558	10,974	14.4
赣州/黄金	73	1,625,224	1,279,798	27.0	76	5,063.1	6,628.8	−23.6	102	14,998	16,787	−10.7
赤峰/玉龙	74	1,572,060	1,209,514	30.0	90	2,144.0	1,840.9	16.5	103	14,988	13,563	10.5
淮安/涟水	75	1,516,272	1,286,369	17.9	68	6,286.0	5,006.7	25.6	78	26,082	15,385	69.5
连云港/白塔埠	76	1,516,195	1,092,924	38.7	82	2,906.4	1,663.1	74.8	104	14,978	11,232	33.4
延吉/朝阳川	77	1,513,262	1,411,859	7.2	74	5,459.7	6,354.6	−14.1	109	12,638	11,674	8.3
襄阳/刘集	78	1,406,384	1,027,010	36.9	84	2,632.3	2,914.7	−9.7	50	69,833	89,270	−21.8
柳州/白莲	79	1,347,142	1,136,021	18.6	70	5,847.5	5,906.1	−1.0	110	12,616	11,323	11.4
伊宁	80	1,332,536	1,151,337	15.7	77	4,885.8	4,567.6	7.0	113	12,493	10,462	19.4
洛阳/北郊	81	1,313,764	880,253	49.2	104	1,326.2	1,463.8	−9.4	17	180,226	184,810	−2.5
阿克苏/温宿	82	1,292,215	1,276,512	1.2	65	6,633.3	6,109.1	8.6	115	11,590	10,805	7.3
铜仁/凤凰	83	1,276,640	1,344,928	−5.1	165	173.9	131.9	31.8	107	13,506	19,126	−29.4
济宁/曲阜	84	1,221,518	970,860	25.8	83	2,659.7	2,247.3	18.4	118	10,178	8,122	25.3
和田	85	1,217,504	1,030,691	18.1	80	3,262.7	2,261.8	44.3	119	10,113	8,635	17.1
毕节/飞雄	86	1,216,557	1,110,613	9.5	122	835.1	1,046.1	−20.2	106	13,622	13,708	−0.6
舟山/普陀山	87	1,209,675	1,023,039	18.2	176	112.4	196.8	−42.9	80	24,542	22,395	9.6
十堰/武当山	88	1,182,546	869,780	36.0	142	502.2			112	12,520	9,905	26.4
腾冲/驼峰	89	1,170,230	997,372	17.3	87	2,265.0	2,389.1	−5.2	116	10,691	9,001	18.8
兴义	90	1,120,857	922,070	21.6	113	1,139.0	891.0	27.8	114	12,383	10,033	10.2
台州/路桥	91	1,112,199	821,965	35.3	61	7,581.4	6,841.7	10.8	124	8,268	6,454	28.1
恩施/许家坪	92	1,039,311	770,053	35.0	94	1,704.6	1,202.0	41.8	121	9,434	20,027	−52.9
大同/云冈	93	1,016,273	640,095	58.8	97	1,615.2	1,704.4	−5.2	76	28,216	27,666	2.0
保山/云瑞	94	1,016,018	601,307	69.0	102	1,364.0	1,127.5	21.0	122	9,423	6,032	56.2
遵义/茅台	95	1,005,463	101,563	890.0	157	309.1			117	10,479	1,188	782.1
通辽	96	983,058	924,759	6.3	92	1,837.1	1,693.0	8.5	63	43,447	34,733	25.1
宜宾/菜坝	97	974,810	827,867	17.7	81	3,225.1	2,490.9	29.5	120	9,633	8,201	17.5
南充/高坪	98	942,932	752,668	25.3	79	3,720.1	2,913.8	27.7	64	41,326	47,904	−13.7
牡丹江/海浪	99	933,716	784,991	18.9	107	1,237.0	986.5	25.4	129	7,464	6,122	21.9
南阳/姜营	100	907,505	781,563	16.1	115	1,084.6	962.4	12.7	57	52,987	57,600	−8.0
日照/山字河	101	901,253	737,741	22.2	99	1,448.7	1,026.8	41.1	44	79,574	43,383	83.4

（续）

机场	旅客吞吐量（人次）				货邮吞吐量（吨）				起降架次（架次）			
	名次	本期完成	上年同期	同比增速%	名次	本期完成	上年同期	同比增速%	名次	本期完成	上年同期	同比增速%
万州/五桥	102	870,042	656,189	32.6	91	2,048.4	2,501.7	−18.1	79	25,310	22,786	11.1
佳木斯/东郊	103	865,076	667,788	29.5	112	1,152.2	1,076.4	7.0	131	7,015	6,233	12.5
大庆/萨尔图	104	831,589	621,053	33.9	100	1,419.9	1,399.5	1.5	138	6,539	5,464	19.7
衡阳/南岳	105	816,232	470,519	73.5	127	760.0	602.2	26.2	123	8,646	4,962	74.2
阜阳	106	799,575	610,099	31.1	153	383.8	532.9	−28.0	100	15,505	16,969	−8.6
邯郸	107	763,938	684,081	11.7	118	1,005.2	703.4	42.9	48	73,282	45,328	61.7
黄山/屯溪	108	761,230	725,948	4.9	88	2,250.6	2,291.1	−1.8	125	8,206	8,063	1.8
敦煌	109	757,672	526,779	43.8	148	422.4	510.2	−17.2	127	7,661	5,509	39.1
乌兰浩特/义勒力特	110	737,748	670,814	10.0	96	1,642.0	1,735.1	−5.4	60	47,169	29,039	62.4
常德/桃花源	111	726,357	438,362	65.7	135	609.7	368.7	65.3	36	97,832	83,847	16.7
潍坊	112	724,754	597,763	21.2	49	24,072.0	26,469.2	−9.1	135	6,910	6,358	8.7
东营/胜利	113	691,122	531,381	30.1	158	297.3	328.9	−9.6	68	34,670	44,240	−21.6
长治/王村	114	690,257	557,142	23.9	126	777.1	465.0	67.1	126	7,876	6,674	18.0
西昌/青山	115	676,804	634,794	6.6	98	1,584.2	1,427.7	11.0	141	6,324	6,166	2.6
井冈山	116	658,062	626,775	5.0	85	2,534.9	2,219.6	14.2	133	6,990	6,266	11.6
武夷山	117	643,017	493,460	30.3	119	976.1	826.9	18.0	130	7,071	5,832	21.2
普洱/思茅	118	639,929	581,680	10.0	110	1,171.9	1,078.8	8.6	128	7,540	7,156	5.4
宜春/明月山	119	639,834	542,727	17.9	150	409.8	370.0	10.7	132	7,014	6,153	14.0
锡林浩特	120	622,849	648,455	−3.9	95	1,693.4	1,526.4	10.9	95	17,421	18,756	−7.1
迪庆/香格里拉	121	592,253	570,974	3.7	116	1,047.0	957.3	9.4	137	6,682	6,404	4.3
克拉玛依	122	590,497	389,677	51.5	149	419.9	281.4	49.2	73	29,832	43,089	−30.8
唐山/三女河	123	574,333	519,164	10.6	108	1,192.2	1,261.0	−5.5	143	6,052	5,405	12.0
嘉峪关	124	561,393	434,483	29.2	101	1,398.0	1,616.1	−13.5	149	5,261	4,354	20.8
琼海/博鳌	125	550,527	316,246	74.1	143	485.5	52.0	833.3	88	18,998	8,523	122.9
白山/长白山	126	549,691	626,884	−12.3	170	147.2	118.5	24.3	140	6,339	7,453	−14.9
景德镇/罗家	127	513,632	621,880	−17.4	134	647.4	2,120.0	−69.5	151	5,065	4,638	9.2
达州/河市	128	513,515	424,496	21.0	105	1,277.9	1,464.2	−12.7	144	5,826	4,752	22.6
梅县/长岗岌	129	512,504	397,857	28.8	163	198.8	126.9	56.7	139	6,486	5,414	19.8
怀化/芷江	130	498,341	180,497	176.1	203	22.6	2.3	879.7	75	28,709	3,416	740.4
汉中/城固	131	494,960	414,361	19.5	111	1,156.1	630.5	83.3	105	14,439	10,753	34.3
林芝/米林	132	484,506	467,879	3.6	89	2,231.4	1,943.3	14.8	148	5,306	5,256	1.0
乌海	133	481,269	454,296	5.9	132	659.5	599.2	10.1	145	5,694	6,083	−6.4
安庆	134	477,634	459,170	4.0	93	1,727.9	1,434.4	20.5	152	4,964	4,904	1.2
邵阳/武冈	135	469,694	82,232	471.2	221	0.5	2.2	−76.8	150	5,194	937	454.3

（续）

机 场	旅客吞吐量（人次）				货邮吞吐量（吨）				起降架次（架次）			
	名次	本期完成	上年同期	同比增速%	名次	本期完成	上年同期	同比增速%	名次	本期完成	上年同期	同比增速%
池州/九华山	136	450,910	475,132	−5.1	123	834.7	408.3	104.4	154	4,880	5,430	−10.1
安顺/黄果树	137	441,391	421,517	4.7	129	730.0	897.2	−18.6	134	6,978	5,652	23.5
临沧	138	440,867	399,406	10.4	133	651.0	751.1	−13.3	164	4,106	3,918	4.8
承德/普宁	139	436,893	146,979	197.2	181	94.1	3.2	2,827.8	174	3,481	1,352	157.5
六盘水/月照	140	430,977	385,141	11.9	190	63.4	48.0	32.1	146	5,536	5,484	0.9
满洲里/西郊	141	428,080	501,682	−14.7	117	1,018.5	1,011.3	0.7	155	4,844	5,672	−14.6
庆阳	142	419,674	337,346	24.4	188	67.0	48.6	37.8	83	21,699	14,749	47.1
秦皇岛/北戴河	143	414,224	328,473	26.1	140	513.1	506.2	1.4	77	27,001	9,699	178.4
黔江/武陵山	144	409,902	288,749	42.0	166	163.4	120.5	35.6	153	4,923	3,320	48.3
齐齐哈尔/三家子	145	409,783	403,008	1.7	120	919.5	582.3	57.9	171	3,616	3,556	1.7
哈密	146	398,645	299,625	33.0	125	804.2	483.4	66.4	156	4,790	3,693	29.7
阿勒泰	147	397,391	105,301	277.4	160	269.9	87.8	207.3	136	6,756	2,917	131.6
乌兰察布/集宁	148	395,951	324,128	22.2	168	150.6	3.2	4,584.7	147	5,461	5,171	5.6
临汾/乔李	149	387,321	254,290	52.3	141	508.9	780.1	−34.8	159	4,453	3,116	42.9
张家口/宁远	150	387,230	600,658	−35.5	183	88.4	122.7	−28.0	170	3,647	6,173	−40.9
延安/南泥湾	151	386,548	333,724	15.8	137	582.0	345.9	68.2	167	3,760	3,119	20.6
攀枝花/保安营	152	385,358	272,926	41.2	103	1,330.7	1,345.7	−1.1	166	3,986	2,768	44.0
上饶/三清山	153	375,030	146,655	155.7	174	121.1	6.6	1,729.6	158	4,558	1,634	178.9
吕梁/大武	154	367,304	275,786	33.2	179	103.2	43.4	137.9	161	4,294	3,406	26.1
巴彦淖尔/天吉泰	155	352,570	282,874	24.6	131	714.2	595.6	19.9	160	4,442	3,997	11.1
昭通	156	346,579	280,639	23.5	144	479.1	249.4	92.1	165	4,058	3,470	16.9
忻州/五台山	157	327,784	261,146	25.5	193	54.5	25.8	111.1	157	4,696	3,864	21.5
昌都/邦达	158	325,065	231,235	40.6	114	1,097.6	713.6	53.8	176	3,364	2,252	49.4
库车/龟兹	159	321,086	295,001	8.8	145	473.0	380.2	24.4	162	4,202	3,745	12.2
玉树/巴塘	160	302,796	263,706	14.8	121	902.8	722.1	25.0	168	3,704	3,106	19.3
营口/兰旗	161	297,963	205,528	45.0	186	71.6	188.3	−62.0	181	3,156	2,459	28.3
锦州/锦州湾	162	294,297	232,715	26.5	124	809.4	911.8	−11.2	184	2,568	2,110	21.7
塔城	163	270,128	74,724	261.5	172	131.7	17.5	652.4	169	3,684	858	329.4
鞍山/腾鳌	164	260,922	199,279	30.9	211	4.7	15.5	−69.8	185	2,564	2,234	14.8
广元/盘龙	165	255,477	265,256	−3.7	155	350.2	320.1	9.4	72	30,839	15,397	100.3
衢州	166	251,032	202,620	23.9	128	750.2	601.8	24.6	196	2,034	1,652	23.1
永州/零陵	167	250,102	120,824	107.0	209	11.8	15.2	−22.2	175	3,374	1,594	111.7
中卫/香山	168	243,519	159,744	52.4	164	178.2	126.7	40.7	65	38,737	42,321	−8.5
稻城/亚丁	169	242,091	198,952	21.7	162	223.3	267.5	−16.5	192	2,323	1,930	20.4

（续）

机场	旅客吞吐量（人次）				货邮吞吐量（吨）				起降架次（架次）			
	名次	本期完成	上年同期	同比增速%	名次	本期完成	上年同期	同比增速%	名次	本期完成	上年同期	同比增速%
泸州/云龙	170	235,360	395,575	−40.5	136	608.8	1,062.4	−42.7	193	2,317	3,996	−42.0
澜沧/景迈	171	232,793	61,407	279.1	199	30.8	1.0	2,972.3	187	2,514	584	330.5
固原/六盘山	172	226,235	157,183	43.9	202	24.9	15.1	64.9	82	22,436	13,241	69.4
鸡西/兴凯湖	173	215,872	222,125	−2.8	169	149.0	257.0	−42.0	177	3,342	2,752	21.4
莎车	174	212,532	44,218	380.6	139	523.9	42.1	1,143.2	191	2,356	434	442.9
二连浩特/赛乌素	175	205,826	163,111	26.2	151	391.3	342.3	14.3	163	4,174	3,788	10.2
连城/冠豸山	176	205,031	142,794	43.6	154	359.0	224.5	60.0	199	1,938	1,604	20.8
三明/沙县	177	204,039	198,272	2.9	159	276.3	374.4	−26.2	190	2,392	2,095	14.2
吐鲁番/交河	178	193,069	147,653	30.8	138	554.9	1,156.5	−52.0	172	3,518	2,642	33.2
格尔木	179	183,683	172,266	6.6	106	1,255.7	861.9	45.7	189	2,444	2,238	9.2
黔南州/荔波	180	182,668	101,462	80.0	219	1.1	0.9	22.7	173	3,500	1,984	76.4
黑河	181	180,905	150,692	20.0	194	49.0	72.4	−32.4	182	3,083	2,698	14.3
百色/巴马	182	180,801	109,918	64.5	200	29.9	5.9	403.9	188	2,446	1,522	60.7
天水/麦积山	183	179,691	178,227	0.8	180	97.5	52.3	86.3	180	3,172	3,340	−5.0
张掖/甘州	184	176,848	138,292	27.9	167	159.8	136.6	17.0	204	1,618	1,576	2.7
金昌/金川	185	174,000	152,606	14.0	175	112.9	102.6	10.0	197	2,018	2,075	−2.7
朝阳	186	172,962	136,221	27.0	205	21.6	15.2	42.3	35	98,393	70,461	39.6
石河子/花园	187	169,181	80,949	109.0	178	107.6	110.6	−2.7	183	2,684	1,210	121.8
博乐/阿拉山口	188	168,933	134,269	25.8	177	112.3	113.1	−0.7	53	56,508	52,964	6.7
阿拉善左旗/巴彦浩特	189	165,858	121,884	36.1	217	1.4	0.3	312.7	142	6,164	5,997	2.8
沧源/佤山	190	164,598	81,945	100.9	195	48.0	24.0	99.9	205	1,548	742	108.6
宁蒗/泸沽湖	191	163,599	47,439	244.9	197	43.6	26.0	67.9	203	1,622	454	257.3
伊春/林都	192	162,113	135,326	19.8	198	39.6	53.1	−25.4	201	1,818	1,407	29.2
文山/普者黑	193	159,749	108,571	47.1	191	60.6	291.3	−79.2	108	13,084	9,582	36.5
松原/查干湖	194	159,477	24,231	558.2	192	54.8	0.7	8,254.7	91	18,741	386	4,755.2
加格达奇	195	156,084	147,417	5.9	185	73.5	50.2	46.6	178	3,281	2,977	10.2
陇南/成县	196	147,216			207	17.1			194	2,193		
凯里/黄平	197	141,478	425,155	−66.7	215	1.7	0.6	182.8	179	3,191	9,476	−66.3
扎兰屯/成吉思汗	198	128,618	56,675	126.9	204	21.9	0.028	78,278.6	186	2,562	1,060	141.7
果洛机场	199	125,139	70,834	76.7	146	444.5	85.5	420.2	210	1,190	644	84.8
甘南/夏河	200	122,024	118,282	3.2	156	314.5	303.5	3.6	200	1,928	1,888	2.1
通化/三源浦	201	116,391	104,234	11.7	231				211	1,174	1,106	6.1
佛山/沙堤	202	109,228	471,472	−76.8	173	129.0	242.5	−46.8	222	817	3,381	−75.8
海西/德令哈	203	107,354	81,661	31.5	130	723.0	228.5	216.4	209	1,324	926	43.0

（续）

机场	旅客吞吐量（人次）				货邮吞吐量（吨）				起降架次（架次）			
	名次	本期完成	上年同期	同比增速%	名次	本期完成	上年同期	同比增速%	名次	本期完成	上年同期	同比增速%
阿尔山/伊尔施	204	103,880	155,187	−33.1	152	387.3	384.3	0.8	198	1,968	2,758	−28.6
信阳/明港	205	93,305			223				215	1,038		
霍林河机场	206	91,923	47,010	95.5	212	4.1	0.2	1,982.6	195	2,126	1,068	99.1
白城/长安	207	86,246	31,439	174.3	220	0.9	0.3	260.0	213	1,088	438	148.4
甘孜/康定	208	83,584	116,324	−28.1	182	90.5	48.4	87.1	208	1,444	1,782	−19.0
丹东/浪头	209	83,241	198,498	−58.1	147	432.0	1,218.0	−64.5	224	715	1,901	−62.4
建三江/湿地	210	82,449	11,695	605.0	226				207	1,455	136	969.9
那拉提	211	82,057	84,491	−2.9	187	69.0	105.5	−34.6	216	999	1,092	−8.5
日喀则	212	81,349	64,539	26.0	161	269.3	311.4	−13.5	217	976	739	32.1
漠河/古莲	213	80,735	83,801	−3.7	184	80.0	77.4	3.4	202	1,708	1,872	−8.8
海西/花土沟	214	77,077	38,935	98.0	171	136.9	6.9	1,872.3	220	887	451	96.7
阿里/昆莎	215	75,028	66,342	13.1	201	27.1	35.1	−22.8	218	968	928	4.3
且末	216	71,450	50,762	40.8	210	8.7	4.6	89.0	214	1,068	726	47.1
布尔津/喀纳斯	217	66,731	121,284	−45.0	213	2.5	4.3	−41.0	206	1,496	3,126	−52.1
抚远/东极	218	58,444	65,148	−10.3	218	1.4	1.7	−18.6	219	922	852	8.2
三沙/永兴	219	58,271	49,810	17.0	189	65.0	10.4	527.7	223	728	716	1.7
黎平	220	50,747	93,382	−45.7	214	1.8	11.7	−84.6	212	1,128	2,250	−49.9
五大连池/德都	221	39,673	5,505	620.7	222		0.001	−100.0	221	833	84	891.7
若羌/楼兰	222	35,539			196	46.7			227	578		
阿坝/红原	223	28,250	12,541	125.3	233				230	454	210	116.2
富蕴/可可托海	224	27,638	41,796	−33.9	208	15.9	37.4	−57.7	81	23,436	2,224	953.8
河池/金城江	225	22,446	14,083	59.4	228				228	567	419	35.3
九寨/黄龙	226	21,538	523,130	−95.9	206	20.6	195.8	−89.5	232	332	4,888	−93.2
额济纳旗/桃来	227	21,249	23,843	−10.9	235		0.039	−100.0	225	644	881	−26.9
神农架/红坪	228	20,321	10,299	97.3	230				229	482	322	49.7
祁连机场	229	13,137			229				233	236		
阿拉善右旗/巴丹吉林	230	12,540	13,566	−7.6	234				226	596	798	−25.3
长海/大长山岛	231	2,720	2,958	−8.0	232				231	432	401	7.7
岳阳/三荷	232	1,469			225				234	12		
图木舒克/唐王城	233	887			216	1.5			235	12		
安康	234				224				43	81,767	19,485	319.6
梧州/西江	235		27,475	−100.0	227		7.5	−100.0	33	107,361	98,260	9.3

2018年全球机场客运吞吐量排名

排名	机场	主要城市	乘客总量（万人次）
1	美国 哈茨菲尔德-杰克逊国际机场	亚特兰大	10739.4
2	中国 北京首都国际机场	北京	10098.3
3	阿拉伯联合酋长国 迪拜国际机场	迪拜	8914.9
4	美国 洛杉矶国际机场	洛杉矶	8753.4
5	日本 东京国际机场	东京	8709.9
6	美国 芝加哥奥黑尔国际机场	芝加哥	8333.9
7	欧洲联盟英国 伦敦希斯罗机场	伦敦	8010.2
8	中国香港 香港国际机场	香港	7468.8
9	中国 上海浦东国际机场	上海	7405.4
10	欧洲联盟法国 巴黎夏尔·戴高乐机场	巴黎	7223
11	欧洲联盟荷兰 阿姆斯特丹史基浦机场	阿姆斯特丹	7105.3
12	印度 英迪拉·甘地国际机场	德里	6986.7
13	中国 广州白云国际机场	广州	6979
14	欧洲联盟德国 法兰克福机场	法兰克福	6951
15	美国 达拉斯-沃斯堡国际机场	达拉斯	6911.3
16	大韩民国 仁川国际机场	首尔	6826
17	土耳其 伊斯坦布尔阿塔图尔克机场	伊斯坦布尔	6798.1
18	印度尼西亚 苏加诺-哈达国际机场	雅加达	6690.8
19	新加坡 新加坡樟宜机场	新加坡	6560
20	美国 丹佛国际机场	丹佛	6449.5
21	泰国 素万那普机场	曼谷	6337.9
22	美国 肯尼迪国际机场	纽约	6190.9
23	马来西亚 吉隆坡国际机场	吉隆坡	5995.9
24	欧洲联盟西班牙 马德里-巴拉哈斯机场	马德里	5789.1
25	美国 旧金山国际机场	旧金山	5779.3
26	中国 成都双流国际机场	成都	5287.7
27	欧洲联盟西班牙 巴塞罗那-埃尔普拉特机场	巴塞罗那	5017.2
28	印度 贾特拉帕蒂·希瓦吉国际机场	孟买	4987.8
29	美国 西雅图-塔科马国际机场	西雅图	4985
30	美国 麦卡伦国际机场	拉斯维加斯	4971.7
31	加拿大 多伦多皮尔逊国际机场	多伦多	4950.7
32	中国 深圳宝安国际机场	深圳	4934.9
33	墨西哥 墨西哥城贝尼托·胡亚雷斯国际机场	墨西哥城	4770
34	美国 奥兰多国际机场	奥兰多	4769.7
35	中国 昆明长水国际机场	昆明	4708.8
36	中国台湾 桃园国际机场	台北	4653.5
37	美国 夏洛特道格拉斯国际机场	夏洛特	4644.4
38	欧洲联盟德国 慕尼黑机场	慕尼黑	4627.1
39	欧洲联盟英国 伦敦盖特威克机场	伦敦	4607.5
40	美国 纽瓦克自由国际机场	纽约	4606.5

（续）

排 名	机 场	主要城市	乘客总量（万人次）
41	俄罗斯 谢列梅捷沃国际机场	莫斯科	4583.6
42	菲律宾 尼诺伊·亚基诺国际机场	马尼拉	4508.3
43	美国 迈阿密国际机场	迈阿密	4504.4
44	美国 凤凰城天港国际机场	凤凰城	4494.4
45	中国 西安咸阳国际机场	西安	4465.3
46	澳大利亚 悉尼国际机场	悉尼	4438.9
47	美国 乔治·布什洲际机场	休斯敦	4380.8
48	中国 上海虹桥国际机场	上海	4362.8
49	欧洲联盟意大利 罗马菲乌米奇诺机场	罗马	4299.5
50	巴西 圣保罗瓜鲁柳斯机场	圣保罗	4283.2

2018年全球货运量最高的20大机场排名

排 名	机场名称/代码	所在国家/城市	年货物装卸量/增减
1	香港国际机场(Hong Kong International Airpor，HKG)	中国/香港	512万吨
2	孟菲斯国际机场(Memphis International Airport，MEM)	美国/孟菲斯	447万吨
3	浦东国际机场(Pudong International Airpor，PVG)	中国/上海	377万吨
4	仁川国际机场(Incheon International Airport，ICN)	韩国/仁川	295万吨
5	泰德·史蒂文斯安克雷奇国际机场(Ted Stevens Anchorage International Airport，ANC)	美国/安克雷奇	281万吨
6	迪拜国际机场(Dubai International Airpor，DXB)	阿联酋/迪拜	264万吨
7	路易斯维尔国际机场(Louisville International Airport，SDF)	美国/路易斯维尔	262万吨
8	台湾桃园国际机场(Taiwan Taoyuan International Airport，TPE)	中国/台北	232万吨
9	成田国际机场(Narita International Airport，NRT)	日本/东京	226万吨
10	洛杉矶国际机场(Los Angeles International Airport，LAX)	美国/洛杉矶	221万吨
11	多哈哈马德国际机场(Doha Hamad International Airport，DOH)	卡塔尔/多哈	220万吨
12	新加坡樟宜机场(Singapore Changi Airport，SIN)	新加坡	220万吨
13	法兰克福国际机场(Flughafen Frankfurt/Main，FRA)	德国/法兰克福	218万吨
14	巴黎戴高乐机场(Aeroport deParis−Charles de Gaull，CDG)	法国/巴黎	216万吨
15	迈阿密国际机场(Miami International Airport，MIA)	美国/迈阿密	213万吨
16	北京首都国际机场(Beijing Capital International Airport，PEK)	中国/北京	207万吨
17	广州白云国际机场(Guangzhou Bai Yun International Airport，CAN)	中国/广州	189万吨
18	奥黑尔国际机场(O'Hare International Airpor，ORD)	美国/芝加哥	181万吨
19	希思罗机场(Heathrow Airpor，LHR)	英国/伦敦	177万吨
20	阿姆斯特丹史基浦机场(Amsterdam Airport Schipho，AMS)	荷兰/阿姆斯特丹	174万吨

本篇责任编辑：于晓光
本篇责任校对：于晓光

北京市地铁运营有限公司

北京市地铁运营有限公司（简称地铁公司）前身为中国人民解放军铁道兵北京地下铁道运营管理处，成立于1970年4月15日，是北京市市属大型国有独资公司，是国内最早成立的城市轨道交通运营企业，开通运营了新中国第一条地铁。北京地下铁道一期工程于1965年7月1日正式开工，1969年10月1日开始通车，1971年1月15日开始内部接待参观群众，运行区段为公主坟站至北京站，共10座车站，全长10.7公里。

至2019年底，地铁公司在职员工3万余名，运营16条线路（其中包括1号线、2号线、5号线、6号线、7号线、8号线、9号线、10号线、13号线、15号线、八通线、首都机场线、房山线、昌平线、亦庄线、S1线），运营总里程521公里，运营车站314座。2019年，地铁公司圆满完成第二届“一带一路”国际合作高峰论坛、亚洲文明对话大会、北京世界园艺博览会和国庆70周年服务保障任务等一系列重大活动服务保障，运营安全服务水平大幅提升。

地铁公司作为城市公共服务类企业，业务布局分为运营服务、增值服务和关联业务三大板块，恪守“保障城市运行安全，提升城市承载能力，成为国内领先、世界一流的城市轨道交通运营商”的定位，始终坚持服务首都城市战略定位和首都经济社会发展的公益性原则，坚持“安全是基础、服务是根本、效益是目标、管理是手段、改革是动力”的工作方针，围绕“国内领先、世界一流”的“六型地铁”战略目标，努力提高运营管理能力和水平，全力履行政治责任、社会责任和经济责任，在落实首都城市战略定位、推动京津冀协同发展、建设国际一流的和谐宜居之都等方面作出重要贡献。

子夜（深夜检修）　（线路分公司 莫 岩 摄）

空地对接 （机场线站区 韩 亮 摄）

管道运输篇

PIPELINE TRANSPORTATION PART

内容提要

此篇主要内容包括新中国成立70年管道运输行业发展历程与成就，新中国成立70年中国石油、中国石化、中国海油、全国社会油气储运发展。

新中国成立70年管道运输行业建设与发展

新中国成立70年管道运输行业发展历程与成就

发展历程与成就

【综 述】中国管道运输行业始于20世纪中叶，经过70余年的发展，已经进入国际先进行列。1942年，在新疆独山子油矿铺设2.5公里输送管道，这是中国第一条原油管道。第二次世界大战期间，美国在1945年建设中印输油管道，全长约3218公里，这是中国境内第一条成品油管道，同时也是当时世界上最长的成品油管道。新中国成立前，中国仅在四川地区修建了少量钢质输气管道，全长约27.7公里。新中国成立70年来，中国管道运输从起步发展至进入世界先进行列，期间经历了3个阶段：

1.20世纪50年代至80年代初期的自力更生阶段。1958年，全长147.2公里的克拉玛依—独山子原油管道建成，这是新中国第一条长输原油管道。为解决大庆原油外输问题，1970年开始东北“八三”管道工程建设，经过5年时间完成8条原油管道的建设和投产，形成了国内第一个原油管网，连接了抚顺、锦州、大连各炼厂及秦皇岛油港、大连新港。这是中国管道行业发展史上的重要里程碑。

新中国第一条长距离成品油管道是1976年建成投产的格尔木—拉萨成品油管道，全长1080公里。1963年开始修建四川巴渝输气管道，开始了新中国天然气管道的建设。至1979年，形成南半环天然气管网。

1974年3月，中国辽宁省丹东市至朝鲜人民民主共和国新义州的中朝友谊输油管道开工，1975年12月竣工，该管道是中国第一条跨国管道。

1975年，在上海陈山码头建成了第一座5万立方米浮顶油罐。

至1980年，中国累计建设原油、成品油、天然气管道分别为6557公里、1114公里、2792公里。

2.20世纪80年代中期至90年代末的引进消化吸收阶段。党的十一届三中全会以来，在改革开放方针的指引下，通过引进和消化吸收国外先进科学技术和管理理念，中国油气储运设施建设和管理水平进入了快速提升阶段。

1986年，东黄复线原油管道投产，这是中国第一个中外联合设计的管道工程，也是中国首条实现密闭输送和自动化管理的长输管道。1996年，库鄯原油管道投产，这是当时国内自动化程度最高的原油管道，也是中国首条选用高强度X65钢管，采用高压力、大站间距、常温输送的长输原油管道。

1995年，全长246公里的抚顺—鲅鱼圈成品油管道投产，此后又建成全长291公里的克拉玛依—乌鲁木齐成品油管道。

1987年，四川建成北半环天然气管道，并与此前的南半环管道相接，形成了中国第一个区域性天然气管网。1997年，陕京输气管道投产，成为中国天然气管道追赶世界先进水平的起点。

1986年，引进国外整套技术在秦皇岛首次建造2座10万立方米浮顶油罐。此后，又在大庆建造2座10万立方米浮顶油罐。

至2000年，中国累计建设原油、成品油、天然气管道分别为7697公里、2143公里、8764公里。

3.21世纪以来的自主创新、跨越发展阶段。进入21世纪以来，中国油气储运工业积极贯彻自主创新的发展战略，在油气储运工程设计、建设、运行、管理各领域突飞猛进，设施规模不断扩大，建设和运营水平大幅提升。

（1）基础设施网络基本成型。西部、漠河—大庆、日照—仪征—长岭、宁波—上海—南京等原油管道，兰州—郑州—长沙、兰州—成都—重庆、鲁皖、西部、西南成品油管道，以及西气东输和陕京、川气东送天然气管道等一批长距离、大输量的主干管道陆续建成，联络线和区域网络不断完善。至2018年底，中国原油、成品油、天然气长输管道里程分别达到2.9万公里、2.6万公里和9.1万公里。

（2）资源进口通道初步形成。西北方向：中哈原油管道、中亚—中国天然气管道A、B、C线建成，D线项目稳步推进。东北方向：中俄原油管道、中俄原油管道二线建成，中俄东线天然气管道工程加快推进。西南方向：中缅原油天然气管道建成。沿海地区：原油码头设计能力满足进口接卸需要，建成大型液化天然气（LNG）接收站13座。

（3）管道输送能力不断提高。2018年，中国一次运输中原油管道运量达到5亿吨，约占原油加工量95%；成品油管道运量达到1.9亿吨，约占成品油消费的45%。天然气管道覆盖率不断提高，用气人口从2010年的1.9亿人增加到2018年的4亿人。管道和铁路、水路、公路等交通方式分工合作、相互补充，共同形成了中国油气运输体系。

（4）油气储备及应急调峰体系初步建立。国家原油储备库建设顺利推进，石油商业储备达到一定规模，形成多层次的石油储备体系。至2016年底，中国已建成舟山、舟山2期、镇海、大连、黄岛、独山子、兰州、天津及黄岛国家石油储备洞库9个国家石油储备基地，石油战略储备能力达到3530万立方米，可满足全国34天石油消费。至2018年底，地下储气库工作气量达87亿立方米、沿海LNG接收站储罐容量达到850万立方米，有效保障了重点城市和区域天然气应急调峰。全国油气管网衔接储运、服务产销的格局初步形成。

（5）管道技术装备达到国际先进水平。管道建设中新工艺、新材料、新技术、新设备不断涌现，运营调度中监控与数据采集（SCADA）系统和现代通信技术广泛应用，管道智能化、网络化水平大幅提升。大口径、高压力管道设计施工和装备制造技术日趋成熟，高钢级管材、自动焊装备、大型压缩机组等主要材料、关键设备自主化水平不断提高。

“十二五”以来，中国管道运输行业发展迅速，取得了一系列的理论和技术研究成果，并有效转化为生产力，有力支撑了油气储运产业的大发展。继“西气东输工程技术及应用”获2010年度国家科技进步一等奖之后，“我国油气战略通道建设与运行关键技术”获2014年度国家科技进步一等奖。

（国家能源局油气司）

中国石油

【概 述】

1.中国石油基本概况。中国石油天然气集团有限公司（以下简称中国石油或集团公司）是1998年7月在原中国石油天然气总公司基础上组建的特大型石油石化企业集团，2017年12月完成公司制改制。

中国石油是国有独资公司，是产炼运销储贸一体化的综合性国际能源公司，主要业务为国内外石油天然气勘探开发、炼油化工、油气销售、管道运输、国际贸易、工程技术服务、工程建设、装备制造、金融服务、新能源开发等。2017年，在世界50家大石油公司综合排名中位居第三，在《财富》杂志全球500强排名中位居第四。

2.专业公司概况。中石油管道有限责任公司（以下简称中油管道公司）是中国石油天然气股份有限公司（以下简称中油股份公司）的控股子公司，对中油股份公司境内所属天然气干线、支干线及原油、成品油管输业务进行管理，是管道资产统一的管理、运营及投融资平台。按照“中油股份公司（专业公司）—中油管道公司—管道成员企业”三级管理架构，中油管道公司实行业务综合职能管理，接受中油股份公司整体考核；内部实行集中调控、区域化管理。

中油管道公司机关设办公室（党委办公室）、规划计划部、财务资产部、人力资源部（党委组织部）、企管法规部（董监事会办公室）、生产经营部、管道部、设备管理部、工程部、物资管理部、质量安全环保部、科技信息部、党群工作部（企业文化部）、审计部、监察部（纪委办公室），共计15个部门。中油管道公司下设西气东输分公司、西部分公司、北方分公司3家区域分公司及全资子公司——中石油西北联合管道有限公司，受托管理中油股份公司所属管道分公司、西气东输管道分公司、中石油北京天然气管道有限公司、西部管道分公司及西南管道分公司，北京油气调控中心为直属单位。其中，西部分公司、中石油西北联合管道有限公司与西部管道分公司、西气东输分公司与西气东输管道分公司、北方分公司与管道分公司，均是“一个机构、多块牌子”。

在集团公司党组和中油股份公司管理层领导下，历经十余年发展，油气管道业务资产规模快速增长，相继建成西气东输一线、二线、三线，陕京一线、二线、三线、四线，中俄原油管道、中缅油气管道等主干管道，形成四大油气战略通道和国内骨干管网；积极贯彻落实党中央关于加快天然气产供储销体系建设的指示精神，全力推进天然气基础设施互联互通重点工程建设，有效消除天然气基础设施制约瓶颈，全面提升保供能力；经营效益大幅攀升，管网运营管理水平持续提高，为保障上下游业务协调发展、实现天然气产业链价值最大化，为集团公司战略目标的顺利完成、整体实力和国际竞争力的显著提升做出积极贡献。至2018年底，中油管道公司所辖在役油气管道总里程6.2万公里。其中，天然气管道4万公里，原油管道1.1万公里，成品油管道1.1万公里；天然气、原油、成品油管网一次管输能力分别达到1920亿方/年、1.6亿吨/年和7221万吨/年。

【储运设施建设及重大工程】新中国成立70年以来，中国展开了大规模的长输管道建设，逐步实现了原油运输由铁路为主转向以管输为主。1970年8月3日，东北“八三工程”正式筹建，历时5年，8条管道陆续投产，于1975年全部建成，形成了中国第一个原油管网，连接了抚顺、锦州、锦西、大连各炼油厂和秦皇岛及大连油港，随后建成的秦皇岛—北京输油管道，将大庆原油输送到北京。随着胜利、华北、河南、长庆和中原油田产量的增长，建设了东营—黄岛、东营—临邑、临邑—仪征3条输油管道，形成以鲁宁线为主干线的管网，可将胜利原油输送到黄岛和仪征2个油港装船外运，至此东北及华北地区形成了以管道输送为主，与油港联运的原油输送格局。

与此同时，相继建成任丘—北京、任丘—沧州、沧州—临邑输油管道，使华北原油既可输往北京，又可汇入鲁宁管道南下。建成濮阳—临邑、濮阳—洛阳输油管道，解决了中原油田的原油外运问题。长庆油田的马岭—惠安堡、惠安堡—中宁输油管道的建成，保证了长庆原油外运。克拉玛依—乌鲁木齐输油管道的建成，提高了新疆油田的原油外运能力。70年代，输油管道建设总长度6050公里，具有管径大、距离长、输量多等特点。这些管道的建成和投产，缓解了铁路运输的紧张局面。

80年代，中国建成了一批不同管径和长度的原油长输管道，包括东黄复线、铁大线、庆铁线改造工程；建成中国第一条输送高凝高粘原油的沈抚管道；在高原高寒地带、自然条件十分恶劣的青海和内蒙古分别建设的花格和阿塞输油管道，解决了青海油田和二连油田的原油外运任务。这一阶段，成品油管道发展比较慢，仅有中国至朝鲜成品油管道、大庆油田龙凤管道、辽河油田石化厂成品油管道，吉林油田炼南管线，总长度89公里。天然气管道除建成川渝输气管网，在大庆、辽河、大港、胜利、华北及中原油田铺设了天然气外输管道。

90年代，随着塔里木、长庆油气田的开发，天然气工业快速发展，油气管道尤其是天然气管道建设快速发展。成品油管道建成了抚顺—营口南输管道、津京管道和克乌管道、独山子炼厂外输管道、镇杭管道。天然气管道建成了靖西管道、陕京管道、陕宁管道、鄯乌管道、塔轮管道、轮库管道、彩客管道，以及2000年完成主体工程的涩宁兰管道。其中陕京管道是中国第一条长距离、大口径、输量最大、自动控制的天然气管道。全国新建修建天然气管道12978公里。至2000年，中国石油天然气与管道分公司(以下简称天然气与管道分公司)管理的长输油气管道共计21541公里，其中原油管道8765公里、成品油管道1025公里、天然气管道11617公里。

2000年以来，天然气与管道分公司油气管道建设正式进入高速发展时期，战略能源通道相继建成，骨干管网不断完善，局部管网快速发展，江苏、唐山、大连LNG接收站相继建成投产，西气东输金坛储气库、陕京二线储气库、京58地下储气库相继开工建设，油气储运基础设施逐渐趋于完善。主要管道及基础设施工程建设工程进展：2001年，国家西部大开发重点工程项目——涩宁兰输气管道全线正式投产运行；2002年，解决西北成品油出路和占领西南成品油市场的生命线工程——兰成渝输油管道干线全线贯通；2004年，中国石油管道运输实现历史性跨越发展，长达3840公里、跨越9个省(区、市)西气东输管道工程全面建成投产。2004年，忠武输气管道进气投产；2006年，阿独输油管道、西部成品油管道正式投产；2007年，西部原油管道主线投产；2008年，举世瞩目的西气东输二线管道工程开工建设；2010年，中俄原油管道工程竣工；2011年，江苏LNG建成投产；2012年，西气东输二线建成投产；2013年，中缅天然气干线管道建成投产，唐山LNG建成投产；2014年，西气东输三线西段建成投产；2014年，陕京四线控制性工程开工建设；2015年，中俄东线天然气管道东线开工建设，中缅原油管道建成投产；2016年，西气东输三线东段建成投产，大连LNG建成投产。2018年1月，中俄原油管道二线工程建成投产。

至2016年，天然气与管道分公司管理运营的主要油气长输管道54202公里，其中原油管道9009公里、天然气管道36100公里、成品油管道9093公里。原油、成品油储罐370座，LNG接收站储气罐10座。

兰郑长成品油管道开工现场。

【管理体制创新】 新中国成立70年以来，中国石油管道运输业务管理体制不断创新，从无到有、坚持创新改革，2008年起，逐步确立了管道设施管理和管道基础管理两个管理体系。其中，管道设施管理主要包括完整性管理体系建设、管道维抢修体系建设、管道保护管理、管道设备管理等；管道基础管理主要包括管理体系和制度建设、规划管理、投资管理、预算成本管理、标准化管理等。

1.管道设施管理。

(1)完整性管理体系建设。中国石油在与国内外管道完整性管理业界领先的技术及咨询单位充分交流基础上，明确了推行管道完整性管理需具备的关键要素及工作思路，编制完成专业公司完整性管理体系建设实施方案；确定了专业公司管道完整性管理体系结构文件，包括《天然气与管道分公司管道完整性管理程序》《管道完整性管理手册》《完整性管理审核系统》《完整性管理法规、标准体系》，并编制完成部分程序、作业文件，建成《完整性管理法规、标准体系》。2010年，编制下发《管道完整性管理覆盖率考核办法(试行)》，各地区公司按照要求完成完整性管理方案154个，完整性管理覆盖率达到100%。2011年，结合体系运行实际，完成中油股份公司完整性管理体系文件的改进，完成集团公司企业标准——《油气管道安全防护规范》《输气管道第三方破坏风险评估规范》等完整性管理相关标准的研究和制定。2012年，管道完整性信息系统(PIS)实现管道数据的集中管理存储和完整性管理业务流程的信息化，有效地整合管道完整性管理与日常管理，为保证管道始终处于可控状态提供了技术支撑。

(2)管道维抢修体系建设。2008年，为加强管道及储运设施维抢修体系建设，按照“统筹安排、优化布局、区域保障、分工合作”的原则，在现有管道维抢修体系的基础上，结合至2015年中国油气管网建设和规划，将管道及储运设施维抢修体系划分成东北、华北、西北、西南、华东、华中和华南7个区域，共建成15个维抢修中心、41个维抢修队、14个维修队和1个压缩机维检中心，形成基本覆盖全国管网的维抢修保驾体系。2009年，编制完成《天然气与管道分公司管道及储运设施维抢修体系规划》。至2016年底，天然气与管道分公司建成18个维抢修中心、37个维抢修队、22个维修队，保驾管道近6万公里。

2.管道基础管理。

(1)管理体系和制度建设。2003年起，天然气与管道公司强化输油气生产及管道建设现场安全、环境管理，建立并积极推行QHSE管理体系。2004年6月30日，发布并实施《天然气与管道分公司QHSE管理手册》，初步建立专业公司层面的QHSE管理体系。所属各地区公司逐步完善QHSE管理体系，开展并通过体系的审核和认证工作。2010年，以HSE管理体系建设为主线，结合管道业务快速发展的新形势和业务管理职能的不断优化调整，强化有感领导、直线责任、属地管理理念，规范专业公司与地区公司体系编码，发布《天然气与管道分公司健康、安全与环境管理体系》(2010版)。

(2)规划管理。中国石油配套完善资源生产与引进、管网建设、市场销售、储运设施、对外贸易等专项业务发展规划，并根据业务发展需要编制不同地区的区域发展规划，明确各专项规划、区域规划的工作目标、工作思路，做到有机衔接、相互支撑。2002年，天然气与管道分公司编制完成《2003—2007年五年科技项目规划》，将“十五”科技规划细化到项目，实现了对科技项目的滚动管理。

(3)投资管理。按照“突出战略发展，坚持效益优先、确保重点工程、控制投资规模”总体要求，天然气与管道公司加强投资控制，把握投资方向，将有限的资金安排在重点油气储运设施建设和在役油气管道安全隐患治理上，为油气管道安全运行、保证工程建设进度提供了有力的保障。

(4)预算成本管理。一是将预算管理办法正式纳入HSE管理体系并发布执行。二是通过优化运行，努力控制燃料动力费用。三是在中油股份公司预算管理办公室组织下完成天然气与管道分公司预算管理信息系统的开发与实施，至2008年底，天然气与管道分公司管理范围内的地区公司已经全部上线运行。2010年起，以“构建成本分析数据库、逐步稳妥展开对标管理研究”为主线，不断推进成本费用精细化管理，持续提升预算管理水平。2016年，以“提质增效、稳健发展”为中心，以“开源节流、降本增效”为主线，细化预算编制与分解工作、不断强化成本费用控制、完善平台公司建设、持续优化税价结算等工作，引导资源优化配置，为完成全年奋斗目标、实现“十三五”良好开局提供有力保障。

(5)“三化”设计。2009年，面对新一轮建设高峰，天然气与管道分公司以提高设计质量和效率、突破管道建设瓶颈为目标，推进“标准化、模块化、信息化”的设计管理工作思路，编制了《油气储运项目设计规定》(Code for Design of Oil& Gas Storage and Transportation Project，简称CDP)系列文件。

【技术创新及装备国产化】 新中国成立70年以来，中国油气管道行业技术进步取得了飞速发展，在近半个世纪的时间里，实现了规模上从无到有、从小到大，技术上从学习模仿到自主研发、从整体落后到赶超先进的历史性发展。

1958年，中国建成第一条长输油气管道——克拉玛依—独山子输油管道，开创了油气管道设计建设技术的先河。初期管道建设缺乏经验，管道专用材料、设备、以及施工机械及配套技术尚属空白，管材采用石油钻井用油管或国外进口钢管，输油泵采用钻井泵改装，管道行业技术发展缓慢。

70年代，中国展开大规模长输管道建设，逐步实现了原油运输由铁路为主转向以管输为主。建成的以“八三”管道工程为标志的东北原油运输管网，开始了中国长输油气管道建设，管道相关技术进步开始起步，形成了初代管道建设技术。钢管制造技术经过十年的发展，宝鸡钢管厂等国内厂商开始批量生产720毫米及以下的螺旋焊缝钢管；原油储罐由混凝土结构升级为金属储罐；管道阀门通过技术攻关，由普通的截止阀和闸阀升级为密封性和灵活性更佳的球阀和平板阀；管道开沟、吊装、组装焊接及防腐、回填等工艺由人工操作升级为机械化操作；出现了针对焊接和防腐质量检测的无损探伤和检测设备；管道输送工艺在油田集输管道设计经验的基础上逐渐成熟，工艺流程逐渐简化，研发针对高粘高凝原油管道加热输送及相关防护的技术；研发针对含硫天然气管道的强度设计方法；首次在格拉成品油管道采用顺序输送技术。中国油气管道通过自力更生，初步形成了管道技术研发力量，基本适应了不同条件下的管道工程建设，管道运营管理积累了丰富经验，建立健全了相关规则制度、操作规程和技术规范，通过联合攻关形成了管道相关材料及装备的研发制造能力。油气管道技术发展涵盖的管材、专用设备、仪器、仪表、防火、环境保护各个环节相关标准陆续发布，标志着中国油气管道开始走向标准化，技术走向成熟。

80年代，随着改革开放，油气管道行业开始加强国际合作交流，积极学习吸收国外先进技术和经验，引进新技术、新工艺、新设备、新材料，有选择地对老管道进行升级和改造，开始应用SCADA自动控制系统，实现了全线密闭输送、计算机联网，数据传输，实时显示。并能根据原油性质、输送量、地温等条件，进行以节能为中心的计算机控制优化运行，建成一批施工难度大、工艺复杂、自动化程度高的输油管道，其中包括中国第一条输送高凝高粘原油的沈抚管道；在高原高寒地带、自然条件十分恶劣的青海和内蒙古地区分别建设花格和阿塞输油管道。管道企业在生产实践中始终以科技为先导，面向生产，不断学习引进消化国内外先进技术，开展一系列科技攻关和技术革新活动，并运用到生产管理和技术改造当中，其中"管道清蜡""管道内检测""管道带压封堵""管道防腐检漏""地下金属管道交流干扰影响及其防护""变频—选频法管道防腐层绝缘电阻测量技术"等科技成果填补了国内长输管道的空白，推动了油气管道现代化的发展进程。

90年代，通过结合工程建设学习国外先进技术，油气管道首次采用X65钢级材质，管径610毫米、压力8兆帕，管道工程建设开始广泛应用自保护药芯焊丝半自动焊技术，全线采用集中调控系统，开始形成第一代管道建设技术（钢级低于X70、管径1000毫米以下、压力不大于8兆帕）。管道设计应用计算机辅助设计软件；建立3PE等防腐涂层自动化生产线；自主研发降凝剂、减阻剂等工艺优化化学剂；实现成品油管道全线密闭输送，天然气管道中间站无人值守；技术国产化取得显著成效，清管器可实现管道变形检测，自主研制管道开孔及封堵设备，建立油气管道技术安全检测机构；洪水灾害、管道及设备故障失效和第三方破坏监控及防治技术快速进步，低输量条件下管道优化技术等管道节能优化技术快速发展。中国油气管道从管材选择、焊接工艺、防腐水平、设备效率、通信及自动化等方面全面接近国际水平。

2000年以来，西气东输一线首次大规模采用X70钢级材质，管径1016毫米、压力10兆帕。管材尺寸精度、残余应力控制等指标达到国际先进水平。2007年开始建设的西气东输二线，第一次大规模采用国产X80钢级材质，管径1219毫米、压力12兆帕。中国X80管线钢管的研发实现了微合金元素精密控制，有害元素实现了超微量控制，掌握了X80高强度钢的冶炼和轧制及钢管成型工艺，全面实现X80大口径厚壁钢管的国产化，开发了配套的坡口加工对齐和焊机等施工机具及焊接质量控制标准，代表了当时中国管道最先进的技术水平。漠大线冻土工程技术研究填补了中国多年冻土区管道建设的技术空白，并将为中国今后冻土区的管道建设提供工程经验和技术支持。中国天然气管道普遍采用大型燃驱和电驱压缩机组。燃驱压缩机组单机功率为30兆瓦，总功率达到3300兆瓦；电驱压缩机组单机功率为18兆瓦，总功率达到2400兆瓦。至此，形成了第二代管道建设技术（钢级X70、X80，管径1000毫米～1219毫米，压力10兆帕～12兆帕，输量100亿方～300亿方/年）。

输送工艺方面，完成了大落差、多批次、多出口成品油管道输送技术，超低温原油管道输送技术，原油冷热交替输送技术，天然气减阻剂研制及应用。运营维护方面，完成了管道完整性管理理念和方法初步建立和推广，研究了基于安全及经济考虑的管道剩余寿命评价技术，泄漏监测及安全预警技术，管道沿线滑坡和崩塌地质灾害评价标准及防治。储运设施设计方面，完成了LNG接收站关键技术、油气管道配套的低温储罐及储气库技术攻关。油气长输管道关键设备国产化研究工作启动。油气管道运维技术加速发展的同时，中国石油开始加强科研管理、信息化建设，加快科技体系构建，开展技术发展趋势分析及规划、市场开发与销售策略等软科学研究，并注重科研成果应用。

中国油气长输管道逐步缩短了与世界发达国家技术水平的差距。陆上管道工程建设，设计、施工及运维接近国际先进水平；海上管道工程具备了自行设计和施工能力，拥有国产大型深海铺管船。

2010年以来，中国石油围绕重点管道工程建设，坚持安全、高效运行理念，针对钢级X90与X100、管径1219毫米～1422毫米、压力12兆帕、输量300亿方/年以上管道工程关键技术进行科研攻关，逐渐形成了第三代管道建设技术，为实现大输量管道建设做技术储备。装备国产化方面，输油泵、压缩机组、流量计和大型阀门及执行机构等5大类关键设备国产化研制工作取得了重大进展，20兆瓦级电驱压缩机组、30兆瓦级燃驱压缩机组国产化完成研制，56英寸超高压大口径全焊接球阀完成研制，油气管道SCADA系统软件完成国产化研发，油气管道仿真软件国产化初步完成。完整性管理系统全面推广到中国石油长输油气管道各级管网，系统实现管道数据的集中管理存储和完整性管理业务流程的信息化，有效地整合管道完整性管理与日常管理，为保证管道始终处于可控状态提供了技术支撑。

随着大数据、物联网、数字技术及人工智能技术快速发展及工业领域应用起步，智慧管道理念应运而生。2017年中国石油全面启动智慧管道框架设计，研究油气管道智能化技术路线。中俄东线引入"全数字化移交，全智能化运营，全生命周期管理"的智慧管道理念，将实现设计、建设到运营阶段从二维平面到三维空间的飞跃，最终实现"全数字化移交"目标。

未来随着油气管道技术的发展，新材料、新技术、新工艺、新装备的研发应用，国产化油气管道装备的进一步改进和应用，完整性管理技术的不断深化，人工智能将为油气管道各领域技术提供新的解决方案，中国油气管道将向着更安全、更可靠、更高效的方向迈进。

【国际合作】 新中国成立70年以来，中国石油在管道运输领域开展的国际合作主要集中在跨国管道建设及相关技术合作。

1.建设合作。

（1）中哈原油管道。2004年7月，中国石油天然气勘探开发公司（CNODC）和哈萨克斯坦国家石油运输股份公司（KTO）各自参股50%成立"中哈管道有限责任公司"（KCP），负责中哈原油管道的项目投资、工程建设、管道运营管理等业务。中哈原油管道西起里海的阿特劳，途经阿克纠宾，终点为中哈边界阿拉山口，全长2798公里。2003年—2009年分期分段陆续投产，2009年7月哈萨克斯坦西部到中国新疆全线贯通。

(2)中国—中亚天然气管道。中国—中亚天然气管道起于阿姆河右岸的土库曼斯坦和乌兹别克斯坦边境，经乌兹别克斯坦中部和哈萨克斯坦南部，从阿拉山口进入中国，成为西气东输二线，至2018年底，中国—中亚天然气管道已建成A、B、C线并顺利通气。

(3)中缅天然气管道。中缅天然气管道起自缅甸西海岸皎漂，从云南瑞丽进入中国境内，终点为广西贵港，全长1726.8公里。2013年10月20日，中缅天然气管道干线全线贯通投产。10月25日，中缅天然气管道通过中卫—贵阳的管线与西气东输二线联网，并开始向川渝地区正式供气。来自缅甸的天然气已经覆盖中国云南、贵州、广西、重庆、四川的20多个地市。中缅天然气成为优化西南地区能源结构、提高居民生活品质的首选清洁能源。

(4)中缅原油管道。中缅原油管道由中国石油和缅甸油气公司合资建设，管道全长1420公里，管道46%在中国境内。2017年6月，中缅原油管道全线投产成功，标志着中国西南、西北、东北、海上四大能源进口通道基本建成，对中国实现原油进口多元化、降低运输风险和运输成本、优化能源供应格局、促进地方经济发展等具有重大意义。至2017年12月31日，中缅原油管道输油量达472.88万吨。中缅原油管道工程投运，可缓解中国对马六甲海峡依赖。

(5)中俄原油管道。中俄原油管道起自俄罗斯远东管道斯科沃罗季诺分输站，途经中国黑龙江省和内蒙古自治区13个市、县、区，止于大庆末站。管道全长999.04公里，俄罗斯境内72公里，中国境内927.04公里。中国石油负责建设中俄原油管道中国境内段。俄罗斯将通过中俄原油管道每年向中国供应1500万吨原油，合同期20年。中俄原油管道2010年11月1日进入试运行阶段。2012年9月，中俄原油管道谈判历经15年，最终签约。

(6)中俄原油管道二线。2018年1月1日，中俄原油管道二线投产。该工程北起黑龙江大兴安岭漠河县兴安镇的漠河首站，途经大兴安岭地区，途经黑龙江省、内蒙古自治区，止于大庆市林源输油站，全长941.8公里。自2018年起，俄罗斯原油通过中俄原油2条管道，同时进入中国东北，年输量从1500万吨提高至3000万吨，及时填补中国东北地区的石油资源供应缺口，有效完成对东北地区20多家炼油厂的资源供应。

(7)中俄东线天然气管道。2014年5月21日，中俄两国政府签署《中俄东线天然气合作项目备忘录》；中国石油天然气集团公司与俄罗斯天然气工业股份公司签署《中俄东线供气购销合同》。中国石油负责中国境内输气管道和储气库等配套设施建设。双方约定自2019年底，俄罗斯开始通过中俄天然气管道东线向中国供气，输气量逐年增长，最终达到每年380亿立方米，累计30年。

2.技术合作。1996年，根据关于管道建设实现“四高(高质量、高水平、高速度、高效益)”的指示，由中国石油管道局设计院与意大利斯南普吉提公司(Snamprogetti)合作设计了1条具有90年代国际先进水平的管道。

2006年，开展HSE管理对标工作，查找与国外先进水平的差距和不足。聘请挪威船级社(简称DNV)进行天然气与管道分公司HSE管理对标。2006年9月27日开始，DNV对管道分公司、西气东输管道分公司、北京华油天然气有限责任公司、西南油气田分公司输气处进行了为期近4个月的全面HSE管理体系初始评价和典型站场量化风险评价。通过对管道企业安全管理评级和典型站场量化风险评价，DNV提出达到集团公司奋斗目标的分阶段实施的4年整改方案。2007年开始，中国石油组织各管道地区公司落实整改方案。

【政策法规及标准规范】 随着中国对油气能源的需求大幅增加，能源安全形势日益严峻，国家对油气管道的保护也日益重视，从20世纪70年代以来，先后出台了多个管道保护的规定、条例、法规，以及关于油气管道的多个国家标准、行业标准和企业标准。

1.油气管道保护的相关规定、条例及法规。1978年5月23日，交通部、石油工业部联合发布《关于处理石油管道和天然气管道与公路相互关系的若干规定(试行)》。

1987年7月1日，石油工业部、交通部联合发布《原油、天然气长输管道与铁路相互关系的若干规定》。

1989年3月12日，国务院颁布《石油、天然气管道保护条例》，该条例于2001年8月2日废止。

中俄原油管道。

1999年4月21日，国家经济贸易委员会发布《国家经济贸易委员会关于加强石油天然气管道保护的通知》。该规定是在一些地区破坏、侵占油气田的输油输气管道现象十分严重，形成了诸多重大事故隐患，并引发了一些事故背景下提出的。

2000年4月24日，国家经济贸易委员会发布《石油天然气管道安全监督与管理暂时规定》。该规定主要对管道勘察设计、钢管制造、管道施工、管道运行、管道检测等方面做了详细的规定。

2001年7月26日，国务院发布《石油天然气管道保护条例》。该条例主要规定了中华人民共和国国境内输送石油、天然气的管道及其附属设施的保护措施与方法。该条例规定了管道设施的保护、管道设施与其他建设工程相遇关系的处理、法律责任等内容。

2010年6月25日，第十一届全国人民代表大会常务委员会第十五次会议通过了《中华人民共和国石油天然气管道保护法》。这标志着中国石油天然气管道安全正式纳入法律保护范畴。该规定共六十一条，分为总则、管道规划与建设、管道运行中的保护、管道建设工程与其他建设工程相互关系处理、法律责任和附则，2010年10月1日起施行。

2.油气管道标准。中国的油气管道技术标准包括国家标准、行业标准和企业标准。油气管道国家标准主要包括GB(强制性国标)、GB/T(推荐性国标)、JJG(是指国家计量检定规程)和JJF(计量技术规范)。行业标准主要包括SY(石油行业标准)、SH(石化行业标准)、HG(化工行业标准)、AQ(安全行业标准)、DL(电力行业标准)等相关行业标准，推荐性行业标准的代号是在强制性行业标准代号后面加"/T"。企业标准是企业制定的在企业内部执行的标准，例如中国石油企业标准(Q/SY)、中国石油化工集团公司(以下简称中国石化)企业标准(Q/SHS)、中国海洋石油总公司(以下简称中国海油)企业标准(Q/HS)均制定了公司相关的企业标准。油气管道国家标准和行业标准主要由石油工业标准化委员会下属的石油工程建设专标委、油气储运专标委、管材专标委和安全专标委分别归口管理。行业标准是以中国石油、中国石化、中国海油三大石油公司为主共同制定、共同遵守的标准。企业标准由企业标准化管理委员会下属的专业标准委员会负责归口管理。中国石油管道相关企业标准由石油石化工程建设专标委和天然气与管道专标委分别管理，前者管理管道建设相关标准，后者管理管道运行维护相关标准；同时各地区公司还有各自的标准化委员会，负责地区公司企标的管理。

油气管道属于交叉学科，覆盖管道的设计、材料、施工、运行、腐蚀与防护、安全、节能、维抢修、完整性管理等方面。

(1)设计标准。设计标准中的GB 50251《输气管道工程设计规范》和GB 50253《输油管道工程设计规范》是中国管道工程设计的两个关键性标准，部分技术内容参考了国际和国外先进标准，是由国家市场监督管理总局及住房和城乡建设部联合批准发布的国家强制性标准，是管道工程设计的主要依据，在管道建设中发挥了巨大作用。

(2)材料标准。材料标准主要围绕管子和管件的制造、检验、采购运输环节制定的，以等同采用ISO标准或者参考美国API标准为主，如GB/T 9711-2011《石油天然气工业管线输送系统用钢管》等。

(3)施工标准。施工标准主要包含管道焊接施工、穿跨越施工、质量验收及压力试验、无损检测等方面。这些标准在管道建设中起到了重要作用，具有很好的应用性。如GB50369-2014《油气长输管道工程施工及验收规范》、SY/T 4103-2006《钢质管道焊接及验收》等。GB 50369-2014标准既综合了ASME B31.8、ASME B31.4等国际通用的具有较高权威的油气管道施工及验收标准，同时，也综合考虑了国内管道施工的质量、环保、安全、效益、社会环境、施工能力等多方面因素。

(4)运行标准。运行标准主要包括管道的试运投产、运行管理和维护等方面。行业标准主要有SY/T 5536-2016《原油管道运行规范》、SY/T 6695-2014《成品油管道运行规范》、SY/T 5922-2012《天然气管道运行规范》等。

为适应时代和市场的发展，中国石油在油气管道领域努力建设一套先进的油气管道标准体系。中国石油将先进标准体系作为提高集团公司标准化工作和管理水平，加快与国际接轨的重要举措。天然气与管道分公司建立了相关的二级企业标准体系，在油气管道标准领域具有重要的话语权。为加强标准化工作的统一领导和一体化运作，2007年，集团公司标准化职能部门进行调整整合，其中天然气与管道专标委是集团公司首批批准成立的8个专业标准化技术组织之一。集团公司标准化委员会重新明确了天然气与管道专标委的工作范围和组织机构，即主要负责制定、修订集团公司原油、成品油、天然气管道及相关储运设施的工程建设技术管理、生产运行、操作维护等方面的技术规程和作业规范。天然气与管道专标委通过对天然气与管道专业技术标准体系的梳理与分析，形成覆盖天然气与管道及相关储运设施的操作运行与维护管理等各个环节的技术标准。天然气与管道专业企业标准体系中共有标准525项。其中，包括国家标准有157项，涉及油气管道工程建设、工艺运行与控制、机电设备、管道管理与维护、安全等多方面；行业标准256项；企标112项。

(文/图 中国石油)

中国石化

【概 述】

1.中国石化基本概况。中国石油化工股份有限公司(以下简称中国石化)是一家上中下游一体化、石油石化主业突出、拥有比较完备销售网络、境内外上市的股份制企业。中国石化是由中国石化集团有限公司依据《中华人民共和国公司法》，以独家发起方式于2000年2月25日设立的股份制企业。

中国石化是中国最大的一体化能源化工公司之一，主要从事石油与天然气勘探开发、管道运输、销售；石油炼制、石油化工、煤化工、化纤及其他化工生产与产品销售、储运；石油、天然气、石油产品、石油化工及其他化工产品和其他商品、技术的进出口、代理进出口业务；技术和信息的研究、开发、应用。中国石化是中国大型油气生产商；炼油能力排名中国第一位；在中国拥有完善的成品油销售网络，是中国最大的成品油供应商；乙烯生产能力排名中国第一位，构建了比较完善的化工产品营销网络。

2.专业公司概况。中国石油化工股份有限公司管道储运分公司（以下简称管道储运分公司）是油气储运管道专业化公司，是联系中国石化上中下游企业的桥梁和枢纽。管道储运分公司位于江苏省徐州市，下设潍坊、南京、聊城、新乡、沧州、襄樊、鲁宁、仪长、洪荆、京唐输油处和黄岛油库共11个输油生产单位，共管辖着37条在役和在建管线，业务范围涉及北京、天津、河北、河南、山东、江苏、安徽、上海、浙江、湖北、湖南、江西、广西、广东14个省（区、市），管线全长6132.24公里，油罐总罐容2333万立方米，原油一次输送能力14170万吨/年，担负着胜利、中原、河南、江汉等5个油田的原油及部分进口原油输送任务，为燕山、天津、齐鲁、青岛、仪征、金陵、扬子、上海、安庆、九江、荆门、洛阳等20个长江中下游及华北、东南沿海地区的炼化企业输转原油。

近年来，随着中国石化资源战略不断实施和深化，石化管道事业得到了迅猛发展。2010年管道储运分公司输油量突破1亿吨大关，连续实现了第十一个安全生产年。2011年，管道储运分公司抓住石化管道发展的大好机遇，以“我要安全”“比学赶帮超”等主题活动为主线，以节能降耗和降本减费为重点，大力推进科技进步和管理创新，以人为本，充分调动各方面积极性，全面完成各项目标任务，努力实现安全生产，为中国石化建设具有较强国际竞争力的跨国能源化工公司做出贡献。

中国石油化工股份有限公司天然气分公司（以下简称天然气分公司）成立于2005年6月6日，是中国石化负责天然气工程建设、营运和天然气销售的专业化公司，是独立核算的经济实体和利润中心。2009年7月21日，中国石化设立天然气有限责任公司，与天然气分公司实行“一个机构、两块牌子”。

天然气分公司的主要职责：负责中国石化天然气长输管道、LNG接收站、CNG加气母站、储气库等的建设和运行管理；负责长输管道沿线及LNG项目的市场开发和天然气销售；负责与长输管道沿线省份合资合作建设和运营省级管网、地市级管网，以及拓展终端销售业务；负责管理区域性公司和合资公司。

天然气分公司成立以来，认真贯彻中国石化“天然气大发展”战略，按照“资源、管网、市场、效益”相统一的要求，完善了山东天然气管网，建设投运了川气东送和榆济等骨干输气管道，开工建设了山东液化天然气（LNG）项目；制定了天然气发展市场战略和营销策略，建立了天然气三级销售网络，市场涉及环渤海、长三角、珠三角等主要经济发达地区。至2018年底，天然气分公司年供气规模80亿立方米，市场覆盖范围15个省（市）。

【基础设施建设及重大工程】

1.原油管道。1965年8月，中国石化辖区的第一条原油管道东辛线（东营—辛店）建成投产，该管道起点为山东省东营市，终点为山东省淄博市，管径426毫米，长72公里，设计输油能力540万吨/年。1961年胜利油田第一口油井出油，1964年全面开发，为解决原油出路，决定建设东辛输油管线，胜利原油通过原油管输到淄博辛店，装火车运送到华东各炼厂或运送到黄岛装船外运。

1973年，胜利油田原油产量首次超过1000万吨，火车运输到黄岛远远不能满足油田生产需要。1974年9月东营—黄岛的东黄线建成投产，管道起自为山东省东营市，止于青岛市黄岛区，管径529毫米，全长286公里，设计输量1000万吨/年，东辛线改为向齐鲁石化输油。

1976年3月，为输送胜利油田孤岛原油的东辛含硫线建成投产，管道起自胜利油田东营油库，止于山东省淄博市，管径426毫米，全长75公里，设计输量400万吨/年，东辛含硫线的建成满足了孤岛高硫高酸原油的外销需要。

1978年7月，鲁宁线建成投产，管道起自山东省临邑县，止于江苏省仪征市，管径720毫米，全长657.5公里，设计输量2000万吨/年。20世纪70年代后期，为缓解华北、华东地区的原油供需矛盾，国务院决定建设从山东临邑到江苏仪征的鲁宁线，临邑首站分别接收东临线输送的胜利原油、濮临线输送的中原原油及沧临线输送的华北原油，再输送到仪征末站，在仪征装船供沿海、沿江各个炼化企业。

1977年5月，与鲁宁线配套建设，用于输送胜利原油的东临线建成投产，该管道起自山东省东营市，止于山东省临邑县，管径529毫米，全长172公里，设计输量1000万吨/年。1999年改输黄岛上岸的进口原油。2014年停止运行。

1978年5月与鲁宁线配套建设，用于输送华北原油的沧临线建成投产，管道起自河北省沧州市，止于山东省临邑县，管径529毫米，全长179公里，设计输量940万吨。因华北油田减产，1987年沧临线停输华北原油，改为从临邑向沧州返输中原原油，1999年又改为向沧州输送胜利和进口混合原油，2014年停止运行。

1979年7月，与鲁宁线配套建设，用于输送中原原油的濮临线建成投产，管道起自河南省濮阳市，止于山东省临邑县，管径377毫米，全长245公里，设计输量500万吨/年。因中原油田减产，1999

年濮临线停输中原原油，改为返输黄岛上岸进口原油。

1975年，随着河南油田的全面开发，为解决河南油田原油的外销，开始建设魏荆线。1978年10月，魏岗—荆门炼厂的魏荆线建成投产，管道起自河南省南阳市，止于湖北省荆门市，管径426毫米，全长226公里，设计输量350万吨/年。

1986年7月，东营—黄岛的东黄复线建成投产，该管道起自山东省东营市，止于青岛市黄岛区，管径711毫米，全长246公里，设计输量2000万吨/年，是中国第一条引进设备、实行全线密闭输送的管线。1984年胜利油田原油产量首次突破2000万吨，因东黄线、东临线达不到设计输量，胜利油田原油外运又一次遇到困难，为此设计建设了东黄复线。东黄复线投产后东黄线停用封存。

1988年12月，东营—辛店的东辛复线建成投产，管道起自山东省东营市，止于山东省淄博市，管径529毫米，全长78公里，设计输量875万吨/年。东辛线因腐蚀等原因停输报废。至此中国石化辖区内原油管道网基本形成。

20世纪60年代至80年代末为中国石化原油管道建设的第一阶段，原油管道建设的主要目的是为油田外销原油服务。90年代以后，原油长输管道建设的主体发生变化，管线建设的主要目的由为油田外销原油服务转向为炼厂服务，炼化企业为了降低原油运输成本，出资建设原油长输管道。如中洛线、临济线、河石线等。中国石化集团公司成立后，原油长输管道的建设主体变为管道储运公司。

东黄复线投产方案审定会。

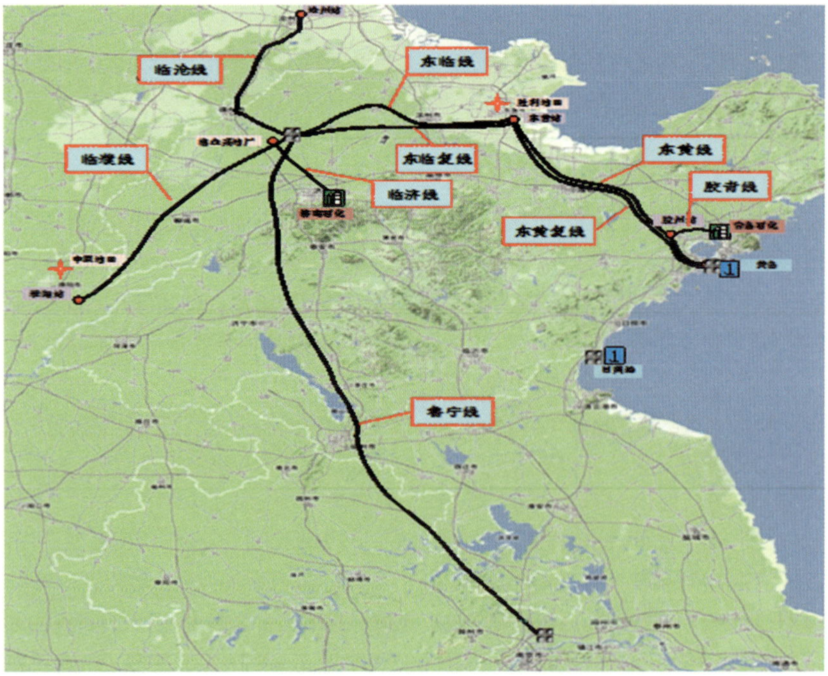

20世纪80年代末石化辖区管道简图。

1990年12月，胜利临盘采油厂至济南炼厂的临济线建成投产，管径325毫米，全长69公里，设计输量180万吨/年。

1991年8月，华北油田河间—石家庄炼厂的河石线建成投产，管径377毫米，全长151公里，设计输量350万吨/年。

1992年9月，濮阳—洛阳炼厂的中洛线建成投产，管径426毫米，全长279公里，设计输量500万吨/年。

1994年10月，洪湖—荆门炼厂的洪荆线建成投产，管径377毫米，全长210公里，设计输量350万吨/年。

1998年8月，东临复线投产，管径630毫米～711毫米，全长157公里，设计输量1800万吨/年。为解决洛阳炼厂原油资源紧张的矛盾，停输濮临线，中原原油全部运往洛阳加工，濮临线停输后，东临线输送量满足不了鲁宁线最低输送量，为此洛阳炼厂投资修建了东临复线。

2001年1月，沧河线（沧州—河间）投产，管径529毫米，全长82公里，设计输量800万吨/年。同年沧津线（供天津炼厂）建成，管径559毫米，全长81公里，设计输量800万吨/年。为解决天津、燕山、石家庄及沧州等炼油企业原油资源供应紧张的矛盾，中国石化决定修建沧州—河间、沧州—天津的原油长输管线。

2002年6月，仪金线建成投产，管径406毫米，全长26公里，设计输量300万吨/年。仪金线是中国第一次采用定向钻技术穿越长江的管道，2002年2月25

日“长江第一穿”开钻，3月12日长1688米原油管线成功穿越长江。

2004年6月，甬沪宁管网完成第一阶段投产，2006年2月全线投产，管径762毫米～508毫米，全长850公里，设计输量4300万吨/年。主要包括大岚线、册岚线、岙册线、岚白线Ⅰ、岚白线Ⅱ、白高线、白石线及石扬线等干支线，该管网跨越浙江省、江苏省及上海市，连接4座深水码头8座25万吨级原油泊位，干线设计输量4300万吨/年，为高桥、金陵、金山、扬子、镇海等5家千万吨级炼化企业输送原油。

2005年12月，仪长线建成投产，管径864毫米～406毫米，全长980公里，设计输量2700万吨/年。主要包括仪长管线、安庆支线Ⅰ、九江支线Ⅰ、武汉支线、洪湖支线及长岭支线。仪长线原油管道工程建成后，该管道负责日仪线、鲁宁线及甬沪宁原油管网来油，以及向安庆、九江、武汉、长岭、荆门5家炼化企业输送原油。

2007年6月，京津冀管网第一阶段投产，2008年10月，全线投产，管径813毫米～559毫米，全长420公里，设计输量4000万吨/年。主要包括塘津线、曹津线、津燕线、天石化支线Ⅰ及天石化支线Ⅱ等干支线，该管网主要负责将曹妃甸、天津码头上岸的进口原油输送至天津、燕山石化及津沧线(供石家庄、沧州炼厂)。

2011年10月，湛北线建成投产，管道起自广东省湛江市，止于广西北海市，管径813毫米～711毫米，全长198公里，设计输量1000万吨/年。湛江—北海原油管道是北海炼油异地改造项目的配套工程之一，也是中国石化在华南地区优化原油资源配置的重要组成部分。

2011年10月，日仪线建成投产，管道起自山东省日照市，止于江苏省仪征市，管径913毫米，全长390公里，设计输量4000万吨/年。

2017年3月，仪长复线建成投产，管径864毫米～559毫米，全长559公里，设计输量2000万吨/年。主要包括仪长复线干线、安庆支线Ⅱ及九江支线Ⅱ。

日照—仪征原油管道及配套工程投产仪式。

鄂安沧管道鹿泉站点火成功。

2.天然气管道。

(1)天然气管道。

①川气东送管道。川气东送管道西起四川普光首站，东至上海末站，途经四川、重庆、湖北、江西、安徽、江苏、浙江、上海6省2市，全长2233公里，包括1条干线和6条支线，其中干线长1700公里、管径1016毫米，设计压力10兆帕、设计输气能力120亿方/年。

②榆林—济南输气管道(榆济管道)。榆济管道西起陕西榆林首站、东至山东济南齐河末站，途经陕西、山西、河南、山东4省，全长1000公里，设计输气能力30亿方/年。其中，榆林—南乐段管径711毫米，设计压力10兆帕；南乐—齐河段和南乐—清丰段管径610毫米，设计压力8兆帕。

③鄂尔多斯—安平—沧州输气管道(鄂安沧管道)。鄂安沧管道途经内蒙古、陕西、山西、河北、河南5省(区)，全长2293公里，包括1条主干线、5条支干线和2条上输线，设计输气能力300亿方/年。其中一期工程途经河北、河南2省，包括1条主干线(鹿泉—沧州段)、2条支干线(濮阳、保定支干线)和3条联通线，全长约700公里，管径1016毫米～1219毫米，设计压力10兆帕，设计输气能力70亿方/年。

④山东省天然气管网。山东省天然气管网包括济淄线、淄青线、宣宁线、淄莱线、胶莱线、胶日线、胶黄线、山东LNG干线、济青二线等11条天然气管道，全长约1600公里，其中济青二线393公里、山东LNG干线200公里。覆盖山东济南、德州、济宁、淄博、莱芜、潍坊、

青岛、烟台、泰安、日照、东营、滨州12个地市。

⑤广西LNG项目外输管道(广西管道)。广西管道是广西LNG项目配套的外输管网工程。一期管道线路途经广西、广东2省(区),全长755公里,包括干线514公里、粤西支线187公里、玉林支线17公里、柳州支线37公里,设计输气能力81亿方/年。

⑥天津LNG项目外输管道(天津管道)。天津管道途经天津、河北、山东3省(市),全长608公里,设计输气能力136亿方/年,与鄂安沧管道、山东管网连通,并预留向北京市、雄安新区供气接口。

⑦中原—开封输气管道(中开线)。中原—开封输气管道起自河南濮阳中开首站,止于开封末站,途经河南、山东2省,全长191公里,管径711毫米,设计压力8兆帕,设计输气能力30亿方/年。

⑧涪陵白涛—石柱王场输气管道(涪陵—王场管道)和南川水江—涪陵白涛输气管道(南川—涪陵管道)。涪陵—王场管道起自重庆市涪陵区涪陵压气站,止于重庆市石柱县王场输气站,与川气东送管道干线相连,全长136公里,管径1016毫米,设计输气能力60亿方/年。南川—涪陵管道起自重庆市南川区南川输气站,止于重庆市涪陵区涪陵增压站,与已建成的涪陵白涛—石柱王场输气管道、川气东送管道相连接;全长65公里,管径1016毫米,设计压力10兆帕,设计输量40亿方/年。

⑨青宁输气管道(青岛—南京管道)。青宁管道北连山东青岛LNG接收站、南接川气东送管道南京支线,途经山东、江苏2省7地市,全长531公里,设计压力10兆帕,管径1016毫米,年输气能力100亿立方米。

青宁管道线路施工。

山东LNG接收站。

⑩中科炼化一体化工程配套输气管道。中科输气管道全长74.7公里,包括1干1支。其中,干线起自湛江城北输气站,止于东海岛输气站(中科炼化厂址),全长53.5公里;东兴炼化支线起自主干线湖光输气站,止于东兴输气站(东兴炼厂),全长21.2公里。管径DN500,设计压力6.3兆帕,设计输量15亿方/年。

⑪濮阳—范县—台前输气管道。濮范台管道起自中开线濮阳分输站,经范县分输站至台前末站。全长62公里,设计压力为6.3兆帕,管径508毫米,设计输量9亿方/年。

(2)LNG接收站。

①山东LNG接收站。山东LNG接收站位于山东省青岛市西海岸新区董家口港,项目由码头、接收站和配套管道三部分组成;一期工程设计接转LNG规模300万吨/年,包括1座可停泊容积为8万立方米~27万立方米LNG船舶码头、4座16万立方米储罐、约200公里配套外输管道及轻烃回收、液体装车等装置。国家发展改革委已重新核定接转规模为600万吨/年。二期工程新增2座16万立方米LNG储罐及其配套设施,年接转规模增至700万吨/年。

②广西LNG接收站。广西LNG接收站位于广西北海市铁山港,由码头及陆域形成工程、接收站工程、冷能综合利用工程和输气管道工程组成。一期设计LNG接收能力300万吨/年,包括1座可停泊容积为8万立方米~27万立方米LNG船舶码头、4座16万立方米储罐、755公里配套外输管道及其他配套工程。国家发展改革委重新核定接转规模为600万吨/年。广西LNG接收站开展气化外输扩能工程建设,工程投用后,气化外输能力将达到3000万方/天。

③天津LNG接收站。天津LNG接收站位于天津经济技术开发区南港工业区,由码头及陆域形成工程、接收站工程和输气干线工程组成。一期工程

设计LNG接转能力为300万吨/年，包括3万立方米~26.6万立方米LNG船舶码头1座、4座16万立方米储罐及608公里配套外输管道。国家发展改革委重新核定接转规模为600万吨/年。天津LNG接收站正在进行气化外输扩能工程建设，工程投用后，气化外输能力将达到4500万方/天。

(3)储气库。

①文96储气库。文96储气库是榆济管道配套工程，位于河南省濮阳市境内，基于中原油田文96枯竭气藏建设，设计有效工作气量2.95亿方/年。

②金坛储气库。金坛储气库属于川气东送管道配套工程，位于江苏省常州市金坛区境内，为盐穴地下储气库，设计总库容11.79亿立方米、工作气量7.23亿立方米。已建成工作气量0.6亿立方米。

③文23储气库。文23储气库位于河南省濮阳市境内，基于中原油田文23枯竭气藏建设，设计最大库容量104.21亿立方米、有效工作气量45.13亿立方米。2019年7月，文23储气库一期工程全面建成试运。

3.成品油管道。

(1)西南管网。2003年9月19日，西南成品油管道开工建设。西南管道工程是中国石化"十五"规划重点工程，是中国石化根据国家能源战略规划和保证国家能源安全要求而投资建设的战略性工程，是广西、贵州、云南3省(区)重要的能源基础性设施，是国家西南地区的重要能源"大动脉"。西南成品油管道的敷设，开辟了西南地区由东向西新的管道输油通道，改变了成品油输送依赖铁路运输的局面。西南管道东起广东茂名，西至云南昆明，途经广东、广西、贵州、云南4省(区)37个市县，全长1740公里，2005年12月28日，全线投油试运一次成功。后续相继建成投产昆明—大理、柳州—桂林、北海—南宁—白色、贵渝、川渝管道，形成了贯穿广东、广西、贵州、云南、四川、重庆的西南管网，管网全长4200余公里，设计输量1650万吨/年。

贵渝成品油管道项目重庆南山定向钻穿越工程。

(2)珠三角管网。2004年6月18日，珠三角成品油管道工程(一期)开工建设。珠三角成品油管道工程(一期)是中国石化"十五"规划重点工程，是环绕珠三角地区建设的第一条千公里长输成品油管道，是广东省重要的能源基础性设施，是确保珠三角地区成品油市场供应的"生命线"。珠三角管道西起广东湛江，东至广东惠州，途经广东省11个地级市，全长1150公里，项目于2004年6月18日开工建设，2006年11月9日实现分段投油试运成功。后建的珠三角管道(二期)曲溪—梅州段管道于2015年11月30日投油成功。

(3)华北管网。2004年6月，鲁皖一期成品油管道开工建设，2005年12月24日一次投油试运成功。鲁皖管道是华北地区第一条跨越山东、江苏、安徽的成品油管道，后续相继建成洛郑驻、石太、鲁皖二期和驻信管道，至2014年11月，驻信管道北段投用，历经10年建设，一个纵横交错、覆盖华北地区山东、山西、河北、河南，辐射华东地区江苏、安徽的现代成品油配送网络华北管网形成，管网总长2900余公里，设计输量1985万吨/年。

(4)北京管道。2005年10，北京成品油管道开工建设。北京管道包括北京环城成品油管道和北京航煤管道，是中国石化在首都地区建立起的第一条成品油资源保供"生命线"。全长151公里，于2005年10月开工，2007年8月建成投产，设计输量285万吨/年。

(5)华东管网。2005年12月28日，长三角地区第一条成品油管道——金嘉湖管道开工建设。金嘉湖管道起自上海金山，止于浙江嘉兴、湖州，全长152公里，2007年5月27日一次投油成功，延伸线——苏州支线于2008年11月投用。2009年3月，江苏管道苏南线开工建设，至2015年3月、12月，苏北线及金扬支线相继建成投用，贯穿江苏全省总长近900公里的江苏管道完成整体建设投用，设计输量1125万吨/年。

(6)华中管网。2006年3月、2006年8月、2007年3月，安徽、湖南、江西省内第一条成品油管道安徽安合、湖南长株、江西九昌樟管道相继开工建设。至2016年11月，相继建成武信、湖南二期、安徽二期、江西二期管道，形成总长2600余公里，设计输量2400万吨/年的华中管网。

(7)福建管道。2008年1月，福建成品油管道开工建设。福建管道是中国石化建设的第一条沿海成品油管道，也是国内第一条沿海成品油管道干线。全长326公里，设计输量600万吨/年。

(8)浙江管网。2000年11月，由浙江石油与镇海炼化合资建设的镇杭管道一期工程建成投用，2008年10月甬绍金衢管道开工，后续相继建设甬绍金衢二期、绍杭管道，2018年3月，甬台温管道建成投用，这标志着纵横浙江省北南东西、贯穿沿海与内陆，并与华中管网江西管道连接的浙江管网形成，全长1200余公里，总设计输量近1500万吨/年。

（9）海南管道。海南成品油管道是海南岛内第一条成品油管道，是中国石化"十二五"规划重点项目，于2013年3月15日开工建设，2017年4月28日建成投产。海南管道西起海南洋浦，东至海口马村，全长120公里，设计输量250万吨/年。

【管道管理体制创新】 按照"管理专业化、运作市场化、效益最大化"的原则，按照"国内领先、国际一流"天然气企业的标准，坚持推进管理创新，建立市场营销、生产指挥、HSE管理、管道保护、经营管理、监督考核、人才发展等管理体系，逐步形成了核心业务管理与市场化运作、专业化技术服务、业务外包相结合的"油公司"模式，较好地适应了业务快速发展和市场激烈竞争的需要。

1.建立三级市场销售模式。天然气分公司依托管网系统建设，针对区域市场和具体业务特点，突出拓市增量、经营创效、合作共赢，创造性地构建了三级市场销售模式：依托主干管道和LNG接收站直销形成一级市场销售，市场范围涉及20个省；发挥中国石化的资源、技术优势和地方的区位、协调优势，与13个省成立13家省级、区域管网合资公司，基本覆盖了国内天然气需求旺盛的经济发达地区，形成二级市场销售；积极延伸天然气产业链和价值链，合资成立6家天然气下游利用公司，注册成立长城燃气投资有限公司，努力开发终端燃气、直供等用户，初步形成三级市场销售。

2.形成较为完备的安全生产运行机制。建立生产调度、维抢修、应急预案、管道保护、物流配送、专业化服务等体系，强化生产设计，推行标准化管理，形成了管网、储气库、LNG接收站等联合运作、调度有序的生产运行体系。加强设备设施检维修和管网"脱瓶颈"改造，运行水平不断提高。成立HSSE管理委员会及分委会，形成覆盖全面、监管有力的四级安全网络。严格落实安全生产责任制，不断强化直接作业环节及承包商监管。增强管道巡护预警力度，加强风险防控和问题整改，如期实现3年隐患治理目标。加强联防体系建设，定期组织演练，成功应对了特大洪涝险情等事件。连续多年保持良好的安全生产业绩。

3.建立完整性管理体系。2012年，中国石化销售公司着手启动管道完整性管理前期调研。2014年3月18日，提出管道完整性管理的工作要求，销售华南分公司同步开展完整性管理试点工作。2017年12月，中国石化销售公司完成管道完整性管理体系文件的编制和发布工作，并将管道完整性管理理念融入了智能化管道管理系统。

4.创立"网格化"管理。2014年5月，中国石化销售华东分公司提出"外管道网格化管理"理念。网格化管理：是与管道沿线的政府部门、行政村（组）、企事业单位、土地物权人、信息员等构建"横向到边、纵向到底"的管道保护网络。此外，销售华东分公司还以"双网融合""党建融入"为着力点，不断推进网格化纵深发展，努力打造更加宽广、有效的平安管道网络。

【技术创新与发展】

1.原油管道。

（1）输送工艺创新。20世纪70年代以前的管道运行多使用开式输送工艺。开式输送主要有从罐到罐输送和旁接油罐输送两种方式。目前，国内外企业主要采用密闭输送工艺。中国石化根据所输原油的不同性质和输送条件，采用不同的生产工艺，主要有：顺序输送、混合输送、精密配输、添加化学药剂输送等。1986年，管道公司开始对鲁宁管道进行密闭输送改造，1991年完成，实现了上、下各站泵机组直接串联的从泵到泵的输油方式，其优点是节流小、损耗少、效率高、动能好。改造后自动化程度有一定的提高，输油能耗有所下降。顺序输送是指按照一定的批量和次序，连续地输送不同种类油品的输送方法。原油顺输的混油头不需专门检测，只需通过计算在中间界面处切割，混油段不单独切割处理。混合输送是指根据节能降耗和下游炼厂的需求，将含硫量或密度不同的原油在输油站按比例均匀调和后输往炼厂的过程。主要目的是最大限度适应炼化装置性能，减少装置损伤，减少能源消耗。精密配输是采用给油泵混合不同性质的原油的方式，也称"泵混"（区别以往"罐混"），即将不同品种的原油分储不同的储油罐，当需要某种比例（质量比、体积比、含硫量）原油时用给油泵将两种油品从储油罐中抽出，在通过变频调速保证两台给油泵汇管压力基本相同的条件下通过PLC自动控制调节阀开度，使油品按照所要求的比例输送。添加降凝剂输送是对凝点高、黏度高的含蜡原油，在输送时添加一定比例的降凝剂，并加热到高于熔蜡温度以上，改变蜡的结晶形式，达到改善低温流动性、降低原油凝固点的目的，减少原油输送时加压和加热所消耗的能源。添加减阻剂输送是原油管道添加减阻剂，可以降低管路系统的摩阻，提高输送量，降低动能消耗。

（2）自动化控制技术创新。20世纪70、80年代，输油工人必须通过现场手摇开关阀门、现场巡视才能掌握和记录压力、温度、流量等运行参数。从90年代开始应用SCADA系统，在控制室通过工作站画面就可以详尽了解工艺流程图和运行参数。SCADA系统具备了调度中心控制、站场控制、现场就地控制三级控制方式，可由调度中心对整条管线进行监视和控制。SCADA系统的应用，不仅大大提高了输油管线的自动化水平，提高了管线运行的安全性，还大大降低了运行成本，提高了管线运营的经济效益。

（3）管道泄漏监测与安全预警方面的技术创新。一是负压波管道泄漏在线监测系统。2007年开始在仪长输油管道投入应用，这是国内自行研制并首次在长输原油管道得到实际运行的泄漏监测装置。该泄漏监测系统主要利用负压波检测与定位原理，采用模式识别技术，结合变尺度小波变换理论对管道的工况进行分析，对异常工况进行判断和定位。与国外同类技术相比，该系统检测灵敏度与其相当，定位精度则比其略高。二是次声波管道泄漏监测系统。管道在发生泄漏时由于压力波动会产生频率很低的声波，通过超低额高灵敏度次声传感器，将所监测到的次声信号转化为电信号输出，通过AD采集并进行信号识别，根据次声波信号到达上、下游的时间来确定泄漏发生的位置。2003年管道公司自主研发了长输管道泄漏实时监测系统，经鲁宁管道实验，效果良好。三是雷达预警技术。采用主动探测与被动接收相结合的监测方法，将埋入地下的金属输油气管道视为一根特殊的“导线”，当电磁波在传输过程中遇到防腐层破损漏点时，产生波的反射，雷达监测系统做出反应，达到提前预警目的。2007年管道公司新乡输油处研发、应用这项技术，该预警技术为管道保护增添新的措施，现已在中国石化原油管道上得到普遍应用。

（4）储运设施检测技术创新。一是管线检测技术。2008年，中国石化自主研制成功管道内检测器并投入使用，2017年始利用引进的国内外水体穿越管道外检测技术，完成管道公司184条重点河流穿越管道检测工作，弥补了管道公司水体穿越管道检测业务空白。至2018年9月，完成管道公司仪长线、东黄复线、东临复线、鲁宁线等20条管线的全面检验，累计里程3600余公里。二是储油罐在线声发射检测。2008年开始，中国石化采用该技术定期对所有储油罐进行检测。该方法是利用在线声学检测技术，对到大修年限的储油罐进行检测，为科学确定储油罐大修、延长储油罐的大修周期提供技术支持。

（5）原油管道防腐技术创新。一是管道防腐技术不断创新。2000年以前建成的原油管道采用沥青玻璃纤维布结构加强级防腐，结构为底漆—沥青—玻璃纤维布—沥青—玻璃纤维布—沥青—玻璃纤维布—沥青—聚氯乙烯膜，防腐层总厚度≥5.5毫米，俗称“四油三布”。2002年后建成的仪金管道、甬沪宁管道、仪长管道等均采用熔结环氧粉末加强级防腐。2008年后建成的曹津管道、湛北管道、仪长管道复线等基本上采用三层聚乙烯防腐。二是采用阴极保护，管道防腐技术进一步提高。阴极保护是电化学保护技术的一种，其原理是向被腐蚀金属结构物表面施加一个外加电流，被保护结构物成为阴极，从而使得管线腐蚀发生的电子迁移得到抑制，避免或减弱长输管线腐蚀的发生。阴极保护为防腐层保护的一种必不可少的补充手段，对管道安全运行起着重要的作用。

（6）管道抢维修高压盘式封堵技术。自2002年10月引进高压盘式封堵设备以来，先后配备口径159毫米～914毫米20种规格管道的高压盘式封堵设备。2002年11月，在东临管道复线进行第一次管径为630毫米的不停输封堵，具备了不停输高压封堵的作业能力。2012年12月，采用高压盘式封堵与低压囊式封堵相结合的封堵江西共青城“九江—南昌—樟树”成品油管道。2013年5月，在天津中转油库改线封堵工程中成功实施了储运Φ914原油管道的封堵作业。围绕管道抢维修技术，通过对引进开孔、封堵设备的消化吸收和技术革新，开展了开孔、封堵设备的系列化研发和配套机具研制工作。2003年，自行研制了黄油泥搅拌机，填补了国内在该领域的机械装备的空白，进一步增强了封堵作业的能力。

2.天然气管道。

（1）管网运行技术水平持续提高。利用已建智能化管线管理系统、数据中心等信息资源，重点加强数据标准化，提升数据质量，优化完善基础数据，提升系统的可靠性、实用性，辅助管网运行决策。优化完善全生命周期生产运行、设备管理、管道管理等业务模块，加快推广应用，在推广过程中不断优化系统功能、结构，以全生命周期系统的良好运转推动生产运行、设备管理、管道管理水平的提升。组织“中原文23储气库钻完井关键技术”“文96储气库生产一体化优化与智能管理系统研究”“大型液化天然气接收站（LNG）二代成套技术开发及工业应用”“输送煤制气用X80钢及焊接接头安全评定研究”“天然气流量检定站智能工厂系统研究”等多项科研项目，为管道安稳长满优运行提供了有力的技术支持。形成“四位一体”管道巡护及群策群防体系，建立地质灾害长期排查及滚动循环防治模式，编制高风险区域及重点要害部位管理维护技术标准，确保管网运行安全平稳。至2018年底，天然气分公司获部级科技进步奖一等奖2项、二等奖5项、三等奖5项。

（2）天然气质量体系初步形成。面对激烈的市场竞争及严峻的质量管理形势，开展建标立制工作，加强现场管理，在同类企业中率先定期发布天然气气质检测报告，在天然气质量体系建设方面走在国内同行业前列。一是围绕天然气管道输送、LNG接收站运行和销售三条业务主线，下发10余项质量管理规定，建立HPPP原级、移动式天然气、气相色谱仪等7项质量标准，形成了质量管理的标准规范体系。二是建成投产国家石油天然气大流量计量站武汉分站、移动检定站及3处质量检测实验室，取得天然气流量计、国家法定计量等3项国家级检定资格，配备各类气质及计量检测仪器230台、在线气质分析检测监测设备100余台、现场检测仪表15000余台，可检定口径DN50–DN400、10兆帕压力的各类流量计，检定能力达650台/年，检测精度处于国内领先水平，检测数据可在国际签约国间互认。三是成立质量管理委员会，配备100余名专职质量管理人员，形成“公司—二级单位—管理处—输气站场”四级天然气质量管理体制，严格按制度要求开展管网气质监测及

LNG产品质量检测，保证了生产的平稳运行及市场的诚信经营。

（3）重大工程项目组织实施能力不断增强。在重大工程项目实施过程中，针对工程多、分布广、人员少、任务重的实际困难，积极创新管理思路，提升效率，保障项目顺利开展。一是实施“一项目一策略”的灵活项目管理模式。针对长输管道、LNG接收站、储气库项目的实际特点，分别采用“项目部+（E+P+C）+监理”“项目部+联合EPC+监理”等管理模式，加强监管、降低风险、提高效率、节约成本。二是借助专业化服务队伍力量，采取主要管理人员内部调配、专业工程师系统内调剂、特殊业务聘请专家团队等多种途径，有效解决管理人员不足的难题，加强了重点项目的现场监管力度。三是建设并投用天然气工程建设项目管理系统，实施工程项目源头数据采集，利用数字化、信息化科技手段助推管理效率提升。四是针对施工中存在的重点、难点，组织力量开展技术攻关研究，先后突破了储气库钻井固井、乌江管道跨越、中科管道通明湾海域定向钻穿越等技术难题，提高了工程建设的质量和速度。至2018年底，川气东送工程被列入首批创建国家优质工程全过程质量控制试点项目，获得中国工程建设行业最高奖项——“2012—2013年度国家优质工程金奖”；榆济管道工程获“2016—2017年度国家优质工程奖”。

（4）LNG接收站建设投产技术达到国内领先水平。在天津LNG接收站建设投产过程中，天然气分公司吸取山东、广西LNG接收站设计、建设、投产经验，立足自身，开拓创新，推进国产化战略，实现了项目完全由中国石化自主设计、自主施工、自主开车。一是实现16万立方米预应力混凝土全容式LNG储罐、带中间介质的海水汽化器等关键设施设备的国产化，是目前国内国产化程度最高的LNG接收站。二是开发具有中国石化自主产权的成套工艺及设备技术，包括实现BOG再冷凝工艺和成套设备的新技术和工艺化应用，开发部分管线超低温PIR+纳米材料保冷结构形式等多项新技术，其设计达到国内领先水平，先后获省部级及以上技术创新成果21项。三是形成一套行之有效的项目组织模式，培养锻炼一支专业全、能力强、素质高的自主开车投产团队，实现接收站的完全自主开车一次成功，创造国内LNG接收站投产时间最短、全部关键设备投料试车一次成功等7项国内纪录，为中国石化今后LNG项目建设运营奠定人才基础。

2019年5月17日，中国石化湛北成品油管道穿越通明海峡定向钻主管回拖成功，图为钻机回拖主管。

3.成品油管道。

（1）输油泵与SCADA系统国产化。2005年8月、10月，中国石化销售公司与国内厂家合作开展长输管道高扬程串联输油泵试制和SCADA系统的国产化工作，2007年8月国产高扬程管道串联泵成功应用于洛郑驻管道洛阳首站输油泵，国产SCADA系统成功应用于北京管道工艺控制系统，自此打破了长输管道核心技术输油泵和SCADA系统对进口的依赖，为中国长输成品油管道建设和健康发展奠定基础。

（2）智能化管线系统上线。2014年8月，在中国石化智能化管线管理系统建设领导小组领导下，按照“六统一”的建设原则，销售公司启动“销售成品油管道智能化管线管理系统试点及推广建设项目”试点项目建设，2015年2月，启动推广项目建设，中国石化销售成品油运行管道现已全部实现智能化管线系统上线应用。

（3）智能机器人巡检。2016年12月，中国石化销售华南分公司与国内厂家联合研发的第一代防爆轮式巡检机器人投入现场进行工业性测试，至2018年底，第三代防爆轮式巡检机器人已在珠三角管道南沙站试用，具备夜间作业、云台升降、巡检目标识别、热感检测报警、自动充电、双向对讲及智能语音提示、安全避障、巡检路线自动变换等功能，基本可实现代替人工进行站场巡检。

（4）微小内检测器创新。2018年初，中国石化销售华南分公司承担的股份公司级科研项目“长输管道微小泄漏球形内检测器”，完成了在华南管网中山—斗门段、秧田冲—长坡段、惠州—妈湾段的现场试验，管道泄漏检测灵敏度可达到0.17升/分钟，相对定位精度0.3%，通过了中国石化科技成果鉴定，整体技术处于国内领先水平，检测灵敏度达到国际先进水平。

（5）智能阴保桩应用。2018年，销售长输成品油管道启用智能阴保桩对管道阴极保护参数进行实时监测。2018年8月，销售公司组织专家对智能阴保桩厂家进行测评，为合格选择阴保智能桩，提升成品油管道的阴保管理水平奠定基础。

（6）无人机巡线。2018年3月，中国石化销售华南分公司与国内厂家联合研发应用管道专用巡线无人机技术。其中，中国石化安监局项目——“成品油长输管道空地一体化安防技术研究”已通过安监局的验收结题；中国石化科技部项目——“多功能无人机巡检技术及装备”和2项企业级科研项目正在多维度全方位配合展开。

【政策法规及标准规范】 至2018年底，中国油气储运相关国家标准、行业标准约有560项，其中国家标准300余项、石油行业标准190余项、其他行业标准70余项。

中国石化积极参与油气储运专业相关国家标准、行业标准编制修订工作，并根据工作需要完善修订中国石化《浮顶原油储罐防腐涂料技术条件》Q/SHCG 18014—2017等企业标准。

（文/图 中国石化）

中国海油

【概 述】

1.中国海油基本概况。中国海洋石油集团有限公司（以下简称中国海油或公司）诞生于改革开放初期，是中国改革开放的“工业特行”，一直秉承“我为祖国献石油”和“在经济领域为党工作”的职责在“蓝色国土”上不懈地努力奋斗。经过近40年的发展，公司形成了包括技术体系、管理体系、装备体系、人才体系在内的完整的海洋石油工业体系，逐步成长为主业突出、产业链完整、具有国际竞争力的综合型能源公司。

公司资产质量持续改善，盈利能力显著增强，收入、利润、净利润3项指标连续增长，近3年累计缴纳利税费2917亿元，在央企中名列前茅。2018年，公司资产总额12166亿元，净资产7319亿元，实现营业总收入7152亿元，利润总额1015亿元，全员劳动生产率273万元/人。2018年，公司收入、利润、净利润央企排名分别位列第7位、第4位和第3位，连续15年获评国资委经营业绩考核A级，连续5个任期业绩考核A级。公司在2019年《财富》杂志“世界500强企业”中排名第63位；下属中国海洋石油有限公司在《石油情报周刊》（PIW）评选的“世界最大50家石油公司”中排名第32位，福布斯2018年世界最佳雇主第6位。

至2019年9月底，中国海油建成LNG接收站10座，规模达到4520万吨/年，建成天然气长输管道3876公里；建成成品油管道162公里，原油管道540公里；建成原油库3座，总库容为270万立方米；建成成品油库18座，总库容97万立方米。

2.专业公司概况。中海石油气电集团有限责任公司（简称气电集团）为中国海油全资子公司，统一经营和管理中国海油气电板块业务。

气电集团经营范围：投资及投资管理；组织和管理石油天然气〔含液化天然气（LNG）〕、油气化工有关的技术开发、技术服务和咨询，石油天然气〔含液化天然气（LNG）〕工程设计、开发、管理、维护和运营有关的承包服务，石油天然气及其副产品的加工、储运、利用和销售，石油天然气管网建设、管理和运营；煤层气、煤化工项目的开发、利用及经营管理，电力开发、生产、供应及相关承包服务、技术开发、技术服务和咨询，自营和代理液化天然气（LNG）及油气相关产品、相关设备和技术及劳务的进出口（国家限定公司经营或禁止进出口的商品和技术除外），新能源和可再生能源的研究、开发、利用及相关业务等项目。

福建LNG站线项目一期工程。

浙江LNG项目。

【基础设施建设及重大工程】

1.原油管道工程。至2019年9月底，中国海油建成原油管道540公里(参股36.2%山东联合能源管道输送有限公司)，输送能力1500万吨/年，可向6家地方炼厂提供原油从卸船到输送到炼厂的全程物流服务。

2.成品油管道工程。至2019年9月底，中国海油已建成品油管道162公里(惠莞成品油管道)。

3.天然气管道工程。至2019年9月底，中国海油已建天然气长输管道3876公里，其中海南省天然气管网567公里、大鹏LNG配套管线442公里、福建LNG配套管线362公里、福建管网二期项目454公里、珠海—中山管线169公里、参股广东管网622公里、浙江管道超1035公里等。

中国海油在建天然气管道1380公里，其中蒙西管道一期工程382公里、海南文昌—三亚东部管线288公里、粤东LNG配套管线177公里、江苏LNG苏皖管线533公里。

4.LNG接收站。中国海油已建LNG接收站10座，主要包括广东大鹏LNG接收站、福建莆田LNG接收站、上海洋山LNG接收站、浙江宁波LNG接收站、珠海金湾LNG接收站、天津浮式LNG接收站、海南洋浦LNG接收站、粤东LNG接收站、深圳迭福LNG接收站、广西防城港LNG中转站。

中国海油控股在建LNG接收站项目3个，主要包括漳州LNG接收站，计划2021年投产；江苏滨海LNG接收站，计划2022年投产；山东龙口LNG接收站，计划2022年投产。同时，中国海油为保障国家天然气稳定供应，扩建浙江LNG接收站与天津LNG接收站。

5.原油库。中国海油建成原油库3座，设计库容270万立方米，主要包括宁波小田湾信海仓储油库60万立方米、烟台西港油库150万立方米、东营港油库60万立方米。

6.成品油库。中国海油建成成品油库18座，设计库容97万立方米，主要包东莞立沙油库32万立方米，东营港油库14万立方米、南通华盛油库13.7万立方米等。

中国海油在建成品油库项目1个——广西桂平油库3万立方米，计划2020年投产。

【油气储运能力】

1.原油管输能力。中国海油已建原油管道540公里，设计管输能力1500万吨/年。2017年1月投产至今，累计输量3618万吨。2019年1月—9月，输量1268万吨。

2.成品油管输能力。中国海油已建成品油管道162公里，设计管输能力为450万吨/年，累计输量1748万吨。

3.天然气管输能力。中国海油已建天然气长输管道3876公里，设计管输能力591亿方/年。

4.LNG接收站接收能力。中国海油作为国内首家引进LNG企业，在沿海地区积极布局LNG接收站。至2019年9月底，已投运10座LNG接收站，总接收能力每年4520万吨。

福建LNG5号、6号储罐建成投产。

【管理工作】中国海油高度重视油气管道及储运设备设施的安全运行。积极贯彻党中央、国务院及有关部委关于确保天然气储运设施安全的指示精神，认真贯彻落实安全管理要求，以落实全员安全生产责任制为主线，以深入推动安全文化建设和强化承包商管理为重点，通过狠抓QHSE管理体系的落实与执行，加强现场作业许可与监护管理，构建安全风险分级管控和隐患排查治理双重预防机制，持续推进安全生产标准化和应急能力建设等措施，持续夯实安全管理基础，安全生产形势总体平稳，安全业绩良好。

2019年，中国海油下属气电集团编制并发布设备设施完整性管理体系。该体系以管控风险为核心，覆盖设备设施的全寿命周期，全面落实贯彻设备设施完整性管理理念，明确了全生命周期的四个阶段(规划投资、设计建设、运营维护、废弃处置)、五个环节(数据采集分析、风险评估、检测监测、完整性评估、维修改造)设备设施完整性管理的主要工作内容和职责分工，规范了设备设施完整性各阶段的管理要求和工作程序。该体系体现了气电集团设备设施管理特色，是中国海油在设备设施完整性管理方面的具体实践。

基于风险的检验和可靠性的维护，提升管道完整性管理水平。通过"抓共性"(总结管道完整性管理工作实践经验)、"攻难题"(深入查找、分析，从设计、建设阶段到运营维护阶段管道全生命周期存在的问题)、"定措施"，提升管道本质安全。至2019年9月，长输管道全面检验完成率100%，其中内检测率由2017年61.9%上升至83.52%。

根据全寿命周期管道完整性管理的业务需求，依据已有法律法规和技术标准，借鉴国内外最新实践经验，编制《陆上天然气管道完整性数据采集规范》(Q/HS QD 0011-2019)，该标准为气电集团规范全寿命周期管道完整性数据采集，确保完整性数据的准确、全面、更新及时、格式统一提供了依据。

组织制定气电集团管道板块、接收站板块、加注板块7S管理目视化管理标准，编制《中海石油气电集团7S管理实施指南》。通过7S工作的开展，规范了现场作业秩序；设备“跑冒滴漏”现象减少、设备故障率降低、设备可靠性提高，提升设备健康水平；工作效率提高，单位能耗下降、排放绩效水平提升，降本增效能力增强。

【合作与交流】

1.创新模式、打造产业联盟，实现多赢。中国海油发挥LNG产业的先发优势、布局优势和资源保障优势，联合交通运输企业及车船制造企业，鼓励“政、产、学、研、检、融”多方参与，全面拓宽合作渠道，组建LNG车辆加注企业联盟，配套形成了组织机构、框架和运行机制，包含车辆管理机构、研究机构、产业链相关企业等共计35家。2019年5月16日，举行中国海油LNG车辆、船舶产业合作联盟启动仪式和签约仪式，72家单位参加联盟签约仪式，旨在推动LNG清洁能源在交通领域的高效利用，助力打造“绿色航运”工程。2019年7月16日，气电集团参加与招商局集团等4家单位联合开发大型LNG动力VLCC建造合作项目签约仪式，气电集团作为LNG加注方，负责为VLCC提供加注服务。此项目是国内首个大型LNG动力船舶项目，示范意义重大。

2.信息化合作迈出实质性步伐，携手打造智慧交通新能源产业。2018年7月，中国海油与中国交通通信信息中心签署战略合作协议，聚焦现代通信信息技术、大数据、卫星定位导航、天地一体综合通信网络和天然气物流运输、能源交通大通道、多式联运等领域，合力打造智慧交通。现已在天然气市场调控、道路运输、物流配送探索等方面开展实质性合作，引导交通运输车辆响应和支持绿色交通环保政策，使用LNG燃料，减少污染物排放，服务国家“一带一路”建设。

3.成功实施中国首次LNG罐式集装箱大规模试装试运。2018年，中国海油先试先行，创新天然气运输模式，对LNG罐箱多式联运进行研究和尝试，开启LNG物流的新篇章。LNG罐箱“宜储宜运，宜水宜陆”，无损存储时间长达90天以上，可实现“公铁水”多种运输，是一种新型的LNG储运模式。中国海油联合多方专业资源，通过多式联运串联LNG资源端和市场端，辅以数字信息化系统，实现线上交易，线下配送，打造LNG行业新型储、运、销平台。

在交通运输部、国家发展改革委和国家能源局的大力支持下，中国海油联合多方合作单位成功实施中国首次LNG罐式集装箱大规模试装试运。2018年11月13日，搭载130个LNG罐式集装箱的“乐从”轮顺利抵达山东龙口和辽宁锦州，此次试运成为中国首次利用LNG罐箱将南方接收站富余产能大规模运往北方地区的有益尝试，开始进入“南气北运”建设的新阶段。这种天然气运输模式，在国内尚属首次，为LNG罐箱批量运输提供了实践支撑，对推进国家产供储销体系建设，构建全方位、多渠道的天然气输配送体系，满足北方地区冬季清洁取暖需求，保障供气安全，具有重要意义。

4.成功实施中国首次LNG罐式集装箱江海联运。中国海油加速推进“气化长江”战略，利用南京通海集运公司“建功9”号班轮，实现了LNG罐箱江海联运（日照—南京）。此次运输采用普货班轮的运输方式，共搭载24个罐箱，于2018年12月29日在日照港装船，2019年1月3日顺利抵达南京龙潭港卸船。这是中国海油的再一次创新尝试，也是中国第一次进行LNG罐箱江海联合运输，该种运输方式可有效连接海上天然气运输大动脉和内陆河流网络，对实施气化长江战略，保障地方天然气供应，服务地方经济建设，推动长江经济带绿色发展均具有积极作用。

（文/图 中国海油）

2018年11月4日，中国海油创新海运模式，将130个LNG罐箱从海南洋浦港专船运至山东龙口港和辽宁锦州港。

新中国成立70年中国石油油气储运发展

机构与体制改革

【概 述】管道运输行业机构沿革和投融资体制改革。1970年6月22日，石油、化学、煤炭工业部合并，成立燃料化学工业部。7月，国务院、中央军委联合发出《关于建设东北输油管线的通知》。从此，国内管道建设进入了规模性发展时期。8月3日，东北输油管道建设工作会议在沈阳召开，将工程命名为东北“八三工程”，成立东北地区“八三工程”会战领导小组，下设东北地区“八三工程”会战指挥部。1971年3月22日，经国务院、中央军委批准，东北“八三工程”指挥部更名为“东北输油管线建设管理指挥部”。1973年4月16日，经国务院批准，燃料化学工业部石油天然气管道局成立。1975年1月17日，第四届全国人大一次会议决定撤销燃料化学工业部，分别成立石油化学工业部和煤炭工业部。2月17日，石油化学工业部“华东输油管线指挥部”成立，统一领导华东地区管道建设和输油管理。1978年3月5日，第五届全国人大第一次会议决定撤销石油化学工业部，分别建立化学工业部和石油工业部。1978年10月，“东北输油管线建设管理指挥部”更名为东北输油管理局，“华东输油管线指挥部”更名为华东输油管理局，隶属于石油天然气管道局。1988年，国务院机构改革，撤销石油工业部，成立能源部，原石油工业部的政府职能移交能源部，并在原石油工业部基础上组建中国石油天然气总公司。1992年4月，石油天然气管道局更名为中国石油天然气管道局（以下简称管道局）。1995年11月，中国交通运输协会管道运输专业委员会成立，秘书处设在中国石油天然气管道局。

新中国成立70年以来，中国石油管道运输业务先后经历了4次重要的机构和体制变革，包括1998年机构重组、1999年核心业务上市、2007年区域化重组和2016年管道与销售业务分离。

1.1998年机构重组与价格改革。1998年，国务院本着上下游、内外贸、产销一体化的原则，在中国石油天然气总公司和中国石油化工总公司的基础上，组建了中国石油天然气集团公司和中国石化集团公司。石油、石化两大集团公司的重组，给销售体制、销售队伍、资源结构、销售业务范围和工作任务带来了深刻变化，为适应这种变化，确保国务院改革方案的实施，按照集团公司的统一部署，中国石油销售总公司（以下简称销售总公司）随即成立。

1998年，销售总公司确定成品油销售运行机制，实施“资源统一配置、运输统一组织、价格统一制定、结算统一管理”的“四统一”原则，修改和完善了成品油销售运行办法和价格形成机制，大力开展成品油市场规范和市场开发工作。

1998年石油石化系统重组，管道系统同步重组，原管道局所辖的华东输油局和新乡、襄樊、胜利等输油公司划归中国石化。

2.1999年核心业务上市。1999年油气管道运输核心业务纳入中国石油天然气股份有限公司，并在美国上市。1999年中国石油系统进行第二次重组，天然气与管道分公司以核心业务与管道局分开分立。

1999年9月，国务院决定中国石油天然气集团公司重组改制，美国、香港同时上市，油气管道运输核心业务从“原管道局”分离进入中国石油天然气集团公司上市业务——中国石油天然气股份有限公司，中国石油管道公司携带核心业务正式分立注册挂牌成立。

1999年，中国石油天然气集团公司全面彻底实施重组改制，建立现代企业制度。按照国务院的指示精神，将主营业务、资产和人员从集团公司分离出来，并经国家经贸委批准，于11月5日正式创立了中国石油天然气股份有限公司。与此同时，根据中油股份公司内部各业务的发展和重组上市的需要组建了天然气与管道分公司，主要负责中油股份公司天然气市场开发与销售，负责原油分配销售计划的提出和实施，组织协调原油的运输和销售，负责油气管道和油气储运设施的建设与运营管理。

3.2007年管道业务进行区域化重组和专业化整合。2007年底，按照集团公司党组的统一部署，管道业务进行区域化重组和专业化整合，天然气与管道分公司将新疆的两个单位划给西部管道公司，并整建制接收原属管道局的11个输油气单位。

“建管分离”变革是中国石油推进科学发展、转变发展方式的重大举措。与传统模式相比，“建管分离”将过去多层级管理转变为所有项目在同一个平台、同一个组织里运作，大规模项目群建设实现专业管理和管理优化，中国石油管道建设专业化、集约化、一体化优势得到体现，管道建设项目经理部承担中国四大能源战略通道中的三大陆上通道和国家骨干管网的建设任务，包括西二线和西三线等项目，总里程超过4万公里。

4.2016年中国石油正式拆分天然气销售和管道业务。为贯彻落实国务院《关于鼓励和引导民间投资健康发展的若干意见》中支持民间资本参股建设油气管道储运设施的要求，主动顺应国家油气体制改革方向，探索实现“网运分开”，推动基础设施向第三方市场主体公平开放，2015年11月，中油股份公司成立中石油管道有限责任公司（以下简称中油管道），与天然气与管道分公司合署办公。

2016年11月，中国石油正式拆分天然气销售和管道业务。11月25日，中国石油在北京召开天然气销售管理体制改革动员视频会，对天然气销售管理体制改革进行动员部署。按照集团公司党组决策部署，此次改革对天然气销售业务实行“天然气销售分公司—区域天然气销售分公司”两级管理架构。其中，天然气销售分公司负责公司天然气业务的管理和运营，按直属企业管理；

组建北方、东部、西部、西南、南方5大区域天然气销售分公司作为其所属机构，按分公司设置；区域天然气分公司下设省级代表处，作为其派出机构。

中油管道作为中油股份公司控股子公司，是中油股份公司管道资产管理、运营及投融资平台，对中油股份公司境内所属天然气干线、支干线及原油、成品油长输管道业务进行集中调控、区域化管理。中油管道下设西气东输分公司、西部分公司、北方分公司3家区域分公司及全资子公司——中石油西北联合管道有限公司。同时受托管理中油股份公司所属北京油气调控中心、管道分公司、西南管道分公司及中石油北京天然气管道有限公司。

推进天然气销售管理体制改革，是落实中央决策部署的重大举措，是适应国内天然气市场竞争格局变革的迫切需要，是实现天然气发展战略目标的必然要求。将管道业务与其他业务剥离的战略部署，旨在实现运输和销售分离，从而实现"管住中间、放开两头"的目标。

政策法规

【概 述】 管道运输行业一直受到国家的高度重视。1978年7月13日，国务院批转石油工业部、国家建设委员会、公安部《关于保护输油输气管道安全生产的报告》，将油气管道的安全生产列入国家保护范围。1989年3月12日，国务院颁布《石油、天然气管道保护条例》，油气管道保护列入国家法规。2010年6月25日，第十一届全国人民代表大会常务委员会第十五次会议通过《中华人民共和国石油天然气管道保护法》，自2010年10月1日起施行。国务院能源主管部门依照本法规定主管全国管道保护工作，负责组织编制并实施全国管道发展规划，统筹协调全国管道发展规划与其他专项规划的衔接，协调跨省、自治区、直辖市管道保护的重大问题。国务院其他有关部门依照有关法律、行政法规的规定，在各自职责范围内负责管道保护的相关工作。

习近平总书记在十九大报告中指出，要"加强水利、铁路、公路、水运、航空、管道、电网、信息、物流等基础设施网络建设"，明确了管道作为现代经济体系组成部分和基础设施的重要地位。《中华人民共和国国民经济和社会发展第十三个五年规划纲要》指出，要"加快建设陆路进口油气战略通道，推进油气储备设施建设，提高油气储备和调峰能力""推进油气管道区域互联"。2017年5月，国家发展改革委、国家能源局发布《中长期油气管网规划》（以下简称《规划》）。这是中国首次在国家层面制定系统性的油气管网发展规划。该规划对今后十年中国油气管网的发展做出了全面战略部署，明确了油气管网发展的重大意义、指导思想、基本原则、发展目标和保障措施。按照该规划，到2025年，全国油气管网规模将达到24万公里，与2015年相比翻一番。

油气管网是中国实施"一带一路"、能源革命等国家战略的重要基础设施，是油气上下游衔接协调发展的关键环节，是中国现代能源体系和现代综合交通运输体系的重要组成部分。

1.油气进口战略通道——共筑能源丝绸之路，推动"一带一路"油气合作。《规划》提出，坚持通道多元、海陆并举、均衡发展，巩固和完善西北、东北、西南和海上油气进口通道。到2025年，基本形成"陆海并重"的通道格局。加强与沿线国家的合作，共同推动中俄原油管道二线、中俄天然气管道东线、中亚D线等重点项目。优化沿海LNG接收站布局，开展LNG江海联运试点。有序推进原油码头新建和改扩建工程。

《规划》将"一带一路"进口通道作为油气管网布局的重要内容，加强陆海内外联动、东西双向开放，促进沿线国家和地区能源互联互通，提升油气供需互补互济水平。中国自1993年实施油气"走出去"战略，通过20多年发展，已在五大洲41个国家建立五大油气合作区，初步构建东北、西北、西南和海上四大油气进口战略通道，在满足国内油气资源稳定供应的同时，对"一带一路"沿线国家油气资源开发、基础设施建设和相关产业发展起到较好的带动作用。2016年，中国通过四大油气战略通道进口石油3.6亿吨，天然气721亿立方米。

未来较长一段时间，中国经济仍将保持中高速发展水平，能源发展处于转型的关键时期，油气将在能源供应与消费中肩负更加重要的历史使命。预计到2030年，中国石油需求约6亿吨，天然气需求5500亿立方米，其中超过60%的石油和40%的天然气需要进口。从全球地缘政治和油气供需格局看，"一带一路"沿线国家和地区是中国油气进口的主体。因此，在国家"一带一路"战略中，加强油气合作，推动油气战略通道建设，是落实"政策沟通、设施联通、贸易畅通、货币流通、民心相通"的重要组成部分，也是中国实现开放条件下能源安全的重要组成部分。应通过"资源与市场共享、通道与产业共建"，不断完善四大油气进口战略通道建设，将中国管网系统建成世界油气管网的"第三极"，以"一带一路"利益共同体构建命运共同体。

2.国内油气管网——保障油气供给，支撑能源生产与消费革命。《规划》明确，加强天然气管道基础网络建设，统筹"两个市场、两种资源"、管道和海运"两种方式"，坚持"西气东输、北气南下、海气登陆"原则，加快建设西气东输三线、陕京四线、川气东送二线等主干管道，逐步形成"主干互联、区域成网"的全国天然气基础网络。完善原油管道布局，形成西北与西南相连、东北与华北华东贯通、沿海向内陆适当延伸的"东西半环、海油登陆"的格局。优化成品油管道网络结构，以主干管道和炼化基地为中心，建设周边辐射、广泛覆盖的区域性成品油支线管道，基本形成"北油南运、沿海内送"的成品油运输格局。

中国油气消费迅速增长，管网建设蓬勃发展。2004年，西气东输管道建成标志着中国油气管道建设进入快速发展期。陆续建成了西气东输、陕京管道系统、川气东送、甬沪宁、兰郑长等一批长距离、大输量主干管道，2016年油气主干管道总里程达到11万公里。西二线、西三线建成投产标志着中国管道总体技术水平达到了国际先进水平。原油、成品油、天然气三大管网初具规模，形成了“北油南运”“西油东运”“西气东输”“海气登陆”的供应格局，基本满足了社会经济发展对油气供给的需求。

中国推动能源生产与消费革命，加速能源转型进程，发展可再生能源，扩大天然气利用规模，逐步建立以非化石能源为主体的现代能源体系。在这一过程中，中国油气消费总体规模仍将保持快速增长，油气在能源中的地位逐步提高，在一次能源中的占比将从24%增加到约30%。油气管网是保障油气供应的主要基础设施，是实现能源生产与消费革命的重要支撑。未来10年～15年，仍将是油气管道建设的高峰期。预计到2030年，中国油气管道总里程将达到25万～30万公里，基本建成现代油气管网体系。

中国油气管网在总体规模、布局结构、路由通道、体制机制等方面仍存在一些问题。国家层面，应以扩大设施规模、完善管网布局、统筹管网路由、加强衔接互联、推进公平开放为重点，大力发展天然气管网，优化完善原油、成品油管道；企业层面，应以工程创新、工程管理、工程技术、装备国产化、安全环保管理、跨国经营管理六大体系建设为主要任务，提高管道建设能力和管网系统运行智能化水平。

3.油气储备调峰——保障油气安全，构建多层次储备体系。《规划》明确，加快天然气储气调峰设施建设，逐步建立以地下储气库和LNG储气设施为主、气田为辅的应急调峰设施系统，到2025年实现地下储气库工作气量超过300亿立方米。加强原油储备能力建设，加快国家石油储备基地建设，建立完善政府储备、企业社会责任储备和企业生产经营库存有机结合、互为补充的石油储备体系。

中国油气储备及应急调峰体系已初步建立，但总体规模偏小。至2016年底，中国石油战略储备能力达到3530万立方米，可满足全国34天的石油消费；至2018年底，中国地下储气库工作气量76亿立方米，占2016年天然气消费量的3.7%。相对于石油储备规模超过90天消费量、天然气地下储气库工作气量占消费量10%～15%的国际水平，中国油气储备规模仍然较小，需加快油气储备设施建设，以确保供应安全、运营稳定。

中国油气储备与应急体系建设应结合自身建库资源条件、油气消费特征、管网布局结构，构建责权明确、多方共同承担、多种方式互补的油气储备体系。其中，石油储备以地下水封洞为主、地面储罐储存为辅；天然气储备以地下储气库和LNG储罐为主，气田为辅。

4.能源互联网——推动油气与可再生能源融合发展，构建能源产业发展新模式。《规划》提出，提升科技支撑能力，加强“互联网+”、大数据、云计算等先进技术与油气管网的创新融合，加强油气管网与信息基础设施建设的配合衔接，促进“源—网—荷—储”协调发展、集成互补。完善信息共享平台，推动互联互通、统筹调度。

中国油气领域已建成由数十个子系统组成的油气生产和供给信息化系统，实现了全产业链生产监控和运营管理。其中，油气管网通过SCADA系统实现自动控制、数据采集与传输，并建成多种业务管理与优化系统，实现油气产运储销贸一体化优化。

能源互联网是未来能源发展的趋势，将构建新型能源供需架构，重塑能源发展的未来。中国油气管网发展应顺应世界能源发展的大势，融入能源互联网发展，加快油气互联网布局。

一是油气管网应融入能源互联网发展。未来较长一段时期，化石能源仍是中国能源利用的主体，油气是能源互联网中可再生能源消纳、智慧能源建设的重要参与者。因此，中国能源互联网建设应促进化石能源与可再生能源的融合，构建横向多能互补、纵向优化配置的能源产业发展新模式。

二是加快油气互联网布局。油气领域能源互联网的建设，将实现油气行业能量流和信息流的重构，管理模式和运营机制的重塑。应加快建立油气产业链数据共享机制，通过建设油气价值链优化系统和电子销售与交易系统，逐步形成以智能的油气优化配置、开放的油气交易、高效的能源服务为特征的油气工业互联网架构。

《规划》是中国推进油气管网建设的重要依据，方向清晰，目标和任务明确。在“五位一体”总体布局和“四个全面”发展战略引领下，构建布局合理、覆盖广泛、外通内畅、安全高效的油气管网系统，为建设现代能源体系、促进经济社会低碳绿色发展，实现“两个一百年”奋斗目标提供基础保障。

大事记

1978年

3月5日 第五届全人大第一次会议决定撤销石油化学工业部，分别成立石油工业部、化学工业部。

5月23日 交通部、石油工业部联合下发《关于处理石油管道和天然气管道与公路相互关系的若干规定(试行)》。

7月13日 国务院批准石油工业部、国家建设委员会、公安部《关于保护输油管道安全生产的报告》。将油气管道的安全生产列入国家保护范围。

7月 江苏仪征油港建成投产，胜利油田原油通过鲁宁管道和仪征港转运至长江沿岸各大炼厂。

1979年

4月5日 国内首次采用全线机械化施工的管道，克拉玛依—乌鲁木齐原油管道复线开工，1981年11月1日投产。至此，管道施工由手工操作为主转变为机械化为主。

7月6日 川渝境内南半环天然气管网建成投产。川东、川南和川西北4个产气区全部贯通，纳入了70多个气田的天然气。

12月 中国石油学会石油储运专业委员会成立。

1981年

6月 石油工业部石油天然气管道局首次选派1200人以劳务形式参加伊拉克巴格达市区供水管道工程建设。

1981年 石油工业部开始陆续颁发长输管道设计、施工及验收等各项规范。

1982年

1月 石油天然气管道局管道勘察设计院主办的《油气储运》杂志（月刊）开始向国内外公开发行。

2月15日 经国务院批准，石油工业部成立中国海洋石油总公司（CNOOP），主管海上石油。

2月 渤海埕北油田海底双层保温原油管道开工，1985年7月投产，为国内第一条海底管道。

1983年

7月12日 中共中央、国务院决定，成立中国石油化工总公司，主管全国炼化企业，直属国务院领导。

11月6日 河南魏岗—湖北荆门原油管道汉江跨越工程开工，1984年10月22日完工，跨越长度1045米（主跨500米），为国内最长的斜拉索管桥。

1984年

6月 河南濮阳—洛阳炼厂原油管道开工，1985年2月投产。为国内首次采用下向焊焊接工艺进行焊接。该管道是国内首次全线集中建设职工生活基地。

1985年

4月1日 河南濮阳—沧州天然气管道开工，1986年8月7日投产。为国内首次采用燃气轮机带动离心压缩机，加压输送天然气的长输管道。

7月30日 秦皇岛输油站2座10万立方米浮顶储油罐开工，1987年11月24日投产，为国内首次建设的大型浮顶油罐。1993年油罐区首次实现消防自动化。

7月 山东东营—黄岛原油管道复线开工，1986年7月17日投产。为国内第一条密闭输送、自动控制的管道。1998年10月，东黄复线改造原输油流程，从黄岛油港输入进口原油。

10月 河北永清—北京天然气管道投产，华北油田向北京供气。

1986年

4月—7月 河南濮阳—开封天然气管道黄河穿越段铺设穿越复线时，首次采用定向钻穿越黄河。穿越段埋深在河床以下17米～19米，管径406毫米，穿越长度1300米。

8月7日 中沧线投产运营，该管道设计压力4兆帕，设计年输气能力4亿立方米，全长366.5公里，起自河南省濮阳市柳屯镇，途经河南、山东、河北3省4市16县，是国内建成的首条长距离天然气管道。

1987年

2月19日 沈阳—抚顺原油管道开工，10月20日投产，为国内第一条输送稠油的管道。

9月 青海油田花土沟—格尔木原油管道工程开工，1990年9月21日投产。为当时国内海拔最高（3422米）原油管道。

10月1日 石油工业部与铁道部联合颁发《原油、天然气长输管道与铁路相互关系的若干规定》。

11月 川渝地区天然气管道形成全境管网，为国内第一个大型天然气管网，连接了川渝境内各大中城市。为四川、重庆、云南、贵州3省1市化工、化肥、冶炼等580多家企业和城市居民用户供气。

● 甘肃—宁夏的马惠宁原油管道开始添加降凝剂工业性试验，1989年获得成功，高凝原油首次实现不加热常温输送。

1988年

9月17日 国务院决定，撤销石油工业部，成立中国石油天然气总公司，主管陆上石油。

10月 内蒙古阿尔善—赛汉塔拉原油管道开工，1989年7月投产。为国内第一次采用设计、施工、采办总承包方式建设。

1989年

3月12日 国务院颁布《石油、天然气管道保护条例》。油气管道保护列入国家法规。

8月12日 山东东黄线黄岛油库老罐区雷击感应爆炸起火，老罐区全部烧毁。吸取黄岛油库火灾事故教训，加强油库安全管理，1989年—1996年开展8次储运设施安全生产检查。通过8年的储运设施安全检查，制定、完善了安全生产各项管理标准和规章制度20多个，输油气管道安全管理、安全改造有章可依。原油罐已走向规范化、制度化管理。

1990年

12月20日 “石油工程计算机辅助设计在长输管道上的应用”通过了部级鉴定验收。三维软件设计覆盖了油气储运、线路、工程测量、土建、电力、通信、机械、热工、技术经济、管理等专业。

1991年

7月 中国石油天然气总公司北京天然气集输公司成立。

12月24日 国产“CY系列原油降凝剂的研制及应用”科研项目通过部级鉴定。

1992年

4月16日 管道工程结构技术国际研讨会首次在河北省廊坊市召开。来自美国、英国、日本等14个国家和港台地区的200多名专家、学者参加大会。

7月1日 新疆塔里木轮南—库尔勒原油管道建成投产。为国内首次应用卫星遥感技术优选线路。投产后首次采用劳务方式，由乙方承包运行管理。

12月 铁岭—大连输油管道完成密闭输送、自动控制改造。为国内在不停输条件下进行改造的第一条管道。

1992年 中国石油天然气总公司西北石油管道建设指挥部成立。

1993年

3月 抚顺—营口鲅鱼圈成品油管道开工，1995年10月投产，是国内第一条自动控制、顺序输送的成品油管道。

4月30日 中国石油天然气管道局承建的突尼斯天然气管道工程开工，1995年完工。为中国石油第一次在国外以总承包形式承建的管道工程。

1995年

7月1日 新疆塔克拉玛干沙漠塔中4号联合站至轮南管道工程开工，1996年8月16日投产。为中国第一条铺设于流动性沙漠的管道，原油管道、天然气管道及通信光缆同沟敷设。

11月 库都输油管道工程开工。

1996年

9月26日 新疆鄯善—乌鲁木齐天然气管道工程开工，1997年9月29日投产。为陆上首次按照国际惯例组织施工的大型项目，首次进行工程风险投保。

1996年 设立中国石油天然气总公司长输油气管道检测中心。该机构负责总公司各企业管道的安全监督检测，参加重点管道施工质量验收，为油田提供管道内外腐蚀、变形检测，水下埋深管道检测，金属油罐底板腐蚀检测等服务项目。

1997年

9月10日 陕京输气管道建成投产点火。陕京输气管道主干线全长918.42公里，为20世纪国内最长、管径最大、所经地区地质条件最为复杂、自动化程度最高的天然气管道。该管道达到20世纪90年代国际先进水平，在中国油气长输管道建设史上具有里程碑意义。

1998年

1998年 国务院本着上下游、内外贸、产销一体化的原则，在中国石油天然气总公司和中国石油化工总公司的基础上，组建中国石油天然气集团公司和中国石化集团公司。石油、石化两大集团公司的重组，给销售体制、销售队伍、资源结构、销售业务范围和工作任务带来深刻变化，为适应这种变化，确保国务院改革方案的实施，按照中国石油集团公司的统一部署，成立中国石油销售总公司。

● 中国石油销售总公司确定了成品油销售运行机制，实施了“资源统一配置、运输统一组织、价格统一制定、结算统一管理”的“四统一”原则，修改和完善了成品油销售运行办法和价格形成机制，开展成品油市场规范和市场开发工作。

1999年

6月30日 中国石油重组改制，主辅业务分开，分离出中国石油天然气股份公司，8月，中国石油天然气管道局重组改制，分离出中国石油天然气股份公司管道分公司，隶属于中国石油天然气股份公司。

9月20日 天津大张坨板867地下储气库开工（为陕京线配套工程，用于天然气调峰），2000年1月5日投产，为国内首次建设的地下大型储气库。至2003年，又续建了板中北另2座储气库。

1999年 涩宁兰输气管线、兰成渝成品油管线、忠武输气管线工程启动前期工作，这些项目开辟了中国管道建设大发展的新篇章。

2000年

2月 经国务院批准，国家成立西气东输工程领导小组。3月25日—26日，领导小组第一次会议在北京召开。

3月13日 中国石油成立西气东输领导小组。3月，中油股份公司成立西气东输管道公司。

3月 涩宁兰输气管道开工，5月1日正式全面打火开焊。该管道起自青海涩北气田，经西宁分输站后，止于甘肃省兰州市，全长约930公里，管径660毫米，设计压力6.4兆帕，输气能力20亿方/年。2001年12月12日，涩宁兰输气管道全线投产运行。涩宁兰输气管道工程是党中央、国务院提出西部大开发战略后第一个付诸实施的大型能源建设项目。

2001年

2月6日—8日 中油股份公司在北京对兰成渝输油管道工程的初步设计进行审查。工程全面开工建设。兰成渝输油管道是中油股份公司解决西北成品油出路和占领西南成品油市场的生命线工程。该管道为国内距离最长、管径最大、压力最高、输量最大和分输点最多的密闭顺序输送、自动控制的成品油管道。

2001年 天然气与管道分公司成立天然气与管道技术委员会，制订了《天然气与管道专业技术委员会简章》，建立了管理机构，明确了科技管理人员，落实了科技经费，科技工作有了完整的组织保障。

● 建成大连鲇鱼湾新港计量站。配备7台DN400美国Smith刮板流量计，1套Smith标准体积管，最大排量为每小时2000立方米，是当时国内排量最大、设备最先进的计量站。

2002年

1月16日 国家计委下发计价格〔2002〕39号文，规定将国内天然气井口价外加收的净化费并入价内，合并为统一的出厂价，并将出厂价格每立方米提高0.03元人民币。

5月20日 中油股份公司在廊坊召开西气东输管道工程初步设计审查会。7月4日，在人民大会堂举行开工仪式，国务院向新疆塔里木、上海等5个分会场和5个开工现场，发出全线开工指令，西气东输管道工程正式开工。

8月8日 和田电站供气管道工程正式开工，管道全长176.5公里、管径355.6毫米、设计压力6.3兆帕、输气能力5.5亿方/年。10月22日，管道线路工程全部完工，并完成全线密闭性试压，达到投产条件。

2003年

8月28日 忠武输气管道工程开工。忠武输气管道是将中国石油在西南地区的天然气资源输送到能源紧缺的湖北、湖南两省的基础设施建设项目。忠武输气管道包括忠武输气干线和3条输气支线，管道设计输量为30亿方/年，最大输气能力39亿方/年。忠武输气管道干线全长738公里，管径711毫米，设计压力忠县—利川段6.8兆帕，利川—武汉段6.3兆帕。该管道于2004年于11月16日进气投产。

10月1日 西气东输工程东段管道如期建成并投产一次成功。同年底，塔里木—上海管道主体工程竣工。

2004年

6月 中油股份公司决定启动LNG项目，成立"股份公司LNG项目工作组"，负责开展中油股份公司LNG项目前期研究工作。11月4日，中国石油天然气集团公司与广西壮族自治区政府签署"关于开展广西LNG(液化天然气)项目的合作协议"，项目总投资约52亿元。这是中国石油首次进入LNG领域。

9月1日 西气东输管道工程西段进气投产，标志着长达3840公里、跨越9个省(区、市)的长距离输气管道全面建成投产。

10月 中国石油与俄罗斯天然气工业股份公司签署战略合作协议，由此中俄天然气合作项目开始了为期十年的谈判。

11月12日 中国与巴西签署协议：巴西里约州到巴伊亚州1300公里的天然气管线工程(Gasena)将由中国石油天然气集团公司承建，设计造价13亿美元。里巴天然气管线工程连接巴西东南和东北地区。工程建设由中国进出口银行向巴西开发银行提供融资，巴西财政担保。这是中国公司在巴西石油天然气工程领域的第一个合作项目，竞标的成功开始了中巴两国在新领域的合作。

2005年

3月 西部管道工程开工建设，西部管道工程是继西气东输之后中国能源建设方面又一项大型工程，包括原油、成品油2条管道。西部原油成品油管道工程首次采用双管同沟并行敷设、站场合并建设的设计方案，首次采用原油管道加热密闭顺序输送工艺，是当时国内输送距离最长、设计压力最大、年输量最多、自动化程度最高的输油管道之一。该工程于2007年8月底建成投产。

5月 管道分公司发布管道抢修方案。根据天然气与管道分公司长输油气管道的分布状况，分东北、华北、西北、西南、华中和华东六大区域建设维护和抢修体系。共设维护和抢修中心12个，承担管道A类事故的抢修工作和负责区域内管道的维护工作；共设维抢修队26个，负责区域管道设施的日常维护并配合维护和抢修中心的抢修工作。

2005年 西气东输管道工程技术研究与应用获得中油股份公司技术创新特等奖。该项目系统研究总结了大口径、高等级钢管管材、制管、焊接技术，大型河流顶管穿越、盾构穿越及黄土塬等特殊地段施工技术，天然气管网运行控制与抢修技术，为今后大口径、高压天然气管线的建设与运行提供了技术储备。

2006年

5月8日 北京油气调控中心正式成立。北京油气调控中心属于中油股份公司直属单位，主要职能是对中国石油所属长输油气管道实施集中调度指挥、远程监控操作、维修作业协调和管网运行优化。

7月25日 阿独输油管道正式投产输油，7月29日原油油头抵达独山子末站，管线投产成功。阿独输油管道是中哈管道的国内段，是中国西部大开发的重要工程之一。阿拉山口—独山子输油管道工程被建设成"精品工程""三高工程"(工程建设质量、投产运行管理、经济效益指标)。

10月29日 中缅双方就油气管道合作达成一致意见。

2007年

4月 管道分公司组建管道建设项目经理部，并开展以西气东输二线为重点的新建管道的组织实施，实现了新建长输油气管道建设的集中统一管理。

8月18日 兰郑长成品油管道开工建设，全长3007公里，是中国最长的成品油输送管道，由1条干线、2条输入支线和13条分输支线组成。兰郑长是继兰成渝之后又一条国家能源战略大动脉，是中国石油落实国家"西油东送、北油南调"战略，贯彻落实党中央、国务院"西部大开发"战略部署的全局性战略举措。2009年3月兰州—郑州段(1200公里)建成投产，2009年10月郑州—武汉段建成投产(580公里)。

2008年

2月22日 西气东输二线管道工程开工建设。

6月 中国石油正式开工建设中亚天然气管道。中亚天然气管道分AB双线敷设，单线长1833公里，是世界上最长的天然气管道。A线于2009年12月投入运行，B线于2010年10月投入运行。

2009年

4月27日 中俄原油管道俄罗斯境内段开工建设。5月18日，中俄原油管道中国境内段(漠河—大庆原油管道)开工。中俄原油管道是中国油气进口东北方向的一条战略要道，该工程成为中国从陆路进口俄罗斯原油的重要战略通道，有利于中国实现资源进口多元化战略，为国家提供长期、稳定、可靠的原油资源。

5月15日 陕京三线工程开工建设。

2010年

6月3日 中缅原油天然气管道工程开工建设。中缅油气管道是继中亚油气管道、中俄原油管道、海上通道之后的第四大能源进口通道。中缅油气管道对改善中国西南地区能源紧缺，保障能源供给安全，实现油气进口方式多元化具有重要意义。

6月25日 《中华人民共和国石油天然气管道保护法》正式颁布。

9月16日—17日 中石油集团公司在乌鲁木齐举办管道突发事件应急预案演练。演练涉及集团公司总部、管道储运企业、抢险现场等多个管理层面，参演单位32家，维抢修机构8家、现场参演作业人员300余人。本次演练提高了中国石油与地方人民政府联合处置突发事件能力，达到检验长输油气管道应急响应和区域化保驾联合处置能力的预期目的。

9月27日 中俄原油管道工程竣工。

2011年

5月24日 江苏LNG项目第一艘LNG船——阿尔雷卡亚轮成功靠泊卸货，标志着江苏LNG工程建成投产。

6月30日 西气东输二线东段干线建成投产。

11月16日—18日 “伊克斯”LNG运输船成功靠泊卸货，标志着大连LNG工程建成投产。

11月 中油股份公司成立天然气销售分公司，与天然气与管道分公司“一个机构、两块牌子”。

2011年 为适应管道联网运行需要，按区域化管理原则，进一步调整理顺管道运营管理体制，中国石油成立西南管道公司，整体形成以管道公司、西气东输管道公司、北京天然气管道公司、西部管道公司、西南管道公司5个综合性运营公司为主、西南油气田为补充的“5+1”国内管道运营管理体系，重新划分管理界面，坚持输销一体化管理。

2012年

4月10日 中缅原油管道开工建设。

8月18日 锦郑成品油管道开工建设。锦郑成品油管道建成后，将与兰郑长成品油管道连通，在中国中原腹地形成更加完整的成品油供应网络，有效缓解东北地区成品油产量过剩和华北、华东、华中地区资源紧缺局面。

2012年 “高钢级、高压力、大口径超长输气管道工程技术与应用”获2012年中国石油科技进步奖特等奖。

2013年

6月 相国寺储气库注气成功。该储气库位于重庆市，是西南地区首座储气库。设计总库容量42.6亿立方米，采气日处理能力2855万立方米，是中国注采能力最大、日调峰采气量最高的储气库。

10月13日 中缅天然气干线管道建成投产。

10月 中贵线全线贯通投产。管道全长1613公里，管径1616毫米。中贵线是中国西部气源外输的重要通道，实现了西气东输、陕京线、川渝管网、中缅输气管线互联互通。

2014年

5月31日 中亚天然气管道C线投产。

11月20日 西气东输三线西段全线贯通。

12月26日 中国自主研制的30兆瓦级国产燃驱压缩机组产品在西气东输三线烟墩站一次点火成功，实现了中国管道核心装备的又一重大突破。

2014年 X90/X100管道应用技术成果通过中国石油鉴定。0.8设计系数输气管道应用技术，在西气东输三线上成功实施261公里的试验段工程。

2015年

2015年 中俄东线天然气管道是中国首条采用1422毫米超大直径、X80高钢级管材、12兆帕高压力等级的世界上单管输量最大的跨境长输天然气管道工程。管道沿线自然环境复杂，多年冻土、水网沼泽和林带交替分布，冬季最低气温达零下40℃，为管道建设带来巨大挑战。工程于2015年6月开工建设北段试验段，将分期建设北段(黑河—长岭)、中段(长岭—永清)和南段(永清—上海)，计划2020年底全线贯通。

2016年

8月13日 中俄原油管道二线工程开工建设。管道起于黑龙江省漠河县兴安镇漠河首站，途经黑龙江、内蒙古两省，止于黑龙江省大庆市大同区林源输油站，全长941.80公里，年供油能力1500万吨。2017年11月12日竣工投产。中俄原油二线工程是中俄全面战略协作伙伴关系在能源领域的重要体现，是加快中国能源战略通道建设，保障国家能源供应安全重要举措。该工程有利于进一步完善国家东北油气战略通道，优化国内油品供需格局，提振东北工业经济，助推中国经济社会健康持续发展。

9月 中国石油全面深化改革领导小组第十二次会议通过《中国石油天然气集团公司天然气销售管理体制改革方案》，11月印发《关于天然气销售与管道业务体制调整的通知》，决定做实天然气销售分公司与中油管道公司，天然气销售与管输业务分立运行。天然气销售分公司、天然气与管道分公司“一个机构、两块牌子”。中油管道公司为中油股份公司控股子公司，作为中油股份公司管道资产管理、运营及投融资平台，对中油股份公司境内所属天然气干线、支线及原油、成品油管道业务进行管理。

2017年

6月 中缅原油管道全线投产成功，标志着中国西南、西北、东北、海上四大能源进口通道基本建成，对中国实现原油进口多元化、降低运输风险和运输成本、优化能源供应格局、促进地方经济等具有重大意义。

10月29日 陕京四线天然气管道干线工程顺利贯通。

2018年

2月 国家发展改革委下发《关于加快推进2018年天然气基础设施互联互通重点工程有关事项的通知》，以实现天然气管道“全国一张网”格局，最大限度地发挥天然气调峰水平，保障民生用气。

9月 抚锦成品油管道全线输油贯通，标志着辽宁省境内又一条能源大动脉投入使用。

11月 鄂安沧管道一期工程投产。鄂安沧管道一期工程形成了华北腹地资源大通道，提高了供气的可靠性和灵活性。 （中国石油）

新中国成立70年中国石化油气储运发展

原油业务

【概 述】中国石化原油管道建设开始于20世纪60年代，兴盛于七八十年代，大发展于21世纪初。20世纪90年代以前，中国石化原油管道建设主要服务于油田生产，以油田为起点输往下游各用户或中转站点。90年代后期，特别是进入21世纪之后，中国石化原油管道建设主要服务于炼化企业需求，依托大型原油码头、油库，将海上进口原油输往炼化企业。

新中国成立70年，经几代人的努力，中国石化原油管道形成了遍布北京、天津、河北、山东、江苏、浙江、上海等14个省市，连接燕山、天津、石家庄、齐鲁、金陵、镇海、高桥等26家炼化企业，胜利、中原、河南、江汉等4家油田企业及14座深水码头、22座25万吨级以上原油泊位、29座大型原油库的原油管网。

至2018年底，中国石化共拥有原油长输管道8143公里(其中管道储运有限公司负责运营管理7081公里，油田企业负责运营管理513公里，炼化企业负责运营管理583公里)，综合输油能力24850万吨/年，2018年完成原油一次输送量18805万吨；拥有货主、合资、合作原油深水码头14座，25万吨级以上原油泊位22座，设计接卸能力37120万吨/年，2018年共接卸中国石化原油资源21683万吨。

天然气业务

【概 述】1999年，为满足山东省“蓝天工程”需要，加快推进天然气在企业生产、居民生活、公共交通等领域的应用，中国石化提出“气化山东”的战略目标，将管道储运公司所属已停输的濮临输油管道改建为输气管道，并新建段庄—济南45公里天然气管道，将产自中原油田的天然气输送至山东济南，这就是最初的中原—济南输气管道(即老中济线)，也是中国石化首次开展跨省天然气输送业务。2001年，随着国家经济建设及原油、天然气市场结构变化需要，中国石化组织实施了国家“十五”重点工程——临濮原油管道工程，其中包括新建中原—济南输气管道(即新中济线)，该管道于2002年完工并投入运营，成为中国石化首条真正意义上的跨省天然气管道，归属中原油田管理。同年8月，中国石化与山东省政府签署天然气管道建设、销售、LNG、千万吨大炼油等项目一揽子协议，在此基础上组建了中国石化第一个省级管网合资公司——山东省天然气管道有限责任公司，并投资建设了济南—齐鲁石化输气管道(即济淄线)、临淄—青岛输气管道(即淄青线)等省内管道，将天然气市场扩展到山东东部地区，初步形成了中国石化首个区域管网系统。

为实行天然气专业化管理，中国石化于2005年成立天然气分公司，主要负责中国石化天然气管道、LNG接收站、储气库等储运设施建设与运行管理，天然气市场开发和销售经营管理，油气田天然气销售业务管理，地方管网、终端销售合资合作管理。2009年，中国石化设立天然气有限责任公司，实行“一个机构，两块牌子”。自此，中国石化天然气业务进入了一个新的发展时期，改变了过去天然气管道、经营业务分散化、小型化、局部性的局面，开始向跨省长输管道建设、规模化运输、大区域营销、全产业链布局的现代集约管理模式转化。

中国石化立足资源和市场情况，认真研究储运设施规划，分阶段、分层次加快推进设施建设，取得了丰硕成果。2006年，天然气分公司完成山东管道公司重组，全面开始组织山东管网的建设布局及生产运营工作。2007年8月31日，国家“十一五”重点工程——川气东送管道工程正式开工建设，这是继西气东输以后国家修建的又一条横贯东西的天然气能源大动脉，于2009年2月起分期投产试运行、2014年4月进入正式运营，2018年1月增压扩能一期工程完工，长江中下游年输气能力提高至132亿立方米，结束了中国石化没有国家级大口径、长距离、高压力干线输气管道的历史，成为长江经济带沿线最重要的能源通道之一。2010年10月，国家“十一五”重点工程——榆济管道实现投产，与山东管网一起组成华北地区管网的骨干通道，中国石化南北两大管网系统初步

川气东送管道野三河悬索桥。

山东LNG接收站首船靠泊。

形成。借助两条主干管道的资源供应优势，中国石化相继在江苏、浙江、河南等多个地区成立合资公司，管网系统不断完善、市场规模持续提升。2012年6月、2016年5月，榆济、川气东送管道配套的文96、金坛（一期）两座储气库陆续投入使用，进一步完善了管网结构，提高了华北、华东等重点地区的调峰应急保障能力。2014年11月，山东LNG接收站建成投产，从此中国石化开始了LNG进口业务，丰富了华北地区的资源渠道。2016年3月，广西LNG接收站完成试投产，成为华南地区最大的进口LNG资源中心，成功开辟了华南市场，中国石化在国内三大主要经济区域的天然气业务布局基本成型。2017年5月，文23储气库全面开工；自2019年3月开始，丛式井场陆续投产进气，7月31日提前1个月完成一期工程建设任务，全面进入注气阶段。2017年7月，鄂安沧输气管道获得核准，作为国家"十三五"规划的大型能源项目及华北地区重点天然气保供工程，2018年11月应急投产段试投用，2019年9月全线试投用，成为中国石化在华北地区天然气业务发展新的战略通道。2018年4月，天津LNG项目正式投入商业运营，创造了中国石化自主设计、自主建设、自主投产及国内LNG接收站投产时间最短等多项纪录，实现了"当年投产、当年达产、当年盈利"目标。2018年4月，南川—涪陵天然气管道工程全面开工，建成后输气能力可满足"十三五"期间上游页岩气田持续上产的外输要求。2018年9月，中科炼化一体化工程配套输气管道工程开工建设，建成后可满足中科炼化一体化项目燃料用气需求。2018年11月，山东液化天然气（LNG）项目二期工程开工建设，建成后山东LNG项目年接转规模将增至700万吨/年。2019年6月，青宁（青岛—南京）输气管道工程全面开工建设，建成后将连通中国石化华北、川气东送南北两大天然气管网系统。2019年6月，濮阳—范县—台前输气管道工程开工建设，建成后将进一步优化中原地区能源结构。中国石化基本形成了海陆互通、覆盖全面、一体化运行的储运网络格局，为天然气业务有效快速发展奠定资源和设施基础。

至2019年10月，天然气分公司累计建成投运独（合）资管网里程超过1.3万公里，3座LNG接收站核准接收能力1800万吨/年，3个储气库工作气量3.55亿方/年。

成品油业务

【概　述】 1999年12月28日，中国石化浙江石油分公司与镇海炼化公司合资建设的镇杭管道一期工程（管道全长158公里）开工建设，由此开始了中国石化长输成品油管道建设的进程。2005年12月28日，跨越两广、云贵4省，全长1740公里的西南成品油管道，全线投油试运一次成功。西南管道是国内第一条长度超过千公里、敷设覆盖多省（区、市）的民用长输成品油管道，由此新中国成品油管道建设进入新的时期。此后，中国石化加快成品油管道建设速度，在珠三角、长三角等经济发达区域相继建设珠三角管网、华东管网；在华北区域建设北京管道、鲁皖（一期、二期）、以及洛郑驻、石太管道；在华南区域建设了西南管道南线，并将西南管网延伸至川渝地区；在华东沿海建设了福建、甬台温等沿海成品油管道，并在内陆地区相继建成了甬绍金衢一、二期管道；在华中地区建设了武广、江西、安徽、湖南管道。2012年6月，中国石化相继投用华南、华北、华东、华中四大区域成品油

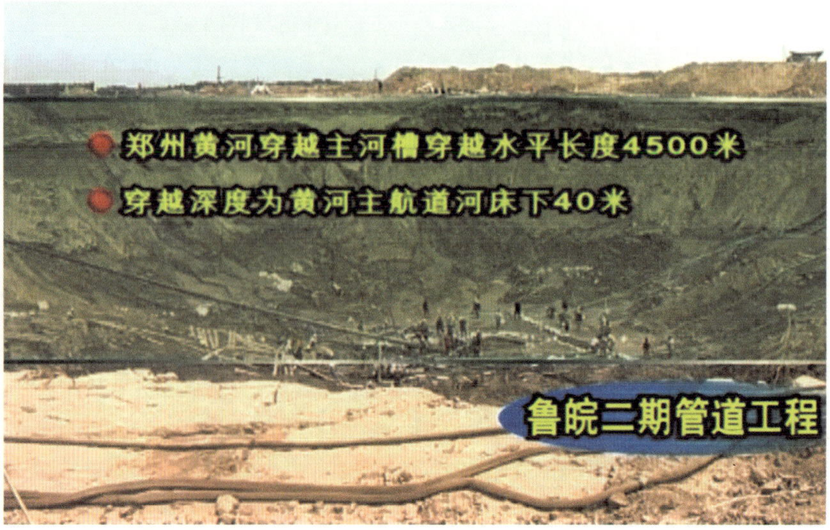

鲁皖二期管道工程。

钱塘江定向钻穿越工程开工。

调控中心。2013年8月、2016年11月，随着驻信、浙赣连接线等2条跨区域管线的建成投用，华北与华中、华东与华中两两区域管网实现互联互通。至2019年9月，中国石化销售长输成品油管道建成15029公里，管道连接22家炼化企业，辐射21家省市石油公司，拥有4个区域调控中心、168座输油站场，设计输送能力11851万吨/年，综合输油能力近9000万吨/年，累计输送成品油6.31亿吨。

大事记

1961年

1961年 胜利油田第一口油井出油，1964年全面开发，为解决原油出路，胜利油田于1965年8月建成石化辖区的第一条原油长输管线——东辛线（东营—辛店），管径426毫米，长72公里，设计输油能力540万吨/年。原油经管输到辛店，再装火车运送到黄岛装船外运。

1974年

12月26日 为解决胜利油田原油外输“瓶颈”和长江中下游炼化企业原油供需的矛盾，中共中央、国务院批准鲁宁输油管道建设项目，该管道于1975年开工建设，1978年7月19日建成投产。该管道将胜利油田原油输送至南京，再通过长江船运，向长江中下游炼化企业输送。

1978年

10月23日 华东输油管道指挥部更名为华东输油管理局，工作重点由管道建设转向生产管理，负责鲁宁输油管道的输油管理工作。

1986年

7月17日 东黄复线投产，该管线是中国第一条自动化输油管道，达到20世纪80年代国际先进水平，全线采用先炉后泵密闭输送工艺。东黄复线干线长248公里，管径711毫米，途经东营市、潍坊市、青岛市3个地级市。

1998年

6月23日 中国石油化工集团发布《关于组建中国石化集团管道储运公司的通知》，决定由华东输油管理局、胜利输油公司（1984年在胜利油田东黄输油大队和东临输油大队基础上组建而成胜利输油公司，隶属中国石油天然气管道局。1986年，东临线划出成立滨州输油公司，1994年4月，两公司合并成胜利输油公司）、新乡输油公司（1984年4月组建，时称石油工业部管道局新乡输油公司）、襄樊输油公司（前身为河南油田采油厂长输大队。1984年划归石油工业部管道局，改名襄樊输油公司）合并成立中国石化集团管道储运公司。

9月29日 为适应东部原油流向调整的需要，封存了12年的东黄老线重新启用，在不到20天时间内重新调整投运东临复线、东黄老线、东黄复线、广齐线，同时对东临老线扫线停输封存，五线联运一次成功。此次原油流向调整，开通了东临复线及广齐线，封存了东临老线，东黄复线停止输送胜利原油下海，改输进口原油上岸，通过广齐线为齐鲁石化输送进口原油到厂，重新启用的东黄老线输送胜利原油，胶青线由东黄复线转输改为东黄老线转输。

1999年

6月—2002年12月 中济线建成投产。中原—济南输气管道（即中济线）是中国石化首条跨省天然气输气管道，先后经历了1999年濮临输油管道输气改造及段庄—济南45公里天然气管道建设，2001年11月—2002年12月新中济线分两个阶段建设，于2002年12月完工并投入运营。中济线的建成投产和运行，标志着中国石化天然气业务开始向跨省管道建设及省级管网运营转变。

2002年

2月3日 中国石化镇杭管道二期工程2308米定向钻穿越钱塘江管道顺利回拖，创造了中国成品油管道第一次成功穿越钱塘江的历史。

2月25日 具有划时代意义的“长江第一穿”开钻。20世纪70年代开工建设的鲁宁线，原设想管线建设到长江以南，一直延伸到上海，但因解决不了管道横穿长江的问题，管线末站只有设在江北仪征。2002年以前，金陵石化与鲁宁线仪征末站隔江相望，但金陵石化加工的胜利原油却需要在仪征装船，横穿长江靠泊炼厂码头接卸，原油运输费用高、损耗大，受气候影响大，为解决上述问题修建仪金线。仪金线全长27公里，起自仪征站，止于南京金陵石化，是中国第一次采用定向钻穿越长江的管道，2002年2月25日“长江第一穿”开钻，3月12日长1688米原油管线成功穿越长江。

2004年

3月20日 管道储运公司杭州湾直径711毫米、长53公里的甬沪宁杭州湾海底管道组焊完毕，标志甬沪宁进口原油管道全线贯通。3月20日—6月29日，甬沪宁进口原油管网实现全线分段投产一次成功。

2006年

5月28日 全长979公里，横跨5省、12市的仪征—长岭原油管道工程一次投产成功。

2009年

2月—2014年4月 川气东送管道投产。川气东送管道是国家“十一五”重点工程，是国家继西气东输后规划修建的又一条横贯东西的能源大动脉，也是中国石化修建的第一条大口径、长距离、高压力干线输气管道。管道自2007年8月31日开工建设，2009年2月起分期投产试运行，2014年4月通过竣工验收、进入正式运行阶段。川气东送管道途经长江经济带沿线8省（市）80个城市，惠及2亿多人口和数千家大型工矿企业，对国家完善干线管网布局、保障中东部地区能源供应、提升中国石化天然气产业链价值起到了重要作用。

4月24日 中国石化鲁皖二期郑州—汤阴成品油管道郑州黄河穿越工程，顺利完成回拖。郑州黄河穿越工程是鲁皖二期管道项目建设的难点和关键节点，工程位于京珠高速黄河大桥下游16.27公里处，郑州黄河穿越工程主河槽穿越水平长度4500米，穿越深度为黄河主航道河床下40米，超长距离导向孔在砂层穿越使得该穿越难度之大、技术要求之高，创下了当时国内外第一长定向钻管道穿越工程、第一长光缆穿越工程及第一次超长距离采用钻头对接技术等多项之最。

2010年

10月 榆林—济南输气管道投产。榆济管道是国家“十一五”重点建设工程及中国石化2010年度20项重点工程之一，也是天然气分公司自主建设的第一条天然气长输管道工程，项目于2007年11月获得国家发展改革委核准、2010年10月22日投产。榆济管道是中国石化在华北地区输气骨干线路，榆济管道的投产运行打通了华北大牛地气田与河南、山东等主要下游市场的通道，为增强华北市场保供能力，开辟省级和终端管网用户提供了资源基础。

2011年

10月13日 日照—仪征原油管道及配套工程一次投产成功。该工程包括设计里程为390公里的输油管道、商业储备基地和原油码头建设工程。原油管道北起山东日照，南达江苏仪征，管径914毫米，近期设计年输量2000万吨，远期设计年输油量3600万吨。

2012年

9月6日 文96储气库注气投产试运成功。文96储气库是中国石化首座地下储气库，于2012年9月6日实现注气投产试运，2013年10月10日采气系统试运行。文96储气库的投产，有效缓解了华北市场的管道调峰压力，提升了冬季供暖期市场的保供能力和应急状态下管道的平稳运行能力，并为后期金坛储气库、文23储气库等储气库建设运营提供了经验支持和人才、技术保障。

2013年

1月9日 中国石化贵—渝成品油管道项目重庆南山定向钻穿越工程，完成主管道回拖。重庆南山定向钻穿越工程位于重庆市南岸区AAAA级南山风景区，工程穿越点附近山体水平长度达2124米，入、出土点高差145米，设计穿越深度150米（以入土点为基准），且存在山体透水、出土点附近岩石硬度高等困难。重庆南山定向钻穿越创造了国内最长距离的岩石山体穿越纪录，施工工艺开创国内定向钻穿越施工的先河，并取得了长距离山体定向钻穿越施工的宝贵经验。

2014年

4月18日 中国石化股份公司下发通知，决定在中国石化股份公司管道储运分公司的基础上成立中国石化管道储运有限公司。6月10日，中国石化管道储运有限公司在江苏省徐州市注册成立，注册资本为120亿元。

11月14日 山东LNG接收站投产。山东LNG接收站是中国石化首座LNG接收站，于2010年7月获得国家核准、2014年11月14日首船成功靠泊、12月3日实现气化外输、12月10日完成首车槽车LNG充装。山东LNG接收站的投产，揭开了中国石化进口LNG资源引进的序幕，形成了多元化天然气资源供应渠道，为中国石化进一步巩固华北市场地位、扩大市场份额、提升天然气效益提供了坚实保障。

2015年

5月11日 涪陵—王场输气管道投产。涪陵—王场输气管道是中国石化川东南涪陵页岩气田主要的外输管道工程，2015年4月22日全线贯通，2015年5月11日建成投运。该工程的建设，为涪陵页岩气田建设上产提供了外输通道，进一步满足了川气东送管道沿线天然气资源供应需求，为提升页岩气效益、开发长江经济带市场提供了保障。

2016年

2月23日 国家石油天然气大流量计量站武汉分站投产。国家石油天然气大流量计量站武汉分站位于湖北省武汉市江夏区川气东送管道武汉输气站内，2013年4月开工建设，2016年2月23日投产。该站的建设填补了中国石化在大口径、高精度天然气流量计检验方面的空白，不仅为天然气管网科学建设、规范运行、有效经营奠定了基础，而且为中国石化天然气质量体系建设提供了有力的技术支持。

3月28日 广西LNG接收站成功试投产。广西LNG项目是华南地区最大的LNG接收站项目，2013年6月24日获得国家发展改革委核准、同年7月30日开工，2016年3月8日开始首船调试气接卸，2017年6月9日实现国际LNG船舶进港常态化。该项目的建设，成功开辟了华南市场，使中国石化天然气业务扩大到广东、广西、湖南、贵州、云南等区域，并为珠三角周边中科炼化一体化、茂名石化等项目的建设发展提供了资源基础。

5月30日 金坛储气库一期投产成功。金坛储气库作为川气东送管道的重要配套工程，主要用于长江三角洲地区天然气的冬夏季调峰和应急储备。项目于2012年8月28日通过核准，2013年9月正式开工，分3个阶段建设，2016年5月30日完成一期投产并开始注气。该储气库的建设结束了中国石化在华东地区没有储气调峰设施的历史，在充分发挥川气东送管道生产能力、增强苏浙沪市场在冬夏季高峰期的稳定供应，提高设施安全保障水平等方面具有重要意义。

2017年

1月2日 中国石化浙江甬台温管道温州瑞安飞云江特大型定向钻回拖一次成功，飞云江特大型定向钻全长3.36公里，该管道的成功回拖标志着中国石化又一次创造了国内最长的对穿海底握手成品油管道定向钻纪录。

5月19日 文23储气库项目(一期工程)开工。文23储气库是国内东部地区库容最大、工作气量最高、调峰能力最强的储气库设施，也是中国石化实施的最大规模的储气库建设项目。自2019年3月开始，丛式井场陆续投产进气，7月31日进入全面注气阶段，至10月下旬已累计注气28亿立方米。文23储气库的建成投产，将成为华北地区最重要的调峰应急枢纽，在保证华北市场供应安全、深入开拓区域市场、有效经营天然气业务等方面发挥重要作用。

2018年

4月17日 天津LNG项目正式投入商业试运营。天津LNG工程项目是国家“十三五”重点工程，也是国务院“稳增长、促改革、调结构、惠民生”重点督办项目，天津市政府、中国石化重点推进及投产试运行项目。该项目在建设、投产及运行过程中，正逢中国天然气市场高速回暖及华北地区冬季保供需求大幅增长时期，2017年项目主体完工，2018年2月6日实现首船接气、2月14日实现LNG槽车首车外运，3月12日实现管道气化外输，创造了国内LNG接收站投产时间最短、全部关键设备投料试车一次成功等7项纪录。

4月 南川水江—涪陵白涛输气管道工程(南川—涪陵管道)开工建设。南川—涪陵管道是为满足“十三五”期间持续上产的涪陵页岩气外输要求而建，可有效解决二期焦石坝产能外销，并为后续川东南、川南区块页岩气外输留有接口和输气空间，同时可用于川气东送管道冬季调峰需求。工程于2019年10月完成中间交接。

5月 鄂安沧管道(一期工程)开工建设，11月部分管段实现应急投用，2019年9月全线建成试生产。鄂安沧管道项目是国家、河北省和中国石化重点督办的天然气保供工程，先后被列入国家能源发展、天然气发展和河北省天然气发展《“十三五”规划》。一期工程主要位于河北省境内，以天津LNG接收站气化管道气为气源。鄂安沧管道的建成投用，有利于形成贯穿华北腹地的“十”字形天然气资源大通道，并实现与天津LNG接收站、榆济管道、文23储气库等主要储运设施的互联互通，将有效提升京津冀地区冬季保供及中国石化华北天然气市场开拓能力。

9月 中科炼化一体化工程配套输气管道工程开工建设。该工程主要承担中科炼化一体化项目燃料用气需求，至2019年10月中旬，干线已焊接完成，开始分段试压。

11月 山东液化天然气(LNG)项目二期工程开工建设。山东LNG二期工程投用，缓解了华北地区冬季天然气供应缺口。至2019年10月中旬，工程总体形象进度完成46%。

2018年 中国石化与中国石油4处互联互通工程先后完工并投用。5月9日，广西管道与中国石油中缅管道钦州站互联互通工程完工；8月29日，川气东送管道与中国石油西气东输一线江苏青山站互联互通工程完工；9月28日，广西管道与中国石油中缅管道来宾站互联互通工程完工；11月1日，天津管道与中国石油港清线南港站互联互通工程完工；4处互联互通工程投用，合计新增互供输气能力3600万方/日。自2018年11月1日起，中国石化与中国石油全面开展冬季保供资源串换工作，日互供气量达1300万方。

2019年

5月17日 中国石化湛北成品油管道穿越通明海峡定向钻主管回拖成功。通明海峡定向钻出入土点分别位于湛江市东海岛和岛对岸的湖光镇，穿越总长度4071米，创中国大陆海底成品油管道定向钻穿越长度之最。

6月 青宁(青岛—南京)输气管道工程全面开工建设。青宁管道工程是列入国家《能源发展“十三五”规划》《天然气发展“十三五”规划》和国家发展改革委2019年天然气基础设施互联互通重点工程的长输管道项目，也是连通中国石化华北、川气东送南北两大天然气管网系统的枢纽性工程。管道北连山东青岛LNG接收站、南接川气东送管道南京支线，途经山东、江苏2省7地市，全长531公里，设计压力10兆帕，管径1016毫米，年输气能力100亿立方米。至10月中旬，累计焊接超过350公里，提前3个月完成年度建设目标。

●濮阳—范县—台前(濮范台)输气管道工程开工建设。建设濮范台管道工程是为了加快实施“气化河南”工程，优化中原地区能源结构，形成互联互通的供气网络。至10月中旬，累计焊接58公里。（文/图 中国石化）

新中国成立70年中国海油油气储运发展

油气储运发展

【概 述】20世纪90年代，中国海油开始引进LNG的前期研究工作，积极建设国家引入海外天然气的沿海大通道，2002年设立全资子公司专门负责接收站、管道及燃气电厂等相关业务的投资建设与管理运营，以广东大鹏LNG接收站为试点，“先行一步”，利用海外LNG、国内海上天然气两种资源，以LNG接收站为核心，走“气”“电”结合道路，打造了国内LNG产业链一体化运作模式。

2006年9月，中国首座LNG接收站——广东大鹏LNG接收站投入商业运营，大鹏LNG接收站是中国首个引进LNG试点项目，该项目的投入运营开启了中国海油助力打造引进海外天然气的沿海大通道，积极布局LNG产业链的进程。

自广东大鹏LNG接收站成功运营以来，中国海油相继建成福建莆田LNG接收站、上海洋山港LNG接收站、浙江宁波LNG接收站、珠海高栏港LNG接收站、天津浮式LNG接收站、海南洋浦LNG接收站、粤东惠来LNG接收站、深圳迭福LNG接收站、广西防城港LNG接收站等10座LNG接收站，接收能力达4520万吨/年，正在建设江苏滨海LNG接收站、福建漳州LNG接收站、龙口南山LNG接收站，扩建天津浮式LNG接收站与浙江宁波LNG接收站，计划建设山东烟台西港LNG接收站、营口LNG接收站等，基本完成了沿海地区的产业布局，成为中国天然气四大战略通道之一海上通道的重要组成部分，助力中国形成常规和非常规国产气、陆上进口管道气、海上进口液化天然气等多气源互补，西气东输、海气登陆、就近供应的供气格局。

随着沿海LNG接收站布局的逐步完善，中国海油同步打造配套输气管道管网，并以燃气电厂为主积极投资建设城市燃气、加气站等在内的天然气利用及终端项目，不断打造完善天然气产业链，初步形成了广东省、福建省、浙江省和海南省四张省级管网。

中国海油年运营天然气总气量逐年增加，2018年天然气销量占全国天然气销售量份额18%，其中2018年实现LNG进口2642万吨，占全国LNG进口量49%。中国海油引进的国际LNG资源来源于25个国家和地区，合同量共2476万吨/年，位列国内第一、世界第三，具有较强的资源采购和议价能力。

依托较为完善的基础设施布局、凭借强大的LNG资源池，中国海油具有对LNG产业链条上相关资源进行高质量、高效率地配置、优化、整合、运作的独特能力，拥有很强的资源组合和运筹能力，实现了LNG产业先发和规模优势，走出了一条独具中国海油特色的天然气产业发展道路，成为中国天然气行业和国际LNG市场的重要力量。

中国海油注重科研技术能力培养，2008年设立技术研发中心，拥有一批经验丰富、专业化的LNG管理和技术人才；拥有较强的创新能力，并掌握LNG储罐、大中小型天然气液化等核心技术。此外，凭借上游资源市场运作和中下游基础设施项目建设的专业能力，中国海油得到金融市场的广泛认可，具备较高的资信评级和市场影响力。

基础设施及重大工程

【概 述】经过十多年的发展，中国海油建成运营10座沿海LNG接收站，接收能力达4520万吨/年，建成34个大型储罐

大鹏LNG接收站接卸第1000船LNG。

2008年4月3日，中国建造的第一艘LNG船“大鹏昊”交付使用。

及4个3万立方米储罐，累计进口LNG超1.5亿吨；建成天然气长输管道3876公里；建成天然气发电厂6座，装机容量821万千瓦，累计发电1998亿千瓦时；建成207座LNG加注站。

1.已建重大项目。

(1)广东大鹏LNG站线项目。大鹏LNG接收站是中国第一个引进LNG试点项目。接收站位于大鹏秤头角，设计规模为年周转LNG370万吨，2003年底开工建设，2006年5月26日接收第一船LNG，2006年9月底项目进入商业运营。随着贸易量的增加，为确保稳定供气，增建了相关气化装置及其他配套设施，年周转能力可提高至680万吨/年。

(2)福建莆田LNG项目。莆田LNG接收站位于莆田市湄州湾北岸的秀屿港区，是中国第一个完全由国内企业自主引进、建设、管理的大型液化天然气项目。项目初始建设规模为260万吨/年，2009年进入商业运营，之后为提高储气调峰能力，在原有2个储罐基础上，曾建4个储罐、20个槽车装车台及配套气化外输设施，扩容后的接收站总规模达500万吨/年(最大处理能力630万吨/年)，扩容后的接收站每年可向海西天然气管网注入天然气90.6亿立方米。2013年3月，福建LNG项目及输气干线工程获国家优质投资项目奖。

(3)浙江宁波LNG项目。宁波LNG接收站位于宁波市北仑区穿山半岛白峰镇中宅，占地面积46.9公顷，由接收站、码头、输气干线组成，一期建设规模300万吨/年，包括3座16万立方米储罐，配套建设接卸26.6万立方米LNG船码头1座和工作船码头1座。2009年12月18日正式开工，2013年8月正式商业运营。2013年7月31日，浙江LNG项目获由全国化学工程建设质量奖审定委员会颁发的2013年“全国化学工业建设优质工程奖”。

浙江LNG接收站二期工程已开工建设，计划2020年建成。二期工程投产后，接卸能力将达到700万吨LNG/年，二期工程新增3座16万立方米大型全容储罐和相应配套设施等工艺部分。

(4)珠海高栏港LNG项目。珠海LNG接收站位于广东省珠海市高栏港平排山，占地面积40.6公顷。项目一期建设规模350万吨/年，包括港口、接收站(3座16万立方米LNG储罐)及相关配套设施。2010年10月20日正式开工建设，2013年9月30日具备接气条件。珠海LNG一期工程历经32个月，以“零伤亡、零事故、零污染”的成绩，圆满地完成工程建设，成为同时获得“质量体系”“安全体系”“环境体系”的三标认证工程，于2014年11月正式投入商业运营。

(5)天津浮式LNG项目。天津浮式LNG接收站位于天津港南疆港区，是国内第一个运用FSRU技术建设的LNG接收站，是天津市十大重点工程之一。该项目一期由浮式储存气化装置(FSRU)、港口工程、储罐工程及输气管线工程四部分组成，建设规模为220万吨/年，气化外输能力1400万方/天，建设管道17.5公里，2013年11月21日实现FSRU供气。该项目3座3万立方米LNG储罐系国内首次采用自主核心技术、自主设计、自主施工建造的低温LNG储罐，打破了国外工程公司在LNG储罐建造领域的垄断。

为应对环渤海地区冬季保供的严峻形势，优化京津冀地区能源结构，天津LNG接收站于2016年3月开展替代工程建设，2016年11月天津LNG接收站替代工程部分顺利投产，陆地设施气化能力达到1000万方/天，冬季保供期间气化能力达到2400万方/天。2017年5月替代工程槽车系统投入使用，增加液态外输能力4800吨/天。国内第一个自主设计、自主施工的16万立方米储罐于2018年10月投入使用。为响应京津冀协同发展的国家重大战略，同时满足天津LNG日益增长的液态分销量，天津LNG接收站于2018年5月开展槽车扩建项目建设，新增11台槽车装车撬及其附

天津浮式LNG项目。

2014年8月6日，海南LNG项目接卸来自卡塔尔的首船LNG。

粤东LNG接收站接卸首船LNG。

深圳LNG项目。

属设施，2018年12月投入使用，LNG液态外输规模增加81万吨/年。

(6)海南LNG站线项目。海南LNG项目是海南省重点能源项目，位于海南洋浦经济开发区神尖角海岸段，项目建设规模300万吨/年。项目主要包括2座16万立方米的LNG储罐，5个LNG槽车装车台，1座可靠泊2万～26.7万立方米LNG运输船的接卸码头及1座3000吨级工作船码头，新建输气管线113.2公里，输气能力达到38亿方/年，新建输气管线将与海南省环岛天然气管网相连接。

2011年7月项目获得国家核准，2011年8月项目正式开工建设，2014年8月成功接卸首船LNG，并实现BOG低压外输及槽车液态外输；2014年9月实现天然气高压外输。2018年扩建槽车装车撬系统，LNG槽车装车台总数达到15个，计划开展面向岛外的LNG罐箱运输。

(7)上海LNG接收站项目。上海LNG接收站位于洋山深水港区东南侧，一期工程于2009年投产，建设规模为300万吨/年，一期建设16.5万立方米LNG储罐3座；码头能接卸8万立方米～21.5万立方米LNG船舶，形成年供应上海40亿立方米天然气的能力。该项目是上海“十一五”期间能源建设的重大工程。

(8)粤东LNG站线项目。粤东LNG接收站位于惠来县前詹镇沟疏村。2013年2月18日获得国家发展改革委核准。接收站工程一期工程建设规模200万吨/年，建设3座16万立方米储罐；港口工程建设1座可靠泊8万立方米～26.7万立方米液化天然气船舶的泊位，设计年通过能力600万吨；2018年1月1日投产。

(9)深圳LNG站线项目。深圳LNG接收站位于广东省深圳市大鹏新区迭福片区。建设规模400万吨/年，项目主要包括：4座16万立方米LNG储罐、1座可靠泊8万立方米～26.6万立方米LNG运输船的接卸码头。2018年8月1日，深圳LNG接收站实现首船接卸。2018年8月15日实现槽车液态外销，2018年8月17日实现BOG高压外输。

(10)广西LNG储运库项目。广西LNG接收站占地207亩，项目主要包括：2座3万立方米LNG储罐，10个槽车装车位，以及配套的公用工程及辅助生产设施，周转规模为60万吨/年。项目于2014年4月1日开工建设，2018年8月17日完成中间交接验收。2019年1月，广西LNG储运库项目正式试生产。

(11)广东省天然气管网。广东省天然气管网一期工程(以下简称一期工程)是承接西气东输二线天然气等陆上天然气进入珠三角地区的重要输气干线，是广东省重点建设项目，管道全长约450公里，途经广州、佛山、东莞、肇庆、惠州、清远和韶关7市，年设计输气能力160亿立方米，设计压力9.2兆帕，包括鳌头—广州干线、广州—肇庆干线、广州—惠州干线、东莞支干线、清远支干线及韶关支干线，共“三干三支”，主干线管径914毫米，支干线管径分别为610毫米和457毫米。一期工程于2010年3月1日全线开工建设，2011年11月21日，一期工程鳌头—广州干线正式接收西二线天然气，2011年11月29日实现向广州市供气，标志着西二线天然气首次进入广东省。2012年6月30日，一期工程广州—惠州干线潼湖阀室—惠州分输站段管线及东莞支干线正式接收西二线天然气，并分别于2012年7月3日和8月7日实现向东莞市和惠州市供气。

为了接收和输送南海深水气田及珠海LNG项目的天然气，中国海油在广东省规划部署了广东省天然气管网二期工程管道项目(以下简称二期工程)。二期工程的管道建设总里程约238公里，工程包括：荔湾海气输气管道项目、珠海LNG输气管道西干线项目、高明—肇庆联络线项目、冯马—骝东天然气管道项目。至2014年底，二期工程已全线完工，于2014年12月23日通过中国海油组织的总体机械完工检查，标志着广东省天然气“全省一张网”的战略核心全面建成，珠三角天然气外环管网实现贯通，珠三角天然气多气源供应、内外环管网安全互补供气的格局形成。

(12)福建管网工程。海西天然气管网一期管道全长361公里，途经福州、莆田、泉州、厦门、漳州5地市，2006年7月开工建设，2009年2月进入商业运营，输气能力77亿方/年。西天然气管网二期工程已开工建设，工程包括福州—福鼎段、漳州—龙岩段、漳州—诏安段、福州—三明段、德化支线、互联互通漳州联络线和漳州LNG联络线。线路全长1034公里，计划于2019年—2022年逐步分段投产。项目建成后，将进一步优化福建省能源结构，减轻环境污染，提高人民生活质量。

(13)珠海—中山天然气管道。中海广东天然气有限责任公司已建长输天然气管道长约171.88公里，设计压力9.2兆帕/7.8兆帕，管径主要为762毫米/660毫米。气源来自南海荔湾3-1气田、番禺30-1气田、流花19-5气田及珠海LNG等，管道覆盖珠海、中山、广州南沙等地，供气范围覆盖珠三角西岸地区，为珠海市、中山市城市燃气用户、电厂供气。至2019年9月30日，累计输送天然气约274亿标方。

(14)珠海天然气管道。中国海油珠海管道天然气有限责任公司(以下简称珠海管道)已建长输天然气管道长约49.75公里。至2018年底，“横琴—澳门输气管道”是内地唯一的供澳天然气管道，保障着澳门居民及澳门电厂用气需求，管道全长12.8公里，设计压力4.0兆帕，管径主要为406毫米。“横琴—澳门天然气管道”原为中国石化全资子公司珠海东化天然气有限公司(以下简称珠海东化公司)投资建设，2012年1月13日，珠海管道完成对中国石化全资子公司珠海东化天然气有限公司的全资收购，标志着中国海油实现向澳门特别行政区直供天然气。2017年6月22日，珠海管道收购广东管网荔湾海气输气管道和珠海LNG输气管道西干线项目，管线全长34.69公里，设计压力9.2兆帕，管径主要为914毫米/1016毫米。荔湾海气输气管道和珠海LNG输气管道西干线项目原由广东省天然气管网有限责任公司投资建设，属于广东省天然气管网二期工程管道项目，主要是为了接收和输送南海深水气田及珠海LNG项目的天然气。

广东省天然气主干管网规划图。

福建管网线路走向图。

2.在建重大项目。

(1)漳州液化天然气(LNG)接收站项目。漳州LNG接收站位于福建省漳州龙海市兴古湾。建设规模为300万吨/年，主要建设内容包括：3座16万立方米LNG储罐、1座可靠泊8万立方米～27万立方米LNG运输船的接卸码头，2017年11月漳州LNG接收站项目获得国家发展改革委整体核准。项目于2018年9月30日开工建设，先期建设2座16万立方米LNG储罐，计划2021年底建成。

(2)江苏天然气一体化项目。江苏天然气一体化项目包括LNG接收站项目、配套苏皖管线项目和阜宁热电项目。

LNG接收站项目位于江苏省盐城市滨海港区，一期建设4座22万立方米LNG储罐，规模为300万吨/年，1座最大可靠泊26.6万立方米LNG船舶主接卸码头，同时配套建设1座最大可停靠3000吨级杂货船的泊位。2019年5月22日开工建设，计划于2022年6建成投产。

配套苏皖管线项目全长约530公里，途经江苏省盐城市、淮安市和安徽省滁州市、合肥市，包括1条干线和1条支线，2座调控中心(南京调控中心和滨海调控控中心)，9座场站、25座阀室，设计压力10兆帕，设计输气量127.7亿方/年。计划2022年6月与接收站项目同步投产。

阜宁热电项目位于江苏省盐城市阜宁开发区，包括2套F级(2X100兆瓦级)燃气—蒸汽联合循环热电联产机组，配套热网约38公里。计划2020年底建成投产。

（3）龙口南山LNG项目。龙口南山LNG接收站一期工程位于山东省烟台市龙口港区LNG专区，一期建设规模500万吨LNG/年，建设6座22万立方米LNG储罐、1座26.6万立方米LNG专用泊位及配套设施，配套外输管道长度约31公里，管径为1219毫米，设计压力10兆帕，连接至山东管网以实现互联互通。2019年8月，接收站一期工程获得国家发展改革委核准，计划2022年底建成投产。

龙口南山LNG项目是国家《环渤海地区液化天然气储运体系建设实施方案（2019–2021）》重点推进建设项目，符合山东省石油天然气中长期发展规划（2016–2030年）及《烟台港总体规划（2016–2030）》，也是《山东省储气设施规划建设方案（2018–2020年）》重点推进的LNG接收站项目，对弥补山东省天然气市场缺口，保障华北地区天然气供气安全，促进山东省社会经济发展和能源结构调整具有重要意义。

（4）浙江LNG二期项目。在浙江LNG一期项目预留场地内增加LNG储罐及相关配套的工艺设备设施。建设内容包括：新建3座16万立方米LNG储罐及配套的海水泵、高压泵、计量橇等工艺配套设施。项目于2018年6月正式开工建设，2019年6月—8月，3个储罐相继完成气升顶。该项目作为浙江省重点建设项目，至2019年底，累计完成工程总进度62%。计划于2020年底完成储罐水压试验及项目机械完工。

东方—洋浦—海口管道工程昌化江穿越施工现场。

蒙西管道一期工程互联互通段穿越施工现场。

（5）天津LNG二期。天津LNG二期项目位于天津市南疆港区，天津LNG项目一期工程红线范围内，计划建设6座22万立方米储罐及配套工艺、公用工程设施，接收站工程建设规模为725万吨/年，气化外输设备能力为6500万方/天。外输复线总长约18公里，管径1219毫米，设计压力10兆帕，管线外输能力1亿方/天。2019年2月20日，该项目获得核准。项目计划2022年底前完工。

（6）海南管道。2000年6月8日，在海南筹建中海石油管道输气有限公司（以下简称输气公司），是中国海油第一个陆地管道公司。输气公司的发展立足于海南省内，重点发展省内客户，力争成为海南省唯一的天然气长输管道运营商，负责全省天然气环岛管网项目的建设及运营管理。输气公司运营管理的管道总长度为567公里，包括东方—洋浦—海口输气管道、海口—文昌输气管道、南山—八所输气管道，以及代管的海南LNG复线项目。2017年12月18日，海南省环岛天然气管网文昌—琼海—三亚输气管道工程在中海石油管道输气有限公司文昌站启动，文昌—琼海—三亚输气管道工程是海南省建设现代化基础设施“五网”体系之一，是海南环岛天然气管网规划的东环线，管线总长287.5公里，计划2020年12月建成投产。该项目建成后将连接已建成的三亚—东方—洋浦—海口—文昌的“C”字型管道，形成海南岛环岛闭环管网，提升了海南省天然气供应的可靠性和稳定性，解决了海南省东部沿海5市县送气难的问题。

（7）粤东LNG项目配套管线。粤东LNG项目配套管线工程包括“一干两支”，全长177公里；沿线设置站场9座，阀室5座。项目2013年2月获得国家发展改革委核准。2018年4月23日，粤东LNG配套管线项目开工。2018年9月，国家发展改革委将粤东LNG配套管线工程列入天然气基础设施互联互通重点工程，计划2020年10月全线贯通。

（8）蒙西煤制天然气外输管道。蒙西煤制天然气外输管道起自内蒙古鄂尔多斯，经内蒙古、山西、河北、天津，止于河北省黄骅市，管道全长约1279公里，最大管径Φ1219毫米，设计压力12兆帕+10兆帕，全线新建各类站场16座，改造1座，阀室50座，维抢修中心1座（山西大同），调度控制中心2座（1主1备）。管道设计输量200亿方/年，加压后达到300亿方/年。分三期实施，先行开展一期工程建设。

2018年2月，蒙西管道一期工程天津LNG临港分输站至中国石油大港油田分输站联通段（31.5公里）被列为2018年天然气基础设施互联互通重点工程，11月建成投产，投产后可保证京津冀地区800万方/天的天然气供应，缓解了该地区的天然气供应紧张局面。2018年9月，蒙西管道一期工程被列为2019年天然气基础设施互联互通重点工程，计划2020年底建成投产。

管理体制创新

【概 述】2000年，中国海油提出要加快进入中下游产业步伐，积极实施沿海天然气发展战略，努力建设成为主业突出、上下游一体化、产业链完整的综合型能源公司。为实现天然气发展战略落地，中国海油进行机构改革，成立新事业部，明确了LNG站线、电厂等中下游业务的投资主体。为加快板块业务发展，中国海油2002年12月成立中海石油天然气及发电有限责任公司，确立以LNG业务为核心，积极建设沿海天然气管线，有选择的投资燃气发电、城市燃气、汽车加气及相关行业，设立建设中国最大的LNG供应和销售商的战略目标。为进一步提升中国海油气电天然气及发电板块的竞争能力与综合实力，更好地实现公司全面、协调、可持续发展，中国海油2008年4月对所属业务进行战略重组，成立中海石油气电集团有限责任公司，并明确定位为“国际化清洁能源供应公司”。气电产业进入快速发展阶段。2014年，在中国海油党组的统一部署下，气电产业进行深化改革，管理体制进行创新，使产业发展进入稳健、有质量的发展新阶段。逐步形成了行业主导、区位市场、资源获取、专业人才和技术支撑五大核心竞争优势，走出了一条有特色的差异化发展道路，成为中国海油重要的清洁能源产业，确立了中国LNG行业的领军地位。

2017年10月，党的十九大召开，明确推进能源生产和消费革命，构建清洁低碳、安全高效的能源体系；持续实施大气污染防治行动，打赢蓝天保卫战，建设美丽中国。天然气作为一种优质、高效、清洁的低碳能源，是能源供应清洁化最现实的选择，是中国加快建设清洁低碳、安全高效能源体系的必由之路。中国海油始终坚持“奉献清洁能源，创造美好生活”的发展理念，以“稳健、合作、差异化”为原则，积极探索天然气生产和利用的新途径，助推中国乃至全球清洁能源产业的蓬勃发展，促进中国海油的“二次跨越”和“美丽中国”的早日实现。

技术创新

【LNG接收站】

1.新型接收站低温管线预冷技术。中国海油多座控股项目存在预冷调试需求，粤东、深圳和天津等项目先后投产、扩建，预冷主要涉及全场工艺设备及管道、大容积全容LNG储罐及配套设备的开车新型预冷技术可对预冷过程中介质两项流的流态和换热进行详细的有限元仿真模拟，对管道位移情况进行应力与位移核算。预冷仿真技术为项目预冷调试提供准确的液氮需求量、预冷工艺控制操作方案、管道位移量等预冷中的核心问题计算，为项目公司液氮采购量、管道位移碰撞检查、预冷控制操作实施方案及风险控制应急方法等需求提供技术支持；预冷仿真技术成果经济效果显著，减少LNG远洋船舶的滞港时间，降低预冷耗材成本并且避免了工艺管道发生诸如碰撞等安全风险问题。

2.接收站整体解决方案。整体解决方案是针对给定的市场、资源、站址条件、产品方案等边界条件，提出对应合适的规模、工艺等工程方案。采用自主开发先进设计计算方法（动态罐容计算、BOG计算等），降低接收站前期设计周期（节省1/3时间），完成了陆上大、中小型接收站，海上浮式及固定式接收站的建站方案和适用性，以及国产设备应用等研究。自主开发的“决策支持系统”平台，将工艺数据与经济评价系统进行对接，实现有效、快速的项目评估和决策辅助。

3.LNG接收站四维演化分析技术。LNG接收站四维演化分析技术是中国海油自主创新开发、拥有自主知识产权的先进动态分析技术，填补了国际和国内多项技术空白，并全面系统地形成了CGDSim(CNOOC Gas Dynamic Simulation)接收站动态演化分析系列技术。依托该系列技术，中国海油成为唯一一家能够掌握LNG接收站全厂四维演化分析技术的单位，具备为大型LNG接收站提供系统性状态预测、风险评估、事故分析、运营操作优化，以及预冷技术支撑、提供开停车调试服务、全厂优化节能方案、精细化设计等技术服务能力。LNG接收站四维演化分析技术针对LNG接收站的全厂主工艺四维温流场、应力场，以及全厂主工艺控制过程分别建立动态演化模型进行仿真分析，并自主创新对HYSYS和ANSYS软件相关功能模块进行二次开发形成系统化可拓展的四维演化分析平台。已在天津、福建等十余个接收站中得到工程化应用：为项目提供节能优化及精细化设计方案；提供调试服务，降低试车成本；提供风险分析、事故推演及解决方案，保障安全运营。

【LNG储罐】由于LNG储罐大型化后经济优势明显，已成为国内外一大趋势，为填补国内技术空白，抢占发展先机，2009年，中国海油开始超大容积（25万立方米以上）储罐设计、建造技术研究，2011年底完成设计、施工技术研究，并取得了相应一系列成果。

1.储罐完整性管理技术。国内

首家应用完整性管理技术在储罐的设计、采办、施工、运营中，对储罐构建全生命周期管理体系。完整性管理以保证工程建设的完整性和项目运行的可靠性为目标，通过建立风险评价和控制体系、全生命周期数据库和数字化管理平台，实现对LNG储罐完整性的保证。建立完整的风险评价和控制体系，控制风险、提高可靠性是完整性管理的基本理念，从项目建设开始，完整性管理对项目的风险点进行识别，通过制定具体的量化指标和措施来控制工程建设的完整性。在项目运行期，通过对基础数据、运行状态、检维修记录等数据的提取，利用RBI/RCM/SIL等专用方法，识别出项目的高风险点，进行针对性的检维修管理。

2.内罐地震响应谱法计算校核技术。内罐设计方面，相对于国际储罐承包商直接引入地震参数作为基础荷载数据的做法，根据实测场地地震参数，结合欧标中的土壤剪切波速拟合地震反应设计谱，作为内罐设计的输入地震荷载。同时，采用响应谱法计算地震响应，充分扩展储罐的响应模态，分析LNG液体在地震激励下的晃荡与冲击对储罐内壁的影响，根据晃荡模态组合结果确定LNG晃动波高，最后利用不同规范的晃动波高经验公式进行校验，验证结果显示该方法可行，计算更为准确，且该方法适用性更好，能够计算不同结构形式内罐结构的晃荡波高，该种思路和计算方法为行业内首次使用。

3.大型LNG全容储罐桩基础设计软件。软件对传统的桩基础设计进行提升。开发针对LNG储罐桩基础设计的专用软件，填补了此领域的空白。对现有桩基础分析方法进行突破，增设土层分析模块，弥补设计初期地质资料不全的问题。建立地震参数分析模块，将SSE、OBE分析融合到桩基础计算中，提高计算精度。总结各项目桩基础数据，构建数据库系统，为项目设计提供参考。

4.LNG全容储罐系统化结构设计应用平台。软件对储罐整体结构设计进行整合。开发适用于储罐各部分结构设计的集成化软件，加快储罐设计效率。对现有储罐核心专利算法进行整合，全新构建各结构地震参数分析模块，针对各结构对地震的相应情况，分结构计算地震参数。建立各项目储罐设计数据库，为项目设计提供参考。

【天然气长输管道】

1.多气源混输技术。广东省天然气管网多气源混输技术研究是中国海油系统内第一个多气源混输技术研究项目，也是国内首个省级统一天然气管网的多气源混输技术解决方案。这项研究不仅是广东省“全省一张网”实施的有力保障，而且对国内天然气行业也将有很好的借鉴意义。

2019年，中国海油借助该技术实现了广东等南方省域天然气基础设施与国家级主干管网互联互通，建立和完善了天然气自南方省域管网向国家级主干管网反输的“南气北送”保供模式，对于中国海油局部改扩建规划、“互联互通”建设、“解瓶颈”工程分析、经常性管网水力平衡分析、新增气源设置等，提供了快速、可持续的技术分析工具。项目成果连续两年常态化应用在南方省域天然气管网的“南气北送”工程中，对助力广东省天然气基础设施“南气北送”产供储销体系建设，促进海气、接收站等基础设施产能释放，保障国家天然气供应安全具有重要意义。

此项技术涉及上游气质、中游供气模式及下游燃气具适用性等多个环节和领域，内容复杂、测试验证工作量大。其研究成果将实现广东省天然气管网的平稳供气并满足下游用户的安全用气要求，可更为合理的确定广东省天然气管网有限公司的工程建设方案和生产运行模式，并能促使燃具生产企业与天然气行业的发展相适应，提高天然气的燃烧效率，使之符合节能、环保要求。

中国海油在中国东南沿海建设多张省级天然气输送网络，多气源混输技术的研究成果对东南沿海管网都将有很好的借鉴意义。

2.复杂管网调峰调质与调度技术。建立国内首套工程应用级的东南沿海天然气管网动态调峰优化模型，为提高管网运行可靠性和高效性、优化管网运行和管网改扩建提供技术支持；创新形成多气源天然气管网的气量调度技术，合理安排“多气源—多路径管输—多需求用户”三环节调度关系，为天然气管网运行企业合理调控管输参数、把握气量调度范围、控制安全运行风险提供可靠依据；创新形成国内首套工程应用级多气源混输与调质技术，实现瞬态调峰水力分析中的多气源天然

广东管道与广东大鹏LNG南沙分输站站内工艺管道与线路管道连头。

气管网内混输动态界面跟踪与预测，并通过CFD数值模拟对混气设备的结构参数进行自主优化。

3.输气管道工程技术改造。中国海油下属天然气管网项目多集中在中国南方沿海发达地区，在管网公司的运营生产实践中，遇到较多的特殊问题和国内管道行业发展中的共性问题。如利用数字化管道技术（GIS、GPS、GPRS等）建立管道巡检与线路管理系统是国内长输管道的发展趋势；伴行规划道路的软基地段后期施工危险管道安全问题成为中国海油下属管道工程面临的共同问题；黑粉防治问题在国内天然气管道工程并不多见，机理也不清楚，但危害明显；管道工程和场站工程面临的杂散电流干扰问题在设计中无法预知和测试，只能在运营期不断测试和总结经验。

4.半定量风险评价。在完整性评价方面，依据半定量风险评价理论和相关标准，制定适用于中国海油管道的半定量风险评价理论体系和专业软件，对中国海油所属管道进行统一风险评价，对管道风险进行评级并给出风险削减措施。同时，积极开发适用于中国海油陆上天然气长输管道的定量风险评价方法和技术工具。此外，研究和开发管道完整性评价专业软件，该套软件可通过管道内检测所获得的数据等资料对管道的缺陷进行完整性评定、管道的剩余强度进行评价，解决管道在当前运行工况条件下能否安全运行，提供管道升压、降压和维修、更换指南，通过该软件的开发，全面系统掌握管道完整性评价技术，掌握管道完整性评价诀窍，通过对中国海油所辖管道进行完整性评价工作，提高中国海油管道安全管理水平。

5.微小泄漏检测预警。改革开放以来国内经济发展迅速，在役管道周边环境和人口分布较设计之初发生较大变化，管道地区等级升级现象较为普遍，按照低等级地区条件设计的管道存在不满足高等级地区设计标准的可能，为此研究了管道地区等级升级的影响及对应的处理措施；同时研究了在复杂地形条件下管道发生泄漏及遇明火爆炸的影响范围，结合对管道泄漏发生概率的判断得出复杂地形条件下管道失效的风险；管道大规模泄漏往往是从微小泄漏发展而来，而国内针对管道微小泄漏检测预警的研究成果极少，为此研究开发一套适用于管道微小泄漏的检测预警系统，在管道发生微小泄漏初期即可对泄漏点进行检测和定位，防止更大损失的发生；管道安全运行面临周边杂散电流的影响，其中高压直流输电线路接地极排流所造成的影响较为严重，具有影响范围广、腐蚀速度快的特点，为此分析了高压直流输电线路运行特点，针对长输管线中直流杂散电流的影响对杂散电流的检测方法进行研究，从杂散电流的防护理念切入，得出高压直流电杂散电流防护的方法。

“海洋石油201”完成南海东方13-2气田海域195公里的海底管线铺设。

6.内检测数据分析平台。在管道内检测方面，目前天然气管道检测技术主要依赖国外，管道检测市场被国外垄断，费用昂贵。国内管道检测机构大多数只提供检测施工服务，检测设备和数据解读均需依靠国外公司，具体管道运营企业的技术管控能力和管线信息安全管控能力低，为此由“中海石油气电集团技术研发中心＋福建中国海油应急抢维修有限公司”联合开展中国海油管道资产内检测业务，同时开发输气管道高效清管器、几何变形检测器、漏磁检测器和相应的数据分析软件，并建设相应的实验平台。通过内检测相关硬件设备、配套一体化数据分析软件、内检测性能验证试验平台的研发，为中国海油自主承担所属管道可持续化内检测业务创造条件，也为中国海油逐步建设内检测数据分析团队和完整性评价团队提供技术基础。

装备国产化

【大型开架式气化器（ORV）】 大型开架式气化器（ORV）采用海水作为热源气化LNG，是LNG接收站关键设备之一，中国海油联合国内厂家经过技术攻关完成自主开发与应用，掌握了包括核心部件开发、换热计算、设计制造、防腐涂层等核心技术，拥有完全自主专利和核心技术，并且核心元件、原材料均实现国内生产供应。自主技术ORV已实现工程化试验验证和应用推广，在中国海油海南LNG项目和中石化广西LNG项目安装应用，运行稳定可靠，气化性能优于进口产品，2016年通过中国石油和化学工业联合会科技成果鉴定，达到国际先进水平，填补国内空白。ORV的国产化打破了国外技术垄断，大幅降低了接收站气化器设备投资、提升关键设备采购灵活性和自主性，进一步提升了

LNG产业链关键技术自主化程度。

【中间介质式气化器(IFV)】 中间介质式气化器(IFV)以丙烷作为中间加热介质,采用海水作为加热源气化,主要运用于海水水质较差的岸上LNG接收站和空间、重量限制严格的海上LNG气化站。中国海油与航天科工强强联合研制国产IFV,在三维实体模型的管壳式换热器壳程流场和温度场模拟、管束振动模拟、设备整体制造、钛管和管板处采用的胀焊接工艺方面取得重大突破,掌握了IFV设计、制造、检验和工程化应用的关键核心技术,其中多项技术均为国内首创,成果技术水平达到了国内一流,2016年通过中国石油和化学工业联合会科技成果鉴定,达到国际先进水平,填补国内空白。研究成果在浙江LNG二期、舟山LNG、启东LNG项目推广应用。

【LNG储罐罐顶防爆起重机】 LNG储罐罐顶防爆起重机是LNG储罐关键设备之一,用在建设和运行检修时起吊LNG罐内低压泵,将所需物件和低压LNG泵壳封盖移出,该技术长期由国外垄断,中国海油与中船工业联合研制,实现国内配套制造,采购价格将比进口降低30%以上,售后服务效率和质量大幅度提高,售后维护成本降低50%,2016年通过中国石油和化学工业联合会科技成果鉴定,达到国内领先水平,全电动驱动技术、大比率双速控制、多点平衡力矩控制和双重制动技术的应用符合LNG储罐环境的使用要求,同轴双辊筒结构的设计为国内首创,进一步体现科研成果的创新性与实用性。研究成果在浙江LNG二期、福建LNG5#6#储罐工程、天津LNG替代工程储罐工程、广西LNG等项目推广应用。

【工艺海水泵】 接收站内的海水泵用于向气化器输送海水与LNG换热使之气化成天然气,是接收站主工艺流程中重要的设备之一,其可靠性和稳定性要求较高。国内LNG接收站内使用的海水泵生产厂家主要采用进口。存在维护和维修费用过高的问题。中国海油联合国内有实力的设备制造厂家,开展工艺海水泵国产化研制和现场试验工作。开发出具有自主知识产权的国产化工艺海水泵,设计方案符合国际、国内相关规范要求,海水泵性能达到国际先进水平。研究成果在浙江LNG二期推广应用。

【LNG接收站管道保冷材料】 LNG厂站内管道长期低温运行,需采取保冷措施以减少周围环境中的热量传入管道内部,防止管道外壁凝露,保护管道中LNG冷量不散失。合理选用保冷材料是LNG管道绝热设计的前提,低温管道保冷效果直接影响LNG项目总体能耗。选择合适的保冷材料不仅可以降低项目的投资成本,也可降低项目的运营成本,真正实现降本增效的目的。中国海油联合国内具有丰富保冷材料制造经验厂家,研发用于接收站管道的保冷材料和低温管托,改进保冷材料结构,优化保冷材料参数。研究成果打破了国外产品因垄断而出现的价格过高的局面,并且有效解决了接收站经常出现的管托及支架漏热问题。

【微型移动液化装置(BOG回收装置)国产化】 接收站的调试期间及下游管网外输量未达到设计负荷前,由于卸船、储罐自蒸发、管线的循环保冷及装车等原因,接收站内将产生巨大的BOG(蒸发气),且由于不具备大流量外输条件,无法启动接收站的再冷凝器处理BOG。这种工况将持续较长时间,导致天然气排空浪费和环境污染,中国海油联合研究机构对接收站该工况下BOG回收的可行性及回收方式进行研究。结合接收站BOG产生量的特点,采用国产化橇装移动液化装置,进行创新研究,在增压外输的同时采用混合制冷液化工艺将BOG液化成LNG返回储罐。装置投入运营后,经济效益显著,并成为国内首套用于LNG接收站中微型橇装移动液化装置。

锦州25-1南天然气利用项目首站工艺区。

政策法规与标准规范

【LNG储运】 中国海油作为第一起草单位起草LNG储运专业国家标准8项、行业标准13项。其中,国家标准中,产品标准1项、储存方向标准5项(现场组装立式圆筒平底钢质液化天然气储罐的设计与建造　第一部分:金属实验、干燥、吹扫和冷却等)、加注标准1项;行业标准中,基础标准2项(液化天然气词汇、液化天然气接收站能力核定办法)、液化工厂方向标准2项(如天然气液化工厂设计建造和运行规范　第1部分:设计建造等)、接收站方向标准8项(如液化天然气接收站运行规程等)、加注方向标准1项。另外,作为参编单位参编国家标准17项,参编行业标准6项。

【输气管道】 中国海油作为第一起草单位起草行业标准1项，为广东大鹏液化天然气有限公司牵头起草的《钢质管道及储罐浮式评价标准　油气管道腐蚀数据综合分析评价》。另外，作为参编单位参编国家标准1项、参编行业标准2项。

大事记

1996年

1月1日　崖城13-1气田至香港海底管道建成投产。管道全长778公里，直径28英寸，总长度世界第二，中国第一。每年输送香港天然气29亿立方米，可发电量占香港总发电量的25%以上，为香港经济社会发展提供清洁能源保障。

4月29日　海南三亚—八所输气管道工程建成投产，管道全长124公里，输气能力为8亿方/年，承担着向南山电厂、富岛化肥一期等大工业用户供气及三亚和东方民用气供气任务。

1998年

10月28日　国务院批准广东先行试点引进LNG项目。

1999年

12月31日　国家批准立项中国首个引进LNG试点项目（中外合资）——广东大鹏LNG站线项目。

2001年

10月8日　中国海油与福建省签订福建LNG项目原则性协议。

2003年

8月6日　海南东方—洋浦—海口输气管道投产。管道全长241公里，输气能力为16亿方/年，是中国海油直接投资建设的第一条陆上天然气长输管道。

2006年

2月12日　珠海—中山天然气管道一期工程投产，管道全长67.7公里，是广东省首个投产运营的天然气长输管道项目，为珠海市、中山市城市燃气、电厂等用户供气。

6月28日　广东LNG项目一期工程投产。

9月15日　时任浙江省省委书记习近平视察浙江LNG接收站项目。

2007年

9月1日　珠海—中山天然气管道二期工程开工建设，顺利完成当时“世界第一穿”磨刀门水道穿越。珠中二期工程于2009年6月30日建成投产，全长44.4公里。

9月　中山市域天然气利用工程（试验段）项目建成投产，项目包括南朗综合站、开发区火炬调压站、城区调压站3座场站和17.3公里高压管线，主要向中山市南朗镇、火炬区和中心城区供气。

2008年

4月3日　中国建造的第一艘LNG船“大鹏昊”交付使用。

5月2日　福建LNG站线项目接卸首船LNG。福建LNG站线项目是中国内陆第一个由国内企业自主引进、建设、管理的大型液化天然气项目，一期工程包括2座16万立方米地上全容式LNG储罐，1座可停靠8万立方米~21.5万立方米的LNG专用码头，连接福州、莆田、泉州、厦门和漳州5地市，总长372公里的输气管线。

2011年

7月29日　海西天然气管网一期工程陆续开工。项目主要包括漳州—诏安、漳州—龙岩、福州—福鼎、福州—三明4条主干线和1条德化支线及2条国家互联互通重点项目，总投资约110亿元。建成后海西天然气管网运营管线将达约1400公里，覆盖福建省9个地市。

11月29日　广东省天然气管网一期工程鳌头—广州干线正式投产，中国石油西气东输二线天然气开始向广东省供气。

2012年

9月29日　中国海油浙江LNG项目首次成功接卸全球最大型Q-Max LNG运输船，这是国内首次靠泊1艘LNG船舶同时对2个储罐进行置换、遇冷和卸料，并独立自主完成卸料、储存、火炬等系统的置换、预冷和填充。

11月　锦州25-1南天然气利用项目机械完工。项目包括1座18万方/天液化能力的天然气液化厂及1条98公里营口仙人岛—大石桥长输管线，设计输气能力3.76亿方/年。

2013年

10月25日　中国海油广东珠海金湾LNG项目接卸首船LNG。项目一期工程建设规模350万吨/年，包括建设3座16万立方米全容储罐，1座3万立方米~27万立方米LNG运输船装卸码头。珠海LNG项目一期工程获评为“改革开放40年百项经典工程”，项目打破4个中国工业纪录，获15项国家级或省部级奖项。

11月15日　中国海油天津浮式LNG项目通过机械完工及安全检查验收，标志着国内首个浮式LNG项目陆上配套浮式系统正式建成，具备气态外输条件。11月21日，浮式储存气化装置“安海角”号巨轮运载5.9万吨LNG，顺利靠泊中国海油天津LNG项目码头。

2014年

4月24日　荔湾3-1气田至高栏终端国内压力最高的天然气输送管道建成投产。管道长261公里，直径30英寸，设计输送压力24兆帕、设计输送能力120亿方/年，开创了国内1500米水深开采天然气先河，为深港澳大湾区经济社会发展提供清洁能源保障。

8月6日　海南LNG项目接卸来自卡塔尔的首船LNG。

2015年

1月9日　广东管网二期工程珠海LNG西干线高栏港分输站—肇庆段、二期工程高明—肇庆联络线合计168.5公里管线顺利投产，标志着全长621公里的珠三角天然气外环管网全线投产。

2017年

4月25日 来自卡塔尔拉斯拉凡的Q-Flex型LNG（液化天然气）运输船"AL-Kharaityat（阿尔卡拉缇娅）"号，停靠中国海油粤东LNG接收站码头，将21万立方米LNG注入粤东LNG项目储罐。首船LNG的成功接卸标志着粤东LNG项目正式投入试生产。

9月12日 立沙油品储运项目输油管道一次投油成功，安全顺利实现柴油航煤连续管输分输下载的分输工艺，以及国内首例航煤顺序输送无中间库直接分输工艺。

12月16日 广东管网广州鳌头首站开启天然气反输通道，将来自中国海油的南海海气和珠海LNG资源反输进入西气东输二线，是推进天然气产供储销体系建设、有效保障天然气冬季保供的重要举措。

12月26日 蒙西管道项目获得国家发展改革委核准，项目按三阶段分期建设、分期投产。一期工程东起中国海油天津LNG临港分输站，西至毗邻雄安新区的定兴分输站，南至河北沧州黄骅末站，北至廊坊末站，全长约413.5公里，总投资85.98亿元，已被国家发展改革委列入2019年天然气基础设施互联互通重点工程。

2018年

2月 中国海油所属深水起重铺管船"海洋石油201"完成南海东方13-2气田海域195公里的海底管线铺设，为中国自主铺设的最长海底管线。

3月21日 中国海油海南LNG接收站通过海关保税仓储验收，成为全国首例LNG保税仓库。

8月1日 中国海油深圳LNG项目接卸首船LNG。该项目是深圳市政府与中国海洋石油总公司的战略合作项目之一，是国家规划建设的重大能源基础设施项目，承担着深圳市天然气供应、调峰和应急储备。项目规模400万吨/年，已建设4座16万立方米LNG储罐及配套气化等设施。

9月19日 中山市域天然气利用项目二期工程试生产成功。二期工程投产后在中山市形成天然气高压环状管网，全面覆盖中山各镇区，实现了"气贯中山"，提高了供气稳定性，促进了节能减排，为中山市"碧水蓝天工程"乃至珠三角地区的持续稳定供气提供保障。

10月30日 广东管道与广东大鹏LNG南沙分输站联通，标志着珠三角东西两岸的天然气管道正式联通，珠三角天然气内环管网正式形成，通过与外环管网相接，南海"海气"、进口LNG、"西二线"气等多气源实现资源互通，提升了天然气管网输送能力。

11月4日 中国海油创新海运模式，将130个LNG罐箱从海南洋浦港专船运至山东龙口和辽宁锦州。

11月15日 蒙西管道一期工程天津互联互通段成功投产试运行。蒙西管道一期工程互联互通段是国家能源局2018年天然气产供储销体系建设的重点工程之一，为北方清洁取暖提供了天然气供应保障。

12月 中国海油试点LNG罐箱"江海联运"，将24个LNG罐箱从山东日照港运抵南京龙潭港。

2019年

1月9日 中国海油广西LNG项目靠泊首船LNG。

2月23日 粤北天然气主干管网韶关—广州干线项目开工。该项目将实现中国石化新疆煤制气外输管道工程与已建成的珠三角外环管网互联互通，并开通了第二条向北方反输天然气的通道。

4月23日 中国海油深圳LNG与中国石油（迭福北）LNG调峰站连通线项目开工，10月建成投运。管线全长1.9公里，建成以后，可在2019年保供期间实现3600万方/天的外输能力，成为南气北上的主力。

5月 福建LNG5#、6#储罐建成投产，福建LNG接收站储存能力达到96万立方米，成为国内储存能力最大的LNG接收站项目，储运、调峰能力继续保持全国领先。

7月18日 来自澳大利亚的LNG船"Dapeng Star"号停靠在广东大鹏LNG接收站码头，并顺利卸载，中国海油广东大鹏LNG接收站安全卸载第1000船LNG，成为中国首个进口LNG突破千船的接收站。

（文/图 中国海油）

广西LNG接收站接卸首船LNG。

新中国成立70年全国社会油气储运发展

天津市

【概　况】天津市地处“首都经济圈”，依托天津港优势位置，是环渤海地区经济中心和北方国际航运核心，东临渤海油田群，西供首都北京，南通沧州石油化工基地，北接曹妃甸油气工业区，建有天津石化、大港油田、大港炼化、中海油和中石化LNG接收站，是国家能源重要通道和石化产业基地。新中国成立70周年以来，在国家发展改革委、国家能源局的领导和推动下，天津市石油天然气长输管道有序发展，取得重大成就。

【发展现状】至2019年10月，天津市共有油气长输管道24条约1763公里，包括原油管道6条405.4公里、成品油管道7条600.46公里、天然气管道11条756.78公里。其中，建成未投用管道2条；部分运营管道1条；运营管道18条；停输管道3条。在《国家发展改革委　国家能源局关于印发〈中长期油气管网规划〉的通知》(发改基础〔2017〕965号)提出的西气东输、北气南下、海气登陆、主干互联等重要规划中，天津均为区域枢纽，结合正在建设的中俄东线、唐山LNG外输管线、中石化LNG外输复线、蒙西煤制气管线等项目，以及按照天津市石油天然气长输管道中长期发展和布局规划，未来天津市油气长输管道总长度将突破2000公里。

全市共有长输管道24条，分属中国石油、中国石化、中国海油、中国航油区域(板块)等13家运行管理单位。运行5年及以下管道8条，运行5年～10年管道5条，运行10年～20年管道5条，运行20年以上管道6条。运行10年～20年及以上的管道约占46%，较长管龄管道的占比较高。由于管道沿线外部环境复杂、多变，同一条管道在不同管段处承受的外载荷各不相同，为满足管道强度要求，可能出现同一条管道在不同管段处外径不同的情况。24条油气长输管道中，有14种不同的管径，最小管径219毫米，最大管径1016毫米，其中1016毫米管径占比超过1/3。输油管道的设计压力较低，均在10兆帕以下，输气管道的设计压力较高，大部分为10兆帕。

【取得成就】

1.建立市区两级管道保护管理体系。天津市发展改革委于2017年6月成立“石油天然气管道保护处”，依法主管全市行政区域内的石油天然气长输管道保护工作。2017年8月3日，天津市发展改革委向滨海新区等10个区人民政府印发《关于请报送区级石油天然气管道保护工作主管部门的函》，要求各区明确区级油气管道保护工作主管部门，建立区级管道保护管理体系。滨海新区、东丽、西青、宝坻、静海等区发展改革委相继成立管道保护领导小组，东丽、津南、武清等区发展改革委增设管道保护科，其他各区发展改革委在现有科室增加油气管道保护职责，设置管道保护专职人员。同时，天津市发展改革委通过政府购买服务的方式聘请中海油安技服公司作为第三方技术支持单位，为管道保护工作提供全面技术服务。

2.组织开展全市管道摸底调查工作。针对各区发展改革委接手管道保护工作资料少、底数不清的问题，天津市发展改革委组织开展全市管道企业和管道情况逐一调查工作，摸清了全市油气管道企业和管道数量、管道基本参数和运行情况等5000余条数据信息，并进行综合分析，得出天津市油气输送管道压力高、管径大、里程长、使用年限较久、高后果区多、途经环境和地理情况复杂，一旦发生泄漏、火灾、爆炸等事故，控制不当极易危及周边人员群众生命财产安全，造成重大影响的结论。

3.建立完备的管道保护管理体系。天津市发展改革委印发《关于进一步规范油气管道外部隐患排查上报标准及程序的通知》《关于进一步规范油气管道外部隐患整改验收销号标准及程序的通知》，建立了安全隐患方面的报到、验收、销号工作流程。制定《石油天然气管道保护监督检查暂行规定》，明确市区两级行政许可和服务事项办理权限和规程，确定监督检查的范围、内容和形式及行政处罚的标准步骤，有效规范管道保护监督执法工作。编制《石油天然气管道保护突发事件应急预案》，建立市区两级应急管理体系，确定管道隐患、管道事故和刑事犯罪三类情况的处置流程。与天津市应急管理局等八委局联合印发《关于转发国家安全监管总局等八部门关于加强油气输送管道途经人员密集场所高后果区安全管理工作的通知》，重点加强人员密集型高后果区管道保护工作，加强巡线、巡查频次和力度，对第三方施工“乱挖乱钻”行为严防死守。

4.全力推动隐患整治。天津市发展改革委印发《持续深化油气输送管道安全隐患大排查大整治方案的通知》，明确管道保护企业主体责任和属地管理责任，建立各区每月对长输管道进行全覆盖隐患排查的工作机制，全年组织实施春节、两会、五一汛期、冬季保供等重点时期一系列零容忍管道隐患大排查、大整治行动。2017年—2018年共消除隐患78处。面对隐患治理过程中，遇到的威胁恐吓、无理纠缠、推诿扯皮、蛮横无理、说情打招呼等问题，天津市发展改革委坚决履行管道保护法赋予的管道保护监管责任，消除安全隐患。

5.加大宣传和企业服务力度。天津市发展改革委印发《石油天然气管道保护法普法宣传方案》(以下简称《方案》)，并按照《方案》开展管道保护精准宣传，落实“谁执法谁普法”工作部署，针对第三方施工开复工重要阶段，邀请天津市建筑施工企业协会，在第三方技术服务单位支撑下，面向中铁十八局集团公司召开管道保护法普法宣贯会，详解管道保护法有关法律知识，剖析油气管道事故案例及应急处置避险知识和第三方施工许可事项及办理流程，指导施工企业对施工现场周边进行管道保护。推进管道保护法宣传"七进"工程。静海、西青、宝坻3个区面向14个镇、13个村40余名基层干部及上百名村民开展管道保护法专项宣讲会，调动全社会积极参与管道保护的积极性。利用天津市发展改革委微信公众号，为管道保护第三方施工企业提供油气管道信息咨询服务。帮助企业建立管道保护联动机制，宝坻区发展改革委组织召开锦郑成品油管线管道保护联席会议，有效防范油气管道"带病投产"。

6.促进管道保护新技术的研究开发和推广应用。为加强管道日常巡护管理，建立全覆盖、无盲区的管道现场巡护体系，持续强化"人防、物防、技防"措施落实，天津市发展改革委针对传统人员巡线存在时间空白点的问题，联合铁塔集团和天地伟业公司开发"全天候油气管道人工智能视频监控系统"，依托输油管线周边的通信铁塔基站资源，采用远距离昼夜网络监控一体化摄像机，利用机器学习技术对"高后果区""第三方施工""打孔盗油"等场景特征（车辆人员等关联目标的行为、开土动工的场景）进行智能监控，基于地理信息系统（GIS）和管控业务终端，进行报警地点定位和出警任务派发，从而实现对输油管线进行全天时、高效率的保护。中国石化管道储运有限公司天津输油处在塘燕复线52公里沿线安装22个全天候视频监控摄像头，取得了一定实效，下一步将进一步优化改进系统应用，力争在更多管道上推广使用。

【大事记】

2018年

6月 天津市发展改革委启动"政、企、地"三方共同参与、共同管理的石油天然气长输管道保护综合管理平台建设工作。通过数字化、可视化、智能化、立体化手段建立管道企业、地方政府、监管部门的有效衔接，实现全市管道规划建设、安全保护、日常监管、检测维护、应急处置和监督执法的管道全生命周期的及时有效快速反应、联防联动、科学规范管理。2019年6月，完成地理信息系统（GIS）部分开发建设，业务管理模块开发完成后向各区发展改革委和管道企业推广使用。

2019年

4月 天津市将《天津市石油天然气长输管道中长期发展和布局规划》纳入天津市城乡规划专项规划。天津市发展改革委对天津市24条油气长输管道逐一梳理，采集管道基本信息、空间数据、沿线人员密集型高后果区等情况，分类提出保留改线和报废方案；与天津市规划和自然资源局协调，按照"多规合一"的原则将建设长输油气管道管廊带纳入全市整体建设规划；广泛听取相关单位意见，重点解决规划、建设衔接和探索建立管廊带及管理措施可行性的问题，初步提出管廊带建设构想：以与道路、绿化带伴行为原则，在保障长输管线运行安全、能够实现互联互通的前提下，在天津市东、南、西、北方向各设置（1~2条）管廊带。

2019年 《天津市石油天然气管道保护条例》已纳入2019年市人大地方立法计划调研项目。《天津市石油天然气管道保护条例》将进一步明确油气长输管道概念及管道保护监管范围，落实管道保护属地人民政府责任，压实管道保护企业主体责任，加强管道规划建设管理，推动解决土地补偿，增强建设期的管道保护，完善第三方施工许可、竣工测量图备案、停运管道再启用备案等制度，鼓励管道保护新技术的研究开发和推广，提升企业管道应急预案备案与突发事件应急管理，严肃处理违法行为，加强管道保护执法队伍建设。

（天津市发展改革委）

浙江省

【发展现状】

1.天然气管网。浙江省境内共有国家天然气管线3条。2003年，国家西气东输一线常长支干线（浙江段）投产。2009年12月，川气东送管道（浙江段）投产运行。2012年8月，国家西气东输二线东段实现对浙江省供气。至2017年底，全省累计建成国家级天然气管道1072公里。

浙江省省级管网按照全省一张网的总体布局，统一规划建设，统一运行管理。2004年1月18日，西气东输一线天然气通过常州—湖州支线的长兴末站进入浙江省长兴首站，湖州、杭州两市率先接入管输天然气。2010年10月杭嘉线支线通过竣工验收，至此，浙北杭嘉湖甬绍地区全部接入管输天然气。2012年，启动甬台温、金丽温及金衢配套支线建设，浙江省天然气干线管网逐步向西、向南延伸。2016年，启动天然气"县县通"专项行动计划。2017年，甬台温、金衢配套支线和金丽温（北段）陆续建成投产，浙江省天然气管道"一张网"的格局基本形成。至2018年底，全省累计建成省级天然气管道1816公里，在建管道560公里，天然气长输管道通达10个设区市61个县（市、区）。全省建成城市供气管道3.74万公里，用气县85个，覆盖率95%。

2.石油管网。全省成品油管道由东部沿海向浙北、浙西和浙南部地区辐射，现已建成镇杭、金嘉湖、甬绍金衢、甬台温、绍杭、诸暨—桐庐、衢州—江西等7条管线，至2017年底，累计建成管道里程1520公里，覆盖除丽水、舟山外的9个地市。在建石油管道62公里，均为成品油管道。原油方面，全省累计建成原油管道854公里，其中甬沪宁原油管道南起浙江宁波，东到上海浦东，北至江苏南京，设计输送量4300万吨/年，是当前中国管径最大，并连接油库、码头和炼化企业最多的输油管道。

【取得成就】

1.基础设施建设及重大工程。

（1）天然气管网基础设施建设及重大工程。

①杭州—湖州天然气输气管道工程（简称杭湖线）。杭湖线是浙江省第一条接纳国家管网"西气东输"气源的天然气长输管线，也是浙江省省级管网的主干线之一。管线途经长兴县、湖州

市、德清县、杭州市4个行政区12个乡镇53个村，包括长兴—杭州干线、半山电厂支线和德清支线，全长93.847公里。年设计输气量2010年达13.2亿立方米，最终设计规模2020年达20亿立方米。2004年1月18日，西气东输天然气通过常州—湖州支干线的长兴末站进入浙江省杭湖线长兴首站，下午进入杭州末站，杭湖线主干线工程建成投产。2005年3月5日，半山电厂支线敷设完成，杭湖线工程全线竣工。

②杭州—宁波天然气输气管道工程（简称杭甬线）。2004年4月开工建设，始于东海天然气终端处理厂，天然气输至宁波市北仑区春晓镇三山首站，止于杭州市余杭区杭州末站。大部分管线由东向西途经宁波、余姚、上虞、绍兴、杭州5市。干线全长约251公里，共6条分输支线，分别为萧山支线、国华电厂支线、余姚支线、镇海炼化支线、镇海电厂支线、北仑支线，支线全长约57.51公里。干线管径813毫米，管道设计压力6.3兆帕，设计输气量35.08亿方/年。设置输气干线站场7座、阀室19座；支线站场7座，支线阀室2座。项目总投资22.65亿元。工程于2007年5月全线贯通。

③川气东送管道（浙江段）工程。川气东送管道是国家“十一五”重点工程，2005年开工建设，2009年12月投产运行。起于四川达州市普光首站，止于上海市上海输气站，途经四川、重庆、湖北、浙江、上海等8省（市）65县（市），全长2229公里，管道设计压力10兆帕，管径Φ1016毫米，设计年输量150亿标方，是国家重要的能源大动脉，已投入运行并向沿线8省（市）安全平稳供气。川气东送管道（浙江段），起于湖州市安吉县天子湖镇高禹村，止于嘉兴市嘉善县姚庄镇展丰村，途经安吉县、长兴县、吴兴区、南浔区、桐乡市、秀洲区、嘉善县8个县（区）、17个乡（镇），全长约165公里，管径Φ1016毫米，壁厚21毫米，运行压力6兆帕～7兆帕，沿线设立2座输气站场、8座截断阀室，2009年12月投产运行。

④杭州—嘉兴天然气输气管道工程（简称杭嘉线）。2009年1月开工建设。该工程为“川气东送”浙江省配套工程，位于浙江省嘉兴市、杭州市和湖州市境内，干线全长83.851公里，其中湖州联络线0.6公里，安吉支线52.198公里，南浔支线19.402公里。输气干线管径813毫米，设计压力6.3兆帕；湖州联络线管径813毫米，设计压力6.3兆帕；安吉支线管径273毫米，设计压力4.0兆帕；南浔支线管径273毫米，设计压力4.0兆帕。杭嘉线最大输气能力为每年18.5亿立方米。杭嘉线共设站场7座、线路截断阀室5座。总投资8.8亿元。2010年10月工程竣工验收。

⑤浙江液化天然气（LNG）项目配套工程。2010年开工建设的浙江液化天然气项目是国家重点能源项目，也是浙江省、宁波市的重点能源项目。浙江液化天然气项目配套天然气管道工程项目（简称浙江LNG配套工程）与浙江LNG项目同时启动。2004年，浙江LNG项目获国家发展改革委复函同意开展前期工作。2005年5月18日，浙江LNG配套工程试验段初步设计获浙江省发展改革委核准批复。该项目自2005年9月—2009年12月先后通过国土资源、水土保持、文物、职业病危害、环保、项目选址等项目的评审和验收。2010年11月18日，工程开工。2013年，LNG项目配套管线投产，同年8月1日，宁波LNG接收站一期工程正式转入商业运行，二期工程项目于2017年6月28日开工建设。

⑥甬台温天然气输气管道工程（简称甬台温工程）。位于浙江省宁波市、台州市和温州市境内。工程建设包括2条干线、3条支线和21座阀室。管道全长505公里，其中干线431公里、支线74公里。干线管径813毫米，设计压力6.3兆帕，支线管径355.6毫米，设计压力6.3兆帕。项目设计年输气量26亿立方米。项目总投资概算51.8亿元，是浙江省规模最大的天然气管道工程。2017年6月，甬台温工程全线供气，至此，沿海经济发达的台州市、温州市用上了管输天然气。

⑦金丽温天然气输气管道工程（简称金丽温工程）。金丽温工程及相关支线项目是浙江省天然气主干环网的重要组成部分，工程将建设金丽温省级输气干线及江山、兰溪、东阳、永康4条配套支线和温台专用线（其中温台专用线属可研经济评价范围，视经济性和必要性实施）。项目建成后主要接纳西气东输二线天然气，输送范围覆盖衢州、金华、丽水、温州、台州等地。管道总长约451公里，其中金丽温干线长度约205公里，管径813毫米，设计压力6.3兆帕；4条支线合计约112公里，温台专用线长度约134公里。项目投资估算约36亿元。

⑧西一线管道常长支干线工程。西一线管道常长支干线（浙江段）全长23.8公里，2003年正式投产。西一线管道常长支干线（浙江段）途经湖州市长兴县夹浦镇、雉城镇，穿越夹浦口、合溪新港、长兴新港3条大中型河流，穿越杭宁高速铁路，穿越长深高速、101国道2条主要公路。管道沿线设有长兴分输站，阀室1座，设计压力6.3兆帕，全线采用管径Φ813毫米的螺旋缝埋弧焊钢管，管道采用三层PE外加电流阴极保护方式进行防腐。西一线管道常长支干线长兴站于2003年11月投产，2012年6月划归中国石油浙江管理处管辖，主要功能为接收上游宜兴分输站来气，经分离过滤、计量后输送到下游浙江天然气管网。

⑨西气东输二线管道工程南昌—上海支干线。南昌—上海支干线分为南昌—上海段支干线和嘉兴—甪直联络线两部分，其中南昌—上海段支干线起于江西省高安市大城镇南昌分输压气站，沿线途经江西省新建区、南昌县、进贤县、东乡区、余江县、贵溪市、弋阳县、横峰县、铅山县、上饶县、上饶市、广丰区、玉山县进入浙江省常山县，经衢州市、龙游县、金华市、兰溪市、义乌市、浦江县、诸暨市、绍兴市、杭州市、海宁市、海盐县、平湖市进入上海市，止于上海市金山区境内的上海末站，全线823.167公里。嘉兴—甪直联络线起于南昌—上海段支干线平湖市的嘉兴分

输站，途经嘉兴市的平湖市、南湖区、秀洲区和嘉善县进入江苏省吴江区及苏州市，止于苏州市甪直镇甪直分输联络站，全线111.795公里。南昌—上海支干线管道统一采用API 5L X70等级的钢管，管道埋深一般要求为：管顶埋深大于1米～1.2米，人口稠密地区(三、四级地区)管道最小埋深为1.2米。

⑩天然气“县县通”专项行动计划。2016年，浙江省政府下发《关于实施全省天然气“县县通”专项行动计划的通知》，天然气“县县通”专项行动计划涵盖省级天然气管道项目22个，线路总长1704公里，总投资约201.7亿元。建成后，除个别海岛县外，将实现省级天然气管网“县县通”。至2018年底，“县县通”工程已建成投产项目6个，通气里程218公里，10个项目正在建设。省级天然气管网已覆盖除舟山外的10个设区市，省级管输天然气通达61个县(市、区)，覆盖率达69%。

⑪浙江省天然气基础设施互联互通工程。浙江省天然气基础设施互联互通工程共3个项目。其中，杭甬复线和浙沪联络线二期已列入国家2019年天然气基础设施互联互通重点工程，计划分别于2021年10月和2020年10月建成，目前正在开展前期工作；萧山—义乌工程于2018年10月核准，该工程的萧山段、浦江段、诸暨段已陆续开工建设，计划2021年具备通气条件。

(2)石油管网基础设施建设及重大工程。

①甬沪宁管网。甬沪宁管网于2004年—2008年建成投产，起于舟山岙山和宁波大榭岛，止于上海高桥石化和南京石埠桥，全线753.5公里(除湖州以外)，其中海底管道197.5公里。分为岙册线、册镇线、甬宁线、岚白线、镇赛线、白沪线、高赛线、岚镇线，管径为273毫米～762毫米，管道沿线途经舟山市、宁波市、嘉兴市、上海市。设计压力为4.5兆帕～8.5兆帕，设计年输量100万吨～2700万吨/年，常温输送。设有4座大型油库，设有11座截断阀室。

②上海石化油气管线。包括上海石化至陈山油库的陈金2#、3#线，共2条成品油管线。陈金3#线1999年投用，管道长约26公里，基本走向为沿东西大道(S101)北侧敷设，途经金山卫镇、独山港区(独山镇)、林埭镇、嘉兴港区(乍浦镇)，管道采用聚氨酯发泡加高密度聚乙烯防腐，全线采用外加强制电流的阴极保护。陈金2#线2016年底投用，管道长约26公里，管道走向与陈金3#线基本相同，全线采用外加强制电流的阴极保护。管线全线未设置阀室和场站。2016年底，陈金2#线、3#线投资210万元，增设了采用次声波检测原理的管道泄漏检测系统，现已投入运行。

③金嘉湖成品油管道工程。2005年12月28日，金嘉湖成品管道工程开工建设，起于嘉兴市港区乍浦陈山首站，止于湖州市湖州末站。途经嘉兴、湖州两市，干线全长152公里，陈山首站—嘉兴站设计压力9兆帕，管径406.4毫米×7.1毫米；其余干线设计压力6.4兆帕，管径323.9毫米×6.4毫米；设计输油量510万吨/年(其中苏州方向260万吨/年)。设置输油站场4座、阀室3座，项目总投资2.69亿元，工程于2007年5月全线贯通。

④绍兴—杭州成品油管道。绍兴—杭州成品油管道全长92公里，起于绍兴油库，止于萧山油库，管径Φ406.4毫米，设计压力9.5兆帕，设计输量500万吨/年，涉及改扩建站场2座，项目总投资5.25亿元。绍杭成品油管道作为G20杭州国际峰会项目，保障了萧山国际机场航空煤油的供应，满足了杭州市成品油市场持续增长的需求。2015年11月26日，绍杭成品油管道在杭州大江东产业集聚区开工建设；2016年6月28日全线贯通，2016年8月11日—13日进行水联运，8月15日—21日一次投油成功。

⑤甬绍金衢成品油管道及配套油库工程。甬绍金衢成品油管道全长376公里，设计年输量760万吨，起于浙江省宁波市镇海炼化算山油库，止于浙江省衢州市龙游油库，途经宁波市、绍兴市、金华市和衢州市4个地级市的13个县(市)区54个乡镇，其中算山首站—义乌站场设计压力8.5兆帕，管径Φ508毫米，义乌站场—龙游末站设计压力9.5兆帕，管径Φ457毫米。配套站场6座，分别是算山首站、绍兴站场、诸暨站场、义乌站场、金华站场、龙游末站；管道配套设施包括线路截断阀室17座、阴保站7座、通讯光缆1根、自控仪表等设施。配套油库工程包括新建绍兴油库、诸暨油库、衢州龙游油库，改扩建金华古方油库，总计新建库容35.2万立方米。新建绍兴油库位于绍兴市东湖镇五和村，新建库容20万立方米，用地面积132.27亩，油库等级为一级；新建诸暨油库位于绍兴市草塔镇下市头村，新建库容2.2万立方米，用地面积42.78亩，油库等级为三级；新建衢州龙游油库位于衢州市龙游县寺底袁村，新建库容7万立方米，占地面积183亩，油库等级为一级；改扩建金华古方油库位于金华市婺城区白龙桥镇古方二村，不新征土地，新增扩建库容6万立方米，油库等级为一级。

⑥甬台温成品油管道及配套油库。甬台温成品油管道是浙江省及中国石化集团重点工程项目，是国家及浙江省“十二五”规划的重大能源战略，也是浙江成品油管网规划中最长的一条成品油管道。管道起于镇海炼化算山首站，途经宁波、台州、温州3个地市12个县(市、区)，全长413公里，设计年输送成品油460万吨，项目总投资23亿元。管道沿线设算山、宁海、临海、灵昆、滨海5座分输站，16座阀室。工程历时5年，攻克多项技术难关，创造了飞云江3.36公里海底定向钻穿越长度的国内之最和瓯江盾构掘进、竖井岩石段静态爆破等18项技术创新，打造了优质、阳光和绿色的管道及配套油库工程，确保了一次投产试运行成功。

⑦镇海炼化—杭州康桥油库成品油管道。镇海炼化—杭州康桥油库成品油管道全长200公里，分二期建设。其中，一期工程镇海炼化—萧山油库成品油管道于1999年12月28日开工建设，2000年4月初全部下沟贯通，途经镇

海、工北、余姚、上虞、绍兴、萧山6个县(市)，共158公里，管材采用高频直缝电阻焊钢管，管径355.6毫米×6.4毫米，全线有7座截断阀室，4座阴极保护站，1座密度计间。年设计输送成品油量266万吨，年最大输送量312万吨，管道贯通后阴集保护全线投用。二期工程萧山油库—康桥油库成品油管道于2001年3月开工建设。2002年1月1日—2月3日，萧山油库—杭州康桥成品油管道工程钱塘江2308米长度的管道一次穿越成功，排除了管道工程的施工技术难度障碍。2002年7月完成全线铺设，全长40.28公里，管材采用高频直缝电阻焊钢管，管径273×5.6毫米。设首末站各1座，线路截断阀室(含岸边阀室)2座，隧道1条，密度计间1座。管道设计压力2.5兆帕；年最大输送量为105万吨，管道贯通后阴极保护全线投用。

2.管理体制创新。创新天然气管网体制：一是统一规划建设。按照全省一张网的总体布局，浙江省天然气管网逐步建设，不断完善，一张蓝图绘到底，避免了重复建设和资源浪费。二是统一调度运行。浙江省已接纳上游六大气源，省级管网实行“多气源一环网”，多供应商、多种气源参与供气。省级“一环网”基本实现闭环，并对上游气源进行统一输送和调配，不断提升管网输送的安全性和稳定型。

3.技术创新及装备国产化。

(1)浙江省天然气长输管道安全监控技术研究。浙江省天然气长输管道安全监控技术研究是浙江省科技厅重大科技攻关项目，也是浙江省第一个安全类重大科技攻关项目。2006年，该项目由浙江省天然气开发有限公司和浙江省特种设备检验研究院、浙江大学和中国石油大学共同承担。该项目有四个创新点，包括天然气长输管道函箱检漏装置、光纤预警系统、基于SCADA实时数据的天然气长输管道泄漏扩散预测技术及具有实时预测预警、危害评估功能的天然气长输管道应急救援指挥联动决策系统。该项目成果被应用到天然气调控应急指挥中心的建设上。经过4年努力，该项目通过评审，并获得2010年浙江省科学技术奖三等奖。

(2)杭甬天然气管道工程钱塘江水平定向钻穿越工程研究。杭甬天然气管道工程钱塘江水平定向钻穿越工程研究是浙江省能源集团有限公司科技项目，也是中国石油“十一五”重大科研项目——滩海油气管道长距离穿越的依托工程。该项目由浙江省天然气开发有限公司、中国石油管道局穿越公司、CPE西南分公司和浙江省特种设备质量监督局共同承担。该项目在国内首次成功应用先进的定向钻对接技术，水平定向钻首次使用压力传感器，实时监测钻杆内及环行空间的泥浆压力等多项技术的创新，取得了设计、钻探、施工等领域的多项突破，形成了重要技术成果。钱塘江定向钻穿越长度位居世界第二，同时创造了“管径×长度”综合规模最大的定向钻的世界纪录。

(3)天然气长输管道泄漏建模和GIS应急指挥系统。天然气长输管道泄漏建模和GIS应急指挥系统是2008年浙江省能源集团的科技项目。该项目主要利用0.6米快鸟卫星遥感影像图和电子地图，构成天然气管道环境基础地理信息，建立天然气管线业务数据库，并将视频监控系统、GPS车辆监控系统、涵箱监控和光缆泄漏监控系统、SCADA系统、IP电话系统等无缝集成到管线GIS系统中，最终成功研制出一套基于GIS系统的集管道安全监控预警、泄漏模型、危害评估等功能的天然气长输管道应急指挥辅助决策系统。该项目被推荐参加首届全国地理信息系统评奖，并获得2010年首届地理信息科技进步三等奖。

(4)衢州压气站、国产装备试验中心。历时8个月顺利建成的衢州压气站及试验中心可实现正输增压、清管器接收、清管器发送、压力越站、全越站、站内循环、阀门试验等7个工艺流程。工艺上可将阀门试验区与1#机组相关流程隔离，实现生产与试验同步。衢州压气站1#机组现已完成各项调试工作，正在全力进行遗留问题整改，为4000小时工业性试验做好准备。

4.国际合作。2016年4月浙能天然气运行有限公司联合浙能技术研究院、浙江理工大学与捷克西波西米亚大学NTIS研究院、捷克核能研究院和SmartMotion公司合作开展“特种机器人工业检测的技术研究项目”，该项目作为浙江省重大国际科技合作再创新产业化项目，投资费用约470万元。另外，针对LNG资源合作方面浙能天然气集团与20多家国际LNG资源商开展多轮接洽和磋商，共签署16份保密协议(CA)，8份谅解备忘录(MOU)。

5.政策法规及标准规范。

(1)2005年10月11日，浙江省人民政府办公厅转发省公安厅等部门《关于切实做好天然气管道保护工作意见的通知》(浙政办发〔2005〕85号)，提出六点意见：一是进一步增强天然气管道保护工作的责任感和紧迫感；二是加强涉及天然气管道安全的规划、设计、施工、社会管理等领域的保障工作；三是沿线各级政府要加强对天然气管道日常保护工作的领导和协调；四是天然气管道企业要切实履行管道安全生产的责任主体义务；五是加大天然气管道安全保护工作的宣传力度；六是建立省天然气管道保护联席会议制度，进一步落实天然气管道保护工作职责。

(2)2006年11月30日，浙江省第十届人民代表大会常务委员会第二十八次会议通过公布《浙江省燃气管理条例》(简称《条例》)，《条例》自公布之日起实施；2014年5月28日，浙江省第十二届人民代表大会常务委员会第十次会议通过《关于修改〈浙江省燃气管理条例〉的决定》。该《条例》适用于浙江省行政区域内燃气专业规划编制、燃气工程建设、燃气设施保护、燃气经营和使用、燃气燃烧器具的安装维修和使用及有关的管理活动，该《条例》所称燃气，是指供给生活、生产使用的天然气、液化石油气和人工煤气等气体燃料的总称，但不包括沼气、秸秆气。

(3)2014年7月31日，浙江省第十二届人民代表大会常务委员会第十一次会议通过颁布《浙江省石油天然气管道建设和保护条例》(简称《条例》),自2014年10月1日起施行。该《条例》适用于浙江省行政区域内输送石油、天然气的管道及管道附属设施的建设和保护。

(4)《省发改委关于印发浙江省发展改革(能源)主管部门石油天然气管道保护监督检查规定的通知》。2015年3月2日,浙江省发展和改革委员会印发《浙江省发展改革(能源)主管部门石油天然气管道保护监督检查规定》(浙发改能源〔2015〕116号)(简称《规定》),对管道企业和各级政府主管部门的管道保护工作职责进行进一步细化和明确。该《规定》是《浙江省石油天然气管道建设和保护条例》(简称《条例》)配套文件,主要内容:一是明确涉及管道施工的防护或改线方案,以及《条例》规定的第三方施工作业,有关部门需做出行政许可;二是石油天然气管道重新启用或暂停使用,要履行备案程序;三是对管道保护监督检查的程序要求、执法分工、行政处罚等方面作出进一步的细化和明确。

(5)《石油天然气管道保护安全评估技术导则》。2018年6月6日,浙江省质量技术监督局发布DB33/T 2121-2018《石油天然气管道保护安全评估技术导则》。该标准规定了后建工程与石油天然气管道相遇时有关管道保护安全评估目的、基本原则、依据、内容、方法、程序和报告编制等,适用于在执行《中华人民共和国石油天然气管道保护法》《浙江省石油天然气管道建设和保护条例》中,为解决后建工程与油气管道相遇时,后建工程在规划、设计、施工、运行等方面对油气管道保护可能造成的影响所进行的安全评估。

【大事记】

1999年

12月28日 镇海炼化—萧山油库成品油管道开工,2000年4月初全线贯通,2000年8月25日经过二次通球、扫线后进行全线试压,9月18日办理中间交接,10月1日完成第三次通球、扫线,2000年11月18日—11月26日一次试车成功。

2001年

2月20日 浙江省能源集团有限公司成立,下设浙江省电力开发公司、浙江省煤炭开发公司、浙江省天然气开发公司和东南电力股份公司等4家子公司。

3月 萧山油库—康桥油库成品油管道开工,2002年1月1日—2月3日,萧山油库—杭州康桥成品油管道工程钱塘江2308米长度的管道一次穿越成功,排除了管道工程的施工技术难度障碍。2002年7月完成全线铺设,全长40.28公里,同月完成全线试压、通球扫线,9月完成康桥油库扩建,2002年9月28日办理中间交接,2003年6月4日正式投用。

2003年

4月 春晓天然气油气群工程进入全面实施阶段。

2004年

1月18日 9时18分,西气东输天然气顺利通过长兴末站进入浙江省杭湖线长兴首站,18时16分,顺利进入杭州末站,浙江省天然气杭湖线工程建成并具备投产条件,西气东输天然气进入浙江。

3月10日 浙江省政府与中国海洋石油总公司签署《关于浙江省引进液化天然气及应用工程项目的合作协议》,继西气和东海天然气之后,浙江省拥有第三个天然气源。

2005年

12月28日 金嘉湖成品管道工程开工,2007年5月全线贯通。

2007年

3月6日 18时08分,杭甬线钱塘江定向钻穿越成功。创造了大管径定向钻穿越整体规模(长度和管径乘积)的世界纪录,穿越长度位居世界第二。这也是国内首次采用国际先进的定向钻对穿技术,以往穿江越河是从此岸到彼岸,而对穿技术是将两台钻机分别就位于入土点和出土点两侧,然后同时进行导向孔穿越,在到达对接区域时完成两条导向孔对接。

5月13日 杭甬天然气管道全线贯通,并顺利投入试运行。

12月20日 浙江省天然气开发有限公司与中国石油签订《西气东输二线天然气买卖与输送框架协议》。

2008年

1月18日 杭州—嘉兴天然气输气管道工程开工。

6月17日 浙江省发展改革委下发甬绍金衢成品油管道及配套油库工程《项目服务联系单》(浙发改办能源函〔2008〕28号)同意项目立项请求,标志着甬绍金衢成品油管道及配套油库工程项目正式启动。2010年1月28日,项目部在绍兴召开甬绍金衢管道建设动员大会暨开工典礼。2017年3月21日,中国石化股份公司工程部在杭州召开甬绍金衢成品油管道及配套油库工程竣工验收会议,同意通过项目竣工验收并签署《甬绍金衢成品油管道及配套油库工程竣工验收证书》。

2010年

1月20日 杭州—嘉兴天然气输气管道工程天然气管道置换成功,川气进入浙江。

2012年

7月19日 甬台温天然气管线工程开工。

12月18日 金丽温输气管道工程开工。

● 龙游—常山成品油管道工程开工,2015年12月30日全线贯通,2016年1月5日—13日进行水联运,2016年11月2日—7日一次投油成功。

2014年

8月6日 诸暨—桐庐成品油管道工程开工,2016年底全线贯通。

2015年

11月26日 绍兴—杭州成品油管道工程在杭州大江东产业集聚区开工,2016年6月28日全线贯通,2016年8月11日—13日进行水联运,8月15日—21日一次投油成功。管道全长96.4公里,是G20杭州国际峰会能源保障项目,保障了萧山国际机场航空煤油的供应,满足了杭州市成品油市场持续增长的需求。

2016年

1月14日 20时零8分，中国石化最长成品油管道——浙江甬台温成品油管道温州段瓯江南支定向钻工程一次作业顺利完成管道回拖，标志着甬台温瓯江南支定向钻工程圆满完成。瓯江南支定向钻自1月13日凌晨4时正式开始回拖，历时40小时8分钟，其穿越长度3200米，创造中国石化之最，是中国石化成品油管道穿越长度最长、施工工艺最难的定向钻工程。

8月17日 浙江省政府下发《关于实施全省天然气"县县通"专项行动计划的通知》(简称《通知》)，标志着浙江省天然气"县县通"专项行动计划正式启动。《通知》明确了"县县通"专项行动计划的总体目标、年度任务、责任分工和组织保障，对"县县通"计划进行了全面部署。

2017年

6月28日 甬台温天然气管线工程除苍南支线外232.8公里投产试运行。

2018年

1月4日 金丽温输气管道工程金华—缙云—丽水段投产运行。

11月14日 "县县通"浙沪联络线一期天然气管道工程全线投产通气。

12月7日 浙江省省级天然气管网年度输气量突破100亿立方米，创浙江省年输气量新高。

12月28日 "县县通"上虞—新昌天然气管道工程全线投产通气。

2019年

7月17日 "县县通"下窑—龙游天然气管道工程全线投产通气。

（浙江省能源局）

山东省

【发展现状】 伴随着胜利油田、中原油田的勘探开发、港口建设、天然气应用和社会经济飞速发展，山东省油气管道实现了从无到有的跨越，管道里程快速增长，运营管理水平不断提升、政策法规不断健全，全省油气管网布局逐步完善，至2018年底，全省油气管道总里程超1.2万公里。

1965年12月，东营—齐鲁炼油厂约80公里原油管道投产，是中国东部第一条原油管道，胜利油田原油至齐鲁炼油厂实现管道输送，提高了运输效率和安全性。此后，东临线、鲁宁线、临沧线、东黄线、临济线等原油管道相继投产，胜利油田原油输送范围东至黄岛港、南至长江、北至沧州，从内陆走向海上、从省内走向了省外。2000年以来，随着"气化山东"工程的提出，山东省的天然气管道迎来了黄金发展期。中国石油沧淄线、平泰线、泰青威管道，中国石化济青线、济青复线、山东LNG外输管道相继投产，全省天然气管道长度超过5000公里，所有县区均实现天然气干支线管道覆盖，管道实现了小口径、低压力到大口径、高压力的跨越，天然气输送和供应保障能力大幅增加。

2012年，山东省第一条地方企业投资运营管道——莱州港—昌邑石化原油/成品油管道投产，揭开了山东省地方企业建设油品管道序幕。此后，烟台港—淄博管道、黄岛港—潍坊管道、董家口—潍坊—鲁中鲁北管道一期等管道相继建成。至2018年，省内企业建成原油管道超1000公里，打通了青岛港、烟台港、潍坊港、东营港等港口与主要炼厂的资源运输通道，大幅降低了地炼企业运输成本，提高了运输安全性，促进了山东省地炼企业发展。

根据国家环渤海液化天然气储运体系规划布局，山东省加速推进龙口南山等LNG接收站建设。全部投产后，沿海LNG接卸规模有望超过全省天然气消费量。此外，布局省级天然气环网干线等省级输气管网，山东省网与华北地区天然气主干管网实现互联互通，满足沿海LNG接收站进口LNG的资源外输需求，进一步提高全省乃至华北地区的天然气供应保障能力。

【取得成就】

1.基础设施建设和重大工程。山东省已建成原油管道约3500公里，成品油管道约2100公里，初步形成"七进三出七连"原油输送网络，实现全省四大港口、炼油基地的连接；天然气干支管道里程约6500公里，实现了天然气"县县通"，初步形成横贯东西、纵贯南北的"三横四纵"天然气骨干运输网络。

（1）烟淄原油管道。2016年，烟台港—淄博原油管道投产，烟淄原油管道是山东省第一条集码头接卸、罐区仓储及管道输送为一个运营主体的公共服务型管道，也是山东省唯一具备加热保温输送功能的港口管道，山东口岸到港油品基本均可输送，开创了国内单品长输MEREY(马瑞)原油的先河，同时符合地方炼厂高粘高凝原油需求增长的趋势。烟淄原油管道采用了"一干多支"的输送工艺，实现了客户专管专用，确保原料供应的及时性和连续性，为客户的生产经营安排提供了极大的便利。烟淄原油管道为沿线各地炼企业持续稳定供应原料，同时大幅减少危化品车辆公路运输风险，有利于推动山东石化产业向炼化一体化转型升级，对促进地区经济发展和社会稳定有重要意义。

（2）烟台中世管网。山东中世管网是山东省第一个区域性管网，主要将中国海油渤南油气田的天然气输送至烟威地区，自2004年10月供气至今，年供气量从2004年不到300万立方米增加到2008年的2.7亿立方米，日供气由初期3万立方米增长到2018年底的90多万立方米。现已建成550公里的输气干线环网，实现了对烟台、威海及青岛莱西市的工业、居民供气，环网的形成也使烟威地区供气安全将得到保障，实现安全、可靠、不间断供气。

（3）省级环网干线。依托环渤海储运体系规划，立足全省一张网，加快推进东南西北省级环网干线建设，设计压力10兆帕，管径DN1000/1200，总长度超2000公里，能够实现沿海LNG接收站、已建国家级、省级主干管网的连接，增加山东省LNG气源，并实现与文23地下储气库实现互联互通，环网干线进一步提高省级资源调配能力，增强了山东省及华北地区的天然气供应保障能力，促进了山东省管道运输业的发展。

2.建立管道保护体系，完善相关政策法规。20世纪80年代，山东省政府设立省油区工作领导小组，全省108个县(市、区)均明确了管理部门，组建1万余人的管道保护监管队伍，开启油气管道保护"山东模式"，并在全国进行推广。2000年以来，随着经济社会发展和城市化进程不断加快，油气管道外部环境越来越复杂，保护形势越来越严峻。2009年，山东省政府发布《山东省石油天然气管道保护办法》(简称《办法》)，该《办法》是全国第一个省级层面的政府规章，《办法》的发布标志着山东省管道保护工作走上制度化、规范化的轨道。2010年，《中华人民共和国石油天然气管道保护法》颁布后，通过对有关规范性文件进行全面梳理，规范行政执法文书式样，制定了《山东省石油天然气生产储运突发事件应急预案》，山东省管道保护水平得到进一步加强和提高。2016年，启动油气管道保护地方性立法工作，经过多轮论证和意见征询，2019年3月1日《山东省石油天然气管道保护条例》正式颁布实施，对管道规划建设、运行保护、应急处置、监督管理、法律责任等做了规范，进一步厘清了政府、主管部门、管道企业、有关部门的职责，为管道保护工作提供了更加坚实的法律保障。此外，采取了成立防范化解油气管道重大风险工作专班，开展"管道保护宣传月"系列活动，建立管道隐患及突发事件月报制度，组织全省持续开展隐患整治行动等系列政策和措施，实现了全省油气管道的安全运行、能源资源的平稳输送。

【大事记】

1965年

12月 东营—齐鲁炼油厂原油管道投产，该管道将胜利油田原油输送至齐鲁炼油厂，是山东省第一条原油管道，也是中国东部地区第一条原油管道。

1974年

7月 东营—黄岛原油管道投产，实现了黄岛油港和胜利油田东营原油库连接，胜利油田原油开始下海运转。

1975年

1975年 黄岛地下水封石洞油库开工，1977年建成，是中国自行设计的唯一石油洞库。

1978年

7月 胜利油田至江苏仪征原油管道(鲁宁线)建成投产。

1986年

7月 东营—黄岛原油管道复线投产，是中国第一条密闭输送、自动控制的管道。东黄复线1998年10月流程改造完成，开始从黄岛油港输入进口原油，黄岛油库逐步发展为国内最大的原油库。

1999年

1999年 中原油田濮阳—济南天然气管道投产，中济管道是一条专门为山东省供气的天然气长输管道，将中原油田天然气输送至济南等地区。

2002年

3月 沧州—淄博天然气管道建成投产。同期，山东省政府与中国石化签署一揽子协议，组建山东省天然气管道有限责任公司和山东实华天然气有限公司，中国石化济淄线、淄青线相继投产，开始了中国石化、中国石油等央企在山东省的天然气发展之路。

2009年

5月18日 山东省政府发布《山东省石油天然气管道保护办法》，自2009年8月1日起施行。

2010年

10月22日 国家"十一五"重点工程——榆济管道投产运行，榆济管道与山东管网一起组成了华北地区管网的骨干通道。

2011年

5月25日 泰安—青岛—威海天然气管道一期工程投产，山东省天然气管道踏入了DN1000、10兆帕的大口径、高压力管道行列。

2014年

11月14日 中国石化山东青岛LNG接收站建成投运，是山东省第一座LNG接收站。

2015年

2015年 济青复线投产，中国石化在山东省天然气供应大幅增加。

2016年

7月15日 烟台港—淄博原油管道实现全线贯通，是山东省第一条省内企业建设的原油输送管道，也是第一条专为地炼企业服务的大型原油管道，该管道将烟台港进口原油输送至淄博、东营地区地炼企业，自投产以来已完成管输量超过4000万吨。

2018年

7月28日 董家口港—潍坊—鲁中、鲁北输油管道(二期)投产试运行，实现了原油从码头经管道进炼厂的"门到门"全程物流，是直接服务于潍坊、东营、滨州地区的地炼企业，为推动山东省新旧动能转换，加快建设世界一流的海洋港口注入了新动力。

10月31日 山东省能源局成立，主要职责是负责山东省能源管理，负责制订山东省电力、煤炭、油气及新能源和可再生能源的发展战略规划及政策。山东省能源局成立进一步促进了山东省油气管道行业的系统化、专业化管理。

11月30日 山东省第十三届人大常务委员会第七次会议通过《山东省石油天然气管道保护条例》，自2019年3月1日起施行。

2019年

7月30日 2019山东省石油天然气管道智能化发展论坛在青岛举行。论坛以"智慧管道　安全发展"为主题，是中国首个政府层面为主导的管道智能化交流平台。（山东省能源局）

广东省

【发展现状】广东省油气管道建设始于20世纪80年代初，从炼化厂原油管道起步，逐步扩大到成品油、天然气管道。随着广东省经济社会发展，近年来油气管道发展速度显著加快，至2019年10月底，建成油气主干管道总长约5800公里，其中原油管道约692公里、成品油管道约2747公里、天然气管道约2267公里。形成了以珠江三角洲为中心的油气管网，原油经管道从沿海港口输送至炼厂，成品油管道连通省内现有炼厂与主要消费市场（珠江三角洲、西南地区），天然气管道覆盖珠江三角洲和粤北地区。

建成大型炼化厂专用原油管道约692公里，主要包括惠州至广州石化原油管道（约174公里，输油能力1350万吨/年）、惠州炼厂至马鞭洲码头原油管道（约10公里，输油能力1200万吨/年）、湛江港至茂名石化原油管道（约115公里，输油能力1000万吨/年）、北山岭港至茂名石化原油管道（约64公里，输油能力1000万吨/年）和湛江—北海原油管道广东段（约198公里，输油能力3500万吨/年）、湛江—廉江原油管道（约130公里，输油能力1000万吨/年）。

建成连接现有炼厂、储存与主要消费市场的成品油管道约2747公里，主要包括珠三角成品油管道（约1350公里，输油能力1700万吨/年）、珠三角成品油管道二期（约460公里，输油能力375万吨/年）、西南成品油管道广东段（广东境内管道约80公里，输油能力1000万吨/年，不向广东供油），惠州炼厂至东莞立沙成品油管道（约162公里，输油能力400万吨/年）、东联港码头到惠州炼化厂（约5公里，输油能力426万吨/年）、粤东成品油管道（约500公里，输油能力375万吨/年）、广州石化至广州港成品油管道（约11公里，输油能力70万吨/年）、茂名石化炼厂至水东港管道（约30公里，输油能力400万吨/年）、东兴炼油厂至湛江港成品油管道（约6公里，输油能力306万吨/年）、航油管道（约143公里，输油能力400万吨/年）。

建成覆盖珠江三角洲并连接粤北地区的天然气主干管道约2267公里。主要包括广东大鹏LNG项目配套管道（约441公里，输气能力90亿方/年）、珠海　中山天然气项目管道（约143公里，输气能力38亿方/年）、西气东输二线广东段（约800公里，输气能力100亿方/年）、广东省天然气主干管网一期工程（约448公里）和二期工程（约229公里）、广西北海LNG项目粤西支线湛江段和湛江—茂名段主干管网（约207公里）。广东省全力推进省天然气主干管网“2021”工程建设，到2020年建成通达全省21各地市的天然气主干管网，新建管道约1113公里。

【取得成就】

1.液化天然气（LNG）接收站及储气设施建设。自2006年中国第一个试点LNG接收站项目——大鹏LNG接收站建成以来，广东省按照国家统一部署做好液化天然气接收站发展布局规划，发挥广东省的地理区位优势，积极推进LNG接收站项目建设。至2019年10月，全省现有液化天然气储气设施总能力248万立方米，包括广东大鹏LNG接收站（建成4座16万立方米储罐）、珠海LNG接收站（建成3座16万立方米储罐）、深圳迭福LNG接收站（建成4座16万立方米储罐）、粤东LNG接收站（建成3座16万立方米储罐）、东莞九丰天然气储备站（建成2座8万立方米储罐）、深圳下洞储气库（建成1座8万立方米储罐）。

潮州华丰LNG库（建设2座10万立方米储罐），中国石油深圳LNG调峰站项目（建设4座16万立方米储罐）、广州LNG应急调峰气源站（建设2座16万立方米储罐）、阳江天然气调峰储气库项目（建设1座16万立方米储气库）正在建设之中。潮州华瀛液化天然气接收站项目（建设3个20万立方米的储罐）已获国家核准，计划2020年开工建设。

粤西LNG接收站、惠州LNG接收站积极争取获得国家核准。“十三五”期间，规划在港口资源条件较好、天然气需求增长较快的粤东、粤西沿海地区和珠江三角洲部分沿海城市，结合全省天然气主干管网建设，规划布局若干LNG接收站、调峰储备站项目。

2.天然气管网建设。广东省天然气管网有限公司于2008年3月在广州成立。公司是在广东省人民政府的积极倡导下，按照天然气“全省一张网”原则，由粤电集团、中国海油、中国石化、中国石油共同出资组建，负责广东省省级天然气主干管网的建设、运营和管理，注册资本金39.83亿元。

公司已建成运营广东省天然气主干管道619公里，覆盖广州、韶关、惠州、珠海等9个地级以上城市。公司计划在“十三五”期间新建管道1400公里以上，实现全省21个地级以上城市全覆盖。

（广东省能源局）

珠海LNG项目一期工程。

四川省

【概　况】四川省第一条天然气管网始建于20世纪60年代初，经过50多年的发展，四川省境内共建有油气管网约1.9万公里，其中原油管道313公里、成品油管道957公里，天然气管道17314公里，形成了较为完善的油气管网，有效保障了原油引入，实现了将成品油从炼厂输送到终端消费市场的目标，天然气形成了三横三纵输气干线，覆盖全省主要产区和供区。

1.原油管道。四川省现有原油管道1条即兰成原油管道，四川境内管道长313公里，设计输量1000万吨/年。

2.成品油管道。四川省现有成品油管道3条，四川境内长957公里，输油能力1260万吨/年，包括兰成渝成品油管道（全长613公里，输油能力800万吨/年）、彭州炼厂至双流机场航煤输油管道（全长185公里，输油能力80万吨/年）和内江—简阳成品油管道（全长159公里，输油能力380万吨/年）。

3.天然气管道。四川境内建成天然气集输管道17314公里，其中长输管道8500公里，年输气能力350亿立方米，形成了三横三纵输气干线为主体（三横：北外环是成都—南充—达州，北内环是成都—遂宁—广安—渠县，北干线是成都—射洪—南充—渠县；三纵：南干线西段是成都—威远—泸州，南干线东段是垫江—长寿—泸州，中贵线是广元—南部—南充—铜梁—江津），以各气源开发区为依托的环形输送管网及高压输送、低压配送完整的管网体系。四川境内中国石油、中国石化已实现11处天然气管网互联互通互保，日互换输气能力达1000万立方米；四川省天然气管网北接中卫—贵阳天然气联络线、南连中缅天然气管道，东接川气东送和忠武线等管道，已成为西南地区天然气管道枢纽。（四川省能源局）

陕西省

【概　况】陕西省油气长输管道建设初具规模，全省已建油气管道82条。

1.原油管道。现有原油管道17条。其中央企建设6条，省内里程1010公里，输油能力3272万吨/年，主要将长庆油田原油输送至宁夏、兰州和咸阳等地炼厂；省属企业建设原油管道11条，输油能力1730万吨/年，全长1000余公里，主要用于延长石油集团内部油品输送。

2.成品油管道。现有成品油管道11条。其中央企建设4条，输油能力1730万吨/年，省内里程640公里；省属企业7条，输油能力1070万吨/年，全长900余公里。

3.天然气管道。现有天然气管道54条。其中，国家级输气管线10条，包括中国石油的陕京一线、二线、三线、四线，西气东输一线、二线，宁陕线，中贵联络线，中靖联络线和中国石化榆济线等过境管线，省内总里程2443公里，管输能力1633亿方/年；省内天然气管道44条，包括靖西一、二、三线，宝汉线，咸宝线，西商线，汉安线，眉陇线，关中环线及韩渭西煤层气，渭南—华阴—潼关等输气干、支线，总里程达3643.5公里，管输能力189亿方/年。

2020年前，建成投运汉安线与中贵线联络线，开工建设西康线、川东北—西乡、西气东输三线联络线、新粤浙（新鲁）煤制气管道联络线，新建里程达1700公里，新增靖西方向输送能力100亿方/年。

陕西省境内配套建设了西安、延安、杨凌及陕南天然气维抢修中心，西安、杨凌抢险应急器材中心及全省天然气调度指挥中心，天然气安全供应能力及维修抢险能力进一步加强。

（陕西省能源局）

甘肃省

【发展现状】甘肃省是国家重要的石油化工基地和油气运输战略通道。甘肃省委省政府始终从国家能源战略大局出发，与中国石油密切合作，按照国家西气东输、西油东送的能源输送格局，主动配合国家油气干线管道甘肃段的项目建设，先后建成了长庆油田马惠宁原油输送管道、涩宁兰天然气管道及复线、兰成渝成品油管道、西部原油成品油管道、西气东输一二三线管道、兰银天然气管道、中贵天然气管道、兰郑长成品油管道、石兰原油管道、兰成原油管道等甘肃段工程。“十三五”以来，为新疆煤制气外输管道、西气东输四线办理了项目核准相关手续。甘肃省已经成为国家重要的西北能源大通道，兰州市成为西部油气管道运输枢纽。

1.推进投资体制改革，加快省内管网建设。积极协助地方向中国石油协商过境管道开口供气事宜，加快实施省内天然气网络互联互通工程，打通用气“最后一公里”。先后建成兰州、白银、嘉峪关、酒泉、张掖、金昌、武威、庆阳、临夏、甘南、天水、陇南、定西及兰州新区等省内供气支线项目，共31条管道1285公里。其中除中国石油投资建设外，约1/3的供气支线管道由地方民营企业投资建成，省内管网发展投资主体多元局面初步形成。全省天然气管网的发展，使天然气利用规模稳步增长。2007年—2018年，全省管道天然气消费量由8.4亿立方米增加到32亿立方米，年均增长12.9%，在一次能源消费中比重达5%，促进了能源结构的调整。

2.规划管道运输行业发展蓝图。《甘肃省“十三五”能源发展规划》提出了“十三五”能源发展的指导思想、目标、能源布局、重点任务、投资估算和环境社会影响分析、保障措施等，在管道运输行业发展方面，提出积极支持进口油气管道过境工程建设，拓展天然气管网覆盖范围等重点任务。

《甘肃省天然气储气设施建设规划（2018-2020）》提出了“十三五”中后期加快全省储气设施建设的指导思想、发展目标、重点任务、保障措施、环境保护和安全生产等。

3.开展管道保护管理与相关研究工作。2004年以来，甘肃省政府和中国石油先后共同召开七次甘肃境内管道安全保护工作会议，部署开展地企共建模范油区、平安管道和隐患整治等活动。甘肃省把油气管道安全保护纳入全省总体工作布局，创新体制机制，完善责任体系，建立政府主导、企业主责、地企合作、社会参与的工作格局，强化依法保护、源头治理、规范管理、群防群治的工作举措，逐渐形成了事有所管、管有所依、依有所循、循有所考、考有所评的管道安全保护“甘肃模式”，实现了长输管道多年保持“零打孔、零事故、零伤害”的目标。

甘肃省在管道保护工作中，一是创办《管道保护》期刊，是国内唯一的石油天然气管道保护工作领域专业性刊物，推动了管道保护法治建设、促进地企合作与管理技术交流；二是创立甘肃省管道保护协会，是国内唯一的石油天然气管道保护志愿者社会团体；三是举办首届“石油天然气管道安全保护兰州论坛”。与国家石油储备中心、中国石油管道公司、西部管道公司、西气东输管道公司分别联合举办“管道公司杯”“西部管道杯”“西气东输管道杯”管道保护优秀论文征集活动。

甘肃省发展改革委委托甘肃省管道保护协会开展《甘肃省油气管道保护条例》立法项目的调研和起草工作；委托中科院地理所开展《甘肃省油气管道建设布局与保护研究》课题研究工作。甘肃省管道保护协会先后承担中国石油集团公司委托的“关于石油天然气管道保护法修订相关重大问题建议研究”课题和西部管道公司委托的“甘肃境内输油气管道上方深根植物对管道防腐层和运维影响研究”项目。甘肃省管道保护协会和中国投资协会共同承担了国家能源局委托的“《石油天然气管道保护法》立法问题研究”课题。

4.开展交流与培训工作。近年来，贵州省能源局、上海市发展改革委、北京市城市管理委员会、辽宁省发展改革委、哈尔滨市发展改革委、长治市发展改革委等来甘肃省调研考察油气管道保护工作；甘肃省发展改革委和省管道保护协会先后赴新疆、四川、河北、山东、辽宁、上海、广东等省考察学习。2017、2018年，甘肃省发展改革委在兰州举办了全省油气管道保护培训班，共有来自14个市州、59个管道沿线县市区的200余人参加了培训。

甘肃省油气管道运输行业的快速发展，在保障国家“一带一路”油气能源项目建设的同时，对保障甘肃石油、化工等支柱产业正常运行、改善生态大气环境，提高人民群众福祉，全面建成小康社会发挥了重要作用。

【取得成就】

1.建成西北重要油气能源通道。至2018年底，甘肃省油气管道里程已由20世纪末的302公里增长到9544多公里，年均增长22%，占全国7.6%，据全国第二位，油气管道覆盖全省14个市（州），其中过境油气输送管道17条，里程8093公里，省内支线管道42条，里程1451公里。甘肃省作为国家西部陆上重要的油气能源通道输送能力进一步提升。2018年，甘肃省油气管道运输量9025万吨（其中天然气675亿立方米）、周转量774亿吨公里（其中天然气67万亿立方公里），分别占全国当年管道运输量10.6%、周转量13.2%。

兰州市汇集9条过境油气管线及多条支线，年运输能力7000万吨，辐射西部12个省（区、市），建有300万立方米的国家原油储备库、180万立方米的国家商品油储备库、100万立方米的生产运行储备库等，成为全国最大的管道运输枢纽之一。

2.行业管理体制沿革。2009年以前，甘肃省发展改革委设立能源处作为甘肃省油气能源行业管理机构。2009年以后，甘肃省成立了发展和改革委员会（能源局），为省政府组成部门。能源局下设煤炭石油处等3个处。煤炭石油处负责油气能源行业管理工作。2015年9月以前，甘肃省石油天然气管道保护工作由甘肃省工业和信息化委员会（简称省工信委）负责。2015年9月以后，根据甘肃省政府第93次常务会议精神，该项职责由省工信委调整到省发展改革委（能源局）。2016年，省发展改革委（能源局）设立了油气管道处，负责全省油气能源行业管理工作和主管管道保护工作。

3.政策法规逐步完善。2004年，甘肃省人民政府第20号令颁发《甘肃省石油天然气管道设施保护办法（试行）》，规范各方管道保护工作的职责，以及规定在管道设施保护范围内的禁止性建设行为和行政处罚等。同年，原甘肃省经济委员会等六部门联合下发《关于印发〈甘肃省石油天然气管道设施保护工作联席会议制度〉的通知》，决定建立甘肃省石油天然气管道设施保护工作联席会议制度。2007年，印发《甘肃省人民政府办公厅关于在工程规划中切实加强石油天然气管道保护工作的通知》，规定将油气管道规划建设和已建成管道纳入全省城乡规划和土地利用总体规划，从源头上加强管道保护工作。2009年，颁发《甘肃省人民政府办公厅关于建立和完善乡村石油天然气管道设施保护监管机制的通知》，规定要加快建立和完善省、市、县、乡、村五级管道设施保护体系。2015年，颁发《甘肃省人民政府办公厅关于印发〈甘肃省石油天然气管道保护工作规则〉的通知》，规定了管道保护工作基本原则和明确了各方工作职责与工作制度。

【大事记】

1979年

1979年 马惠宁原油管道建成投产，线路全长270公里，甘肃省境内130公里，管径325毫米，设计压力4.5兆帕，设计年输量350万吨，为甘肃省第一条输油管道。

1998年

1998年 涩仙敦天然气管道建成投产，线路全长346公里，甘肃省境内172公里，管径324毫米，设计压力6.4兆帕，设计年输量3亿立方米，为甘肃省第一条输气管道。

2001年

9月6日 涩宁兰天然气管道一线建成投产，线路全长931公里，甘肃省境内56公里，管径660毫米，设计压力6.4兆帕，设计年输量33亿立方米，为国家“九五”重点工程之一。该管道的建成对改善青海、甘肃两省环境状况、拉动沿线经济发展具有重要意义。

2002年

9月29日 兰成渝成品油管道建成投产，线路全长1425公里，甘肃省境内511公里，管径508毫米、设计压力14.7

兆帕，设计年输量700万吨，为中国首条长距离、高落差、高压力、自动化程度最高的输油管道。

2004年

8月30日 甘肃省政府颁布《甘肃省石油天然气管道设施保护办法（试行）》，为国内首次颁发的地方管道保护规章。

10月 西气东输一线建成投产，线路全长3839公里，甘肃省境内983公里，管径1016毫米、设计压力10兆帕，设计年输量170亿立方米，供气范围覆盖中原、华东、长江三角洲地区。

12月31日 原甘肃省经济委员会、甘肃省公安厅、甘肃省国土资源厅、甘肃省交通厅、甘肃省环境保护局、甘肃省安全生产监督管理局联合印发《关于印发〈甘肃省石油天然气管道设施保护工作联席会议制度〉的通知》，建立了甘肃省政府相关部门管道保护工作协调机制，在国内尚属首次。

2006年

9月25日 西部成品油管道建成投产，线路全长1858公里，管道管径599毫米、设计压力8兆帕～14兆帕，设计输量1000万吨/年；2007年8月，西部原油管道建成投产，线路全长1562公里，管径813毫米、设计压力8兆帕～12.6兆帕，设计输量2000万吨/年。2条管道甘肃段同沟敷设，甘肃境内1121公里，是现有国内运输距离最长、设计压力最高、自动化程度最高的管道。

2007年

9月 兰银天然气管道建成投产，线路全长470公里，甘肃省境内191公里，管径610毫米、设计压力10兆帕，设计年输量34亿立方米，是西气东输和涩宁兰管道的联络线，是连接青海、塔里木和长庆三大气田的国家重点工程。

2009年

6月 兰郑长成品油管道建成投产，线路全长3111公里，甘肃省境内377公里，管径610毫米、设计压力10兆帕，设计年输量1000万吨，是现有国内输送距离最长的一条成品油输油管道。

12月 西气东输二线建成投产，线路全长4886公里，甘肃省境内1134公里，管径1219毫米、设计压力10兆帕～12兆帕，设计年输量300亿立方米，是中国首条引进境外天然气资源的战略通道工程。

2010年

9月 涩宁兰天然气管道复线建成投产，线路全长921公里，甘肃省境内48公里，管径660毫米，设计压力6.4兆帕，设计年输量35亿立方米，为甘肃、青海、宁夏3省区社会经济发展、环境保护和民生质量的提升提供了清洁燃料。

10月 石兰原油管道建成投产，线路全长359公里，甘肃省境内197公里，管径457毫米、设计压力8兆帕，设计年输量500万吨，是国家西部大开发战略的一项重要工程。

2011年

10月 《管道保护》期刊创刊，是国内唯一的石油天然气管道保护工作领域专业性刊物。

11月 涩宁兰天然气管道甘西南支线建成投产，线路全长64公里，管径219毫米、设计压力6.3兆帕，设计年输量2亿立方米，该管道是为支持临夏回族自治州等少数民族地区经济发展、优化甘肃省西南地区能源结构专门建设的一条供气管道。

2012年

7月 中贵天然气管道建成投产，线路全长1613公里，甘肃省境内372公里，管径1016毫米、设计压力10兆帕，设计年输量150亿立方米，是中国首条南北走向大口径天然气管道工程。

2014年

9月 西气东输三线建成投产，线路全长5220公里，甘肃省境内1001公里，管径1219毫米、设计压力12兆帕，设计年输量300亿立方米，将中亚天然气和新疆煤制天然气输往沿线中西部、长三角和东南沿海地区。

10月 甘肃省政府决定在全省范围内开展油气输送管道隐患整治攻坚战活动。

11月 甘肃省和中国石油决定对2004年以来全省404个管道保护先进单位、645个先进个人进行表彰。

●甘肃省管道保护协会成立，是国内唯一的石油天然气管道保护志愿者社会团体。

2015年

4月 涩宁兰天然气管道甘南支线建成投产，线路全长135公里，管径219毫米、设计压力6.3兆帕，设计年输量2亿立方米，是为支持甘南藏族自治州地区经济发展专门建设的一条供气管道。

5月 甘肃省人民政府办公厅《关于印发〈甘肃省石油天然气管道保护工作规则〉的通知》（甘政办发〔2015〕55号），规定管道保护工作基本原则，以及管道企业、各级地方政府、相关部门的管道保护工作职责和工作制度。

2016年

2016年 按照国务院安委会《关于深入开展油气输送管道隐患整治攻坚战的通知》统一部署，甘肃省历时3年的油气输送管道隐患整治攻坚战行动取得成功，消除全省油气输送管道存在各类安全隐患573处。

2017年

6月 涩宁兰天然气管道兰定支线建成投产，管线全长146公里，管径273/508毫米，设计压力6.4兆帕，设计年输7.66亿立方米，为中国石油的一项扶贫工程。该管道建成对改善兰州、定西两市环境状况、促进沿线经济发展和脱贫致富提供了强劲动力。

9月5日 甘肃省人民政府发布《关于印发〈甘肃省“十三五”能源发展规划〉的通知》（甘政办发〔2017〕156号），规划扩大天然气供应覆盖范围，力争到2020年，全省天然气管网长度达8000公里以上。

2018年

2018年 发布《甘肃省天然气储气设施建设规划（2018－2020）》（甘发能源〔2018〕664号），规划到2020年全省扩建、新建储气设施6个，改造储气设施1个，总储气能力达2.1亿立方米，总投资约23.6亿元。 （甘肃省能源局）

本篇责任编辑：于晓光　吕亳龙　余志光
本篇责任校对：于晓光　余志光　赵　钰

邮政篇

POSTAL PART

内容提要

此篇内容主要包括新中国成立70年邮政行业发展历程与成就综述、2018年邮政行业发展统计公报、2018年快递市场监管报告、2018年中国快递发展指数报告、新中国成立70年邮政集团有限公司发展成就。2018年邮政行业主要数据如下：

邮政行业业务总量完成12345.2亿元

邮政行业业务收入完成7904.7亿元

新中国成立70年邮政行业建设与发展

邮政行业发展历程与成就综述

1949年新中国成立，中国邮政业开始了新的发展时期。党中央、国务院一直高度重视邮政业建设与发展。在邮政体制改革方面，中央先后部署完成了邮电管理体制调整、邮电分营、邮政政企分开及完善省级以下邮政监管体制改革等重大体制改革任务。在法治建设和保障方面，制定实施《中华人民共和国邮政法》，并根据行业改革发展需要数次修订修正，颁布实施《快递暂行条例》，形成了较为完备的邮政法律法规体系。在优化行业发展环境方面，相继出台了一系列支持邮政业发展的政策文件。

党的十八大以来，邮政业进入了历史最好的发展时期，习近平总书记多次对行业改革发展工作作出重要指示批示，强调要加强快递队伍建设，要做美好生活的创造者、守护者，要加快农村电商配送渠道建设，要强化快递包装废弃物治理，要加强寄递渠道安全管理，这些重要指示和批示彰显了以习近平同志为核心的党中央执政为民的宗旨和情怀，也体现了党中央对邮政业的高度重视和殷切希望，鼓舞和激励着全体邮政人砥砺奋进、真抓实干，全力加快推动邮政业高质量发展。

经过新中国成立70年、特别是党的十八大以来行业的快速发展，中国邮政业的面貌发生了翻天覆地的变化。邮政体系已成为国家战略性的基础设施和社会的组织系统，邮政业作为现代服务业的重要组成部分，作为推动流通方式转型，促进消费升级的现代化先导性产业，在服务国家经济社会发展和改善民生发挥了越来越重要的基础作用。

1.行业规模不断扩大。1949年中国邮政业务总量仅1.6亿元，至2018年底，全国邮政业务总量已达到12345亿元，70年间增长了7700多倍。快递服务从无到有，业务规模连创新高，快递业务量从20世纪80年代的153万件提升到2018年的507亿件，2019年达到635亿件，30年年均增速高达41.5%，中国已经成长为世界上发展最快、最具活力的新兴寄递市场，包裹快递量超过美、日、欧等发达经济体总和，对世界增长贡献率超过50%，成为世界邮政业的动力源和稳定器。

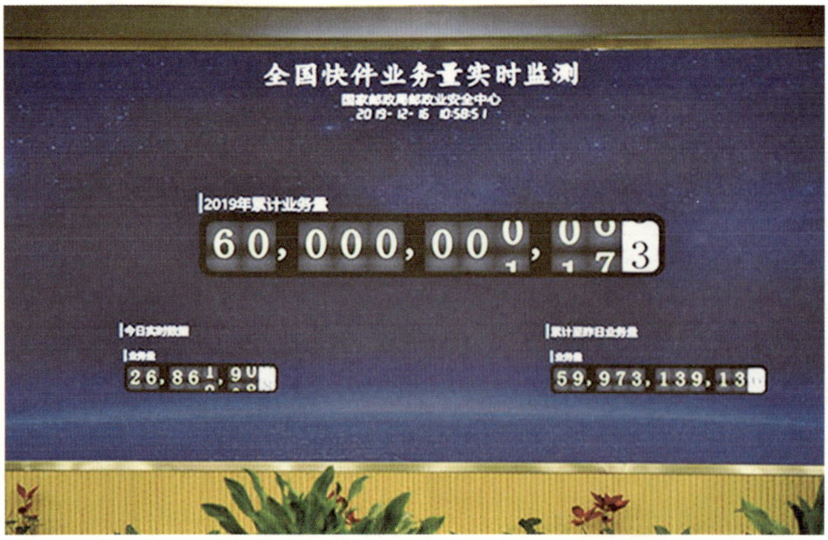

2019年，中国快递业务量突破600亿件。

2.基础设施持续完善。经过70年大规模建设，基本形成航空、铁路、公路等多种交通运输方式综合利用，连接城乡、覆盖全国、连通世界的现代邮政和快递服务网络。至2018年底，全国建成230多个邮政和快递类专业物流园区，邮路和快递服务网路单程长度达到3944.8万公里，拥有各类营业网点27.5万处，分别是1949年的56倍和10.4倍。全行业拥有3家货运航空公司，运营全货机115架，邮政、快递服务汽车32.2万辆，电商班列、高铁快递等运营模式取得重大进展。

3.发展质效显著优化。经过70年的不断发展，邮政业生产运营效率持续提高、科技应用水平显著增强、新业态不断涌现、企业实力大幅提升、与关联产业衔接更加紧密，行业得到持续的高质量发展。至2018年，全国建成200多个智能化分拨中心，电子运单使用率超96%，极大提高了各环节处理效率。32万组智能快件箱投入运营，箱递率提升至11.3%。大数据、云计算、物联网和人工智能等一批行业发展关键共性技术装备加快应用，邮政光学字符识别分拣技术、电子运单、“无人仓、无人机、无人车”等技术装备在世界处于领先水平。行业服务先进制造业、现代农业和跨境网购成效明显。中国邮政集团公司在世界500强中的排名持续上升，7家企业陆续上市，已形成6家年收入超300亿元的大型企业集团。

4.服务民生能力持续增强。经过70年的不懈努力，邮政普遍服务的可及性、均衡性不断提升，快递服务遍布城乡并开始向村一级延伸。“十二五”期间，启动了邮政空白乡镇局所补建工程和“快递下乡”工程，总体实现了“乡乡设所、村村通邮”目标。至2018年底，全国共建成村邮站17.8万个、“邮乐购”站点61万个，基本覆盖了行政村。乡镇快递网点覆盖率超过95%，建制村直接通邮基本完成。邮政业年服务用户的数量已经超过1000亿人次，支撑网络购物交易规模突破7万亿元，带动农产品进城和工业品下乡超过7000亿元，每年新增的社会就业岗位超过20万个，行业通政便民利商功能进一步发挥，人民群众用邮获得感、满足感不断增强。

5.国际交流合作深入推进。在1949年以前，与中国建立直接通邮关系的国家和地区仅有26个。经过70年的不断努力，中国与世界200多个国家和地区建立了通邮关系。中国快递企业加快在重点国家和重点地区的网络布局，跨境寄递、国际物流和海外仓的业务迅速增长。在这70年间，恢复了中国在万国邮政联盟的合法席位，在北京成功举办了万国邮联大会，中国全面开放了国内包裹市场，多次当选为万国邮联行政理事会和经营理事会理事国，深度参与万国邮联体制改革、国际铁路运邮规则制定等国际事务，在全球邮政治理中的话语权显著增强。

70年来，中国邮政业所取得的发展成就，最根本的原因在于坚持党对邮政工作的全面领导。党的十八大以来，始终把党的领导贯彻落实到邮政业改革发展全过程和各个方面，自觉在思想上、政治上、行动上同以习近平同志为核心的党中央保持高度一致，不断增强各级党组织的创造力、凝聚力和战斗力，为中国邮政业始终沿着正确的道路前进提供坚强的政治保障。持续加强邮政业的精神文明建设，外树形象、内增动力，涌现出一大批以王顺友、尼玛拉木、其美多吉、最美快递员等为代表的先进个人和东四邮局、顺丰8哥等为代表的先进集体，行业发展软实力显著提升。

基础设施建设

【概　况】新中国成立以来，不断加强邮政基础设施建设，形成了以邮政枢纽设施为核心，以邮政快递网点和重要处理场所为基础，以运输网、信息网为依托，以信报箱、村邮站为终端的服务网络，邮政快递服务水平大幅提升。

【邮政营业网点】邮政营业网点是邮政企业提供邮件收寄及其他相关服务的场所。新中国成立初期，邮政行业发展落后，尚未实现全国通邮，尽管财政扶持能力有限，但各级政府都十分重视邮政行业发展，积极完善邮政营业网点的全国覆盖。1952年，全国邮政网点4.95万处，比1949年增加88.21%，网点密度大幅增加。1956年，基本建成为全社会服务的邮政网路，自办局所21580处，比1949年增长4倍多。1960年，连续新增自办局所7621处，比1956年增加38.82%。1976年，自办局所36980处，比1956年新增15400处。

改革开放以来，伴随着经济社会发展和综合国力的增强，邮政基础设施建设取得重大进展，全国邮政营业网数量迅速增加。1978年以来，邮政行业发展经历三个阶段，与之相应，邮政营业网点数量也发生相应变化。

第一阶段，1978年—1998年，邮电合营时期，邮政营业网点数量逐年增加，但增速缓慢，1998年达到顶峰。

第二阶段，1998年—2006年，邮电合营、邮政政企合一时期，邮政营业网点数量总体呈下降趋势，2001年后邮政营业网点数量有小幅回升。

第三阶段，2006年以来，政企分开时期，邮政营业网点从2010年起开始上升并保持稳定，快递企业营业网点数量快速增长。至2018年底，邮政快递营业网点27.5万处，其中设在农村10万处；快递服务营业网点19.9万处，其中设在农村5.9万处。1978年—2018年，邮政事业不断发展壮大，恢复和建设了沟通城乡、覆盖全国的基础性网络，全国平均每一邮政营业网点服务面积和服务人口大幅缩减，服务水平不断提升。1978年，全国平均每一邮政营业网点服务人口1.94万人、服务面积193.5平方公里。2018年，平均每一营业网点服务面积35平方公里，平均每一营业网点服务人口0.5万人。

【邮件处理场所】邮件处理场所是邮政快递企业专门用于邮件分拣、封发、储存、交换、转运、投递等活动的场所，如邮政通信枢纽、邮件转运处理中心、国际邮件交换站等。

1.邮件处理中心。邮件处理中心是邮政通信网中负责邮件分拣、发运和经转工作的生产作业单位，是构成邮政通信网的结点，其主要特点是规模大，业务量集中，内部作业机械化、自动化、智能化，流程规范化，物流与信息流同步进行，并具有先进的信息监控、管理系统，在一定意义上代表着一个国家邮政通信和邮政技术的发展水平。新中国建立初期，中国几乎没有像样的邮件处理中心，邮件处理中心主要建于20世纪70年代初，1980年7月1日起全国正式

南京中邮航空速递物流集散中心分拣中心主楼扁平件塑封区。

划分邮区，后经调整和优化，现有邮区201个，其中一级邮区中心7个、二级邮区中心70个、三级邮区中心124个。随着邮政业务量的增加，邮政企业积极推动邮政普遍服务综合处理平台建设，重点实施部分中心局城市邮件综合处理和转运场地、全国信息中心等项目建设，不断加强邮件处理中心的新建、改建和迁建，邮政枢纽设施不断改善，邮政枢纽设施布局大幅优化。至2015年底，全国各级邮件处理中心各类散件处理量264.8亿件。

2.快递分拣中心。快递企业自成立以来，纷纷在全国各地新改扩建分拣中心和快递物流园区，至2018年底，全国累计建成快递分拣中心千余个，分拣处理面积超过1000万平方米。分拣中心全(半)自动分拣设备应用全面提升，配套设施更加完备，分拣效能提升明显。仓配一体功能的分拣中心建设加快，推动向多中心布局转变，提升综合服务能力，分拣处理自动化、智能化水平不断提升。同时，全国快递物流园区蓬勃发展，并向县域延伸，建成包含订单生产物流中心、大型分拣转运中心等功能的综合型物流园区。至2019年底，全国已建成快递物流园区402个，2000余家快递企业入园经营。快递物流园集聚效应显著，逐步向综合化、智能化全产业链服务平台转变。

3.智慧快递设施。快递企业积极推动新型智慧技术在快递领域的应用。行业利用后发优势，积极实践科技应用，推进服务智能化，智能客服、智能仓、北斗导航等迅速普及，无人机、人工智能、大数据和区块链等加快应用，智能安检系统样机已进入试产阶段。顺丰依托互联网物联网技术、智能化自动化设备，通过智能媒介、智能交互、智能管控打造智慧物流，实现运营管控精细化和全方位可视化。百世风暴自动分拣系统、中通全自动分拣系统、申通智能分拣机器人等智能分拣设备投入使用，快件分拣效能提高4倍以上。机器人和无人机投递等新技术开始使用，邮政EMS、顺丰、京东和韵达等无人机测试进展顺利，突破地域交通阻隔，解决特殊场景运输难题。京东等轻型无人货车路试成功，为城市物流提供全新解决方案。各快递企业管理科学化水平不断提升，大数据应用成为网络建构、路由规划、精准投递的重要支撑，中通、圆通、申通、韵达等企业依靠信息科技，开展流程监控、重量核查、成本核算和车辆管控等，提升服务能力。

4.国际邮件交换。国际邮件互换局是与国外邮政机构有直接封发交换邮件总包关系的邮局，负责向指定的国外互换局封发国际邮件总包和接收、开拆处理外国发来邮件总包。互换局均兼有经转局和验关局的业务功能。国际邮件交换站是负责与国外邮政或邮政的代理运输机构进行国际邮件总包交换的部门。国际邮件必须经由国际邮件互换局封成邮件总包，交由国际邮件交换站与外国的交换站进行交换。国际邮件互换局和交换站是邮件进出口的重要通道，对促进国际贸易发展、更好服务跨境电商具有重要意义。

现代化的邮件处理中心。

2017年，中国邮政国际包裹业务达到9.1亿件，是1980年的9000倍以上。为了适应国际包裹业务快速增长的形势，减少经转环节，加快出口国际邮件运递，邮政管理部门和邮政企业积极推进国际邮件互换局和交换站建设。2015年以来，恢复设立互换局、交换站10处，包括义乌、宁波、合肥、满洲里、阿拉山口、东莞、济南、珲春、泉州、徐州。至2017年底，全国国际邮件互换局(交换站)69个，在全国42个直属海关中有31个海关的关区内设立了国际邮件互换局、交换站、验关局等。此外，“十三五”以来，邮政企业先后对上海、杭州、厦门、深圳等重点国际口岸进行场地改造、增设自动化分拣设备和邮件总包传输设备，国际邮件处理能力和邮件快速通关能力不断提升。

【投递终端】

1.村邮站。村邮站是设在行政村负责接收、转投邮件的固定场所，是保证农村地区、特别是边远农村地区通邮的重要终端。2008年，国家邮政局启动“村邮户箱”工程，逐步推进邮政普遍服务终端体系建设。“十二五”国民经济规划纲要提出“加强农村邮政设施建设”和“邮政服务做到乡乡设所、村村通邮”。为认真贯彻落实好规划纲要精神，各级邮政管理部门积极争取政策支持和专项资金保障，努力探索村邮站建设模式与运营保障长效机制，采取新建村邮站、依托农家书屋、三农服务站或邮件接转点等多种方式，着力推进村邮站建设。通过持续不懈的努力，村邮站建设取得了重大进展，村邮站建设与运营长效机制实现了新的突破，在建设数量、覆盖范围和服务功能等方面都取得明显效果，至2018年底，全国建成村邮站数17.8万个。

2.信报箱。信报箱是供用户接收

邮政管理部门进行住宅楼信报箱验收。（刘芳 摄）

信件、报刊及其他邮件的箱体，承载着居民接收邮件、党报党刊和其他报刊等投递功能，是有效保障公民通信权利和通信自由的公共服务设施。新中国成立后，尤其是改革开放以来，城市化建设不断加快，人民群众的用邮需求日益增加，国家有关部门出台了一系列信报箱建设标准和规范，逐步推进城镇居民楼房、住宅区信报箱的建设、更新和补建。至2018年底，全国新建住宅楼信报箱覆盖率90%以上，在保障人民群众安全、方便、快捷用邮方面发挥了重要作用。北京、天津、河北、上海、江苏、浙江、福建、湖南、广东、广西、四川、贵州等省积极推动信报箱向服务智能化方向发展。

3.智能包裹柜。智能包裹柜是设立在居民住宅区、写字楼、机关单位、校园等公共场合，供寄递企业投递和用户提取信件、报刊、包裹等邮件快件的信息化智能终端公共服务设施，既是传统信报箱的升级换代产品，也是智能快件柜的"升级版"，在满足居民邮政普遍服务的基础上，兼顾快递服务功能，是满足市场趋势和消费者需求的最新智能终端。尤其是随着互联网购物的普及和电商包裹的迅速发展，用户接收各类物品型邮件数量越来越多，传统信报箱难以适应时代发展。邮政管理部门积极创新智能信报箱等新型邮政设施的建设运营机制，鼓励相关企业开发邮政服务智能终端与应用服务。至2019年底，主要城市智能快件箱40.6万组，对减轻邮政末端投递压力，提升"最后一公里"投递效率，解决用户取件与投递时间不对等、传统代收模式个人信息安全等问题发挥积极作用。

【邮路及投递路线】

1.邮路。邮路是利用运邮工具或人力，按规定途径、班期运输邮件的路线，是邮政通信网中的连线和邮政运输的前提，直接影响着邮件传递时限和邮政通信网的整体效益。

新中国成立初期，邮政网络残缺不全，全国邮路长度仅70.6万公里，邮政服务局所2.6万处，大部分设施集中在大中城市，全国约1/4的县城没有邮政局所，有的只有邮政所、代办所，农村局所稀少，尤其是少数民族地区和边远地区多是一片空白。为适应国民经济恢复和大规模建设的需要，邮政部门采取多种措施，并经过艰苦创业，恢复和发展以首都北京为中心的邮政通信网，取得了显著成绩。普遍设置邮政局所，注重发展委办代办，大力恢复与发展邮政运输网路。到1956年，全国邮路总长181万公里，比1949年增加1.5倍，其中铁路邮路5.77万公里、汽车邮路26.8万公里、国内国际航空邮路42万公里，分别比1949年增长189%、506%和339%；至1978年，全国邮路总长度486.3公里。改革开放以来，中国邮路特别是农村和边疆地区的邮路，有了很大增长，形成了一个利用多种运输工具、贯穿全国城乡纵横交错的网络。至2018年底，全国邮路总长度(单程)985.1万公里，比1978年增长1倍以上，全国邮政邮路总条数2.8万条。

2.快递服务网络。至2018年底，中国快递服务营业网点19.9万处。城市"最后一公里"服务升级，城市快递网点标准化建设加快。至2017年底，全国城市标准化网点6.8万个，网点标准化率80%，用户体验不断改善。投入运营的智能快件箱20.6万余组，智能快件箱投递快件占比逐步提高。快递超市、公共投递服务站等末端服务站形式不断涌现，顺丰"顺丰家"、圆通"妈妈驿店"、百世"百世邻里"等末端实体店加快建设。住宅投递、智能快件箱投递和公共服务站投递等模式形成互为补充的末端快递服务格局。

在中西部和农村地区，快递网络逐渐完善。快递企业加快对乡镇地区快递服务网络延伸，拓展农村快递市场。至2018年底，农村地区快递服务网点6万余个，快递网点覆盖乡镇超3万个，覆盖率达到95%，约55万个建制村的村民足不出村就可以收到邮件包裹，基本实现"村村直通邮"，26个省(区、市)实现快递网点乡镇全覆盖。区域间快递服务网络均衡度得到改善，快递在提升西部经济活跃度和繁荣地区经济方面发挥作用。各快递企业积极创新传统流通渠道，为产品进城下乡双向流通提供新通道，使广大农民既享受到便捷顺畅的电商快递服务，又助力广大农民利用网络开拓市场、增加收入。

3.投递路线。投递路线是投递员在所负责的投递段道上向用户投交邮件、报刊所行走的路线，分为城市投递路线和农村投递路线。新中国成立以后，尤其是改革开放以来，中国邮政投递路线条数和长度快速增长。至2018年底，全国邮政农村投递路线9.5万条，农村投递路线长度(单程)403.1万公里，全国邮政城市投递路线7万条，城市

风雪无阻，保障公民的基本通信权利。

投递路线长度（单程）171.2万公里，全国快递服务网路条数17.7万条，快递服务网路长度（单程）2959.7万公里。

邮政业务

【快递业务】 新中国成立70年以来，中国快递服务从无到有、从小到大，逐步发展成为世界第一快递大国。20世纪80年代初，快递服务从邮政普遍服务中分离。邮政体制改革、居民物品传递需求的增长和交通运输的发展为快递业崛起创造了前所未有的机遇和条件。快递业务量自2014年首度超过美国后，持续保持世界第一。至2019年底，快递年业务量破600亿件，中国快递业务量占全球一半以上，快递与电子商务、生产制造业融合不断加深，在中国经济社会发展发挥了重要作用。

1.快递行业发展历程。

（1）邮政普遍服务阶段（1949年—1979年）。新中国成立初期，邮政业实行“邮电合营”管理模式。1950年1月，邮电部邮政总局成立，当时的邮政业百废待兴，邮政网络残缺不全，生产设备陈旧落后，大部分邮政设备主要集中在大中城市。此后，国家出台了一系列政策鼓励和扶持邮电通信业优先发展，不断加大邮电通信业投资力度，至1978年底，全国邮政营业网点达到5万个，邮路总长度486万公里，形成了沟通城乡、覆盖全国的基础性邮政网络，邮政服务水平大幅提高，为邮政快递、邮政金融服务发展奠定良好基础。

此阶段各邮政网点主要开展邮政普遍服务，主要业务包括函件、包裹、汇兑和报刊发行等。干线运输主要依靠畜力驮运，分拣和配送主要依靠人力手工作业。邮件传递时限长、频次不稳定，广大农村和中西部地区享受不到邮政普遍服务。随着改革开放社会经济发展及劳动人口的长距离流动，对寄递时效要求越来越高，日益增长的市场需求与邮政普遍服务滞后的矛盾日益突出，市场需要时效性高、“门到门”的寄递服务。

（2）快递业务探索实践阶段（1980年—2004年）。1980年和1984年，中国邮政先后开办国际、国内特快专递业务。1980年7月15日，中国邮政收到一封从新加坡寄往北京市海淀区的快件，这是中国快递业第一件快递业务。同年，北京、上海、广州、深圳等城市率先开办国际特快专递业务。总结国际快递业务运营经验，1984年中国邮政开办国内特快专递业务。1985年中国速递服务公司成立（EMS），成为中国第一家专业经营快递业务的企业，开始全面开展快递业务。至1991年，中国速递服务公司仍是国内唯一合法的快递服务企业，同年快递业务量达566万件。随着市场经济的发展，邮政快递无法保证日益增长的快递量的时效性及提供高效的服务，民营快递的出现及时弥补了邮政快递不足，满足了市场发展需求。1993年，申通货运代理有限公司在杭州创立，专营杭州—上海急件专人直送业务。虽然当时没有正式命名“快递”，但其经营的业务已不是传统意义上的运输，而是实质性地开展了快递业务，这是整个桐庐民营快递（以“三通一达”为代表）的开端，此后圆通、中通和韵达等快递巨头也在此阶段相继成立。这些民营快递公司的成立，缓解了中国邮政速递的压力，更好地满足了国内外快递发展的需求。

民营快递企业从成立起，就提供了与传统邮政业完全不同的运作模式，提供了传统邮政无法满足的服务。民营快递以工商、金融、贸易、海运为主要服务对象，以文件、小包裹为传递内容，采取“门到门”的服务方式，承诺在规定的时间内完成寄递任务。这种方便、高效的服务使得民营快递企业得到了社会越来越多的认可，在较短的时间内获得快速发展。

（3）快递业务合法成长阶段（2005年—2012年）。2005年7月20日，国务院召开常务会议，通过《邮政体制改革方案》。会议认为邮政业是国家重要的社会公用事业，邮政网络是国家重要的通信基础设施。长期以来，邮政业在促进中国国民经济和社会发展、保障公民的基本通信权利等方面发挥了十分重要的作用。但是，随着经济体制改革的不断深化，中国邮政业现行管理体制已不能适应市场经济需要，进一步深化邮政体制改革已成为一项重要而紧迫的任务。重新组建了国家邮政局作为国家邮政监管机构，组建了中国邮政集团公司经营各类邮政业务。而此阶段也正值中国电子商务开始起步发展阶段，快递与电子商务出现协同发展局面，随着电子商务的快速成长，快递行业迎来了前所未有的发展机遇。

中国快递行业统计体系建立。随着中国快递市场逐步开放，原来由中国邮政独家经营的模式发生改变，大量民营快递和外资快递企业的加入为快递行业发展注入新活力，而中国快递业的法律法规、监管体系、统计制度并未完全建立。2006年，由国家统计局与国家邮政局共同组织开展快递业统计工作，由国家统计局直属的31个省（区、市）调查总队具体实施，至2006年底，全国经营快递业务的法人企业有2422家，其中国有企业占1.7%、有限责任及股份公司占57.3%、私营企业占36.6%、外资及港澳台企业占2.4%、其他企业占2.0%。

民营快递合法地位进一步明确。2009年4月24日，修订后的《中华人民共和国邮政法》通过审议并正式颁布，修正后的《中华人民共和国邮政法》确认了民营快递合法地位，对快递业务经营许可、申请快递许可资质及快递市场监管等进行明确规定。自此，困扰民营快递发展多年的身份问题得以解决，市场主体的活力得到极大释放，快递业发展不断提速。中国快递业由此形成国有、民营、合资、外资“同台竞技”发展局面。

快递业持续保持高速增长。为优化行业发展环境，国家相继出台一系列支持邮政业发展的政策文件，释放了政策红利，激发了快递行业发展动能，叠加电子商务等寄递需求的推动，快递业迎来了第一轮高速增长期，快递业务量由2006年的10.6亿件增长到2012年的56.8亿件，年均增长27.1%。

（4）快递业务爆发增长阶段（2013年—2019年）。在电子商务等各类新业态蓬勃发展带动下，快递市场需求持续扩张。2015年国务院颁布《关于促进快递业发展的若干意见》（以下简称《意见》），指出“快递业是现代服务业的重要组成部分，是推动流通方式转型、促进消费升级的现代化先导性产业”，提出培育壮大快递企业、推进“互联网+”快递、构建完善服务网络、衔接综合交通体系、加强行业安全监管等五项重点任务，从深入推进简政放权、优化快递市场环境、健全法规规划体系、加大政策支持力度、改进快递车辆管理、建设专业人才队伍等六个方面提出34项政策措施。《意见》的颁布标志着中国快递业迎来了历史黄金期，快递业务规持续扩大，快递业务量从2013年的91.9亿件增长到2019年的635.2亿件，年均增速高达38%。

申通快递投入运营智能快递分拣机器人系统。

快递行业信息化和技术装备水平不断提升。随着中国快递市场规模的爆发式扩张，以往以人员大规模投入的模式难以支撑行业发展，大数据、云计算、物联网和人工智能等技术的应用，以及以菜鸟网络为代表的一批平台型物流科技企业为快递企业赋能，大幅提升快递企业的信息化水平。自动化分拣系统、无人仓、无人机等技术在快递行业广泛应用，带动了快递行业作业效率的提升。龙头快递企业通过组建全货运机队大幅提高了快递的投送时效。

民营快递企业快速成长。随着中国快递市场的进一步开放和电子商务等业态的发展，民营快递企业实现了跨越式发展并占据市场主导地位，涌现了以顺丰、“三通一达”、百世等为代表的一批龙头快递企业，业务量约占全行业75%，2016年快递龙头企业先后实现了上市，其中顺丰、圆通、申通、韵达借壳上市，中通、百世赴美上市，此后德邦快递成功上市。

2019年快递市场进一步扩张。2019年全国快递服务企业业务量累计完成635.2亿件，同比增长25.3%；业务收入累计完成7497.8亿元，同比增长24.2%。从结构看，同城业务量累计完成110.4亿件，同比下降3.3%；异地业务量累计完成510.5亿件，同比增长33.7%；国际/港澳台业务量累计完成14.4亿件，同比增长29.9%。同城、异地、国际/港澳台快递业务量分别占全部快递业务量的17.4%、80.4%和2.2%。东、中、西部地区快递业务量比重分别为79.7%、12.9%和7.4%。东部地区、异地快递业务量占主导地位，快递业务量的分布与中国经济总量和电子商务等产业的空间分布高度契合。

2.快递行业发展成就

（1）快递业务量持续多年保持世界第一。中国快递业在摸索中前行，在市场需求推动下，开放快递行业市场，优化行业发展环境，确立了快递企业的合法地位，释放了市场主体的发展活力，快递业进入了高速发展时期。2014年中国快递业务量达到139.6亿件，首次超过美国（美国同期快递业务量约120亿件），此后的5年，中国快递业务量每年增量达到100亿件，其中2017年增长近200亿件。2018年中国快递业务量占全球约50%，至2019年底，快递业量达到635亿件，占全球近60%。（见图1）

（2）快递行业成为国民经济重要

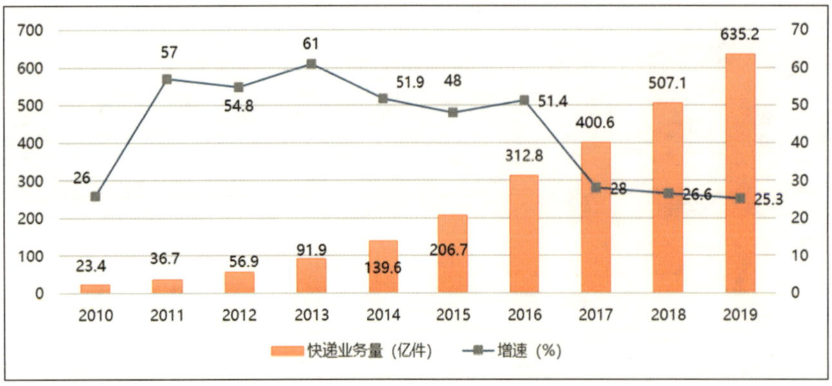

图1　2010年—2019年快递业务量与增速统计图

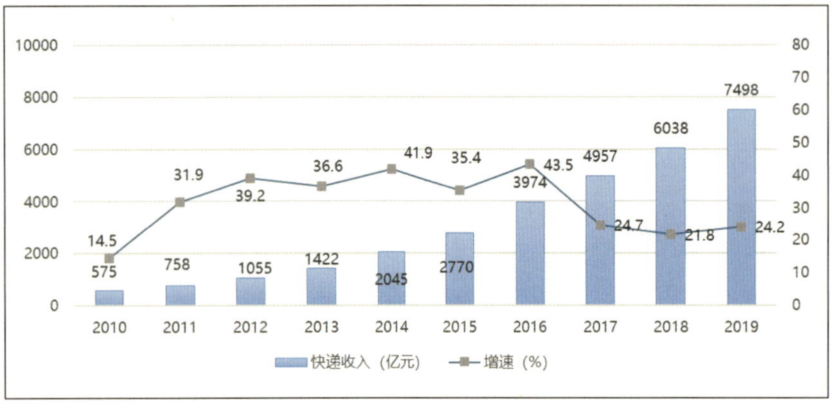

图2　2010年—2019年快递业务收入与增速统计图

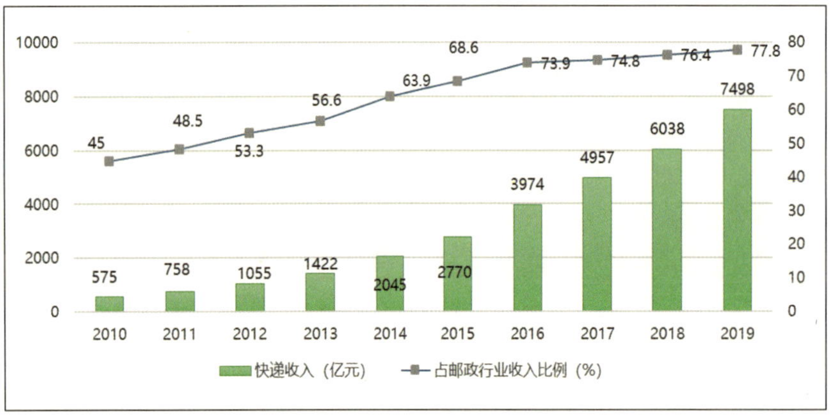

图3　2010年—2019年快递业务收入与增速统计图

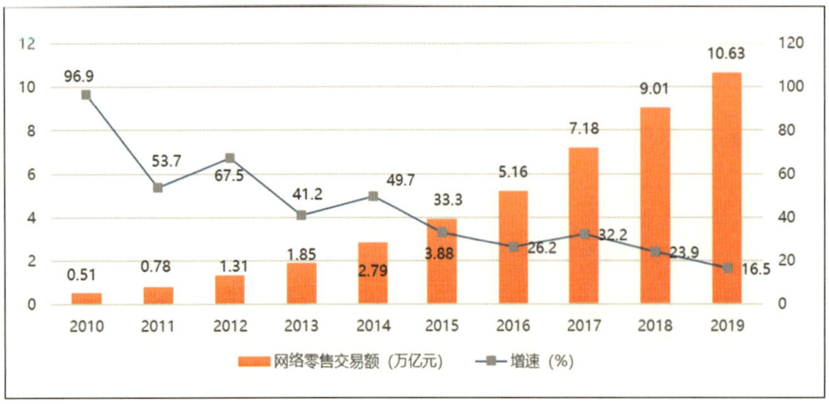

图4　2010年—2019年网上零售交易规模与增速统计图

产业。改革开放以来，中央部署完成邮电管理体制改革任务，制定《中华人民共和国邮政法》，并根据行业改革发展需要先后进行三次修订修正，颁布实施《快递暂行条例》，优化行业发展环境，释放政策红利，激发了快递行业发展动力。快递业规模持续扩大，全行业的收入实现百亿、千亿跨越，2019年中国快递业务总收入7498亿元，2010年—2019年，全行业收入增长13倍，年均增速高达33%。快递成为中国国民经济的重要产业，至2019年底，全国快递从业人员超过300万人，对带动社会就业发挥关键作用。快递行业发展促进了中国邮政行业的复苏，快递业务收入占邮政行业业务收入（不包括邮政储蓄银行直接营业收入）的比重从0增长到2019年的77.8%，这一趋势仍在持续。（见图2、图3）

（3）与电子商务等新兴产业深度联动，成为经济发展新动能。国民经济的高速增长和高质量发展，特别是电子商务等新经济的发展，促进了中国快递业的高速发展，2010年—2019年，全国网上零售交易额由0.51万亿元增长到10.63万亿元，年均增长40%，增速略高于中国快递市场业务量，电子商务与快递产业的增长相辅相成。快递业已融入中国电子商务产业链，特别是电子商务主导的“双11”等网络促销活动，既为快递行业带来了庞大业务需求，也提升了快递行业的峰时应对能力和抗压能力，进一步提高了中国快递行业的服务能力和水平。同时，农产品电商、农村电商、流通与制造业扁平化发展和不断“触网”，均为快递行业提供了增量需求，快递的投递时效和服务能力提升促进了传统一二三产业加快转型升级。快递业深入融入国民经济社会的各个领域，成为国内产业结构调整和经济转型发展的助推器。（见图4）

（4）快递行业综合竞争力显著增强。随着市场竞争的日益激烈，快递行业的优胜劣汰效应进一步加快，快递市场龙头企业基本形成“1+6”格局，其中

快递电商协同发展，图为快递企业为电商提供仓配一体化服务。

“1”是中国邮政速递物流，“6”是民营的顺丰、圆通、申通、韵达、中通、百世。在跨境电商、国际贸易的推动下，以中国邮政、顺丰为代表的龙头快递企业开始走向国际市场，进一步促进了中国快递企业提升国际竞争力。（见表1）

表1 2018年主要民营企业业务量统计表

企业名称	2018年快递业务量（单位：亿件）	占全国比重
顺丰控股	38.69	7.63%
中通快递	85.2	16.80%
韵达快递	69.85	13.77%
圆通快递	66.64	13.14%
百世快递	54.77	10.80%
申通快递	51.13	10.08%
合 计	366.27	72.23%

（5）运输装备和信息技术加快应用，快递服务质效逐步提升。快递市场规模快速扩张，带动了行业的信息化、技术装备水平的现代化。一是货运机队规模持续壮大，至2019年5月，中国快递业的自有货机达到100架，其中顺丰航空自有全货机机队55架、中邮航空33架、圆通航空12架，占国内货航飞机数量的一半以上，虽然中国快递业货机数量不断增加，但是相比国际快递巨头依然有较大差距。二是自动分拣系统、设备的广泛应用。顺丰、中邮物流、申通等龙头快递企业均采用自动化分拣系统，智能机器人广泛应用，单一分拣中心峰时处理能力达到10万件以上。三是信息化水平显著提升，各大龙头快递企业逐步采取电子面单，基本实现了快递的实时跟踪与查询，提升了行业运行效率。

【邮政金融】

1.邮政金融业发展历程。

（1）邮政金融业务中断阶段（1949年—1985年）。中国邮政金融业务的历史可追溯到1919年，当时称之为“邮政储金”。1930年3月，在上海成立邮政储金汇业总局，各地大城市设立邮政储金汇业分局，承办支票储金、贷款和保险业务。1949年新中国成立之初，政务院财经委员会决定，邮政系统接管“中华邮政”时期的邮政储金汇业局，在中国人民银行统一指导下进行工作。1953年停办邮政储金业务，汇兑业务改为代理银行业务，邮政储金汇业局亦随之取消。此后长达25年邮政金融业务一直处于中断状态。

（2）邮政金融业务恢复阶段（1986年—2004年）。1986年，中央财政支出日益扩大而收入来源有所缩减，为减少国家财政对邮政业务的直接补贴，同时也为推动邮政体系的改革，邮电部与中国人民银行联合发布《邮电部、中国人民银行关于开办邮政储蓄业务的联合通知》。决定于当年在北京、上海、天津、郑州、沈阳、石家庄、成都、西安、南京、广州、福州和长沙等12个城市的邮政局辖内开办一批邮政储蓄网点，即开始办理个人邮政活期、定期储蓄业务，此后邮政储蓄业务正式恢复。此阶段的邮政储蓄业务为代办模式，即邮政储蓄款交存中国人民银行统支配，中国人民银行结算储蓄存款利息。

1990年，邮政储蓄业务由代办模式转变为自办模式。邮政储蓄的存款改为全额转存中国人民银行，双方协商确定转存款利率，而邮政储汇局通过邮政储蓄存款的转存利息差作为其营业收入。随着经营方式的调整，储蓄余额规模亦不断扩大，1995年储蓄余

中国邮政航空货运飞机。

中国邮政储蓄银行为江西南昌县蔬菜种植大户提供信贷支持。

额突破1000亿元，1997年达到2645亿元，市场占有率超过5%。1998年邮电开始分业经营，独立运行后的邮政储蓄业务发展势头良好，成为邮政业务中规模最大、增长速度最快、贡献率最高的支柱业务。

2002年，中邮证券有限责任公司成立。中邮证券有限责任公司注册资本50.6亿元人民币，是中国邮政集团公司控股的证券类金融子公司。中邮证券的经营范围包括证券经纪、证券投资咨询、证券投资基金销售、融资融券、代销金融产品、证券资产管理、证券承销与保荐、证券自营和与证券交易、证券投资活动有关的财务顾问等。中邮证券主要为社会大众提供全方位专业化的证券投、融资服务。

(3)邮政金融快速发展阶段(2005年—2019年)。邮政储蓄银行进入实质性推进阶段。2005年7月20日，国务院批准《邮政体系改革方案》，邮政储蓄银行进入筹备阶段。2006年12月31日，银监会批准中国邮政储蓄银行开业，同意中国邮政集团公司以全资方式出资组建中国邮政储蓄银行有限责任公司。至此，邮政储蓄银行在机构、业务和高管人员等方面均依法纳入了银行监管体系，并实行以资本充足率为核心的审慎监管。2007年3月，在改革原邮政储蓄管理体制基础上，中国邮政储蓄银行正式挂牌成立。

2009年中邮人寿保险股份有限公司成立。中邮人寿保险股份有限公司是中国邮政集团公司旗下国有全资寿险公司，公司总部位于北京，注册资本金215亿元人民币。2009年8月4日由中国保险监督管理委员会批准成立，2009年8月18日在国家工商总局注册登记，2009年9月9日正式挂牌开业。主要业务为人身保险、健康保险、意外伤害保险等各类人身保险业务；上述业务的再保险业务等。

2015年中邮资本管理有限公司成立。中邮资本管理有限公司成立于2015年4月27日，注册资本金77.9亿元。作为中国邮政集团旗下的战略资本运营平台，公司主要业务为集团公司内部资产重组、引战、改制，战略并购，直接股权投资，私募股权投资基金，私募证券投资基金等。

邮储银行迈入资本市场。2012年1月，中国邮政储蓄银行整体改制为股份有限公司。2016年9月，在香港联交所挂牌上市。2019年12月10日，中国邮政储蓄银行在上海证券交易所上市。邮储银行拥有近4万个营业网点，服务个人客户近6亿户，定位于服务“三农”、城乡居民和中小企业。在登陆资本市场后，邮储银行在中国金融市场的地位和社会影响力进一步提升。

2.邮政金融业发展成就。

(1)邮政金融体系初步形成。新中国成立70年来，依托邮政普遍服务业务基础和网点综合优势，在邮政体制实施政企分开的政策推动下，中国邮政集团有限公司的成立，改变了中国邮政金融业发展面貌，特别是最近10多年的快速发展，形成了以邮政储蓄银行为核心，中邮证券、中邮人寿保险和中邮资本为补充的邮政金融体系。金融板块规模的扩大带动了中国邮政集团业务收入，从1998年的287亿元增长到2018年的5668亿元，经营利润实现从−179亿元增长到468亿元的巨大跨越。

(2)邮储银行地位不断提升。中国邮政储蓄银行经过近十多年快速发展在中国银行业的地位不断提升，至2018年底，中国邮政储蓄银行存款总规模位列全国第五，仅次于工商银行、农业银行、建设银行和中国银行。特别是在三四线城市、农村地区，依托网点优势和服务“三农”的定位，既实现了邮政金融业务的扩张，也促进了邮政基本服务业务的发展。2018年，邮政行业业务收入10515亿元，其中邮政储蓄银行收入2610亿元、邮政寄递服务完成收入368亿元，邮政金融成为邮政行业的重要业务板块，邮储银行净利润524亿元，为保障中国邮政基本服务发挥了重要作用。(见表2)

表2 2018年底中国主要银行存款总规模

排名	银行	存款总规模（单位：亿元）
1	工商银行	21.4
2	农业银行	17.3
3	建设银行	17.1
4	中国银行	14.9
5	邮储银行	8.6
6	交通银行	5.8

（国家发展和改革委员会综合运输研究所 刘昭然 刘伟）

2018年邮政行业发展统计公报

2018年是全面贯彻落实党的十九大精神的开局之年，是改革开放40周年，是决胜全面建成小康社会、实施“十三五”规划承上启下的关键之年。全行业深入学习贯彻习近平新时代中国特色社会主义思想和十九大精神，认真落实习近平总书记重要指示精神和中央各项决策部署，坚持稳中求进工作总基调，坚持深化供给侧结构性改革，坚持更好服从服务国家重大战略，坚持以人民为中心的发展思想，深入贯彻新发展理念，继续按照“打通上下游、拓展产业链、画大同心圆、构建生态圈”的工作思路，全行业实现了持续健康发展，保持了总体平稳、稳中有进的良好态势，圆满完成了2018年初制定的任务目标。全行业业务总量首次突破万亿元大关，业务收入达7904.7亿元，快递业务量突破500亿件。

一、业务发展情况

全年邮政行业业务总量完成12345.2亿元，同比增长26.4%。全年邮政行业业务收入（不包括邮政储蓄银行直接营业收入）完成7904.7亿元，同比增长19.4%。

（一）邮政寄递服务业务

邮政寄递服务业务量累计完成237.1亿件，同比增长0.6%；邮政寄递服务业务收入累计完成368.3亿元，同比增长4.2%。

函件业务持续下降。全年函件业务量完成26.7亿件，同比下降15.2%。

包裹业务降幅扩大。全年包裹业务量完成2407.6万件，同比下降9.4%。

报刊业务继续下滑。全年订销报纸业务完成172.8亿份，同比下降2.2%。全年订销杂志业务完成7.7亿份，同比下降2.2%。

汇兑业务继续萎缩。全年汇兑业务完成2520万笔，同比下降32.7%。

（二）快递业务

快递业务快速增长。全年快递服务企业业务量完成507.1亿件，同比增长26.6%；快递业务收入完成6038.4亿元，同比增长21.8%。

快递业务收入在行业中占比继续提升。快递业务收入占行业总收入的比重为76.4%，比上年提高1.5个百分点。

同城快递业务稳定增长。全年同城快递业务量完成114.1亿件，同比增长23.1%；实现业务收入904.7亿元，同比增长23.6%。

异地快递业务持续增长。全年异地快递业务量完成381.9亿件，同比增长27.5%；实现业务收入3101.9亿元，同比增长23.4%。

国际/港澳台快递业务快速增长。全年国际/港澳台快递业务量完成11.1亿件，同比增长34%；实现业务收入585.7亿元，同比增长10.7%。

异地业务占比提升。同城、异地、国际/港澳台快递业务量占全部比例分别为22.5%、75.3%和2.2%，业务收入占全部比例分别为15%、51.4%和9.7%。

东、中、西部地区各项快递业务均保持了持续稳定的增长势头，中、西部地区业务增长持续提速，市场份额继续上升。全年东部地区完成快递业务量405亿件，同比增长24.6%；实现业务收入4830.8亿元，同比增长20.4%。中部地区完成快递业务量62.4亿件，同比增长34.8%；实现业务收入678亿元，同比增长26.9%。西部地区完成快递业务量39.7亿件，同比增长35.5%；实现业务收入529.6亿元，同比增长28.9%。东、中、西部地区快递业务量比重分别为79.9%、12.3%和7.8%，快递业务收入比重分别为80%、11.2%和8.8%。

快递业务量收排名前五位的省份合计在全国占比较上年有所下降。快递业务量排名前五位的省份依次是广东、浙江、江苏、上海和北京，其快递业务量合计占全部快递业务量的比重达到65.4%，较上年下降2.1个百分点。快递业务收入排名前五位的省份依次是广东、上海、浙江、江苏和北京，其快递业务收入合计占全部快递业务收入的比重达到66.6%，较上年同期下降1.9个百分点。

快递业务量排名前十五位的城市依次是广州、金华（义乌）、上海、深圳、杭州、北京、东莞、苏州、成都、泉州、揭阳、武汉、温州、宁波和南京，其快递业务量合计占全部快递业务量的比重达到57.5%。

快递业务收入排名前十五位的城市依次是上海、广州、深圳、北京、杭州、金华（义乌）、东莞、苏州、成都、武汉、天津、南京、宁波、泉州、郑州，其快递业务收入合计占全部快递业务收入

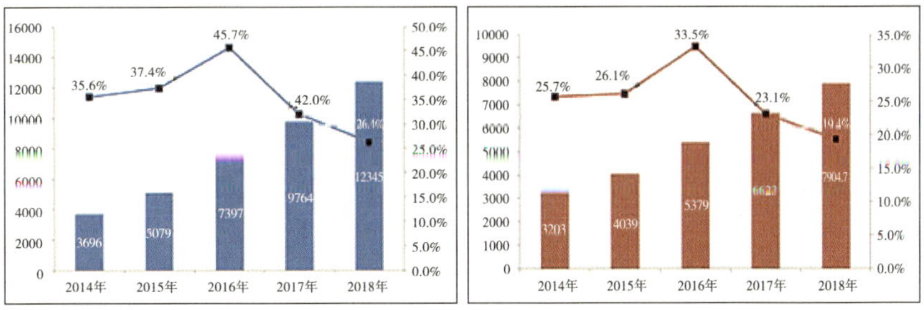

2014—2018年邮政行业业务发展情况

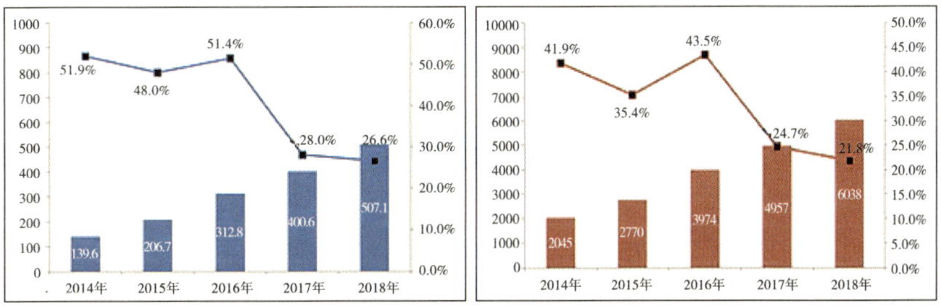

2014—2018年快递业务发展情况

的比重达到60.8%。

国有、民营、外资企业业务量占全部快递与包裹市场比重分别为12.3%、86.2%、1.5%，国有、民营、外资企业业务收入占全部快递与包裹市场比重分别为11%、83.6%、5.4%。

快递与包裹服务品牌集中度指数CR_8为81.2。

二、基础能力和服务水平

（一）机构设备

全行业拥有各类营业网点27.5万处，其中设在农村的10万处。快递服务营业网点19.9万处，其中设在农村的5.9万处。全国拥有邮政信筒信箱12.2万个，比上年末减少0.3万个。全国拥有邮政报刊亭总数1.7万处，比上年末减少0.3万处。

全行业拥有国内快递专用货机116架，比上年末增加16架。全行业拥有汽车32.2万辆，比上年末增长9.2%，其中快递服务汽车23.9万辆，比上年末增长7.7%。

快递服务企业拥有计算机51.2万台，比上年末增长6.9%；手持终端114.7万台，比上年末增长17.7%。

（二）基础网路

全国邮政邮路总条数2.8万条，比上年末增加1045条。邮路总长度（单程）985.1万公里，比上年末增加46.7万公里。全国邮政农村投递路线9.5万条，比上年末增加4797条；农村投递路线长度（单程）403.1万公里，比上年末增加22.5万公里。全国邮政城市投递路线7万条，比上年末增加3351条；城市投递路线长度（单程）171.2万公里，比上年末增加8.3万公里。全国快递服务网路条数17.7万条；快递服务网路长度（单程）2959.7万公里。

（三）服务能力

全行业平均每一营业网点服务面积为35平方公里；平均每一营业网点服务人口为0.5万人。邮政城区每日平均投递2次，农村每周平均投递5次。全国年人均函件量为1.9件，每百人订有报刊量为8.9份，年人均快递使用量为36.4件。年人均用邮支出566.5元，年人均快递支出432.7元。

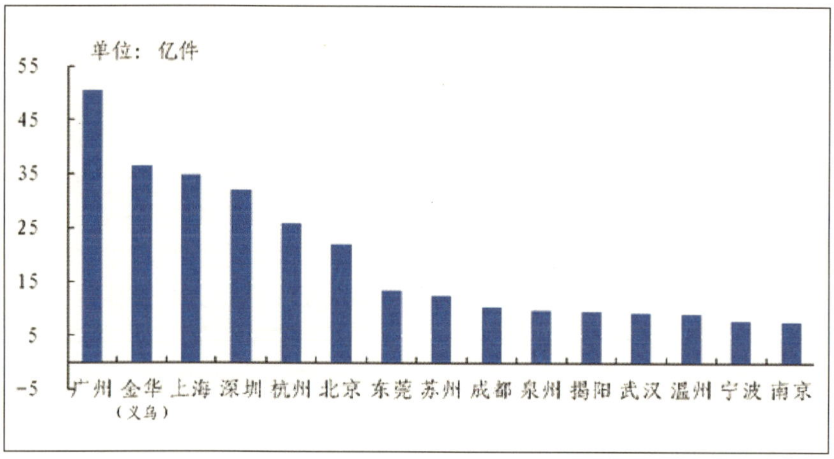

快递业务量前15名城市情况

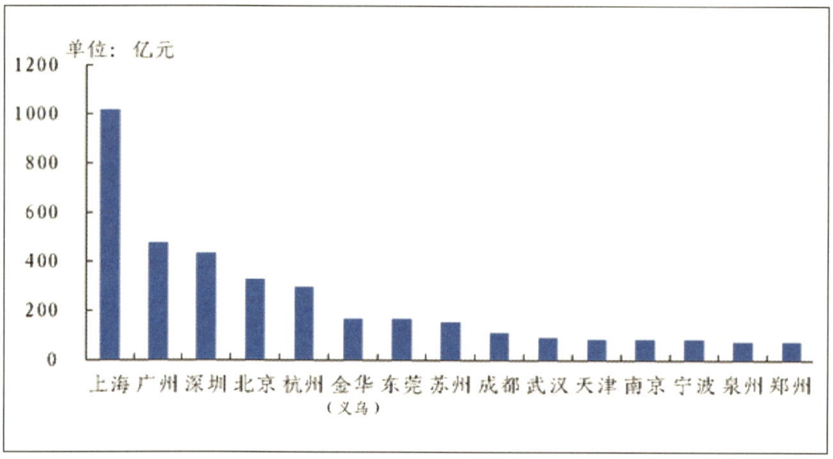

快递业务收入前15名城市情况

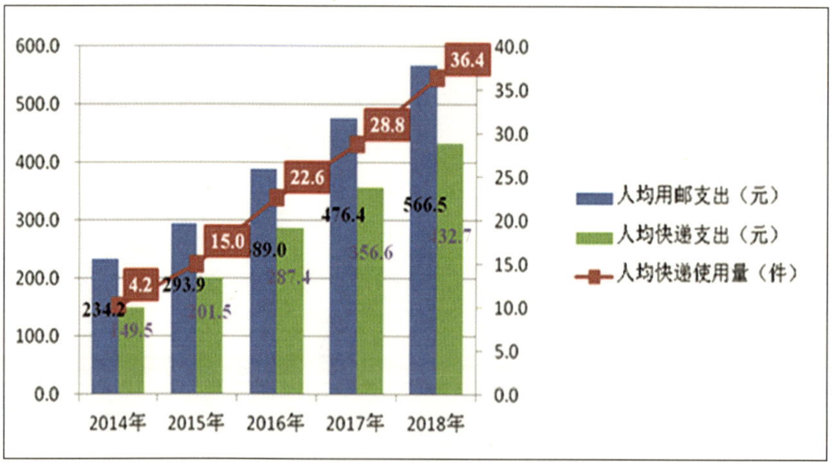

2014—2018年人均用邮支出、快递支出和快递使用量情况

备注：

1.本公报中邮政寄递服务业务、通信能力和服务水平有关数据来自年报，其它数据为月报统计数据。

2.各项统计数据未包括香港和澳门特别行政区及台湾省。

3.部分数据因四舍五入的原因，存在着与分项合计不等的情况。

4. 邮政行业业务总量按2010年不变价格计算。

5.全国人口数据来自国家统计局《2018年国民经济和社会发展统计公报》。

2018年快递市场监管报告

快递市场发展

一、市场规模

（一）业务量

业务规模全球领先。2018年，我国快递服务企业业务量达到507.1亿件，同比增长26.6%。快递业务增量为106.5亿件，快递业务量及增量均创历史新高。我国日均快件处理量达到1.4亿件，最高日处理量达到4.2亿件，同比增长25.7%。2010—2018年，我国快递业务量年均复合增长率达46.9%，是同期国内生产总值增速的6倍以上，增速居现代服务业前列，是我国新经济的代表行业。我国快递业务量超过美、日、欧发达经济体之和，占全球快递包裹市场份额的一半以上。我国快递业务量规模连续五年稳居世界第一，成为全球快递包裹市场发展的动力源和稳定器。（见图1）

使用频率明显增加。2018年，快递企业日均服务2.8亿人次，相当于每天5个人中有1人在使用快递服务。年人均快件使用量为36.4件，同比增加7.6件。年人均快递费用支出432.7元，同比增加76.1元。快递成为衣食住行后又一基本需求。

（二）业务收入

快递业收入占比持续提升。2018年，快递业务收入超过6000亿元，达到6038.4亿元，同比增长21.8%。快递业务收入占邮政行业业务收入比重为76.4%，同比提高1.5个百分点。快递业务收入增速是服务业生产指数[1]增速的近3倍，快递业占服务业增加值的比重为1.28%，同比提高0.12个百分点。快递业务收入增速是国内生产总值增速的3.3倍，快递占国内生产总值的比重达0.67%，同比提高0.07个百分点。（见图2）

二、市场结构

（一）主体结构

民营经济发展壮大。2018年，民营、国有、外资企业业务量占全部快递与包裹市场比重分别为86.2%、12.3%、1.5%，民营、国有、外资企业业务收入占全部快递与包裹市场比重分别为83.6%、11%、5.4%。（见图3）

市场集中度加速提升。2018年，快递与包裹服务品牌集中度指数CR_8为81.2，同比提高2.5。市场集中度指数CR_8在上年反弹后呈现加速提升的态势，提升幅度创历年新高，行业规模经济效应更加显著。我国已形成1家年营业收入超千亿元、5家超500亿元的快递企业集群。

（二）产品结构

同城快递增速平稳。2018年，同城快递业务量114.1亿件，同比增长23.1%，比行业增速低3.5个百分点。同城快递业务收入完成904.7亿元，同比增长23.6%，比行业增速高1.8个百分点。同城快递业务收入增速高于业务量增速，平均价格回升，同城快递均价为7.9元，同比上涨0.4%。

异地主力军作用强化。2018年，异地快递业务量完成381.9亿件，同比增长27.5%，比行业增速高0.9个百分点。异地业务收入完成3101.9亿元，同比增长23.4%，比行业增速高1.6个百分点。异地业务占比继续提升，异地业务量和业务收入分别占全国的75.3%和51.4%，同比提高0.5个百分点和0.7个百分点。

跨境快递增长迅猛。2018年，快递企业加快走出去步伐，在重点国家和地区网络布局，构建全球寄递网络。海外仓覆盖50多个国家和地区，新增跨境货

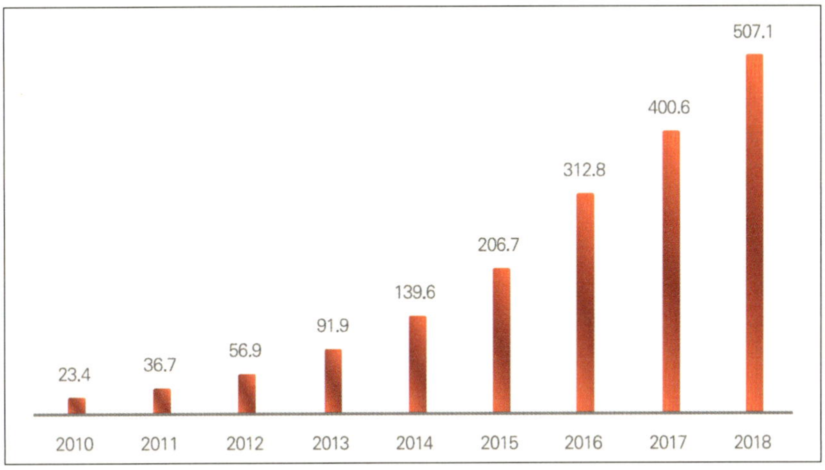

图1 2010—2018年快递业务量变动情况（单位：亿件）

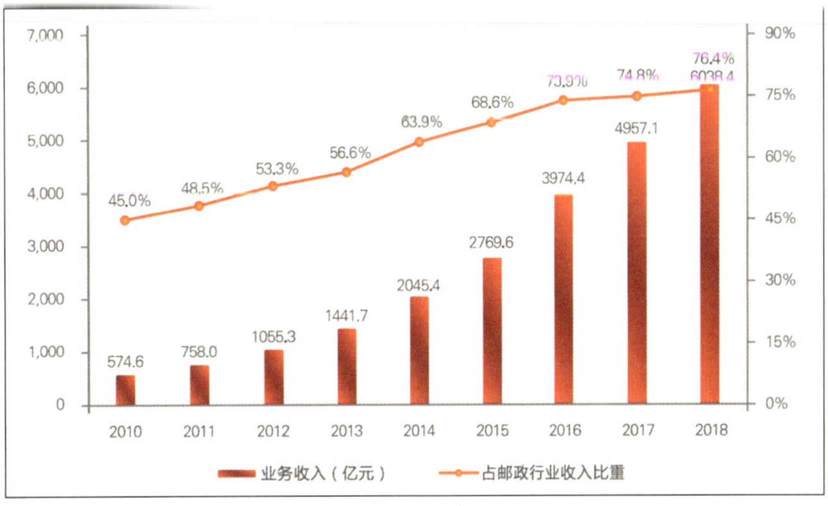

图2 2010—2018年快递业务收入增长及占邮政业比重变化

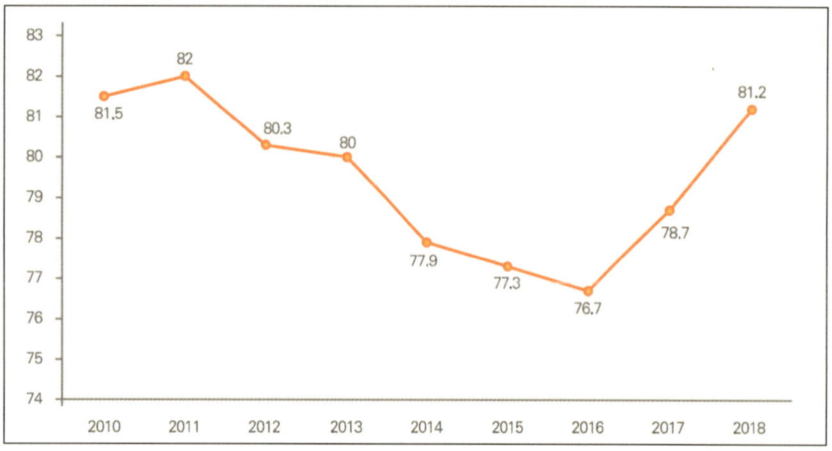

图3 2010—2018年市场集中度指数CR_8变化情况

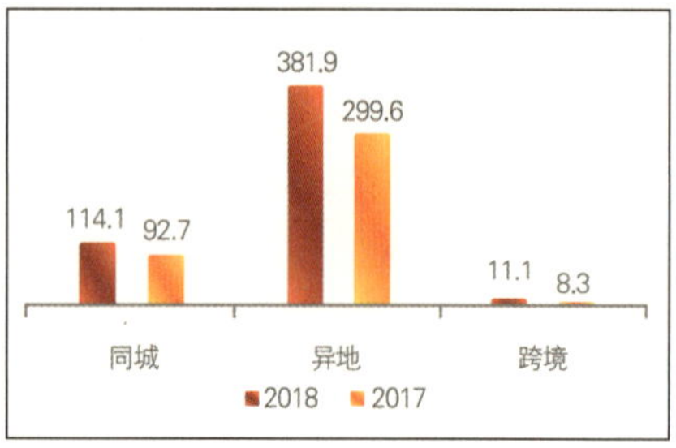

图4 2018年业务量产品结构

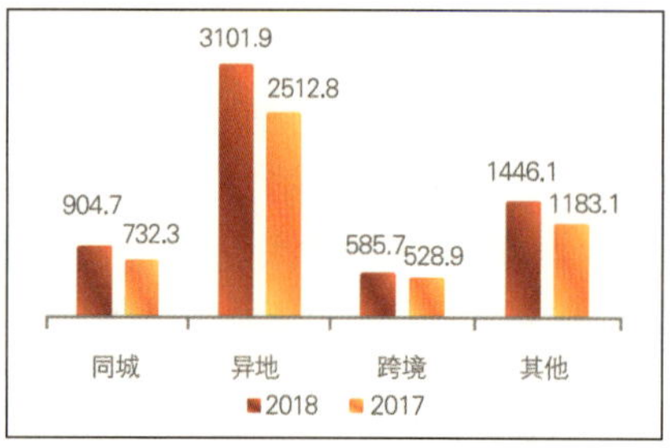

图5 2018年业务收入产品结构

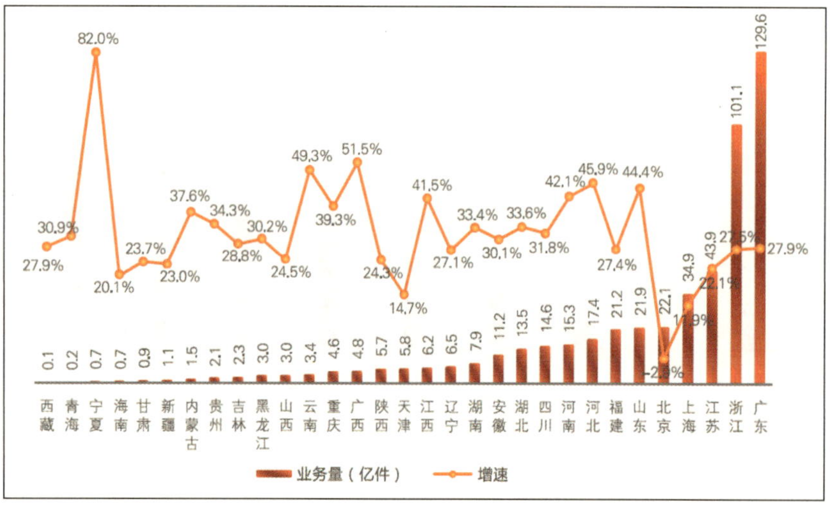

图6 2018年各省（区、市）快递业务量及增长情况

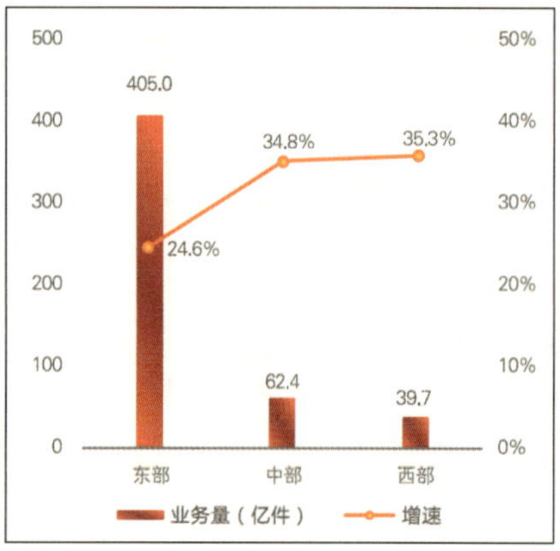

图7 2018年业务量区域结构

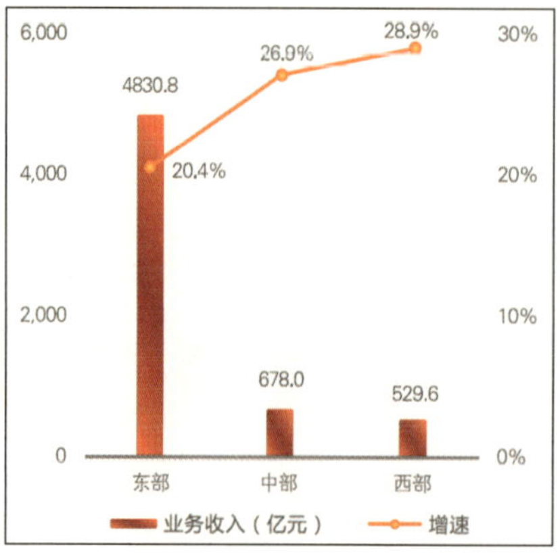

图8 2018年业务收入区域结构

运航线17条。国际及港澳台快递业务量达到111亿件，同比增长34%，比行业整体增速高7.4个百分点。国际及港澳台业务量占比继续提升，占全国2.2%，同比提高0.1个百分点。实现业务收入585.7亿元，同比增长10.7%。(见图4、图5)

（三）区域结构

区域发展水平差异较大。2018年，我国快递业务量超过10亿件的省(区、市)有12个，安徽首次入围，12省份合计完成快递业务量446.6亿件，同比增长25.9%，占全国比重88.1%。其中：广东和浙江两省业务量均超百亿件，共占全国45.5%，是快递业务的重要增长极。

区域均衡度稳步改善。2018年，东、中、西部地区快递业务均保持了持续稳定的增长势头，中、西部地区业务增长持续提速，市场份额继续上升。全年东部地区完成快递业务量405亿件，同比增长24.6%；实现业务收入4830.8亿元，同比增长20.4%。长三角和珠三角支撑快递业务的半壁江山，业务量和业务收入分别占全国的61%和61.1%，同比提高4.2个百分点和1.6个百分点。中部地区完成快递业务量62.4亿件，同比增长34.8%；实现业务收入678亿元，同比增长26.9%。西部地区完成快递业务量39.7亿件，同比增长35.5%；实现业务收入529.6亿元，同比增长28.9%。东、中、西部地区快递业务量比重分别为79.9%、12.3%和7.8%，快递业务收入比重分别为80%、11.2%和8.8%。与上年同期相比，东部地区快递业务量和收入比重分别下降1.2个百分点和0.9个百分点；中部地区快递业务量和收入比重分别上升0.7个百分点和0.4个百分点；西部地区快递业务量和收入比重均上升0.5个百分点。(见图6、图7、图8)

三、服务能力

（一）运输能力

公路运输保障充分。2018年，快递公路运输方式占比仍超过80%，是快件运输的主力。快递服务汽车23.9万辆，同比增长7.7%，其中行业新能源车辆保有量超过2万辆。部分快递企业加大

车辆自营化力度，中通和申通干线运输车辆自营率分别为81.8%和65.7%，占比均超过六成。顺丰依托智能物流地图系统实现动态路由规划，申通新增800多条干线运输线路，极大提高了运输效率。部分快递企业与公路运输企业合作，推进偏远地区公路客运班车代运快件试点，探索快件共同运输模式，提高快件公路运输效能。

快递航空运能快速提升。2018年，行业拥有国内快递专用货机116架，同比增加16架。新增"长沙—孟加拉达卡""深圳—新加坡"等17条国际货运航线和"银川—杭州""成都—西安"等6条国内货运航线，部分快递企业通过"包机""包舱"等方式运输快件，快递航空货运量占国内货邮吞吐量比重超过一半。湖北鄂州国际快递物流核心枢纽项目建设有序推进，顺丰航空共开通43个国内主要城市(含港澳台)及金奈、新加坡、纽约等11个国际站点，并投资美国物流服务平台Flexport。圆通启动浙江嘉兴全球航空物流枢纽建设，新增5条国际航线，并联合菜鸟、中国航空参与香港机场国际货运枢纽建设。中通与土耳其航空和太平洋航空成立合资公司，布局跨境航空货运通道建设。(见专栏1)

铁路运输能力逐步增强。2018年，快铁合作深入推进，开通高铁快递线路431条，试开行"复兴号"动车组专用车厢运送快件，每列运能从500公斤提高至5吨。快铁合作实现新突破，完成中欧班列义乌到莫斯科首次快件运输试点，顺丰与中国铁路总公司合资成立中铁顺丰国际快运公司，推动"高铁+快递"联合运营，"高铁极速达"产品已覆盖48个城市，开通205个流向，"高铁顺手寄"产品覆盖34个城市，开通69个高铁车站。

(二)分拣能力

快递集聚效应显现。2018年，快递园区建设速度加快，全国规划、在建和运营的快递物流园区共计471个，已建成快物流园区375个，新增52个，2000多家企业入园运营。快递园区服务功能

我国高铁快递已经开通413条线路。一名列车长正在高铁快递专用车厢内清点快件数量。

专栏1　2018 年主要快递企业航空运输情况[2]

邮政 EMS	自有全货机33架，运能接近日均1千吨。
顺丰	自有全货机50架，新增9架，租赁飞机16架，共执行航线65条。航空发货量124万吨，同比增长11.7%。顺丰航空货运量占全国货邮总运输量比重23%，航空发货量占顺丰业务量的比重21.5%。顺丰航空共开通43个国内主要城市(含港澳台)及金奈、新加坡、纽约等11个国际站点。
圆通	启动浙江嘉兴全球航空物流枢纽建设，启动西北航空货运转运中心，自有全货机12架，新增2架。开通郑州—日本东京、义乌—韩国仁川、长沙—印度尼西亚马尼拉、长沙—孟加拉国达卡、长沙—越南胡志明等 5条国际航线。
韵达	与33家航空货运代理公司开展合作，合作航线500余条，采用航空运输方式的发货量为平均每天14.8万票左右，同比增加23.3%，发货重量平均每天121吨左右。
中通	与土耳其航空和太平洋航空成立合资公司。

专栏2　2018 年部分省(区、市)快递园区建设及企业入驻情况

北京	14家快递企业的17个站点入驻丰台区大红门地区的快递园区。5家快递企业入驻新街口快递集中分拣中心。5个快递企业的7个快递点入驻建国门街道的北京首个政府主导的"快递之家"。
天津	建成快递专业类快递物流园区3个，即空港航空快递物流园、东疆港跨境电商快递物流园和武清电子商务快递物流园。
河北	推进园区项目16个，规划投资149亿元，占地面积465万平方米,其中12家陆续投入运营，入驻企业47家。
山西	建成园区共计15个，园区共入驻快递企业61家，快递业务量日均处理量125.9万件，同比增长10%。
内蒙古	园区共计69个，共入驻快递企业200余家。
辽宁	沈阳、大连、铁岭等地市新建物流园391.1万平方米。37个分拨中心新入驻物流园，日均处理快件330万件。
安徽	园区共计34个，共入驻快递企业227家，快递业务量达到6.9亿件。
山东	园区共计28个，共入驻快递企业151家，园区快递业务量达到14.03亿件。
河南	河南省全国性快递集散交换中心项目已完成，郑州机场邮件快件"绿色通道"建设成效显著。
广东	东莞沙田的菜鸟&递四方国际智慧物流园，年货物吞吐量达10万吨。京东"亚洲一号"东莞麻涌项目是国内最大最先进的自动化立体仓储中心，投资总额12.16亿元。
重庆	京东亚洲1号仓及分拨处理中心、申通快递分拨处理中心已入驻重庆公路物流基地运营，顺丰快递已签约入驻重庆公路物流基地；申通、圆通、中通、百世、天天等主要品牌企业已入驻江津区快递服务中心。
青海	由第三方投资建设的省内第一个快递物流园——青海贵强快递物流园建成并投入使用。

逐步拓展，从快件分拣向仓配一体化发展，从寄递拓展加工、包装等服务，涌现出一批综合型快递物流园区。天津空港经济区物流园、西安邮件处理中心等10个快递物流园区项目列入交通运输部货运枢纽投资补助项目储备库。（见专栏2）

分拣智能化水平提升。2018年，快递企业加强对全国各地新建、改扩建分中心，大力推广全自动分拣技术，购置自动化设备，全国拥有大型快件自动化分拣中心232个。申通等快递企业加强分拨中心直营化，提高网络掌控力度。“中国智造”全自动化分拣流水线可以节省人力40%，提高操作效率超过50%。顺丰最大中转场分拣能力峰值可达15万件/小时，研发投入以单件承载60公斤AGV机器人等多种自动化设备相融合的自动化分拣系统，实现重货全流程无人化分拣处理。京东在华北上线了自动化冷链分拣中心，将产能提升至同等面积场地的2.5倍。中通快递在广州、成都、武汉、郑州、南昌等多个转运中心上线了双层自动分拣系统，每小时能够处理4～6万件，提高了技术含量和处理效率。京东、百世等快递企业加强“云仓”等智能仓储建设，逐步推进无人仓的规模化应用，实施仓配一体化。（见专栏3）

（三）末端服务能力

末端服务形式多元化。2018年，全国已建成快递末端公共服务站8.2万个，新增近5万个。投入运营智能快件箱27.9万组，新增7.3万组，箱递率达8.7%，同比提高1.9个百分点。末端产品创新不断，中国邮政EMS和京东发布“快递到车”服务，中邮速递易发布人脸识别智能快递柜，丰巢研发出智能快递塔。投递规范化程度提升，全国高校规范收投率达99.2%，其中，河北、江苏等27个省份实现100%全覆盖。全国主要品牌快递企业城区自营网点标准化率达92.7%，同比提高10个百分点，河南、广东、海南、宁夏率先实现100%。江苏、河南部分区域探索共同配送，快递公共投递站、快递超市等多种共同配送形式逐步推广。上门投递、智能快件箱投递和公共投递站投递等模式互为补充的末端投递服务新格局逐步形成，用户消费体验改善。

专栏3　2018年部分主要快递企业分拨中心建设及改扩建情况

邮政EMS	新扩哈尔滨分拨中心，改扩建七台河、鹤岗、绥化、双鸭山分拨中心。
顺丰	新建内蒙古顺丰、哈尔滨、伊春、黑河、武昌分拨中心。改扩建宜春樟树、西安分拨中心。顺丰拥有9个枢纽级中转场，49个航空、铁路站点，44个中转场已投入使用全自动分拣系统。
中通	新增哈尔滨、咸阳、西安快件分拨中心，改扩建哈尔滨分拨中心。中通快递全国的分拨中心共计86个，其中78个由中通自营。
圆通	新建完成常德、邯郸、长治3个枢纽转运中心，共完成济南、烟台、海口、郑州、杭州等城市合计16个枢纽转运中心的升级改造和扩建，共完成上海、南通、泰州、南昌、广州等城市合计14个枢纽转运中心的搬迁，针对北京、上海等核心城市网络布局特点新增建设运营城配中心5个。圆通共拥有枢纽转运中心67个。
申通	新建哈尔滨、七台河、上海、自贡分拨中心，改扩建北京、天津分拨中心。全网共有转运中心68个，自营转运中心60个，自营率约为88.2%。
韵达	新建赣州分拨中心。全国设立54个枢纽转运中心，枢纽转运中心的自营比例为100%。
百世	新建北京顺义、齐齐哈尔、上饶分拨中心，改扩建黑河、上海、武汉转运中心。
京东	新建哈尔滨分拨中心、华北集散仓。

快递末端服务进一步改善，大学生从校园快递服务站领取包裹。

（四）旺季保障能力

旺季运行安全平稳。业务量峰值出现在11月11日，达4.2亿件，同比增长25.7%，是日常处理量的3.2倍，再次刷新最高日处理量纪录。13日，进入派件高峰，派件总量达2.5亿件，15日攀升至2.9亿件并延续至17日。主要快递企业加大科技、人力等要素投入，转运中心、车辆等能力扩充了20%，自动分拣机、分拣机器人等智能化设备开始从一线城市向全国各地延伸，“中国智造”全自动分拣流水线提高50%以上操作效率，行业处理效率明显提升。快递揽收、签收时效均略快于去年，11日—21日，除边远地区外，主要寄递企业揽收邮(快)件妥投18.3亿件，妥投率超过97%。寄递时效由以天为单位向以小时为单位迈进，“双11”期间1亿件包裹从商家发货到消费者签收的处理时间从2013年的9天减至2.6天，压缩71%。圆满完成“双11”旺季服务保障，实现了全网不瘫痪、重要节点不爆仓“两不”和保畅通、保安全、保平稳“三保”的目标。

（五）科技装备水平

技术应用提升运行效率。云计算、大数据、人工智能、物联网等新技术广泛应用，不断提升数字化、自动化、智能化、共享化水平，助推行业从劳动密集型向技术密集型转变。数据分单、数据派单等技术应用，推动行业实现了作业环节和路由管控智能化，结合物流地图实现了路由动态优化，提升了快件转运效率。主要企业大规模推广APP应用，大幅提升服务效率和用户体验。企业研发投入加大，顺丰研发投入27.2亿元，同比增长69.8%，韵达研发投入同比增长28.3%，百世研发投入占收入比重提升0.2个百分点。99家快递相关企事业单位和科研院校共同发起邮政业科技创新战略联盟，行业技术研发生态体系逐步优化。

区块链技术从理想变为现实。顺丰对外发布"顺丰医药供应链'方案+'"和"顺丰医院'方案+'"解决方案，实现区块链医药溯源落地。京东加入全球区块链货运联盟，参与发起成立"物流+区块链技术应用联盟"，发布《京东区块链技术白皮书(2018)》报告，探索区块链在快递物流领域应用场景。中通发布《实体化区块链：内生于中通快递的共创生态系》，这是由国内快递企业发布的首个区块链技术研究报告。

无人技术推广应用。无人仓、无人机在多家企业投入运营，京东配送机器人已经在长沙常态化运营，为城市投递提供了全新的解决方案。顺丰完成国内首次无人机后勤物资运输，陆续推出中小型无人机、水陆两栖无人机、大吨位改装无人机，其无人机机队已初见规模，无人机技术应用解决了特殊场景运输难题，突破地域交通阻隔。京东物流首次公布无人仓标准，顺丰联合中国电科54所共同开展大型物流无人机行业技术标准的制定。（见专栏4）

（六）绿色发展水平

绿色发展意识不断提高。企业自发成立绿色包装研发机构，顺丰将包装实验室更名为SPS中心，苏宁成立实验室。顺丰、京东、苏宁等研发应用循环快递箱和可降解包装材料，顺丰推出"丰Box"，京东全面升级"青流计划"，苏宁推出"共享快递盒"。企业通过采取减少过度包装、循环利用纸箱等方式，年节约快递封装用品55亿个。行业电子运单使用率达92%，年节约传统纸质面单314亿张。新能源和清洁能源车辆、甩挂运输和多式联运推广应用，行业新能源汽车保有量超过2万辆。（见专栏5）

四、服务质量

2018年，快递服务满意度、时限准时率和有效申诉率全面改善，快递服务质量指数同比提高30.2%，提升速度首次超过发展规模指数，呈现加速提升势头，行业进入服务质量快速提升期。邮政行业首次参评中国质量奖，由国家邮政局推荐的顺丰质量管理模式荣获"第三届中国质量奖"提名奖。

（一）服务满意度

快递满意度稳步提升。2018年，快递服务总体满意度得分为75.9分，同比提高0.2分。快递企业总体满意度排名依次为：顺丰速运、邮政EMS、京东物流、中通快递、韵达速递、圆通速递、百世快递、申通快递、德邦快递、优速快递。其中，中通快递与邮政EMS的公众满意度上升较为明显。

专栏4　2018年部分快递企业无人机应用情况

邮政EMS	中国邮政EMS水陆两栖无人机在湖北荆门试飞成功。
顺丰	已获得300余项无人机专利，其中发明专利占比近50%，覆盖无人机设计、云平台、运营管理等物流无人机研发和应用的相关领域。 获国内首张无人机航空运营(试点)许可证，已在江西省赣州市南康区开展无人机物流配送试点运营，开展无人机快递接驳柜应用。 发布方舟无人机。
京东	获陕西省无人机航空物流多式联运创新试点企业。无人机已在青海、江苏、陕西和福建等8个省运营。 京东自主研发的原生无人大飞机"京鸿"在陕西总装下线。 在印尼完成了首次无人机试点飞行。
中通	中通快递的普罗米修斯1600A油电合物流无人机在陕西旬阳完成首次载货飞行。

专栏5　2018年部分快递企业绿色发展情况

顺丰	包装实验室正式宣布更名为SPS中心(Sustainable Packaging Solutions)。 自主研发的循环包装箱"丰 Box"，已在深圳、广州等13个城市试点，为部分重点大客户提供绿色包装服务。 组织开展绿色环保包装设计大赛和"第二届中国电子商务与物流绿色包装大会"。
苏宁	苏宁物流成立绿色包装实验室。 在北京、上海、广州、南京、杭州、济南、西安、深圳等全国13个城市也同步上线共享快递盒回收站。
京东	全面升级"青流计划"。包装环节新型两层物流标签每年可减少700吨张纸使用，生物降解快递袋的大规模使用每年可替代近百亿个传统塑料袋，同时已投放近百万个青流循环箱，并在部分城市为用户提供自选循环包装服务。

四川省凉山州邮政分公司在昭觉县"悬崖村"开通了无人机邮路，便利了山上村民农产品外销。

公众满意度稳中向好。2018年，公众满意度得分为81.7分，较2017年上升0.9分。在公众满意度涉及的5项二级指标中，受理环节满意度得分最高，为86.9分，同比提高2.3分；揽收环节满意度得分为84.1分，同比下降0.3分；投递环节满意度得分为85.1分，同比提高4分；信息服务满意度得分为81.8分；售后环节满意度得分为70分。用户对旺季高峰期、春节假期等特殊时期快递服务满意度得分为80.9分，较2017年上升2分，特殊时期服务持续优化。（见图9）

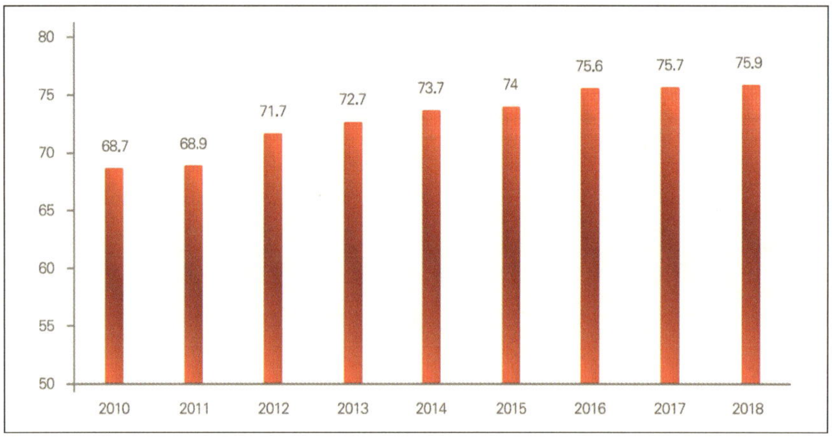

图9 2010—2018年快递服务总体满意度得分变化情况（单位：分）

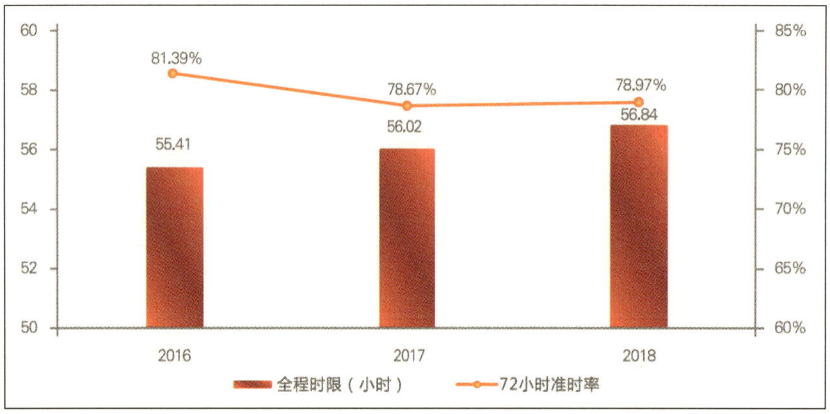

图10 2016—2018年快递时限准时率变化情况

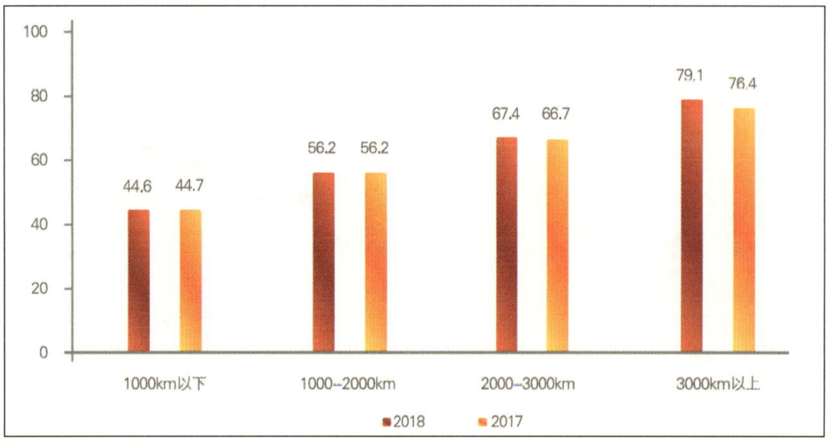

图11 2017—2018年分公里全程时限对比（单位：小时）

（二）时限准时率

快递准时率小幅改善。2018年，全国重点地区快递服务全程时限为56.84小时，同比延长0.82小时，时限连续两年延长。72小时准时率为78.97%，同比提高0.3个百分点。从分环节来看，寄出地处理环节平均时限为9.22小时，运输环节平均时限为33.96小时，寄达地处理环节平均时限为9.25小时，投递环节平均时限为4.41小时。四个环节中，寄出地处理时限和寄达地处理时限均有改善，运输时限、投递时限有一定延长。（见图10）

东中部地区寄递时限改善。2018年，寄往东部地区的快件平均时限为56.51小时，同比缩短0.09小时。寄往中部地区的快件平均时限为58.38小时，同比缩短0.3小时。寄往西部地区的快件平均时限为63.56小时，较2017年延长1.21小时。近距离平均时限改善，2000公里以下快递全程时限保持相对稳定，略有改善。2000公里以上全程时限均有较为明显延长。（见图11）

（三）有效申诉率

有效申诉率连续6年改善。2018年，快递有效申诉改善明显，消费者对快递业务的有效申诉为9.9万件，同比下降57.3%。快递服务有效申诉率为百万分之1.95，同比下降66.3%，创6年以来最大改善幅度，申诉率不足6年前的十分之一。其中，投递服务、延误和丢失短少仍是用户申诉的突出问题，占比分别为36%、27.5%和24.4%，合计占87.9%。（见图12、表1、表2）

品牌间申诉差异较大。2018年，消费者对23个主要快递品牌进行有效申诉。其中，苏宁、京东、顺丰等12个快递品牌有效申诉率优于全国平均水平。

五、资本运作

（一）投融资活动

2018年，我国快递领域投融资主要集中在即时配送、快运、末端配送及转运中心建设。投融资规模较大，即时配送平均在1亿元以上，快运平均在5亿元以上[3]。快递物流领域投资主体比较集中，主要投资者为红杉资本、鼎晖投资、普洛斯、阿里及其控股的菜鸟和云峰基金等。被投资方均为细分市场领域的领先企业，中小型快递物流企业投融资事件出现频率减少。上市快递企业融资渠道多元化，8月顺丰发行20亿元公司债券，11月圆通发行不超过36.5亿元的可转债，11月韵达发行20亿元中期票据和不超过20亿元超短期融资券等。

（二）资本市场表现

2018年，资本市场整体平稳，7家上市快递企业累计完成业务量370.7亿件[4]，同比增长37.3%，比行业整体增速高10.7个百分点，占全行业比重73.1%，同比提高5.7个百分点。受资本市场整体下跌影响，快递板块整体下行，上半年7家快递企业市值之和在5000亿元以上，下半年市值之和在4000亿元左右。（见图13、图14）

7家上市快递企业[5]累计完成经营收入2178.4亿元，同比增长30.2%，比行业增速高8.4个百分点。7家上市企业中，6家经营收入超过行业增速，百世、韵达、中通、申通和圆通增速均超过30%。其中顺丰完成909.4亿元，占比超过四成。（见图15）

六、产业贡献

（一）助力乡村振兴战略

快递企业积极响应“乡村服务升级”行动计划，推动快递服务网络向下延伸。2018年，农村地区快递服务网点超过5.9万个，快递网点乡镇覆盖率达92.4%，提高5.1个百分点。广西、江西、吉林、河北等22个省份覆盖率达100%，畅通农产品进城和工业品下乡双向流通渠道。

快递业在助力农村发展、农业增效、农民增收、精准扶贫方面发挥了重要作用，服务乡村振兴成效渐显。以驻村设点、集中收寄、直配专线、融合发展以及供应链等五大服务模式为主，服务产品的定制化能力更强。部分企业从寄递端向销售端和生产端延伸，发展订单农业，实现产销运的产业链式经营。全年涌现出柳州螺蛳粉、宝鸡猕猴桃、攀枝花芒果、砀山酥梨、梅州金柚、黄冈蕲艾等年业务量超千万件的“快递+”金牌农业项目20个，累计产生快件3.66亿件，带动农业产值超过400亿元。全年农村地区累计收投快件120亿件，支撑工业品下乡和农产品进城超7000亿

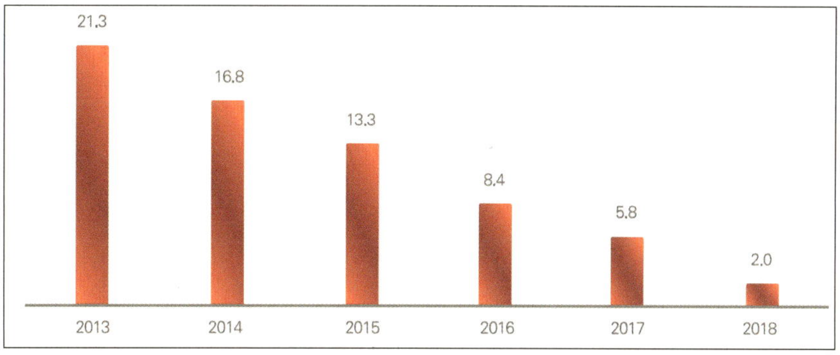

图12 2013—2018年快递有效申诉率对比（单位：件/百万件快件）

表1 近2年快递有效申诉问题对比（单位：件/百万件快件）

申诉问题	2018年(件)	同比变化(%)	2017年(件)
投递服务	35582	－59.2	87139
延误	27175	−61.1	69942
丢失短少	24150	−48.6	46985
损毁	7709	−59.4	18972
收寄服务	2496	−55.1	5558
其他	1792	−45.1	3267
合计	98904	−57.3	231863

表2 主要快递品牌有效申诉率对比（单位：件/百万件快件）

企业名称	2018年有效申诉率	2017年有效申诉率	同比%
宅急送	15.65	17.38	−10.0
国通	15.04	27.97	−46.2
UPS	7.53	9.18	−18.0
速尔	6.69	9.67	−30.8
邮政 EMS	5.78	10.75	−46.2
天天	5.24	12.41	−57.8
优速	5.18	15.09	−65.7
如风达	5.05	20.10	−74.9
德邦快递	3.15	4.24	−25.7
FedEx	3.08	2.80	10.0
圆通速递	1.84	5.36	−65.7
DHL	1.41	2.06	31.6
递四方	1.22	2.22	−45.0
申通快递	1.18	11.05	89.3
民航快递	1.17	1.93	−39.4
百世快递	0.96	3.52	−72.7
中通快递	0.69	2.40	−71.3
韵达快递	0.56	1.96	−71.4
顺丰速运	0.48	1.56	−69.2
京东	0.38	1.19	−68.1
苏宁易购	0.35	0.21	66.7
中外运-空运	0.03	0.46	−93.5
全国平均	1.95	5.79	−66.3

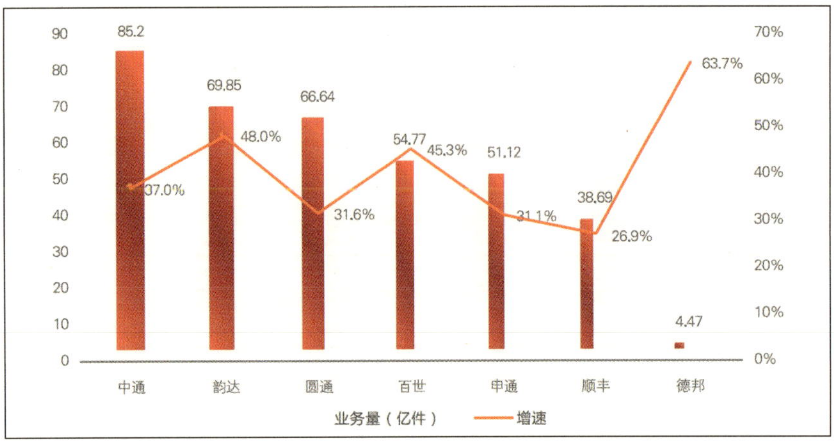

图13 2018年7家上市快递企业业务量增长情况

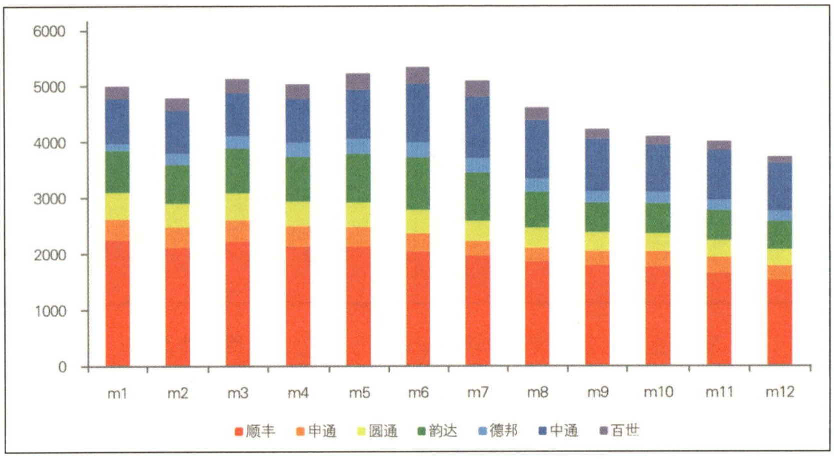

图14 2018年7家上市快递企业市值变化情况（单位：亿元）

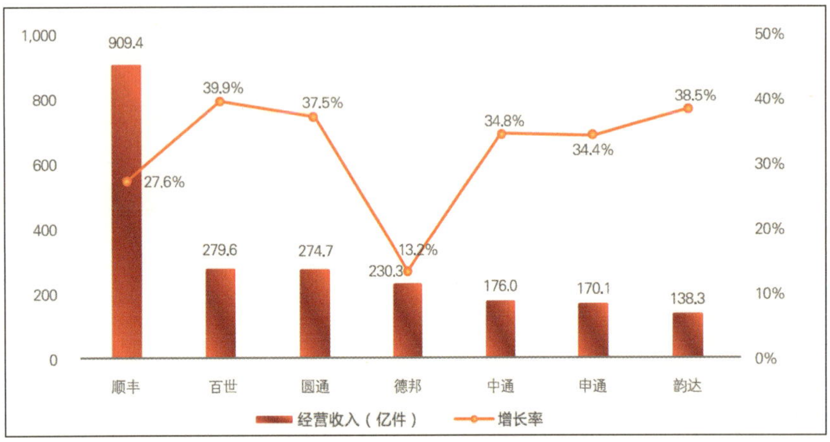

图15 2018年7家上市快递企业经营收入及增长情况

表3 2018年全国快递服务现代农业金牌项目名单

序号	项目名称	序号	项目名称
1	江苏宿迁(沭阳)花木	11	广东梅州金柚
2	福建泉州(安溪)铁观音	12	安徽宿州(砀山)酥梨
3	广西柳州螺蛳粉	13	河北沧州枣制品
4	安徽亳州花草茶	14	安徽黄山茶叶
5	江西赣州(赣南)脐橙	15	山东临沂蜜桃
6	江苏苏州大闸蟹	16	四川攀枝花芒果
7	广西玉林百香果	17	辽宁大连海鲜
8	陕西宝鸡猕猴桃	18	山东滨州(沾化)冬枣
9	湖北宜昌脐橙	19	山西运城苹果
10	湖北黄冈蕲艾	21	福建漳州(平和)蜜柚

元。产业扶贫力度不断加大，"寄递+电商+农特产品+农户"脱贫模式作用明显。快递企业打造服务农业"一地一品"项目905个，覆盖国家级贫困县34个，有效增强了精准脱贫能力。(见表3)

（二）服务制造强国战略

快递企业发展现代供应链业务，加强对制造强国战略支撑。主要快递企业依托寄递网络拓展产业链、价值链和服务链，形成末端配送、仓配一体化、入厂物流、嵌入式电子商务快递等多种服务模式。2018年，快递服务制造业形成318个重点项目，涵盖航天、汽车、电子、制药、服装等多个领域，年产生快递业务量约9.4亿件，直接带动制造业总产值约2269.7亿元。快递企业发展现代供应链进入快车道，顺丰、京东等快递企业加强与供应链企业战略合作，提升服务广度深度。顺丰联合深圳飞马、怡亚通等8家供应链企业成立大数据公司，并以55亿元收购德国邮政敦豪集团在中国内地、中国香港和中国澳门地区供应链业务，获得德国邮政敦豪集团的供应链服务支持、管理经验及运输和仓库技术方案。

（三）支撑"走出去"战略

快递业"走出去"步伐加快。探索中欧班列运快件，完成中欧班列从义乌到莫斯科首次快件运输试点。中欧班列"顺丰号"正式开通，开通汉堡至西安精品快递物流专列"长安号"，圆通增资扩股"义新欧"。快递企业建设78个海外仓，在"一带一路"沿线重点国家加快网络布局，寄递时限大幅压缩。拓展两岸快递业务，推进增开两岸速递快捷业务成都封发局，促进两岸邮政快递与电商融合发展。18个"一带一路"重点省份国际快递业务累计完成9.2亿件，同比增长39.4%，高出全国国际业务整体增速5.4个百分点，服务"一带一路"成效明显。国际快递网络及海外仓覆盖50多个国家和地区，支撑超过3500亿元的跨境电子商务贸易，快递网络日益成为全球物流和供应链服务体系的重要组成部分。(见图16)

包裹地图

全国快递服务现代农业业务量超两百万件项目分布图

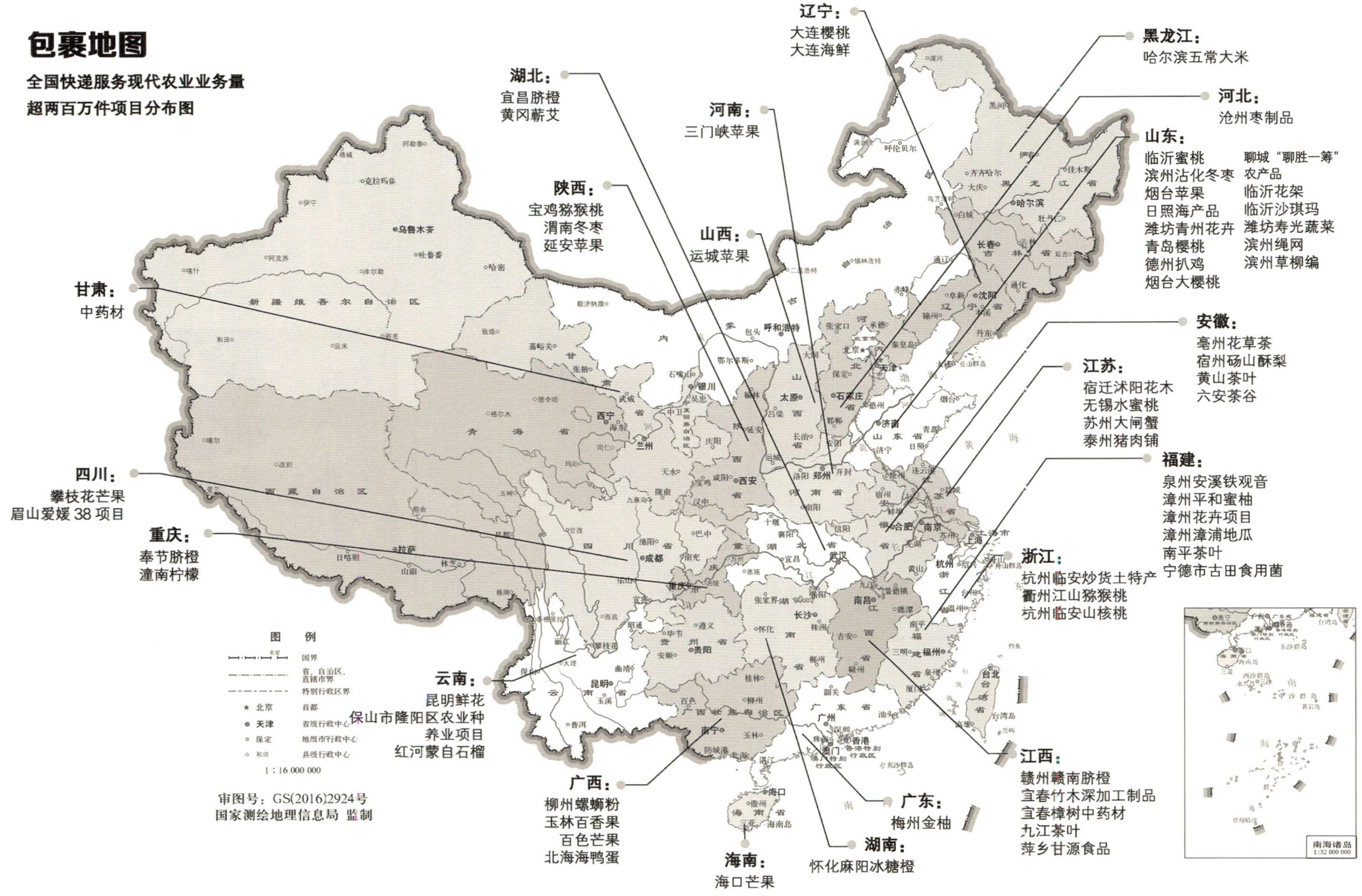

图16 2018年快递服务现代农业业务量超200万件项目分布图

快递市场监管

一、推动行业高质量发展

（一）法规体系逐步完善

行业立法扎实推进。快递业第一部行政法规《快递暂行条例》颁布实施，规定了一系列保障行业发展的制度措施，宣告快递业全面转向高质量发展阶段。配套出版《〈快递暂行条例〉释义》。参与电子商务法立法。修订《快递业务经营许可管理办法》，出台《邮件快件实名收寄管理办法》《快递末端网点备案暂行规定》，起草《智能快件箱寄递服务管理办法》。法律法规体系进一步完善，对推动行业高质量发展发挥重要保障作用。

表4 2018年快递法律法规体系完善情况

类 型	具体内容
行政法规	颁布《快递暂行条例》，2018年5月1日起施行
部门规章	修订《快递业务经营许可管理办法》，2019年1月1日起施行
	制定《邮件快件实名收寄管理办法》，2018年10月22日起施行
规范性文件	发布《快递末端网点备案暂行规定》，2018年5 月28日起施行
政策性文件	印发《强化落实企业安全生产主体责任的指导意见》
	印发《关于实施快递码号统一管理的意见》
	印发《快递业绿色包装指南(试行)》
	印发《快递业信用体系建设工作方案》
地方性法规	《新疆维吾尔自治区邮政条例》
	《江苏省邮政条例》
	《安徽省邮政条例》
	《四川省邮政条例》
地方规章	《南通市快递管理办法》
	《镇江市快递管理办法》
	《淄博市快递网点管理办法》

2月27日，国务院新闻发布会对快递暂行条例草案进行解读。

地方立法持续推进。2018年，修订后的《新疆维吾尔自治区邮政条例》发布，修正后的《江苏省邮政条例》《安徽省邮政条例》《四川省邮政条例》生效实施。《淄博市快递网点管理办法》《镇江市快递管理办法》《常州市寄递安全管理办法》《盐城市快递市场管理办法》相继施行。地方立法工作持续推进，拓展和巩固邮政管理部门依法行政。（见表4）

（二）政策扶持力度强劲

优化发展政策环境。国家高度重视快递业发展，先后出台多项政策促进行业发展，涉及快递下乡、交邮协同和绿色发展等领域，行业高质量发展的政策环境持续优化。国务院办公厅印发《关于推进电子商务与快递物流协同发展的意见》，聚焦电子商务与快递物流协同发展面临的制度性障碍和突出矛盾，在深化“放管服”改革、突出管理创新、解决突出矛盾、加强短板建设、注重前瞻性政策设计、明确绿色发展方向等六大方面具有创新和亮点。浙江等28个省份[6]印发配套文件，巩固快递业改革发展成果。（见表5）

推动政策落地见效。配合国家发展改革委、交通运输部、商务部等有关部门制订加快培育壮大行业发展新动能、运输结构调整、城乡高效配送、城市居住区末端设施建设等政策措施，邮政业“最后一公里”设施建设纳入国家基础设施领域补短板支持政策。印发《国家邮政局关于规范快递末端服务车辆管理和使用工作的指导意见》，196个城市出台快递车辆管理政策，浙江、福建、山东、湖北、四川等省政策覆盖率较高。出台《关于加强邮政领域交通战备工作指导意见》，邮政、快递企业积极参与军队后勤服务保障，行业军地协同工作快速起步。印发《2018年深化邮政业供给侧结构性改革工作要点》，从强基础、补短板、提质效、增动能、优环境等五个方面提出了32条具体措施。各省(区、市)邮政管理部门组织落实国家层面出台各项政策，并结合各地的实际情况，积极协调相关部门出台扶持政策，解决快递车辆通行、快递企业用地、快递园区建设和产业协同发展等问题。

（三）“放管服”改革成效显著

深化“放管服”改革。深入贯彻国务院“放管服”改革精神，落实“五个为”“六个一”工作要求。发布施行《快递末端网点备案暂行规定》，细化末端网点备案的主体、条件和程序，全国累计完成末端网点备案12.1万个。先后印发《进一步优化快递业务经营许可工作方案》和《国家邮政局关于加强快递业务经营许可优化工作的通知》，进一步优化许可流程，审批时间缩短至法定时限一半，快递许可平均办理时限压缩至12.7个工作日。推进“互联网+政务服务”，基本实现全流程网上办理和“一门、一次、一网”要求，依法清理3项证明事项[7]。改革企业年度报告制度，加大信息披露力度，社会公众可以通过各级邮政管理部门网站查询报告内容。将国际快递业务(代理)经营许可权下放至天津、广东自由贸易试验区。积极探索新业态监管方式，开展对智能快件箱寄递服务和专业末端收投服务企业的省内许可工作。

（四）规划标准取得实效

强化规划引领作用。谋划邮政强国建设，制定实施邮政业服务决胜全面小康开启新征程三年行动计划，有效衔接交通强国战略。开展快递业发展“十三五”规划中期评估，配合完成国民经济和社会发展第十三个五年规划纲要、邮政业发展“十三五”规划、综合交通运输体系发展、促进民族地区和人口较少民族发展、电子商务、电商物流、商贸物流等多部规划涉及快递任务的中期评估。交邮协同发展重点任务纳入京津冀交通一体化三年行动计划。印发雄安新区邮政业发展总体思路，街坊中心配置快递货物集散站等任务纳入新区规划纲要。

行业标准体系进一步完善。聚焦快递安全、绿色、产业信息互联互通、基础信息等方面，增加重要标准的有效供给。推动发布快递封装用品3项

国家邮政局局长马军胜在两会“部长通道”回应媒体关切的行业热点话题。

表5 2018年国家政策中涉及快递业发展内容文件

领 域	文件名	相关内容
快递下乡	《中共中央 国务院关于打赢脱贫攻坚战三年行动的指导意见》	加快推进“快递下乡”工程，完善贫困地区农村物流配送体系，加强特色优势农产品生产基地冷链设施建设。
	中共中央 国务院印发《乡村振兴战略规划2018—2022年》	加快构建农村物流基础设施骨干网络，鼓励商贸、邮政、快递、供销、运输等企业加大在农村地区的设施网络布局。
	《中共中央 国务院关于实施乡村振兴战略的意见》	支持供销、邮政及各类企业把服务网点延伸到乡村，健全农产品产销稳定衔接机制。
	国务院办公厅关于推进电子商务与快递物流协同发展的意见（国办发〔2018〕1号）	优化农村快递资源配置，健全以县级物流配送中心、乡镇配送节点、村级公共服务点为支撑的农村配送网络。
	国务院办公厅关于保持基础设施领域补短板力度的指导意见（国办发〔2018〕101号）	加快推进“最后一公里”水电气路邮建设。
交邮协同	《中共中央 国务院关于打赢脱贫攻坚战三年行动的指导意见》	推动邮政与快递、交通运输企业在农村地区扩展合作范围、合作领域和服务内容。
	国务院办公厅关于推进电子商务与快递物流协同发展的意见（国办发〔2018〕1号）	便利配送车辆通行。指导各地完善城市配送车辆通行管理政策。推动各地完善商业区、居住区、高等院校等区域停靠、装卸、充电等设施，推广分时停车、错时停车。
	《国务院办公厅关于印发推进运输结构调整三年行动计划的通知》（国办发〔2018〕91号）	支持各地开展全程冷链运输、电商快递班列等多式联运试点示范创建，鼓励邮政快递企业、城市配送企业创新统一配送、集中配送、共同配送、夜间配送等集约化运输组织模式。

（续）

领 域	文件名	相关内容
绿色发展	《中共中央 国务院关于完善促进消费体制机制 进一步激发居民消费潜力的若干意见》	推进绿色交通体系和绿色邮政发展。
	《中共中央 国务院关于支持海南全面深化改革开放的指导意见》	加快推进快递业绿色包装应用。
	国务院办公厅关于推进电子商务与快递物流协同发展的意见（国办发〔2018〕1号）	推广绿色包装。制定实施电子商务绿色包装、减量包装标准。开展绿色包装试点示范。鼓励电子商务平台开展绿色消费活动。探索包装回收和循环利用。建立健全快递包装生产者责任延伸制度。

表6 2018年新增快递相关标准情况

标准类型	标准名称
国家标准	《快递封装用品 第1部分：封套》
	《快递封装用品 第2部分：包装箱》
	《快递封装用品 第3部分：包装袋》
行业标准	《邮政业信息系统安全等级保护实施指南》
	《快递手持终端安全技术要求》
	《寄递服务人员基础数据元》
	《邮件快件包装填充物技术要求》
	《快件集装容器 第2部分：集装袋》

国家标准，发布实施5项行业标准。举办全国邮政管理系统《快递封装用品》新国标和《冷链快递服务》行业标准培训班，促进标准的落地实施。江苏省出台《住宅智能信报箱建设标准》《智能信包箱运营管理服务规范》《智能快件箱运营管理服务规范》等3项地方标准，北京市出台《安全生产登记评定技术规范第75部分：快递及邮政服务企业》地方标准，地方标准体系不断完善。（见表6）

（五）科技创新科学引领

促进科技创新与技术应用。印发《邮政行业技术研发中心认定管理暂行办法》，开展首届行业科技成果评选，初步评出一批以电子运单为代表的效益明显、影响广泛的优秀项目。认定公布17家首批邮政行业技术研发中心。实施《邮政业应用技术研发指南》，推进人工智能技术和北斗导航系统等先进技术成果转化应用。

（六）国际合作交流深化

拓展对外合作渠道。与万国邮联签署"一带一路"框架合作意向书，共同推进国际铁路运邮机制建设，改善国际邮政网络的互联互通。研判中美经贸摩擦对邮政业影响，参与中欧投资协定、中新自由贸易协定升级等谈判，配合完成世贸组织对挪威等国家的贸易政策审议。推动重启中欧机制性对话，组织中日、中泰邮政政策对话，与立陶宛、巴基斯坦签署合作文件，国际邮政领域交流合进一步拓展。

二、提升行业现代治理能力

（一）新业态监管扎实推进

创新新业态监管方式。按照包容审慎原则，严守安全和质量底线，依法开展制度创新。全面启动企业开办服务站许可试点工作，指导推动智能快件箱和专业末端收投服务省内许可。

（二）市场执法力度增强

推进"双随机、一公开"。补核快递市场主体和执法检查人员名录库，补全审核快递企业信息12万条，健全8.8万家许可企业和分支机构的基础信息，为深入开展"双随机、一公开"监管奠定坚实基础。全面实施"双随机、一公开"监管，全国随机抽查企业7950家次、分支机构8536家次，公开随机抽查结果16486次、约谈告诫信息1416条、责令整改信息3655条、行政处罚信息4171条，随机抽查成为监督检查的重要方式。

规范市场秩序。加大监督检查和行政执法力度，查处违法违规行为1.5万次，约谈告诫1424次，下达整改通知8635件，办理邮政市场行政处罚案件5810件，罚款4162.86万元。对行政执法案件进行评议，开展省际随机督查、跨地区交叉互查。成立行政执法信息系统优化工作小组，研究提出移动执法设备软硬件需求，推动加快设备选型和招标采购程序，推动移动执法应用。开展快递市场清理整顿专项行动，针对无证经营、超范围经营、末端网点不备案等涉证违法的行为进行查处，净化市场秩序。推进快件码号统一管理，印发《关于实施快件码号统一管理的意见》，开发码号管理信息系统，20家主要品牌快递企业提交码号登记申请。

（三）用户权益有效维护

"放心消费工程"效果明显。持续开展"不着地、不抛件、不摆地摊"专项治理，在甘肃兰州召开现场会推广先进经验，全国处理场所、营业场所离地设施铺设率达97.4%，分拨中心视频监控联网率达64.1%，广东等14个省份[8]

达100%。加强快递服务质量监管，委托专业第三方开展时限测试和满意度调查，定期召开快递服务质量提升联席会议，公布满意度测评、时限测试结果。强化申诉投诉处理，推动开展申诉体制改革试点，申诉受理与市场监管实现联动，全年共处理申诉202万件，为消费者挽回经济损失6544.9万元，处理满意率达98.6%。

（四）信用体系有序推进

积极推动信用体系建设。加大信用体系建设力度，规范信用信息采集和共享机制，为8万家企业、27万从业人员建立信用档案。建立各级信用评定委员会，成立全国快递业信用评定工作小组，24个省份成立评定委员会。推动建立快递业信用联合奖惩机制，与国家发展改革委等35个部门签署印发《交通运输工程建设领域守信典型企业实施联合激励合作备忘录》。继续开展“诚信快递、你我同行”3·15主题宣传活动。

（五）绿色发展成效初显

行业绿色发展步伐加快。全国政协召开第二次网络议政远程协商会，提出“推动快递行业由高速增长转向高质量绿色发展”。落实10部门《关于协同推进快递业绿色包装工作的指导意见》，出台《快递业绿色包装指南(试行)》。2018年9月13日，国家邮政局制定发布《关于全面加强生态环境保护 坚决打好污染防治攻坚战的实施意见》，深入贯彻习近平生态文明思想，对快递绿色包装治理工作进行全面部署，提出了到2020年的量化指标和2035年的远期目标。邮政企业启动绿色邮政行动，提出新能源车辆、电子运单、绿色包装材料和绿色金融四项行动目标。推动浙江嘉兴、河南鹤壁、湖北恩施等开展绿色快递综合试点工作。办理涉及快递业绿色发展提案和建议13件，赴民革中央和九三学社中央听取快递绿色发展意见建议，推进快递包装绿色治理。组织申通等6家品牌企业开展可循环中转袋应用试点，举办中国快递绿色包装产业联盟高峰论坛、快递绿色包装进校园等活动。

三、提升安全基础水平

（一）安全责任不断强化

健全行业监管体制机制。推动邮政业安全生产领域改革，出台《关于打好防范化解重大风险攻坚战的实施意见》。推进省级以下安全支撑保障机构建设，全国县级邮政管理机构累计达到126个。新增广东、新疆、江西、重庆4个省级和12个市级邮政业安全中心，全国已有19个省(区、市)、48个市地、59个县成立安全中心。印发《强化落实企业安全生产主体责任的指导意见》，全面落实企业主体责任，试点安全风险分级分类监管，推进企业安全生产标准化建设。对企业总部开展常态化督导，督促履行全网统一管理职责。

（二）“三项制度”有效落实

“三项制度”落实取得实质性突破。推进实名收寄信息化，召开2次寄递企业座谈会，举办安全监管、安检操作、实名寄递等系列培训，印发专项工作实施方案，定期通报情况39期。建立信息安全风险评估机制，开展实名信息数据安全防护评估，全行业实名率超过99%，基本实现全覆盖目标。督促企业将安检设备置于视频监控范围之内，抓好寄递协议服务安全管理，严格用户审查，落实备案要求。编制安检培训教材，开发安检培训软件，建立安检违禁物品图库。

（三）综合治理深入推进

寄递渠道安全管理领导小组联合监管机制不断深化，工作衔接联动渠道更加畅通，部门间协作配合更加紧密，寄递安全齐抓共管、综合治理的格局不断深化。全面落实综治考评、数据共享、通报反馈、联合督办等各项工作机制，推动部门责任和属地管理责任落实。开展涉枪涉爆隐患集中整治专项行动，召开全行业电视电话会议和专项行动座谈会，联合公安部、工信部、应急管理部召开新闻发布会，按月通报情况。全国邮政管理部门共出动执法人员16.8万余人次，查堵枪爆物品561件、其他物品10284件；关停企业339家、停业整顿248家、吊销许可6家。扎实做好寄递渠道反恐禁毒和跨境走私专项工作，与国家禁毒办、海关总署对中国邮政集团公司就国际邮件寄递渠道禁毒和安全管理开展调研，参加禁毒国际会议，督促企业加强禁毒宣传教育。加强寄递渠道非洲猪瘟疫情防控，配合有关部门扎实做好扫黄打非、侵权假冒、濒危野生动植物保护等专项工作，开展违法寄递危险化学品治理。

（四）“绿盾”工程稳步实施

集中力量攻关“绿盾”工程初步设计工作，积极跟进国家发展改革委和国家项目投资评审中心概算评审情况，推动国家发展改革委正式批复项目概算5.53亿元。主动与国家发展改革委和财政部保持对接，及时报送投资计划相关材料，推动下达2018年投资计划1亿元。完成信息化深化设计和实施方案制定，印发实施“绿盾”工程制度汇编，优化“绿盾”工程组织架构，基本完成项目招标采购工作。正式启动合肥灾备中心机房土建工程。

（五）应急管理不断强化

在国家邮政局市场监管司增设应急管理处。修订《国家邮政业突发事件应急预案》，编制5个专项应急预案。妥善处置上海快捷快递暂停全国网络服务事件，组织疏运积压快件46393件、分流员工12165人。严肃处理圆通、中通涉陕西米脂“4·27”恶性袭击案件违规寄递匕首问题，约谈企业总部，处罚涉事企业并全网通报。应对吉林松原5.7级地震、汛期和台风“艾云尼”“玛莉亚”“安比”等自然灾害，保障行业安全平稳运行。健全安全生产和应急信息报告制度，全面规范安全信息报告工作。

（六）重大活动保障有力

会同公安部、国家安全部对外印发通告，联合中央综治办、公安部、国家安全部组成督导组分赴多省(市)进行专项检查，严格落实“四个严防、三确保”，圆满完成全国“两会”、上合组织青岛峰会、中非论坛北京峰会、首届中国国际进口博览会等全国性重大活动寄递安保任务。天津、河北、浙江、福建、广西、海南、甘肃、宁夏等地圆满完成地方性重大活动寄递安保任务。

四、推动全面从严治党

（一）落实管党治党责任

制定国家邮政局党组关于维护党中央集中统一领导的规定，对党中央决策部署特别是习近平总书记有关邮政业重要指示批示精神落实情况加强督查，以实际行动践行“两个维护”。把学习习近平新时代中国特色社会主义思想和党的十九大精神作为首要政治任务，以上率下增强系统理论武装。印发实施《国家邮政局党组关于推动新时代全面从严治党向纵深发展的意见》《中国共产党党务公开条例(试行)》实施细则。提升党支部组织力，依托省级党建示范点等载体加强全系统党支部标准化规范化建设，表彰“两优一先”，深入推进“两学一做”常态化制度化。深入贯彻落实中央八项规定及其实施细则精神，查摆纠治形式主义、官僚主义“十种表现”，狠抓日常教育提醒、监督检查，组织集体廉政谈话，扎实开展违规公款吃喝等九个专项治理工作。强化问题线索处置和执纪审查，召开2次系统警示教育大会。组织中央专项巡视整改情况“回头看”。制定实施国家局党组巡视工作规划(2018—2022年)，完成15个省局党组巡视任务，实现首轮巡视全覆盖。31个省局对181个市(地)局开展巡察工作。

（二）非公党建取得新成效。

把非公快递企业党建纳入年度重点任务，以省局为单位进行任务量化分解，推动25个省局完成年度任务。对全行业党的组织和党员动态数据进行了3轮次摸底统计，初步建立了数据库，形成《中共国家邮政局党组关于非公快递企业党建工作情况的报告》，向中央办公厅、中央组织部、中央和国家机关工委进行了专题报告。推动14个省局下发推动非公党建意见、实行党建指导员(联络员)、与企业党组织结对联系等制度。推动全国非公快递企业成立党组织共510个，纳入党员管理体系和吸纳参加组织生活的党员共2.88万余名，扩大了党的组织和党的工作覆盖。坚持以党建带群团，成立邮政行业团指委。

（三）人才工作不断有新突破

组织召开全国邮政行业人才工作领导小组首次会议，制定印发2018年人才工作要点、《国家邮政局关于提升快递从业人员素质的指导意见》《全国邮政行业人才培养基地遴选和管办法》。落实国家职称制度改革精神，选取安徽、陕西、上海、重庆、江苏、浙江、广东开展快递工程技术人员职称评审试点工作，截至年底，共有3401人获得初级和中级专业技术职称，具有里程碑式的重要意义。加快培养创新型领军人才，申报推荐“交通运输青年科技英才”12名，交通运输行业高层次技术人才培养项目3名。申报举办1期国家专业技术人员知识更新工程高级研修班。大力弘扬劳模精神和工匠精神，开展各类职业技能竞赛49次，222人次获得地市级以上荣誉称号。指导举办现代邮政学院院长联席会，推进邮政专业设置，协调做好招生宣传，4所现代邮政学院在校生达1800余人。制定全国邮政职业教育教学指导委员会章程，召开2018年工作会议、高职快递专业教学研讨会、邮政快递类示范专业点建设经验交流会。举办“强邮论坛”、第三届全国“互联网+”快递大学生创新创业大赛，搭建行业人才培养供给侧和产业需求侧有机结合的平台，推动大众创业万众创新在快递领域蓬勃发展，为快递业高质量发展储备生力军。

（四）推动精神文明建设

开展社会主义核心价值观主题教育月、邮政业青年文明号开放周等活动，积极创建青年文明号。推荐宣传“感动交通年度人物”，遴选参与全国交通运输行业精神文明建设先进典型评选，成功举办第三届“寻找最美快递员”活动。切实加强党对行业宣传思想工作的全面领导，坚持党管宣传、党管意识形态，进一步强化舆情引导和处置，新闻媒体和社会舆论给予快递业更多关注。开展关爱快递员系列活动，营造全社会关爱快递员的良好氛围。贯彻落实习近平总书记重要指示精神，联合共青团中央、全国总工会加强快递员联系服务和关爱工作。推动在各大品牌快递企业中成立工会组织，旗帜鲜明维护广大快递员合法权益。

展 望

一、2019年市场发展趋势

展望2019年，从国际来看，世界经济复苏态势有望延续，联合国、世界银行、国际货币基金组织分别预计2019年全球经济增长率分别为3%、3.5%和2.9%。但威胁全球经济增长的问题和隐忧仍然不少，国际环境具有不稳定性、不确定性，贸易保护主义盛行，单边保护主义、民粹主义活动比较多。国际形势变化给我国快递发展带来了新挑战新机遇。美国启动退出万国邮联程序、欧美颁布数据保护和电子通关要求等将提高传统邮政快递渠道成本，将有助于创新跨境寄递服务模式，打造更多服务通道平台。从国内来看，我国仍处于发展的重要战略机遇期，经济长期向好的基本面没有改变，经济已由高速增长向高质量发展转变，转变过程中存在着矛盾、挑战和困难，经济下行压力加大。消费是经济的基础，快递业是消费的重要基石。经济下行压力加大对行业发展提出了新期待新要求，需要主动担当，稳住态势，更好发挥基础先导作用，更好促进消费转型升级，更好促进实体经济提质增效，赋能经济发展。

（一）支撑作用增强

2019年，预计全年我国国内生产总值98万亿元，同比增长6.3%[9]，经济运行在合理区间。消费基础性作用将进一步增强，预计社会消费品零售总额超过40万亿元，同比增长8%，消费对经济增长的贡献率超过八成。预计快递支撑网络购物8.5万亿元，占社会消费品零售总额的比重超过五分之一，成为拉动消费的重要动力。

（二）规模持续走高

2019年，我国快递业将继续保持高速增长态势。全年快递业务量将超过600亿件，日均快件处理量将超过1.6亿件，同比增长20%。快递业务收入将完成7150亿元，同比增长18%。预计全年峰值将出现在11月，业务量超过70亿件。行业将涌现全球首家业务量超百亿件的快递企业，服务能力显著增强。年人均快件使用量接近43件，快递日均服务达3.3亿人次，快递使用将更加频繁。

（三）结构持续优化

2019年，从区域结构来看，中西部快递业务量增速将高于东部地区，对全国快递业务增长贡献度提升，在全国占比将提高1个百分点以上，区域均衡度将逐步改善。从产品结构来看，国内异地业务仍然是快递业务增长的主要动力，业务量占比超过四分之三，占比将提高2个百分点以上。从主体结构来看，民营快递占比超过九成，同比将提高近0.5个百分点，市场活力持续增强。

（四）动能加速升级

2019年，网络购物仍然是快递业务增长的主要动力，网购的内容和形式将发生新的变化。农村电商对快递业务增长的贡献度将明显提升，农村快递业务量增速将比城市高10个百分点以上。快递通过与电商协同延伸产业链，拓展仓配一体化直至现代供应链，电商协同的形式和内涵实现升级。社交电商、跨境电商、生鲜电商、制造业对快递的需求强劲，将有望成为快递新的增长点。

（五）投融资更活跃

2019年，快递领域基础设施建设将加速，一是快递物流枢纽建设加快，《国家物流枢纽布局和建设规划》提出到2020年布局建设30个左右辐射带动能力较强、现代化运作水平较高、互联衔接紧密的国家物流枢纽。顺丰鄂州国际物流核心枢纽项目进入快车道，2020年基本建成，2021年投入运营。嘉兴航空物流枢纽项目在建。二是快递分拣中心建设步伐加快，行业仍处于高速增长期，快递业务规模增长和服务领域延伸对基础设施的需求增加，要求快递企业加快分拨中心的改扩建，提升分拨中心的自动化水平和处理效能。三是对关联领域的投资并购将明显增加，快递企业基于发展战略和资源整合的需要对产业链上下游进行流程优化和高效协同，跨界投资并购将成为常态。

二、2019年市场监管思路

2019年是新中国成立70周年，是决胜全面建成小康社会的关键之年。快递市场监管工作总体要求是：以习近平新时代中国特色社会主义思想为指导，全面贯彻党的十九大和十九届二中、三中全会及中央经济工作会议精神，按照全国邮政管理工作会议决策部署和“巩固、增强、提升、畅通”八字方针，坚持“打通上下游、拓展产业链、画大同心圆、构建生态圈”工作思路，坚持新发展理念，坚持推动高质量发展，坚持以供给侧结构性改革为主线，坚持党对快递市场监管工作的绝对领导，明确目标、明确思路、明确措施、明确责任，攻坚克难，锐意进取，抓落实见成效，为全面建成与小康社会相适应的现代邮政业收官打下决定性基础，开启现代化邮政强国建设新征程，以优异成绩庆祝中华人民共和国成立70周年。

（一）坚决贯彻习近平总书记重要指示批示精神

习近平总书记就快递绿色发展、“快递小哥”等作出一系列重要指示批示，为行业改革发展指明了方向，提供了根本遵循和行动指南。学习好、宣传好、贯彻落实好习近平总书记系列重要指示批示精神，作为当前和今后一个时期全系统全行业的头等大事和首要政治任务，确保习近平总书记重要指示批示精神在快递业落地生根、结出硕果。全面推进行业生态环保工作，大力实施行业绿色发展“9571”工程。积极服务“三农”发展和精准脱贫，深入推进“快递下乡”工程。持续开展寄递渠道涉枪涉爆隐患集中整治，严密防范涉枪涉爆物品流入寄递渠道。强化落实企业安全生产主体责任，持续深化安全生产领域改革。切实加强基层一线快递从业人员权益保障，加强与共青团、工会等部门的沟通协作，开展“快递从业青年服务月”关爱活动、“青年文明号”“安全示范岗等创建活动。

（二）深化“放管服”改革，加强政策落实

扎实做好邮政行业“三新”单位核实认定工作，稳步推动专业末端收投服务、智能快件箱寄递服务等新业态纳入监管范围，研究制定新业态服务规范，形成新业态许可办理指导方案。深化许可制度改革，配合国务院有关部门推进邮政行政许可事项改革优化工作，实施修订后的邮政业市场准入负面清单。抓好快递末端网点备案常态化和分支机构备案手续精简工作，探索末端网点事中事后监管手段措施。加强与海关等部门的政策衔接，细化国际快递业务经营许可制度安排。稳妥推进海南自由贸易试验区国际快递业务经营许可审批事项下放改革。落实中央要求，制定支持民营快递企业发展指导意见。加强与财政、税务、交通等部门沟通，推进行业落实新一轮减税降费政策。继续抓好国办1号文件贯彻落实，联合商务部开展督导，制修订《快递市场管理办法》《智能快件箱寄递服务管理办法》，编制出台《快递业信用信息采集和共享技术规范》《快递业务经营许可实地核查工作指南》和《智能快件箱(信包箱)建设指导意见》。

（三）健全城乡末端体系，破解末端难题

完善农村物流快递体系，加快推进“快递下乡”工程，推动农村地区自提网点、公共取送点、县级快件分拨中心共建共享共用，助推农村电商配送站点建设，力争全国设立快递网点的乡镇数量增加1000个，乡镇覆盖率达到95%以上。推动邮政企业与快递企业开展“邮快合作”，有效利用“邮政在乡”网络，引导快递企业积极向农村偏远地区延伸服务。推动提升农村快递服务质效，以服务全国特色小镇建设为抓手，推动对已公布的两批403个全国特色小镇实现快递服务全覆盖。深入推进快递“三进”工程，统筹城市自营网点标准化建设、快递末端综合服务站建设和智能快件箱建设，积极推动将快递末端服务体系建设与城市共同配送、高效配送相结合，纳入地方民生实事，力争全年新增快递末端综合服务站1万个以上、城市自营网点标准化率达到93%以上、智能快件箱箱递率达到10%以上、快递服务进高校实现全覆盖。聚力解决车辆通行管理中存在的突出问题，推动全国80%以上市地出台车辆通行政策，已经出台车辆通行政策的地区做好跟进落实。

（四）优化行业生态体系，厚植发展动力

推进“快递+先进制造业”深度融合，提升内生发展能力。完善快递服务先进制造业项目库，引导企业嵌入工业互联网平台，发展现代供应链。京津冀、长三角、珠三角等发达地区聚焦区域特色、支柱产业上下游，服务制造产业集群，在供应链服务、降本增效方面开创新局面。推进“快递+现代农业”项目升级发展，继续打造千万级“快递+”金牌项目，提高金牌项目示范性。培育“电商+寄递”地方特色农产品扶贫项目，支持农村就业创业。推进“快递+跨境电商”模式创新，打造更多跨境快递服务通道平台，推动提高快件通关速度，加快走出去步伐。推进“快递+综合交通”体系建设，加强与交通运输、铁路、民航等部门沟通衔接，引导快递企业加快发展高铁快递。加强民航绿色通道建设，新增10个具备条件的市地建设民航绿色通道。推进“快递+区域一体化”赋能创新，服务国家重大战略。密切跟踪行业快运、冷链发展情况，鼓励快递企业在强化核心业务基础上，加速向综合快递物流运营商转型，积极参与快递物流园区建设，发挥产业集聚效应。

（五）强化安全综治体系，夯实安全基础

深化安全生产领域改革。推动修订《邮政行业安全监督管理办法》。建立安全生产信息报送分析制度，完善考核评价体系。建立安全监管常态化机制，督促企业总部切实担负起全网寄递安全统一管理责任，将上市企业安全生产责任落实情况纳入信息披露范畴。强化责任追究，建立重大事故责任倒查机制。严格执行“三项制度”，督促企业严格执行收寄验视制度，严格寄递协议服务安全管理，加强协议用户背景审查和交寄物品安全检查。督促企业加强安检设备日常应用管理，编发邮件快件安检操作规程，推进安检机联网试点，推动智能安检识别，提高过机安检实效。充分发挥寄递渠道安全监管联合机制作用，确保安全管理属地责任有效落实。探索与地方部门联防联控联合监管，借鉴网格化管理经验，推动行业安全治理创新。重点做好全国打击整治枪爆违法犯罪专项行动、违法寄递危险化学品整治工作和寄递渠道非洲猪瘟疫情防控等三个专项治理，做好行业反恐禁毒、野生动植物保护、打击侵权假冒等专项工作。

（六）构建绿色治理体系，推动绿色发展

强化绿色发展制度刚性约束，完善行业绿色发展规划、政策、标准、统计、评价、监测等体系。将生态环境保护作为高质量发展的重要内容，研究出台绿色发展评价指标体系。加强快递包装行业绿色认证管理办法研究，推进快递包装产品绿色认证。完善绿色发展共建共治体系，联合商务部、工业和信息化部协同推进电商快递包装绿色治理，配合国家发展改革委、生态环境部做好废纸回收利用等，共同构建上下游绿色生态体系。强化雄安新区、长三角、珠三角等重点区域邮政业绿色发展的统筹规划和引领作用。开展生态环境保护城市综合试点，推动将行业生态环境保护纳入城市环保治理总体格局。推动快递企业总部、区域总部建立健全生态环保组织机构和工作体系，完善内部规章制度和考核机制。推动《快递业绿色包装指南（试行）》落地实施，大力实施“9571”工程，力争电子运单使用率达到95%以上，50%以上电商快件不再二次包装，年底前循环中转袋使用率达到70%，推动1万个邮政快递网点设置包装废弃物回收装置。持续开展“三不”专项治理，推动企业规范作业、文明生产。引导企业科学规划运输路径，选择更合理运输模式和运输载体。推广应用甩挂运输和多式联运等先进运输组织模式。鼓励新技术、新装备在行业的应用。开展军民通用集装化器具试点和应用，鼓励环保低碳新技术、新模式在行业推广应用。

（七）创新行业监管方式，提升监管效能

加快建立快递与电子商务平台之间的数据保护和开放共享规则，推动建立上下游数据管控规制体系。加快推进移动执法应用，完善行政执法信息系统，与信用管理系统进行互联互通。加快“互联网+电子政务”建设，对许可系统进行大数据改造。实施快件码号常态化管理。全力推进“绿盾”工程建设，推动合肥灾备中心与北京主机房建设，基本完成运行监测、行政执法、安全预警、决策支撑等系统建设并上线试运行，推动实现“五可”阶段性目标。建立健全“双随机、一公开”动态管理机制，实现随机监管方式全覆盖。完善法律适用指引，修订监督检查和行政执法常用文书模板。推进三级监管责任体系建设，开展综合督导和跨区域互查。开展行政执法案卷评议和执法培训，编制典型案例解析和培训课件。定期发布执法通告和通报。制修订《国家邮政业突发事件应急预案》和相关专项应急预案，指导企业建立健全各类应急预案，实现政府和企业应急预案有机衔接。加强监测预警，做好突发事件应对处置准备。出台《2019年快递业信用评定方案》，确定信用评价指标，实现快递业信用评定委员会设立省市两级全覆盖。建设完善信用管理信息系统，与企业信用信息公示网、“信用中国”等联网，实现联合激励和惩戒。推动组建消费者权益保障工作领导小组，研究建立服务质量监管绩效评价指标体系。完善快递服务质量提升联席会议制度，加强与市场监管、消费者保护协会等部门协同联动。继续开展满意度调查和时限测试，发布中国快递发展指数。推进邮政业申诉工作体系建设，重点抓好北京、山东、河南、广东、四川、新疆申诉体系试点工作。完善申诉与市场监管衔接联动机制，将申诉问题纳入“双随机、一公开”抽查的考量范畴。

注释：

[1] 2018年服务业生产指数比上年增长7%。

[2] 资料来源，上市公司2018年年报。

[3] 根据网络公开资料梳理。

[4] 数据根据各企业年度报告整理。

[5] 经营收入仅包括快递企业上市部分，不涉及非上市部分。

[6] 包括天津、河北、山西、内蒙古、辽宁、吉林、黑龙江、江苏、浙江、安徽、福建、江西、山东、河南、湖北、广东、广西、海南、重庆、四川，贵州、云南、西藏、陕西、甘肃，青海、宁夏、新疆。

[7] 包括许可申请材料删除验资报告证明，年度报告材料删除财务年度报表证明，申请经营国际快递业务许可无需要求企业提供报关、报检、报验人员资质证明。

[8] 包括天津、山西、内蒙古、辽宁，吉林、上海、江苏、河南、广东、海南、重庆、陕西、甘肃、宁夏。

[9] 中国社科院《经济蓝皮书：2019年中国经济形势分析与预测》。

2018年中国快递发展指数报告

2018年，中国快递业以习近平新时代中国特色社会主义思想为指导，以深化供给侧结构性改革为主线，按照“打通上下游、拓展产业链、画大同心圆、构建生态圈”的发展思路，市场规模高位运行，市场结构持续优化，质量效益加速提升，新技术、新业态、新模式不断涌现，行业高质量发展进程加速，为宏观经济稳中向好注入了新的动力和活力。

一、整体情况

2018年，中国快递发展指数为814.5[1]，同比提高23.6%，行业加速进入高质量发展阶段。从一级指标来看，发展规模指数为1765.3，同比提高25.5%，实现持续高速增长；服务质量指数为133.4，同比提高30.2%，速度首次超过规模发展指数，呈现加速提升势头；发展普及指数为377.2，同比提高5%，稳健提升；发展趋势指数为92.9，与上年基本持平，总体趋于稳定。（见图1）

二、分项指数

1.发展规模指数

2018年，发展规模指数为1765.3，同比增长25.5%。（见图2）

市场规模高位运行。2018年，全国快递业务量突破500亿，达到507.1亿件，比上年增长26.6%。全国快递企业日均件处理量1.4亿件，最高日处理量达到4.2亿件，同比增长25.7%。快递业务收入超过6000亿元，达到6038.4亿元，同比增长21.8%。2018年快递业务量收分别是2010年快递业务量收的21.7倍和10.5倍，年均复合增长率分别为46.9%和34.2%，远高于同期国内生产总值增速7.4%[2]，成为新经济的亮点。（见图3、图4）

业务规模全球领先。2018年，我国快递业务量超过美、日、欧发达经济体之和，规模连续五年稳居世界第一，是第二名美国的3倍多，占全球快递包裹市场的一半以上，成为全球快递包裹市场发展的动力源和稳定器。

规模增长亮点频现。一是增量创历年来新高。2018年全国快递业务量净增量106.5亿件，现在每增长1个百分点

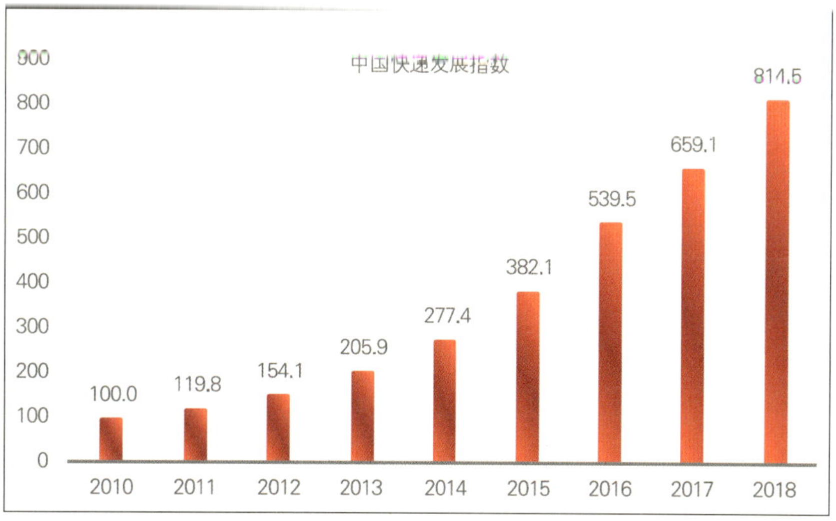

图1 2010—2018年中国快递发展指数变化

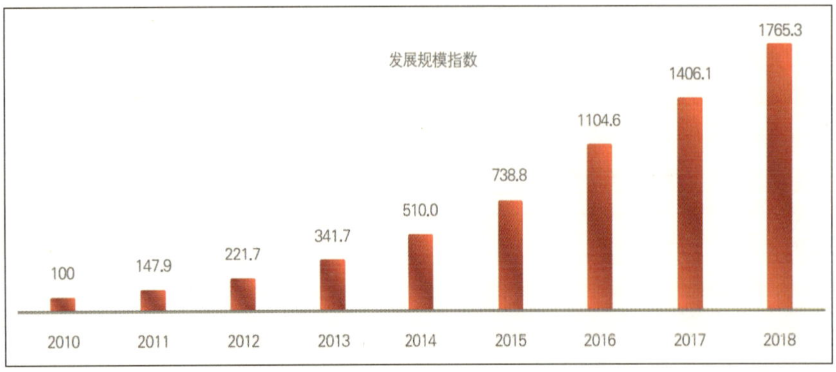

图2 2010—2018年发展规模指数

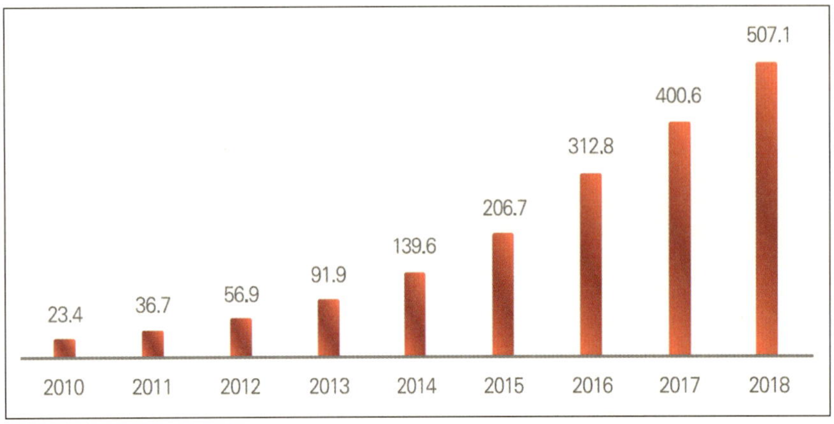

图3 2010—2018年快递业务量变动情况（单位：亿件）

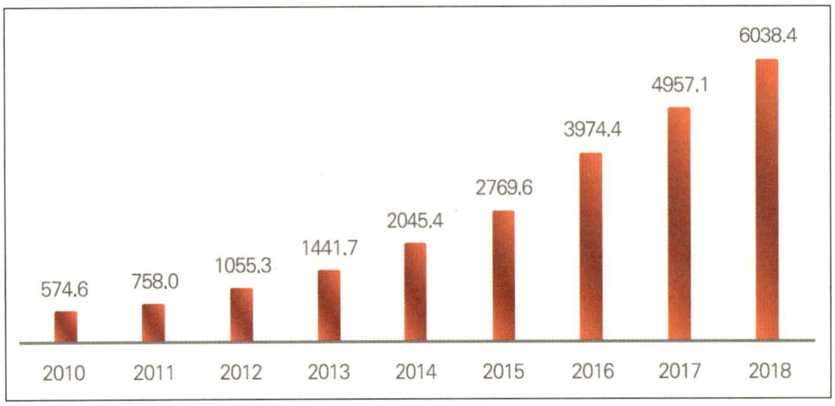

图4 2010—2018年快递业务收入变动情况（单位：亿元）

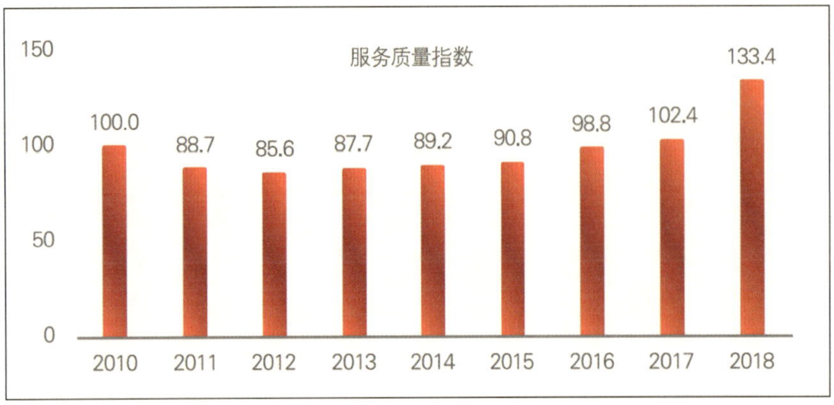

图5 2010—2018年服务质量指数情况

相当于五年前增长5.5个百分点，增长含金量提升。二是增长极作用凸显。浙江快递业务量首次超过百亿件大关、和广东成为行业增长的两极。2018年广东、浙江两省快递业务量对全国增长的贡献率达46.9%，接近一半。三是跨境寄递增长迅猛。2018年跨境快递业务量达到11.1亿件，同比增长34%，比行业增速高7.4个百分点，连续两年超过行业整体增速，成为快递业务增长的亮点。

产业协同效应凸显。随着快递市场规模的扩大，快递服务现代农业、先进制造业和跨境电商成效明显。2018年，快递业年支撑网络零售额超过7万亿元，占社会消费品零售额比重达到18.4%[3]，成为拉动消费和促进生产的重要力量。全年农村地区收投快件量超过120亿件，带动农产品进城和工业品下乡超过7000亿元，极大释放了农村地区消费活力。快递服务制造业形成318个重点项目，涵盖航天、汽车、电子、制药、服装等多个领域，年产生快递业务量约9.4亿件，直接带动制造业总产值约2269.7亿元，快递发展现代供应链进入快车道。快递企业海外仓覆盖50多个国家和地区，支撑跨境网络零售额3500亿元，有力支撑了我国产业和产品“走出去”。

2.服务质量指数

2018年，快递服务质量指数为133.4，比上年提高30.2%。(见图5)

服务质量同步提升。2018年，快递服务满意度得分为75.9分，比上年提高0.2分。72小时准时率为79%，比上年提高0.3个百分点。快递服务有效申诉率首次降到百万分之二以下，同比改善近一半，有效申诉率连续六年改善。快递企业愈发重视用户消费体验，将其视为企业发展的内生需求，服务质量改善和市场份额提升逐步形成良性循环。主要品牌企业服务质量较高，市场份额提升较快，2018年快递与包裹服务品牌集中度指数CR_8达81.2，比上年末提升2.5，提升幅度创五年以来最高，市场集中度提升也带动了行业整体服务质量提升。

服务能力持续增强。德邦快递成功上市，7家主要快递企业齐聚资本市场，外部资本加速流入，为行业基础设施建设注入新的活力。快递企业加强运输能力（航材购置和车辆购置）、智能化处理能力（智能化分拣和分拨）及科技信息化投入，开始向重资产转变。自主快递航空运能提升，湖北鄂州顺丰国际快递物流核心枢纽项目开工建设，浙江嘉兴圆通航空物流枢纽项目启动，行业拥有国内快递专用货机113架，比上年末加13架。快铁合作深入推进，开通高铁快递线路431条，快铁成立合资企业，开发高铁快递产品，快件铁路运输比例上升。快递企业加快新建、改扩建分中拨心，添置自动化、半自动化分拣设备，行业建成自动化分拨中心232个，主要企业骨干分拨中心基本实现自动化分拣，极大提升了分拣处理效率。

高新技术广泛应用。云计算、大数接、人工智能、物联网等新技术广泛应用，不断提升数字化、自动化、智能化、共享化水平，助推行业从劳动密集型向技术密集型转型。数据分单、数据派单等技术应用，推动行业实现了作业环节和路由管控智能化，结合物流地图实现了路由动态优化，提升了快件转运效率。区块链技术从理想变为现实，在产品溯源、快件实时追踪等领域开始应用。以无人机、无人车、无人仓为代表的无人技术在行业应用场景日益丰富，部分快递企业推出“快递到车”业务，部分快递企业参与物流无人机标准的制定。AGV机器人等设备加快推广应用，行业生产效能明显提升。快递企业新技术、新装备国产化比例提升，降低了应用成本。

3.发展普及指数

2018年，快递发展普及指数为337.2，比上年提高5%。（见图6）

城市投递形式多元化。2018年，全国建成城市公共快递服务站和农村公共取送点分别达到7.1万个和6.7万个，江苏、河南等部分地区探索快递共同配送。主要快递企业城区自营网点标准化率超过92.7%，较上年末提高10个百分点，行业服务形象明显改善。主要企业投入运营智能快件箱27.2万组，新增近7万组，箱递率达到8.6%，提高1.6个百分点，投递效率明显提升。平均每万人1.5个快递网点，每百平方公里2.2个快递网点，“末端一公里”便利化程度继续加强，199个城市出台快递末端服务车辆管理政策，覆盖率达60%。形成住宅投递、智能快件箱投递和公共服务站投递等多种模式互为补充的末端投递服务新格局。

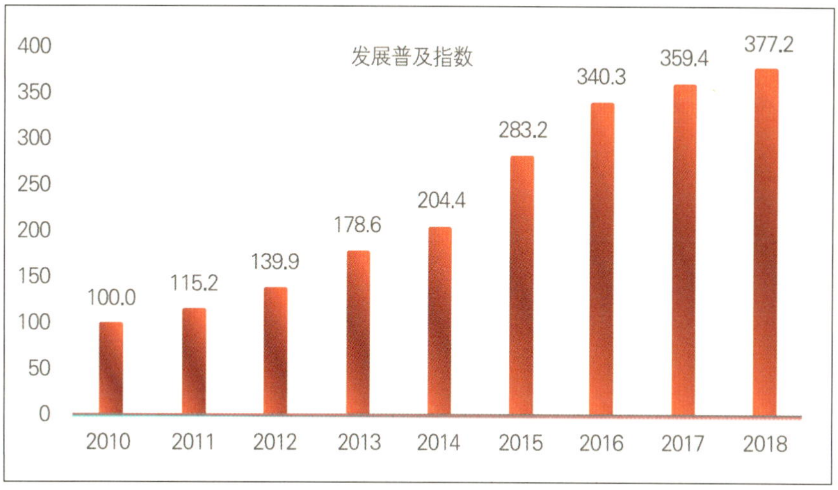

图6 2010—2018年发展普及指数情况

农村服务网络快速延伸。“快递下乡”成为乡村振兴战略的重要支撑，主要快递企业积极响应国家号召，加快向下延伸服务网络。全国农村地区快递服务网点达到6多万个，快递企业乡镇网点覆盖率达到92.4%，同比提高5.1个百分点，“寄递+电商+农特产品+农户”脱贫模式作用凸显，快递企业打造服务农业“一地一品”项目905个，覆盖国家级贫困县34个。全国98%以上的人口足不出乡就可以享受便捷的快递服务，快递已经成为刺激农村消费、振兴农村经济的重要助力。

快递普及成效显著。2018年，人均快件使用量为36件，较上年增加7件。快递企业日均服务2.8亿人次，相当于每天5人中就有1人使用快递服务，快递成为现代生产生活不可或缺的组成部分。快递业务收入占国内生产总值的比重为6.7‰，同比提高0.7个千分点，对经济增长的直接贡献提升。快递业新增就业人数超过20万人，对国内新就业贡献率达2%以上，为保就业做出了积极贡献。

4.发展趋势指数

2018年，快递发展趋势指数为92.9。预计2019年快递业务量将超过600亿件，同比增长22%。预计2019年快递业务收入超过7000亿元，同比增长18%。

快递业发展基本面持续向好，行业高质量发展进程将持续加快。市场结构进一步优化，市场主体、业务模式等更趋多元化，快递服务领域加速拓展，服务品种更加丰富。绿色发展进程加快，生态环保将重塑行业生产、运输和包装等各个环节。5G应用将推动行业科技变革，让无人车、无人机等无人驾驶技术更加广泛应用。“互联网+制造业+快递”发展趋势将更加突出，快递将更多服务于适合个人消费者购买的轻型制造业产品。行业将紧扣质量变革、效率变革、动力变革，在破解问题中找准路径方向，助推快递业高质量发展。

注释：

[1] 以2020年为基期，基期值为100。

[2] 根据国家统计局公布的2010—2018年国内生产总值增速计算。

[3] 根据国家统计局数据计算。

中国邮政集团有限公司

新中国成立70年邮政集团有限公司发展成就

科技赋能

中国邮政坚持信息化引领的科技兴邮战略，积极落实“互联网+”行动计划，邮政机械化、自动化、信息化水平不断提高，邮政航空网、陆运网、信息网实力明显增强，企业核心竞争能力大幅提升。

70年来邮政综合服务能力对比

年 份	1949	1998	2007	2012	2018	单 位
邮政支局所	2.6	10.22	5.9	4.7	5.4	万处
邮路总长度（单程）	70.6	285.4	353.3	585.5	985.1	万公里
各类生产用汽车	427	3.3万	5.1万	7.6万	10.5万	辆
航空邮路	0.1424	148.3	185.5	316	654.5	万公里

中国邮政集团公司指挥调度中心。

中国邮政大力提升综合服务能力，建设现代化营业网点。

2013年1月31日，建设规模亚洲第一、世界第三的航空邮件处理中心——中国邮政速递物流股份有限公司南京集散中心正式投产运营。

至2018年底，中国邮政拥有各类生产用汽车10.5万辆。图为邮政运输车队。

至2018年底，中国邮政拥有专用运输飞机31架。图为中国邮政航空波音757客改货飞机。

中国邮政持续深化寄递改革，推进“八大整合”，在分拣环节整合处理中心资源。图为广州邮件处理中心。

中国邮政自主研发的大型双层分拣机。

邮件处理中心智能分拣系统“小黄人”。

中国邮政智能化仓配系统。

至2018年底，中国邮政在全国累计布放智能包裹柜9.2万台。

邮政无人机投递，四川凉山州“悬崖村”从前步行往返需6小时的邮路，如今9分钟即可到达。

中国邮政最新研制的无人投递车。

中国邮政自助收寄终端。

邮储银行积极发展互联网金融，形成了线下实体银行与线上虚拟银行齐头并进的金融服务格局。图为邮储银行参加智慧金融展。

邮储银行高度重视金融科技建设，推动技术、业务深度融合，促进科技赋能转型发展。图为邮储银行数据中心。

普遍服务和特殊服务

普遍服务是党和国家赋予邮政企业的神圣使命，是中国邮政的立业之本，是中国邮政的“根”。70年来，中国邮政牢记初心使命，秉承“人民邮政为人民”的服务宗旨，认真做好普遍服务和特殊服务，基本实现了“乡乡设所、村村通邮”，至2018年底，中国邮政设有邮政支局所5.4万处，其中，73.9%分布在农村，全国建制村通邮率达98.9%。每个邮政支局所平均服务人口2.6万人。保证了党和国家机要通信安全畅通，通过发行党报党刊使党的声音传递到千家万户，县及县以上城市党政机关《人民日报》当日见报率达到82%，以实际行动厚植党的执政基础。

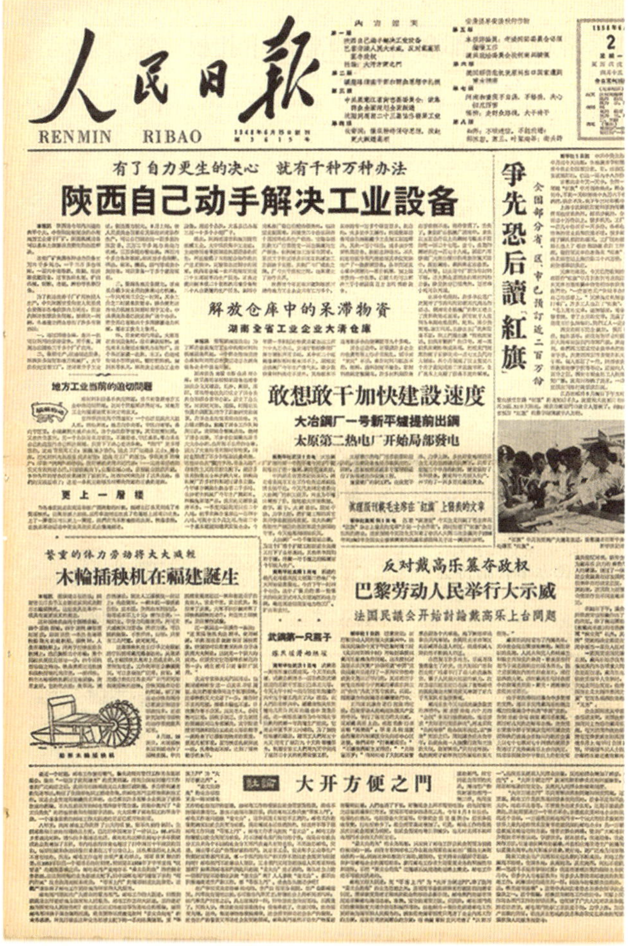

人民日報
RENMIN RIBAO

有了自力更生的决心 就有千种万种办法
陕西自己动手解决工业設备

争先恐后讀「紅旗」
全国部分省、区、市已预订近二百万份

解放仓库中的呆滞物资
湖南全省工业企业大清仓库

地方工业当前的迫切問題

敢想敢干加快建設速度
大冶鋼厂一号新平爐提前出鋼
太原第二热电厂开始局部發电

更上一層樓

繁重的体力劳动将大大减轻
木輪插秧机在福建誕生

反对戴高乐篡夺政权
巴黎劳动人民举行大示威
法国民議会开始討論戴高乐上台問題

社論 大开方便之門

1958年6月2日，《人民日报》头版刊发社论《大开方便之门》，称赞北京东四邮电局改善服务的举措，号召全国服务行业向他们学习。

20世纪50、60年代，全国劳动模范，北京市邮政管理局职工罗淑珍秉持“一封信 一颗心”的精神，20年间投递360多万邮件无差错。

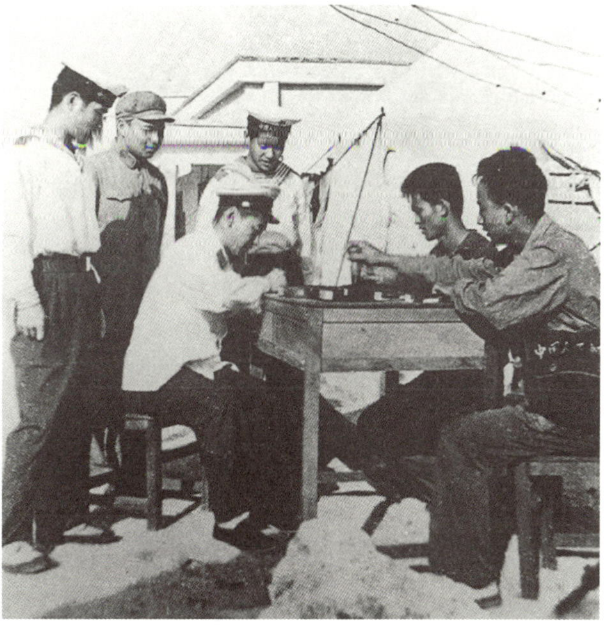

20世纪50年代，被誉为“西沙鸿雁”的西南中沙群岛邮电局员工为岛上军民提供服务。

全国道德模范、全国劳动模范、全国优秀共产党员、“感动中国”人物，四川省木里藏族自治县乡邮员王顺友30年间独行马班邮路，是全世界第一个走上万国邮联讲坛的邮递员。

全国道德模范、全国劳动模范，云南省德钦县云岭乡邮政所藏族女邮递员尼玛拉木，曾每天身负15公斤以上邮包，溜索渡过水深浪急的澜沧江，被当地藏民誉为雪域高原上的格桑花。

“时代楷模”“最美奋斗者”“感动中国”人物四川省甘孜县邮政分公司邮车驾驶员其美多吉，30年驾驶邮车行驶在平均海拔3500米的雪线邮路上，将来自党中央的声音、祖国四面八方的邮件送往雪域高原的各个角落。

江苏省如皋市137名乡邮员帮扶邮路上的280多位孤寡老人，用真爱、真心、真情筑就了“爱心邮路”，被授予全国首批“工人先锋号”、全国五一劳动奖章。

中国邮政做好机要通信工作，确保政令畅通。

中国邮政及时准确地把党报党刊传递到千家万户。

邮政业务发展

中国邮政积极采用新技术、发展新业务、开拓新市场，深入推进专业联动、板块协同，业务范围不断拓展，服务功能不断完善，成为既经营函件、包裹、汇兑、报刊发行、集邮等基础性业务，又经营寄递业务（标快、快包、国际、物流）、金融业务（银行、保险、证券）和电子商务的现代企业集团。

70年来，中国邮政收入规模不断扩大。特别是独立运营以来，业务收入从1998年的287亿元增长到2018年的5664亿元，增长近19倍；利润从1998年的亏损179亿元增长到2018年的盈利462亿元，实现了跨越式发展。在2019年《财富》世界500强企业排行中，中国邮政列101位，列世界邮政第2位，利润规模连续5年居世界邮政首位。

年份	1998	2007	2012	2018
业务收入（亿元）	287	817	3214	5664
利润（亿元）	−179	0.735	318	462

◆ 邮政业务

中国邮政积极融入“互联网+政务”服务，为人民群众提供更为便捷的服务。

邮票发行和集邮业务的社会影响力不断扩大。

中国邮政积极发行《习近平谈治国理政》《习近平的七年知青岁月》《习近平在正定》等图书。

◆ 寄递业务

快递物流业是支撑国民经济发展的先导性、基础性、战略性产业，是社会化大生产和人民日常生活不可或缺的产业。邮政寄递业务围绕努力打造行业“国家队”战略目标，坚定不移深化改革，把握“两个原则”，聚焦“四大业务”，强化“五个抓手”，实现“五个突破”，业务发展不断加快，市场占有率不断提高。至2018年底，业务收入达到645.7亿元。

以客户的视角、竞争的视角、行业最佳实践的视角，对标立标达标，补短板、强弱项、固优势；深入推进“八大整合”，持续深化寄递翼改革；牢牢抓住“五大体系”，邮政寄递时限提速取得本质性突破，全程时限指标达标情况持续改善。

速递物流南京集散中心的邮航机队。

中国邮政推出e邮宝、e特快等跨境电商服务，为主流跨境电商平台提供综合解决方案。

中国邮政加快海外仓建设。图为美国新泽西的中邮海外仓。

◆ 金融业务

邮储银行拥有近4万个营业网点，服务个人客户达5.89亿户。至2018年，资产规模达9.52万亿元。

中邮保险深化改革，加快发展。至2018年，总资产1412.5亿元，展业范围拓展至20省（区、市）、277地市、1453县（市）、31074个网点，服务客户数968.12万人。综合竞争力位于行业前十。

至2018年底，中邮证券总资产91.68亿元。根据证券行业协会公布的《证券公司经营业绩排名情况》，中邮证券“净利润”指标排名从2014年的95位升至2018年的49位。

邮储银行全力服务国家战略。图为邮储银行参与融资支持的港珠澳大桥。

邮储银行充分发挥自身优势，服务乡村振兴战略。图为邮储银行信贷员向农户宣传小额贷款业务。

邮储银行打造新零售体验中心。

中邮保险秉承“服务基层，服务三农”理念，为农民提供方便快捷的保险服务。

中邮证券为社会大众提供全方位专业化的证券投、融资服务。

电子商务

中国邮政加快打造线上线下相融合的邮政电子商务平台，线上打造邮乐网，开发推广“邮掌柜”系统，线下积极推广“邮乐购”农村电商服务点。

中国邮政已举办两届邮政“919电商节”，发挥邮政信息流、资金流、物流“三流合一”优势，畅通工业品下乡、农产品进城双向通道，助力乡村振兴和精准脱贫攻坚战，取得了显著成效。图为2018年中国邮政“919电商节”启动仪式。

“邮乐购”站点遍及全国31个省（区、市）。

合作交流

中国邮政积极参与万国邮联、亚太邮联工作，加强与各国邮政、国际组织及国际公司的交流合作，拓展与港澳台邮政间的合作领域，与世界200多个国家和地区建立了通邮关系，积极拓展国际市场。

1972年，万国邮政联盟恢复中国合法席位。图为1974年，邮电部副部长朱春和（中）率团参加第十七届万国邮联大会。

1999年8月23日，第22届万国邮联大会在北京隆重召开。

2001年7月13日，为纪念北京申奥成功，国家邮政局与中国香港邮政署、中国澳门邮政局合作，共同发行《北京申办2008年奥运会成功纪念》邮票1套1枚，同时发行含3地邮票的连印版张。

2008年北京奥运会期间，中国邮政承办全球首届奥林匹克博览会。

2008年12月15日，海峡两岸实现全面、直接、双向通邮。

2014年，中国邮政航空公司正式加入国际航空运输协会，安全运行管理标准与国际化水平接轨。图为中国邮政航空“义乌—大阪”国际货邮往返航线正式开通。

2017年12月7日，由中国邮政储蓄银行承办的“世界储协第一届农村普惠金融研讨会”在北京召开。世界储蓄与零售银行协会及来自全球15个国家的20多家金融机构齐聚北京，共同探讨农村普惠金融商业模式，分享实践经验。

2018年11月9日，两岸邮政发展研讨会在南京召开。

中国邮政积极响应国家“一带一路”倡议，中欧班列开辟跨境电商寄递新通道。

邮储银行积极服务“一带一路”建设，在广西设立了中国－东盟货币中心，致力于打造区域性货币中心平台。

2019年6月11日，中国2019世界集邮展览在湖北省武汉市开幕，84个国家和地区参展邮品4683框，是中国举办的规模最大的一次世界邮展。

党的建设

习近平总书记指出，坚持党的领导、加强党的建设，是国有企业的“根”和“魂”，是中国国有企业的独特优势。中国邮政始终把党的建设摆在首要位置，特别是党的十八大以来，中国邮政以习近平新时代中国特色社会主义思想为指导，认真贯彻落实新时代党的建设总要求，树牢“四个意识”，坚定“四个自信”，坚决做到“两个维护”，以党的政治建设为统领，不断提升党建工作质量，紧紧围绕企业中心工作，充分发挥基层党组织战斗堡垒作用和党员先锋模范作用，为深化改革、加快发展提供了坚强的政治保证。

2019年6月6日，中国邮政集团公司党组对全系统开展“不忘初心、牢记使命”主题教育工作进行动员部署。

多种形式开展党内政治生活。图为中国邮政集团公司党组书记、董事长刘爱力在党组理论学习中心组学习（扩大）会议上讲话。

积极开展党的群众路线教育实践活动、“三严三实”专题教育、“两学一做”学习教育等。

邮储银行组织党员开展参观、学习活动。

安徽省太和县邮政分公司与邮储银行太和县支行联合开展红色教育主题活动。

山西省邮政分公司直属机关党委组织开展“不忘初心、牢记使命——奋进新时代”大合唱展演活动。

2019年，“中邮先锋”党建信息化平台正式上线，为各级党组织和广大党员提供线上移动端学习宣传、教育培训、党务办公等，提升党建科学化水平。

扎实推进邮政系统基层党组织建设达标工程和创先争优活动，推进企业文化示范单位建设。

精神文明建设

中国邮政扎实推进精神文明建设，积极推进邮政企业文化建设，弘扬劳模精神，营造了创先争优、比学赶超的良好氛围。

中国邮政高度重视员工队伍素质建设。特别是邮电分营以来，积极实施人才强邮战略，通过建立培养、引进、激励机制，人才队伍规模不断壮大，为企业高质量发展提供了强有力的人才支撑。

中国邮政持续开展创先争优活动，涌现了一大批先进模范人物。1998年邮政独立运营以来，中国邮政共获全国“双百”人物1人：王顺友；时代楷模1人：其美多吉；全国道德模范6人：尼玛拉木、艾克拜尔·依明、王顺友、全二平、其美多吉、唐真亚；全国劳动模范125人；全国五一劳动奖章225人；全国五一劳动奖状99个；全国工人先锋号172个；全国文明单位105个；全国青年文明号120个。

1998年—2018年中国邮政员工数量、学历数据对比

年 份	1998年	2007年	2012年	2018年
用工总量（万人）	55.6	78.8	92.8	93.5
大专及以上学历占比	12.11%	22.24%	53.04%	79.61%

2018年9月20日，全国邮政系统先进集体、先进个人表彰大会召开。

2019年4月18日，“时代楷模”其美多吉先进事迹报告会在人民大会堂举行。

石家庄邮电职业技术学院、中国共产党中国邮政集团公司党校、中国邮政集团公司培训中心为邮政行业培养了数万名高素质专业人才。

丰富多彩的员工文体活动。

本篇责任编辑：于晓光　郑晶晶

本篇责任校对：于晓光　郑晶晶

《中华人民共和国成立七十周年》纪念邮票

中国邮政定于2019年10月1日发行《中华人民共和国成立七十周年》纪念邮票1套5枚，小型张1枚。邮票图案名称分别为：经济持续健康发展、社会主义民主政治推进、文化繁荣兴盛、人民生活不断改善、建设美丽中国，小型张图案名称为：祝福祖国。全套邮票面值为12元。

另与香港邮政、澳门邮电共同印制发行同题材小型张本票1本，内含中国邮政、香港邮政、澳门邮电小型张各1枚。

2019年是中华人民共和国成立70周年。70年砥砺奋进，中国共产党紧紧依靠人民，跨过一道又一道沟坎，取得一个又一个胜利，创造了人类发展史上惊天动地的奇迹，让中华文明在现代化进程中焕发出新的蓬勃生机，让科学社会主义在21世纪焕发出新的蓬勃生机，使中华民族焕发出新的蓬勃生机。

在庆祝新中国成立70周年之际，中国邮政发行《中华人民共和国成立七十周年》纪念邮票，展示祖国在经济、政治、文化、社会、生态文明等方面取得的巨大成就。

邮票设计采用壁画的构图特点和连票的设计形式，既庄重大方，又风格清新。

邮票第一图画面运用城市建设、高铁、航空航天、通信和互联网、智能装备制造等元素，配以劳动者的形象，表现了“经济持续健康发展”的主题。

第二图画面运用人民大会堂、法律文本等元素，配以人大代表、政协委员等形象，表现推进社会主义民主政治制度化、规范化、程序化，体现了“社会主义民主政治推进”的内涵。

第三图画面以国家博物馆、国家大剧院、国家体育场等公共文化设施，配以舞蹈演员、运动员等形象，展现“文化繁荣兴盛”的概念。

第四图画面运用代表教育、医疗、社会保障的元素，配以少年儿童等形象，表现人民的获得感、幸福感、安全感更加充实、更有保障、更可持续，突出“人民生活不断改善”的主题。

第五图画面内容为青山绿水、一望无垠的广袤森林等元素，配以植树的母子形象，表现了宁静、和谐、美丽的自然环境，烘托了“建设美丽中国”的主题。

小型张邮票图案为衬以牡丹花图案的数字“70”以及扬帆起航的巨轮，边饰图案则以各族人民载歌载舞的欢庆画面，表现“祝福祖国”70华诞的寓意。

美好生活之路
进步与您同步

中邮保险
CHINA POST INSURANCE
传承百年邮政 根植社会大众
一遍遍深入基层
只为听取您的心声
一次次坚守承诺
只为值得您的信赖
信送到哪里 中邮保险就到哪里
服务基层　服务三农
中邮富富余
中邮贷贷喜
中邮绵绵寿
中邮禄禄通
中邮年年好

邮政保险历史悠久，始创于 1935 年，当时的邮政部门经营保险业务，中邮人寿保险股份有限公司的成立，为邮政保险翻开了新的一页。中邮人寿保险股份有限公司是中国邮政旗下的全国性寿险公司。公司总部位于北京，注册资本金 215 亿元人民币。2009 年正式挂牌开业。

中邮人寿保险股份有限公司充分依托邮政网络和资源，以“服务基层、服务三农”为己任，坚持专业化与特色化并举的原则，以小额保险为切入点，以促进城乡保险业均衡发展为着力点，全力打造一个体系现代化、服务大众化、管理规范化的新型高效商业保险公司。

国防交通篇

NATIONAL DEFENSE TRANSPORTATION PART

内容提要

此篇内容由运输投送、训练演练、业务建设、交通保障、法制建设组成。

国防交通建设与发展

2018年国防交通工作

运输投送

【"和平使命-2018"演习运输投送】 2018年8月22日—29日，"和平使命-2018"反恐联演在俄罗斯车里雅宾斯克州切巴尔库尔联合训练场举行。按照多国磋商议定的方案，中方组织陆空联合部队赴俄参演，采取铁路、航空方式远程投送人员、装备至俄罗斯境内，而后转公路摩托化机动至演习场。针对这次任务，投送距离远、时间跨度长，组织协同复杂、要求标准高的特点，相关部门提前筹划磋商方案，研究制定对策措施，与俄方、哈方进行沟通对接，对跨国投送基础框架达成共识，为组织实施参演人员装备跨国投送奠定基础。

【跨国军演、比赛人员装备运输】 2018年9月24日，参加俄罗斯"东方-2018"战略演习、"国际军事比赛-2018"部队返程归建的最后一个梯队顺利通过国门，经满洲里铁路口岸入境，至此经铁路投送赴俄参演、参赛部队全部返回国内。

为全面同步做好中外军、境内外铁路跨国投送，运输投送部门按照军演办赛参赛总体部署要求，统筹军地资源、协调中外多边，提早筹划部署军列运输保障、外事协作磋商、口岸通关通检、部队途中生活等各项工作，克服汛期铁路水害、区域大风等极端灾害天气影响，精心组织、高效协同、精确调度。实现了集中调度和分级实施有机结合，运输投送和相关保障相互兼顾，中外各国和军地多方形成合力，在融洽友好氛围中，安全顺利、高效圆满完成跨国铁路投送任务。

雪域高原训练。

翻越昆仑山。

穿越唐古拉山。

翻越黑卡达坂。

翻越二郎山。

高原长龙。

雪域高原车队。

夜间长途奔袭训练。

雪域高原汽车兵。

空运维和部队。

旅途有乐。

应急转运维和伤员。

快速投送。

海岛首航。

海上长城。

护航编队海上补给。

滚装跨海投送。

整装待发。

水路投送。

走向阅兵场。

装载。

装载加固。

战士在风雪中进行捆绑加固。

调度指挥。

高铁快运。

跨国投送。

重装运输。

训练演练

【全国公路交通应急演练】 2018年11月14日，交通运输部、江苏省人民政府、武警第二机动总队在江苏省镇江市联合组织2018年全国公路交通军地联合应急演练。演练以冬季公路交通综合应急保障为主题，设置了预防预警、情况接报、军地联合响应、国家高速公路与省道快速打通、干线公路除雪除冰保畅等科目。此次演练突出了高效运行的应急指挥体系，展示了军地联动、部省联动、省际联动、部门联动应急工作机制，以及路网运行信息化保障技术和多种现代化、高效化应急处置新装备，为冬季恶劣天气下突发事件的应急处置和应急管理提供了示范。

【安全环保检测业务培训】 2018年4月，无锡联勤保障中心依托原南京军区军车监理监测站组织举办年度车辆安全环保检测业务培训，以保障部队调整后人员装备安全检测有序衔接高效推进。一是重塑保障能力。依托中心汽车部(分)队汽车修理力量，培养一支车辆检测骨干队伍，将原联勤分部承担的检测站职能赋予各实体单位，明确负责人、技术标准和流程规范。二是调整保障关系。根据部队调整改革进程和军兵种部队部署调整情况，及时优化调整车辆检测保障关系，明确各车辆检测机构保障区域、保障对象和保障方式，初步建立了车辆检测联勤保障体系。三是统一规范配套服务。树立安全、便捷、高效的服务理念，规范配套服务内容，增加送检车辆灯光、底盘、制动等多个检测项目，简化部队返厂维修后的复检程序。在检测场所开设交通法规教育、安全文化区，设置了专用休息室、阅览室和餐饮食供应场所，增强车勤人员安全防范的责任意识。

【中交集团组织航道应急保障演练】 2018年11月8日，中国交通建设集团结合福建省厦门新机场围海造地项目施工，在厦门大嶝岛组织航道应急保障专项演练。任务以模拟某港口遭受台风袭击，造成航道阻塞，应急调用港口交通专业保障力量、航道疏浚装备机械实施抢修保通为背景，重点演练专业队伍集结、抢修力量部署、航道疏浚展开、组织指挥程序等内容。通过演练熟悉了整个应急抢修作业流程，增强了全体队员的国防意识、提高协同配合水平，为特殊情况下的港口抢修抢建、航道疏浚奠定基础。

公路运输保障。

岸滩破障演练。

抢滩登陆演练。

海上综合保障。

应急通信演练。

水路保障演练。

战备钢桥架设。

应急抢修演练。

站台搭设。

公路飞机跑道试飞。

业务建设

【中远海运集团主办2018年度国际海运年会】 在首届中国国际进口博览会举办期间，由中远海运集团主办、享有“海运达沃斯”之誉的全球贸易与供应链峰会暨国际海运年会2018顺利召开。来自全球数十个国家和地区的经济、贸易、航运、港口、物流、金融等国际航运产业的代表近千人参会。会议围绕“世界贸易的新格局，物流变革的新挑战”主题，共同探寻贸易与航运业新动能。中远海运集团所属企业与全球合作伙伴签署27个采购协议，其中包括与全球9家港口企业签订的码头服务协议。迪拜环球港务集团、和记港口集团、PSA国际港务集团、上港集团、法国达飞集团、中远海运集运、长荣海运、东方海外、阳明海运及软件解决方案提供商CargoSmart共同签署意向书，就打造航运业区块链联盟——全球航运商业网络(GlobalShippingBusinessNetwork，简称GSBN)达成合作意向。

【研究表彰“十二五”交通战备工作先进单位、先进个人】 为做好“十二五”全国国防交通工作先进单位、先进工作者和劳动模范表彰工作，成立由国家交通战备办公室、人力资源社会保障部人事司、军委政治工作部组织局、后勤保障部政治工作局组成的先进评选审核工作组。评选过程按照自下而上、逐级推荐、民主择优、广泛公示的程序实施。此次评选表彰活动将对提升全国国防交通和军队运输投送系统人员的使命感、荣誉感、自豪感，促进国防交通事业发展具有重要意义。

【全军红旗车分队、红旗车驾驶员评选表彰】 为进一步弘扬“两红”精神，激励广大汽车兵担当新使命、创造新业绩，促进汽车部(分)队全面建设，在全军开展“红旗车分队”评比活动30周年和“红旗车驾驶员”评比活动40周年之际，军委机关有关部门联合评选表彰30个全军红旗车分队标兵单位和50名全军红旗车驾驶员标兵。军委后勤保障部对全军“两红”评比活动作出统一部署。一是统筹确立评选标准。为充分彰显精武强能、创先争优鲜明导向，明确全军表彰的候选对象，应为勇担时代重任、矢志强军事业、练兵备战扎实、全面建设过硬、完成任务出色的单位和对党忠诚可靠、战斗意志顽强、专业技能精湛、作风纪律优良、工作实绩突出的个人。优先表彰荣获过集体或个人三等功以上奖励、执行过急难险重任务、在国际和全军比武竞赛中获得过奖项、驻边远艰苦地区的单位和个人。二是统筹分配表彰名额。按照“表彰名额根据编制数量占比统筹分配、候选单位和个人由各单位等额推荐、重点向基层部队倾斜、兼顾广泛性代表性”原则，研究确定各单位的表彰名额。三是统筹细化组织流程。明确评选表彰活动由各级后勤部门会同有关部门，区分部署、评选、表彰、总结四个阶段实施。

【职业技能鉴定数据对接政府信息网站】 为进一步提升汽车驾驶专业人员职业技能鉴定工作质量效益，军委后勤保障部运输投送局根据全军建立退役士兵技能鉴定信息军地交互机制总体安排，组织指导各单位运输投送业务部门，自下而上对年度本专业退役士兵技能等级、身份证号、考核成绩、证书编号等数据信息进行统计核对、汇总上报军委政治工作部兵员与文职人员局。相关信息将统一协调地方有关部门接入国家职业资格信息网站，供退役人员及其就业单位查询使用。

军交知识竞赛。

交通保障

【部署防汛抢险救灾交通保障任务】 2018年7月下旬进入防汛抢险救灾工作关键期，国家交通战备办公室向全国交通战备系统发布部署防汛抢险救灾交通保障工作通知。一是提高思想认识，强化责任担当。坚持底线思维，克服松懈麻痹思想，全力做好交通保障工作。二是密切掌握动向，加强任务预判。加强与防汛、气象等部门的协调联系，及时向部队通报交通信息，为部队参与防汛救灾工作提供必要保障。三是完善方案预案，积极充分准备。及时修订交通保障预案，进一步完善工作机制和应急处置措施，摸清队伍器材底数，做好快速收拢的准备工作。四是加强组织领导，迅即报告情况。把防汛抢险救灾和战备演训交通保障作为当前的中心工作，有力有序有效组织实施，完善战备值班和情况报告制度，保持通信联络畅通，及时上报交通保障任务准备和实施情况。

道路抢通。

抗洪抢险。

铁路抢修。

抗震救灾。

援外救灾——查验救灾物资设备。

援外救灾——救援人员登机出征。

援外救灾——空运装载。

中国救援物资。

援外救灾——物资卸载。

援外救灾——物资倒运。

法制建设

【《国防交通法释义》送审】 2018年7月，国家交通战备办公室将《国防交通法释义（基础素材）》正式报送全国人大法工委。

《国防交通法》于2017年1月1日正式施行。按照全国人大法工委关于编写《国防交通法释义》的有关要求，在全国人大法工委、国务院法制办和军委法制局指导下，国家交通战备办公室组织编写了《国防交通法释义（基础素材）》，并组织2次广泛征求意见、1次集中审查。在充分吸纳各单位意见建议的基础上，组织专家进行评审。经军委法制局审定，并通过军委后勤保障部保密委员会保密审查，可以向社会公开。《国防交通法释义》正式出版发行后，对各单位更好地学习理解运用法律，依法开展国防交通工作，具有重要指导作用。

《国防交通法（草案）》分组审议会。

【全国道路客运开展军人依法优先】 国家交通运输部、中央军委后勤保障部联合印发通知，部署道路客运领域军人依法优先出行权益保障工作。这是全国交通运输行业贯彻落实“军人依法优先”的重要举措，也是推动实现让军人成为全社会尊崇职业的又一暖心之举，标志着全国交通运输行业全方位、立体化的军人依法优先工作格局全面形成。自2017年7月1日以来，民航、铁路、水路系统相继推行“军人依法优先”工作，各地区、各部门先后出台具体务实举措，在全社会营造了一个尊崇军人、热爱军队、关爱军属的良好氛围，为新时代的国防建设和拥军优属工作做出了示范。

通知要求自2018年12月1日起，全国汽车客运站、道路客运班线经营者在购票、安检、候车、乘车等环节对军人及随行家属提供优先服务。一是优先购票、安检和乘车。设有售票窗口的汽车客运站应设置军人优先售票窗口；汽车客运站应安排持有效证件的军人及随行家属优先购票、安检和乘车，并在军人优先售票窗口、安检口、检票口醒目位置设置“军人依法优先”标识，服务人员应积极主动做好服务引导工作。二是优化候车环境。二级及以上汽车客运站应在重点旅客候车室（区）为军人提供候车服务，具备条件的可单独设置军人候车场所，鼓励其他汽车客运站依自身条件为军人提供舒适候车服务；军人候车场所应设置醒目标识。三是实化便利服务举措。汽车客运站和道路客运班线经营者应当主动为行动不便的伤病残军人提供热情优质服务；鼓励采取专人全程陪护、预约定制服务、协助亲属进站接送等措施，提供服务车、轮椅等辅助设备，保障行动不便军人安全、便捷出行。

全国人大常委会通过《国防交通法》。

本篇责任编辑：于晓光
本篇责任校对：于晓光

中国交通年鉴

【省 区 市 篇】

PROVINCIAL AND REGIONAL AND CIVIC TRAFFIC PART

内容提要

本篇内容由24个省（区、市）交通运输厅（委局）和新疆生产建设兵团交通运输局提供，主要包括：新中国成立70年24个省（区、市）和新疆生产建设兵团交通发展历程和成就及主要统计数据等。

新中国成立70年省区市交通发展成就

天津市

【概 述】 新中国成立70年来，天津市交通基础设施建设取得巨大的成绩，综合交通运输网络四通八达。1949年，天津市的公路总里程仅为791.95公里；1949年11月9日，“两航”起义的11架飞机飞抵天津张贵庄机场，新中国的航空事业从此开始；1950年8月1日，新中国民航第一条航线开通，开辟天津—北京—汉口—重庆和天津—北京—汉口—广州航线，史称“八一开航”；1950年成立交通部天津区港务管理局，1952年10月17日，天津新港重新开港；1954年天津市交通运输管理局成立；1960年初组建天津市交通运输委员会，为主管全市交通运输工作的职能部门；1983年经市委、市政府批准，重新组建天津市交通委员会，其职能为统筹、协调全市交通、邮电工作，综合平衡运力、运量，推进联合运输，制订并组织实施交通运输、邮电技术经济发展规划及相应的政策、措施；2014年7月，天津市整合市交通运输和港口管理局、市市政公路管理局、市城乡建设和交通委员会相关职能，组建市交通运输委员会，实现一城一交的综合交通管理体制。至2018年底，天津市公路总里程16257公里；天津辖区内铁路营业里程1286公里；天津港港区发展到8个，规模以上港口码头泊位167个；天津机场年旅客吞吐量2360万人次，货邮吞吐量27万吨，起降架次18万架次；轨道交通开通6条线网，车站138座，营运里程219公里；公交线路926条23920公里；出租汽车保有量31940部，从业人员4.5万余人；道路运输行业年完成旅客运输量12259.49万人、周转量76.4亿人公里，货物运输量34711.14万吨、周转量404.1亿吨公里。

【公路建设与发展】

1.高速公路。1993年建成通车的京津塘高速公路是中国第一条经国务院批准并部分利用世界银行贷款建设，按照国际标准进行国际招标，按菲迪克(FIDIC)条款实施建设的第一条跨省市高速公路。随着京津塘高速公路的建成，天津市高速公路的大发展拉开序幕。1995年独立设计建成津沧高速公路。至2000年，京沈高速公路天津段、唐津高速公路天津北段和津保、津滨高速公路相继竣工通车。“十一五”期，全市建成高速公路982公里。至“十二五”末，全市高速公路通车里程1171公里，“九横六纵”高速公路骨架路网基本形成，高速公路完成由“初步连通”向“覆盖成网”转变，“7918”国家高速公路天津段全面建成，规划新增国家高速公路建设全面启动，省级高速公路建设全面提速。“十三五”期，全市高速公路建设重点由“覆盖成网”向“强网优接”转变。推进建设G0211津石高速，新建京沪高速北延工程，努力实现唐廊高速全线贯通。加快津雄高速(现津保高速)改扩建、荣乌高速改线、津沧高速南延、津蓟高速改建等工程前期研究工作，提高既有通道和高速路网通行能力。至2018年底，全市高速公路通车里程1262公里，公路密度10.5公里/百平方公里，位居全国第二。

2.干线公路。70年来，天津始终坚持“聚精会神搞建设、一心一意谋发展”的思想，以多元化投融资为指导，采取“国家投资、地方筹资、社会集资、国内贷款、利用外资”的投融资体制，以及市与区县政府“两家抬”的合作建设形式，有效推进公路基础设施建设。“八五”“九五”期间，依托“贷款修路(桥)、收费还贷、合资兴路、经营受益”政策，集中修建京塘公路、外环线、津歧公路、杨北公路等16条800余公里的高等级收费公路。“十五”“十一五”期间，采取国有投资与地方政府合作修建模式，新(改)建一批社会主义新农村“531”工程等具有代表性的普通干线公路项目，800余公里。“十二五”“十三五”期间，按照“改造挖潜、适度新建”原则，重点实施国道一级化、集疏港公路、省际出口路、区县间断头路等普通干线公路项目，900余公里。普通干线公路规模快速增长、网络基本完善。至2018年底，普通干线公路通车总里程从1978年初的961公里增长到2661公里。

3.农村公路。党的十一届三中全会以来，天津按照国家关于乡村公路“民办公助、民工建勤、自建自养”的政策，采取以干线带支线，县乡连通、乡村相连、一村一路的办法，大力兴建乡村公路，20世纪80年代基本实现行政村村村通公路。自农村公路管理工作归口市政工程局，农村公路建设进入新的发展阶段，每年超额完成维修乡村公路500公里的任务，1999年彻底实现自然村村村通公路，2012年实现自然村村村通油路。至2018年底，农村等级公路比重达到100%，乡镇通达率、通畅率、建制村通达率、通畅率达到100%。

4.道路运输。新中国成立初期，天津市道路运输的运力结构是以人力三轮车、畜力车、拖拉机、机动三轮车为主，汽车主要集中在专业运输企业。道路运输业的发展滞后，严重制约天津国民经济的正常发展。1978年改革开放以来，天津道路运输业得到迅猛发展，多渠道、多形式、多种经济成分共存的局面迅速形成，运力结构发生深刻变化。至2018年底，全市道路客运班线475条，平均日发班次1589.8班次；道路运输从业人员429838人，其中旅客运输从业人员22263人、货物运输从业人员406787人、站(场)从业人员788人；汽车客运站共16个。2018年，全市完成旅客运输量12259.49万人，旅客周转量76.4亿人公里，货物运输量34711.14万吨，货物周转量404.1亿吨公里。

【水运建设与发展】

1.港口建设。改革开放以来，天津水运基础设施建设突飞猛进，天津港形成北疆港区、东疆港区、南疆港区、大沽口港区、高沙岭港区、大港港区、北塘港区和海河港区八个港区。至2018年底，天津港沿海主要规模以上港口码头泊位167个，其中规模以上港口生产用码头泊位145个。高等级深水航道3条，分别为天津港主航道（新港航道）30万吨级，大沽沙10万吨级航道及大港港区10万吨级航道。

2.内河水运建设。至2018年底，全市内河航道通航里程88公里，其中等级航道里程88公里。

3.水运支持系统建设。2001年8月，天津港10万吨级深水航道一期工程通过验收，设计深度13.9米，可满足第五、六代集装箱船乘潮进出港。2002年6月，天津港10万吨级航道二期工程竣工，航道总长28.8公里，设计底宽210米，水深14.6米~14.8米，进一步提高港口航道的通航能力和等级。2007年12月，天津港25万吨级航道工程竣工，航道水深19.5米，底宽315米，可接卸30万吨级船舶进出港，满足第六代集装箱船双向通航要求。至2016年底，航道等级提至30万吨级。这一航道的建成，标志着天津港已经成为中国最大的人工港，国际深水港地位更加巩固。

4.客货运输服务。作为中国北方国际航运中心的核心功能区，国务院批复设立国内规模最大、开放度最高、政策最优的东疆保税港区；建成国内最大的国际贸易与航运服务中心，口岸通关效率逐步提高，港口现代化行业领先；天津国际邮轮母港已成为新的天津城市名片。航线辐射世界180多个国家和地区的500多个港口，每年接待国际运输船舶7900余艘次，实现全球主要地区的全覆盖，港口国际化深入推进；天津港航道等级达到30万吨级，建成可满足四艘船舶同时

天津港南港港区26号铁矿石码头工程。　　（天津港集团　李广飞　摄）

“双向通航”的复式航道，世界级大型船舶可以自由进出；建成并投入使用30万吨级南疆27#矿石码头、中海油LNG码头等一批高等级专业化码头和中船重工、博迈科等临港装备制造业项目码头；大力发展集装箱运输，持续扩大港口航线航班的覆盖范围，着力打造北方国际集装箱枢纽港。2017年以来，成功开通THE联盟欧洲线、美国线、2M联盟美国线和森罗商船韩国线4条新航线。2018年，全市水路完成客运量116万人、旅客周转量2115.2万人公里，货运量8261万吨、货物周转量1326.6亿吨公里；集装箱箱运量16万标箱，集装箱货运量195万吨；规模以上港口货物吞吐量50773.8万吨。

【铁路建设与发展】　天津铁路枢纽基本骨架形成于解放前，衔接华北、东北、华东3个铁路方向，由京山、津浦铁路和天津站、天津北站、天津西站等组成，铁路线单站散，总铁路长度约210公里。改革开放后，随着6次铁路大提速及城际铁路、高速铁路的快速发展，国家“八纵八横”干线网日益完善，城际铁路网快速成型，客运综合交通枢纽实现“零”距离换乘。疏港铁路提高港口货物运输效率和运输能力，大力促进经济发展。历经70年发展，天津已经衔接北京、山海关、上海、霸州、黄骅、蓟县六个方向，承担着关内外地区的客货中转及天津地区客货到发作业，并办理与塘沽新港的联运，是客运混合、路港联运的大型铁路枢纽，对关内外物流交流和旅客运输具有重要作用。至2018年底，天津市境内铁路主要由津山、京沪、京哈、大秦4条普速干线和京津城际、京津城际延伸线、京沪、津秦、津保5条高铁，以及若干支线和联络线构成；形成以天津西站、天津站、滨海西站为主要客运站和滨海站、天津北站为辅助客运站“三主两辅”客运布局，形成多个与机场、地铁衔接的综合交通枢纽站；货运系统南仓站为区域性编组站，已建成西南环线、大北环铁路、进港三线和新港北集装箱中心站，基本形成“南进南出、北进北出”的“C”字形集疏港通道。辖区内铁路共计22条，营业里程1286公里，其中高速铁路5条，营业里程311公里。现有铁路车站63个（高铁站9个、普速站54个），其中特等站2个（天津站、南仓站），一等站2个（天津西站、塘沽站）。

1.国铁干线和城际铁路。

(1)京津城际铁路。是连接北京和天津两大直辖市的城际铁路，该铁路大量采用国际领先的铁路建设技术，开创中国铁路建设史上多项“第一”，是中国第一条具有完全自主知识产权、世界运营速度最快的高速铁路。线路全长117公里，设计速度350公里/小时。天津境内设武清站、天津站，其中天津站是集普速铁路、京津城际、津秦客专、地下直径线、城市轨道交通、公共交通以及其他交通方式为一体的大型综合交通枢纽，站场规模为10台18线，站房总

建筑面积20.6万平方米。2005年开工，2008年8月开通运营。实现京津两地"同城化""一体化"，形成京津"半小时经济圈"。

(2)京沪高速铁路。是世界上一次建成运营里程最长、标准最高的高速铁路。京沪高速铁路始自北京南站，经河北、天津、山东、安徽、江苏，终到上海虹桥站，线路全长1318公里，设计速度350公里/小时。天津境内设天津西站、天津南站。其中天津西站集高速、城际、普速铁路、公路客运、轨道交通、公交以及其他交通方式为一体的大型综合交通枢纽，是中国"八纵八横"交通枢纽重要车站，站场规模为13台26线，站房总建筑面积23万平方米。2008年4月开工，2011年6月底建成通车。

(3)津秦客运专线。与秦沈客运专线和京沪高铁、京广、哈大客运专线相连，构成东北至华北、华东等地区便捷、快速的客运通道，对促进环渤海地区及其他相关区域经济快速健康发展具有十分重要的意义。该客专始自天津站，经天津市河东区、东丽区、滨海新区进入河北省境内，经唐山市、秦皇岛市，终至秦皇岛站，线路全长261.45公里，设计速度350公里/小时。天津境内设天津站、军粮城北站、滨海站、滨海北站。其中滨海站与天津站、天津西站并称为天津铁路三大主客运枢纽站，站场规模为8台18线，站房面积8万平方米。2008年12月开工，2013年12月开通运营。

(4)京津城际延伸线。项目起点为天津站，终点为于家堡站，线路全长45公里，设计速度350公里/小时。于家堡站位于滨海新区于家堡金融区北端，车站规模为3台6线，站房主体结构为地上1层、地下3层，是全球首例单层大跨度网壳穹顶钢结构工程。2009年开工，2015年9月开通。

(5)津霸铁路。始于天津枢纽北仓站，止于京九线霸州站，全长约75.6公里，是津山、京沪和京九三大干线的联络线。该线以货运为主，兼顾少量客运。1994年开工，1996年开通。

(6)津保铁路。自天津西站引出，经河北霸州、雄县至保定站。线路全长157.8公里，设计速度250公里/小时。2010年开工，2015年底正式通车。津保铁路的修建，成为连接天津、河北及中西部地区便捷通道，横向连通京广、京九、京沪铁路三大繁忙干线，有利于加快京津冀一体化发展。

(7)天津站至天津西站地下直径线。是天津西站至天津站的地下联络线，是天津铁路枢纽重要组成部分，也是津秦客运专线连接京沪高速铁路便捷通路。线路全长5.2公里，其中隧道长3.3公里。2009年开工，2013年底开通运营。

2.地方铁路支线。黄万铁路始自河北黄骅南站，终至天津万家码头，全长67.8公里，2004年开工，2006年底建成通车。该线与朔黄线共同构成西煤东运下海便捷通道，对于扩大天津枢纽运输能力、增加铁路运输的灵活性具有重要意义。

3.疏港铁路。2016年6月28日，中铁天津港集装箱中心站开通运营，实现天津港集装箱海铁联运功能布局的全面升级，形成新的国际集装箱运输快速通道，提升国内集装箱发运和接卸能力。2017年6月30日，天津大北环铁路开通，12月1日天津西南环线开通，共同形成半环状集疏港铁路大通道。此外，南港铁路在建，极大提升南港对外集疏运能力。

(1)天津枢纽西南环线。线路始自京沪线周李庄站，经万家码头站，向北至蓟港线咸水沽站，向东至东大沽站外，线路全长103公里。2013年8月开工建设，2017年底正式通车。该工程主要是解决天津港集疏港能力不足，完善天津枢纽路网布局，提高枢纽运输能力，为天津南港工业区集疏运提供便捷的枢纽后方通路。

(2)进港三线线路。始自北塘西站，终至新港北站，线路长14.72公里。2011年开工建设，2016年6月正式通车。该工程对于完善铁路集装箱网络结构，促进城市经济发展，带动天津港腹地国民经济发展有着重要意义。

(3)大北环线线路。始于汉沟镇站，终至胡张庄线路所，线路长47.5公里。2013年4月开工建设，2017年6月正式开通运营。大北环线是天津铁路枢纽货运环线的主骨架，两端分别连接京沪、津霸、津山、蓟港铁路，直通货车从天津外围直接通过，有利于提升天津港集疏运能力和城市节能减排水平，缓减交通压力，对进一步加强天津铁路枢纽地位、促进京津冀区域经济发展具有重要意义。

4.旅游观光铁路。2015年天津市与中国铁路总公司合作，由北京铁路局对津蓟铁路实施改造提速，2015年4月30日起，津蓟间平日开行6对市郊列车，节假日开行9对市郊列车，极大地促进天津旅游经济发展。蓟州南站正在进行改造，下一步将连入京哈铁路，进一步促进天津旅游经济发展。

5.客货运输服务。客运方面，铁路完善客票系统，实现实名制购票、实名制挂失补票，推出全国通退通签，实行阶梯退票费率。互联网售票全面投入使用，推出"铁路12306"APP，网上日均售票占比73.9%，客流高峰期所占比例达到84.2%。货运方面，铁路实行多渠道敞开受理，货主可通过电商自助受理、"95306"受理、营业厅电话受理、营业厅办理等方式，随时随地、方便快捷办理货物承运手续；推出货运票据电子化，极大提升货运办理效率，降低运营成本。

【民航建设与发展】 1949年11月9日，"两航"起义的11架飞机飞抵天津张贵庄机场，新中国的航空事业从此开始。天津机场素有"新中国民航的摇篮"之称，创造了新中国民航史上的四个第一。新中国第一支机队诞生于此，新中国民航第一条航线开辟于此，新中国第一所民航专业技术学校选址于此，新中国第一个国营民用航空运输企业发端于此。

1.民用航空枢纽。1978年之前，天津机场仅拥有一个640平方米的候机室和527平方米的货库，航班保障能力极其有限。改革开放后的40年间，机场先后经历7次大规模改扩建。至2018年，天津机场拥有航站楼2座，建筑面积共计36.4万平方米，Ⅰ类精密进近跑道2条，站坪面积达111万平方米，可同时停放各类飞机125架。此外，机场还建有建筑面积共计7.2万平方米的现代化货库3座，以及包括油库、输油管线、航空加油站在内的配套供油设施，目视助航条件分别为Ⅰ类（西跑道）、Ⅱ类（东跑道）的精密进近灯光系统。天津机场不仅具备旅客吞吐量2500万人次和货运量72万吨的年度设计保障能力，还实现“双区、双楼、双跑道”运营模式，实现从规模到品质的跨越。

2.通用航空基础建设。改革开放开始至21世纪初期，天津机场通航业务主要围绕调机、航空摄影、农业病虫害防治等其他通航业务开展，公务机年度飞行架次基本不超过两位数。随着国民经济水平的不断发展，以及国家重要战略的部署，通用航空成了民航总体发展思路所确定的“两翼齐飞”中重要的一翼，也是实现京津冀“双枢纽、机场群”战略目标的需要。2015年，天津机场实施完成西区老航站楼南部国内进港区改造工程项目，将西区老航站楼部分区域改造为公务机楼，设置开放式水吧、旅客机组进出港通道、保障单位及联检单位工作区、签证区、贵宾休息室、保障工作人员的备勤工作用房等，总面积为2830平方米，可全面满足旅客对于公务机出行私密、快捷、舒适的高端需求。在公务机楼前设置公务机业务专用停车场，面积2630平方米，停车位38个。同时，专门开辟15个公务机停机位和17个其他通用机位用于保障通航飞机运行。至2018年，天津机场地面保障资源可满足保障公务机业务年起降4730架次的需要。

3.客货运输服务。1979年天津仅有7条国内航线，通往国内8个城市，每周航班数量仅有38架次。1983年，受子爵号飞机退役影响，天津始发航线航班曾一度停航至1984年11月才得以恢复。改革开放以来，天津机场通过完善干线航线网络、实施支线航班战略、开拓境外以及洲际航空市场、吸引航空公司投建基地、创新“空铁联运”“空海联运”等方式，不断拓展机场航线网络、提升航班运行密度，使得机场客货业务量得以持续快速增长。至2018年底，天津机场执行正班航线280条，其中国内航线229条（含港澳台7条）、国际航线51条。正班通航城市167个，其中国内城市133个（含港澳台5个）、国际城市36个。平均每周执行航班3371架次。年度旅客吞吐量从40年前屈指可数的千余人次增长至2360万人次，年度货邮吞吐量也从千余吨增长至接近27万吨，年度起降架次则从数百架次增长至17万架次，这标志着天津机场正向成为“中国北方国际航空物流中心和大型门户枢纽机场”的企业愿景稳步推进。

天津机场。（吕平川 摄）

【城市交通建设与发展】

1.市政设施。1949年，天津市交通基础设施建设很不完善，发展相对滞后。1978年改革开放之后，城市交通基础设施建设迅猛发展。1982年开始，相继建成十一经路立交桥、八里台立交桥、中山门立交桥。到1995年，“三环十四射”干道路网全面建成，完善中心城区快速路网骨架，打破百年来市区南北不畅、东西不通的旧道路网络格局。2000年以后，加快中心城区快速路系统建设，形成快速路、主干路、次干路、支路等各种等级道路，基本形成“两环+十四射”快速路网格局。

2.公共交通。1978年—2018年期间，天津公共汽车行业从市场规模、经营管理、运营服务质量诸方面都发生巨大的变化。按照1996年市政府批转的《关于进一步深化公交体制改革的方案》，引进社会资金，实现全社会办公交的发展态势，彻底改变公交独家经营的垄断局面，进而解决市民“乘车难”问题。至2018年底，全市公共汽车共计13813辆，其中清洁能源和新能源车辆占总数的42.5%，运营线路926条，线路总长度23920公里；2018年累计完成公共汽车客运量12.41亿人次，日均客运量340万人次；轨道交通开通6条线路，车站138座，运营里程219公里，2018年累计完成轨道交通客运量4.08亿人次，日均客运量111.69万人次。

3.出租车。至2018年底，全市有出租汽车31940辆，其中企业管理的车辆25926辆、个体出租汽车6014辆，从业人员4.5万人；2018年完成出租汽车客运量3.69亿人次，日均客运量100.99万人次；有网约车企业15家，有12923名驾驶员取得《网络预约出租汽车驾驶员证》。全市主营出租汽车经营企业61家，出租汽车联众服务中心对出租汽车个体工商户统一纳管，完善出租车调度指挥监控系统，逐步实现电子预约、网上约车等，方便群众出行。

新中国成立70年天津公路系统主要指标数据统计表

项　目	单　位	1949年	1955年	1965年	1970年	1975年	1978年	1980年	1985年	1990年
1. 线路及设备										
（1）公路线路里程	公里	792	1109	2313	2745	3244	3561	3540	3972	4008
其中：高速公路	公里	–	–	–	–	–	–	–	–	–
国道	公里	–	–	–	–	961	–	1408	400	–
其中：国家高速	公里	–	–	–	–	–	–	–	–	–
省道	公里	–	–	–	–	–	–	–	1034	–
县道	公里	–	–	–	–	911	–	984	1096	–
乡道	公里	–	–	–	–	1113	–	821	827	–
专用公路	公里	–	–	–	–	259	–	327	435	–
村道	公里	–	–	–	–	–	–	–	–	–
有铺装路面	公里	–	–	–	–	–	–	–	–	–
其中：沥青混凝土	公里	–	–	–	–	–	–	–	–	–
水泥混凝土	公里	–	–	–	–	–	–	–	–	–
简易铺装路面	公里	–	–	–	–	–	–	–	–	–
未铺装路面	公里	–	–	–	–	–	–	–	–	–
（2）公路桥梁	座	87	117	450	534	560	609	684	695	783
	米	1667	3578	8877	15371	24854	27617	29612	30587	36331
（3）公路隧道	处	–	–	–	–	–	–	–	–	–
	米	–	–	–	–	–	–	–	–	–
2. 公路建设投资										
（1）公路总投资	亿元	–	–	–	–	–	–	–	0.60	0.59
内：线路及桥梁	亿元	–	–	–	–	–	–	–	–	–
（2）新增生产能力										
新建公路里程	公里	–	47.6	467.1	208.8	32.3	170.0	4.2	185.6	24.2
改建公路里程	公里	–	–	–	–	–	–	–	–	–

项　目	单　位	1995年	2000年	2005年	2010年	2014年	2015年	2016年	2017年	2018年
1. 线路及设备										
（1）公路线路里程	公里	8783	9611	10790	14832	16110	16550	16764	16532	16257
其中：高速公路	公里	143	304	593	982	1113	1130	1208	1248	1262
国道	公里	540	681	711	866	845	845	1528	1538	1487
其中：国家高速	公里	–	–	319	410	417	417	547	547	547
省道	公里	1243	1464	1854	2589	2789	2824	2252	2317	2436
县道	公里	1212	1133	1135	1236	1336	1333	1317	1301	1296
乡道	公里	5303	5910	6666	3317	3924	4008	3935	3833	3669
专用公路	公里	485	423	423	1017	1008	1008	1007	985	985
村道	公里	–	–	–	5807	6209	6531	6724	6558	6384
有铺装路面	公里	–	–	–	14538	16110	16550	16764	16532	16257
其中：沥青混凝土	公里	–	–	–	11589	12494	12671	12634	12476	12224
水泥混凝土	公里	–	–	–	2949	3616	3879	4130	4056	4033
简易铺装路面	公里	–	–	–	61	1	–	–	–	–
未铺装路面	公里	–	–	–	234	–	–	–	–	–
（2）公路桥梁	座	854	1804	2118	2873	3219	2870	2922	2939	2955
	米	52497	106807	185207	380866	518345	437493	472628	489737	501179
（3）公路隧道	处	–	–	–	–	–	–	–	–	5
	米	–	–	–	–	–	–	–	–	7997
2. 公路建设投资										
（1）公路总投资	亿元	–	–	–	13.64	31.91	25.77	–	–	–
内：线路及桥梁	亿元	–	–	–	13.64	31.91	25.77	–	–	–
（2）新增生产能力										
新建公路里程	公里	–	293.0	320.4	492.0	491.2	336.0	150.0	69.4	–
改建公路里程	公里	–	–	–	494.2	406.8	392.3	25.8	147.6	–

新中国成立70年天津道路运输系统主要指标数据统计表（一）

指 标	单 位	2002年	2004年	2005年	2006年	2007年	2008年	2009年	2010年
一、道路运输从业人员	人	121535	159982	197618	239014	174675	174222	221042	297751
道路旅客运输经营从业人员	人	–	–	–	14478	14660	15034	16726	20735
道路货物运输经营从业人员	人	–	–	–	223006	157557	155929	201040	274830
站（场）经营从业人员	人	–	–	–	1530	2458	3259	3276	2186
二、道路客、货运站	个	39	35	27	73	73	157	160	96
1.客运站	个	28	24	24	25	25	24	24	25
一级站	个	2	2	2	2	2	2	5	5
二级站	个	13	14	14	14	14	14	10	11
三级站	个	7	5	5	6	6	5	2	2
四级站	个	6	3	3	3	3	2	4	4
五级站	个	–	–	–	–	–	1	3	3
2.货运站	个	11	11	3	48	48	133	136	71
一级站	个	2	2	–	–	–	–	–	–
二级站	个	4	4	1	9	9	9	9	–
三级站	个	2	2	1	39	39	58	58	71
四级站	个	3	3	1	–	–	66	69	–
三、机动车维修业及汽车综合性能检测站									
1.机动车维修业业户	户	–	–	–	–	–	–	–	–
其中：汽车维修	户	–	–	–	–	–	–	–	–
一类汽车维修	户	–	–	–	–	–	–	–	–
二类汽车维修	户	–	–	–	–	–	–	–	–
三类汽车维修	户	–	–	–	–	–	–	–	–
2.汽车综合性能检测站	个	–	–	–	–	–	–	–	–
四、机动车驾驶员培训									
1.机动车驾驶员培训业户	户	–	–	–	–	–	–	–	–
其中：普通机动车驾驶员培训	户	–	–	–	–	–	–	–	–
道路运输驾驶员从业资格培训	户	–	–	–	–	–	–	–	–
2.教练员	人	–	–	–	–	–	–	–	–
其中：理论教练员	人	–	–	–	–	–	–	–	–
驾驶操作教练员	人	–	–	–	–	–	–	–	–
3.培训人次	人次	–	–	–	–	–	–	–	–
五、汽车租赁									
1.汽车租赁业户	户	–	–	–	–	–	–	–	–
2.汽车租赁从业人员	人	–	–	–	–	–	–	–	–
3.租赁车辆数量	辆	–	–	–	–	–	–	–	–
客车	辆	–	–	–	–	–	–	–	–
货车	辆	–	–	–	–	–	–	–	–
六、道路客运班线									
1.客运班线	条	855	890	906	910	910	915	886	896
其中：高速公路	条	–	–	–	121	122	132	158	155
2.客运班线平均日发班次	班次/日	3885	6396	6833	9432	9555	9616.7	9814	9618
其中：高速公路	班次/日	–	–	–	177	177	183.1	190	188
七、农村道路客运									
1.客车通达情况									
乡镇	个	161	136	136	144	144	144	144	144
其中：通客运班车的乡镇	个	161	136	136	144	144	144	144	144
建制村	个	3068	3645	3645	3883	3883	3883	3883	3883
其中：通客运班车的建制村	个	3019	3536	3536	3727	3737	3737	3737	3737
2.农村客运站	个	–	–	–	652	655	656	659	4
其中：等级客运站	个	–	–	–	–	–	–	–	–
3.农村客运线路	条	–	–	–	428	434	427	403	230
平均日发班次	班次/日	–	–	–	8328	8740	9021	7658	5854
4.农村旅客运输量									
客运量	万人	–	–	–	1988	2186	2448	4840	3204
旅客周转量	亿人公里	–	–	–	6.76	6.56	4.54	14.52	8.47

新中国成立70年天津道路运输系统主要指标数据统计表（二）

指　标	单　位	2011年	2012年	2013年	2014年	2015年	2016年	2017年	2018年
一、道路运输从业人员	人	350856	388433	422940	444625	444301	471668	457706	429838
道路旅客运输经营从业人员	人	21001	22974	22593	22532	19784	21173	21879	22263
道路货物运输经营从业人员	人	328160	363883	398967	420657	423156	449274	434780	406787
站（场）经营从业人员	人	1695	1576	1380	1436	1361	1221	1047	788
二、道路客、货运站	个	67	57	55	54	50	40	30	24
1.客运站	个	24	23	23	21	20	20	17	16
一级站	个	5	5	6	6	6	6	6	5
二级站	个	11	11	9	8	7	5	4	5
三级站	个	2	2	3	3	3	4	4	4
四级站	个	3	2	2	2	2	3	1	1
五级站	个	3	3	3	2	2	2	2	1
2.货运站	个	43	34	32	33	30	20	13	8
一级站	个	–	–	–	–	–	–	–	–
二级站	个	–	–	–	–	–	–	–	–
三级站	个	43	34	32	33	30	20	13	8
四级站	个								
三、机动车维修业及汽车综合性能检测站									
1.机动车维修业业户	户	–	–	–	–	–	–	–	–
其中：汽车维修	户	–	–	–	–	–	–	–	–
一类汽车维修	户	–	–	–	–	–	–	–	–
二类汽车维修	户	–	–	–	–	–	–	–	–
三类汽车维修	户	–	–	–	–	–	–	–	–
2.汽车综合性能检测站	个	–	–	–	–	–	–	–	–
四、机动车驾驶员培训									
1.机动车驾驶员培训业户	户	–	–	–	–	–	–	86	107
其中：普通机动车驾驶员培训	户	–	–	–	–	–	–	86	107
道路运输驾驶员从业资格培训	户	–	–	–	–	–	–	–	–
2.教练员	人	–	–	–	–	–	–	11990	14340
其中：理论教练员	人	–	–	–	–	–	–	335	378
驾驶操作教练员	人	–	–	–	–	–	–	11460	14279
3.培训人次	人次	–	–	–	–	–	–	174108	193131
五、汽车租赁									
1.汽车租赁业户	户	–	–	–	–	–	–	–	–
2.汽车租赁从业人员	人	–	–	–	–	–	–	–	–
3.租赁车辆数量	辆	–	–	–	–	–	–	–	–
客车	辆	–	–	–	–	–	–	–	–
货车	辆	–	–	–	–	–	–	–	–
六、道路客运班线									
1.客运班线	条	914	915	876	848	734	681	617	475
其中：高速公路	条	156	164	164	166	126	122	153	162
2.客运班线平均日发班次	班次/日	9579	8985.1	8595.1	7635.1	6866	6360	2059	1590
其中：高速公路	班次/日	194	238.5	238.5	238.5	209	180	177	184
七、农村道路客运									
1.客车通达情况									
乡镇	个	135	123	123	123	121	121	127	127
其中：通客运班车的乡镇	个	135	123	123	123	121	121	127	127
建制村	个	3828	3784	3784	3784	3707	3686	3681	3659
其中：通客运班车的建制村	个	3820	3685	3685	3685	3507	3486	3486	3474
2.农村客运站	个	4	3	3	2	2	2	2	–
其中：等级客运站	个	–	3	3	2	2	2	2	–
3.农村客运线路	条	225	225	205	181	163	163	140	103
平均日发班次	班次/日	5856	5800	5720	4960	4804	4800	1356	1079
4.农村旅客运输量									
客运量	万人	3300	3300	3400	3200	3050	3100	1228	912
旅客周转量	亿人公里	8.47	8.50	8.60	8.10	8.06	8.12	4.97	3.53

新中国成立70年天津水运系统主要指标数据统计表

项 目	单 位	2004年	2006年	2007年	2008年	2009年	2010年	2011年
一、航道和设备								
1. 内河航道通航里程	公里	88	88	88	88	88	88	88
其中：等级航道	公里	88	88	88	88	88	88	88
2. 营业性民用运输船舶拥有量								
轮驳船：艘数	艘	242	373	345	387	236	436	451
净载重量	万吨位	429.5	481.9	450.4	519.3	742.9	963.9	822.9
载客量	万客位	0.39	0.67	0.04	0.29	0.04	0.31	0.31
3. 港口码头泊位	个	114	132	142	139	134	151	154
其中：沿海港口	个	114	132	142	139	134	151	154
4. 规模以上港口生产用码头泊位	个	98	119	129	128	124	140	143
其中：沿海港口	个	98	119	129	128	124	140	143
二、运输量和吞吐量								
1. 水路客、货运输量								
客运量	万人	0.0	4.0	3.0	23.0	15.0	48.0	51.0
旅客周转量	万人公里	0.0	3873.0	3900.0	1711.0	1730.0	3188.0	3303.0
货运量	万吨	10474.0	13239.0	15433.0	3744.0	11261.0	11916.0	12750.0
货物周转量	亿吨公里	10791.8	11711.6	14717.2	2044.3	8942.5	9324.3	9550.6
2. 水路集装箱运输量								
水路集装箱箱运量	万标箱	0.0	21.5	13.1	12.0	12.2	12.3	8.3
水路集装箱货运量	万吨	0.0	297.0	177.5	111.7	67.9	177.4	84.8
3. 港口货物吞吐量	万吨	20619	25760	30946	35593	38111	41325	45338
其中：沿海港口	万吨	20619	25760	30946	35593	38111	41325	45338
4. 规模以上港口货物吞吐量	万吨	20619	25760	30946	35593	38111	41325	45338
其中：沿海港口	万吨	20619	25760	30946	35593	38111	41325	45338
三、水运建设投资								
新增生产能力								
港口码头泊位个数	个	2	17	10	4	6	17	5
年吞吐能力	万吨	1450	6857	4306	2530	1975	2187	815

项 目	单 位	2012年	2013年	2014年	2015年	2016年	2017年	2018年
一、航道和设备								
1. 内河航道通航里程	公里	88	88	88	88	88	88	88
其中：等级航道	公里	88	88	88	88	88	88	88
2. 营业性民用运输船舶拥有量								
轮驳船：艘数	艘	460	422	435	419	367	261	283
净载重量	万吨位	858.3	855.2	855.4	793.8	354.5	485.5	468.3
载客量	万客位	0.27	0.31	0.31	0.28	0.28	0.18	0.30
3. 港口码头泊位	个	159	160	162	173	176	145	167
其中：沿海港口	个	159	160	162	173	176	145	167
4. 规模以上港口生产用码头泊位	个	148	149	151	157	160	145	145
其中：沿海港口	个	148	149	151	157	160	145	145
二、运输量和吞吐量								
1. 水路客、货运输量								
客运量	万人	76.2	87.0	83.2	71.8	92.7	110.2	115.5
旅客周转量	万人公里	2577.7	1022.0	1454.6	1352.0	1498.0	1828.6	2115.2
货运量	万吨	10371.0	8678.0	9749.3	9850.4	9514.5	8344.7	8260.9
货物周转量	亿吨公里	7012.7	2267.8	2734.0	1729.2	1530.0	1291.1	1326.6
2. 水路集装箱运输量								
水路集装箱箱运量	万标箱	6	9	28	33	49	16	16
水路集装箱货运量	万吨	62	168	524	626	466	186	195
3. 港口货物吞吐量	万吨	47697	50063	54002	54051	55056	50056	50774
其中：沿海港口	万吨	47697	50063	54002	54051	55056	50056	50774
4. 规模以上港口货物吞吐量	万吨	47697	50063	54002	54051	55056	50056	50774
其中：沿海港口	万吨	47697	50063	54002	54051	55056	50056	50774
三、水运建设投资								
新增生产能力								
港口码头泊位个数	个	6	5	4	8	3	1	6
年吞吐能力	万吨	888	3120	780	1894	456	220	1905

（文/图 天津市交通运输委员会）

山西省

【概 述】70年来，山西交通面貌发生翻天覆地的变化。从1949年的1288公里到2018年的14.33万公里，全省通车公路里程增长111倍，公路密度达到91.70公里/百平方公里。1996年太旧高速公路建成通车，山西高速公路逐渐实现从无到有、从基本满足到适度超前的历史性跨越，成为山西经济社会发展的“快车道”。至2018年底，全省高速公路通车里程达到5605公里，打通高速公路省界出入口26个；全省农村公路总里程达到12.49万公里，农村公路由“量”向“质”提升，由“有”向“好”转变。2018年“四好农村路”建设完成1.92万公里，实现100%的乡镇和具备条件的建制村通沥青(水泥)路，乡镇通客车率达到100%，具备条件建制村通客车率达到99.85%。2009年石太客运专线通车，太原与北京实现3小时互通，山西省铁路正式进入高铁时代。2014年大秦铁路成功试验开行3万吨组合列车，创造中国铁路重载列车牵引重量的新纪录。至2018年底，山西镜内铁路通车里程达到5427.5公里，分别是1949年和1978年的6.9倍和2.6倍。山西的机场布局和建设也加快步伐，形成连接全国、面向世界的航空运输机场布局。2018年，全省客运航线达252条，通航城市达到214个，全省民航累计运输起降15.56万架次。

70年交通巨变，带来运输能力大提升，居民出行更快捷舒适。至2018年底，全省共有汽车客运站346个，汽车货运站5个，客运班线3653条，营运汽车、城市公交、出租车、船舶数量分别达到61万余辆、1.6万辆、4.29万台、3828艘。2018年，全省公路、铁路等主要运输方式完成客运量25679万人、旅客周转量393.9亿人公里，分别是1953年的29.1倍和51.5倍；完成货运量21.1亿吨、货物周转量4489.4亿吨公里，分别是1953年的112.9倍和3138.5倍。全省民航完成旅客吞吐量1843万人次、货邮吞吐量6.15万吨。

【公路建设与发展】

1.公路建设。新中国成立以来，特别是“十一五”“十二五”期间，山西省公路固定资产投资达3900亿元，从而使山西交通运输业得到迅速发展，交通事业面貌焕然一新。“十二五”期间，新增公路通车里程9316公里，达到14.1万公里。其中，新增高速公路通车里程2025公里，达到5028公里，是“十一五”末的1.67倍，全省119个县(市、区)有112个通了高速公路；打通省界高速公路互联互通出口9个，达到19个，山西与河北、河南、陕西、内蒙古4个周边省区实现省会城市、相邻地级市高速直达。新建改建国省干线公路2538公里，一、二级公路在普通干线路网中的比重达到86.34%。新建改建农村公路1.9万公里，极大地改善农村生产生活条件。

至2018年底，全省公路通车里程14.33万公里，公路密度91.46公里/百平方公里。按行政等级分，国道11343公里，省道6794公里，县道19887公里，乡道48561公里，专用公路445公里，村道56296公里。按技术等级分，高速公路5605公里，一级公路2731公里，二级公路15736公里，三级公路19422公里，四级公路97518公里；等外公路2314公里。按公路路面情况分，有铺装路面里程112694公里，简易铺装路面15733公里，未铺装路面14899公里。在等级公路中，高速公路和一级公路从无到有，已分别达到5605公里和2731公里，先后建成太旧、太长、长晋、大运等高速公路。全省乡镇公路通畅率100%，农村公路通达率99.93%，农村公路通畅率99.54%。

2.道路运输。新中国成立初期，山西道路运输一直以非机动车为主，直到1956年国产汽车问世后，汽车保有量逐年增长并渐渐取代非机动车成为道路运输的主要工具。

(1)客运服务。进入“十二五”时期，村村通客车工程得到大力推进，2017年底全省农村客车达到3652辆、82965客位，农村班线达到1762条，日发9474班次，农村旅客运输量达到3379万人、占营业性客运量19.5%，旅客周转量为7.4亿人公里、占营业性旅客周转量的4.9%。2018年底，全省农村客车达到3298辆、75516客位，农村班线达到1853条，日发8346班次，农村旅客运输量达到2826万人，旅客周转量为61223.96万人公里。全省城市公交客运车辆达到16010辆，运营线路里程达到3.98万公里，年度完成客运量16亿人次，运营里程达到6.6亿公里；全省出租汽车达到4.29万辆，年度完成客运量超10.5亿人次。

(2)货运服务。“十一五”时期，全省积极发展农村物流大市场。在全省17个县开展农村物流试点，各地因地制宜，出现物流交易中心、经纪人中介、连锁配送等多种经营模式。省运管局还

2013年11月9日，山西省王繁高速公路建成通车。

相继在全省组建12支战略物资运输保障车队，拥有705辆货车、1.46万吨位。2016年之后，省运管局多次开展物流发展专题调研和政策研究；选树一批物流典型示范企业，推动传统货运与互联网融合发展，1万余户物流企业和17.2万名货运驾驶员加盟“兴荣物流联盟”等，临汾兴荣物流联盟园区及信息平台建设、甩挂运输试点、城乡物流配送取得显著成效，晋中市丰矿物流投资开发基于“互联网+”煤炭供应链生态为主的“56快车”平台，山西汽运集团积极培育壮大“线上资源合理配置、线下物流高效运行”的“云仓”物流服务品牌，全省现代物流发展迅猛。至2018年底，全省营运货车达到594392辆、7194481吨位。全省货运经营户达到840户，其中物流服务556户、货运代办88户、信息配载188户，从业人员3042人。

3.交通科技。山西公路基础设施建设工程质量和建设水平稳步提高，依靠科技进步与创新，建成一批在全国有影响的公路和桥梁。太旧高速公路、武宿立交枢纽、太原南过境高速公路先后荣获国家建筑工程质量最高奖“鲁班奖”；原太等高速公路创“部优工程”；晋焦高速公路丹河特大石拱桥获“大世界吉尼斯之最”；临侯高速公路赵康枢纽获国优工程“鲁班奖”；祁临高速公路申报“詹天佑奖”；大新高速公路康庄飞机跑道被原北京军区评为优质工程；大运高速公路全线达到“部优工程”；以全长5.2公里雁门关隧道和全国第一座高矮塔组合式斜拉桥龙门黄河大桥、桥高180米晋济高速公路仙神河斜拉桥建设为标志，山西省公路桥隧道建设达到一个新水平；2006年，雁门关隧道获“詹天佑土木工程大奖”，并与大新、祁临两条高速公路分别荣获“山西省首届汾水杯土木工程大奖”。

山西省厅重点组织开展煤沥青在公路中的应用技术等35项科研项目。鉴定验收60项，其中2项达到国际领先水平、9项达到国际先进水平、8项获省科技进步奖、3项获中国公路学会科技进步奖；还先后组织开展“高等级路面大纵坡路段路面典型结构和材料研究”等40余项科技项目攻关，共获省科技进步奖8项，占全省同类奖项总数10%。

【水运建设与发展】“十二五”期间，山西水运基础设施逐步改善，5年新增内河通航里程97公里，达到1374公里，比“十一五”末增长7.6%。完成码头渡口改造30个。投资3000万元在黄河晋豫大峡谷小浪底库区和三门峡库区之间建设65公里V级航道、两个100吨级泊位和两个300吨级泊位的山西省“十三五”内河水运重点建设项目，正在平陆投入实施。山西交通运输部门先后给平陆航运投入2000余万元，对沿线的11个渡口进行现代化标准改造，同时完成小浪底库区46个航标的建设。“十三五”期间，山西交通运输部门积极推进航道建设。建设黄河老牛湾—龙口段（山西段）、黄河小浪底库区老鸦石—三门峡库区（山西段）和汾河二库航运工程，建设总里程125公里。建设重点水域客运100吨级泊位20个。黄河航道整治和泊位建设完成之后，黄河晋豫大峡谷长航运输的码头、泊位、航标、航道将实现整体提升。至2018年底，全省航道总里程1557公里；监管水域为黄河、汾河、漳河、沁河流域形成的大中型通航水域83处，重点水域为“两湖十库一线”（晋阳湖、九女仙湖、小浪底水库、万家寨水库、汾河一库、汾河二库、漳泽水库、后湾水库、关河水库、册田水库、云竹水库、涑河水库和黄河沿线），有渡口、码头252个；水运企业36个、个体经营户6家；各类船舶6000余艘。2018年全省水路运输完成客运量160.98万人，旅客周转量752.47万人公里；货运量23.15万吨，货物周转量1298.47万吨公里。

【铁路建设与发展】山西作为中国重化工能源基地，铁路运输在全省乃至全国有着举足轻重的作用。经过多年的建设，山西铁路网骨架已初步形成。特别是改革开放以来，国家和山西省对铁路建设投入大量的人力、物力和财力。国铁相继建成朔黄铁路、北同蒲原平—太原段增建二线改造工程、忻河支线改造及新建河边—东冶联络线工程和南同蒲侯马—东镇段增建二线工程，完成大秦线2亿吨、侯月线1亿吨和南同蒲线扩能改造工程。地方铁路相继建成孝柳、武墨、宁静、沁沁、阳涉铁路，开工建设岢瓦铁路。铁路煤炭运输，一直是晋煤外运的主通道，运量约占全省煤炭外运总量的70%～80%。建成的中南部铁路通道、准朔铁路以及和顺至邢台铁路，形成东西方向5条（大秦线、石太线、侯月线、邯长线、中南通道）运力强大的晋煤外运系统。新建静乐—静游、沙泉—五寨、兴县—保德、保德—偏关、沁源—安泽、蔚县—应县、阳泉（孝义）—双池（交口）、嘉丰—南陈铺等地方铁路，推动当地经济社会发展。同时太原铁路局管辖内的14条铁路干线，也承担着陕北、蒙中等邻近地区的部分煤炭外运任务。山西的铁路煤炭运输通道，主要由太原铁路局管内14条干线铁路、12条支线铁路及大同、太原、侯马三个铁路枢纽组成。从地域上又可分为北部通道、中部通道、南部通道及纵贯山西全省的同蒲线几大部分，大体呈一个“丰”字形框架。山西地方铁路均分布在贫困山区和革命老区，地方铁路的兴建，对于贫困山区早日脱贫致富，振兴山西经济发挥极其重要的作用。

“十二五”时期是全省铁路的快速发展期。山西新增铁路里程2570公里，其中新增快速铁路里程529公里，全省铁路总里程达到6000公里。山西铁路体系总体布局以太原、大同、侯马为主点，构建干支线相结合、站点合理、网络通顺的“叶脉型”铁路网络。部省合作建设的中南部铁路通道、大西客运专线、石太客运专线、太中银铁路、太原南站及相关工程、太兴铁路、吕临支线铁路、太原铁路枢纽西南环线、准朔铁路等全面推进，其中石太客运专线、太中银铁路已建成运营通车，累计投产新线353.7公里，建成车站9个。山西中南部铁路通道、太兴铁路、大西客运专线、吕临支线铁路、太原铁路枢纽西南环线、准朔铁路以及北同蒲韩家岭—应县增四线、应县—原平新建取直线、黄陵—韩城—侯马铁路等新建和改建项目已开工建设。以高速重载运输为重点的高标准铁路建设处于全国领先水平。太原—中卫—银川铁路、大同—西安铁路客运专线太原以南段、山西中南部铁路通道、韩家岭—原平铁路、太原—兴县铁路、太原南站等一批大中型铁路项目建成投入运营，铁路运输瓶颈制约基本缓解。先后完成湖东—大同东增建二线、湖东—大同南增建四线、古大联络线、宁朔复线等建设任务，地方铁路完成墨镫—左权段建设，路网结构日趋合理。铁路装备技术研发和制造技术取得重大突破，大秦铁路成功试验开行3万吨组合列车，开辟中国铁路重载运输新纪元，以石太客专、大西高铁开通及太原南站的开通运营为标志，拉开山西省崭新的高铁时代序幕。山西已增开到上海、广州、成都、重庆、青岛、烟台、威海、荣成的高铁列车，开行太原—北京一站直达高铁列车，推动山西加快融入"八纵八横"高铁网。与此同时，将利用优势，每年引进各地旅游专列100列，形成全国游客畅游山西的新窗口。山西每年计划投资上亿元，大规模升级客运装备。在上海、北京等重点方向将大量购置新型"复兴号"动车组，太原—大同、太原—吕梁间城际直达快速列车也将升级为160公里/小时动车组。

"十三五"期间，山西省铁路运输的发展将以构建现代交通体系为目标，全面提升铁路基础设施网络建设，以干线运输快捷化、运输结构合理化、运输服务系统一体化为总体目标，加快铁路发展。按照"保在建、上必须、重配套"的铁路建设要求，着力打造干支线相结合、站点合理、网络通顺的"叶脉型"铁路网络构架。

【民航建设与发展】 新中国成立初期，山西航空事业十分落后，规模窄小的太原机场设施简陋，运力低下。至1978年，太原机场客运量不足2万人，旅客周转量仅508万人公里，货运量只有900吨，货物周转量只有77万吨公里。这样的运输条件和运输能力严重制约着山西经济的发展。党的十一届三中全会以后，随着改革开放的进一步深入，省委、省政府制定一系列调整产业结构的政策，在大力抓公路建设的同时，下大力气抓山西航空事业，特别是机场建设实现跨越式发展。至2016年底，山西拥有4个机场（太原武宿机场、长治机场、运城关公机场和大同机场），空中航线达60余条，通航城市约50个，基本形成以太原为中心辐射全国的空中运输网络。太原武宿机场。为北京2008年奥运会的国际备降机场，2006年，国家和山西省共投资约15亿元人民币对太原武宿机场进行扩建。2008年8月投入使用。改扩建后，跑道可起降的机型由波音747提高到波音767，同时满足A380的备降需要，飞行区等级也相应地将由4D级升格为4E级。新改建一座5.5万平方米的大型候机楼，可以满足机场旅客吞吐量600万人次、货物运输吞吐量10万吨、高峰小时旅客2500人、高峰小时起降飞机30架次的保障需要。长治机场，2003年9月正式投入使用，2004年机场加装的01号跑道ILS和GP/DME设备（无线电自动导航系统），使长治机场起降飞机的能见度由原来的2400米下降到800米，相当于太原机场的飞行条件，达到国家4C标准。至2018年，空中航线5条，通航城市5个。运城关公机场，经总参和国家发改委批准立项的3C级支线旅游机场，是山西省"十五"规划重点工程。机场占地2900亩，总投资2.3亿元，跑道长2400米，可降落波音737系列的各型飞机，年设计旅客吞吐能力22万人次。机场改扩建工程于2002年5月开工，于2004年11月完成主体工程项目的施工任务。2005年2月8日首航。至2018年，空中航线7条，通航城市7个。大同机场，国家民航总局支线机场建设网络的重要组成部分，是山西第二大民用机场。2001年7月30日开工，2005年12月25日通航，可起降波音737等中型以下客机。至2018年，空中航线7条，通航城市8个。2018年，全省民航累计运输起降15.56万架次、旅客吞吐量1843万人次、货邮吞吐量6.15万吨。全省客运航线达252条，通航城市达到214个。

【交通法规】 1992年以来，省委、省政府十分重视交通法制建设。交通立法工作重点从原来主要填补空白逐步转变到进一步提高立法质量、提升立法层次上来，逐步实现交通行业发展有法可依，交通法律法规数量大幅增长，对促进交通事业发展起到重要保障作用，长期困扰交通行业的"立法滞后"问题得到初步解决。2010年9月29日，山西省第十一届人民代表大会常务委员会第19次会议审议通过《山西省道路运输条例》，共8章75条，自2011年1月1日起施行。2011年7月28日，省第十一届人民代表大会常务委员会第二十四次会议审议通过《山西省水路交通管理条例》，共7章41条，自10月1日起施行。2012年11月29日，山西省第十一届人大常委会第32次会议审议并通过《山西省公路条例》，共9章68条，自2013年1月1日起正式施行。1994年9月29日山西省第八届人民代表大会常务委员会第十一次会议通过，1997年12月4日山西省第八届人民代表大会常务委员会第三十一次会议修正的《山西省公路管理条例》同时废止。《公路条例》与原条例（1994年9月2日通过，1997年12月4日修正）相比，增加21条。《公路条例》增加超限运输管理、收费公路、乡道村道特别规定等内容。以地方性法律、法规形式，对道路运输中超限、超载严禁行为及主管机构责任等作出规定。2013年9月29日，省第十二届人大常委会第五次会议审议通过《山西省高速公路管理条例》，共9章55条，自2014年1月1日起正式实施。2015年5月28日，山西省十二届人大常委会第二十次会议表决通过《山西省城市公共客运条例》，共分7章46条，自2015年10月1日起正式实施，从总则、规划与建设、管理与服务、安全与应急、监督检查、法律责任、附则等七个方面涵盖城市公共客运运营发展的方方面面，是全省城市公共客运发展必不可少的一部地方性法规。

新中国成立70年山西公路系统主要指标数据统计表

项　目	单　位	1949年	1960年	1970年	1978年	1985年	1990年	1995年	2000年	2005年
1. 线路及设备										
（1）公路线路里程	公里	1288	17584	28113	31868	28762	30784	33644	55408	69563
其中：高速公路	公里	–	–	–	–	–	–	94	518	1686
国道	公里	–	–	–	–	–	3636	4027	3729	4257
其中：国家高速	公里	–	–	–	–	–	–	94	332	997
省道	公里	–	6393	6344	6227	9420	6544	6735	8518	9220
县道	公里	–	10148	20230	12236	12573	13172	14259	14979	16477
乡道	公里	–	–	–	11856	6167	6810	7909	27329	38786
专用公路	公里	–	1043	1539	1549	602	622	714	853	824
村道	公里	–	–	–	–	–	–	–	–	–
有铺装路面	公里	–	–	1453	5826	7427	9418	14373	29327	17700
其中：沥青混凝土	公里	–	–	–	–	–	–	–	–	–
水泥混凝土	公里	–	–	–	–	–	–	–	–	–
简易铺装路面	公里	158	3807	7141	9463	11372	13726	13739	24242	27899
未铺装路面	公里	1130	13777	19519	16579	9963	7640	5532	1839	23965
（2）公路桥梁	座	–	–	–	–	2988	2988	2988	2988	2988
	米	–	–	–	–	91440	91440	91440	91440	91440
（3）公路隧道	处	–	–	–	–	–	–	–	–	283
	米	–	–	–	–	–	–	–	–	112635
2. 公路建设投资										
（1）公路总投资	亿元	–	–	–	–	2.25	5.04	35.59	59.23	184.72
内：线路及桥梁	亿元	–	–	–	–	–	–	–	–	–
（2）新增生产能力	公里	–	–	–	–	3742	3106	5699	8881	41210
新建公路里程	公里	–	–	–	–	–	–	–	–	–
改建公路里程	公里	–	–	–	–	–	–	–	–	–

项　目	单　位	2010年	2011年	2012年	2013年	2014年	2015年	2016年	2017年	2018年
1. 线路及设备										
（1）公路线路里程	公里	131644	134808	137771	139434	140436	140960	142066	142855	143326
其中：高速公路	公里	3003	4005	5011	5011	5011	5028	5265	5335	5605
国道	公里	4881	5103	5215	5249	5308	5272	11096	11095	11343
其中：国家高速	公里	1654	1877	1988	1988	1989	1956	3193	3193	3456
省道	公里	10190	10994	11888	11817	11778	11724	6701	6789	6794
县道	公里	19631	19919	20068	20206	20391	20467	19961	19906	19887
乡道	公里	46703	47825	48259	48717	48854	48740	48896	48911	48561
专用公路	公里	577	541	522	553	577	554	546	533	445
村道	公里	49662	50426	51819	52897	53579	54203	54865	55621	56296
有铺装路面	公里	81900	86540	92540	95958	98484	101032	103844	107358	112694
其中：沥青混凝土	公里	22468	24990	27722	29158	30895	32611	34700	36798	40325
水泥混凝土	公里	59432	61550	64819	66800	67589	68421	69143	70560	72369
简易铺装路面	公里	27488	26682	25405	24239	23085	21907	20949	19333	15734
未铺装路面	公里	22256	21586	19826	19237	18867	18021	17273	16164	14899
（2）公路桥梁	座	2988	3023	13825	13993	2513	2988	3023	14872	15153
	米	91440	93086	1115848	1145869	78106	91440	93086	1300759	1355022
（3）公路隧道	处	456	602	819	838	876	881	943	979	994
	米	321440	535002	848596	861669	893611	899941	1034706	1071630	1106781
2. 公路建设投资										
（1）公路总投资	亿元	621.91	661.86	586.64	378.05	255.96	273.75	228.21	289.53	456.64
内：线路及桥梁	亿元	–	–	–	–	–	–	–	–	–
（2）新增生产能力	公里	12907	5002	4030	2609	3645	5736	4946	9066	20549
新建公路里程	公里	–	–	–	–	–	–	–	–	–
改建公路里程	公里	–	–	–	–	–	–	–	–	–

新中国成立70年山西道路运输系统主要指标数据统计表（一）

指 标	单 位	1996年	2000年	2005年	2006年	2007年	2008年	2009年	2010年
一、道路运输从业人员	人	482253	556452	522605	535811	559482	743604	767918	869727
道路旅客运输经营从业人员	人	24444	41590	42009	39960	41230	47487	47862	41395
道路货物运输经营从业人员	人	351261	427857	408845	404826	427064	593446	615087	714077
站（场）经营从业人员	人	–	–	–	10418	10091	10061	9499	9035
二、道路客、货运站									
1.客运站	个	370	241	221	17750	19900	21239	23488	297
一级站	个	13	13	10	12	16	16	17	17
二级站	个	72	103	67	65	64	62	56	48
三级站	个	89	71	42	39	29	29	26	26
四级站	个	40	54	27	39	43	31	28	29
五级站	个	–	–	–	124	165	194	177	177
2.货运站	个	39	21	13	12	7	37	55	64
一级站	个	–	–	2	1	1	1	2	1
二级站	个	3	1	4	4	3	7	7	15
三级站	个	13	11	1	1		4	4	7
四级站	个	–	–	6	6	3	25	42	41
三、机动车维修业及汽车综合性能检测站									
1.机动车维修业户	户	7054	6061	6305	6863	7528	8785	9569	9286
其中：汽车维修	户	–	–	5650	–	–	–	–	8833
一类汽车维修	户	220	177	169	192	199	205	214	225
二类汽车维修	户	2084	1546	1442	1402	1351	1418	1493	1444
三类汽车维修	户	3953	3384	4039	4721	5464	6606	7311	7164
2.汽车综合性能检测站	个	19	26	52	55	60	60	67	70
四、机动车驾驶员培训									
1.机动车驾驶员培训业户	户	115	112	175	204	219	228	230	240
其中：普通机动车驾驶员培训	户	–	–	–	204	219	228	230	240
道路运输驾驶员从业资格培训	户	–	–	–	81	80	73	79	85
2.教练员	人	–	–	–	7274	7630	7964	8467	9886
其中：理论教练员	人	619	706	–	664	664	694	741	795
驾驶操作教练员	人	3758	2779	–	6222	6709	6988	7394	8745
3.培训人次	人次	65324	27175	–	288471	241706	300576	279732	371487
五、汽车租赁									
1.汽车租赁业户	户	–	–	–	–	–	–	–	–
2.汽车租赁从业人员	人	–	–	–	–	–	–	–	–
3.租赁车辆数量	辆	–	–	–	–	–	–	–	–
客车	辆	–	–	–	–	–	–	–	–
货车	辆	–	–	–	–	–	–	–	–
六、道路客运班线									
1.客运班线	条	2765	3534	4440	5072	5129	5307	5220	5201
其中：高速公路	条	–	–	–	298	422	472	511	571
2.客运班线平均日发班次	班次/日	10551	20615	26182	26522.8	30219	31985.3	31105.9	29586.5
其中：高速公路	班次/日	–	–	–	1599	1534	1923.1	1855.8	1867.3
七、农村道路客运									
1.客车通达情况									
乡镇	个	1894	1901	1232	1212	1214	1214	1213	1216
其中：通客运班车的乡镇	个	1661	1842	1232	1212	1190	1192	1203	1204
建制村	个	35375	33376	27947	27754	28100	28105	27987	28130
其中：通客运班车的建制村	个	17853	22328	25027	25480	26071	26466	26776	27217
2.农村客运站	个	–	–	–	17592	19747	21110	23353	23736
其中：等级客运站	个	–	–	–	–	–	–	–	–
3.农村客运线路	条	–	–	–	2660	2687	2793	2792	2927
平均日发班次	班次/日	–	–	–	13519	18174	19413	20006	19601
4.农村旅客运输量									
客运量	万人	–	–	–	9220.0	9627.9	8896.6	8344.7	7970.1
旅客周转量	亿人公里	–	–	–	29.92	29.23	23.45	20.26	20.50

新中国成立70年山西道路运输系统主要指标数据统计表（二）

指　标	单　位	2011年	2012年	2013年	2014年	2015年	2016年	2017年	2018年
一、道路运输从业人员	人	916810	945504	960732	976549	903457	876926	885657	860844
道路旅客运输经营从业人员	人	41198	40102	37652	37884	35170	33981	32501	30511
道路货物运输经营从业人员	人	756836	782695	798935	807444	740719	715632	732656	719228
站（场）经营从业人员	人	9126	9086	8657	8672	8833	7908	8979	7776
二、道路客、货运站									
1.客运站	个	309	319	315	311	307	306	299	346
一级站	个	16	19	20	20	22	21	21	21
二级站	个	53	54	61	61	66	68	69	69
三级站	个	26	26	22	21	17	16	14	15
四级站	个	23	26	25	25	29	14	17	8
五级站	个	191	194	187	184	173	187	178	233
2.货运站	个	58	55	37	37	31	26	10	5
一级站	个	–	–	–	–	–	–	–	–
二级站	个	16	16	6	6	9	7	6	2
三级站	个	7	5	6	6	6	4	1	–
四级站	个	35	34	25	25	16	15	3	3
三、机动车维修业及汽车综合性能检测站									
1.机动车维修业户	户	9894	9850	9845	9847	9314	8295	7169	7043
其中：汽车维修	户	9679	9643	9679	9700	9200	8205	7118	7026
一类汽车维修	户	254	263	266	284	289	303	315	302
二类汽车维修	户	1551	1710	1873	1932	1965	1897	1933	1658
三类汽车维修	户	7874	7670	7540	7484	6946	6005	4870	5066
2.汽车综合性能检测站	个	83	90	97	108	119	130	133	137
四、机动车驾驶员培训									
1.机动车驾驶员培训业户	户	252	275	296	315	344	380	406	413
其中：普通机动车驾驶员培训	户	252	275	296	315	344	380	406	413
道路运输驾驶员从业资格培训	户	86	90	92	89	62	59	72	75
2.教练员	人	11226	12743	15254	19825	22130	22843	22804	22340
其中：理论教练员	人	878	1105	1377	1545	1697	1889	2532	1748
驾驶操作教练员	人	10006	11270	13510	17879	20129	20652	19922	20268
3.培训人次	人次	320158	358392	373336	444479	409076	420964	444480	402788
五、汽车租赁									
1.汽车租赁业户	户	–	3	13	36	81	117	142	210
2.汽车租赁从业人员	人	–	77	311	530	1041	1124	1257	1785
3.租赁车辆数量	辆	–	77	540	1128	1910	2646	3193	4093
客车	辆	–	77	540	1128	1910	2646	3193	4093
货车	辆								
六、道路客运班线									
1.客运班线	条	5106	4860	4572	4479	4264	4019	3828	3653
其中：高速公路	条	623	642	630	664	629	702	737	733
2.客运班线平均日发班次	班次/日	27647.9	25280.2	21290.9	19721.7	17980.8	17830.4	15814.5	13569
其中：高速公路	班次/日	1743.5	1838.8	1867	1768.3	1721	1587.6	1619.9	1449
七、农村道路客运									
1.客车通达情况									
乡镇	个	1196	1196	1196	1198	1196	1196	1196	1196
其中：通客运班车的乡镇	个	1181	1156	1142	1134	1135	1149	1107	1111
建制村	个	28133	28132	28132	28131	28131	27972	27894	26757
其中：通客运班车的建制村	个	27208	26781	26366	25961	25297	24591	22013	23210
2.农村客运站	个	23454	24457	24245	24753	23636	22570	22152	23503
其中：等级客运站	个	–	221	210	211	192	191	185	244
3.农村客运线路	条	2760	2575	2232	2256	2005	1805	1762	1853
平均日发班次	班次/日	17606	15975	13096	11778	11190	10948	9474	8346
4.农村旅客运输量									
客运量	万人	7889.1	7706.8	6904.1	5445.7	3979.5	3647.7	3379.1	2826.0
旅客周转量	亿人公里	19.25	18.75	16.61	14.37	9.10	8.74	7.44	6.12

（文/图　山西省交通运输厅）

内蒙古自治区

【概 述】 中华人民共和国成立前夕，内蒙古自治区约有公路5532公里，能维持汽车通行的公路仅有2394公里，且全部为砂石路面或土路。中华人民共和国成立到1952年底，本着"首先恢复，尽早通车"，保证工农业生产，支援抗美援朝的公路建设方针，重点对干线公路的路基、桥梁和涵洞进行整修，同时新建一批桥梁和涵洞，使各干线公路能基本保证四季通车。到1952年底，全区公路通车里程已恢复到4821公里，增长101.38%，公路状况有了很大的改观。"一五"(1953年—1957年)计划时期，内蒙古自治区本着公路交通要大力支援包头工业建设，并为农、牧、林业生产和城乡物资交流服务的方针，制定内蒙古公路发展的五年规划，公路建设进入有规划的快速发展时期。到"一五"计划末期，全区公路已初步形成以铁路为依托，以呼和浩特、包头、集宁、赤峰、通辽、海拉尔等城市为中心的公路网络，通车里程达到13020公里，比"一五"计划初增长170.07%。1958年—1976年，内蒙古公路建设经历"大跃进"、三年调整、"文化大革命"的曲折发展时期。公路建设受到政治运动和国民经济大起大落的影响，发展极不稳定。到1978年，全区公路总里程为1.82万公里，其中晴雨通车里程仅为1915公里，占通车里程的10.5%，其余公路都是等外路或自然路，20%以上的旗县、25%的乡镇(时称人民公社)不通公路。改革开放后，内蒙古交通基础设施建设逐年加快，公路运输车辆迅猛增加，组织管理水平极大提高，服务保障能力全面提升，"人便于行、货畅其流"的交通格局基本形成。至2018年底，全区公路总里程达到20.3万公里。其中，高速公路里程达到6633公里；二级及以上公路里程32108公里，占总里程比例15.8%；等级公路占总里程比例96.54%。按行政等级划分，国道60条22263公里，省道86条17489公里，县道39396公里，乡道40108公里，村道82446公里。按路面等级划分，有铺装路面142433公里，简易铺装路面11842公里，未铺装路面48366公里。全区共有桥梁20384座/952220延米，其中特大桥32座/64562延米、大桥1821座/395731延米、中桥3895座/243628延米、小桥14636座/248299延米。

【公路建设与发展】

1.高等级公路。"九五"期间，结合全国国道主干线规划，自治区提出公路发展总体规划——到2010年建成"三横九纵十二出口"公路网布局。从1993年起，内蒙古第一条高速公路——呼和浩特—包头高速公路(一幅)破土动工，至1997年7月8日，呼和浩特—包头高速公路(一幅)通车试运行。2001年，呼和浩特—包头高速公路(另一幅)建成通车。2002年，G65包茂高速公路包头—东胜段建成通车。这两条高速公路的顺利通车，为加快推进"呼包鄂"金三角融合发展提供有力支撑。2004年，G6京藏高速公路集宁—呼和浩特段建成通车，是内蒙古第一条通往首都的高速公路，被称为"区门第一路"。2005年，建设规模最大、里程最长的高速公路——G6京藏高速公路哈德门—磴口段全线完工通车，全区高速公路里程已经突破1000公里。2006年，S31呼和浩特—准格尔旗城壕村高速公路采取BOT模式全线建成通车，给全区公路建设提供新模式。2008年，临河过境高速公路建成通车，G6京藏高速公路内蒙古境内实现高速化，东西公路大通道基本贯通。"十五"期间，全区12个盟市政府所在地基本实现以高速、一级公路连通，通往北京、西安、银川、沈阳、承德等大中城市的重要出口公路以高速、一级公路打通，通车里程达1001公里，一级公路达2139公路，二级以上公路达11500公里，是"九五"末的2.7倍，公路密度由"九五"末的5.69公里/百平方公里增加到6.68公里/百平方公里。"十一五"期间，G6京藏高速公路、G12珲乌高速公路、G65包茂高速公路内蒙古境内段落全部建成通车。全区高速公路由1001公里发展到2365公里，一级公路由2139公里发展到3387公里，高等级公路由1.15万公里发展到1.8万公里。"十二五"期间，2013年，随着赤峰—茅荆坝(蒙冀界)段高速公路的建成，内蒙古东部区最长、通往首都的一条高速公路——G45大庆—广州高速公路内蒙古段全线贯通。2015年，G7京新高速公路韩家营—呼和浩特段交工通车，是自治区唯一一条新建重载6车道高速公路，是继G6京藏高速后又一条进京通道。2017年，G7京新高速公路内蒙古临河—白疙瘩段全长931公里建成通车，G7京新高速是世界上最长的沙漠高速公路，是亚洲投资最大的单体公路建设项目、"一带一路"标志性工程，是继青藏铁路后又一具有典型艰苦地域特点的代表性工程，是中国公路建设上史的一大壮举，更是内蒙古公路建设上的里程碑。至2018年底，全区已建成高速公路6633公里，一级公路7790公里，二级公路17657公里，等级公路占公路总里程的96.54%。

2.农村公路。"九五"期间，在国家扶贫政策的大力支持下，内蒙古交通实施"两个转变"政策，依靠群众投工投劳、以工代赈，进一步加快农村牧区公路建设，新改建农村牧区公路3万多公里。并创造性地实施"草原定线路""3.5米小油路"等符合内蒙古区情的实用建设标准。"十五"期间，内蒙古把农村公路建设作为三大重点工程之一，创造性地建设造价低、适用性强、具有地方特色的小油(水泥)路。全区新改建县乡公路4.96万公里，全区乡(镇、苏木)通油路率达到73%，行政村(嘎查)通公路率达到91.5%。2002年全区实现县县通沥青(水泥)路，2005年建成全区县际公路网。"十一五"期间，仍然保持快速发展的态势，新改建农村牧区公路8.37万公里，其中通乡镇(苏木)沥青(水泥)路1.6万公里，通行政村(嘎查)公路5.6万公里,其他农村公路1.1万公里。建成乡镇(苏木)农村客运站490个。农村牧区公路养护体制改革工作全面完成。至2010年底,全区农村牧区公路总里程达到13.2公里,乡镇(苏木)公路通畅率99.7%,行政村(嘎查)公路通达率100%。"十二五"期间,嘎查村(场)街巷硬化工程助力社会主义新农村建设,开启农业现代化进程。全区完成硬化2701个嘎查村(场),街巷建设规模7820公里。全区农村牧区公路建设规模达50789公里,通油路的行政村5370个。"十二五"以来,制定"四好农村路"建设实施方案、建设标准、创建目标、考评办法,以及推进乡村公路管理养护体制改革指导意见、标志标牌配置方案等一系列规章制度,鄂尔多斯市达拉特旗、赤峰市喀喇沁旗、通辽市开鲁县、巴彦淖尔市五原县和鄂尔多斯市准格尔旗相继被交通运输部评为"四好农村路"全国示范县。2017年,实现全区具备条件的嘎查村全部通沥青水泥路,提前3年完成自治区"十三五"规划目标。至2018年底,全区农村公路里程达到16.2万公里,其中县道3.9万公里、乡道4万公里、村道8.2万公里。一个以县道为骨架、以乡道为连接、以村道为脉络的纵横交织、遍及乡村的农村公路网络基本形成。

3.国边防公路建设。全区12个盟市中有7个分别与蒙古国和俄罗斯接壤,边境线长达4200余公里。边防公路是国边防建设的重要组成部分。中华人民共和国成立后,党中央和政务院(后称国务院)都非常重视边境地区的公路建设。但由于北疆公路多为自然路,只能靠临时维护而维持季节性通车,极大地影响边境地区的国防和经济建设。1964年,国家根据当时的国防需要开始拨专款整修和新建边防公路,使边防公路有了全面的改观。1973年,在全国陆地边防工作会议上,制定边防公路修建规划。1978年,根据全国陆地边防会议和四省区(黑龙江、内蒙古、新疆、西藏)边防公路养护座谈会的精神,内蒙古自治区组建亦修亦养的边防公路机械化养护队。先后在7个盟市组建11个边防公路机械化养护队,是全国9个陆地边境省市唯一组建专职边防公路养护单位并一直保留下来的省区。至2018年底,内蒙古军区所辖边防团全部通油路,85%的边防一线连队通了公路,77%的空军雷达站通沥青水泥路。

4.道路运输。

(1)运输站场建设。1950年5月1日,内蒙古自治区运输公司在通辽成立。在开鲁、林东设运输站,并设海拉尔运输站;10月23日,绥远省运输公司在包头成立,12月,绥远省运输公司在归绥、包头、五原、陕坝设立运输站。1952年6月,锡察盟运输公司成立,驻张家口,设立宝昌站、锡林浩特站,1953年增设化德、苏尼特右旗运输站,接着又增设扎来庙、红格尔庙2个招呼站,公司共设站点6个。1956年末,8个国营运输企业共设置运输站86个,营业所15个,所有旗县均通汽车。1963年2月,内蒙古自治区国营运输公司设在各旗县的运输站,一律更名为汽车站。1978年,全区仅有汽车站92个,大部分汽车站站房及候车室狭小,内部设施比较简单。1982年完成赤峰汽车站、乌兰浩特汽车站建设。1984年新建呼和浩特汽车站交通大厦,并将此列为自治区成立四十周年纪念重点建设项目。1988年自治区人民政府批准开征客运附加费,全部用于汽车站场的建设和升级改造,极大促进汽车站场的建设进程。1990年,全区汽车客运站数量发展到147个。"八五"期间,运输站场新建、改扩建37个,完成投资1.3亿元,到1995年底,全区客货运输站场达到170个。"九五"期间,全区汽车客运站按照公用型汽车客运站的要求进行建设管理,凡是由公路客运附件费为主投资建设的客运站由管理单位按公用型汽车客运站模式组建独立经济实体经营。5年间,全区共建设客货运站场23个,完成投资11997万元。到2000年底,全区汽车客运站数量发展到189个,货运站场数量发展到6个。"十五"期间,全区交通系统借鉴公路建设实行"两个转变"的成功经验,多方筹集资金,鼓励社会资金投资站场建设,实现投资主体的多元化。新建、改建、迁建和扩建客运站183个,建成包头北方物流园区、巴盟陕坝物流园区以及通辽物流园区等一批货运站、物流园区。到2005年底,全区汽车客运站发展到334个,货运站发展到40个。盟市所在地的汽车客运站基本达到一级站标准,67%的旗县所在地的汽车站达到二级站标准,14.5%的乡镇建有等级站,遍布全区的客货运输站场网络基本形成。"十一五"时期,全区汽车客运站(含简易站)数量达到2036个,是"十五"的6倍,其中等级站663个,是"十五"的2.9倍。共有一级站14个,二级站69个,三级站51个。全区86%的乡镇建有等级站,较"十五"末提高63个百分点。"十一五"末,全区货运站数量达到58个,较"十五"末增长45%。"十二五"时期,全区建成等级客运站678个,其中一级站19个、二级站69个、三级站31个、四级站553个、五级站6个,建成客运简易站和招呼站1267个;建成等级货运站82个。12个盟市政府所在地及二连浩特、满洲里口岸均建有一级客运站,全区91.3%的旗县拥有二级及以上客运站,74.4%的乡镇拥有乡镇客运站。"十三五"以来,自治区谋划和完善综合运输枢纽网络布局,推动区域性公路客运场站的建设和改造,配套推进城市公交场站建设,实现不同运输方式之间的顺畅转换。至2018年底,全区共建成等级客运站707个,建成客运简易站和招呼站1858个,货运站场和物流园区79个。客运站基本达到功能齐全、服务配套、设施完备,信息化水平稳步提高,实现全区96个二级及以上汽车客运站和13个三级客运站的网上售票、电话售票,极大方便公众出行。

(2)服务保障能力全面提升。新中国成立时,内蒙古地区仅有汽车114辆,直至20世纪50年代,内蒙古自治区道路运输还是以畜力车为主。到1956年,组建包头、呼和浩特、平地泉、锡林浩特、宝昌、赤峰、通辽、海拉尔8个国营运输公司。同年,公私合营组建集体所有制运输合作社74个,它们和国营运输企业共同担负着内蒙古自治区的公路客、货运输。60年代中后期，汽车运输改变畜力车为主的运输方式。1962年汽车运输货物周转量首次超过畜力运输。50年代~70年代，内蒙古自治区各盟(市)和旗(县)国营运输公司先后成立，成为内蒙古自治区城乡物资交流和商贾行旅的主要运输力量。1978年初期，道路货运主要由交通专业运输企业承担，行业发展缓慢。全区年货运总量不到5000万吨，货物周转量不到10亿吨公里；年营业性客运量仅为1669万人，旅客周转量9.4亿人公里。全区仅有以盟市重点旗县及集镇为中心，通至农村牧区的班车路线42条。党的十一届三中全会后，实行改革开放，于1980年放开公路运输市场，少数个体户开始购买车辆或承租承包车辆从事运输。到1983年，允许城乡个体户购置车辆，投入营业性运输，打破国营运输企业主统营运30多年的格局，内蒙古自治区公路运输出现多层次、多形式、多渠道的格局。2018年，全年营业性货物运输量10.6亿吨、货物周转量1895.7亿吨公里，营业性客运总量达7822.4万人，旅客周转量122.4亿人公里。至2018年底，全区营运客货车辆达到31.0万辆，其中客车11378辆、货车29.8万辆。城市客运车辆79543辆，其中公交车11543辆、出租汽车68000辆。客运线路4852条。其中，跨省区客运线路769条，通达24个省市区；跨盟市客运线路809条；国际旅客运输班线28条。

(3)国际道路运输。1988年是内蒙古自治区国际道路运输元年，满洲里、二连浩特口岸列入国务院批准为全年开放的一类公路口岸，满洲里市运输公司成立边境贸易汽车队，配备半挂车5辆，试运行于自满洲里—后贝加尔斯克边境贸易运输。1989年，满洲里国际客运站、出入境运输储货场等基础设施相继开工建设。当年，中俄货运量为2.7万吨，通过二连浩特口岸运送的货物有400吨。1991年，中蒙、中俄分别开通首条国际道路客运线路。1992年，中蒙第一条道路客运线路(二连浩特—扎门乌德)由二连浩特市客运公司承运。"八五"期间，全区国际道路运输旅客运输量完成185.6万人，货运量完成128.9万吨。"九五"期间，仍以满洲里和二连浩特口岸为代表，新增珠恩嘎达布其、黑山头、室韦等口岸。全区国际道路运输旅客运输量完成376万人，货运量完成118万吨。"十五"期间，全区国际道路运输旅客运输量完成758万人，货运量完成219万吨。"十一五"期间，全区国际道路运输旅客运输量完成976万人，货运量完成3727万吨。"十二五"期间，全区国际道路运输旅客运输量完成1103万人，货运量完成11239万吨。2018年全区国际道路运输累计完成客运量321.4万人、货运量3666.9万吨。内蒙古与蒙古国、俄罗斯达成协议开通国际道路客货运输线路共48条，基本形成以口岸地区重点城市为中心、边境口岸为节点、覆盖蒙俄边境地区重点城市、重点矿区并向其腹地不断延伸的道路运输网络。

【水运建设与发展】 内蒙古自治区属非水网地区，通航期年平均为5个月。全区水域面积约为1647万公顷，河流总长度6546公里，重点河流水域主要是额尔古纳河界河949公里、黄河内蒙古段846公里，分布着乌梁素海、哈素海、岱海、居延海、达赉湖、达里湖等大小湖泊1000多个。新中国成立初期，内蒙古水路运输行业十分落后，基础设施数量少、质量差、等级低、布局偏，尤其是内河航道等级普遍较低、质量较差、缺乏维护。经过20世纪80年代恢复性治理，90年代步入以提高等级航道为主的新时期，先后完成额尔古纳河、嫩江的航道建设规划和航道定级，黄河万家寨库区、呼伦贝尔市嫩江尼尔基库区、巴彦淖尔市乌梁素海等航运工程顺利完工，呼伦湖海事工作船码头、中俄界河额尔古纳国际边境河安全监管系统、拖轮建造项目支持保障系统相继实施，为水运事业的发展奠定基础。至2018年底，全区共有内河航道2516.5公里，航道通航里程2402.8公里，拥有船舶790艘，总吨位3.3万吨，渡口27道，浮桥12座、码头68个。形成层次分明、互动有序的客货运输格局。

新中国成立70年内蒙古水运系统主要指标数据统计表

项 目	单 位	1988年	1990年	2005年	2000年	2005年	2010年	2011年
1. 内河航道通航里程	公里	602	3403	2517	2517	2517	2517	2517
其中：等级航道	公里	–	–	2460	2460	2460	2460	2460
2. 营业性民用运输船舶拥有量								
轮驳船：艘数	艘	173	213	–	647	707	764	779
净载重量	吨位	1144	2644	–	–	–	–	15723
载客量	客位	2938	2938	–	27868	30294	33791	6352
3.. 水运建设投资	万元	–	–	5897	1254	–	–	1300
项 目	**单 位**	**2012年**	**2013年**	**2014年**	**2015年**	**2016年**	**2017年**	**2018年**
1. 内河航道通航里程	公里	2517	2517	2517	2517	2517	2517	2517
其中：等级航道	公里	2460	2460	2460	2460	2460	2460	2460
2. 营业性民用运输船舶拥有量								
轮驳船：艘数	艘	789	767	751	781	789	790	855
净载重量	吨位	14610	11732	13292	15947	13733	12928	13465
载客量	客位	6212	6836	6943	7491	7603	7421	7750
3.. 水运建设投资	万元	–	–	4000	4300	–	–	–

新中国成立70年内蒙古公路系统主要指标数据统计表

项　目	单 位	1949年	1960年	1971年	1978年	1985年	1990年	1995年	2000年	2005年
1. 线路及设备										
（1）公路线路里程	公里	2394	19552	15943	18196	38198	43274	44753	67346	79029
其中：高速公路	公里	–	–	–	–	–	–	–	–	1001
国道	公里	–	–	–	–	–	5875	5900	6548	7496
其中：国家高速	公里	–	–	–	–	–	–	–	–	941
省道	公里	–	–	–	–	–	7455	7689	7035	10669
县道	公里	–	–	–	–	–	14411	14581	22099	19536
乡道	公里	–	–	–	–	–	10184	10970	29108	34890
专用公路	公里	–	–	–	–	–	1429	1442	2556	2608
村道	公里	–	–	–	–	–	–	–	–	–
有铺装路面	公里	–	–	–	–	–	–	–	1558	11085
其中：沥青混凝土	公里	–	–	–	–	–	–	–	1321	10094
水泥混凝土	公里	–	–	–	–	–	–	–	237	991
简易铺装路面	公里	–	–	–	–	–	–	–	12860	19764
未铺装路面	公里	–	–	–	–	–	–	–	52928	48175
（2）公路桥梁	座	–	–	118	1085	3153	3690	4113	5506	8096
	米	–	–	9229	23702	85433	102914	115592	153181	271522
（3）公路隧道	处	–	–	–	–	–	–	–	8	6
	米	–	–	–	–	–	–	–	448	4868
（4）公路渡口	处	–	–	2	3	6	4	4	20	11
其中：机动渡口	处	–	–	2	3	5	3	3	4	11
2. 公路建设投资	亿元	–	0.22	0.13	0.18	1.09	1.73	9.54	55.00	270.90

项　目	单 位	2010年	2011年	2012年	2013年	2014年	2015年	2016年	2017年	2018年
1. 线路及设备										
（1）公路线路里程	公里	157994	160995	163763	167515	172167	175374	196061	199422	202641
其中：高速公路	公里	2365	2874	3110	4080	4237	5016	5153	6320	6633
国道	公里	8583	9160	9294	9745	9825	10038	20754	21864	22263
其中：国家高速	公里	2030	2539	2673	3140	3236	3565	4213	5380	5607
省道	公里	11627	13140	13246	13746	13922	14364	17169	17310	17489
县道	公里	20817	25697	21350	21932	22305	22069	38747	39203	39396
乡道	公里	35658	35609	36474	36790	37070	37502	39368	39332	40108
专用公路	公里	5007	5214	5559	6181	6184	6256	962	931	939
村道	公里	71225	72177	72628	73908	77648	79867	79061	80562	82446
有铺装路面	公里	37135	46214	56831	66974	73752	86424	129428	139013	142433
其中：沥青混凝土	公里	30263	35508	40556	45128	47804	51358	69577	73258	75247
水泥混凝土	公里	6871	10706	16277	21846	25948	35066	59851	65755	67186
简易铺装路面	公里	17364	17708	17725	17712	17707	17871	12352	12186	11842
未铺装路面	公里	103495	97073	89207	82832	80708	71079	54281	48223	48366
（2）公路桥梁	座	13064	13817	14578	15541	15999	16362	18410	19464	20384
	米	452007	506987	562267	632580	669184	687441	826705	885522	952220
（3）公路隧道	处	18	21	29	26	26	27	42	42	42
	米	8513	9343	24961	30055	33691	34866	58662	58662	62551
（4）公路渡口	处	48	48	47	46	45	41	19	15	22
其中：机动渡口	处	31	30	29	28	28	27	8	4	22
2. 公路建设投资	亿元	388.6	502.4	559.1	656.1	660.9	760.9	840.4	700.5	514.5

新中国成立70年内蒙古道路运输系统主要指标数据统计表（一）

指　标	单　位	1998年	2001年	2005年	2006年	2007年	2008年	2009年	2010年
一、道路运输从业人员	人	28343	313695	521652	592015	599966	603287	619970	659678
道路旅客运输经营从业人员	人	–	74459	104927	103594	106863	129049	128844	128936
道路货物运输经营从业人员	人	–	182237	360380	423817	413233	405083	416684	445056
站（场）经营从业人员	人	–	3426	4965	6771	6840	7143	7653	8074
二、道路客、货运站	个	–	201	374	472	1388	1483	1738	666
1.客运站	个	177	194	334	432	1346	1442	1690	633
一级站	个	0	4	12	12	12	12	14	14
二级站	个	12	57	68	70	70	65	68	69
三级站	个	70	20	32	24	33	42	47	51
四级站	个	95	113	116	196	267	339	407	523
五级站	个	–	–	–	–	58	2	3	6
2.货运站	个	11	7	40	40	42	41	48	58
一级站	个	2	0	2	3	3	3	3	3
二级站	个	0	2	3	4	6	9	11	7
三级站	个	2	5	5	6	5	7	7	15
四级站	个	7	–	30	27	28	22	27	33
三、机动车维修业及汽车综合性能检测站									
1.机动车维修业业户	户	8958	8514	9625	10153	10342	10384	11537	13362
其中：汽车维修	户	7218	6877	8116	8708	8914	9134		12298
一类汽车维修	户	112	126	151	161	182	220	229	276
二类汽车维修	户	1091	1541	1000	1010	958	926	1086	14
三类汽车维修	户	6015	5210	6965	7537	7774	7988	9186	1142
2.汽车综合性能检测站	个	21	26	24	33	41	44	45	45
四、机动车驾驶员培训									
1.机动车驾驶员培训业户	户	71	71	160	180	226	240	274	316
其中：普通机动车驾驶员培训	户	–	–	–	138	226	240	274	315
道路运输驾驶员从业资格培训	户	–	–	–	42	62	238	174	176
2.教练员	人	–	1387	–	506	4532	5078	6914	8779
其中：理论教练员	人	–	365	–	322	496	560	852	904
驾驶操作教练员	人	–	1022	–	154	3964	4414	6008	6816
3.培训人次	人次	–	31720	–	106151	185579	187220	264441	208219
五、汽车租赁									
1.汽车租赁业户	户	–	–	11	10	15	3	4	2
2.汽车租赁从业人员	人	–	–	–	–	–	–	–	6
3.租赁车辆数量	辆	–	–	–	–	–	–	–	–
客车	辆	–	–	–	–	–	–	–	–
货车	辆	–	–	–	–	–	–	–	–
六、道路客运班线									
1.客运班线	条	2640	4122	5103	5350	5449	5379	5492	5566
其中：高速公路	条	–	–	–	162	134	133	143	231
2.客运班线平均日发班次	班次/日	6502	10799	11211	12107	12996	12841	13179	14411
其中：高速公路	班次/日	–	–	–	571	273	297	178	375
七、农村道路客运									
1.客车通达情况	个	12910	–	13258	12470	–	9922	9936	10136
乡镇	个	1650	1446	1245	852	655	681	680	680
其中：通客运班车的乡镇	个	1595	1445	1245	852	655	681	680	680
建制村	个	15285	13272	12229	11778	11156	11329	11151	11104
其中：通客运班车的建制村	个	11315	12130	12013	11618	11097	9241	9256	9456
2.农村客运站	个	95	113	232	204	340	1110	1054	1224
其中：等级客运站	个	95	113	116	196	325	341	410	529
3.农村客运线路	条	1228	1932	2369	2665	2801	3089	3130	3185
平均日发班次	班次/日	3125	4847	5144	5442	5584	6274	6785	6716
4.农村旅客运输量									
客运量	万人	–	–	–	12142.0	12273.0	7528.0	7159.0	7257.0
旅客周转量	亿人公里	–	–	–	43.5	38.6	33.7	33.3	33.4

新中国成立70年内蒙古道路运输系统主要指标数据统计表（二）

指　标	单　位	2011年	2012年	2013年	2014年	2015年	2016年	2017年	2018年
一、道路运输从业人员	人	647605	678981	672608	607571	564625	567886	573372	573372
道路旅客运输经营从业人员	人	78047	78164	72445	59134	49626	82361	82030	82030
道路货物运输经营从业人员	人	483067	215328	508363	453192	418711	394067	39185	395185
站（场）经营从业人员	人	8397	8418	8445	8567	8592	8890	8089	5705
二、道路客、货运站	个	734	734	747	759	698	763	791	834
1.客运站	个	674	674	682	678	678	681	704	704
一级站	个	15	15	20	19	19	23	24	24
二级站	个	70	70	70	69	69	73	75	75
三级站	个	48	44	41	30	31	28	31	31
四级站	个	535	539	545	554	553	557	574	574
五级站	个	6	6	6	6	6	0	0	0
2.货运站	个	60	60	65	81	20	82	87	87
一级站	个	3	3	4	7	7	8	6	6
二级站	个	7	7	7	6	6	7	8	8
三级站	个	15	17	16	15	11	11	16	16
四级站	个	35	33	38	53	58	56	57	57
三、机动车维修业及汽车综合性能检测站									
1.机动车维修业业户	户	14444	15383	16567	18072	18569	17812	18209	18209
其中：汽车维修	户	13280	14298	15389	17166	17782	17001	17674	17674
一类汽车维修	户	275	294	304	321	334	331	349	349
二类汽车维修	户	1250	1368	1480	1763	1707	1738	1571	1571
三类汽车维修	户	11755	12636	13605	15082	15741	14932	15754	15754
2.汽车综合性能检测站	个	46	49	49	58	68	75	86	86
四、机动车驾驶员培训									
1.机动车驾驶员培训业户	户	340	396	451	564	609	637	636	636
其中：普通机动车驾驶员培训	户	336	396	448	564	609	637	636	636
道路运输驾驶员从业资格培训	户	101	105	97	92	91	69	57	57
2.教练员	人	9636	10241	11844	25972	19046	19431	20128	20128
其中：理论教练员	人	993	1061	1215	1538	1604	1750	20128	1779
驾驶操作教练员	人	7444	8169	8841	12463	16261	17249	1779	18063
3.培训人次	人次	231516	251997	248714	429997	439210	519155	504539	504539
五、汽车租赁									
1.汽车租赁业户	户	13	17	–	–	–	–	–	–
2.汽车租赁从业人员	人	39	49	–	–	–	–	–	–
3.租赁车辆数量	辆	66	82	–	–	–	–	–	–
客车	辆	66	82	–	–	–	–	–	–
货车	辆	0	0						
六、道路客运班线									
1.客运班线	条	5599	5618	5644	5655	5605	5413	5203	5203
其中：高速公路	条	236	294	307	451	659	628	628	628
2.客运班线平均日发班次	班次/日	14514	14148	14198	13063	12566	12045	13604	13604
其中：高速公路	班次/日	379	468	485	511	1045	984	899	899
七、农村道路客运									
1.客车通达情况	个	10995	–	11819	11935	12139	12215	12223	12223
乡镇	个	682	729	729	730	730	723	731	731
其中：通客运班车的乡镇	个	682	729	729	730	730	723	731	731
建制村	个	11434	11456	11456	11448	11411	11498	11565	11565
其中：通客运班车的建制村	个	10313	10973	11090	11205	11409	11492	11492	11492
2.农村客运站	个	2027	2043	2068	2088	1823	1826	1697	1697
其中：等级客运站	个	541	545	–	556	556	556	–	–
3.农村客运线路	条	3177	3183	3231	3181	3111	2993	2851	2851
平均日发班次	班次/日	6804	6925	7126	6975.0	6965.0	6467.0	7992.0	7992.0
4.农村旅客运输量									
客运量	万人	7358.0	7473.0	7622.0	6536	5757	4665	3890	3889.6
旅客周转量	亿人公里	35.8	37.0	38.5	30.4	28.6	26.1	22.6	22.6

（内蒙古自治区交通运输厅　供稿）

辽宁省

【概 述】解放战争时期，东北行政委员会于1946年3月在东北解放区设置了东北交通委员会，1948年9月改为交通部。1954年8月，辽东、辽西两省合并为辽宁省，辽宁省交通厅成立，下设航运管理局、运输局和公路局。1955年4月13日，省交通厅召开第一届交通工作会议；7月13日，省人民委员会决定将省交通厅直属养路段下放所在市县。1969年8月5日，辽宁省革命委员会决定，组建省交通局革命领导小组，领导全省交通工作；11月27日，省交通局改组为省交通邮政局。1972年5月19日，省革命委员会决定将省交通邮政局分设交通局、邮政局。1983年6月，省交通局改组为省交通厅。2017年5月23日，辽宁省交通厅更名为辽宁省交通运输厅，为省政府组成部门。

经过70年的发展，全省高速公路和国道、省道、县道、乡道、村道五级路网体系基本形成，公路交通基础设施建设实现跨越式发展，形成层次分明、功能齐全、四通八达、遍布城乡的公路网络。特别是辽宁交通系统贯彻落实习近平总书记关于“四好农村路”建设重要指示批示精神，深化农村公路管理体制改革，建立以县级政府为主的农村公路管养体制，出台农村公路管理办法、“三年行动计划”等文件政策，推动全省农村公路发展进入新时代。党的十八大以来，全省累计投入60.4亿元，新建农村公路1.1万公里，农村公路路面铺装率达64.5%、优良路率达69%，农村客运车辆达到7883台，乡、村通客车率达100%。至2017年底，全省普通公路总里程达到11.8万公里，晴雨通车里程11.1万公里；二级以上普通公路总里程达到22306公里，比重由15.1%提高到18.8%。全省开通高速公路27条4212公里，密度2.86公里/百平方公里，主线桥梁96.6万米1.35万座、隧道20万米221处，不仅实现与相邻省份全部通高速公路，而且在全省范围实现“市市通高速”“县县通高速”。

【公路建设与发展】

1.公路建设。新中国成立之初，辽宁全省普通公路技术设施建设发展水平较为落后，1949年全省公路总里程为7901公里，晴雨通车里程1154公里。经过70年的不断发展，辽宁公路事业保持持续快速健康发展的良好势头。至2018年底，全省公路总里程达到122974公里，比1949年增加115073公里。70年来，辽宁公路建设事业取得重大成绩，主要经历四个阶段。

（1）公路交通初创时期（1949年—1985年）。这一时期，省内从抢修公路桥梁和恢复运输生产入手，建立和壮大公路测设、施工、养护专业队伍。抗美援朝战争开始后，开展5条国防干线公路和一批通往工矿区重要公路的建设，建成桥梁915座，在主要干线设立专业养路道班。到1957年全省公路通车里程达到19338公里，比1949年增加1.45倍，其中26%实现晴雨通车。从1958年开始，为了改变公路交通落后面貌，3年间新建公路1.1万余公里，比1957年增长58.9%。1961年，交通部对公路技术等级和里程调整进行重新规定，加强公路养护工作，遏制路况下降现象。至1965年，全省公路通车里程26035公里，有路面里程9736公里，晴雨通车里程4158公里。1978年，省改革委员会批准将省交通局所属公路管理处改组为公路管理局，另恢复公路工程局。1978年全省公路总里程为30439公里，比1949年增加22538公里。

（2）“七五”“八五”时期（1986年—1995年）。这一时期，辽宁公路实行“普及与提高相结合，以普及为主”的发展方针。“七五”期间，辽宁省于1986年9月颁布全省第一部公路管理法规《辽宁省公路管理条例》，公路建设和养护管理步入法制化轨道。国家重点公路改造项目京哈公路辽宁段全部建成二级公路，沈阳—桃仙机场一级汽车专用公路建成通车。鹤大、丹霍、沈盘、鞍羊等国省干线“瓶颈”路段改造基本完成。丹东港、锦州港、营口鲅鱼圈港疏港公路改造初步完成，丹东—岫岩、丹东—宽甸、铁岭—西丰、朝阳—建昌等市到县通沥青路面工程竣工。辽宁实现省会沈阳到所有省辖市通油路、市到县通油路。鞍山市台安县在全国率先实现乡乡通油路、村村通油路。特别是沈阳—大连高速公路作为国家“七五”重点建设项目，总投资22亿元，全长375公里，路基宽26米，为双向四车道，全线封闭为汽车专用公路，设计时速100公里~120公里，1984年6月开工，1990年8月建成通车。该工程由中国自行设计、自行施工，是当时中国公路建设项目中规模最大、标准最高的公路建设工程，开创中国建设长距离高速公路的先河，被誉为“神州第一路”。这条公路的建成，为全国高速公路建设探索了经验、提供了典范。1988年12月《辽宁省贷款修建高等级公路和大型公路桥梁、隧道收取车辆通行费办法》出台，各地市收费站陆续建成并开始收费，这为全省公路建设提供新的资金来源。

“八五”期间，积极推进公路建设由部门行为向政府行为转变、由单一国家投入向多渠道投入转变、由交通部门一个部门向全社会积极性参与转变，率先在全国实施以高速公路为主骨架、以国省干线公路为主通道、以县乡公路为网络的公路网化工程建设。国道京沈线、鹤大线及沿海大通道按照二级公路标准进行技术改造，终结辽宁省干线公路存在断头路的历史。改造城市进出口公路，打通交通“瓶颈”。完成锦州—朝阳、阜新—锦州两条疏港公路的技术改造，增强港口疏运能力。对沈大高速公路经济圈公路网进行改造，改善投资环境，促进区域经济开发。同时，加快县乡公路建设，提高公路技术标准，改善辽东、辽西、辽北地区行路难问题。全省新改建黑色路面1万多公里，工程量相当于前7个五年计划的总和，全省43个县际全部通黑色路面，初步形成“一网、四射、两环”的公路网格局。至1995年底，全省公路总里程43434公里，公路密度29.8公里/百平方公里;等级公路42432公里,占总里程的97.7%,其中二级以上公路6602公里,占总里程的15.2%。各级公路养护主管部门加强公路养护,开展创建"文明路""文明公路段""文明道班"等活动,以沥青路面消灭坑槽、砂石路面消灭"搓板"为重点,搞好公路绿化美化,提高公路养护质量。特别是按照1990年全国公路养护与管理年会精神和国家开展"质量、品质、效率年"活动要求,在全省公路系统全面开展养护单位升级达标工作。

(3)"九五""十五"时期(1996年—2005年)。这一阶段是辽宁公路实现跨越式发展的重要历史阶段。实行"普及与提高相结合,以提高为主"的发展方针。坚持高速公路与国际接轨、普通公路与高速公路接轨、省内公路网与全国公路网接轨的建设标准,加快以国省干线公路建设与改造、农村公路乡乡通油路为重点的公路网化工程建设,加速推进公路交通现代化。"九五"期间,建成黑大线抚顺市段、沈阳市沈新线、营口互通立交、本溪阿家岭隧道、铁岭柴河大桥、葫芦岛山嘴子大桥等83项精品工程。高标准、高质量改造县以上城市进出口58处。辽宁"一网、五射、两环"的公路布局基本形成。"十五"期间,建成盘锦三岔河特大桥、大连后盐互通立交桥等大型桥梁、互通立交、公铁立交10余座和阜新大巴沟等隧道6处,以及康平卧龙湖、瓦房店仙浴湾等多条旅游公路。全省公路总里程突破5万公里,高级次路面突破3万公里,1193个乡镇全部通油路,10662个行政村通公路,占总数的97.8%。10年间,新增公路里程19943公里,平均每年增加近1000公里;新增高级、次高级路面里程30793公里,平均每年增加1500多公里;新增桥梁14483座485851延米,平均每年增加720余座24300延米;新建隧道34处30172延米(按单洞计);新建城市进出口和主要公路枢纽互通式立交136处;新建公铁立交桥120余座。至2005年底,全省公路总里程53521公里,公路密度36.3公里/百平方公里;等级公路52753公里,占公路总里程的99.6%,其中二级以上公路16341公里,占公路总里程的30.9%;高级、次高级路面37361公里,占公路总里程的70.6%。省到市全部通高速公路,市到县、县到县通二级以上公路,主要城市进出口均为一级公路,乡乡通油路,村村通公路,布局合理、纵横贯通、干支结合、连接城乡的现代化公路网基本形成。

(4)"十一五""十二五""十三五"时期(2006年—2018年)。这一时期,辽宁公路实行"进一步完善公路路网,发挥路网整体功能"的发展方针。"十一五"期间,全省公路网体系进一步完善,路网规模显著扩大,技术等级大幅提高,路网结构趋于科学合理,农村公路实现历史性突破,路网服务水平与通达、通畅能力快速提高。全长1443公里的滨海大道提前一年建成通车,连接沿海6市、21个县区,为沿海经济带开发开放打造一条交通主通道。"十一五"农村公路建设共完成路基改造1.5万公里,新建黑色路面2万公里,桥梁11.4万延米,解决4368个行政村通油路,提前一年实现全省11763个行政村全部通油路。为促进区域经济发展,建设11条1063公里的区间快速通道,建设44个县域产业园区道路310公里。"十二五"期是辽宁公路发展史上建设投资最大、规模增长最快、群众受益最多的时期。至"十二五"期末,全省公路总里程突破12万公里。其中,高速公路0.42万公里,14个省辖市和全部陆地县通高速;普通国省干线公路1.68万公里,二级及以上比重为89%;农村公路达到9.96万公里,全部乡镇、行政村通油路。基本建成以高速公路为骨架,普通国省干线公路为支撑、农村公路为基础的层次分明、干支协调、衔接顺畅的路网格局。"十二五"期也是辽宁公路发展史上养护质量最佳、管理效果最好、服务供给最优的时期。在全国干线公路养护管理检查活动中,省交通厅被交通运输部授予公路养护管理优秀单位荣誉称号;普通国省干线公路在全国排名第3位。"十三五"期间,至2018年底,全省公路总里程122974公里,公路密度83.56公里/百平方公里。等级公路115699公里,占公路里程的94%,其中二级以上公路26789公里,占公路总里程的21.8%;高级、次高级路面94376公里,占公路总里程的77.3%。全省形成以高速公路为主骨架,国省干线公路为主通道,县乡村公路紧密衔接,功能完善、四通八达的公路网络格局,基本适应全省经济社会发展需要,为全省公路交通向现代化迈进奠定坚实基础。

2.道路运输。

(1)客运服务。20世纪80年代初期,辽宁省班车客运线路多为市县境内短途班线,最长线路不超过60公里。80年代中期,随着社会运力进入道路客运市场,客运线路不断增加。至1986年底,全省共有道路运输企业142家,完成年客运量2.3亿人、旅客周转量71亿人公里。90年代以后,全省跨市班线数量逐步增多,以满足商品批发、采购客流需求为主的集贸班线蓬勃发展,省内线路并行且班次密集的线路开始整合,出现早期的集约化经营。1990年,全省道路运输部门县及县以上运输企业达到165个,完成客运量2.87亿人、旅客周转量99.4亿人公里。至2017年底,全省班车客运线路达到6702条,跨省线路421条,跨地(市)线路1469条,年客运量和旅客周转量分别达到5.8亿人、298.9亿人公里。一是包车客运。20世纪80年代,包车客运刚刚兴起,全省包车客运主要以旅游包车为主,经营范围较小。"十五"期间,随着旅游产业的兴起和通勤服务、会议包车等需求增长,农民外出务工、跨省旅游逐年增多,包车客运得到一定程度发展。"十一五"时期后,包车客运发展较快,包车数量从"十一五"初期的1871辆,发展到2017年底达8965辆,不仅满足了长短途旅游和职工通勤的需要,而且还为节假日客流高峰时段提供了充足的预备运力。二是出租汽车行业发展。1979年5月,全省第一家出租汽车公司——沈阳市出租汽车公司成立。到20世纪80年代中期,其他省辖市也都有了出租汽车。90年代后,出租汽车服务区域由城市逐步扩展到农村。经过近40年的发展，出租汽车由最初的高档消费成为大众消费，数量也由100多辆发展到2017年的93260辆。特别是在国家全面启动深化出租汽车行业改革，将规范网约车发展作为改革重要内容统筹推进后，辽宁省出台《关于深化改革推进出租汽车行业健康发展的实施意见》。2017年，省交通运输厅联合省公安厅、省通信局等部门完成"全在用车""途途约车""容出行""鼎骏出行""舒行约车"等5个网约车平台线上服务能力认定工作，"全在用车"成为东北地区第一个、全国第八个网约车平台。各地全面推进网约车准入许可工作，至2018年7月，共向50家网约车平台公司(含分公司)发放经营许可证。2017年，全省出租汽车完成客运量268456.6万人次、载客里程779137万公里。

(2)货运服务。改革开放前，道路货物运输按政府指令性计划安排，"运货难"问题始终存在。1983年以后，随着改革开放的不断深入，允许个体及联户经营道路货物运输业。至1983年底，全省交通专业运输企业拥有营运货车7200辆，个体业户拥有营运货车4000辆。至1990年底，全省交通专业运输企业拥有营运货车9150辆，个体业户拥有营运货车3.59万辆，个体运输户经营的货运车辆有效缓解当时道路货物运输需求的紧张局面。1992年后，道路货运市场因准入门槛低、投资回报快，大批社会运力投入市场营运。"十二五"期末，全省道路货运量、货物周转量分别达到20.04亿吨和3259.4亿吨公里，比"十一五"末分别增长57.4%和68.8%，道路货运量、货物周转量在综合运输体系中的比重持续提高。特别是2015年以来，辽宁积极推动货运及交通物流发展，建立全省交通物流联席会议制度、全省农村物流及农产品现代流通体系和联席会议制度，以及区域交通物流合作机制，明确全省交通物流战略和具体发展目标，加快物流产业结构调整、推动物流产业转型升级。联合山东省共同推进辽鲁陆海货滚甩挂运输大通道建设，打造中国第一条货滚甩挂运输多式联运通道。构建以大连港、营口港为起点，途经满洲里，再到俄罗斯乃至欧洲的"辽满欧"综合交通运输大通道。大力推进甩挂运输、无车承运人、汽车之家等试点项目和示范工程，道路货运和交通物流工作取得突破性进展。2017年，全省道路货运量、货物周转量分别达到18.4亿吨和3058.6亿吨公里。至2017年底，全省道路危险货物运输企业所承运的危险货物主要涉及9大类、12个项别，共计121个品种。

【水运建设与发展】

1.港口建设。"七五"期间，辽宁港口建设重点为中小地方码头和陆岛交通码头。锦州港兴建投产，大连港继续占有全省港口吞吐量的最大份额，营口港鲅鱼圈港区正式开埠。"八五"期间，地方港口建设资金投入力度加大，陆岛交通码头和航线不断增加，全省港口吞吐量年均增加近600万吨。"九五"期间，码头泊位比"八五"时期增加近1倍，万吨级以上深水泊位比"八五"时期增长近70%，全省港口吞吐量年均增加850万吨。这一时期，以建设通用泊位为主，大型专业化泊位相对较少，万吨级及以上泊位仅占全部泊位的31.8%，结构性矛盾比较突出。"十五"期间，全省港口吞吐量年均增加3500多万吨。大连港达1.7亿吨，跻身亿吨大港行列；营口港突破7500万吨，跻身全国第10位；锦州港突破3000万吨；丹东港也超过1000万吨。这一时期，随着一批30万吨级原油和矿石等大型专业化码头的建成投产和大连、营口等老港区的加速改造，全省港口的总体规模迅速扩大，泊位结构性矛盾得到缓解。"十一五"期间，全省港口共完成固定资产投资687亿元，将近"十五"期间的3倍，超过新中国成立至"十一五"前全部港口建设投资的总和。"十二五"期间，全省港口基础设施建设完成投资1022亿元，是"十一五"时期的1.9倍。沿海港口货物吞吐量年均增速9.1%，集装箱吞吐量年均增长13.6%。至2018年底，全省沿海港口生产性泊位达到421个，港口综合通过能力达到6.37亿吨，其中集装箱泊位26个，通过能力805万标箱。2018年全省港口完成货物吞吐量11.2亿吨，其中集装箱吞吐量1925.9万标箱。

2.航道养护与管理。辽宁省主要有鸭绿江与辽河两条内河航道。鸭绿江辽宁段流域定级航道总里程256公里，其中三级航道39公里、五级航道40.6公里、六级航道176.4公里，此外还有鸭绿江口自由航行区航道、鸭绿江支流航道共计216公里。辽河流域定级航道总里程557公里，其中三级航道17公里、五级航道140公里、六级航道400公里。由于冬季封冻、公路和铁路建设发展等诸多因素影响，辽河航运自20世纪50年代开始逐渐萎缩，现仅维持大辽河口17公里三级航道正常通航。辽宁省下设丹东市航道服务中心(原丹东航道管理处)和营口市交通事务中心(原营口航道管理处)，分别负责鸭绿江流域和辽河流域的航道养护和管理工作。根据内河航道滩槽演变复杂、航槽摆动频繁的特点和航运需要，对鸭绿江和辽河航道按其等级实施重点养护，特别是对航运比较发达的三级航道，作为重点区段进行养护。通过测量和疏浚等手段，维持航道尺度，维护航道稳定。2005年以后，随着国家对界河航道投入的加大，航道整治项目陆续展开，航道通航条件有明显改观。

3.运输服务。2005年—2015年，在《辽宁省航运业结构调整的意见实施意见》指导下，全省航运业逐步解决地区间发展不平衡、运力和企业组织结构不合理及船舶老化严重、集装箱运输发展明显滞后等问题，实现船舶大型化、船队专业化、企业经营集约化的总体发展目标。2005年，全省单船运力由2000年的1774载重吨/艘，提高到4560载重吨/艘，平均船龄由26年降到10年。随着全省船舶平均吨位的提高，安全性能低、技术落后的老旧船舶的强制淘汰，油轮、液化气及液体油轮化工船、客船(客滚船)的迅速发展，基本形成较为合理的船龄梯形层次分布和船队功能结构较为完备的发展格局。通过借鉴中远集团与中国石油天然气总公司强强联合的成功经验，引导水运企业与大型港口企业、货主企业开展多层次、多渠道的贸易合作，加快全省水运行业的升级换代。2006年—2010年，全省贯彻落实交通部《国内船舶运输经营资质管理规定》（交通部2001年第1号令）、《国内水路运输经营资质管理规定》（交通运输部2008年第2号令），调整水路运输经营者及其所属船舶的经营资质和经营行为，水路运输专业化、规模化水平及水路运输服务能力和辐射范围持续提升。全省完成的货运量、货物周转量年均分别增长14%和29%，船舶运力年均增长20%。深入实施运力结构调整，加快客运船队更新升级步伐，2艘渤海湾大型豪华客滚船舶、8艘陆岛运输客船上线营运，形成船龄梯次合理的渤海湾及陆岛客（滚）运输船队结构。排除陆岛运输重大安全隐患，以政府出资补贴企业的形式，强制抗风等级低的5艘陆岛运输玻璃钢客船下线。在水运扶持政策引导下，水运企业积极性有效激发，民营水运企业投入万吨以上大型化船舶力度明显增大。鼓励油品散装化学品运输发展，6艘30万吨级油轮、4艘大型散装化学品船相继下水。以行业规范为依托，强制淘汰3艘客滚船、10艘单壳油船。实现航运业结构调整和船舶技术进步，保障全省水路运输安全。

"七五"时期，全省水路运输累计完成货运量1062万吨、货物周转量185亿吨公里，客运量112万人、旅客周转量8225万人公里。1990年，全省有民用运输船舶782艘、969621载重吨、15280客位，完成货运量1737万吨、货物周转量316.5亿吨公里，客运量330万人、旅客周转量6亿人公里。"十一五"时期，全省水路运输累计完成货运量4.56亿吨、货物周转量21241亿吨公里，客运量2995万人、旅客周转量38.7亿人公里。2010年，全省有民用运输船舶553艘、720.27万载重吨、26034客位，完成货运量1.04亿吨、货物周转量5695.71亿吨公里，客运量490万人、旅客周转量6.39亿人公里。"十二五"时期，全省水路运输累计完成货运量6.49亿吨、货物周转量37793亿吨公里，客运量2717万人、旅客周转量34亿人公里。2015年，全省有民用运输船舶500艘、808.97万载重吨、30326客位，完成货运量1.34亿吨、货物周转量7963.17亿吨公里，客运量504万人、旅客周转量5.97亿人公里。

【铁路建设与发展（高铁）】

1.盘营客专。由原铁道部、辽宁省合资建设。2008年12月，铁道部、辽宁省下发《关于新建盘锦至营口铁路客运专线工程项目建议书的批复》（铁计函〔2008〕1701号）。盘营客专线路西起京哈线盘锦北站，东至哈大客专下夹河线路所，正线长89.3公里，全线改建盘锦北、盘锦2个车站，新建赵荒地、中小2个线路所，总投资115.28亿元，设计标准为设计时速350公里的客运专线。2009年5月31日开工，2013年9月13开通初期运营。

2.沈丹客专。由原铁道部、辽宁省合资建设。2009年8月21日，国家发展改革委下发《关于新建沈阳至丹东铁路客运专线项目建议书的批复》（发改基础〔2009〕2174号）。沈丹客专正线起自沈阳南站南端，止于丹东站，正线全长205.7公里，新建本溪新城、南芬北、五龙背东、通远堡西、凤城东站，改建本溪枢纽及丹东站工程。设计标准为时速250公里客运专线，投资总额268.8亿元。2010年5月1日开工，2015年9月1开通初期运营。

3.京沈客专辽宁段。由中国铁路总公司、辽宁省合资建设。2009年10月30日，国家发展改革委下发《关于新建北京至沈阳铁路客运专线项目建议书的批复》（发改基础〔2009〕2766号）。京沈客专起自北京星火站，终至辽宁沈阳站，全长696.7公里，其中辽宁段长度406.8公里，新建凌源南、喀左、奈林皋、朝阳北、北票东、乌兰木图、阜新、黑山北、新民北、沈阳西10座车站。设计时速350公里，总投资520亿元。2014年7月1日开工，2018年12月29日开通运营。

4.哈大客专。由原铁道部、辽宁省、吉林省和黑龙江省共同出资建设。2005年12月，国家发展改革委下发《关于哈尔滨至大连铁路客运专线项目建议书的批复》（发改交运〔2005〕2736号）。哈大客专南起大连，向北经营口、鞍山、辽阳，到达沈阳，再向北经铁岭、四平、长春，抵达哈尔滨，纵贯东北三省，线路全长903.94公里，设计时速350公里，总投资1042.60亿元。全线共设车站24个。其中，始发站8个，分别为大连、大连北、沈阳、沈阳北、长春西、长春、哈尔滨西和哈尔滨站，新建大连北和长春西站，改扩建沈阳、沈阳北、长春和哈尔滨站；新建中间站15个；改造既有辽阳站1个。同步建设长春西—长春联络线31.1公里。2007年8月23日开工，2012年10月31日开通初期运营。

5.丹大客专。原铁道部、辽宁省合资建设，起于丹东站，止于大连北站，正线总长290.6公里，由三个建设项目组成：前阳—庄河段，自丹东站（不含）—庄河西站，正线长158.5公里；登沙河—庄河段，自登沙河站—庄河西站，正线长85.2公里；大连铁路枢纽改造，自大连北站—登沙河站，新建正线长46.9公里。另同步建设丹东、大连枢纽相关联络线、改建既有车站和既有线。全线共设19座车站，其中办理客运车站15座、货运或技术作业站4座。正线及站线采用有砟轨道，一次铺设跨区间无缝线路。设计时速200公里，总投资262.2亿元。2010年6月30日开工，2015年12月31日开通初期运营。

【民航建设与发展】 辽宁地区民用航空事业始于1920年，到2018年已有99年的历史。20世纪90年代后，辽宁省民航经历两次深层次以政企分开为主的管理体制改革，民航事业开始步入持续、稳定、快速发展新时期。1990年6月，民航沈阳管理局按照国务院批注的民航系统管理体制改革方案，实行管理体制改革，把原政企合一的政府职责和企业经营职能分离出来，分别组建中国民用航空东北管理局、中国北方航空公司、沈阳桃仙机场、中国民用航空东北管理局航务管理中心和中国航空油料公司沈阳公司。2002年—2005年，辽宁省民航实行更深层次体制改革。北方航空公司与南航（集团）公司、新疆航空公司联合，整合组成中国南方航空集团公司；中国民用航空东北管理局更名为中国民用航空东北地区管理局，增设安全监督机构；机场实行属地化管理，移交所在省、市地方政府领导。至2018年底，全省共有3个机场集团公司、8座机场，即省机场管理集团有限公司（管理沈阳桃仙国际等5座机场）、大连国际机场集团有限公司（管理大连周水子国际等2座机场）和营口机场有限公司，共拥有机坪机位162个，其中沈阳桃仙和大连周水子2座国际机场均为4E级机场和口岸机场，除长海大长山岛为1B级机场外，其余均为4C级机场，丹东机场为临时口岸机场。全省机场共开通航线483条，包括国际航线58条、地区航线5条、国内航线420条。其中，沈阳机场开通航线226条，大连机场开通航线229条。全省机场通航国家共计15个，通航国外城市32个，通航国内城市111个，通航地区覆盖港澳台。2018年，全省民航运输完成货运量13.5万吨、货物周转量2.3亿吨公里，完成客运量1641万人、旅客周转量242.8亿人公里；全省机场旅客吞吐量3889.8万人次，货邮吞吐量33.2万吨，航班起降架次29.5万次。

新中国成立70年辽宁公路系统主要指标数据统计表

项　目	单　位	2014年	2015年	2016年	2017年	2018年
1.线路及设备						
（1）公路线路里程	公里	115430	120365	120613	122705	122974
其中：高速公路	公里	4172	4195	4195	4212	4331
国道	公里	6928	6949	10549	10550	10670
其中：国家高速	公里	3263	3286	3442	3442	3561
省道	公里	9548	9619	10447	10461	10456
县道	公里	12757	12750	8950	9026	8704
乡道	公里	31303	31307	30838	30821	30161
专用公路	公里	908	887	887	887	813
村道	公里	53987	58853	58942	60961	62170
有铺装路面	公里	73305	79155	59634	63746	73048
其中：沥青混凝土	公里	49556	55681	48601	50017	54287
水泥混凝土	公里	–	–	11032	13729	18761
简易铺装路面	公里	23750	23475	22541	22994	22256
未铺装路面	公里	41209	42125	38438	35966	27669
（2）公路桥梁	座	44086	44813	45532	46674	47704
	米	1833342	1852116	1882939	1916611	1969679
（3）公路隧道	处	256	256	256	256	266
	米	223416	223416	223984	225264	233877
（4）公路渡口	处	207	206	195	194	102
其中：机动渡口	处	26	25	24	24	8
2. 公路建设投资						
（1）公路总投资	亿元	–	–	–	–	–
内：线路及桥梁	亿元	–	–	–	–	–
（2）新增生产能力						
新建公路里程	公里	–	–	–	–	–
改建公路里程	公里	–	–	–	–	–

新中国成立70年辽宁道路运输系统主要指标数据统计表

指 标	单 位	2014年	2015年	2016年	2017年	2018年
一、道路运输从业人员	人	1520130	1552829	1547274	1578919	1607521
道路旅客运输经营从业人员	人	223566	223749	142406	146393	143881
道路货物运输经营从业人员	人	1128306	1152739	1231366	1264528	1304500
站（场）经营从业人员	人	11504	11378	11348	11674	11464
二、道路客、货运站	个	2005	2570	3095	3580	3805
1.客运站	个	1887	2457	2986	3472	3700
一级站	个	45	49	49	50	50
二级站	个	37	37	37	36	34
三级站	个	55	56	56	52	50
四级站	个	240	244	244	242	236
五级站	个	129	129	129	129	120
2.货运站	个	118	113	109	108	105
一级站	个	72	73	73	71	70
二级站	个	15	10	8	8	8
三级站	个	24	23	21	22	20
四级站	个	7	7	7	7	7
三、机动车维修业及汽车综合性能检测站						
1.机动车维修业业户	户	15715	15638	15343	15431	14927
其中：汽车维修	户	15181	14863	14869	14950	14575
一类汽车维修	户	929	954	965	999	967
二类汽车维修	户	3532	3455	3221	3094	2982
三类汽车维修	户	10720	10454	10683	10857	10626
2.汽车综合性能检测站	个	71	72	81	94	149
四、机动车驾驶员培训						
1.机动车驾驶员培训业户	户	493	517	520	547	558
其中：普通机动车驾驶员培训	户	484	488	494	512	525
道路运输驾驶员从业资格培训	户	18	25	27	30	47
2.教练员	人	23217	28381	26909	25148	22394
其中：理论教练员	人	1609	1747	1876	1538	1630
驾驶操作教练员	人	21552	26560	24865	23517	20664
3.培训人次	人次	796048	812472	738064	830751	674838
五、汽车租赁						
1.汽车租赁业户	户	203	327	337	351	279
2.汽车租赁从业人员	人	1689	5335	5369	4530	2430
3.租赁车辆数量	辆	2748	8099	8402	8436	6676
客车	辆	2748	8099	8402	8436	6676
货车	辆	–	–	–	–	–
六、道路客运班线						
1.客运班线	条	6975	6884	6879	6702	6475
其中：高速公路	条	657	630	656	652	599
2.客运班线平均日发班次	班次/日	44594	44117	43067	42488	43995
其中：高速公路	班次/日	1546	1605	1396	1308	1233
七、农村道路客运						
1.农村客运站	个	1793	2358	2887	3376	3361
其中：等级客运站	个	369	373	373	413	396
2.农村客运线路	条	3957	4044	4032	3910	3810
平均日发班次	班次/日	28960	27989	27525	26920	28080
3.农村旅客运输量						
客运量	万人	32609	31812	31041	28692	26719
旅客周转量	万人公里	1096845	1060034	1037100	945428	899650

新中国成立70年辽宁水运系统主要指标数据统计表

项　目	单　位	2014年	2015年	2016年	2017年	2018年
一、航道和设备						
1. 内河航道通航里程	公里	413	413	413	413	413
其中：等级航道	公里	413	413	413	413	413
2. 营业性民用运输船舶拥有量						
轮驳船：艘数	艘	535	500	471	478	471
净载重量	万吨位	807.1	809.0	849.1	866.9	1013.7
载客量	万客位	3.03	3.03	3.00	3.21	3.31
3. 港口码头泊位	个	397	410	417	421	421
其中：沿海港口	个	391	404	411	415	415
4. 规模以上港口生产用码头泊位	个	367	376	379	380	380
其中：沿海港口	个	361	370	373	374	374
二、运输量和吞吐量						
1. 水路客、货运输量						
客运量	万人	542.0	504.0	538.0	552.0	567.0
旅客周转量	万人公里	65215.0	59666.0	60053.0	60609.0	60473.0
货运量	万吨	13810.0	13439.0	13464.0	14122.0	13918.0
货物周转量	亿吨公里	7979.5	7963.2	8275.8	8608.9	6317.6
2. 水路集装箱运输量						
水路集装箱箱运量	万标箱	42	41	45	53	–
水路集装箱货运量	万吨	463	411	490	611	–
3. 港口货物吞吐量	万吨	103675	104878	109081	112558	112176
其中：沿海港口	万吨	103658	104859	109066	112558	112176
4. 规模以上港口货物吞吐量	万吨	98705	99564	103630	106516	104812
其中：沿海港口	万吨	98688	99545	103615	106516	104812
三、水运建设投资						
1. 水运总投资	万元	–	–	–	–	–
航道及航标建设	万元	–	–	–	–	–
港口	万元	–	–	–	–	–
2. 新增生产能力						
港口码头泊位个数	个	–	–	–	–	–
年吞吐能力	万吨	–	–	–	–	–

（辽宁省交通运输厅 供稿）

吉林省

【概 述】 1945年12月27日，吉林省政府成立，交通管理纳入省建设厅职责。1946年5月28日，省政府成立吉东汽车管理总局，统筹车辆及运输管理。1948年3月9日，将吉东汽车管理总局改称省汽车管理局；11月14日，省政府将省汽车管理局改组为省公路局，隶属于省工业厅。1949年6月9日，省公路局改为省公路管理局，直属省政府领导，负责全省公路建设和运输组织工作。1949年，全省拥有公路6875公里，公路桥梁958座18192延米；有内河航道817公里，专业运输营运船舶36艘；有专业运输营运车辆467辆，其中载客汽车38辆、载货汽车429辆。新中国成立以来，特别是改革开放以来，吉林交通经历从无到有、由通到畅、由快到好的发展历程，公路等行业实现跨越式发展。至2018年底，全省公路总里程105399公里，是1949年的15倍多，等级公路100599公里，占总里程的95.4%。其中，高速公路3298公里、一级公路2163公里、二级公路9642公里，二级及以上公路达到15104公里，占总里程的14.3%；国省干线里程14753公里，占总里程的14.0%，国省干线中二级及以上公路比重为82.7%，普通国省干线二级及以上公路比重为77.7%；农村公路里程89069公里，占总里程的84.5%，专用公路里程1577公里，占总里程的1.5%。全省公路密度56.21公里/百平方公里。所有乡镇和建制村100%实现通达通畅。

【公路建设与发展】

1.干线公路建设。1950年10月，为支援抗美援朝战争，吉林交通系统在25天内修通吉林—图们公路，保证抗美援朝军需运输。1958年6月，吉林全省掀起筑路高潮。至1965年末，全省公路总里程达14354.1公里，比1957年增长33%。1978年，全省公路总里程23836公里，公路桥梁3572座90524延米。1982年10月，省交通厅提出《开创我省公路工作新局面的意见》，加快干线公路改造步伐。国家主干线和省会到省辖市、联络开发区经济区的干线公路建设不断加快，省会与市(州)政府所在地之间的二级路不断延伸，三级公路在公路网中的比重持续提升。到1995年，全省等级公路达29509公里；2000年末，全省所有市(州)实现与省会二级以上公路连接，27个县(市、区)实现与市(州)二级以上公路连接。“十一五”末，全省等级公路里程达81005公里，占公路总里程的89.6%，高速公路通车里程1850公里，比“十五”末增加1307公里，是“十五”前建成总量的2.4倍。除通化、白山为一级公路连通外，省会长春至其他市(州)政府所在地全部实现高速公路连接，高速公路网主骨架初步形成。全省一级公路1855公里，二级公路9087公里，二级及以上公路达到12792公里，占总里程的14.1%。2012年末，全省拥有等级公路85414公里，公路桥梁12275座、462510延米。到2015年底，全省等级公路为90087公里，占公路总里程的92.6%，其中一级公路2027公里、二级公路9300公里。二级及以上公路达到13956公里，占总里程的14.3%。2017年底，全省等级公路为98908公里，占总里程的95.2%，其中一级公路2154公里、二级公路9498公里。二级及以上公路达到14771公里，占总里程的14.2%。到2018年底，全省国省干线公路达1.48万公里，二级及以上公路比重达82.7%，10万以上人口城镇全部通一级以上公路，市(州)到县和重点产业园区、旅游景区全部以二级及以上公路连接，县(市)政府所在地到乡镇基本通三级以上公路，有力带动全省进出口、现代旅游业和绿色生态产业发展。

2.高速公路建设。1990年，省交通厅党组力排“建设高速公路不符合省情”的非议，创新引进“菲迪克条款”化解资金矛盾，正式启动长春—四平高速公路建设。1993年，在长平高速公路建设筹备期间，省交通厅制定30年路网建设规划，即《四纵三横两环出口成网公路发展总体规划(1990年—2020年)》。这是第一部反映全省交通发展全景式的规划，曾获交通部规划二等奖。此后，全省公路网规划几经调整完善，都以此为基础。1996年9月，“吉林第一路”长平高速公路交工通车，实现全省路网格局大变革的发端。此后，长吉、长营、长春绕城、吉江、延图、长余高速公路相继建成通车，全省高速公路建设进入提档加速期。2003年起，吉延、延图、松白、长松、松桦、通沈等项目相继开工；2007年，全省共有11个高速公路项

吉林营松线至长白山公路。

目先后启动；2010年，两条出海入关快速通道——西部地区南北纵向大通道大广高速公路吉林段、东西横向大通道珲乌高速吉林段建成通车；2011年，全省高速公路通车里程达2252公里。伴随着建设模式的不断探索、管理体制的逐步完善，高速公路建设市场准入和退出机制初步建立，多元化、多渠道、多形式的筹资模式渐趋形成，吉林省高速公路建设"跑步"跨入"十二五"的大门。党的十八大以后，吉林省高速公路建设迈入高质量发展轨道。吉林省聚力补齐高速公路短板，加快建设省际通道、国防战略通道、山水旅游通道，使高速公路主骨架更加完善。到2015年底，"7918"国高网项目全部开工建设，高速公路通车里程达到2629公里，8个市(州)和80%县(市、区)政府所在地通了高速公路，形成"二纵二射一横"的高速公路主骨架，吉林省通往京津冀、沈阳经济区及环渤海、哈尔滨、大庆等地的主要对外联络通道实现了高速化。2016年10月，交通运输部"资源节约、循环利用"科技示范工程和"绿色循环低碳公路"主题性示范工程——鹤大高速公路吉林段建成通车，以"最美高速"名扬全国，其集成应用的多项高速公路建设科技创新成果，在国内东南部山区高速公路建设项目中得到推广应用。依托该工程研发的"高速公路抗冻耐久及生态保护关键技术"荣获2018年国家科技进步二等奖。2017年，长春—大岭段建成通车，使长春—双辽高速公路全线贯通，全省高速公路通车里程达到3119公里。2018年，辉南—白山、吉林—荒岗高速公路建成通车。2019年，辽源—东辽、集安—通化、榆树—松原高速公路和吉林—机场改扩建工程将相继通车，长春—吉林高速公路全线达到6车道标准，珲春—乌兰浩特高速公路全线贯通；北京—哈尔滨、大庆—广州、黑河—沈阳、鹤岗—大连等高速公路纵贯黑、吉、辽，通往京津冀、环渤海经济圈和哈大齐经济区；以省会长春为中心，高速公路呈放射性延伸，衔接9市(州)85%县(市)，至此，全省高速公路通车里程达到3583.5公里。

3.农村公路建设。新中国成立初期，吉林农村几乎全是晴通雨阻的砂石路和土路，严重影响农业、农民的生产和生活，制约农村经济的发展。改革开放以来，省交通厅冲破农村公路"三自"(即自修、自建、自养)方针的屏障，探索"政府领导、部门参谋、群众参与"的农村公路建设格局，按照"政府主导、统筹规划、因地制宜、协调发展"的原则，聚集各方力量，扎实推进农村公路建设。1986年，乡级公路达11528公里，晴雨通车里程达2400公里，且90%以上是三、四级标准。1994年，率先在全国实现乡乡通公路；"九五"期间，农村公路建设累计投入26.4亿元，建成农村公路11200公里。2003年初，吉林省人民政府出台《关于加快农村公路发展的若干意见》，提出多渠道、多元化的农村公路建设、养护资金筹资体制。"十五"期间，新改建农村公路油路(水泥路)3.73万公里，是"九五"实际完成的10倍。2007年，全省农村公路总里程达到73471公里，是改革开放前的2.5倍，其中晴雨通车里程达到61253公里，是改革开放前的13.4倍。"十一五"期间，投资265亿元，新改建农村水泥(沥青)路4.42万公里，乡镇和建制村通水泥(沥青)路率达99.4%和95.4%。编制下发《吉林省农村公路建设与养护技术指南》，积极构筑建管养运一体化格局，实施通乡镇、建制村农村路"畅返不畅"整治。"十二五"期间，农村公路建设投入142.8亿元，建成农村公路1.9万公里，新增427个建制村通水泥(沥青)路，建制村通畅率达到99.9%，比2010年提高4.5个百分点。至2017年底，全省农村公路(县道、乡道、村道)87748公里，占总里程的84.5%。全省有乡镇714个，其中通水泥路94个，通沥青路620个，通畅率达到100%；有行政村9398个，均实现100%通畅。2018年，柳河、东辽、大安被评为"四好农村路"全国示范县，梅河口、磐石等13个县、市被评为全省"四好农村路"示范县。至2018年底，全省农村公路总里程达8.91万公里，所有乡镇和建制村100%实现通达通畅，自然屯通硬化路率达到79.2%，农村公路通村入屯、连田入户，"交通+特色产业""交通+生态旅游"等扶贫模式不断拓展推广，交通运输脱贫攻坚任务、包保帮扶工作基本完成。

4.道路运输。

(1)客运服务。1949年10月，吉林省运输公司正式成立。1950年，开通客运线路51条，运营里程3887公里，年完成客运量33.6万人，旅客周转量1760.9万人公里。1952年，跨省线路相继出现，开通客运线路69条，运营里程5505公里，年完成客运量127.1万人，旅客周转量6502.5万人公里。1955年，客运运营里程达6750公里，其中定期班车运行区间47段3999公里，不定期班车运行区间10段655公里，其余通车区间10段2057公里，年完成客运量289.6万人，旅客周转量10692.7万人公里。1963年，全省共有客运线路184条，客运运营里程达11042公里，年完成客运量688.3万人，旅客周转量24518.7万人公里。1973年，全省专业运输企业完成客运量2793.2万人、旅客周转量86781.4万人公里，分别为1963年的4倍和3.5倍。1983年，省交通厅下发《关于进一步放宽运输改革的几项规定》，探索运用市场机制优先配置运输资源，运输格局发生重大转变。"九五"期间，制定以"一个中心、两个系统、三个层次、农村成网"为框架的公路运输基础设施发展目标，构建全省公路运输主枢纽总体布局。2002年，全省所有新增客运线路一律停止原来的行政审批办法，运输资源优化配置改革全面推广。2006年，围绕建立运输市场发展和管理的长效机制进行探索，涉及5007条客运线路、19096个班次、10637辆营运客车和10余万名道路客运从业人员的全省道路运输市场改革顺利推进。2000年—2012年，全省新增客运班线平均每年递增4.6%。2012年，省政府出台《关于进一步促进道路运输行业健康稳定发展的通知》，明确农村客运的公益属性，要求各地政府为农村客运发展提供有力支撑。2013年，省交通运输厅下发《关于加快发展农村道路客运市场的通知》《关于城乡道路客运一体化发展的意见》等相关指导性文件。2013年以来，全省共实施公交化改造线路138条，新开通农村线路308条，有效地推进城乡道路客运一体化发展。至2017年底，全省共有道路客运经营业户25.5万户，实现村村通客车，实现城乡客运全覆盖。2018年，全省完成公交化改造线路48条，并积极推行定制客运班线服务，通化—长春、通化—沈阳等省内、省际定制客运班线开通，提升群众交通出行体验，让旅客真正实现出门就上车、下车就到家，打通运输服务的“最后一公里”。

（2）货运（现代物流）服务。1949年，全省有专业运输载货汽车429辆。1950年底，完成运输体制整顿工作，对原有9个公私营运输公司裁撤合并。同时废除封建把头制度，对私人运输实行“统一货源、统一调度、统一运价”的办法，将私人运输车辆纳入计划管理轨道。1952年末，全省专业运输完成货运量991.8万吨、货物周转量6949.9万吨公里，分别是1949年的19.5倍、34.8倍。1954年12月，省交通主管部门对长春个体运输业进行合作化试点。1955年11月，制定《关于私营运输业实行社会主义改造规划》。1956年，全省338辆私营汽车实行公私合营；6819辆畜力车实行合作化，成立115个运输合作社。1969年后，全省原由马车、人力车组成的运输合作社，相继以汽车取代马车、人力车，变合作社为运输公司。1976年，全省专业运输企业完成货运量4264.3万吨、货物周转量53263.1万吨公里，分别为1965年的1.79倍和3.03倍。改革开放初期，货运车辆迅猛增加、货运基础设施建设跟不上的矛盾突出，有车难找货，有货难找车。2000年，全省所有二级以上客运站全部开展小件快货运输工作，重型化、厢式化、专业化运输日益增长，现代物流业初步显现。2013年，省交通运输厅印发《关于道路运输业“现代物流”工程的实施意见》。2015年末，培育国家级和省级甩挂运输试点34个，开辟甩挂运输线路63条，试点企业牵引车达877辆，挂车1433辆，甩挂运输车辆实载率较传统运输方式平均提高30%。2017年，省交通运输厅印发《交通运输促进物流业降本增效的实施意见》，落实、细化物流业降本增效各项工作任务，推动物流业向集约化、信息化、智慧化方向发展。省交通运输厅等二十个部门印发《关于鼓励开展多式联运工作的通知》，引导企业开展多式联运业务，鼓励发展公铁联运、铁水联运。同年，省交通运输厅印发《吉林省农村物流网络节点体系建设实施意见》，指导有条件的运输企业积极搭建县、乡、村三级物流节点网络，解决农村物流“最后一公里”问题。全省已建成三级以上货运站54个，基本形成辐射主要节点城市的货运枢纽网。2018年，省政府出台《落实推进运输结构调整三年行动计划实施方案（2018—2020）》。同年，吉林省实现普通货运车辆“三检合一”、网上年审、网上签注，推动物流龙头企业车头向下，开辟农村零担运输班线，县、乡、村三级农村物流网络节点覆盖率明显提升。

（3）汽车维修与驾驶员培训。新中国成立初期，吉林省汽车修理行业按资本分为私营、集体、国营三种性质，由于当时汽车数量不多，吉林省汽车修理业发展缓慢。1956年，私营企业全部进入公私合营企业，后转为国营企业。1957年，国营专业汽车修理企业进入大发展阶段，全省16家企业700多人全部并入当地国营或集体运输企业之中。省交通主管部门相继制定《汽车送修、出厂检验规定》《关于进一步开展旧件修复工作的规定》《实行总成互换修理法的规定》《定额考核办法》等，对于加强企业管理，提高维修质量起到重要作用。当年，全省专业运输汽车完好率达到75%以上。至1965年末，交通行业管理的国营汽车修理企业达11家，系统外还有3家，年汽车大修总能力1200余辆。改革开放以来，全省汽车维修行业有了较快发展，行业所有制结构也发生重大改观，国营企业数量逐步减少，集体、个体企业数量大幅度增加。特别是近些年全省汽车维修行业经过治理整顿，不断走向规范。2013年，组织开展企业质量信誉等级考评工作并向社会公布，24户维修企业被评为全国诚信企业。同年，推进驾驶员培训规范化教学，组织实施新版考试大纲，开展指纹认证和IC卡计时。2014年，在长春选择25户维修企业建立汽车维修配件追溯体系，积极打造“吉林快修”品牌，统一标识、价格和服务标准，引导汽车维修向品牌化、连锁化方向发展。2015年，制定《吉林省道路运输从业资格考试中心建设投资标准》，长春市、松原市从业资格综合考试中心建成并投入使用；省物价局、省交通运输厅印发《关于放开道路运输营运车辆二级维护作业费的通知》，决定放开道路运输营运车辆二级维护作业费，实行市场调节价。2018年，完成省级汽车电子健康档案系统建设和部省数据联通任务，实现95.37%的一类维修企业、62.75%二类维修企业安装应用该系统。

（4）国际道路运输。1989年8月2日，经省编委批准在省运输管理局加挂吉林省口岸交通运输管理办公室牌子，并在延边州、浑江市（白山市）、通化市运输管理处设立办事处。2013年，在临江口岸联检楼设立交通运输口岸办公室，并悬挂中国运输管理标识，经与市政府口岸办、临江市口岸办协调，允许交通进入口岸联检通道并履行职责。2017年，参与省政府口岸办组建的“国际贸易单一窗口”办公室工作小组，定期就推进“国际贸易单一窗口”工作与海关、边检等部门进行协商，明确各单位申报信息、可提供信息以及需求信息等。至2018年底，全省从事国际道路运输的经营业户有4454户，其中旅客运输的经营业户4户、货物运输的经营业户51户、客货运输兼营的经营业户1户；共开通国际道路运输客运线路10条，货运线路14条。全年通过边境口岸由中、外双方承运者完成的国际道路运输中，旅客通过量42.5万人，旅客周转量5034.5万人公里，货物通过量22.2万吨，货物周转量1600万吨公里。

【城市交通发展】

1.公交汽电车。吉林省最早在城市中经营公共交通的是长春、吉林两市。1949年，长春、吉林两市共有公共交通营运线路7条、56.8公里，有公共汽、电车59辆。至1985年，全省8个主要城市共开辟公共交通营运线路112条，线路总长1252.48公里，有公共汽车、电车总数1215辆。2008年，省委、省政府决定将公交管理职能由原来的城建部门转移到交通运输部门。2012年，省交通运输厅组织指导编制中心城市公交发展规划，加大政府财政资金投入，加快车辆更新，实施暖车厢改造工程，开辟公交专用车道，落实扶持公交企业发展的政策措施，城市公交发展步伐加快。2013年，省政府出台《城市优先发展公共交通的实施意见》，明确公交规划编制、基础设施建设、资金政策扶持和路权优先等9项任务、25项保障措施，并在全省启动实施"公交便民"工程。省政府办公厅制定《城市"公交便民"工程实施方案》，确定"公交便民"工程发展目标，并纳入政府年度绩效考核，分解落实到全省各市、县。2014年、2015年又相继实施"城市畅通""公交都市"等工程，均列入省政府民生实事，涉及资金、用地、税费等方面的扶持政策陆续出台，公共交通的资金投入和建设力度持续加大，公交出行条件和服务水平明显提升。至2018年底，全省公共汽电车13282台，经营业户122户。

2.出租汽车。新中国成立初期，出租汽车主要由公共交通企业利用一些不上线运营的车辆为用车单位提供包租业务。改革开放以来，出租汽车业开始兴旺，1984年，陆续有个体经营者参与出租汽车经营。2008年，吉林省出租汽车客运管理职能由城建部门转移到交通运输部门，出租汽车客运全部纳入全省交通运输发展的总体规划中。1991年，省运输管理局下发《关于出租车客运发展和管理的若干意见》，要求各地进一步开放出租车客运市场，拓宽发展渠道。1993年，省运输管理局转发交通部《出租汽车客运服务规范(试行)》，对规范车辆的经营服务、车容仪容、业务受理及调度、运行服务等方面提出具体规定。到2007年前后，全省各地也逐步实施紧缩政策，控制准入条件和数量，并以有偿使用方式确定出租汽车经营权。2014年以后，网约车的出现转变传统出租汽车人等车、车找人的问题，实现人和车的无缝衔接。2016年11月15日，省政府办公厅印发《关于深化改革推进出租汽车行业健康发展的实施意见》，成立省深化出租汽车改革工作领导小组，推进出租汽车行业改革工作；11月末，省级网约车监管平台搭建完成，实现用高速公路光纤专网与部网约车监管平台连接。网约车企业及平台通过交通运输部测试验收，除长春市、四平市自建监管平台外，其他地级城市都使用省级网约车监管平台。

3.轨道交通发展。1948年长春解放初期，有轨电车30辆，运营线路37公里。1957年，有轨电车达67辆，承担全市60%的客运量。1998年7月，经长春市人民政府批准成立长春市轨道交通有限责任公司，负责组织实施轨道交通的建设、运营和管理。2000年5月，轨道交通3号线一期开工建设，全长13.9公里，工程投资14.6亿元。2002年10月30日，轨道交通3号线一期投入运营，设17座车站。2003年10月，《长春市轻轨交通管理办法》印发实施。到2018年末，长春市轨道交通配属车辆182列、842辆，运营线路7条，其中地铁2条、轻轨3条、有轨2条，运营里程117.6公里，其中地铁38.6公里、轻轨61.5公里、有轨17.5公里，年客运量14199.9万人次，最高日客运量74.7万人次，年旅客周转量87200.2万人公里。

【水运建设与发展】 1949年，全省有内河航道817公里，专业运输营运船舶36艘。1952年，全省内河运输业仍处于困难境地，客货运输量很少。1955年11月，制定《关于私营运输业实行社会主义改造规划》。内河运输船舶实行合营，成立4个航运社。1958年，内河航运和造船业有所发展。吉林省交通厅内设内河处，成立航道工程队，并对重点航道碍航浅滩进行测绘与整治，对松花江、图们江、鸭绿江航道进行测绘。1978年，全省有内河航道1860公里，专业运输营运船舶53艘，年完成客运量3.3万人、旅客周转量177万人公里，货运量16万吨、货物周转量5336万吨公里。1998年，省交通厅进一步采取优化运力结构措施，引导业户实现规模化、集约化经营。至2005年底，全省拥有各类运输船舶1421艘，总功率5.03万千瓦，2.82万总吨，净载重量2.51万吨，载客量2.07万客位。"十一五"期间，全省投入2000多万元，完成108道渡口和166艘渡船的改造任务，新增渡船86艘、改造渡船46艘，解决全省356个行政村，210多万(其中学生8万)人口的安全乘渡问题。至2012年底，全省有各类运输船舶913艘，年完成客运量116万人、旅客周转量2490万人公里，货运量232万吨、货物周转量13423万吨公里，分别是1978年的17.2倍、35.2倍、14.1倍、14.5倍、2.5倍。"十二五"期间，省交通运输厅作为图们江出海权领导小组的主要成员单位和航运、海事主管部门，为国家历次与朝、俄方协商中国船只经图们江出海事宜，提供技术支撑。经国家、省有关部门多年不懈努力，最终使朝、俄方进一步确认中国船只享有经图们江出海的权益。吉林省抓住国家加大支持界河建设力度机遇，根据巡航和旅游需要，积极争取加大图们江、鸭绿江航道养护管理力度的支持，2017年底，全省投入界河航道养护资金1100万元，比2012年—2016年年均705万元，增长56%；内河航道管理实现全域管理，并将航道管理纳入水资源综合管理。"十二五"期间，全省航道建设与养护管理累计完成投资1.8亿元。至2018年底，全省内河航道通航里程达到1621公里，有码头泊位31个，年吞吐能力达到180万吨；营业性运输船舶367艘，年完成客运量139万人、旅客周转量1783万人公里，货运量22万吨、货物周转量2014万吨公里。

新中国成立70年吉林公路系统主要指标数据统计表

项　目	单 位	1949年	1960年	1971年	1978年	1985年	1990年	1995年	2000年	2005年
1.线路及设备										
（1）公路线路里程	公里	3567	12246	21663	29282	24271	26468	31321	35216	50308
其中：高速公路	公里	–	–	–	–	–	–	–	345	543
国道	公里	–	–	5999(国省)	7208(国省)	2760	2891	2868	3202	3347
其中：国家高速	公里	–	–	–	–	–	–	–	276	468
省道	公里	–	–	–	–	2652	2698	2756	4087	4211
县道	公里	–	–	14661(县乡)	7272	6380	6537	6694	8870	9721
乡道	公里	–	–	–	12921	11296	12955	16993	16756	27370
专用公路	公里	–	–	808	1881	1183	1388	2010	2302	5658
村道	公里	–	–	–	–	–	–	–	–	–
有铺装路面	公里	–	–	438	4234	4226	5523	8033	13162	31026
其中：沥青混凝土	公里	–	–	–	–	–		–	–	13798
水泥混凝土	公里	–	–	–	–	–	–	–	–	17228
简易铺装路面	公里	–	–	10074	10850	10271	12895	18357	18562	2344
未铺装路面	公里	–	–	11151	14198	9775	8051	4931	3492	16938
（2）公路桥梁	座	958	2871	3926	3572	3547	3954	4473	5321	6638
	米	18192	43306	84775	100251	100786	114743	130869	165389	230453
（3）公路隧道	处	–	–	–	–	–	13	19	21	35
	米	–	–	–	–	–	925	2898	5565	24980
（4）公路渡口	处	–	–	–	16	7	10	2	–	3
其中：机动渡口	处	–	–	–	1	1	4	1	–	3
2. 公路建设投资										
（1）公路总投资	亿元	–	–	–	–	–	5.00	22.00	10.00	125.00
内：线路及桥梁	亿元	–	–	–	–	–	–	–	–	–
（2）新增生产能力										
新建公路里程	公里	–	–	–	–	–	–	–	–	–
改建公路里程	公里	–	–	–	–	–	–	–	–	–

项　目	单 位	2010年	2011年	2012年	2013年	2014年	2015年	2016年	2017年	2018年
1.线路及设备										
（1）公路线路里程	公里	90437	91754	93208	94191	96041	97326	102484	103896	105399
其中：高速公路	公里	1850	2252	2252	2299	2348	2630	3113	3119	3298
国道	公里	4332	4616	4648	4624	4624	4880	9771	9777	9860
其中：国家高速	公里	1515	1799	1799	1807	1807	2063	2548	2554	2654
省道	公里	9061	8954	8924	8950	9007	9039	4737	4756	4893
县道	公里	6169	6149	6126	6126	6162	6162	10712	10686	10711
乡道	公里	27200	27293	27812	27855	27905	27915	28175	28228	28310
专用公路	公里	3887	3887	3902	3902	3902	3890	1591	1614	1577
村道	公里	39788	40855	41795	42699	44441	45441	47498	48834	50048
有铺装路面	公里	62192	66150	68850	70723	73509	75258	83647	85908	88417
其中：沥青混凝土	公里	18541	18663	18772	19103	19321	19989	20595	21256	22720
水泥混凝土	公里	43651	47487	50078	51621	54188	55269	63052	64652	65697
简易铺装路面	公里	77	63	63	63	63	63	35	35	35
未铺装路面	公里	28168	25541	24294	23405	22470	22006	18801	17953	16946
（2）公路桥梁	座	11364	12010	12275	12545	13042	13347	16041	16331	16820
	米	408783	451280	462510	478636	496015	532379	654779	682407	721441
（3）公路隧道	处	79	99	105	109	109	132	171	171	193
	米	66076	93787	103981	113659	113659	136543	206141	206141	235759
（4）公路渡口	处	40	40	40	45	48	49	48	50	49
其中：机动渡口	处	19	19	19	22	22	23	25	25	25
2. 公路建设投资										
（1）公路总投资	亿元	259.00	159.00	105.00	149.00	243.00	293.00	301.00	238.00	257.00
内：线路及桥梁	亿元	–	–	–	–	–	–	299.00	237.00	255.00
（2）新增生产能力										
新建公路里程	公里	–	–	–	–	–	–	2123.0	1825.0	1046.0
改建公路里程	公里	–	–	–	–	–	–	547.0	1063.0	1465.0

新中国成立70年吉林道路运输系统主要指标数据统计表（一）

指　标	单　位	1998年	2000年	2005年	2006年	2007年	2008年	2009年	2010年
一、道路运输从业人员	人	259221	280845	301829	314650	370006	409824	538690	476609
道路旅客运输经营从业人员	人	56206	60466	68649	71237	82469	91541	173737	56759
道路货物运输经营从业人员	人	143414	170339	188035	198920	237524	262833	307278	359783
站（场）经营从业人员	人	–	–	–	6864	6300	6745	7198	7522
二、道路客、货运站									
1.客运站	个	335	346	116	564	731	848	972	515
一级站	个	11	12	13	14	14	15	15	19
二级站	个	53	53	48	47	46	47	47	46
三级站	个	97	99	29	30	30	30	31	36
四级站	个	174	182	26	33	35	43	52	54
五级站	个	–	–	–	203	245	281	316	360
2.货运站	个	3	30	53	55	55	55	55	55
一级站	个	–	–	20	21	21	21	21	21
二级站	个	–	–	15	16	16	16	16	16
三级站	个	–	–	18	18	18	18	18	18
四级站	个	–	–	–	–	–	–	–	–
三、机动车维修业及汽车综合性能检测站									
1.机动车维修业业户	户	5418	4828	5792	5324	5563	5480	5771	6131
其中：汽车维修	户	5403	4812	5755	5281	5515	5431	5719	5857
一类汽车维修	户	255	241	192	171	194	129	128	124
二类汽车维修	户	1651	1466	1239	977	940	812	821	835
三类汽车维修	户	3145	2716	4106	3809	4100	4237	4506	4898
2.汽车综合性能检测站	个	15	16	37	43	48	49	52	59
四、机动车驾驶员培训									
1.机动车驾驶员培训业户	户	–	–	–	215	220	248	273	316
其中：普通机动车驾驶员培训	户	–	–	–	215	220	248	273	315
道路运输驾驶员从业资格培训	户	–	–	–	48	45	59	82	95
2.教练员	人	–	–	–	5178	5633	6095	6787	7825
其中：理论教练员	人	420	372	–	590	677	682	730	874
驾驶操作教练员	人	1875	1784	–	4324	4858	5184	5792	6665
3.培训人次	人次	71605	74478	–	249779	282731	267925	284074	441420
五、汽车租赁									
1.汽车租赁业户	户	–	–	–	–	–	–	–	–
2.汽车租赁从业人员	人	–	–	–	–	–	–	–	–
3.租赁车辆数量	辆	–	–	–	–	–	–	–	–
客车	辆	–	–	–	–	–	–	–	–
货车	辆	–	–	–	–	–	–	–	–
六、道路客运班线									
1.客运班线	条	3213	3737	5114	5356	5556	5949	6052	5964
其中：高速公路	条	–	–	–	98	102	113	189	223
2.客运班线平均日发班次	班次/日	–	–	26288	26127	27367	34667	34356	32752
其中：高速公路	班次/日	–	–	–	191	193	255	633	694
七、农村道路客运									
1.客车通达情况									
乡镇	个	956	920	660	701	717	717	716	715
其中：通客运班车的乡镇	个	955	920	660	701	717	717	716	715
建制村	个	10174	10241	9345	9397	9373	9405	9380	9382
其中：通客运班车的建制村	个	9284	9575	9345	9397	9373	9405	9380	9382
2.农村客运站	个	–	–	–	431	669	785	910	960
其中：等级客运站	个	–	–	–	–	–	–	–	–
3.农村客运线路	条	–	–	–	3538	3545	3562	3681	3781
平均日发班次	班次/日	–	–	–	15125	16140	19171	20787	20344
4.农村旅客运输量									
客运量	万人	–	–	–	9002.8	10415.7	11433.7	13285.7	14546.0
旅客周转量	亿人公里	–	–	–	26.6	35.4	51.3	48.9	55.8

新中国成立70年吉林道路运输系统主要指标数据统计表（二）

指　标	单　位	2011年	2012年	2013年	2014年	2015年	2016年	2017年	2018年
一、道路运输从业人员	人	495916	533287	554774	573010	582269	573881	489585	535650
道路旅客运输经营从业人员	人	52086	47344	47159	47386	47958	44957	57801	56063
道路货物运输经营从业人员	人	381213	420370	436761	453068	456169	452018	358254	413262
站（场）经营从业人员	人	7791	7634	7680	7731	7795	7418	6769	6482
二、道路客、货运站									
1.客运站	个	539	546	548	550	552	551	552	555
一级站	个	19	19	20	22	23	23	24	25
二级站	个	47	47	48	48	48	49	47	49
三级站	个	36	34	33	35	35	35	34	33
四级站	个	58	59	60	61	62	62	63	64
五级站	个	379	387	387	384	384	382	384	384
2.货运站	个	55	55	54	54	54	53	54	54
一级站	个	21	213	21	21	21	21	22	21
二级站	个	16	16	17	17	17	17	18	17
三级站	个	18	18	16	16	16	14	13	16
四级站	个	–	–	–	–	1	1	1	–
三、机动车维修业及汽车综合性能检测站									
1.机动车维修业业户	户	6540	7043	6886	6900	7017	6927	7448	5762
其中：汽车维修	户	6241	6750	6630	6670	6809	6736	7263	5539
一类汽车维修	户	125	133	140	143	150	149	180	160
二类汽车维修	户	886	891	913	957	965	1053	1079	997
三类汽车维修	户	5230	5726	5577	5570	5694	5534	6004	4382
2.汽车综合性能检测站	个	60	63	69	74	86	96	116	145
四、机动车驾驶员培训									
1.机动车驾驶员培训业户	户	344	399	472	573	571	549	561	468
其中：普通机动车驾驶员培训	户	343	398	471	572	570	548	553	463
道路运输驾驶员从业资格培训	户	98	104	102	96	103	96	89	73
2.教练员	人	8707	9609	11328	13148	14982	14594	14905	12778
其中：理论教练员	人	907	1019	1272	1375	2470	2408	2377	1200
驾驶操作教练员	人	7328	8047	9434	11126	12023	11741	12069	11161
3.培训人次	人次	407828	439887	388273	454197	495507	426601	428950	344167
五、汽车租赁									
1.汽车租赁业户	户	–	–	–	–	–	–	–	–
2.汽车租赁从业人员	人	–	–	–	–	–	–	–	–
3.租赁车辆数量	辆	–	–	–	–	–	–	–	–
客车	辆	–	–	–	–	–	–	–	–
货车	辆	–	–	–	–	–	–	–	–
六、道路客运班线									
1.客运班线	条	5914	5948	5874	5937	5917	5764	5648	5637
其中：高速公路	条	235	246	260	283	276	254	258	233
2.客运班线平均日发班次	班次/日	32732	33417	33032	33560	33179	32438	31162	28814
其中：高速公路	班次/日	713	725	753	868	875	698	696	620
七、农村道路客运									
1.客车通达情况									
乡镇	个	715	715	715	715	715	715	714	714
其中：通客运班车的乡镇	个	715	715	715	715	715	715	714	714
建制村	个	9382	9382	715	9374	9374	9374	9398	9398
其中：通客运班车的建制村	个	9382	9382	9382	9374	9374	9374	9398	9398
2.农村客运站	个	1103	1258	1479	1695	1811	1836	2009	1992
其中：等级客运站	个	–	482	479	481	481	480	476	458
3.农村客运线路	条	3814	3991	3998	4027	4015	3901	3914	3624
平均日发班次	班次/日	21424	23746	2112	24556.0	24213.0	22900.5	22421.2	19732.2
4.农村旅客运输量									
客运量	万人	16602.7	17642.5	18212.6	17237.9	14007.4	13440.5	12147.25	11681.54
旅客周转量	亿人公里	66.0	71.4	72.2	68.7	56.1	56.4	50.4	48.1

新中国成立70年吉林水运系统主要指标数据统计表

项　目	单　位	1949年	1978年	1990年	1995年	2000年	2005年	2010年
一、航道和设备								
1. 内河航道通航里程	公里	–	1179	1117	1296	1595	1609	1621
其中：等级航道	公里	–	–	–	–	–	–	–
2. 营业性民用运输船舶拥有量								
轮驳船：艘数	艘	–	53	61	389	607	592	871
净载重量	吨位	–	5470	12100	21710	26560	19330	38640
载客量	客位	–	160	2440	10620	18130	12140	18040
3. 港口码头泊位	个	–	–	–	–	–	–	–
其中：沿海港口	个	–	–	–	–	–	–	–
4. 规模以上港口生产用码头泊位	个	–	–	–	–	–	–	–
其中：沿海港口	个	–	–	–	–	–	–	–
二、运输量和吞吐量								
1. 水路客、货运输量								
客运量	万人	0.1	3.3	17.0	48.0	62.0	113.0	139.0
旅客周转量	万人公里	7.0	176.5	748.5	1052.0	589.0	906.0	2005.0
货运量	万吨	6.9	16.0	21.8	55.0	46.0	87.0	226.0
货物周转量	万吨公里	1017.0	5335.8	13274.0	10726.0	2657.0	4325.0	12692.0
2. 水路集装箱运输量								
水路集装箱箱运量	万标箱	–	–	–	–	–	–	–
水路集装箱货运量	万吨	–	–	–	–	–	–	–
3. 港口货物吞吐量	万吨	–	–	–	–	–	–	–
其中：沿海港口	万吨	–	–	–	–	–	–	–
4. 规模以上港口货物吞吐量	万吨	–	–	–	–	–	–	–
其中：沿海港口	万吨	–	–	–	–	–	–	–
三、水运建设投资								
1. 水运总投资	万元	–	–	210	90	216	3110	1110
航道及航标建设	万元	–	–	–	–	–	–	–
港　口	万元	–	–	–	–	–	–	–

项　目	单　位	2012年	2013年	2014年	2015年	2016年	2017年	2018年
一、航道和设备								
1. 内河航道通航里程	公里	1621	1621	1621	1621	1621	1621	1621
其中：等级航道	公里	–	–	–	–	–	–	–
2. 营业性民用运输船舶拥有量								
轮驳船：艘数	艘	913	897	965	758	736	434	367
净载重量	吨位	41690	40600	39730	28460	26910	26300	20600
载客量	客位	19700	20050	19870	1560	15700	11050	11380
3. 港口码头泊位	个	31	31	31	31	31	31	31
其中：沿海港口	个	–	–	–	–	–	–	–
4. 规模以上港口生产用码头泊位	个	–	–	–	–	–	–	–
其中：沿海港口	个	–	–	–	–	–	–	–
二、运输量和吞吐量								
1. 水路客、货运输量								
客运量	万人	241.0	116.0	202.6	188.0	156.0	123.3	138.7
旅客周转量	万人公里	3254.0	2490.0	2482.7	2749.0	2150.0	1655.6	1783.2
货运量	万吨	331.0	232.0	406.8	187.0	339.0	78.2	21.7
货物周转量	万吨公里	10832.0	13423.0	13815.9	6089.0	6192.0	2047.0	2014.4
2. 水路集装箱运输量								
水路集装箱箱运量	万标箱	–	–	–	–	–	–	–
水路集装箱货运量	万吨	–	–	–	–	–	–	–
3. 港口货物吞吐量	万吨	–	–	20	105	14	16	16
其中：沿海港口	万吨	–	–	–	–	–	–	–
4. 规模以上港口货物吞吐量	万吨	64	74	–	–	–	–	–
其中：沿海港口	万吨	–	–	–	–	–	–	–
三、水运建设投资								
1. 水运总投资	万元	2406	4617	3847	3326	1076	3412	3152
航道及航标建设	万元	–	–	–	–	–	–	–
港　口	万元	–	–	–	–	–	–	–

（文/图　吉林省交通运输厅）

黑龙江省

【概　述】新中国成立70年来，黑龙江交通运输事业发生从无到有、从小到大的历史性变化，实现交通运输与经济社会发展从瓶颈制约到基本适应的历史性跨越。公路基础设施方面，高速公路、普通国省干线、农村公路三大路网不断完善，逐渐构筑起横贯东西、纵穿南北、覆盖全省、连接周边的现代公路骨架网络，并通过与铁路、民航、水路、管道等运输方式有效衔接，以及与邻省及俄罗斯远东地区全面对接，形成对内大循环、对外大开放的现代化大交通格局。一是国省干线联网成片。“一五”期间，黑龙江首先改建重点工业区、主要产粮区、新型农垦区的干线公路，适应工农业建设的需要，全省公路总里程16892公里，晴雨通车里程1747公里，比1949年增长15倍。“二五”计划和三年经济调整期，在改善与提高干线公路的同时，修建农村、山区公路，使县乡公路有了较快发展。“三五”“四五”期间，修建较多的国防、边境公路和不同结构的永久性桥梁。“五五”至“七五”期间，打通和拓宽工业城市出口路，修建一批一、二级高等级公路。1995年全省正式启动“网化工程建设”，到2005年10年间，大规模的路网改造、等级提高，使黑龙江国省干线公路得到跨越发展。2008年随着全省公路建设“三年决战”启动，国省干线建设再获突破。至2018年底，全省普通国省道里程达2.31万公里，实现63个县(市)全部通二级及以上公路，普通国省干线公路的基础网络更加完善。二是高速公路跨越发展。20世纪90年代初，黑龙江开始启动高速公路建设。1992年开工建设哈尔滨—阿城一级汽车专用公路。1997年省内的第一条高速公路——哈尔滨—大庆改扩建高速公路建成，随后相继开工建设哈尔滨—拉林河等一批高速公路。2008年全省高速公路建设进入跨越式发展阶段。至2018年底，全省高速公路里程达到4512公里。三是农村公路实现“村村通”。从2003年开始，抢抓国家加快发展公路的历史机遇，采取有力措施，农村公路发展进入快车道。经过10多年的集中建设，全省农村公路路网规模持续扩大。到2018年底，全省农村公路(含专用公路)总里程达13.9万公里，较2003年新增10.5万公里，增长4.2倍；路面硬化率由2003年的13.6%提高到71.4%。全省931个乡镇和9121个建制村全部实现通畅，提前完成全面建成小康社会的建制村通畅目标。

道路运输方面，自1946年开始，黑龙江地区就开始建立与发展人民自己的公路运输事业，是全国最早建立国营公路运输企业的省份之一。1954年黑龙江、松江两省合并，加快黑龙江省道路运输发展。1957年全省已经形成以国营运输企业为主体、以集体运输企业为辅助的公路运输行业体系，随着全省工农业生产运量的持续提升，接下来的十几年黑龙江省道路运输事业进入一个较快发展的时期。从20世纪70年代末起，特别是党的十一届三中全会以来，黑龙江交通运输系统进入新的加速发展期。全省营运客车、营运货车从1978年的1315辆、7819辆分别发展到2018年的14.6万辆、48.5万辆；道路运输完成客运量、旅客周转量、货运量、货物周转量四个主要经济技术指标从1978年5560万人、17.53亿人公里、7888万吨、11.1亿吨公里分别提高到2018年2.1亿人、154.1亿人公里、4.3亿吨、810.7亿吨公里，增长3.8倍、8.8倍、5.5倍、73倍，在综合运输体系中所占比重分别达到61.0%、17.8%、68.9%、42.2%。

水运建设方面，黑龙江水运是沿江地区大宗货物运输的主要通道，新中国成立以来，逐步建立起以航道、港口、船舶运输为主体，其他支持保障系统相配套的较为完整的水运体系，在促进沿江地区经济社会发展、沿边开发、对外开放和巩固国防、维护国家领土主权等方面发挥重要作用。内河航道：由自然状态向系统治理和梯级渠化迈进，界河航道建设有效地维护国家权益。全面实施松花江主要浅滩河段治理、松花江大顶子山航电枢纽工程，启动松花江梯级开发建设进程。重点实施黑瞎子岛主权接管工程，同时对界河重点河段进行疏浚。有效地改善航道通航条件，提高航道尺度、航道等级和通航保证率，还有力维护国家领土完整和航行权益，促进中俄贸易的进一步发展。港口：1949年，除哈尔滨、佳木斯港有一定规模的港口设施，其他港口基本为自然码头。新中国成立后，逐步由简易码头、人力作业发展为专业化、机械化作业，从根本上改变港口严重落后面貌。20世纪90年代以来，重点对内河主要港口进行改扩建，提高港口综合通过能力和机械化作业水平；实施界河开放港口建设，大幅度提升界河通过能力；完善港口综合功能，改善港口集疏运条件。经过多年建设，全省港口大型化、专业化和现代化水平得到提升，规模化、集约化港口建设取得明显进展，港口在对俄外贸运输、江海联运和大宗货物运输中发挥着重要作用。水运：服务向多元化发展，服务品质、适应市场能力和对区域经济社会发展支撑作用日趋增强。20世纪90年代中期前，水运是黑龙江省沿江地区大宗货物运输和民众出行的主要运输方式。90年代中期后，重点加强中俄运输合作，木材联合运输、滚装运输快速发展，集装箱航线运输规模逐步扩大；引进和研制水翼艇，客运实现高速化；引进和研制气垫船，用于流冰期中俄对应口岸之间的运输，保证界河口岸全年畅通。1992年开通从黑龙江下游出海的江海联运航线，恢复中国商船经俄罗斯境内黑龙江下游的出海权，对全省粮食、重大件装备外运发挥重要作用。2000年以后内河水上客运旅游迅速发展，同时货运向多元化方向发展。

【公路建设与发展】新中国成立70年来，黑龙江省公路从土路到砂路、从砂路到油路、从低等级路到高速路，发生翻天覆地的变化，形成横贯东西、纵穿南北、覆盖全省、连接周边的现代公路骨架网络。至2018年底，全省公路总里程167116公里，二级以上公路19172公里。按行政等级分：国道14749公里，省道13149公里，县道3327公里，乡道49893公里，专用公路18756公里，村道67242公里；按技术等级分：高速公路4512公里，一级公路2729公里，二级公路11931公里，三级公路34345公里，四级公路89443公里，等外公路24156公里；按路面类型分：有铺装路面122827公里，简易铺装路面680公里，未铺装路面43609公里。

1.高速公路。黑龙江省高速公路建设规划和发展经历四个阶段。一是建设起步阶段(1992年—1997年)。时值“八五”规划时期，黑龙江省编制《黑龙江省三十年公路网规划(1991—2020)》，开始启动高速公路建设。1992年，开工建设哈尔滨—阿城全封闭、全立交四车道一级汽车专用公路。1997年哈尔滨—大庆二级汽车专用公路扩建成高速公路，成为黑龙江省境内的第一条高速公路，全省高速公路建设正式起步。二是稳步发展阶段(1998年—2007年)。自1998年开始，全省高速公路建设进入稳步发展阶段，哈尔滨—拉林河、哈尔滨—绥化、哈尔滨机场高速等多条高速公路相继建成通车。2006年，在国家高速公路网的基础上，构建总里程4632公里的“两环、七射、六联”高速公路网。到2007年底，全省高速公路里程达到1044公里。三是历史跨越阶段(2008年—2011年)。2008年5月，全省启动公路建设“三年决战”。总投资达到1100亿元，其中规划建设高速公路项目21项3042公里，总投资727亿元，占规划总投资的66%。至2011年底，累计完成投资1100亿元，相当于新中国成立以来省内公路建设投资的总和，全省高速公路(含高速化公路)总里程达到4300公里。四是持续发展阶段(2012年—2015年)。2013年6月，国家发改委和交通运输部联合印发《国家公路网规划》，对国家高速公路布局做出重大调整，黑龙江省内新增嫩双、铁科、北漠、建黑4条国家高速公路，境内国家高速公路由原有的7条3402公里调整为11条4980公里，增加1600公里。在此基础上，结合全省“三年决战”建设成果，根据发展需要，在《省道网规划》中又补充伊春—齐齐哈尔等2276公里的地方高速公路，构建总里程7256公里的“两环、八射、六横、六纵”的省域高速公路网。到2018年底，全省高速公路总里程4512公里，13个市(地)除加格达奇外已全部通高速公路，63个县(市)有36个通高速公路，打通与吉林和内蒙古的6个高速公路出口，连通绥芬河、东宁、同江、黑河、抚远等国家一类口岸，服务五大连池、亚布力、镜泊湖、兴凯湖等重点景区，形成以哈尔滨为中心，覆盖除加格达奇、黑河以外市(地)的3小时经济圈。

2.普通干线公路。新中国成立初期，黑龙江省共有干线公路12条2502公里。从“一五”计划开始到党的十一届三中全会，黑龙江的公路建设经历较为曲折的发展之路，到1978年全省普通干线公路通车里程仅有7739公里，多为三级、四级公路及等外公路。1995年全省“网化工程建设”正式启动。1996年编制全省第一部干线路网规划，规划全省干线公路共10176公里，全省干线公路建设进入一个快速发展的新阶段，全省大规模的路网改造、等级提高使龙江普通国省干线公路得到跨越式发展。2008年随着全省公路建设“三年决战”启动，普通国省干线公路建设再获突破，到2011年全省普通国省干线公路路面铺装率达到89%。2015年根据国家公路网规划调整方案，重新规划调整了全省干线公路网布局规划。到2018年底，全省普通国省道总里程23440公里，其中已建成二级以上公路12693公里，占54%，路面铺装率达到93%，所有县(市)均已通二级及以上公路，一个四通八达的干线公路网已经初步建立。与此同时，随着国家“一带一路”倡议的提出，全省还加大服务“一带一路”国省干线的建设，主要以建设口岸公路、跨境基础设施为主。

3.农村公路。新中国成立初期，黑龙江省农村公路约3400公里，到1978年黑龙江省农村公路里程达到28079公里，有路面里程几乎为零。20世纪90年代，黑龙江省农村公路建设在全国处于落后地位，多数农村公路技术等级低、路面状况差，通达通畅水平低。到2003年底，全省农村公路总里程3.3万公里，路面硬化率只有13.6%。为尽快改变落后状况，经过10多年的集中建设，全省农村公路路网规模持续扩大，通达深度、覆盖广度稳步提高，路网结构进一步优化，服务“三农”成效进一步突出，农村公路成为全省三大路网的重要组成和基础支撑，成为全省新农村建设的突出亮点。到2018年底，全省农村公路(含专用公路)总里程达到13.9万公里，路面硬化率达到71.4%，全省931个乡镇和9121个建制村通畅率达到100%。

4.跨境基础设施。在国家“一带一路”框架内，黑龙江省加强同俄罗斯主导的欧亚经济联盟战略对接，以“三桥一岛”通道建设为突破口，推动跨境基础设施多点对接、互联互通，加快形成全方位对外开放新格局的重要跨境基础设施，着力构建跨境多式联运交通走廊。黑河黑龙江大桥、东宁界河桥、洛古河大桥是黑龙江省主动对接国家“一带一路”倡议，积极参与“中蒙俄经济走廊”建设，落实“打造一个窗口、建设四个区”对外发展定位的重要跨境基础设施。黑河黑龙江大桥自1988年两国共同动议筹建，历时28年，于2016年12月实现双方同步开工，计划2019年交工通车。东宁、洛古河公路大桥两座界河大桥项目积极推进。积极对接黑瞎子岛陆路口岸、俄罗斯“滨海1号”国际运输通道、符拉迪沃斯托克国际自由港建设，进一步构建龙江连通内外、安全畅通、立体通道的跨境互联互通网络。规划9条由哈尔滨向边境辐射的沿边开放公路运输通道，至2018年全部实现二级以上公路连接，其中绥芬河(东宁)、黑河、同江、抚远、密山、虎林等重要口岸全部实现高速公路连通。

5.道路运输。从新中国成立初期开始，黑龙江省道路运输事业经历上升、回落、再上升的发展过程，分为六个阶段：恢复阶段（1949年—1977年）。新中国成立初，黑龙江省就建立了国营公路运输企业，道路运输行业先后开展组织运输合作社、实行公私合营、建立国营、集体企业及其各级管理机构，加强行业、企业管理，开辟运营路线，增加运力，有力促进全省经济的复苏与发展，形成以哈尔滨、齐齐哈尔、佳木斯、牡丹江、绥化、黑河、大庆、集贤8个客运中心，向四周辐射，贯通城乡、四通八达的公路运输网络。起步阶段（1978年—1988年）。1978年以前，黑龙江省国营运输企业实行计划经济、部门管理、独家经营。党的十一届三中全会以后，按照“改革、开放、搞活”的方针，有计划、有步骤整顿国营运输企业，改革国营运输企业管理体制，改变不合理运输结构，推行承包经营，鼓励自主经营、自我发展，逐步把国营运输企业推向市场。1983年，对公路运输管理体制进行改革，组建省公路运输管理局，统筹全省公路运输工作。开拓阶段（1989年—1998年）。20世纪90年代，省政府颁布《黑龙江省公路运输管理条例实施细则》，省交通厅制定《公路旅客运输管理办法》《公路货物运输管理办法》《公路危险货物运输管理办法》《出租汽车管理办法》等一批行业管理规定。1997年，省人大重新颁布《黑龙江省道路运输管理条例》，把计划经济体制下的“公路运输管理”调整为适应市经济体制下的“道路运输管理”，全省道路运输市场逐步走上有法可依、依法管理、健康发展的轨道。跨越阶段（1999年—2008年）。进入21世纪，黑龙江省道路运输行业跨越式发展的思路基本形成并进入全面实施，全省道路运输行业以企业结构、运力结构、经营结构、组织结构调整推动道路运输快发展、大发展，交通物流、旅游客运、农村客运、国际道路运输都得到长足发展。包车客运、城镇专项配送、行包快件运输等新兴的运输形式不断涌现，为全面推进道路运输行业发展注入新的活力，黑龙江道路运输开始由数量增长型向质量集约型转变。发展阶段（2009年—2015年）。“三年决战”之后，全省干线骨架已经形成，极大地改善道路运输条件。到2014年底，全省道路客运量达到3.6亿人次，旅客周转量达到231.2亿人公里。从出行次数以及出行距离来看，2014年全省道路旅客运输相当于全省人口选择公路出行人均9.5次，出行距离达到63.6公里。深化改革阶段（2016年—2018年）。随着黑龙江省社会经济发展和人民出行方式选择多样化，从2015年开始客、货运输量开始逐年下降，特别是客运量到2017年已经下降到2.4亿人次，较2014年下降50%。2018年3月份，省政府出台《黑龙江省深化改革加快推进道路客运转型升级实施意见》。经过六个阶段的发展，至2018年底，全省共有等级客运站918个，开通客运线路6492条，年平均日发班次2.0万次，年平均日旅客发送量50.2万人，乡镇通车率100%，建制村通车率100%；开通国际运输客运线路32条、货运线路34条。全省在运管部门登记注册的公路营运车辆共63.1万辆，客运班车共13092辆416493客位，营运载货汽车共484777辆3988419吨位；公交车20044辆，运营线路总长度34720.8公里；出租车104008辆，全年运营里程94.5亿公里。

【水运建设与发展】 新中国成立以来，黑龙江省水运基础设施建设深入落实国家和全省发展战略，加快推进水运基础设施，全面提升水运服务现代化水平，为保障黑龙江省沿江区域经济发展、满足对俄经贸、加强国防建设发挥重要作用。至2018年底，全省航道里程5495公里。其中，黑龙江（界河）1861公里、松花江928公里，乌苏里江（界河）455公里、嫩江950公里，其他河流1301公里。全省共有17个港口154个码头泊位，15个对外开放口岸，年综合通过能力为1447万吨和673万人。共有内河营运船舶1438艘/36.1万吨/2.3万客位/16.6万千瓦。2018年，完成水路客运量307万人、旅客周转量3631万人公里，货运量890万吨、货物周转量60815万吨公里，完成港口吞吐量1081万吨。

1.客运服务。20世纪80年代以前，水路旅客运输作为黑龙江省主要的交通运输方式之一，为沿江百姓出行、满足生产生活需求发挥极其重要的作用。进入90年代，随着国家加大对公路的建设投资，高速公路尤其是沿江公路得到快速发展，全省水路旅客运输也开始转变发展方式。一是旅客运输高速化。注重提档升级，引进时速达60公里的俄罗斯先进高速客船——水翼艇，实现旅客运输高速化。同时，结合黑龙江省冬季流冰期船舶无法航行的实际，引进并研制建造国产气垫船，在黑河—布拉戈维申斯克、同江—下列宁斯阔耶等口岸运行，有效地解决中俄对应口岸在长达一个月流冰期间不能开关的难题。二是旅游客运兴起。黑龙江省水上旅游客运从无到有、不断发展，湖泊游、水库库区游、湿地游等吸引大量游客休闲娱乐。

2.货运服务。黑龙江省水路货物运输主要在黑龙江、松花江、嫩江干线水域，20世纪90年代中期前，沿江城市间公路基础设施落后，且不通铁路，成品油、粮食、木材、煤炭、矿建材料等大宗生产生活物资主要依靠水路运输完成。进入90年代中后期，随着改革开放持续深入，为适应市场需要，水路运输开始向多元化方向发展。一是开通黑龙江江海联运航线。1992年中华人民共和国交通部和俄罗斯联邦运输部签订《关于在黑龙江和松花江利用中俄船舶组织外贸货物运输协议》，标志着俄方自1992年5月15日开始为中国商船通航开放共青城港—河口的黑龙江河段，终结黑龙江省物资无法通过水路运输方式出海的历史，恢复黑龙江下游的航行权。同时，开通江海联运航线，将哈电集团的发电站大型装备、农垦的粮食运送到中国南方沿海港口及日本和韩国。二是大力发展界河外贸运输。与俄罗斯合作实行进口俄方木材联合运输，发展界河滚装运输，开通集装箱运输航线。现有7条中俄界河国际航线，2017年中俄界河从事国际航线运输企业20家，投入船舶157艘。三是充分利用水运优势，发展沙石等矿建材料运输。年运输矿建材料近千万吨，为沿江地区基础建设提供有力支撑。

3.运输装备。改革开放以来，黑龙江省水路运输装备技术水平发生重大变化。船舶动力由改革开放初期蒸汽机升级为内燃机。20世纪70~80年代主力运输船队实现分节驳顶推运输方式，大幅度提高运输效率。运输船舶功能实现多元化，开发适用于界河的滚装运输船、高速水翼艇、气垫船和江海两用船、槽型驳等新型船舶，适应水运市场发展变化的需要。船型基本实现标准化，从改革开放初期的船型杂乱、小吨位、木质船、水泥船等发展到以标准化船型为主的大吨位船型，且全部为钢质船。至2018年，全省从事货物运输的船舶以1000、600、300载重吨驳船和485、272、198千瓦推轮为主力船型，船舶标准化率、船舶平均吨位高于全国平均水平。2000年以来，又陆续建造500吨浮吊、大吨位车客渡船、豪华旅游船等一批新型船舶，运力结构得到进一步优化。

【行业法治建设】 党的十一届三中全会以来，黑龙江省不断强化依法行政意识，健全交通运输法规体系，规范行政执法行为，加强行政权力监督，为交通运输事业发展提供良好的法治环境和有力的法治保障。一是完善依法行政制度体系，地方交通运输立法框架基本形成。不断健全和完善地方交通运输法规体系，先后制定和修改《黑龙江省道路运输管理条例》《黑龙江省农村公路条例》《黑龙江省高速公路管理条例》《黑龙江省道路货物运输源头治理超限超载暂行规定》等11部地方性法规和规章。二是依法全面履行政府部门职能，“放管服”改革不断深化。全面清理行政审批事项，全部取消非行政许可审批事项。最大程度减少对生产经营活动的许可，最大限度缩小投资项目审批、核准的范围，做好国务院取消下放事项的落实承接，建立完善权责清单的动态调整和长效管理机制。深化商事制度改革，清理工商登记前置审批，落实“多证合一”“证照分离”制度改革，最大程度促进和激发市场活力。三是坚持严格、规范、公正、文明执法，执法公信力不断提升。落实行政执法人员持证上岗和资格管理制度，通过知识讲座、技能培训、岗位大练兵等活动，执法人员素质不断提升。全面推行“双随机、一公开”监管，建立“一单两库一细则”，行政监管的公平性、规范性和有效性明显提升。全面落实行政许可行政处罚“双公示”，提高行政执法透明度。制定行政处罚自由裁量标准，整顿执法风纪、规范执法用语、细化执法流程、统一执法文书，确保法律法规的正确实施。四是完善行政执法监督制度，监督制约力度不断加大。五是加强行政复议诉讼，社会纠纷依法有效化解。六是增强依法行政意识和能力，社会满意度明显提升。

【管理体制改革】 2009年省编委对省交通运输厅职责进行调整，将原省交通厅的职责、省住房和城乡建设厅的指导城市客运职责，整合划入省交通运输厅。至2018年7月，厅直系统现有直属单位19个，所属单位70个，实有人员20814人。进入新时代，黑龙江交通全力破解发展难题，突破固有的体制机制障碍，推动交通运输持续健康发展。一是推进干线公路管养体制改革。研究确定“一管控、两核定、三分开、四提升”的改革思路。与省编办、省财政厅联合印发《关于加强普通国省干线公路养护管理工作的实施意见》，全面推行养护生产资金预算管理和计量支付管理，全省104个省以下干线公路管养机构的管理经费和离退休人员经费纳入地方财政预算，化解困扰多年的“重养人轻养路”问题，在推进干线公路养护体制改革上迈出坚实的一步。二是推进交通综合管理体制改革。进一步加强综合运输体系的规划协调，优化交通运输布局，促进各种运输方式相互衔接，加快形成便捷、通畅、高效、安全的综合运输体系。三是推进交通运输综合行政执法体制改革。进一步理顺交通运输行政执法管理体制，解决多头执法、重复执法、执法力量和资源分散等问题，增强执法合力，切实提高交通运输行政执法效能和执法规范化水平。四是推进行政管理体制改革。逐步剥离所属事业单位的生产经营职能，撤销承担生产经营职能的事业单位，推进所属事业和企业单位的改革，加强综合绩效考核，增强发展活力。五是深化行政审批制度改革。进一步简政放权，省级交通部门审批事项从35项下降到29项，全部改为省级一次审批，全部纳入网上审批。省交通运输厅权力清单共157项，精简约一半，进一步增强交通运输发展的活力和动力。

【服务对外开放】 黑龙江省与俄罗斯联邦5个边疆区（州）相邻，现有国家一类边境口岸15个，开展对俄国际道路运输的口岸有9个：绥芬河－波格拉尼奇内、东宁－波尔塔夫卡、密山－图里罗格、虎林－马尔科沃、饶河－波克罗夫卡、同江－下列宁斯阔耶、萝北－阿穆尔捷特、逊克－波亚尔科沃、黑河－布拉戈维申斯克。黑龙江省对俄国际道路运输分为四种方式，即汽车公路运输、夏季汽车轮渡运输、冬季汽车冰上运输和冬季浮箱固冰通道运输。黑龙江省国际道路发展经历开通起步阶段（1988年—1998年）、快速发展阶段（1999年—2008年）、科学发展阶段（2009年—2018年）三个发展阶段。2017年经黑龙江省各边境口岸出入境货运车辆9.8万辆次，完成货运量153.3万吨，较上一个10年平均运量增长50%；出入境客运车辆3.3万辆次，完成客运量93.3万人。经过多年发展，黑龙江国际道路运输合作交流取得显著成效。一是国际道路运输协定体系逐步建立。二是积极拓展国际道路运输范围。三是加强国际道路运输合作与交流。四是促进国际道路运输信息化建设。五是有力推进国际道路运输通关便利化。

新中国成立70年黑龙江公路系统主要指标数据统计表

项　目	单 位	1978年	1980年	1985年	1990年	1995年	2000年	2005年	2010年
1.线路及设备									
（1）公路线路里程	公里	50430	44590	45487	47204	48819	50284	67077	151945
其中：高速公路	公里	–	–	–	–	–	259	958	1357
国道	公里	–	–	–	3093	3738	3704	5001	5269
其中：国家高速	公里	–	–	–	–	–	176	809	1332
省道	公里	7739	6673	6944	4704	4879	8148	8170	8107
县道	公里	28079	9172	9285	8863	9098	8544	8577	8574
乡道	公里	–	14805	15229	15923	16261	15868.6	25043	54768
专用公路	公里	14612	13940	14029	14621	14843	14019	20286	12312
村道	公里	–	–	–	–	–	–	–	62916
有铺装路面	公里	39159	36871	38947	42017	45449	48538	15437	88259
其中：沥青混凝土	公里	3706	3903	4376	5695	7095	10199	6682	10102
水泥混凝土	公里	–	15837	17076	18170	21659	22878	8754	78157
简易铺装路面	公里	35453	17131	17495	18152	16695	15461	2361	1499
未铺装路面	公里	11271	7719	6540	5187	3370	1746	49279	62187
（2）公路桥梁	座	6782	5982	6246	6557	6849	7579	9647	17471
	米	139625	132072	141502	156662	171992	220815	316960	504003
（3）公路隧道	处	–	–	–	–	–	–	–	4
	米	–	–	–	–	–	–	–	4435
（4）公路渡口	处	27	25	26	19	20	21	26	358
其中：机动渡口	处	11	13	15	17	20	20	23	39
2. 公路建设投资									
（1）公路总投资	亿元	–	–	–	–	–	–	84.8	346.8
内：线路及桥梁	亿元	–	–	–	–	–	–	80.7	343.2
（2）新增生产能力									
新建公路里程	公里	250	–	–	–	–	107	26	283
改建公路里程	公里	–	–	–	–	–	−165	230	12382

项　目	单 位	2011年	2012年	2013年	2014年	2015年	2016年	2017年	2018年
1.线路及设备									
（1）公路线路里程	公里	155592	159063	160206	162464	163233	164502	165989	167116
其中：高速公路	公里	3708	4084	4084	4084	4346	4350	4512	4512
国道	公里	6985	6984	6984	6983	7195	14752	14746	14749
其中：国家高速	公里	2717	2734	2734	2734	2950	3382	3382	3382
省道	公里	8808	9156	9156	9149	9208	12968	13144	13149
县道	公里	7906	7930	7931	7929	7909	3332	3323	3327
乡道	公里	54646	54699	54707	54800	54873	49729	49802	49893
专用公路	公里	12305	15284	16403	18469	18806	18646	18690	18756
村道	公里	64942	65010	65025	65135	65242	65074	66285	67242
有铺装路面	公里	96124	102559	106998	111831	114108	117154	120052	122827
其中：沥青混凝土	公里	11879	12493	12463	12440	12982	14120	14843	15157
水泥混凝土	公里	84245	90066	94534	99390	101126	103034	105210	107670
简易铺装路面	公里	1420	1372	1291	1038	889	858	728	680
未铺装路面	公里	58048	55132	51917	49595	48236	46490	45208	43609
（2）公路桥梁	座	19805	20371	20431	20572	20695	22734	22949	23017
	米	665873	710403	716061	733637	745596	941872	960011	966430
（3）公路隧道	处	4	4	4	4	4	4	4	4
	米	4435	4435	4435	4435	4435	4435	4435	4435
（4）公路渡口	处	346	346	344	343	338	294	286	247
其中：机动渡口	处	39	39	38	38	37	38	38	37
2. 公路建设投资									
（1）公路总投资	亿元	324.2	223.4	117.6	131.6	157.5	201.11	207.4	155.8
内：线路及桥梁	亿元	312.4	217.4	5.57	124.6	143.9	185.5	190.7	155.8
（2）新增生产能力									
新建公路里程	公里	2106	1182	112	87.5	542	521	1040	585
改建公路里程	公里	4735	6143	3222	3141	3916	4626	5742	4069

新中国成立70年黑龙江道路运输系统主要指标数据统计表（一）

指标	单位	1998年	2000年	2005年	2006年	2007年	2008年	2009年	2010年
一、道路运输从业人员	人	236007	291958	420298	323145	369413	370135	529405	628783
道路旅客运输经营从业人员	人	63572	72643	135144	62721	80967	81441	119684	44225
道路货物运输经营从业人员	人	82272	136355	203785	168761	195916	199747	326582	488435
站（场）经营从业人员	人	–	–	–	14667	14217	10300	13493	11069
二、道路客、货运站	个	–	–	492	750	753	782	938	1041
1.客运站	个	255	274	329	554	593	684	813	919
一级站	个	14	14	14	14	14	14	14	14
二级站	个	91	79	68	110	95	99	94	89
三级站	个	100	126	147	149	135	146	137	147
四级站	个	50	55	100	72	150	113	111	131
五级站	个	–	–	–	209	199	312	457	538
2.货运站	个	173	173	163	196	160	98	125	122
一级站	个	4	9	5	20	14	15	10	6
二级站	个	12	14	8	26	21	15	23	21
三级站	个	44	60	12	70	50	8	26	35
四级站	个	–	26	27	80	75	60	66	60
三、机动车维修业及汽车综合性能检测站									
1.机动车维修业业户	户	6663	7356	6239	7883	7920	8474	7426	7716
其中：汽车维修	户	6399	6813	5848	7458	7485	7718	6902	7308
一类汽车维修	户	328	247	144	214	211	192	230	266
二类汽车维修	户	1210	1160	1104	1971	1915	2007	1887	1225
三类汽车维修	户	4861	5406	4600	5273	5359	5519	4785	5817
2.汽车综合性能检测站	个	45	59	67	71	74	80	80	93
四、机动车驾驶员培训									
1.机动车驾驶员培训业户	户	46	101	158	197	204	212	221	247
其中：普通机动车驾驶员培训	户	–	–	–	163	169	185	196	233
道路运输驾驶员从业资格培训	户	–	–	–	310	324	110	120	102
2.教练员	人	1250	2068	3381	3543	3777	3991	6963	7898
其中：理论教练员	人	269	446	568	476	523	548	1100	776
驾驶操作教练员	人	981	1622	2813	2737	2804	3002	5863	6609
3.培训人次	人次	22123	40103	147590	271676	219143	286173	396457	437197
五、汽车租赁									
1.汽车租赁业户	户	–	–	–	–	–	–	–	–
2.汽车租赁从业人员	人	–	–	–	–	–	–	–	–
3.租赁车辆数量	辆	–	–	–	–	–	–	–	–
客车	辆	–	–	–	–	–	–	–	–
货车	辆	–	–	–	–	–	–	–	–
六、道路客运班线									
1.客运班线	条	3958	4495	5748	6482	6843	7265	8657	8681
其中：高速公路	条	–	–	–	145	148	148	177	204
2.客运班线平均日发班次	班次/日	18087	20098	20734	19854	24011	25211	34625	35025
其中：高速公路	班次/日	–	–	–	290	310	310	442.5	509
七、农村道路客运									
1.客车通达情况									
乡镇	个	–	–	–	1051	1043	1043	1040	1030
其中：通客运班车的乡镇	个	–	–	–	1046	1043	1043	1040	1030
建制村	个	–	–	–	10998	11130	11130	11155	11097
其中：通客运班车的建制村	个	–	–	–	10138	10798	10907	11043	11023
2.农村客运站	个	–	–	–	469	549	584	661	840
其中：等级客运站	个	–	–	–	–	–	–	–	–
3.农村客运线路	条	–	–	–	4408	4352	4575	4383	4947
平均日发班次	班次/日	–	–	–	10232	10364	10980	12342.5	13541.5
4.农村旅客运输量									
客运量	万人	–	–	–	20381	21444	27914	28594	29804
旅客周转量	亿人公里	–	–	–	48.56	50.18	70.04	71.83	72.76

新中国成立70年黑龙江道路运输系统主要指标数据统计表（二）

指　标	单　位	2011年	2012年	2013年	2014年	2015年	2016年	2017年	2018年
一、道路运输从业人员	人	714558	715694	691406	703201	709761	695603	684106	653921
道路旅客运输经营从业人员	人	40838	40471	39278	38221	37749	38025	36148	35760
道路货物运输经营从业人员	人	604207	600662	573872	582641	589958	577798	568392	537788
站（场）经营从业人员	人	11126	11980	12134	12072	12031	11766	12190	11923
二、道路客、货运站	个	1103	1134	1012	1123	1136	1036	1064	1040
1.客运站	个	984	1010	904	1007	1022	925	929	918
一级站	个	14	14	15	18	18	18	18	18
二级站	个	90	90	90	86	86	88	88	85
三级站	个	155	155	133	107	104	123	100	107
四级站	个	121	126	94	162	151	135	141	119
五级站	个	604	625	572	634	663	561	582	589
2.货运站	个	119	124	108	116	114	111	135	122
一级站	个	6	7	6	6	8	7	18	16
二级站	个	21	24	23	20	19	20	14	14
三级站	个	25	14	16	26	23	22	9	10
四级站	个	67	79	63	64	64	62	94	82
三、机动车维修业及汽车综合性能检测站									
1.机动车维修业业户	户	7888	8170	8816	9064	9242	8387	7625	5809
其中：汽车维修	户	7519	7827	8446	8702	8924	8089	7282	5598
一类汽车维修	户	261	299	267	279	268	285	297	260
二类汽车维修	户	1292	1471	1532	1553	1587	1397	1429	1110
三类汽车维修	户	5966	6057	6647	6870	7069	6407	5556	4228
2.汽车综合性能检测站	个	101	103	102	113	125	140	146	175
四、机动车驾驶员培训									
1.机动车驾驶员培训业户	户	248	298	302	331	371	388	400	418
其中：普通机动车驾驶员培训	户	226	280	285	322	362	375	397	415
道路运输驾驶员从业资格培训	户	116	127	129	120	183	191	188	193
2.教练员	人	7411	8732	10782	13477	13678	14701	15197	14893
其中：理论教练员	人	723	1035	1221	1038	1047	1226	882	902
驾驶操作教练员	人	6262	8048	10594	12921	11679	12443	10637	11350
3.培训人次	人次	479795	586422	536180	484468	511207	500112	499071	473000
五、汽车租赁									
1.汽车租赁业户	户	16	17	17	1	2	4	1	1
2.汽车租赁从业人员	人	779	806	819	12	17	23	5	5
3.租赁车辆数量	辆	710	719	717	15	30	51	15	15
客车	辆	710	719	717	15	30	51	15	15
货车	辆	–	–	–	–	–	–	–	–
六、道路客运班线									
1.客运班线	条	7823	7489	7165	7017	6776	6576	6502	6492
其中：高速公路	条	671	671	671	671	665	639	650	649
2.客运班线平均日发班次	班次/日	29361	28352	25771.5	25236.5	23783	23066.5	22828.5	22820
其中：高速公路	班次/日	1603	1603	1603	1603	1592	1542	1492.5	1492
七、农村道路客运									
1.客车通达情况									
乡镇	个	1030	1009	1008	1008	1001	1001	1001	1001
其中：通客运班车的乡镇	个	1030	1009	1008	1008	1001	1001	1001	1001
建制村	个	11392	11392	11324	11324	11324	11324	11324	11311
其中：通客运班车的建制村	个	11312	11392	11324	11324	11324	11324	11324	11311
2.农村客运站	个	912	1498	1413	1406	1445	1454	1454	1450
其中：等级客运站	个	–	825	668	741	774	783	770	760
3.农村客运线路	条	4816	4818	4846	4730	4739	4716	4714	4633
平均日发班次	班次/日	15216	16624.5	16422	16132.5	16056.5	15466	15349	14944.5
4.农村旅客运输量									
客运量	万人	30144	17245	16075	16479	15675	13864	10207	9332
旅客周转量	亿人公里	72.52	56.67	56.84	65.32	54.05	51.35	35.63	30.92

新中国成立70年黑龙江水运系统主要指标数据统计表

项　目	单　位	1979年	1980年	1985年	1990年	1995年	2000年	2005年	2010年
一、航道和设备									
1. 内河航道通航里程	公里	5600	5137	4776	4696	5057	5057	5528	5495
其中：等级航道	公里	–	–	–	–	–	–	5153	5120
2. 营业性民用运输船舶拥有量									
轮驳船：艘数	艘	433	466	515	867	806	717	1519	1564
净载重量	万吨位	11.22	12.86	19.28	28.01	31.79	28.68	27.20	24.04
载客量	万客位	0.59	0.45	0.48	1.15	0.69	1.01	1.58	2.28
3. 港口码头泊位	个	–	–	–	–	–	–	182	135
4. 规模以上港口生产用码头泊位	个	–	–	–	–	–	–	112	93
二、运输量和吞吐量									
1. 水路客、货运输量									
客运量	万人	99	84	153	81	37	45	240	292
旅客周转量	万人公里	7159	5933	8914	3498	1683	670	3101	3462
货运量	万吨	314	275	382	579	627	787	1301	1015
货物周转量	万吨公里	77880	76552	127891	177131	165159	195261	200436	70329
2. 水路集装箱运输量									
水路集装箱箱运量	万标箱	–	–	–	–	–	–	–	–
水路集装箱货运量	万吨	–	–	–	–	–	–	–	–
3. 港口货物吞吐量	万吨	442	471	633	834	462	1540	1505	1296
4. 规模以上港口货物吞吐量	万吨	374	371	520	661	392	439	506	261
三、水运建设投资									
1. 水运总投资	万元	1508	189	1603	2210	5726	6730	67836	25935
航道及航标建设	万元	59	130	300	1510	5526	6280	66067	10050
港　口	万元	92	59	1303	700	200	450	1769	15885
2. 新增生产能力									
港口码头泊位个数	个	–	4	10	4	1	2	3	–
年吞吐能力	万吨	–	80	214	50	10	30	80	–

项　目	单　位	2011年	2012年	2013年	2014年	2015年	2016年	2017年	2018年
一、航道和设备									
1. 内河航道通航里程	公里	5495	5495	5495	5495	5495	5495	5495	5495
其中：等级航道	公里	5120	5120	5120	5120	5120	5120	5120	5120
2. 营业性民用运输船舶拥有量									
轮驳船：艘数	艘	1592	1592	1590	1585	1589	1543	1506	1506
净载重量	万吨位	24.06	23.81	23.66	23.64	31.22	31.09	35.61	35.61
载客量	万客位	2.32	2.26	2.22	2.18	2.04	2.08	2.23	2.23
3. 港口码头泊位	个	135	135	135	135	135	154	154	154
4. 规模以上港口生产用码头泊位	个	93	93	93	93	93	105	105	105
二、运输量和吞吐量									
1. 水路客、货运输量									
客运量	万人	312	329	357	366	372	355	341	317
旅客周转量	万人公里	3687	3738	3397	4026	4094	3910	3784	3546
货运量	万吨	1118	1175	1245	1262	1245	1130	1110	780
货物周转量	万吨公里	74284	75584	78897	79428	81275	73004	70552	55562
2. 水路集装箱运输量									
水路集装箱箱运量	万标箱	0.12	0.21	0.02	0.03	0.14	0.25	0.63	0.95
水路集装箱货运量	万吨	0.67	1.37	0.13	0.18	2.66	2.22	5.18	7.81
3. 港口货物吞吐量	万吨	1410	1481	1525	1567	1590	1381	1351	949
4. 规模以上港口货物吞吐量	万吨	323	326	331	341	348	331	320	180
三、水运建设投资									
1. 水运总投资	万元	98637	32196	18706	5321	15516	9650	7593	6638
航道及航标建设	万元	87204	25551	11312	5321	15216	9650	7593	6638
港　口	万元	11433	6645	7394	–	300	–	–	–
2. 新增生产能力									
港口码头泊位个数	个	–	–	–	–	–	–	–	–
年吞吐能力	万吨	–	–	–	–	–	–	–	–

（黑龙江省交通运输厅　供稿）

上海市

【概 述】1949年，上海市境内铁路有沪宁、沪杭2条干线，淞沪、新日、真西3条支线，线路总延长120余公里。航空方面上海与国内主要城市间仅有不定期航班。上海港货物吞吐量149万吨。全市有近10家公路长途客运企业，客车数10辆，班线最长运距142公里。全市有公共汽车402辆，线路46条，有轨电车331辆，无轨电车166辆；出租汽车370辆。1949年新中国成立，上海市成立公用局，主管全市公共交通，中国人民革命军事委员会铁道部上海铁路管理局成立。1950年，军委民航局上海办事处在北京成立，中央人民政府交通部上海区港务局成立。1954年，上海市交通运输局成立，主管公路交通和内河航运。1978年改革开放以来，上海交通运输在经济模式、管理方式、市场管理等方面都发生了深刻的变革，交通基础设施建设有序推进，交通综合管理水平逐步提高，交通运输服务能力持续提升。上海国际航运中心建设取得重大突破，航运要素加快集聚。上海航空枢纽建设基础已经奠定，虹桥、浦东两大机场建成4座航站楼、6条跑道。以高速公路为主干、干线公路为骨架的公路网已经形成，公路建设养护管理的信息化、科技化水平全国领先，公路运输运力结构优化，集约化、专业化程度逐步提高。公共交通优先发展，轨道交通成网运行，交通信息化系统初步形成，市民出行条件明显改善。2018年，上海港完成货物吞吐量7.31亿吨，集装箱吞吐量4201.02万标箱，继续保持世界首位。民航完成旅客吞吐量1.18亿人次，在全球城市中排名第四，货邮吞吐量417.57万吨，连续十一年稳居全球机场货运量第三；铁路完成客运量2.45亿人；公共交通日均客运量达到1782万人次。至2018年底，全市轨道交通运营线路17条，运营里程705公里；上海地区铁路里程466公里，拥有京沪、沪昆2个方向5条通道。

【公路建设与发展】

1.公路设施。至1957年，上海市政道路和公路得到恢复和初步发展，开始有重点的进行路政工程建设。全市道路初步形成以中山环路为起点、郊县环线公路和多条干道向外辐射伸展相结合的道路系统。1978年十一届三中全会以后，上海城市道路、公路及设施建设呈现上升势头。第一条黄浦江越江隧道于1970年建成，在此基础上延安东路隧道于1989年建成通车。1984年沪嘉高速公路动工，开始中国大陆高速公路建设新起点。新(改)建沪青平公路、曹安公路、亭枫公路等，使城市出入口与市境出入口交通有了较大改善。此外，公路施工、养护和管理水平逐步提高，在干线公路和桥梁工程设施中基本实现机械化和工厂化。“八五”期间，上海路政建设的投资数量、工程规模、技术标准，在上海城市建设史上都是前所未有的。市区道路、高速公路、桥梁、立交等加速建设，罗山路、龙阳路立交桥相继建成。“十二五”期间，全市公路建设稳步推进，对于郊区新城建设和重点区域发展的支撑作用更为明显，与综合交通体系的关系更为紧密。2012年4月，组建路网运行监测中心，加强路网实时运行动态管理。2013年，开展养护作业市场化改革试点，全面开放市属道路设施大修市场。

至2018年底，全市城市道路总里程5317公里，城市桥梁2855座，总面积11821万平方米。公路总里程13106.4公里，公路桥梁11291座；公路密度206.7公里/百平方公里、5.42公里/万人。路政行业围绕综合交通发展规划提出的“管为本、重体系、补短板”工作思路，持续推进公路和城市道路网络体系建设和管理，实现道路运行安全、设施提质增效、道路智能交通的目标。

2.公路客运。上海解放初期，全市跨省市公路客运由私营长途汽车公司经营，后改由江苏省公路交通部门经营。1968年，上海市跨省市公路客运移交上海市公共交通公司接办，全市省际、市内各类包车客运，也由市公交公司独家经营。到1982年，上海市长途汽车运输公司成立，专门从事公路班车客运。改革开放以来，特别是20世纪90年代以来，随着以上海为代表的东部地区经济的快速发展，中西部地区大规模人口向东部沿海地区迁移，带动跨省长途运输行业的快速发展。公路客运尤其是跨省公路客运在实现人口流动及经济社会发展中的重要性越来越高。2005年，上海长途汽车客运总站启用，成为当时亚洲最大的公路客运站，也是全国设计车流量、客流量最大的汽车客运枢纽之一。2005年12月和2010年7月，上海长途客运南站和上海长途客运西站分别启用，均核定为一级站，同时加入联网售票平台。“十二五”期间，省际公路客运依然是上海市与长三角区域各城市之间出行最重要的交通方式，中心城外围区东、南、西、北四个公路客运主站建设重点加强，远郊“一区一站”布局分布逐日优化，在春运、黄金周等节假日高峰出行中发挥了不可或缺的助力作用。至2018年底，上海市客运班线总计2970条，省际公路发送旅客3151.5万人(含省际班线和跨省包车)，日均旅客发送量8.6万人；省际班线完成客运量2007.1万人，日均客运量5.5万人。

【水运建设与发展】1957年，港口货物吞吐量恢复至上海解放前最高水平。1973年—1978年，上海港响应周恩来总理作出的“三年改变港口面貌”的指示，新(改)建24个公用泊位和一批单位专用码头，有力提升港口吞吐能力和技术水平。1978年—1990年，上海港以整顿、恢复和适应性调整为主线，重点强化企业整顿和安全质量管理，全力做好疏港工作。港务局在长江口南岸新建宝山装卸区码头，在黄浦江中游和下游新建关港装卸区码头和朱家门煤码头，内河港口新建和扩建龙吴路港区、纪蕰路港区。通过体制机制改革释放企业活力，迅速扭转港口生产混乱局面。1984年上

2018年上海水运系统主要指标数据统计表

项 目	单 位	2018年
一、航道和设备		
1. 内河航道通航里程	公里	1973
其中：等级航道	公里	882
2. 营业性民用运输船舶拥有量		
轮驳船：艘数	艘	1461
净载重量	万吨位	2144.3
载客量	万客位	3.81
3. 港口码头泊位	个	1935
其中：沿海港口	个	1097
4. 规模以上港口生产用码头泊位	个	1405
其中：沿海港口	个	573
二、运输量和吞吐量		
1. 水路客、货运输量		
客运量	万人	427.0
旅客周转量	万人公里	7943.8
货运量	万吨	66905.9
货物周转量	亿吨公里	27990.8
2. 港口货物吞吐量	万吨	73048
其中：沿海港口	万吨	68392
3. 规模以上港口货物吞吐量	万吨	73048
其中：沿海港口	万吨	68392
三、水运总投资	万元	43.13
航道及航标建设	万元	24.38
港 口	万元	18.75

海港跻身亿吨大港行列。至“六五”期末，压船压货的严重局面得到缓解。1996年1月，中共中央、国务院提出“建设上海国际航运中心”战略目标。1997年7月新组建的中国海运(集团)总公司将总部设在上海；由此，吸引更多货代、船代、无船承运人、船舶管理公司和外商航运企业进驻，加快航运要素在上海集聚。1999年1月，中远集团、中海集团等5家原交通部直属大型交通运输企业与交通部正式解除隶属关系，为上海海洋运输行业政企分开的管理体制改革画上了圆满句号，全行业进一步走向市场化。推进洋山深水港论证；启动并完成长江口深水航道治理一期工程，实现8.5米水深并试通航；调整港口生产结构，是这10年上海港发展的主线。至2000年，海港货物吞吐量突破2亿吨，成为世界第三大货运港；集装箱吞吐量达到561.3万标箱，晋升世界集装箱港口第6位；内河港也在城市建设中发挥重要作用，装卸的建材量占上海城市基本建设需求量的四分之三以上。

2003年，上海港进入集装箱吞吐量1000万标箱超级大港行列。2005年，上海港成为全球货物吞吐量第一大港。2008年，在中央和浙江的支持下，洋山深水港建设取得重大突破，港区形成具有16个大型泊位的规模化集装箱港区。同时，在外高桥港区连续完成三期、四期、五期和六期工程，集装箱吞吐能力得到极大提升。长江口深水航道治理完成二期和三期工程，12.5米的深水航道为上海港和南京以下港口创造出巨大的经济和社会效益。2010年，港口货物吞吐量达到6.5亿吨，继续保持全球第一；集装箱吞吐量达到2906.9万标箱，成为全球第一大集装箱港。期间共接邮轮107艘次、出入境游客26.16万人次，其中母港邮轮60艘次、17.02万人次。

2011年以来，上海港围绕国家“一带一路”倡议、长江经济带振兴战略和长三角一体化，以及上海“五个中心”“四大品牌”建设，不断改善港航发展环境，加快推进智慧港口、绿色港口和平安港口建设，积极发展现代航运服务业，大力提升港口服务水平。上海港已开辟遍布全球国际直达的美洲、欧洲、澳洲、非洲以及东北亚、东南亚等地的班轮航线，是中国集装箱航线最多、航班密度最高、覆盖面最广、集疏运最为便捷的港口。2018年，洋山深水港区四期全自动码头正式投运，成为世界上规模最大、自动化程度最高的集装箱码头。2018年，上海港完成货物吞吐量7.30亿吨，集装箱吞吐量4201.02万标箱，连续保持世界第一集装箱大港。与此同时，上海港依托长江黄金水道发展水水中转业务，加快疏港铁路设施建设，港口集疏运结构不断完善。集装箱水水中转比例达46.8%，其中，长江中转箱吞吐量1087.4万标箱，占水水中转量的55.3%，占全港吞吐量的25.9%。上海港已形成吴淞口国际邮轮港+国际客运中心+外高桥备用码头的“两主一备”格局，吴淞口国际邮轮港具备“四船同靠”设施能力。2018年，上海港共靠泊邮轮406艘次，邮轮旅客吞吐量275.29万人次。

【铁路建设与发展】

1.恢复起步阶段。1949年5月27日上海解放后，上海铁路系统积极抢修设备，恢复运输生产秩序，全面建立健全基本管理制度，抢装快卸快运事关国计民生的战略物资。上海解放当日，上海—南京铁路恢复通车；第二天，首批粮食运进上海；7月1日，中断12年的上海—北京直达客车从上海站发车。铁路扩能改造和新线新站建设全面推进，至1978年，上海境内先后新建南何、何杨等铁路支线，相继开设杨浦、桃浦、彭浦、新龙华等货运站，初步形成上海铁路枢纽框架。

2.快速发展阶段。一是1978年中共十一届三中全会后至2010年，上海铁路步入健康发展轨道。1986年2月，铁道部正式提出“中取华东”建设目标，并得到国务院批准。“中取华东”建设完成投资85.1亿元，建成新线473公里，建成电气化铁路513公里，建成复线620公里。1991年，铁道部决定继“中取华东”之后，“八五”后三年在华东地区再投资160亿元，开展“再取华东”大会战。随后，全国铁路广泛开展线路改造和提速试验，一批客货运输新产品上线运营。1995年5月20日，全国首列“假日01/02

次”(上海—杭州)优质优价软席旅客列车开行;10月20日,沪宁铁路客车提速试验成功,试验时速最高173.5公里,开创了中国铁路史上在既有线提速的先河;12月12日,全国铁路首趟行包专列在上海站开行。1996年4月1日,铁道部命名的中国第一列“先行号”快速旅客列车在上海站首发,由上海—南京全程运行时间压缩到2小时48分。1997年4月1日零时,全国铁路实施第一次大面积提速调图。这次提速调图,重点在京广、京沪、京哈三大干线,提速列车最高时速达到140公里,首次开行“五定”货物列车。5月19日,上海—九龙Z99次直通旅客列车在上海站首发。1999年10月10日,最高时速180公里的中国首列大容量内燃动车组列车“新曙光”号在沪宁、沪杭铁路投入运营。2000年11月15日,上海铁路分局在全国铁路率先实现管内客运站计算机售票与地区票务中心联网。2001年1月2日,全长223.2公里的超长无缝线路在沪宁铁路铺设成功。2003年,京沪线DMIS调度系统全线贯通,上海铁路局率先实现调度无纸化。2006年6月25日,京沪线全线接触网受电成功,韶山4型电力机车牵引21034次货物列车从上海西站始发,这是京沪铁路第一趟开行的电力机车;10月1日,上海—拉萨旅客列车在上海站首发。2007年1月28日,国产CRH动车组在沪宁、沪杭铁路首次投入运营;上海铁路局年旅客发送量首次突破2亿人。

二是上海境内铁路新站新线建设也进入快车道。1987年12月28日,铁路上海新客站开站运营。车站占地面积43公顷,主站屋面积4.5万平方米,候车室面积2万平方米,13站台15条股道。车站在国内首次采用“高架候车,南北开口”的布局。2006年7月1日,上海南站开站运营。车站占地面积60公顷,其中站房建筑面积5.6万余平方米,地下空间面积近20万平方米,为南北贯通、高进低出、高架候车的铁路客运站,设有11个站台12条股道。是世界上首个圆形火车站,国内首个实现铁路与轨道交通、公路长途客车、城市公交、出租车等多种交通工具“零换乘”的综合交通枢纽。2010年7月1日,上海虹桥站开站运营。虹桥站总建筑面积约44万平方米,站房面积约24万平方米,候车室面积6万余平方米,设16站台30条股道。

1978年—2010年,上海全市铁路运营里程由256.3公里增加到413.7公里,复线率由48.1%增加到57.5%,电气化铁路、高速铁路从无到有、由线成网,铁路技术装备现代化实现质的发展。旅客发送量由1272万人增加到6095万人、增长379.2%。货运结构持续优化,提速、重载和现代物流建设全面推进,轿车专列、“五定”班列、中欧班列等新产品相继上线运营,高附加值货物比重持续增加。铁路在服务上海、服务长三角、服务全国经济社会发展中发挥了重要作用。

3.高速发展阶段。2010年7月1日,沪宁城际高速铁路通车。沪宁城际全长301公里,设21个车站,设计时速350公里。10月26日,沪杭高速铁路先后建成通车,列车运行时速350公里,标志着上海高铁初步成网,全面迈入高铁时代。2011年6月30日,京沪高速铁路开通运营,全长1318公里,设计列车最高运行速度350公里/小时,是世界上一次建成线路最长、标准最高的高速铁路。随着全国铁路的大规模建设,上海发出的火车,可以直达除台北、澳门外的全国所有省会城市。2012年9月28日,上海金山铁路开通运营,这是全国首条动车组配置、公交化运营并实行政府购买服务形式的市域铁路。2017年10月15日,经中国铁路总公司批复同意,上海铁路局改制为“中国铁路上海局集团有限公司”;11月19日,中国铁路上海局集团有限公司举行挂牌仪式;12月4日,铁路上海直属站年发送旅客突破1亿人,成为全国铁路第一个年旅客发送量跨上亿级台阶的车站;12月14日,公司年累计发送旅客突破6亿人,成为全国铁路第一个年发送旅客跨上6亿人台阶的铁路局集团公司。2018年9月23日,G99次复兴号列车从上海虹桥站出发,驶往香港西九龙站,标志着沪港两地进入高铁直通时代。2019年7月27日,沪宁城际铁路开展电子客票应用试点,是全国第二条电子客票试点线路。

【民航建设与发展】

1.虹桥机场建设。上海虹桥机场始建于1921年,新中国成立初期,为军用机场。1963年军用虹桥机场改扩建为军民合用机场,1964年4月20日竣工,4月29日,中国上海与巴基斯坦达卡通航典礼在上海虹桥国际机场举行,这是新中国成立后上海第一条国际航线。1972年,国务院、中央军委决定将虹桥机场由军民合用改为民航专用机场。1993年虹桥机场下放给上海市政府管理。1978年—1981年,虹桥国际机场旅客吞吐量年均增长27.9%,1982年,客运量达100万人次,机场各项设施均跟不上发展需要。1986年11月,国家计委复函同意在虹桥机场新建一座2.8万平方米的国际候机大楼。新国际候机大楼工程于1991年12月全部竣工,12月30日正式投入运营,总建筑面积为2.97万平方米。1993年,虹桥机场国内候机大楼高峰小时无法满足业务量增加的需要,民航总局批复同意虹桥机场国内候机大楼改扩建工程。改扩建后的国内候机楼于1996年11月21日竣工并投入使用,面积达到5.1万平方米,国内航线候机拥挤状态得到有效缓解。2005年3月9日,为满足虹桥机场旅客日益增长的需求,缓解候机楼航班运营资源的紧张状况,对航站楼出发层部分设施进行改造,于2005年7月1日投入试运行,改造区域面积达6130平方米,改造后虹桥机场年旅客保障能力达1400万人次。2006年12月28日,T2航站楼工程正式开工建设,按虹桥机场满足年旅客吞吐量4000万人次,货邮吞吐量100万吨,年飞机起降架次30万架次设计。2010年3月16日,虹桥国际机场2号航站楼作为虹桥综合交通枢纽的主体项目率先投入运营,为过往旅客提供便利的换乘体验。2014年12月,虹桥机场1号航站楼改造工程全面开工,2018年10月15日,1号航站楼改造工程全面竣工,正式投入运行,T1航站楼总建筑面积约13.2万平方米。

2.浦东机场建设。1986年，上海市政府正式把在浦东地区建设民用机场提上议事日程。1997年10月15日，浦东机场一期工程全面开工，工程主要包括一条跑道和27.7万平方米的T1航站楼，1999年10月1日，浦东机场正式投入运行。一期工程设计能力为旅客保障能力2000万人次/年、货邮保障能力75万吨/年、起降飞机保障能力12.6万架次/年，当时均达到世界级先进机场水平。2003年9月上海市政府成立上海浦东国际机场二期工程建设指挥部，及时启动浦东机场二期飞行区及配套设施工程。2005年—2008年，经过3年多建设，总建筑面积达54.6万平方米的T2航站楼和配套交通中心及第三跑道建成。浦东机场由此形成2座航站楼、3条跑道同时运行的新局面。2008年3月26日，二期工程建成后，浦东机场旅客保障能力提高到6000万人次/年，货邮保障能力提高到420万吨/年，航班起降保障能力提高到49万架次/年。2010年底，浦东机场第四跑道和第五跑道开工建设，2015年3月28日第四跑道正式启用，2017年7月18日第五跑道竣工，第五跑道主要供国产大飞机试飞使用。2012年浦东机场对1号航站楼实施改扩建，提高旅客保障和行李自动化处理容量；2016年浦东国际机场T1改造工程完工并投入使用，T1航站楼的面积增加到34.6万平方米，年旅客保障能力从2000万人次提高到3680万人次。2015年12月29日，三期工程项目全面开工，包括S1、S2卫星厅，以及港湾停机坪、站坪调度中心等生产配套设施，2019年9月建成。S1、S2卫星厅建筑面积达62.2万平方米，是全球单体面积最大的卫星厅，采用先进的旅客捷运系统与T1、T2航站楼连接，可满足年旅客保障能力8000万人次。卫星厅投用后，上海两大机场共拥有4座195万平方米的航站楼、6条跑道、五大货运区，年客货设计保障能力达到1.2亿人次和520万吨。

3.运输服务。1979年之后，全国各机场逐渐开通至上海的航线，至1987年底，上海民航已有通往36个城市的70余条国内航线，初步形成以上海为中心，连接全国大中城市的区域性辐射航线网络。1991年—2000年，中国民航业的发展也进入高峰期，中央政府把越来越多的资金投入到民航业中。机场得到大规模建设和快速化运营。2018年，上海两个机场定期航班通航48个国家的300个航点，其中国内航点165个（港澳台航点6个）、国际航点135个。有38家国内航空公司（港澳台航空公司9个）和69家外国航空公司开通上海航班。2018年上海机场旅客吞吐量达1.18亿人次，在全球城市中排名第四，其中浦东机场7400.6万人次、虹桥机场4362.8万人次；货邮吞吐量达418万吨，连续十一年稳居全球机场货运量第三，其中浦东机场376.9万吨、虹桥机场40.7万吨。2018年，浦东和虹桥机场的航班放行正常率分别达到82.7%、89.2%，在ACI全球机场服务质量测评中分别位列第四、第十位，浦东机场旅客服务获得“上海品牌”首批认证证书。

【城市交通建设与发展】

1.公交汽电车。至1965年底，全市公共汽电车数量增至2282辆，是1949年的2.5倍；线路118条，是1949年的2.7倍。20世纪80年代起，上海公交在管理体制、经营模式等方面进行改革探索。90年代初，沪港合资等合资公交企业成立，计划经济模式开始转变。1996年，上海市公交行业在全国率先实施以“体制、机制、票制”为突破口的改革，公交行业实现从计划经济向市场经济的历史性转折。2002年，上海市公交启动以理顺内部体制、建立公益性扶持政策为主要内容的第二轮改革，实现政企分开和区域差别化管理。2009年3月，上海启动公交第三轮改革，以健全行业公益性和运作市场化相结合的机制为核心，进一步提升公交管理和服务水平。按照相对区域经营、提高市场集中度、促进有序竞争的基本思路，形成“浦西、浦东、一区一骨干”经营格局，国有主导的产权制度基本确立。上海公交进入新的发展阶段，管理水平、服务品质和社会满意度不断提升，“智慧公交、绿色公交、人文公交”持续发展。公交优惠换乘、“最后一公里”的开通和挂牌服务、公交与轨道交通的衔接延时、公交智能化调度、公交电子站牌、“上海公交”APP实时查询等已成为公交为市民服务的亮点。2017年，上海被交通运输部首批授予“国家公交都市示范城市”称号。2017年2月1日，上海首条中运量公交71路正式开通试运营。2017年，地面公交行业首次获评上海市文明行业。2018年日均客运量576万人次。至2018年底，全市公共汽电车线路1543条，运营车辆17527辆。

2.出租汽车。1949年，上海有出租汽车企业29家。1951年，祥生汽车股份有限公司实行公私合营，1954年改名为上海市出租汽车公司。1956年16家私营汽车行公私合营并入上海市出租汽车公司，1966年改为国营企业，为强生集团有限公司前身。改革开放以后，出租汽车需求量日益增长。20世纪80年代后期，出租汽车服务方式也由最初电话叫车、站点服务、预约定车发展成以扬招为主的服务方式。90年代，出租汽车行业进入发展黄金期。出租汽车车况车站设施明显改善，形成大众、强生、巴士、锦江、农工商、蓝色联盟、法兰红七大品牌。2009年市政府出台《关于进一步促进本市出租汽车行业健康持续发展的指导意见》，推出降低承包指标、出租汽车通行长江隧桥实行单向收费等8条措施，推进行业发展。2010年以来，出租汽车行业处于持续深化改革的时期。2016年12月，上海市人民政府发布《上海市网络预约出租汽车经营管理办法》《关于本市深化改革推进出租汽车健康发展的实施意见的通知》，在坚持公共交通优先发展和出租汽车适度发展的前提下，通过营造良好的市场环境，推动巡游车转型发展、网约车规范发展。至2018年底，上海共有出租汽车企业124家，个体户2943户。全市出租汽车日均客运量174.7万人次。

3.轨道交通。上海建设轨道交通

的设想规划诞生于1956年，上海市政建设交通办公室编制提交《上海市地下铁道初步规划（草案）》，成立上海市地下铁道筹建处，对上海轨道交通开展规划设计、方案论证和实验研究。直到1993年5月28日上海第一条地铁线路（上海地铁1号线）正式运营，上海正式成为中国大陆第三个开通地铁运营的城市。自1993年1号线首段建成通车以来，上海用20多年的时间，走过了西方发达国家城市100多年的发展历史。至2018年底，上海地铁网络达到17条线路、705公里、415座车站，网络规模位居世界第一，上海地铁是世界范围内总运营里程最长的城市轨道交通系统，同时也是国际地铁联盟成员之一。2018年，轨道交通日均客流1015.32万人次、工作日日均1133.17万人次，最高日客流1256.34万人次，占全市公共交通出行比例为63.42%，日均客流世界第二，地铁成为市民群众出行首选。

新中国成立70年上海道路运输系统主要指标数据统计表

指　标	单　位	2015年	2016年	2018年
一、道路运输从业人员				
道路旅客运输经营从业人员	人	15058	15885	17760
道路货物运输经营从业人员	人	489896	465130	411540
站（场）经营从业人员	人	1675	1487	1239
二、道路客、货运站				
1.客运站	个	33	31	28
一级站	个	7	7	6
二级站	个	4	3	3
三级站	个	11	11	10
四级站	个	4	4	2
五级站	个	–	–	–
2.货运站	个	99	99	67
三、机动车维修业及汽车综合性能检测站				
1.机动车维修业业户	户	5287	5164	5076
其中：汽车维修	户	5013	4950	4940
一类汽车维修	户	163	166	164
二类汽车维修	户	2148	2148	2067
三类汽车维修	户	2702	2636	2709
2.汽车综合性能检测站	个	19	20	20
四、机动车驾驶员培训				
1.机动车驾驶员培训业户	户	204	203	202
其中：普通机动车驾驶员培训	户	202	201	200
道路运输驾驶员从业资格培训	户	8	8	8
2.教练员	人	24728	25509	28003
其中：理论教练员	人	1946	1990	1157
驾驶操作教练员	人	24297	23979	25396
3.培训人次	人次	423490	507953	392214
五、汽车租赁				
1.汽车租赁业户	户	181	211	217
2.汽车租赁从业人员	人	14244	18060	16837
3.租赁车辆数量	辆	–	–	33231
客车	辆	17144	26594	33231
货车	辆	2133	2265	–
六、道路客运班线				
1.客运班线	条	3423	3379	2970
其中：高速公路	条	3012	3000	2602
2.客运班线平均日发班次	班次/日	3084	3068	2681
其中：高速公路	班次/日	2841	2845	2417

新中国成立70年上海公路系统主要指标数据统计表

项　目	单　位	1979年	1985年	1990年	1995年	2000年	2005年	2007年	2008年	2009年
1.线路及设备										
（1）公路线路里程	公里	2114	2058	3050	3787	5970	8110	11163	11497	11671
其中：高速公路	公里	–	–	36	39	97	560	635	637	768
国道	公里	–	–	–	–	267	316	316	563	614
其中：国家高速	公里	等级公路	等级公路	等级公路	等级公路	–	–	–	396	446
省道	公里	2032	2000	2999	3737	705	1036	1133	897	965
县道	公里	–	–	–	–	1807	2051	2233	2272	2340
乡道	公里	–	–	–	–	3046	4638	6378	6723	6770
专用公路	公里	–	–	–	–	68	69	–	–	–
村道	公里	–	–	–	–	–	–	1102	1042	983
有铺装路面	公里	–	–	–	–	–	7779	10886	11272	11548
其中：沥青混凝土	公里	–	–	–	–	–	3174	3744	4013	4446
水泥混凝土	公里	–	–	–	–	–	4606	7142	7204	7102
简易铺装路面	公里	–	–	–	–	–	256	134	91	82
未铺装路面	公里	–	–	–	–	–	75	142	188	41
（2）公路桥梁	座	–	–	–	–	5142	6355	8931	9309	9493
	米	–	–	–	–	203441	335759	429892	449128	534232
（3）公路隧道	处	–	–	–	–	–	1	1	1	2
	米	–	–	–	–	–	1802	1802	1802	10757
2. 公路建设投资										
（1）公路总投资	亿元	–	–	–	–	31.24	114.99	135.89	199.67	250.46
内：线路及桥梁	亿元	–	–	–	–	–	–	–	–	–
（2）新增生产能力										
新建公路里程	公里	–	–	–	–	–	–	–	–	–
改建公路里程	公里	–	–	–	–	–	–	–	–	–

项　目	单　位	2010年	2011年	2012年	2013年	2014年	2015年	2016年	2017年	2018年
1.线路及设备										
（1）公路线路里程	公里	11974	12084	12541	12633	12945	13195	13292	13322	13106
其中：高速公路	公里	775	806	806	815	825	825	825	829	836
国道	公里	613	644	644	644	644	644	715	715	716
其中：国家高速	公里	446	477	477	477	477	477	477	477	477
省道	公里	974	1007	1007	1016	1055	1067	1023	1045	1076
县道	公里	2456	2508	2648	2662	2800	2880	2934	2983	3101
乡道	公里	6829	6848	7022	7062	7053	7099	7101	7081	6778
专用公路	公里	–	–	–	–	–	–	–	–	–
村道	公里	1102	1078	1221	1249	1393	1506	1519	1498	1435
有铺装路面	公里	11883	12082	12541	12633	12945	13195	13292	13322	13106
其中：沥青混凝土	公里	4745	5093	5500	5597	6025	6292	6560	6713	6929
水泥混凝土	公里	7138	6988	7041	7036	6920	6904	6733	6609	6177
简易铺装路面	公里	50	2	–	–	–	–	–	–	–
未铺装路面	公里	41	–	–	–	–	–	–	–	–
（2）公路桥梁	座	9776	9997	10393	10466	10865	11153	11266	11331	11291
	米	565381	598773	611328	621411	670021	693479	705394	735649	756862
（3）公路隧道	处	2	2	2	2	2	2	2	2	2
	米	10757	10757	10757	10757	10757	10757	10757	10757	10757
2. 公路建设投资										
（1）公路总投资	亿元	159.90	113.93	97.79	145.85	148.35	112.31	116.34	163.87	154.17
内：线路及桥梁	亿元	–	–	–	–	–	–	–	–	–
（2）新增生产能力										
新建公路里程	公里	32	81	11	4	57	32	39	28	43
改建公路里程	公里	64	132	6	8	34	22	17	36	13

（上海市交通委员会 供稿）

浙 江 省

【概 述】1949年，浙江省公路里程仅约2000公里，桥梁均为临时性或半永久性桥梁；公路旅客运输处于瘫痪状态，全省能营运的民用客货汽车仅1200辆。浙江内河航道长年失修失养，沿海港口设施破旧，水路交通十分落后。新中国成立后，浙江省交通系统经过抢修公路、车辆、船只等，交通运输才缓慢地恢复，随即开始有计划地建设。1971年，实现全省县县通公路；1972年，实现全省干线公路桥梁永久化。水路建设自1949年12月开始，先后对沿海及其他支流航道的重点滩险进行疏浚整治。进入20世纪60年代以后，重点对碍航设施、码头泊位进行改造建设，船舶开始实行机动化、拖带化。70年代，以研制、开发分节驳顶推船队运输成套技术为重点，船舶运输能力有较大提高；港航建设投资成倍增加，有重点地新建一批复航船闸，整治部分航段，航道条件、港口设施得到进一步完善。1978年改革开放后，浙江交通经历三个发展阶段，在经济模式、管理方式、市场管理等方面都发生深刻的变革，基础设施建设突破发展，综合管理水平逐步提高，服务能力持续提升。

1.“恢复发展”阶段(1979年—1990年)。20世纪80年代初开始新港建设和老码头技术改造，推动浙江水运建设进程。1982年12月建成投产的国内第一个现代化10万吨级矿石中转码头使宁波港靠泊船型从万吨级提高到10万吨级。1983年杭甬运河一期工程基本通航。1989年2月1日新建三堡船闸正式通航运行，京杭运河与钱塘江开拓出一条江河直达航线，使水运直达里程延伸400多公里。至1990年底，全省内河航道通航里程达到1.06万公里，实现5级航道零的突破；全省建成万吨级以上深水泊位17个，全省27个万人岛屿中，有20个已建成客货交通码头。全省公路密度29.6公里/百平方公里，为全国平均水平的2倍以上；基本完成杭、宁、温等城市进出口道路的改造，改善车辆拥挤状况；通过新建、改建贫困地区公路，使浙西南老少边穷地区的公路状况也有一定的改善。

2.“全面发展”阶段(1991年—2002年)。1992年浙江省政府出台“四自”(自行贷款、自行建设、自行收费、自行还贷)政策，变交通部门一家建设为全社会建设，交通事业实现快速发展。在公路建设方面，1991年建成浙江省第一条高等级公路——钱江二桥高速公路。1993年省内第一条“四自”公路工程项目104国道建成通车。1996年实施“三八双千工程”(用3年时间，改造拓宽杭州至各地市的国省道干线公路1000公里，达到二级加宽以上标准，先缓解拥堵；同时用8年时间，建设高速公路1000公里，形成杭州向各地市辐射的高速公路网络，全面缓解拥堵，基本适应发展)，省内第一条高速公路杭甬高速公路(杭州—宁波段)全线建成通车。2002年“四小时公路交通圈”顺利实现。至2002年底，全省公路总里程达45646.7公里，其中高速公路1307.7公里，公路网密度为44.8公里/百平方公里。在水路建设方面，重点建设集装箱专用泊位、石油化工泊位、车客渡滚装泊位和高速客运泊位。2000年宁波港迈入全球超亿吨大港行列。1996年省内首个水上“四自”工程三堡二线船闸建成通航，以京杭运河、长湖申线、杭申线、乍嘉苏线和六平申线5条航道浙境段为主的杭嘉湖内河五级以上主要干线航道网基本形成。到2002年底，全省沿海港口34个，货物吞吐量达2.57亿吨，万吨级以上泊位58个；内河航道通航里程1.05万公里，四级以上航道993公里。

3.“跨越发展”阶段(2003年—2018年)。先后实施交通“六大工程”、现代交通“五大建设”“5411”综合交通发展战略，加快构建现代综合交通运输体系，实现从瓶颈制约到总体适应的跨越，被交通运输部列为全国唯一的省域现代交通示范区。一是基础设施建设取得重大成就。杭州湾跨海大桥、舟山跨海大桥、嘉绍大桥等重大项目成为中国迈入桥梁强国的重要标志；大榭45万吨原油码头、北仑四期集装箱码头、钱江通道、富春江船闸等重大工程技术领先，连续四年获得堪称世界工程领域“诺贝尔奖”的“菲迪克奖”。2013年全国首条现代人工开挖运河杭甬运河全线贯通，实现千年京杭运河通江达海。二是宁波–舟山港发展成为世界强港。2016年实现全省港口一体化发展。2018年，宁波–舟山港货物吞吐量10.4亿吨，该港自2009年以来货物吞吐量连续10年居世界首位。三是统筹推进城乡交通发展。2003年浙江省实施“乡村康庄工程”。开展“四好农村路”建设，累计投入资金超2000亿元，新改建农村公路9万公里，实现等级公路通村率、路面硬化率“双百”目标。推行渡运公交化，建成陆岛码头81个，完成建桥撤渡、渡埠改造、渡船更新项目424个，全面解决农村地区群众出行难问题。四是交通运输综合改革深入推进。2015年建立省综合交通改革与发展领导小组，将办公室设在省交通运输厅。省政府以2017年1号文件颁布现代综合交通发展意见。组建海陆空三大投融资平台，出租汽车、道路客运、驾培维修等改革先行先试，杭州巡游出租车和网约车改革，湖州港航“六证联办”等经验全国领先，中央深改办专报刊发浙江省交通综合改革经验。五是交通物流发展先行先试走向国际。2007年启动建设国家物流信息平台，实现从省内、国内到国际的跨越，被列为国家《物流业发展中长期规划》重大工程，互联世界32个港口，服务企业45万家，日交换量峰值达3000万条，年服务物流货值13.5万亿元。六是治理城市交通拥堵。2012年启动实施省域城市治堵工作，全省设区市市区公交分担率达26.8%；群众满意度达88.8%。公共自行车、“斑马线”文明礼让等经验全国推广。七是平安智慧绿色交通全国领先。2013年成立全国首个省级综合交通应急指挥中心，安全生产事故主要指标10年连降。以第一名成绩被交通运输部列为"绿色交通省"试点。ETC车道覆盖全省，并实现全国联网。

至2018年底，全省综合运输完成客运量101516万人，货运量268481万吨。港口货物吞吐量169210万吨，其中沿海133534万吨、内河35676万吨；外贸货物吞吐量52036万吨，其中沿海51835万吨、内河201万吨；集装箱吞吐量2978万标箱，其中沿海2898万标箱、内河77万标箱。民航旅客吞吐量6539万人次，货邮吞吐量84万吨，起降架次50万架次。全省公路里程12.07万公里，其中高速公路4421公里；公路密度118.53公里／百平方公里，公路密度24.34公里／万人，公路通乡镇率100%，公路通行政村率99.95%。内河通航里程9766公里，等级航道里程5030公里。全省铁路里程达2777里。

【公路建设与发展】

1.公路。1949年，浙江可通车公路晴通雨阻，技术标准低，通过能力差。新中国成立后，浙江交通部门全力抢修公路，恢复交通。至1952年，以省会杭州为中心的几条公路干线相继恢复贯通。1956年—1957年，浙江开始第一次大规模群众筑路建设，两年建成简易公路1496公里。同时，全省公路实行全面统一的养护管理，路况居全国先进水平。1961年起，调整公路建设部署，重点开发山区交通，加强国防公路建设，接通迂回路线，开展路、桥、渡改造，推广石拱桥，试建梁式桥，试铺渣油路面；同时调整公路管理体制，加强公路小修保养，公路通过能力提高，路况稳定上升。至1971年，全省实现县县通公路。1978年改革开放，浙江把山区和革命老区作为重点，加快了县乡公路建设，浙江公路基础设施建设开始快速发展。20世纪80年代，相继建成温州汽车西站、温州瓯江大桥等公路基础设施。1990年，浙江公路密度达到29.60公里／百平方公里，基本完成杭、宁、温等城市进出口道路的改造。1991年，重点建成浙江省首条高速公路沪杭甬高速钱江二桥段7公里。1992年12月省政府下发《关于加快交通基础设施建设的通知》，支持地方政府实施"四自"工程，私营企业和合资、外资企业的大量社会资金被吸引到交通基础设施建设上来。1996年12月6日，浙江省第一条高速公路——杭甬高速公路全线建成通车。20世纪90年代，相继建成钱江二桥、钱江三桥等特大型桥梁；1996年组织实施公路交通建设"三八双千工程"。进入21世纪，随着2002年杭金衢、金丽高速公路的通车，浙江建成"四小时公路交通圈"，也标志着"三八双千工程"的提前实现。2003年，实施高速网络工程、干线畅通工程、乡村康庄工程、绿色通道工程；组织实施现代交通"三大建设"之大路网。2007年10月12日建成华东地区高速公路第一长大隧道——括苍山隧道；同年，杭州湾跨海大桥竣工，该桥是中国自行设计、自行管理、自行投资、自行建造的数字化跨海桥梁。2010年，全省等级公路里程达到10.59万公里，公路密度达到108.23公里／百平方公里；高速公路里程达到3383公里，密度居全国第二。2014年，全省投入资金3100亿元，创建美丽公路2.7万公里，拆除公路边违法广告8.9万块，实现高速公路、国省干线公路沿线200米可视范围内无违法广告。浙江ETC实现车道"全覆盖"，按实际行驶路径收费。至2017年底，高速公路基本成网，除文成、泰顺外，全省各陆域县均通高速公路，普通国省道覆盖全省所有县级节点，二级及以上占比达85%。2018年，浙江全年完成公路建设投资1444亿元；公路总里程达到12.07万公里(高速公路4421公里、普通国省道7817公里、农村公路10.8万公里)，为1978年的6.49倍；全省公路密度为118.53公里/百平方公里。全省共有公路桥梁50430座/3292134延米，其中特大桥梁354座/827671延米。

1996年12月6日，浙江省第一条高速公路——杭甬高速公路全线建成通车。图为该高速公路上虞段。

2.道路运输。新中国成立后，组织抢修车辆，恢复交通。接着成立省营汽车运输企业，接收私营客运线路，扩大经营范围，发展客货运输，兴办市、县运输。1957年，全省私营汽车公司并入省营汽运企业，实行全省集中统一的道路运输经营体制。1961年起，道路运输进行全面调整，省营汽运企业陆续增加运力，支援农业生产，增辟客运线路，发展零担货运，开拓客货联运，改善运输服务。同时，发展市、县运输，统一厂矿企、事业单位自备货车，整顿发展民间运输，全省道路运输有较大发展。1978年，浙江公路运输市场开始放宽搞活，逐步形成国营、集体、个体多种经营的格局。全省公路完成客运量1.86亿人，旅客周转量36.96亿人公里，货运量0.27亿吨，货物周转量6.69亿吨公里；全省仅拥有营运客车0.14万辆，营运货车0.3万辆。1979年，全省实现公路集装箱运输零的突破，继办零担集装箱公铁联运、直达班车和国际集装箱水陆联运，恢复和开拓定线、定车、定班零担货运业务。通过强化运输市场治理，加快技术改造步伐，逐步形成省内、省外干支相连的零担货物运输网。1985年—1990年期间，市县公路客运采取“干支搭配、车头向下、区乡始发、依线挂牌”措施，重点解决山区、农村“乘车难”问题。1990年，全省个体客运汽车6324辆，占全行业营运客车的44.3%。市县汽运企业营运路线从本地区至跨地区、跨省经营，开辟省内外旅游客运班车。20世纪90年代，快客、快线、快旅等高质量运输经营方式成为主流。1997年，“浙江快客”在国家工商行政管理局注册，成为全国交通行业的第一个公共品牌。21世纪以来，客运经营主体持续向规模化、集约化方向发展，干支相连、覆盖农村的客运网络初步形成，客运企业联盟迅速发展，运输效率明显提高。传统货运逐步向现代物流业转型，浙江作为“部省共建”推进物流发展的先行示范区，实现大物流建设在全国的率先发展。“十五”期间，公路客运班线通达除西藏、台湾外的所有省(市、区)，快客班线覆盖长三角地区和省内所有市县。2002年，作为全省第一家货运(物流)信息中心的杭州传化物流基地建立，成为连接省内11个地市管理机构、企业，以及省外网站的公共信息平台。从2007年开始建设，“国家交通运输物流公共信息平台”作为省局具体承建的“部省共建”国家级示范项目，经过几年的不懈努力，从省内平台不断发展上升为省际平台、国家平台和国际平台，成为当前国际上唯一具有规模的“物流信息根服务器”。至2017年底，平台已实现8个国家32个港口信息互联，共享全球18万艘船舶实时位置信息和全球90%以上集装箱船舶状态信息，成为以航运大数据服务全球的中国窗口。全省共有客运站534家(其中综合客运枢纽13个)，建制村客车通达率达100%，提早三年完成交通运输部提出的2020年建制村客车“村村通”目标。2018年，全省

2008年5月1日，杭州湾跨海大桥建成通车。

公路完成货运量16.7亿吨，货物周转量1964.1亿吨公里，分别是1978年的61.9倍和293.6倍；客运量7.20亿人，旅客周转量402.80亿人公里，分别是1978年的3.9倍和10.9倍。

【水运建设与发展】

1.港口。宁波港，从1950年开始，码头陆续修复、重建；1959年，宁波港码头增至14个。舟山港，在1958年—1977年新建、改建码头泊位，最大可靠泊5000吨级。温州港，在1957年，历史上第一个完整的港区朔门装卸作业区形成；同年，国务院批准温州港对外开放；于1958年建成3#、4#码头和客运站，成为温州市区老港最主要的港区；1966年8月建成3000吨级沿海客运码头；1977年11月，温州龙湾建成3000吨级煤炭码头。乍浦港(现嘉兴港)，在20世纪50年代~60年代建设缓慢，70年代中期上海石化总厂开发建设陈山原油码头。海门港，于1960年建成浙江省第一个沿海3000吨级高桩框架结构、双栈桥永久性码头；1966年—1971年间新建、改建码头。杭州港，在20世纪50年代，钱江片区运河港区相继建成石砌岸壁式简易码头；在1960年后形成半山杭州钢铁厂码头区，是杭州港第一个工矿企事业单位专用码头；1976年7月建成艮山港作业区。嘉兴内河港，在新中国成立之初，船舶停靠依傍自然坡岸，1964年建成客运码头。湖州港，在1954年建成第一个客运专用码头。绍兴港，于1964年—1970年建成企业自用码头5个。兰溪港，1975年6月建成客运站码头。

1978年改革开放后，浙江开始大规模海港建设。1981年—1990年全省开始新港建设和老码头技术改造，浙江水路交通取得突破性进展。至1990年，全省建成万吨级以上深水泊位17个。1991年—1995年，沿海港口建设方面，建成万吨级以上公用深水泊位9个，新增吞吐能力2030万吨。1996年后，海港建设呈规模效应，港口建设进行结构调整，逐步转变到建设集装箱专用泊位、石油化工泊位、车客渡滚装泊位和高速客运泊位为主。2000年，浙江基本形成以宁波、舟山港深水港域为中心，温州、海门、乍浦港为骨干，中小港口为基础的沿海港口群。2003年开始，水运强省工程全面实施，全省沿海港口布局规划基本完成，宁波-舟山组合港规划通过省港口规划建设委员会的审议。2004年，沿海主要港口吞吐能力达到2.4亿吨，万吨级以上深水泊位10个，宁波-舟山港口一体化取得突破性进展。“十五”期间，沿海港口新增吞吐能力1.17亿吨；建成万吨级以上深水泊位32个。至2005年底，全省沿海港口吞吐能力达到2.93亿吨，万吨级以上深水泊位达到81个。2006年1月1日，宁波港和舟山港正式合并，“宁波-舟山港”正式启用。2007年6月12日，浙江省提出“港航强省”战略，充分发挥浙江省港航资源

丰富、运输需求旺盛的优势，强化龙头“宁波–舟山港”，做大两翼“温台和浙北港口”。2012年，沿海港口建设完成投资507亿元，新增万吨级以上深水泊位70个，达到185个，沿海港口新增吞吐能力4.1亿吨，新增集装箱吞吐能力604万标箱。五年间，建成中国首条30万吨级人工航道——虾峙门航道和全国最大原油码头——大榭实华二期45万吨原油码头，基本形成以宁波–舟山港为干线港、温州港为支线港，嘉兴、台州港为喂给港的煤炭、矿石、原油、集装箱等四大货种运输系统和港口布局。2018年，全省港口拥有生产用码头泊位3777个，其中海港1109个(万吨级泊位242个)、内河港2668个。全省拥有宁波–舟山、温州、台州和嘉兴等4个沿海港口，全省水运总投资从1978年的0.14亿元增至2018年近200亿元，增长近1420倍。实现从千吨级码头到世界最大的45万吨级码头的跨越，全省万吨级及以上码头从个位数到百位数，达到240个；实现从单一散货码头到覆盖煤、油、矿、箱、粮、滚装等各种运输体系全覆盖的跨越，承担长江经济带45%的铁矿石、90%以上的油品中转量、30%的国际航线集装箱运输量，成为全国重要战略物资储备基地和集装箱中转基地；港口吞吐量实现从万吨小港到10亿吨大港的跨越，沿海港口吞吐量从1978年的0.08亿吨增至2018年13.3亿吨，增长近150倍，沿海集装箱吞吐量到2018年突破2900万标箱。宁波–舟山港货物吞吐量连续10年世界第一，实现从区域性港口到国际性综合性枢纽港的跨越，拥有国际航线250条，其中远洋干线123条，连通世界100多个国家600多个港口，与“一带一路”13个港口建立友好港关系。

2.航道。1949年12月以后，浙江对杭嘉湖、浙东、钱塘江水系的主要航道实施疏浚、养护和初步建设。主要航道恢复通行，通航里程逐年增加，通航条件有所改善，特别是杭申甲线、杭申乙线、湖申线等主要干线航道的通航能力明显提高。1957年以后，浙江航道建设继续按六级航道标准对杭嘉湖、瓯江、钱塘江等主要航道的碍航段进行疏浚整治。1978年改革开放后，浙江开始大规模的航道建设，对京杭运河、长湖申线、杭甬运河等主要航道进行局部改造。从1979年京杭运河和钱塘江沟通工程启动建设，京杭运河和长湖申航道的整治提升，解决杭嘉湖地区航道大堵航；到2007年杭甬运河建成，使千年运河实现通江达海；再到2011年，全国碍航闸坝改造示范工程富春江船闸建成，钱塘江中上游全线通航，全省11个地市全部实现通江达海。2013年—2017年，建成长湖申线、钱塘江中上游等高等级航道250公里。全国碍航闸坝改造示范工程富春江船闸全面建成实现通航。2018年，全省拥有内河航道通航里程达9766公里，形成“北网南线、双十千八”的内河航道网络格局。

3.运输。新中国成立之初，浙江省航运局组织和调动国营轮船业、民船运输业、私营轮船业这三支水运队伍，投入内河、沿海的客货运输。1956年公私合营，将19家私营轮船业并入国营轮船公司统一经营。1957年后的浙江水运随着国民经济的起落，经历曲折的发展过程。1978年改革开放后，随着浙江开展大规模海港、河港和航道建设，全省航运能力逐年提高。1991年，内河码头新增吞吐能力210万吨，沿海港口新增吞吐能力2030万吨。2002年，全省沿海港口吞吐能力21350万吨，货物吞吐量达25694万吨。宁波、舟山、温州、台州和嘉兴港成为浙江省5个主要海港，年货物综合通过能力1.99亿吨。“十五”期间，沿海港口新增吞吐能力1.17亿吨。2005年底，全省沿海港口吞吐能力达到2.93亿吨。2011年，研究制订浙江省内河水运“十二五”发展规划和浙江省内河水运复兴行动计划。全省水运运力总规模达到2065万载重吨，海运运力达到1721万载重吨。全省完成集装箱吞吐量达到1587.5万标箱，完成港口货物吞吐量12.2亿吨，其中宁波–舟山港货物吞吐量6.9亿吨、集装箱吞吐量1470.8万标箱。2013年，开始全面推进内河水运复兴计划，推动水运高质量发展。全省港口完成货物吞吐量13.7亿吨，其中宁波–舟山港货物吞吐量8.1亿吨；全省运力规模达到2390万载重吨，其中海运运力突破2000万载重吨，完成水运货运量7.5亿吨、货物周转量8028亿吨公里。全省港口完成集装箱吞吐量1933万标箱，其中宁波–舟山港1735.5万标箱，分别同比增长9%、7.3%。2014年，围绕“大港口、大水运”建设，水路运力达到2430万吨，完成水路客运量3581万人、旅客周转量5.6亿人公里，货运量7.3亿吨、货物周转量7897.2亿吨公里，沿海港口货物吞吐量10.8亿吨、集装箱吞吐量2136万标箱，其中宁波–舟山港完成货物吞吐量8.7亿吨，同比增长7.9%。内河集装箱发展势头强劲，运输方式由散改集加快推进，集装箱吞吐量达到28万标箱，同比增长21.3%。2017年，全省沿海港口完成货物吞吐量12.6亿吨，集装箱吞吐量达2687.0万标箱，形成以宁波–舟山港为主，温州港、台州港为辅的“一主两辅”港口发展新格局。其中，宁波–舟山港货物吞吐量达10.1亿吨，集装箱吞吐量达2460.7万标箱，外贸吞吐量4.7亿吨，对外开通国际航线240条，连通世界100多个国家600多个港口。内河港口完成货物吞吐量3.3亿吨，完成集装箱吞吐量60.1万标箱。2018年，全省拥有水路运输船舶1.4万艘、3036万净载重吨、5.99万标箱位，海运、内河货船平均吨位分别达8406吨和480吨，其中沿海运力2574万载重吨。全省完成水路货物运输量9.8亿吨、货物周转量9352.5亿吨公里，两项指标在全省综合运输体系中的比重分别达36.5%、81.5%；完成水路客运量4497万人，旅客周转量6.30亿人公里。

【铁路建设与发展】 新中国成立后，浙江对境内铁路进行抢修、补强，确保铁路畅通。然后，从加强运输生产薄弱环节入手，对线路和站场进行技术改造，逐步新修扩建铁路网点，以满足经济日益发展的需要。20世纪50年代，重点对沪杭、浙赣两线进行技术改造。

1953年萧甬铁路开始重建，1957年修建白沙支线，1958年宁波北站投入使用，1959年宁波南站投入使用，萧甬铁路全线贯通并投入运营。1956年兰铜线开工，1957年9月通车到新安江。60年代，在继续强化线路的同时，全面延长车站到发线的有效长度，以满足列车多拉快跑的需要。1967年修通新安江—岭后过坝铁路，使兰铜线延伸至岭后成金岭线。1968年，重建杭长铁路的长兴—湖州段。1970年10月，杭湖铁路复建工程动工，1972年1月底与艮半支线接轨，杭（州）牛（头山）铁路全线铺通，使浙西北的煤炭、竹、木和粮食外运有了便捷通道。1978年—1992年，国家改革开放，经济迅速发展，铁路建设迎来新的高潮。1983年12月，宁波—北仑港的北仑支线开工建设。1987年3月，浙赣双线的金华东站工程、义亭—义浦等区段双线工程建成运营，使浙江铁路和港口运输连成一片。1991年沪杭双线全部建成。1992年—2002年，杭州枢纽的杭州东站、钱江第二大桥、浙赣绕行线、萧萧联络线和萧山新客站于1992年底先后建成通车运营。省管内浙赣双线于1995年12月全部建成投产。萧甬线从1991年起全面进行技术改造，1994年起全面进行双线建设。在地方铁路建设上，浙西南地区的金温铁路于1992年12月开工，1997年8月竣工。浙东的余（姚）慈（溪）铁路于1992年10月开工，1996年底建成。1997年12月8日，杭州站在原址上建造新站，1999年12月竣工运营。至此，在作为南北第二通道宣杭线已建成通车。沪杭、浙赣、萧甬双线均已建成运营，位于杭州市东北郊的铁路杭州枢纽基本形成，为东南沿海主要铁路枢纽之一。跨入21世纪后，随着国家经济建设持续稳步健康发展，铁路建设进入高速发展时期。2004年12月，温福铁路浙江段开工建设。2005年10月，甬台温铁路开工建设。2008年12月，杭州东站改扩建工程和杭甬客专开工。2009年4月，沪杭客专开工，2010年8月全线铺通，2010年10月正式运营。2009年9月，甬台温、温福铁路开通运营。2010年，浙江省铁路营业里程达到1760.9公里，其中复线为1164公里，高铁595.5公里，路网密度为1.73公里/百平方公里。2010年以后，沪昆高铁浙江境内杭州到长沙的杭长高铁将分段建成通车。同时，杭黄、九景衢等一大批新的铁路建设项目先后投入规划和建设。2018年，全省铁路完成客运量21630万人，货运量3728万吨。

【民航建设与发展】 新中国成立后，杭州笕桥机场成为解放军空军机场。1957年，国家民航局在杭州笕桥机场设立民航杭州站，成为军民合用机场。1959年，杭州笕桥机场新建航站大楼，民用航空设施得到改善。此后，浙江省在杭州笕桥、宁波栎社和庄桥、温州永强等地陆续改扩建和新建13个机场。20世纪80年代起，浙江民航先后在义乌、衢州、黄岩等机场开展民航业务。同时，浙江地方政府和民航总局共同投资修复或新建杭州萧山机场、宁波栎社机场、舟山普陀山机场、温州永强机场等4D或4E级民用机场，改扩建义乌机场、黄岩机场、衢州机场等3个机场，形成以杭州为中心，通往北京、广州、成都、乌鲁木齐、哈尔滨、深圳、香港和澳门地区以及日本、韩国、新加坡、泰国等国的航空网络。2001年12月，建成杭州萧山国际机场一期工程。2006年7月，建德千岛湖通用机场建成并投入使用。1990年—2004年期间，省内先后建成桐庐、安吉等直升机机场以及浙江大学医学院附属第二医院医疗救护用直升机停机坪。2007年11月杭州萧山国际机场二期工程开工建设。2010年，省内有民用机场7个，航站楼总面积31.3万平方米，站坪114万平方米，机位130个。"十二五"期间，浙江省完成杭州机场二期、温州机场飞行区扩建、义乌机场国际航站楼新建等重大工程并投入使用，开工建设温州机场新航站楼、宁波机场三期扩建等重大项目，累计完成机场建设投资达到145亿元，比"十一五"时期增长81%。全省机场设计旅客吞吐能力达4600万人次，航站楼面积达49万平方米。嘉兴机场获国务院、中央军委立项批复，丽水机场完成项目选址报告并获得中国民航局批复，温州机场升格为国际机场，义乌机场航空口岸正式开放。"十二五"末，全省机场完成旅客吞吐量4521万人次，货邮吞吐量59万吨，分别比"十一五"期末增长58%和45%，起降架次超过38万架次，有超过40余家国内外航空公司在7个运输机场提供客货运输服务。2011年4月19日，浙江长龙航空有限公司成立。2017年11月，浙江省机场集团有限公司成立。2018年，全省共有机场7个，开通国内外航线392条，其中国内航线322条、国际及地区航线70条。民航旅客吞吐量达6538.7万人次、货邮吞吐量为84.4万吨，起降504071架次。其中杭州萧山国际机场旅客吞吐量位列236个境内民用航空（颁证）机场的第十，货邮吞吐量位列第六。

杭州萧山国际机场全景。

新中国成立70年浙江公路系统主要指标数据统计表

项　目	单　位	1949年	1960年	1970年	1978年	1985年	1990年	1995年	2000年	2005年
1.线路及设备										
（1）公路线路里程	公里	2197	9557	12000	18621	25611	30195	34547	41970	48600
其中：高速公路	公里	–	–	–	–	–	–	94	627	1866
国道	公里	–	–	–	–	–	1841	1923	2321	2831
其中：国家高速	公里	–	–	–	–	–	–	94	471	1084
省道	公里	–	–	–	–	–	5149	5214	5179	5890
县道	公里	–	–	–	–	–	13909	16668	19696	23097
乡道	公里	–	–	–	–	–	8899	9855	13908	15873
专用公路	公里	–	–	–	–	–	397	887	866	909
村道	公里	–	–	–	–	–	–	–	–	–
有铺装路面	公里	–	–	–	1439	3261	5380	13186	23732	28180
其中：沥青混凝土	公里	–	–	–	–	–	3443	8261	14421	10153
水泥混凝土	公里	–	–	–	–	–	1794	4825	9311	18027
简易铺装路面	公里	–	–	–	–	–	–	–	–	13863
未铺装路面	公里	–	–	–	–	–	–	–	–	6557
（2）公路桥梁	座	930	2890	4008	5300	6630	8913	10448	14151	20716
	米	17603	48829	73414	111411	167962	230362	284008	535765	1060095
（3）公路隧道	处	–	–	–	–	–	84	126	282	613
	米	–	–	–	–	–	18667	33463	113143	337071
（4）公路渡口	处	14	47	29	19	19	23	15	10	9
其中：机动渡口	处	–	13	14	15	17	22	15	10	9
2. 公路建设投资										
（1）公路总投资	亿元	–	–	–	–	–	–	–	–	–
内：线路及桥梁	亿元	–	–	–	–	–	–	–	–	–
（2）新增生产能力	公里	–	1085	968	1601	952	696	949	1340	1665
新建公路里程	公里	–	–	–	–	–	–	–	–	–
改建公路里程	公里	–	–	–	–	–	–	–	–	–

项　目	单　位	2010年	2011年	2012年	2013年	2014年	2015年	2016年	2017年	2018年
1.线路及设备										
（1）公路线路里程	公里	110177	111776	113550	115426	116367	118015	119053	120101	120662
其中：高速公路	公里	3383	3500	3618	3787	3884	3917	4062	4154	4421
国道	公里	4171	4205	4205	4332	4325	4356	7262	7355	7660
其中：国家高速	公里	2421	2449	2449	2573	2583	2613	3060	3060	3262
省道	公里	6031	6123	6245	6277	6364	6382	4563	4655	4678
县道	公里	27234	27520	27782	28397	29162	29413	28775	29080	29022
乡道	公里	18435	18614	18740	18734	19159	19293	19569	19677	19664
专用公路	公里	715	709	694	668	669	669	620	623	601
村道	公里	53592	54603	55884	57019	56689	57902	58264	58713	59037
有铺装路面	公里	98742	100991	104824	107158	109797	112114	113754	115176	117158
其中：沥青混凝土	公里	28414	29362	30322	31635	32673	34048	35532	37114	39857
水泥混凝土	公里	70328	71629	74502	75524	77123	78067	78223	78062	77301
简易铺装路面	公里	6142	6883	5470	5161	4471	3982	3578	3415	2603
未铺装路面	公里	5293	3901	3256	3107	2099	1918	1720	1510	900
（2）公路桥梁	座	44778	45578	46669	47423	47910	48701	49129	49700	50430
	米	2238663	2323804	2432092	2580759	2683892	2792948	2883090	2993659	3292134
（3）公路隧道	处	1273	1304	1370	1462	1518	1604	1691	1761	1851
	米	787514	806496	865974	967638	1012598	1065054	1146017	1212126	1292849
（4）公路渡口	处	22	22	22	22	22	23	23	23	21
其中：机动渡口	处	19	19	19	19	19	20	20	20	18
2. 公路建设投资										
（1）公路总投资	亿元	–	–	–	–	–	–	6.0	–	–
内：线路及桥梁	亿元	–	–	–	–	–	–	–	–	–
（2）新增生产能力	公里	3225	1599	1774	1876	941	1648	1038	1048	–
新建公路里程	公里	–	–	–	–	–	1643	1283	1574	2023
改建公路里程	公里	–	–	–	–	–	5	−245	−525	−1462

新中国成立70年浙江道路运输系统主要指标数据统计表（一）

指 标	单 位	1978年	1990年	1995年	2000年	2005年	2008年	2009年	2010年
一、道路运输从业人员	人	69171	149185	292930	498951	749456	1044899	1054908	1127388
道路旅客运输经营从业人员	人	–	–	–	84133	218993	220264	212884	224003
道路货物运输经营从业人员	人	–	–	–	302995	349924	585701	611801	649824
站（场）经营从业人员	人	–	–	–	–	–	31857	32087	42301
二、道路客、货运站	个	–	–	–	–	–	–	–	–
1.客运站	个	–	–	–	323	565	13201	16528	578
一级站	个	–	–	–	13	18	25	27	28
二级站	个	–	–	–	81	97	93	85	82
三级站	个	–	–	–	89	89	100	107	112
四级站	个	–	–	–	140	73	130	153	169
五级站	个	–	–	–	–	36	140	153	187
2.货运站	个		–	–	73	116	113	144	185
一级站	个	–	–	–	6	1	0	6	6
二级站	个	–	–	–	10	19	15	25	26
三级站	个	–	–	–	42	57	62	54	49
四级站	个	–	–	–	7	43	36	59	82
三、机动车维修业及汽车综合性能检测站									
1.机动车维修业业户	户	–	8180	13223	20170	24938	27152	28699	29894
其中：汽车维修	户	–	–	–	11617	15931	18458	20130	22071
一类汽车维修	户	–	–	–	247	634	854	904	946
二类汽车维修	户	–	–	–	1940	2576	2880	3118	3346
三类汽车维修	户	–	–	–	9430	12721	14724	16108	17779
2.汽车综合性能检测站	个	–	–	–	63	66	76	77	79
四、机动车驾驶员培训									
1.机动车驾驶员培训业户	户	–	–	–	–	488	535	531	540
其中：普通机动车驾驶员培训	户	–	–	–	–	–	514	508	532
道路运输驾驶员从业资格培训	户	–	–	–	–	–	61	67	66
2.教练员	人	–	–	–	–	25472	22229	23891	27548
其中：理论教练员	人	–	–	–	–	2581	1657	1551	1269
驾驶操作教练员	人	–	–	–	–	18534	20827	21856	26094
3.培训人次	人次	–	–	–	–	712634	763293	1014265	1256590
五、汽车租赁									
1.汽车租赁业户	户	–	–	–	–	149	20	35	475
2.汽车租赁从业人员	人	–	–	–	–	–	–	–	–
3.租赁车辆数量	辆	–	–	–	–	–	–	–	–
客车	辆	–	–	–	–	–	–	–	–
货车	辆	–	–	–	–	–	–	–	–
六、道路客运班线									
1.客运班线	条	–	393	1100	8127	8102	8449	8733	8713
其中：高速公路	条	–	–	–	–	62	639	664	69
2.客运班线平均日发班次	班次/日	–	–	1252	81831	200066	245317	258269	247975
其中：高速公路	班次/日	–	–	–	–	730	2709	2702	2891
七、农村道路客运									
1.客车通达情况									
乡镇	个	–	–	–	1770	1276	1280	1288	1321
其中：通客运班车的乡镇	个	–	–	–	1747	1268	1271	1282	1315
建制村	个	–	–	–	42859	36497	30466	29820	30027
其中：通客运班车的建制村	个	–	–	–	38050	30298	27156	26801	27229
2.农村客运站	个	–	–	–	–	–	502	1169	1218
其中：等级客运站	个	–	–	–	–	–	–	–	–
3.农村客运线路	条	–	–	–	–	3022	3979	3974	3946
平均日发班次	班次/日	–	–	–	–	55760	138217	143162	143517
4.农村旅客运输量									
客运量	万人	–	–	–	–	12754.0	60265.0	63502.0	67930.0
旅客周转量	亿人公里	–	–	–	–	–	135.5	142.7	133.6

新中国成立70年浙江道路运输系统主要指标数据统计表（二）

指 标	单 位	2011年	2012年	2013年	2014年	2015年	2016年	2017年	2018年
一、道路运输从业人员	人	1023413	1028193	970204	961379	921082	829145	798169	794896
道路旅客运输经营从业人员	人	108170	86359	77978	72840	57496	52057	50273	43700
道路货物运输经营从业人员	人	637674	650134	588852	562981	525214	444904	410979	422877
站（场）经营从业人员	人	41169	33510	32204	29451	30443	27939	26714	20626
二、道路客、货运站	个	–	–	–	–	–	–	646	644
1.客运站	个	628	608	594	609	593	578	534	533
一级站	个	28	31	32	33	39	42	44	45
二级站	个	80	77	78	78	74	68	63	58
三级站	个	108	111	102	104	104	96	85	82
四级站	个	192	174	161	152	152	163	175	176
五级站	个	220	215	221	242	224	209	167	172
2.货运站	个	182	190	190	197	192	189	112	111
一级站	个	6	6	5	5	6	6	8	10
二级站	个	16	15	14	13	8	8	15	14
三级站	个	45	43	41	42	41	39	29	24
四级站	个	115	126	130	137	137	136	60	63
三、机动车维修业及汽车综合性能检测站									
1.机动车维修业业户	户	29103	29214	27369	27173	27246	24545	24143	24801
其中：汽车维修	户	22284	23055	22304	22864	22950	21731	21982	22797
一类汽车维修	户	978	1027	1038	1046	1022	1040	1024	1018
二类汽车维修	户	3544	3766	3892	4151	4162	4431	4694	4726
三类汽车维修	户	17762	18262	17374	17667	17766	16260	16264	17053
2.汽车综合性能检测站	个	77	78	78	78	78	79	85	110
四、机动车驾驶员培训									
1.机动车驾驶员培训业户	户	558	635	706	747	794	834	837	838
其中：普通机动车驾驶员培训	户	552	635	704	745	792	830	831	830
道路运输驾驶员从业资格培训	户	63	63	65	65	66	60	55	54
2.教练员	人	34010	37521	42437	47761	51658	54515	55724	54491
其中：理论教练员	人	1378	1501	1705	1873	1936	1971	2196	1980
驾驶操作教练员	人	30607	35933	40638	45694	49696	52658	53487	52132
3.培训人次	人次	1432924	1548881	1454207	1989274	1772643	1650287	1516053	1286637
五、汽车租赁									
1.汽车租赁业户	户	400	467	491	683	1071	1297	1494	1770
2.汽车租赁从业人员	人	–	–	2193	4895	7400	9281	10865	12222
3.租赁车辆数量	辆	–	–	5316	10883	32936	45726	49596	–
客车	辆	–	–	5316	10883	32936	45705	49586	–
货车	辆	–	–	–	0	0	21	10	–
六、道路客运班线									
1.客运班线	条	7977	7685	7544	8940	6540	5958	7191	5552
其中：高速公路	条	703	805	1271	1794	1493	1489	2333	2249
2.客运班线平均日发班次	班次/日	188305	176065	156946	148421	124669	103445	94082	71026
其中：高速公路	班次/日	3623	4091	85842	6214	6156	5475	6193	5722
七、农村道路客运									
1.客车通达情况									
乡镇	个	1095	939	934	897	892	898	921	918
其中：通客运班车的乡镇	个	1094	935	850	803	800	817	776	917
建制村	个	29536	28819	28254	28029	27991	28002	27680	25534
其中：通客运班车的建制村	个	26772	26925	23525	24340	24751	24793	24208	25526
2.农村客运站	个	8175	8837	8838	8926	4322	1729	1869	3506
其中：等级客运站	个	–	–	366	362	350	355	312	309
3.农村客运线路	条	3621	3545	3376	3251	2681	2346	2214	2050
平均日发班次	班次/日	131179	127073	113678	107773	87714	70672	61382	50478
4.农村旅客运输量									
客运量	万人	73923.0	73024.0	56056.5	58349.6	48418.4	36803.5	32342.5	28107.2
旅客周转量	亿人公里	154.1	144.9	109.2	104.3	89.6	63.0	55.3	49.5

新中国成立70年浙江水运系统主要指标数据统计表

项　目	单　位	1979年	1985年	1990年	1995年	2000年	2005年	2010年
一、航道和设备								
1. 内河航道通航里程	公里	11154	10620	10617	10592	10408	9652	9704
其中：等级航道	公里	–	–	–	–	–	4758	4869
2. 营业性民用运输船舶拥有量								
轮驳船：艘数	艘	–	–	63079	68689	38808	29442	21439
净载重量	万吨位	–	–	167.0	307.3	424.0	1037.1	1812.6
载客量	万客位	–	–	15.4	15.7	6.8	6.4	7.3
3. 港口码头泊位	个	–	–	–	–	–	6396	5364
其中：沿海港口	个	–	–	–	–	–	1000	1095
4. 规模以上港口生产用码头泊位	个	–	–	–	–	–	–	–
其中：沿海港口	个	–	–	–	–	–	1000	1095
二、运输量和吞吐量								
1. 水路客、货运输量								
客运量	万人	6166.0	6443.0	6213.0	3967.0	2938.0	2510.0	3155.0
旅客周转量	万人公里	–	–	–	131761.0	88845.0	76702.0	60271.0
货运量	万吨	4743.0	6452.0	8883.0	15320.0	17922.0	41768.0	63258.0
货物周转量	万吨公里	–	–	–	4423827.0	7325545.0	27613935.0	54762376.0
2. 港口集装箱运输量	万标箱	–	–	–	–	–	–	1404.1
其中：沿海港口	万标箱	–	–	–	–	–	–	1403.9
内河港口	万标箱	–	–	–	–	–	–	0.2
3. 港口货物吞吐量	万吨	–	–	–	–	–	–	112787
其中：沿海港口	万吨	–	–	–	–	–	–	78846
三、水运建设投资								
1. 水运总投资	万元	–	–	–	27424	68431	589573	1053456
航道及航标建设	万元	–	–	–	17484	46975	176744	105351
港　口	万元	–	–	–	9940	21456	412829	948105
2. 新增生产能力								
港口码头泊位个数	个	–	–	–	–	–	−56	85
年吞吐能力	万吨	–	–	–	–	–	3563	13535

项　目	单　位	2012年	2013年	2014年	2015年	2016年	2017年	2018年
一、航道和设备								
1. 内河航道通航里程	公里	9739	9747	9769	9769	9769	9766	9766
其中：等级航道	公里	4951	4959	4981	4992	4992	4948	5030
2. 营业性民用运输船舶拥有量								
轮驳船：艘数	艘	19584	18208	17781	16316	15971	14623	14287
净载重量	万吨位	2261.2	2377.5	2405.3	2365.4	2585.3	2588.1	3029
载客量	万客位	7.7	7.8	7.8	8.1	8.6	8.7	8.7
3. 港口码头泊位	个	5462	4985	4690	4497	4166	3849	3777
其中：沿海港口	个	1064	1050	1094	1109	1083	1084	1109
4. 规模以上港口生产用码头泊位	个	–	–	–	–	–	–	–
其中：沿海港口	个	1064	1050	1094	1109	1083	1084	1109
二、运输量和吞吐量								
1. 水路客、货运输量								
客运量	万人	3454.0	3577.0	3581.0	3841.0	3950.0	4284.0	4500.0
旅客周转量	万人公里	61580.0	58997.0	55587.0	58359.0	58354.0	63074.0	63000.0
货运量	万吨	73817.0	75290.0	72837.0	74797.0	77646.0	86513.0	98200.0
货物周转量	万吨公里	73664495.0	80242850.0	78971645.0	81426446.0	79505846.0	80692188.0	93525000.0
2. 港口集装箱运输量	万标箱	1773.4	1933.2	2164.9	2294	2398.8	2747.1	2975
其中：沿海港口	万标箱	1759	1910	2136	2257	2362	2687	2898
内河港口	万标箱	14	23	29	37	37	60	77
3. 港口货物吞吐量	万吨	131932	138050	139071	138136	140866	158869	169176
其中：沿海港口	万吨	92760	100591	108177	109930	114202	125744	133500
三、水运建设投资								
1. 水运总投资	万元	1404798	1441651	1456740	1534370	1852308	185.1	198.4
航道及航标建设	万元	103983	156851	378903	327665	378903	132	90.1
港　口	万元	1300815	1284800	1473405	1206705	1473405	53.1	108.3
2. 新增生产能力								
港口码头泊位个数	个	−147	−477	−295	−193	−331	−317	−71
年吞吐能力	万吨	11823	4548	324	4543	4541	3435	3654

（文/图　浙江省交通运输厅）

安徽省

【概 述】1949年—1957年期间，是安徽交通的恢复和初步发展时期。至1957年底，全省通车里程由1949年勉强维持通车的2088公里增加到8328公里，增长2.99倍。1958年—1977年期间，"大跃进"和"文化大革命"使交通建设走了弯路，发展受到一定挫折。1978年—1985年，安徽交通建设进入全面发展阶段，专设省交通厅山区道路办公室，全面开展山区公路建设。1986年—1990年"七五"期间，成立安徽省高等级公路管理局和安徽省高等级公路工程建设指挥部，兴建合(肥)宁(南京)高速公路安徽段。1991年—1995年"八五"期间，初步形成以省会合肥为中心，以高速、一级、二级公路为主骨架的公路网和内河大中小配套的港口体系。1996年—2000年"九五"期间，累计完成交通固定资产投资273亿元，是"八五"的4.14倍。2001年—2005年"十五"期间，交通固定资产投资完成706亿元，超过"七五""八五""九五"的总和。2006年—2010年"十一五"期间，交通建设投资规模显著扩大，完成交通建设投资1125亿元，比"十五"增长59%。党的十八大以来，交通运输发展实现历史性跨越，交通建设投资接连迈过5个百亿元台阶，安徽在全国的综合交通枢纽地位得到确立，公路管理体制、海事管理体制改革顺利完成，集装箱吞吐量几何倍增，亿吨港口数跃居全国内河省份第2位。邮政业快速发展。业务总量年均增长44%，快递年业务量突破9亿件。邮政普遍服务网点达到2113个，乡镇快递服务网点4001个，实现"乡乡设所、村村通邮"。2018年，交通建设投资继续保持高位运行，完成投资840亿元，新增高速公路130公里、一级公路318公里，建成农村道路畅通工程2.1万公里。巢无、狸宣等4个高速公路项目和颍上复线船闸等2个水运重点项目如期建成，引江济淮工程引江济巢线、芜黄高速公路、淮河干流航道整治、涡河航道整治等一批项目开工建设。5条省际"断头路"贯通，7条"断头路"顺利开工。沿江非法码头、无证经营码头完成整治。邮政业收入完成188.46亿元，同比增长19.12%；快递业务量完成11.23亿件，同比增长30.10%；业务收入完成111.01亿元，同比增长23.94%。

【公路建设与发展】

1.公路设施。

(1)高速公路。安徽省高速公路建设起步于20世纪80年代。1986年7月，安徽省高等级公路工程建设指挥部成立，10月1日，合宁高速公路正式开工建设。全长136公里的合宁高速公路，历时5年建设，于1991年10月1日全线通车。1990年2月，安徽省高等级公路管理局成立；1992年12月组建成立安徽省高速公路总公司，与前期成立的安徽省高等级公路工程建设指挥部整合，形成三块牌子一套班子，集中人力、财力、物力，对高速公路进行统一调度和专业化管理。1995年12月，安徽省第二条高速公路——合巢芜高速公路建成通车。随后，芜宣广、连霍安徽段等国家高速公路网项目相继建成通车。至2003年底，全省高速公路运营里程突破1000公里。2014年，安徽省高速公路控股集团有限公司与安徽省交通投资集团有限责任公司合并重组，成立安徽省交通控股集团有限公司，打造全省统一的高速公路投资运营管理平台。2016年以来，安徽省高速公路建设重点实施扩容、网化两大工程。至2018年底，全省高速公路通车里程4836公里。7座高速公路大桥横跨长江，"五纵九横"路网主骨架全面建成，实现省内南北6小时、东西3小时行车过境。高速桥梁隧道建设技术跻身世界先进行列，在国内首创制定《公路隧道设计规范》《公路隧道施工技术规范》，填补相关技术空白。铜黄高速、六武高速大别山隧道群等先后获詹天佑奖，太平湖大桥等获鲁班奖，马鞍山大桥、芜湖长江公路二桥等获得乔治·理查德森奖。

(2)干线公路。1949年新中国成立之初，安徽仅有低等级公路2088公里，42个县不通公路，11个县公路晴通雨阻。1949年—1957年，组织抢修公路31条2140公里；创建全国第一条砂礓公路，改变安徽淮北平原地区没有晴雨通车的历史；建成渔亭—黟县、潜山—岳西山区公路，实现全省县县通汽车。1958年—1966年，打响"干线木桥歼灭战"，改建木桥为永久性桥梁299座/3883延米。1966年—1976年"文化大革命"时期，管理机构瘫痪、公路失修失养严重。1977年—1990年，加快贫困山区县的公路建设，11个县实现乡乡通汽车的目标；拓宽改造合肥与15个市的连接线，改造干线公路1373公里；建成旅游公路7条347.2公里，五河、蚌埠、凤台三座淮河公路大桥相继建成；开工新建800里皖江第一座大桥——铜陵长江公路大桥。1991年以来，安徽公路进入加快建设时期，2012年，确立普通国省干线公路"省市共建，以市为主"建设模式，公路发展掀起新一轮建设高潮。至2018年底，安徽省公路总里程达20.88万公里，省际公路基本达到二级及以上公路标准，一级公路总里程达到4863公里，省会与地市、地市与地市之间全部实现高速或一级公路连接，40个县实现与所在市一级公路连通。

(3)农村公路。新中国成立以后，在大力进行干线公路建设的同时，安徽逐步加快农村公路建设步伐，农村公路由自然状态逐步进入良性发展期。"十五"期间，完成农村公路建设投资177亿元，新改建农村公路3.4万公里。2003年开始实施农村公路通达工程，加快县乡公路建设；2005年安徽省在青阳、繁昌、宁国、天长等11个县开展"村村通"建设试点。"十一五"期间，农村公路建设以乡、村道改建工程为重点，完成新改建农村公路7.3万公里，"村村通"工程被列入重要民生工程。"十二五"期间，先后实施危桥加固改造、县乡公路升级改造、安全保障和村级公路网化等工程，累计完成投资351亿元，完成县乡公路升级改造约12000公里，通村公路建设约9000公里，农村公路危桥改造5600余座，安保工程约3.5万公里。2016年—2018年，3年完成7.2万公里农村道路畅通工程建设任务。同时，深入推进“四好农村路”建设，实施农村公路扩面延伸工程、路长制工程、养护水平提升工程和农村运输通达“四大工程”，推动农村公路建、管、护、运营协调发展。至2018年底，全省农村公路总里程达180718公里，占公路总里程的86.54%，其中三级以上公路16699公里，占公路总里程的9.24%。全省所有乡镇全部实现公路通畅，建制村公路通达通畅率达99.99%。基本形成县道为骨架、乡道为支线、村道为脉络的农村公路网络体系，实现与国省干线公路以及城市道路的有效对接互通。

2.公路客运。1949年新中国成立后，安徽公路运输全面恢复发展，完成私营汽车运输业社会主义改造。1978年改革开放后至1985年，公路运输实行国营、集体、个人一起上，进入继“一五”之后的“第二个黄金时代”，长期以来的“乘车难、货运难”得到缓解。客运站点数增加到5545个，客运班次增加到9550个，客车增加到21246辆，客运量增加到22926万人次；货车增加到66043辆，货运量增加到2954万吨。1991年—1995年“八五”期间，运输能力快速增长，合肥至北京、广州、深圳等超长距离直达汽车客货运输班线相继开通。至2018年底，客运服务方面，全省共有旅客运输企业443家（100辆客车以上旅客运输业户达76家，50辆客车以上100辆客车以下的企业72家），拥有营运载客汽车25862辆、784811客位，客运站710个（二级以上客运站100个），开通客运班线8843条，平均日发班次60888次，道路运输与其他运输方式衔接更加便利，基本能够满足城乡居民的出行需要。货运服务方面，全省共有从事道路货物运输的经营业户210454户，其中道路货运企业20041户、个体运输经营业户190413户；营运载货车辆693821辆，吨位数7040325吨。11家企业纳入交通运输部无车承运试点企业，5个甩挂运输试点项目列入国家公路甩挂运输试点项目。

【水运建设与发展】中华人民共和国成立前，安徽的水路航道多数处在自然状态，淮河是中国历史上灾害严重的河流之一，水运以木帆船为主，轮驳船仅有152艘、7565客位、3200载重吨，木帆船3.05万艘，港埠设施简陋。1949年新中国成立之初，安徽的交通运输处于落后状态，在铁路、公路和水运的运输结构中，水运居于举足轻重的地位。1949年—1957年，安徽航运进入恢复发展时期，先后组建航运管理机构，建立地方国营轮船运输公司，国营航运企业的主导地位得到加强，成为全省水运生产中的骨干力量；繁荣的水上运输市场初步形成，水上运输从无序生产走向有序生产。1957年—1966年，全国掀起“大跃进”运动，安徽航运受到一次严重挫折；经过1961年—1965年认真贯彻党中央提出的“调整、巩固、充实、提高”的八字方针以后，水上交通又重新走上健康发展的轨道。在历史上被称为第一个发展“黄金期”。1966年—1976年，安徽航运事业也受到严重破坏，全省水运职工在困境中排除干扰，坚持工作，安徽内河航运在曲折中发展。1978年—2000年，安徽航运系统建立健全各项规章制度，整顿生产秩序，加快航道、港口的基本建设，发展造船事业，推行新的运输方式，改善运输企业的经营管理出现又一个“黄金期”。2001年—2010年，安徽航运着力加快黄金水道干支联动建设和沿江港口群建设，有效整合水运资源，发挥综合交通运输体系的整体功能，引导沿江、沿河产业优化布局，加快实现由“水运大省”向“水运强省”的新跨越。至2018年底，全省内河航道总里程6612公里，其中通航里程5729公里，分别位居全国第七和第八位。3级及以上航道860公里，4级及以上航道共1473.5公里，拥有生产用港口泊位867个，其中5000吨级及以上泊位数147个（万吨级及以上泊位17个），1000~5000吨级泊位数300个，芜湖、铜陵、马鞍山港位居全国36个亿吨大港行列。拥有内河营运船舶2.5万艘，净载重量4704万吨、1.48万客位、11万标箱、1058万千瓦，内河货运运力连续多年居全国首位。

【民航建设与发展】2003年11月25日，中国民航安徽省管理局所属合肥、黄山机场由中央移交省政府属地化管理，改制为安徽民航机场管理有限责任公司。2005年11月8日，成立股权多元化的安徽民航机场集团有限公司，下设合肥新桥机场、黄山屯溪机场、池州九华山机场3个分公司和安徽省民航蓝天实业总公司等3个经营性子公司。集团公司主营业务为航空运输服务保障，直接经营管理合肥、黄山、池州3个民用机场。同时依托主业，积极发展客货销售代理、航空配餐、房地产开发、广告经营、候机楼商贸、酒店餐饮等多项经营业务。2013年5月29日24时，安全运行36年的合肥骆岗国际机场永久关闭。5月30日零点，合肥新桥国际机场正式启用。新桥机场位于安徽省合肥市肥西县高刘镇，距合肥市中心31.8公里，是国内4E级枢纽干线机场，按照满足2020年旅客吞吐量1100万人次、货邮吞吐量15万吨的需要设计。2006年6月26日，合肥机场通过国家口岸部门的预验收，成为国际口岸。2004年首次突破100万人次后，2007、2009、2011、2012和2015年，旅客吞吐量分别突破200万、300万、400万、500万、600万人次。先后开通淮南、铜陵、蚌埠、宿州、亳州、六安、巢湖、滁州、安庆、池州、芜湖、宣城、马鞍山、和县、淮北、无为、含山、池州九华山、庐江、舒城、潜山、寿县、桐城、凤台、五河、怀远、定远27个合肥机场异地城市候机楼和1个合肥市区候机楼、1个合肥中心城市候机楼、1个机场高速新桥服务区候机楼，以及合肥高铁南站候机楼、大华国际港候机楼。至2018年，共有20多家航空公司投入运力，开通航线60多条，国际及地区航线通达德国法兰克福、韩国首尔/仁川/大邱、泰国曼谷/甲米、日本名古屋等，航线网络辐射到国内外50多个大中城市，极大地满足省内商务、公务、旅游及广大市民的出行需求。

新中国成立70年安徽公路系统主要指标数据统计表

项　目	单　位	1949年	1960年	1970年	1978年	1985年	1990年	1995年	2000年	2005年
1.线路及设备										
（1）公路线路里程	公里	2088	13616	17395	23680	26988	30126	35178	65353	72807
其中：高速公路	公里	–	–	–	–	–	–	236	467	1501
国道	公里	–	–	–	–	–	2790	2852	2790	3240
其中：国家高速	公里	–	–	–	–	–	–	–	–	677
省道	公里	–	–	–	–	–	6396	7045	7250	7757
县道	公里	–	–	–	–	–	12632	12847	23658	24200
乡道	公里	–	–	–	–	–	7967	12176	30643	36606
专用公路	公里		508	531	1190	426	341	258	1012	1004
村道	公里	–	–	–	–	–	–	–	–	–
有铺装路面	公里	–	–	–	–	–	–	–	–	9250
其中：沥青混凝土	公里	–	–	–	–	–	–	–	–	2831
水泥混凝土	公里	–	–	–	–	–	–	–	–	6419
简易铺装路面	公里	–	–	–	–	–	–	–	–	27939
未铺装路面	公里	–	–	–	–	–	–	–	–	35618
（2）公路桥梁	座	–	1372	3379	3390	4349	5048	5771	11154	13138
	米	–	24588	67571	89638	133349	158365	191487	396629	607507
（3）公路隧道	处	–	–	–	–	–	–	–	–	31
	米	–	–	–	–	–	–	–	–	13198
（4）公路渡口	处	–	12	14	9	8	19	20	51	51
其中：机动渡口	处	–	3	6	6	8	19	20	50	51
2. 公路建设投资	亿元	–	–	–	–	–	–	–	–	–

项　目	单　位	2010年	2011年	2012年	2013年	2014年	2015年	2016年	2017年	2018年
1.线路及设备										
（1）公路线路里程	公里	149382	149535	165157	173763	174373	186940	197588	203285	208826
其中：高速公路	公里	2929	3009	3210	3521	3752	4249	4543	4673	4836
国道	公里	5037	5063	5137	5136	5128	5427	10900	10925	11006
其中：国家高速	公里	2594	2612	2686	2686	2686	2893	3574	3594	3632
省道	公里	7375	7447	7570	7879	8127	8402	4461	4571	16526
县道	公里	23970	23975	25315	24207	24226	24253	23604	23636	13546
乡道	公里	36226	36245	37820	36492	36493	36498	36541	36600	34438
专用公路	公里	1004	1002	1002	1002	1002	1002	1002	1002	576
村道	公里	75771	75802	88314	99047	99397	111358	121080	126551	132734
有铺装路面	公里	74349	78543	94816	96262	99997	113155	136004	169916	192873
其中：沥青混凝土	公里	8410	9815	11296	13821	16164	21667	25235	27859	29959
水泥混凝土	公里	65939	68728	83520	82442	83833	91488	110769	142056	162914
简易铺装路面	公里	31949	29934	28544	25552	23248	18626	13992	11127	8409
未铺装路面	公里	43084	41058	41798	51949	51129	55158	47593	22242	7544
（2）公路桥梁	座	30439	30628	32493	35535	35763	36808	37469	37737	38130
	米	1485313	1512220	1636985	1837659	1924837	2152901	2267412	2385379	2474825
（3）公路隧道	处	217	225	226	264	284	316	324	326	339
	米	158904	167677	168224	182882	199777	238928	249565	250230	263550
（4）公路渡口	处	1788	1783	57	57	57	56	56	56	55
其中：机动渡口	处	706	704	20	20	20	19	19	19	23
2. 公路建设投资	亿元	–	–	–	–	–	–	–	–	–

新中国成立70年安徽道路运输系统主要指标数据统计表（一）

指 标	单 位	1992年	2000年	2005年	2006年	2007年	2008年	2009年	2010年
一、道路运输从业人员	人	249975	447963	569295	661091	735502	814140	892861	889233
道路旅客运输经营从业人员	人	–	117289	135059	168303	182645	224855	237459	128509
道路货物运输经营从业人员	人	–	193045	352141	406382	463500	502723	543894	650917
站（场）经营从业人员	人	–	–	–	16516	19315	–	19281	19798
二、道路客、货运站									
1.客运站	个	–	434	737	2088	3380	4623	5339	739
一级站	个	–	16	20	27	21	22	22	21
二级站	个	–	85	81	70	73	75	77	78
三级站	个	–	134	110	91	–	81	89	83
四级站	个	–	199	220	142	173	218	235	258
五级站	个	–	–	–	201	227	312	313	299
2.货运站	个	–	16	81	88	86	79	80	86
一级站	个	–	–	–	–	–	–	–	–
二级站	个	–	–	8	10	9	9	8	8
三级站	个	–	–	35	33	34	26	29	24
四级站	个	–	–	38	45	43	44	43	54
三、机动车维修业及汽车综合性能检测站									
1.机动车维修业户	户	5962	7896	7935	8578	7999	8161	8915	9125
其中：汽车维修	户	–	–	–	–	–	–	–	–
一类汽车维修	户	191	121	133	151	159	187	209	2258
二类汽车维修	户	386	1389	1353	1450	1384	1411	1561	1606
三类汽车维修	户	1798	4597	4607	4556	4864	4954	5423	5439
2.汽车综合性能检测站	个	–	39	57	61	61	65	70	71
四、机动车驾驶员培训									
1.机动车驾驶员培训业户	户	–	61	129	153	166	178	185	192
其中：普通机动车驾驶员培训	户	–	–	–	135	157	150	185	189
道路运输驾驶员从业资格培训	户	–	–	–	123	135	140	150	143
2.教练员	人	–	–	3337	4980	6539	7357	9211	10667
其中：理论教练员	人	–	286	388	570	600	574	688	803
驾驶操作教练员	人	–	1457	746	3861	5229	6124	7866	9161
3.培训人次	人次	–	44956	249002	310079	371556	402597	517539	660640
五、汽车租赁									
1.汽车租赁业户	户	–	–	–	–	–	–	–	58
2.汽车租赁从业人员	人	–	–	–	–	–	–	–	436
3.租赁车辆数量	辆	–	–	–	–	–	–	–	421
客车	辆	–	–	–	–	–	–	–	421
货车	辆	–	–	–	–	–	–	–	–
六、道路客运班线									
1.客运班线	条	5933	12553	8516	8336	10233	11105	10334	10243
其中：高速公路	条	–	–	–	389	552	642	739	824
2.客运班线平均日发班次	班次/日	19249	33397	58282	62588	157083	94621	75415	78858
其中：高速公路	班次/日	–	–	–	–	–	1756	–	1677
七、农村道路客运									
1.客车通达情况									
乡镇	个	–	1789	1734	1358	1340	1329	1329	1329
其中：通客运班车的乡镇	个	–	1779	1710	1358	1338	1329	1329	1329
建制村	个	–	27156	25486	22973	21700	19370	19254	19177
其中：通客运班车的建制村	个	–	20126	21856	20432	19681	17419	17563	18295
2.农村客运站	个	–	–	–	1699	1851	2770	2838	3935
其中：等级客运站	个	–	–	–	–	–	–	–	–
3.农村客运线路	条	–	–	–	3087	3504	4106	4157	4197
平均日发班次	班次/日	–	–	–	40421	54779	50577	52470	53569
4.农村旅客运输量									
客运量	万人	–	–	–	22462.0	23767.0	25937.0	30756.1	32987.3
旅客周转量	亿人公里	–	–	–	90.9	113.3	113.9	124.3	152.1

新中国成立70年安徽道路运输系统主要指标数据统计表（二）

指　标	单　位	2011年	2012年	2013年	2014年	2015年	2016年	2017年	2018年
一、道路运输从业人员	人	952397	1005521	1051688	1093179	1092089	1140438	1165050	1172909
道路旅客运输经营从业人员	人	124494	128267	124967	122521	120052	127160	125477	123017
道路货物运输经营从业人员	人	713716	755553	798063	834051	828501	867271	893007	902300
站（场）经营从业人员	人	19511	19860	19939	19808	20070	19932	19403	18847
二、道路客、货运站									
1.客运站	个	805	702	679	693	699	722	722	710
一级站	个	22	23	24	25	30	36	38	40
二级站	个	73	72	63	65	63	61	61	59
三级站	个	89	84	81	80	83	81	84	81
四级站	个	295	268	276	275	278	277	275	270
五级站	个	326	255	235	248	245	267	264	260
2.货运站	个	84	81	65	64	63	57	52	47
一级站	个	2	2	2	2	8	2	2	2
二级站	个	9	9	9	9	9	5	5	5
三级站	个	24	19	7	7	7	7	7	7
四级站	个	49	51	47	46	45	43	38	33
三、机动车维修业及汽车综合性能检测站									
1.机动车维修业业户	户	8886	9170	8995	9680	10112	9986	9430	9478
其中：汽车维修	户	7015	7277	7373	8034	8392	8473	7979	8179
一类汽车维修	户	244	287	285	334	362	366	400	407
二类汽车维修	户	1681	1752	1772	1976	2070	2111	2234	2324
三类汽车维修	户	5090	5238	5316	5724	5960	5996	5345	5448
2.汽车综合性能检测站	个	71	72	77	79	82	85	90	125
四、机动车驾驶员培训									
1.机动车驾驶员培训业户	户	197	230	263	312	420	525	586	602
其中：普通机动车驾驶员培训	户	197	230	263	312	420	525	586	602
道路运输驾驶员从业资格培训	户	136	145	174	199	192	189	202	205
2.教练员	人	12676	14994	20169	23391	28403	30076	32108	32106
其中：理论教练员	人	956	1023	1190	1346	1437	1465	1425	1453
驾驶操作教练员	人	11072	13317	18229	21271	25821	27837	29331	29178
3.培训人次	人次	767804	965784	1055890	1203275	1344680	1367414	1413660	1320376
五、汽车租赁									
1.汽车租赁业户	户	–	–	–	–	–	–	73	73
2.汽车租赁从业人员	人	–	–	–	–	–	–	378	378
3.租赁车辆数量	辆	–	–	–	–	–	–	484	484
客车	辆	–	–	–	–	–	–	484	484
货车	辆	–	–	–	–	–	–	–	–
六、道路客运班线									
1.客运班线	条	10214	10112	10226	10251	10253	9683	9331	8843
其中：高速公路	条	925	1006	1122	1174	1294	1350	1371	1315
2.客运班线平均日发班次	班次/日	77390	75218	77703	77420	76133	72639	67891	60888
其中：高速公路	班次/日	1857	1874	–	–	–	–	–	2054
七、农村道路客运									
1.客车通达情况									
乡镇	个	1327	1378	1378	1377	1343	1379	1379	1379
其中：通客运班车的乡镇	个	1327	1378	1378	1377	1343	1379	1379	1379
建制村	个	18669	17070	16793	16793	15807	16804	16836	17028
其中：通客运班车的建制村	个	17890	16583	16531	16524	15014	16562	16657	16841
2.农村客运站	个	4282	4254	–	–	–	–	–	2519
其中：等级客运站	个	–	–	–	–	–	–	–	–
3.农村客运线路	条	4250	4398	4405	4415	4624	3983	4208	3872
平均日发班次	班次/日	57894	59154	56251	52872	51889	46295	40317	36307
4.农村旅客运输量									
客运量	万人	38031.4	40374.0	41205.0	38062.0	35532.0	33904.0	30839.0	27725.0
旅客周转量	亿人公里	158.7	169.9	157.8	154.6	146.2	127.6	121.2	111.5

新中国成立70年安徽水运系统主要指标数据统计表

项　目	单　位	1978年	1980年	1985年	1990年	1995年	2000年	2005年	2010年
一、航道和设备									
1. 内河航道通航里程	公里	10282	5489	5515	5527	5612	5611	5587	5596
其中：等级航道	公里	–	–	–	–	–	4965	4997	5006
2. 营业性民用运输船舶拥有量									
轮驳船：艘数	艘	624	588	29621	36581	34976	25378	33364	29186
净载重量	万吨位	3.74	3.83	104.59	198.69	281.95	341.86	1378.35	2075.59
载客量	万客位	1.29	1.24	4.66	6.36	4.62	3.33	1.43	1.57
3. 港口码头泊位	个	103	293	447	367	–	1178	1328	1351
4. 规模以上港口生产用码头泊位	个	–	–	–	–	–	1178	1328	1351
二、运输量和吞吐量									
1. 水路客、货运输量									
客运量	万人	424.9	480.6	311.6	449.7	257.3	798.0	244.0	139.0
旅客周转量	万人公里	10960.6	12482.3	9253.0	6606.0	4945.0	17000.0	3093.0	2684.0
货运量	万吨	172.8	139.0	136.8	1110.3	1298.3	4695.0	7125.0	32356.0
货物周转量	亿吨公里	4.11	3.89	7.89	45.80	67.94	143.90	259.69	1131.96
2. 水路集装箱运输量									
水路集装箱箱运量	万标箱	–	–	–	–	–	–	11.3	–
水路集装箱货运量	万吨	–	–	–	–	–	–	–	–
3. 港口货物吞吐量	万吨	723	1354	2531	2851	2881	4428	17157	32502
三、水运建设投资									
1. 水运总投资	万元	469	267	173	860	3006	5081	43600	251865
航道及航标建设	万元	–	–	–	–	–	–	–	–
港　口	万元	–	–	–	–	–	–	–	–
2. 新增生产能力									
港口码头泊位个数	个	–	–	–	–	–	–	–	–
年吞吐能力	万吨	–	–	–	–	–	–	–	–

项　目	单　位	2011年	2012年	2013年	2014年	2015年	2016年	2017年	2018年
一、航道和设备									
1. 内河航道通航里程	公里	5605	5623	5642	5729	5729	5729	5729	5729
其中：等级航道	公里	5016	5034	5052	5140	5345	5345	5345	5144
2. 营业性民用运输船舶拥有量									
轮驳船：艘数	艘	29728	29481	28721	29497	28800	28847	25509	25065
净载重量	万吨位	2599.33	2749.17	3175.20	3680.32	4213.77	4697.18	4626.63	4704.27
载客量	万客位	1.64	1.57	1.52	1.47	1.49	1.44	1.52	1.48
3. 港口码头泊位	个	1334	1336	1348	1344	1212	1148	932	867
4. 规模以上港口生产用码头泊位	个	1334	1336	1348	1344	1212	1148	932	–
二、运输量和吞吐量									
1. 水路客、货运输量									
客运量	万人	155.0	159.0	360.0	170.0	105.0	213.0	253.0	210.0
旅客周转量	万人公里	3168.0	2947.0	3876.0	3227.0	3843.0	4055.0	4062.0	3912.0
货运量	万吨	36439.0	40716.0	45050.0	108587.0	104948.7	110776.0	114015.0	114877.0
货物周转量	亿吨公里	1309.77	1613.66	1847.97	5298.24	4940.99	5260.97	5503.12	5630.88
2. 水路集装箱运输量									
水路集装箱箱运量	万标箱	38.82	45.58	52.67	76.42	95.59	114.75	138.38	148.73
水路集装箱货运量	万吨	265.15	296.49	354.58	487.80	598.57	691.58	854.35	1069.76
3. 港口货物吞吐量	万吨	37419	36097	39618	43838	48044	51917	51249	51135
三、水运建设投资									
1. 水运总投资	万元	307021	391642	524969	558560	584554	512786	530310	1066287
航道及航标建设	万元	–	–	–	–	–	–	239550	810555
港　口	万元	–	–	–	–	–	–	250610	253308
2. 新增生产能力									
港口码头泊位个数	个	–	–	–	–	–	–	21	40
年吞吐能力	万吨	–	–	–	–	–	–	1990.0	2188.0

（安徽省交通运输厅　供稿）

江西省

【概 述】新中国成立70年来，江西交通运输事业先后经历曲折前行阶段（1949年—1978年），改革开放阶段（1979年—2000年），全面提速阶段（2001年—2012年），高质量发展阶段（2013年—2018年）。2018年，全省高速公路纵横赣鄱，国省道路连线成网，农村公路进村入户，水运航道通江达海，客货车辆驰骋南北，全省交通运输面貌发生翻天覆地的巨变；全省公路水路运输客运量、货运量分别达5.4亿人和15亿吨。

经过70年的砥砺奋进，交通运输发展成就成为江西经济社会发展中最大的亮点之一。一是交通基础设施建设实现大跨越。至2018年底，全省公路总里程达16.2万公里，是新中国成立初期的52倍。高速公路30年时间实现零到6000公里的跨越，实现县县通高速，打通28个出省通道，创造令人瞩目的“江西速度”，形成“纵贯南北、横跨东西、覆盖全省、连接周边”的高速路网格局；普通国省干线公路达1.86万公里，全省所有县（市、区）通国道，86%以上的乡镇通国省道；农村公路达13.7万公里，实现行政村村村通水泥路、25户以上自然村通水泥路。“四好农村路”建设扎实推进，4个县（市）成功创建全国示范县，24个县（市）成为省级示范县；航道通航里程达5716公里，三级及以上高等级航道615公里；内河港口生产性码头泊位1124个，千吨以上深水泊位167个，集装箱码头泊位7个，全省港口吞吐能力达1.68亿吨、集装箱63.5万标箱；客运场站达945个，其中，二级以上客运站105个，综合客运枢纽5个。二是服务保障民生水平实现大提升。运输保障更加有力，全省拥有营运客车1.7万辆，开通客运线路5749条，公交线路1559条，100%的乡镇、97.2%的行政村通了客运班车；“一带一路”多式联运示范工程赣州港成为全国铁海联运外贸集装箱吞吐量最大的内陆港；全省营运船舶平均载重吨位达到1300多吨。服务水平更加优质，在全国率先实现普通公路取消收费、免费通行；认真执行鲜活农产品运输“绿色通道”等优惠政策，持续助推物流业降本增效；高速公路ETC实现全国联网，道路客运联网售票系统实现全省二级以上客运站全覆盖，交通一卡通与全国300余个城市实现互联互通；收费窗口形象提升、服务区文明创建等活动持续开展，打造“映山红”等知名服务品牌，创建全国百佳示范服务区、优秀服务区24对。助力脱贫攻坚和乡村振兴更加精准，支持贫困地区建设一批资源路、产业路、旅游路，全面启动实施“组组通”水泥路建设工程，全省269个深度贫困村于2018年底率先实现“组组通”，2018年底全省1.9万个村民小组所在的自然村100%实现通一条水泥路。三是交通行业治理方式实现大转变。法治和信用体系不断健全，《江西省道路运输条例》《江西省公路条例》等地方性法规和规章先后颁布实施，“信用江西交通平台”建成运行，成为全国首批创建“信用交通省”试点省份。“放管服”改革深入推进，货车“两检合一”和普货车辆异地检测年审全面落地，实现“一次上线、一次检验、一次收费”。科技创新手段有效运用，建成交通监控应急指挥中心，基本实现对高速公路、普通国省干线重点路段、特大桥梁、长大隧道、湖区航道、客运站、“两客一危”车辆的动态运行监测，全省14215辆营运客车安装4G视频实时监控设备。绿色安全理念深入人心，持续推进非法码头整治、公路路域环境和交通秩序综合整治、货运车辆超限超载治理、高速公路生态文明提升等专项行动，大力实施普通公路安全生命防护工程和危桥改造，有力促进交通运输事业健康可持续发展。

【公路建设与发展】1949年，江西省通车公路里程只有3100公里，35个县未通公路。新中国成立后，江西交通部门执行“迅速恢复、逐步增建”的公路建设方针，先后修复、新建一批公路，其中1953年建成通车庐山登山公路。1958年全省实现县县通公路，1965年底全省公路总里程达到2万余公里。1966年之后的10年，全省共新建公路9800多公里，1886个人民公社有1846个通了公路，新建永久性桥梁4290多座。改革开放后，“经济发展、交通先行”“要想富、先修路”成为社会各界的强烈呼声和共识。江西交通部门紧紧抓住“贷款修路、收费还贷”“有路大家走车”等改革、开放、搞活方针政策，加快公路建设发展，推动江西交通运输进入缓解改观的新阶段。“七五”期间，1989年7月，江西第一条高速公路昌九高速公路开工建设，昌九高速公路是福银高速的组成部分，北接九江，南连南昌，全长138公里。先后建成江西省第一条一级公路、第一条高速公路，利用第一批世界银行贷款修建农村公路；公路运力快速增长，极大缓解城乡群众“出行难”“运货难”的问题。“九五”期间，建设完成昌九高速、昌樟高速、昌北机场高速、温厚高速、九景高速，建成高速公路385公里。进入21世纪以后，江西交通部门抢抓机遇、乘势而上，提速推进交通基础设施建设。建设完成胡傅高速、梨温高速、昌赣高速昌泰段、昌赣高速泰赣段、赣定高速、昌金高速、温沙高速、温厚高速、九景高速，建成高速公路1195公里，通车总里程达到1580公里。至2007年底，建设完成南昌西外环高速、景婺黄（常）高速、景鹰高速、康大高速、武吉高速宜丰以南路段，建成高速公路626公里，通车总里程达到2206公里。2008年6月30日，全长308.78公里鹰瑞高速公路开工建设，该项目是江西开工里程最长的高速公路。21世纪的前12年，高速公路实现400公里到4000公里的跨越，在周边省份中率先全部打通出省高速通道；国省干线公路以每年新改建1000公里的速度，持续推进提等升级；新中国成立以来规模最大的农村公路建设全面启动，2010年实现行政村村村通水泥（油）路。党的十八大以来，江西交通运输部门深入贯彻落实“创新、协调、绿色、开放、共享”的新发展理念，在新的起点上推动交通运输高质量跨越式发展。高速公路通车里程先后突破5000公里和6000公里，昌樟高速“四改八”建成通车，昌九高速“四改八”开工建设，打造一批科技示范路、绿色生态路、低碳环保路；普通国省道建设养护全面加强，农村公路“建管养运”强力推进。道路运输加快转型升级，客运“零换乘”、货运“无缝衔接”引领发展方向，人民群众出行由“走得了”向“走得好、走得安全、走得舒心”。至2018年底，江西公路总里程达16.2万公里，是新中国成立前的52倍。其中高速公路自1989年开工建设昌九高速以来，30年时间实现零到6000公里的跨越，达6120公里，居全国第9位，实现县县通高速，打通28个出省通道，“四纵六横八射十七联”高速公路网基本建成，形成“纵贯南北、横跨东西、覆盖全省、连接周边”的高速路网格局。普通国省干线公路达1.86万公里，其中国道二级及以上比例达89%，省道二级及以上比例达50.7%，建成“畅安舒美”示范路2300多公里，全省所有县（市、区）通国道，86%以上的乡镇通国省道。农村公路达13.7万公里，县道三级及以上比例达42.5%，实现行政村村村通水泥路、25户以上自然村通水泥路；全省269个深度贫困村实现“组组通”。

【水运建设与发展】 新中国成立初期，江西水运事业以整治航道、建设港口、发展运输为抓手，航运生产力迅速恢复发展，1955年水路运输量占全省货物运输量的一半以上，1956年结束自古赣江不夜航的历史。改革开放前期，全省机帆船达到1600多艘，基本结束撑篙摇橹的木帆船运输时代。“七五”期间，昌江渠化、信江界牌航电枢纽、南昌至湖口四级航道整治等工程先后竣工，新建、改扩建一批客货码头，水运干线通航条件极大改善。2010年，内河水运先后实现高等级航道、集装箱专用码头零的突破。党的十八大以来，水运发展短板加快补齐，石虎塘航电枢纽、龙头岗综合码头等一批重大水运设施项目先后建成，赣江、信江三级航道项目全部开工。至2018年底，全省内河航道通航里程达5716公里，三级及以上高等级航道615公里，长江至南昌可常年通行2000吨级船舶。2018年全省营运船舶向大型化、专业化、标准化发展，全省船舶平均载重吨位增至1300多吨；港口吞吐能力达1.68亿吨、集装箱63.5万标箱，九江港稳居亿吨大港行列。

新中国成立70年江西公路系统主要指标数据统计表

项　目	单 位	1949年	1960年	1970年	1978年	1985年	1990年	2000年	2005年	2009年
1. 线路										
公路线路里程	公里	4739	16788	26766	30692	31760	33203	60292	62300	137010
其中：高速公路	公里	–	–	–	–	–	–	421	1559	2088
国道	公里	–	–	–	–	–	–	–	4470	5201
其中：国家高速	公里	–	–	–	–	–	–	–	–	2088
省道	公里	3113	6362	8153	8956	9253	6458	3523	6866	8301
县道	公里	1626	9758	16551	19966	12301	15845	6567	21924	20594
乡道	公里	–	–	–	–	9389	7291	21564	28627	29017
专用公路	公里	–	668	2062	1770	367	248	406	414	600
村道	公里	–	–	–	–	–	–	–	–	73299
有铺装路面	公里	–	14284	22398	28203	31671	33162	7539	20296	72711
2. 公路建设投资	亿元	–	–	–	–	–	–	–	–	–

项　目	单 位	2010年	2011年	2012年	2013年	2014年	2015年	2016年	2017年	2018年
1. 线路										
公路线路里程	公里	140597	146622	150595	152067	155515	156625	161909	162285	161941
其中：高速公路	公里	3051	3603	4229	4303	4484	5058	4143	4161	4176
国道	公里	5740	5946	6199	6211	6211	6461	7684	7696	7694
其中：国家高速	公里	–	–	3008	3101	3101	3353	4143	4161	4176
省道	公里	8394	8727	9103	9161	9358	9687	12615	12640	12657
县道	公里	20554	20590	20600	20589	20604	20606	21728	21791	21806
乡道	公里	29010	29187	29294	29295	29448	29481	41851	41903	41663
专用公路	公里	611	667	668	661	706	704	567	16	16
村道	公里	76288	81514	84733	86150	89187	89686	73321	74078	73928
有铺装路面	公里	82345	98466	105944	109251	116392	119007	124027	125393	126964
2. 公路建设投资	亿元	–	–	–	–	–	–	–	–	–

江西交通运输主要经济指标完成情况（一）

指标名称	单位	2018年	2017年	2018年比2017年增长（%）
一、公路里程总计	公里	161941	162285	−0.2
1. 按行政等级分				
国道	公里	11871	11857	0.1
国家高速公路	公里	4176	4161	0.4
普通国道	公里	7694	7696	0.0
省道	公里	12657	12640	0.1
省级高速公路	公里	1739	1739	0.0
普通省道	公里	10918	10901	0.2
农村公路	公里	137397	137772	−0.3
县道	公里	21806	21791	0.1
乡道	公里	41663	41903	−0.6
村道	公里	73928	74078	−0.2
专用公路	公里	16	16	0.0
2. 按技术等级分				
1）等级公路	公里	135442	134862	0.4
高速公路	公里	5931	5916	0.3
一级公路	公里	2601	2917	−10.8
二级公路	公里	11613	10837	7.2
三级公路	公里	14338	13165	8.9
四级公路	公里	100959	102027	−1.0
2）等外公路	公里	26499	27422	−3.4
3. 按路面类型分				
1）有铺装路面（高级）	公里	126964	125393	1.3
沥青混凝土	公里	19745	17372	13.7
水泥混凝土	公里	107219	108021	−0.7
2）简易铺装路面（次高级）	公里	2348	3103	−24.3
3）未铺装路面（中级、低级、无路面）	公里	32629	33790	−3.4
二、公路密度及通达情况				
公路密度　以国土面积算	公里/百平方公里	97.0	97.2	−0.2
以人口数量算	公里/万人	36.1	36.2	−0.3
普通国省道二级及以上比例	%	66.4	64.1	百分点 2.3
普通国道二级及以上比例	%	89.5	87.1	百分点 2.4
普通省道二级及以上比例	%	50.1	47.9	百分点 2.2
县道三级及以上比例	%	42.9	36.3	百分点 6.6
乡道四级及以上比例	%	82.4	81.3	百分点 1.1
其中：乡道双车道及以上比例	%	7.6	6.6	百分点 1.0
村道四级及以上比例	%	76.3	76.0	百分点 0.3
行政村通客运班车率	%	97.8	96.5	百分点 1.3
三、内河航道里程总计	公里	5715.9	5715.9	0.0
1. 等级航道合计	公里	2427.0	2427.0	0.0
一级航道	公里	156	156	0.0
二级航道	公里	175	175	0.0
三级航道	公里	283.5	283.5	0.0
四级航道	公里	87	87	0.0
五级航道	公里	166.6	166.6	0.0
六级航道	公里	399.1	399.1	0.0
七级航道	公里	1159.8	1159.8	0.0
2. 等外航道	公里	3288.9	3288.9	0.0
四、港口				
1. 港口				
港口吞吐能力	万吨	16756	17935	−6.6
集装箱吞吐能力	TEU	635000	635000	0.0
年吞吐量万吨以上港口个数	个	44	55	−20.0
2. 泊位个数	个	1124	1562	−28.0
千吨以上深水泊位个数	个	167	156	7.1
3. 码头长度	米	51877	64075	−19.0

江西交通运输主要经济指标完成情况（二）

指标名称	单位	2018年	2017年	2018年比2017年增长（%）
五、内河港口吞吐量				
1. 货物吞吐量	万吨	24488	28114	−12.9
南昌港	万吨	2884	3281	−12.1
九江港	万吨	11689	11717	−0.2
2. 集装箱吞吐量	TEU	622420	468046	33.0
南昌港	TEU	193079	133315	44.8
九江港	TEU	429341	334731	28.3
六、公路运输汽车合计	辆	378984	367211	3.2
客车	辆	16679	15728	6.0
	客位	500243	458681	9.1
货车	辆	362305	351483	3.1
	吨位	4059930	3609276	12.5
七、水上运输船舶				
艘数	艘	2708	3062	−11.6
净载重量	吨位	2525967	2372998	6.4
载客量	客位	11835	11982	−1.2
集装箱位	TEU	3830	3033	26.3
功率	千瓦	755427	749002	0.9
八、公路运输量				
客运量	万人	49292	52506	−6.1
旅客周转量	万人公里	2609601	2772918	−5.9
货运量	万吨	157644	138074	14.2
货物周转量	万吨公里	37599808	34329546	9.5
九、水路运输量				
客运量	万人	253	267.5	−5.4
旅客周转量	万人公里	3355	3398	−1.3
货运量	万吨	11483.7	11492.2	−0.1
货物周转量	万吨公里	2381091	2518713	−5.5
十、城市客运				
公共电汽车运营车辆	辆/标台	13699/15099.8	12718/14083.3	–
公交客运量	万人次	128513.2	130281.4	−1.4
城市出租汽车	辆	17833	18363	−2.9
出租客运量	万人次	57444.6	61216.5	−6.2
轨道交通运营车辆	辆/标台	294	294	0.0
轨道交通客运量	万人	14175.8	10971.3	29.2
十一、固定资产投资	亿元	628.4	487.8	28.8
高速公路	亿元	101.7	66.3	53.4
国省干线	亿元	296	226.4	30.7
农村公路	亿元	192	170.7	12.5
枢纽场站	亿元	6.6	3.4	94.1
水运建设	亿元	32.1	21	52.9
十二、建设任务完成情况				
新增高速公路里程	公里	15	22	−31.8
完成国省干线公路新改建里程	公里	851	802	6.1
完成国省干线公路大中修里程	公里	2354	1021	130.6
完成国省干线公路灾毁恢复重建里程	公里	562	410	37.1
完成国省干线公路危桥改造	座/延米	200	200	0.0
完成国省干线公路安全生命防护工程	公里	2284	1677	36.2
完成国省干线公路灾害防治	公里	47	60	−21.7
完成国省干线公路服务区建设	个	40	10	300.0
完成国省干线畅安舒美示范路里程	公里	1399	671	108.5
完成农村公路新改建里程	公里	7067	15266	−53.7
完成县道升级改造里程	公里	939	711	32.1
完成窄路面拓宽改造里程	公里	2603	3366	−22.7
其中：完成乡道双车道改造里程	公里	959	0	–
完成通25户以上自然村公路里程	公里	3490	11034	−68.4
完成农村公路危桥改造	延米/座	44997/1462	44387/1288	–
完成农村公路安全生命防护工程	公里	10440.9	4766	119.1

（江西省交通运输厅史志办 黄自强）

山东省

【概　述】新中国成立70年来，山东交通基础设施建设连续取得突破，管理与服务水平全面提升，实现从“瓶颈制约”到“基本适应”再到“适度超前”的跨越式发展。山东交通发展经历以下五个阶段。

1.恢复重建发展阶段（1949年—1976年）。新中国成立初期，山东省内能正常通行汽车的公路仅有3152公里，晴雨公路通车里程仅为65公里；能勉强维持通车的铁路仅有几十公里；港口设施设备简陋、靠泊能力差，货物装卸基本靠肩挑人抬；民航业未能发展起来。经过恢复和发展，至1976年底，公路通车里程达到32978公里；内河通航里程达到2279公里；重新修复磁窑—东都和兖州—济宁支线铁路，新建蓝村—烟台和泰安—湖屯、东都—莱芜的支线等铁路，津浦铁路双线和胶济铁路双线部分区段先后建成，改建济南铁路枢纽。1966年，民航济南张庄机场候机楼建成使用，1977年建成供维修飞机用的机库。

2.变革调整发展阶段（1977年—1988年）。改革开放后的第一个10年，全省公路建设重点转向提高质量和等级标准，一批公路改建成二级路，到80年代末，山东的公路建设规模和等级都已名列全国前茅，并拥有“山东的路”之美誉；至1986年，除聊城地区外，各地都有铁路相通，初步形成干支线纵横交错，互相衔接，连接城乡的铁路运输网；港航业实现由小到大快速发展；初步形成以济南为中心，连接省内外大中城市的航空运输网络。

3.适应形势蓄势发展阶段（1989年—1998年）。20世纪90年代，山东交通迎来以高等级公路建设为重点的基础设施建设时代。1993年，山东省第一条高速公路——济青高速公路建成通车，全长318公里。90年代中期后，山东高速公路以每年新增300公里的速度延伸，至1998年底，全省高速公路通车里程达到914公里，跃居全国第一位。“八五”期间，山东加大投入力度，开展铁路建设大会战，1995年，纵贯山东的京沪线全线建成通车。山东省委、省政府开始实施沿海经济发展战略，在扩建、改造青岛港和烟台港等老港区的基础上，分别开发青岛前湾港区和烟台芝罘港区，港口吞吐能力和吞吐量大幅提升。1992年7月26日，济南机场正式通航。交通运输业发展步伐不断加快，道路运输场站建设快速发展，全省道路货运站大幅增加。

4.快速发展阶段（1999年—2008年）。“十五”以来，山东省交通基础设施建设步伐持续加快。自1998年起，连续实施3个“150战役”，每年公路建设完成投资超150亿元，公路事业进入大发展、大跨越时期。特别是高速公路，在全国率先实现1000公里、2000公里、3000公里三次历史性突破，2008年高速公路达到4285公里，连续八年保持全国第一，高速公路成为展现山东形象的重要标志。2003年—2005年实施的村村通油路、村村通客车、千人以上岛屿通航的农村“三通”民心工程得到社会热烈反响。山东省委、省政府明确提出，加快高速客运、快速货运系统建设，纳入交通发展总体规划，道路运输业驶入高速发展快车道。2007年，开行大量时速200公里及以上具有世界先进水平的国产化“和谐号”动车组。2008年12月，胶济客运专线全面开通，标志着山东省第一条客运专线铁路正式投产运营，济南—青岛最短运行时间2小时33分，旅客运输服务品质得到全面提升。港航业不断实现新的突破，自1995年全省港口吞吐量突破亿吨大关以来，到2000年，全省沿海港口吞吐量以平均每年超过5000万吨的速度增长，先后突破2亿吨、3亿吨、4亿吨。航线和航班数量不断增多，至2005年，全省开通国内外航线近200条，每周航班近1500个，济南、青岛、烟台、威海机场开通飞往日本、韩国、东南亚、中国香港等国家和地区的航线近20条。

5.加快转调高质量发展阶段（2009年—2018年）。2009年1月1日，国务院正式实施成品油税费改革，对交通运输行业影响全面而深远。以改革为契机，山东交通运输事业进入转型发展时期。这一时期，山东交通运输加快工作指导转变，加快转方式、调结构，推进体制机制改革，努力推动交通运输转型升级。特别是2013年以来，为适应和引领经济发展新常态，省委、省政府做出全面加快以高速公路、高速铁路等为重点的交通基础设施建设的重大决策部署，全力稳增长、调结构、促改革、惠民生、防风险，交通运输事业实现持续健康发展。2014年7月和10月，国务院总理李克强、副总理马凯先后视察调研山东交通运输工作，对山东交通简政放权和公路建设养护管理工作等给予充分肯定。2018年6月，习近平总书记视察山东时，明确要求“加快交通基础设施互联互通，为山东高质量发展提供强力支撑”。总书记的重要指示为山东交通运输发展指明了方向，提供了根本遵循，全省交通运输将着力制定大规划，构建大体系，建设大枢纽，整合大平台，发展大产业，从根本上加快交通基础设施的互联互通。

【公路建设与发展】

1.干线公路。1957年，山东省拥有干线公路7010公里，其中符合技术等级的2656.8公里，最高达到二级的仅43公里。到1965年，干线公路符合技术等级里程4984.8公里，大部分为低等级公路。到1976年，全省三、四级公路才增至12925.6公里。改革开放之后，山东省委、省政府明确提出“交通必须先行，交通必须打通，交通必须适应”的指导思想，并相继出台一系列政策措施，对公路建设实行重点扶持。到20世纪80年代末，全省公路总里程达到40500公里。99.5%的乡镇和75.6%的行政村通上了公路。15个贫困县通车里程达到5385.4公里，353个乡镇已通公路348个。山东的公路建设规模和等级都已名列全国前茅，并拥有“山东的路”之美誉。

2007年，全省公路通车里程达21.2万公里，其中高速公路通车里程达4033公里，全省有118个县（市、区）通达高速公路，通达率84%，全省半日生活圈基本实现。“十一五”期间，全省公路建设累计完成投资1400亿元，比“十五”期间增长35%，新增干线公路里程1278.4公里，与“十五”末相比，高速公路、一级公路、二级公路里程分别增加1122公里、3232公里、1911公里，公路密度达到146.3公里/百平方公里。“十二五”期间，在加快交通基础设施建设的同时，坚持两手发力、同步推进，加快交通运输转型升级。2013年8月，制定实施《山东省公路路政条例》。自2015年起计划用3年时间，总投资1021亿元，在山东省范围内实施公路安全生命防护工程，全面提升全省路网质量和安全通行水平。到2016年底，全省普通国省道公路安全生命防护工程共完成投资299亿元；农村公路安全生命防护工程完成投资44.9亿元，共完成4.02万公里隐患治理工作，比国家要求提前4年完成任务。至2018年底，全省公路通车里程达到27.56万公里。

2.高速公路。山东是国内最早开始建设高速公路的省份之一。1981年6月山东省就开展济青高速公路的可行性研究工作。1993年12月18日，全长318公里的济青高速公路建成通车。20世纪90年代中期后，山东高速公路以每年新增300公里的速度延伸，至1998年底，全省高速公路通车里程达到914公里，跃居全国第一位。1999年6月，山东省政府批复同意成立山东高速公路有限责任公司，全省高速公路实行从资金筹措、建设到运营管理全面负责、滚动发展的管理体制。2000年10月26日，山东省第九届人民代表大会常委会第十七次会议通过《山东高速公路条例》，规定省政府交通主管部门统一管理全省高速公路工作。仅1999年、2000年两年时间，建成通车高速公路1093公里。2002年，山东共有106个县（市、区）通达高速公路，实现“市市通高速”。2003年，高速公路通车里程在全国率先突破3000公里大关。2005年底，全省高速公路通车里程3162.5公里，连续八年保持全国第一，以省会济南为枢纽，贯穿各市、连接周边省份的交通公路主框架基本形成。2007年，山东高速公路又完成向4000公里的历史性跨越，达到4033公里。全省有118个县（市、区）通达高速公路，通达率达84%，全省半日生活圈基本实现。

“十一五”期间，济青南线、济南—菏泽等14条高速公路建成通车，至2010年底，全省高速公路通车里程达4285公里，有120个县（市、区）通达高速公路。“十二五”期间，青州—临沭（鲁苏界）、济南—乐陵等16条1063公里高速公路建成通车，5年累计完成交通固定资产投资2837亿元，比“十一五”时期增长42.7%。2015年底，以省会济南为枢纽，贯通各市、连接周边省份的“五纵四横一环八连”高等级公路网基本形成。2018年，全省高速公路完成投资577.4亿元，高速公路通车里程达到6058公里。

3.农村公路。改革开放前，农村公路建设主要依靠发动和组织当地农民群众投工投劳来完成。改革开放后，农村公路建设经历了一个长期摸索发展的历程，这一阶段农村公路是以通为主、注重数量的粗放型发展阶段，农村公路整体建设标准较低、数量较少。1984年底，原国家计委开始采用以工代赈形式修建农村公路，同期，山东省对农村公路的发展方针也相应调整，逐步加大对农村公路建设的投资力度，促进和加快农村公路的发展进程。1991年9月4日，东营市广饶县等536个行政村全部通油路，成为全国第一个村村通油路的县。1993年11月，山东省交通厅对“十五”时期后3年农村公路建设规划作出调整。此后，全省油路升级改造工程全面推开。2003年5月8日，省政府颁布《山东省人民政府关于实施全省农村公路改造工程的意见》（鲁政发〔2003〕38号），对农村公路改造工程的主要任务、

G22青兰高速山东段田庄水库大桥。（张伟 摄）

政策措施、标准规范等作出规定。在全省组织实施以“村村通油路”“村村通客车”、千人以上岛屿通航为主要内容的“三通”民心工程。

自2005年以来，每年的省委1号文件都将农村公路建设管理养护工作确定为人民群众所办的重要实事之一，纳入重要议事日程。2008年9月25日，《山东省农村公路条例》经山东省第十一届人民代表大会常务委员会第六次会议通过，为农村公路的建设与发展提供有力的法律保障，农村公路建设管理养护工作上升到了地方立法层面。2008年底，农村公路通车里程达到19万公里，行政村通油路比例达到96.3%。2011年12月，山东省交通运输厅下发《山东省农村公路规范化管理办法》(鲁交建管〔2011〕133号)，对农村公路计划管理、项目管理等方面提出明确要求，为规范全省农村公路工作提供制度依据。同年，全省组织启动“农村公路管理养护年”活动、全省村级公路网化示范县活动、“千村公路扶贫”专项行动等一系列卓有成效的活动，促进农村公路管理体系不断完善。

2014年3月，习近平总书记作出“建好、管好、护好、运营好”农村公路的重要指示精神。2015年5月，交通运输部印发《交通运输部关于推进“四好农村路”建设的意见》。随即，山东出台《关于推进“四好农村路”建设的实施意见》，“四好农村路”建设全面启动。2018年3月，山东省政府制定出台《关于进一步做好“四好农村路”工作的实施意见》，部署开展农村公路“三年集中攻坚”专项行动。2018年全年完成投资240亿元，新改建农村公路1.8万公里，超额完成首年工作任务。

4.道路运输。新中国成立之初，全省道路运输仅有机动车1756辆，多以马车等非机动车为主。经过70年的发展，至2018年底，全省营运性汽车发展到115.96万辆，是1949年的660倍，其中营运性客车2.1万辆、营运性货车113.86万辆。运输装备提档加速，新能源和天然气营运车辆达13.5万辆，营运性客车中高级车辆占比达96%，重型货车占比47%。运输组织方式更加科学集约，甩挂运输、多式联运、无车承运等先进运输方式稳步发展，“齐鲁号”等中欧班列开通并稳定运行，中韩陆海联运年贸易额达到9.5亿美元。场站网络体系基本建立，全省初步形成高铁济南东站、青岛北站等7个综合客运枢纽，建成一批国家公路运输枢纽和县级客货运站场项目，等级客运站、货运站基本覆盖全省所有的乡镇。全省公路累计完成客运量5亿人、货运量31.28亿吨。

【水运建设与发展】 山东海岸线全长3024公里，大陆海岸线长度居全国第2位。新中国成立之初，港口设施设备简陋、靠泊能力差，货物装卸基本靠肩挑人抬。

进入20世纪80年代以后，山东运输船队从弱小到壮大，由小型、机帆船向大型化、专业化、现代化发展，一大批专业化的集装箱、原油、铁矿石船舶成为水上运输主力。海河联运大力实行，国营海运走出国门，开始向远洋运输发展。随着“以港兴市、以航兴市”战略的逐步实施，山东省沿海港口得到快速发展。1995年山东省港口吞吐量突破亿吨大关。2000年，青岛港的煤炭、原油、矿石、集装箱的吞吐量都分别超过1000万吨，是全国唯一的四大货种均超过1000万吨的综合性大港，四大优势成为青岛港最具特色的核心竞争实力。2003年5月18日，日照港口集团公司成立，日照港迈入快速发展的快车道。2005年，山东海上航线遍布世界150多个国家和地区的450多个港口，基本实现“全球通”。2007年，山东海河已拥有营运船舶15325艘、878万载重吨，其中远洋231万载重吨、沿海71万载重吨、内河576万载重吨。集装箱、金属矿石、滚装运输从无到有，2007年完成1100万标箱，2008年完成1250万标箱。2009年11月，《山东省港口条例》获山东省人大常委会审议通过，对港口规划管理、港口资源保护

沿海主要港口货物吞吐量 单位：千吨

年 份	青岛港	烟台港	日照港	威海港
1949年	721	47	–	–
1960年	6831	1305	–	–
1970年	6512	401	–	–
1980年	17080	5060	–	612
1990年	30340	6680	9250	1001
1995年	51030	13610	14520	3787
2000年	86607	19639	26738	6583
2001年	103981	19950	29330	7207
2005年	186785	45060	84208	15317
2006年	224150	60760	110070	18030
2007年	265022	101293	130633	20949
2012年	414658	270298	283870	62000
2015年	497490	330270	360820	73240
2016年	514630	354070	382860	75530
2017年	511494	400580	401886	78064
2018年	542498	443080	437630	55696

和合理利用、港口安全和经营秩序等作出明确规定。2010年底，全省沿海港口年吞吐能力达到4.56亿吨，吞吐量突破8亿吨，达到8.6亿吨，是“十五”末的2.24倍，由全国第四位上升至第二位。

2016年2月，山东省人民政府印发《关于贯彻国发〔2014〕32号文件促进海运业健康发展的实施意见》，提出从加快海运业结构调整、促进海运业转型升级、推进海运业安全发展、营造海运业发展良好环境等四个方面促进海运业健康发展。2017年青岛港吞吐量突破5亿吨，日照港、烟台港吞吐量突破4亿吨，山东成为全国唯一拥有3个超4亿吨大港的省份。沿海港口资源整合稳步推进，坚决落实交通运输部关于加快港口整合的要求，山东省交通运输厅会同发改委等部门制定全省港口整合方案，分两步对现有七大港口实施整合。2018年3月28日，渤海湾港口集团正式成立。2019年8月6日，山东省港口集团正式挂牌成立，为建设世界一流海洋港口奠定坚实基础。

山东省委、省政府高度重视内河水运发展，各级各部门和沿河各市积极实施“以河兴市”战略，全力加快内河水运发展。2002年，全省内河港口吞吐量突破1000万吨。2005年，全省内河航道通航里程1012公里，三级航道253.2公里，建成一批中心港口，疏浚了航道，吞吐能力达到1779万吨。2008年，全省内河港口吞吐量完成5058万吨，内河运输完成货运量1.6亿吨。内河运输方面，先进、环保、节能的一列式拖队和1000吨级机动船代替木帆船、水泥船、挂机船，船舶档次明显提高，运力结构更加合理。2010年底，全省内河通航里程达1150多公里，初步形成以京杭运河为主干，白马河、老万福河、洙水河等支线航道为补充“一干多支”的内河航道网络；船舶运力达到721万净载重吨，港口生产性泊位273个，吞吐能力4543万吨；2010年完成货运量4171万吨，港口吞吐量6543万吨。2013年，南四湖—东平湖输水与航运结合工程完成航道开挖，长沟等3座船闸主体工程基本完成。2014年，京杭运河长沟、邓楼、八里湾三座船闸完工，洙水河航道实现全线通航。2015年，京杭运河韩庄复线船闸、万年复线船闸、新万福河航道工程等开工建设。2017年，全省有内河港口3处、232个泊位，总吞吐能力6994万吨，吞吐量完成6548万吨。

至2018年底，全省沿海港口总泊位数达到597个，其中万吨级以上泊位307个，总通过能力达到8.6亿吨。沿海港口吞吐量达到16.1亿吨，居全国第2位，外贸、金属矿石、液体散货吞吐量均居全国第1位。京杭运河主航道升级改造工程济宁段、湖西航道整治工程开工建设，微山一线船闸改建工程完工。小清河复航工程开工前各项准备工作加快推进，山东省政府正式批复项目PPP实施方案。

【铁路建设与发展】

1.路网规模覆盖全省。新中国成立初期，山东省境内铁路营业里程不足1000公里。改革开放后，山东省全面推进以新建普速铁路、高速铁路，区域路网拓展，既有铁路扩能为重点的大规模铁路建设。经过复线建设、电气化改造、六次大提速和实施客货分线，铁路运输能力全面提升，技术装备更加先进，路网结构更加合理。1978年—2018年间，兖石铁路、京九铁路、胶新铁路、邯济铁路、德大铁路等41条普速铁路全面建成，胶济客专、京沪高铁（山东段）、青荣城际铁路、石济客专、青盐线、济青高速6条客运专线相继投产。胶黄铁路、枣临铁路、海青铁路、东平铁路等区域性铁路逐步完善。邯济铁路增二线、菏兖日铁路复线工程等扩能项目相继建成。到2018年底增至6222公里。全省范围内已形成以京九通道、京沪通道、烟大轮渡-蓝烟-胶新、青盐通道为主的“四纵”，以德龙烟铁路通道、瓦日线通道、邯济-胶济铁路通道、新菏兖日铁路通道为主的“四横”路网格局，“五纵四横”路网规模覆盖山东省各地市。

2.铁路电气化快速发展。2006年9月胶济铁路电气化改造完成，成为山东省第一条电气化铁路。济南—青岛间列车运行速度由120公里/小时提高至200公里/小时、全程运行时间缩短2.5小时、牵引定数由4000吨提高至5000吨、全线运输能力提高20%，形成济南—青岛间的快捷客货运输通道。随着胶济、京沪铁路的电气化工程改造，山东省既有铁路电气化改造也开始快速发展。京九铁路、新菏兖日和蓝烟铁路、邯济铁路、胶新铁路分别于2009年、2010年、2014年和2015年电气化改造完成。至2018年底，山东省铁路（国铁含合资）电气化里程达到5466公里，电气化率达到97.3%，山东省电气化铁路基本实现互联互通，铁路运输能力大幅提高，路网质量全面提升。

3.高速铁路从无到有。2008年12月，山东省第一条客运专线铁路——胶济客运专线正式投产运营。该条线路全长393公里，设13个车站，客车运行速度200公里/小时，济南—青岛间最短运行时间2小时33分。2008年—2018年间，山东省继续加大高速铁路建设，高速铁路路网规模持续增大。2011年京沪高速铁路建成通车，北京—上海间实现300公里/小时快速运输，形成山东省与北京、上海间快速运输通道，山东段高速铁路路网规模增加376公里。2014年青荣城际铁路即墨—荣成段建成通车，实现威海、烟台与济南、青岛及其以远方向的便捷运输，山东省高速铁路路网规模进一步增大。2016年青荣城际铁路全线通车。2017年12月石家庄—济南高速铁路正式通车。2018年12月济青高铁、青盐铁路正式开通运营。

4.建设模式实现创新。2013年8月《国务院关于改革铁路投融资体制加快推进铁路建设的意见》，将铁路建设投资模式由以中国铁路总公司投资为主转变为由中国铁路总公司和地方政府、社会资本共同出资建设，其控股模式也由以国家铁路控股为主向以地方控股为主转变。2015年9月，中国铁路总公司出台《关于规范非控股合资铁路建设项目管理的指导意见》，进一步鼓励、扩大社会资本投资建设铁路的积极性，铁路投融资体制改革迈出新步伐。2015年10月，济南—青岛高速铁路(青阳隧道)开工建设，成为省内也是国内第一条由地方投资为主建设的高速铁路，铁路投融资体制改革落到实处，铁路建设模式实现创新。近几年，山东省境内组建多个合资铁路公司，改变铁路建设仅靠中央政府投资的局面。山东在积极吸引战略投资者的同时，还通过政府引导、社会资本参与和市场化运作，推动设立规模500亿元以上的铁路发展基金。同时，山东省研究制定济青高铁土地综合开发实施方案，开发收益用于项目建设和运营，创造“以地建路，以地养路”新模式。

5.装备水平快速提升。1949年，为支援人民解放军南下和向江南运送物资，铁道部配属济南铁路局蒸汽机车378台，到2018年底，共配属机车741台，其中内燃机车322台、电力机车419台。1973年济南铁路局开始配属内燃机车。2003年4月，全省最后一台蒸汽机车正式退役，铁路牵引动力实现全面内燃化。2006年3月，济南铁路局开始配属电力机车，进入电力机车时代。铁路客车车辆的车型不断更新，向“快速、安全、平稳、舒适”的功能转化，满足技术速度160公里/小时、全列空调技术条件的要求。2008年底胶济客运专线开通，CRH2型和谐号动车组上线运行。至2018年底，共配属动车组151标准组，其中复兴号21标准组。

6.客货运输经营服务发展。1949年7月1日津浦、胶济铁路全线修复通车，青岛去北京要用一天一夜，2018年青岛—北京间开行一站直达复兴号高铁，运行时间仅2小时58分。70年间列车运行速度提升10倍。1949年胶济铁路最密集区段开行旅客列车3对，2018年胶济通道高峰时段开行客车174趟。“同城效应”更拉近了城市距离，把以前的“出远门”变成“串串门”。1949年发送旅客1503.5万人，年发送货物732.6万吨，旅客列车开行13对，旅客列车平均每小时15.4公里。2018年，年发送旅客1.433亿人，年发送货物1.83亿吨。胶济通道旅客列车突破100对，青荣城际开行“C”字头公交化城际动车，推进半岛都市圈经济提速发展。济南集团公司日均开行旅客列车409对，可直达除港澳台和西藏外的所有省份，其中高铁动车261对，连接26个省会和直辖市。

发挥铁路绿色环保运输优势，加强与山东省各大港口战略合作，大力发展集装箱班列和海铁联运，先后开行青岛、济南、临沂、淄博、滨州、日照等中欧、中亚班列。2018年，97条货物班列线，累计开行13272列、529648车、1696.6万吨，同比增幅20.9%、31.1%、20.1%。

【民航建设与发展】 新中国成立后，山东的民航事业发展主要经历四个阶段。

1.缓慢发展时期(1958年—1978年)。1958年4月，正式组建中国民用航空济南站；7月，组建中国民用航空青岛站；10月，组建中国民用航空临沂站。1963年7月，组建中国民用航空第13飞行大队。这一时期，使用的机型为运五(飞省内航线)、里-2和伊尔-14(国内干线用)。济南、青岛机场的运输服务设施简陋，候机室仅有几十平方米，1966年民航济南张庄机场建成使用候机楼，1977年始有供维修飞机用的机库。1978年山东民航旅客始发量为13297人，货邮始发量624吨。

2.大发展时期(1978年—1992年)。这一时期，安-24、肖特-360、MD-82、B-737等机型投入航线运营，机场及运输服务设施建设方面得到不断改善，航线、班次、客货运量逐年大幅增长。至1986年，山东省民航局拥有4架肖特360型和11架运五型飞机组成的混合机群，济南张庄、青岛流亭、烟台莱山等3个军民合用机场，开辟13条省内和省际航线，初步形成以济南为中心，连接省内外大中城市的航空运输网络，开展通用航空业务。1992年，全省共完成旅客始发量447737人，货邮始发量6353.8吨，比1978年分别增长20倍和10倍。通用航空是中国民用航空的重要组成部分。从1957年到1990年，共飞行43095小时，作业面积5250万亩，平均每年飞行1400多小时，1963年7月开始组建专业飞行大队，担负山东、江苏、安徽等省的飞播造林、播草、农田施肥和防治农林病虫害等任务。

3.全面发展时期(1993年—2005年)。这一时期，民航体制改革不断深化，机场保障能力不断提高。随着济南遥墙国际机场、青岛流亭机场、烟台莱山机场逐步扩建，威海大水泊机场、潍坊机场、临沂机场、东营机场相继通航，保障能力大幅度提高。航空公司和机队规模不断扩大，至2005年，各航空公司共拥有飞机50余架，形成运输航空和通用航空相结合，种类齐全、机种多样的航空运输体系。航线和航班数量不断增多，至2005年，山东省开通国内外航线近200条，每周航班近1500个，济南、青岛、烟台、威海机场开通飞往日本、韩国、东南亚、中国香港等国家和地区的航线近20条。旅客和货邮发运量不断增长，2005年，山东省各民航机场共完成旅客发运量4982537人次、货邮发运量105727.3吨，分别比1992年增长11倍和16倍。

4.优化发展时期(2006年—2018年)。这一时期，新增济宁、日照两个运输机场，山东省现有济南遥墙、青岛流亭、烟台蓬莱、威海大水泊、临沂沭埠岭、济宁曲阜、日照山字河、潍坊南苑、东营胜利9个运输机场，飞行区等级分为三个4E、两个4D、两个4C。数量位列全国第6位，密度位居全国第8位，形成“两枢一干六支”机场格局。服务能力不断提升，全省开通航线500余条，其中国际航线60余条。2018年，全省9家运输机场共完成旅客吞吐量5763.37万人次，货邮吞吐量432905.75万吨，起降554144架次。通用航空发展初具规模，通用机场发展为6个，类型等级有2个A1级、3个B级、1个A2级。18家经营性通用航空企业，2家非经营性通用航空单位，为全省海事救援、航空运动、农林航空作业提供较好的保障。

（文/图 山东省交通运输厅）

河南省

【概 述】 新中国成立之初，河南公路里程3909公里，内河航道2312公里，铁路里程1235公里，拥有营运载货汽车20辆，营运载客汽车18辆。至1977年底，28年间，河南交通经历恢复及重点建设时期（1949年—1957年）、普及与提高时期（1958年—1965年）、“文化大革命”曲折发展时期（1966年—1977年）三个阶段，全省公路通车总里程达到29688公里，是新中国成立初期的近8倍，公路密度达到18.9公里/百平方公里。改革开放以后40年间，河南交通发展主要经历四个发展阶段：第一个阶段是由新中国成立初期的“缓慢起步”阶段迈入“全面展开”的发展阶段（1979年—1992年）。在这一阶段，河南交通以改革开放为战略指导，以“恢复、改善、发展”为主要任务，以“集资建设、有偿使用、收费还贷、滚动发展”为政策引领，以“新建和改善相结合、普及与提高相结合”为实施方针，在全省范围内开展大规模的公路拓宽改造和配套工程建设，加速推进交通基础设施建设实现新突破。第二个阶段是“瓶颈突破”的发展阶段（1993年—2002年）。全省第一条高等级公路“郑州—新乡高等级公路”和第一条高速公路“开封—郑州高速公路”相继建成通车，航运基础设施逐步恢复，河南进一步抢抓机遇，加快发展，努力突破交通瓶颈制约，谋求交通运输与经济社会发展相适应。第三个阶段是“全面提升”的发展阶段（2003年—2012年）。河南全面加快建设速度，交通基础设施总量稳居全国前列，高速公路里程逐年攀升，尤其是从2006年到2012年，河南省高速公路通车里程连续八年位居全国第一。第四个阶段是为全面建设小康社会的“战略冲刺”阶段（2013年—2018年）。河南围绕加快构建现代综合交通运输体系这一核心任务，坚持交通先行，积极服务“一带一路”倡议和“乡村振兴”等国家战略，持续完善内联外通的公路交通网络，补齐水运短板，大力发展铁路、民航，加大贫困地区交通建设资金投入，交通运输高质量发展步伐进一步加快。

至2018年底，全省公路通车总里程达到26.9万公里，公路密度达到160.36公里/百平方公里。其中，高速公路里程6600公里；二级及以上公路里程37484公里；全省农村公路总里程达到23.12万公里。有营运客车3.9万辆，营运货车101.9万辆，从业人员近200万人。内河通航里程1675公里，形成沙颍河、淮河两条“通江达海”的水运通道。全省铁路营业里程达5460公里。郑州新郑国际机场2018年客货运量排名分别位居全国第12位和第7位，保持中部地区“双第一”。

【公路建设与发展】

1.干线公路。新中国成立之初，河南公路总里程仅为3909公里。1957年—1978年改革开放前，干线公路建设以年均3%的增量稳步推进，全省干线公路网基本形成。1978年改革开放后，国家加大基础建设投资力度，河南公路全面恢复并加快发展。1987年9月，河南省成为中国第一家推行公路建设养护大包干的省份，至1987年底，全省公路通车总里程达到39731公里，普通干线公路通车里程11123公里，其中二级公路1748公里，初步形成以二级公路为主骨架的公路交通网。“八五”末，全省干线公路通车总里程达11679公里，二级公路比重由1987年的4.4%提高到1995年的11.5%。“九五”期间，1998年河南省干线公路建设实行“统贷统还”融资政策，对全省路网实施改造升级。全省公路建设投资达到189亿元，其中干线公路建设105亿元，5年新增公路14746公里，全部打通国道207、209线在河南省境内200多公里断头路。到2000年底，全省公路通车总里程达64453公里，其中一、二级公路10000公里，公路密度达到38.6公里/百平方公里，路网等级结构逐步趋于合理。“十五”期间，干线公路投资达到355亿元，是“九五”期间的3.38倍。至2005年底，全省公路通车总里程达到79506公里，其中干线公路20909公里，是“九五”末的1.15倍。“十一五”期间，建立省、市两级还贷责任制，普通干线公路累计完成投资213亿元，新改建干线公路3563公里。普通干线公路里程17787公里。“十二五”时期，普通干线公路5年累计完成投资589亿元，建设普通干线公路7725公里，路网平均技术等级由“十一五”末的2.13提高到1.93，达到二级公路标准。其中，一级公路达到2788公里，比“十一五”末新增2269公里；二级及以上公路达到1.69万公里，占总里程的比重达到93.8%；三级及以下公路占比由“十一五”末的11.8%下降到6.2%。2016年—2018年，全省普通干线公路累计完成投资444.5亿元，为“十三五”规划投资目标的74.1%。至2018年底，全省普通干线公路里程达到3.08万公里，实现省规划的64个城市组团中45个与中心城区以一级公路连通，省级产业集聚区全部以二级及以上公路连通。

2.高速公路。1994年12月26日，河南省第一条高速公路——连霍高速公路（G30）开封—郑州段建成通车，全长81公里。1995年12月15日，全长120公里的国道310线郑州—洛阳高速公路提前1年开通。1996年12月24日，全长94公里的郑州—许昌高速公路全线贯通试行。1997年，安阳—新乡高速公路通车；8月21日，洛阳—三门峡高速公路与世界银行签字仪式在北京人民大会堂举行。到1997年底，全省高速公路达到417公里。2001年，全省高速公路通车里程突破1000公里，达到1075公里，全年新增高速公路570公里。2003年11月8日，新乡—郑州高速公路全线贯通。2004年3月28日，亚洲占地面积最大的立交桥连接京珠、连霍国道主干线的枢纽工程——刘江立交顺利合龙；4月26日，河南省第一座钢箱梁立交桥——许（昌）平（顶山）南（阳）高速公路孙刘赵互通式立交桥正式合龙。2005年，全省18个省辖市全部实现高速公路连接，高速公路主骨干网形成；全省已通车高速公路全部实现联网收费，成为全国最大的“一网相连”的高速公路收费网络，实现省内高速公路“一卡通”。2006年1月8日，京珠高速公路沿线京、冀、豫、鄂、湘、粤五省一市的路政、交警等高速公路管理单位，在郑州共同签署《京珠高速公路安全畅通公约》；同年，大广线濮阳—周口段等15个高速公路项目建成通车，年增高速公路通车里程761公里，总里程达到3439公里；12月20日，河南省首个高速公路电子收费（ETC）系统正式投入使用。2007年10月12日，沪陕高速宛坪段通车，河南高速公路突破4000公里大关。2008年，二广高速实现河南境内全线贯通；7月18日，银联卡电子收费系统在河南省高速公路全面推广；12月21日，濮阳—鹤壁高速公路项目获国家优质工程银质奖。2009年11月30日，河南省高速公路联网监控收费通信服务有限公司在郑东新区省联网中心举行揭牌仪式。2010年，全省高速公路通车总里程突破5000公里；12月8日，济源—运城高速公路（济源—闻喜段）全线建成通车，并与大运高速对接，河南省又增加一条出省高速通道。2013年，全省高速公路通车总里程达到5859公里；9月27日，桃花峪黄河大桥建成通车，成为郑州市第四座跨越黄河天堑的公路大桥。2015年6月30日，河南省作为2015年第一批ETC联网省份，正式并入高速公路全国ETC联网运行。2016年，全省新开工高速公路482.5公里，是“十二五”以来，全省高速公路开工里程最多的一年；8月5日，国内最大复合型前支点牵索超重挂篮在武云高速南水北调特大桥成功下放。2017年，河南实施高速公路分时段差异收费，推广危险品模式集装箱运输；3月，三门峡—淅川高速卢氏—西坪段、西坪—寺湾段获得交通运输部、国家安全监管总局颁发的“平安工程”奖项；11月28日，郑州—豫鄂省界高速公路建成通车。至2018年底，河南省高速公路通车总里程6600公里，全年新增ETC车道321条、ETC用户180万，实现高速公路人工车道“扫码付”“车牌付”全覆盖。

3.农村公路。1962年，河南仅有县乡公路10330公里。到1979年底，县乡公路有25483公里。全省2065个乡镇中，不通水泥、沥青路的乡镇869个，不通水泥、沥青路的建制村33399个。1984年党中央、国务院用以工代赈方式补助贫困地区解决交通基础设施建设工程。1988年，省交通厅提出实施公路建设养护五年大包干的改革措施，汽车和拖拉机养路费征收均顺利完成大包干目标。进入20世纪90年代，实施全省第一轮的乡镇及行政村通油路建设工程，各级交通公路部门依靠“民工建勤”“民办公助”“以工代赈”“交通扶贫”等政策，加快县乡公路建设。1998年，基本实现全省乡乡通公路和所有行政村村村通机动车的目标。2002年起，实施6000公里县道二级公路建设和8000公里县乡公路国债项目改造工程。2005年开始，全省启动以“村村通”为重点的农村公路建设，并将省补助标准由之前的1万~2万元提高到8万~10万元。3年间，全省农村公路建设累计完成投资185.9亿元，新、改建农村公路7.5万公里，其中“村村通”投资98亿元，2.6万个行政村通上了水泥（油）路。2007年12月，实现所有行政村通水泥（油）路。至2008年底，全省农村公路通车里程达到21.66万公里，是1962年农村公路的20.9倍。2010年10月1日，颁布实施《河南省农村公路条例》（简称《条例》），明确规定省、市两级政府分别列支不低于年度财政一般预算收入1%和1.5%的资金用于农村公路养护工程。从2012年起，河南省级财政连续6年按照《条例》规定的省级财政一般预算收入1%的比例，足额列支农村公路养护资金8.53亿元。各级财政列支养护资金不仅实现从无到有，而且基本形成制度化。“十二五”期间，全省市县两级财政累计到位农村公路养护资金78.7亿元，约为“十一五”期的10倍，为全省农村公路养护工作的开展奠定坚实的基础。2014年—2016年，实施农村公路三年行动计划，3年累计投资300亿元，建设农村公路3.8万公里。2016年—2018年，全省农村公路累计完成建设投资406.7亿元，至2018年底，全省农村公路总里程达到231220公里，其中县道27352公里、乡道59082公里、村道144786公里，县、乡、村公路桥梁共计32405座。至2018底，全省累计创建“四好农村路”省级示范县3批31个，其中新安、宛城、兰考等10个县（区、市）先后被交通运输部、农业农村部、国务院扶贫办联合命名为“四好农村路”全国示范县，被交通运输部确定为全国13个“交通强国”建设试点之一。

4.道路运输。新中国成立初期，全省仅拥有营运载货汽车20辆，营运载客汽车18辆。至1978年，全省已有汽车5.98万辆，其中客车1.04万辆、货车4.94万辆。1986年，国家采取积极政策，大力提倡开办联运企业，非公有制运输业迅速兴起。到1988年，全省汽车增至24.9万辆，其中营运汽车增长到13.58万辆（客车1.82万辆、货车11.76万辆）；个体营运汽车发展到3.6万辆，占全部营运汽车的25.3%。1996年底，个体营运汽车发展到8.1万辆，占全部营运汽车的43.7%。到2000年底，河南营运汽车24.4万辆（营运客车5.6万辆，货车18.8万辆），营运拖拉机169万辆。营运车辆年完成客、货运输量分别达7.91亿人和5.15亿吨，年均以4.7%和5.6%的速度增长，在全省运输结构中分别占94%和83%；旅客、货物周转量分别达368.5亿人公里和532亿吨公里，平均每年递增6.4%和9.7%，在综合运输体系中分别占47%和24.6%。1998年—2002年，河南开始为期5年的道路客货运输市场清理整顿，重点清理挂靠车辆，打击非法营运，规范市场秩序。同时，推进道路运输结构调整，逐步淘汰老旧破车，把农用运输车清退出客运市场；引导和鼓励运输企业通过联合、兼并、入股等方式，实现资产重组，实行集约经营、规模经营。2003年开始，全面推进农村客运发展，开展农村客运网络化建设；探索推广城乡客运一体化经营管理模式，将城市公交、出租汽车和班车客运纳入统一管理；以传统货运企业经营结构调整为重点，开始推动全省道路物流业发展。2005年，开始场站管理体制改革，完成全省230个汽车客运站改革任务。2008年，建立河南省物流信息系统，通过物流信息系统配载货物，减少车辆空驶里程3.5亿公里，节约成品油8000万升，折合人民币4.2亿元。在2006年郑州—开封城际公交发展基础上，2009年，先后开通4条城际公交线路，淘汰收购老旧车辆307台，投入新型公交车辆276台。2010年，全省农村客运网络化建设取得新成效，全省共开通农村客运班线3986条，投入运力2.07万辆，行政村客运通车率达97%，新乡、濮阳、鹤壁、漯河等市基本实现村村通客车。2011年，传统货运企业向现代物流企业转型步伐加快，全省货运站从事物流园区（或物流中心）经营的有148个；货运企业从事货运代理有1077家，货运信息服务部1.3家。全省公共物流信息平台实行统一管理，实现数据共享，“平台”正式长期使用用户已近7万户，日发布的货运信息600多万条。农村物流快速发展，全省42个试点。2015年开始，开展为期3年的城乡道路客运一体化试点工作。到2017年，三批次共组织试点县市49个，投入资金1.5亿元，全省建制村通客车率达到97.1%。至2018年底，河南省建制村通客车率100%，实现村村通客车的目标，其中班线客运占70%、公交化运营占20%、预约班占7%、区域经营占3%，全省营运车辆发展到88.2万辆（客车4.3万辆、货车83.9万辆），全年全省道路运输完成客运量13.1亿人、旅客周转量734.9亿人公里，货运量9.8亿吨、货物周转量848.22亿吨公里；行业总产值达到812.3亿元，实现利润69.5亿元；道路运输对全省经济贡献率占GDP的2.89%，同比增长1.6%

【水运建设与发展】 1950年4月16日，河南省人民政府航务局成立，省航运管理机构正式建立；10月，全省第一艘国营机动客船“红星”机船开始于漯河周口至安徽界首蚌埠之间营运。1950年，全省航道通航里程2312公里。1953年2月，中共河南省委民船工作委员会成立；3月，全省各河系定籍定港的民船已达8336艘89048吨。1954年，完成货运量116万吨，货物周转量2.05亿吨公里；7月，始于1950年7月的勘查河道工作完成任务，历时4年查明全省通航里程为3075.65公里；9月27日，河南省第一个民船运输合作社——漯河港民船运输合作社建立。1955年10月，首批建造的2艘120马力柴油机拖轮在淮河开始拖带运输。1956年，全省航道通航里程3837公里，完成货运量197万吨，货物周转量2.77亿吨公里。1959年9月，周商永运河商丘—柘城段通航。1960年，全省通航里程6103公里，全省拥有驳船和木帆船6050艘99389载重吨，完成货运量395万吨，货物周转量40053万吨公里。1961年，全省拥有驳船和木帆船6633艘115460载重吨，完成货运量227万吨，货物周转量25217万吨公里；完成客运量20万人，旅客周转量616万人公里。1971年，首批钢丝网水泥机动驳试制成功。1975年3月12日，全省最大钢制客货轮“胜利号”在丹江水库投入生产。1976年，全省航道通航里程2287公里，全省拥有驳船和木帆船2809艘58190载重吨，完成货运量163万吨，货物周转量18673万吨公里；客运量64万人，旅客周转量2045.5万人公里。1978年底，全省共有各类货运船舶2307艘5.3万载重吨，客船70艘2093个客位，全年完成货运量133万吨，货物周转量2.05亿吨公里。1979年，全省航道通航里程1110公里。1980年，交通运输航运处改为省航运管理局。1981年10月，建造的黄河32米双体汽车渡轮，命名为“柳园号”渡轮，在柳园口渡口开始渡运，这是河南省第一艘大型钢质双体渡轮。1984年，交通部向连续24年安全运输无事故的南湾客轮授予1983年度“优质运输”先进集体称号。1985年，“黄河32米双体汽车渡轮”，获交通部1984年度内河运输优秀船型设计表扬奖。1987年，全省完成货运量248万吨，货物周转量6.09亿吨公里；客运量100万人，旅客周转量2966万人公里。1989年底，河南航运事业开始形成省、市(地)、县、乡四级管理体制。1993年，全省水路货运量首次突破300万吨，达到306万吨。1996年6月，撤销河南省交通厅航运管理局，成立省交通厅航运处。2000年，完成客运量91万人，旅客周转量3003万人公里，货运量372万吨，货物周转量372万吨公里；1月21日，沙颍河郑埠口枢纽一期工程通过交工验收，质量等级为优良。2004年，共完成各项投资5000多万元，新建300吨级客运泊位3个，新增旅客吞吐能力87万人次。改善300吨级泊位3个、100吨级泊位1个，恢复货运生产能力60万吨。全年共完成货运量915万吨，货物周转量35亿吨公里，客运量84万人，旅客周转量4516万人公里。全省运力保有量达到货运船舶4625艘164万载重吨；客运船6136艘1.98万客位，船舶检验5407艘。2005年12月28日，沙颍河举行通航仪式，沙颍河周口至省界实现复航。2006年4月，周口港迎来复航后的首件重达800吨、价值2亿多元的大宗货物水路运输业务。2007年，船舶“一卡通”推广工程开展实施。2008年4月17日，交通运输部海事局船舶“一卡通”工程在河南推广实施，全省发放IC卡2576张，发卡量位居“一卡通”同批7省(市)的第一名；7月，南阳、濮阳、洛阳和安阳市地市海事局获得交通运输部命名的第八批“全国海事系统文明达标单位”称号。2009年，交通运输部海事局确定开展“海事业务流程试点工作”，河南省为全国3个省地方海事局试点单位之一；6月1日，河南首艘万吨级内河货轮“江韵”号在武汉武湖船厂下水，入籍南阳港，是河南省船舶大型化发展的标志之一；7月，河南省海事局获得交通运输部海事局“全国海事系统文明达标单位”称号；8月20日—21日，河南省参加交通运输部在甘肃组织召开的“首届黄河航运发展论坛”，沿黄9省共同签署《黄河航运发展区域合作框架性协议》。2011年4月8日，河南首艘2万吨级货船下水起航；12月28日，沙颍河航运开发工程漯河港开工建设。2013年4月16日，河南省内河航运协会成立。2015年8月12日，河南省地方海事系统正式推行海事职务等级标识制；12月18日，河南省沙颍河航运工程开工建设。至2018年底，全省内河航道通航里程1675公里，港口泊位97个，年吞吐能力1967万吨。

【铁路建设与发展】 1949年7月31日，平(北平)汉(汉口)铁路郑州—汉口段修复通车；11月7日，陇海铁路洛阳—潼关段修复通车；12月8日，京汉铁路全线修复通车。1956年10月，陇海铁路郑州—宝鸡段复线工程开工建设。1957年7月，郾城县孟庙—平顶山的铁路通车运营，全长63.3公里；10月1日，汤(阴)鹤(壁北)铁路通车运营。1959年1月26日，新(郑)密(县)铁路通车运营；7月，安(阳)李(珍)铁路竣工，正线铺轨33.2公里，8月25日由郑州铁路局接管营运；12月，京广铁路安阳—孝子店段基本建成复线，正线铺轨517.6公里。1960年4月，新中国自行设计修建的铁路大桥——京广线郑州黄河铁路大桥竣工通车；10月，太焦铁路焦作—五阳段建成通车，正线铺轨186.5公里；11月，宜洛铁路建成通车。1964年2月，陇海铁路郑州—西峪河(豫灵)段复线建成交付运营，正线铺轨352.7公里。1965年5月，郑州铁路局无缝线路(50公斤/米钢轨)在京广线郑州以南开始陆续铺设；6月，汤(阴)濮(阳)地方铁路竣工，全长44公里；10月，洛(阳东)宜(阳)铁路正式运营，正线铺轨42.5公里。1966年10月，韩郸地方铁路许昌—太康段动工修建，是全国最长的一条窄轨地方铁路，西起禹县(今禹州市)韩岗，东至郸城县，全长193.8公里。1968年9月29日，许昌—太康段地方铁路竣工通车，全长100公里。1969年2月18日，石(安阳石涧)河(林县河顺)地方铁路竣工通车，正线铺轨21公里；11月30日，漯(河)南(阳)地方铁路续建工程竣工通车，全长131公里；11月，焦枝铁路全线动工，全长753.3公里，是北煤南运、分流京广、沟通中南的重要干线之一。1970年3月7日，平(顶山)宝(丰)铁路连接线竣工(与孟平线接轨)，正线铺轨38.8公里；7月1日，焦枝铁路建成通车；12月，京广线长台关大桥建成，至此郑州铁路局管内的京广复线工程全部开通。1973年，漯(河)阜(阳)铁路动工，河南境内长137公里。1974年12月29日，太(原)焦(作)铁路月山—晋北段复线工程竣工交付运营。1975年2月，河南省第一条准轨地方铁路——漯(河)周(口)铁路通车运营，全长86公里，正线长63公里。1977年，郑州铁路局货物发送量突破亿吨。1979年12月29日，陇海铁路郑州东—商丘段复线建成通车，正线铺轨194.7公里。1981年1月25日，河南省地方铁路周口—漯河段通车。1984年10月1日，漯(河)阜(阳)准轨地方铁路周口—项城段通车。1985年3月，亚洲作业量最大的列车编组站郑州北站全面建成；12月28日，太焦铁路长(治)月(山)北段电气化工程交付运营，该铁路是河南境内第一条电气化铁路；12月，新(乡)焦(作)铁路复线建成，正线铺轨63.4公里。1986年1月15日，新(乡)菏(泽)铁路通车运营，正线铺轨163.2公里；5月1日，京广铁路郑州—武昌段全线实现机车牵引内燃机化；12月31日，陇海铁路郑州—三门峡西段电气化工程竣工。1987年3月28日，漯(河)阜(阳)铁路项城—沈丘段建成通车；9月23日，汤(阴)濮(阳)标准轨地方铁路改建工程竣工，正线全长73.6公里。1988年12月28日，郑州—宝鸡电气化铁路通车。1991年1月31日，郑州火车站电气化工程按期开通，至此，西陇海兰州—郑州段电气化铁路全线贯通；9月5日，京九铁路黄河特大桥开工；12月30日，京广线郑州—信阳铁路电气化建成通车。1992年12月11日，京广线安阳—郑州段铁路电气化工程动工兴建。1993年3月5日，郑州—北京电气化铁路工程开工。1994年12月15日，郑州—香港九龙的集装箱直达快运列车首列开行，全程1804公里，是中国内陆城市首列直达香港九龙的集装箱快运列车，为中原、华北、西北地区经济发展提供快捷的出海通道。1996年9月1日，京九铁路全线通车，全长2553公里，是国内投资最多、一次性建成的最长双线铁路；12月26日，全长276公里的舞(钢)—漯(河)—阜(阳)地方铁路全线投入运营。1997年1月18日，中国首例由国铁和地铁联合经营的郑州—沈丘369/370次铁路客车正式运行；3月20日，濮(阳)台(前)铁路全线开工，该路连接京九、京广两线，全长52公里。1999年12月28日，郑州火车站主楼工程落成开通。2003年6月20日，新(乡)月(山)电气化铁路建成通车，正线全长85.942公里。2004年1月6日，宁西铁路西安—合肥段开通运营，宁西铁路西合段全长967.6公里，河南境内里程531公里。2005年9月25日，郑西高铁开工建设，郑西高铁河南境内里程315.7公里，设计速度350公里/小时。2006年9月19日，范(庄)辛(安)铁路的开工建设，全省已拥有13条地方铁路，正线里程1212公里，居全国首位，占全国地方铁路总长度的1/4。2008年10月15日，京广高速铁路石武段开工建设。2010年2月6日，河南省第一条高速铁路——郑西高铁开通运营。2012年9月28日，京广高铁郑州—武汉段开通运营；12月26日，京广高铁全线建成通车，京广高铁是国家"八纵八横"高速铁路主通道的重要组成部分，全长2298公里，被誉为世界上运营里程最长的高速铁路，河南段长546公里；12月26日，郑徐高铁开工建设，郑徐高铁河南境内里程252.83公里，设计速度350公里/小时。2014年12月28日，郑州—开封城际铁路开通运营；12月30日，瓦日铁路建成通车，瓦日铁路是连接中国东西部的重要煤炭资源运输通道，是世界上第一条按30吨重载铁路标准建设的铁路，瓦日铁路全长1260公里，其中河南段长255公里，全线于2009年12月23日开工建设。2015年6月26日，郑州—焦作城际铁路开通运营；10月31日，郑万高铁河南段开工建设，郑万高铁河南境内里程350公里，设计速度350公里/小时；12月24日，郑阜高铁河南段开工建设，郑阜高铁河南境内里程210公里，设计速度350公里/小时；12月31日，郑州—新郑机场城际铁路开通运营。2016年9月10日，郑徐高铁建成通车，徐兰高铁全线开通运营，郑州成为全国第一个高铁、普铁双“十”字枢纽，其中河南境内里程572公里；10月20日，太焦高铁河南段开工建设，太焦高铁河南境内里程34公里，设计速度250公里/小时；10月31日，郑济高铁郑州—濮阳段开工建设，线路长197公里，设计速度350公里/小时。郑济高铁开工后，河南省实现“米”字形高铁项目全部落地实施，两年内实现“一年开两条，两年开四条”高速铁路开工目标，创造“河南速度”。

【民航建设与发展】 1956年8月，郑州东郊燕庄机场对外开放，开始运营民航班机。1987年9月26日，洛阳北郊机场建成通航。1992年10月16日，南阳姜营机场建成通航。1997年8月28日，郑州新郑国际机场建成通航。2006年11月19日，河南省首条国际定期航线郑州—韩国首尔国际直达航班正式开通。2011年12月，郑州机场迈入“千万级机场”行列。2013年3月7日，国务院正式批复《郑州航空港经济综合实验区发展规划(2013年—2025年)》，成为中国首个上升为国家战略的航空港经济发展先行区。2014年1月14日，卢森堡货运航空公司成为首个入驻郑州机场的国际货运航空基地公司，打通一条横贯中欧的货运“空中丝绸之路”；9月19日，中国南方航空河南航空有限公司正式独立运营。2015年5月19日，郑州机场开通卢森堡—郑州—芝加哥航线，是郑州新郑国际机场第一条采用第五航权的国际货运航线；12月22日，郑州机场二期工程正式投入运行，开启“双跑道+双铁”时代，成为全国第二个实现航空、铁路、高速公路等交通方式零换乘的机场。2016年12月22日，郑州机场年旅客吞吐量突破2000万人次。2017年5月25日，郑州机场开通首条洲际定期客运航线——郑州—莫斯科航线；6月14日，习近平主席会见卢森堡首相贝泰尔时提出支持建设郑州—卢森堡“空中丝绸之路”，为河南明确参与“一带一路”建设重点，打造“空中丝绸之路”核心区指明方向；12月，郑州机场客货运量跃居中部地区“双第一”，跻身全球货运机场50强。2018年，卢森堡货航周航班量加密至18班，总货运量占郑州机场近三分之一；10月28日，信阳明港机场建成通航。

新中国成立70年河南水运系统主要指标数据统计表

项　目	单　位	1978年	1990年	2000年	2005年	2009年	2010年	2011年
一、航道和设备								
1. 内河航道通航里程	公里	2202	1110	1104	1439	1439	1439	1439
其中：等级航道	公里	–	–	729	1322	1322	1322	1322
2. 营业性民用运输船舶拥有量								
轮驳船：艘数	艘	–	–	3732	5118	4765	5043	4988
净载重量	万吨位	–	–	50.39	202.06	278.65	360.42	451.27
载客量	万客位	–	–	0.62	0.61	0.93	0.98	1.21
3. 港口码头泊位	个	–	–	46	50	71	71	71
二、运输量和吞吐量								
1. 水路客、货运输量								
客运量	万人	–	–	91.0	97.0	206.0	255.0	268.0
旅客周转量	万人公里	–	–	3003.0	5341.0	5226.0	5993.0	6464.0
货运量	万吨	–	–	372.0	1307.0	4439.0	4950.0	6527.0
货物周转量	亿吨公里	–	–	10.7	53.5	263.1	300.3	401.3
2. 港口货物吞吐量	万吨	–	–	70	55	88	139	202
三、水运建设投资	万元	–	–	–	–	32956	20357	30667

项　目	单　位	2012年	2013年	2014年	2015年	2016年	2017年	2018年
一、航道和设备								
1. 内河航道通航里程	公里	1439	1439	1439	1589	1589	1589	1589
其中：等级航道	公里	1322	1322	1322	1472	1472	1472	1472
2. 营业性民用运输船舶拥有量								
轮驳船：艘数	艘	5121	5206	5445	5540	5592	5605	5605
净载重量	万吨位	524.69	588.78	665.32	813.69	944.75	1013.35	1013.35
载客量	万客位	1.18	1.13	1.22	1.41	1.41	1.51	1.51
3. 港口码头泊位	个	71	71	71	71	71	71	71
二、运输量和吞吐量								
1. 水路客、货运输量								
客运量	万人	249.0	261.0	254.0	280.0	288.0	345.0	345.0
旅客周转量	万人公里	6046.0	6314.0	5431.0	5939.0	5664.0	6343.0	6343.0
货运量	万吨	7704.0	8631.0	9351.0	10460.0	11544.0	12961.0	12961.0
货物周转量	亿吨公里	484.1	557.2	615.6	705.3	808.6	920.5	920.5
2. 港口货物吞吐量	万吨	236	555	686	721	771	959	959
三、水运建设投资	万元	91070	120052	95935	87566	177003	242013	242013

注：2013年—2018年，港口货物吞吐量含自然岸坡装卸量。

新中国成立70年河南公路系统主要指标数据统计表

项 目	单 位	1978年	1985年	1990年	1995年	2000年	2005年	2007年	2008年	2009年
1.线路及设备										
（1）公路线路里程	公里	31549	38840	43150	49707	64453	79506	238676	240645	242314
其中：高速公路	公里	–	–	–	230	505	2678	4556	4841	4861
国道	公里	国省道 10350	3257	3400	3713	4014	4899	4814	6833	6835
其中：国家高速	公里		–	–	–	465	1170	1142	3161	3162
省道	公里		7790	7875	7966	8078	16011	17552	15783	15818
县道	公里	县乡道 19880	10352	10753	11386	12491	19256	20163	20627	20871
乡道	公里		16605	20121	25505	38604	37961	39165	39687	40051
专用公路	公里	1319	836	1001	1137	1266	1380	1475	1475	1478
村道	公里	–	–	–	–	–	–	155507	156240	157262
有铺装路面	公里	–	–	406	2891	7278	22305	81335	91826	104658
其中：沥青混凝土	公里	–	–	–	1356	4444	14981	29984	31997	33344
水泥混凝土	公里	–	–	406	1535	2834	7324	51351	59829	71314
简易铺装路面	公里	12726	16626	20585	27408	39640	41169	60830	58008	55064
未铺装路面	公里	18823	22214	22159	19408	17535	16032	96511	90811	82592
（2）公路桥梁	座	4952	6510	7165	7924	8884	15859	38231	38599	38753
	米	154674	210209	250953	283954	332329	759061	1568728	1644968	1657708
（3）公路隧道	处	–	–	–	–	137	163	204	245	252
	米	–	–	–	–	35939	45562	58155	81935	83578
（4）公路渡口	处	–	–	–	–	12	5	63	63	62
其中：机动渡口	处	–	–	–	–	5	5	18	18	38
2. 公路建设投资										
（1）公路总投资	亿元	0.44	1.30	3.60	22.90	50.70	122.00	341.70	231.60	238.70
（2）新增生产能力										
新建公路里程	公里	–	–	–	–	–	–	2490	979	1780
改建公路里程	公里	–	–	–	–	–	–	21510	15121	11020

项 目	单 位	2010年	2011年	2012年	2013年	2014年	2015年	2016年	2017年	2018年
1.线路及设备										
（1）公路线路里程	公里	245089	247587	249649	249831	249857	250584	267441	267805	268589
其中：高速公路	公里	5016	5196	5830	5859	5859	6305	6448	6523	6600
国道	公里	6852	6852	6849	6859	6851	6867	13925	13941	13956
其中：国家高速	公里	3218	3218	3177	3165	3165	3184	4237	4237	4242
省道	公里	15951	16217	16912	16977	16974	17433	23142	23257	23414
县道	公里	21004	21103	21239	21248	21247	21280	27285	27280	27352
乡道	公里	40334	40572	40721	40821	40825	40830	59005	59098	59082
专用公路	公里	1456	1450	1453	1453	1453	1669			
村道	公里	159492	161393	162476	162473	162506	162506	144085	144230	144786
有铺装路面	公里	112589	127939	132655	137115	140157	146930	194442	198663	222607
其中：沥青混凝土	公里	34794	37716	38932	39941	40411	41508	47915	48285	50222
水泥混凝土	公里	77795	90224	93723	97175	99746	105422	146527	150378	172385
简易铺装路面	公里	53355	49231	48178	46463	44645	41090	25806	24743	14997
未铺装路面	公里	79145	70417	68816	66252	65055	62564	47192	44399	30985
（2）公路桥梁	座	40764	42669	42550	43240	43393	43584	48576	49065	51041
	米	1692924	1716399	1741997	1911954	1952403	2004727	2327177	2380112	2628366
（3）公路隧道	处	262	265	265	344	420	445	489	485	510
	米	88953	91261	91261	138234	189391	212623	245000	251689	260644
（4）公路渡口	处	62	62	62	57	56	26	–	–	–
其中：机动渡口	处	38	38	38	33	32	8	–	–	–
2. 公路建设投资										
（1）公路总投资	亿元	287.00	365.70	470.20	450.40	468.30	444.50	435.30	463.30	440.60
（2）新增生产能力										
新建公路里程	公里	1857	1199	1755	895	165	633	620	539	1120
改建公路里程	公里	8248	2390	3450	7281	7435	13507	13150	15171	9885

新中国成立70年河南道路运输系统主要指标数据统计表（一）

指　标	单　位	1996年	2000年	2005年	2006年	2007年	2008年	2009年	2010年
一、道路运输从业人员	人	569066	599400	–	1829955	1667733	2150249	2519563	2675056
道路旅客运输经营从业人员	人	65465	103266	1671993	211066	214277	301478	262040	205119
道路货物运输经营从业人员	人	262844	277343	260537	827687	1127383	1459100	1825730	2022325
站（场）经营从业人员	人	–	–	1200520	40135	37723	38918	47033	46045
二、道路客、货运站	个	–	294	785	13855	15646	15364	15533	2253
1.客运站	个	–	294	722	13789	15578	15219	15390	2152
一级站	个	–	21	18	22	24	24	28	28
二级站	个	–	129	145	143	154	143	172	167
三级站	个	–	73	116	101	101	108	124	135
四级站	个	–	71	176	586	823	825	847	715
五级站	个	–	–	0	1084	969	896	1002	1107
2.货运站	个	–	–	63	66	68	145	143	101
一级站	个	–	–	3	7	7	6	8	7
二级站	个	–	–	14	13	12	13	19	13
三级站	个	–	–	18	27	11	23	65	12
四级站	个	–	–	28	19	38	103	51	69
三、机动车维修业及汽车综合性能检测站									
1.机动车维修业业户	户	–	–	–	–	–	–	–	27372
其中：汽车维修	户	–	–	13220	15805	16347	18372	23398	22043
一类汽车维修	户	–	–	460	537	575	624	612	691
二类汽车维修	户	–	–	2008	2258	2185	2592	2142	2709
三类汽车维修	户	–	–	8607	10163	10858	11664	15942	18643
2.汽车综合性能检测站	个	–	–	65	73	77	72	81	91
四、机动车驾驶员培训									
1.机动车驾驶员培训业户	户	98	119	–	408	377	474	569	635
其中：普通机动车驾驶员培训	户	–	–	–	352	372	461	554	623
道路运输驾驶员从业资格培训	户	–	–	–	47	68	50	64	62
2.教练员	人	–	2557	–	7048	7701	9752	13160	16986
其中：理论教练员	人	534	385	–	877	808	1087	1222	1382
驾驶操作教练员	人	3046	2173	–	5930	6634	8484	10857	15194
3.培训人次	人次	54166	37727	–	290687	325506	456594	724265	914349
五、汽车租赁									
1.汽车租赁业户	户	–	–	–	–	–	–	–	–
2.汽车租赁从业人员	人	–	–	–	–	–	–	–	–
3.租赁车辆数量	辆	–	–	–	–	–	–	–	–
客车	辆	–	–	–	–	–	–	–	–
货车	辆	–	–	–	–	–	–	–	–
六、道路客运班线									
1.客运班线	条	–	7638	8518	9143	9272	8834	9847	9985
其中：高速公路	条	–	–	–	896	309	518	722	809
2.客运班线平均日发班次	班次/日	–	50643	68180	92761	97997	106554	106584	121283
其中：高速公路	班次/日	–	–	–	1330	2710	2593	1788	1724
七、农村道路客运									
1.客车通达情况									
乡镇	个	–	2091	1873	1907	1980	2166	1876	1969
其中：通客运班车的乡镇	个	–	2091	1873	1907	1980	2166	1876	1969
建制村	个	–	46025	48175	47881	46865	49316	48156	48063
其中：通客运班车的建制村	个	–	42120	43946	45487	43675	46674	47133	47192
2.农村客运站	个	–	–	–	13157	13079	4739	13176	14795
其中：等级客运站	个	–	–	–	–	–	–	–	–
3.农村客运线路	条	–	–	–	2514	3704	3617	3975	4112
平均日发班次	班次/日	–	–	–	51618	53664	55648	70988	81001
4.农村旅客运输量									
客运量	万人	–	–	–	113115.0	134328.0	47176.0	49901.0	54088.0
旅客周转量	亿人公里	–	–	–	241.7	282.6	145.7	148.0	136.3

新中国成立70年河南道路运输系统主要指标数据统计表（二）

指 标	单 位	2011年	2012年	2013年	2014年	2015年	2016年	2017年	2018年
一、道路运输从业人员	人	2774381	2860970	2912050	2893436	2838336	2726817	2585673	2577203
道路旅客运输经营从业人员	人	199756	202770	203596	200671	195386	194866	183169	169336
道路货物运输经营从业人员	人	2109991	2177519	2217507	2289633	2242641	2132816	2010771	2019583
站（场）经营从业人员	人	47489	47970	47257	47938	46855	46190	44307	41551
二、道路客、货运站	个	2259	2273	2268	2238	2227	2123	2038	1971
1.客运站	个	2154	2169	2165	2134	2125	2021	1949	1883
一级站	个	28	28	28	28	30	30	31	32
二级站	个	167	166	164	113	110	116	122	126
三级站	个	136	136	136	184	183	143	123	115
四级站	个	715	695	710	725	724	725	687	648
五级站	个	1108	1144	1127	1084	1078	1007	986	962
2.货运站	个	105	104	103	104	102	102	89	88
一级站	个	7	7	7	7	6	6	5	5
二级站	个	13	12	15	15	14	12	13	13
三级站	个	12	12	13	12	12	22	18	17
四级站	个	73	73	68	70	70	62	53	53
三、机动车维修业及汽车综合性能检测站									
1.机动车维修业业户	户	30330	31816	32344	34168	32693	30446	27623	27306
其中：汽车维修	户	24792	26752	27440	29412	28288	27046	25359	26145
一类汽车维修	户	821	841	797	816	858	912	941	972
二类汽车维修	户	3068	3247	3468	3651	3729	4110	4136	4319
三类汽车维修	户	20903	22664	23175	24945	23701	22024	20282	20854
2.汽车综合性能检测站	个	93	94	99	102	106	108	111	118
四、机动车驾驶员培训									
1.机动车驾驶员培训业户	户	743	841	1016	1243	1482	1670	1787	1950
其中：普通机动车驾驶员培训	户	734	840	1015	1243	1482	1667	1785	1945
道路运输驾驶员从业资格培训	户	61	64	69	69	73	78	86	76
2.教练员	人	19891	22993	28004	34698	41139	46665	48820	49768
其中：理论教练员	人	1851	2024	2574	3171	3971	3900	4116	4342
驾驶操作教练员	人	17531	20347	24841	31184	36649	41394	43966	45113
3.培训人次	人次	950180	1062263	1142514	1331065	1440871	1587206	1805626	1789016
五、汽车租赁									
1.汽车租赁业户	户	–	–	–	–	–	–	–	1
2.汽车租赁从业人员	人	–	–	–	–	–	–	–	5
3.租赁车辆数量	辆	–	–	–	–	–	–	–	15
客车	辆	–	–	–	–	–	–	–	15
货车	辆	–	–	–	–	–	–	–	0
六、道路客运班线									
1.客运班线	条	9453	9717	9805	9651	9412	9268	8984	8737
其中：高速公路	条	839	850	866	892	1115	1173	1150	1239
2.客运班线平均日发班次	班次/日	115626	117519	119102	122026	120347	116690	111657	106926
其中：高速公路	班次/日	1601	1628	1639	1783	2735	2883	3103	3087
七、农村道路客运									
1.客车通达情况									
乡镇	个	1983	1990	1985	1985	1984	1949	1916	1817
其中：通客运班车的乡镇	个	1983	1977	1985	1985	1984	1949	1916	1817
建制村	个	48246	48180	48159	48159	47945	47379	47016	44742
其中：通客运班车的建制村	个	47367	47187	47385	47593	47361	46726	46205	44152
2.农村客运站	个	14551	14017	14159	12924	12369	10340	10275	10894
其中：等级客运站	个	–	1721	1769	1740	1729	1657	1605	1585
3.农村客运线路	条	3728	3822	3870	3899	3724	3837	3587	3526
平均日发班次	班次/日	81395	84628	85588	89031	86910	86916	83387	80321
4.农村旅客运输量									
客运量	万人	56846.0	58412.0	62597.0	55700.0	55704.0	51574.0	49584.0	47598.4
旅客周转量	亿人公里	140.3	143.2	149.7	146.7	145.7	126.0	120.4	117.6

（河南省交通运输厅 供稿）

湖北省

【概 述】新中国成立初期，湖北省境内有京汉、粤汉2条铁路342公里，航空有武昌南湖、王家墩、恩施、宜昌土门垭、沙市、武昌徐家棚6个简陋机场，能通车的公路仅有997公里，运输工具只有公私营破旧汽车1100余辆和小轮船100余艘，交通不便、运输紧张、乘车难、运货难是普遍现象。1949年7月，湖北省人民政府交通厅成立，主管全省公路建设、养护、运输、航政、航运事宜。开始恢复建设公路、长江重要港口、铁路和航空线路，整修运输设备和整顿运输秩序，恢复提高运输能力。1957年10月，长江上的第一座大桥——武汉长江大桥建成通车，这是国内第一座复线铁路、公路两用桥，是连接祖国南北的大动脉。改革开放后，湖北交通运输发展取得历史性成就。武汉“米”字形高铁网辐射全国直达24个省会城市，地铁与高铁、城铁、轻轨等无缝衔接，高铁、动车覆盖除荆门、神农架以外的所有地市。“七纵五横三环”高速公路网基本建成；建成总长3813公里的四大集中连片特困地区扶贫攻坚特色路，惠及29个贫困县800万贫困人口；2015年率先在全国实现村村通客车；5个县市被命名为“四好农村路”全国示范县。新中国成立后第一条人工运河——长江—汉江—江汉运河810公里高等级航道圈全面建成，武汉长江中游航运中心雏形初显，绿色智慧的亿吨大港通江达海。天河机场成为直飞五大洲开辟59条国际航线的“中部门户枢纽机场”。多式联运发展迅猛、中欧(武汉)班列直达“一带一路”沿线28个亚欧国家。至2018年底，全省综合交通网总里程29.55万公里，综合交通网密度158.7公里/百平方公里。全省公路总里程27.5万公里，其中二级及以上公路35639公里；国省干线33625公里，其中高速公路6367公里；农村公路24.1万公里，全省98%的建制乡镇通二级及以上公路，100%的行政村通沥青(水泥)路。全省航道里程8667公里，三级及以上高等级航道1992公里；全省港口38个。全省铁路营业里程5263.8公里，其中高速铁路和城际铁路1346.7公里。全省民航旅客吞吐量3110.51万人次。

【公路建设与发展】

1.公路建设。1949年12月底，全省公路通车里程恢复到3012公里。1950年开始实行公路民工建勤制度。1952年，进一步恢复到3330公里，其中晴雨通车里程1602公里。重点改善汉(口)小(界岭)路、长(江埠)孟(家楼)路、汉(口)沙(市)宜(昌)路3条干线和1000余公里的支线公路。1955年2月14日，湖北第一条新山区公路——恩施—利川公路建成通车，全长95.8公里。1956年，全省公路里程6126公里，干线和主要支线路况有较大改善，有3051公里公路设立养护道班。1958年—1960年间，投资5557万元修建永久性公路大桥8座。1965年，全省公路通车里程18716公里。1965年中共湖北省委、湖北省人民政府决定将公路建设重点转移到桥梁上来，以黄冈地区为试点，一年时间修建大中型永久性桥梁88座7022米。1966年全省公路里程23111公里，比1956年增加2.8倍。1978年，全省公路里程44586公里。公路路面养护技术和建桥技术有新的进步，全省铺筑渣油处治路面7710公里，主要干线实现“路面黑色化”，重建的丹江口大桥首次采用预应力T形刚构，干沟子大桥是省内第一座单跨96米的钢筋混凝土箱形拱桥。

改革开放之后，湖北公路事业进入振兴发展新时期。1979年，全省等级公路21550公里，无高等级、一级公路，二级公路到1980年只有45公里，每平方公里国土只有公路0.24公里，公路建设与现代化建设需要无论是数量还是质量有很大差距。从“六五”时期起，公路建设实行普及与提高并重并以提高为主，由数量型向质量型转变，大力改建、新建高等级公路。“六五”“七五”期间，全省改建、新建等级公路5552公里。二级公路达到1973公里，其中207国道荆门—沙市段达到优良标准，是湖北省首次实施标准化、美化(GBM)工程的路段；一级公路实现零的突破，建成126公里；高级次高级路面达到11720公里；建设永久性桥梁1176座，包括长1800~2000米的汉江光化、沙洋、宜城3座特大桥。这时期公路建设筹集资金采取贷款修路、合资修路、修路扶贫等新举措。1984年贷款修建咸(宁)通(山)公路24公里；1985年交通部门与第二汽车制造厂、丹江口水电工程局共同投资建成武当山旅游公路25公里；1985年—1990年，扶持新建、改建贫困山区公路6580公里。湖北周边秦岭、大巴山、武陵山、幕阜山、大别山区与陕西、西川、湖南、江西、安徽、河南衔接公路由21条增加到73条。1992年10月，省政府决定交通基础设施建设实行投入产出目标承包责任制，委托交通厅与各地市州政府签订“八五”“九五”期间承包责任书。1996年开始，全省公路建设以“联网、配套、升等、扩口”为目标，实施以“扩展大中城市出口路，改善县乡公路，加速公路上等升级，提高路网运载能力”为目的的路网建设，平均每年建成二级以上高等级公路近800公里；同时，开工建设长江大桥6座。2003年全面启动农村公路建设，至2005年底，基本实现乡乡通沥青水泥路，97.09%行政村通公路和43%的行政村通沥青水泥路。2007年6月全国第一部农村公路条例——《湖北省农村公路条例》施行。“十二五”期，全省普通公路完成固定资产投资由“十一五”的603亿元增至1755亿元，一级公路5231公里，二级公路21555公里。新改建农村公路7.3万公里。基本实现所有县市通国道，所有县市通一级以上公路，建制乡镇通国省道，建制乡镇通二级以上公路，所有行政村通沥青水泥路。2016年建成一级公路551公里、新改建农村公路13822公里，209国道十堰段“畅安舒美”示范公路创建工程获得中国公路养护工程奖。2017年建成一级公路549公里、新改建农村公路15144公里。52个精准扶贫县完成公路固定资产投资262亿元；完成旅游资源扶贫路、产业扶贫路、20户以上自然村、窄路面加宽等项目建设10042公里。十堰环丹江口库区生态环保公路被誉为最美山水公路。至2018年底，全省公路通车里程27.5万公里、公路密度147.95公里/百平方公里。全省形成“干支配套、网状连接、深度通达、功能齐全”的公路网络。新中国成立70年，湖北已建和在建长江大桥36座，创历史之最，平均每隔29公里就有一座长江大桥，全省桥梁建设呈现出“桥型种类齐全、单跨跨径大、技术难点多、科技含量高”的显著特点，创新多项世界领先技术。

“七五”期后，湖北高速公路建设进入起步提速快速发展时期。1985年，湖北省委省政府作出修建宜昌—黄石一级公路决策，1986年5月成立宜黄公路建设指挥部，1991年3月4日，“楚天第一路”宜黄高速武汉—黄石段正式通车。宜黄高速公路是湖北省第一条自筹资金、自行设计、全部采用国产设备材料的高速公路，与三峡工程专用公路相接，将湖北省东部重工业基地、中部轻工业商品基地、西部能源基地连成一个整体。1998年底，第一次采用“菲迪克”条款、用国际标准对工程进行全过程质量控制的黄黄高速公路通车，首次把高速公路修出省门。2002年京港澳高速湖北段全线贯通，京珠高速是湖北省交通第一次利用世界银行贷款、第一次全线采用沥青混凝土路面的高速公路项目。伴随着湖北高速公路的快速发展，湖北在投融资体制上大胆尝试。2004年6月建成的襄荆高速，是湖北第一条由多家国有企业共同投资组建项目法人建设的高速公路项目，也是湖北由国家批复立项建成通车的第一个大型高速公路BOT项目。2005年9月建成的樊魏高速，是湖北第一条利用民营资本建设的高速公路。2010年9月，湖北省政府成立湖北省交通投资有限公司，承担全省80%以上的高速公路建设任务。2012年2月后，新开工的高速公路项目均以市州政府为主体进行招商引资，高速公路建设实行由“以省为主”转向“以市州为主”的建设和投融资体制改革，推动高速公路项目建设投融资方式多元化发展。2009年12月，当时中国地质最为复杂、工程最为艰巨、建设难度最大的高速公路——沪渝高速湖北西段(原沪蓉西高速)全线建成通车。G42沪蓉高速公路宜巴段，桥隧比70.14%，G50沪渝高速公路鄂西段主线桥隧比51.62%，桥隧比例之大为全国之最。宜巴、汉鄂、咸黄、鄂黄、谷竹、郧十、恩黔、利万等高速公路项目相继建成。武汉军山长江大桥、宜昌长江公路大桥、襄十高速公路和沪蓉西高速公路四渡河特大桥、鄂东长江大桥，先后获得中国建设工程鲁班奖、詹天佑土木工程大奖。“十三五”期，湖北高速公路提出“县县通高速”建设目标，武深高速公路湖北段、十房高速、湖北利川—重庆万州高速全线通车，麻安高速宜城至保康段、大悟段，武汉城市圈环线高速孝感南段、麻武高速公路等建成通车。保康—神农架高速、宜都—来凤高速、三峡翻坝江北高速等山区高速公路项目开工建设。至2018年底，全省高速公路已建在建里程7611公里，其中通车里程6367公里。“七纵五横三环”高速公路骨架网已经形成。

2.道路运输。1949年12月，全省民用汽车1189辆，省公路局(公营)有汽车128辆，其中客车17辆，客运班车线恢复到10条1697公里，站点45个，部分班车是用公车代客车。1951年首先完成个体搬运业民主改革和建站，并逐步开展对个体汽车运输业的社会主义改造。1952年，有营运客货汽车415辆，其中客车69辆，营运路线恢复到27条2746公里，站点82个。全省汽车完成客运量61万人、货运量108万吨。1956年，湖北汽车运输业实现公私合营并以定息形式纳入国营运输企业。民用汽车发展到3808辆(客车386辆)，其中省公路厅包括纳入定息合营的汽车有890辆(客车112辆)，新增货车挂车41辆，营运路线发展到80余条，开辟老河口—河南省南阳省际客运班车线，全省汽车站增加到146个。全省汽车客运量达到305万人，货运量达到405万吨，分别比1952年增长4倍和2.7倍。到1966年，交通部门客货汽车增加90%，全省营运客车281辆，客运班车线路600余条，其中省际班车线发展到15条，省内、省际日发班车400余次，汽车站增加到360余个(含镇代办站169个)，全省汽车客运量2022.6万人；公路客运量占83%、货运量占60%，超过水路客货运量。到1978年，全省民用载货汽车52679辆，比1966年增加4.5倍，现代运输工具货运量比重由41%上升到73%，其中汽车和其他机动车货运量占陆运的67%。公路运输部门营运货车5596辆，增长1.3倍。全省民用载客汽车11691辆(含小轿车)，公路运输部门营运客车由1966年的281辆发展到1436辆，增长4倍，发展速度快于货车。长期计划经济管理模式下，计划投入有限，但运力与运量的矛盾，行路难、运货难问题一直难以解决。

从改革开放到1990年，各级公路运输主管部门下放直属企业，实行政企分离，简政放权。运输市场从开放到搞活，从独家经营到多家经营，市场机制逐步完善，经营秩序日趋好转，公路运输行业管理，朝着法制化、规范化、现代化、科学化迈进。客运方面实行“站运分离”，实现“车归站、人归点”，并按照人们出行需求开辟各种类型的客运线路与班次。货运方面实行多家经营，货运工具国产化、现代化水平逐步提高，零担运输、集装箱运输、专用特种货车运输等新型运输方式相继出现、推广。1991年—2005年16年间，全省营运客车增长近8倍，客运线路遍布全省及全国主要大中城市，营运货车增长1倍，客、货运量分别增长81.4%和30.2%。高速公路客运从无到有，跨省线路与全国联网；节假日旅客运输保障得力；现代化客货运站在全省星罗棋布；取消车辆额度限制、货源计划管理和公路货运签证等；行业管理力度、深度和广度显著加大。2006年—2018年，客运方面，一是长途客运由起到伏。长途客运进入爆发式增长阶段，并在21世纪前后进入高峰期。随着高铁、航空等新型运输方式的出现及私家车快速发展，长途客运所受冲击加大，全省长途客运效益下滑普遍在30%以上，1000公里以上客运班线大部分处于停班或退市状态，长途客运进入收缩期。二是城乡一体化进程加快。2015年底，全省全面实现“村村通”工程，全省加大资金扶持力度，确立“十三五”期间省级农村客运发展每年1亿元专项资金政策，推动建立农村客运长效机制。三是旅游客运逐渐兴起并成为热点。四是道路客运联网售票系统全面建成。全省17个市州102个县(市、区)实现道路客运联网售票全覆盖，部分站点延伸到乡镇。货运方面，一是货运集约化发展不断深入。推进道路货运集约化发展，合理布局物流设施建设，实现物流设施功能差异化。在武汉、襄阳、宜昌等市均建有大型物流园区。二是行业创新活力进一步释放。开展甩挂运输试点建设，推动站场、车辆、信息等甩挂资源的共享利用和优化配置，6个甩挂运输试点项目完成竣工验收，共开通试点线路18条，新改建甩挂运输站场6个，试点企业平均单位运输成本下降幅度10%~20%，节能减排取得明显成效。全省甩挂运输试点企业组建华中甩挂运输联盟，汇聚湖南、江西、安徽、河南、四川、重庆、广东、上海、云南、湖北等10个省市的40家甩挂运输试点企业及相关支持企业。三是行业管理能力不断提升。开展道路货运价格与成本监测，通过面、线、点多个层次采集货运价格与成本数据，覆盖全国大部分省会城市，并对各方向线路运价指数进行测算。至2018年底，全省公路客运量80989万人、旅客周转量453.44亿人公里、货运量16.31亿吨、货物周转量2955.53亿吨公里。

【水运建设与发展】

1.水运恢复发展阶段(1949年—1965年)。1949年底，全省航运部门仅有小客货轮6艘、327客位、540吨位，拖轮3艘、254千瓦，驳船6艘、1116吨位，且船只技术状况很差，完成短途货物运量仅1.1万吨，货物周转量33万吨公里，客运量26.6万人，旅客周转量798万人公里。1952年发展运输船舶117艘。1956年，木帆船运输业由个体经济实现合作化，私营轮船实现公私合营并以定息形式纳入国营运输企业。1957年底，全省拥有轮驳船193艘、18087吨位、18375客位、3959千瓦。轮驳船客货运输航线发展到35条，营运里程4000余公里，停靠站点115个。轮船客运量562.2万人、旅客周转量28721万人公里，比1952年分别增长1.4倍和98%，货运量113万吨、货物周转量5.14亿吨公里，比1952年分别增加4倍和4.8倍。1953年—1957年，汉江航道进行航道疏浚、导治、勘测、航标等治理，港埠设施初步改善。全省年吞吐量1万吨的地方港口从1952年88个、总吞吐量733.3万吨，增加到1957年116个、总吞吐量1249.3万吨。1958年—1965年，设立民间运输管理局，管理民间水陆运输、装卸搬运及其工具修造业。扩建武汉、宜昌两港，新增武汉港年吞吐能力275万吨，宜昌港机械化作业比重提高到30%。

2.水运曲折发展阶段(1966年—1977年)。1967年—1968年，湖北省水路货运量比上年同期大幅下降。从1969年起，水路货运量转为增长，并逐年上升。1978年地方航政货运量2452.8万吨，比1968年上升1.23倍，比1966年增长97.2%。航运基础设施建设方面，1966年—1976年，湖北省地方港口改扩建、新建一批码头，其中汉江舵落口港为20世纪80年代以前湖北新建的最大地方港口，年吞吐能力159万吨，为全国水铁中转港之一。建成后由于货源不足，吞吐量一直没有达到设计通过能力，直到1984年才突破100万吨。为解决地方中小港口设施落后问题，1975年全省组织部分港口“装卸机械化会战”，改造码头66座，增加水泥趸船35艘，建成机械化、半机械化作业线81条，装卸效率明显提高。对长江干线航道继续重点整治，增加疏浚、绞滩设施，并重新实现航标电气化。由于交通部门航道建设、维护资金缺乏，长江一些支流航段得不到及时整治、疏浚，航运价值降低，引起货源弃水走陆，船舶舍支就干，大量流向长江、汉江，航运格局发生较大变化。

3.水运改革发展阶段(1978年—2015年)。党的十一届三中全会后，湖北水运进入恢复振兴新时期，全省港航建设主要是以恢复港口、通航功能的工程为主。1980年长江、汉江有16个港口的16个码头开工新建或改扩建，设计新增吞吐能力486万吨，汽车装船能力50000辆。国务院批准武汉港为外贸运输口岸。1986年—1990年，新建、改扩建码头36座。完成整治、疏浚航道326.5公里。建成民乐、宦子口船闸，开工建设新沟加级船闸、习家口船闸。碍航闸坝复航工程是交通部重点补助投资工程，开工建设复航工程11项，实际完成8项。从1991年开始，湖北港航开始步入快速发展阶段。1995年10月，汉江第一个现代化港口——襄阳余家湖港通过国家验收。余家湖港建有500吨级煤炭专用泊位2个，年通过能力500万吨。汉江襄樊以下154公里河段河势得到整治，达到四级航道标准。“九五”期间开工的江汉新城—长江螺山工程174公里，新建300吨级船闸3座，形成五级航道，有效调整改善江汉平原综合运输结构。“十五”“十一五”期，汉江襄樊—白河段航道继续进行整治，2006年完工的襄樊—丹江口段117公里航道，500吨级船舶可以顺利航行。航道实现从“自然状况”向“专业化治理”跨越，等级航道占航道通航里程的70%。“十一五”伊始，湖北水运紧接“合力建设黄金水道，促进长江经济发展”北京高层座谈会共识，进入加速推进水运振兴的关键时期。全面部署水运事业从“加快发展”向“又好又快发展”。武汉长江航运中心战略构想，从武汉新港跨行政区率先启动中开始实质性建设；港口码头建设布局开始战略大转移，加快从中心城区原地改扩建转向走出城区择址新建，2009年全省水运建设投资首次突破20亿元大关；“江海直达”实现班轮化。武汉新港货物吞吐量突破1亿吨，成为长江中上游年吞吐量首个跨入亿吨级的港口。"十二五"期，湖北水运开始全面提速。2013年7月，习近平总书记视察武汉新港阳逻集装箱二港区，作出"把全流域打造成黄金水道"的重要指示。交通运输部、湖北省将航运基础设施建设提到首要位置，5年水运建设累计完成投资340亿元，是"十一五"的3.17倍。武汉长江航运中心建设上升为国家战略，重组武汉航运交易所，新建武汉新港空港综合保税区，再度整合武汉新港岸线和港航资源，《武汉长江航运中心规划纲要》获批。南水北调中线通水推进汉江中下游局部航道整治加快，长江中游航道整治规划目标提前实现，新中国成立后第一条人工运河——江汉运河，长江—汉江—江汉运河810公里高等级航道圈全面建成；航运枢纽建设重点突破，三峡、丹江口枢纽通航条件改善明显；全省重点港口码头分期集中开工，武汉新港建设实现"两个转移"，即杨泗港向阳逻搬迁的战略性大转移、港口码头建设布局从长江向汉江纵深布局转移；黄石新港正式开港，宜昌、荆州、鄂东三大组合港建设加快，沙洋、钟祥、仙桃等汉江三大港建设全面开工；航线创建从"江海直达"驶入"近洋直达"，先后开辟武汉至东盟四国、至日韩等国际航线。武汉新港实现"百万标箱"阶段性建设目标。

4.水运高质量发展新时期(2015年—2018年)。"十三五"期的湖北水运进入高质量发展新时期。2016年7月千里汉江第一良港——汉江沙洋港开港，是汉江开通史上第一条干支相连的集装箱航线，沙洋港—武汉港集装箱定班航线，2018年汉江集装箱吞吐量达到5万标箱。2017年8月，黄石新港首开近洋国际班轮航线，黄石新港—韩国釜山港航线；11月长江中游蕲春航道整治工程正式开工建设，拉开长江深水航道"645"工程建设序幕。2018年6月12日，长江流域首个多式联运项目——黄石新港铁水联运贯通，黄石多式联运地方铁路正式开通运营，标志着大交通、大港口、大物流格局成型；11月第一条江海直达1140集装箱示范船在阳逻港首航，也是长江中上游航行最大集装箱船。2018年4月，习近平总书记再次视察湖北考察长江，提出共抓大保护、不搞大开发的指示要求，湖北在做好长江非法码头整治同时，同标准启动汉江、清江等主要支流码头整治工作。全省取缔各类码头1211个，泊位1383个，清退港口吞吐能力1.56亿吨，清退岸线长度149.8公里，复绿面积809万平方米，长江岸线得到极大修复。建成运营砂石集并中心39个共90个泊位，新增年吞吐能力1.5亿吨。2018年武汉港完成集装箱吞吐量157.4万标箱、商品汽车滚装69.6万辆，首次跻身长江内河亿吨大港行列，集装箱吞吐量成功跻身世界内河港口第一方阵。2018年，省政府正式批复《武汉长江中游航运中心总体规划》。武汉、黄石、宜昌、鄂州等5个项目列入全国多式联运示范工程，是全国多式联运示范工程最多的省份。形成高铁与高速公路穿越全省、中欧班列(武汉)直达欧亚、客货运航线直航全球、江海直达航线通达东南亚的现代综合交通大格局。至2018年底，全省航道通航里程8667公里，三级及以上高等级航道1992公里，位居全国第2位；港口38个，其中主要港口4个、重要港口14个、一般港口20个，港口通过能力3.3亿吨，集装箱通过能力436万标箱；机动船3172艘，净载重量672万吨。全省全年水路客运量648万人、旅客周转量4.74亿人公里、货运量36432万吨、货物周转量2850亿吨公里。

【铁路建设与发展】 新中国成立初期，湖北省境内铁路仅有342公里。经历70年建设，湖北铁路得到空前规模的发展。

1.路网规模不断扩大。湖北铁路历经4次大规模建设。第一次兴起于50年代。1955年9月武汉长江大桥动工修建，1957年10月建成通车。1955年10月武(昌)大(冶)铁路开工，1957年10月全线建成通车，次年7月延伸到黄石。1956年11月，开始兴建武汉铁路枢纽。1958年10月汉丹(江口)铁路开工。第二次在20世纪60年代后期。1964年，京广铁路复线相继建成，一大批车站和站场得以新建、改建或扩建。1966年5月汉丹铁路建成通车。1969年11月—1972年10月，建成焦(作)枝(城)铁路、京广与汉丹铁路之间的卫(家店)安(陆)联络线、襄(樊)渝(重庆)铁路、武大铁路复线、鸦(雀岭)宜(昌)铁路，其间，襄樊铁路枢纽开工建设。第三次在改革开放以后至21世纪开始前。1983年5月—1989年6月建成大(冶)沙(河街)铁路并与武大铁路接轨，两线合称武九(江)铁路。1985年武汉和襄樊两个铁路枢纽在分别历经30多年和15年建设后，主体工程基本完成，武汉枢纽成为中南腹地最大铁路枢纽。1986年京广铁路郑州—武昌段电气化改造工程全面开工，1992年竣工，新汉口火车站同步建成；1998年7月武昌—蒲圻段电气化改造开工建设，2001年开通。1993年4月京九(龙)铁路开工，至1996年9月全线通车。与此同时，麻(城)武(汉)联络线建成运营。1998年10月湖北省与铁道部合资修建长(江埠)荆(门)铁路，于2004年4月开通运营。21世纪初，湖北铁路开始第四次更大规模的建设。2004年国家颁布《中长期铁路网规划》，在规划新建的"四纵四横"客运专线中，武汉局管辖范围铁路就有2条，分别为北京—武汉—广州—深圳客运专线、上海—南京—合肥—武汉—重庆—成都客运专线。根据规划，"十一五"期间，湖北省境内完成新建和改扩建铁路项目14个，投资规模超过1000亿元，新建铁路里程1083复线公里，铺轨731公里，投产电气化铁路583公里。2005年以后，湖北铁路继续加速建设，武汉铁路局承担51个铁路建设项目，总投资3385亿元，新建武广客运专线、石武客运专线和合武铁路、宜万铁路、汉宜铁路、汉十高速铁路，以及武汉—黄石、武汉—孝感、武汉—咸宁、武汉—黄冈城际铁路。基本形成全省"四纵四横"路网结构和两大编组站、两大过江通道、三大客运站格局。2005年6月武汉—广州客运专线开工，是国内一次性建成线路最长、技术标准最高、投资规模最大的客运专线，2009年底建成投入运营。2009年4月合肥—武汉铁路建成，是湖北省内开通运营的第一条高速客运专线。2009年10月武汉—咸宁城际铁路开工建设，至2016年12月武汉—孝感城际铁路开通运营，武汉城市圈交通一体化基本完成，武汉城市圈进入同城时代。至2018年底，全局线路营业里程5263.8公里，线路总延展长12257.4公里，其中正线延展长9342.8公里。高速铁路营业里程1346.7公里，线路总延展长2745.0公里，其中正线延展长2583.4公里。

2.铁路运输装备实现现代化。以铁路机车车辆和行车指挥控制系统为代表的铁路技术装备得到空前发展。

(1)全面淘汰蒸汽机车，内燃、电力机车成为列车牵引主要动力。1985年以后，蒸汽机车逐步减少，内燃机车成为主动力。1987年日本产蒸汽机车全部退役，武汉局结束使用外国蒸汽机车历史。2001年京广铁路电气化全线开通，京广线等干线列车主要由电力机车牵引。至2018年底，全局配属机车992台，其中内燃机车237台、电力机车755台。

(2)全面更换旧型车辆，乘坐舒适的高级豪华车辆成为主型装备。新中国成立后，从国产21型、22型、23、24、25型"绿皮车"，到25A型、25G型空调列车"红皮车"、25K型快速客车"蓝皮车"，到25T型DC600V网上供电空调客车"乳白皮车"，再到动车组，车辆装备一代接着一代更新。至2018年末，武汉局配属普速客车2477辆。

(3)行车调度、信号等技术装备处于世界先进水平。新中国成立初期，铁路行车调度所获信息量少、可靠性差，处理和应变能力不足，影响铁路运输效率。新中国成立后，不断研制新技术，改善行车调度效率。2001年铁路运输调度管理信息系统TMIS在管内进入应用阶段，武汉铁路先后完成DMIS调监系统的安装调试并行试运行。此后，DMIS更名为TDCS，开始以TDCS为平台，以CTC调度集中为核心，构建铁路现代化调度指挥系统，实现行车调度指挥现代化。至2018年末，武汉铁路调度设有调度台52个，另外设有动车台、客服台、客运调度台、特运调度台、红外调度台、车辆调度台、集装箱调度台、快运计划台、快运货物台。新中国成立后，铁路信号经历从简单人工旗语、灯光信号，到简单机械联锁、电气集中，从半自动闭塞到自动闭塞，从简易驼峰到计算机控制的综合集成自动化驼峰等发展阶段。武汉动车段是全国动车组四大检修基地之一，承担华中、西南及华北部分地区客运专线动车组检修任务，年承担400列动车组检修，占全国铁路总量的40%。高速铁路技能训练段是全国唯一的专业培训高速铁路技术人员机构，2018年，培训国内外高速铁路技术人员35428人次。

3.客货运输能力全面增强。

(1)旅客运输。1949年，京汉、粤汉两条铁路在湖北省境内旅客发送量77.3万人。新中国成立后，随着国民经济恢复与发展，武汉铁路旅客发送量逐年快速增长。1952年旅客发送量333.9万人，随着武汉长江大桥通车，管内客运量持续大幅增长，1958年发送旅客765.4万人，1959年激增到1511.3万人，1961年上升到创纪录的2525.6万人。2007年4月18日全路实施第六次提速，普速线路列车运行速度全部达到每小时120公里，部分区段列车时速达到160公里，个别区段达到200公里。至2018年末，全年完成客运量18220万人、旅客周转量956.6亿人公里，完成客运收入217.2亿元。

(2)客运设施。全省客运站客运设施大都经历多次改建、重建、扩建。20世纪90年代以来，加快客运设施更新换代。2009年，合武客运专线和京广高铁武汉—广州段开通运营，标志高铁时代到来，后续建成的京广高铁和宜万、汉宜、武九铁路，以及城际沿线各站均按照高铁和客专标准建设，站房服务设施功能齐全，旅服系统、自动售检系统、视频监控系统、导向揭示系统、安全门等新技术、新装备大量运用。

(3)货物运输。新中国成立后，铁路打破产权界限，由铁道部统一调度指挥，运输能力得到充分释放，货运量一直与国家经济同步快速增长。1950年货物运量397万吨，到1957年货物运量1483万吨，8年间货物运量增长273.6%，年均增长34.2%。到1975年货物运量6281万吨。改革开放后，全国经济步入快速增长，铁路运量大幅增加，运输"瓶颈"逐步显现。1984年国务院决定全路开始实施"关小开大"政策，停办货物运输量较小车站，提高短途货物运输价格，使货物往大站集中、向公路分流。1985年货物运量12818万吨，10年增加6537万吨，年均增长10.4%。1995年管内货物运量23246万吨，10年增加10428万吨，年均增长8.1%。从1997年开始，全路连续5次大面积提速，管内京九、长荆线先后投入运营；2005年货运量29928万吨，10年货运量增加6682万吨，年均增长2.9%。2007年武大铁路完成双向电气化改造，京广铁路全面实施限制区段扩能改造，全路实施第6次大面积提速。2007年管内开始建立战略装车点和大客户直通运输，占全局货物运量60%以上。至2018年管内完成货物发送量7372.8万吨、货物周转量1145.3亿吨公里。

(4)货运设施。新中国成立后，铁路货运量大幅增长，1950年—1953年货运设施迎来建设第一个高峰，各车站或延长站台，或增加雨棚仓库，货运设施大幅改善。1958年—1962年管内货运设施开始第二个建设高峰。改革开放后，货运量快速增长，铁路货场设施和运输能力不能满足货运需求。专用线、装卸线、货场围墙、货物仓库、货场硬面化建设质量大幅提高，投入逐年加大，服务能力全面增强。2005年以后，随着物流运输方式的完善和大批沿线小车站停办货运业务，货物逐渐向大站集中，大站货运设施建设力度加大。2006年铁道部开始实施战略装车点建设，提高成组和直达列车开行比例。2007年武汉局投入2500万元对黄石东、襄樊站等8个大中型货场进行大规模更新改造。建成14个战略装车点，铁路专用线469条，铁路货场127个，铁路货场内配备有完备的汽车衡、各类装卸机械、计算机货运信息查询系统、电视监控系统和超、偏载监测装置等设备。

【民航建设与发展】

1.机场建设。新中国成立后，湖北民航运输使用的机场有武昌南湖机场、王家墩机场、恩施机场、宜昌土门垭机场和沙市机场5个简陋机场。20世纪80年代后期，改扩建和新建以下现代化机场。

(1)武汉天河国际机场。1990年12月16日，天河机场正式破土动工，1994年12月28日首航，1995年4月15日正式通航。至此，从武昌南湖机场转场武汉天河机场顺利完成。2008年3月4日，武汉天河机场新建14.98万平方米第二航站楼，航站楼通过竣工验收，配套建设3.8万平方米停车场、25万平方米站坪及2万平方米货运仓库。4月15日，第二航站楼正式启用。2010年5月9日，机场三期建设工程奠基暨国际航站楼建设工程开工，新建的东飞行区等级指标为4F。新建1条3600米长、60米宽的第二跑道，2条3600米长、25米宽的平行滑行道，4条垂直联络道；新建54个机位的停机坪、35万平方米第三航站楼、5500平方米航管楼；新建1.1万平方米国际货运站、14万平方米停车场；还建8000平方米机场过夜用房、24000平方米航空公司办公楼；配套建设灯光、通信、导航、供油、供电等辅助生产生活设施。2012年7月26日，武汉天河国际机场三期工程暨机场交通中心工程开工。机场交通中心以天河机场航空客流集散为主体，将航空、轨道交通、公路长途客运、城市公交、出租车、社会车辆等多种交通方式一体化、综合性交通换乘枢纽。2016年6月18日，武汉天河机场可满足全球最大客机起降的第二跑道正式启用，武汉进入中国"双跑道机场"队列。天河机场新建114.95米高度塔台同时启用。2017年8月31日，武汉天河机场所有国际、国内进出港航班全部转入T3航站楼运行。T1、T2航站楼关闭。2019年1月15日，民航局批准将武汉天河国际机场高峰小时容量，由原来每小时33架次提升至39架次。

(2)宜昌三峡机场。1994年9月，宜昌三峡机场正式开工，至1996年8月底建成。宜昌三峡机场按照国际民航4E级标准规划、4D级标准建设的民用机场，候机楼建筑面积13800平方米。2006年8月，海航集团重组宜昌三峡机场，出资4亿元收购三峡机场90%股权。2013年6月，宜昌机场站坪扩建工程通过行业验收，新建站坪30941平方米。2018年启动宜昌三峡机场改扩建工程，工程按照飞行区等级指标为4E，主要建设机场工程和空管工程。

(3)恩施许家坪机场。1989年5月6日，许家坪机场正式开工，1993年竣工。1999、2000年两次对候机厅进行改造，2004年又进行机场扩建工程。

(4)襄阳刘集机场。1987年7月1日，襄阳刘集机场一期工程开工，1989年12月14日正式通航。2008年3月20日，襄阳机场候机楼二期改造工程通过竣工验收。4月22日，湖北机场集团襄阳机场公司与湖北蔚蓝国际航空学校有限公司在武汉正式签署战略合作协议。襄阳机场成为湖北蔚蓝国际航空学校成立后培养飞行员的第一个训练基地，也是华中地区第一家飞行员训练基地。2018年4月19日，襄阳机场改扩建供油工程通过行业验收。

(5)十堰武当山机场。2013年12月24日，湖北十堰民用机场项目可行性研究报告获国家发展改革委批复，工程飞行区等级4C。2015年12月，十堰武当山机场校飞、试飞成功。2016年1月29日，民航中南地区管理局颁发十堰武当山机场使用许可证。十堰武当山机场可起降B737-800、A320型飞机，2016年2月5日通航。

(6)神农架红坪机场。2012年8月，湖北神农架林区机场正式开工，机场按4C标准设计。2013年9月29日，神农架机场航站区及竣工验收。新建3204平方米航站楼、930平方米航管综合楼(含塔台)等设施。2014年5月8日机场首航。

(7)沙市机场。1958年，中国民用航空沙市站成立，开通沙市—武汉航线。1962年，航站撤销，机场停航，场地被湖北省滑翔学校借用。1970年5月，中国民航第十五飞行大队奉命入驻沙市机场，开始24年的专业飞行。1985年8月20日，沙市人民政府与民航广州管理局签订协议，双方共同投资800万元扩建沙市机场。1985年11月6日正式动工，1987年底竣工。1992年9月25日二期扩建动工，1993年9月竣工，11月27日，沙市机场二期扩建工程验收合格，沙市机场达到4C级机场标准。1993年5月，民航第十五飞行大队停止专业飞行。1994年7月南航投资扩建沙市机场候机楼，1996年元月工程竣工，扩建后的候机楼面积达5135.76平方米。2002年5月7日，沙市机场历史上最后一个运输航班执行完毕后，机场暂停运输航空，只保留通用航空功能。

(8)湖北通用机场。20世纪60年代，湖北通用航空(专业飞行)主要是采取运五型飞机进行农林作业，中国民航专业飞行的民航第十五飞行大队，先后驻场武昌南湖机场和沙市机场。20世纪80年代后，湖北通用航空作业形式多样化，机型也新增许多。至2019年12月，湖北辖区运营的通用航空企业获民航管理部门颁发经营许可证25家，通用机场有武汉汉南通用机场、荆门机场、仙桃通用机场、厉山机场。

2.运输服务。

(1)旅客吞吐量。新中国成立后，首批2条民用航线经停武汉，1950年8月1日，天津—汉口—重庆航班开航。1953年—1957年，15条航线通航湖北的城市只有武汉和宜昌，1958年—1962年，开辟地方航线7条，由武汉通航沙市、宜昌、恩施和老河口等城市，1950年—1970年年均旅客运输量均不足1万人次。1971年武昌南湖机场开始自营部分省际航线，年客运量1.06万人次。1978年客运量达到6.51万人次。1992年8月18日，民航湖北省管理局体制改革，以中国民航第26飞行大队和民航湖北省管理局飞机维修厂为基础，组建中国南方航空公司湖北分公司；10月31日，武汉第一条正式国际航线北京—武汉—昆明—万象首航成功，当年旅客吞吐量达到102.32万人次。1997年11月28日，武汉天河机场与民航湖北省管理局实行局场分离，独立运行。2002年8月18日，武汉航空公司重组为中国东方航空武汉有限责任公司。2004年，湖北省内有武汉天河、宜昌三峡、恩施许家坪和襄樊刘集4个运输机场通航运行，旅客吞吐量477.8万人次。2005年5月16日，民航总局批准筹建东星航空有限公司，2006年5月19日首航，是中南地区第一家民营航空公司。2009年4月13日，中国民用航空局批复同意设立国航股份湖北分公司，至此，中国民航三大航空集团在湖北武汉设立基地分公司。至2018年底，湖北地区旅客吞吐量3110.51万人、安全起降24.74万架次、运送货物24.34万吨，比上年分别增长10.85%、7.1%、20.2%。其中，武汉天河机场运输旅客2450.04万人、安全起降18.67万架次、运送货物22.16万吨，比上年分别增长5.9%、19.8%、2.1%；三峡机场运输旅客294.87万人、安全起降2.48万架次、运送货物1.69万吨。

（2）货邮吞吐量。新中国成立后，1950年8月1日，广州经汉口到天津的航班“北京”号飞机在汉口载运邮件1部，天津经汉口到重庆的139号飞机在汉口载运货物200千克。1950年—1958年，民航湖北省管理局只营运少数过境航线，平均年货运量为186.3吨。1959年开辟和营运省内航线，承担省际部分短途客货加班任务，当年货运量1197吨。1979年在继续发展省际自营航线的同时，增加营运过境大型机航线，客货运量有较大幅度上升。1982年货运量1750吨，比1978年增长0.6倍。2004年湖北省天河等4个机场货邮运输吞吐量6.25万吨。2011年1月10日，湖北首家全货运航空公司——友和道通货运航空有限公司诞生。2018年湖北地区货邮吞吐量23.09万吨，其中天河机场22.16万吨、三峡机场1.69万吨、恩施机场0.17万吨、襄阳机场0.26万吨、十堰机场0.05万吨。

新中国成立70年湖北水运系统主要指标数据统计表

项　目	单　位	1974年	1978年	1980年	1985年	1990年	1995年	2000年	2005年
一、航道和设备									
1. 内河航道通航里程	公里	11694	11469.3	7899.0	7859.0	7907.0	7915.5	7255.9	8385.2
其中：等级航道	公里	–	–	–	–	–	–	4520.4	5842.8
2. 营业性民用运输船舶拥有量									
轮驳船：艘数	艘	4319	6924	6154	4618	4083	7202	5905	5362
净载重量	万吨位	23.3	28.4	34.9	67.3	77.2	106.4	93.9	285.7
载客量	万客位	2.52	2.68	2.71	2.62	2.59	3.66	3.90	3.70
3. 港口码头泊位	个	–	–	–	1130	1592	2153	1867	2085
4. 规模以上港口生产用码头泊位	个	–	–	–	–	–	–	–	1201
二、运输量和吞吐量									
1. 水路客、货运输量									
客运量	万人	817.9	1002.1	1217.0	1340.4	1674.7	1279.0	793.6	598.9
旅客周转量	万人公里	19912.0	21012.0	25104.0	21266.0	30985.0	34512.0	25414.0	42285.0
货运量	万吨	1973.6	2452.8	2259.0	2187.4	2043.3	3843.3	3034.3	7943.3
货物周转量	亿吨公里	19.2	26.0	34.8	80.3	87.1	129.5	130.7	443.2
2. 港口货物吞吐量	万吨	–	3848.90	–	2861.50	4352.23	4528.20	4113.46	13992.75
3. 规模以上港口货物吞吐量	万吨	–	–	–	–	–	–	–	10271

项　目	单　位	2010年	2011年	2012年	2013年	2014年	2015年	2016年	2017年
一、航道和设备									
1. 内河航道通航里程	公里	8464.6	8464.6	8475.3	8475.3	8638.0	8638.0	8638.0	8638.0
其中：等级航道	公里	5949.6	5949.6	5960.3	5960.3	6137.3	6137.3	6137.3	6137.3
2. 营业性民用运输船舶拥有量									
轮驳船：艘数	艘	5502	5505	4895	4794	4744	4357	4010	3595
净载重量	万吨位	680.5	809.0	834.0	761.0	763.0	771.0	755.8	737.9
载客量	万客位	3.68	3.87	3.80	4.16	4.56	4.26	4.50	3.77
3. 港口码头泊位	个	1938	1954	1949	2067	2021	2031	1904	1281
4. 规模以上港口生产用码头泊位	个	1034	1050	1050	1085	1091	1101	998	571
二、运输量和吞吐量									
1. 水路客、货运输量									
客运量	万人	382.0	367.5	444.9	441.5	548.2	574.4	572.2	624.5
旅客周转量	万人公里	27869.0	26038.0	29882.0	32366.0	29259.0	33214.0	33504.0	40591.0
货运量	万吨	16152.8	17741.4	19926.9	24408.6	29794.2	33968.0	35715.0	36143.0
货物周转量	亿吨公里	1145.6	1579.5	1957.2	1791.3	2316.2	2530.9	2680.3	2788.8
2. 港口货物吞吐量	万吨	18782.89	21662.91	23518.32	26220.00	28969.00	32949.51	35191.00	36903.00
3. 规模以上港口货物吞吐量	万吨	13748	16166	16860	18096	20352	22935	24398	25797

新中国成立70年湖北公路系统主要指标数据统计表

项　目	单 位	1961年	1965年	1970年	1975年	1978年	1980年	1985年	1990年	1995年
1.线路及设备										
（1）公路线路里程	公里	14925	18714	25247	35440	45508	44585	45186	47511	48728
其中：高速公路	公里	–	–	–	–	–	–	–	–	–
国道	公里	–	–	–	–	–	–	–	–	–
其中：国家高速	公里	–	–	–	–	–	–	–	–	–
省道	公里	–	–	–	–	–	–	–	–	–
县道	公里	–	–	–	–	–	–	–	–	–
乡道	公里	–	–	–	–	–	–	–	–	–
专用公路	公里	–	–	–	–	–	–	–	–	–
村道	公里	–	–	–	–	–	–	–	–	–
有铺装路面	公里	0	0	0	0	0	0	122	2133	5914
其中：沥青混凝土	公里	–	–	–	–	–	–	–	1291	2761
水泥混凝土	公里	–	–	–	–	–	–	122	842	3153
简易铺装路面	公里	2	38	553	4077	7710	8367	9274	9587	10295
未铺装路面	公里	14923	18676	24694	31363	37798	36218	35790	35791	32519
（2）公路桥梁	座	3251	4675	5789	3923	5100	5272	5797	6342	7287
	米	43458	60817	103621	121948	155337	163670	188465	215950	265935
（3）公路隧道	处	–	–	–	–	–	–	13	14	22
	米	–	–	–	–	–	–	2566	2554	4038
（4）公路渡口	处	52	62	50	44	48	44	47	75	91
其中：机动渡口	处	2	4	17	23	24	26	31	61	77
2. 公路总投资	亿元	–	–	–	–	–	–	–	–	–

项　目	单 位	2000年	2005年	2010年	2013年	2014年	2015年	2016年	2017年	2018年
1.线路及设备										
（1）公路线路里程	公里	57850	91131	206212	226912	236933	252980	260179	269484	275039
其中：高速公路	公里	568	1649	3674	4333	5096	6204	6204	6252	6367
国道	公里	4252	4477	6358	6725	6691	6916	14078	14109	14130
其中：国家高速	公里	490	824	2751	3110	3110	3330	4792	4831	4851
省道	公里	9100	11447	11303	11568	12340	13221	19269	19363	19495
县道	公里	12631	16023	20026	20166	20166	20159	10506	10514	27421
乡道	公里	30911	57606	58603	63811	63865	63872	61334	61341	83884
专用公路	公里	956	1578	810	793	785	785	743	743	611
村道	公里	–	–	109112	123849	133085	148026	154248	163415	129498
有铺装路面	公里	10211	17142	131993	169319	184397	204468	214454	226275	234648
其中：沥青混凝土	公里	4295	4753	12394	15629	18011	23641	24299	25760	27204
水泥混凝土	公里	5916	12390	119599	153690	166387	180827	190155	200516	207444
简易铺装路面	公里	12813	51575	23838	19903	17864	15486	15334	14525	13378
未铺装路面	公里	34826	22413	50380	37690	34671	33026	30391	28684	27013
（2）公路桥梁	座	8222	10647	31972	36071	37589	40279	40668	41288	41338
	米	324124	550751	1509739	1872913	2191714	2657899	2678588	2732911	2820900
（3）公路隧道	处	42	86	413	625	781	979	983	1017	1022
	米	23863	46199	321435	556161	727595	962537	963587	991639	1005685
（4）公路渡口	处	75	66	173	166	165	162	157	152	142
其中：机动渡口	处	64	47	140	135	134	132	127	122	112
2. 公路总投资	亿元	354.58	929.37	1940.21	355.96	460.59	554.42	428.60	452.56	540.86

新中国成立70年湖北道路运输系统主要指标数据统计表（一）

指　标	单　位	1990年	1995年	2000年	2005年	2007年	2008年	2009年	2010年
一、道路运输从业人员	人	146573	155130	–	515407	573382	606176	635754	736742
道路旅客运输经营从业人员	人	–	–	–	139481	137821	135188	119435	126500
道路货物运输经营从业人员	人	–	–	–	256681	319768	352412	397675	486821
站（场）经营从业人员	人	–	–	–	–	23938	21863	21072	25356
二、道路客、货运站	个	–	–	–	503	678	661	855	938
1.客运站	个	25	–	–	451	624	607	794	928
一级站	个	1	–	–	18	18	18	19	21
二级站	个	11	–	–	90	85	85	87	96
三级站	个	–	–	–	65	64	64	64	63
四级站	个	–	–	–	179	155	155	156	143
五级站	个	–	–	–	49	200	200	468	605
2.货运站	个	–	23	–	52	54	54	61	60
一级站	个	–	–	–	5	7	7	9	10
二级站	个	–	–	–	31	31	31	36	33
三级站	个	–	–	–	16	16	16	16	17
四级站	个	–	–	–	0	0	0	0	0
三、机动车维修业及汽车综合性能检测站									
1.机动车维修业业户	户	3595	7009	6577	8067	9000	9429	10109	10594
其中：汽车维修	户	–	–	–	6621	7848	7699	8392	9078
一类汽车维修	户	481	770	606	498	484	513	556	589
二类汽车维修	户	1300	2089	1265	1274	1401	1501	1558	1664
三类汽车维修	户	1814	4150	–	4849	5963	5685	6278	6825
2.汽车综合性能检测站	个	6	53	60	61	62	62	68	74
四、机动车驾驶员培训									
1.机动车驾驶员培训业户	户	20	–	104	242	300	328	339	358
其中：普通机动车驾驶员培训	户	–	–	–	–	294	326	325	348
道路运输驾驶员从业资格培训	户	–	–	–	–	–	–	55	57
2.教练员	人	–	–	–	4404	6342	7680	7959	1007
其中：理论教练员	人	–	–	–	–	394	501	577	600
驾驶操作教练员	人	–	–	–	–	5766	6679	7115	9256
3.培训人次	人次	–	–	–	–	333766	383028	464578	573994
五、汽车租赁									
1.汽车租赁业户	户	–	–	–	148	22	36	–	59
2.汽车租赁从业人员	人	–	–	–	–	–	–	–	197
3.租赁车辆数量	辆	–	–	–	–	–	–	–	399
客车	辆	–	–	–	–	–	–	–	393
货车	辆	–	–	–	–	–	–	–	6
六、道路客运班线									
1.客运班线	条	–	6217	6962	13345	7086	7458	9519	8797
其中：高速公路	条	–	–	–	–	1262	1191	1748	1077
2.客运班线平均日发班次	班次/日	–	22787	43523	53887	68434	67748	71802	77361
其中：高速公路	班次/日	–	–	–	–	6050	10202	9063	5664
七、农村道路客运									
1.客车通达情况									
乡镇	个	–	–	–	–	947	947	942	942
其中：通客运班车的乡镇	个	–	–	–	–	947	947	942	942
建制村	个	–	–	–	–	26235	26235	26101	26101
其中：通客运班车的建制村	个	–	–	–	18420	21311	23104	24274	24904
2.农村客运站	个	–	–	–	2979	11642	18402	22490	27858
其中：等级客运站	个	–	–	–	447	–	–	514	501
3.农村客运线路	条	–	–	–	2650	3140	3466	4115	4724
平均日发班次	班次/日	–	–	–	–	36141	34298	40200	54414
4.农村旅客运输量									
客运量	万人	–	–	–	–	19484	–	25724	34086
旅客周转量	亿人公里	–	–	–	–	75.54	–	115.76	119.96

新中国成立70年湖北道路运输系统主要指标数据统计表（二）

指　标	单　位	2011年	2012年	2013年	2014年	2015年	2016年	2017年	2018年
一、道路运输从业人员	人	854621	9006676	966860	979820	1065468	1111169	1112503	1099718
道路旅客运输经营从业人员	人	151321	156672	156988	158573	237675	226732	221590	153572
道路货物运输经营从业人员	人	585490	631638	686570	699566	699374	755426	762505	818116
站（场）经营从业人员	人	24563	24395	20401	16871	16865	15453	14714	13453
二、道路客、货运站	个	1044	1028	864	855	848	826	865	–
1.客运站	个	981	965	837	828	812	790	832	832
一级站	个	22	20	26	28	29	27	27	27
二级站	个	104	78	89	84	80	89	87	88
三级站	个	64	47	49	50	50	58	52	51
四级站	个	143	126	136	93	134	110	119	119
五级站	个	648	694	537	573	515	506	547	547
2.货运站	个	63	63	27	27	36	36	33	30
一级站	个	10	10	3	3	4	4	3	3
二级站	个	36	36	18	18	24	24	22	19
三级站	个	17	17	4	4	7	7	7	7
四级站	个	0	0	2	2	1	1	1	1
三、机动车维修业及汽车综合性能检测站									
1.机动车维修业业户	户	11125	11810	12321	13640	12932	13479	13179	13173
其中：汽车维修	户	9203	10069	10283	11538	11012	12456	12158	12302
一类汽车维修	户	656	708	752	888	868	929	974	979
二类汽车维修	户	1705	1776	1868	2226	2192	2564	2595	2753
三类汽车维修	户	6842	7585	7663	8424	7952	8963	8589	8570
2.汽车综合性能检测站	个	79	79	78	79	81	84	95	123
四、机动车驾驶员培训									
1.机动车驾驶员培训业户	户	369	399	443	494	580	656	710	738
其中：普通机动车驾驶员培训	户	359	387	435	483	570	644	694	724
道路运输驾驶员从业资格培训	户	58	59	60	64	68	65	65	59
2.教练员	人	11726	14428	17183	22101	27807	30559	31244	29939
其中：理论教练员	人	715	844	1012	1276	1444	1754	1739	1713
驾驶操作教练员	人	10571	13163	15780	20566	26089	28561	28650	28296
3.培训人次	人次	795158	872106	835203	1066455	982685	1468210	1468210	1211149
五、汽车租赁									
1.汽车租赁业户	户	66	81	115	120	174	176	192	281
2.汽车租赁从业人员	人	263	287	560	718	1514	1637	1295	–
3.租赁车辆数量	辆	501	585	790	954	1676	1716	1599	1499
客车	辆	501	585	790	953	1676	1716	1599	1499
货车	辆	0	0	0	1	0	0	0	–
六、道路客运班线									
1.客运班线	条	9272	9388	10396	10118	11274	11722	8192	11111
其中：高速公路	条	1227	1261	1296	1352	1665	1703	738	1825
2.客运班线平均日发班次	班次/日	80727	79301	76326.8	78159	82203	80501	76095	72718
其中：高速公路	班次/日	6141	5956	4816	4915	4727	4701	4283	4086
七、农村道路客运									
1.客车通达情况									
乡镇	个	942	1333	1333	1333	1136	1219	1235	1333
其中：通客运班车的乡镇	个	942	1333	1333	1333	1136	1219	1235	1333
建制村	个	26101	28098	28098	26628	26272	27172	27357	28098
其中：通客运班车的建制村	个	24904	26876	19095	18841	25744	22254	22447	28098
2.农村客运站	个	29855	30328	24032	25150	26975	27668	27809	27785
其中：等级客运站	个	658	727	536	556	598	592	628	642
3.农村客运线路	条	5225	4976	5511	6063	6705	7026	7325	6846
平均日发班次	班次/日	54300	57094	55907	58833	62711	62549	60545	55986
4.农村旅客运输量									
客运量	万人	34182	39065	69188	40667	40702	40104	39261	33481
旅客周转量	亿人公里	124.22	140.98	178.83	153.40	157.90	150.85	145.88	109.81

（湖北省交通运输厅　供稿）

湖南省

【概　述】1949年初，湖南交通运输基础设施十分落后。全省仅有单线铁路950公里；主干道、石路面和“晴通雨不通”的土路面一共不足4000公里，且大部分农村不通公路；水运资源丰富但航道基本处于天然状态，通航条件差；交通装备落后，现代交通工具稀有，畜力车、木帆船大量使用；民用航空更是空白。新中国成立后，湖南交通快速发展，交通客货运量持续上升。特别是改革开放以来，湖南交通运输事业进入快速发展阶段，通过积极推进交通运输领域的改革开放，在交通基础设施建设、交通企业改革发展、交通管理及法制建设、交通科技等方面取得巨大成就。经过70年的发展，全省高铁、普铁、地铁、城轨、磁浮高度衔接融合，高速公路、等级公路、农村公路成网成条，水运航道、港口标准化建设持续加强，机场网络已经形成。城乡运输服务协调发展，运输市场总体平稳，服务体系逐步完善，基本形成统一开放、公平竞争、协调发展的交通运输市场，构建成以“一湖四水”为主通道，以高速公路、铁路干线为主骨架，以长沙黄花机场为中西部地区重要航空枢纽的立体交通格局。至2018年底，湖南省公路总里程达24万公里，是新中国成立初期3124公里的76倍；全省铁路营业里程5021.02公里，是1949年的5.3倍；全省内河航道通航里程达1.2万公里，居全国第3；民航开通航线360条；快递业邮路总长度达到11.45万公里。

【公路建设与发展】

1.公路设施。一是公路总里程和通达度跃居全国前列，服务经济社会发展能力持续增强。1949年底，湖南省公路里程为3124公里，公路密度仅为1.98公里/百平方公里，公路标准低、质量差，实际上勉强可以通车的公路仅有1305公里。公路桥梁1561座/19778延米，其中半永久性及临时性桥梁占比达82%以上。1994年，湖南省第一条高速公路——长永高速公路建成通车。至2018年底，全省公路通车总里程达到239612公里，是1949年的76倍，公路网密度达116.53公里/百平方公里；普通国省干线里程达到3.1万公里；全省高速公路建成通车79段，出省通道25个，总里程6724.57公里，相当于1994年的153倍，122个县市区中121个实现30分钟上下高速公路的目标；二级及以上公路里程超2.3万公里。全省共有公路桥梁47293座/2451366延米，其中特大桥161座/322605延米；共有隧道835处/722380延米，其中特长隧道22处/9247延米。

二是路况水平实现“弯道超车”，不断满足人民群众“畅安舒美”的出行需求。1949年底，湖南省绝大部分公路为泥石路面，路面技术状况差，通行条件恶劣。2015年末的“十二五”国检湖南省路况（PQI指数）综合排名全国第12位，交通运输部“国检”组给予“发展成就可贺、创新经验可鉴、满意服务可赞、发展强劲可贵”“路网更加优化、路况更加舒适、管理更加规范、服务更加温馨、安全更加保障”“全面唱响‘畅行潇湘路、快乐走湖南’品牌”的高度评价。2016年度湖南普通干线公路“国检”排名在“十二五”大幅进步的基础上，进入全国前10名。至2018年底，湖南省等级公路里程223219公里，占公路总里程的93.16%，实现等级公路“从无到有，从有到优”的本质飞跃，全省干线公路优良路率达88.67%，连续6年保持在85%以上，路面平均PQI值达88.84，通行条件和通行品质不断改善，极大地满足人民群众“畅安舒美”的出行需求。

三是“四好农村路”建设成效显著。1949年底，湖南省大部分地区特别是广大农村尤其是湘西南偏远山区没有公路，主要靠人力、畜力运输，交通状况极为原始落后。至2018年底，全省农村公路（含县、乡、村道）里程达20.21万公里，比1978年增加15.30万公里，是1978年的4.1倍。路面PQI值中等以上比例达85.9%，绿化率达84.6%。建制村通畅率达99.97%，通客班车率达99.70%。基本实现乡乡通公路，村村通水泥路。长沙县、临湘市、芷江县获评全国“四好农村路”示范县，望城区、醴陵市等7个县市区被评为省级示范县。相关经验在全国公路养护管理培训班上推介，建设成效获交通运输部“四好农村路”交通扶贫督导组通报表彰。

四是交通科技成果显著。新中国成立以来，湖南公路建设技术取得长足的进步，涌现结构信息模型技术（BIM）推广运用、隧道喷射混凝土洞外自动计量拌和技术、桥梁预应力智能张拉、智能压浆技术、高强度混凝土技术、沥青混凝土就地再生技术等多项四新成果。319国道益阳资江大桥建设过程中，先后解决超厚砂卵石层钻孔桩坍塌控制、凤凰展翅索塔外观控制、超长竖向预应力施工控制等10项重大技术难题，多项成果填补异形索塔斜拉桥施工关键技术的空白，为中国正在修建的其他大跨度斜拉桥提供理论依据和实用技术；矮寨大桥的建设，创造跨峡谷长度、轨索滑移法、塔梁分离、岩锚吊索结构等方面的“四个世界第一”。公路桥隧建设的长足进步，不仅展现湖南省公路科技迅猛发展的成果，更提升公路基础设施的通达覆盖能力。

70年来，湖南省形成以“六纵六横”高速公路为骨架，国省道为干线，县乡道为脉络，层次清晰、功能完备的公路网络，实现100%的县市区通二级以上公路，100%的乡镇和具备条件的建制村通硬化路。

2.公路客运。1950年，成立新的全民所有制运输企业——湖南省公路运输公司。1965年，省营汽车运输企业拥有客货车1892辆，完成客运量2312万人，货运量524万吨。1978年以后，农村短途旅客流量剧增，各地市县纷纷开办汽车客运，打破汽车客运由省统一经营的局面。1980年，湖南省社会客车有11405辆，其中公路运输部门拥有客车2387辆、座位99362个，开通客运班车的乡镇2657个，占全省乡镇总数的80%。1981年，省人民政府办公厅发文通知"各地、州、市、县客运业务由省汽运公司统一经营"。省交通厅作价接收市、县、公社营运客车，客运改由湘运一家经营。1984年，交通部在《关于贯彻党中央和国务院领导同志批示精神搞好交通运输改革的通知》中明确提出："要实行多家经营、鼓励竞争、鼓励各部门、各行业、各地区一起干，国营、集体、个人以及各种运输工具一起上"。随着运输市场开放，打破客运由交通运输部门独家经营的局面，一个多家经营、相互竞争的道路客运新格局开始形成。为缓和短途客运竞争的矛盾，专业汽运公司主动让出境内短途客运线路，增加跨省、跨区长途线路班线。20世纪90年代以后，随着道路条件的改善和车辆技术状况的提高，高档豪华客车及卧铺车被普遍使用。1993年起，各交通企业纷纷在内部推行单车承包、租赁经营、化整为零等方式，参与货运市场竞争。2018年，全省完成公路客运量、货运量分别为9.10亿人、20.44亿吨；城市公交、出租车、轨道交通客运量分别为29.01亿人次、15.50亿人次、2.50亿人次。全省汽车客运站(含招呼站)25078个，是新中国成立初期86个的292倍，其中等级站1141个；汽车货运站53个；营运汽车35.3万辆。乡镇和行政村客运班车通达率分别达到100%和99.70%；公共汽车运营车辆29476辆，出租汽车运营车辆35475辆，公共汽车运营线路总长度35332.8公里，14个市州实现交通一卡通互联互通，141个二级以上客运站实现100%联网售票。

【水运建设与发展】 新中国成立初期，湖南省水上交通大多为木质帆船，共有轮驳船75艘，水运基础设施简陋落后，航道仍然处于自然状态，无航道等级划分，通航河流上无一座100吨级及以上通航船闸，码头基本为坡岸稍加平整形成，大部分港口没有装卸机械，基本都是靠肩挑负。1950年湖南省完成水路货运量11.88万吨，水路货物周转量3648万吨公里，水路客运量10.8万人。"七五"期以后，湖南航道建设明显加快，相继对湘江、沅水及洞庭湖区等主要航道进行系统治理，航道通航条件显著改善。2018年，湖南省内河航道通航里程11968公里(含长江干流161公里)，占全国内河航道总里程的9.42%；等级航道4216公里，占总里程35.3%；千吨级及以上航道里程1111公里(其中2000吨航道近600公里)，占通航里程9.28%。湘江、沅水成为国家内河高等级航道网中的两线。全省共建成高等级通航船闸18座，其中2000吨级船闸3座、1000吨级船闸4座、500吨级船闸11座。全省共有港口63个，拥有生产用港口泊位1107个，千吨级以上泊位107个，完成港口货物吞吐量2.43亿吨，集装箱吞吐量达67.65万标箱，岳阳港、长沙港发展为全国内河主要港口，岳阳港成为亿吨大港，吞吐量达1.1亿吨，集装箱吞吐量突破50万标箱。全省共有轮驳船5131艘，为1950年的68倍，净载重量达430万吨；全年完成水路货运量达2.11亿吨、为1950年的1775倍，货物周转量达459亿吨公里、为1950年的1258倍，客运量达1463.7万人、为1950年的136倍。

【铁路建设与发展】 至2018年底，已建成京广、沪昆、洛湛、焦柳、湘桂、渝怀等国家干线铁路，全省铁路营业里程5021.02公里，是1949年的5.3倍。其中高铁营运里程达到1730公里，京广和沪昆高铁在长沙十字交叉，蒙华、渝长厦、张吉怀等高铁加快建设。建成全国第一条中低速磁浮轨道线。铁路复线率、电气化率分别达到65.8%、78.1%。长株潭城际铁路总里程达到103.76公里，覆盖长沙、株洲、湘潭，大幅提升城际资源要素流动的效益和水平，带动"长株潭"1小时经济生活圈共享共建共同发展。

【民航建设与发展】 改革开放前，湖南民航事业缓慢发展，直到1978年，湖南使用中的民用运输机场仅2个，航线仅18条。改革开放以后，民航加快建设，从1989年长沙黄花机场建成通航以来，已运营长沙、张家界、常德、怀化、永州、衡阳、武冈、岳阳共8个干支线机场，湘西机场、郴州机场正在加快建设，启动长沙机场改扩建、新建娄底机场、永州机场迁建等项目前期工作。至2018年底，随着岳阳三荷机场通航，全省形成了以长沙黄花机场为中心，张家界、衡阳、常德、永州、怀化、邵阳、岳阳机场相互配合的机场体系，定期航班通航机场达到8个，定期航班航线达到360条。全省共有长沙、张家界2个国际航空港，国际航线50条，比2008年增加43条；国外通航国家达17个，比2008年增加12个。2018年全省旅客吞吐总量达3024万人次，其中，长沙机场旅客吞吐量达2527万人次。

【邮政业发展】 1949年末，全省仅有邮政局所1534处，其中自办局所176处，邮路总长度3.69万公里，设施有限且集中在城市，农村用邮十分困难。新中国成立后，作为基础服务业的邮政行业取得了长足发展，经营规模快速扩大。改革开放初期，邮政运力主要依靠铁路客运加挂邮政车厢和汽车货运，寄递效能较低。1978年全省邮电业务总量0.46亿元。改革开放后，全省在邮政行业基础设施上持续加大投入。2018年，邮政业务总量达到248.24亿元，实现邮政业务收入163.52亿元。至2018年底，全省拥有邮电局所2673处，邮路总长度达到11.45万公里，分别是1949年的1.7倍和3.1倍。形成航空、铁路、公路多种运输方式相结合，连接城乡、覆盖全国、通达全球的现代邮政网络。

新中国成立70年湖南公路系统主要指标数据统计表

项　目	单　位	1978年	1980年	1985年	1990年	1995年	2000年	2005年	2010年
1.线路及设备									
（1）公路线路里程	公里	59541	54897	56002	57460	59125	60848	88200	227998
其中：高速公路	公里	0	0	0	0	44	449	1403	2386
国道	公里	4117	4117	4117	4051	4036	4590	5002	6072
其中：国家高速	公里	0	0	0	0	0	449	988	2069
省道	公里	6312	6304	6029	6021	6068	6134	8950	8867
县道	公里	16275	16118	16931	21462	22350	23462	26274	55843
乡道	公里	28644	27047	27743	24797	25544	25535	46687	55741
专用公路	公里	4193	1311	1182	1129	1127	1127	1287	749
村道	公里	–	–	–	–	–	–	–	100725
有铺装路面	公里	–	–	–	244	1940	5061	19228	131036
其中：沥青混凝土	公里	–	–	–	0	122	155	3375	6548
水泥混凝土	公里	0	0	0	244	1818	4906	15853	124488
简易铺装路面	公里	–	–	–	8919	11197	13288	11997	7057
未铺装路面	公里	–	–	–	48297	45988	42499	56975	89905
（2）公路桥梁	座	9870	8192	8525	8891	9515	10265	13449	32225
	米	205965	205244	216525	231567	264739	318180	488321	1051125
（3）公路隧道	处	–	–	–	–	36	48	73	275
	米	–	–	–	–	4042	13563	22332	136264
（4）公路渡口	处	112	113	111	108	93	83	76	800
其中：机动渡口	处	65	66	78	86	77	69	67	375
2. 公路建设投资									
（1）公路总投资	亿元	0.22	0.29	0.83	3.49	23	86.45	170.07	858.9
内：线路及桥梁	亿元	0.05	0.04	0.34	2.04	20.11	84.09	163.71	842.7
（2）新增生产能力									
新建公路里程	公里	362	254	177	463	689	1668	1792	1346
改建公路里程	公里	144	133	108	382	988	1422	5976	23059

项　目	单　位	2011年	2012年	2013年	2014年	2015年	2016年	2017年	2018年
1.线路及设备									
（1）公路线路里程	公里	232190	234051	235396	236250	236886	238273	239724	240060
其中：高速公路	公里	2649	3968	5084	5493	5653	6080	6419	6725
国道	公里	6068	6668	7098	7242	7267	13509	13589	13690
其中：国家高速	公里	2069	2678	3122	3276	3310	4714	4780	4906
省道	公里	36574	37336	38045	38345	38523	23757	24037	24220
县道	公里	30705	31040	31106	31372	31542	41470	36113	36014
乡道	公里	54543	54537	54546	54566	54600	54422	56610	56852
专用公路	公里	1534	1535	1535	1534	1534	1534	1008	1025
村道	公里	102766	102935	103066	103191	103420	103502	100360	100250
有铺装路面	公里	142795	150414	157693	167759	173227	175983	214926	217055
其中：沥青混凝土	公里	7454	9672	11914	13516	15308	17774	20159	21990
水泥混凝土	公里	135341	140742	145779	154243	157919	158209	194767	195065
简易铺装路面	公里	5970	5329	4751	4096	3600	2955	1425	1425
未铺装路面	公里	83424	78308	72952	64396	60059	59336	23373	21579
（2）公路桥梁	座	34215	36099	37182	37350	37716	38117	46857	47293
	米	1150251	1482184	1843269	1909514	1991909	2111393	2325687	2451366
（3）公路隧道	处	280	475	656	610	654	735	759	835
	米	139551	319340	489995	491941	530200	612760	636828	722380
（4）公路渡口	处	353	380	381	316	299	293	131	133
其中：机动渡口	处	112	132	132	114	108	104	71	74
2. 公路建设投资									
（1）公路总投资	亿元	903.07	782.12	689.71	670.33	646.97	713.75	765.13	625.69
内：线路及桥梁	亿元	890.67	769.85	671.12	646.08	617.2	668.18	715.81	572.32
（2）新增生产能力									
新建公路里程	公里	364	1511	1544	690	538	896	708	10307
改建公路里程	公里	12545	3577	2501	3410	6151	11835	14146	27782

新中国成立70年湖南道路运输系统主要指标数据统计表（一）

指　标	单　位	1990年	1995年	2000年	2005年	2007年	2008年	2009年	2010年
一、道路运输从业人员	人	288735	534136	558939	604820	605369	653969	714345	757071
道路旅客运输经营从业人员	人	24439	66733	153444	143461	117177	110891	110497	112554
道路货物运输经营从业人员	人	210020	315437	270660	339819	360373	410843	463841	498493
站（场）经营从业人员	人	–	–	24521	26564	22993	23873	24014	24830
二、道路客、货运站	个	166	163	263	357	1132	1359	1649	1570
1.客运站	个	138	132	241	334	1096	1320	1607	1535
一级站	个	24	36	17	28	30	34	37	38
二级站	个	42	100	117	118	123	125	126	125
三级站	个	–	53	47	49	71	64	74	80
四级站	个	–	–	60	44	120	153	147	159
五级站	个	–	–	–	–	339	417	506	535
2.货运站	个	28	31	22	23	36	39	42	35
一级站	个	–	–	–	–	3	2	2	2
二级站	个	–	–	2	2	3	3	2	6
三级站	个	–	–	7	1	7	8	8	7
四级站	个	–	–	–	2	23	26	30	20
三、机动车维修业及汽车综合性能检测站									
1.机动车维修业业户	户	7921	11796	13658	12015	12006	13129	14086	14524
其中：汽车维修	户	7066	9851	10575	9188	9571	10605	11217	11369
一类汽车维修	户	387	826	490	487	513	538	592	638
二类汽车维修	户	2543	3450	2326	2472	2230	2270	2279	2498
三类汽车维修	户	4136	5575	7759	6229	6828	7797	8346	8233
2.汽车综合性能检测站	个	–	–	44	59	64	72	74	77
四、机动车驾驶员培训									
1.机动车驾驶员培训业户	户	–	–	24	267	346	376	424	483
其中：普通机动车驾驶员培训	户	–	–	–	–	346	376	422	475
道路运输驾驶员从业资格培训	户	–	–	–	–	114	136	156	149
2.教练员	人	–	–	–	–	7822	8766	11022	12969
其中：理论教练员	人	–	–	109	–	793	909	952	956
驾驶操作教练员	人	–	–	467	–	6775	7586	9814	11281
3.培训人次	人次	–	–	10459	–	407731	456989	579960	698193
五、汽车租赁									
1.汽车租赁业户	户	–	–	–	12	22	11	8	5
2.汽车租赁从业人员	人	–	–	–	–	–	–	–	502
3.租赁车辆数量	辆	–	–	–	–	–	–	–	250
客车	辆	–	–	–	–	–	–	–	250
货车	辆	–	–	–	–	–	–	–	–
六、道路客运班线									
1.客运班线	条	6187	9314	7168	9637	10460	10446	10571	11474
其中：高速公路	条	–	–	–	–	210	351	562	1336
2.客运班线平均日发班次	班次/日	31631	51517	60396	84747	95186	98029	101149	100165
其中：高速公路	班次/日	–	–	–	–	442	646	814	1730.5
七、农村道路客运									
1.客车通达情况									
乡镇	个	–	–	2387	2277	2258	2275	2279	2284
其中：通客运班车的乡镇	个	–	–	2337	2265	2249	2265	2276	2284
建制村	个	–	–	44170	46150	45924	45489	45353	45710
其中：通客运班车的建制村	个	–	–	32891	37416	38555	38609	38508	39300
2.农村客运站	个	–	–	–	–	502	1074	1103	1041
其中：等级客运站	个	–	–	–	–	–	–	–	–
3.农村客运线路	条	–	–	–	–	3878	4117	4362	4935
平均日发班次	班次/日	–	–	–	–	52458	59838	61993	64801
4.农村旅客运输量									
客运量	万人	–	–	–	–	35947	39513	40831	40511
旅客周转量	亿人公里	–	–	–	–	98.91	104.98	108.53	109.58

新中国成立70年湖南道路运输系统主要指标数据统计表（二）

指 标	单 位	2011年	2012年	2013年	2014年	2015年	2016年	2017年	2018年
一、道路运输从业人员	人	785209	825476	852327	865186	851038	823505	778935	776345
道路旅客运输经营从业人员	人	116854	123492	125169	127027	126797	121135	109875	107244
道路货物运输经营从业人员	人	515168	541059	554561	553319	534503	507447	472099	477554
站（场）经营从业人员	人	24936	24509	24846	26313	26527	26300	26121	25098
二、道路客、货运站	个	1877	4588	9954	15656	20805	24595	23084	25131
1.客运站	个	1846	4565	9931	15611	20760	24548	23046	25078
一级站	个	39	42	44	49	53	53	51	52
二级站	个	113	112	116	115	112	110	104	95
三级站	个	88	96	100	104	107	117	114	128
四级站	个	160	141	145	158	165	163	155	156
五级站	个	611	737	806	910	1020	1013	707	710
2.货运站	个	31	23	23	45	45	47	38	53
一级站	个	2	–	–	2	2	2	6	10
二级站	个	5	5	4	4	4	3	6	9
三级站	个	8	7	6	7	8	9	5	4
四级站	个	16	11	13	32	31	33	21	30
三、机动车维修业及汽车综合性能检测站									
1.机动车维修业业户	户	14846	15151	14721	15007	14619	14429	14293	11660
其中：汽车维修	户	12036	12190	12473	12934	12790	12719	12540	10244
一类汽车维修	户	768	865	955	1031	1035	1108	1144	1124
二类汽车维修	户	2617	2802	2897	3063	3117	3156	3397	2955
三类汽车维修	户	8651	8523	8621	8840	8638	8455	7999	6165
2.汽车综合性能检测站	个	82	88	96	102	112	128	180	247
四、机动车驾驶员培训									
1.机动车驾驶员培训业户	户	555	655	726	780	870	947	996	1041
其中：普通机动车驾驶员培训	户	534	649	720	773	867	945	987	1041
道路运输驾驶员从业资格培训	户	150	153	154	135	76	72	68	67
2.教练员	人	14798	19026	23112	29896	34814	38945	40423	41259
其中：理论教练员	人	1142	1374	1694	1838	2237	2457	2449	2452
驾驶操作教练员	人	13040	17069	20489	26935	31348	35445	36714	38044
3.培训人次	人次	728579	1005255	959584	1267127	1390026	1168804	1275072	1263463
五、汽车租赁									
1.汽车租赁业户	户	5	5	5	5	5	5	5	5
2.汽车租赁从业人员	人	502	502	502	502	502	502	502	502
3.租赁车辆数量	辆	250	250	250	250	250	250	250	250
客车	辆	250	250	250	250	250	250	250	250
货车	辆	–	–	–	–	–	–	–	–
六、道路客运班线									
1.客运班线	条	12174	12478	12903	13375	13534	13401	13123	12454
其中：高速公路	条	1319	1419	1473	1550	1574	1595	1515	1316
2.客运班线平均日发班次	班次/日	109451	111286	112731	114311	115109	113720	107280	103998
其中：高速公路	班次/日	1809	2136	2029	2392	2499	2809	3043	2867
七、农村道路客运									
1.客车通达情况									
乡镇	个	2272	2339	2343	2343	2343	2343	1536	1536
其中：通客运班车的乡镇	个	2272	2331	2341	2341	2342	2342	1536	1536
建制村	个	45408	47843	47843	47844	47844	47844	23959	23959
其中：通客运班车的建制村	个	40009	40484	43533	44562	45216	45954	23654	23888
2.农村客运站	个	1207	4401	9325	14819	19952	24215	22336	24306
其中：等级客运站	个	–	828	977	1091	1214	1222	938	949
3.农村客运线路	条	5619	5967	6802	7232	7417	7389	7482	7122
平均日发班次	班次/日	70749	80007	87378	88153	87558	85648	84467	81125
4.农村旅客运输量									
客运量	万人	44332	49510	50862	47974	46471	45918	42979	41230
旅客周转量	亿人公里	137.94	141.55	133.75	125.99	121.23	117.31	111.44	107.42

新中国成立70年湖南水运系统主要指标数据统计表

项　目	单　位	1978年	1980年	1985年	1990年	1995年	2000年	2005年	2010年
一、航道和设备									
1. 内河航道通航里程	公里	10798	10137	9941	10110	10050	10041	11968	11968
其中：等级航道	公里	–	–	–	2200	3031	3000	4215	4215
2. 营业性民用运输船舶拥有量									
轮驳船：艘数	艘	38215	29582	25466	17806	10933	9494	9241	7269
净载重量	万吨位	53.23	48.9	55.23	54.67	53.91	59.87	90.69	198.39
载客量	万客位	5.46	6.49	7.07	5.18	4.14	7.05	7.71	6.96
二、运输量和吞吐量									
1. 水路客、货运输量									
客运量	万人	1571	1750	2458	1568	1375	1094	702	919
旅客周转量	万人公里	45700	52500	67200	42500	36600	35500	19400	16900
货运量	万吨	2876	3261	2945	3217	3556	3506	4615	15724
货物周转量	万吨公里	222900	249800	438600	473700	676200	1437600	1903200	2860700
2. 水路集装箱运输量									
水路集装箱箱运量	万标箱	–	–	–	–	0.42	1.36	9.50	11.22
水路集装箱货运量	万吨	–	–	–	–	8.32	20.47	113.56	164.27
3. 港口货物吞吐量	万吨	–	2377.10	4271.60	3476.20	3499.30	3954.42	5289.53	19254.25
4. 规模以上港口货物吞吐量	万吨	–	–	–	1312.70	1459.00	1783.98	2621.62	13597.33
三、水运建设投资									
1. 水运总投资	万元	0.12	0.11	0.48	0.67	2.08	3.00	8.59	12.80
航道及航标建设	万元	0.04	0.01	0.08	0.25	1.43	2.26	5.69	0.80
港　口	万元	0.04	0.04	0.08	0.15	0.18	0.23	2.64	12.00
2. 新增生产能力									
港口码头泊位个数	个	–	–	–	12	3	27	40	–
年吞吐能力	万吨	–	–	–	100	135	181	262	–

项　目	单　位	2011年	2012年	2013年	2014年	2015年	2016年	2017年	2018年
一、航道和设备									
1. 内河航道通航里程	公里	11968	11968	11968	11968	11968	11968	11968	11968
其中：等级航道	公里	4215	4216	4216	4216	4216	4216	4216	4219
2. 营业性民用运输船舶拥有量									
轮驳船：艘数	艘	8731	8297	8067	7362	7140	6167	5495	5131
净载重量	万吨位	273.50	283.96	302.94	335.60	404.01	415.42	422.62	430.82
载客量	万客位	7.71	7.67	7.36	7.36	6.80	7.02	6.98	7.11
二、运输量和吞吐量									
1. 水路客、货运输量									
客运量	万人	1327	1349	1480	1449	1534	1615	1674	1729
旅客周转量	万人公里	27400	26300	28502	28444	30687	32239	34694	36325
货运量	万吨	17867	18705	23097	25687	23061	23445	22560	21101
货物周转量	万吨公里	3439600	5622600	5524455	7099397	5803007	6194696	4970683	4589603
2. 水路集装箱运输量									
水路集装箱箱运量	万标箱	14.14	11.18	9.41	18.86	16.76	27.44	29.98	67.65
水路集装箱货运量	万吨	245.09	213.02	200.42	281.05	296.07	389.66	390.27	–
3. 港口货物吞吐量	万吨	21064.05	21867.03	23144.39	25322.32	29053.46	31678.04	29197.43	24343.21
4. 规模以上港口货物吞吐量	万吨	14965.68	15217.86	16135.99	17627.72	19351.89	21093.57	19628.66	17092.37
三、水运建设投资									
1. 水运总投资	万元	20.06	29.64	30.19	34.02	34.01	34.34	36.72	20.82
航道及航标建设	万元	13.61	19.44	21.59	23.17	21.52	21.83	20.99	11.78
港　口	万元	6.44	10.20	8.60	10.84	8.49	12.51	13.13	7.14
2. 新增生产能力									
港口码头泊位个数	个	3	2	2	13	2	4	6	9
年吞吐能力	万吨	300	180	188	270	72	162	256	269

（湖南省交通运输厅　供稿）

海南省

【概 述】70年前，海南交通十分闭塞，基础设施落后。无论是货物还是人员，进出岛只能依靠木船，当时的秀英港，只能停靠500吨以下船只。岛内道路通行能力严重不足，建省前没有一条高速公路，无论从南到北，还是从东到西，班线车都要跑一整天，如果要到乡镇至少要两天的行程，90%以上道路是沙土路，“晴天出门一身土，雨天出门一身泥”是常态。建省前，岛内只有大英山一个机场，进出航班只有4条。新中国成立70年来，特别是海南建省办经济特区后，海南交通运输事业突飞猛进。党的十八大以来，海南充分发扬“两路”精神，勇当开路先锋，逢山开路、遇水搭桥，海南高速公路实现从无到有织密成网的历史性成就，水运发展取得实质性历史性突破，民用航空业实现跨越式发展，运输服务体系更加完善。初步建成综合交通运输立体网络，海南与内地乃至世界各地实现互联互通，天堑变通途。

【公路建设与发展】

1.公路建设。海南解放初期，岛内道路通行能力不足，大都是沙土路。至1988年海南建省，全省公路通车里程仅有1.28万公里，且通行能力差，服务水平低，技术等级不高。1952年8月，海南解放后第一条干线公路——海榆中线公路开工建设，历时2年多时间，1954年12月，海榆中线公路建成通车，成为海南重要的南北大通道。1988年海南建省办经济特区后，海南交通系统坚持“全省一盘棋、全岛同城化”理念，加强高速公路网建设。1989年底，全长250公里的海南环岛东线海口—三亚高速公路（右幅）开工建设，1995年12月竣工通车；1997年1月，环岛东线高速公路左幅扩建工程开始分段实施；1999年9月，环岛西线高速公路建成通车；2001年3月，环岛东线高速公路左幅扩建工程全线贯通；2002年9月，海口—文昌高速公路建成通车；2010年8月G98海南环岛高速公路正式命名。海南高速公路实现从无到有织密成网的历史性成就。2012年12月，海口—屯昌高速公路建成通车；2013年，海南所有高速公路被列入《国家公路网规划（2013—2030）》。2015年5月，屯昌—琼中高速公路建成通车；11月，文昌—琼海高速公路、万宁—洋浦高速公路开建。2017年12月，儋州—白沙高速公路、五指山—保亭—海棠湾高速公路动工开建。2018年9月，琼中—乐东—五指山高速公路建成通车；2019年9月，文昌—琼海高速公路建成通车；12月，万宁—洋浦高速公路建成通车。至此，海南高速公路从无到有，从建成环岛高速公路到“田”字形高速公路全面建成通车。海南高速公路骨架正在由“田”字形高速公路向“丰”字形迈进。

至2018年底，全省通车总里程35023公里，国道2288公里，省道1519公里，县道2851公里，乡道6526公里，村道21838公里，二级以上公路3229公里，公路网密度103.3公里/百平方公里，公路进村入组、四通八达，全岛“一纵三横四环”（一纵：中线高速公路海屯、琼乐高速；三横：G360文临高速、万洋高速、三亚二绕城；四环：环岛高速、环岛高铁、环岛旅游公路、环热带雨林国家公园旅游公路）互联互通交通主干网正在形成。

70年来，海南坚持以人民为中心的发展理念。服务好民生，坚决打赢脱贫攻坚战，成效显著。中线高速全线贯通后直接助力琼中、保亭经济社会发展，成功脱贫摘帽。一批高速公路建成通车，有力带动贫困、少数民族地区经济社会发展。深入贯彻落实习近平总书记“四好农村路”重要指示精神，先后实施农村通畅工程和农村公路六大工程，加强农村公路养护管理，创建“四好农村路”省级示范县6个，其中琼海、昌江荣获“四好农村路”全国示范县。至2018年底，硬化农村公路30822公里，具备条件的建制村和自然村通硬化路率分别达到100%和99.9%，全省建制村通客车率突破90%，覆盖150万农村人口及地区，基本实现农村地区“出门有路、上路有车”的目标。推行农村公路“路长制”和“五化”建设，有力推动海南美丽乡村建设，助力乡村振兴和人居环境改善，同时实施村村通邮战略。

2.道路运输。运输服务体系实现更加完善。加大公路主体枢纽和网络站场建设，全省18个市县都有二级以上客运站和县级货运场，实施农村通客运战略。至2018年，全省客运班车日均发送班车5500班次，线路覆盖全省18个市县和省外11个省市，海南从省城到市县到乡村已四通八达，出行更加安全舒适便捷。实行琼州海峡绿色通道减免和节假日通行附加费退费政策，自实施政策以来，分别减免退费14亿元和0.93亿元。

党的十八大以来，习近平总书记对交通运输发展作出一系列重要论述。特别是“4·13”重要讲话中要求推动海南建设具有世界影响力的国际旅游消费中心，提高基础设施网络化智能化水平，加密海南直达全球主要客源地的国际航线等。海南交通人大力弘扬特区精神，发挥好交通基础性、先导性作用，当好发展先行官。70年来，海南坚持改革促发展。海南因改革而生，因改革而兴，海南交通也在全国率先实施了一系列改革措施。一是20世纪90年代，在全国率先实行燃油附加费改革，对机动车辆征收燃油附加费，减少公路规费费用，简化征收环节，撤销公路上所有的收费站，使海南成为全国唯一“一脚油门踩到底”的省份，成为国家燃油税费改革的排头兵，此项改革有力地保障海南交通基础设施建设。二是对标海南自贸区（港）建设，大胆改革创新，取得一批创新成果。2018年以来，海南省先后修订出台《道路旅游客运管理若干规定》，规范旅游客运市场建设，有力保障国际旅游岛建设；出台《关于鼓励纯电动小客车分时租赁行业健康发展若干意见》，鼓励新能源共享汽车等新业态发展。完成进出岛物流管控系统建设，基本实现对进出岛货物的精准管控和物流信息的实时掌握。

【水运建设与发展】 海南水运发展取得实质性历史性突破。1988年建省后投资加大，项目增加。至2018年底，全省港口拥有生产性泊位148个，其中万吨级以上深水泊位74个，2018年全省港口货物吞吐量为18286万吨，全省集装箱吞吐量为240万标箱。已开通国际集装箱班轮航线9条，内贸集装箱班轮航线33条，港口资源整合取得突破性进展，成功促成中远海运进驻海南，推动港口资源整合。对“四方五港”的规划定位进行调整，将洋浦、东方港口按照“一区多园”的模式统筹进行布局。积极推进海口港马村港区规划调整、洋浦港洋浦港区规划调整等工作，引入中远海运统筹推进港口资源整合，重点推进集装箱码头能力提升工程项目前期工作。2019年8月，《西部陆海新通道总体规划》发布，从国家层面对推进西部陆海新通道建设进行部署，指出要发挥洋浦港的作用，支持洋浦港吸引国内外货源，发展国际中转运输业务，培育成为区域国际集装箱枢纽港。中远海运先后在洋浦开通至新加坡等东盟7条外贸航线，洋浦作为区域国际陆海新通道集装箱枢纽港的工作正稳步推进，海南作为“一带一路”倡议支点作用发挥明显，海南港航业迎来了新的历史发展机遇。琼州海峡客滚运输通道安全有序，装船配载时间压缩至一个半小时内，服务质量逐年提高。邮轮游艇产业蓄意待发，为助力国际旅游消费中心建设发挥积极作用。未来3~5年，全省集装箱运输量将达到510万标箱；在小铲滩扩建完成后，全省集装箱运输能力将达到1000万标箱。同时，积极推进海口、三亚邮轮港建设；选取旅游开发相对成熟、资源禀赋好、发展潜力大的区域作为海南环岛海上游的港址，为游艇、小型邮轮提供靠泊，打造环海南岛黄金水道。

海南具有发展游艇产业得天独厚的资源优势。在国家各部委的大力支持下，出台一系列支持性政策，推动琼港澳游艇自由行政策落地实施，创新制定出台《琼港澳游艇自由行实施方案》，简化游艇入境办理相关手续；并成为全国首个对境外游艇开展临时开放水域审批试点省份；创造多项“海南经验”，推动海南游艇旅游产业高质量发展，为打造海南国际游艇旅游消费中心和建设海南国际旅游消费中心提供新动能。一是海南游艇产业保持着稳健发展势头，海南全省已建有超过1500个游艇泊位，15家游艇俱乐部(游艇会)，游艇保有量超800艘，停泊在三亚的超级游艇数量约占全国数量的50%以上。2018年全省游艇帆船总出海艘次约60594艘次，同比增长36.8%，出海人数超过50万人次，同比增长25.6%。游艇驾培、会展、维修等相关配套产业已初步形成规模，成功举办沃尔沃环球帆船赛、世界青年帆船锦标赛、克利伯环球帆船赛、海南岛环岛大帆船赛、三亚司南杯大帆船赛、“海天盛筵”等赛事展会，成为中国拥有最多举办国际赛事经验和自主赛事品牌的省份之一。二是海南成为全国首个对境外游艇开展临时开放水域审批试点省份。2019年7月份，海南省政府批准同意境外游艇临时进出海南省东营、博鳌、神州半岛石梅湾、海棠湾、南山、龙沐湾、棋子湾和临高角8个海上区域。通过落实试点政策可增加供境外游艇游玩的水域范围，提升海上游玩体验，满足境外游艇游览海南沿海海上风光的需求。三是推动琼港澳游艇自由行政策落地实施。为加快推进放宽游艇旅游管制工作，海南省交通运输厅编制《中国(海南)自由贸易试验区琼港澳游艇自由行实施方案》，并以海南省政府名义印发实施，实现琼港澳游艇证书互认、游艇自由行实行免担保入境、简化港澳游艇入境申报手续等制度方面的创新，改善港澳游艇入琼通关监管环境，提高游艇出入境效率，大幅降低港澳游艇入境成本，为海南促进国际消费中心奠定基础。

海口港集装箱码头。

【民航建设与发展】 海南民航运输基础设施建设取得重大进展，民航业发展由弱到强，实现跨越式发展。全省建成海口美兰国际机场、三亚凤凰国际机场、琼海博鳌机场和三沙永兴机场4个机场。海口美兰、三亚凤凰国际机场旅客吞吐量先后突破2000万人次，海南成为继上海、广东之后全国第三个拥有“双两千万级”机场的省份。2018年全省航班起降29.04万架次，同比增长4.1%，旅客吞吐量4477.2万人次，同比增长5.7%，共执飞境内外航线501条，航线网络覆盖境内大部分主要城市和境外59个城市，基本实现“四小时八小时飞行经济圈”(从海南出发，四小时飞行时间可以覆盖亚洲21个国家和地区约占世界47%的人口，八小时飞行时间可以覆盖亚洲、大洋洲、欧洲、非洲等59个国家和地区约占世界67%的人口)。至2018年底，机场旅客吞吐量再创新高，特别是凤凰机场首次突破2000万人次。境外航线方面，美兰、凤凰机场共执飞74条，旅客吞吐量达203万人次，同比增长16.8%。2019年1月—8月，全省共新开、恢复和加密境外航线22条，共执飞83条，旅客吞吐量达168.61万人次，同比增长29.2%。航线覆盖的国家和地区包括：东盟十国、日本、韩国、印度、哈萨克斯坦等和中国港澳台地区，以及俄罗斯、英国、意大利、澳大利亚等。四小时八小时飞行经济圈建设不断深化。

(海南省交通运输厅 吴开心)

重庆市

【概 述】 新中国成立初期，重庆公路里程836.5公里，主要有成渝公路、川黔公路、川湘公路、汉渝公路等，路面多为泥结石道路；城市公共交通靠100辆军车改建的公共汽车运转；全市航运业有轮船公司31家，轮船158艘，8万余吨运力；全市铁路仅有16.8公里的江“北”县—合“川”县的北川铁路和67.5公里的綦江—猫儿沱铁路，北川铁路当时每天的运输量是1000余吨原煤，綦江铁路每天对开列车两列，月均运送货物7000吨，旅客6000人次；重庆地区有广阳坝、珊瑚坝、白市驿、九龙坡、大中坝等5个机场，规模小、设施差，除了白市驿机场使用较为频繁外，其他机场都是简易机场。新中国成立70年来，重庆交通发生了翻天覆地的变化，逐步建立了交通基础设施结构与运输资源配置合理、各种运输方式既竞争又协作的现代运输体系，使重庆成为中国西部地区水陆交通枢纽和长江上游经济中心，并成为西部地区唯一同时具有公路、水路、铁路、航空和管道五种运输方式的特大城市。

重庆交通70年发展过程中经历了几个重要时间节点：一是新中国成立到1978年改革开放前，重庆交通开始复苏，公路、水运、铁路和民航都有不同程度的发展。二是1978年改革开放到1997年重庆直辖，交通加快发展步伐，基本形成公路、水运、铁路、民航立体交通的格局。三是1997年重庆直辖到2018年，重庆交通进入发展快车道，实现跨越式的大发展。这期间，重庆交通在全国先期建立铁公水空邮交通大部门管理体制，不断完善综合内部交通基础设施网络，大力拓展国际运输大通道，大力发展智能交通，综合交通对外开放水平显著提升，实现从瓶颈制约、明显缓解、基本适应的重大跨越。

【公路建设与发展】 1949年11月重庆解放。重庆市人民政府投入大量人力物力，抢修被破坏的公路、桥梁，恢复交通。同时，开始修筑新的公路。1952年，重庆—南充的渝南路开工建设，1953年建成通车，全长216公里，重庆段长131公里。至1978年全市公路里程达到15451公里，是1949年公路里程18倍多。公路路面从低级向中级、次高级、高级路面发展。至1985年底，全市有高级、次高级路面1110.97公里，共建成公路桥梁1062座38149延米；通公路的乡镇达769个，占全市乡镇831个的92.5%。一个以国道包头—重庆—南宁的210线、兰州—重庆的212线、厦门—重庆—成都的319线和8条省道公路为骨架，外通内联的公路网络初步形成。道路运输市场随着公路基础设施的不断改善也日渐兴旺。特别是1978年党的十一届三中全会后，城乡集市贸易活跃，旅客流量猛增，客运线路增多。道路客运市场出现多渠道、多层次、多家经营的局面。到1985年，全市地方交通系统有营运客车1177辆，比1950年的38辆增长30倍以上；总客运量达到7739.7万人，较1950年的1.7万人增长4553多倍。改革开放特别是重庆直辖以后，公路建设与发展进入快车道，2018年全市公路里程达到157483公里，是新中国成立初期836.5公里的188.26倍，公路密度由新中国成立初期的1.02公里/百平方公里提高到191公里/百平方公里。

1.高速公路建设快速推进，“4小时重庆”全面实现。1983年—1997年是重庆高速公路发展的起步阶段，规划“一环五射”高速公路网，总里程约720公里。成渝高速公路重庆段全长114公里，1994年建成通车。1997年直辖至2002年，重庆提出“二环八射”高速公路规划，总里程1948公里，高速公路进入稳步推进期，期间基本建成“一环五射”高速公路网。2003年—2010年是重庆高速公路发展历史跨越期，提出“三环十射三联线”高速公路规划，总里程3600公里。2011年—2016年是重庆市高速公路发展创新突破期，提出“三环十二射七联线”高速公路网络，总里程拟达到4600公里。2017年，重庆启动高速公路建设“三年行动计划”，到2020年，高速公路拟建成1000公里、开工1000公里、开展前期工作1000公里。2017年，全市高速通车总里程达到3023公里，比直辖初增加2909公里，省际出口通道由直辖初的1个增加到19个，高速公路密度由直辖初的0.14公里/百平方公里增加到3.67公里/百平方公里，居西部第一。2018年，全市高速公路通车总里程达到3096公里。

2.普通干线公路实现跨越式发展，路网服务水平明显提高。1985年，重庆形成以G210（包头经重庆至南宁）、G212（兰州—重庆）、G319（厦门至重庆、成都）3条国道和8条省道为骨架的内联外通的公路网。1999年，伴随着交通部启动西部通县油路工程和县际公路建设工程，重庆市启动“八小时重庆”建设工程，并于2003年完成。2004年全面启动县际联网公路建设，纳入规划的36个项目2000公里基本建成，实现全市所有区县之间、省际至少有一条高等级公路相连。“十一五”以来，重庆推进干线公路网改造，累计改造干线公路超过1万公里，普通国道二级及以上、普通省道三级及以上比例分别达到78%、57%，路面状况明显改善。在“十二五”国家干线公路检查中，综合得分排名上升到第8位，位列西部第一。2017年重庆启动普通干线公路建设“三年行动计划”，实施普通干线公路改造1万公里，到2020年，国道二级及以上、省道三级及以上占比分别提高到90%、65%。至2018年底，全市一、二级公路里程达到9524公里，占总里程的6.05%。

3.“四好农村路”建设纵深推进，农村交通面貌得到显著改善。1978年党的十一届三中全会后，重庆各区县通过民办公助、民工建勤等办法，分期修筑公路逐步形成公路网络。2003年，重庆市围绕“修好农村路，服务城镇化，让农民兄弟走上油路和水泥路”的建设目标，加大投入、齐抓共管，农村公路建设取得显著成绩。"十二五"以来，重庆着眼扶贫攻坚，继续推进农村公路建设，新改建农村公路5万多公里，在西部率先启动撤并村通达工程建设，新解决2096个行政村通畅和2606个撤并村公路通达。2017年重庆启动"四好农村路"建设"三年行动计划"，以18个深度贫困乡镇为重点，拟实施村民小组公路6.26万公里，计划到2020年，全市村民小组公路通畅率、通达率分别达到80%、100%。2017年，行政村通畅率达到100%，村民小组通达率、通畅率分别达到91.3%、61.3%，行政村通客运率达到99.1%。至2018年底，全市农村公路总里程达到131859公里，贫困地区特别是18个深度贫困乡镇交通条件加快改善，有力促进农村地区经济发展和脱贫致富。

4.道路客运。1978年改革开放前，重庆市道路运输有一定的发展，但旅客运输一直由各级交通主管部门所属运输企业独家经营，其他单位和个人不得经营。20世纪80年代，重庆市开放道路运输市场和农村客运市场，鼓励个体兴办支线和边远地区客运，客运市场由单一的国营、集体企业经营向国有、集体、个体等多元化经营逐步转变。90年代，重庆市属运输企业在实行承包经营责任制的基础上，开始实施"第二轮承包"，经营者的积极性进一步提高，各企业增开客运线路，扩大营运范围，重庆市班线客运线路以主城区为中心，覆盖辖区内区县和大部分乡镇，并向国家东部、东南、沿海、中部、西部地区辐射。成渝高速公路1995年7月1日全线建成通车后，成渝高速公路客运开创了中国汽车客运事业的新模式，在高速公路客运中推行航空式服务，高档豪华大客车、带卫生间的大客车出现在高速公路客运上。进入21世纪，随着交通基础设施的逐步完善，道路运输业步入大发展的快车道。2000年，为防止无序竞争和保障乘客安全，重庆市逐步建立公开、公平、公正的客运线路运力招标制度，道路运输企业通过竞标方式获得班线客运经营权，保证旅客运输的正常运行。2015年以来，随着高铁的开通运行，对道路客运冲击较大，道路客运积极探索转型升级，大力发展接驳运输、旅游客运。至2018年底，重庆市客运车辆已达17615万辆，客运服务站1万余个，客运线路5432条，全市村民小组通达率、通畅率分别达到91.3%、61.3%，具备条件的行政村100%通客运。2018年完成道路客运量5.2亿人，旅客周转量260.4亿人公里。

5.道路货运。新中国成立初期到1979年，重庆的道路货物运输以传统、单一和普通货物的汽车运输为主，由于公路路况不佳和汽车运力等原因，货运的速度、效率、质量和规模发展缓慢。20世纪80年代，重庆市货运企业从计划经济统一调管经营阶段，逐步发展到开放、承包、分散经营阶段，货物单一的整车运输形式被突破，逐步向多形式、多样化方向发展。90年代中期，成渝高速公路建成通车，提高道路运输的运力和运量，带动普通货物、集装箱等特种运输的发展。进入21世纪，随着货运车辆不断更新换代、装备水平上档升级，冷藏保鲜运输、集装箱运输、大件运输、危险货物运输等专项货运从普通运输中迅速分离，特种、快速、大型运输车辆加速普及，快件货运逐步兴起。2005年，为实现"上规模、上品牌、上效益"的目标，重庆市道路货物运输企业采取"统一受理业务、统一调配车辆、严格绩效考核、注重企业形象"的经营管理模式。"十二五"以来，道路运输积极探索转型升级，深入开展无车承运人试点，有序推进危险货物电子运单，大力发展多式联运，甩挂运输大力推进，道路货运得到进一步发展。加快推进货运站场建设，不断升级运输装备标准化改造，有序推进物流信息化建设，运输效率得到大幅提升。至2018年底，全市道路营运车辆共27.98万辆，是1978年的213.3倍，总吨位219.5万吨，货运行业从业人员39.2万余人。2018年完成货运量10.71亿吨、货物周转量1152.75亿吨公里，分别占综合运输货运总量的83.49%和32.81%。

6.智能交通。各种智慧交通技术广泛应用，建成交通运行监测与管理平台，行业数据中心基本形成，对路网和重点营运车船视频监控实现全覆盖；建成高速公路卡口系统、班线客运联网售票系统等信息系统；高速公路通行费实现扫码支付和ETC卡不停车缴费；乘坐客车等实现网上购票，刷身份证进站；市民乘坐出租车，直接手机订单；开发基于移动终端的出行服务系统，公众服务和行业管理信息化水平大大提高。

【水运建设与发展】新中国成立初期，重庆境内通航河流的航道基本处于自然状态，港口码头稀少，水上运输工具简陋。为改变航运落后的现状，重庆人民政府采取措施，投入巨资大力恢复和建设港口码头设施，整治航道，成立集体所有制的水上交通运输企业。先后恢复重庆港与市内城镇和长江中下游各省市的水上交通，一批重要的港口码头相继建成投入使用。至1978年，全市内河航道通航里程444公里，完成水运货运量4816万吨、货物周转量119亿吨公里、客运量5294万人、港口货物吞吐量369.8万吨。改革开放初期，国务院于1980年批准重庆成为长江沿线首批开放的8个港口之一，重庆港成为长江上游唯一的外贸口岸，水路运输需求逐步增大。到1985年，重庆港辖区内的长江、嘉陵江及其他通航河段上共有码头泊位619个，其中3000吨级码头泊位有8个、1000~1500吨级码头泊位有近百个；港口年通过能力达1650万吨。1997年重庆直辖后，特别是三峡工程竣工后，重庆水运条件得到极大改善。21世纪以来，重庆紧紧抓住长江经济带发展等战略机遇，加快港航基础设施建设，长江上游航运中心初见雏形，交通集聚辐射能力明显提升。

1.航道整治成效显著，"一干两支"的航道体系基本形成。改革开放初期，全市内河航道通航里程444公里，其中能通机动船的只有177公里，水运总体水平较低。改革开放特别是重庆直辖以来，重庆结合三峡工程蓄水和长江上游航运中心建设，全力推进航道整治。完成长江航道丰都—忠县段航路改革、长江干线涪陵—铜锣峡河段炸礁、涪江富金坝和嘉陵江草街航电枢纽工程、乌江河口—白马段航道整治和抱龙河、小江、梅溪河等库区重要支流156米蓄水炸礁等航道整治工程。长江干线九龙坡—朝天门航道整治、朝天门—涪陵段4.5米深航道炸礁二期工程加快推进，三峡库区东溪河、汤溪河、磨刀溪等重要支流航道整治全面加快，涪江潼南航电枢纽主体工程基本完工，利泽航运枢纽前期工作加快推进。2018年全市航道里程达到4472公里，是新中国成立初期的10倍，其中四级以上航道里程1400公里，5000吨级单船和万吨级船队可从下游直达重庆主城。

2.港口码头加快建设，港口结构不断优化。1975年—1985年，三峡工程建设处在论证时期，重庆大规模的港口建设一度停顿。1987年开始，交通部对重庆九龙坡、兰家沱、猫儿沱等重点作业区进行技术改造，修建朝天门现代化的客运大楼和客运码头。1991年—1994年，交通部和四川省交通厅修建万州牌楼、涪陵荔枝园、奉节关庙沱等客货运码头。1997年直辖后20年来，港口建设进一步提速，28个库区淹没复建码头项目建成并投入使用，先后完成寸滩集装箱码头、郭家沱重载汽车滚装码头、万州红溪沟散货码头、奉节宝塔坪和巫山龙门旅游码头等一批大型化、专业化、机械化的码头建设。2017年，全国内河最大的铁公水联运枢纽港——果园港建成投用，涪陵龙头、江津珞璜、万州新田等枢纽港一期工程开港运营，4个枢纽港后续工程建设加快推进，忠县新生、合川渭沱等重点港建设有序推进，枢纽型港口集群加速形成。2018年，现代化港口集群建设力度加大，主城果园、涪陵龙头、江津珞璜、万州新田等枢纽港后续工程加快实施，忠县新生等重点港开工建设，全市港口吞吐能力达到2.44亿吨、集装箱通过能力达到480万标箱。综合运输结构不断优化，航运经济保持稳定增长，全年完成港口吞吐量2.1亿吨、货运量1.95亿吨、货物周转量2238亿吨公里，分别是1978年的56.9倍、4.0倍、18.8倍。

3.水路客运。改革开放前，长江干线跨省客运航线由长江航运管理局所属船公司独家经营，地方客运企业经营支小河流、长江干线的区间运输和重庆以上四川境内的客运航线。这种干支分段运行的运输方式严重制约长江流域经济发展和水运优势的发挥。1983年3月，交通部对长江航运体制实行“港航分管，政企分开，港口下放地方”的全面改革，提出“有水大家走船”等开放措施，改变原来航线分割、航区封闭的状况。重庆地方水运行业开始向市场经济迈进，原省、市、县属航运企业船舶纷纷由长江上游、支流、区间运输进入长江干线运输，促进水路客运的迅猛发展。1990年—1997年，对外交流增多，到长江三峡旅游的客人以及外出打工的民工增长很快，特别是1997年三峡大坝截流前，三峡游达到顶峰，全年水路客运量达到3461.9万人。直辖以来，随着铁路提速、民航快速发展以及高速公路网络的逐步完善，水路客运逐步向旅游转变，三峡游轮被业界称为国际黄金水道的黄金产业，有力增强水路客运的市场竞争力。2018年，全市水路完成客运量730.64万人，旅客周转量5.7亿人公里，同比增长11.4%，其中三峡豪华游轮完成客运量64.4万人，同比增长25%。

4.水路货运。1980年8月28日，重庆港正式对外开放，水路货运进入迅猛发展阶段。1984年，新民生公司恢复重建，并于1993年首次开辟重庆—上海集装箱运输班轮航线，1999年首次进入长江商品汽车滚装物流。2006年，重庆港务物流集团有限公司成立，不断发展全程物流、多式联运，拥有西南地区水路国家一类口岸，是中国5A级现代综合物流企业。2007年6月底，重庆市交通系统第一座航电枢纽涪江富金坝航电枢纽工程全面建成投运。2010年8月22日，重庆航运交易所获批成立，推进交易中心、信息中心、人才中心、结算中心建设，现代航运服务体系已初具雏形。2015年7月，果园港铁路专用线开通运营，先后开通重庆至成都、西昌、攀枝花、德阳、贵阳等多趟铁水联运集装箱班列，形成辐射四川、贵州、陕西等地的铁水联运运输网络。2017年11月12日，交通运输部和国家发改委正式将果园港铁水联运示范项目确定为全国第二批多式联运示范项目。同年，果园港成功开行中欧(重庆)班列首发测试班列，成为中欧班列(重庆)第二始发站，真正实现长江黄金水道和中欧班列(重庆)铁路大通道的无缝连接。至2018年，全市港口货物和集装箱吞吐能力分别达到2.44亿吨、480万标箱，水路货物周转量占综合交通比重超过60%，周边地区货物经重庆港中转比重达到45%，全市90%以上外贸物资通过水运完成。

5.三峡系列船型广泛应用。三峡系列船型研究等8项交通科技项目成功实施，82艘三峡船型示范船投入运营。组织研发的过闸适应性船型，作为长江水系货-37纳入过闸船型主尺度系列，有效缓解三峡船闸通过能力瓶颈。研究特定航线150米重庆港至洋山港、舟山港、象山港等多用途船型，可载运散货12000载重吨、集装箱800标箱，可实现8~9个月的满载通航。全国首艘全电力推进邮轮、首艘LNG单燃料船投入使用，货运船舶单位能耗由2.8千克/千吨公里下降到1.9千克/千吨公里，处于内河水运较低水平。

6.港口设备性能大幅提升。20世纪90年代，港口码头使用的各类起重机械的电气控制系统广泛采用传统的接触器加继电器模式。21世纪以后，全部采用PLC加变频调速技术。码头前沿和货场的起重设备采用远程控制操作方式，改变司机上机操作模式，生产效率显著提升，运行成本、安全风险显著下降。港口设备“油改电”和船舶使用岸电技术广泛应用，一大批高耗能、低效率的起重设备逐步淘汰，各主要港口泊位均建成靠港船舶使用岸电的供电装置。

【铁路建设与发展】 新中国成立后，重庆铁路建设被摆在了突出位置，1953

年—1965年，相继建成成渝、川黔铁路等干线铁路。20世纪70年代后期，重庆铁路运输设备进行大规模更新换代，其项目包括钢轨重型化、车辆大型化、列车长列化等，重点是成渝铁路和川黔铁路的电气化改造。至1978年，全市铁路营业里程达347公里，是新中国成立初期铁路里程的4倍多。改革开放后，重庆市以枢纽功能提升为重点，加大铁路建设投资力度。至2018年底，重庆铁路形成“一枢纽十干线二支线”网络，营业里程达到2371公里，是1949年的22.2倍。

1.加速融入国家高铁网，群众出行更加便捷。重庆首条高速铁路成渝高铁于2015年底建成通车；渝万高铁2016年底建成通车，重庆主城—万州实现1小时到达，渝东北地区与重庆主城联系更加快捷。2017年重庆启动高速铁路建设“三年行动计划”，计划建设高速铁路1400公里，加速形成“米”字形高速铁路网。郑万高铁有序建设，渝昆、渝湘、渝西、新建渝万等高铁项目前期工作有序推进。至2018年底，全市高速铁路通车里程达到492公里，基本实现“1小时成渝”“5小时西安”“9小时北京”。

2.逐步构建普速铁路网，对外通道进一步完善。改革开放初，重庆铁路仅有成渝铁路、川黔铁路2条普速铁路347公里。其中，成渝铁路于1950年6月15日开工建设，1952年6月13日竣工，1953年7月1日交付运营，是新中国修建的第一条铁路，也是中国自行设计施工，完全采用国产材料修建的第一条铁路，线路西起成都，东抵重庆，全长505公里(重庆段217公里)，成渝铁路作为中国西南地区第一条铁路干线，是连接川西和川东的经济、交通大动脉；川黔铁路于1956年3月开工，1965年1月交付运营，全长423.6公里。改革开放以来，重庆相继建成襄渝、渝怀、遂渝、宜万、渝利、兰渝、渝贵等干线铁路，新增普速铁路里程1643公里，使全市普速铁路通车总里程达到1990公里，对外通道由2个增加到10个。此外，涪怀二线、枢纽东环线等普速铁路正加快建设，万州新田港、涪陵龙头港铁路集疏运中心项目前期工作加快推进。

3.枢纽建设不断提速，枢纽运行更加高效。客运方面，改革开放初，重庆仅有重庆站1个枢纽站，2006年重庆北站南广场投入运营，2015年重庆北站北广场投入运营，2018年重庆西站一期和沙坪坝站建成投用，主城区形成“三主一辅”的客运枢纽格局，日均开行列车111.5对。区县依托成渝高铁、渝万高铁建成荣昌北、永川东、璧山、长寿北、万州北等一批客运枢纽。货运方面，改革开放以来，建成兴隆场编组站，形成以团结村集装箱中心站为核心，磨心坡、北碚、珞璜、唐家沱、鱼嘴等站为支撑的“1+8”货运枢纽体系，为重庆建设国家综合性铁路枢纽奠定坚实基础。

4.铁路客运发展迅速。改革开放以来，随着铁路网络建设不断升级，特别是成渝、渝万等高铁线路的开通，促进铁路客运飞速发展。2018年，全市铁路旅客到发量达到12674万人，同比增长28.2%，其中发送量7706.79万人，同比增长21.4%。此外，重庆通过区县政府购买服务的方式加开动车，已开行重庆至合川、潼南，重庆至长寿、涪陵、丰都、石柱等列车。2018年铁路总公司与市政府联合批复《重庆市利用既有铁路开行公交化列车实施方案》，重庆北站与西站之间每日开行公交化列车7对，充分发挥铁路运输能力，提升铁路运输效率。

5.铁路货运辐射力不断增强。70年来，随着铁路基础设施不断完善、市场需求快速增长，铁路货运集散、辐射能力持续增强。2018年，全市铁路货物到发量达到7622.6万吨，同比增长12.98%。形成三个方向的国际铁路物流大通道：西向，2011年初，中欧班列(重庆)在全国率先开行，经新疆阿拉山口口岸到达欧洲，后又陆续新增新疆霍尔果斯、内蒙古二连浩特、满洲里三个口岸到达欧洲，已实现常态化运行，累计开行1825班。东向，2010年，渝深集装箱“五定”班列开通，经渝怀、沪昆、京广、广九和平盐铁路抵达深圳盐田港出境，累计开行1531班次；2018年1月，渝甬集装箱“五定”班列开行，经安徽至浙江宁波-舟山港出境，累计开行31班次。南向，2017年4月，“渝黔桂新”铁海联运班列首发，向南至广西钦州港，通过铁海联运方式连接东南亚、中东、非洲等地区，已实现常态化开行，累计开行162班次。依托铁路口岸、团结村铁路集装箱中心站和兴隆场特大型铁路编组站，成功打造重庆西部现代物流产业园，已成为国家“一带一路”倡议节点，是渝新欧国际贸易大通道的起点。

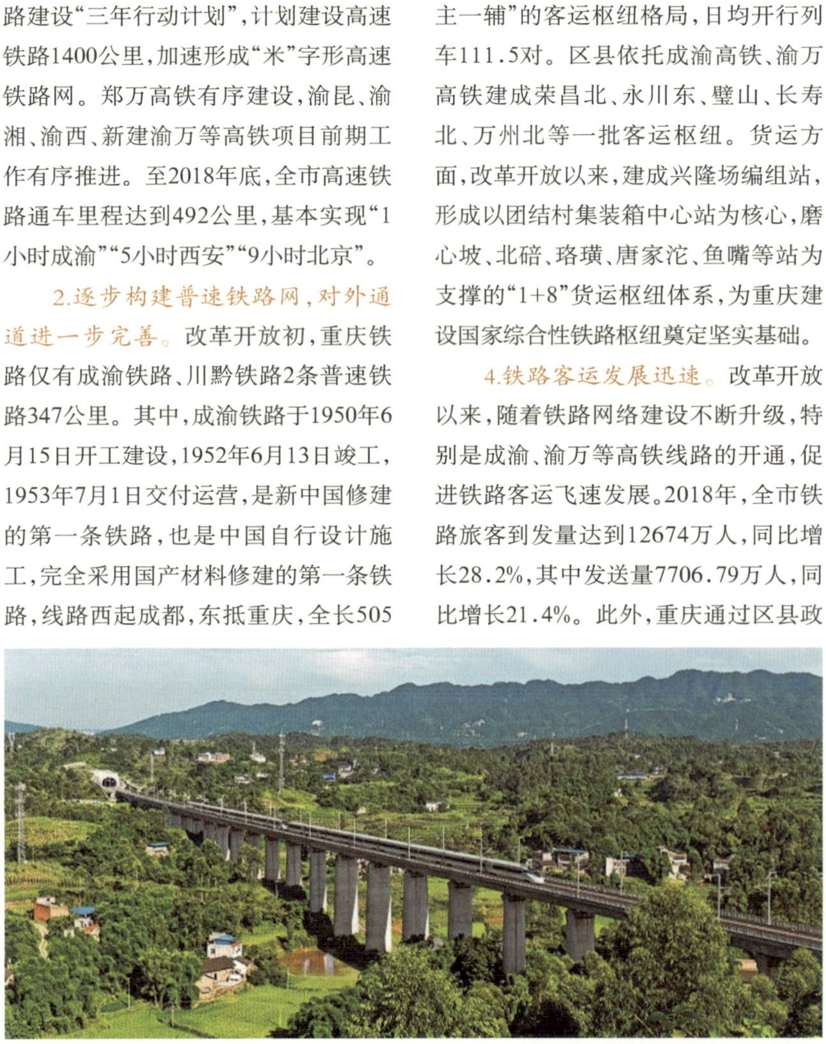
2015年12月26日，成渝高铁开通运营。

【民航建设与发展】 1949年12月初，经加紧整修，珊瑚坝、白市驿机场恢复使用，开始不定期飞行。1950年8月1日，经中央批准，在全国首批开辟天津—北京—汉口—重庆、天津—北京—汉口—广州、重庆—成都、重庆—昆明、重庆—贵阳等五条航线。1966年，白市驿机场动工扩建为二级机场，并于1968年竣工。到1978年改革开放前，白市驿机场旅客发运量达到3.9万人次，货邮发运量1022吨。改革开放后，经过30多年的发展，到2018年，重庆“一大四小”运输机场格局加速形成，国际航空枢纽功能不断增强，重庆机场跻身全国十大机场之列。

1.打造江北机场国际航空枢纽，提升枢纽能力。1985年，重庆江北国际机场开始兴建，1990年1月22日建成通航；2005年10月完成二期扩建工程；2010年12月完成三期扩建工程；2017年8月完成四期扩建工程。至2017年底，重庆江北国际机场拥有T1、T2(国内)和T3A(国内及国际)三座航站楼，共73万平方米；共有三条跑道，跑道长度分别为3200米、3600米、3800米，其中第三跑道可起降空客380等大型客机；停机坪166万平方米、机位209个、货运区23万平方米，可保障年旅客吞吐量4500万人次、货邮吞吐量110万吨、飞机起降37.3万架次。江北国际机场将打造成集城际铁路、轨道交通、出租车、长途汽车、城市大巴及社会车辆等多种交通方式于一体，实现多种交通工具无缝换乘的综合交通枢纽。

2.推进支线机场建设，提升支线机场运输服务能力。万州机场于2003年5月建成通航，跑道长度2400米，停机位5个，航站楼面积5780平方米，该机场改扩建工程于2016年底开工建设，计划2020年建成，机场跑道长度将增加到2800米，停机位增至11个，新增8000平方米的T2航站楼。黔江机场于2010年11月建成通航，跑道长度2400米，停机位4个，航站楼面积2976平方米，该机场改扩建工程于2017年6月开工建设，计划2020年建成，将新增7个停机位、1.2万平方米航站楼，能够满足机场旅客吞吐量70万人次、货邮吞吐量3150吨、航班起降8333架次的保障需求。巫山机场于2015年10月开工建设，计划2019年投用，跑道长度2600米，停机位5个，航站楼面积3500平方米，能够满足旅客吞吐量28万人次、货邮吞吐量1200吨的保障需求。武隆机场于2016年9月开工，计划2020年投用，将建设一条长2800米的跑道、6000平方米的航站楼、6000平方米的停车场、通信导航、助航灯光及其他配套设施，能够满足机场旅客吞吐量60万人次、货邮吞吐量1200吨的保障需求。

3.推进通用机场建设，助推通用航空发展。2017年，两江新区龙兴通用机场建成投用，该机场类型为跑道型机场，拥有1条长800米、宽30米的跑道，40000平方米的站坪，共设37个停机位，其中固定翼机位27个、直升机位10个，配套设施包括航管综合楼1545平方米、停车场1400平方米，主要开展通用航空试飞、通用航空培训等服务。此外，永川大安、万盛江南通用机场正加快建设，开州、潼南、石柱通用机场选址已通过军民航审查。

4.民航客运实现突破。70年来，特别是改革开放和直辖以来，重庆民航快速发展，旅客吞吐量分别于2007年、2012年、2015年突破1000万、2000万、3000万人次。江北机场2017年旅客吞吐量达到3871.5万人次，位居全国第9。2018年旅客吞吐量达到4500万人次。江北机场航线总数达到290条、通航城市181个。其中，国内客运航线218条，通航城市127个；国际及地区客运航线58条、直飞53条，通航22个国家54个城市，其中洲际远程航线15条，基本完成欧美澳战略性大线布局。

5.民航货运国际竞争力不断增强。70年来，重庆民航货运快速发展，2018年全市民航货邮吞吐量达38万吨。货运航线方面，江北机场已经开辟国际货运航线14条，联通法兰克福、阿姆斯特丹、莫斯科、芝加哥、悉尼等13个国际航空货运枢纽，国际航空货运竞争力不断增强，有力助推重庆国际航空枢纽建设。

【城市交通建设与发展】 新中国成立初期，重庆各区县的城区客运基本上没有，主城区城市客运主要依靠的是公交车(电车)、轮渡，出行方式单一，运输工具简单，随着城市的扩张和人口的增长，新增缆车和长江、嘉陵江索道等比较独特的交通出行方式。改革开放特别是直辖以后，随着城市规模日益扩大，城市人口急剧增加，城市交通轨道、公交、巡游出租车等城市客运得到迅速发展。

1.轨道交通方面。2004年12月11日，重庆轨道交通2号线一期工程开始观光运行，2005年6月18日开通试运营。2011年以来，重庆又相继开通轨道交通1号线、3号线、6号线、5号线、10号线，轨道交通网络初步形成。至2018年，全市轨道交通运营里程达到313公里，全年客运量85787万人次，日均载客量280万人次。

2.常规公交方面。2002年以前，重庆公交经营主体公司太多，加上民营公司共有34家，服务不到位，安全也得不到保障。2009年实施民营公交改革，34条线路规范为14条线路，且采取公司化经营。2011年主城区内所有公交线路全部实现国有化营运。2012年，重庆1314辆“面的车”全面退市。2013年实现二环内公交全覆盖，并实施主城区公共交通一小时免费优惠换乘。至2018年，全市共有公共汽车14575辆、运营线路1254条，全年客运量264321万人次，日均客运量724.2万人次。其中，主城区公共汽车9216辆，运营线路777条，全年客运量180264万人次，日均客运量493.9万人次。

3.出租汽车方面。1978年重庆第一辆出租车诞生。20世纪90年代，出租车增长速度过快，管理多头，出租客运市场较乱。重庆市积极整顿出租客运市场，清理取消部分社会单位兼营出租客运资格，严格控制私营出租车数量。1991年—1992年，重庆市向市属运输企业和出租汽车公司投放大量出租车指标，主城区以外开始出现出租车经营。2000年8月成立重庆市道路运输管理局，管辖注册登记的出租汽车12753辆。至2018年，主城巡游出租车经营权实现无偿使用，网约出租车新规出台实施，出租汽车行业稳定有序发展。全市巡游出租车达到2.4万辆，其中主城区1.5万辆；全市巡游出租车年完成客运量11.0亿人次，完成运营里程38.6亿公里，其中主城区完成客运量5.2亿人次，完成运营里程25.6亿公里。

新中国成立70年重庆公路系统主要指标数据统计表

项目	单位	1949年	1957年	1978年	1996年	2000年	2005年	2007年	2008年	2009年
1.线路及设备										
（1）公路线路里程	公里	837	2236	15451	26892	30354	98218	104705	108632	110950
其中：高速公路	公里	–	–	–	–	233	748	1049	1165	1577
国道	公里	–	–	–	1672	1565	1853	2310	2425	2833
其中：国家高速	公里	–	–	–	–	233	663	988	1072	1478
省道	公里	–	–	–	2585	3838	4084	8197	8209	8175
县道	公里	–	–	–	9899	10006	15505	11552	11559	11965
乡道	公里	–	–	–	12394	14000	15101	15101	15133	14967
专用公路	公里	–	–	–	342	945	554	557	560	541
村道	公里	–	–	–	–	–	61121	66988	70746	72468
有铺装路面	公里	–	–	–	–	6198	12647	17954	22146	33351
其中：沥青混凝土	公里	–	–	–	–	286	2486	4185	5116	8423
水泥混凝土	公里	–	–	–	–	5912	10161	13769	17030	24928
简易铺装路面	公里	–	–	–	–	1250	4164	5443	6603	4213
未铺装路面	公里	–	–	–	23469	22906	81407	81308	79884	73386
（2）公路桥梁	座	–	–	–	4236	4285	8472	8861	9021	9333
	米	–	–	–	125535	163457	352913	396557	417727	519804
（3）公路隧道	处	–	–	–	–	135	239	271	268	393
	米	–	–	–	–	43646	112247	166254	169559	322641
（4）公路渡口	处	–	–	–	24	22	88	91	91	101
其中：机动渡口	处	–	–	–	21	22	66	65	65	74
2. 公路建设投资										
（1）公路总投资	亿元	–	–	–	–	65.29	174.51	307.96	287.19	278.70
内：线路及桥梁	亿元	–	–	–	–	61.50	169.71	297.55	281.82	275.30
（2）新增生产能力										
新建公路里程	公里	–	–	–	–	–	–	6075	6430	1580
改建公路里程	公里	–	–	–	–	–	–	9186	5840	3421

项目	单位	2010年	2011年	2012年	2013年	2014年	2015年	2016年	2017年	2018年
1.线路及设备										
（1）公路线路里程	公里	116949	118562	120728	122846	127392	140551	142921	147881	157483
其中：高速公路	公里	1861	1861	1909	2312	2401	2525	2818	3023	3096
国道	公里	3109	3109	3157	3157	3147	7714	7888	8054	8061
其中：国家高速	公里	1752	1752	1800	1800	1801	2309	2481	2636	2636
省道	公里	8155	8153	8153	8565	8629	9781	10008	10071	10160
县道	公里	12047	12134	12252	12355	12341	7031	7043	7053	7053
乡道	公里	15119	15240	15249	15260	15274	13034	13026	13041	13086
专用公路	公里	546	553	553	558	558	462	462	363	351
村道	公里	77973	79373	81365	82951	87444	102529	104495	109299	118773
有铺装路面	公里	38670	45389	49475	55185	62186	71899	80623	87904	99901
其中：沥青混凝土	公里	9934	10589	11262	12473	13177	16702	17855	19295	20051
水泥混凝土	公里	28736	34799	38212	42713	49010	55198	62768	68609	79850
简易铺装路面	公里	5064	7284	7341	7311	7025	4891	15998	9919	8963
未铺装路面	公里	73215	65889	63912	60350	58181	63760	46300	50058	48619
（2）公路桥梁	座	9722	9796	9819	10153	10238	11597	11101	11503	12512
	米	598863	606919	620520	700664	711530	760709	778285	845014	890055
（3）公路隧道	处	468	472	482	578	582	627	621	673	709
	米	413693	419919	454771	567968	576156	600198	652801	702136	731550
（4）公路渡口	处	98	88	76	76	70	68	61	58	–
其中：机动渡口	处	71	68	63	63	59	57	49	46	–
2. 公路建设投资										
（1）公路总投资	亿元	322.24	336.36	371.52	426.26	376.37	377.67	424.80	468.00	–
内：线路及桥梁	亿元	314.60	320.53	359.57	414.61	366.23	364.46	400.07	460.43	–
（2）新增生产能力										
新建公路里程	公里	1711	159	73	1108	3425	5061	2359	1046	–
改建公路里程	公里	9662	8550	7109	8910	9497	6450	8754	7575	–

新中国成立70年重庆道路运输系统主要指标数据统计表（一）

指　标	单　位	1998年	2000年	2005年	2006年	2007年	2008年	2009年	2010年
一、道路运输从业人员	人	–	338758	401284	404859	380076	409194	456018	463620
道路旅客运输经营从业人员	人	–	85538	91055	94257	86360	101508	105159	81867
道路货物运输经营从业人员	人	–	150196	220250	238635	243603	249431	286542	327536
站（场）经营从业人员	人	–	–	–	7393	4712	7287	5848	5677
二、道路客、货运站									
1.客运站	个	144	176	233	285	303	598	1060	305
一级站	个	6	6	12	12	14	14	17	20
二级站	个	22	25	45	40	44	45	38	37
三级站	个	44	58	45	60	61	56	61	57
四级站	个	72	87	100	109	114	113	147	152
五级站	个	–	–	–	18	12	28	28	39
2.货运站	个	6	57	–	–	–	–	–	–
一级站	个	–	2	–	–	–	–	–	–
二级站	个	–	2	–	–	–	–	–	–
三级站	个	–	22	–	–	–	–	–	–
四级站	个	–	31	–	–	–	–	–	–
三、机动车维修业及汽车综合性能检测站									
1.机动车维修业业户	户	7470	7684	7802	6165	6401	7209	8092	8692
其中：汽车维修	户	–	–	6666	5277	5508	6172	6851	7352
一类汽车维修	户	241	229	213	198	230	245	262	283
二类汽车维修	户	1937	1673	1015	1775	1299	1232	1274	1365
三类汽车维修	户	4622	4801	5438	3304	3979	4695	5315	5704
2.汽车综合性能检测站	个	–	22	–	–	–	–	–	–
四、机动车驾驶员培训									
1.机动车驾驶员培训业户	户	–	–	–	168	183	188	213	235
其中：普通机动车驾驶员培训	户	–	–	–	150	161	172	198	221
道路运输驾驶员从业资格培训	户	–	–	–	18	25	23	26	28
2.教练员	人	–	–	–	4123	4385	4350	5514	7257
其中：理论教练员	人	–	–	–	374	490	345	357	385
驾驶操作教练员	人	–	–	–	3579	3773	3819	4992	6614
3.培训人次	人次	–	–	–	170096	202108	304481	203370	376535
五、汽车租赁									
1.汽车租赁业户	户	–	–	–	–	–	–	–	–
2.汽车租赁从业人员	人	–	–	–	–	–	–	–	–
3.租赁车辆数量	辆	–	–	–	–	–	–	–	–
客车	辆	–	–	–	–	–	–	–	–
货车	辆	–	–	–	–	–	–	–	–
六、道路客运班线									
1.客运班线	条	–	9114	3940	4030	4107	3903	4303	4077
其中：高速公路	条	–	–	–	612	699	135	156	717
2.客运班线平均日发班次	班次/日	–	53264	41470	48943	52333	78232	84510	80625
其中：高速公路	班次/日			–	2549	2968	1187	1218	3928
七、农村道路客运									
1.客车通达情况									
乡镇	个	1443	1497	–	901	897	897	855	855
其中：通客运班车的乡镇	个	1373	1462	–	876	874	867	839	845
建制村	个	20674	20582	–	9722	9485	9065	8741	8737
其中：通客运班车的建制村	个	14624	15756	–	5554	5581	5544	5651	5904
2.农村客运站	个	–	–	–	187	194	427	790	1447
其中：等级客运站	个	–	–	–	–	–	–	–	–
3.农村客运线路	条	–	–	–	1876	2066	2112	2293	2307
平均日发班次	班次/日	–	–	–	29024	27447	32149	31635	36389
4.农村旅客运输量									
客运量	万人	–	–	–	16642	24707	22598	30599	29721
旅客周转量	亿人公里	–	–	–	51.98	63.50	67.74	77.12	91.12

新中国成立70年重庆道路运输系统主要指标数据统计表（二）

指标	单位	2011年	2012年	2013年	2014年	2015年	2016年	2017年	2018年
一、道路运输从业人员	人	520117	502441	540541	556177	401284	551500	574739	–
道路旅客运输经营从业人员	人	86704	73291	75836	76311	91055	79320	88819	–
道路货物运输经营从业人员	人	362681	354950	376251	387036	220250	371608	392657	–
站（场）经营从业人员	人	8118	7195	8302	8208	7920	7549	7376	–
二、道路客、货运站									
1.客运站	个	318	341	328	329	390	391	378	–
一级站	个	20	20	20	21	22	23	26	–
二级站	个	40	40	40	41	40	40	38	–
三级站	个	43	42	36	35	35	30	30	–
四级站	个	159	172	157	152	164	158	154	–
五级站	个	56	67	75	80	129	140	130	–
2.货运站	个	–	–	–	–	–	–	–	–
一级站	个	–	–	–	–	–	–	–	–
二级站	个	–	–	–	–	–	–	–	–
三级站	个	–	–	–	–	–	–	–	–
四级站	个	–	–	–	–	–	–	–	–
三、机动车维修业及汽车综合性能检测站									
1.机动车维修业业户	户	8787	9794	10474	10474	10861	10743	10747	–
其中：汽车维修	户	7324	8035	8749	8749	9254	9211	9285	–
一类汽车维修	户	296	309	331	331	355	364	375	–
二类汽车维修	户	1233	1325	1418	1418	1556	1497	1606	–
三类汽车维修	户	5795	6401	7000	7000	7343	7350	7304	–
2.汽车综合性能检测站	个	–	–	–	–	–	–	–	–
四、机动车驾驶员培训									
1.机动车驾驶员培训业户	户	264	321	375	390	394	411	436	–
其中：普通机动车驾驶员培训	户	250	306	358	373	378	390	416	–
道路运输驾驶员从业资格培训	户	25	29	30	29	28	32	32	–
2.教练员	人	10144	15379	19960	22642	25527	26194	24719	–
其中：理论教练员	人	404	462	975	438	583	598	630	–
驾驶操作教练员	人	9541	14665	19299	22140	24893	25699	23868	–
3.培训人次	人次	451923	607928	632289	729711	706291	735863	735953	–
五、汽车租赁									
1.汽车租赁业户	户	–	–	–	–	–	–	–	–
2.汽车租赁从业人员	人	–	–	–	–	–	–	–	–
3.租赁车辆数量	辆	–	–	–	–	–	–	–	–
客车	辆	–	–	–	–	–	–	–	–
货车	辆	–	–	–	–	–	–	–	–
六、道路客运班线									
1.客运班线	条	4702	4895	4756	5204	5917	5452	5148	–
其中：高速公路	条	754	833	906	1018	1356	1174	1266	–
2.客运班线平均日发班次	班次/日	82115	87510	63734	62137	55384	47575	43525	–
其中：高速公路	班次/日	4273	3928	4246	4924	5990	5404	5390	–
七、农村道路客运									
1.客车通达情况									
乡镇	个	855	855	855	855	848	855	843	
其中：通客运班车的乡镇	个	853	855	855	855	848	855	843	–
建制村	个	8741	8741	8741	8741	8268	8741	8741	–
其中：通客运班车的建制村	个	7150	6982	7253	7693	7299	8232	8531	–
2.农村客运站	个	2431	3455	4697	5528	6714	8123	8516	–
其中：等级客运站	个	–	245	241	247	276	309	287	–
3.农村客运线路	条	2689	2918	3040	3307	3505	3497	3556	–
平均日发班次	班次/日	36479	38906	38410	39378	37160	33997	31693	–
4.农村旅客运输量									
客运量	万人	40233	47279	47323	36344	31757	31107	23363	–
旅客周转量	亿人公里	77.79	92.27	95.39	99.38	94.94	85.37	82.67	–

新中国成立70年重庆水运系统主要指标数据统计表

项　目	单　位	1995年	2000年	2005年	2008年	2009年	2010年	2011年
一、航道和设备								
1. 内河航道通航里程	公里	2429	3004	4222	4337	4451	4451	4451
其中：等级航道	公里	–	1448	1819	1819	1866	1866	1866
2. 营业性民用运输船舶拥有量								
轮驳船：艘数	艘	6330	4872	4052	4257	4139	4368	4160
净载重量	万吨位	–	90.2	239.9	339.7	360.3	421.4	460.2
载客量	万客位	–	15.90	11.64	13.12	12.12	11.80	10.07
3. 港口码头泊位	个	–	1221	1392	1221	1184	1205	1244
4. 规模以上港口生产用码头泊位	个	–	–	1115	870	833	853	880
二、运输量和吞吐量								
1. 水路客、货运输量								
客运量	万人	3352.0	2425.0	1388.0	1578.0	1226.0	1277.0	1322.0
旅客周转量	万人公里	465610.0	311800.0	117497.0	99870.0	103577.0	102092.0	110652.0
货运量	万吨	1582.0	1526.0	3896.0	6971.0	7771.0	9660.0	11762.0
货物周转量	亿吨公里	123.1	122.8	400.5	865.6	968.4	1219.3	1557.7
2. 水路集装箱运输量								
水路集装箱箱运量	万标箱	–	–	40	67	69	72	62
水路集装箱货运量	万吨	–	–	450	864	916	1051	836
3. 港口货物吞吐量	万吨	853	2448	5251	7892	8612	9668	11606
三、水运建设投资								
1. 水运总投资	万元	–	11264	162172	350714	302013	309660	369429
航道及航标建设	万元	–	2500	57148	158623	115032	140675	125672
港　口	万元	–	6552	57542	179317	186981	168985	243757
2. 新增生产能力								
港口码头泊位个数	个	–	–	–	11	1	–	–

项　目	单　位	2012年	2013年	2014年	2015年	2016年	2017年	2018年
一、航道和设备								
1. 内河航道通航里程	公里	4451	4451	4451	4451	4472	4472	4472
其中：等级航道	公里	1866	1866	1866	1866	1917	1917	1917
2. 营业性民用运输船舶拥有量								
轮驳船：艘数	艘	4011	3700	3531	3566	3368	2936	2806
净载重量	万吨位	510.2	520.1	548.7	625.0	641.9	671.0	718.0
载客量	万客位	9.35	8.34	7.48	7.04	5.64	4.30	4.00
3. 港口码头泊位	个	1241	1236	1185	1175	1176	1101	–
4. 规模以上港口生产用码头泊位	个	877	869	824	812	813	741	804
二、运输量和吞吐量								
1. 水路客、货运输量								
客运量	万人	1255.6	689.0	712.0	732.0	750.0	866.0	731.0
旅客周转量	万人公里	113163.7	72561.0	75659.0	60760.0	51000.6	56804.0	55856.0
货运量	万吨	12874.5	12924.0	14117.0	15039.6	16656.0	18506.0	19452.0
货物周转量	亿吨公里	1739.9	1420.4	1631.3	1700.1	1878.3	2125.7	2237.8
2. 水路集装箱运输量								
水路集装箱箱运量	万标箱	66	86	84	74	79	–	–
水路集装箱货运量	万吨	797	1086	1103	981	1039	–	–
3. 港口货物吞吐量	万吨	12502	13676	14665	15680	17372	19722	–
三、水运建设投资								
1. 水运总投资	万元	301915	320843	280841	280462	291798	348367	–
航道及航标建设	万元	90687	56957	43308	47078	43970	51540	–
港　口	万元	191228	249186	204593	190695	229750	285187	–
2. 新增生产能力								
港口码头泊位个数	个	–	3	10	–	2	–	–

（文/图　重庆市交通局）

四川省

【概 述】70年前，四川仅有破烂不堪的公路8581公里，公路在跨越大江大河时大多以渡为桥，为数不多的小桥、涵洞也多为石、木所建；内河航运多是依赖自然河道通航，利用天然港口靠船，航道缺乏整治，港口疏于建设，船舶修造工业薄弱，内河航运面貌十分落后。70年后，全省公路总里程达33.2万公里。其中，高速公路建成总里程7238公里；建成和在建总里程超过1万公里。至2018年，全省共有通航河流176条，通航水库、湖泊147个，通航里程10540公里，七级以上航道4220公里，四级以上高等级航道1532公里。集装箱吞吐能力达到233万标箱，规模以上港口6个，1000吨级泊位47个。四川交通运输系统强力推进以立体交通为重点的开放大通道建设，统筹实施综合交通建设三年行动计划，加快构建现代综合交通运输体系，形成陆海互济、东西畅达、南北贯通的“四向八廊”战略性综合交通走廊和对外经济走廊。

【公路建设与发展】1949年底，四川省（含西康省）公路总里程8581公里，因失养及战争损毁，能通车的公路不足50%。新中国成立70年来，特别是改革开放40年的公路交通发展历程，实现四川公路的快速发展。至2018年底，四川公路总里程达到331592公里。其中国道22462公里，省道23405公里，国省道中含高速公路7131公里。等级公路占总里程的91.93%，国省道二级及二级以上公路占国省道总里程的50.44%，有铺装和简易铺装路面占总里程的85.92%。公路桥梁42631座3045993延米。公路隧道1281处1547389米。公路渡口176处，其中机动渡口101处。

1.高速公路。1990年9月，国家“八五”重点公路工程——四川省首条高速公路成渝高速公路正式开工，1995年9月，成渝高速公路建成通车，全长340.2公里。随后，四川以空前的建设规模和超常规的发展速度，全力搭建高速公路主骨架，建成成（都）绵（阳）、成都城北出口、成都机场、内宜、成（都）乐（山）、成（都）灌（都江堰）、国道108线泸（沽）黄（联关）段、隆（昌）纳（溪）、成（都）雅（安）、达州—重庆高速公路罗（江）大（竹）段、广（安）邻（水）等11条高速公路，通车里程达1000公里。同时，先后组建成立四川高速公路建设开发总公司和四川智能交通系统管理有限责任公司，对高速公路进行“建、管、养、营”一体化管理。

“十五”期间，按照“内联市县、外接周边、通江达海”的总要求，四川加速建设省内高速公路主骨架和进出川主通道，建成成（都）南（充）、绵（阳）广（元）、南（充）广（安）、达（州）渝（重庆）、成都绕城、成（都）彭（县）、成（都）温（江）邛（崃）等高速公路759公里，建成4条进出川快速通道，17个市（州）通高速公路；“十一五”期间，四川以构建枢纽、打开通道、完善路网、支撑高地为主要目标，以项目投资为总抓手，明确以“多个积极性、多元主体、多种方式”为主要特点的交通创新发展之路，大力推行高速公路BOT建设模式，抢抓机遇，开拓创新，攻坚克难，推动四川交通运输实现历史性突破，高速公路建设、运营、管理主体由单一国有企业向多元化主体迅速转变。全省建成和在建高速公路总里程达到5893公里，高速公路覆盖区域的人口、GDP约占全省总量的80%左右。高速公路主骨架网络初步形成。与此同时，四川交通运输系统先后成立高速公路交通执法支队、高速公路交通执法总队和高速公路监控结算中心，负责高速公路交通执法和清分结算等业务；四川智能交通系统管理有限责任公司随四川高速公路建设开发总公司纳入省交投集团划归省国资委管理。

“十二五”以来，累计建成新通车高速公路约4500公里，通车总里程达7130公里；70余个高速公路通车项目贯通21个市（州）126个县（市、区），18条出川大通道连接周边5个省（市），省内高速公路网络不断加密完善，交通主通道、大动脉基础性地位得到进一步提升。

2.国省干线公路。1950年1月，抢通川康、康青公路，新建康藏公路。1954年12月25日，川藏、青藏公路同时建成通车。在建设和养护公路历程中，形成和发扬“一不怕苦、二不怕死、顽强拼搏、甘当路石、军民一家、民族团结”的“两路”精神。同期，新建通往阿坝州的成阿公路和从宜宾横贯大小凉山—西昌的宜西公路，结束四川民族地区不通公路的历史，为民族地区的和平解放、民主改革和经济社会建设发挥重要作用。1978年12月，党的十一届三中全会确立“一个中心，两个基本点”的基本路线，四川公路行业的主要任务是以服务经济建设为中心，进一步加快公路建设，不断突破公路交通对经济社会发展的“瓶颈”制约。实现修路与改路并举、

国道318线四川甘孜折多山路段。

普及与提高并举以提高为主的方针，使公路由“数量型”向“质量型”方向发展。在全省推广南充收回公路留地，加宽改造公路的经验。1983年—1985年期间，全省拓宽公路3万多公里。特别是眉山县动员13万群众，对全县公路进行全面整治，促进城乡经济的快速发展，顺应人民群众“要想富，先修路”的迫切要求。1984年3月，中共中央书记处调研室《情况通报》发表“四川眉山组织群众整修公路”调研文章，人民日报发表《修致富路》的评论员文章。同年12月，交通部在眉山召开现场会，向全国公路交通系统推广眉山整修公路的经验。

1982年10月，四川省第一座长江公路大桥——泸州长江大桥竣工。

2018年1月3日，四川雅西高速拖乌山路段遭遇通车以来最强降雪。

20世纪80年代，随着改革开放的推进和经济社会的发展，交通基础设施对国民经济发展的“瓶颈”制约进一步加剧。国家开始划定国家干线公路，同时四川省也划定省级干线公路，作为重点公路建设。国家和省编制公路网中长期规划有两次，分别是1991年—2020年、2013年—2030年。这两次路网规划，对其后的各个五年计划和专项工程计划起着重要作用。四川境内的国、省干线公路第一次中长期规划后，1997年因重庆市、万县市、涪陵市、黔江市地区合并设立重庆直辖市，四川行政区划发生重大变化。2000年，全国第二次公路普查资料显示：四川境内国道主干线2条626公里，支线1条44.6公里，国道8条6087公里；省道36条11620公里。第一次中长期规划，到2030年，四川境内在原有8条普通国道的基础上，新增24条（7条纵线、8条横线、9条联络线），普通国道规模调增为1.8公里。省道网路线，成都放射线8条、北南纵线21条、东西横线15条、联络线71条、达到2.3万公里。

自20世纪80年代开始，有计划、有步骤地对国省干线公路进行加宽改造。相继实施成灌、成温、成新、乐峨、川黔路四川段、汉渝路红双段以及全省16个大中城市进出口公路的加宽改造。开工成渝、大纳、绵江和“大件”运输公路的建设。进入90年代，以高等级公路建设为重点，实施成渝、川陕、内宜、达渝、泸纳、成灌、泸黄、成雅、广邻等高速公路建设，到2000年全省高速公路通车里程达1000公里。二郎山公路隧道建成通车。完成川藏公路南、北线油路工程。开工万县、涪陵长江大桥的修建。地方收费公路建设也是发展最快的时期。

进入21世纪，前10年实施甘孜、阿坝、凉山三州通县公路建设，改造国道318线二郎山—康定、海子山—竹巴龙一级公路，建成国道319线和国道210线两条部级文明样板路，开工“5·12”汶川地震灾后恢复重建项目以及藏区、彝区通道建设。2011年—2018年，围绕增强进出川通道和省内干线公路互联互通能力，服务奔小康的社会发展，提升路网整体服务水平。在国省干线建设方面，实施《四川省干线公路联网畅通工程实施方案》《甘孜州2013年—2015年公路建设推进方案》《四川省干线公路大中修工程》《四川省普通国道提档升级建设推进方案2015年—2020年》。

全省国省干线公路建设，按照规划目标，围绕构建西部综合交通枢纽，加快同周边云南、贵州、重庆、陕西、甘肃、青海、西藏等七省市公路大通道建设。省内以成都市为中心辐射五大经济区、四大城市群为枢纽，加快周边市（县）的国省干线公路改造。实施改造的重点：一是提高公路技术等级，拓宽路基，改善线型和纵坡，完善防护及排水设施，提高公路抗灾能力；二是实施路基补强，合理选择路面结构和施工工艺措施，增强路面承载能力，延长使用寿命，提高行驶舒适性；三是对国省干线公路改造路段上的四、五类危桥及荷载等级、宽度与路线技术等级不匹配的桥梁同步进行改造，消除安全隐患，提高通行能力。

至2018年底，四川国省干线公路里程达到45867公里，其中国道22462公里、省道23405公里。分别占2013年—2030年中长期发展规划的86.34%、67%。

3.农村公路。1958年，推广江油县“一网四化”的经验，在全省迅速掀起群众性建设公路高潮，仅1958年—1960年

3年间，动员数以万计的民工，新建公路1.7万多公里，改建公路7662公里。这个时期所修公路标准低，质量差。但在客观上也促进四川县乡公路的大发展，达到97%的县通了公路。

改革开放的四川农村公路，经过20世纪80年代的民工建勤，民办公助，群众性的加宽改造公路热潮；粮棉布、中低档工业品、工业品“以工代赈”修路建桥，帮助贫困山区发展公路交通；公路建设“大包干”以及在全省公路养护系统推行公路“三年变样，十年变畅”的目标责任制。到2002年农村公路达到93485公里，占全省公路总里程的83.54%。通公路的乡（镇）5037个，占乡（镇）比例的98.83%，不通公路的乡（镇）还有59个，均集中在甘孜、阿坝、凉山三州民族地区。通公路的建制村54897个，占建制村比例的84.18%，还有不通公路的建制村8686个。

2003年，四川积极响应交通部提出的“修好农村路，服务城镇化，让农民兄弟走上油路和水泥路”的号召。省政府连续三年召开农村公路建设现场会：2003年在邛崃市召开，研究如何加快四川省农村公路建设，提高农村公路网的整体水平；2004年再次在邛崃市召开农村公路建设现场会，确立建设与养护并重的思路；2005年在广元市元坝区召开农村公路发展现场会，推广元坝区农村公路“建、养、管、运一体化”的新模式。从“加快发展”到“建养并重”再到“建、养、管、运一体化”，四川农村公路的发展走上全面、协调、可持续的发展之路，充分发挥农村公路的效益。

2006年四川省人民政府出台《关于加快四川农村公路发展的实施意见》，明确建设任务及相关政策措施。并推出农村公路建设的“四项机制”：一是构建自上而下的宣传动员机制，充分发挥政府的主导作用；二是构建自下而上的民主决策机制，充分发挥农民群众在农村公路建设中的主体作用；三是构建公开透明的群众监督管理机制，弥补政府监管力量的不足；四是构建全社会支持和参与的援助机制，弥补农村公路建设资金的不足。在落实“四项机制”的过程中，总结推广“仪陇经验”：村支部行使领导权、村民大会行使决策权、村委会行使执行权、村民行使监督权。“四权管理模式”已成为全省通村公路建设的基本管理模式。

2003年—2005年，新建农村公路5.5万公里（含村道），基本实现全省乡乡通公路。“十一五”时期，抓住国家实施西部大开发和新农村建设的历史机遇，争取中央支持，落实11.9万公里农村公路建设项目。“十二五”时期，实施《四川省2013年—2015年农村公路改善工程》《四川省2015年—2017年农村公路改善工程》《四川省2015年—2017年农村公路改善提升工程实施方案》。还在脱贫攻坚战中，为民族地区、贫困地区完成77座溜索改桥的建设任务，全面结束“溜索时代”。农村公路是农村经济社会发展的重要基础设施，围绕“建好、管好、护好、运营好”目标。以示范县创建为载体，推进“四好农村路”建设，服务乡村振兴战略。2017年10月1日起施行的《四川省农村公路条例》，对农村公路的规划、建设、管理、养护和运营等活动，都进入依法行政、规范管理的法制轨道。

至2018年底，四川农村公路总里程达到285725公里，其中县道22695公里、乡道50036公里、专用道4799公里、村道208195公里。实现全省乡镇通达率100%，通畅率99.93%；建制村通达率100%，通畅率99.95%。

4.客货运输。新中国成立之初，全省道路运输仅有客货汽车4200余辆，89%的货运量是靠为数众多的人畜力运输工具完成的，汽车完成的运量仅占公路总货运量的11%。到20世纪70年代末，四川公路运输已进入以汽车运输为主的时期，汽车货运量占公路总货运量比重上升到50.2%。改革开放以来，四川汽车运输企业生产经营走上正轨。1985年4月1日，省运输公司行政机构改为四川省交通厅公路运输管理局，行使四川省公路运输行业的行政管理职权，负责全行业的指导、统筹、协调、服务、监督。厅运管局的成立，标志着四川省公路运输行业管理的起步。1987年，四川省第一个公路客运地方性行政规章——《四川省公路客运管理暂行办法》发布实施，随后省交通厅陆续制订《四川省公路运输业经营许可证使用管理实施办法》等7个配套文件，至此，四川公路运输行业管理开始实现依法管理。1989年，省交通厅制订《四川省公路运输行业经营许可年审规定》，开全国公路运输行业年审先河。同年，成都市城北客运中心成为全国第一个开放型车站。1990年，厅运管局首次组织开展运政稽查。同年，厅运管局成立交通战备领导小组，下设交通战备办公室。在“多家办、一家管”为基本特征的行业管理模式下，四川公路运输市场呈现出前所未有的活力。“七五”期间，四川公路完成总货运量50976万吨，人畜力货运量仅占1%，机动车货运量占99%，夜行客运班车发展到17条线路、52个班次。

“八五”期间，1994年，省交通厅下发《关于四川省公路运输企业转机建制工作的意见》，积极指导运输企业结合行业特点转换经营机制，探索建立现代企业制度。用客附费（公路客运附加费）新建成的所有汽车客运站对外开放，客运网点逐步完善，客运站全面实行站级核定挂牌经营。1995年7月，四川第一个中外合资的汽车客运站——成都汽车总站建成使用。四川推行营运客车驾驶员准驾证制度，机动车驾驶培训学校移交交通部门管理工作正式展开，首次在全国开创出租汽车顶灯、车身标志、服务证、计价器、基础台账“五统一”模式，并在全省推行汽车维修合同制度和营运车辆“汽车维修卡”制度。一系列行业管理制度的制订实施，为四川公路运输业的健康、有序发展提供制度化保障。

“九五”期间，1996年，四川省道路运输行业的第一部地方性法规《四川省道路运输管理条例》通过省人大常委会审议并经省人民政府颁布。1997年，四川率先在全国开展道路客运企业资质等级评审，初步建立起道路客运企业的市场准入机制。2000年7月，四川道路客运企业资质等级评审得到交通部的肯定和推广。从2000年开始，四川三级以上汽车客运站均实行运政驻站管理。在此期间，驾驶培训学校纳入行业管理工作稳步推进，驾驶培训、搬运装卸、汽车租赁等道路运输服务业发展较快，成为新的运输经济增长点。至2000年底，四川运输经营业户达37万户，营运汽车达31.5万辆，比1995年增长84%。年道路客运量13.27亿人、旅客周转量361.29亿人公里。四川跨省超长客运班线发展到205条，参营客车达3000多辆，辐射全国20个省(直辖市、自治区)，最长的班线里程达3700公里。

“十五”期间，2001年，交通部发布《道路货物运输企业经营资质管理办法(试行)》，全国开始推行道路客、货运企业资质等级评定，当年，四川出租汽车运力新增实行听证制，汽车驾驶培训学校由交通部门统一管理。2002年，四川首创的“三把关一监督”制度被交通部正式确定为全国交通部门道路运输安全管理的工作原则。2005年，省物价局形成《四川省道路旅客运输价格改革方案》，首次建立起道路旅客运输价格和燃油价格变动的联动机制。

“十一五”期间，随着道路运输企业改制的不断深入，四川近300户道路运输企业改制为股份制公司。五粮液安吉物流、长虹物流、远成物流、蚂蚁物流以及四川中邮物流等一批大型物流企业蓬勃发展。2009年，四川富临运业公司成功上市，成为全国首家民营道路运输上市企业。这一时期，成都—西安、西昌—攀枝花营运线路上开创线路股份公司统一经营的新模式。在驾驶培训中开始推广应用多媒体、模拟驾驶器、学时记录仪等现代化教学设备。在2008年“5·12”抗震救灾中，道路运输行业创造新中国成立以来道路应急运输保障跨省市调集客运车辆规模最大、运送人员量最高的历史纪录。全省累计调集应急客车19799辆、应急货车46095辆，运送救灾人员和转运受灾群众约110万人、运送救灾物资约47.3万吨。

经过70年的发展，至2018年底，全省营业性汽车发展到近70万辆，是1949年的167倍，其中营业性客车4.84万辆、营业性货车57.2万辆、巡游出租汽车4.3万辆。运输装备提档加速，中高级营业性客车占比达59.5%，重型货车占比达34.8%，运输组织方式更加科学集约，甩挂运输、多式联运、无车承运等先进运输方式快速发展。公交优先战略大力实施，城市公交覆盖所有市(州)政府所在地城市和93%的县级城市，城市公交年运输量41亿人次。成都市、泸州市、自贡市、眉山市被交通运输部先后列入国家“公交都市”创建城市。巡游出租汽车覆盖全省所有市(州)政府所在地城市和97%的县级城市，年运输量17亿人次。场站网络体系基本建立，等级客运站1945个。全省建制村通客车率达到88.8%，内地县(市、区)二级以上客运站覆盖率98.5%，三州地区县(市、区)三级以上客运站全覆盖，“全覆盖”客运枢纽覆盖全省90%的营运高铁站。2018年，全省公路运输客运量、货运量分别达8.1亿人、15.8亿吨，在全省综合交通运输体系中分别占到83.6%、90%。通过公共交通、城市客运和公路客运，道路运输领域每天承担全省2100万人次的群众出行任务。

【水运建设与发展】 新中国成立之初，四川内河航运多是依赖自然河道通航，利用天然港口靠船，航道缺乏整治，港口疏于建设，船舶修造工业薄弱，整个四川内河航运的面貌十分落后。全省只有130多艘小轮船，行驶区域也只能在通航条件稍好的长江干线和嘉陵江合川以下与金沙江屏山以下，总计1198公里航线上，其余1万余公里内河航道无任何助航或导航设施，仍处于自然状态。滩多水险，不通轮船，只能靠10万船工驾驶40多万吨木船运输物资。

新中国的成立，揭开四川内河航运发展的新篇章。1950年，四川初建重庆港九龙坡码头。从1953年起，交通部和各级政府先后组织对长江干流和运输任务重的支流开展重点建设。由交通部投资整治长江“日航困难，夜航危险”的航段，配置“锁链”式航标，使重庆—宜昌的轮船实现分段夜航，适应每年100多万吨粮食外调和大批工业进川运输的需要；由省投资将金沙江屏山—新市镇，乌江涪陵—彭水，岷江乐山—宜宾开辟为轮船航道，同时大力开辟和整治小河支流，使其与干流衔接。从1952年—1957年，全省共整治26条小河1385公里。

改革开放以来，四川水运紧紧抓住西部大开发等重大历史机遇，不断深化改革，调整行业结构，转变发展方式，注重水运创新，强化行业管理，水路交通运输面貌发生翻天覆地的变化。至2018年底，全省内河航道通航里程达到10540公里，等级航道1831公里，年完成客运量1991万人、旅客周转量19058万人公里，货运量6862万吨、货物周转量270.00亿吨公里。一是水运航道日益通达。长江宜宾段以下航道实现三级航道昼夜通航；嘉陵江川境段14个梯级枢纽已全部建设完成并实现正常蓄水，全年可通行500吨级船舶，丰水期可通过1000吨级船舶。岷江作为全省重大装备运输的唯一水运通道，“十三五”期全面展开渠化梯级建设，其中犍为、龙溪口航电枢纽开工建设；渠江四九滩以下航道完成航道整治提升为三级航道，其余航道除风洞子梯级航道段外已达到四级航道标准；金沙江下段各梯级电站陆续建成蓄水，已形成350公里库区高等级深水航道，可供1000吨级船舶通行；沱江及涪江下游加快复航。二是运输服务能力日益提升。相继规划建设泸州港、宜宾港、乐山港、广元港、南充港、广安港6个重点港口，全省港口吞吐能力达到233万标箱。全省省际运输船舶441艘，千吨级船舶304艘、平均吨位3070吨，过三峡船闸船舶标准化率88%，船舶大型化、标准化发展趋势明显。全省有省际水运企业79家，万吨以上水运企业31家，最大规模企业达23万载重吨。三是水上交通安全形势持续稳定。通过实施水上交通安全监测巡航救助一体化建设，落实安全监管责任，提升安全监管信息化水平，推行安全监管标准化，2007以来全省已连续12年将水上交通安全事故死亡人数控制在个位数。

新中国成立70年四川公路系统主要指标数据统计表

项 目	单 位	1949年	1960年	1970年	1978年	1985年	1990年	1995年	2000年	2005年
1.线路及设备										
（1）公路线路里程	公里	8581	32856	48497	82391	91099	97234	100724	90875	114694
其中：高速公路	公里	–	–	–	–	–	–	–	1000	1758
国道	公里	–	11856	11459	11131	11278	7254	7594	6637	6606
其中：国家高速	公里	–	–	–	–	–	–	–	902	–
省道	公里				–	–	11293	11299	11620	11984
县道	公里	–	17720	32179	63982	76633	37374	37600	30925	36411
乡道	公里	–	–	–	–	–	38570	41475	38429	51924
专用公路	公里	–	3280	4859	7278	3188	2743	2756	3264	7770
村道	公里	–	–	–	–	–	–	–	–	–
有铺装路面	公里	–	32768	45870	74790	82126	90424	94490	85557	28379
其中：沥青混凝土	公里	–	18	753	6890	9109	11447	658	2432	7526
水泥混凝土	公里	–	–	–	–	–	–	3830	11700	20853
简易铺装路面	公里	–	–	–	–	–	–	90002	71425	19741
未铺装路面	公里	–	–	–	–	–	–	6234	5318	66573
（2）公路桥梁	座	–	–	–	–	–	15398	16599	15005	18824
	米	–	–	–	–	–	453927	518053	520665	726368
（3）公路隧道	处	–	–	–	–	–	–	94	91	130
	米	–	–	–	–	–	–	19632	34417	58381
（4）公路渡口	处	–	124	117	104	93	86	78	40	43
其中：机动渡口	处	–	30	46	56	55	51	49	19	29
2. 公路建设投资										
（1）公路总投资	亿元	–	–	“三五”	–	“六五”	“七五”	“八五”	“九五”	“十五”
内：线路及桥梁	亿元	–	–	2.6	–	3.7	15.3	157.5	514.4	690.0
（2）新增生产能力										
新建公路里程	公里	–	2709.0	2232.0	6291.0	2656.0	579.0	722.0	1557.0	1651.0
改建公路里程	公里	–	–	–	–	–	–	–	–	–

项 目	单 位	2010年	2011年	2012年	2013年	2014年	2015年	2016年	2017年	2018年
1.线路及设备										
（1）公路线路里程	公里	266082	283268	293499	301816	309742	315582	324137	329950	331592
其中：高速公路	公里	2681	3009	4334	5046	5505	6019	6523	6821	7131
国道	公里	7618	7948	8505	8753	8749	8747	22059	22229	22462
其中：国家高速	公里	–	–	–	3208	–	–	–	–	–
省道	公里	11734	11734	12442	12903	13335	13841	4695	4783	23405
县道	公里	40384	40552	40664	40685	40744	40759	37959	38007	22695
乡道	公里	49980	51498	52050	52158	52438	52502	52218	52440	50036
专用公路	公里	4932	4886	4920	5091	5099	5127	5084	5037	4799
村道	公里	151433	166649	174918	182225	189378	194606	202121	207454	208195
有铺装路面	公里	129418	141316	158158	151651	188166	205078	227381	259206	270909
其中：沥青混凝土	公里	23418	25200	28655	29981	32420	35614	38844	43165	50235
水泥混凝土	公里	81726	93292	108326	121671	134130	147716	168605	198585	220674
简易铺装路面	公里	24273	22823	21177	21664	21616	21748	19931	17455	14010
未铺装路面	公里	136664	141952	135341	128500	121576	110504	96756	70744	46672
（2）公路桥梁	座	33303	34168	35734	36776	38029	38635	40354	41525	42631
	米	1368222	1509028	1867587	2043312	2336198	2430089	2688744	2889295	3045993
（3）公路隧道	处	372	433	593	675	821	858	1026	1089	1281
	米	250169	292652	554661	666826	854587	899354	1058744	1081690	1547389
（4）公路渡口	处	169	153	149	209	213	208	187	186	176
其中：机动渡口	处	97	96	92	124	124	122	108	108	101
2. 公路建设投资										
（1）公路总投资	亿元	“十一五”	–	–	–	–	“十二五”	720.5	713.5	806.3
内：线路及桥梁	亿元	2027.9	–	–	–	–	2867.0	–	–	–
（2）新增生产能力										
新建公路里程	公里	16914.0	17186.0	10231.0	8317.0	7926.0	5840.0	8555.0	5813.0	1642.0
改建公路里程	公里	–	–	–	–	–	–	–	–	–

新中国成立70年四川道路运输系统主要指标数据统计表（一）

指　标	单　位	2005年	2006年	2007年	2008年	2009年	2010年	2011年
一、道路运输从业人员	人	895475	900582	931382	1010929	1093771	1138084	1198103
道路旅客运输经营从业人员	人	211979	232846	209655	230433	211458	173614	181055
道路货物运输经营从业人员	人	487287	477412	516040	567578	666097	738648	780654
站（场）经营从业人员	人	–	25820	23816	24033	24515	23000	23297
二、道路客、货运站	个	729	1077	1354	1521	1746	1997	2072
1.客运站	个	718	1073	1347	1515	1732	1981	2048
一级站	个	37	40	41	42	43	45	47
二级站	个	123	130	131	137	133	135	141
三级站	个	150	199	187	172	170	151	149
四级站	个	277	374	429	464	460	479	502
五级站	个	131	330	559	700	926	1171	1209
2.货运站	个	11	4	7	6	14	16	24
一级站	个	–	–	–	–	–	–	7
二级站	个	2	–	–	–	1	–	–
三级站	个	1	1	2	1	1	3	2
四级站	个	8	3	5	5	12	13	15
三、机动车维修业及汽车综合性能检测站								
1.机动车维修业业户	户	22634	22232	22331	23337	24462	25303	26406
其中：汽车维修	户	18571	18397	18375	19114	19803	20394	21500
一类汽车维修	户	623	623	588	573	562	636	674
二类汽车维修	户	3475	3505	3373	3468	3587	3791	3910
三类汽车维修	户	14473	14269	14414	15073	15464	15967	16916
2.汽车综合性能检测站	个	40	41	43	67	75	76	82
四、机动车驾驶员培训								
1.机动车驾驶员培训业户	户	247	298	334	345	378	382	402
其中：普通机动车驾驶员培训	户	247	298	333	340	378	382	402
道路运输驾驶员从业资格培训	户	–	132	86	84	91	79	86
2.教练员	人	–	11173	12633	14593	18627	22165	25845
其中：理论教练员	人	–	1349	1501	1733	2320	2766	3006
驾驶操作教练员	人	–	9444	10802	12535	16377	19241	22692
3.培训人次	人次	458671	593820	633717	984504	1265911	1047556	1043218
五、汽车租赁								
1.汽车租赁业户	户	–	–	–	–	–	241	257
2.汽车租赁从业人员	人	–	–	–	–	–	870	907
3.租赁车辆数量	辆	–	–	–	–	–	2592	2055
客车	辆	–	–	–	–	–	2592	2051
货车	辆					–	–	4
六、道路客运班线								
1.客运班线	条	8308	8847	9128	9306	10074	10221	10584
其中：高速公路	条	–	727	769	805	1109	1466	1472
2.客运班线平均日发班次	班次/日	91187	114187	113932	119206	125723	122150	124962
其中：高速公路	班次/日	–	4563	4778	5528	6495	6744	7077
七、农村道路客运								
1.客车通达情况								
乡镇	个	4783	4544	4411	4409	4447	4407	4487
其中：通客运班车的乡镇	个	4157	4130	4098	4090	4123	4130	4208
建制村	个	51057	50182	48036	48078	47599	47896	48745
其中：通客运班车的建制村	个	32219	32663	31808	33076	33614	35655	36682
2.农村客运站	个	–	1151	2650	3727	4619	4850	4877
其中：等级客运站	个	–	–	–	–	–	–	–
3.农村客运线路	条	–	4547	5307	6099	6144	6317	6621
平均日发班次	班次/日	–	58869	65550	75790	81869	85758	87327
4.农村旅客运输量								
客运量	万人	–	–	–	–	–	–	–
旅客周转量	亿人公里	–	–	–	–	–	–	–

新中国成立70年四川道路运输系统主要指标数据统计表（二）

指标	单位	2012年	2013年	2014年	2015年	2016年	2017年	2018年
一、道路运输从业人员	人	1259511	1288049	1304407	1277894	1261781	1262947	1195706
道路旅客运输经营从业人员	人	193833	202122	199217	189128	178317	172965	167203
道路货物运输经营从业人员	人	814805	813459	830660	811134	805290	812657	758912
站（场）经营从业人员	人	23288	23827	23081	21942	21317	19809	19041
二、道路客、货运站	个	2108	2131	2120	2000	2061	1581	1961
1.客运站	个	2091	2119	2106	1986	2044	1564	1945
一级站	个	53	55	54	55	56	56	55
二级站	个	135	134	138	139	140	142	140
三级站	个	138	135	127	138	138	127	111
四级站	个	513	528	503	462	487	438	482
五级站	个	1252	1267	1284	1192	1223	801	1157
2.货运站	个	17	12	14	14	17	17	16
一级站	个	8	7	9	10	12	12	11
二级站	个	1	1	1	0	1	1	1
三级站	个	3	1	1	1	1	1	1
四级站	个	5	3	3	3	3	3	3
三、机动车维修业及汽车综合性能检测站								
1.机动车维修业户	户	27300	29261	29664	29691	30105	31307	31961
其中：汽车维修	户	22399	24455	25128	25134	25630	27107	28217
一类汽车维修	户	713	798	824	873	960	961	952
二类汽车维修	户	4162	4524	4672	4726	4963	4791	4994
三类汽车维修	户	17524	19133	19632	19535	19707	21355	22271
2.汽车综合性能检测站	个	88	100	114	132	165	153	209
四、机动车驾驶员培训								
1.机动车驾驶员培训业户	户	443	465	473	516	595	689	757
其中：普通机动车驾驶员培训	户	443	465	473	516	595	689	757
道路运输驾驶员从业资格培训	户	63	67	63	65	64	69	66
2.教练员	人	30480	38173	47703	54535	54898	54349	46257
其中：理论教练员	人	3157	3506	3604	3607	3939	4159	3088
驾驶操作教练员	人	27253	34625	44332	51523	50930	50119	43205
3.培训人次	人次	1410314	1145576	1638210	1906184	1609742	1719601	1557341
五、汽车租赁								
1.汽车租赁业户	户	183	144	142	134	191	201	238
2.汽车租赁从业人员	人	665	550	470	383	863	1569	2162
3.租赁车辆数量	辆	1480	1383	1355	627	1930	2954	3774
客车	辆	1480	1383	1355	627	1927	2844	3774
货车	辆	–	–	–	0	3	110	–
六、道路客运班线								
1.客运班线	条	10977	11354	11579	11618	11450	11221	10884
其中：高速公路	条	1690	1979	2054	2255	2326	2204	2526
2.客运班线平均日发班次	班次/日	130429	134027	138597	138136	128131	121496	114263
其中：高速公路	班次/日	8013	10101	10463	10401	9821	9325	9298
七、农村道路客运								
1.客车通达情况								
乡镇	个	4488	4487	4510	4510	4483	4483	4444
其中：通客运班车的乡镇	个	4150	4213	4271	4284	4258	4290	4200
建制村	个	48672	48703	48393	48328	48179	48160	47296
其中：通客运班车的建制村	个	36982	37342	37620	37957	38622	40600	42001
2.农村客运站	个	5798	5874	5792	5859	7557	21129	22000
其中：等级客运站	个	–	–	–	–	–	–	–
3.农村客运线路	条	7145	7549	8051	7996	7498	7218	7393
平均日发班次	班次/日	93114	100620	103385	104221	93883	89194	86089
4.农村旅客运输量								
客运量	万人	–	–	–	–	–	–	–
旅客周转量	亿人公里	–	–	–	–	–	–	–

新中国成立70年四川水运系统主要指标数据统计表

项　目	单　位	1950年	1965年	1978年	1985年	2000年	2005年	2010年
一、航道和设备								
1. 内河航道通航里程	公里	–	13039	–	7998	6291	11726	11003
其中：等级航道	公里	–	–	–	–	3873	4026	4026
2. 营业性民用运输船舶拥有量								
轮驳船：艘数	艘	6	125	3224	2635	9815	9808	8414
净载重量	万吨位	0.02	0.81	16.42	21.80	26.03	45.05	79.16
载客量	万客位	0.09	0.21	1.24	3.50	13.16	15.87	10.95
3. 港口码头泊位	个	–	–	–	–	–	–	2015
4. 规模以上港口生产用码头泊位	个	–	–	–	–	–	–	46
二、运输量和吞吐量								
1. 水路客、货运输量								
客运量	万人	16	559	886	2098	2523	3843	2732
旅客周转量	万人公里	535	4286	9097	21050	34255	27820	23084
货运量	万吨	179	788	1255	978	2245	2986	5237
货物周转量	亿吨公里	2.57	6.77	9.68	10.31	11.79	31.94	75.10
2. 水路集装箱运输量								
水路集装箱箱运量	万标箱	–	–	–	–	–	2.15	7.02
水路集装箱货运量	万吨	–	–	–	–	–	–	87
3. 港口货物吞吐量	万吨	–	–	–	–	2310	3460	6388
三、水运建设投资								
水运总投资	万元	–	1086	1775	1478	66462	117542	203397
航道及航标建设	万元	–	597	372	379	59339	117022	137212
港　口	万元	–	68	76	342	7123	520	66185

项　目	单　位	2012年	2013年	2014年	2015年	2016年	2017年	2018年
一、航道和设备								
1. 内河航道通航里程	公里	11003	11003	11003	11725	11003	10540	10540
其中：等级航道	公里	4026	4026	4026	4026	4220	1831	1831
2. 营业性民用运输船舶拥有量								
轮驳船：艘数	艘	8885	7614	7642	7489	7265	6466	5316
净载重量	万吨位	104.12	108.64	114.66	118.64	122.09	137.61	133.64
载客量	万客位	9.63	8.68	8.37	8.08	7.73	6.16	4.76
3. 港口码头泊位	个	2085	2082	2149	2144	2106	1946	1830
4. 规模以上港口生产用码头泊位	个	53	54	59	60	60	51	47
二、运输量和吞吐量								
1. 水路客、货运输量								
客运量	万人	3276	3228	2678	2748	2573	2364	1991
旅客周转量	万人公里	27283	26940	26535	26264	24340	22295	19058
货运量	万吨	7161	7247	8361	8688	8131	7750	6862
货物周转量	亿吨公里	103.68	124.27	154.22	183.45	222.71	256.00	270.00
2. 水路集装箱运输量								
水路集装箱箱运量	万标箱	16.05	26.17	44.11	62.08	80.21	93.03	97.32
水路集装箱货运量	万吨	183.32	279.32	499.62	795.76	1069.28	1136.29	1295.73
3. 港口货物吞吐量	万吨	7705	8195	9159	9564	9477	8730	5685
三、水运建设投资								
水运总投资	万元	477087	500524	304618	380533	554272	572048	569788
航道及航标建设	万元	356589	340552	95814	192536	379268	–	–
港　口	万元	120498	159972	208804	131397	129977	–	–

（文/图　四川省交通运输厅）

云南省

【概　述】1950年3月5日，昆明市军事管理委员会交通接管部接管云南全省国民党政府所属的公路、铁路、邮电及运输机构；3月24日，云南省军政委员会和省人民政府成立，随即由军管会交通接管部具体办理省人民政府交通厅筹建工作，厅机关主要由交通接管部及部分原省公路局人员组成。同时，成立云南省公营公路联营处和昆明市运输业联合会，全省私营汽车实行合作联营制；3月，建立中共昆明机场支部委员会；8月，云南省人民政府交通厅成立；8月14日，滇藏公路局成立，负责修建由大理经剑川、中甸至德钦通往西藏的公路；10月，昆明铁路管理局成立。1951年4月1日，西南交通部公路局昆明分局撤销，其下属单位并入云南省交通厅。1954年9月，国营云南省运输公司改组为省交通厅运输局。1956年3月9日，云南省公路修建第一、二施工局合并成立云南省交通厅公路工程局，承担全省干线公路的修建任务；4月1日，在省交通厅养路处的基础上，成立省交通厅公路管理局。1958年2月，交通部公路总局第六工程局与云南省交通厅公路工程局合并成立云南省公路工程局，成为云南省唯一的大型筑路施工企业。1959年1月20日，民航昆明航空站扩编为中国民用航空云南省管理局。1961年5月，省交通厅运输局并入省交通厅，各汽车运输总站及工厂由省交通厅直接领导。1962年1月8日，撤销中共云南省交通厅党组，成立中共云南省交通厅党委。1967年3月9日，解放军昆明部队对省交通厅及所属单位实行军事接管。1969年3月，成立云南省交通系统革命委员会。1969年12月，成立云南省交通局革命委员会。1970年8月1日，昆明铁路局成立昆明、开远两个分局。1970年云南省革命委员会决定，将云南省公安厅昆明监理所与云南省交通局昆明交通管理站合并组建为云南省车辆监管总站，归云南省交通局领导。1973年5月14日，经云南省革命委员会批复，同意云南省交通局下设省公路工程局、省公路管理局。1978年1月，云南省人民政府批准省交通局革命委员会改名为省交通局，下设14个处室，管理运输业务的有运调处、机关企事业车管理处和民间运输处（同年8月改称地县交通处），云南的公路运输进入发展新时期。

1980年5月25日，省交通局更名为省交通厅。1982年1月，省公路工程局与省公路管理局合并，成立云南省公路局，负责全省公路路政管理及国省道、主要经济干线的管理维修养护改善提高，负责承担中央和省投资的公路建设任务等。1982年，成立云南省交通厅公安处及汽车总站公安派出所。1986年1月1日，昆明铁路局撤销并入成都铁路局，云南境内设立昆明、开远两个铁路分局。1996年5月，经省政府批准，省公路养路费征收稽查处改称交通规费征收稽查局（处级）。1997年4月1日，新组建的昆明铁路局成立大会在昆明召开。2001年11月9日，民航云南省局（机场）、云南航空公司、民航昆明空中交通管理中心分立重组。2002年1月11日，云南省交通港航公安局成立，与云南省交通公安处合署办公。2003年9月24日，中华人民共和国澜沧江海事局在昆明成立揭牌，与省地方海事局、省航务管理局实行“三块牌子，一套班子”管理体制。2009年1月12日，云南省交通运输厅成立，除了承担原省交通厅职能外，还将承担起原来由省建设厅指导城市公共客运的职能。2017年11月19日，中国铁路昆明局集团有限公司挂牌成立。2018年12月31日，按照新一轮机构调整改革要求，省交通运输厅完成职能配置、内设机构和人员编制调整，加挂云南省地方民航发展局、云南省地方铁路发展局牌子。

党的十八大以来，云南省交通运输与经济社会的关系已经由“基本缓解”向“初步适应”跨越，迈入高质量发展阶段，开启交通强国建设新征程。先后启动综合交通“三年攻坚”、基础设施五网建设五年大会战、县域高速公路“能通全通”工程，着力构建昆明、大理两个铁路枢纽，高铁实现零突破，缔造民航发展“云南奇迹”，与南亚东南亚通航点数量全国第一；邮政业实现从过去依靠人力手工作业到科技应用水平显著增强的跨越式发展。2000年公路水运投资首次突破百亿元，达104.34亿元，2015年公路水运投资首次突破千亿大关，达1012.03亿元，从百亿到千亿的突破仅15年时间。2018年，全省综合交通建设投资达到2196亿元，交通运输促投资稳增长成效明显。至2018年底，全省公路通车里程从新中国成立初期的0.28万公里提高到25.29万公里，高速公路通车里程5184公里，农村公路20.61万公里，建制村通硬化路、通客车率达分别达到99.99%和94.49%。铁路运营里程从649.8公里增加到3856公里，增长6倍，其中高铁运营里程达1026公里，铁路货物发送量增长177倍、旅客发送量增长32倍。机场从抗战遗留下的老旧和临时机场到全省民用机场达15个，开通客货航线434条。万里长江第一港地位逐步凸显，澜沧江—湄公河国际航运快速发展，航道里程增加到4338.82公里，码头泊位192个，港口12个。快递服务从无到有，邮政业面貌发生翻天覆地的变化。云南综合交通运输能力稳步提升：2012年全省公路、水路综合周转量711.2亿吨公里，2018年达到1534.5亿吨公里，铁路旅客、货物周转量达150.99亿人公里、436.08亿吨公里，航空旅客吞吐量达6758.56万人次，货邮吞吐量47.5万吨，邮政业完成业务收入74.64亿元，全省15个机场实现“刷脸乘机”。

【公路建设与发展】

1.公路基础设施建设。新中国成立初期，云南公路里程仅为2783公里，1990年建成通车第一条高等级公路石林—安宁公路，1996年建成通车第一条高速公路昆明—嵩明高速公路，2015年独龙江公路全线建成通车，结束中国少数民族聚居区不通公路的历史。至2018年底，全省公路通车里程达25.29万公里，是1949年公路里程的90.87倍。

（1）公路基础设施互联互通作用明显增强。2013年10月，锁龙寺—蒙自高速公路通车，云南首条出境高速公路通道昆明—河口的高速公路全线贯通。2016年4月20日，龙江特大桥通车，保腾高速最后一个节点打通，由保山通往缅甸的重要通道实现中国面向南亚陆上通道与周边国家的高速连接，提升了区域运输系统整体通行效率。2017年3月起，云南重点推进2条互联互通国际运输走廊、6条国内运输大通道、1个国际性综合交通枢纽，3个全国性综合交通枢纽，多点支撑的地区性综合交通枢纽，形成"两廊六道，一中心、多节点"的综合交通网络空间格局。2017年6月，在全省开展县域高速公路"能通全通"工程建设，计划到2020年125个县市区通高速公路，全省高速公路通车里程达到1万公里。"七出省"公路通道除滇藏通道外已全部实现高速化，"五出境"公路通道格局已经形成。

（2）公路质量得到全面提升。至2018年底，云南省高速公路通车里程达5184公里；一级公路达1443公里，二级公路达1.22万公里，二级及以上公路占全省通车总里程的7.45%；全省129个县全部实现通等级公路，126个县实现通二级及以上公路，干线公路高等级化率不断提高。云南省先后出台《关于加快高速公路前期工作的实施意见》《关于加强高速公路建设工程质量和安全管理的若干意见》，并开展高速公路服务区整治提升工作，高速公路质量全面提升。2018年，云南积极构建全域旅游交通体系，开通主要景区的旅游专线，打通景区之间连接公路和旅游环线，推进运输产业转型升级。

（3）交通扶贫脱贫攻坚成效显著。云南从"大跃进"时期，开始修建农村公路，经过70年的发展，至2018年底，农村公路通车里程达20.61万公里，14077个建制村通硬化路、通客车、通邮率分别达到99.99%、94.49%和99.55%；完成"溜索改桥"工程建设，结束云南贫困边远山区人民群众溜索过江时代。2014年3月、2016年9月、2017年12月，习近平总书记先后3次对"四好农村路"作出指示批示，云南相继出台《支持深度贫困地区交通扶贫脱贫攻坚实施方案》《云南省农村公路条例》《云南省人民政府关于加快推进"四好农村路"建设的实施意见》等，全面夯实"四好农村路"建设工作基础，交通脱贫攻坚取得显著成效。

2.道路运输。

（1）公路客货运输呈几何级增长。新中国成立初期，民用汽车仅2477辆，客运量仅2万人、货运量仅3万吨，交通运输几乎靠人力和畜力运输来完成。2018年，云南省完成公路客运量和旅客周转量分别为3.46亿人和269.63亿人公里，较1950年的2万人和403万人公里，分别增长1.73万倍和6690.57倍；乡镇通班车率达100%，行政村通班车率89.66%，公路客运实现从"出行难"到"走得了"向"走得好"转变。完成公路货运量和货物周转量分别为13.53亿吨和1489.23亿吨公里，较1951年的11万吨和3326万吨公里，分别增长1.23万倍和4477.54倍，公路货运实现从"运不出"到"运得出"向"运得高效"转变。长期以来，云南省公路运输在综合运输体系中均占主导地位，有力支撑云南省经济社会较好较快发展。

（2）公路运输装备现代化、专业化、大型化水平升级。1950年，交通部门共有营运客车9辆；1951年，共有营运货车434辆，运输方式主要以人力、畜力运输为主。经过70年的发展，彻底改变了人力、畜力运输局面。云南道路运输车辆得到迅猛发展，至2018年底，全省民用汽车保有量678.91万辆，其中私人汽车保有量622.09万辆，较1949年增长5276.42倍；民用轿车保有量298.33万辆，其中私人轿车280.21万辆；全省道路营运车辆已达53.07万辆，其中，载客汽车4.79万辆，较1950年增长5322.22倍，载货汽车48.28万辆，较1951年增长1112.44倍。旅客运输从中小客车散运转向大型、高级车辆集约运输，货运运力结构向厢式化、集装箱、多轴重型的甩挂运输车车辆发展，货运车辆专业化程度大幅提高，运输装备逐步向高级、低耗、低排放和新能源等方向发展。

（3）城市交通从"公交优先"到"轨道"建设。按照《国务院关于优先发展城市公共交通的指导意见》精神，云南出台《云南省人民政府关于城市优先发展公共交通的指导意见》等系列文件具体部署"公交优先"发展战略。2012年10月昆明市被交通运输部列为全国第二批争创"国家公交都市建设示范城市"。2017年保山、玉溪两城市被列为全国第三批争创"国家公交都市建设示范城市"。智能化信息采集与处理技术、公共交通IC卡系统技术、卫星定位技术(GPS)、智能公共交通调度与信号控制技术、应急救援技术等新技术和科技

云南元磨高速公路墨江立交桥。（李文圣 摄）

云南大丽高速挖色大桥。　（李双平 摄）

创新成果在城市公共交通领域得到应用，全省16个州（市）政府所在地城市公交卡已形成互联互通，城市公共交通服务质量和可持续发展水平得到有力提升。至2018年，实现6条线路、88.7公里的初期运营，昆明地铁的日均客运量约为150万人次，十字骨干轨道网络已形成，成为连接主城与机场、主城与高铁站、主城与东、南、西、北四大客运站换乘的轨道交通大动脉，轨道交通成功迈出组网运营的第一步。同时，昆明市常规公交保持稳步发展，中心城区城市公交日均客运量约240万人次，中心城区公共交通机动化分担率已达57.6%。作为云南乃至中国西部边疆民族地区第一条有轨电车，也是国家发改委PPP项目库中唯一一个有轨电车项目，蒙自滇南中心城市现代有轨电车示范项目创造9项全国"第一"。为积极推进节能减排、低碳绿色出行，构建以轨道交通为骨干、常规公交为主体、出租车为补充、自行车慢行交通为延伸的"四位一体"都市公交体系，切实解决群众出行"最后一公里"问题，昆明市共有摩拜、ofo、哈啰、青桔四家运营企业，报备投放共享自行车约25万辆，注册用户约400万，日均单量70万~80万单。

【水运建设与发展】 经过70年的发展，至2018年底，全省内河航道通航里程从1979年重新调整后的1006公里增长到4338.82公里，重点建成金沙江高等级航道、澜沧江国际航道和众多湖（库）区航道等；码头泊位从零增长到192个，港口从零增长到12个，重点建成水富港、大理港、富宁港等内河港口和景洪港、思茅港、关累港等对外开放港口，逐步形成"两出省三出境"水运大通道，主动服务"一带一路"国家战略。云南水路客运从新中国成立初期的"零"起步，发展到2018年，全省完成水路客运量和旅客周转量分别为1342万人和3.02亿人公里；完成水路货运量和货物周转量分别为687.5万吨和17.33亿吨公里，较1950年的13.4万吨和206万吨公里，分别增长51.31倍和841.26倍。全省拥有内河运输船舶1246艘，净载重吨位16.21万吨，总客位数3.11万客位，总功率13.28万千瓦，货船平均净载重吨818吨，客船平均载客量30客位，机动船平均主机功率107千瓦。水路运输企业从1956年的3家国营航运企业发展到340家民营企业。

【铁路建设与发展】

1.铁路网规模发展较快。1949年，云南仅有通车铁路里程649.8公里，经过70年的发展，云南铁路里程不断跨越，"八出省五出境"铁路网不断完善和延伸，1997年突破2000公里，2016年突破3000公里，至2018年底，全省铁路营业里程3856公里，较1949年翻了5.86倍，占全国总里程的2.94%，其中高铁1026公里。16个重大项目纳入国家中长期铁路网规划，至2018年底，在建铁路8条1577公里。为主动融入和服务"一带一路"建设，云南着力构建昆明、大理两个铁路枢纽，打造王家营、山腰、瑞丽、磨憨4个口岸，高质量推进中老、中缅、中越3条国际通道建设，提升联动国内、辐射南亚东南亚的能力。

2.列车运行速度发生根本转变。新中国成立初期，云南米轨火车运行速度每小时不足30公里，1966年贵昆铁路通车后，列车时速也仅为60公里。1997年—2007年，中国铁路经历六次大面积提速，云南铁路特别是沪昆大通道在第五次大面积提速后，货车平均速度达到65.7公里/小时，直达特快列车平均速度达到119.2公里/小时，特快列车达到92.8公里/小时。2016年12月28日，沪昆客专昆明南—贵阳北段、云桂铁路昆明南—百色段正式通车，沪昆客专时速300公里，云桂铁路时速200公里，云南迈入高铁时代。

3.旅客运输实现新跨越。1949年，云南铁路旅客发送量170万人，1950年，全年完成客运量183.7万人，旅客周转量1.07亿人公里。经过70年的发展，云南铁路网不断完善，列车开行对数持续增加，特别是2016年以来，开行动车组列车由初期的22对发展到144对。2018年，云南完成铁路客运量和旅客周转量分别为6817.5万人和150.99亿人公里，较1949年分别增长37.11倍和140.98倍。沪昆客专、云桂铁路、昆楚大铁路开通后，云南连通全国高铁网，基本形成1小时覆盖省内高铁城市，2~5小时通达周边省会城市，8~12小时辐射珠三角、长三角和环渤海地区的高铁交通服务生活圈。

4.货物运量成倍增长。1949年，云南铁路完成货物运输量仅为33.1万吨，完成货物周转量0.31亿万吨公里，1978年货运量增至1587万吨。改革开放以来，云南铁路货运得到迅猛发展，2018年，云南完成铁路货运量和货物周转量分别为1.31亿吨和436.08亿吨公里，较1949年分别增长395.77倍和1425.10倍。为更好地服务“一带一路”建设和融入地方经济社会发展，云南先后开行昆明至荷兰鹿特丹、乌兹别克斯坦、越南海防等中欧中亚班列，使云南特色商品远销国外。

【民航建设与发展】

1.机场建成数量跃居全国前列。“十二五”末后，云南以一年通航一个机场的速度，建设完成宁蒗泸沽湖、沧源佤山、澜沧景迈3个民用支线机场并正式通航，创造民航发展的“云南奇迹”。至2018年底，云南已建成运营15个民航运输机场，建成以昆明长水机场枢纽建设为中心，14个支线机场定位清晰、协同密切、互为补充的机场网络体系，可起降A320、波音737系列，等级均在4C以上，共16条跑道，70.41万平方米航站楼，264个机位。机场密度达到平均每10万平方公里3.9个，远高于全国2.38个的平均水平，全省旅客吞吐量100万人次以上规模的机场有昆明、丽江、西双版纳、芒市、大理、腾冲、保山等7个机场，云南成为全国百万级机场最多的省份之一。

2.航线网络结构不断优化。至2018年底，云南各机场开通航线数量达到524条，其中国内航线441条、国际航线78条、地区航线5条。昆明长水机场开通航线348条，其中国内航线270条、国际航线74条、地区航线4条。南亚东南亚航线中，昆明长水机场已开通连接东盟10国、南亚5国首都及重点旅游城市航班，南亚东南亚通航点达34个，位列全国首位，大大提高云南的国际交往能力。

3.民航服务能力显著增强。全省机场实施跨航空公司中转业务，实现“一票到底、行李直挂”，推动昆明144小时过境免签获批。开发“航空+铁路”“航空+公路”系列产品，打造便捷高效的空地一体化综合交通联运体系，提高换乘效率。全面启用人脸识别，2018年全省15个机场全部实现“刷脸乘机”。2018年，云南民航机场轮回保障航班运输起降53.29万架次，旅客吞吐量6758.56万人次，货邮吞吐量47.50万吨，较1951年的2480人次和7.8吨，分别增长2.73万倍和6.69万倍，其中昆明长水机场旅客吞吐量跻身全球排名第35位；澜沧景迈机场、宁蒗泸沽湖机场、沧源佤山机场的起降架次、旅客吞吐量、货邮吞吐量3项指标增速均超过40%；腾冲机场、保山机场年旅客吞吐量首次突破百万人次。50家国内外航空公司在昆明长水机场运营，初步形成面向南亚东南亚的航线网络。

4.昆明长水国际航空枢纽发展取得新突破。2012年6月，昆明长水机场“一夜转场、一次成功”，打破长期以来制约云南民航发展的基础设施限制。2014年，经国务院批准，昆明长水国际机场实行72小时过境免签入境和出境政策。2015年、2017年昆明长水国际机场分别获批实行“通程航班”业务和7×24小时通关运营。经国务院批准，昆明长水国际机场于2019年1月1日起对53个国家持有有效国际旅行证件和144小时内确定日期、座位前往第三国（地区）联程客票人员实施过境免办签证政策。昆明长水机场年旅客吞吐量屡创新高，2014年突破3000万人次；2016年突破4000万人次，提前5年突破机场3800万人次的设计容量，成为继北京首都、上海浦东、广州白云、成都双流等机场后，又一座4000万人次级的机场；2017年突破4500万人次；2018年达4709万人次，居全国第六。在国家“十三五”机场布局规划中，将昆明长水国际机场列为国家10个国际航空枢纽之一。

【邮政建设与发展】 经过70年的发展，2018年，云南省邮政业累计完成业务收入（不包括邮政储蓄银行直接营业收入）76.50亿元，累计完成业务总量90.43亿元。其中，全省快递服务企业累计完成快递业务量3.40亿件，累计完成快递业务收入47.14亿元。全省建制村直接通邮率91.66%。随着邮政行业的快速发展，行业覆盖范围进一步扩大，行业服务水平进一步提升，快递末端平台创新发展，移动互联网、云计算、大数据、物联网等新技术的推广应用，末端快递派送形式由智能快件箱、校园配送站、商超合作代收店、第三方代收平台等多种模式组成的小生态圈，提高快件的派送效率，给邮政发展寄递类业务、互联网金融、电子商务以及信息服务业带来空前机遇。

【行业管理体制改革】 一是法制建设方面。先后出台《云南省道路运输管理条例》《云南省路政管理条例》《云南省收费公路管理条例》《云南省农村公路条例》《云南省交通运输工程造价管理办法》《云南省水上交通安全管理办法》等法规和规章。深化“放管服”改革，优化营商环境，全省交通运输系统行政许可事项逐年减少。创新开展“互联网+监管”“信用监管”“双随机、一公开”监管等。二是管理体制方面。初步建立围绕“大部门体制、构建综合交通运输体系、全面深化改革”要求，适应新时代云南综合交通运输发展的行业管理体制机制。三是投融资体制机制方面。基本形成多元化交通投融资体制，进一步深化交通投融资体制改革，为云南省综合交通基础设施建设提供资金保障。四是技术政策及标准建设方面。建立云南省交通运输标准化技术委员会办公室，下设11个专业技术委员会；出台《云南省交通运输行业标准管理办法》，建立“主管部门间横向联合，行业内上下联动、统一协调，行之有效”的管理制度。五是通行费征收方面。全省通行费呈现出收入持续增长、收费政策体系日益完善、收费方式不断革新等特征，为服务群众多样化出行需求及降本增效做出贡献。六是科技创新方面。近20年来全行业共获得国家科技进步奖3项、省科技发明奖2项、省科技进步奖160余项。七是安全和应急保障方面。紧紧围绕“维护稳定、服务发展”，着力防风险、补短板、解难题。改革开放初期建立以灾害应对为主的传统应急体系、进入21世纪后建立“一案三制”体系、党的十八大以后健全综合应急管理体系。

新中国成立70年云南公路系统主要指标数据统计表

项　目	单 位	1949年	1960年	1970年	1978年	1985年	1990年	1995年	2000年	2005年
1.线路及设备										
（1）公路线路里程	公里	2783	23560	28200	41816	49541	56536	68236	109560	167638
其中：高速公路	公里	–	–	–	–	–	–	–	517	1421
国道	公里	–	–	–	–	–	6345	6351	6265	7309
其中：国家高速	公里	–	–	–	–	–	–	–	–	–
省道	公里	–	–	–	–	–	11518	8971	9396	8990
县道	公里	–	–	–	–	–	23095	30950	38196	47462
乡道	公里	–	–	–	–	–	12917	19757	53128	97900
专用公路	公里	–	–	–	–	–	2661	2207	2575	5976
村道	公里	–	–	–	–	–	–	–	–	–
有铺装路面	公里	–	–	–	–	–	147	660	2304	10993
其中：沥青混凝土	公里	–	–	–	–	–	28	367	987	8147
水泥混凝土	公里	–	–	–	–	–	119	293	1317	2846
简易铺装路面	公里	17	37	112	5421	7283	8987	11017	15611	16392
未铺装路面	公里	2766	23523	28088	36395	42258	47402	56559	91645	140252
（2）公路桥梁	座	585	3922	4655	5005	4706	5556	6482	8585	12913
	米	4847	39933	58794	77139	98749	127117	155832	240109	510749
（3）公路隧道	处	–	–	–	–	–	–	33	49	158
	米	–	–	–	–	–	–	4319	21773	95242
（4）公路渡口	处	–	–	–	–	–	–	–	–	–
其中：机动渡口	处	–	–	–	–	–	–	–	–	–
2. 公路建设投资										
公路总投资	亿元	–	0.31	0.49	0.43	2.09	2.87	21.05	100.92	260.45

项　目	单 位	2010年	2011年	2012年	2013年	2014年	2015年	2016年	2017年	2018年
1.线路及设备										
（1）公路线路里程	公里	209231	214524	219052	222940	230398	236007	238052	242546	252929
其中：高速公路	公里	2630	2746	2943	3200	3255	4006	4134	5022	5184
国道	公里	8132	8202	8379	8634	8619	9241	18848	19471	19408
其中：国家高速	公里	2286	2394	2591	2784	2784	3610	3663	4252	4252
省道	公里	19977	20132	20457	20461	20029	19857	23731	23911	24107
县道	公里	39953	41872	42703	43218	44914	45443	50825	51105	51397
乡道	公里	101093	102982	104575	105547	111048	114187	106417	106622	106918
专用公路	公里	4421	4237	4158	4043	3967	3979	3403	3341	3300
村道	公里	35655	37100	38780	41037	41821	43300	34829	38097	47799
有铺装路面	公里	37863	45681	53817	62725	77496	95198	113552	133665	149507
其中：沥青混凝土	公里	28910	35189	38277	41366	44639	49856	55934	60642	62520
水泥混凝土	公里	8953	10493	15540	21358	32857	45342	57618	73023	86987
简易铺装路面	公里	12429	10804	10510	10335	9655	9151	7557	7488	7248
未铺装路面	公里	158939	158038	154725	149881	143246	131657	116943	101393	96173
（2）公路桥梁	座	20941	22233	23007	23698	24001	25384	26020	27621	28737
	米	1385759	1550263	1704208	1839472	1912993	2222498	2312395	2689918	2842270
（3）公路隧道	处	491	565	607	635	661	815	865	1033	1095
	米	295998	338356	381508	429690	453871	630578	685810	872138	948788
（4）公路渡口	处	2	2	2	2	2	2	11	10	10
其中：机动渡口	处	2	2	2	2	2	2	3	2	2
2. 公路建设投资										
公路总投资	亿元	700.03	616.47	462.38	623.63	712.31	1002.99	1262.26	1592.95	1871.42

新中国成立70年云南道路运输系统主要指标数据统计表（一）

指 标	单 位	1997年	2000年	2005年	2006年	2007年	2008年	2009年	2010年
一、道路运输从业人员	人	331407	433923	479169	474695	507258	540173	616526	721065
道路旅客运输经营从业人员	人	36367	62711	84276	67558	74493	73569	75457	68091
道路货物运输经营从业人员	人	175918	258211	287561	291055	310258	344271	422418	522450
站（场）经营从业人员	人	–	–	–	9329	9594	9509	9591	9567
二、道路客、货运站	个	–	319	348	490	539	649	527	560
1.客运站	个	253	305	346	477	520	631	498	530
一级站	个	12	12	16	17	23	28	27	31
二级站	个	72	83	72	91	68	72	74	78
三级站	个	73	93	75	76	86	91	76	80
四级站	个	96	117	52	89	112	159	188	194
五级站	个	–	–	–	49	71	118	133	147
2.货运站	个	7	14	2	13	19	18	29	30
一级站	个	4	1	–	–	–	–	–	–
二级站	个	1	2	2	1	–	2	–	–
三级站	个	2	11	–	1	8	7	7	10
四级站	个	–	–	–	11	11	9	22	20
三、机动车维修业及汽车综合性能检测站									
1.机动车维修业业户	户	11784	12707	16052	16689	17106	19025	21408	23109
其中：汽车维修	户	10660	11173	13074	13466	13145	14968	16597	17693
一类汽车维修	户	642	458	294	281	281	289	288	299
二类汽车维修	户	2912	1805	1332	1375	1349	1542	1610	1707
三类汽车维修	户	7106	8910	11448	11810	11515	13137	14699	15687
2.汽车综合性能检测站	个	14	38	49	51	54	57	69	70
四、机动车驾驶员培训									
1.机动车驾驶员培训业户	户	98	128	273	293	308	319	338	346
其中：普通机动车驾驶员培训	户	98	128	273	293	308	318	331	343
道路运输驾驶员从业资格培训	户	–	–	–	–	–	1	23	46
2.教练员	人	–	4217	11687	10484	11225	12202	12354	14908
其中：理论教练员	人	419	493	863	714	745	955	1022	1111
驾驶操作教练员	人	2376	2502	8332	9655	10116	11120	11082	13526
3.培训人次	人次	74542	35947	289373	282635	400048	345747	372452	463374
五、汽车租赁									
1.汽车租赁业户	户	–	–	–	–	–	–	–	364
2.汽车租赁从业人员	人	–	–	–	–	–	–	–	1536
3.租赁车辆数量	辆	–	–	–	–	–	–	–	1896
客车	辆	–	–	–	–	–	–	–	1793
货车	辆	–	–	–	–	–	–	–	103
六、道路客运班线									
1.客运班线	条	3366	4471	4363	4632	4733	4922	5272	5681
其中：高速公路	条	–	–	66	139	183	312	498	494
2.客运班线平均日发班次	班次/日	22015	31783	32567	50647	54798	60372	62498	61498
其中：高速公路	班次/日	–	–	233	808	1560	1458	1833	2529
七、农村道路客运									
1.客车通达情况									
乡镇	个	1570	1570	1525	1313	1342	1342	1362	1342
其中：通客运班车的乡镇	个	1409	1534	1492	1217	1246	1246	1305	1335
建制村	个	13449	13454	13158	13127	13960	13960	13960	13960
其中：通客运班车的建制村	个	12063	9169	9239	6623	8379	9770	9245	10422
2.农村客运站	个	–	–	183	213	257	362	434	564
其中：等级客运站	个	–	–	–	–	–	–	–	–
3.农村客运线路	条	–	–	–	2455	2485	2787	3342	3647
平均日发班次	班次/日	–	–	–	36950	37912	44635	51412	48079
4.农村旅客运输量									
客运量	万人	–	–	–	10531	8763	9050	11279	12489
旅客周转量	亿人公里	–	–	–	42.6	33.9	44.8	49.9	51.3

新中国成立70年云南道路运输系统主要指标数据统计表（二）

指　标	单　位	2011年	2012年	2013年	2014年	2015年	2016年	2017年	2018年
一、道路运输从业人员	人	800722	861723	939998	1000093	1033273	1042584	1074473	1028687
道路旅客运输经营从业人员	人	69782	73531	77770	78180	82859	80545	82688	92529
道路货物运输经营从业人员	人	586718	634241	701234	749846	775624	784418	814301	759679
站（场）经营从业人员	人	10168	10377	10275	10473	10288	10398	10068	9643
二、道路客、货运站	个	612	698	703	862	861	876	878	904
1.客运站	个	546	632	653	831	839	846	850	879
一级站	个	32	35	36	37	40	42	43	44
二级站	个	78	78	81	83	83	85	85	84
三级站	个	80	82	74	67	63	61	59	60
四级站	个	199	216	228	366	377	373	375	379
五级站	个	157	221	234	278	276	285	288	312
2.货运站	个	66	66	50	31	32	30	28	25
一级站	个	1	1	2	2	2	3	3	3
二级站	个	–	–	–	1	1	1	1	2
三级站	个	11	6	6	5	5	9	7	5
四级站	个	54	59	42	23	24	17	17	16
三、机动车维修业及汽车综合性能检测站									
1.机动车维修业业户	户	24975	26139	25679	27241	28411	28884	29654	31183
其中：汽车维修	户	19079	19926	19587	20176	22017	22486	23490	24834
一类汽车维修	户	315	339	370	293	272	286	299	285
二类汽车维修	户	1809	1956	2077	1988	2014	2141	2233	2278
三类汽车维修	户	16955	17631	17140	18795	19731	20059	20958	22271
2.汽车综合性能检测站	个	75	80	87	96	104	109	110	116
四、机动车驾驶员培训									
1.机动车驾驶员培训业户	户	363	386	399	481	517	549	566	636
其中：普通机动车驾驶员培训	户	361	379	398	480	516	548	565	635
道路运输驾驶员从业资格培训	户	44	57	61	72	78	93	103	103
2.教练员	人	17864	20598	23247	29169	32977	32814	31606	31312
其中：理论教练员	人	1186	1329	1508	1623	1787	1780	1722	1732
驾驶操作教练员	人	16339	19006	21289	26269	30925	30786	29538	29186
3.培训人次	人次	556846	639406	552997	718144	853738	813630	892106	761334
五、汽车租赁									
1.汽车租赁业户	户	581	798	934	1084	1139	1224	1286	1358
2.汽车租赁从业人员	人	2059	2336	2648	2897	3156	3515	3754	4170
3.租赁车辆数量	辆	2523	3247	3626	3794	4326	4981	6345	6766
客车	辆	2421	3134	3521	3647	4152	4779	6197	6682
货车	辆	102	113	105	147	174	202	148	84
六、道路客运班线									
1.客运班线	条	5938	6231	6481	6399	6486	6559	6557	6598
其中：高速公路	条	542	604	654	882	781	769	835	822
2.客运班线平均日发班次	班次/日	59617	62464	64208	65013	64373	62077	60093	58332
其中：高速公路	班次/日	2336	2559	2774	2925	2984	2947	3171	3116
七、农村道路客运									
1.客车通达情况									
乡镇	个	1367	1367	1367	1369	1369	1369	1371	1384
其中：通客运班车的乡镇	个	1363	1366	1366	1368	1368	1369	1371	1384
建制村	个	14015	14015	14015	14064	14072	14072	14077	14126
其中：通客运班车的建制村	个	11251	11473	11754	11850	11963	12279	12622	13348
2.农村客运站	个	888	1458	1712	3006	3791	4705	5097	5113
其中：等级客运站	个	–	409	479	614	622	626	600	600
3.农村客运线路	条	3894	4103	4272	4031	4124	4667	4775	4792
平均日发班次	班次/日	46950	49591	48883	50834	50460	54611	53501	51132
4.农村旅客运输量									
客运量	万人	12816	12883	12845	12975	14054	16481	15612	14368
旅客周转量	亿人公里	49.2	53.7	53.5	53.0	53.3	60.2	58.3	55.2

新中国成立70年云南水运系统主要指标数据统计表

项　目	单　位	1949年	1960年	1978年	1995年	2000年	2005年	2010年
一、航道和设备								
1. 内河航道通航里程	公里	1803	2712	2809	1324	1324	2764	3094
其中：等级航道	公里	–	–	–	–	–	1994	2392
2. 营业性民用运输船舶拥有量								
轮驳船：艘数	艘	–	729	265	753	753	1174	882
净载重量	吨位	–	6172	5629	24842	24842	50647	69244
载客量	客位	–	75	2172	13415	13415	24006	16704
3. 港口码头泊位	个	–	–	–	–	–	–	192
二、运输量和吞吐量								
1. 水路客、货运输量								
客运量	万人	–	32	31	134	134	501	731
旅客周转量	万人公里	–	100	1200	3500	3500	10521	17773
货运量	万吨	13	101	93	123	123	236	402
货物周转量	万吨公里	206	3000	2400	10600	10600	29390	69144
2. 水路集装箱运输量								
水路集装箱箱运量	万标箱	–	–	–	–	–	–	–
水路集装箱货运量	万吨	–	–	–	–	–	–	–
3. 港口货物吞吐量	万吨	–	–	–	–	–	–	–
4. 规模以上港口货物吞吐量	万吨	–	–	–	–	–	–	–
三、水运建设投资								
水运总投资	万元	–	216	401	1970	1970	5442	20336
航道及航标建设	万元	–	–	–	–	–	–	–
港　口	万元	–	–	–	–	–	–	–

项　目	单　位	2012年	2013年	2014年	2015年	2016年	2017年	2018年
一、航道和设备								
1. 内河航道通航里程	公里	3375	3768	3768	4253	4294	4294	4339
其中：等级航道	公里	2607	3001	3001	3486	3527	3527	3572
2. 营业性民用运输船舶拥有量								
轮驳船：艘数	艘	920	952	1010	1035	1094	1240	1246
净载重量	吨位	111444	111500	114700	126500	133175	156576	169000
载客量	客位	17482	18600	21937	22617	24365	28778	31100
3. 港口码头泊位	个	192	192	192	192	192	192	192
4. 规模以上港口生产用码头泊位	个	–	–	–	–	–	–	–
二、运输量和吞吐量								
1. 水路客、货运输量								
客运量	万人	855	1045	1099	1157	1255	1299	1342
旅客周转量	万人公里	20197	22289	23729	24975	27035	28753	30235
货运量	万吨	465	508	560	602	646	667	688
货物周转量	万吨公里	87110	116488	130890	138768	152000	162118	173250
2. 水路集装箱运输量								
水路集装箱箱运量	万标箱	–	–	–	–	–	–	–
水路集装箱货运量	万吨	–	–	–	–	3	2	4
3. 港口货物吞吐量	万吨	390	495	546	719	816	1039	1073
4. 规模以上港口货物吞吐量	万吨	–	–	–	–	–	631	–
三、水运建设投资								
水运总投资	万元	24525	27393	56045	80819	84045	102400	105200
航道及航标建设	万元	–	–	5700	1869	3080	27000	17500
港　口	万元	–	–	47547	78708	80527	75400	86786

（文/图　云南省交通运输厅）

西藏自治区

【概 述】1951年5月23日，西藏和平解放。1954年12月25日，举世瞩目的川藏公路（成都—拉萨公路，于1950年4月动工，全长2416公里）、青藏公路（西宁—拉萨公路，于1950年6月动工，全长1944公里）同时通车拉萨，结束西藏没有公路的历史，加速西藏经济社会发展的进程。1965年10月18日，西藏自治区交通厅成立，1971年2月24日西藏自治区革委会交通局成立，1979年3月西藏自治区革委会交通局更名为西藏自治区交通厅。2009年10月30日，西藏自治区人民政府办公厅印发《西藏自治区交通运输厅主要职责内设机构和人员编制规定》，将自治区交通厅调整为自治区交通运输厅，为西藏自治区人民政府组成部门。加强涉及综合运输体系的规划协调职责，优化交通运输布局，促进各种运输方式相互衔接，逐步形成便捷、通畅、高效、安全的综合运输体系。加强统筹区域和城乡交通运输协调发展职责，优先发展公共交通，大力发展农村交通，加快推进区域和城乡交通运输一体化。加强综合规划、行业安全生产监管和应急管理职责，完善运行机制。

70年来，通过几代交通人的不懈努力，结束西藏没有公路的历史，改变西藏人背畜驮的原始运输方式，开辟西藏交通新纪元，加快西藏交通建设进程。党的十八大以来，西藏交通运输固定资产投资累计完成1465.95亿元，年均增长高达47.3%。2016年、2017年、2018年完成投资额402亿元、569亿元、652亿元分别占全区社会固定资产投资总额的25%、28%、31%。

【公路建设与发展】

1.高速公路。自治区成立以来，西藏交通运输事业倾注了党中央、国务院的亲切关怀，凝聚着全国人民的无私支援。2009年4月28日，西藏第一条高速公路——拉萨—贡嘎机场高速公路开工，路线全长37.8公里，工程由国家投资15.9亿元，于2013年7月17日竣工。2013年5月23日，G318林芝—拉萨段高等级公路改造工程开工建设，这条位于海拔2960米~4790米“世界屋脊”上的公路，是中国在高寒、高海拔地区建设的路线最长高等级公路，总里程约400公里，于2019年4月26日全线通车。该高速公路平行于G318拉林段，往返在拉萨和林芝两地的单向车程从8小时缩短至5小时。2016年4月6日，G318日喀则机场—日喀则市段高等级公路新改建工程开工建设，总里程50.96公里，于2017年9月15日正式通车。该工程在建设期实现“零安全事故、零举报投诉、零环境污染、零拖欠工资”的“四零”目标。同年4月6日，G349泽当—贡嘎机场段高等级公路新改建工程开工建设，全长89.869公里，于2017年12月8日正式通车。该线区域位于西藏自治区首府拉萨通往西藏南部地区的交通要道。道路起点与机场连接线“两桥一隧”公路相接，连接拉萨机场专用公路，G318线及贡嘎机场，通过和区域路网的连接可实现与拉萨及贡嘎机场高速通道的互联互通。至2018年底，西藏自治区高等级公路建设通车里程达660公里。

2.国省干线公路。新中国成立70年来，随着西部大开发进程的加快，为完善公路路网结构、保证公路安全畅通，交通运输部逐年增大对西藏自治区公路路网结构改造项目全额补助力度。通过实施公路路网改造工程，改善各级公路路况，提高公路路网通行能力，进一步消除和减少公路交通安全隐患，切实维护人民群众生命财产安全，为西藏政治、经济社会发展和国防建设提供安全的公路交通条件。2013年5月24日，国家发展和改革委员会发布《国家公路网规划（2013年—2030年）》，将对西藏境内原有省道的74%进行调整，升级为国道。至2018年底，已形成以拉萨为中心，以川藏、滇藏、新藏、中尼5条经济大动脉为骨架的三纵、两横、六个通道公路网（三纵：滇藏、青藏、青藏公路界山达坂—巴嘎3条国道；两横：川藏北线及那曲狮泉河，川藏南线及中尼公路拉萨—拉孜段和新藏公路拉孜—巴嘎段；六个通道：然乌—察隅、曲水—错那、日喀则—亚东、拉孜—友谊桥、巴嘎—普兰、那不如—什布奇）。

G109线青藏公路格尔木—拉萨段于1954年建成通车，1974年国家对青藏公路按二级公路标准进行改建，历时12年，青藏公路格尔木—拉萨段全程实现“黑色化”。1992年、1996年国家分别实施青藏公路格尔木—拉萨一、二期整治工程和零星病害整治工程。2002年—2014年，对该路段进行3次改建维护，有力地保障进出藏人员物资主要通道的畅通。G318线川藏南线竹笆笼金沙江大桥—拉萨段是西部大开发中国家确定的八大省际通道之一，由于特殊的地理、气候原因，沿线地质结构极为破碎、松散，气候变换异常，于2008年进行整治改建，2010年完工。G318线中尼公路拉萨—友谊桥段，连接樟木口岸，是中国与尼泊尔经济贸易的交通要道，1965年5月全线通车，2006年对拉孜到定日进行整治改建工程，2008年对定日—聂拉木段、聂拉木—樟木口岸、日喀则—拉孜段进行整治改建工程，2015年底全线路线实现“黑色化”。墨脱公路的修建是西藏交通历史上任务最艰巨、条件最艰苦、环境最恶劣的工程。该公路于1975年开始动工，多次被自然灾难破坏，多次修修停停。2009年，国家投资9.5亿元首次重启大修。2013年10月31日，墨脱公路正式通车，结束中国最后一个县不通公路的历史。2017年10月，投资12亿元再次整修，工期3年。

根据国家“十五”“十一五”“十二五”“十三五”规划布局，西藏公路建设取得全面发展，先后对G317线川藏北线岗托金沙江大桥—那曲段、G219线新藏公路界山达坂—拉孜段、G214线滇藏公路多普玛—隔界河段、S101线拉萨—泽当公路、S201线八宿县然乌桥—察隅县沙马段等数十条国省道干线进行修建和整改。至2018年底，全区公路通车总里程达98379.68公里(含青海省境内G109格尔木—唐古拉山段594.71公里)，公路密度7.96公里/百平方公里和290.03公里/万人。按行政等级分，国道14538161公里、省道14978公里、县道18346公里、乡道1759公里、村道28426公里、专用公路1033公里；按技术等级分，高速公路38公里，一级公路578公里、二级公路1650公里、三级公路10818公里、四级公里72984公里，等外公路12312公里，二级及以上公路总里程2266公里，占公路总里程2.3%。

3.农村公路。西藏受特殊的地理环境和气候的影响，农村公路建设面临艰巨挑战。早期农村公路网技术等级低，路面质量差，通达深度不够，网络布局不完善，公路病害严重，抗灾能力极弱，公路建设资金缺乏，自我发展能力差，农村公路缺乏有效的养护和管理。2003年，交通部提出“修好农村路，服务城镇化，让农民兄弟走上油路和水泥路”的号召，促进西藏农村公路建设快速发展。特别是十八大以来，为深入贯彻落实习近平总书记关于“四好农村路”的指示精神，西藏农村公路累计投资689.45亿元，新改建农村公路里程44165.33公里。至2018年底，全区74个县(区)中73个通油路，通畅率达98.65%；全区697个乡镇(街道办事处)中公路已通畅579个、已通达未通畅117个、未通达1个，通畅率和通达率分别达到83.07%、99.86%；全区5467个建制村(居委会)中公路已通畅2624个、已通达未通畅2833个、未通达10个，通畅率和通达率分别达到48.00%、99.82%。

4.道路运输。

(1)场站建设。实施“十五”规划以来，自治区所有市(地)、县修建客运站，完善城际交通与城乡交通体系，改进自治区交通运输网络，进一步促进农村乡镇城镇化发展。至2018年，西藏自治区建立道路运输客运站355个，其中一级5个、二级8个、三级65个、五级8个、招呼站(候车亭)269个；道路货运站12个，其中一级1个、二级1个、三级10个。

(2)运输服务。改革开放以来，随着国家对西藏投资的不断加大，公路通车里程的逐年增加，公路运输业得到较快发展，到1978年底，全区县城除墨脱外基本达到县县通车。1984年中央第二次西藏工作座谈会召开后，区内集体、个体和农村运输业的兴起，改变过去只有国营运输企业承担运输任务的局面，自治区人民政府逐步取消指令性计划，取消政策性亏损补贴，推动企业加快改革步伐。从推进职工个人承包单车自主经营取代原有国营运输企业根据计划指令统一组织客货运输的形式开始，全区货运市场全面放开，客运市场走向多元化。至2018年，全区共有客运车辆4939辆，其中班线车辆1660辆、旅游车辆3090辆、其他车辆189辆；载货汽车59344辆。道路运输从业人员128060人，其中旅客运输经营37633人、货物运输经营70082人、站(场)经营2540人、机动车维修经营15430人、汽车综合性能检测站经营221人、机动车驾驶员培训从业1564人、汽车租赁经营109人、其他相关业务经营481人。全区“两客一危”车辆5826辆，卫星定位动态监控终端安装率99.6%。客运班线434条，其中跨省10条、跨地(市)56条、跨县206条、县内162条，客运班线日均发车614.4班次。

【水运建设与发展】 2005年3月21日，西藏自治区地方海事局成立，各地(市)地方海事局也相继成立。2006年8月31日，雅鲁藏布江上第一条雅江旅游航线和全国海拔最高的水路旅游航线正式开通。2007年9月，派出人员前往内地学习培训，并顺利通过考核，填补西藏海事船检师的空白。2008年12月，自治区政府常务会议审议通过《西藏自治区小型船舶检验规定》，正式对西藏的部分船舶进行检验、发证。2012年，制定并出台《西藏自治区水上搜救应急预案》。2014年，牛皮筏、木质挂桨机船逐步被淘汰。

【民航建设与发展】 西藏平均海拔4000米以上，被视为“空中禁区”。1956年初，党中央、国务院决定开辟北京到拉萨航线，经过3个月奋战，在当雄草原上“推”出一条简易跑道。1965年3月1日，西藏正式通航。1966年11月，当雄机场停用，民航转场到贡嘎机场。改革开放之初，在通航初期原北京航线的基础上，西藏民航仅开通拉萨—格尔木—兰州、拉萨—格尔木—西安两条航线。1985年开始，中组部正式开展援藏工作，为西藏民航事业发展提供新的机遇。1995年昌都邦达机场投入运营，后期林芝米林机场、阿里昆莎机场、日喀则和平机场相继投产。区内机场航线开辟、航班加密快速推进，相继通达上海、广州、重庆、天津、南京、济南等大中城市，并逐步实现区内环飞。1987年9月开辟的拉萨—加德满都航线让西藏民航飞向国际。2011年，西藏航空正式成立，成为雪域高原首家基地航空公司。2018年，西藏民航实现旅客吞吐量531.9万人次，航班起降4.66万架次，货邮吞吐量3.99万吨，分别同比增长17%、12.1%、12.9%。其中，拉萨贡嘎机场年旅客吞吐量首次突破400万人次，昌都邦达机场年旅客吞吐量首次突破30万人次，林芝米林机场年旅客吞吐量达48.4万人次，阿里昆莎机场和日喀则和平机场年旅客吞吐量也分别同比增长13.1%和26%。

【邮政建设与发展】 1998年，按照信息产业部的统一部署，自治区邮政局从自治区邮电管理局中分离出来，1999年1月1日挂牌，独立行使全区邮政管理工作。2006年2月13日，根据国务院办公厅印发《省(区)邮政监管机构机构设置主要职责和人员编制规定》的通知，设立省(区、市)邮政管理局，实行垂直管理体制，由国家邮政局直接领导，9月15日，西藏自治区邮政管理局成立，原自治区邮政局撤销。2012年8月成立7个地(市)邮政管理局。2018年，全区邮政行业业务收入(不包括邮政储蓄银行直接营业收入)累计完成5.52亿元，同比增长10.28%；业务总量累计完成4.21亿元，同比增长22.43%。

【机构改革】1965年10月18日，西藏自治区交通厅成立，2009年10月30日，自治区交通厅调整为自治区交通运输厅，为西藏自治区人民政府组成部门。2001年，自治区交通厅属事业单位共8个：自治区公路管理局、自治区交通运输管理局、自治区公路规费征稽局(车购费征管办)、自治区交通科学研究所(交通厅公路基本建设质量监督站、交通科技情报站)、自治区公路勘测规划设计院(工程造价管理站)、自治区交通厅通信信息中心、自治区重点公路建设项目管理中心和自治区交通职工学校(交通电视中专)。厅属2个国有企业：交通建设投资有限公司、天海集团有限责任公司。2005年3月21日，根据西藏自治区机构编制委员会《关于对区交通厅〈关于设立西藏自治区地方海事局的请示〉的批复》，西藏自治区地方海事局成立，为县级事业单位，与交通运输管理局合署办公。2011年1月18日，自治区公路管理局调整为西藏自治区公路局，为自治区交通运输厅管理的副厅级事业单位。2011年1月30日，西藏自治区机构编制委员会印发《关于自治区交通厅所属事业单位机构编制批复》，调整机构编制：自治区交通运输管理局(自治区地方海事局)为正县级单位；撤销自治区公路规费征稽局(车购费征管办)及其直属事业单位，设立自治区交通综合执法总队及其直属事业单位；将自治区交通科学研究所(交通厅公路基本建设质量监督站、交通科技情报站)调整为自治区交通工程质量安全监督局(工程造价管理站)；将自治区公路勘测规划设计院(工程造价管理站)调整为自治区交通勘察设计研究院。2012年11月28日，经西藏自治区机构编制委员会批准，撤销自治区交通职工学校(交通电视中专)，设立自治区交通运输厅路网监测与应急处置中心。2013年1月28日，设立西藏自治区交通建设项目招投标中心。2015年4月7日，设立自治区交通运输厅干部教育培训中心，在厅属事业单位路网监测与应急处置中心挂牌，增设干部教育培训。

【交通科技】西藏地处高原，地质复杂，气候恶劣，公路绝大部分处在海拔4000米以上，特殊的地理环境和气候条件导致冻土、崩塌、滑坡、泥石流、雪害、沙害等多种自然灾害，公路建设、养护面临很多难题。在国家各部委的关心支持下，西藏公路管理部门加强科研力度，加大科技含量，通过联合、引进吸收等多种途径，将适合自治区实际的科研成果，高新技术引进推广到西藏公路建设中，西藏公路科技进步和创新水平取得显著提升，相关单位参与完成的多项科技成果获得国家级、省部级奖项。其中，“川藏公路南线(西藏境内)山地灾害及防治对策研究”获得国家科技进步三等奖(1996年)、西藏自治区科技成果二等奖(1995年)；“川藏公路西藏境内卡贡弄巴(古乡)沟泥石流发展趋势及病害整治工程模型实验”获交通部优秀项目奖(1997年)、交通部科技进步三等奖(1999年)；“中尼公路聂友段病害防治对策研究”获交通部科技进步三等奖(2003年)；“大跨径钢筋砼箱型拱桥成套技术研究”获2009年度中国公路学会科学技术一等奖；“山区公路悬挑结构建设技术研究”获2012年度中国公路学会科学技术奖三等奖。

【行业法治建设】

1.政策法规。改革开放以后，西藏相继出台系列法规和规章制度。1978年11月，西藏自治区革委会交通局制发《关于公路汽车运输企业奖励试行办法》。1979年11月，西藏自治区人民政府公布《西藏公路路产保护办法》。1984年8月，西藏自治区人民政府批转《关于发展农牧民个体和集体运输业的暂行规定》。1987年7月，《西藏自治区公路运输管理条例实施细则》公布。1996年9月，西藏自治区交通厅下发《西藏自治区拖拉机养路费征收、使用管理办法》。2000年5月，《西藏自治区道路运输管理条例》施行。2001年7月，西藏自治区交通厅制发《西藏自治区公路工程质量管理实施细则(试行)》；12月，自治区交通厅和环境保护局联合制定印发《西藏自治区交通行业环境保护管理暂行办法》。2002年3月，自治区人民政府出台《西藏自治区人民政府关于加快农村公路发展的意见》；4月，自治区交通厅制定《西藏自治区农村公路建设项目管理暂行办法》。2003年7月，自治区人民政府出台《西藏自治区人民政府关于加强县乡公路养护管理意见》；2005年11月，自治区交通厅、安监局印制《西藏自治区渡口、渡船安全管理专项整治实施方案》；12月，自治区交通厅制定《西藏自治区交通科技项目管理办法》。2007年3月1日，《西藏自治区公路条例》施行。2007年3月，自治区八届人大常委会通过《西藏自治区道路运输条例》、自治区人民政府办公厅印发《西藏自治区农村公路管理养护体制改革实施方案》；6月，自治区交通厅制定《西藏自治区农村公路管理养护办法》《西藏自治区农村公路养护技术规范》。2009年2月2日，《西藏自治区水上交通安全管理办法》施行。2011年3月，西藏自治区人民政府出台《西藏自治区人民政府关于扶持农村客运发展的意见》。2012年5月，交通运输厅制发《西藏自治区公路养护工程市场准入实施细则》《西藏自治区重点公路建设项目管理办法》。2014年5月，交通运输厅制定《西藏自治区公路建设项目“十公开”规定》。2017年3月，联合区公安厅印发《西藏自治区治理超限超载联合执法工作实施细则》。

2.放管服改革。为进一步推进简政放权、放管结合、优化服务，创新管理方式，规范执法行为，认真查找交通运输领域是否存在检查任性和执法扰民、执法不公、执法不严等问题，切实把随机抽查监管落到实处，制定《交通运输厅关于大力推广随机抽查规范事中事后监管工作方案》，同时建立“两库一单”。2015年7月，西藏交通运输厅全面推行权力清单制度，首次清理各项行政职权共计472项，统一制定行政权力事项清单、责任事项清单和行政许可流程图模板。至2018年，权力清单共136项(其中行政许可17项、行政处罚90项、行政强制7项、行政征收1项、行政检查6项、行政确认2项、其他类13项)。

新中国成立70年西藏公路系统主要指标数据统计表

项　目	单　位	1978年	1980年	1985年	1990年	1995年	2000年	2005年	2010年
1.线路及设备									
（1）公路线路里程	公里	15852	21551	21660	21842	22391	22503	43716	60810
其中：高速公路	公里	–	–	–	–	–	–	–	–
国道	公里	–	–	–	5720	5539	5573	5625	5618
其中：国家高速	公里	–	–	–	–	–	–	–	–
省道	公里	–	–	–	2979	5435	5435	6234	6294
县道	公里	–	–	–	10857	3654	3654	7164	12150
乡道	公里	–	–	–	2132	5410	5438	21866	15605
专用公路	公里	–	–	–	154	2353	2403	2829	2391
村道	公里	–	–	–	–	–	–	–	18751
有铺装路面	公里	–	–	–	–	–	364	1383	6439
其中：沥青混凝土	公里				–	–	339	1289	6212
水泥混凝土	公里	–	–	–	–	–	25	95	226
简易铺装路面	公里	–	–	–	–	–	1397	1905	1998
未铺装路面	公里	15777	21369	21022	21063	21381	33777	40428	52373
（2）公路桥梁	座	665	712	730	777	884	1293	1948	5481
	米	15919	18358	19845	21679	24995	35240	56287	143628
（3）公路隧道	处	3	3	3	3	3	3	13	20
	米	250.21	250.21	250.21	250.21	250.21	250.21	2865.00	3583.41
（4）公路渡口	处	–	–	–	10	10	5	5	1
其中：机动渡口	处	–	–	–	5	5	4	5	0
2. 公路建设投资									
（1）公路总投资	亿元	0.32	0.37	1.31	1.12	5.61	11.52	42.53	73.1
内：线路及桥梁	亿元	0.27	0.3	0.84	0.75	4.96	10.1	42.34	73.1
（2）新增生产能力									
新建公路里程	公里	–	–	–	–	–	114	1030	–
改建公路里程	公里	–	–	–	–	–	559	776	3438
项　目	**单　位**	**2011年**	**2012年**	**2013年**	**2014年**	**2015年**	**2016年**	**2017年**	**2018年**
1.线路及设备									
（1）公路线路里程	公里	63108	65198	70591	75470	78348	82096	89343	97785
其中：高速公路	公里	–	–	–	38	38	38	38	38
国道	公里	5618	5618	5618	5618	5618	13399	13416	13943
其中：国家高速	公里	–	–	–	–	–	–	–	–
省道	公里	6299	6337	6332	6332	6332	15163	15506	14978
县道	公里	12573	12720	13846	14122	14866	18351	18275	18346
乡道	公里	15889	16186	16521	17898	18151	11402	11669	11759
专用公路	公里	2428	2976	4172	4679	4884	4485	8730	10332
村道	公里	20301	21362	24101	26821	28497	19297	21747	28426
有铺装路面	公里	6629	6897	8649	9742	11405	17720	20857	27080
其中：沥青混凝土	公里	6308	6569	7920	8683	9621	14068	16655	21222
水泥混凝土	公里	320	329	729	1059	1784	3653	4202	5858
简易铺装路面	公里	2095	1999	1965	1965	2332	658	593	594
未铺装路面	公里	54385	56303	59977	63763	64612	63718	67893	70112
（2）公路桥梁	座	5907	6371	7240	7826	8122	9191	10309	10949
	米	153794	164541	181334	192434	199489	307353	409419	431367
（3）公路隧道	处	20	24	25	28	28	49	68	91
	米	3583.41	4732.41	4982.41	5971.41	5971.41	25260.4	48894.4	59477.07
（4）公路渡口	处	1	1		1	6	–	–	–
其中：机动渡口	处	–	–	–	–	4	–	–	–
2. 公路建设投资									
（1）公路总投资	亿元	85.21	100.97	121.18	161.73	210.8	402.73	569.16	652.00
内：线路及桥梁	亿元	85.16	100.91	121.15	161.71	210.46	401.98	565.76	–
（2）新增生产能力									
新建公路里程	公里	1817	–	5381	4328	2464	3748	7247	–
改建公路里程	公里	476	1636	1284	1559	1621	3567	3746	–

新中国成立70年西藏道路运输系统主要指标数据统计表（一）

指　标	单　位	2003年	2004年	2005年	2006年	2007年	2008年	2009年	2010年
一、道路运输从业人员	人	29456	34742	55756	51924	57636	49137	51574	63492
道路旅客运输经营从业人员	人	10163	7589	9602	8008	10741	10889	11666	15421
道路货物运输经营从业人员	人	12551	21118	34366	28740	30009	22870	24006	30067
站（场）经营从业人员	人	–	–	–	2386	2457	2395	2398	2422
二、道路客、货运站	个	24	26	55	57	67	71	143	331
1.客运站	个	24	26	55	54	64	68	138	325
一级站	个	1	2	2	3	3	3	3	3
二级站	个	5	4	6	5	7	6	7	11
三级站	个	9	12	9	9	16	17	34	65
四级站	个	6	7	11	6	7	8	14	–
五级站	个	–	–	–	4	4	5	2	10
2.货运站	个	3	1	27	27	27	29	78	236
一级站	个	–	–	–	3	3	3	5	6
二级站	个	–	–	–	1	1	1	1	1
三级站	个	–	–	–	1	1	1	3	3
四级站	个	–	–	–	1	1	1	1	2
三、机动车维修业及汽车综合性能检测站									
1.机动车维修业业户	户	–	–	–	–	–	–	–	1785
其中：汽车维修	户	606	1087	1162	1417	1486	1435	1645	1517
一类汽车维修	户	52	50	45	66	63	65	67	66
二类汽车维修	户	114	122	95	195	197	190	216	232
三类汽车维修	户	411	837	854	919	1033	1002	1131	1219
2.汽车综合性能检测站	个	8	8	11	9	9	11	11	11
四、机动车驾驶员培训									
1.机动车驾驶员培训业户	户	–	–	–	24	27	30	35	36
其中：普通机动车驾驶员培训	户	–	–	–	19	19	26	31	35
道路运输驾驶员从业资格培训	户	–	–	–	9	7	7	9	10
2.教练员	人	–	–	–	160	227	271	313	314
其中：理论教练员	人	–	–	–	31	40	45	56	65
驾驶操作教练员	人	–	–	–	128	174	201	231	233
3.培训人次	人次	–	–	–	6382	6511	4141	5551	8744
五、汽车租赁									
1.汽车租赁业户	户	–	–	–	–	–	–	–	7
2.汽车租赁从业人员	人	–	–	–	–	–	–	–	33
3.租赁车辆数量	辆	–	–	–	–	–	–	–	49
客车	辆	–	–	–	–	–	–	–	49
货车	辆	–	–	–	–	–	–	–	–
六、道路客运班线									
1.客运班线	条	126	156	192	246	287	316	342	340
其中：高速公路	条	–	–	–	–	–	–	–	–
2.客运班线平均日发班次	班次/日	464.7	476.9	563.0	501.8	481.8	497.9	567.0	619.2
其中：高速公路	班次/日	–	–	–	–	–	–	–	–
七、农村道路客运									
1.客车通达情况									
乡镇	个	175	601	601	683	683	683	683	682
其中：通客运班车的乡镇	个	96	409	532	336	367	371	383	383
建制村	个	1311	1852	1852	5931	5931	5931	5931	5261
其中：通客运班车的建制村	个	489	122	1483	1440	1597	1753	1836	1641
2.农村客运站	个	–	–	–	–	4	4	4	10
其中：等级客运站	个	–	–	–	–	–	–	–	–
3.农村客运线路	条	–	–	–	43	45	69	75	151
平均日发班次	班次/日	–	–	–	84.0	86.0	118.0	145.0	180.6
4.农村旅客运输量									
客运量	万人	–	–	–	18.70	31.55	18.10	30.95	95.92
旅客周转量	亿人公里	–	–	–	0.07	0.21	0.21	0.31	1.48

新中国成立70年西藏道路运输系统主要指标数据统计表（二）

指　标	单　位	2011年	2012年	2013年	2014年	2015年	2016年	2017年	2018年
一、道路运输从业人员	人	74676	92206	97925	104430	107489	119234	123950	128060
道路旅客运输经营从业人员	人	20500	26705	29789	31124	31666	36414	36650	37633
道路货物运输经营从业人员	人	35843	46477	48744	53438	56351	63460	66895	70082
站（场）经营从业人员	人	2430	2422	2509	2500	2501	2529	2537	2540
二、道路客、货运站	个	331	328	333	332	335	336	365	367
1.客运站	个	325	322	325	326	326	325	353	355
一级站	个	3	3	3	3	4	4	4	5
二级站	个	11	11	11	11	10	9	9	8
三级站	个	65	65	65	66	66	66	66	65
四级站	个	–	–	–	–	–	–	–	–
五级站	个	10	10	10	10	10	10	10	8
2.货运站	个	236	233	236	236	236	236	264	–
一级站	个	6	6	8	6	9	11	12	1
二级站	个	1	1	1	1	1	1	1	1
三级站	个	3	3	3	1	1	1	1	10
四级站	个	2	2	4	4	7	9	10	–
三、机动车维修业及汽车综合性能检测站									
1.机动车维修业业户	户	2193	2407	2817	2956	2678	2786	2876	2939
其中：汽车维修	户	1851	2030	2414	2533	2315	2423	2495	2553
一类汽车维修	户	79	79	79	80	78	78	80	82
二类汽车维修	户	198	218	229	245	246	239	247	254
三类汽车维修	户	1574	1733	2106	2208	1991	2106	2168	2217
2.汽车综合性能检测站	个	11	11	11	10	10	13	13	14
四、机动车驾驶员培训									
1.机动车驾驶员培训业户	户	36	36	43	42	45	56	61	62
其中：普通机动车驾驶员培训	户	35	35	42	42	43	54	59	60
道路运输驾驶员从业资格培训	户	11	10	7	9	12	13	13	14
2.教练员	人	317	318	315	287	311	376	394	406
其中：理论教练员	人	68	68	91	104	108	124	137	134
驾驶操作教练员	人	233	233	209	170	187	235	243	245
3.培训人次	人次	10168	13301	6726	8799	13882	13660	19336	22235
五、汽车租赁									
1.汽车租赁业户	户	7	10	11	13	13	15	17	17
2.汽车租赁从业人员	人	33	39	59	84	84	96	105	109
3.租赁车辆数量	辆	54	106	153	176	176	199	223	211
客车	辆	54	106	153	176	176	199	223	211
货车	辆								–
六、道路客运班线									
1.客运班线	条	365	371	384	405	407	414	419	434
其中：高速公路	条	–	–	–	–	–	–	–	–
2.客运班线平均日发班次	班次/日	605.7	588.0	594.8	581.8	595.3	592.3	596.2	614.4
其中：高速公路	班次/日	–	–	–	–	–	–	–	–
七、农村道路客运									
1.客车通达情况									
乡镇	个	682	682	685	693	694	695	697	–
其中：通客运班车的乡镇	个	390	396	412	419	423	424	489	–
建制村	个	5261	5261	5419	5454	5465	5464	5467	–
其中：通客运班车的建制村	个	1653	1690	2344	2371	2378	2380	2057	–
2.农村客运站	个	10	8	8	243	243	246	247	–
其中：等级客运站	个	–	1	1	10	10	10	10	–
3.农村客运线路	条	171	177	184	189	196	202	203	–
平均日发班次	班次/日	189.4	199.0	201.0	202.5	231.5	253.4	256.4	–
4.农村旅客运输量									
客运量	万人	87.44	106.75	81.03	84.46	85.45	87.90	92.20	–
旅客周转量	亿人公里	1.42	1.70	1.20	1.14	1.18	1.28	1.38	–

（西藏自治区交通运输厅　供稿）

陕西省

【概　述】新中国成立以来，交通运输行业发展取得突出成就，实现从瓶颈制约到基本适应，再到竞争新优势的历史性转变。1949年，陕西省能通行汽车的公路1908公里，公路等级标准很低，绝大多数是土路，晴雨通车里程仅242公里。1949年—1978年，陕西省公路总里程由1908公里发展到38416公里，增长20倍。到改革开放初期，陕西才初步建立起以国省干线公路为骨架、县乡公路为支线的公路交通体系。1978年全省完成公路水路固定资产投资约0.38亿元，2001年突破100亿元，2012年完成366亿元，2018年实现696亿元。干线公路作为骨架，在具体的建设实践中，实现从重点干线改造、改建，到全面提升干线路况、路容、路貌。农村公路，从重点修建、改善县乡公路，到重点实施村村通油(水泥)路，带动乡乡通油路和县际公路改善，全面普及提高，有力地促进脱贫攻坚步伐，也让世代沿袭的农业生产生活方式随着公路发展而改变。至2018年底，全省公路总里程达到17.71万公里，为1949年的93倍。全省实现100%乡镇、100%建制村通沥青(水泥)路，100%乡镇通班车、97%建制村通客车，让2000万农民出门走上"平安路"、抬脚坐上"幸福车"。人民的获得感、幸福感、安全感明显增强，进一步推动陕西成为"一带一路"重要节点、向西开放前沿和门户，为发展"三个经济"奠定良好基础。

1.高速公路实现跨越式发展。1990年12月，陕西省第一条高速公路——西安—临潼高速公路建成通车。随后制定的"米"字形公路主骨架总体布局、"三纵四横五辐射"规划和"两环三纵六辐射七横"高速公路网建设实现跨越式发展。在秦巴山区，桥梁连着隧道，穿越崇山峻岭，有的路段达到90%以上桥隧比例；在黄土沟壑区，创建一批举世瞩目的高墩大跨桥梁与黄土隧道群；在湿陷性黄土区，强夯换填出坚实的路基。在通江达海的高速公路网中，拥有长大隧道建设与管理、高墩大跨桥梁建设、沙漠筑路技术、建筑垃圾填筑路基等一批自主先进技术。随着一个个技术难题的攻克，一批批世界级工程应运而生。建设规模世界第一的包茂线秦岭终南山特长隧道，获20余项重大技术创新，确立中国公路隧道建设世界先进水平地位；包茂线榆靖高速填补中国沙漠高速公路建设技术空白，获得鲁班奖；京昆线西汉高速以环保理念穿越秦岭自然保护区，形成一条与自然共生的生态走廊。高速公路总里程从1000公里到2000公里，再到3000公里、4000公里、5000公里的递进，贯穿着陕西交通对改革开放政策的实践。

2.交通脱贫攻坚成绩斐然。2014年以来，贯彻落实党的十八大精神，以贫困地区为重点，大力实施建制村通畅、通村公路"油返砂"整治和深度贫困村通组路建设三大工程，累计建设通村公路2.37万公里，实现8651个建制村对外通畅，整治通村公路"油返砂"路段10805公里，建设深度贫困村通组路3387公里。

3.公路养护管理全国先进。坚持"建设是发展，养护也是发展，而且是可持续发展"的理念，以"公路设施美、路域环境美、养护管理美、出行服务美、行风人物美"为目标，全力打造"畅、安、舒、美"公路通行环境，公路养护步入良性发展轨道。党的十八大以来，全省累计实施干线公路大中修及预防性养护工程11445公里，创建美丽干线公路4211公里，实现养护管理、路况水平和服务水平全面提升。陕西省在"十一五""十二五"全国干线公路养护管理检查中连续被评为全国先进省，2016年—2018年国家公路网技术状况监测持续保持全国前列。

【公路建设与发展】

1.高速公路建设。1986年12月25日，陕西省第一条高速公路，也是中国西部第一条高速公路——西临高速公路(起自西安官厅，终至临潼区)开工建设，1990年建成通车，全长23.89公里。1991年—1998年，先后建成三原—铜川等3条高速公路，西安—三原一级公路封闭工程完工并达到高速公路标准，实现关中地区5个地市高速公路全部贯通。1999年—2003年，在实施西部大开发中，按照"抓住机遇、超常建设、提高等级、增加密度、形成网络"要求，以深化"米"字形公路主骨架和西部大通道高速公路建设为主，先后建成西安绕城高速等13条高速公路，西安周边形成7条高速公路出口，陕南、陕北建成首批高速公路。2003年，陕西高速公路通车里程突破1000公里。2004年—2007年，按照"关中加密、南北成网、周边连通"要求，实施"345"高速公路网规划，加快陕西高速公路第一轮建设，先后建成含有秦岭终南山公路隧道的西汉高速公路等13条高速公路。2007年陕西高速公路通车里程在西部率先达到2000公里。2008年—2015年，按照"完善骨架路网、增加迂回线路、畅通省际通道"思路，实施"2367"高速公路网规划，以"增路""扩能"为重点，加快陕西高速公路第二轮建设，先后建成青兰高速陕西段、榆林—绥德、西咸北环线等47条高速公路，陕西高速公路通车里程于2010年、2012年、2015年陆续突破3000公里、4000公里、5000公里。至2018年底，全省高速公路通车里程达到5475公里，连通全省98个县(市、区)，打通33个省际出口中的22个，构筑起与周边中心城市的"一日交通圈"。

2.干线公路建设。新中国成立后，陕西的新建公路是从修筑专用公路起步的。1950年12月26日，通往四郎庙石油采区的专用公路——金锁关—四郎庙公路建成通车，也是新中国成立后陕西修建的第一条公路。至1957年底，全省共建成专用公路101公里，为厂矿、农、林单位的新建、扩建提供基础设施。全省原有公路基本恢复通车，路况显著改善，新增公路3936公里，桥梁

1000座，全省公路通车里程达到7049公里。1958年开始新建干线公路，建设标准为新三级或老六级，新建项目有西万路西安—石泉段、周佛公路周至—厚畛子段、西韩公路豁口—大程段等。“二五”期间，在加紧公路新建的同时，对原有公路进行以提高等级标准为目标的大规模改建，先后改建西潼公路渭南—潼关段、西兰公路永平—灵台段、长坪公路西安—商县段、西宝北线咸阳—兴平段等，同时在西兰路部分路段开展渣油表处试验。1963年，根据交通部安排，先后在西安、咸阳、铜川、商县的一些干线路段进行渣油表处扩大试验，到1968年底，全省共建成渣油、沥青路面356公里，关中地区主要干线公路基本实现路面黑色化。1968年—1972年，新（改）建周城、西禹、吴定、府新等干线公路1054公里，镇旬、旬白、恒紫等支铁公路497公里。1970年实现县县通公路。1974年，全省油路建设统一推行“三级管理、民工建勤、投资包干”管理办法，省交通厅及时抓典型，召开经验交流会，总结推广各地先进经验，对推进油路路面普及与提高起到巨大促进作用。改扩建西潼路临潼县城与西安交界处的8.7公里路段，成为陕西省第一段二级公路。从1975年开始，先后建成西潼路西安—渭南段、西兰路西安—乾县段、西包路西安—延安段、西宝北线虢镇—宝鸡段、包汉路河东店—汉中段等一级路，全省公路进入高等级阶段。至1980年底，全省10个地市都有油路与西安相通，100个县（市）绝大多数通了油路。自“七五”以来，全省公路系统紧紧抓住国家“贷款修路、收费还贷”政策，充分利用国家推进县县通油路、开展文明样板路建设、西部大开发等机遇，不断加快国省干线公路建设，开始长达20多年的国省干线公路改建工程。“十一五”期间，将普通干线公路改造作为公路建设的重点之一，结合实施安保工程、危桥险路整治工程，继续加强普通干线重点路段改建提高，并适当安排新建线路。全省5年累计投入资金94.8亿元，新改建普通干线公路2158公里，消除307省道、201省道的“白皮路”，关中环线全线贯通，旬邑、略阳、黄龙等9县通了二级及以上公路；全省公路总里程达到14.7万公里。“十二五”期间，陕西省政府先后出台《关于进一步加快全省公路建设的决定》《关于进一步推进普通公路持续健康发展的若干意见》，为全省普通公路加快发展提供契机。全省5年累计投入资金366亿元，新改建干线公路约4000公里，建成50多个项目1900公里，实现县县通二级公路目标。2016年，以省政府名义举行全省普通公路集中开工仪式，开工建设普通公路119个项目2052公里。强力推进沿黄公路建设，2017年8月28日，全长828.5公里的沿黄观光路建成通车。至2018年底，全省累计投入资金496.5亿元，新改建干线公路3543公里；全省公路通车里程17.7万公里，公路密度86.15公里/百平方公里，国省道二级以上公路（不含高速）比重达到61.7%。

3.农村公路建设。新中国成立后，为加快解决县乡“行路难”问题，陕西省在抓紧修复、改善原有公路和新修短途公路的同时，按照“依靠地方政府、依靠人民群众”的工作方针，1950年—1954年，建设驮道、大车道767公里。1955年，按照中央提出的“国家投资与民工建勤相结合”的公路建设方针，和国务院《关于改进民工建勤养护公路和修建地方道路的指示》，组织开展地方公路建设，并把修建由县到县的县际公路、解决县县公路问题放在首要位置。至1957年底，全省共建成简易公路2463公里，原来不通公路的26个县中有20个通了公路。1958年后，继续抓紧县际公路修建，将建设标准提高为六级，同时广泛开展县乡公路修建。1971年，恒紫、镇旬等支铁公路陆续修通后，实现县县通公路目标。1974年12月，省委召开山区建设会议，讨论修建山区公路问题。1975年省委进一步提出“苦战三五年，实现社社通公路”目标，全面解决“有路无路”矛盾。至1980年底，全省建成县公路25288公里、社公路1407公里，占全省公路总里程36482公里的73%，以西安为中心，以国省公路为骨架、县社公路为网络，四通八达的公路交通网基本形成。陕西农村公路建设在20世纪90年代后步入发展快车道，“九五”期间，90%以上的行政村通了公路。“十一五”期间，在以高速公路建设为龙头，以全面提升干线公路路况和加快农村公路发展为重点思路的指引下，强力推进农村公路建设，提出实现全省100%乡（镇）通油路、100%建制村通公路、80%建制村通油路（水泥路）的农村公路建设目标。2009年，全国农村公路建设现场会在西安召开，农村公路管理“陕西经验”在全国推广。全省5年累计投入资金319.7亿元，新改建农村公路11万公里，其中新建通村水泥（油）路7万公里，是“十五”末的4倍多。“十二五”期间，陕西省政府出台《关于进一步推进普通公路持续健康发展的若干意见》，为农村公路发展提供强有力的政策保障。全省5年累计投入资金333亿元，新改建农村公路3.9万公里，2800余个建制村通沥青（水泥）路，全省93%的建制村实现通畅；完成桥涵配套工程29692延米，通村公路完善工程15871公里。“十三五”以来，全省交通系统全面推进交通脱贫攻坚。省政府印发《关于加快构建全省综合交通运输体系的意见》《关于加快推进“四好农村路”建设的意见》，省交通运输厅出台《关于推进“四好农村路”建设的指导意见》《推进城乡道路客运一体化发展的实施意见》等系列政策，基本形成“政府主导、行业牵头、多方协作”的工作机制。至2018年底，全省实现100%行政村通沥青（水泥）路目标，提前两年完成交通脱贫保底任务；全省累计投入资金324亿元，新改建和完善农村公路6.2万公里、桥梁7.25万延米，实施农村公路安保工程2.54万公里，贫困地区公路交通显著改善。

4.道路运输。新中国成立后，陕西从事专业运输的畜力车、人力货车分别由1950年的870辆、2205辆增至1957年的6756辆和18664辆。1957年，全省民用汽车3649辆，公路汽车运输由国营专业运输企业独家经营。"六五"至"七五"时期，全省公路运输经营向社会开放，出现各行各业千家万户办运输、各种运输工具一起上的大好局面。至1990年上半年，全省经营公路客货运输业户达25773户，注册客货营运汽车6万多辆。省内运输成网，跨省运输通达27个省(区、市)。1991年—2010年，全省经济建设持续加速，市场全面扩大开放，区域联系不断增强，公路条件不断改善等，以至道路客流、物流及信息流快速增长，并且运输需求愈益多样化，促进道路运输在改革开放中调整、规范、完善和提高。从重视和加强道路运输，实行公路建设与运输发展"两轮驱动"，到实行"路运并举"，发展"大运输、大物流"，道路运输逐步由普及向提高、由传统向现代、由粗放式向集约型迈进。经过20年发展，全省形成由跨省客运、干线客运、农村客运及城市公交客运等构成的多层次道路客运网络；以整车货运、零担货运、快捷货运及各类专项货运等构成的多形式道路货运网络；以汽车维修、驾驶培训、汽车综合性能检测、搬运装卸和汽车租赁等构成的多专业道路运输服务体系；以汽车客运站、点和货运站、场与物流中心等构成的多类型道路运输站场体系，显著增强道路运输供给能力，提升运输服务保障水平，在全省中、短途运输中发挥主导作用，实现"人便于行、货畅其流"目标。2010年，全省有营运汽车329987辆，其中客车72455辆、货车257532辆，完成客运量8.75亿人、旅客周转量384亿人公里，货运量7.71亿吨、货物周转量1195.9亿吨公里。2015年，全省道路运输初步实现由数量向质量、速度向效益、传统向现代的转型发展，年末有营运载客汽车25609辆、营运载货汽车436941辆，全年完成客运量6.14亿人、旅客周转量293.2亿人公里，货运量10.77亿吨、货物周转量1826.8亿吨公里。至2018年底，全省有客运经营业户312户，货运经营业户26.8万户，营运载客汽车1.84万辆、载货汽车42万辆，等级客运站1034个、货运站37个，客运线路4932条，道路运输从业人员82万人。2018年全省完成公路客运量6亿人、旅客周转量287亿人公里，货运量13.1亿吨、货物周转量2301亿吨公里。

【水运建设与发展】 20世纪50年代，国家对陕西航运建设的投资微少，航道得不到及时治理，港口码头及其辅助设施设备一直处于原始自然状态。1964年—1985年，国家投放于陕西航运建设的总资金为955.23万元，相当于修建5公里铁路的资金。这一时期，国家每年对陕西航运建设的投资，仅占总投资的1.8%，大约40万元，全省除汉江干流的安康、石泉、旬阳3处港口码头有小型设施外，其他的水运港口码头，没有购置一台装卸机械，没有存货的仓库和场地。由于国家制定的对水利资源的综合开发利用的方针政策未能得到认真贯彻，20世纪60年代后在黄河、汉江上修建的枢纽工程，除丹江口枢纽工程有过船设备外，其他水电站工程均无过船设备，形成"通了电、断了航"的片面开发利用水资源局面。1966年—1973年建起的石泉水电站，大坝无过船设施，使汉中、安康间不能直航。大坝上的西乡县、洋县、城固县一带的船只，只能萎缩于黄金峡上下营运，营业额大幅下降。大坝下的石泉港，因受电站发电调峰影响，多次造成沉船、翻船、死人事故。90年代后，在综合利用水资源和建立综合运输体系两大方针的指导下，陕西内河水运迎来振兴的机遇期。全省内河水运系统加速港航基础设施建设，投入大量资金，建设一批港航基础设施工程。至2018年底，全省内河通航里程1217.58公里，其中四级航道151.92公里、五级航道9.37公里、六级航道148.43公里、七级航道248公里，等外航道659.86公里。2018年，全省完成水路客运量361万人、旅客周转量6801万人公里，货运量177万吨、货物周转量6617万吨公里。

1.黄河石砭—禹门口段航道建设。该段航道长20.5公里，按六级航道标准建设，1994年开工建设，2002年竣工并通过验收，工程决算为2488.69万元。该段航道的治理，对开发河东乡宁和韩城卫子山煤炭资源，解决韩城市众多的铁厂、电厂、焦化厂急需的煤炭，发展两岸经济起到重要作用。

2.汉江漩涡—安康航运建设工程。总投资3886.52万元，建设工期为2001年—2004年。工程项目为2段航道和11处滩险整治，港口码头9座，停靠点20处，码头和停靠点均以客运为主，站房建设5900平方米。

3.安康火石岩水利枢纽升船机建设。为解决安康火石岩水利枢纽工程建成后造成汉江断航问题，经交通部和水电部协调，在安康火石岩水利枢纽工程建设过程中，同时建设100吨级垂直升船机。建设年限为1992年—1994年，工程实际投资2449万元，2002年8月通过交工验收，并投入试运营。

4.安康市—白河段航道整治。工程从1985年开始至1996年基本结束，历时17年。共整治15个滩和滩群，累计完成投资737.39万元。通过整治，该段航道基本达到六级标准，通航条件极大改善。

5.汉江喜河库区航运建设工程。总投资3621万元，工期3年，2006年开工，2008年竣工。工程主要包括：建设新喜、长阳乡等重点码头12座，小型码头工程16处；整治滩险1处；建设1000平方米站房2处、100平方米站房4处，另建设候船亭15处；建设码头附属及配套设施。

6.汉江安康—白河航运建设工程。项目是陕西省"十二五"重点建设工程，全长164公里。工程起点为安康火石岩电站坝下，止于陕鄂交界白河县下卡子村。主要工程包括：

(1)航道工程。整治旬阳、蜀河、白河、孤山四级枢纽回水变动区的滩险约32公里，并对164公里库岸进行清理。整治后航道达到内河Ⅳ级标准，通航保证率为98%，航道尺度为1.9×50×330米(航道水深×航道宽度×弯曲半径)。

(2)港口工程。主要港口：安康港、旬阳港、蜀河港、白河港，按500吨级标准建设；新建码头19座，改建码头2座，按300吨级标准建设。并配套建设管理用房及21处旅客候船亭。

（3）配套设施。建设照明、通信、环保、消防、安全保障信息系统、视频监控系统、航标等设施。2011年3月24日开工，2016年7月底完工，投资1.96亿元。

7.汉江洋县—安康航运建设工程。项目位于汉江流域的汉中、安康境内，途经黄金峡、石泉、喜河、安康等库区。航道工程起于汉江洋县龙亭镇，沿汉江向东经西乡、石泉、汉阴、紫阳、岚皋、汉滨等县（区），止于安康火石岩电站大坝，项目全长291公里，整治滩险14个，建设码头22座。同步配套建成的照明、通信、环保、消防、安全保障信息系统、视频监控系统、航标等设施。项目投资1.95亿元，建设工期2年。

8.港口建设。韩城港：1998年7月开工，2002年3月通过竣工验收，工程决算1600.84万元，其中交通部补助689万元、省交通厅投资911.84万元。汉江大竹园港：2003年8月开工，2004年9月竣工，2005年4月通过竣工验收，工程决算698.15万元。安康港：1992年12月28日开工，1994年12月14日竣工，工程决算693.17万元，其中国家投资公司经营基金231万元、省交通厅投资408.74万元；护岸工程于2000年12月开工，2002年5月完工，投资137.88万元。府谷港：1991年5月开工，1991年9月完工，并通过竣工验收，总投资12.5万元。神木马镇港：1992年11月开工，1994年6月通过竣工验收；2004年7月—9月进行扩建，工程总投资29.25亿元。佳县桃湾码头：对原有码头进行扩建，投资2.05万元。延长马头关港：1997年 3月开工，1998年6月完工，工程决算43万元。还建设石泉县左溪码头、石泉县称沟湾港、延川县延水关码头，安康汉滨区吴家岩等停靠点，吴堡县川口渡停靠点等。

9.农村渡口改造。从2006年开始，交通部和陕西省交通厅投资对全省农村渡口进行改造，2006年 2015年10年间共完成渡口改造555处。改造后的渡口船舶停靠、旅客上下船、出入渡口等条件极大改善。

新中国成立70年陕西水运系统主要指标数据统计表

项　目	单　位	1991年	1995年	2000年	2005年	2009年	2010年	2011年
一、航道和设备								
1. 内河航道通航里程	公里	843	998	998	1100	1066	1066	1066
其中：等级航道	公里	216	508	998	558	558	558	558
2. 营业性民用运输船舶拥有量								
轮驳船：艘数	艘	90	64	26	980	1143	1326	1236
净载重量	吨位	3648	3199	1118	11312	28957	28064	27734
载客量	客位	2675	1617	675	17043	19277	21141	20034
3. 港口码头泊位	个	39	39	48	48	28	28	28
二、水路客、货运输量								
客运量	万人	68.9	119.5	233.4	344.0	261.8	303.0	356.0
旅客周转量	万人公里	1177.9	1969.3	3956.8	5815.7	3706.9	4336.5	5427.0
货运量	万吨	26.3	42.8	73.1	114.0	173.0	170.0	190.0
货物周转量	万吨公里	1958.9	2520.8	2632.8	2938.0	8214.0	7907.0	7354.0
三、水运总投资	万元	–	–	–	1478	5546	5543	5800
航道及航标建设	万元	–	–	–	–	2471	2333	4600
港　口	万元	–	–	–	1478	3075	3210	1200

项　目	单　位	2012年	2013年	2014年	2015年	2016年	2017年	2018年
一　航道和设备								
1. 内河航道通航里程	公里	1066	1066	1066	1218	1218	1218	1218
其中：等级航道	公里	558	558	558	558	558	558	558
2. 营业性民用运输船舶拥有量								
轮驳船：艘数	艘	1210	1094	1175	1173	1359	1355	1135
净载重量	吨位	27590	28068	29000	30212	33131	32809	31588
载客量	客位	19560	19863	20102	19890	20161	21289	19810
3. 港口码头泊位	个	28	28	28	28	28	28	28
二、水路客、货运输量								
客运量	万人	369.0	377.0	391.0	378.0	425.0	393.0	361.0
旅客周转量	万人公里	5790.0	6029.0	6625.0	6370.0	6989.0	6801.0	6206.0
货运量	万吨	192.0	191.0	186.0	218.0	224.0	196.0	177.0
货物周转量	万吨公里	7436.0	7297.0	6215.0	8030.0	8274.0	6617.0	5183.0
三、水运总投资	万元	4200	4700	3800	11100	7599	7195	4765
航道及航标建设	万元	3600	2300	1350	7360	5199	5690	2530
港　口	万元	600	2400	2450	3740	2400	1500	2235

新中国成立70年陕西公路系统主要指标数据统计表

项　目	单 位	1978年	1985年	1990年	1995年	2000年	2005年	2007年	2008年	2009年
1.线路及设备										
（1）公路线路里程	公里	38416	37088	37985	39621	44006	54492	121297	131038	144109
其中：高速公路	公里	–	–	16	16	349	1226	2062	2466	2779
国道	公里	–	–	3865	4153	4006	4785	5178	6399	6588
其中：国家高速	公里	–	–	–	–	–	–	–	–	–
省道	公里	–	–	4732	4801	5361	5599	6065	5392	5519
县道	公里	28529	25961	14677	15395	15947	16764	17205	17257	17241
乡道	公里	–	1407	12844	13373	16827	25425	23888	24050	23961
专用公路	公里	3012	1871	1867	1898	1865	1919	1842	1820	1806
村道	公里	–	–	–	–	–	–	67119	76120	88995
有铺装路面	公里	16901	21668	26434	28960	35275	7520	42504	55631	77265
其中：沥青混凝土	公里	–	–	–	–	–	–	11682	14255	18239
水泥混凝土	公里	–	–	159	373	893	–	30821	41377	59026
简易铺装路面	公里	–	8444	11283	11171	12413	20175	25265	25999	25223
未铺装路面	公里	21515	15420	11551	10660	8731	26797	53528	49408	41621
（2）公路桥梁	座	2867	3903	4760	5950	6729	8991	15611	16907	18037
	米	85758	129610	160098	200324	254009	397677	821861	966282	1070696
（3）公路隧道	处	–	25	30	38	52	123	363	491	568
	米	–	2381	3253	7139	17465	43815	222023	300854	367079
（4）公路渡口	处	13	23	18	16	13	19	94	54	61
其中：机动渡口	处	5	9	9	9	9	–	41	26	23
2. 公路建设投资										
（1）公路总投资	亿元	0.19	0.18	1.25	8.94	73.00	175.00	274.00	321.00	481.00
内：线路及桥梁	亿元	–	0.10	1.09	8.28	–	–	–	–	–
（2）新增生产能力										
新建公路里程	公里	–	204.0	90.0	245.0	484.0	449.0	4163.0	482.0	224.0
改建公路里程	公里	–	–	–	1154	214	2627	15480	26153	22505

项　目	单 位	2010年	2011年	2012年	2013年	2014年	2015年	2016年	2017年	2018年
1.线路及设备										
（1）公路线路里程	公里	147461	151986	161411	165249	167145	170069	172471	174395	177128
其中：高速公路	公里	3403	3803	4083	4363	4466	5093	5181	5279	5475
国道	公里	7085	7303	7452	7489	7483	7859	13385	13478	13471
其中：国家高速	公里	–	3375	3513	3550	3550	3935	4434	4532	4541
省道	公里	5596	5770	5870	6069	6234	6517	3352	4021	4248
县道	公里	17241	17241	17577	17577	17591	17590	16029	16028	16002
乡道	公里	23961	23960	23956	23973	23973	23973	23723	23723	23744
专用公路	公里	1806	2193	2226	2233	2244	2302	2166	2166	2177
村道	公里	91773	95519	104331	107881	109619	111828	113818	114979	117486
有铺装路面	公里	76296	81628	88628	92603	97062	107366	113804	120312	124608
其中：沥青混凝土	公里	19974	21931	23029	23330	23843	24956	29112	30082	32654
水泥混凝土	公里	56322	59697	65599	69273	73219	82410	84692	90230	91954
简易铺装路面	公里	22619	21787	21288	21026	20679	20080	17923	17079	17913
未铺装路面	公里	48547	48571	51495	51620	49404	42623	40744	37004	34607
（2）公路桥梁	座	19117	21015	22241	22939	23379	24747	25429	26024	26696
	米	1232107	1619141	1794109	1984715	2052998	2331329	24180100	26605700	2810134
（3）公路隧道	处	714	953	1029	1083	1100	1194	1322	1455	1507
	米	492630	719290	813419	880260	894586	1010957	11274800	12251300	1298896
（4）公路渡口	处	73	73	68	73	52	51	–	–	–
其中：机动渡口	处	25	–	16	17	17	14	–	–	–
2. 公路建设投资										
（1）公路总投资	亿元	548.00	196.00	353.00	324.00	558.00	606.00	582.00	508.00	696.00
内：线路及桥梁	亿元	–	–	–	–	–	–	–	–	–
（2）新增生产能力										
新建公路里程	公里	3859.0	711.0	1014.0	390.0	547.0	4272.0	–	–	–
改建公路里程	公里	5287	4865	7159	3578	3359	5718	–	–	–

新中国成立70年陕西道路运输系统主要指标数据统计表（一）

指　标	单　位	1996年	2000年	2005年	2006年	2007年	2008年	2009年	2010年
一、道路运输从业人员	人	–	309352	449698	523519	538219	545888	587567	642072
道路旅客运输经营从业人员	人	–	559412	69859	70958	92574	97363	106250	86794
道路货物运输经营从业人员	人	–	168537	279937	309876	332374	330917	350859	421979
站（场）经营从业人员	人	2096	–	–	9426	9321	10673	10643	10535
二、道路客、货运站									
1.客运站	个	90	181	174	449	643	763	773	988
一级站	个	8	14	17	20	19	19	23	25
二级站	个	38	88	90	94	93	97	94	92
三级站	个	32	41	38	39	32	32	18	16
四级站	个	13	38	29	48	41	41	24	24
五级站	个	–	–	–	248	458	574	614	831
2.货运站	个	–	–	16	19	14	15	21	21
一级站	个	–	–	3	11	3	4	6	6
二级站	个	–	–	9	4	10	10	7	6
三级站	个	–	–	3	3	1	1	8	7
四级站	个	–	–	1	1	–	–	–	2
三、机动车维修业及汽车综合性能检测站									
1.机动车维修业业户	户	–	8085	9736	9728	9742	10458	11431	11248
其中：汽车维修	户	–	6379	7681	7571	7173	7990	9060	8835
一类汽车维修	户	–	139	175	183	217	241	264	256
二类汽车维修	户	–	1763	1281	1512	1340	1514	1642	1830
三类汽车维修	户	–	4479	6225	5876	5616	6235	7154	6749
2.汽车综合性能检测站	个	–	14	28	33	31	32	40	47
四、机动车驾驶员培训									
1.机动车驾驶员培训业户	户	–	8	–	244	275	294	317	342
其中：普通机动车驾驶员培训	户	–	8	–	232	273	289	313	342
道路运输驾驶员从业资格培训	户	–	–	–	46	40	40	64	69
2.教练员	人	–	131	–	4203	4733	5198	9497	11181
其中：理论教练员	人	–	22	–	394	593	653	758	1216
驾驶操作教练员	人	–	78	–	3680	4214	4591	8438	10081
3.培训人次	人次	–	1821	–	206906	200826	213219	367853	473795
五、汽车租赁									
1.汽车租赁业户	户	–	–	–	–	–	–	–	505
2.汽车租赁从业人员	人	–	–	–	–	–	–	–	2051
3.租赁车辆数量	辆	–	–	–	–	–	4092	4779	6424
客车	辆	–	–	–	–	–	4092	4779	6424
货车	辆	–	–	–	–	–	–	–	–
六、道路客运班线									
1.客运班线	条	2236	4166	4497	4965	4576	4830	5114	5758
其中：高速公路	条	–	–	–	340	380	405	408	433
2.客运班线平均日发班次	班次/日	13000	23895	29530	31720	43216	42643	44664	52263
其中：高速公路	班次/日	–	–	–	4665	1728	1920	2166	2049
七、农村道路客运									
1.客车通达情况									
乡镇	个	1309	2128	1563	1727	1614	1614	1579	1573
其中：通客运班车的乡镇	个	1216	1916	1558	1712	1601	1601	1567	1573
建制村	个	17005	27689	28164	27697	27563	27500	26461	27342
其中：通客运班车的建制村	个	9849	20514	23124	22881	22705	23937	23143	24181
2.农村客运站	个	–	–	–	660	3246	4508	6686	9106
其中：等级客运站	个	–	–	–	–	–	–	–	–
3.农村客运线路	条	–	–	–	2088	1875	1877	2760	3004
平均日发班次	班次/日	–	–	–	13184	19523	22046	28252	34921
4.农村旅客运输量									
客运量	万人	–	–	–	12049.3	13169.5	15208.5	27539.3	27570.6
旅客周转量	亿人公里	–	–	–	54.57	50.76	53.06	61.59	71.28

新中国成立70年陕西道路运输系统主要指标数据统计表（二）

指 标	单 位	2011年	2012年	2013年	2014年	2015年	2016年	2017年	2018年
一、道路运输从业人员	人	664688	743969	791919	836446	846173	810674	810156	820076
道路旅客运输经营从业人员	人	88712	82490	86628	87933	86988	86756	85568	86873
道路货物运输经营从业人员	人	441768	524377	565904	603036	611426	584757	587150	596149
站（场）经营从业人员	人	10693	10357	10638	10439	10438	10515	10468	10417
二、道路客、货运站									
1.客运站	个	991	1000	1010	1016	1023	1023	1052	1034
一级站	个	27	28	28	31	33	33	36	36
二级站	个	89	90	90	92	90	85	81	82
三级站	个	16	18	18	17	16	16	16	17
四级站	个	25	23	24	30	30	31	32	28
五级站	个	834	841	850	846	854	858	887	871
2.货运站	个	30	31	39	37	36	37	37	37
一级站	个	6	6	7	8	8	8	8	9
二级站	个	7	4	7	7	7	7	7	8
三级站	个	14	15	15	13	12	11	11	9
四级站	个	3	3	10	10	10	11	11	11
三、机动车维修业及汽车综合性能检测站									
1.机动车维修业业户	户	11690	12258	12500	12998	13246	11984	12820	13650
其中：汽车维修	户	9394	9892	10145	10626	11086	10375	11118	12274
一类汽车维修	户	318	316	332	357	428	444	456	460
二类汽车维修	户	1958	2089	2235	2397	2547	2596	2555	2532
三类汽车维修	户	7118	7487	7578	7872	8111	7335	8107	9282
2.汽车综合性能检测站	个	52	57	61	66	80	91	79	112
四、机动车驾驶员培训									
1.机动车驾驶员培训业户	户	382	390	409	416	402	411	443	470
其中：普通机动车驾驶员培训	户	382	390	409	416	402	410	429	465
道路运输驾驶员从业资格培训	户	72	75	74	73	75	73	58	61
2.教练员	人	13450	14617	15898	17221	18795	19348	19682	19717
其中：理论教练员	人	1550	1625	1457	1530	1613	1571	1507	1566
驾驶操作教练员	人	9525	10053	11024	12116	12851	13415	14137	13988
3.培训人次	人次	500803	550896	492972	559151	606282	633451	623280	598082
五、汽车租赁									
1.汽车租赁业户	户	560	558	446	480	491	593	575	31
2.汽车租赁从业人员	人	2181	2078	1565	2265	2322	3488	3086	106
3.租赁车辆数量	辆	7096	7177	4844	5150	5668	9734	189	270
客车	辆	7096	7177	4844	5150	5668	9734	189	270
货车	辆	–	–	–	–	–	–	–	–
六、道路客运班线									
1.客运班线	条	5962	6069	6011	6018	5930	5441	5026	4932
其中：高速公路	条	459	507	682	706	733	761	695	752
2.客运班线平均日发班次	班次/日	53536	51987	52373	52823	51242	48872	46999	42854
其中：高速公路	班次/日	2128	2426	2777	2823	2728	2616	2936	3000
七、农村道路客运									
1.客车通达情况									
乡镇	个	1570	1224	1216	1216	1216	1014	1012	1006
其中：通客运班车的乡镇	个	1570	1224	1216	1216	1216	1014	1012	1006
建制村	个	27310	27018	26791	26706	26519	22305	17514	17357
其中：通客运班车的建制村	个	24716	24784	24810	24778	24278	21256	16840	16781
2.农村客运站	个	9630	10179	10605	10857	10998	11310	11294	11236
其中：等级客运站	个	–	565	652	656	868	873	894	871
3.农村客运线路	条	3316	3418	3316	3338	3397	3241	3036	2979
平均日发班次	班次/日	37261	36811	36965	36809	35912	34215	32397	32243
4.农村旅客运输量									
客运量	万人	26631.0	30469.0	32484.7	31605.5	28561.3	21167.6	20650.4	29105.2
旅客周转量	亿人公里	72.72	83.84	86.97	82.74	75.66	73.73	68.86	89.04

（陕西省交通运输厅 供稿）

甘肃省

【概　述】1949年10月7日，西北公路局成立，直接领导和管理甘肃省干线公路的抢修和养护工作，主管西北五省区的公路工作。1950年1月19日，在兰州成立西北军政委员会交通部（以下简称西北交通部）；3月27日，将西北公路局划归西北交通部领导，改称西北交通部公路局，负责陕、甘、宁、青、新五省区公路的修复、新建、改建和养护工作，直接管理西兰、甘新、甘青、兰郎和甘川等干线公路的改善和养护业务；4月25日，甘肃省交通厅成立，主管全省公路修建、养护和工务段等业务，并逐步接替西北交通部公路局移交给甘肃公路的养护和修建业务。1952年8月，甘肃省交通厅报请省人民政府批准，建立各级政府交通机构。1969年2月4日，甘肃省革命委员会通知撤销省级各厅、局、部、委，省交通厅撤销后，成立甘肃省交通运输管理局革命委员会。1970年7月6日，省交通运输管理局与省邮电管理局邮政部分合并，成立甘肃省革命委员会交通邮政局。1973年9月1日，省革命委员会、省军区联合下发《关于调整邮电体制问题的通知》，决定交通和邮政分开，成立甘肃省交通局，各地、州、市交通体制也随之调整。1979年12月，甘肃省革命委员会改称甘肃省人民政府，交通系统各级革命委员会随之取消。1980年11月18日，省人民政府决定将甘肃省交通局改为甘肃省交通厅。2009年8月4日，甘肃省交通厅更名为甘肃省交通运输厅，为省政府组成部门。

70年来，甘肃交通运输事业发生翻天覆地的变化。特别是公路交通基础设施建设不断得到优化和完善。党的十八大以来，甘肃交通运输部门抢抓国家加快实施"一带一路"倡议和多省联动建设南向通道的有利时机，加快交通基础设施建设。"十三五"期前三年完成交通运输固定资产投资2485亿元，交通运输促投资稳增长成效明显。公路通车里程从1949年的5100多公里，发展到2018年底的14.32万公里，基本形成以省会兰州为中心，高速公路为主骨架、普通国省道为干线、县乡公路为分支，沟通全省城乡、连接周边省区的呈放射状的公路网。至2018年底，全省公路密度达到31.52公里/百平方公里，等级公路比例达89.4%，高速公路通车总里程达到4242公里，14个市州政府驻地全部以高速公路贯通，55个县通了高速公路，县通高速比例达到64%，连霍、青兰、十天、京藏、京新等国家高速公路在甘肃境内全线贯通，与相邻的川陕青新宁蒙6省（区）省会之间实现高速公路连接；二级及以上公路通车总里程达到1.4万公里，所有县区政府驻地以二级及以上公路贯通，普通国道二级及以上公路比重达到67%；农村公路达到11.05万公里，全省所有乡镇、具备条件的建制村通了硬化路，乡镇通班车率和建制村通客车率分别达到100%和98.3%。

【公路建设与发展】

1.高速公路。1994年，甘肃省第一条高速公路——天水—北道高速公路建成通车，全长13.15公里。随后，甘肃省加快高速公路建设步伐。2002年，兰州—中川机场高速公路通车，全长79.55公里。2004年，随着兰州—海石湾高速公路的建成，甘肃、青海两省省会间高速公路全线贯通。2005年，甘肃建成通车的高速公路达到14条1006.63公里，成为全国第10个突破1000公里的省份。同年，刘寨柯—白银高速公路建成通车，丹拉国道主干线甘肃段全线实现高速化。从"十一五"开始，甘肃高速公路建设突飞猛进。2010年底，全省高速公路通车里程达到2000公里。2013年7月，永登—古浪高速公路乌鞘岭隧道群通车，连霍国道主干线甘肃境内1608公里路段全部实现高速化。2013年底，全省高速公路通车里程达到3000公里。2014年12月1日，成县—武都高速公路建成通车。路线全长94.36公里，有桥梁135座（其中特大桥8座），隧道19处（其中特长隧道5处），桥隧比例达72.43%。该项目为甘肃省已建成桥隧比例最高的高速公路项目；12月26日，国家在甘肃省甘南藏族自治州投资兴建的临夏—合作高速公路建成通车，标志着全省14个市州全部通了高速公路。2017年，全省高速公路通车里程达到4016公里，京新高速甘肃段与新疆、内蒙古段同步开通运营。2018年12月兰州南绕城高速公路建成通车。

2.国省干线公路。新中国成立后，甘肃公路部门根据国家和交通部提出的"民办公助""民工建勤""先通后畅""全党全民办交通""调整、巩固、改善、提高"等方针要求，加强对重点公路的修建和养护。1954年10月31日，全省第一条沙漠公路——武威—雅布赖公路建成通车，全长254公里。1955年，在甘新公路试铺油路5公里，是甘肃铺筑油路之始。1963年9月1日，甘川公路通车。1967年9月，甘肃第一座公路隧道——定天公路鸡嘴山隧道竣工，投资75.5万元。1970年10月2日，全省"黑色路面会战会议"后，开始大规模战备油路建设。1970年—1976年，全省数万农民自带干粮和劳动工具，不计报酬，修筑战备公路。1971年12月12日，甘肃第一座铁路公路两用桥——靖远黄河大桥通车，总长350.28米。

改革开放后，1978年—1990年，甘肃省先后对国道312线等9条国道和32条5344公里省道进行改造。"八五"以后，按二级公路标准对一些重要国省干线公路进行全面改建。1991年10月—1992年8月，对兰州—敦煌1112公里的"河西千里窗口路"进行改建。改建后的公路行车时速由50公里提高至80公里。1994年建成第一条二级收费公路柳园—星星峡公路。"十五"期间，建成22条1189公里国家扶贫县连接国道公路、19条1561公里通县油路、43条3528公里县际公路，全省实现从市州到县区通油路的目标。少数民族地区、革命老区和红色旅游公路取得新进展。"十一五"期间，全省共完成干线路网改造工程4803公里，全省公路总里程达到11.9万公里，其中二级以上公路里程达到7922公里，公路密度由“十五”末的9.1公里/百平方公里提到26.2公里/百平方公里。2010年，甘肃启动历史上规模最大的县城所在地通二级公路工程，当年便实现12个县城通二级公路。至2018年底，全省二级及以上公路通车总里程达到1.4万公里，所有县区政府驻地以二级及以上公路贯通，普通国道二级及以上公路比重达到67%。

3.农村公路。甘肃省的农村公路建设始于1951年，到1957年底，全省农村公路通车总里程达4944.7公里。改革开放后，国家更加重视老、少、边、穷地区的农村公路建设，甘肃交通部门和各级政府从1981年开始，落实国家政策，采用“扶贫开发”“民工建勤”“以工代赈”“民办公助”等方式，不断加快农村公路建设步伐。“七五”“八五”时期，重点改造革命老区、贫困地区、少数民族地区和边远山区的农村公路，初步解决贫困山区和边远地区群众行路难的问题。2002年全省实现县县通油路的目标，2003年实现乡乡通公路的目标。2008年以后，全面落实以县级政府为主体的农村公路建管养责任，形成“千军万马抓建设、千家万户搞养护”的大好局面。2015年，甘肃省启动农村公路“三年大会战”，省委、省政府印发《甘肃省精准扶贫交通支持计划实施方案》，出台《关于加快推进革命老区交通基础设施建设的实施意见》，制定《甘肃省“千村美丽”示范村村组道路硬化实施方案》。同年，交通运输部在甘肃召开全国农村公路现场会，对甘肃农村公路建设和交通扶贫工作给予充分肯定。2016年，“四好农村路”建设成果显著，全年共建成各类农村公路21491公里，是历年农村公路完成最多的一年。至2018年底，全省农村公路达到11.05万公里，全省所有乡镇、具备条件的建制村全部通了沥青（水泥）路，乡镇通班车率和建制村通客车率分别达到100%和98.3%。全省累计创建国家和省级“四好农村路”示范县21个，其中清水县、陇西县、西和县、民乐县、定西市安定区等5个县区被交通运输部、农业农村部、国务院扶贫办联合命名为“四好农村路”全国示范县。

4.道路运输。

（1）机构改革。1949年10月，西北公路局成立后，下设运输处，代管甘肃省的公路运输工作。1950年1月，西北交通部成立后加强对甘肃公路运输工作的领导；6月1日，省交通厅所属兰州汽车监理所成立。原西北交通部公路局兰州车辆监理所业务及部分人员、财产、档案一并移交给兰州汽车监理所；10月10日，兰州汽车监理所开始办理车辆总检验和驾驶人员审验业务。1951年3月1日，兰州、酒泉汽车监理所开始办理新中国成立后甘肃首次汽车驾驶员考验工作，并于3月31日结束，经考验合格的汽车驾驶员共计1875人。1951年3月，甘肃第一个国营汽车运输企业——国营西北区运输公司兰州分公司成立，主要负责办理和承担甘肃省汽车运输业务；12月，西北交通部将国营西北区运输公司兰州分公司及所辖机构、人员、财产和业务等移交给甘肃省交通厅。1952年3月，国营西北区运输公司兰州分公司改为国营甘肃省运输公司。省运输公司成立后，积极改善经营管理，努力提高运输效率。至1952年底，已超额完成全年运输计划8.64%。1954年6月1日，省交通厅运输局成立，主管全省公路运输业务。1956年2月，省交通厅运输局撤销，在省交通厅机关内设运输处等职能机构。1964年，省交通厅运输局再次成立，直接管理省属汽车运输公司、公路总段、汽车监理所和县乡道路养护等。1969年2月，省革命委员会决定撤销省交通厅运输局，2月4日，成立甘肃省交通运输管理局，3月13日，省交通运输管理局根据省革委会的决定，组建省交通运输管理局第一汽车运输团。1971年2月3日，交通部决定将汽车运输总公司第九分公司下放给甘肃省。甘肃省革命委员会决定将第九分公司划归省交通邮政局领导，并更名为省汽车运输二团。1972年10月27日，省交通邮政局决定将甘肃省汽车运输一团改为甘肃省第一汽车运输公司，甘肃省汽车运输二团改为甘肃省第二汽车运输公司。这两个汽车运输企业主要承担粮食、木材、煤炭等重点物资运输任务。1975年3月4日，省革委会批准将兰州汽车服务站改为甘肃省汽车货运管理站，并与省机关企事业车辆办公室合署办公，管理全省汽车货物运输。1978年8月，成立甘肃省汽车运输总公司，直接管理运输企业工作。1982年12月21日，省人民政府批准成立甘肃省公路运输管理处。1984年12月，甘肃省人民政府决定将省交通厅直属汽车运输和交通工业企业下放给各地、州、市领导，同时撤销省公路运输管理处和省汽车运输总公司，成立甘肃省交通厅运输管理局。至1987年，全省四级公路运输管理机构全部建立。1995年12月，原甘肃省交通厅运输管理局更名为甘肃省公路运输管理局。2011年3月，甘肃省公路运输管理局更名为甘肃省道路运输管理局。2018年，根据省委机构改革相关会议精神，甘肃省道路运输管理局更名为甘肃省道路运输局。

（2）场站建设。1949年以前甘肃省境内有汽车站42个。新中国成立后，随着甘肃交通运输事业的发展，运输站场不断健全。1978年1月1日，全省第一座大型正规的汽车客运站——兰州汽车西站新建工程竣工并投入使用，总投资224.8万元。改革开放后，甘肃省不断加强站场建设，投资额从“六五”的276万元到“十二五”的26亿元，再到2017年的41.60亿元，道路运输基础设施更加完善。至2018年底，全省等级客运站达976个，其中一级站26个、二级站47个、三级站61个、四级站85个、五级站757个；另有简易站及招呼站10492个；等级货运站45个，其中一级站5个、二级站16个、三级站6个、四级站18个。同时加快建设综合客运枢纽、县级客运站、乡镇客运站、快递产业园区、自驾游营地等。

（3）运输服务。新中国成立后，甘肃交通运输事业不断取得新成就。运输形式由单一向多元化发展，运输结构不断调整，运输网络逐步形成并持续提升。尤其是2005年后，全省实施道路运输“提速中部、东联西拓”战略，规范和培育运输市场，道路运输网络不断完善。党的十八大以来，高铁、民航等综合运输的迅速发展，道路运输行业处在改革调整和创新发展关键节点。2016年，甘肃省政府出台《关于加快农村客运发展的意见》，着力推进城乡客运一体化进程。2017年，出台《关于加快推进全省道路客运行业转型升级的实施意见》，实施客运转型升级、货运降本增效等系列措施，引导推动企业组团发展，成立客运发展联盟，完善道路客运服务网络，推动运输旅游融合发展，鼓励发展灵活多样、安全高效的小型客运，加强中长途客运和城市出租车市场管理，中级以上班线客车和重型货车比例大幅提高。基本形成以兰州公路主枢纽为中心，市、州区域性枢纽为依托，县、乡、村三级站场为基础的点线相连、辐射到面的道路运输基础设施网络。2018年12月，印发《甘肃省推进运输结构调整三年行动计划实施方案(2018—2020年)》，加快推进运输结构调整，引导大宗货物运输"公转铁"，多式联运示范工程、道路货运无车承运人、甩挂运输试点进展顺利，车辆利用率和通行效率不断提升。甘肃省被交通运输部确定为全国首个定制客运试点省份。2018年，全省累计完成公路运输总周转量1142.3亿吨公里，增长6.39%。

【水运建设与发展】 1995年8月24日，黄河上游第一艘豪华型旅游船金城号在刘家峡水库下水。至2018年底，全省内河航道总里程1322.17公里，通航里程910.67公里，其中等级航道456.1公里，码头泊位199个。全省营运航线27条，各类船舶1300余艘。甘肃的水路交通运输主要以短途旅游客运为主，兼有沿河渡运。

【民航建设与发展】 新中国成立后，甘肃民航机场经历数次大规模建设与发展。"十一五"期，甘肃民航机场建设发展全面提速。2009年2月，甘肃省成立机场投资管理有限公司，负责全省机场建设和管理工作。2011年4月，省政府办公厅下发《关于进一步加强机场建设项目管理工作的通知》，提出全省机场建设的总体思路。2012年，成立省民航机场管理局。"十二五"期间，金昌、张掖、夏河3个机场相继建成通航，兰州中川国际机场二期工程和庆阳机场改扩建工程顺利完工，全省民航机场达到8个，县级城市单元覆盖率达到55%。2015年2月，兰州中川国际机场T2航站楼正式启用，9月底，综合交通枢纽工程投入运营，实现民航、铁路、公路三位一体零距离换乘。同年，甘肃机场集团及所属的6个机场从海航集团收回，明确甘肃省机场产权并改组设立甘肃省民航机场集团。2016年，兰州中川国际机场4000米跑道延长工程投运，二期扩建项目全面完成；2017年T1航站楼完成改造并投入使用；兰州机场三期扩建项目正按照总体规划积极推进。为满足敦煌作为丝绸之路(敦煌)国际文化博览会永久会址的需求，对敦煌机场进行改扩建。2017年，敦煌机场跑道长度已由2800米向东延长至3400米，飞行区等级由4C级提升到4D级，可满足E类飞机备降，保障了欧亚航路备降的需求。至2018年底，全省民航机场达到9个，客运航线257条、货运航线6条，通航城市116座。全省民航旅客吞吐量达到1639.67万人次，增长11.52%，货邮吞吐量达到6.4万吨，增长0.57%，其中兰州中川国际机场旅客吞吐量达到1385.82万人次，增长8.13%，跨入全国"千万级"大型机场行列。

【邮政建设与发展】 1998年邮政与电信分营，2006年政企分开，甘肃省邮政管理局和甘肃省邮政公司分别成立；2012年14个市州邮政管理局成立。政企分开以来，全省邮政业基本形成覆盖城乡、惠及全民的邮政普遍服务体系和竞争有序、技术先进、服务优质的快递服务体系。交邮融合发展加快推进，邮政基础设施网络不断扩大。至2018年底，乡镇快递服务覆盖率达到91%，建制村直接通邮率达到98.6%，13个市州实现建制村直接通邮，农村物流节点覆盖率稳步提升。邮政业务总量达到31.1亿元，增长16.1%，快递业务量增长23.7%，邮政普遍服务和快递服务满意度稳中有升，消费者申诉处理满意率达到98.8%。

【交通科技成果】 1982年，甘肃省交通科研所、陇南公路总段联合中科院兰州冰川研究所对甘川公路泥石流及其防治进行研究，完成《泥石流地区公路工程》《甘肃泥石流》两本专著，获得1982年—1983年度甘肃省科技进步三等奖。该技术成果，为防止公路泥石流危害起到重要作用。2002年7月至2006年9月，省交通科学研究所有限公司"国道212公路(兰州—重庆)陇南段修筑技术研究(公路滑坡泥石流防治技术研究)"获得2007年度中国公路学会科学技术二等奖。1987年，"甘肃省柔性路面设计参数、常用结构及经验厚度"获甘肃省科技进步二等奖。1989年7月，甘川公路七道梁隧道建成通车。该隧道当时在国内首次采用了射流风机，后在国内逐步推广。2002年，"三滩黄河大桥关键技术研究"获甘肃省科技进步二等奖，中国公路学会科学技术三等奖。2003年，"天巉公路隧道防排水设计施工研究"获甘肃省建设厅科技进步一等奖，中国公路学会科学技术三等奖。2003年，"土家湾隧道软黄土段地基加固技术试验研究"获甘肃省科技进步二等奖。该研究中将水泥粉喷桩加固技术应用于软黄土地基中的加固方法在黄土地区公路建设中为首次使用。2001年10月—2004年12月，甘肃省交通科研所"黄土路基压实技术研究"获中国公路学会科学技术三等奖。主要针对中国黄土地区公路普遍出现路基沉陷、路面开裂等病害均与路基压实不足有关的问题，对黄土路基的压实标准和压实技术进行研究。2005年，"黄土地区台后跳车对策及防治研究"获甘肃省2005年度科技进步二等奖。2009年，"甘肃省高速公路交通工程规划关键技术研究"获中国公路学会科学技术三等奖。"刘家峡大桥关键技术研究"获2014年度中国公路学会科学技术二等奖。主要对刘家峡大桥地质环境影响、水库水位对边坡稳定性的影响、抗震性能等进行研究。"非饱和路基土物理力学特性研究”获得2011年度中国公路学会科学技术二等奖。主要对非饱和路基土的土水特征曲线特性、强度特性和变性特性等进行系统研究。2013年建成的中国首座高速公路双层特大桥——武罐高速公路洛塘河双层高架特大桥，在国内外属首例。2015年10月31日建成的兰州—永靖沿黄河一级公路线路上的河口特大桥，是甘肃省公路桥梁中首次采用双塔双索面大跨径的斜拉桥，也是中国8级高烈度震区跨径最大的斜拉桥，并于2017年获中国施工企业管理协会科学技术奖科技创新成果一等奖。

2016年，甘肃路桥建设集团有限公司等单位共同完成的“沥青路面集料加工工艺及其应用研究”和甘肃省公路网规划办公室等单位共同完成的“甘肃省综合交通运输体系发展战略及发展规划研究”获中国公路学会科学技术三等奖；甘肃省交通规划勘察设计院股份有限公司（以下简称“省交规院”）等单位共同完成的“甘肃省沥青路面养护工程铣刨料的节能环保利用技术研究”获甘肃省科技进步二等奖。2017年，甘肃路桥建设集团有限公司等单位共同完成的“SC-2聚合物快速修复材料抢修水泥混凝土桥面铺装施工技术”获中国公路学会科学技术三等奖；省交规院等单位共同完成的“沥青指纹识别技术在沥青路面质量监查中的应用研究”获甘肃省科技进步二等奖；甘肃省公路管理局等单位共同完成的“甘肃省公路沥青路面热再生应用技术研究”获甘肃省科技进步三等奖。2018年，省交规院等单位共同完成的“黄土公路路基关键技术及工程应用”获中国公路学会科学技术特等奖；甘肃路桥公路投资有限公司等单位共同完成的“高震区黄河不通航河道大跨结合梁斜拉桥建造关键技术研究”获中国公路学会科学技术二等奖；省交规院等单位共同完成的“沥青指纹识别技术在沥青路面质量监查中的应用研究”与省交规院的“甘肃省沥青路面养护工程铣刨料的节能环保利用技术研究”共同入选交通运输部2018年度交通运输重大科技创新成果库入库成果。

【重要政策法规】1983年，甘肃省人民政府颁发《甘肃省公路路政管理规定》，甘肃交通法规体系建设起步。1997年，甘肃省人大常委会通过甘肃交通行业第一部地方性法规《甘肃省公路路政管理条例》。之后，相继出台《甘肃省道路运输管理条例》《甘肃省公路交通规费征收管理条例》《甘肃省水路交通管理条例》。“十一五”以来，先后修订完善《甘肃省公路路政管理条例》（2018年重新修订）、《甘肃省道路运输管理条例》，并提请省人大通过颁布《甘肃省高速公路管理条例》《甘肃省农村公路条例》《甘肃省公路建设工程质量安全监督管理条例》等一批新的地方性法规，提请省政府颁布《甘肃省内河交通事故处理办法》《甘肃省公路沿线非公路标牌管理办法》（2017年废止）、《甘肃省民用运力国防动员办法》等政府规章。至2018年，甘肃省已建成以6部地方性法规、部省政府规章为主体，涵盖公路管理、道路运输、水运海事、工程建设等领域的地方性交通运输法规制度框架。

新中国成立70年甘肃水运系统主要指标数据统计表

项　目	单　位	1991年	1995年	2000年	2005年	2009年	2010年	2011年
一、航道和设备								
1. 内河航道通航里程	公里	219	219	321	347	927.8	927.8	913.8
其中：等级航道	公里	–	–	–	–	381	381	381
2. 营业性民用运输船舶拥有量								
轮驳船：艘数	艘	1	4	43	53	45	45	45
净载重量	吨位	8	85	127	421	368	368	368
载客量	客位	–	150	908	1628	1639	1639	1639
二、水路客、货运输量								
客运量	万人	106.0	138.8	192.0	241.0	92.0	94.1	96.1
旅客周转量	万人公里	1568.0	1267.0	1715.0	2189.0	2050.0	2140.0	2200.0
货运量	万吨	43.1	30.4	36.0	48.0	30.0	32.0	32.9
货物周转量	万吨公里	577.1	456.3	545.0	720.0	34.0	37.0	40.0
项　目	单　位	2012年	2013年	2014年	2015年	2016年	2017年	2018年
一、航道和设备								
1. 内河航道通航里程	公里	913.8	913.8	913.8	913.8	–	–	910.7
其中：等级航道	公里	381	381	456	456	–	–	456
2. 营业性民用运输船舶拥有量								
轮驳船：艘数	艘	45	–	–	–	–	–	–
净载重量	吨位	368	–	–	–	–	–	–
载客量	客位	1639	–	–	–	–	–	–
二、水路客、货运输量								
客运量	万人	94.0	84.6	89.2	89.6	90.0	–	–
旅客周转量	万人公里	2130.0	1589.9	1670.7	1681.2	1687.7	–	–
货运量	万吨	25.0	10.3	10.5	34.3	34.3	–	–
货物周转量	万吨公里	28.0	100.6	101.9	579.9	580.5	–	–

新中国成立70年甘肃公路系统主要指标数据统计表

项　目	单 位	1949年	1960年	1978年	1991年	1995年	2000年	2005年	2008年	2009年
1.线路及设备										
（1）公路线路里程	公里	3973	25818	34521	34776	35194	39344	41330	105638	114000
其中：高速公路	公里	–	–	–	–	13	13	1006	1316	1644
国道	公里	–	–	–	5168	5342	5219	5789	6097	6424
其中：国家高速	公里	–	–	–	–	12	12	892	1286	1614
省道	公里	–	–	–	5320	5335	5733	6073	6043	6051
县道	公里	–	–	–	13628	13865	14434	15317	15626	15714
乡道	公里	–	–	–	8777	8755	11928	11478	11971	12169
专用公路	公里	–	–	–	1883	1897	2030	2672	2681	2943
村道	公里	–	–	–	–	–	–	–	63221	70699
有铺装路面	公里	–	–	–	–	18	184	2894	7216	12027
其中：沥青混凝土	公里	–	–	–	–	–	114	2694	4087	5459
水泥混凝土	公里	–	–	–	–	18	70	200	3129	6568
简易铺装路面	公里	–	169	7111	10522	11752	14691	16683	25754	29799
未铺装路面	公里	–	–	27409	24254	23424	24469	21753	72662	72194
（2）公路桥梁	座	–	1223	2391	3166	3408	3829	5309	7346	7928
	米	–	14914	62423	93161	101670	115911	188303	248756	274527
（3）公路隧道	处	–	–	–	34	37	45	52	79	80
	米	–	–	–	4182	6002	8035	35495	43067	44538
（4）公路渡口	处	–	–	–	8	11	15	9	11	9
其中：机动渡口	处	–	–	–	4	4	2	4	4	3
2. 公路建设投资	亿元	–	–	–	–	–	–	–	–	–

项　目	单 位	2010年	2011年	2012年	2013年	2014年	2015年	2016年	2017年	2018年
1.线路及设备										
（1）公路线路里程	公里	118879	123696	131201	133597	138084	140052	142026	142252	143228
其中：高速公路	公里	1993	2343	2549	2953	3262	3522	3845	4016	4242
国道	公里	6663	6756	6973	7303	7423	7827	12795	12834	12997
其中：国家高速	公里	1814	2162	2349	2647	2768	2962	3486	3489	3548
省道	公里	6197	6214	6252	6417	6470	6551	16543	16759	17077
县道	公里	15695	15706	15783	16332	16622	16836	7831	7865	7956
乡道	公里	12309	12299	12364	12588	12838	12837	10406	10322	10301
专用公路	公里	3132	3209	3330	3315	3349	3353	2556	2626	2654
村道	公里	74883	79512	86497	87643	91381	92648	91895	91847	92243
有铺装路面	公里	18125	22034	28939	38004	46337	58185	66750	70315	78492
其中：沥青混凝土	公里	8170	8748	10420	12146	12977	14029	16332	17300	19508
水泥混凝土	公里	10255	13286	18519	25858	33400	44156	50418	53015	58984
简易铺装路面	公里	30109	31024	30720	30622	30406	30878	31813	31516	32703
未铺装路面	公里	70345	70637	71542	64971	61301	50989	43463	40421	32033
（2）公路桥梁	座	8114	8115	8662	8744	9452	10142	11248	11766	12408
	米	286369	288624	31150	315787	371462	448284	597869	631609	772456
（3）公路隧道	处	97	92	96	105	112	157	213	219	498
	米	55717	55694	58335	85339	93625	169530	258873	282369	639042
（4）公路渡口	处	8	8	8	8	8	8	6	6	6
其中：机动渡口	处	2	2	2	2	2	2	2	2	2
2. 公路建设投资	亿元	–	–	–	–	–	–	–	–	–

新中国成立70年甘肃道路运输系统主要指标数据统计表（一）

指　标	单　位	1998年	2000年	2005年	2006年	2007年	2008年	2009年	2010年
一、道路运输从业人员	人	188814	200267	273597	277668	299253	323329	368462	381921
道路旅客运输经营从业人员	人	42262	45577	73501	76988	84267	88803	100797	61405
道路货物运输经营从业人员	人	77220	88186	132934	133378	145812	165947	193875	237358
站（场）经营从业人员	人	–	–	–	9860	10694	10640	11292	10726
二、道路客、货运站	个	–	–	–	–	1855	3535	4796	897
1.客运站	个	225	237	414	1619	1811	3486	4745	832
一级站	个	9	10	17	–	17	18	19	19
二级站	个	33	35	42	–	41	44	45	47
三级站	个	73	81	62	–	66	66	70	70
四级站	个	110	111	85	–	177	256	175	97
五级站	个	–	–	–	–	732	892	539	599
2.货运站	个	38	23	32	38	44	49	51	65
一级站	个	1	1	2	–	3	3	3	5
二级站	个	4	4	8	–	15	15	15	24
三级站	个	33	18	7	–	9	10	10	9
四级站	个	–	–	15	–	17	21	23	27
三、机动车维修业及汽车综合性能检测站									
1.机动车维修业户	户	4877	4767	6275	6092	6288	5971	6111	6773
其中：汽车维修	户	4242	4036	5442	5417	5679	5447	5522	6181
一类汽车维修	户	221	119	107	126	105	100	105	108
二类汽车维修	户	1062	896	903	867	823	840	846	941
三类汽车维修	户	2959	3021	4432	4424	4751	4507	4571	5132
2.汽车综合性能检测站	个	–	13	19	20	21	23	25	29
四、机动车驾驶员培训									
1.机动车驾驶员培训业户	户	–	29	–	166	174	191	228	274
其中：普通机动车驾驶员培训	户	–	–	–	158	166	182	219	267
道路运输驾驶员从业资格培训	户	–	–	–	33	33	33	38	39
2.教练员	人	–	–	–	1968	2115	2621	3896	5301
其中：理论教练员	人	–	140	–	225	230	303	309	390
驾驶操作教练员	人	–	413	–	1678	1829	2296	3301	4560
3.培训人次	人次	–	19800	–	64647	64317	74042	80243	113213
五、汽车租赁									
1.汽车租赁业户	户	–	–	–	–	–	–	–	112
2.汽车租赁从业人员	人	–	–	–	–	–	–	–	537
3.租赁车辆数量	辆	–	–	–	–	–	–	–	665
客车	辆	–	–	–	–	664	578	533	640
货车	辆	–	–	–	–	–	–	–	25
六、道路客运班线									
1.客运班线	条	3988	4107	3465	–	3592	3913	3941	4231
其中：高速公路	条	–	–	–	–	358	381	366	265
2.客运班线平均日发班次	班次/日	11308	11679	15880	–	17369	19807	20702	23735
其中：高速公路	班次/日	–	–	–	–	1865	1902	1682	922
七、农村道路客运									
1.客车通达情况	个	–	–	–	–	15828	15856	16041	16102
乡镇	个	1571	1570	1316	–	1271	1270	1271	1247
其中：通客运班车的乡镇	个	1484	1475	1312	–	1269	1268	1269	1245
建制村	个	–	–	–	–	16738	16673	16803	16704
其中：通客运班车的建制村	个	–	–	–	–	14559	14588	14772	14857
2.农村客运站	个	–	–	–	–	1378	2796	3574	4158
其中：等级客运站	个	–	–	–	–	–	–	–	–
3.农村客运线路	条	–	–	–	–	1686	2224	2470	2796
平均日发班次	班次/日	–	–	–	–	9674	10442	12150	15053
4.农村旅客运输量									
客运量	万人	–	–	–	–	4697	4326	7907	5305
旅客周转量	亿人公里	–	–	–	–	17.74	17.73	31.28	21.87

新中国成立70年甘肃道路运输系统主要指标数据统计表（二）

指　标	单　位	2011年	2012年	2013年	2014年	2015年	2016年	2017年	2018年
一、道路运输从业人员	人	400259	450174	458118	532863	534157	550531	569467	577672
道路旅客运输经营从业人员	人	49332	52268	49377	52865	52601	54713	55335	53979
道路货物运输经营从业人员	人	270780	320545	351484	396801	401767	413556	429517	416756
站（场）经营从业人员	人	9920	8004	6505	7944	8000	8155	7812	7149
二、道路客、货运站	个	916	932	931	946	949	1010	1035	1021
1.客运站	个	851	867	888	903	905	965	993	976
一级站	个	22	26	26	26	27	27	26	26
二级站	个	44	45	45	46	44	43	45	47
三级站	个	72	70	68	69	66	67	66	61
四级站	个	97	90	90	115	91	93	91	85
五级站	个	616	636	659	647	677	735	765	757
2.货运站	个	65	65	43	43	44	45	42	45
一级站	个	5	5	3	3	3	4	4	5
二级站	个	24	24	15	15	15	15	15	16
三级站	个	9	11	6	7	6	8	8	9
四级站	个	27	25	19	18	20	18	15	15
三、机动车维修业及汽车综合性能检测站									
1.机动车维修业户	户	6996	7865	8238	8790	9030	9586	9566	9359
其中：汽车维修	户	6438	7290	7697	8222	8505	9085	9137	8923
一类汽车维修	户	115	127	135	143	167	174	194	188
二类汽车维修	户	972	1042	1103	1150	1292	1254	1212	1163
三类汽车维修	户	5351	6121	6459	6929	7046	7657	7731	7572
2.汽车综合性能检测站	个	30	31	35	38	43	54	67	81
四、机动车驾驶员培训									
1.机动车驾驶员培训业户	户	297	336	362	398	461	518	613	650
其中：普通机动车驾驶员培训	户	291	331	357	393	455	512	605	628
道路运输驾驶员从业资格培训	户	39	42	37	40	48	47	45	45
2.教练员	人	6530	6723	8019	9393	11898	13534	17066	16382
其中：理论教练员	人	448	449	625	795	1022	1272	1744	1359
驾驶操作教练员	人	5794	5931	7203	8517	10602	11998	15078	14799
3.培训人次	人次	123554	148642	178234	195394	235601	323277	405488	647531
五、汽车租赁									
1.汽车租赁业户	户	128	140	61	62	54	98	124	128
2.汽车租赁从业人员	人	598	527	293	267	234	480	499	587
3.租赁车辆数量	辆	711	765	509	621	532	731	796	1052
客车	辆	711	765	509	621	532	731	796	1052
货车	辆	0	0	0	0	0	0	0	0
六、道路客运班线									
1.客运班线	条	4394	4475	4677	4952	5035	5531	5358	5212
其中：高速公路	条	350	372	398	422	408	480	465	458
2.客运班线平均日发班次	班次/日	22749	23482	23246	24595	24589	24347	23484	22317
其中：高速公路	班次/日	1316	1389	1403	1434	1406	1454	1293	1137
七、农村道路客运									
1.客车通达情况	个	16100	15855	15703	15728	15711	15739	16151	16105
乡镇	个	1247	1262	1254	1240	1240	1228	1230	1225
其中：通客运班车的乡镇	个	1245	1256	1248	1234	1234	1226	1230	1119
建制村	个	16669	16850	16712	16619	16475	15974	16001	15947
其中：通客运班车的建制村	个	14855	14599	14455	14494	14477	14513	14921	14986
2.农村客运站	个	4512	6447	7330	9880	11402	11539	11604	11291
其中：等级客运站	个	–	611	712	698	726	786	813	799
3.农村客运线路	条	2913	2966	3177	3273	3349	3621	3619	3490
平均日发班次	班次/日	15446	16911	18027	18159	17607	18116	17309	16394
4.农村旅客运输量									
客运量	万人	6066	7661	8031	8221	8092	10188	10190	9769
旅客周转量	亿人公里	24.93	28.04	27.64	29.20	27.31	33.33	38.81	39.47

（甘肃省交通运输厅　供稿）

青海省

【概 述】新中国成立初期，青海勉强可通行的公路仅有472公里。水运以革囊皮筏和简易木排运输为主。全省邮路总长度1727公里。新中国成立70年来，青海交通人逢山开路、遇水架桥，开拓交通运输改革发展的新局面。尤其是党的十八大以来，青海省交通运输厅全面实施精准扶贫和支持藏区发展等一系列历史机遇，主动对接国家投资重点和方向，全面加快推进公路建设，优化完善路网结构，加强与其他交通运输方式的衔接，着力构建综合交通运输体系。全省交通固定资产投资从第一个五年计划时的6687万元增长到"十三五"前三年的1215亿元，增长约1817倍；全省公路通车里程从472公里增长到8.21万公里，增长近174倍。高速公路（含一级）从无到有，总里程突破3900公里。全省所有市州通高速公路，所有县级行政区通二级公路，所有具备条件的乡镇和建制村均已通畅。以高速公路为主骨架、普通国省干线为骨架、农村公路为脉络的公路网络基本形成，交通运输支撑经济社会健康稳定发展的作用持续增强。全省客货运车辆从无到有，不断发展壮大。2018年，全省拥有营业性客运车辆3614辆，营业性货运车辆78525辆，全年完成公路客运量和旅客周转量分别为5092万人、50.8亿人公里，公路货运量和货物周转量分别为1.6亿吨、275.7亿吨公里。全省内河航道通航里程达到754.91公里，连续27年无水上监管责任死亡事故发生。全省邮政普遍服务网点数457个，村邮站675个，邮乐购站点1190个，省级注册及备案快递企业33家，从业人员7735人，运输投递车辆4200余辆，乡镇快递网点覆盖率达到64.11%，城市快递自营网点标准化率达到86.49%。

【公路建设与发展】

1.公路建设。从新中国成立到1954年，除修建必要的新线外，基本上恢复了原有公路的通车任务。1950年，恢复和改建甘青、青康、宁张3条主要干线的桥涵与急弯陡坡，新建大峡桥等重要桥梁。1954年5月11日，青藏公路格尔木至拉萨开工建设，全长1200公里，仅用7个月零4天的时间，于12月15日全线打通，这在中国筑路史上是个创举，在世界公路上也是罕见的。1956年—1957年，随着农业合作化运动的开展，全省掀起第一次大规模筑路高潮。这一时期，由于干线公路的改善，提高了车辆通过能力，保证了运输畅通。1967年—1978年，分别对有关国防公路进行修建和改建。党的十一届三中全会召开后，公路交通管理机构不断健全，职责职能逐步清晰明确，公路交通服务水平明显提高，青海交通运输进入新的发展时期。1979年—1991年，对西宁—互助、当金山—黄瓜梁等10余条省道干线公路进行局部改建和病害处治，提高公路通行能力。同时，修建龙羊峡、李家峡、冷湖至大风山等资源开发专用公路。至1991年底，青海省公路里程达到16769公里，较1978年增加3094公里。出租汽车和旅游客运等运输新业态初步发展，运输站点逐步增多，汽车维修市场趋于规范。1992年—1999年，国家加大对老少边穷地区交通等基础设施建设投资支持力度，并出台转让公路经营权、盘活公路存量资产等政策。这一时期，打通国道西景公路囊谦—多普玛段断头路。新、改建省道西（宁）久（治）公路等23条省道，一批资源开发公路和旅游公路相继建成，各等级公路的比重得到合理调整。2000年—2012年，现代公路网络和"人便于行、货畅其流"的交通运输格局初具规模。这一时期，全省共完成交通基础设施建设投资965亿元，基本建成"两横三纵三条路"新的主骨架公路网，国省干线公路主要路段基本实现黑色化。2001年，全省首条高速公路平（安）西（宁）段建成通车，实现青海省高速公路零的突破。党的十八大以来，青海省交通运输厅紧紧围绕"三区"建设和国家实施"一带一路"倡议，全面实施精准扶贫和支持藏区发展等系列历史机遇，主动对接国家投资重点和方向，全面加快推进公路建设，优化完善路网结构，加强与其他交通运输方式的衔接，着力构建综合交通运输体系。2013年，原规划的5条3787公里地方高速公路纳入国家高速公路网，12条6570公里省道和县乡公路升级为国道。2018年，实现所有市州通高速公路，所有县级行政区通二级公路，98.6%的乡镇、97.1%的建制村通畅。以高速公路为主骨架、普通国省干线为骨架、农村公路为脉络的公路网络基本形成。全省累计投入"四好农村路"建设资金116.11亿元，新改建农村公路4.1万公里，便民桥梁1268座。

2.道路运输。新中国成立初期，青海公路货运大部分依靠牦牛、犏牛、骆驼、大车、胶轮车等畜力运输，仅有的14辆破旧汽车，只有4辆勉强行驶。公路养护、管理、交通安全及车辆管理、汽车维修都处于时有时无的初级状态。20世纪70年代中期以后，公路运输以组建国营专业运输队伍为主，并扶持州、县汽车运输业发展，加强社会运输管理，拓展运输营运线路，加强运输服务站场建设，积极发展西宁市城市公共交通，与之配套的汽车保养维修、汽车配件生产销售、搬运装卸以及汽车改装、汽车制造也得到一定发展。党的十一届三中全会后，市场逐步放开，社会车辆迅速增加，一些农村社队的汽车、拖拉机和一些机关、企事业单位的车辆进入运输市场，出现争货源、抢线路、自定运价的混乱状况，对国营运输企业造成很大冲击。交通运输主管部门一度采取限制性措施，一方面控制新增社会车辆，一方面对社队车辆和拖拉机运输限定运营地域范围，同时规定机关和企事业单位车辆不得从事经营性运输。1982年，按照全国交通工作会议"从实际出发、放宽运输政策"的精神，本着"管而不死、活而不乱"的原则，进一步放宽公路运输限制。1983年，随着对外开放、对内搞活政策的实施，经济体制改革重点从农村转向城市，进一步打破地区、行业条块分割的格局。1984年进一步建立以经理（场长）为首的行政、生产指挥系统，各车场、车队、保养厂一律实行分级经营、独立核算的承包责任制；1988年普遍推行承包责任制，实行“两权分离”（所有权、经营权）；1991年全面推行单车租赁承包经济责任制，运输企业由传统的生产型转变为生产经营型。公路客运量和旅客周转量分别从1978年的158万人、17982万人公里增长到1991年的1703万人、98817万人公里；公路货运量和货物周转量分别从1978年的780万吨、46727万吨公里增长到1991年的2413万吨、199435万吨公里。到1991年底，全省个体货运车辆达到5908辆。个体客货运输业务以青海为中心，不断向全国各地延伸。全省营运客车1991年底达到2898辆；客运线路由1978年的51条，发展到1991年的298条。专用旅游汽车发展到71辆，多为豪华型客车。随着道路客运的快速发展，对运输站点的需求不断增加。1992年—1999年，青海以培育和建立统一、开放、竞争、有序的运输市场为目标，拓展经营范围，强化市场管理，健全市场规则，严厉打击非法营运，全省道路运输企业经深化改革、整顿治理、规范发展，基本解决人民群众“乘车难”和货物运输运力紧缺的问题。1999年5月青海省人大颁布实施《青海省道路运输管理条例》。2000年—2012年，青海各地交通运输部门和道路运输管理机构积极改善人民群众候车出行条件，方便货运车辆停靠和装载周转运输，加大等级汽车客运站、乡镇站、招呼站、货运站场建设力度；积极向交通运输部、省财政厅申报站场建设项目专项补助资金，确保建设资金来源稳定和项目建设进展顺利；按照“建设一批、开工一批、储备一批”的项目工作思路，注重道路运输场站建设项目储备。这一时期，道路运输场站设施明显提升，呈现站点建设项目多、进展快的特点。2012年公路客货运量分别占全省铁路、民航、水运和公路四种运输方式总量的94.31%和71.94%，实现西宁至省内主要旅游景区的快速直达。党的十八大召开以来，青海出台道路运输加快发展的优惠政策，促进全省道路运输行业科学发展。这一时期呈现出改革力度大、涉及范围广、新旧业态融合发展、资源配置市场化程度高的特点。道路客运打破旅游客运经营权终身制，平稳实施经营权期限制。不断完善客运班线资源配置机制，尝试实施3条班线的承诺考核和延续经营制度，客运市场资源配置形式呈现出多元化。全面实施道路客运实名制全覆盖管理改革，实现全省三级以上客运站实名制售票全覆盖。旅游客运市场实行“企业申请、综合审核、择优配置”的运力准入配置新机制，有效缓解旅游高峰时段运力紧张状况。引导班车客运企业转型升级，积极探索个性化、差异化运输服务，试点开通互助至西宁大学城等2条定制班车服务新模式线路。稳慎推进出租汽车改革，全力推进巡游出租汽车行业转型升级，积极规范网络预约汽车发展，西宁市完成网约车平台搭建，核准“滴滴出行”“易到用车”“神州专车”“首汽约车”“斑马快跑”五个网约车平台公司在青海开展经营服务，全省出租客运新旧业态基本保持稳定。深化驾培制度改革，严格规范培训经营行为，实施教练员“黑名单”制度；建立驾培市场风险预警机制，引导投资者客观评估驾培市场发展，有效遏制驾校盲目增长现象；积极推行“先培训后付费”服务模式，试点推广省级驾培机构监管服务平台应用，完善事中事后监管措施，加强动态监管。70年来，青海道路运输发生翻天覆地的变化，运输市场日臻完善，运输网络拓展延伸，运输装备升级换代，运输场站旧貌换新颜，“互联网+道路运输”深度融合，为运送南来北往的旅客、保障人民生产生活物资运输、加强与兄弟省份的交流合作、促进民族团结进步发挥重要作用，道路运输取得长足发展。运输市场培育完善，运输触角四通八达。2018年，全省机动车驾培机构115户，年培训人数达95472人，及时解决全省日益增长的汽车保有量对驾驶人员的迫切需求；实行“先培训后付费”服务模式驾培机构达109户，覆盖率达到95%。持续推进汽车维修行业转型升级，二级维护标准化全面实施，汽车维修配件溯源体系逐步完善，第三方维修协会协调机制基本健全，以西宁市为中心的“品质配件”供应辐射全省，连锁化、专业化、品牌化的维修保养经营服务体系基本建成，维修业整体技术水平和市场竞争力明显增强。加大客货运输综合枢纽场站建设力度，推进综合交通运输发展，建成西宁客运中心站，有序推进民和、平安、大通、门源花海客运枢纽站建设。综合货运枢纽建设步伐加快，逐步构建现代化交通货运物流园体系，积极扶持现代化物流企业做大做强，有效降低物流成本。基本建成以朝阳、曹家堡保税物流园区为骨干，以多巴、双寨、格尔木等物流集散中心为支撑，以县乡物流配送点为补充的三级物流体系。加大曹家堡临空保税物流园区等与空港、高速公路和铁路节点功能互补的物流园区建设力度，满足多式联运和跨区域甩挂运输的需要，促进多种运输方式联运衔接，有效降低货物转运成本和时间。

【水运建设与发展】 随着公路的开辟、汽车运输业的发展、畜力车通行的便利，加之筏运安全系数较低的特征，再无筏运的必要。1949年青海解放后，只保留几个渡口。在现代公路事业的发展下，黄河、湟水以及其他水域上架起了数十座桥梁，桥梁替代船渡，渡口亦渐不复存在，河湟航运中断。党的十一届三中全会后，黄河上游水利水电项目开发不断深入，青海水上交通也在改革开放中逐步发展。通过多年不断的建设和完善，重点通航水域水路运输已成为当地旅游经济发展的亮丽名片，也激发其他水域发展水上旅游的热情。1991年，龙羊峡库区航运工程列入“八五”青海重点建设项目计划。至1993年，龙羊峡库区开辟航道3条共计112公里。1987年，龙羊峡蓄水发电形成特大型水库，7万余群众隔水相望，交往困难。群众自筹资金进行库区水上运输，各种船只发展到46艘，中断数十年的民间黄河运输再度兴起。2005年以来，省交通厅加大投资购置海事巡逻艇以加强海事救助等工作。李家峡水电站是龙羊峡以下第三座梯级大型电站，1987年开工建设，1991年10月实现截流，1996年12月下闸蓄水发电。李家峡水库蓄水发电后，形成购船、造船热，各类机动船舶发展到50余艘。青海湖是中国内陆最大的咸水湖。20世纪60年代开发，80年代，青海湖鸟岛对外开放，撤销"151"鱼雷试验基地，旅游观光航运兴起。青海湖航运工程（二期）是省"十二五"水上交通基础设施重点项目，为适应景区发展夯实基础。至2018年底，全省共有航线16条，码头32个，泊位60个，航道通航里程达到754.91公里，年完成客运量和旅客周转量为95.24万人、1030万人公里。党的十八大以后，广泛开展"水上安全知识进校园""安全生产月"等专项活动。至2018年底，青海省连续27年无水上监管责任死亡事故发生。

【邮政运输与发展】 新中国成立初期，全省只有西宁、都兰等地设邮局，互助、祁连等地设邮亭，共有邮政代办所32处。全省邮路总长度1727公里，主要以步班、畜力班进行运送。1952年，西宁市实现"邮电合一"，在西宁邮电局的基础上成立邮电部青海邮电管理局，改变与甘肃省长达40年的隶属关系。1969年，国务院撤销邮电部，全国邮政、电信分设。1973年3月，恢复青海省邮电管理局。党的十一届三中全会以后，随着党和国家工作重点的转移，实行改革开放政策，青海邮政事业蓬勃发展。到1985年底，全省共有邮电局（所）243处。邮路总长度1.22万公里，与世界115个国家和地区通邮，乡镇通邮率达到99%。1986年，青海邮政在函件、包裹、汇兑、报刊发行传统业务基础上，相继开办邮政储蓄、特快专递等业务。1987年，《中华人民共和国邮政法》实施，结束新中国成立30多年以来邮政工作无法可依的状况。1998年，省级邮政、电信分营全面结束，从1999年各自独立经营。1999年，青海省邮政局挂牌独立运行，标志着青海邮政事业的发展进入一个新的历史时期。2006年，青藏线铁路邮路开通，增开西宁至德令哈省内二级干线逐日班汽车邮路和格尔木的临时邮路，解决315国道沿线进出口邮件运输。2007年，青海省邮政公司挂牌成立。开辟4条特快趟车，增开机场航空趟车，加快发往华东、华南地区特快邮件和青海省出口快递邮件的运递速度。2011年，3419厂和西宁火车西站两个西宁邮区中心局过渡场地建设完成。2015年，以"互联网+"为基础，积极实践"邮政+""快递+"战略，在部分农村建成"邮政+电商"综合服务平台78个，建成"快递+电商"综合服务平台16个。2016年，西宁至德令哈、玉树、格尔木三条省内支线航班邮路开通运营，结束青海省没有航空邮路的历史，邮政业与综合交通运输体系融合更加深入。世界首个以河流流序命名的"长江一号"主题邮局，在青海格尔木市唐古拉山镇长江之源——沱沱河畔落成并开业运营，开创青海邮政服务新模式。2018年，全省邮政行业业务总量完成7.15亿元。全省建制村通邮实现全覆盖，提前一年完成"十三五"期间建制村直接通邮全覆盖目标，基本实现"乡乡设所、村村通邮"目标，省内邮件传递时限和县级城市党报党刊当日见报率稳步提升。至2019年6月，全省邮政普遍服务网点数457个，村邮站675个，邮乐购站点1190个；省级注册及备案快递企业33家，分支机构493个，末端网点248个，快递末端综合服务站335个；从业人员7735人，运输投递车辆4200余辆，邮快件处理中心21处；乡镇快递网点覆盖率达到64.11%，城市快递自营网点标准化率达到86.49%，快递服务车辆通行政策覆盖7个市（州）；快递服务现代农业项目38个。全省邮政行业电子运单使用率达95.47%，基本实现79.95%的电商快件不再二次包装，循环中转带（箱）使用率达到81.52%，198个邮政快递网点设置包装废弃物回收装置，投入使用新能源车辆14辆。

【交通科技成果】 新中国成立以来，青海交通科技及信息化建设发展迅速。1950年—1970年，为解决公路交通建设中突出的技术难题，促进交通事业全面、协调、可持续发展，青海交通主管部门针对特殊地质条件下的筑养路技术、公路交通运输、交通可持续发展和新技术新材料的推广应用等方面进行了一系列科学研究。2000年以来，尤其是全省第一条高速公路建设以来，先后开展"青海省高等级公路沥青路面合理结构的研究""青海省高速公路湿陷性黄土路基处置技术研究""三江源区公路建设与生态环境保护研究"等100余项科研项目，研究成果中7项达到国际领先水平，15项达到国际先进水平，18项达到国内领先水平，其中参与研究的"多年冻土青藏公路建设和养护技术"获2008年度国家科技进步一等奖，"盐渍土地区公路建设成套技术及工程应用"获2013年度国家科技进步二等奖；获中国公路学会科学技术特等奖2项、一等奖1项、二等奖2项、三等奖3项；获青海省科技进步二等奖6项。参与制定《温拌沥青混凝土》（GB/T 30596）、《多年冻土地区公路设计与施工技术细则》（JTG/T D 31-04-2012）等国家、行业标准2项，主持制定《寒区温拌沥青混合料路面技术规范》《高海拔高寒地区公路边坡生态防护技术设计规范》等青海省地方标准16项，取得专利37项，撰写专著6本。至2018年，已形成以"一院、两基地、两实验室"为支撑的科技创新平台和涵盖冻土、盐渍土两大筑路难题的试验研究平台，建成2个青海省人才"小高地"，1个国家级博士后科研工作站和1个院士专家工作站。在公路建设中大力推广新技术、新工艺和新材料，运用沥青热再生、冷再生、微表处及雾封层预养护等技术，有效解决高等级公路沥青路面表面层病害的修复问题。针对多年冻土地区公路修筑中的难题，发明应用通风管路基、片块石通风路基、隔热层路基、热棒路基、块石–通风管复合路基、热棒–隔热层复合路基等新工艺。研究提出盐渍土地区桥梁涵洞基础形式、耐腐蚀性混凝土施工技术、特殊路基的处治技术、地基加固处理技术等，取得良好的经济效益和社会效益。在青海省东部湟水河谷地区湿陷性黄土公路建设技术研究中，提出湿陷性黄土地区以“防排水为主、地基处理为辅”的新型路基地基处理模式。在不同区域的多条高速公路中，采用温拌沥青、SBS改性沥青、SBR改性沥青、SBS/SBR复合改性沥青、纤维改性沥青、橡胶沥青等多种新材料，提高路面的耐久性及服务水平。公路勘测设计质量大幅提升，《共茶公路施工图设计》获中国勘察设计协会优秀设计一等奖，清关公路获青海省优秀设计一等奖，共获得省部级优秀工程设计奖8项、省部级优秀工程勘察奖1项、省部级优秀工程咨询奖10项。交通信息化工作取得长足发展，2009年以后的10年间，先后实施信息化一期、二期和三期工程，投入资金约6.7亿元，初步实现全省交通运输信息资源数字化、应用网络化、运行管理在线化，提升行业治理能力和服务水平。建成交通运输行业云数据中心、省交通运输应急指挥大厅、12328呼叫服务中心及部分外场感知监测设备等基础设施，开发上线一批涵盖电子政务、行业管理、公众服务三大类的应用系统，全省交通运输系统信息化应用水平明显提高。其中行业云数据中心作为全省首家“行业子云”正式接入青海省电子政务云，共有厅属10家单位的45个主要业务应用系统及其数据库搭建在行业云数据中心。完成《青海省交通运输行业信息化交（竣）工文件编制规范》《青海省交通运输行业网络IP分配方案》等系列行业标准规范。建成青海交通大数据平台，平台以交通建设、管理、养护、运输、安全等几大业务主题为主线，通过静态、动态数据的汇聚，实现数据分析与挖掘，并通过可视化等先进技术，综合展示青海交通运输行业整体发展现状，对交通工程建设、运营和管理进行全过程管控，为辅助领导决策发挥巨大作用。

新中国成立70年青海水运系统主要指标数据统计表

项　目	单　位	1993年	2000年	2005年	2006年	2007年	2008年	2009年	2010年
一、航道和设备									
1. 内河航道通航里程	公里	92.00	92.00	354.69	354.69	354.69	354.69	409.69	409.69
其中：等级航道	公里	–	–	–	–	–	–	–	–
2. 营业性民用运输船舶拥有量									
轮驳船：艘数	艘	–	–	51	67	74	53	67	73
净载重量	吨位	–	–	–	–	–	–	–	–
载客量	客位	–	–	768	978	1075	785	948	1256
3. 港口码头泊位	个	4	7	21	21	21	21	24	30
二、水路客运量									
客运量	万人	–	11.00	12.00	29.00	33.33	21.00	38.00	38.39
旅客周转量	万人公里	–	–	178.00	382.00	446.62	226.00	533.00	503.86
三、水运建设投资									
1. 水运总投资	万元	821	1000	–	–	–	–	–	2030
航道及航标建设	万元	600	800	–	–	–	–	–	1030
港口（码头）	万元	221	200	–	–	–	–	–	1000
2. 新增生产能力									
港口码头泊位个数	个	–	–	–	–	–	–	55	–
年吞吐能力	万吨	4	3	–	–	–	–	3	6

项　目	单　位	2011年	2012年	2013年	2014年	2015年	2016年	2017年	2018年
一、航道和设备									
1. 内河航道通航里程	公里	409.69	409.69	617.69	617.69	617.69	662.69	617.69	617.69
其中：等级航道	公里	–	–	–	–	–	–	–	–
2. 营业性民用运输船舶拥有量									
轮驳船：艘数	艘	35	33	65	72	79	77	110	117
净载重量	吨位	–	–	–	–	–	–	–	–
载客量	客位	810	787	1943	2020	2578	2497	2925	2977
3. 港口码头泊位	个	32	34	41	47	54	58	–	–
二、水路客运量									
客运量	万人	41.71	48.36	58.10	59.91	69.93	66.14	69.69	95.24
旅客周转量	万人公里	555.68	651.38	742.90	762.22	857.14	793.38	861.81	1029.67
三、水运建设投资									
1. 水运总投资	万元	4655	3500	4395	5764	1529	3923	4089	4800
航道及航标建设	万元	2655	2200	2390	3234	0	2323	2089	2850
港口（码头）	万元	2000	1500	2005	2530	1529	1600	2000	1950
2. 新增生产能力									
港口码头泊位个数	个	–	–	208	–	–	45	–	–
年吞吐能力	万吨	2	2	7	6	7	4	–	–

新中国成立70年青海公路系统主要指标数据统计表

项 目	单 位	1949年	1960年	1974年	1978年	1985年	1990年	1995年	2000年	2005年
1.线路及设备										
（1）公路线路里程	公里	472	15700	12933	13675	15933	16732	17223	18679	29720
其中：高速公路	公里	–	–	–	–	–	0	0	0	171
国道	公里	–	–	–	–	–	4405	4405	4405	4295
其中：国家高速	公里	–	–	–	–	–	0	0	0	0
省道	公里	–	–	–	–	–	4818	4824	4830	3595
县道	公里	–	–	–	–	–	6101	6409	6956	10714
乡道	公里	–	–	–	–	–	523	698	1475	9873
专用公路	公里	–	–	–	–	–	885	887	1013	1243
村道	公里	–	–	–	–	–	0	0	0	0
有铺装路面	公里	–	–	–	–	–	–	4028	5313	11788
其中：沥青混凝土	公里	–	–	–	–	–	–	4028	551	4573
水泥混凝土	公里	–	–	–	–	–	–	0	0	1570
简易铺装路面	公里	–	–	–	–	–	–	0	4762	5645
未铺装路面	公里	–	–	–	–	–	–	13195	10808	17932
（2）公路桥梁	座	–	–	1156	1304	1204	1452	1598	1967	2632
	米	–	–	19830	23116	30822	36924	41470	49161	87465
（3）公路隧道	处	–	–	–	–	–	–	–	3	19
	米	–	–	–	–	–	–	–	1732	13304
（4）公路渡口	处	–	–	–	–	–	–	–	–	–
其中：机动渡口	处	–	–	–	–	–	–	–	–	–
2. 公路建设投资										
（1）公路总投资	亿元	–	–	–	–	–	–	–	23.10	41.01
内：线路及桥梁	亿元	–	–	–	–	–	–	–	–	–
（2）新增生产能力										
新建公路里程	公里	–	–	–	–	–	–	–	–	–
改建公路里程	公里	–	–	–	–	–	–	–	–	–

项 目	单 位	2010年	2011年	2012年	2013年	2014年	2015年	2016年	2017年	2018年
1.线路及设备										
（1）公路线路里程	公里	62185	64280	65988	70117	72703	75593	78585	80895	82137
其中：高速公路	公里	235	1133	1148	1228	1719	2662	2878	3223	3328
国道	公里	4477	4680	4684	4722	4721	5666	12849	13148	13194
其中：国家高速	公里	137	668	666	730	730	1673	2820	3105	3112
省道	公里	8842	8966	8959	8993	9481	9910	4187	8465	8561
县道	公里	9267	9267	9267	9377	9377	9678	8920	9326	9149
乡道	公里	12256	12286	13307	14455	14455	15245	15212	22725	21884
专用公路	公里	875	878	904	961	961	972	1127	1512	1543
村道	公里	26468	28203	28866	31609	33709	34123	36291	25720	27808
有铺装路面	公里	19594	22497	25858	29864	33147	37877	38653	39768	55014
其中：沥青混凝土	公里	7921	8993	9674	9844	11093	12935	13510	15094	14799
水泥混凝土	公里	6131	8275	11082	14896	17526	20355	20618	20244	37908
简易铺装路面	公里	5541	5229	5103	5125	4528	4587	4524	4430	2308
未铺装路面	公里	42592	41783	40130	40252	39556	37715	39932	41128	27123
（2）公路桥梁	座	3862	4198	4466	4576	4678	5360	5894	7357	7895
	米	147967	164145	184541	201116	212068	272889	334106	429173	467609
（3）公路隧道	处	32	32	34	41	45	56	99	148	162
	米	26026	26026	26823	49374	54433	71748	134985	243059	276596
（4）公路渡口	处	–	–	–	–	–	–	–	–	–
其中：机动渡口	处	–	–	–	–	–	–	–	–	–
2. 公路建设投资										
（1）公路总投资	亿元	111.46	135.56	170.36	195.66	268.76	339.37	388.36	446.61	380.21
内：线路及桥梁	亿元	–	–	–	–	–	–	–	–	–
（2）新增生产能力										
新建公路里程	公里	2049	2101	1711	4214	2590	2910	2931	2356	1203
改建公路里程	公里	2891	4504	3140	3709	4610	4099	4636	7209	6779

新中国成立70年青海道路运输系统主要指标数据统计表（一）

指　标	单　位	1998年	2000年	2005年	2006年	2007年	2008年	2009年	2010年
一、道路运输从业人员	人	58329	67275	84388	83981	77615	86093	120289	117200
道路旅客运输经营从业人员	人	14956	18385	26739	29627	29402	31747	34197	11048
道路货物运输经营从业人员	人	43373	48890	56467	53126	47029	53087	84922	104922
站（场）经营从业人员	人	–	–	1182	1228	1184	1259	1170	1230
二、道路客、货运站	个	46	49	60	66	123	123	103	103
1.客运站	个	46	49	60	66	123	123	103	103
一级站	个	1	1	1	1	3	4	2	2
二级站	个	14	15	14	16	16	15	14	14
三级站	个	18	20	27	26	25	28	29	28
四级站	个	13	13	18	17	29	37	29	26
五级站	个	–	–	–	6	50	39	29	33
2.货运站	个	0	0	0	0	0	0	0	0
一级站	个	–	–	–	–	–	–	–	–
二级站	个	–	–	–	–	–	–	–	–
三级站	个	–	–	–	–	–	–	–	–
四级站	个	–	–	–	–	–	–	–	–
三、机动车维修业及汽车综合性能检测站									
1.机动车维修业业户	户	1140	1070	1183	1422	1184	1258	1270	1424
其中：汽车维修	户	1140	1070	1183	1422	1184	1258	1270	1424
一类汽车维修	户	58	50	18	30	31	35	43	33
二类汽车维修	户	397	385	351	345	346	331	349	294
三类汽车维修	户	685	635	814	1047	807	892	878	1097
2.汽车综合性能检测站	个	1	11	12	12	14	16	15	17
四、机动车驾驶员培训									
1.机动车驾驶员培训业户	户	4	–	–	32	37	40	53	52
其中：普通机动车驾驶员培训	户	4	–	–	32	37	40	53	52
道路运输驾驶员从业资格培训	户	–	–	–	15	20	16	19	19
2.教练员	人	44	–	–	689	759	870	1144	1358
其中：理论教练员	人	18	–	–	83	109	122	169	183
驾驶操作教练员	人	13	–	–	551	607	685	883	1095
3.培训人次	人次	–	–	–	48876	56457	77419	97353	82786
五、汽车租赁									
1.汽车租赁业户	户	–	–	–	–	–	–	–	18
2.汽车租赁从业人员	人	–	–	–	–	–	–	–	53
3.租赁车辆数量	辆	–	–	–	–	–	–	–	110
客车	辆	–	–	–	–	–	–	–	110
货车	辆	–	–	–	–	–	–	–	–
六、道路客运班线									
1.客运班线	条	691	693	723	707	731	724	752	686
其中：高速公路	条	–	–	–	7	10	10	16	22
2.客运班线平均日发班次	班次/日	2859	2997	5349	5573	6205	5777	7645	6814
其中：高速公路	班次/日	–	–	–	49	50	50	338	361
七、农村道路客运									
1.客车通达情况									
乡镇	个	432	440	398	387	372	366	369	366
其中：通客运班车的乡镇	个	359	373	342	330	308	327	329	328
建制村	个	4102	4102	4159	4087	4085	4217	4156	4157
其中：通客运班车的建制村	个	2290	2448	2791	2748	2828	2974	3082	3105
2.农村客运站	个	–	–	–	166	167	156	187	198
其中：等级客运站	个	–	–	–	–	–	–	–	–
3.农村客运线路	条	–	–	–	419	436	410	453	403
平均日发班次	班次/日	–	–	–	3128	3458	3146	4846	4844
4.农村旅客运输量									
客运量	万人	–	–	–	1792	1458	1361	1786	2319
旅客周转量	万人公里	–	–	–	44921	40029	35501	62004	67005

新中国成立70年青海道路运输系统主要指标数据统计表（二）

指　标	单　位	2011年	2012年	2013年	2014年	2015年	2016年	2017年	2018年
一、道路运输从业人员	人	172453	192403	196626	203386	199509	195031	193809	205577
道路旅客运输经营从业人员	人	17093	18238	18395	17919	16910	18049	17215	17151
道路货物运输经营从业人员	人	153942	172747	176773	184019	181151	175655	175305	163593
站（场）经营从业人员	人	1418	1418	1458	1448	1448	1327	1289	1348
二、道路客、货运站	个	118	96	99	126	152	152	152	161
1.客运站	个	116	92	94	121	143	150	150	154
一级站	个	2	3	4	5	7	8	8	10
二级站	个	14	16	15	15	14	14	13	16
三级站	个	30	28	30	29	28	28	28	25
四级站	个	23	18	16	19	20	21	22	23
五级站	个	47	27	29	53	74	79	79	80
2.货运站	个	2	4	5	5	9	2	2	7
一级站	个	–	–	–	–	–	–	–	–
二级站	个	–	–	–	–	–	–	–	–
三级站	个	1	–	–	–	–	–	–	–
四级站	个	1	4	5	5	9	2	2	7
三、机动车维修业及汽车综合性能检测站									
1.机动车维修业业户	户	1549	1857	1943	1985	1989	1962	2297	2474
其中：汽车维修	户	1549	1857	1943	1985	1989	1962	2297	2318
一类汽车维修	户	29	34	34	37	38	43	42	40
二类汽车维修	户	286	327	340	350	354	331	347	330
三类汽车维修	户	1234	1496	1569	1598	1597	1588	1908	1948
2.汽车综合性能检测站	个	17	17	17	19	25	27	31	34
四、机动车驾驶员培训									
1.机动车驾驶员培训业户	户	60	66	76	83	98	113	125	129
其中：普通机动车驾驶员培训	户	60	66	76	83	98	113	125	129
道路运输驾驶员从业资格培训	户	20	20	22	24	23	28	31	32
2.教练员	人	1579	1705	1964	2408	3137	3784	3962	3926
其中：理论教练员	人	229	268	312	338	381	427	461	443
驾驶操作教练员	人	1266	1388	1623	1789	2507	3078	3355	3336
3.培训人次	人次	73146	95472	96076	93196	123488	141216	141770	142381
五、汽车租赁									
1.汽车租赁业户	户	18	18	–	–	–	–	–	–
2.汽车租赁从业人员	人	114	114	–	–	–	–	–	–
3.租赁车辆数量	辆	110	110	–	–	–	–	–	–
客车	辆	110	110	–	–	–	–	–	–
货车	辆	–	–	–	–	–	–	–	–
六、道路客运班线									
1.客运班线	条	774	802	753	991	893	887	718	730
其中：高速公路	条	35	41	43	44	44	44	43	43
2.客运班线平均日发班次	班次/日	8839	9721	6915	8540	7046	7546	5236	5015
其中：高速公路	班次/日	422	444	445	449	449	926	955	955
七、农村道路客运									
1.客车通达情况									
乡镇	个	366	420	371	366	366	366	366	366
其中：通客运班车的乡镇	个	332	397	350	366	366	366	366	366
建制村	个	4157	4172	4164	4157	4157	4157	4157	4146
其中：通客运班车的建制村	个	3202	3226	3371	3432	3473	3537	3622	3680
2.农村客运站	个	211	209	213	169	228	262	262	261
其中：等级客运站	个	–	39	43	57	76	126	126	129
3.农村客运线路	条	453	532	483	698	680	738	742	703
平均日发班次	班次/日	6139	6628	5065	6613	6193	6340	6024	5129
4.农村旅客运输量									
客运量	万人	2723	2381	2646	2836	2560	2437	2627	2454
旅客周转量	万人公里	83015	78238	111066	98760	90583	81326	79407	73005

（青海省交通运输厅　供稿）

宁夏回族自治区

【概 述】新中国成立以来，宁夏交通面貌发生翻天覆地变化，尤其是改革开放40年来，宁夏交通运输事业实现跨越式发展，交通综合运输体系逐步完善，交通运输对经济社会发展实现从“瓶颈制约”到“基本适应”的历史性变化，交通运输在推动经济社会发展、服务和改善民生方面，发挥基础性先导性服务性作用。70年来宁夏公路交通先后经历4个阶段。

1.曲折发展阶段（1949年—1978年）。1949年，全区公路通车里程1167公里，永久式、半永久式桥各1座。这些公路除个别路段铺有砂砾外，其余都是土路面。新中国成立后，宁夏交通部门主要致力于恢复和整修公路，修建食盐运输专线——吉（兰泰）三（道坎）线。1958年10月25日，宁夏回族自治区成立。1963年11月，汝箕沟—西大滩煤运专用公路竣工通车，其中汝箕沟口到西大滩的14公里铺筑了沥青路面，成为宁夏有史以来的第一条沥青路。1970年12月，宁夏第一座黄河大桥——叶盛黄河公路桥建成通车。至1978年底，全区公路通车里程5227公里。公路的技术等级普遍较低，以砂砾路面为主。

2.稳步发展阶段（1979年—1996年）。1978年12月，党的十一届三中全会以后，特别是1982年9月，党的十二大把交通运输列为国民经济发展的战略重点，公路交通事业进入持续健康发展阶段。这一阶段宁夏交通部门以提高技术等级为主，抓紧路网改造。一是改造干线公路，改善路网结构。1985年制定《加快公路发展的意见》，首次提出建设科学合理、干支结合的宁夏公路网。按二级公路标准改建109国道、312国道、211国道境内段和101省道，为配合干线公路网新建193公里的沿山公路。1991年6月开工建设，历时3年建成宁夏第一条高等级公路——银（川）古（窑子）一级公路。二是改渡为桥，建设大型桥梁。在黄河流经宁夏397公里的重要渡口相继建设中宁等5座公路黄河大桥。三是发展县乡公路，提高通达深度。争取国家投入，进行地方自筹，加快县乡公路建设。从1984年起，国家连续三年动用库存粮棉布以工代赈，帮助贫困地区修建公路，共修建公路29条761公里，建桥25座505米。四是采取国营、集体、个体运输业户“一齐上”等措施，放开货运市场，率先允许私人经营汽车客运业，打破国营运输企业一统天下的局面。至1996年底，全区公路通车里程8738公里，比1978年增加3511公里，二级公路从181公里增加到1304公里，一级公路87公里，公路技术等级大幅提高。

3.跨越式发展阶段（1997年—2012年）。1999年，国家实施西部大开发战略，宁夏进入以高速公路建设为中心，同时畅通交通“毛细血管”，全面加快县乡公路建设的公路交通跨越式发展阶段。一是制定完善规划，搭建路网骨架。1995年编制完成《宁夏回族自治区1991年—2020年公路网规划》，确立以银川为中心的“X”形公路主骨架及“三纵五横”干线公路网。2002年编制完成《2000—2020年农村公路网规划》，提出乡、村通公路目标。2004年完成《2004—2020年干线公路网规划》，提出全区高速公路建设总里程1600公里的发展目标。2005年完成自治区高速公路网路线规划，明确高速公路路线走向及控制点。二是高速公路通车里程实现从零到1000公里的突破，国家高速公路网宁夏境内段基本建成。2000年6月，建成宁夏第一条高速公路石（嘴山）中（宁）公路姚伏—叶盛段。到2008年8月底，高速公路通车里程突破1000公里，高速公路宁夏境内的主要路段基本建成，公路等级实现质的跨越。三是建成“三纵六横”路网，实现“三大目标”。至2005年底，“三纵六横”公路网全部硬化，路网结构进一步完善。实现所有县（市）1小时上高速公路、所有乡镇通油路、所有行政村通公路“三大目标”。四是加快农村公路建设，基本实现具备条件的行政村通沥青水泥路目标。至2012年底，全区公路通车里程达2.65万公里。其中高速公路1324公里、一级公路918公里、二级公路2795公里、三级公路6635公里、四级公路14337公里，等外公路513公里，公路密度达到39.9公里/百平方公里，二级及以上公路占公路总里程19%。

4.高质量发展阶段（2013年—2018年）。2012年11月，党的十八大召开，交通运输行业进入转型发展的关键时期。一是制定综合交通运输体系建设目标。2012年9月，自治区发布《宁夏回族自治区“十二五”综合交通运输体系发展规划》。2017年9月发布《宁夏回族自治区“十三五”综合交通运输体系发展规划》，从骨架交通网络、对外通道能力、区域性枢纽机场建设、枢纽体系架构、公交主体地位等5个方面提出具体目标，构建公、铁、空立体交通网。2015年，自治区制定出台《（2015—2030年）宁夏回族自治区省道网布局规划》，明确阶段性发展目标，即在“十三五”末建成“三环四纵六横”高速公路网，到2030年打造“三环八射九联”高速公路网。二是实现县县通高速目标。2010年以来，将高速公路建设重心转向建设通往宁东能源化工基地、红寺堡生态移民开发区等地的高速公路；积极开展交通扶贫，转向建设通往南部山区泾源、隆德、彭阳、西吉、海原的高速公路。2016年12月6日，随着固原—西吉高速公路和李家庄—泾河源高速公路建成通车。三是交通投融资体制改革基本完成。2018年12月，自治区党委办公厅、政府办公厅印发《关于深化公路交通投融资建设和管理体制改革的实施意见》，全面启动“两种管理模式、三级共建共养、建管养运一体”改革。完善非收费公路管理体制，强化国省干线公路公共服务功能。合理划分公路“建管养运”事权，逐步建立区市县共建共养共担机制。四是交通扶贫工作成效显著。交通运输部与宁夏先后签订《促进六盘山交通运输发展共建协议》《加快贫困地区、革命老区交通运输发展的共建协议》。宁夏交通运输部门全力加快贫困地区交通基础设施建设，提高交通运输均等化服务水平。全2018年底，宁夏六盘山片区公路通车总里程2.9万公里，占全区公路通车总里程3.54万公里的82%，公路网密度51.6公里/百平方公里。其中，高速公路1331公里，占全区79%；普通国道1938公里，占全区80%；普通省道2115公里，占全区83%；农村公路2.24万公里，占全区83%。片区内实现所有县城通高速公路、所有建制村通沥青水泥路的目标，建制村通客车比重达到99.8%。五是银川都市圈交通一体化建设取得阶段性成效。围绕《银川都市圈建设实施方案》（2017年12月发布）提出的"着力构建快速连接的内外交通通道，实现银川都市圈至西安、兰州、北京、太原等城市2~5小时的快速连接；建设一体高效无缝衔接的内部交通网，形成银川至石嘴山、吴忠、宁东半小时经济圈等"目标，不断推进银川都市圈交通基础设施互联互通，银川都市圈建成"三纵三横一环"高速公路网络和"三市一地"1小时互联互通的高速大环线。优化银川河东机场枢纽周边公路网络，完成银昆高速公路银川河东机场段7公里改线工程，实现高速公路与普通公路共同接入机场内部道路。加快推进银川、石嘴山、吴忠市南北大通道改造提升，建成石嘴山—平罗高速公路20公里，实现乌玛高速与京藏高速互联互通；加快京藏高速改扩建工程石嘴山（蒙宁界）—中宁段建设，项目全长284.65公里。

【公路建设与发展】 新中国成立70年来，宁夏公路从土路到砂路、从砂路到油路、从低等级路到高速路，公路交通发生巨大变化。至2018年底，全区公路通车里程达3.54万公里，是新中国成立初期的30倍，公路网密度达53.3公里/百平方公里。其中，按等级分，高速公路1678公里、一级公路1895公里、二级公路3870公里、三级公路6205公里、四级公路21706公里，等外公路51公里，二级及以上公路占公路总里程21%；按路面类型分，高级路面28532公里、次高级路面2651公里、无铺装路面4222公里，高级、次高级路面占公路总里程88%。全区二级以上公路比重、等级公路比重、沥青水泥路面铺装率、乡镇通达和通畅率、行政村通达和通畅率等7项指标位居西部第一。形成以国省干线为主骨架、县乡道路为主动脉、通村道路为"毛细血管"的公路网体系。

1.高速公路。宁夏高速公路自1997年4月开工建设姚伏—叶盛高速公路以来，20余年时间高速公路里程实现从零到1678公里的跨越，位于宁夏境内的京藏、福银、青银、青兰、定武等主要国家高速公路基本建成，公路路网更趋完善，实现内通外联，"三环四纵六横"高速公路网基本构建。形成以高速公路、国省道为主骨架的"三纵九横"干线公路网。至2018年底，宁夏高速公路网由9条国家高速公路和11条省级高速公路组成。

2.干线公路。新中国成立初期，宁夏仅有干线公路4条，支线公路5条，除个别路段铺有砂砾外，大部分为土路面。经过70年的持续发展，至2018年底，全区建成普通国省干线公路4969公里，普通国道二级及以上公路比重达到92%、"1222"普通干线公路网络基本构建，对外开放公路通道更加顺畅便捷，与周边省份相邻地级市基本实现高速公路连接，与周边省份相邻县市全部实现普通国省干线连接，全区重要公路运输通道和所有县城对外连接全部形成高速公路和普通干线公路"一主一辅"的格局。

3.农村公路。70年来，宁夏交通运输部门集中力量加快农村公路建设，畅通农村公路"毛细血管"，农村公路基本实现"通村畅乡"。2009年—2012年，4年安排建设农村公路9378公里，完成投资60亿元，解决614个行政村通沥青水泥路问题，基本实现全区具备条件的行政村通沥青（水泥）路目标。至2018年底，全区建成2.7万公里农村公路，其中县道794公里、乡道9182公里、村道17121公里，县道三级及以上公路比例达94%，建制村通沥青水泥路率达到100%，提前完成建制村通畅的交通扶贫兜底性任务，农村公路通达深度、覆盖广度进一步提升。"县道县管、乡道乡管"的体系基本建成，农村公路基本实现"有路必养"，全区农村公路列养率100%，优良中等路率66.9%，沿线绿化以及沿途村镇美化工程持续开展。农村客运水平加快提升，农村公路基本实现"行有所乘"，至2019年5月底，全区建制村通客车率为100%，城乡道路客运一体化发展水平为AAAAA级。全区创建全国"四好农村路"示范县2个，彭阳等6县（区）被评为自治区"四好农村路"示范县。

4.桥隧建设。在黄河流经宁夏397公里的水面上，相继建成叶盛、中宁、石嘴山、青铜峡、银川、中卫、吴忠、沙坡头等17座公路黄河大桥；建设公路

宁夏银川滨河黄河大桥。（吴荷兰 摄）

隧道26处，其中特长隧道2处、长隧道5处、中隧道14处、短隧道5处。

5.道路运输。新中国成立初期，宁夏道路运输主要采取人背畜驮方式，经过70年的发展，建立方便快捷的客货运输网络，道路运输规模持续扩大。至2018年底，全区道路运输经营及相关业户79167户，其中客运经营业户190户、货运经营业户72594户、客货运站场等业户223家。全区共有营业性运输车辆121147辆，其中营运载货汽车95865辆、营运载客汽车25282辆。2018年共完成公路客运量5342万人、旅客周转量47.46亿人公里，货运量3.18亿吨、货物周转量398.19亿吨公里。党的十八大以来，互联网与行业发展深度融合，新业态与传统业态融合发展。传统驾培模式进一步转变，全区73家驾校全部安装计时培训系统，“计时培训、计时收费、先培后付”驾培新模式覆盖率达100%，2018年选择新模式报名培训的学员占比达46.5%。完成8家一级客运站、15家二级客运站、7家三级客运站联网售票站务系统的升级改造，全区在运行的二级及以上汽车客运站联网售票系统覆盖率达到100%，2018年全年联网售票数1016万余张，有效提升旅客运输服务水平。

6.公路养护管理。在加快公路建设的同时，进一步加强公路养护管理，不断提升公路管养水平。至2018年底，全区高速公路优等路率99.7%，MQI为93.07，PQI为92.35；普通国省干线优良路率76.48%，MQI为84.91，PQI为81.22。创新管理理念与内涵，全力推行“一路一案”养管机制，对高速公路、国道、省道逐路线、路段制定养管方案。坚持核心圈带动引领，集中精力打造银川公路养护管理核心带动圈和石嘴山、吴忠、固原、中卫四个公路养护管理示范带动圈，实现了建圈上网打通关节。积极落实小修保养措施。跨省大件运输实现与全国联网，一地办证、全线通行；高速公路全面实行入口预检，超限超载率控制在0.4%，高速公路非法超限超载现象基本消除。严格落实各项富民惠民政策，2018年累计免收鲜活农产品运输车辆通行费2.22亿元/131.8万辆，春节等重大节假日免收小客车通行费1.29亿元/497.3万辆；新增ETC车道41条，ETC用户达30万个；实施高速公路差异化收费，落实通行费减免政策，减免通行费4.1亿元。

7.工程建设管理。不断加强和规范工程建设管理。开展公路品质工程示范创建工作，在高速公路建设过程中全面推行“人本化、专业化、标准化、信息化、精细化”的现代工程管理“五化”理念，推动工程建设协调发展和转型升级。推动绿色公路和旅游公路建设，开展绿色公路、钢结构桥梁、BIM技术应用等工作。推进公路项目电子招投标系统的应用，规范招标投标行为，净化公路建设市场、提升公路建设管理水平。加强招标文件备案和招投标活动监管，2018年共备案招标文件104份，加强厅管项目评标过程监管。加强工程变更管理，规范程序，确保工程变更工作的科学合理性。首次应用宁夏公路建设市场信用信息部省两级互联互通管理系统，严格评价程序，完成126家参建单位信用评价工作，褒奖诚信、惩戒失信，规范公路建设市场。

【水运建设与发展】

1.航运工程建设。自“十二五”以来，黄河吴忠段、中卫段、银川段航运建设工程相继经自治区发改委批复立项，计划整治航道总里程210公里，全部按内河V级航道标准执行，其中中卫段56公里、吴忠段69公里、银川段85公里，总投资近8亿元，共争取交通运输部专项补助资金29540万元。黄河宁夏中卫段、吴忠段、银川段航运建设工程的实施，带动宁夏水上旅游客运换档升级，并在资源保护、防汛抗洪、流域治理、美化环境、促进地方经济全面发展等方面，都具有较为显著的积极作用。至2018年底，全区航道总里程129.87公里，其中VI级航道104.69公里、VII级航道10.68公里，等外航道14.5公里。

2.水路运输服务。1952年，宁夏拥有木帆船631艘1.8万吨位；完成货运量7.68万吨，客运量0.31万人，周转量分别为2918万吨公里和80万人公里，平均运距分别为380公里和258公里，水运货运量和周转量分别占社会总运量的38.7%与76.7%。1960年水利枢纽大坝阻断黄河航程，加之公路铁路日趋发达，宁夏黄河长途水运衰亡。完成的货运量由1959年的17.7万吨减少到1962年的3.2万吨。从1963年起，除民间有极少的水运外，交通系统的水运已停止。1983年后，宁夏水上旅游迅速兴起。至2018年底，全区有水上旅游景区16个，其中国家5A级旅游景区3个，有营运资质的水运企业22家。区内沿黄河15个县（市、区）的18个有船乡镇共设置营运性渡口13道，另有浮桥5座。全区共有各类船舶和水上浮动设施663余艘（架），总功率35377千瓦，总客位12238座。全区共有船员1198名；全区从事水路运输人员约2100名。

【铁路建设与发展】

1.基础设施建设。一是包兰、宝中铁路两条干线铁路建设。包兰铁路。1954年10月开工建设，1958年7月建成通车，1958年10月正式投入运营，途经石嘴山、平罗、贺兰、银川、永宁、青铜峡、中宁、中卫等8市县，是宁夏交通运输的大动脉，结束宁夏没有铁路的历史。1994年，从石嘴山到营盘水的宁夏段开始复线及电气化改造，1998年工程竣工后成为一级电气化铁路，实现电力机车牵引，牵引定数由2600吨提高到4000吨。宝中铁路。1990年10月开工建设，1996年7月正式通车运营。该线为一级电气化铁路，穿越宁夏南部的中卫、同心、固原等市县，年运输能力1600万吨，沿线通信设备、信号采用高新技术。二是宁夏地方专用铁路建设。相继修建通达全区主要工厂、矿区、商业网点的铁路专用线。大古铁路由铁道部、中国统配煤矿总公司、自治区人民政府联合建设。1991年12月开工建设，1995年10月全线贯通投入试运营，1997年3月正式移交大古铁路公司管理。主要承担大坝电厂所需燃煤运输，设计运输能力1000万吨。“十五”期间，开工建设宁东能源化工基地铁路古黎铁路6.5公里和灵武电厂铁路专用线12公里。三是宁夏境内铁路与周边省区客运、货运铁路专线建设。2012年以来，按照西煤东运的战略要求，确保宁东能源化工基地建设，宁夏陆续建设和将开工建设的客货运铁路专线还有呼包银兰客运专线、环海中铁路、宝中铁路复线、宁夏太阳山—甘肃白银铁路、甘武铁路增建二线项目、大古铁路扩能改造项目、宁东铁路网建设等项目。2012年8月，自治区发改委公布《宁夏回族自治区城际轨道交通发展规划》，规划新建铁路线708公里。2015年10月10日吴忠—中卫城际铁路开工建设，12月25日，银西高铁开工建设；2017年6月19日，中兰高铁开工建设。通过银西高铁、中兰高铁连接西安枢纽、兰州枢纽使宁夏高铁充分融入国家高速铁路网。至2018年，宁夏铁路主要有包兰铁路、宝中铁路两条干线和平汝、干武、银新三条支线以及地方大古铁路。

2.运输服务。至2018年底，宁夏境内共有铁路线路1059.9公里，其正线延展长度1251.8公里。2018年，完成旅客发送量653万人、旅客周转量40.5亿人公里，货物发送量2658.00万吨、货物周转量206.68亿吨公里。

【民航建设与发展】

1.机场建设。1958年，银川西花园机场新建投运，1997年9月银川机场由西花园转场至黄河东岸，银川河东机场实现通航；2013年正式更名为银川河东国际机场。2008年以来，随着中卫沙坡头机场、固原六盘山机场的建成通航，以及盐池通用机场、月牙湖通用机场、花博园通用机场的陆续投运，宁夏民航形成“一干两支三通”的崭新格局。

(1)银川河东机场。1997年9月建成通航，2008年6月完成二期扩建，2016年底完成三期扩建并投运。新建T3航站楼8.2万平方米、站坪24.88万平方米、机位25个、货运库9205平方米。扩建后，银川机场飞行区等级为4E级，可满足除空客A380外所有机型起降，年旅客吞吐量1600万人次、货邮10万吨的保障需求。

(2)中卫机场。2008年12月建成通航，2012年1月1日正式移交西部机场集团管理，为国内4C级支线机场。航站楼共0.33万平方米，货站160平方米，按照2020年保障年旅客吞吐量20万人次，货邮吞吐量550吨建设；停机坪总面积3.11万平方米；停机位共5个(4C1B)；跑道长2800米，宽45米。

(3)固原机场。2010年6月建成通航，归西部机场集团管理，为国内4C级支线机场。航站楼共0.32万平方米，货站200平方米，按照2020年保障年旅客吞吐量20万人次，货邮吞吐量750吨需求建设；停机坪总面积1.98万平方米；停机位共3个(2C1B)，18号跑道配有I类盲降，最大可起降波音737–800机型；跑道长2800米，宽45米。

(4)月牙湖机场。占地面积1576亩，总投资2.55亿元，飞行区等级为2B，跑道长1200米，宽30米，停机坪7.4万平方米，2016年8月，银川机场公司正式托管月牙湖机场。2017年3月，月牙湖机场获证运营。2018年，引进南山航校成立银川基地，自5月份正式开始训练，该基地每月单机飞行时间超过100小时。同时，与内蒙古通航合作开通月牙湖—固原低空短途旅游航线，这是西北辖区第一条短途运输航线。至2018年底，月牙湖机场驻场通航公司达到5家。

2.航线网络。2018年银川机场新增3架驻场飞机，驻场运力达到15架。新开加密航线航班34条，新开通航点12个，银川与国内主要城市空中快线加快建立，银川至广州、上海、成都、厦门、海口等城市准快线建设初具规模，通航城市直航比例达到82.8%，同比提高6个百分点，通航省会城市直航比例达到100%。至2018年底，银川河东机场通航城市达到84个，航线118条，年旅客吞吐量894.48万人次；中卫机场通航城市达到8个，航线7条，年旅客吞吐量24.35万人次，中卫—北京航班稳定运营；固原机场通航城市达到6个，航线4条，旅客吞吐量22.62万人次，实现全部大机型运营。

3.货运发展。2018年，银川—西安全货运航班持续稳定运营，银川河东机场货邮吞吐量突破5万吨，增速超过20%。

4.重点项目建设。银川河东国际机场T2航站楼国际厅改造工程顺利完成，并于2018年春节前投运。银川国际航空港综合交通枢纽建设紧密对接高铁、高速公路施工，至2018年底，综合交通枢纽室外工程已基本完成，换乘中心及停车楼主体工程全部完成，室内精装及安装工程完成85%。

【邮政业发展】

1.基础设施建设。至2018年底，全区邮政营业场所共计352处(其中2014年补建50处空白乡镇邮政局所)。邮筒(箱)480个、邮政报刊亭65处、信报箱(群)656个、“村邮乐购”站点468处、便民服务站2233处，邮路总条数137条，邮路总长度(单程)6.1万公里。全区快递服务网路条数583万条；快递服务网路长度(单程)10.59万公里，合作网络长度为1787.1公里。

2.邮政业务发展。至2018年底，全区邮政业业务总量完成17.79亿元，同比增长16.15%。全行业从业人数持续增加，突破1万人。邮政普遍服务和快递服务满意度稳中有升，消费者申诉处理满意率达到99.2%。邮政业服务全区经济社会发展的作用不断增强，为全区实施“三大战略”作出贡献。

3.快递服务。全区共有32个品牌的快递企业460家，标准化率100%，快递服务网点1177余处。乡镇网点覆盖率100%，快递车辆698余辆，电动三轮车辆3287余辆、智能快件箱1480组。2018年，全区快递业务量完成6771万件，同比增长81.95%；业务收入完成8.1亿元，同比增长19.94%。快递业务投递量突破1.6亿件，同比增长31.4%，进出港合计2.2亿件，全区人均使用快件29件。

【行业改革】

1.公路交通投融资建设和管理体制改革。重构宁夏交通投资集团公司，作为全区高速公路"投融建管养运"一体化运行的市场主体。2019年1月1日零时，授权范围内的高速公路"投融建管养运"事权移交宁夏交投集团。涉及收费公路的事权、人员和业务，共移交6大类25项事权职责、4445名收费人员、54名技术骨干、85个收费站点及收费公路管理系统、51个建设项目、38个养管项目、17个通信监控等项目。对自治区授权范围内高速公路及附属设施等资产进行全面清产核资，经自治区审计厅专项审计确认资产669.73亿元、负债366.39亿元。

2.交通运输行业行政机构改革。根据自治区党委政府批准的《自治区交通运输厅职能配置内设机构和人员编制规定》(宁党办〔2018〕123号)，完成交通运输厅机构改革任务，将原公路监管处与建设管理处合并，增设海事港航管理处和行政审批处。

3.交通运输综合执法体制改革。改宁夏公路管理局为宁夏公路管理中心。撤销自治区原道路运输管理局、自治区原地方海事局(航道水运局、船舶检验局)，划转原宁夏公路管理局下设的路政执法机构，组建宁夏交通运输综合执法监督局。根据国家关于交通运输综合行政执法改革的要求，结合宁夏交通运输行业实际，将交通运输安全生产监督管理执法纳入综合执法范围，统筹公路路政、道路运政、水路运政、航道行政、地方海事行政、交通工程质量监督管理、交通运输安全生产监督管理等7个执法门类的职责和队伍，推动建立健全"全行业"交通运输综合执法体系。合理划分区、市、县(区)三级行政执法事权，构建分工明确、分级负责的交通运输综合执法体系。

4.事业单位改革。厅属事业单位改革总体框架基本形成，部分事业单位改革方案已报自治区党委编办审定。

5."放管服"改革。2018年进一步健全完善权力清单制度，分两批编制完成《自治区交通运输系统权力清单指导目录》，实现区、市、县三级交通运输部门行政职权事项名称、类型、依据、编码的统一。落实国务院决定精神，取消"机动车维修经营许可""外商投资道路运输业立项审批"等2项行政许可事项，扎实推进"证照分离"改革，1项审批事项实行告知承诺制管理。有序推进证明事项清理，报请自治区政府取消证明事项3项，在厅网站以清单形式面向社会公布了自治区交通运输部门取消和执行的共计14项证明事项。深入推进网上办理，建成交通运输厅政务服务综合旗舰店，编制完成《全区交通运输系统政务服务事项目录》，新增不见面事项27项，区、市、县三级交通运输部门政务服务事项"不见面"办理比例由60%提高到85%。扎实推进政务服务事项"三减一提升"，共减少申请材料11项，减少办理环节30个，压缩审批时间124个工作日，自治区区级政务服务事项审批决定权向窗口首席代表授权率提升至50%。

【信息化建设】 推动全区公路网建设和运行监测、管理和服务平台构建，不断完善监测网点布设，深化公路、水运工程基础设施质量安全状态感知监测及大数据应用。实现交通运输各业务部门协同，进一步由粗放式向集约式转变，交通运输行政许可、综合执法、市场信用、运行管理与应急处置等核心业务在线化、平台化应用水平不断提高。积极推进西部交通建设科技项目"省域道路运政关键技术研究与示范应用"，上线运行宁夏"标准协同式四级道路运政信息管理系统"，道路运输业务协同、行业治理、公共服务、统计决策水平不断提升。通过优化手机APP、升级短信平台、开发微网站等方式进一步丰富出行服务手段，创新"互联网+出行服务"模式，提升出行服务能力。

【科技创新】 开展"土工合成材料在黄土地区公路工程中的应用技术研究""六盘山地区公路修筑技术研究""宁夏沥青路面养护专家系统""光纤传感技术在吴忠黄河大桥施工阶段健康监测中的应用研究""高海拔寒冷地区软岩长大隧道安全环保施工关键技术""宁夏高速公路施工标准化管理研究"等170余项科技项目研究，获得自治区科学技术进步一等奖1项、二等奖1项、三等奖2项，中国公路学会科学技术二等奖1项。组织编写并申请发布实施《水泥稳定就地冷再生路面基层施工技术规范》(DB 64/T 1058-2014)、《公路工程路面面层碎石技术条件》(DB 64/T 1057-2014)、《公路养护工程预算编制办法及定额》(DB 64/T 1083-2015)、《乡村公路工程技术标准》(DB 64/T 1505-2017)4项地方标准。发布《公路沥青面层典型结构应用技术规范(试行)》等9项行业技术规范。《预制空心板侧模支撑体系工法》等9项工法被确定为自治区级工法。

【安全生产】

1.公路建设养护领域。开展平安工地建设、公路桥梁安全防护和连续长陡下坡路段安全通行能力专项行动，2013年以来，累计投入资金4.68亿元，加固维修桥梁165座，治理道路安全隐患25项。加强生命安全防护工程建设，投入资金1.52亿元，实施安全生命防护工程60项，对2座公铁立交桥实施危桥改造，有效提升行车安全。

2.道路运输领域。开展营运客车安全监控及防护装置整治专项行动，开展营运客车和货车驾驶员安全文明驾驶教育培训专项行动。引导企业升级车辆动态监控系统，危货运输车辆视频监控装置安装率达75.72%。

3.水上交通领域。开展内河船舶整治专项行动，强化渡口渡船、码头和景区船舶运行安全监管。

4. 公共交通领域。开展公交车驾驶区域隔离设施标准的宣贯和安装改造工作，逐步在经过人员密集区域、跨河跨高速的重点线路公交车上配备安全员，化解公交运行中存在的风险。

新中国成立70年宁夏公路系统主要指标数据统计表

项 目	单 位	1949年	1960年	1970年	1978年	1985年	1990年	1995年	2000年	2005年
1.线路及设备										
（1）公路线路里程	公里	1167	2942	3591	5227	7016	8200	8554	10171	13078
其中：高速公路	公里	–	–	–	–	–	–	–	83	670
国道	公里	–	–	–	–	912	907	957	1102	1717
其中：国家高速	公里	–	–	–	–	–	–	–	–	–
省道	公里	–	–	–	–	736	867	899	1053	1567
县道	公里	–	–	–	–	2081	2107	2097	2300	2041
乡道	公里	–	–	–	–	2715	3763	4058	5158	7498
专用公路	公里	–	–	–	–	572	556	543	558	255
村道	公里	–	–	–	–	–	–	–	3996	5683
有铺装路面	公里	–	–	–	–	–	–	–	201	2564
其中：沥青混凝土	公里	–	–	–	–	–	–	–	194	2347
水泥混凝土	公里	–	–	–	–	–	–	–	7	216
简易铺装路面	公里	–	–	–	–	–	–	–	4082	6071
未铺装路面	公里	1167	2942	3462	4130	5293	5895	5644	5888	4444
（2）公路桥梁	座	–	–	–	–	663	889	993	1417	2332
	米	–	–	–	–	15820	22703	39842	52762	94668
（3）公路隧道	处	–	–	–	–	–	1	2	3	3
	米	–	–	–	–	–	220	274	2659	2659
（4）公路渡口	处	–	–	–	–	7	6	3	2	3
其中：机动渡口	处	–	–	–	–	7	6	3	2	1
2. 公路建设投资										
（1）公路总投资	亿元	–	0.40	0.07	0.11	0.18	–	2.89	26.14	33.30
内：线路及桥梁	亿元	–	–	–	–	–	–	–	–	–
（2）新增生产能力										
新建公路里程	公里	–	–	–	325	–	–	208	–	–
改建公路里程	公里	–	–	–	–	10	–	–	–	–

项 目	单 位	2010年	2011年	2012年	2013年	2014年	2015年	2016年	2017年	2018年
1.线路及设备										
（1）公路线路里程	公里	22518	24506	26522	28554	31276	33240	33940	34561	35405
其中：高速公路	公里	1159	1306	1324	1344	1343	1527	1609	1609	1678
国道	公里	2075	2101	2101	2100	2102	2205	3753	3764	3772
其中：国家高速	公里	1026	1051	1051	1051	1051	1145	1337	1350	1350
省道	公里	2341	2460	2483	2505	2502	2589	2836	2806	2876
县道	公里	1615	1619	1618	1618	1615	1745	798	813	794
乡道	公里	7740	8067	8439	8985	9203	9609	8981	9108	9182
专用公路	公里	716	705	787	940	1882	2305	2133	1947	1660
村道	公里	8031	9554	11094	12406	13972	14787	15439	16123	17121
有铺装路面	公里	6956	11570	14826	18232	21262	23672	25364	26738	28532
其中：沥青混凝土	公里	6359	9216	11042	13266	15240	16179	17046	17341	17949
水泥混凝土	公里	597	2354	3784	4966	6022	7493	8318	9397	10583
简易铺装路面	公里	7561	6568	5902	4455	3741	3542	3099	2844	2651
未铺装路面	公里	8000	6368	5794	5867	6273	6026	5487	4979	4222
（2）公路桥梁	座	3446	3805	3994	4087	4194	4498	4692	4730	4815
	米	143641	168968	181944	186358	195591	223039	249602	273871	292846
（3）公路隧道	处	11	15	15	15	15	19	26	26	26
	米	7667	10342	10342	10342	10342	14354	40799	40799	40799
（4）公路渡口	处	15	15	15	15	15	14	9	10	9
其中：机动渡口	处	15	15	15	15	15	14	9	10	9
2. 公路建设投资										
（1）公路总投资	亿元	58.14	75.42	72.73	90.99	132.88	175.71	203.50	198.72	170.42
内：线路及桥梁	亿元	52.42	48.92	70.93	87.32	129.91	172.25	19.67	191.39	155.37
（2）新增生产能力										
新建公路里程	公里	2049	1360	1826	1377	1486	2323	831	1334	1425
改建公路里程	公里	927	1181	978	899	833	567	1361	1015	522

新中国成立70年宁夏道路运输系统主要指标数据统计表（一）

指 标	单 位	2002年	2004年	2005年	2006年	2008年	2009年	2010年
一、道路运输从业人员	人	97716	112748	130838	144191	185033	207844	207348
道路旅客运输经营从业人员	人	15438	21984	27626	26233	27941	37349	16115
道路货物运输经营从业人员	人	62097	73801	86605	97768	135234	146160	166517
站（场）经营从业人员	人	–	–	–	1282	1660	1903	1945
二、道路客、货运站	个	93	93	90	111	286	115	146
1.客运站	个	86	91	90	111	283	112	142
一级站	个	5	5	5	6	6	6	6
二级站	个	20	21	21	18	12	13	15
三级站	个	18	17	17	9	12	14	14
四级站	个	13	12	12	45	56	71	94
五级站	个	–	–	–	3	8	8	13
2.货运站	个	7	2	–	–	3	3	4
一级站	个	–	–	–	–	1	1	1
二级站	个	2	–	–	–	–	–	–
三级站	个	4	1	–	–	–	2	1
四级站	个	1	1	–	–	2	–	2
三、机动车维修业及汽车综合性能检测站								
1.机动车维修业业户	户	3123	3525	3416	3599	3947	4388	5120
其中：汽车维修	户	2537	2838	2909	3124	3504	3948	4628
一类汽车维修	户	14	16	15	19	16	12	16
二类汽车维修	户	654	616	277	276	289	284	340
三类汽车维修	户	1869	2206	2617	2829	3199	3652	4272
2.汽车综合性能检测站	个	7	6	10	11	13	14	17
四、机动车驾驶员培训								
1.机动车驾驶员培训业户	户	–	–	–	44	46	48	56
其中：普通机动车驾驶员培训	户	–	–	–	42	46	46	54
道路运输驾驶员从业资格培训	户	–	–	–	–	21	23	30
2.教练员	人	–	–	–	1057	1331	1624	2319
其中：理论教练员	人	–	–	–	164	156	220	269
驾驶操作教练员	人	–	–	–	893	1046	1279	1959
3.培训人次	人次	–	–	–	48029	82573	104780	128110
五、汽车租赁								
1.汽车租赁业户	户	–	–	–	–	–	–	89
2.汽车租赁从业人员	人	–	–	–	–	–	–	177
3.租赁车辆数量	辆	–	–	–	–	–	–	611
客车	辆	–	–	–	–	–	–	611
货车	辆	–	–	–	–	–	–	–
六、道路客运班线								
1.客运班线	条	1030	1200	1263	1360	1425	1717	2022
其中：高速公路	条	–	–	–	94	307	113	108
2.客运班线平均日发班次	班次/日	6545	7272	5644	7524	–	9298	9235
其中：高速公路	班次/日	–	–	–	268.0	–	412.8	407.5
七、农村道路客运								
1.客车通达情况								
乡镇	个	303	188	188	187	191	191	192
其中：通客运班车的乡镇	个	303	188	188	187	191	191	192
建制村	个	2513	2535	2376	2374	2308	2314	2308
其中：通客运班车的建制村	个	2218	2322	2064	2138	2308	2223	2220
2.农村客运站	个	–	–	–	67	173	349	659
其中：等级客运站	个	–	–	–	–	–	–	107
3.农村客运线路	条	–	–	–	449	626	912	1207
平均日发班次	班次/日	–	–	–	3492.0	3486.0	5196.5	5319.5
4.农村旅客运输量								
客运量	万人	–	–	–	1350.0	1133.3	1167.6	1883.5
旅客周转量	万人公里	–	–	–	36030.0	35447.8	30465.8	53379.0

新中国成立70年宁夏道路运输系统主要指标数据统计表（二）

指　标	单　位	2011年	2012年	2013年	2014年	2015年	2016年	2017年	2018年
一、道路运输从业人员	人	224515	231850	239544	235019	224320	214508	210532	201911
道路旅客运输经营从业人员	人	15422	14725	14469	14300	14117	13150	11074	9672
道路货物运输经营从业人员	人	181300	186686	194305	188831	179043	170836	168181	160546
站（场）经营从业人员	人	1958	2077	2174	2005	1934	1761	1538	1322
二、道路客、货运站	个	153	157	153	146	148	143	140	133
1.客运站	个	149	153	150	143	145	141	138	132
一级站	个	7	7	7	7	9	9	9	9
二级站	个	14	13	13	14	14	14	14	15
三级站	个	15	13	12	10	10	11	12	10
四级站	个	102	100	97	92	92	91	85	79
五级站	个	11	20	21	20	20	16	18	19
2.货运站	个	4	4	3	3	3	2	2	1
一级站	个	1	1	1	1	1	1	1	1
二级站	个	–	–	–	–	–	–	–	–
三级站	个	1	1	1	1	1	1	1	–
四级站	个	2	2	1	1	1	–	–	–
三、机动车维修业及汽车综合性能检测站									
1.机动车维修业业户	户	4890	5495	6065	6323	6520	6252	5968	5991
其中：汽车维修	户	4452	5101	5719	5952	6237	5959	5700	5736
一类汽车维修	户	20	21	22	24	27	30	32	31
二类汽车维修	户	347	362	421	466	494	496	500	474
三类汽车维修	户	4085	4718	5276	5462	5716	5433	5168	5231
2.汽车综合性能检测站	个	17	17	19	30	34	38	41	44
四、机动车驾驶员培训									
1.机动车驾驶员培训业户	户	59	59	59	60	64	68	71	73
其中：普通机动车驾驶员培训	户	59	59	59	60	64	68	71	73
道路运输驾驶员从业资格培训	户	37	35	36	37	36	36	28	29
2.教练员	人	2848	3014	3243	3650	4136	4097	4415	4704
其中：理论教练员	人	373	371	372	385	377	273	284	295
驾驶操作教练员	人	2391	2544	2778	3197	3723	3768	4070	4363
3.培训人次	人次	159632	160712	130799	169982	155568	149796	162091	167522
五、汽车租赁									
1.汽车租赁业户	户	79	74	71	33	46	52	59	52
2.汽车租赁从业人员	人	197	197	224	137	217	249	269	257
3.租赁车辆数量	辆	554	524	580	202	212	276	247	299
客车	辆	553	523	580	202	212	276	247	299
货车	辆	1	1	–	–	–	–	–	–
六、道路客运班线									
1.客运班线	条	2104	2065	2179	2103	2092	2046	1956	1713
其中：高速公路	条	113	114	115	142	166	191	216	223
2.客运班线平均日发班次	班次/日	9413	8401	8656	8876	8588	8496	7473	6276
其中：高速公路	班次/日	431.5	432.5	425.0	572.5	562.1	650.1	769.8	765.8
七、农村道路客运									
1.客车通达情况									
乡镇	个	191	214	214	214	194	192	193	193
其中：通客运班车的乡镇	个	191	199	199	185	185	185	193	186
建制村	个	2295	2431	2431	2431	2259	2271	2276	2276
其中：通客运班车的建制村	个	2229	2153	2165	1958	1961	2148	2207	2267
2.农村客运站	个	1038	1319	1680	1821	1982	1913	1892	1903
其中：等级客运站	个	113	120	118	115	112	101	93	103
3.农村客运线路	条	1269	1278	1389	1321	1289	1237	1131	936
平均日发班次	班次/日	5125.5	6163.5	6755.5	7281.5	7087.5	6575.5	5507.5	4471.5
4.农村旅客运输量									
客运量	万人	1658.0	1912.7	2527.1	2381.3	2199.2	2352.4	1776.5	1551.3
旅客周转量	万人公里	38385.6	45086.0	49161.0	54147.0	51580.0	50739.0	42217.0	38233.1

新中国成立70年宁夏水运系统主要指标数据统计表

项　目	单　位	1949年	1978年	1995年	2002年	2006年	2010年	2011年
一、航道和设备								
1. 内河航道通航里程	公里	397	395	397	407	117	117	130
其中：等级航道	公里	–	–	–	397	105	105	115
2. 营业性民用运输船舶拥有量								
轮驳船：艘数	艘	54	–	113	454	454	711	715
净载重量	吨位	1300	–	106	–	2640	1144	1373
载客量	客位	–	–	4990	8840	9817	3986	3961
二、水路客运量								
客运量	万人	–	–	–	–	–	102	121
旅客周转量	万人公里	–	–	–	–	–	1203	1261
三、水运总投资	万元	–	–	–	–	–	–	–

项　目	单　位	2012年	2013年	2014年	2015年	2016年	2017年	2018年
一、航道和设备								
1. 内河航道通航里程	公里	130	130	130	130	130	130	130
其中：等级航道	公里	115	115	115	115	115	115	115
2. 营业性民用运输船舶拥有量								
轮驳船：艘数	艘	865	691	713	710	715	723	648
净载重量	吨位	1373	–	–	–	–	–	–
载客量	客位	4231	11001	11996	11829	13399	13519	12238
二、水路客运量								
客运量	万人	142	256	219	195	188	177	142
旅客周转量	万人公里	1343	977	1008	1086	974	903	683
三、水运总投资	万元	2100	1900	1000	14590	11030	4577	315

（文/图　宁夏回族自治区交通运输厅）

新疆维吾尔自治区

【概　述】 1949年末，新疆有公路5976公里，其中计入统计里程的公路3361公里，主要为迪化（今乌鲁木齐）—奇台、迪化—喀什、星星峡—霍城等几条简易公路。民用汽车拥有量仅317辆，其中交通部门170辆，全疆无客运车辆。

经过新中国成立70年的发展，新疆交通运输取得巨大成就。至2018年底，全区公路通车里程达18.9万公里（含新疆生产建设兵团3.56万公里），等级公路里程15.5万公里（含新疆生产建设兵团2.4万公里），其中高速公路4803公里、一级公路1901公里、二级公路18057公里、三级公路29968公里、四级公路99817公里，所有地州市实现高速公路全覆盖。有公路桥梁14499座565330延米，其中特大桥32座50328延米、大桥835座174237延米、中桥2730座155690延米、小桥10902座185075延米。有公路隧道38处34026延米。全区农村公路达128723公里（不含兵团），乡镇通达率和通畅率分别为100%和99.9%，建制村通达率和通畅率分别为99.74%和99.23%。全区道路等级客运站547个，其中一级站4个、二级站46个、三级站89个、四级站272个、五级站136个，简易站和招呼站881个；全区道路等级货运站105个，其中一级站3个、三级站8个、四级站92个。全区机动车保有量555.04万辆，其中经营性道路客货运输车辆42.1万辆，不含城市客运车辆在内的经营性道路客货运输车辆37.4万辆。有国际道路运输车辆4580辆，其中国际道路旅客运输车辆75辆、国际道路货物运输车辆4505辆。全区有出租汽车4.98万辆、城市公交汽车0.98万辆、农村道路客运车辆1.99万辆。2018年，全区完成经营性道路客运量1.74亿人、旅客周转量123.15亿人公里（不含城市客运）、货运量8.5亿吨、货物周转量1476.7亿吨公里；完成国际道路客运量17.7万人、旅客周转量0.36亿人公里、货运量479.4万吨、货物周转量10.98亿吨公里。

【公路建设与发展】

1.公路建设。1950年1月1日成立新疆省交通厅；10月，召开筑路工作会议，发起整修公路总动员。整修乌鲁木齐—喀什、乌鲁木齐至伊宁和塔城等地公路，并着手新修以于田为起点的新藏公路、喀什—吐尔尕特边境口岸公路、横跨天山的乌鲁木齐经后峡至库尔勒公路。至1952年底，全疆公路通车里程达6065公里，新建公路2704公里。基本恢复和改善迪化通往星星峡、伊犁、喀什、阿勒泰、塔城等地的公路交通。1953年—1957年，又先后对喀什—和田、库尔勒—若羌—且末、巴楚—莎车、喀什—康苏、阿克苏—阿合奇—喀什及其通往红其拉甫、吐尔尕特、斯木哈纳等口岸的多条公路进行修筑或整修。1958年，按照交通部提出的“全党全民办交通”方针，坚持“民工建勤”“民办公助”和以工代赈的方向，掀起新中国成立以来新疆第二次筑路高潮，新修简易公路

4496公里，基本实现全疆县县通公路。同年，还在乌鲁木齐—昌吉之间，铺筑沥青路35公里，这是新疆第一条沥青公路，并建成新疆第一座永久性钢筋混凝土公路桥——呼图壁河大桥。

1964年—1967年，新疆大批公路建设项目建成通车。1964年3月，总长253.9公里的乌鲁木齐—独山子公路全线建成沥青路面，成为新疆第一条正规修建的沥青公路；12月，新疆第一座特大桥叶尔羌河大桥建成通车。1966年4月开工修筑中巴公路。1967年10月，全长582公里的伊宁—和静公路建成通车。1967年—1978年，新疆县乡公路发展较快，沥青路面开始在农村道路上出现。干线公路在路面黑色化、桥梁永久化中也向前迈进了一步。1969年12月，全长135.6公里的中巴公路国内段塔什库尔干—红其拉甫公路竣工通车。1971年2月，由中国援建的中巴友谊公路第一期工程红其拉甫—哈利·格希段156.7公里竣工通车。1976年8月，自治区第一座斜拉杆桁架拱桥乌库公路红五月桥建成通车。期间，还先后铺筑公路沥青路面6000余公里。至1978年末，全疆公路里程达23818公里，公路里程和营运里程较1949年末增长6倍多，国省干线公路网基本形成。

“五五”末期至“十一五”时期，新疆公路建设步入快速发展时期。先后完成国道312线东段改造、乌鲁木齐—昌吉一级公路、中巴公路喀什—红其拉甫段扩建工程等大批公路建设项目。1985年，西北地区第一座大型城市立交桥乌鲁木齐市人民路立交桥建成通车。至此，新疆逐步有了高等级公路。1991年4月，自治区成立“新疆高等级公路建设指挥部”，正式启动新疆高速公路建设。1995年，全长522公里的轮台—民丰第一条沙漠公路建成通车，开创中国甚至世界上在流动沙漠中修建长距离等级公路的先河。1998年8月20日，利用世行贷款项目的全长283.9公里的吐鲁番—乌鲁木齐—大黄山高等级公路建成通车；2000年11月，新疆第二条利用世界银行贷款项目——乌鲁木齐—奎屯高速公路建成通车。两条高等级公路的建成通车，标志着新疆全面进入高速公路建设时代。2006年，自治区人民政府作出《关于加强公路交通建设的决定》。自治区交通厅加大投资力度，开工建设大批高等级公路。2002年7月，小草湖—托克逊高等级公路建成通车。2005年10月，和硕—库尔勒高速公路、奎屯—赛里木湖高等级公路相继建成通车。2007年10月，全长424公里的新疆第二条横穿塔克拉玛干沙漠的等级公路阿拉尔—和田沙漠公路建成通车。

“十二五”期间，根据自治区提出的要以打造面向国内、面向周边国家和疆内的交通大通道为重点，按照加密、扩容的总体要求，加快构建快捷、高效的综合交通运输体系要求。2010年，自治区交通运输厅提出“三年攻坚、五年跨越”的战略目标。2011年1月，交通运输部在乌鲁木齐召开全国交通运输系统推进新疆交通跨越式发展座谈会，举全国交通运输系统之力支持新疆交通建设，以代建制的方式帮助自治区交通运输厅完成交通建设项目建设，共派出14个省市16个代建单位代建21个交通建设项目。赛里木湖—果子沟口、库尔勒—库车、库车—阿克苏、大黄山—奇台、奎屯—克拉玛依等高速公路相继建成通车，克拉玛依—塔城高速公路等重大项目开工建设。

“十三五”期间，自治区继续加大交通建设投资力度，并于2016年3月2日，成立新疆交通投资有限责任公司，加大投融资力度。同时成立公路建设指挥部办公室和PPP项目办公室，推进PPP等多种公路建设模式。2016年8月，新疆公路建设领域首个采用政府与社会资本合作（PPP）模式进行建设的G575线巴里坤松树塘—哈密城北公路建设项目开工建设。2017年8月30日，G0711乌鲁木齐—尉犁、京新高速（G7）梧桐大泉—木垒两个PPP公路建设项目签署投资协议，两个项目总投资近900亿元。2018年8月1日，G3012墨玉—和田高速公路建成通车。

2.道路运输。新中国成立初期，新疆的交通运输主要靠畜力和人力运输。1950年2月2日成立交通厅运输管理局，于6月改为新疆省国营运输公司，公司于9月1日开通由迪化（乌鲁木齐）—昌吉的全省第一条定期客运班车线路。同时在南北疆开放5条不定期的客运班车线路。1951年9月，在全省实行“国营客运专营”，进一步开放客运班车线路，至1952年末，全省共开放旅客定期班车线路12条。货运方面，1951年省人民政府开始下达运输生产计划。同年，省运输公司完成货物周转量306.8万吨公里。1952年11月，成立新疆省运输委员会，建立统一货源、统一调度、统一运价的“三统”制度。1953年3月，国务院、中央军委决定由中国人民解放军新疆军区后勤部调出11个汽车连队1125名指战员连同587辆军车集体转业支持新疆地方交通运输；6月，新疆省国营运输公司成立喀什运输公司，南疆进入汽车运输的新纪元。1955年1月，国营运输公司再次改为交通厅运输管理局，并逐步实行局、总站、站（车队）三级管理。1956年，运输管理局按照改造政策对民间运输业进行接收合营，合营私营汽车运输业户103户、汽车修理业户48户。至1957年末，新疆民用汽车拥有量达7109辆，其中货运车辆5855辆、客运车辆803辆、特种车辆451辆；开放区内客运班车线路93条，运营里程18125公里。1958年4月，自治区撤销运输管理局，有关业务统一由交通厅直接管理，同时成立乌鲁木齐、库尔勒、喀什、伊犁4个公路运输管理局和布尔津公路运输管理总站，实行分片区管理；9月，交通厅从直属企业内抽调部分职工和716辆营运汽车陆续下放到各地州市交通部门管理。自1959年起，新疆交通厅石油运输公司、木材运输公司、旅客运输公司相继成立。1962年10月，成立自治区交通厅运输处，为全能企业处。1963年8月，经自治区批准将运输处改为运输管理局。各地、州、市、县也普遍建立运输管理机构。先后组织完成“石油东运”“南粮北运”“汽车运输转轨支农”“中印边界反击战的支前运输”等重大运输任务。

自1966年起，自治区交通运输良

好发展态势出现波折。1971年，自治区革委会撤销运输管理局，运输工作再次由自治区交通局直接管理。1973年，自治区革委会决定成立自治区汽车运输总公司。1975年，根据中共中央、国务院有关整顿指示精神，为扭转运输企业管理混乱局面，于5月成立汽车运输总公司临时党委，所属各运输公司分别成立党委或核心小组。至此，交通运输得以逐步恢复发展。1976年3月，自治区革委会为改变客运落后面貌，恢复正常客运秩序，责成自治区交通局与各地、州、市协商，制订统一管理办法，做到客运班车定线、定班、定点，迅速安全，方便群众。全区客运线路、班次和客运秩序逐步恢复正常。至1978年底，新疆民用汽车拥有量达41638辆，其中交通运输部门营运客车890辆、货车8260辆。1978年，全疆完成客运量786.8万人，旅客周转量109563万人公里；完成汽车货运量4539万吨，货物周转量317961万吨公里。1982年，经自治区批准，连续颁布实行《公路汽车旅客运输管理办法》《公路汽车旅客运输规则补充规定》《公路运输市场管理办法（草案）》，有力维护客货运输市场秩序，并逐步放开客货道路运输市场。1983年9月，自治区汽车运输总公司改为新疆交通运输管理局，统一管理全疆道路运输市场。1988年3月，颁布实行《新疆维吾尔自治区公路运输管理实施细则》，新疆运输管理部门职能彻底向“统筹、协调、监督、服务”的行业管理转变。至1990年，全疆有13203辆个体汽车、拖拉机从事道路运输生产，占全疆民有汽车的10.15%，为交通部门的1.59倍。1993年1月，自治区交通厅下发《关于进一步开放道路运输市场的意见》，采取“转轨变形”“一业为主、多种经营”措施，为道路运输企业开辟新的生存空间。1998年7月，自治区颁布实施《新疆维吾尔自治区道路运输管理条例》，更加激发新疆道路运输市场的活力，运输装备得到极大提升。到2000年，新疆全社会拥有民用汽车36.9万辆。

进入21世纪，新疆交通厅围绕自治区“外引内联，东联西出”和“大物流、大交通、大流通”目标，大力发展现代道路运输物流，“鼓励道路运输规模化、集约化经营”，加快道路运输业结构调整，推进运力结构逐步由以数量增长向质量提高方向发展。2007年，启动《新疆维吾尔自治区道路运输条例》修改工作；2008年，启动自治区道路运输经济运行分析，掌握新疆道路运输发展的现状和薄弱环节，并开展货运运力运量普查工作，建立道路运力运量动态分析管理系统。

“十二五”以来，相继出台有关物流业发展规划、道路货运行业改革、促进多式联运发展等系列政策保障性文件，加快建设新疆交通运输物流公共信息平台，推动自治区道路运输行业供给侧结构性改革和道路运输行业转型升级，并于2018年由自治区人民政府出台《新疆维吾尔自治区运输结构调整工作实施方案（2018—2020年）》，同时加快提升国际道路运输便利化水平，更大范围更广领域推进双边多边合作，促进形成内外联动、东西互济的互联互通开放格局。至2018年底，开通直达国际道路客货运输线路111条，其中国际客运线路54条、国际货运线路57条，初步形成以乌鲁木齐为中心，以沿边地区为节点，以边境口岸为前沿，向周边国家辐射的国际道路运输网络；全区通班车的乡镇1041个，乡镇通班车率99.7%；全区通班车的建制村10764个，建制村通班车率99.2%，开通农村道路客运班线3530条，全区共有农村道路客运站695个。

【交通科技教育】

1.队伍建设。1954年1月，组建新藏公路勘测总队。1961年4月，成立新疆交通厅公路航道设计院（新疆公路勘测设计院的前身），下设5个测量队、1个桥梁钻探组、1个航道勘察组。1980年1月，新疆交通科学研究所（新疆交通科学研究院前身）正式成立。专业施工队伍方面，交通厅公路局于1957年—1958年间，相继组建3个工程队和1个桥梁工程队，实现公路建养力量专业队伍与广大群众相结合的生产模式。1960年4月，交通厅与新疆军区联合组建一支专门修建边防公路的队伍，史称“308”筑路队。“308”筑路队自组建以来，连续14年奋战在边境地区，共修筑10余条边防公路，总长达1400多公里。

2.教育培训。1953年5月，交通厅成立驾驶员训练队（新疆交通技工学校的前身），之后驾驶员训练队历经曲折发展，并一度停办。1974年，经自治区批准恢复成立新疆交通技工学校。自1957年起，先后编写适合小学与初中文化程度学员学习的《汽车构造》《交通规则》《汽车故障排除》《汽车操作方法》等教材，填补了新疆汽车驾驶员培训教材方面的空白。1953年—1974年，共培养汽车驾驶员、汽车修理工等4000余人。自1974年新疆交通技工学校正式成立后，办学规模逐渐扩大，招生人数逐年增加，为新疆交通运输培养大批运输人才。1980年在新疆交通技工学校的基础上，成立新疆交通学校。2000年5月，教育部批准新疆交通学校为国家级重点中专学校。2004年9月，新疆交通学校正式升格为新疆交通职业技术学院。2009年9月，学院被列入“自治区示范性高等职业院校”的重点培育院校。“十二五”以来，按照交通运输厅党委“科教兴交”和“人才强交”战略的总体部署，新疆交通职业技术学院立足“高起点规划、高标准建设、高质量教育、高效能管理”的办学理念，最大限度地发挥教育资源优势，完成“上规模、上水平、出特色”的目标，实现新的跨越，为新疆交通运输培养大批交通技术人才，有力推动自治区交通运输跨越式发展。

新疆交通运输厅干部教育培训工作不断加强。“十三五”以来，积极争取交通运输部支持，以领导干部、管理干部、专业技术干部为主要对象，举办西培及厅教育培训班48期，培训4500人次。

3.科技成果。50年代，交通厅公路部门通过路基路面调查，对防治道路翻浆、搓板（波浪形病害）和沥青路的8种结构、21种路型修筑试验提出报告，在技术人员中进行广泛推广交流。60~70

年代，先后形成《北疆地区公路风吹雪调查报告》《乌伊公路精河段沙害防治经验介绍》《雪害地区冬季养护经验介绍》《0701工程防治公路沙埋的初步研究》《乌伊公路石河子翻浆处治经验介绍》《盐渍土地区黑色路面盐胀破坏的调查》等多项研究论文，有力提升新疆筑路技术水平。1980年勘测设计的西北地区第一条高等级公路——乌昌一级公路，于1990年被评为自治区优秀设计一等奖。1984年勘测设计的西北地区第一座城市大型互通式立交桥——乌鲁木齐市人民路立交桥标志着新疆交通科技进入新的发展水平。

1986年，“新疆干线公路盐胀病害防治研究”被列为自治区重点科技研究项目。1989年，由新疆负责的交通部科技重点攻关项目“重盐渍土地区公路盐胀病害研究”取得重大进展，提出一系列防治措施。1995年，全长522公里的轮台—民丰第一条沙漠公路建成通车，标志着新疆在流动沙漠中修建长距离等级公路的筑路技术取得重大成果。雪害研究，以塔城地区“老风口”的雪害研究为突破口，同样取得一系列雪害防治重大技术成果。同期，还进行“新疆公路桥梁加固与改造方法的研究”“干旱缺水地区路基压实研究”“利用新疆稠油沥青修筑高等级公路的研究”等重大科研课题研究。2001年，“沙漠地区公路建设成套技术研究”付诸实施，2006年4月在北京通过交通部的鉴定验收，并获2007年度国家科技进步二等奖。从21世纪初至2012年，先后完成“公路雪崩灾害及防治技术研究”“盐渍土地区公路利用风积沙筑路技术开发与应用”“风积沙在盐渍土地区路用性能研究与应用”“道路勘测设计一体化应用技术研究”“公路路面沥青综合表面处治应用技术研究”“新疆干线公路网建设支撑技术研究与应用示范”“新疆国省干线公路冰雪灾害防治及应急保障关键技术研究与应用”等一系列交通科学技术研究。

2013年以来，又针对公路规划、设计、施工、运营、养护等全过程进行众多的课题研究，形成“新疆绿洲、荒漠地区干线公路路基合理高度关键技术研究”“长大公路隧道通风系统局部结构优化关键技术研究”“新疆公路大中修工程勘察设计规范”“盐渍土地区公路病害机理及防治成套技术研究”“果子沟高寒区复杂区域高速公路建设成套技术及工程应用”“公路风吹雪流场吹蚀沉积转化机制模拟实验研究”“新疆高寒山区公路边坡灾害监测、预警、防治技术研究及应用示范”等技术成果。授权专利和实用新型技术10余项，编制交通行业技术指南、标准、规范10余项。通过四新技术的推广和应用，通过众多的科技课题研究，有效解决制约公路建设过程的重点、难点问题。

【机构变革】 1949年9月新疆和平解放，1950年1月1日成立新疆省交通厅，2月1日成立新疆省交通厅公路管理局，2月2日成立新疆省交通厅运输管理局。1955年10月1日，成立新疆维吾尔自治区。1958年4月1日，自治区撤销交通厅公路局、运输局及所属各公司、总站、总段，其业务由交通厅直接管理，管理体制由四级改为二级，即自治区交通厅、地区公路运输管理局、运输站和养路段。交通厅为行政、企事业合一机构，下设乌鲁木齐等5个公路运输管理局和交通厅公路工程基本建设处。1963年8月，经自治区批准重新成立自治区运输管理局，同时，将交通厅公路工程基本建设处改为自治区公路管理局。1967年3月，新疆军区奉命对交通系统进行军管。1970年4月，将自治区交通厅改为自治区革委会交通局。1971年再次撤销运输管理局，运输管理工作由交通局直接领导。1973年1月，成立自治区汽车运输总公司。1981年1月，自治区革委会交通局恢复为自治区交通厅。1983年10月，自治区汽车运输总公司改为自治区运输管理局。1984年8月，交通监理部门由交通厅直接领导改为交通厅和各地、州、市双重领导。1987年6月，交通监理业务移交自治区公安厅，自治区交通厅成立养路费征稽处，为交通厅直属事业单位。1988年7月，设立“自治区港航监督处”与养路费征稽处合署办公。1991年，自治区人民政府下发《关于调整自治区公路养护管理体制的通知》，将由各地、州、市交通部门承担的主要干线公路养护任务和所管辖的公路总段及其所属公路段及附属机构上收，交由自治区交通厅公路管理局统一领导管理。各地、州、市交通局负责县乡道路建设和养护管理。同年6月，成立新疆公路工程定额站。1992年4月29日，自治区人民政府成立高等级公路建设指挥部，下设项目执行办公室和工程监理处。同年6月，成立交通厅公路工程质量监督站。1994年2月，在自治区高等级公路建设指挥部项目执行办公室的基础上成立自治区高等级公路管理局。5月，成立自治区车辆购置附加费征收管理办公室，与征费稽查处和自治区港航监督处合署办公。1997年6月，自治区高等级公路管理局升格为副厅级事业单位，受自治区高等级公路建设指挥部和交通厅双重领导。9月，自治区交通厅养路费征收稽查处更名为自治区交通规费征收稽查局，加挂自治区港航监督处、自治区船舶检验处、自治区车购费办公室牌子。2001年，自治区人民政府决定将自治区公路管理局、运输管理局规格调整为副厅级。2003年将自治区高等级公路管理局更名为自治区交通建设管理局。同时，将自治区原高管局、自治区公路局所属路政管理职能及相应机构、人员编制划出，组建自治区路政管理局，与自治区交通规费征收稽查局合署办公；将自治区港航监督处、自治区船舶检验处从自治区交通规费征收稽查局分离，组建自治区地方海事局。2010年5月，自治区交通厅更名为自治区交通运输厅。下设交通建设局、公路管理局、道路运输管理局三个副厅级二级局和自治区路政管理局、地方海事局、公路工程质量监督局、公路工程造价管理局四个县处级职能局，其中自治区路政管理局、地方海事局合署办公。同时管辖交通规划勘察设计研究院、交通职业技术学院、交通科学研究院等三个科研院校。

新中国成立70年新疆公路系统主要指标数据统计表

项　目	单　位	1961年	1965年	1970年	1975年	1978年	1980年	1985年	1990年	1995年
1.线路及设备										
（1）公路线路里程	公里	23708	22675	23212	23615	23818	21148	22232	25425	30298
其中：高速公路	公里	–	–	–	–	–	–	–	–	–
国道	公里	干线公路	干线公路	–	干线公路	国省道	国省道	8833	8703	8531
其中：国家高速	公里			–				–	–	–
省道	公里	11983	10887	–	12782	12985	13476	5667	6011	6841
县道	公里	县社公路	县社公路	–	县社公路	7400	6551	6021	8627	10596
乡道	公里	7208	7580	–	7400	–	–	–	203	1194
专用公路	公里	4517	4208	–	3433	3433	1121	1711	1881	3136
村道	公里	–	–	–	–	–	–	–	–	–
有铺装路面	公里	–	–	–	–	–	–	–	28	106
其中：沥青混凝土	公里	–	–	–	–	–	–	–	28	83
水泥混凝土	公里	–	–	–	–	–	–	–	–	23
简易铺装路面	公里	213	368	1467	2670	5810	6390	8369	12528	18907
未铺装路面	公里	23495	22307	21745	20945	10397	14758	13863	12869	11285
（2）公路桥梁	座	1612	2882	2570	1690	1799	1454	1756	2104	2562
	米	14982	23573	29000	26173	27699	34498	41319	49874	62692
（3）公路隧道	处	–	–	–	–	–	–	2	4	4
	米	–	–	–	–	–	–	3009	3499	3499
（4）公路渡口	处	–	8	4	5	–	5	4	4	3
2. 公路建设投资										
（1）公路总投资	亿元	0.13	0.08	0.28	0.44	1.00	0.81	1.02	2.14	12.89
内：线路及桥梁	亿元	0.13	0.08	0.28	0.44	1.00	0.81	1.02	2.14	12.89
（2）新增生产能力										
新建公路里程	公里	–	–	–	–	356	1020	99	52	1759
改建公路里程	公里	–	–	–	–	–	–	14	46	–

项　目	单　位	2000年	2005年	2010年	2013年	2014年	2015年	2016年	2017年	2018年
1.线路及设备										
（1）公路线路里程	公里	34585	64818	120785	137027	141790	144222	147821	150610	153427
其中：高速公路	公里	446	541	843	2728	4316	4316	4395	4578	4803
国道	公里	9083	9187	9064	9917	10874	10889	16607	16794	17164
其中：国家高速	公里	429	523	758	2475	3687	3687	3784	3832	4055
省道	公里	6938	7570	9942	11360	11699	11717	7262	7446	7540
县道	公里	11917	15072	16794	17235	17393	17619	17728	17785	17673
乡道	公里	2937	24686	45961	47114	48088	48330	48523	78719	48889
专用公路	公里	3710	8302	9464	10059	10117	10182	9249	9259	9359
村道	公里			29560	41343	43619	45404	40453	50600	52002
有铺装路面	公里	1654	7500	17470	29262	32574	34875	41230	44907	50731
其中：沥青混凝土	公里	1570	7369	17105	28900	32210	34496	40778	44291	49989
水泥混凝土	公里	84	218	365	362	364	379	452	616	742
简易铺装路面	公里	22582	25922	41273	52519	54621	58073	61189	62108	62056
未铺装路面	公里	10349	31309	62041	55247	54595	51274	45402	43596	40640
（2）公路桥梁	座	3664	4838	8404	11029	12248	12423	12710	13137	13594
	米	94076	130524	243836	371431	442438	451886	490821	509098	539123
（3）公路隧道	处	4	3	4	23	31	31	36	37	37
	米	3499	2497	2974	18632	25816	25816	32196	33106	33106
（4）公路渡口	处	3	3	2	2	2	2	2	2	2
2. 公路建设投资										
（1）公路总投资	亿元	39.49	102.56	224.23	410.61	364.05	234.08	337.09	2015.50	501.87
内：线路及桥梁	亿元	39.49	102.56	224.23	410.61	364.05	234.08	337.09	1958.00	499.49
（2）新增生产能力										
新建公路里程	公里	1097	1090	2535	1629	1985	654	13067	11320	2966
改建公路里程	公里	–	4103	–	6060	7319	8808	11021	13039	13922

新中国成立70年新疆道路运输系统主要指标数据统计表（一）

指　标	单　位	1996年	2000年	2005年	2006年	2007年	2008年	2009年	2010年
一、道路运输从业人员	人	301792	332103	413211	414243	449780	482608	530931	577794
道路旅客运输经营从业人员	人	43555	52620	83920	77426	83075	94447	97852	82808
道路货物运输经营从业人员	人	136572	198454	241498	255556	285274	314850	354523	407301
站（场）经营从业人员	人	9481	5430	5867	6258	7647	8489	8522	7603
二、道路客、货运站									
1.客运站	个	114	142	218	318	365	574	545	586
一级站	个	1	2	2	2	2	3	3	3
二级站	个	16	18	29	33	30	30	31	33
三级站	个	78	90	98	94	95	100	105	106
四级站	个	19	32	89	165	203	371	322	327
五级站	个	–	–	–	24	35	70	84	117
2.货运站	个	17	21	48	82	506	469	491	476
一级站	个	–	4	–	–	–	–	–	–
二级站	个	1	2	4	4	5	4	4	3
三级站	个	16	15	17	6	413	365	367	345
四级站	个	–	–	27	72	88	100	120	128
三、机动车维修业及汽车综合性能检测站									
1.机动车维修业业户	户	7015	8070	9787	7298	7682	7359	8281	9130
其中：汽车维修	户	6991	8033	9714	7218	7601	7278	8193	9037
一类汽车维修	户	59	53	40	36	29	30	29	27
二类汽车维修	户	1009	1053	1300	1220	1155	1048	1177	1277
三类汽车维修	户	5326	6249	7542	5375	5907	5573	6273	6977
2.汽车综合性能检测站	个	24	37	73	80	81	81	88	93
四、机动车驾驶员培训									
1.机动车驾驶员培训业户	户	105	120	232	236	265	280	295	311
其中：普通机动车驾驶员培训	户	105	120	232	229	252	261	288	308
道路运输驾驶员从业资格培训	户	–	–	–	45	45	42	40	34
2.教练员	人	3707	2646	–	–	–	–	–	–
其中：理论教练员	人	757	580	–	–	–	–	–	–
驾驶操作教练员	人	2950	2066	–	–	–	–	–	–
3.培训人次	人次	30781	24030	–	–	–	–	–	–
五、汽车租赁									
1.汽车租赁业户	户	–	–	–	–	–	–	–	–
2.汽车租赁从业人员	人	–	–	–	–	–	–	–	–
3.租赁车辆数量	辆	–	–	–	–	–	–	–	–
客车	辆	–	–	–	–	–	–	–	–
货车	辆	–	–	–	–	–	–	–	–
六、道路客运班线									
1.客运班线	条	1857	2062	2539	2749	2935	3193	3304	3609
其中：高速公路	条	–	–	–	50	50	59	66	54
2.客运班线平均日发班次	班次/日	14190	18030	34119	37342	39874	44216	44872	47248
其中：高速公路	班次/日	–	–	–	478	518	458	613	399
七、农村道路客运									
1.客车通达情况									
乡镇	个	954	961	856	853	853	853	854	859
其中：通客运班车的乡镇	个	830	946	851	842	839	842	843	851
建制村	个	6811	8860	8467	9184	9195	9179	9025	9488
其中：通客运班车的建制村	个	4243	6318	6929	6148	6578	6618	6818	7999
2.农村客运站	个	–	–	–	228	324	320	429	454
其中：等级客运站	个	–	–	–	–	–	–	–	–
3.农村客运线路	条	–	–	–	1611	1734	1918	2173	2509
平均日发班次	班次/日	–	–	–	22084	24813	29403	29700	29097
4.农村旅客运输量									
客运量	万人	–	–	–	11107	10099	10410	11627	13271
旅客周转量	亿人公里	–	–	–	41.17	41.55	45.05	53.03	61.86

新中国成立70年新疆道路运输系统主要指标数据统计表（二）

指　标	单　位	2011年	2012年	2013年	2014年	2015年	2016年	2017年	2018年
一、道路运输从业人员	人	629173	689610	704007	737465	697445	561374	530560	516757
道路旅客运输经营从业人员	人	82237	84348	95482	94856	86318	78122	74161	76015
道路货物运输经营从业人员	人	459224	512918	510503	536941	506755	397699	373380	357473
站（场）经营从业人员	人	7711	7775	8541	8006	8197	7921	7287	6091
二、道路客、货运站									
1.客运站	个	601	620	639	658	650	602	567	547
一级站	个	3	3	3	3	4	4	4	4
二级站	个	33	40	39	41	45	48	45	46
三级站	个	108	101	98	97	91	83	83	89
四级站	个	309	324	327	335	326	288	289	272
五级站	个	148	152	172	182	184	179	146	136
2.货运站	个	496	480	460	355	264	168	113	105
一级站	个	–	–	–	–	–	–	–	0
二级站	个	1	1		1				0
三级站	个	345	344	318	136	99	24	15	13
四级站	个	150	135	142	218	165	144	98	92
三、机动车维修业及汽车综合性能检测站									
1.机动车维修业业户	户	9752	10824	12073	14087	13137	10371	9438	9827
其中：汽车维修	户	9652	10716	11959	13963	12977	10194	9261	9441
一类汽车维修	户	25	27	30	31	31	28	26	37
二类汽车维修	户	1347	1500	1713	1951	1988	1834	1642	1816
三类汽车维修	户	7480	8333	9318	11082	10289	7980	7273	7588
2.汽车综合性能检测站	个	100	108	114	124	160	177	177	164
四、机动车驾驶员培训									
1.机动车驾驶员培训业户	户	319	337	367	452	509	607	641	659
其中：普通机动车驾驶员培训	户	315	332	362	449	502	594	631	644
道路运输驾驶员从业资格培训	户	50	52	56	68	73	76	69	57
2.教练员	人	–	–	–	–	–	–	–	–
其中：理论教练员	人	–	–	–	–	–	–	–	–
驾驶操作教练员	人	–	–	–	–	–	–	–	–
3.培训人次	人次	–	–	–	–	–	–	–	–
五、汽车租赁									
1.汽车租赁业户	户	–	–	–	–	–	–	–	–
2.汽车租赁从业人员	人	–	–	–	–	–	–	–	–
3.租赁车辆数量	辆	–	–	–	–	–	–	–	–
客车	辆	–	–	–	–	–	–	–	–
货车	辆								
六、道路客运班线									
1.客运班线	条	3780	4077	4443	4705	4611	4621	4706	4715
其中：高速公路	条	57	59	210	218	280	295	283	284
2.客运班线平均日发班次	班次/日	47740	50096	50180	50237	48377	45077	43235	39660
其中：高速公路	班次/日	409	403	1677	734	937	959	918	789
七、农村道路客运									
1.客车通达情况									
乡镇	个	870	856	859	859	868	873	883	1044
其中：通客运班车的乡镇	个	866	854	857	857	867	872	879	1041
建制村	个	9265	9290	9181	9054	9198	9448	9417	10849
其中：通客运班车的建制村	个	8344	8510	8761	8647	8876	9229	9265	10764
2.农村客运站	个	717	786	823	819	797	780	740	695
其中：等级客运站	个	–	327	371	418	375	362	337	335
3.农村客运线路	条	2619	2890	3144	3478	3434	3400	3441	3530
平均日发班次	班次/日	31626	35018	34877	33603	34127	29112	28032	24439
4.农村旅客运输量									
客运量	万人	14390	15930	17316	15413	14334	9526	8969	7175
旅客周转量	亿人公里	67.11	71.69	78.07	68.70	59.08	50.72	42.77	35.07

（新疆维吾尔自治区交通运输厅　供稿）

新疆生产建设兵团

【概 述】1990年兵团在国家实行计划单列，特别是1995年兵团交通局单设以后，兵团交通运输行业发展开始起步。至2018年底，兵团公路总里程35623公里，其中一级公路485公里、二级公路4529公里、三级公路5700公里、四级公路12993公里，等外公路11916公里，桥梁905座，兵团农业连队公路通达率100%。兵团道路运输生产力大幅提高，民用汽车保有量32.98万辆，营运车辆7.02万辆。道路运输行业年完成旅客、货物周转量分别为148.81亿人公里和1001.56亿吨公里，实现生产总值126.25亿元。

【公路建设与发展】

1.公路建设。1995年兵团交通局成立，兵团公路建设开始起步。在财力十分紧张的情况下，积极争取交通部公路建设补助，努力提高各级党政机关对公路建设重要性的认识，充分调动广大职工群众积极性，投工投劳，民工建勤，公路建设得到有效发展。“九五”之前，兵团公路总里程16850公里，其中等级公路4791公里。“九五”期间，兵团累计完成公路基础设施建设投资28.98亿元，等级公路里程占总里程比重由1995年的63.57%提高到2000年的75.19%。次高级以上路面占垦区公路总里程的比重达到21.28%，交通运输对兵团经济社会的“瓶颈”制约得到有效缓解。兵团公路建设规模达3947公里，其中主干道1728公里、路网改造2219公里，使全兵团公路通车里程达到20449公里。“十五”期间，兵团交通运输系统紧紧围绕兵团“发展壮大兵团，致富职工群众”的工作目标，以垦区主干道建设和通团、通连公路建设为工作重点，有力推动兵团公路建设的快速发展，完成投资97.4亿元，是“九五”的3.36倍。至2005年底，兵团公路总里程24713公里，其中省道2914公里、县道5033公里、乡道12351公里，专用公路12670公里。“十一五”期间，公路基础建设完成投资127亿元，是“十五”的1.3倍；新（改）建公路14043公里，兵团公路总里程达32058公里，其中，一、二级公路1329公里，三级公路5399公里，四级公路8403公里，等外公路16926公里，桥梁1287座。兵团实现95%营（分场）公路通油路；100%农业连队通公路。“十二五”期间，交通运输基础设施建设步伐不断加快，完成交通运输基础设施投资279.88亿元，是“十一五”期间的2.2倍，兵团交通运输固定资产投资年均占兵团固定资产总投资的4%以上；新（改）建公路12753公里，使兵团公路总里程达到3.41万公里，二级及以上公路里程从2000年的1330公里提高到3000公里，实现所有团场通等级油路，100%的营级单位通油路，97%的连队通公路。

“十三五”以来，2016年、2017年两年公路建设完成固定资产投资331.16亿元，建设公路里程达14005.8公里。2018年，完成公路建设固定资产投资74.62亿元，建设公路里程达896公里。新建重点和国省干线里程1788.4公里，通营连公路2284公里。相继建设第一师阿拉尔—上游水库公路、上游水库—三团团部公路、十团至十二团大桥，第三师前海干渠K45—45团15连公路、伽师总场—毛拉乡（自治区S215）公路、48团—45团公路，第四师伊宁市山东路—可克达拉市（66团、68团）—省道S213线公路，第六师甘莫公路、呼芳路—甘莫线—S204线公路，第八师S101—石河子公路，第十三师淖毛湖—烟墩火车站能源公路等一、二级公路，第三师51团—图木舒克公路。

2.公路养护。“九五”之前，兵团公路养护处于团场自建自养状态，道路的好坏取决于沿线团场的责任意识。“十五”以来，随着兵团公路的快速发展，兵团各级交通运输管理部门不断增强公路养护意识，通过2003年“兵团公路养护管理年”活动，2004年—2006年3年的“兵团公路养护管理达标验收”活动，逐步建立起兵、师、团三级公路养护管理体系，基本形成兵、师、团三级筹措，师、团两级积累资金的筹措机制。“十一五”时期，积极推行干线公路日常养护承包制，公路养护重点也逐步由砂石路平整向沥青（水泥）路维护转移，养护工程规模不断扩大，养护工作总体呈现加速发展的良好态势。兵团公路养护总里程达72709公里，投入养护工程费127075万元，年平均养护里程14542公里，投入养护工程费25415万元，分别是“十五”期间的1.7倍和3.9倍。养护质量不断提高，省道好路率由83.5%提高到86.9%，县道好路率由73.9%提高到77.8%，年平均提高0.68和0.78个百分点，大大改善垦区公路交通运输环境。“十二五”期间，兵团公路养护逐步推进兵、师、团三级管养模式，修订《兵团公路养护管理暂行办法》，制定下发《兵团公路养护工程管理办法（试行）》等10个新规章制度，进一步规范养护管理工作，提高养护管理水平。加大路网结构改造力度，完成省、县、乡三级道路和833座桥梁技术状况评定工作，完成养护里程11.8万公里，投入养护工程费27亿元，使省道好路率达88.5%与自治区指标相近，县道达80%、乡道达78.1%，均高于自治区水平，道路通行安全状况明显提升。“十三五”前三年（即2016年、2017年、2018年），兵团公路养护着力改善公路技术状况，稳步提升养护公路质量及应急保通能力的水平，公路的路网技术状况得到不断改善，养护大中修、生命防护工程和小修保养项目全面落实，进一步提高垦区公路的行车安全水平，出行保障能力得到加强。2016年完成养护里程2.4万公里，投入5.43亿元；2017年完成公路养护里程25922.53公里，投入5.73亿元；2018年完成公路养护里程30479公里，投入5.22亿元。

兵团公路养护事业从2000年起步，经过近20年的不懈努力，积极转变管理方式、着力完善公路养护体系，不断夯实行业管理基础，基本建立一个责权统一、运转高效的公路养护管理体系，为构建统一开放、竞争有序的兵团公路养护工程市场打下坚实的根基。

3.道路运输。至1999年底，兵团全社会拥有民用汽车约4万辆，客运站27个，23家国有独立运输企业拥有各类营运车辆2498辆；年完成货运量4001.43万吨、货物周转量32.49亿吨公里，客运量4357万人、旅客周转量22.1亿人公里；企业年经营亏损3650万元。道路运输业落后的状况严重制约兵团经济社会的发展，成为兵团交通运输发展中的一个重大课题。“十五”以来，客、货运输稳步增长，企业效益明显好转，客、货周转量分别是“九五”期间的1.5倍和1.4倍；2003年结束长达八年的亏损局面。到“十五”末，兵团民用汽车保有量62689辆，其中，载客汽车22034辆、载货汽车16528辆，营运车辆27770辆。2005年完成客运量7458.3万人、旅客周转量33.5亿人公里，货运量6551.6万吨、货物周转量44.3亿吨公里，全兵团通客运班车连队总数达到420个。兵团独立核算运输企业2003年扭亏，并连续3年盈利。到“十一五”末，兵团团场拥有客运车辆4201辆，团场客运线路484条，通客车连队和通班车连队分别达到1951和1518个，分别比“十五”期间增长70%和62%，连队客车通达率和班车通达率为87.25%和71.7%，受益职工群众近120余万人。11个师部中心站和43个团场客运站实现师团客运站联网售票。运输装备在数量、质量和档次等方面有了较大提升，客运车辆逐渐向大型化、节能型和高等级方向发展，中高级客车替代燃料客车所占比重分别达到11.5%和17%，高速公路客运车辆已全部实现高等级化，干线客运车辆主要由中高级车型为主，团场、连队客运则以普通客车为主。货运车辆逐渐向大吨位、专业化、低能耗方向发展，其中特种专用货运车辆所占比重达到10.2%以上，中长途货运车辆以大吨位集装箱卡车和牵引挂车为主，短途货运车辆主要是中轻型厢式货车，使运力结构明显改善，综合运输能力显著增强。道路运输独立核算企业连续5年盈利，累计实现利润5112万元。2010年，兵团民用汽车保有量125197辆，其中，载客汽车60187辆、载货汽车31863辆，营运车辆41063；全年完成客运量11019万人、旅客周转量66.6亿人公里，货运量11853万吨、货物周转量106.75亿吨公里。“十二五”以来，石河子、五家渠、阿拉尔、图木舒克、北屯、可克达拉等市均开通城乡公交专线或出租车，实现建制村通客车率100%。到“十二五”末，兵团民用汽车保有量260881辆，其中，载客汽车168420辆、载货汽车60328辆，营运车辆71287辆。2015年完成客运量21172万人、旅客周转量116.7亿人公里，货运量49431万吨、货物周转量546.75亿吨公里。

“十三五”以来，兵团道路运输行业有序推进城乡客运一体化发展步伐，依托客运站场建立城乡物流平台，加大推广“多站合一、一站功能”管理模式，加快物流供给侧结构性改革，推进多式联运发展和道路货运无车承运人工作，加快新能源公交车推广应用，提升信息化应用水平，促进物流业“降本增效”和绿色运输发展。兵团道路运输生产力大幅提高，道路运输业转型升级步伐平稳。

4.科技创新。在公路建养方面，兵团抓住交通运输部启动西部科研项目的机遇，先后承担交通运输部西部交通运输科技建设项目“杜仲胶与相变材料复合改性沥青在西部公路建设中的应用研究”“动载下兵团干线公路沥青路面开裂机理及常温灌缝研究”“垦区公路风吹雪雪害防治技术研究”等数十个项目的研究。其中“风积沙在兵团公路垫层中的应用”“兵团垦区公路灾害分析评估及防治技术”项目的研究成果填补兵团利用风积沙修筑垦区公路及公路病害防治领域的空白，总体上达到国内先进水平。在信息化方面，积极开展科技研发和技术推广，组织开展兵团公路集成管理信息系统、兵团交通运输信息网研究和兵团交通运输信息化建设近期规划等项目的研究，开发兵团公路地理信息系统，实现兵团公路属性数据库和空间数据库的计算机化管理。开发“兵团交通运输应急指挥系统”，建成并启用“兵团交通运输应急指挥中心”和11个师应急指挥分中心，实现应急指挥调度、交通运输信息感知、日常值班监控、战备调度、通信保障和信息发布的全覆盖。2013年起分别在石河子、五家渠、北屯等市建立公交智能调度系统，2017年完成兵团交通运输一卡通系统的搭建，覆盖六个师市、25条公交线路，241辆公交车辆；在13个师中心客运站建成客运站智能信息管理系统，率先在疆内实现师团客运站微机联网售票工作。建立兵团物流公共信息平台建设工作，实现全兵团物流信息统一发布、GPS货物跟踪、在线服务结算、信用服务。

以兵团公路科学技术研究所为主研单位开展“兵团垦区公路特殊路基处治适用技术与设计参数研究”“兵团干线公路沥青路面开裂机理与常温灌缝料研究”“极端气候与荷载对新疆沥青路面的综合影响机理和等效试验技术研究”“兵团低等级公路路基路面快速检测技术研究”“兵团垦区沥青路面厂拌热再生技术应用指南研究”“兵团快速通道关键技术研究”“梁式桥不中断交通运输更换支座的应用研究”等16项科研课题的研究工作。“兵团垦区公路特殊路基处治适用技术与设计参数研究”“极端气候与荷载对新疆沥青路面的综合影响机理和等效试验技术研究”两项课题获得“国际先进”；“兵团干线公路沥青路面开裂机理与常温灌缝料研究”“沥青路面裂缝灌缝新材料研发”两项课题获得“国内领先”；“可储式沥青路面冷补（铺）沥青混合料开发及养护技术研究”获得“国内先进”。交通运输部西部项目“兵团垦区公路特殊路基处治适用技术与设计参数研究”成果获得2011年“中国公路学会科学技术二等奖”与“兵团科技进步三等奖”；兵团科技局科技攻关项目“可储式沥青路面冷补（铺）沥青混合料开发及养护技术研究”项目成果获兵团2012年“科技进步三等奖”。

2018年3月，兵团公路科学研究所与交通运输部公路科学研究所、河南高远公路养护设备公司合作完成的“兵团公路应急保通及救灾保障关键技术及装备研究”科研项目，荣获“2017年度中国公路学会科学技术奖”三等奖。兵团公路科研所与部科学研究院建立长期合作关系，"可储式常温改性沥青混合料筑路技术推广应用研究""北疆垦区公路植被生态修复与敏感水体保护技术推广应用"等多个课题已顺利通过验收，其中"可储式常温改性沥青混合料筑路技术推广应用研究"获2017年度"中国公路学会科学技术进步一等奖"及2018年度"兵团科学技术进步一等奖"。

【民航建设与发展】

1.通用航空。兵团通用航空包括航空公司、航空学院、支线机场通用航空区和通用机场四部分。一是通用航空公司。新疆通用航空公司，是兵团国有资产独资公司，成立于1983年，注册地石河子市。二是航空学院。新疆天翔航院，2010年由中国民航大学与新疆通航公司共同出资设立，注册地石河子市。三是支线机场通用航空区。石河子机场设通用飞机机坪机位40个，维修机库面积3800平方米，主要用于通用航空作业飞行和天翔航院训练。图木舒克机场设通用飞机机坪机位4个，维修机库面积2000平方米，没有用于通用航空飞行。四是通用机场。山丹湖机场，位于石河子市东北约11公里，飞行区等级2B，主要用于新疆通航公司农林作业飞行等；一师10团机场，位于10团西北，为临时起降点，用于新疆通航公司农林作业飞行。

根据《兵团发展改革委关于加快推进2018年通用机场项目前期工作的通知》(2017年12月)，已开建及完成A2级通用机场2个，其中北屯市已开工，10团已完成；2018年—2020年将新建A2级通用机场3个，分别为22团、91团、103团；改扩建A2级通用机场9个，分别为14团、16团、33团、126团、142团、184团、185团、186团、224团。

2.民用航空。兵团现有两个民用支线机场，第八师石河子花园机场和第三师图木舒克唐王城机场。石河子花园机场是兵团首个民用机场，于2013年5月动工建设，2015年底正式通航，项目总投资5.61亿元。石河子花园机场位于八师143团石南农场西南侧，建设用地2214亩，有3个民航停机位，40个通航停机位，为国内4C级支线机场，可满足波音737和空客320/319全系列中型客机起降。2018年，石河子机场运

新中国成立70年兵团道路运输系统主要指标数据统计表

指标	单位	2014年	2015年	2016年	2017年	2018年
一、道路运输从业人员	人	79805	81438	82215	83037	–
道路旅客运输经营从业人员	人	23943	25140	26146	27453	–
道路货物运输经营从业人员	人	16037	16839	17380	18151	–
站（场）经营从业人员	人	4742	4980	5162	5363	–
二、道路客、货运站						
1.客运站	个	265	265	466	466	–
一级站	个	–	–	1	2	3
二级站	个	20	20	20	19	27
三级站	个	74	74	120	120	89
四级站	个	39	39	28	28	52
五级站	个	132	132	297	297	62
2.货运站	个	13	13	14	15	18
三、机动车维修业及汽车综合性能检测站						
机动车维修业业户	户	796	678	567	561	560
其中：汽车维修	户	489	353	359	353	–
二类汽车维修	户	97	86	92	86	52
三类汽车维修	户	392	267	267	267	–
四、机动车驾驶员培训						
1.机动车驾驶员培训业户	户	25	34	34	34	9
其中：普通机动车驾驶员培训	户	25	34	34	34	–
道路运输驾驶员从业资格培训	户	25	34	34	34	–
2.教练员	人	773	1073	1078	1081	–
其中：理论教练员	人	219	262	273	268	–
驾驶操作教练员	人	554	811	805	813	–
3.培训人次	人次	26897	42221	44487	16045	–
五、道路客运班线						
1.客运班线	条	230	243	238	243	281
2.客运班线平均日发班次	班次/日	4	3	3	3	–
六、农村道路客运						
1.客车通达情况						
乡镇	个	178	178	178	178	315
建制村	个	3021	3021	3021	3021	3021
其中：通客运班车的建制村	个	2417	2568	2930	2960	–
2.农村客运站	个	465	498	512	541	–
3.农村客运线路	条	488	512	510	499	–
平均日发班次	班次/日	5	5	4	4	–

行量快速增长，完成旅客吞吐量16.95万人次，同比增长109.1%，货邮吞吐量107.56吨，同比减少2.7%，航班起降2684架次，同比增长121.8%。图木舒克唐王城机场于2010年8月启动前期工作，2014年1月获国务院批复，2016年3月开工建设，2018年10月26日正式通航，项目总投资5.41亿元。该机场位于第三师44团境内，距图木舒克市中心城区15公里，建设用地2128.95亩，有一条2800米长、45米宽的跑道，8个机位站坪，6000平方米航站楼以及各类公用配套设施，为国内4C级支线机场，可满足波音737-700/800等机型起降。设计年旅客吞吐量15万人次、货邮年吞吐量360吨；根据总体规划，远期（2040年）旅客年吞吐量达到35万人次、货邮年吞吐量1500吨。

新中国成立70年兵团公路系统主要指标数据统计表

项　目	单　位	2001年	2002年	2003年	2004年	2005年	2006年	2007年	2008年	2009年
1.线路及设备										
（1）公路线路里程	公里	23195	23443	23723	24493	24713	31485	31544	31643	31970
国道	公里	–	–	–	–	–	–	–	–	–
省道	公里	2695	2695	2795	2794	2914	3742.2	3897	3897	3957
县道	公里	4433	4572	4738	4933	5033	5317	5161	5166	5428
乡道	公里	11692	11762	11776	12351	12351	11219.3	11078	11156	11205
专用公路	公里	4415	4414	4414	4415	4415	3496.7	3737	3734	3734
村道	公里	–	–	–	–	–	7710.2	7672	7690.7	7646
有铺装路面	公里	–	–	–	–	–	–	–	–	1157
其中：沥青混凝土	公里	–	–	–	–	–	–	–	–	1027
水泥混凝土	公里	–	–	–	–	–	–	–	–	130
简易铺装路面	公里	–	–	–	–	–	–	–	–	12277
未铺装路面	公里	–	–	–	–	–	–	–	–	18536
（2）公路桥梁	座	3	3	3	4	5	16	16	16	1287
	米	–	–	–	–	–	–	–	–	24844
（3）公路隧道	处	–	–	–	–	–	–	–	–	1
	米	–	–	–	–	–	–	–	–	410
2. 公路建设投资										
（1）公路总投资	亿元	11.50	21.70	20.02	21.07	20.06	22.00	16.46	24.00	30.39
（2）新增生产能力										
新建公路里程	公里	527	1600	710	639	328	6772	59	900	327
改建公路里程	公里	628	700	1853	1985	1753	–	–	–	–

项　目	单　位	2010年	2011年	2012年	2013年	2014年	2015年	2016年	2017年	2018年
1.线路及设备										
（1）公路线路里程	公里	32058	32373	32726	33127	33678	34041	34264	34727	35623
国道	公里	–	–	–	–	–	–	867	867	1152
省道	公里	3957	3957	3995	3997	3988	4013	3261	3724	7814
县道	公里	5476	5527	5578	5760	6119	6240	6423	6422	7847
乡道	公里	11225	11397	11601	11773	11891	12110	12088	12087	9424
专用公路	公里	3750	3756	3756	3775	3789	3789	3785	3760	3212
村道	公里	7650	7717	7795	7823	7891	7888	7840	7867	6174
有铺装路面	公里	1542	1563	2379	2661	3229	4613	5257	5798	7680
其中：沥青混凝土	公里	1406	1427	2247	2533	3090	4477	5122	5663	7557
水泥混凝土	公里	136	136	132	128	139	136	135	135	123
简易铺装路面	公里	12602	13585	14604	15445	15954	15894	16252	16583	16080
未铺装路面	公里	17914	17225	15742	15020	14495	13534	12754	12346	11863
（2）公路桥梁	座	1287	1302	1302	1314	1337	1339	1143	1030	905
	米	24844	25423	25423	26051	28677	32552	30388	27748	26207
（3）公路隧道	处	1	1	1	1	1	1	2	1	1
	米	410	410	410	410	410	410	1330	920	920
2. 公路建设投资										
（1）公路总投资	亿元	31.70	35.17	42.27	69.48	64.11	79.84	81.11	76.54	74.62
（2）新增生产能力										
新建公路里程	公里	88	315	353	401	551	364	223	463	896
改建公路里程	公里	–	–	–	–	–	–	–	–	–

（新疆生产建设兵团交通运输局 供稿）

本篇责任编辑：左文胜

本篇责任校对：左文胜

天津轨道交通运营集团

2018年12月，天津轨道交通运营集团有限公司（简称运营集团）正式成立，通过整合原有各运营板块，形成“九部、两室、十一中心、一分公司”的组织架构。至2018年底，天津轨道交通全网运营线路6条，运营里程218.99公里，新增运营里程52公里，运营车站138座，共计员工7200余人。

2018年，运营集团秉承“快捷无忧、贴心一路”服务理念，以全面保障达沃斯论坛运营任务为主线，推进“四站一场”环境提升，全年运送乘客4.08亿人次，占全市公共交通客运总量1/4；在全国推行“一站式”安检，建立整体安全观，全年开行列车525914列次，累计运营里程10231万车公里，获全国“安康杯”安全文化宣传工作先进单位称号；统筹推进重大科技研发和成果推广应用，开展蓄电池牵引、智能支付科研项目，研制信号ADU测试仪、信号车载速度传感器测试仪等4项测试设备，有效提升轨道交通信号、车辆、清分等重要设备离线模拟测试水平，为同行业开展类似测试工作提供借鉴。

专辑篇

SPECIAL ISSUES PART

内容提要

此篇内容由现代物流专辑、城市轨道交通专辑、邮轮游艇专辑、交通重点企业专辑组成，稿件由北京中交物流研究院、中国城市轨道交通协会、中国交通运输协会邮轮游艇分会及由中国交通建设集团有限公司、招商局集团有限公司、中国远洋海运集团有限公司等单位提供。主要内容涵盖新中国成立70年来在综合交通企业的科研、规划、勘察、设计、施工、监理、维护、运营、管理方面的历程和成果等。

现代物流专辑

现代物流行业发展历程和成就

新中国成立以来，党中央、国务院带领中国人民走过不同寻常的七十年，中国经济从温饱不足迈向全面小康，从计划经济迈向市场经济。物流业也从传统迈向现代，从初步发展迈向高质量发展，铸就了顽强的拼搏精神，谱写了举世瞩目的辉煌篇章；对支撑国民经济发展发挥了重大作用。

一、中国物流业的发展历程

新中国成立以来，中国经历了从建立独立完整的国民经济体系、实现"四个现代化"，到解决温饱问题再到全面建成小康社会的历史进程。物流业发展也随着国家的经济发展发生了深刻变化，围绕构建物流基础设施网络、提高物流装备水平，提升物流服务质量的主要目标，形成了探索萌芽、初步发展、快速发展、转型发展四个历史时期(见图1)。

（一）探索萌芽时期（1949年—1978年）。新中国诞生时，中国经济基础极为薄弱，中国共产党带领全国人民经过长期努力，人均国民收入从1970年的120美元增长到1978年200美元，年均增长6.6%。区域发展主线是均衡发展，以内地为投资建设重点。交通运输主要恢复、改善和建设公路、港口建设，中国货运量、货物周转量从1970年的1.9亿吨、257.9亿吨公里增长到1978年的31.9亿吨、9928.3亿吨公里，年均分别增长10.3%、13.4%，形成以铁路和水运为骨干的运输体系，但物流运输基础设施供给不足，运力出现紧张。

这一时期，国家对指令性计划物资特别是生产资料和主要消费品实施统一计划、统一生产、统一分配，统一运输，物流活动主要以传统的物资运输、保管、包装、装卸等为主，实行政府定价，参与主体均为公有制国有运输企业，城市与农村、内贸与外贸、生活资料与生产资料实行分散管理，物流技术和装备较为落后，主要服务国家经济恢复、社会主义建设及国防安全保障，处于探索萌芽发展阶段。

（二）初步发展时期（1979年—2000年）。1978年党的十一届三中全会召开后，中国改革开放不断推进，国民经济采取"调整、改革、整顿、提高"的方针，实施"六五"和"七五"计划后，中国基本上解决了温饱问题。"九五"期末，中国人民生活总体达到小康，人均GDP达到850美元，从低收入国家进入中低收入国家行列。中国经济确定"以提高经济效益为中心，对内搞活经济、对外实行开放"方针，计划经济向市场经济转变过渡，市场作用逐步加强，中国人均国民收入从1979年的210美元增长到2000年940美元，年均增长7.4%。区域发展基调是非均衡发展，向东部沿海地区倾斜。国内商品流通和国际贸易不断扩大，对货物运输产生巨大需求。中国货运量、货物周转量从1979年的31.8亿吨、11013.7亿吨公里增长到2000年的135.9亿吨、44320.4亿吨公里，年均分别增长7.2%、6.9%，加强公路建设，港口建设出现第二次高潮，1991-2000年物流总额年均增长21.2%。

这一时期，国家把交通建设作为国民经济发展的战略重点，中国政府和专家学习日本、欧洲、美国等发达国家物流发展理念以及先进经验，"物流"概念和理念开始引入中国。1997年，党的"十五大"指出中国市场经济体制基本建立，物资短缺的局面基本结束，中国开始关注并推动现代物流的发展。1999年，为推动物流发展引起全国共识，中国首次召开"现代物流发展国际研讨会"，会上提出"中国物流要实现跨越式发展"。之后中国物流业发展开始加速，物流基础设施网络初具规模，物流装备跟随发展，物流服务质量不高，运输企业逐步向物流企业转型，物流业得到了初步发展。

（三）快速发展时期（2001年—2015年）。进入21世纪以来，中国实施改善人民生活，促进社会发展，以科学发展观为指导思想，全面进入建设小康社会。中国加入WTO后，生产、流通企

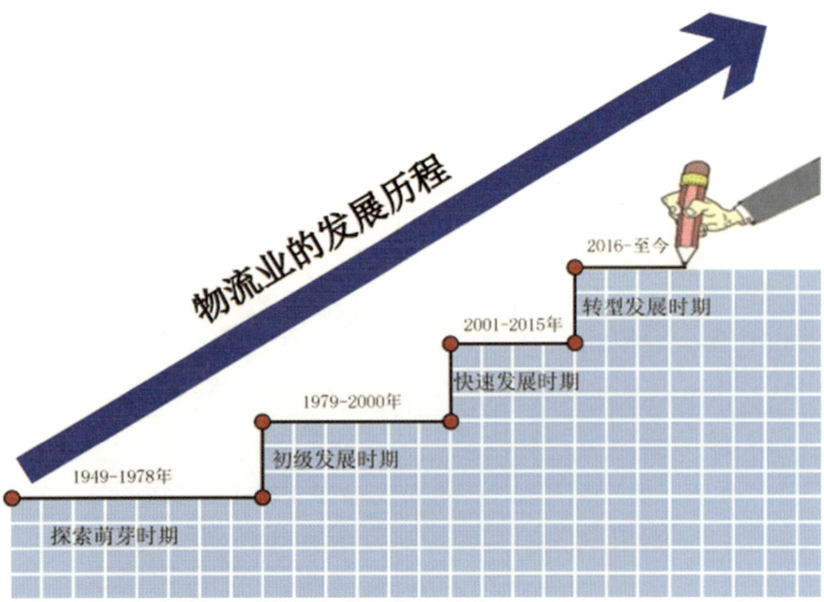

图1 中国物流业发展时期示意图

业面临着国内、国际两个市场的竞争，“十一五”末，中国人均国民收入达到4340美元，由中低收入国家迈进中高收入国家。2015年，中国人均国民收入达到7910美元。区域发展实施总体战略，西部开发、东北振兴、中部崛起、东部率先战略全面实施。贸易和区域经济的增长带动了物流业的突破发展，物流基础设施网络不断完善，中国货运量、货物周转量从2001年的140.2亿吨、47710.1亿吨公里增长到2015年的417.6亿吨、178355.9亿吨公里，年均分别增长8.1%、9.9%，物流总额年均增长18.9%。

这一时期，为提高经济竞争力，2001年初，原国家经贸委和中国交通运输协会商议召开物流工作会议，贯彻落实六部委《关于加快我国现代物流发展的若干意见》。2001年6月，由原国家经贸委牵头，六部委在上海召开了“全国物流工作座谈会”；2005年，建立“现代物流工作部际联席会议”制度，开创了物流制度建设的新局面；2006年8月，九部委局发布了关于《促进我国现代物流业发展的意见》，对物流企业准入，简化代理权审批，避免重复征税，鼓励物流企业重组、整合和发展、鼓励国外物流企业进入等作出了规定，为中国现代物流业增强国际竞争力创造了条件。2009年，国务院发布第一个国家级物流规划——《物流业调整和振兴规划》，为物流业快速发展营造了良好环境。2014年，国务院出台《物流业发展中长期规划(2014—2020年)》，明确物流业发展方向和目标，提出物流业发展重点、主要任务和重点工程。物流基础设施跨越发展，物流装备技术推广应用，实现了从传统物流到现代物流转变过渡，全社会物流总费用占GDP的比重从2005年的18.6%下降到2015年的16.0%，中国物流业进入快速发展时期。

(四)转型发展时期(2016年—至今)。实施“十三五”规划以来，中国进入全面建设小康社会决胜阶段，提出“创新、协调、绿色、开放、共享”新发展理念，以供给侧结构性改革为主线，扩大有效供给，满足有效需求，并为开启社会主义现代化建设新征程奠定坚实基础。人均国民收入从2016年的8210美元增长到2018年9460美元，年均增长7.3%；国内外发展环境更加错综复杂，不平衡、不协调、不可持续问题仍然突出，区域发展以塑造协调发展为总战略，统筹东中西、协调南北方，构建城市群、发展轴、经济区等为支撑的区域发展新格局；环境、资源等硬约束以及区域协调发展的新要求给物流业转型升级带来的新挑战和机遇，中国货运量、货物周转量从2016年的438.7亿吨、186629.5亿吨公里增长到2018年的515.3亿吨、204686.2亿吨公里，年均分别增长8.4%、4.7%，物流总额年均增长11.0%。

这一时期，为推动经济高质量发展，党的十九大提出加强“物流等基础设施网络建设”，推进物流降本增效促进实体经济发展，保持基础设施领域补短板力度，明确了物流的基础性和准公益性地位，为新时代物流业发展指明了方向。2018年，《国家物流枢纽布局和建设规划》中提出，在127个城市布局建设212个国家物流枢纽，打造“通道+枢纽+网络”的物流运行体系；2019年，国务院24个部门和单位联合出台《关于推动物流高质量发展促进形成强大国内市场的意见》，明确将物流高质量发展作为当前和今后一段时期物流工作的总目标。中国物流基础设施网络不断完善，物流技术装备转型升级，物流新技术不断创新，物流发展质量和效率显著提升。

二、中国物流业取得的伟大成就

新中国成立70年来，中国物流业从无到有，从小到大，从弱到强，取得了举世瞩目的伟大成就，物流业务总量快速增长，基础设施不断完善，技术装备水平明显提高，服务质量显著提升，安全绿色水平成效显著，营商环境不断优化，企业逐步壮大，新动能引领创新变革，对外开放新格局初步形成，加快了现代物流业发展的前进步伐。

(一)物流业务总量快速增长。中国社会物流总额从1991年3万亿元发展到2018年达到283万亿元，年均增长18.3%，其中工业品物流总额、进口货物物流总额、农产品物流总额、再生资源物流总额、单位与居民物品物流总额占社会物流总额比重分别由77.5%增长到90.7%，11.2%下降至5.0%，10.8%下降至1.4%，0.4%上升至0.5%，0.1%上升至2.5%(见图2)，分别年均增长19.0%、14.8%、9.6%、18.7%和33.8%。工业品、再生资源和单位与居民物品物流总额的比重上升，进口货物、农产品物流总额比重下降。全社会货运量由1949年的1.8亿吨增长到2018年的515亿吨，年均增长8.4%；全社会货物周转量由1949年的257.85亿吨公里增长到2018年的204686.2亿吨公里，年均增长10.0%(见图3)，其中铁路货运密度世界第一。2018年，快递业务量突破500亿件，稳居世界第一，“双十一”快递物流订单数量13.52亿件，开启了快递物流订单单日10亿件的时代。

(二)物流基础设施网络逐渐完善。中国已发展成为世界第二大经济体和第一大货物贸易国。物流业的快速发展得益于经济和贸易的持续增长，也促进了包括物流运输、运作以及信息基础设施网络的完善。

1.物流运输基础设施网络覆盖面逐渐扩大。“五纵五横”综合运输大通道已经建成，“四纵四横”高铁网络建成运营，11条国家物流大通道和国家物流枢纽建设有序推进，集疏运铁路与公路等微循环网络补齐短板。综合运输网规模由1949年的17.6万公里增长到2018年的522.8万公里，增长28.7倍(见图4)。其中，铁路营业里程由2.2万公里增长到13.2万公里，增长5倍；公路里程由8.1万公里增长到484.7万公里，增长59倍；内河航道里程由7.4万公里增长到12.7万公里，是1949年的1.7倍；输油(气)管道里程由无增长到12.2万公里。高速公路自1988年的147公里，2018年已达14.3万公里；高速铁路从2003年底通车的秦沈客运专线起步，到2018年底高铁营业里程已达2.9万公里，中国高速公路里程和高速铁路营业里程均位居世界第一位。中国港口

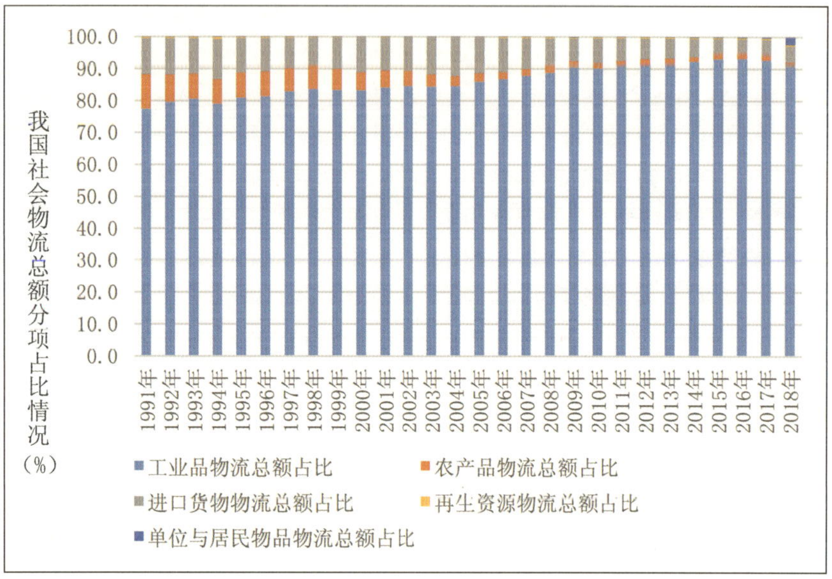

图2 中国1991年—2018年社会物流总额分项占比情况

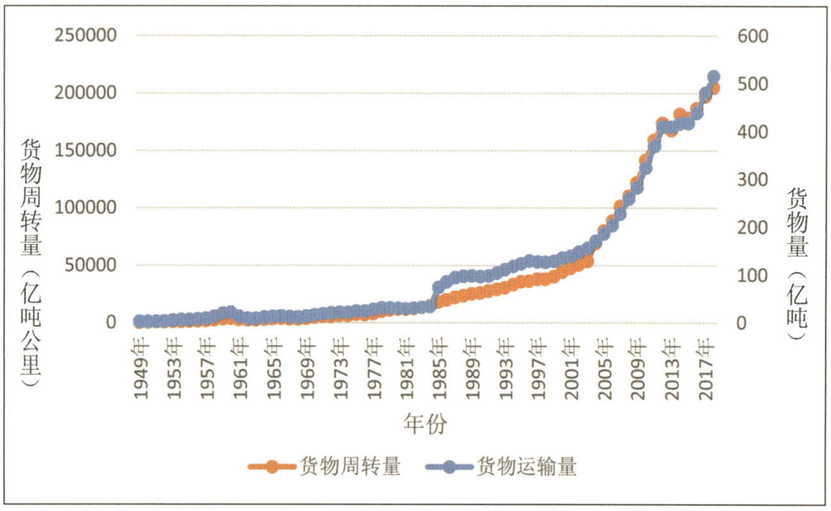

图3 中国1949年—2018年货物运输量和货物周转量情况

拥有生产用码头泊位23919个，是1949年的148.6倍；中国境内民用航空颁证机场共235个，定期航班航线总条数达4945条，是1950年的412.1倍。

2.物流运作基础设施逐步完善。物流园区是物流业集聚发展的重要载体，2018年全国规模以上物流园区1638家，比2006年207家增加6.9倍，年均增长率19.0%，其中，在营园区占比达到68%，公路为主的物流园区占比80.2%；快递分拨中心从1978年的无到2017年达到1000多个；全国已验收的对外开放口岸306个。2018年，营业性通用仓库面积超过10亿平方米，冷库库容约1.3亿立方米，快递末端公共服务站达到7.9万个。

3.物流信息基础设施网络不断完善。随着信息化进程加快，中国互联网普及率从2002年的4.6%大幅增长到2018年59.6%，互联网用户成为世界第一，这为物流信息基础设施网络发展夯实基础。2018年，中国邮路总长度985万公里、邮政营业网点27.5万处，分别是1949年的14倍和10.4倍，移动宽带用户13.1亿户，是2014年5.8亿户的2.3倍，基本形成全国全球的移动宽带网。物流信息基础设施覆盖供应链环节，2018年，智能快件（信包箱）超过40万组。目前，基本形成了覆盖全国的重要网络节点的物流基础设施信息网络。

（三）物流装备水平明显提高。新中国成立70年来，中国综合国力实现历史性跨越，改革开放创新发展让物流装备从研发起步、到跟随发展、再到全面发展和全面提高。目前，物流装备发展也进入快车道。

1.物流运输装备突飞猛进。民用汽车拥有量由1949年的5.09万辆增长到2018年的23231.23万辆，年均增长13.0%。其中，民用载货汽车拥有量由1949年的3.25万辆增长到2018年的2567.82万辆，年均增长10.2%；新能源车辆生产量从2014年的7.85万辆增长到2018年的127万辆，年均增长100.6%；冷藏运输车辆专业化、轻量化水平不断提高。；国家铁路货运车辆由1978年的25.37万辆增长到2018年的83.92万辆，年均增长3.0%；水上运输船舶净载重量2.57亿吨，比1978年增长15.1倍；民航运输飞机由1980年的140架增长到2018年3639架，年均增长9.0%。

2.物流装卸搬运仓储特种物流等装备快速发展。改革开放后，智能仓储和分拣系统等物流智能装备得到广泛研发应用。1980年全国仅有一座自动立体仓库，到2017年已经超过3000座，冷藏保温仓储设施大幅增加。20世纪90年代，烟草行业组合式货架立体库和航空货运立体库建成；1991年，中国第一台自主开发的AGV产品投入运营；2017年立镖“小黄人”开创快递分拣新模式，自动化立体库、分拣系统等先进物流装备快速成长；国产穿梭车、高速滑靴式分拣机、交叉带分拣机、冷藏集装箱等物流装备技术在医药、汽车、纺织、食品、农业等行业得到广泛应用，危险品、大件物流等特种物流装备全面提升。

3.物流装备向创新领跑转变。随着电商的爆发式增长，中国大规模电商物流分拨中心诞生，京东“亚洲一号”20项目落地运营。中国托盘市场保有量从2011年的5.85亿片增长到2018年的12.63亿片，年均增长12.8%，托盘标准化率28%，托盘智能化逐步发展，无人仓、物流机器人等新型物流技术设备不断涌现。目前，正在积极探索研制内陆集装箱、跨方式快速换装转运标准化设施设备等，推动物流装备向高端化、智能化、自主化、安全化方向发展。物流系统集

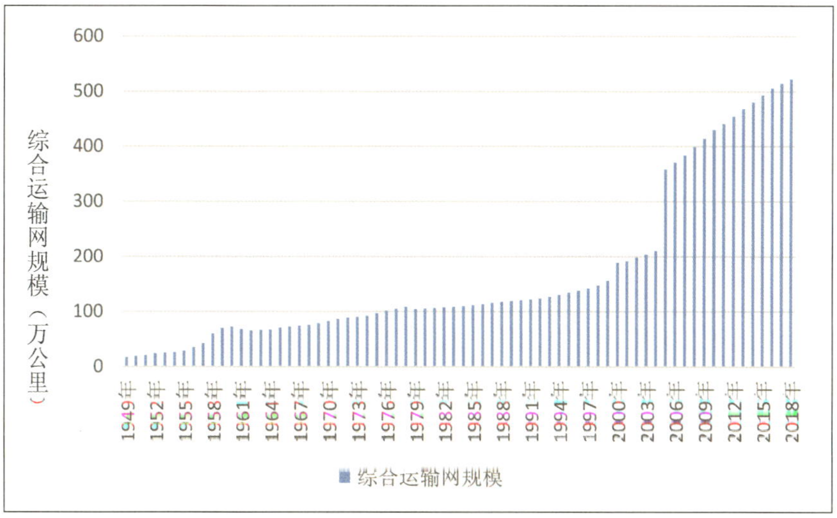

图4 中国1949年—2018年综合网规模情况

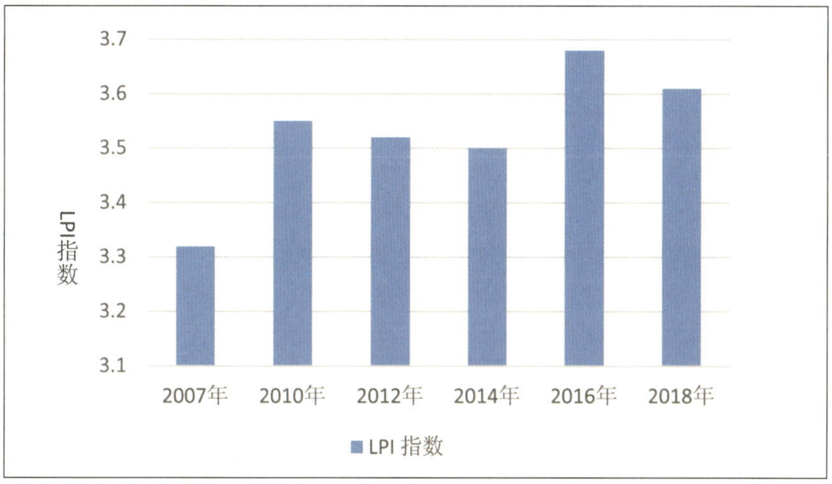

图5 中国2007年—2018年物流绩效指数变化情况

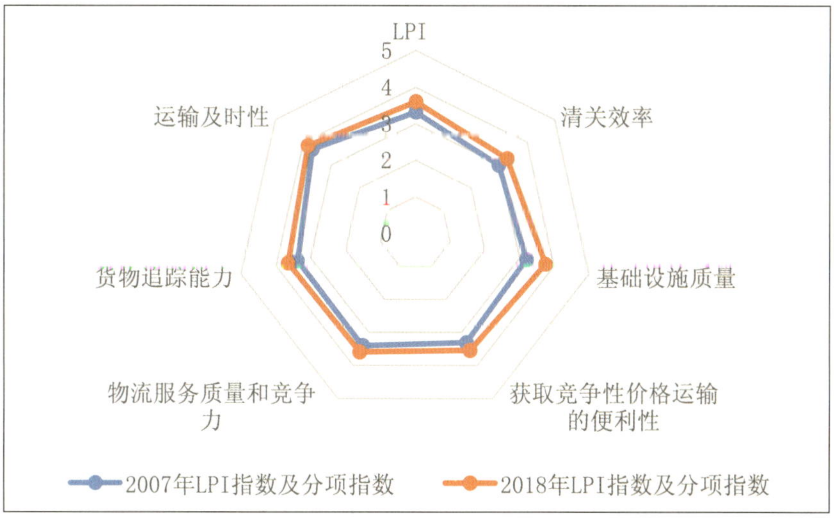

图6 中国2007年与2018年物流绩效指数及分项指数对比情况

成商、装备制造商、产品供应商初步形成集群效应，推动物流装备大繁荣。

（四）物流服务质量显著提升。新中国成立70年来，物流业面向市场竞争，服务水平不断提高，可靠性、安全性、时效性、经济性、满意度等显著提升。世界银行发布的物流绩效指数中国从2007年的3.32增长到2018年的3.61，年均增长0.8%（见图5），全球排名从30名提升为26名。其中，清关效率、基础设施质量、获取竞争性价格运输的便利性、物流服务质量和竞争力、货物追踪能力、运输及时性指数分别年均增长0.9%、1.5%、0.6%、0.5%、0.7%和0.4%（见图6）。

1.物流综合专业和基础公共服务不断增强。中国物流服务网络从国内辐射国际，从城市下沉城乡，已具备了集仓储、配送、信息、多式联运、国际货代、加工制造、电子商务等一体化的综合服务，物流龙头企业向供应链管理综合服务能力发展，为客户提供全过程物流解决方案。物流专业服务蓬勃发展，电商物流、冷链物流、大件运输、危险品物流等专业化物流迅猛发展，促进了城际干线运输和城市末端配送有机衔接，物流效率进一步提高。快递物流、电商物流等下沉乡村、革命老区、民族地区、边疆地区以及贫困地区，基础公共服务水平显著提高。

2.物流跨界融合不断发展。运输物流协同服务。2013年铁路启动铁路货运改革，主动开拓物流市场，发挥骨干作用；公路运输市场化改革较早，发挥灵活高效的“门到门”优势，发挥主力作用；海运物流竞争力较强，发挥国际物流比较优势；航空物流从专业分工到整合资源，发挥增值作用；2018年，乡镇快递网点覆盖率超过95%，年平均服务用户数量超过1000亿人次，发挥兜底作用。多式联运服务水平明显提升，发挥“宜路则路，宜水则水，宜空则空”优势。

3.国际物流服务不断拓展。随着全球经济的持续融合发展，中国物流业积极响应国家“一带一路”倡议，国际海运、航空、铁路班列及道路运输发展加快。巴西40万吨矿石轮船在青岛港接卸，北欧三文鱼全程冷链运输到上海、武汉。2019年，中欧班列累计开行21000列，国内中欧班列累计超过100列的城市达到23个，通达境外18个国家57个城市，中国特别是广大内陆地区与欧洲市场联系更加紧密。

4.物流企业服务质量不断增强。2018年全国先进物流企业调研显示，

80%的先进企业建立了服务质量控制系统，93%的先进企业建立了客户服务系统，88%的先进企业客户满意率达到了95%以上，92%的先进企业准时送达率达到了95%以上，97%的客户投诉解决率达到95%以上，物流企业服务核心竞争力不断增强。

（五）物流技术应用提速换档。新中国成立70年来，中国物流技术从自动化技术、控制技术研发推广到自动识别技术、人工智能技术、数据挖掘技术以及区块链技术等应用实践，不断创新升级。

1.物流业“数字化”转型提速发展。随着物联网、大数据、云计算、5G等现代信息技术的发展，以及智能物流、智能供应链等的广泛应用，物流业“数字化”转型提速。京东自主研发区块链服务平台、面向零售店运营的全链路数据平台和开发面向物流云计算服务产品，深度挖掘物流数据，协助企业感知市场变化，增强了物流供应链上下游企业对市场需求的捕捉能力、响应能力和敏捷调整能力。进入21世纪，中国加大重大物流智能技术研发力度，物流自动化立体库、物流机器人、自动输送分拣技术、自动分拣技术、自动识别与感知系统、智能冷链技术、5G智慧物流园区等快速成长，成为市场推动力。

目前，快递业自动化分拨中心达232个，物流全程可视化已应用人工智能技术、区块链技术，“互联网+”物流协同发展取得长足进步。冷链物流技术不断创新和应用。2018年，满帮集团通过应用互联网、大数据及人工智能技术，使平台服务的驾驶员月行驶里程增加3000公里，空驶率下降4个百分点，节省燃油损耗900亿元，减少碳排放923万吨。

2.新技术推动新模式创新。随着制造业柔性化生产，物流个性化定制增加，资源高度共享，产生了生产、云制造等现代供应链新模式，提升了全物流链条的价值链。京东智能客服精准识别用户情绪，“双十一”期间，京东智能客服独立为消费者解决了90%的问题。区块链服务平台接入了超过500家国内外Top品牌商、超过3.5万个SKU、12亿条溯源上链数据。菜鸟物流利用大数据赋能，做到精准路由分单，优化配送路线，精确分仓，合理调拨。

（六）物流安全绿色水平实现飞跃发展。新中国成立70年来，中国物流业安全绿色发展实现重大飞跃。在物流基础设施、技术装备、运输组织、供应链流程、新能源汽车及逆向物流等方面大力发展安全物流绿色物流，减少碳排放和降低货损率。

1.物流安全生产和安全风险监管服务显著增强。安全是物流业发展的底线和红线。多年来，物流行业在开工建设寄递渠道安全监管“绿盾”工程，危货运输和安全生产法律法规不断完善，物流企业安全主体责任不断压实；物流应急体系加紧建设，做好物流运行监测与应急指挥；构建物流分级管控体系，加快物流监管体系建设。为“端到端”服务提供全面的物流安全风险评估服务。

2.物流基础设施与技术装备绿色发展成效显著。统筹规划物流基础设施布局，集约用地、用海、用林、用林等资源，减少耕地和基本农田占用。物流运输和配送等环节应用无人机、无人仓场景逐步增加。2017年，新能源物流车保有量已达24.2万辆，同比增长155%，有力促进了城市物流绿色高效发展，能耗和排放都有显著改善。

3.运输结构和组织不断优化。中国综合运输体系中，运输结构不断优化，京津冀、长三角、珠三角等重点区域“公转铁”取得积极进展，在高速公路服务区、长江干线等配套建设加气站等。运输组织进一步优化。共享物流、分时配送先进物流组织方式日益发展，绿色包装取得明显成效。快递包装减量化、绿色化、可循环不断推进。

（七）物流营商环境持续优化。70年来，中国物流业初步形成了公平有序、包容开放、规范透明、立体监管的营商环境。

1.国家物流规划和法规政策导向作用明显。改革开放以来，国家物流规划和法规政策不断出台，促进了物流业的蓬勃发展。《全国流通节点城市布局规划（2015—2020年）》、《推进物流大通道建设行动计划（2016—2020年）》、《国家物流枢纽布局和建设规划》等顶层设计发挥规划引领作用。为深化物流供给侧结构性改革为主线，国家发布了推进供给侧结构性改革 促进物流业“降本增效”的若干意见、推动物流高质量发展促进形成强大国内市场的意见、保持基础设施领域补短板力度的指导意见、进一步推进物流降本增效促进实体经济发展的意见等，物流业政策法规环境成效显著。

2.深化物流“放管服”改革成效明显。为进一步推进物流业降本增效，清理规范铁路、港口等货物运输相关经营性服务收费；取消或降低一批铁路、港口、民航收费项目或标准；全面推广高速公路差异化收费，实施鲜活农产品运输“绿色通道”；取消高速公路省界收费站点；简化货运车辆通行管理，实施大件运输并联许可审批、公路货运联合执法；简化物流领域行政审批事项，加强事中事后监管等，激发了市场活力。深化货物通关改革，推进全国通关一体化，与2016年相比，2018年中国海关货物通关时效已经压缩一半。

3.物流营商环境经验逐步推广。政府和社会组织等积极推广物流营商环境在城市绿色货运配送示范工程、供应链创新工程、绿色物流示范工程、智慧物流示范工程、物流信用示范工程的经验，聚焦用工环境、融资环境以及贸易便利化环境等方面的政策法规和改革创新模式，形成可复制、可推广的发展经验。

（八）物流企业不断成长壮大。新中国成立70年来，物流企业规模逐步扩大，网络分布不断优化，业务收入大幅增长。尤其是进入21世纪，企业发挥市场主体作用，初步实现以供应链和价值链为核心的产业集聚发展，竞争力明显增强。

1.物流企业服务网络覆盖面和市场集中度提升。招商局集团在全球27

个国家和地区拥有68个港口，大都位于"一带一路"沿线国家和地区的重要节点。中国远洋海运集团在全球投资码头60个，其中集装箱码头超52个，年吞吐能力1.25亿万TEU，居世界第一。传化智联仓储网络覆盖27个省市自治区、面积超过227万立方米，连接340多万运力资源，形成了"仓储、运输和配送"的全国化网络及"干线+配送"的一体化能力，提供定制化的行业供应链解决方案。2018年，先进企业中42%物流业务总收入超过了5亿元。一批综合实力强物流企业加速成长，成为一批世界领先水平的标杆企业。

2.物流企业市场改革逐步深化。中国物流相关法人单位近40万家，其中民营企业占比最高，市场运作的适应性和灵活性较强，与大型国有企业竞合发展。借助国有企业混合所有制改革机遇，龙头企业兼并重组较为活跃。如中铁快运与顺丰组建合资公司发力高铁快运；南航、海航集团组建货运物流企业；中远海控完成收购东方海外，成为全球第三大集装箱运营企业；顺丰收购DHL在华供应链业务，加速向综合物流服务商转型；深圳投控入股怡亚通，打造高端服务产业集群；万科物流并购太古冷链，布局全国冷链物流版图；天地华宇并入上汽物流板块，向综合物流服务提供商全面转型加快了企业向规模化、集约化、多元化、网络化转型。物流企业通过发行债券、股票上市等方式多渠道融资。

3.物流企业转型升级。中远海运集团、招商局集团向多式联运经营人、综合物流服务商转变。传化集团积极参与制造业、商贸流通业等全产业链整合，通过战略合作，向供应链上下游延伸，并为中小物流企业提供物流金融服务。顺丰、中国邮政等构建城市、农村智能物流配送联盟，发展农村物流服务合伙人。物流企业开启数字化转型，重构运营模式、商业模式、组织模式。中国物流企业建立守法诚信褒扬机制和建立实施"红黑名单"制度及预警警示企业、惩戒失信企业和淘汰严重失信企业的机制。

4.物流企业"走出去"步伐加快。抓住"一带一路"倡议的战略机遇，中欧、中亚国际物流班列品牌影响力增强，菜鸟科技等企业发展跨境电商快递业务，建设国际分拨中心、海外仓；中集等企业已开展集装箱、托盘等国际经营业务，为国际产能合作提供配套保障服务。

（九）物流新动能引领创新变革。新中国成立70年来，中国社会消费品零售总额从1952年的276.8亿元增长到2018年的38.1万亿元，年均增长11.6%（见图7），从生存型消费迈向发展型消费。2018年，中国最终消费支出对中国经济增长的贡献率为76.2%，最终消费对世界消费增长的年均贡献率世界第一。消费之变折射着中国从贫困到温饱再到总体小康，人民生活水平实现了历史性跨越，也涌现了大数据、电子商务、共享经济等新技术、新业态、新模式等新动能，催生了物流业变革。

1.物流新业态蓬勃发展。快递物流、临空物流、冷链物流、新能源汽车、共享经济、数字经济、平台经济等新业态迅速成长等，蕴含着经济增长的新潜力。新中国成立70年，中国快递业从零到全球第一，改变了人们的时空观和消费生活方式，成为中国经济的一匹"黑马"。2007年—2018年，中国快递业务量和收入分别年均增长40.5%、29.8%（见图8）。2018年平均每天超过1.5亿个快递包裹寄出，每5个人有1人使用快递。

2018年，传化智联智能化线上线下联动的公路港全国网逐步完善，累计为近26万家物流企业、430万辆货车提供服务，并为中小物流企业提供物流金融服务，沉淀大量场景数据。国家交通物流公共信息平台向社会提供全球90%海运船期信息和18万艘船舶实时位置数据、全国500余万辆实时位置数据、全国铁路物流跟踪数据、部分海关关区通关状态信息、部分空港物流信息等查询及核验，日均信息查询量150万次。无车承运、卡车航班等取得积极成效。2018年，满帮集团线上运费月交易额突破30亿元，平台年度成交规模8000亿元，覆盖线路数量超过11万条。

2.现代物流与经济融合发展。党的十九大报告提出在现代供应链等领域培育新的增长点，现代供应链与互联网深度融合。2018年，55个城市列入供应链创新与应用试点城市。中国生产、制造、商贸等企业以用户需求为导向，以数据为核心，提出系统解决方案，加快向供应链转型，发展潜力和市场空间巨大。物流枢纽空间综合开发助力"物流+产业+空间"协同发展，部分物流枢纽与地上、地下、周边空间综合利用，推动与周边空间联动开发，进一步研究地下物流体系和综合物流管廊。

（十）物流对外开放新格局形成。新中国成立70年来，中国从封闭半封闭走向全方位开放，1950–2018年，中

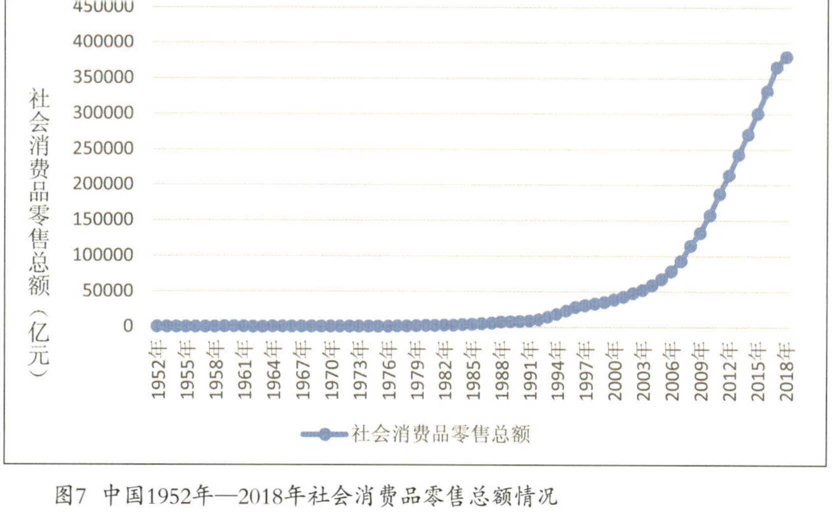

图7 中国1952年—2018年社会消费品零售总额情况

国货物进出口总额年均增长13.0%(见图9)。其中,出口占全球比重从0.9%提升到13.6%,中国已连续10年保持全球货物贸易第一大出口国和第二大进口国地位,促进了国际物流大幅提升。中国物流业"双向"开放拓展了国际产能合作,推动了物流全球治理体系建设。

1.物流带动开放型经济发展。1971年,中国恢复联合国合法席位,海上运输增长迅猛。2018年,中国海上运输承担了90%以上的外贸货物运输量,其中有98%的进口铁矿石、91%的进口原油、92%的进口煤炭以及99%的进口粮食;世界机场货邮吞吐量前20位中,中国占5席;中欧班列从2013年的80列增长到2018年的6300列,增长77.8倍;郑州中欧班列与沿线国家300多家制造商、贸易商建立合作关系;成都中欧班列撬动了一大批"一带一路"沿线国家企业在四川省投资,拓展了对外开放空间。国际物流运输对中国开放型经济增长具有重大的引擎作用。

2.国际通道建设和运输便利化取得突破性进展。中国建成通车蒙内铁路,开工建设中巴经济走廊"两大"公路和中俄两座跨境桥梁;有序推进瓜达尔港、科伦坡港等项目、吉布提多哈雷新港开港运营;中国与沿线43个国家实现空中直航;国际道路客货运输线路达到356条;海运服务覆盖沿线所有国家;快递企业海外仓覆盖50多个国家和地区,跨境快递超11亿件。

3.物流引资引技引智成效显著。加入WTO后,中国物流市场逐步放开运输、仓储、分销等领域,吸引跨国企业DHL、UPS、FedEx、马士基等在物流基础设施、采购和配送中心、在资金、技术、人力资源等方面的投入。这些国际知名物流企业着眼于从全球供应链配置和客户服务等角度,在拥有完备的生产系统、销售系统和物流系统,以及先进物流运营理念及服务模式等方面,为中国物流业国际化提供了重要动力。

4.推动全球物流治理体系建设。

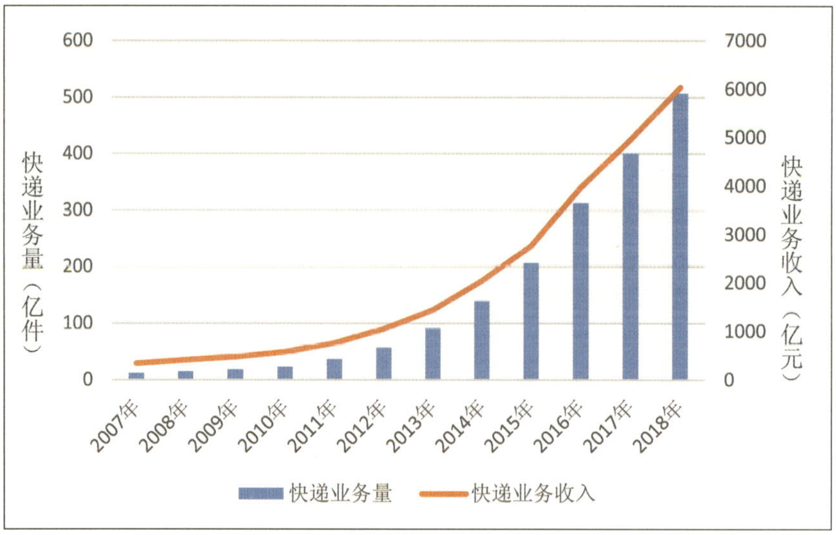

图8 中国2007年—2018年快递业发展情况

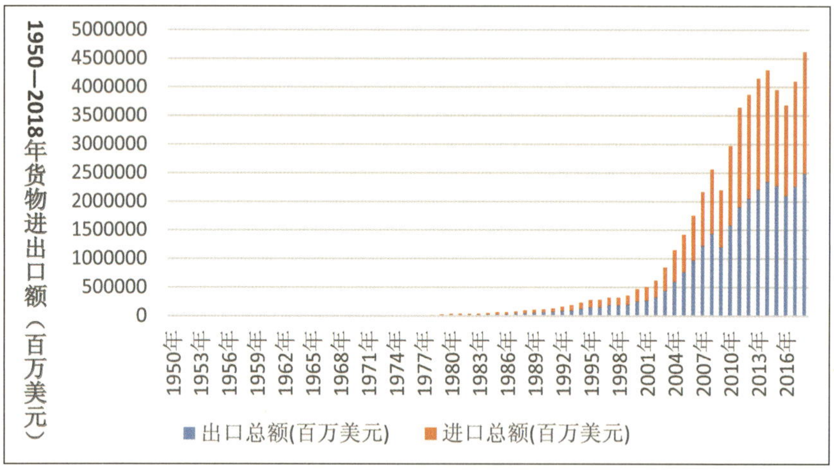

图9 中国1950年—2018年货物进出口总额情况

习近平主席提出"一带一路"倡议以来,2013—2018年,中国与"一带一路"沿线国家货物贸易总额超过6万亿美元,积极参与国际运输与物流行业的规则、标准、技术制定,如国际联运规则、铁路标准国际化等,提升了中国物流业国际话语权和影响力。

三、未来展望

新中国70年风雨兼程,奋斗不息,中国物流业发生了翻天覆地的变化,物流业的昨天已经写在中华民族奋斗的史册上,今天正在物流同仁手中创造新的奇迹。

展望未来,处于大有作为的重要战略机遇期的中国物流业,将以习近平新时代中国特色社会主义思想为指导,进一步增强"四个意识",坚定"四个自信",服务国家重大战略,完善物流基础设施布局,加快国际物流通道互联互通,有序推进国家物流枢纽建设,突破关键装备技术,提升物流质量效益,科技赋能智慧物流,创新体制机制,加强互联网、大数据、人工智能和物流业深度融合,实施人才优先发展,推动物流治理体系和能力现代化建设,构建现代供应链和物流产业生态圈,加深物流与经济融合发展,打造高效智能绿色安全的物流现代化体系,坚定不移推进物流业高质量发展,切实增强人民群众安全感、获得感、体验感和幸福感,支撑经济社会发展,为实现中华民族伟大复兴的中国梦做出更大贡献。

(北京中交物流研究院院长、研究员 王德荣

北京中交物流研究院运输研究部主任、教授级高工 高月娥)

城市轨道交通专辑

中国城轨交通50年发展历程和成就（1969年—2019年）

2019年是新中国成立70周年，也是中国城轨交通开通运营50周年。50年来，中国城轨交通从无到有，由小到大，发生了天翻地覆的变化，截至2019年底，中国内地地铁运营线路5180.6公里，位居世界首位。与此同时，中国城轨交通从单一的地铁制式，发展为地铁、轻轨、单轨、有轨电车、磁浮、自动导向轨道、市域快速轨道等7种制式均有建设和运营的多制式协调发展格局；主要装备从基本依赖进口，发展到基本建成全球最大的城轨装备制造体系和生产能力；关键核心技术从一穷二白、受制于人，发展到地铁自主化达到95%，信号、牵引、制动、通信等系统的关键核心技术实现自主创新的突破。这期间中国城轨交通建设取得了令人瞩目的成绩，创造了世界城轨交通发展史上的奇迹。

一、发展历程

中国城轨交通在50年的发展历程中，以2000年为界，分为起步和快速发展两个阶段。

1.缓慢起步阶段。从1965年开始到2000年的35年间，是中国城轨交通的起步阶段。在这一阶段，中国仅有北京、上海、天津、广州4个城市建成7条地铁线路，共计146公里，年均仅4.2公里。在此期间，由于中国城市交通机动化的压力并不突出，对城轨交通的需求尚不迫切。因而这一时期，城轨交通建设的指导思想是战备为主，交通为辅，立足于自力更生。所有车辆和机电设备均为国产设备，总体技术水平较低，建设规模小，建设速度慢。且囿于当时的技术条件和国际环境，这4个城市的建设投资大、运营成本高，此时的国家和所在城市财政难以承受。1995年国务院办公厅印发《国务院办公厅关于暂停审批城市地下快速轨道交通项目的通知》，提出必须严格控制城市快速轨道交通（包括地铁、轻轨等）的发展，并对在建项目加强管理，到1998年的3年间，国家暂停了城轨项目的审批。直到1999年，随着南京地铁1号线获批建设，中国城轨建设进程才重新启动。

北京是中国第一个开通城轨交通运营的城市。中国第一条地铁是北京地铁“苹果园—火车站”线，全长23.5公里，1965年开建，1969年建成，比世界第一条地铁晚了100多年。直到1984年9月20日，北京地铁二期工程才正式开通运营，自复兴门站—建国门站，线路全长16公里。1987年12月28日北京地铁二期工程和一期工程的长椿街—北京站区间组合形成环线，成为北京地铁2号线，一期工程其余部分组成1号线，北京地铁1、2号线开始分开独立运营。1989年7月15日北京地铁复八线（又称北京地铁1号线东段）开工建设，1999年9月28日通车试运营，2000年6月28日与1号线实现贯通运营。

北京地铁第一个车辆段——古城车辆段。

天津是中国内地第二个开通城轨交通运营的城市。1970年4月7日天津市决定修建一条铁路作为地下战备堡垒，称为“7047工程”，又称天津地铁既有线工程。同年6月5日，工程正式开工建设。1976年1月，新华路—海光寺段建成试通车，共设4个车站，线路全长3.6公里。1984年12月28日天津地铁既有线开通运营，自新华路站—天津西站，共设8座车站，线路全长7.4公里。

上海是中国内地第三个开通城轨交通运营的城市。1990年1月19日上海地铁1号线开工建设。1993年5月28日上海1号线南段（锦江乐园—徐家汇段）开始观光试运行。1995年7月上海火车站—锦江乐园段正式运营。

广州是中国内地第四个开通地铁运营的城市。1993年12月28日广州地铁1号线开工建设，1997年6月28日，广州地铁1号线西朗—黄沙站首段建成开通观光试运营，共设5座车站，线路长度5.4公里。1999年6月28日广州地铁1号线全线正式开通运营，自西朗站—广州东站，共设16座车站，开通线路长18.5公里。

2.大规模快速发展阶段。进入21世纪后，中国城轨交通在五股力量同时发力形成的“五管齐下”综合作用下，开

20世纪90年代北京乘客购买纸票后进站。

始进入快速发展新阶段。一是借力经济社会高速发展和出让城市土地使用权，政府财力大幅增加；二是亿万农民工进城造成城市出行难的现实压力；三是2003年颁布的《关于加强城市快速轨道交通建设管理的通知》等国家政策指导所带来的强大动力；四是1999年初出台地铁国产化政策带来的建设成本下降；五是制式多样化推动单位造价降低和工程周期缩短。

1999年，随着南京地铁1号线获批建设，中国城轨交通在停滞3年后，建设进程重新启动。2003年，为进一步保障城轨交通持续健康发展，国务院办公厅印发《国务院办公厅关于加强城市快速轨道交通建设管理的通知》，要求相关城市根据经济发展水平，坚持"量力而行、有序发展"的总体方针发展城轨，同时，设立建设地铁和轻轨的准入门槛，并提出编制城轨交通建设规划，明确了规划和项目审批程序。2005年以来，随着杭州市、成都市等城轨交通首期建设规划获得批复，一批城市的轨道交通项目相继开工。特别是在2013年城轨项目核准权限下放至省级投资主管部门，2015年国家安排城轨项目专项建设基金并降低项目资本金比例之后，城轨建设规模、投资额度不断增加，城轨交通发展步入"快车道"。2018年国务院办公厅印发《国务院办公厅关于进一步加强城市轨道交通规划建设管理的意见》，提出"量力而行，有序渐进""因地制宜，经济适用""衔接协调，集约高效""严控风险，持续发展"等基本原则，为城轨交通的持续健康发展提供了强有力的政策保障。

"十五"(2001年—2005年)期间：10个城市新建城轨交通运营线路399公里，年均80公里。2005年末，共有10市运营城轨线路545公里，并开始提速。"十一五"(2006年—2010年)期间：12市新建1054公里，年均211公里。2010年末，共有12市运营城轨线路1599公里，比前5年翻了一番多。"十二五"(2011年—2015年)期间：26市新建2019公里，年均404公里。2015年末，共有26市运营城轨线路3618公里。又比前5年翻了一番。"十三五"(2016年—2020年)期间：其中2016年新建534公里，2017年新建880公里，2018年新增728公里，2019年新增974公里，四年新增3116公里，预计2020年末，全国城轨交通运营线路将达8000公里左右。

2000年，南京、武汉、深圳3个城市先后获批建设城轨交通项目，发展城轨交通的城市进一步增多。

2000年12月26日，上海明珠线一期工程(又称上海地铁3号线)开通试运营，自上海南站—江湾镇站，共设19座车站，开通线路长24.97公里，这是中国内地首条全部采用高架线路的地铁线路。

2002年10月30日，长春市第一条城市轨道交通线路——长春轻轨3号线一期工程竣工并正式开通运营，自长春站—卫光街站，共设17座车站，开通线路长14.6公里。该线路2000年5月27日开工建设，是中国内地第一条轻轨线路。

2002年11月8日，大连市第一条城市轨道交通线路——大连轨道交通3号线正线正式开通运营，自大连火车站—金石滩站，共设13座车站，开通线路长49.15公里。

2004年7月28日，武汉市第一条城市轨道交通线路——武汉轨道交通1号线一期工程建成并开通观光试运营，自宗关站—黄浦路站，共设10座车站，开通线路长10.23公里。

2004年12月28日，深圳市第一条城市轨道交通线路——深圳地铁1号线一期工程建成并开通试运营，自罗湖站—世界之窗站，共设15座车站，开通线路长17.1公里。

2005年2月7日，北京市交通委员会代表北京市政府与香港铁路有限公司—北京首创集团有限公司联合体(简称港铁—首创联合体)草签《北京地铁4号线特许经营协议》，是中国内地城市轨道交通领域第一个以特许经营方式进行市场化运作的基础设施项目。

2005年6月18日，重庆市第一条城市轨道交通线路——重庆轨道交通2号线一期工程开通运营，自较场口站—动物园站，共设13座车站，开通线路长14.35公里。该线路1999年12月26日开工建设，它是中国内地第一条跨座式单轨线路。

2005年9月3日，南京市第一条城市轨道交通线路——南京地铁1号线正式开通试运营，自迈皋站—奥体中心站，共设16座车站，开通线路长21.72公里。

2005年12月26日，广州地铁4号线首通段(万胜围—新造段，又称大学城专线)开通运营，这是中国内地第一条采用直线电机牵引的城市轨道交通线路。

2010年9月27日，成都市第一条城市轨道交通线路——成都地铁1号线一期工程正式开通试运营，自仙湖站—世纪城站，共设17座车站(其中，进程广场站2013年6月8日投入使用)，开通线路长18.5公里。

2010年9月27日，沈阳市第一条城市轨道交通线路——沈阳地铁1号线通车并载客试运营，10月8日正式售票运营，自十三号街站—黎明广场站，共设22座车站，开通线路长28公里。

2010年11月3日，佛山市第一条城市轨道交通线路——广佛线一期工程首通段(魁奇路站—西朗站段)开通运营，自佛山魁奇路站—广州西朗站，共设14座车站，开通线路长20.47公里，其中，佛山境内14.8公里。这是中国内地第一条跨城地铁线路。

2011年9月16日，西安市第一条城市轨道交通线路——西安地铁2号线开通试运营，自北客站—会展中心站，共设17座车站，开通线路长20.5公里。

2012年4月28日，苏州市第一条城市轨道交通线路——苏州地铁1号线开通运营，自木渎站—钟南街站，共设25座车站，开通线路长25.74公里。

2012年6月28日，昆明市第一条城市轨道交通线路——昆明地铁6号线一期工程(又称机场线)开通运营，自东部客运站—长水机场中心站，共设4座车站，开通线路长18.1公里。该线路2010年3月开工建设。

2012年11月24日，杭州市第一条城市轨道交通线路——杭州地铁1号线一期工程开通运营，一期工程全线共设31座车站，开通线路长48公里。线路呈“Y”字形，分两个交路运行，主交路自湖湘站—文泽路站，全长34.80公里，分支交路自客运中心站—临平站，全长11.74公里。

2013年9月26日，哈尔滨市第一条城市轨道交通线路——哈尔滨地铁1号线一期工程开通运营，自哈东站—医大二院站，共设16座车站，开通线路长14.32公里。该线路2008年9月29日开工建设，其部分路段由人防地道工程“7381”工程改造而成。

2013年12月28日，郑州市第一条城市轨道交通线路——郑州地铁1号线一期工程开通运营，自河南工业大学站—汉南大学新区站，共设30座车站，开通线路长41.2公里。

2014年4月29日，长沙市第一条城市轨道交通线路——长沙地铁2号线一期工程开通运营，自望坡城站—光达站，共设19座车站，开通线路长21.93公里。

2014年5月30日，宁波市第一条城市轨道交通线路——宁波轨道交通1号线一期工程开通运营，自高桥西站—东环南路站，共设20座车站，开通线路长20.88公里。

2014年7月1日，无锡市第一条城市轨道交通线路——无锡地铁1号线开通运营，自堰桥站—长广溪站，共设24座车站，开通线路长29.42公里。

2015年12月16日，青岛市第一条城市轨道交通线路——青岛地铁3号线北段开通运营，自青岛北站—双山站，共设10座车站，开通线路长12公里。

2015年12月26日，南昌市第一条城市轨道交通线路——南昌地铁1号线开通运营，自双港站—瑶湖西站，共设24座车站，开通线路长28.84公里。

2015年12月28日，淮安市有轨电车一期工程开通运营，起于淮安市体

重庆单轨2号线。

2019年1月，呼和浩特市地铁1号线首列车下线。

育馆，终至淮安区马甸连接线，共设23座车站，开通线路长20.07公里。

2016年5月18日，福州市第一条城市轨道交通线路——福州地铁1号线南段开通试运营，自三叉街站—福州火车南站，共设9座车站，开通线路长9.76公里。

2016年5月27日，东莞市第一条城市轨道交通线路——东莞地铁2号线投入试运营，自东莞火车站—虎门火车站，共设15座车站，开通线路长37.8公里。

2016年6月28日，南宁市第一条城市轨道交通线路——南宁地铁1号线东段投入试运营，自南湖站—南宁火车东站，共设10座车站，开通线路长11.2公里。

2016年12月26日，合肥市第一条城市轨道交通线路——合肥地铁1号线投入试运营，自合肥火车站—九联圩站，共设23座车站，开通线路长24.58公里。

2017年6月26日，石家庄地铁1、3号线首开工程开通试运营。2条线共设车站25座，开通长度30.3公里。

2017年10月13日，珠海现代有轨电车1号线开通试运营，线路自水拥坑（海天公园）站—上冲小镇站，共设14座车站，开通长度8.9公里。

2017年12月28日，贵阳地铁1号线观山湖区间开通试运营，线路自下麦西站—贵阳北站，共设10座车站，开通长度12.79公里。

2017年12月28日，厦门地铁1号线开通试运营，线路自镇海路站—岩内站，共设24座车站，开通长度30.3公里。

2018年10月25日，乌鲁木齐地铁1号线北段开通试运营，线路自八楼站—国际机场站，共设12座车站，开通长度16.7公里。

2019年4月1日，济南轨道交通1号线正式开通试运营。线路自工研院站—方特站，共设11座车站，开通长度26.1公里。

2019年9月21日，常州地铁1号线正式开通试运营。线路自南夏墅站—森林公园站，共设29座车站，开通长度34.2公里。

2019年9月28日，徐州地铁1号线正式开通试运营。线路自路窝站—徐州东站，共设18座车站，开通长度21.8公里。

2019年9月28日，温州轨道交通S1线全线开通运营。线路自桐岭站—双瓯大道站，共设18座车站，开通长度53.5公里。

2019年12月28日，济南轨道交通3号线正式开通试运营。线路自龙洞站—滩头站，共设13座车站，开通长度21.6公里。

2019年12月29日，呼和浩特地铁1号线正式开通试运营。线路自伊利健康谷站—坝堰站，共设20座车站，开通长度21.7公里。

北京地铁线路员工正在进行钢轨探伤。

截至2019年底，中国内地共有40个城市开通城轨交通运营线路208条，运营线路总长度达6736公里。其中，地铁运营线路5180.6公里，占比76.9%；其他制式城轨交通运营线路1555.6公里，占比23.1%。当年新增运营线路长度974.8公里。进入“十三五”4年来，累计新增运营线路长度为3118.2公里，年均新增运营线路长度779.6公里。

二、中国城轨交通50年来的主要发展成就

1.发展规模位居世界前列。 截至2019年，中国内地累计有40个城市开通城轨交通，运营线路6736公里，其中地铁运营线路位居全球首位。2019年底全球十大地铁城市中，中国占4成，上海669公里、北京637公里，分列第一、第二名。全球100公里以上地铁网络运营的37个城市中，中国内地有12个城市。中国除运营规模位居世界前列外，2019年完成客运量237亿人次，全球第一；在建线路6900公里，遥遥领先于其他国家。中国还从以地铁为主的单一制式，逐步发展成为覆盖城轨交通7种制式的全制式城轨交通大国，并同时产生了“云巴”“智轨”等基于国情的原创城轨交通制式，进一步丰富了城轨交通制式。

2.成功实施国产化，建立装备产业链。 中国地铁建设始于20世纪60年代，虽然第一条地铁是依靠自己的力量设计、建造、运营的自主化成果，但改革开放后的八九十年代，苦于当时的经济技术条件，装备基本依赖进口，不仅造价昂贵，且从生产到维保都受制于人。

1999年国务院办公厅印发《转发国家计委关于城市轨道交通设备国产化实施意见》，开启了城轨交通国产化的发展历程。随后国家又先后出台《关于加快振兴装备制造业的若干意见》《关于加快培育和发展战略性新兴产业的决定》《关于进一步推进城市轨道交通装备制造业健康发展的指导意见》等，将城轨交通列为装备自主创新的重要领域。经过多年的持续努力，国产化政策取得巨大的成功。

一是城轨建设平均造价明显下降，支撑城轨交通快速发展。随着城轨装备国产化率的不断提升，中国对国外城轨装备的依赖程度逐步下降，城轨平均建设造价也随之大幅下降，平均每公里由4.5亿元～5亿元降至4亿元以下。至2019年，全国仍有6000多公里的城轨在建规模，其中地铁制式占比超过80%，中国城轨已进入高位稳定发展的阶段。

二是城轨交通装备产业迅速发展，核心装备及部件产业化能力大幅提升。中国已基本建成城轨交通装备制造体系，建成了一批具有国际先进水平的城轨交通装备制造基地，整车年生产能力约为9000辆。城轨列车转向架、车体、牵引系统、辅助供电系统、网络控制系统、制动系统等关键技术已形成了设计制造能力；城轨地铁主要配套技术也已实现国内设计生产。

3.自主创新不断突破。城轨交通工程技术繁杂、安全质量要求极高、服务人群庞大，各个工作环节是现代技术应用的天然场景，也需要通过现代技术的应用来提高效率和确保质量。一直以来，中国城轨交通行业依托自身研发，注重加强全自动运行(FAO)、互联互通、“互联网+”等新技术在行业的应用和自主创新。其中，北京燕房线成功运行了具有完全自主知识产权的全自动运行系统，填补了国内技术空白，有力推动了中国轨道交通装备的技术进步和产业升级，标志着中国轨道交通自主创新的重大突破，具有里程碑意义；中国还独创了依托专用频段并结合第四代通信技术的LTE-M的CBTC技术，已居世界先进水平；“互联网+”在城轨交通规划设计、工程建设、运营管理、设备维护、乘客服务环节不断融合，正在涌现大量自动化、智能化技术。勇于开拓创新，大胆引入和应用新技术，促进了中国城轨交通技术水平和服务水平的不断提高，并持续提升自主技术和民族品牌的竞争力。

4.“走出去”形势持续向好。中国城轨交通发展50年来，从引进消化吸收到再创新，立足国内需求，积极开拓国际市场取得了较好成绩。中国城轨企业的境外业务，从欠发达市场到发达市场，遍布亚洲、非洲、南北美洲、欧洲和大洋洲。中国城轨出口在经历由配件出口到整车出口、由中低端产品到高端产品的转变后，现在的业务领域已拓展到地铁、轻轨、单轨、市域快轨、有轨电车等全制式，车辆、信号、牵引、制动、地面设备等全系列，勘察设计、装备制造、工程建设、运营管理、综合开发、国际贸易、房地产业、矿产投资等全领域。在埃塞俄比亚首都亚德斯亚贝巴轻轨项目还实现了技术标准输出，是具有完全自主知识产权和完整中国技术标准的“中国式”城轨工程，也是从规划咨询、投资融资、设计施工、装备制造、运营管理、维护保养到教育培训的“完全中国式”城轨交通工程项目，开创了中国城轨交通技术标准输出的先河。

山东青岛地铁13号线。　（山东省交通运输厅 供稿）

三、把握机遇，补短板，加快城轨交通发展，助力交通强国战略建设

近年来，新一轮技术革命和产业变革正在重构全球的创新版图，在轨道交通领域，绿色、智能、共享等新技术、新业态不断涌现，使中国的轨道交通产业面临新的考验。

2019年9月，习近平总书记乘坐北京城轨交通大兴机场线并发表重要讲话，这是中国城轨交通发展历程中具有划时代意义的大事。习总书记的重要讲话肯定了城轨交通的重要作用，指明了城轨交通的发展方向，是发展城轨交通的根本遵循，是城轨交通高质量发展的重大机遇。

步入新的历史阶段，中国轨道交通产业仍然存在短板和不足，未来应该从哪些方面发力？又如何在补短板的过程中保住领先地位，寻求新的机遇？

1.增强战略意识，强力推动城轨交通强国建设。在即将进入的新时代，城轨交通将面临三大发展环境的深刻影响。

一是建设目标更高。2020年将全面建成小康社会实现第一个百年奋斗目标，从此将全面开启建设社会主义现代化强国的新征程，同时交通强国建设持续推进，这都提出了要加快实现从高速发展向高质量发展的转变。

二是当今世界正处在百年未遇的大变局，面临国内外纷繁复杂的发展环境，特别是产业乃至整个经济的安全可控成为头等大事。因而自主创新的重要性和紧迫性，技术的自主可控和产品的安全可控是社会主义强国建设和交通强国持续推进的根基。为此，研发并应用拥有自主知识产权的技术和产品，掌握关键核心技术，形成具有市场竞争力的民族品牌和中国标准，逐步建立自主可控、安全高效、主导发展的装备产业将是新时代的主课题。

山东济南泉城轨道R1线首列地铁。（山东省交通运输厅 供稿）

山东省首条现代有轨电车示范线。（山东省交通运输厅 供稿）

三是新一轮科技革命和产业变革正在深刻影响经济社会全局发展。数字化、网络化、智能化日益成为重要的发展趋势，也是各国技术竞争和产业竞争的主战场，关乎能否占据未来发展的制高点和主动权。因而，发展智能智慧技术和产品将是新时代的主题词。

面对三大主方向，城轨交通行业还面临着发展质量不高，自主能力不强，科技创新不足等挑战，亟须在国家层面出台顶层规划和行业政策予以强力推动，从而促使城轨交通发展，更好地助力社会主义强国建设。

2.解决好快速发展过程中的三大制约因素问题。

一是资金不足和筹资渠道问题。近几年来，每年城轨交通新建投运线路800公里～1000公里，每年完成投资6000亿元～7000亿元，"十四五"预计完成投资将超过3万亿元。城轨交通发展既面临需求量激增，又遇传统筹资难度增大的双重压力。能否在防范金融风险的把控下进一步引入市场机制，扩充筹资渠道，将成为行业实现可持续发展的重要条件。

二是人才培养问题。一般而言，城轨交通每公里配属50人～60人，按2019年底累计运营线路6600公里计算，全行业从业人员将达35万人左右，预计缺口20%左右，各地之间的人才争夺愈发激烈。能否大力加强人才培养工作力度，提供更多更优管理人员、技术人员和生产人员，将成为城市轨道交通实现持续健康发展的重要基础条件。

三是前期工作问题。城轨交通建设前期工作，历来存在规划、勘查、设计、咨询和审批各个环节的工作深浅问题。进入快速发展阶段后，能否深入科学地做好艰巨复杂的前期工作，更成为消除安全隐患、保障健康发展的前提条件。

3.弥补好行业四大管理基础工作薄弱问题。

一是标准化工作。鉴于城轨交通长期以来综合管理的缺失，标准体系不完善、缺项比较多、整体水平不高、响应市场需求不足等问题，已严重影响城轨交通向更高水平发展，虽然已开展了团体标准的制修订工作，但还需国家从政策上予以大力支持。

二是统计分析工作。城轨交通行业一直没有覆盖规划、建设、运营、经营等全领域的统计制度。中国城市轨道交通协会建立统计制度后虽然一定程度上弥补了这一缺失，但不同政府部门囿于各自分管业务而尚难全方位支持行业统计工作。

三是产品认证工作。中国综合交通中的铁路、公路、民航、水运早已实施产品认证工作，但城轨交通行业仍是空白。开展城轨交通装备认证既是行业发展和装备自主创新的需要，也是构建城轨行业质量安全管理体系的重要抓手，是城轨交通行业亟待完善的一项紧迫工作。

四是立法工作。中国各大交通领域中，有铁路法、公路法、民用航空法、水路运输管理条例，而城轨交通没有国家层面的上位法。相比较于大规模快速的发展形势，中国城轨交通立法工作已明显滞后，是行业基础管理工作的重大缺失。

中国地铁50年来的发展，不仅是城轨交通自身的成就，更是植根于国家经济社会发展的巨大进步，是国家民族发展进步的缩影。因而，城轨交通在未来的发展中应该更加紧密地围绕国家大政方针，助推国家重大战略实施，在国家民族复兴的大潮中发挥更大的作用。

（中国城市轨道交通协会 供稿）

邮轮游艇专辑

邮轮游艇行业发展历程和成就

一、邮轮行业发展综述

中国邮轮作为新兴经济得到了国家的重视，在过去短短的十四年中，经过尝试探索期（2006–2007年）、快速发展期（2008–2016年）、战略调整期（2017–2020年），邮轮经济已步入快行道，邮轮旅客运输量年平均增速达到30%，已经有32艘国际邮轮先后在中国运营，全国有20个城市已建成或规划建设邮轮码头。2017年以来中国已成为全球第二大邮轮客源国，邮轮休闲度假旅游提升了中国百姓的幸福指数。

在邮轮经济14年的发展中，呈现出6大发展特点。

（一）邮轮旅游是“一带一路”的新亮点。“一带一路”倡议的提出，使国际邮轮旅游业迎来了新的发展空间。开辟“一带一路”邮轮精品航线、洲际及环球邮轮长航线，从中国沿海港口经过南海到印度洋，延伸至欧洲；或从中国沿海港口经过南海到南太平洋，邮轮旅游成为海上丝绸之路旅游发展的重头戏之一，有利的推进了沿线国家及旅游城市间的合作共赢发展。

（二）邮轮经济是海洋经济的新典型。邮轮经济是传统海洋业态的升级版和新典型之一。它可以较高程度地满足我国民众对海洋休闲、海洋度假等高品质旅游产品的多种需求，有利于促进海洋资源的综合开发，丰富沿海城市旅游的内涵，还能够更好体现国家海权，有效推动国民海洋意识的树立。

（三）邮轮旅游是旅游外交的新渠道。邮轮旅游的发展，中外游客相互往来，中国游客乘坐邮轮出境游，各国游客乘坐邮轮入境游，通过邮轮及岸上交流，为中外游客扩大交流交往、文化文明交融互鉴提供了新的平台，是旅游外交的新渠道。有利于实现国家间经济互惠、文化交流、互信增强的“旅游外交”目标。

（四）邮轮旅游是全域旅游的新业态。邮轮旅游港口腹地一体化、旅游区域一体化趋势明显，需要各区域间的协同创新，有效发挥客源地、目的地、港口等多种资源的联动，通过推进客源双向互送、市场互动，促进邮轮旅游圈的形成，具有显著的共建共享性、开放互动性，是全域旅游的新业态。

（五）邮轮旅游是水上经济的新增长点。长江、黄河及其它水系丰富的历史文化名城、国家级风景名胜区，为发展中国特色的邮轮旅游提供了良好的基础和广泛的空间，中小型邮轮旅游将成为水上旅游发展的新增长点。

（六）邮轮经济是装备制造业的新抓手。邮轮制造作为造船业皇冠上两颗明珠之一和高端旅游装备制造业，具有高成长性、高知识性、高增值性等特征，产业链条长，带动作用大。《中国制造2025》把“突破豪华邮轮建造”列为明确的战略目标。实施《增强制造业核心竞争力三年行动计划（2018—2020年）》中“突破豪华邮轮设计建造技术”“加快实现邮轮自主设计和建造”也已列为我国制造业发展的重点任务。

邮轮产业上接制造业，下衔消费服务业，庞大的产业链条、强大的经济拉动与吸附能力使其成为城市经济增长点。由邮轮产业引发的直接、间接和诱导性经济影响推动了地区的旅游业、服务业、运输业、矿业、建造业、制造业、零售业、信息业等多种行业的发展，对区域乃至全球经济的经济产生巨大的促进作用。

邮轮经济具有典型的全球化特征，它在世界得以发展，得益于全球化的浪潮，受益于区域政治经济秩序的协调稳定，中国的邮轮经济也是在这样的轨迹上转折与发展。

当然，在构建邮轮上下游产业链中，中国目前由于起步较晚等因素仍处于起步发展阶段。

二、邮轮经济的发展历程和成就

（一）邮轮政策。习近平总书记多次关心邮轮产业，2013年4月就作出“发展邮轮经济利国利民”“要大力发展邮轮制造业”等重要指示。李克强总理也多次在国务院会议上强调，要挖掘旅游消费新热点，发展旅游装备制造和邮轮经济，让多彩的旅游丰富群众生活、助力经济发展。党和政府的关心和支持使邮轮经济得到快速发展。

2009年国家发改委发布了经国务院批准的《关于促进我国邮轮经济发展的若干意见》，这是中国首个邮轮经济发展政策文件。之后，国务院、中央各部委陆续制定、出台了许多邮轮发展政策、措施、法规，为邮轮经济发展保驾护航。2018年以来，国务院和中央各部委更是推出了一系列的支持政策，加大对邮轮产业的扶持和开放力度，全方位大力支持邮轮产业发展。

2018年9月17日，交通运输部、国家发展改革委、工业和信息化部、公安部、财政部、商务部、文化和旅游部、海关总署、税务总局、移民局等10部委联合印发《关于促进我国邮轮经济发展的若干意见》，这是13年来首次联合发布，对当前和未来相当长时间内我国邮轮经济的指导作用十分重大。

2018年9月20日，中共中央、国务院印发了《中共中央 国务院关于完善促进消费体制机制进一步激发居民消费潜力的若干意见》。《意见》明确提出支持邮轮、游艇、自驾车、旅居车、通用航空等消费大众化的发展，加强相关公共配套基础设施建设。建立现代体育产业体系，推动体育与旅游、健康、养老等融合发展，积极培育潜在需求大的消费新业态。

2018年9月24日，国务院办公厅印发《完善促进消费体制机制实施方案(2018—2020年)》。《方案》提出制定出台邮轮旅游发展规划、游艇旅游发展指导意见。

2018年9月24日，国务院印发《中国(海南)自由贸易试验区总体方案》。《方案》提出开展外籍邮轮船舶维修业务发展环海南岛邮轮航线，支持邮轮企业根据市场需求依法拓展东南亚等地区邮轮航线，不断丰富由海南邮轮港口始发的邮轮航线产品。研究支持三亚等邮轮港口参与中资方便旗邮轮公海游试点，将海南纳入国际旅游"一程多站"航线。积极支持实施外国旅游团乘坐邮轮15天入境免签政策；优化对邮轮和邮轮旅客的检疫监管模式；建设邮轮旅游岸上国际配送中心；创建与国际配送业务相适应的检验、检疫、验放等海关监管制度。

2019年2月18日，中共中央、国务院印发了《粤港澳大湾区发展规划纲要》，《纲要》是指导粤港澳大湾区当前和今后一个时期合作发展的纲领性文件。《规划》明确提出：推进大湾区旅游发展，依托大湾区特色优势及香港国际航运中心的地位，构建文化历史、休闲度假、养生保健、邮轮游艇等多元旅游产品体系。有序推动香港、广州、深圳国际邮轮港建设，进一步增加国际班轮航线，探索研究简化邮轮、游艇及旅客出入境手续。逐步简化及放宽内地邮轮旅客的证件安排，研究探索内地邮轮旅客以过境方式赴港参与全部邮轮航程。支持澳门与邻近城市探索发展国际游艇旅游，合作开发跨境旅游产品，发展面向国际的邮轮市场。

2019年5月7日，交通运输部发布《关于推进海南三亚等邮轮港口海上游航线试点的意见》。为贯彻落实《中共中央 国务院关于支持海南全面深化改革开放的指导意见》(中发〔2018〕12号)，基于海南海域情况及海南国际邮轮发展状况，在五星红旗邮轮投入运营前，先期在海南三亚、海口邮轮港开展中资方便旗邮轮无目的地航线试点。

2019年7月31日，国务院总理李克强主持召开国务院常务会议，会议确定了通过推动消费惠民、丰富产品供给和完善市场监管等措施促进文化和旅游消费，并特别强调支持邮轮游艇等旅游新业态发展，显示了中国推动邮轮经济、带动产业发展的信心与决心。

2019年8月31日，交通运输部、公安部、文化和旅游部、海关总署、移民局五部委联合发出通知，在全国范围推广实施邮轮船票管理制度，进一步优化邮轮口岸环境和功能，提升邮轮运输旅游服务水平，保障邮轮运输各方合法权益，维护邮轮运输市场秩序。

（二）邮轮旅游。从2006年7月2日嘉年华邮轮集团旗下歌诗达邮轮公司的"爱兰歌娜号"在上海开通第一条邮轮母港航线起，出游人数从2006年的不足2万人到2019年近200万人(近400万人次)。国际市场份额从2006年的0.5%增长到2019年的8%，已占亚洲邮轮市场总量的40%以上，成为仅次于美国的世界第二大邮轮市场。其中2008-2016年我国邮轮旅游出入境客流量连续爆发式增长，年均增速在50%左右。2017年开始进入优化调整期，增速仅为8%左右。2018年和2019年，中国接待邮轮数量和邮轮旅客量双双下滑，这也是国内邮轮市场自2006年以来出入境旅客人数的首次下降。

2018年全国沿海13个邮轮港(上海、天津、厦门、广州、深圳、海口、青岛、大连、三亚、连云港、温州、威海、舟山)共接待国际邮轮969艘次，同比下降17.95%，邮轮出入境旅客合计4,906,583人次，同比下降0.98%。其中，母港邮轮889艘次，同比下降19.03%，母港旅客4,728,283人次，同比下降1.10%；访问港邮轮80艘次，同比下降3.61%，访问港旅客178,300人次，同比增长2.32%。

2018年，中国交通运输协会邮轮游艇分会(CCYIA)联合国内邮轮专业高校在全国范围对近万名受访者进行了问卷调研，并与三大邮轮市场的30余家核心旅行社和OTA进行了深度座谈，通过调研写出了中国邮轮市场调研报告。依据该报告及近期邮轮市场发展态势，三大市场消费特征如下：

1.华北邮轮市场。环渤海地区经济发展迅猛，该地区依托天津国际邮轮港和青岛邮轮港的建设运营及航次扩容，逐渐形成了京、津为核心的邮轮市场区域。

邮轮市场特征：

(1)人口基数大，消费能力强，市场潜力大；

(2)热衷购物，人均消费支出高；

表1 2008年—2018年中国邮轮母港、访问港数据统计

年 份	母港		访问港		总艘次	总人次
	艘次	人次	艘次	人次		
2008年	28	57296	318	430040	346	487336
2009年	40	103331	219	240836	259	344167
2010年	79	222240	215	258826	294	481066
2011年	110	188763	162	290526	272	479289
2012年	169	412281	106	241951	275	654232
2013年	335	1024982	71	177500	406	1202482
2014年	366	1479212	100	244725	466	1723937
2015年	539	2224209	90	256245	629	2480454
2016年	927	4289780	83	277590	1010	4567370
2017年	1024	4780682	79	174263	1103	4954945
2018年	889	4728283	80	178300	969	4906583

(3)家庭出游及银发群体出游占比较大；

(4)船上和岸上消费高，美食品尝，娱乐活动参与热情度高；

(5)客源地处北方，市场季节性集中度高，淡旺季差异明显。

2.华东邮轮市场。华东邮轮市场相对国内其他区域最为成熟，依托上海吴淞口国际邮轮码头及上海港国际邮轮客运中心的运营以及各大邮轮公司逐年增加的邮轮航次，已形成了以上海为核心的泛长三角地区邮轮市场。

邮轮市场特征：

(1)市场基础好，区域内客源充足，消费能力强；

邮轮航线多是以日、韩为主的中短程航线；

(2)市场营销力度大，邮轮产品认知度较高；

(3)邮轮销售端竞争激烈，网络销售渠道活跃；

(4)市场以家庭和年轻人群体为主，区域海派文化、小资情调明显。

3.华南邮轮市场。珠三角地区经济底蕴深厚，休闲文化盛行，加之距离香港邮轮母港咫尺之遥，该区域邮轮市场起步较早，特别是厦门邮轮港、三亚邮轮港以及深圳、广州邮轮港的建设运营，进一步推动了华南邮轮市场的发展，逐步形成了以广东为核心的泛珠三角地区邮轮市场。

邮轮市场特征：

(1)市场起步早，基础较好，区域内客源充足，消费能力强；

(2)航线以东南亚为主，海峡航线优势明显；

(3)市场对7-8天的中长程航线产品认可度较高；

(4)市场以家庭出游为主；

(5)邮轮购物市场需求较弱；

(6)OTA渗透不高，销售渠道以旅行社门店为主。

(三)邮轮港口。十多年来，国内兴起邮轮港口建造热潮，大陆一共有20个城市已建成或规划建设邮轮码头。其中天津、上海、青岛、舟山、深圳、三亚、厦门、广州是邮轮专用码头；大连、烟台、连云港、海口、温州、防城港和北海是客货兼用的码头；福州、台州、秦皇岛和南京、重庆等发布了邮轮码头建造计划。

目前，中国已经形成了三大邮轮圈，一是以上海为核心的长三角邮轮圈；二是以天津为核心的渤海湾邮轮圈；三是以广州、深圳为核心的华南邮轮圈。同时已形成了以上海为主，北以天津为主，南以广州、深圳和厦门为主的“一主两翼”的邮轮城市发展格局。

各大邮轮港中，上海、天津、广州邮轮港邮轮旅客接待量仍位列前三，上海、厦门、天津邮轮港邮轮接待量仍位列前三。2018年和2019年全国邮轮靠泊艘次数与出入境人次数首次下跌，但我们可以看到出入境人次数降幅远低于靠泊艘次数降幅，这是因各邮轮公司运力优化而带来，意味着中国邮轮市场已经告别简单增长进入理性发展阶段，而且中国邮轮乘客仍达到240万人，依然是位居美国之后的全球第二大邮轮客源国，显示了中国庞大的客源基数。

2018年，上海吴淞口国际邮轮母港接待邮轮375艘次，占全国邮轮港口的比重为40%；接待旅客吞吐量达271.5万人次，占全国邮轮港口的比重为56%，牢牢占据中国邮轮港口的头把交椅，依然为亚洲第一邮轮母港，在业界的影响力和话语权不断增强。同时带动周边区域交通、旅游、住宿、餐饮等协同发展，进一步凸显邮轮经济的辐射力。上海吴淞口国际邮轮港于2011年10月15日正式运营，迄2018年12月25日，已接待了2000个航次，1300余万人次。

2018年，天津国际邮轮母港接待邮轮116艘次，进出境旅客68.4万人次，2019年6月23日，皇家加勒比“海洋量子号”与歌诗达“赛琳娜号”两艘大型豪华邮轮与“天仁号”国际客货班轮共三船同靠邮轮母港码头，当日进出港旅客逾1.73万人次，刷新邮轮母港开港以来日旅客接待量历史新纪录。

2018年，蛇口邮轮母港接待邮轮89艘次，其中88个母港艘次，接待旅客吞吐量达36.5万人次，创历史新高。

广州南沙国际邮轮母港2019年11月17日正式开港，地处粤港澳大湾区的地理几何中心，与国内正在营运的邮轮母港相比，已经创造了五个国内第一：即国内建筑面积最大的邮轮港综合体，建筑面积约25万平方米；国内第一个实现与地铁无缝对接的邮轮母港；安装了国内功率最大的岸电设备，打造绿色环保母港；码头前沿作业面纵深50米，全国第一；多达100个的办证窗口，也是全国最多；口岸查验通道数量位居国内前列。广州南沙国际邮轮母港集便利、美观和亲民为一体，配合多种国际先进的智能化、科技化口岸查验设备，将极大方便粤港澳大湾区居民体验邮轮出游。广州邮轮旅游蓬勃发展，后来居上。2016年-2018年，广州南沙运营出入境邮轮320航次，接待出入境旅客121.07万人次，连续三年保持全国第三，进入邮轮发展第一梯度城市。

(四)邮轮公司。

1.嘉年华集团歌诗达邮轮。歌诗达邮轮隶属于世界邮轮业翘楚嘉年华集团，于2006年首次开启以中国为母港运营的国际邮轮航线，成为首家进驻中国的国际邮轮公司。目前，歌诗达邮轮旗下有15艘意大利籍在役邮轮，是欧洲最大的邮轮船队。进入中国十余年来，歌诗达邮轮已为超过200万中国游客提供纯正的“海上意大利”邮轮假期。

2.嘉年华集团公主邮轮。公主邮轮隶属于知名的嘉年华集团，是全球奢华的邮轮品牌之一， 拥有17艘豪华邮轮，超过150条特色航线，遍布六大洲。2014年5月，公主邮轮将精心设计的全新豪华邮轮体验引入中国市场，蓝宝石公主号开启以上海为母港的航线，为品位日渐提升的中国宾客提供高品质的和舒适的邮轮体验。2019年，公主邮轮旗下盛世公主号季节性布局中国市场。

3.皇家加勒比国际游轮。皇家加勒比国际游轮是皇家加勒比游轮有限公司旗下游轮品牌，1970年，第一艘皇家游轮挪威之歌号(Song of Norway)

表2　中国主要港口邮轮接待能力

港口城市	港口名称	泊位数	泊位长度	泊位水深	可停靠邮轮吨位数	启用日期	最多同靠船数	备注
大连	大连港国际邮轮中心	1	419米	−9.9米	15万吨级	2017年年底	1	
天津	天津国际邮轮母港	4	312.5米	−11.5米	22.35万总吨	2010年6月26日	4	
			312.5米	−11.5米	22.35万总吨	2010年6月26日		
			234米	−11.5米	22.35万总吨	2014年6月28日		
			253米	−11.5米	22.35万总吨	2014年6月28日		
烟台	烟台港	3	180米	−10米	7万吨	–		该三个泊位均为兼顾靠泊邮轮的泊位
			300米	−17米	15万吨	–		
			270米	−14米	10万吨	–		
青岛	青岛国际邮轮母港	3	490米	−13.5米	22.53万吨	2015年5月	2	
			146米	−7.9米	2.9万吨	2015年5月		
			150米	−7.9米	2.9万吨	2015年5月		
			94米	−7.10米	2.9万吨	2015年5月		
上海	上海国际客运中心码头	3	294米	−9至10米	7万吨	2008年	3	
			294米	−9至10米	7万吨			
			294米	−9至10米	7万吨			
	吴淞口国际邮轮港	4	420米	−11米	15万吨	2011年10月15日	4	
			354米	−11米	22.5万吨	2011年10月15日		
			380米	−11米	22.5吨	2018年7月11日		
			446米	−11米	15万吨	2018年7月11日		
舟山	舟山国际邮轮港	1	356米	−12米	15万吨	2014年10月	1	
温州	状元岙	1	343米	−8.35米	10万吨	2017年12月	1	
厦门	厦门国际邮轮中心	4	419米	−10.0米	15万吨	2019年4月10日	4	
			324米	−9.0米	8万吨	2018年10月23日		
			346米	−9.0米	8万吨	2018年10月23日		
			241米	−5.2米	3000吨滚装	2018年10月23日		
广州	广州南沙国际邮轮母港	2	325米	−10米	10万吨	2019年11月17日	2	
			445米	−11.8米	22.5万吨	2019年11月17日		
深圳	太子湾邮轮母港	2	409米	−10.7米	22万吨	2016年11月12日	2	
			354米	−10米	10万吨级	2016年11月12日		
广西	北海邮轮码头	2	354米	−9米	5万吨（结构为10万吨）	预计2018年中	2	
			249米	−7.5米	2万吨			
海口	秀英港	2	225米	−10.2米	1.25万总吨	1991年	2	
			295米	−13.3米	4.5万净吨	2009年		
三亚	三亚凤凰岛国际邮轮港	3	370米	−10.6米	8万吨	2006年11月9日	4	
			432米	−11.6米	15万吨	2015年8月8日		
			398米	−11.6米	15万吨	2017年5月2日		
香港	启德邮轮码头	2	455米	−13米	22万吨	2013年6月12日	3	
			395米	−13米	22万吨	2016年2月1日		
	海运码头	2	381米	−11米	10万吨	1966年3月22日	2	
			320米	−10米	8万吨	1966年3月22日		

（续）

港口城市	港口名称	泊位数	泊位长度	泊位水深	可停靠邮轮吨位数	启用日期	最多同靠船数	备注
台湾	基隆港	2	558.3米	−9~10米	14万吨	–		
			554.5米	−11米	22.5万吨	–		
	台中港	3	360米	−11米	7万吨	–		
			283米	−9米	4万吨	–		
			480米	−14米	16万吨	–		
	高雄港	1	442米	−10.5米	16万吨	–		
			726米	−10.5米	22.5万吨	预计2019年底完工		
	花莲港	1	543米	−14米	22.5万吨			
	安平港	3	345米	−9米	8万吨	–		
			160米	−9米	8万吨	–		
			160米	−9米	8万吨	–		
	马公港	2	190米	−7米	5万吨	–		
			140米	−7米	2万吨	–		

表3　2018年全国沿海邮轮港口靠泊统计表

港　口	母港		访问港		总艘次	总人次
	艘次	人次	艘次	人次		
上海	374	2685949	29	66953	403	2752902
吴淞口	365	2672299	10	43335	375	2715634
国客	9	13650	19	23618	28	37268
天津	99	644434	17	39452	116	683886
广州	94	481237	0	0	94	481237
厦门	85	292669	11	32133	96	324802
深圳	88	364516	1	92	89	364608
海口	50	45205	4	6031	54	51236
青岛	40	102556	4	7428	44	109984
大连	29	72415	5	12055	34	84470
三亚	13	6883	7	13176	20	20059
连云港	9	12832	0	0	9	12832
温州	5	14029	1	626	6	14655
威海	3	5558	0	0	3	5558
舟山	0	0	1	354	1	354
合计	889	4728283	80	178300	969	4906583

资料来源：CCYIA和中国港口协会邮轮游艇码头分会

开启了皇家航海旅程。经过近50年的发展，皇家加勒比国际游轮已成为全球知名游轮品牌。2009年，皇家加勒比国际游轮率先在中国市场部署和经营世界级豪华游轮，先后引进一系列更新、更大的游轮进入中国市场，截止到2019年6月底，仍在华市场运营的邮轮包括海洋量子号、海洋光谱号、海洋航行者号（香港运营），在亚洲市场实践积累了丰富的经验和知识。

4.地中海邮轮。地中海邮轮总部位于瑞士日内瓦，是一家欧洲家族企业。地中海邮轮拥有12艘极具竞争力的现代化邮轮为旅客提供多种路线及产品选择，被公认为最主要的意大利邮轮公司。2016年5月，地中海邮轮布局旗下抒情号邮轮在华运营，截止至2019年6月，旗下在华市场运营邮轮为地中海辉煌号，2020年地中海荣耀号将部署中国市场。

5.星梦邮轮。星梦邮轮隶属于云顶香港集团，是集团凭借二十余年深入了解亚洲市场的经验以及全球的豪华邮轮经营专长，打造的旗下全新品牌。作为首个亚洲本土豪华邮轮品牌，星梦邮轮专为中国及亚洲高端邮轮市场打造，旗下第一艘邮轮“云顶梦号”于2016年11月首航。2019年姐妹品牌丽星邮轮旗下处女星号经过改装后，以全新面貌——“探索梦号”服务于星梦邮轮船队，开启以上海为始发港的邮轮之旅。2021年，星梦邮轮将迎来首艘环球级邮轮。

6.丽星邮轮。丽星邮轮是全球休闲、娱乐和旅游及酒店服务业的领导企业，隶属于云顶香港集团。丽星邮轮率先于1993年开始运营区内航线，并以发展亚太区成为国际邮轮目的地为理念。截止至2019年6月，丽星邮轮旗下拥有四艘邮轮包括双子星号、宝瓶星号、双鱼星号及大班，其中双子星号服务于中国大陆市场，布局中国厦门运营日本航线。

7.渤海轮渡。渤海邮轮有限公司是渤海轮渡集团股份有限公司于2014年在香港投资成立的邮轮公司，并于2014年05月在山东烟台市芝罘区成立渤海邮轮管理有限公司。旗下运营2.5万总吨的“中华泰山号”邮轮，是中国第一艘全资、自主经营、自主管理的国际豪华邮轮。自开航以来，“中华泰山号”邮轮以国内邮轮港口为始发港，航线涉及多个国家和地区。

8.星旅远洋邮轮。星旅远洋邮轮公司是中国旅游集团和中国远洋海运集团共同出资成立，国内运营总部设在中国重点建设的四大国际航运中心之一厦门，以“服务大众，创造快乐”为宗旨，为游客提供中西方文化完美融合的优质海上度假体验，致力于打造国人喜爱的本土邮轮品牌。星旅远洋邮轮首艘豪华邮轮“鼓浪屿号”约7万吨，将于2019年9月30日在厦门邮轮母港正式首航。

2019年，中国邮轮市场9大国际邮轮品牌在华市场共运营15艘国际邮轮，中国市场运力共计4.38万客位；其中外资邮轮13艘，中资邮轮2艘，即渤海邮轮的“中华泰山号”和星旅远洋邮轮的“鼓浪屿号”。

（五）长江游轮。2018年，长江市场经营豪华游轮的公司共有9家，豪华游轮共计35艘，客位数共计1292客位，全年接待游客量64.86万人次，其中，重庆豪华游轮公司接待游客量46.21万人次，湖北豪华游轮公司接待游客量18.65万人次。

（六）邮轮航线。

1.日本航线。因中国区位、沿海海域与地缘政治等原因，日本航线是中国市场邮轮运营的主要航线，在华运营的国际邮轮均开设日本航线。

2.东南亚航线。中国与东南亚、东北亚的海域相邻，国际邮轮公司在主营日本航线的基础上，在华南地区邮轮港口辅助性开辟常态东南亚航线，在华北地区部分港口运营东南亚长航线，旨

表4　2019年全国沿海邮轮港口靠泊统计表

港口	母港		访问港		总艘次	总人次
	艘次	人次	艘次	人次		
上海	225	1810786	33	82660	258	1893446
吴淞口	225	1810786	15	60648	240	1871434
国客	0	0	18	22012	18	22012
天津	104	686458	17	39075	121	725533
厦门	128	395977	8	17740	136	413717
广州	92	441641	1	283	93	441924
深圳	96	367959	1	283	97	373098
海口	0	0	0	0	0	0
青岛	45	158866	6	17421	51	176287
大连	33	78689	6	9818	39	88507
三亚	0	0	4	6435	4	6435
连云港	0	0	0	0	0	0
温州	7	29604	0	0	7	29604
威海	0	0	0	0	0	0
舟山	5	16048	0	0	5	16048
合计	735	3986028	76	178571	811	4164599

表5　中国市场运营邮轮公司及船队

公司	品牌	邮轮名称	吨位	额定载客量	市场运力	下水时间
嘉年华集团	歌诗达邮轮	威尼斯号	135,500	5,260	13,520	2019
		大西洋号	86,000	2,680		2000
		赛琳娜号	114,500	3,780		2007
		新浪漫号	57,150	1,800		1993
	公主邮轮	盛世公主号	143,000	3,560	3,560	2017
皇家加勒比游轮集团	皇家加勒比	海洋光谱号	168,666	5,549	14,744	2019
		海洋量子号	167,800	4,905		2014
		海洋航行者号	138,000	4,290		1999
云顶香港	星梦邮轮	探索者号	75,338	1,852	5,228	2019
		世界梦号	151,300	3,376		2017
	丽星邮轮	双子星号	50,764	1,530	1,530	–
诺唯真	诺唯真游轮	喜悦号	167,725	3,804	3,850	2017
地中海	地中海邮轮	辉煌号	137,936	4,363	3,724	2009
渤海轮渡	渤海邮轮	中华泰山号	24,500	1,000	1,000	2000
星旅远洋	星旅邮轮	鼓浪屿号	70,000	1,800	1,800	1995

在满足多样化的市场需求。

3.港台航线。从中国大陆港口始发的国际邮轮航线中，仅有“世界梦号”运营了广州至香港的常态化邮轮航线。受地缘政治及其他因素制约，目前尚未开通中国大陆至台湾的邮轮航线。

（七）邮轮社团。经国家发改委、民政部批准，中国交通运输协会邮轮游艇分会（CCYIA）于2006年10月成立，总部设在北京，是邮轮和游艇两大行业相关单位和资深人士自愿结成的国家级行业非营利组织。受中国政府委托促进两大新兴行业在国内的健康发展。经过十三年的发展，CCYIA已经成为中国邮轮游艇行业25个全国性、省市级协会中最权威、最具号召力和活力的社团组织。

中国交通运输协会邮轮游艇分会在推进邮轮、游艇行业在中国的发展，让中国成为国际邮轮主要目的地，国人乘邮轮出游常态化；让游艇在我国跨海域游起来，国人享受游艇航海常态化；通过多元化活动的开展，促进中国邮轮、游艇行业同国际领域间的交流与合作；培养并普及国人航海文化和消费新观念；维护行业秩序，营造邮轮业和游艇业健康和可持续发展方面做了大量工作。从促进政策出台、提出发展模式、引导地方建设、反映行业呼声、培育消费理念、搭建合作平台、提供权威信息、指导教育培训等八个方面有力推动中国邮轮、游艇两大产业的健康持续发展。

CCYIA成立10余年来，先后提出中国邮轮发展理念和思路，并发表了邮轮经济是拉动消费的新增长点（2007年）、邮轮是旅游新业态之一（2008年）、邮轮码头需要布局规划，不要盲目建母港（2009年）、邮轮码头要注重功能性，不需要地标建筑（2010年）、促进国际邮轮在华采购，完善中国邮轮产业链（2011年）、中国不要闭门造邮轮，与欧洲联合发展是捷径（2011年）、中国邮轮旅游经济亟需总体规划（2012年）、中国发展本土邮轮船队不容忽视（2012年）、《邮轮旅客文明公约》（2012年）、亚洲邮轮城市要紧密合作、共生共赢（2013年）、中国邮轮发展最缺乏的不是资本而是人才（2013年）、大中华地区、亚洲地区携手发展国际邮轮入境游（2014年）、邮轮包船模式是过渡时期产物，不会持久（2014年）、邮轮是中高端休闲度假旅游，不鼓励无序低价竞争（2015年）、中国开始打造邮轮全产业链（2016年）中国邮轮进入调整期（2018年）等推动中国邮轮发展理念和思路的文章，树立了CCYIA在国内外的影响力、凝聚力。

由CCYIA发起的中国邮轮产业大会（CCS）自2006年以来已经成功举办14届，始终聚焦行业发展热点和方向，发布最新政策和市场战略，促进全球产业合作，为新兴行业发声。会议规模逐年扩大，层次不断提高，已发展成为邮轮管理部门、邮轮企业和邮轮服务业交流的重要平台。会议的国际性、权威性、专业性获得全球邮轮界的充分认可，成为全球邮轮产业的年度盛会之一。

随着改革开放的深入，随着人们对邮轮发展认识的进一步提升，随着邮轮行业与时俱进的调整和服务水平的提高，邮轮经济将获得更大的发展。

（中国交通运输协会邮轮游艇分会副会长、秘书长　郑炜航）

表6　长江干线豪华游轮旅游经营主体运力

公司名称	游轮艘数	邮轮名称	客位总数
重庆长江黄金游轮有限公司	7	长江黄金1号、长江黄金2号、长江黄金3号、长江黄金5号、长江黄金6号、长江黄金7号、长江黄金8号	3521
重庆冠达世纪游轮有限公司	6	世纪钻石、世纪宝石、世纪辉煌、世纪天子、世纪神话、世纪传奇	1984
武汉扬子江游船有限公司	5	总统一号、总统二号、总统六号、总统七号、总统八号	1907
重庆东江实业有限公司	7	凯珍、凯娜、凯蒂、凯琳、凯莎、凯蕾、凯娅	1806
长江轮船海外旅游总公司	4	长江壹号、长江贰号、维多利亚5号、维多利亚7号	990
其他	6	华夏神女1号、华夏神女2号、一代天骄、马可波罗、长江传说、长江探索	1292
合计	35		11500

表7　中国邮轮市场运营日本航线概览

始发港	目的地港	邮轮
上海、天津、广州、深圳、青岛、厦门、大连、温州	日本：福冈、鹿儿岛、下关、那霸、冲绳、长崎、佐世保、八代、熊本、大阪、神户、横滨	歌诗达威尼斯号、歌诗达赛琳娜号、盛世公主、海洋光谱号、探索梦号、海洋量子号、诺唯真喜悦号

表8　中国邮轮市场运营东南亚航线

始发港	目的地港	邮轮
广州、深圳、厦门、天津	越南：顺化、胡志明市、岘港、下龙湾 菲律宾：马尼拉、苏比克湾	世界梦号、歌诗达大西洋号、地中海辉煌号、海洋量子号

表9　中国邮轮市场运营港台航线

始发港	目的地港	邮轮
广州	香港	世界梦号
–	台湾	–

交通重点企业专辑

中国交通建设集团有限公司70年发展历程和成就

企业概况

中国交通建设集团有限公司(以下简称"中交集团")是全球领先的特大型基础设施综合服务商,主要从事交通基础设施的投资建设运营、装备制造、房地产及城市综合开发等业务,为客户提供投资融资、咨询规划、设计建造、管理运营一揽子解决方案和一体化服务。中交集团拥有60多家全资、控股子公司,从事相关业务已有120多年历史,产品和服务遍及150多个国家和地区,员工数量超过14万人。

中交集团是世界最大的港口设计建设公司、世界最大的公路与桥梁设计建设公司、世界最大的环保疏浚公司、世界最大的集装箱起重机制造公司、世界最大的海上石油钻井平台设计公司;是中国最大的国际工程承包公司、中国最大的高速公路投资商;拥有中国最大的民用船队。中交集团建设了一大批代表世界、代表时代最高水平的交通基础设施,为客户提供了成熟完备的服务,形成了全球领先的技术体系和"用心浇注您的满意"的服务文化。

港珠澳大桥通车。

发展历程和成就

新中国成立70年来,作为中国交通基础设施建设领军企业,中交集团自觉地站在国家和社会发展的历史方位上,保障中国基础设施加快建设,助力中国由"交通大国"逐步向"交通强国"昂首迈进。从新中国成立后即投身祖国交通基础设施发展事业,到新中国援外工作的执行者、改革开放和"走出去"的领军者,再到"一带一路"龙头企业和"中国方案"的践行者,中交集团始终将企业发展深度融入国家发展大局,与国家发展同频共振,彰显了中国交通建设的强大实力。

1.以整合重组凝聚发展动能。中交集团发展至今,伴随中国交通基础设施事业和改革开放的深刻变革,经历了多次整合重组,旗下企业既有"百年老店",也有业内新锐;既有国企,也有混合所有制企业;既有中国企业,也有外国企业;形成了基因多样、文化多元、优势多聚的大型综合性企业集团。其中,所属中交疏浚天津航道局是中国最早的专业疏浚机构,其前身为1897年成立的海河工程局,见证了中国交通行业122年的发展之路;新港工程局(中交集团所属一航局前身)、南京港整治工程局(中交集团所属二航局前身)等成为新中国第一支筑港队伍;交通部第一公路工程局(中交集团所属一公局集团前身)、交通部第二公路工程局(中交集团所属二公局前身)等成为公路工程建设的主要力量,为新中国交通基础设施建设发挥了重要作用。1958年,交通部援外办公室(中交集团所属中国路桥前身)开始走出国门,承担中国政府对外援助项目建设。伴随着改革开放的春风,1979年、1980年,中国公路桥梁工程公司和中国港湾工程公司先后成立,开始进入国际工程承包市场,并于1996年在这两家公司基础上分别组建中国路桥(集团)总公司和中国港湾建设(集团)总公司。

2005年,中交集团由原中国港湾建设(集团)总公司与原中国路桥(集团)总公司以新设合并方式组建成立。通过整合重组,使资源配置、融资能力、经营布局、投资结构等实现"1+1远大于2"的效果。在此基础上大力推动改革创新,全面梳理原有业务,形成了基建、设计、疏浚、装备制造、海外和投资等六大板块,明确了各板块的战略定位和发展方向,并持续重组资源、整合体系,构建了多元一体、协同共进的业务发展体系。2006年,中交集团组建后仅用时9个月便完成整体上市,在香港H股挂牌交易,成为中国首家实现整体上市的特大型国有基建企业,并于2007年成为当年全球市值最大的建筑公司;2008年成功入选世界500强,名列第341位;2010年吸收合并中国房地产开发集团公司,成为国资委确定的从事房地产业的16家央企之一;2012年顺利回归A股上市;2014年收购绿城中国股份,成为绿城中国第一大股东,提升房地产业务综合实力;2018年与中国民用航空局联合重组成立中国民航机场建设集团,共同打造中国民航机场建设旗舰企业；近年来还陆续收购美国F&G、澳大利亚John Holland、巴西Concremat等国际公司，为拓展全球市场、迈向世界一流企业夯实了基础。伴随着新中国的发展，中交集团将企业发展优势与国家需求紧密结合，通过市场化锤炼和一系列整合重组，综合实力和竞争力不断提升，实现了快速做强做大和跨越发展。

2.以深化改革推动转型升级。党的十八大召开以来，国际国内形势发生深刻变化，面对新形势新问题，中交集团因变而变，砥砺奋进，开拓创新，全力谋求转型发展，实现由工到商升维发展。

（1）聚焦"五商中交"实现战略升级。主动认识把握引领新常态，在2013年提出"五商中交"战略，即将公司打造成为全球知名工程承包商、城市综合开发运营商、特色房地产商、基础设施综合投资商、海洋重工与港机装备制造集成商。核心目标是要实现"三个升级"，即企业定位向"工""商"相融升级，市场布局向国内国际并重升级，内部关系向利益共同体、命运共同体升级。围绕"五商中交"战略，中交集团进行了一系列适应性组织建设，核心竞争力显著提升，实现了由工到商、由业务线型布局到产业立体发展的积极转变。

（2）聚焦"三者"定位推进供给侧结构性改革。深入贯彻供给侧结构性改革要求，主动适应和引领经济新常态，2014年提出了"三者"市场定位，即成为"政府与经济社会发展急所的责任分担者、区域经济发展的深度参与者、政府购买公共服务的优质提供者"，切实为经济社会发展分担责任、贡献力量、提供优质产品和服务。以精准定向的供给破解供需不匹配带来的矛盾，以深入系统的解决方案破除供给不充分带来的矛盾，以高效优质的供给破解低效无效供给带来的矛盾。通过实施供给侧结构性改革，为企业发展增添了新活力、集聚了新动能。

（3）聚焦打造国有资本投资公司全面深化改革。中交集团于2016年获国务院批准成为国有资本投资公司试点企业，是建筑类央企中唯一一家试点单位。围绕国有资本投资公司试点改革目标，中交集团确立了"一台多柱"改革总框架，旨在以服务国家重大战略为目标，将中交集团打造成为基础设施领域的投资控股平台，并以原有优势产业为基础整合形成若干个世界领先的产业集团，相关改革工作已取得系列阶段性成果。通过战略升级、体系优化和深化改革，中交集团实现了理念升维和业务转型，资产总量和业务规模跨入"万亿俱乐部"，企业发展质量、效益、综合实力和品牌影响力大幅提升。按照党的十九大关于"推动国有资本做强做优做大"及"培育具有全球竞争力的世界一流企业"要求，中交集团持续深化国有资本投资公司试点改革，"一台多柱"的总体框架初步成型，"一主多元"的产业布局逐步完善，开启新时代企业发展新征程，向着世界一流企业目标再出发再奋进。

3.以独特优势助力交通强国建设。作为基础设施领域的国家队和领军者，中交集团以"大国重器"的担当和实力，发挥全产业链优势和综合一体化服务优势，切实扛起建设交通强国重任，为中国综合交通建设贡献力量。

（1）路桥交通业务全球领先。新中国成立以来，中交集团作为全球领先的桥梁设计建设企业，参与了国内众多高等级主干线公路以及境外重大项目建设，设计建造了世界十大斜拉桥中的6座、世界十大悬索桥中的5座和世界十大跨海大桥中的6座，承建了港珠澳大桥、杭州湾跨海大桥、塞尔维亚泽蒙—博尔察大桥、中马友谊大桥、美国旧金山新海湾大桥等知名项目，向全世界彰显"中国路""中国桥"品牌。

（2）水工业务优势独特。中交集团作为世界最大的港口设计、建设和疏浚企业，在世界排名前十位的港口中独立设计建设了7个，在国内已累计建设万吨级及以上泊位近2000个，年疏浚能力超10亿立方米，中交集团让"中国港""中国岛""中国装备"赢得全球瞩目。

（3）铁路和轨道交通业务名片闪亮。截至2018年底，中交集团已完工和在建铁路里程近7500公里，在建轨道交通项目330多公里，参与了京沪高铁、哈大高铁、兰渝铁路等多个重点铁路和轨道交通项目的设计和施工，推动中国铁路交通建设。正在实施的马来西亚东海岸铁路是中国企业在建的最大铁路工程。以全产业链模式实施的肯尼亚蒙内铁路正式通车运营，成为中国铁路"走出去"的闪亮名片。

（4）航空港建设业务增添动力。依托系统性领先的技术优势，中交集团在国内外承建了北京新机场、上海虹桥机场、澳门机场、南苏丹朱巴国际机场等多项重大工程。与中国民用航空局深化合作，优化整合内外部专业资源，致力于打造民航机场建设领域的旗帜企业，为国家民航事业发展增添新动力。

（5）引领交通行业科技创新。中交集团全面践行创新驱动发展战略，以

中马友谊大桥通车。

重大工程和项目为依托，攻克了一系列世界级技术难题，引领行业创新。中交集团离岸深水港建设、超大跨径桥隧建设、河口深水航道治理成套技术、集装箱自动化码头装卸系统等关键技术全球领先，有力支持了国家基础设施大发展大跨越，在世界范围内形成了系统性的技术领先优势。港珠澳大桥这一世界公认的施工环境最复杂、技术难度最高、建设规模最大的跨海集群超级工程，成为中国逐步由"交通大国"迈向"交通强国"的标志性工程。

（6）积极推动行业标准制定和"走出去"。中交集团发挥自身优势和行业影响力，积极参与全球交通基础设施建设，制定多项高水平的技术标准和行业规范，以实际行动促进中国在全球交通治理、国际运输规则制定乃至全球经济竞争中的话语权和影响力持续提升。中交集团编制完成正在使用的建设类标准规范占交通行业的70%以上。以全产业链模式实施的肯尼亚蒙内铁路是首条完全采用中国标准、中国技术、中国管理、中国装备建造、中国运营维护的国标一级铁路，成为中国交通全产业链"走出去"的标志性工程。中国交建、振华重工、中国港湾、中国路桥等品牌全球知名，重新定义中国基建内涵。

4.以践行国家战略展示责任和担当。中交集团始终牢记央企使命责任，积极践行国家重大战略，实现企业发展与国家战略的深度融合。

（1）全力推动"一带一路"建设。中交集团致力于打造连心桥、致富路、发展港、幸福城，实施了肯尼亚蒙内铁路、巴基斯坦喀喇昆仑公路、斯里兰卡科伦坡港口城、马来西亚槟城二桥等一大批惠及所在国、促进互联互通的工程项目。中交集团在沿线国家和地区累计合同额超过800亿美元，合作项目超过1000个，修建公路超过13000公里、桥梁180多座、机场17个，规划和建设产业园区20多个，新建实施和在运营铁路超过10000公里，成为促进互联互通的重要骨干。积极传播丝路精神，把项目的筛选开发、前期策划与帮助当地政府解决发展难题紧密结合，推动当地经济社会发展，通过项目实施累计带动"一带一路"沿线国家和地区10多万人次就业，培养了数以万计的产业技能人才，树立了中国企业的良好形象。

（2）全力落实制造强国战略。中交集团智能交通装备特色优势突出，所属振华重工的港机及海工装备制造能力是"中国创造"的重要体现，产品已进入全球100多个国家和地区，振华重工港口机械连续21年保持世界第一，占据世界80%以上的市场份额，是世界公认的港口机械领军企业，自动化集装箱码头系统全球领先。中交集团所属中交天和自主研发制造的15米直径盾构机，填补了国内空白，并成功打入国际市场。中交集团自主研制的亚洲最大重型自航绞吸船"天鲲号"成功下水，实现了设计、研发、制造全周期的"中国化"，标志着中国在疏浚装备高端制造领域迈入世界先进行列。

中国出口海外最大盾构机起运。

（3）全力承担国家重大战略工程。中交集团承担了一系列具有重大战略意义的超级工程、战略工程。承建了世界上跨度最长、埋深最深的跨海大桥——港珠澳大桥工程，以自主创新攻克多项世界级难题，顺利完成工程建设，成为中国从"桥梁大国"向"桥梁强国"跨越的标志性工程；作为京新高速建设主力军，构筑了一条北京进入新疆最快捷的大通道；通过实施中国沿海系列重大港口工程建设项目，为构建中国综合交通运输体系、提升国防能力、提高海洋资源开发水平等做出了重要贡献。

（4）全力融入区域协调发展。中交集团紧跟国家区域协调发展战略，以独特优势和综合实力为区域协调发展提供有力支撑。积极参与雄安新区建设。中交集团坚持"世界眼光、国际标准、中国特色、高点定位"，贯彻新发展理念，紧跟新区发展步伐，组建了中交雄安总部和雄安投资公司，承接了区内多个重点项目的规划设计，高起点、高标准、高质量谋划雄安新区交通运输发展蓝图，在智能交通、装配式道路、白洋淀水域综合治理、京雄城际铁路等领域发挥了积极作用。积极推进京津冀协同发展。中交集团为贯彻落实国家京津冀协同发展的重大战略，进一步完善在京津冀区域的市场布局，成立京津冀区域总部，强化总体统筹和资源优化配置。在京津冀区域业务范围涵盖工程设计施工承包、城市综合体开发运营、特色房地产开发等多个领域。实施北京新机场、京张高铁、河北太行山高速公路等重大基础设施项目，加快推动京津冀基础设施网络一体化。积极服务长江经济带建设。发挥基础设施全产业链和综合一体化服务优势，持续深耕长江经济带航道治理、港口维修改造、立体交通走廊建设等传统领域，南京纬三路过江通道、长江12.5米深水航道等重点项目基本建成，为长江经济带建设贡献力量。积极推动粤港澳大湾区建设。紧跟国家战略，成立粤港澳区域总部，统筹域内资源，推动大湾区发展，港珠澳大桥成为联结粤港澳城市协同创新发展的重要纽带，深中通道、香港三跑工程等重大工程项目建设稳步推进。

(5)全力打好脱贫攻坚战。20世纪90年代，中交集团开始参与脱贫攻坚工作，定点帮扶云南怒江州兰坪县、贡山县、福贡县、泸水市和新疆英吉沙县“三区三州”深度贫困地区脱贫。20多年来，中交集团认真贯彻落实党中央决策部署，提高政治站位、强化责任担当、切实履职尽责、创新帮扶方式，构建大扶贫格局和长效机制。不断建立健全帮扶“六大体系”，创新“两项机制”，加大资源投入。一是实施“开发+扶贫”帮扶。落实“六项聚力”，即在交通基础设施建设脱贫、异地搬迁脱贫、产业帮扶脱贫等方面实施精准帮扶举措。二是建立“产业+扶贫”机制。坚持市场化、产业化方向，加快推动当地优质资源向优势产业转化，实现资源变资产、资产变资本，形成产业运行的良性机制。三是实行“政府+企业”模式。与怒江州共同注资5亿元成立怒江扶贫产业开发公司，成为脱贫攻坚的“稳定器”和“压舱石”，推动特色小镇、旅游开发、康养医疗等要素集聚，推进香料产业园、旅游特色小镇、交通基础设施等重点项目实施。四是实现“短期+长期”目标。通过实施重点产业帮扶项目，推动实现2020年脱贫攻坚目标，同时坚定“帮扶云南怒江50年甚至更长时间的发展目标不动摇”承诺，落实“摘帽不摘责任”要求，培育持久增收致富的产业发展长效机制，坚决打赢打好深度贫困脱贫攻坚战。

2018年度企业发展情况

2018年是全面贯彻党的十九大精神的开局之年，中交集团紧紧围绕高质量发展这个核心，调结构、拓市场、促改革、强管理、抓党建，各项工作持续稳步提升，不断迈向高质量发展和建设具有全球竞争力的世界一流企业的新征程。

改革发展

1.推动改革调整，发展动能持续提升。2018年，中交集团全面推进各项改革工作，取得了一系列阶段性成果。一是总体改革稳步推进。制定《试点改革实施方案》和《集团组建方案》，确定了“一台多柱”总体架构和产业格局，为实现国有资本专业化、市场化运作平台奠定了基础。推动产业资源重组整合，振华重工顺利分拆、中国城乡正式组建、中交资本加快筹建、机场建设集团完成重组、信科集团整合成立，积蓄企业发展新动能。二是专项改革完成目标。完成压减法人户数、压缩管理层级和法人层级目标，降低人工成本和管理费用，提高发展质量。全面完成国资委“处僵治困”工作任务，“僵尸企业”全部脱困。“三供一业”分离移交协议签订率达100%。三是综合改革取得成效。中交房地产、中交疏浚、信科集团入选国企改革“双百行动”，为释放发展活力创造有利条件；完成一公局与隧道局重组，下放相关管理权限，打造千亿级旗舰子集团；调整房地产业务管理体系，优化绿城中国管控机制；搭建轨道分公司、中交投资和一公局集团三个轨道交通业务管理平台；抓好“三项制度改革”，推进市场化选聘，深化差异化考核。

2.聚力优化升级，发展品质持续提升。深入贯彻“五商中交”战略，业务结构和市场布局进一步优化，不断迈向高质量发展。一是经营质量总体向好。世界500强排名上升至91位，提前两年实现“十三五”发展目标；连续12年荣膺ENR全球最大国际承包商中国企业第1名，稳居世界前3名；在国资委年度考核中实现“十三连A”，是11家获得“十三连A”的中央企业之一，也是建筑央企中唯一获此殊荣的企业。二是全球化优势不断巩固。“中交全球化”向“全球化中交”转变的态势进一步凸显。深度参与中非合作论坛北京峰会、“16+1峰会”、巴新APEC会议等大型国际活动，在第三方市场合作、构建战略联盟等方面取得成效。持续提升国际化经营能力，全年新进入克罗地亚、东帝汶、多米尼加等国别市场，经

海南琼乐高速通车。

营范围扩展到全球150多个国家和地区，继续稳居亚洲最大国际承包商首位。三是三大攻坚战初见成效。坚持防范金融风险，降杠杆、减负债，资产负债率实现同比降低目标；坚持精准脱贫、精准扶贫，构建"六大体系"，实施云南怒江、新疆英吉沙县精准扶贫项目；坚持污染防治，全年未发生一般及以上突发环境事件。

3.推动科学管理，运营质量持续升级。中交集团坚持固本强基、提质增效，管理和运营基础进一步夯实。一是加强项目管理。制定《施工项目管理手册》《项目管理标准化体系建设指导意见》等制度，推进项目管理体系升级。开展"项目质量效益年"活动，加大亏损项目治理，减少公司项目层面亏损户数，降低亏损面。二是加强人力资源管理。召开公司首次组织人事论坛，谋划组织人事工作总体路径；完善薪酬管理机制，修订《工资总额预算管理办法》；适应转型需要，组织轨道交通新业务、城市规划建设、国际化经营等专题培训班。三是加强信息化建设。推进信息化"穿透工程"三年行动计划；推广总承包项目管理系统、云电商平台、统一门户平台应用；实施流程优化一期项目，建立三级流程管理体系；开展智慧工地建设，实现施工现场关键要素数字化管理。四是加强安全管理。设立盾构施工安全、隧道安全生产监控中心，成立公路、水运安全质量环保研究中心；保持安全管理高压态势，强化安全综合督查，实现重点项目全覆盖，创造4个"零事故月"新纪录。五是加强合规管理。推进"法治中交"建设，完成项目合同法律风险防范指引，启动海外法律风险防范数据库建设；聚焦地铁、投资等高风险领域和重点亏损项目开展审计工作。强化海外合规管理，实现全球市场合规培训全覆盖、亚洲区域合规体系全覆盖。

科技创新

中交集团持续强化科技创新驱动，释放创新活力和动力，2018年取得一系列科技创新丰硕成果。一是深化创新驱动战略。修编《"十三五"科技发展规划》，出台《关于科技体制改革和创新体系建设的实施意见》，构建多维度激励体系、强化科技领军人才培养，促进科技成果转化；召开科技创新大会，部署科技创新工作重点任务；首期规模10亿元的中交双创基金启动实施；启动悬浮隧道、智能桥梁等51项面向前沿引领和关键共性技术研发项目。二是引领行业技术进步。全面融入雄安新区建设，在装配式道路、智慧社区、数字森林等领域践行"无创新、不雄安"理念；务实推进国际科技交流与合作，营造良好的国际技术交流环境和氛围；标准制定取得突破，主持修订的两项挖泥船ISO国际标准发布实施；主编参编《水运工程地基设计规范》《公路工程设计导则》等一批标准，进一步提升行业话语权。三是科技创新成果丰硕。史上首台无人驾驶跨运车、世界首套盾构机智能化焊接系统、全球最大海上风电施工平台相继问世。全年获国家科学技术奖励5项，其中"中国高精度位置网及其在交通领域的重大应用"获国家科技进步一等奖，获詹天佑大奖6项、省部级科技类奖项184项。

杭黄高铁通车。

党建工作

2018年，中交集团深入贯彻落实全国国有企业党的建设工作会议精神和中央企业"党建质量提升年"要求，党的领导核心和政治核心作用进一步发挥。一是政治建设定盘星更加牢固。始终把政治建设摆在首位，切实增强树牢"四个意识"，坚定"四个自信"，坚决做到"两个维护"，以落实党的十九大精神为重点，持续推进30项重点任务。完善"双向进入、交叉任职"领导体制，推动党组织深度嵌入公司治理结构。在首次中央企业党建责任制考核中获评"优秀"，被中央党的建设工作领导小组确定为国有企业党建工作联系点。二是党建基础压舱石更加稳固。严抓"基本组织、基本队伍、基本制度"建设，实行党建考核"三级联查"，强化党员领导干部"一岗双责"，把党建工作"软指标"变为"硬约束"；深入推进"三级联创"，系统开展"中交蓝·党旗红"等多项活动；首个党外代表人士建言献策平台正式揭牌，工会工作蓬勃开展，团青工作全面活跃，涌现出全国"最美职工"林鸣等一批模范典型，充分展示了中交人的良好精神风貌。三是廉政建设防火墙更加坚固。扎牢不能腐的笼子，修订《公司党委落实中央八项规定精神实施意见》，规范干部亲属经商行为，组织开展王晓林案专项整改。强化不敢腐的震慑，完成内部巡视，开展公务用车、办公用房等专项检查，试点建立境外纪工委，召开首次警示教育大会。增强不想腐的自觉，推动党规党纪入脑入心。

履行社会责任

2018年，中交集团积极发挥企业优势，履行企业社会责任。一是聚力精准扶贫。坚决落实国家扶贫工作安排部署，聚力交通脱贫、搬迁脱贫、产业脱贫、教育脱贫、就业脱贫和党建脱贫，全年全口径投入帮扶资金约1.12亿元，全面超额完成与国资委签订的年度扶贫责任书各项任务指标，助力怒江州标注脱贫3万多人、出列村19个，英吉沙县标注脱贫9万多人、出列村67个，为打好脱贫攻坚战贡献中交力量。二是共建和谐社会。积极参与救灾抢险、扶危济困、关爱弱势群体等公益活动，为建设和谐社会贡献力量。发挥基础设施建设专业优势，在抢修道路、桥梁、港口等方面行动有力，公司重庆救援队升级为国家级救援队，在急难险重事件中发挥重要作用。弘扬志愿服务精神，不断完善“2+X”蓝马甲志愿服务体系，“蓝马甲”志愿者已有近万人，搭建形式多样的志愿服务平台，获评首届中央企业青年志愿服务项目大赛铜奖。三是促进民心相通。发挥全球化优势，紧密对接所在国需求，促发展、促就业、建学校、重环保、惠民生，推进“一带一路”建设和民心相通，获评“海外履责典范企业奖”。发布央企首份“一带一路”专题社会责任报告，参与“央企社会责任蓝皮书”系列课题研究，对建筑行业社会责任指标体系指南进行修编，促进指标体系与国际接轨。中交集团连续12年发布社会责任报告，荣获中国社会科学院最高“五星”评级，积极传递履行社会责任理念和行动，向利益相关方共担社会责任，共谋共赢发展。

年度重大工程

1.长江口深水航道二期工程试运行。2018年5月8日，中交集团参与设计、建设的长江南京以下12.5米深水航道二期工程正式试运行，并对国内外船舶开放航行。该项工程正式启用后，从长江口到南京的430公里12.5米深水航道将实现全线贯通，长江水运网络与国际海运网络实现“深水”对接。

广西河百高速通车。

2.文莱大摩拉岛大桥通车。2018年5月30日，中交集团承建的文莱大摩拉岛大桥正式通车。该桥为文莱第一座建成的跨海特大桥，大桥全长5915米，为双向四车道公路桥梁，设计时速为100公里。

3.中国出口海外最大盾构机起运。2018年7月1日，中交集团自主研发的出口海外最大直径盾构机开始发运。该盾构机将用于目前中国在海外最大的盾构公路隧道项目——孟加拉卡纳普里河底隧道工程。

4.中马友谊大桥通车。2018年8月30日，中国交建承建的马尔代夫第一座现代化的桥梁——马尔代夫中马友谊大桥正式通车。这是马尔代夫第一座跨海大桥。

5.港珠澳大桥通车。2018年10月23日，港珠澳大桥举行通车仪式。作为大桥主要设计、建设单位，中交集团承建了沉管隧道、东西人工岛、青州航道桥、口岸人工岛、香港和澳门段的大部分工程，占主体工程量的70%以上。

6.海南琼乐高速通车。2018年9月28日，中交集团设计、施工的海南琼中至乐东高速公路正式通车。琼乐高速全长129公里，设计时速100公里，是海南省“一桥六路”重点项目之一。

7.广西河百高速通车。2018年11月28日，中交集团参建的广西河池至百色高速公路正式通车运营，标志着广西高速公路大西环正式贯通。该高速串联起广西众多旅游资源，被誉为“广西最美高速”。

8.莫桑比克马普托大桥通车。2018年11月10日，中交集团承建的莫桑比克马普托大桥及连接线项目正式通车。这是目前非洲第一大悬索桥。

9.杭黄高铁通车。2018年12月25日，中交集团参建的杭黄高铁正式通车。该线路串连起10多处国家森林公园，以及西湖、黄山等7个5A级风景区，被称为中国“最美高铁”。

10.青岛地铁13号线开通。2018年12月26日，中交集团采用PPP模式参与建设的青岛地铁13号线开通，这是山东省第一个采用PPP模式建设的轨道交通项目，也是国家PPP示范项目。

年度重要事件

1.习近平宣布港珠澳大桥正式开通。2018年10月23日，世界最长跨海大桥——港珠澳大桥在珠海举行通车仪式。国家主席习近平宣布大桥正式开通。在东人工岛，习近平会见了中交集团总工程师林鸣、大桥总设计师孟凡超等建设者代表。习近平说，港珠澳大

莫桑比克马普托大桥通车。

桥的建设创下多项世界之最，非常了不起，体现了一个国家逢山开路、遇水架桥的奋斗精神，体现了中国的综合国力和自主创新能力，体现了勇创世界一流的民族志气，是一座圆梦桥、同心桥、自信桥、复兴桥。

2.习近平出席巴新独立大道项目移交启用仪式。2018年11月16日，国家主席习近平在莫尔兹比港和巴布亚新几内亚总理奥尼尔共同出席中国援建、中交集团承建的独立大道移交启用仪式。习近平在致辞中指出，独立大道连接的是中国人民同巴新人民的深情厚谊，承载着中国人民对巴新人民的良好祝愿。中国承建企业以最高标准、最快速度确保项目如期保质完工，将为当地人民带来更多便利和繁荣。中方愿同巴新方增进互信，扩大交流，加强合作，共同规划建设繁荣之路、开放之路、友谊之路。

3.习近平和巴拿马总统共同会见双方企业家代表。2018年12月3日，国家主席习近平在巴拿马城和巴拿马总统巴雷拉共同会见包括中交集团在内的出席中国—巴拿马经贸合作论坛的双方企业家代表。习近平指出，两国企业界是中巴合作的主力军，双方要抓住良好机遇，努力扩大合作。两国企业家应该担起社会责任，生意做到哪里就要在哪里播下友好的种子，项目建在哪里就要在哪里树起友谊的丰碑。希望两国企业家开拓进取，开创中巴合作更加美好的未来。

4.李克强和柬埔寨首相共同见证中交集团签约。2018年1月10—11日，国务院总理李克强对柬埔寨进行正式访问。在同柬埔寨首相洪森举行会谈后，双方签署了19份合作文件，包括中交集团与柬埔寨政府签署的《关于金边至西哈努克港高速公路特许权协议》以及《柬埔寨3号公路贷款协议》。

5.李克强考察振华重工。2018年4月10日，在上海调研自由贸易港建设的国务院总理李克强考察了振华重工。振华重工作为全球最有竞争力的自动化码头成套设备与系统制造商和供应商，获得李克强的鼓励：要打造一流高品质中国装备，努力创造品质一流的中国服务，用中国装备振兴中华。

6.李克强见证匈塞铁路商务合同签署。2018年7月7日，第八届中国—中东欧国家经贸论坛在保加利亚索非亚举行。在国务院总理李克强和中东欧16国领导人的共同见证下，中交集团签署了匈塞铁路塞尔维亚境内诺维萨德—苏博蒂察—边境（克莱比亚）段商务合同。该项目是中国—中东欧合作的旗舰项目，也是中欧共建“一带一路”的标志性项目。

7.栗战书考察莫桑比克马普托跨海大桥项目。2018年5月15日，全国人大常委会委员长栗战书考察了由中交集团承建的莫桑比克马普托跨海大桥项目。栗战书对中交集团在非洲，特别是在莫桑比克马普托跨海大桥项目建设中作出的贡献予以肯定，大桥建设促进了当地就业，带动了沿线经济发展，架起了中莫友谊的桥梁，树立了国际合作的新典范。

8.汪洋视察肯尼亚蒙内铁路。2018年6月17日，在肯尼亚进行访问的全国政协主席汪洋视察了中交集团承建并运营的肯尼亚蒙内铁路。汪洋指出，蒙内铁路是中肯合作的典范，是中国企业“走出去”的成功典型。汪洋要求运营公司把安全运输作为首要任务，不断提高运营服务质量，为民众提供更方便、快捷、舒适、高效的服务，加强中肯员工的互动交流，搭建两国人民友谊的桥梁，让中肯合作结出更丰硕的果实。

9.韩正调研北京大兴国际机场建设。2018年11月20日，国务院副总理韩正调研中交集团参与建设的北京大兴国际机场。他指出，大兴国际机场已进入施工关键期、冲刺期，要在确保安全生产的前提下，严把施工质量，发扬工匠精神，精益求精，争创一流，让工程经得起历史检验，要求建设者秉持科学态度，坚持质量第一、安全为先，再接再厉，确保北京大兴国际机场如期竣工投入运营。

10.中交集团获国资委业绩考核“十三连A”。2018年7月17日，国务院国资委公布中央企业负责人经营业绩考核A级企业名单，中交集团再次荣获A级企业荣誉。2005年以来，中交集团连续第13年获此荣誉，是建筑央企中唯一获得“十三连A”的企业。

11.中交集团首进世界百强。2018年7月19日，美国《财富》杂志公布2018年世界500强排行榜，中交集团以794.169亿美元的营业收入跃居第91位，首次进入世界百强。8月23日，《美国工程新闻纪录》(ENR)杂志发布2018年全球工程承包商各项排名，中交集团连续12年荣膺ENR全球最大国际承包商中国企业第1名，连续三年稳居世界前3名。

（文/图　中国交通建设集团）

中交第四公路工程局有限公司

中交第四公路工程局有限公司（以下简称四公局），隶属于世界500强——中国交通建设股份有限公司，具有公路工程及建筑工程施工总承包双特级、工程设计公路行业及建筑行业双甲级、市政工程施工总承包一级等25个类别81项资质，注册资本金19.39亿元。总部设在北京，目前下辖21个子分公司/事业部、12个区域总部、1个综合甲级试验室及多个项目公司。

四公局自2006年成立以来，坚持以市场为导向，持续优化资源配置与市场布局，已从单一的房建施工企业发展成为公路、房建、市政、铁路、轨道交通、内河码头等主业突出，海外、投资、房地产、工程设计、试验检测、物业管理等多板块协同发展的国有综合性大型建筑企业，具有"投资—设计—建设—运营"一体化的工程设计施工总承包能力。

四公局业务遍布全国31个省（市、自治区）和亚洲、非洲、拉丁美洲10多个国家和地区，承建了多项国内外重点工程，共取得发明专利40项、实用新型372项，通过鉴定的科技成果57项，荣获省部级、中国交建、协会科技进步类奖共计60项，共取得国家级工法4项、省部级工法79项、企业级工法162项，荣获省部级及以上优质工程奖74项（含集团），其中沈阳三好桥获2009年度国际桥梁大奖——尤金·菲戈奖；青岛海湾大桥获国际桥梁大会（IBC）"乔治·理查德森"奖；参建的国道112线高速公路天津东段工程永定河特大桥等工程获"国家优质工程银质奖"共两项；参建的北沿江高速公路马鞍山至巢湖段等工程获"李春杯"公路交通优质工程一等奖共三项；参建南宁市良庆大桥工程、百色—靖西高速公路等工程获国家优质工程奖共四项；云南大丽高速公路、潮州—惠州高速公路工程获得国家优质工程金奖；参建拉萨—日喀则铁路工程荣获"詹天佑奖"。多次获得全国优秀施工企业、全国交通企业管理创新示范单位、中国交建优秀企业、中国交建经济效益最优奖、中国交建平安企业等荣誉称号，被认定为国家高新技术企业、公路建设行业诚信百佳企业、中国质量诚信AAA级企业。

近年来，四公局紧跟国家政策，实施差异化发展战略，致力于成为"政府与经济社会发展急所的责任分担者、区域经济发展的深度参与者、政府购买公共服务的优质提供者"，在地下综合管廊、海绵城市、超高层建筑、棚户区改造、环保产业等领域成绩斐然。成功完成中国交建首个地下综合管廊项目——四平管廊项目，投资参建中国交建首个海绵城市项目——贵安新区"两湖一河"海绵城市项目，成为业内领跑者；建设了北京金辉大厦、广州明珠大厦等超高层建筑，实施了遵义红花岗、孝感董湖社区、南昌前进花园小区等30余个棚户区改造项目，积累了丰富的经验。此外，四公局在城市园林绿化、河道整治、污水处理等业务板块拥有先进的设计理念、技术手段以及优秀的项目管理团队，已承接四平市南湖公园、南昌市雄溪河治理、宜宾市污水综合处理等多个城市园林绿化、生态修复项目。

经过十余年的发展，四公局发展质量稳步提升，2019年，四公局深化创新创优，妥善应对外部环境变化，坚定不移地以"五商中交"战略和"三者"定位总揽全局，紧紧扭住"123456"工作总方针，深入践行"235"综合考评理念，扎实开展"不忘初心、牢记使命"主题教育，全面推进"334"工程建设，高标准落实各项措施部署，改革调整、创新创优、真抓实干、砥砺奋进，企业持续稳定发展。

2019年，四公局实现新签合同额708亿元，营业额372亿元，利润总额14亿元，经济增加值7.42亿元，净资产收益率16.07%，产值利润率3.85%，均超额完成中国交建下达的年度考核指标，抗风险能力持续增强，企业可持续发展动力持续强劲。EVA、净资产收益率等各项经济指标在中国交建施工板块名列前茅，发展质效明显优于同行业先进水平，发展基础不断夯实，经营指标不断攀升，发展质量不断提高，企业核心竞争力进一步增强，企业品牌形象日益彰显，赢得了中国交建的充分肯定和社会各界的广泛好评。

站在新起点，谋求新发展，实现新跨越。四公局将围绕"五商中交"战略，加快调整转型步伐，深化改革创新发展，坚定信心锐意进取，瞄准由大到强、工强商优目标，打造"4.0升级四公局"，全面建成"具有核心竞争力的中国交建一流企业"。

（文/图 中交四公局）

孝感文化中心。

招商局集团有限公司70年发展历程与主要成就

招商局集团有限公司（简称招商局），其前身为“轮船招商局”，创立于1872年12月26日，是中国近代史上第一家轮船运输企业，是中国民族工商业的先驱，被誉为“中国民族企业百年历程缩影”。招商局现为国家驻港大型企业集团、香港四大中资企业之一，总部设于香港。

在中国共产党领导的革命斗争中，招商局积极参与其中，在许多重要历史关头上，挺身而出，为中华民族的站起来贡献出力量。在中国共产党成立初期，依托招商局公学，保护了大量因“四一二”反革命政变被迫害的知识界人士和中国共产党人。招商局公学一度成为上海中国共产党人及进步人士聚集活动的地方。抗日战争时期，面对民族存亡，招商局不顾自身安危，不计一企得失，踊跃参战，一方面在长江要塞沉船延缓日军沿长江西进，沉船数量占招商局轮船总吨位的40%；另一方面承担了战时军事运输、客货运输的繁重任务，为抗日战争的胜利，付出了巨大代价，作出了重大贡献。

1950年，新中国成立后的第一个春天，香港招商局和招商局17艘船舶，高举爱国主义旗帜，毅然宣布起义，作出了顺应历史潮流的正确选择，回到了人民的怀抱。招商局成为中华人民共和国政府在港全资国有企业。

1.招商局从中国改革开放事业中走来，是发展市场经济的先行者，在“富起来”过程中推动了许多变革。20世纪70年代末，中国发展再次来到历史的转折点。党的十一届三中全会吹响了中国改革开放的号角。已有100多年历史的招商局再一次挺立时代潮头，以开发蛇口工业区为依托，探索推进了一系列改革开放新举措，成为中国改革开放和发展市场经济的先行者，蛇口也成为新中国成立以来最早打开国门对外开放的地方。在此过程中招商局的特殊贡献突出表现在以下方面：

一是推动了思想的解放。蛇口工业区创办以来，不断打破思想禁锢，解放思想、大胆实践，提出了一系列与市场经济相适应的新观念，开展了一系列体制机制的新变革，采取了一系列推动经济社会发展的新举措。特别是创造性地提出“时间就是金钱，效率就是生命的”口号，给保守僵化的守旧思想带来了强大冲击力，让人们逐渐意识到，要想发展必须解放思想、实事求是，克服不符合实际的习惯思维、打破束缚发展的主观偏见。随着蛇口工业区的成功实践以及之后又大力倡导的“空谈误国，实干兴邦”等口号在中华大地广泛传播，招商局一定程度上引领和推动了全国的思想大解放。

深圳西部港区。

二是推动了人才的解放。1981年，招商局蛇口工业区在老一套人事干部管理制度弊端百出、极度缺乏人才的情况下，在全国首次实行人才的公开招聘，打破了统一管理、统一分配的国家人才部门所有制的现状，有力推动了人才的流动和人力资源的解放。同时，招商局在蛇口选人用人不拘一格、唯才是举，通过各种渠道发现人才、培养人才、重用人才；创办培训中心，大力提高人才的政治思想、专业知识等综合能力；并探索企业经营管理者聘任制，最早在全国推行能进能出、能上能下、能多能少的“六能”改革。这一系列的干部人事制度的探索实践，不仅促进了人才流动、激发了人才潜能、推动了人才解放，还极大地促动了整个国家干部人事制度改革。

三是推动了生产力的解放。在开发建设蛇口工业区过程中，招商局以提高工作效率和经济效益为基本出发点，遵循经济规律，大胆开展各项制度创新，率先推行了企业的管理体制、分配体制、基建体制、干部人事制度、住房制度、社会保障体系、金融改革等一系列改革试验，创下了24项当时全国第一。一系列改革激发了企业的创造力和发展活力，解放和发展了社会生产力。同时，招商局积极推动对外开放，引进外资投资，走出去到发达国家考察学习；探索商业模式创新，形成了独特的“前港—中区—后城”开发的蛇口模式。

招商局先行先试的“试管”和“窗口”作用，为中国改革开放探索提供了有益的经验，作出了特殊的贡献。

2.招商局向实现中华民族伟大复兴的中国梦迈进，正在努力成为建设社会主义现代化的新标兵，将在“强起来”过程中发挥更大的作用。党的十八大以来，以习近平同志为核心的党中央高瞻远瞩，依据马克思主义战略观，提出“强起来”的时代命题，吹响向现代化强国目标进军的奋斗号角。招商局作为国家核心骨干央企，砥砺奋进，筑梦前行。特别是在近几年间，积极回应时代新命题，大力推动各项发展，取得了新的成果，为党和国家事业作出了新的贡献。

一是确立新的发展战略。2014年底，招商局提出“建设具有国际竞争力的世界一流企业”的战略目标，勾画出“招商2020”和“招商150”的战略图景。几年来，集团保持战略定力，坚定围绕“世界一流”和“领先战略”目标，不断加强战略“四化”（深化战略研究、细化战略目标、优化战略举措、强化战略管控），推动企业定位从“三大主业”向“三大平台”、总部定位从传统管控向“3S”管控、增长方式从单一内生向“四轮驱动”转变的“三大转型”，取得初步成效，实现了战略引领发展。

二是注入新的发展动力。紧紧围绕改革与创新，给企业发展不断注入新的动力。成为国有资本投资公司，以“市场化”为核心进行一系列的改革，规范市场化的法人治理结构，建立市场化的选人用人机制，完善市场化的资源配置模式，推进市场化的创新转型方式，加快市场化的国际网络布局。成为国家首批“双创”示范基地，深入推进产融结合、产城联动、产网融合和科技创新。设立50亿元互联网创新基金，推进产业互联网、金融科技、海洋科技、智慧物流建设，培育六大产业生态圈，成立招商创投、建立招商创研院、出台员工在岗创新待岗创业制度、加大创新投入力度，通过一系列创新平台、创新制度、创新资源的建设集成，促进集团创新转型的蓬勃发展，走出一条富有招商局特色的创新驱动发展之路。

首制极地邮轮。

孖州岛修造船基地。

三是开辟新的发展空间。推动蛇口加入自贸区，完成地产板块的重大无先例重组整合。顺利推进了与中外运长航的重组整合。增持招商银行，复牌仁和保险，建立租赁、资产管理、财务公司等，金融“4＋N”布局有序推进。整合公路产业，推动完成招商公路上市。大力推进“一带一路”建设，国际网络布局不断完善。这些都为招商局各板块、各产业的发展开辟了广阔的发展空间。

在加强业务工作的同时，招商局的党建工作也在不断增强。重点加强党的领导和公司治理结构、党管干部原则和市场化机制、党的建设和企业做强做优做大的三个有机融合。做实、做强、做细集团党建各项工作，有力提升了发展的向心力、凝聚力和竞争力。

经过不断的发展，招商局的硬实力、软实力都得到加强。在经济进入新常态、市场总体下行压力下，招商局保持连续多年的双位数增长，营业收入突破6000亿元人民币、利润总额迈向1500亿元新台阶，连续14年荣获国务院国资委经营业绩考核A级央企。招商局得到社会广泛认可，品牌认知度、美誉度不断增强，企业影响力日益扩大。

2018年主要工作与发展亮点

基本情况

截至2018年底，招商局从业人员近20万人。2018年，招商局各项经济指标再创新高：实现营业收入6484亿元人民币，同比增长11.1%；利润总额1450亿元，同比增长14.1%；净利润1072亿元，同比增长9.9%。截至2018年底，招商局总资产8万亿元。招商局利润总额、净利润和总资产在央企中均排名第一。

招商局成为8家连续14年获国务院国资委经营业绩考核A级的央企之一和连续四个任期"业绩优秀企业"。2018年发布的《财富》世界500强公司榜单中，招商局和旗下招商银行双双入围。招商局成为拥有两家《财富》世界500强公司的中央企业。

招商局业务主要集中于综合交通、特色金融、城市与园区综合开发运营三大核心产业，并正在实现由三大主业向实业经营、金融服务、投资与资本运营三大平台转变。

进入新时代，招商局以习近平新时代中国特色社会主义思想和党的十九大精神为指引，提出了"立足长远、把握当下，科技引领、拥抱变化"的战略原则，明确了"立足香港、深耕湾区、一带一路"的战略布局，按照"质量第一、效益优先、规模适度"的工作要求，进一步提升能力、提质增效，不断深化改革，持续创新转型，稳步推进具有全球竞争力的世界一流企业建设。

经营管理

1. 综合交通。

（1）港口业务。招商局集团港口业务均由旗下招商局港口集团股份有限公司（简称招商港口）经营管理。招商港口是世界领先的港口投资、开发和营运商，在中国沿海主要枢纽港建立了较为完善的港口网络群，在大中华区主控和参资的码头遍及中国香港、中国台湾、深圳、宁波、上海、青岛、天津、大连等国际性、区域性集装箱枢纽港，在珠三角、长三角和环渤海经济圈等三大区域和厦门湾、西南沿海形成了网络化经营的港口群，并探索推动"粤港澳大湾区"建设。

在巩固中国港口业务的基础上，招商港口积极向海外市场拓展，成为国家"一带一路"倡议的参与者和推动者，海外码头覆盖亚洲、非洲、欧洲、北美洲、南美洲及大洋洲，海外业务占比逐年提升，并已逐步成为公司发展的新动力。截至2018年底，招商港口业务覆盖全球6大洲18个国家和地区的38个港口，旗下港口企业共有集装箱泊位超过220个（含在建），散杂货泊位超过250个（含在建）。

2018年，招商港口完成集装箱吞吐量10973万标箱，同比增长6.6%，其中大中华地区项目完成8907万标箱，同比增长5.3%；海外项目完成2066万标箱，占总吞吐量的19%，同比增长12.9%。散杂货吞吐量完成5.14亿吨，同比增长1.5%。

（2）航运业务。招商局以旗下招商局能源运输股份有限公司（简称招商轮船）及中国长江航运集团有限公司（简称长航集团）两家航运企业为依托，形成了覆盖远洋、近海、内河的完整航运体系，打造具有核心竞争力的世界一流航运企业。

2018年，招商轮船积极应对市场总体低迷、波动较大的形势，优化经营策略，推进大客户战略，不断提升经营效益；VLCC巩固并提升"大三角航线"的优势策略，干散货业务坚持全球航线经营，滚装运输加强战略客户的合作深度。长航集团持续瘦身健体，加快存量资产转型盘活，有息债务率大幅下降；强化战略客户合作、业务优化与商业模式创新，智慧船厂建设有序推进，特色造船实现客滚船、气体运输船市场零的突破；扭转多年亏损局面，并实现盈利。

招商局航运板块所属油轮船队积极践行国家战略，紧跟国家能源获取全球化发展步伐，升级改造船队结构新增运力保障，积极拓展全球化运营，致力于为国家进口能源提供高效、专业、安全的海上原油运输服务。铁矿石运输方面，招商局航运板块所属散货船队持续发展壮大，承运铁矿石量也逐年增加，在国家战略物资运输保障中做出越来越大的贡献；招商轮船与巴西淡水河谷签订了长期铁矿石包运合同，同时订造以及与工银租赁合资订造40万吨VLOC船队。招商局积极落实国家能源安全战略，与国内大型央企、金融机构共同参与俄罗斯亚马尔液化天然气项目，开拓国际天然气运输市场。

服务"一带一路"倡议方面，招商

交通运输业务板块生产经营情况

细分业务	指 标	单 位	2016年	2017年	2018年	同比增长（%）
港口	集装箱总吞吐量	万标准箱	9577	10290	10962	6.5%
航运	散杂货吞吐量	万吨	46000	50580	59828	18.3%
	油轮货运量	万吨	6700	8767	9495	8.3%
	散货货运量	万吨	9775	10450	11736	12.3%
公路	主控高速公路车流量	万架次	5130	7719	8574	11.1%
物流	物流业务收入	亿元	640	770	798	3.6%
海工	营业收入	亿元	36	54	44	−18.5%
贸易	营业收入	亿元	130	417	566	35.7%

局航运板块所属的杂货船队进一步拓展重点航区杂货班轮航线，包括远东—东南亚航线、远东—中东航线等五大航线，主要承运各类钢材、设备、车辆、重件、钢结构、袋装化工品以及军事物资等，高附加值货物比重占到件杂货总运量的60%以上，成为“海上丝绸之路”运输的主力军之一。

支持长江经济带建设方面，招商局航运板块保持江海洋全程运输服务独特优势。同时，加快转型升级，积极服务长江沿江钢厂、电厂和国内大中型贸易商，在长江流域和沿海内贸市场占据一席之地，助力“长江经济带”战略的落地实施。

2018年，招商局航运板块总运力达到5000万载重吨，完成货运量3.85亿吨。旗下招商轮船运营管理船舶共394艘（含订单），合计4624万载重吨，在全球非金融船东中位列第二。其中，油轮船队共有53艘（含订单），规模位列世界第一；干散货船队共有37艘VLOC（含订单和代管），规模位列世界第一。

（3）物流业务。中国外运股份有限公司是招商局集团控股的二级子公司和物流业务的统一运营平台，服务网络覆盖全国，遍及全球主要经济带，是中国规模最大的供应链综合物流企业，第三方物流和货运代理服务分别居全球第七名和第四名。中国外运服务网络覆盖全国，遍及全球主要经济带。截至2018年底，在全国共有1100余家分、子公司，国内网络遍布除西藏以外的33个省、自治区、直辖市以及港澳台地区；海外63家机构分布于37个国家和地区。已形成代理及相关业务、专业物流、电子商务三大业务板块，能够为客户提供端到端的全程供应链解决方案和一站式服务。

2018，中国外运以整合促融合，换股吸收合并中外运空运发展有限公司，在上海、香港两地上市，成功搭建“A+H”股平台，实现海、陆、空物流资源全面整合；设立合同物流、冷链物流统一运营主体，深化华南、华中、华北和东北四大区域整合工作，启动华东区域资源整合；成立欧亚丝路区域总部，统筹管理陆上丝绸之路经济带的相关资源与业务，初步实现“小前端、强后台”的网络一体化运营，综合物流服务能力、行业影响力显著增强。

2018年，招商局物流板块营业收入完成807亿元，同比增长4.7%；利润总额44亿元，同比增长2.6%。

中国外运营业收入完成773亿元，同比增长5.7%；利润总额41亿元，同比增长9%。其中，货运代理、专业物流和电子商务收入同比增幅分别占1.5%、8.5%和54.3%。主要业务量指标均实现积极增长，其中水路货代、船代、专业物流等货量同比增幅均超过10%，铁路货代箱量同比增幅达33%、电商业务量同比增幅超过80%。

（4）公路业务。招商局公路业务，主要包括收费公路和交通科技两项业务，业务主体分别是招商局公路网络科技控股股份有限公司和招商局重庆交通科研设计院有限公司。

招商局投资经营的公路、桥梁、隧道等收费项目主要分布在全国公路主干线上，覆盖北京、天津、广东、浙江、广西等19个省、自治区和直辖市，总里程达到8824公里，其中主控里程达到1222公里。招商局建有国家级、省部级等各类研究开发平台20个，形成从勘察、设计、特色施工到投资、运营、养护、服务等公路全产业链业务形态。招商公路已逐渐成长为中国投资规模最大、覆盖区域最广、投资经营里程最长的全产业链综合性收费公路公司。

2018年，招商公路控股项目完成车流量8574万架次，同比增长11.3%；通行费收入（含增值税）50.3亿元人民币，同比增长3.9%；新收购的重庆沪渝、渝黔和亳阜高速合计完成车流量1659万架次，同比增长2.7%；通行费收入（含增值税）12.7亿元，同比增长3.2%；16家参股公司完成车流量8.72亿架次，同比增长5.2%；通行费收入380亿元，同比增长1.8%。

招商交科院形成了交通基建、生态环保和智能交通三大主营业务。2018年，交通基建业务实现营业收入14.7亿元人民币，同比增长3.9%。生态环保业务持续稳步发力，新签合同额达1.7亿元，营业收入超过1.3亿元，并已初步形成生态环保新材料、景观设计和环境监测技术的积累。2018年智能交通业务实现营业收入3.2亿元，同比增长15.1%，旗下重庆车检院获评交通运输部三家自动驾驶封闭场地测试基地之一。

（5）装备制造业务。招商局工业集团有限公司是招商局集团的全资二级公司，是招商局集团装备制造业务的主要经营载体。装备制造的主要业务领域涉及海洋装备修理改装、海洋装备制造、邮轮制造等。其中，海洋装备修理

2018年4月25日，长航集团“长江壹号”轮圆满完成中宣部大型采访专船任务。

2019年8月2日，亚洲第一、全球第四的长航集团上海吴淞口邮轮港现三船同靠。

中国外运—工程物流。

改装业务经营单位为香港友联、蛇口友联和舟山友联。香港友联成立于1964年，现为香港最大修船厂；蛇口友联成立于1988年，2008年搬迁到孖洲岛，现已发展成为中国排名前三位的大型修船厂；舟山友联成立于2007年，招商工业于2018年完成相关股权收购并实际控制；三家船厂统一以"友联"品牌经营，已成为在国际上极具竞争力的修船高端品牌。

海洋装备制造的经营单位为深圳重工、江苏重工和金陵船厂。深圳重工是华南地区最大的海工建造基地，中国首批7家海工"白名单"企业之一；江苏重工是华东地区重要的海工建造基地，拥有国内最大的海工干坞，是国家级企业技术中心、国家级高技术企业；金陵船厂于2018年底被招商工业托管，是中国首批造船"白名单"企业，国内领先的滚装船舶、特种船舶建造企业。邮轮制造业务的经营单位是2018年成立的招商局邮轮制造有限公司。

此外，招商工业还是中国国际海运集装箱(集团)股份有限公司(简称中集集团)的第一大股东，并参资招商租赁、深圳联达拖轮等企业。

2018年，招商工业实现营业收入59.13亿元人民币(不含金陵船厂和舟山友联)，同比减少22.5%；剔除去库存项目影响，日常经营业务实现营业收入63.56亿元，同比增加11.12%。按考核口径，2018年实现净利润6.9亿元(剔除本年特殊减值等因素)，同比增幅为54.76%。修船业务完成船舶修理536艘(含舟山友联)，占中国修船企业"斯佩克"(SPCC)份额的12.6%，同比增加2.1个百分点；修船业务平均单船产值国内领先，并突破性的完成3艘豪华邮轮维和2艘外籍LNG运输船的维修。海洋装备制造业务(含金陵船厂)交付船舶与海工装备31艘/座，包括世界领先的300米饱和潜水支持船、全球首制高压双燃料杂货船、12000吨、15500吨首制滚装船及4座自升式钻井平台；新接/生效订单23艘/座，118.3亿元；截至2018年底，手持订单71艘/座，429.5亿元。邮轮建造业务，开工建造国内首艘极地探险邮轮，继续生效4艘极地探险邮轮订单，获批极地探险邮轮、中型邮轮设计建造研究2项国家级重大科研项目。

(6)贸易业务。招商局集团贸易业务由全资子公司招商局海通贸易有限公司负责运营管理。作为招商局集团旗下唯一的综合性商贸平台，招商海通现已发展成为集交通、食品、大宗贸易为一体的综合性贸易公司。

招商海通业务网络覆盖范围广泛，在中国北京、上海、深圳等8个城市及澳大利亚等6个国家设有分支机构。客户涵盖中国内地航运、造船、港口等相关企业，以及国内外众多交通、食品商家及主流超市。近年来，招商海通将贸易服务拓展至电力、公路、有色金属、石油和化工企业。

2018年，招商海通积极推动业务变革、提升商业模式。交通板块由传统产品供应商向集成商转型；食品板块供应链品牌建立了核心竞争力；大宗板块与实业板块结合，打造有行业特色的大宗商品品牌，形成可持续发展有行业竞争优势的能力。招商海通通过收购泰国沃康(Valcom)品牌，参股挖酒网、海通科创以及助力定点扶贫县脱贫等方式，实现品牌自有化和传统业务突破，公司整体效益得到提升。

2018年，招商海通综合营业收入约566亿元人民币，同比增长36%；不考虑计提的特殊拨备，利润总额5.1亿元，同比增长23%，应占净利润3.1亿元，同比增长8%。实现扭亏增盈。其中，大宗贸易实现营业收入497亿元，同比增长44%；食品贸易利润总额为2.98亿元，同比增长10%；交通板块利润总额为1.2亿元，同比增长55%。

2. 城市与园区综合开发。招商局通过招商蛇口、招商局漳州开发区等主体提供城市和园区综合开发运营服务。2018年是招商蛇口成功整合上市后的第三个完整年度，完成招商漳州注入招商蛇口上市平台工作，招商置地转型方案获香港联交所通过，物业转型加快推进；前海土地整备及合资合作推进取得重大进展，有力推进常熟琴湖小镇、粤东新城、烟台环芝罘湾改造等大型综合开发项目，海南系列重点项目进展顺利；完成中白工业园内部股权转让，斯里兰卡、吉布提项目顺利推进；收购湖北东风汽车、浙江润和房产等资产包，发布“美好生活圈”全生命周期产品体系，推出25条标杆型产品线。

2018年，招商局漳州开发区有限公司正式完成政企分离，分为漳州招商局经济技术开发区管理委员会和招商局漳州开发区有限公司。漳州招商局经济技术开发区管理委员会承担相应的地方行政事务，招商局漳州开发区有限公司注入招商蛇口上市平台，建立创新政企合作关系，标志着城市和园区综合开发板块实现了融合统一。区域发展部为贯彻招商局集团总部 3 S 管理要求，落实集团各项战略部署，按照集团领导要求，确立了“一部四办” 的全新部门架构。

2018年，城市和园区综合开发板块聚焦战略抓落实、深化改革谋整合，推动创新促转型，控制风险律体系，推动板块高质量发展，业绩实现稳定持续增长。招商蛇口实现营业收入882.78亿元人民币，同比增长16.25%，实现归母净利润152.4亿元人民币，同比增长20.42%，加权平均净资产收益率达到22.22%，同比增加2.07个百分点。

2018年，招商蛇口累计实现签约销售金额1705.84亿元，同比增长51.26%。项目拓展方面，土地获取继续保持高增长态势，2018年新增80个项目，计容建筑面积共1357万平方米。新增土地储备主要集中在一、二线城市及重点城市外溢三线城市，已在全国布局近60个城市与地区。招商蛇口在大规模增加土地储备的同时实行严格的回款管理，经营活动产生的现金流量净额回正至104.78亿元，表现出稳健的投资策略。

漳州开发区双鱼岛二级开发按计划进行，外部企业合作持续推进。完成厦漳大桥降费通行，芯云谷正式或意向租售率已达63.5%，创业大厦入驻企业达15家。产网融合投资稳步推进，与招商启航共同设立海月启航创业投资基金。

3. 特色金融。招商局的金融业务实施“4+N+金科”布局，涵盖银行、证券、直投、保险、融资租赁、资产管理及金融科技等领域，业务主体分别是招商银行、招商证券、博时基金、招商局资本投资有限责任公司、招商局创新投资有限责任公司、 招商局仁和人寿保险股份有限公司、招商局通商融资租赁有限公司、深圳市招商平安资产管理有限责任公司和招商局金融科技有限公司等，树立了一系列金融业务的招商局品牌，形成了集多种金融行业于一身，具有招商局自身特色、门类齐全、层次分明的集团化金融体系。

招商银行是由招商局发起的第一家由企业兴办的银行，是中国领先的零售银行。截至2018年底，招商银行在中国境内130多个城市设有137家分行及1673家支行，1家分行级专营机构（信用卡中心），3家境外代表处，3259家自助银行，两家子公司（招银租赁和招商基金），一家合营公司（招商信诺）；在香港拥有招商永隆银行和招银国际等子公司，并设有香港分行；在美国设有纽约分行和代表处；在英国设有伦敦分行和代表处；在新加坡设有新加坡分行；在卢森堡设有卢森堡分行；在台北设有代表处；在澳大利亚设有悉尼分行。

招商证券经过二十余年发展，已成为国内拥有证券市场业务全牌照的一流券商。招商证券于2009年11月在上海证券交易所上市，2016年10月在香港联交所上市。截至2018年底，招商证券在境内设有249家证券营业部和12家

城市及园区业务板块生产经营情况

指 标	单 位	2016年	2017年	2018年	同比增长（%）
商品房销售面积	万平方米	471.15	570.01	827.35	45.15%
商品房销售金额	亿元	73934	1127.79	1705.84	51.26%
物业累计出租面积	万平方米	2421	2525	2690	6.5%

中欧班列。

金融业务板块生产经营情况

细分业务	指标	单位	2016年	2017年	2018年	同比增长（%）
招商银行	自营贷款余额	亿元	32617	35650	39330	10.3%
	营业收入	亿元	2097	2209	2486	12.5%
	净利润	亿元	623	706	806	14.2%
招商证券	营业收入	亿元	117	133.5	113.2	−15.2%
招商资本	募资金额	亿元	1379	927	208	−77.6%
	投资金额	亿元	102	192	199	3.6%
	AUM	亿元	2064	2733	2735	0.1%
招商仁和人寿	保险收入	亿元	−	3.7	27.6	646%

分公司，并在香港特别行政区、英国、韩国等地设有经营机构，拥有5家一级全资子公司（招证国际、招商期货、招证资管、招商致远资本、招证投资），参股博时基金、招商基金，构建起国内国际业务一体化的综合证券服务平台。招商证券是2008年迄今连续十一年获得A类AA评级的两家券商之一。

招商资本成立于2012年，是招商局集团投资业务的管理与发展平台，旨在推进集团内部基金整合，建立直投基金管理的统一平台。招商资本以精准的基金定位和国际化专业团队，为投资者和企业创造价值。同时，招商资本积极整合招商局集团内部资源，以融助产，推动金融与实业的相互结合。截至2018年底，招商资本可到账管理总资产超过1739亿元，位列行业第六名；管理及参与7只国家级基金，支持招商局集团服务国家战略；累计管理11只产融结合基金，积极支持集团产业板块发展转型。

2015年，招商局集团设立招商局创新投资管理有限责任公司，其首期基金管理规模50亿元人民币，其中20亿元是母基金投资，30亿元是直接投资。通过母基金和直投的复合投资方式，招商创投扩大了创新项目的覆盖度，为创新项目提供资金支持和产业资源对接，打造招商局集团外部创新生态圈。截至2018年底，招商创投超过70%的投资紧密围绕招商局集团主业的创新；29%的创新项目已与集团实业板块开展合作，初步实现了促进产网创新的目标。

2016年12月1日，经原中国保监会批准，招商局仁和人寿保险股份有限公司正式开始筹建。2017年7月4日，招商仁和人寿正式"复牌"成立，注册资本50亿元人民币，股东包括招商局集团、中国移动、中国航信三大央企，深圳市政府和三家民营企业。招商仁和人寿成立以来，遵循金融保险业的发展规律和"保险姓保"的原则，走市场化、专业化、差异化的创新驱动型发展道路，推动实施"境内+境外""线下+线上""新设+并购"等战略。

2018年，招商仁和人寿全力推动业务发展和机构布局，实现规模保费29.5亿元人民币，在同期开业的寿险公司中位居前列。截至2018年底，筹建并开业15家各级分支机构，基本覆盖了广东省主要辖区。

招商租赁成立于2016年，是招商局的全资子公司。招商租赁按照专业化、市场化、国际化的发展路径，力争成为特色鲜明的国内一流融资租赁公司，致力于深化集团产融业务及服务市场实体经济。2018年，招商租赁落实20亿元人民币股东增资、注册资本增加至50亿元，获得AAA主体信用评级，发行首单直融产品ABN（Asset-Backed Medium-term Notes，非金融企业资产支持票据）。

招商平安资产成立于2017年，是深圳首家经当地市政府及银监会批准设立的地方不良资产管理公司。招商平安资产注册资本30亿元人民币，股东包括招商局集团有限公司、中国平安保险（集团）、深圳市投资控股有限公司和中证信用增进股份有限公司。招商平安资产以不良资产管理为基础，以大资管为目标，以大风险化解为导向，用投资银行理念、基金化运作方式，投资管理另类资产，力争发展成为国内最具特色的一流资产管理公司。2018年，招商平安资产获得AAA主体信用评级，于年内取得银行间市场交易商协会关于其定向债务融资工具的发行批复。

招商局通过旗下招商证券、招商银行持有博时基金、招商基金两家基金公司。博时基金2018年末包含子公司的综合资产管理规模10694亿元，保持在万亿元以上。

为发挥科技创新对金融发展的引领作用，由招商金融独资发起创立招商局金融科技有限公司。2017年11月3日，招商金科成功注册，初始注册资金10亿元。招商金科是招商局集团金融创新体系中的重要一环，定位是服务招商金融事业群/平台及成员企业、科技创新赋能、摸索业务模式创新。招商金科秉持招商局创新和开拓精神，吸纳了一大批具有丰富经验和IT技能的创新型人才，工程技术人员比例超过90%。

招商金科自2018年1月正式开业以来，坚持贯彻招商局集团"创新驱动、科技引领"的战略方针，以创新思维和手段支持集团和成员企业信息化建设。2018年，招商金科为招商局集团、招商金融、招商仁和人寿、招商平安资产、招商海达及自身提供信息化建设服务，累计开展并结项53个项目，所有项目按计划完成交付。

业务指标

2018年，招商银行合并总资产为

67458亿元人民币，比年初增长7.12%；实现合并营业收入2487亿元，同比增长12.57%；利润总额1065亿元，同比增长17.42%；净利润806亿元，同比增长14.84%。

招商证券合并口径总资产3049亿元，同比增长6.75%；归母净资产807亿元，同比增长1.88%；实现合并口径营业收入113亿元，同比减少15.21%；利润总额54亿元，同比减少23.35%；归母净利润44.25亿元，同比减少23.52%。

博时基金实现合并营业收入31.65亿元，同比增长2.04%，净利润9.03亿元，同比下降3.76%，但仍为近八年来历史第二高位；2018年末，博时基金包含子公司的综合资产管理规模为10694亿元，其中公募基金资产管理规模5568亿元，行业排名第五，非货币公募基金月均规模排名行业第二；投资业绩较上年显著提升。

2018年，招商仁和人寿总资产89.1亿元，比年初增长67.1%；实现规模保费29.5亿元，原保费20.7亿元，投资收益3.4亿元，全面达成各项经营指标。2018年，招商海达保险顾问有限公司（简称招商海达）总资产3.9亿港元，营业收入1.8亿港元，净利润2551万港元。招商海达以水险业务著称，承保的船舶总吨位一直位居亚洲前列。2018年，招商局保险有限公司（简称招商局保险）总资产5.4亿港元，毛保费收入1.0亿港元，净利润775万港元。

招商资本的基金管理业务实现管理费收入8亿元，同比增加40.4%，归属于母公司净利润4亿元（旧准则），同比增加53.8%。截至2018年底，招商资本管理53只基金，管理总资产1739亿元，其中：国家级基金规模465亿元，占比27%；产融基金规模641亿元，占比37%；市场化基金633亿元，占比36%。

截至2018年底，招商创投签约投资金额为41亿元人民币。母基金投资29个，管理团队直投项目56个，二级公司决策投资13个。旗下互联网孵化器深圳招商启航互联网投资管理有限公司

港珠澳大桥。

筛选了569个项目进行孵化，并投资了其中68个项目，总计签约投资金额1.3亿元。

招商租赁积极创新产融结合模式，进一步深化互联网+应用，市场化业务取得稳步增长。2018年，招商租赁项目投放达到115.5亿元，其中招商局集团内业务占比为31%，总资产达到265.5亿元。

招商平安资产持续拓展不良资产业务渠道，积极探索基金化运作方式，努力开拓股东业务，在集团产融结合领域取得突破。2018年公司项目投放达到93.1亿元，其中不良类业务占比为31%，总资产达到118.3亿元。

2018年，招商局围绕消费升级需求，紧抓粤港澳大湾区发展机遇，以招商蛇口、招商海通、招商仁和人寿为主体，持续推动邮轮、大健康产业的培育工作。

招商蛇口初步完成沿海城市邮轮布局，探索并完善邮轮母港4.0发展模式，实现“船、港、城、游、购、娱”一体化联动，构建集旅游地产和邮轮产业于一身的高端旅游服务生态圈。2018年深圳蛇口邮轮母港口进出港邮轮旅客36万人次，获邮轮港口类最佳服务奖及国际邮轮博览会最具设计创意奖。

招商海通与招商局集团健康事业部积极统筹协调内部医疗和养老产业，推动“三医两康”取得重大进展。与招商资本共同成立SPV，成功获得天津药研院65%股权，实现医药板块零的突破和高起点起步。依托集团定点扶贫县蕲春的中药原料资源优势，成立蕲春公司，发展蕲艾全产业链，通过地道药材种植、流通、生产的产业升级，树立“招商本草”优质品牌。

重大项目

1.港口重组整合取得重要突破。

（1）招商局“1801项目”实现港口重大资产重组。2018年12月26日，招商局港口集团股份有限公司资产重组更名暨上市仪式在深圳证券交易所隆重举行。深赤湾更名为招商局港口集团股份有限公司，证券简称由“深赤湾A”变更为“招商港口”，证券代码由“000022”变更为“001872”。重组完成后，招商局集团港口板块形成“A控红筹”的双平台架构，从而形成分工合作、优势互补、竞争有序的港口格局。

“1801项目”是招商局集团在资本运作方面取得的又一项重大成就，为招商局港口业务实现“世界一流港口综合服务商”的战略目标奠定基础。项目同时实现了国资、上市公司中小股东和企业间的平衡，兼顾了各方利益，获得了市场的高度认同，重组后A股上市公司的资产规模、盈利水平得到了巨大提升，真正实现了多方共赢。

（2）推动辽宁省港口整合。2017年

6月10日招商局集团与辽宁省委省政府双方签署了港口合作框架协议，确定由招商局主导，通过市场化方式推动辽宁港口整合。

辽宁港口整合是以招商局集团和辽宁省双方共同推动的、高度市场化的区域港口整合，是招商局响应党中央、国务院关于振兴东北经济的战略要求的重要举措，顺应了港口产业发展客观规律，对做优、做强、做大港口业务板块，对招商局集团港口资产布局具有重大战略意义。

2.全面完成中外运长航重组整合工作。历经三年，2018年，招商局与中国外运长航集团有限公司重组整合工作收官，中国外运长航集团有限公司整体并入招商局集团有限公司。融合产生了物流、航运两个世界一流平台建设，构建了大交通、大物流体系。

2018年8月，招商局组建交通物流事业部、招商局集团北京总部，与中外运长航集团有限公司实体相互赋能，为招商局集团打造“三个世界一流”和“四个国内领先”积聚新的活力和能量。2018年招商局交通物流板块整体营业收入近2000亿元，同比增长10.5%；剔除工业项目战略减值及港口股权调整影响，实现利润总额超200亿元。

航运业务完成重组后，招商局营运的船舶运力达到3300万载重吨；加上在手船舶订单1200万载重吨，总计达到4500万载重吨，跃居全球第二位。其中，超级油轮（VLCC）船队规模、盈利和实力一跃成为全球第一。

物流业务完成重组后，招商物流并入中国外运，打造智慧物流平台。2018年，中国外运以整合促融合，换股吸收合并中外运空运发展股份有限公司，在上海、香港两地上市，成功搭建“A+H”股平台，实现海、陆、空物流资源全面整合。招商局成为中国领先、世界前五的综合物流服务供应商，第三方物流全球排名由第八位上升至第六位。

3.招商局被确定为金控模拟监管试点。2018年初，中国人民银行启动了金融控股公司模拟监管试点工作，通过选取不同类型的金融控股集团，建立有操作性监管制度，填补监管空白，招商局被确定为全国五家金控模拟监管试点之一。

作为兼具实业与金融业务的大型央企，招商局在模拟监管中具有一定的代表性。招商局以港航业起家，顺应经济规律逐渐发展出综合交通、地产开发、金融服务“三大主业”，并形成了实业经营、金融服务和投资与资本运营“三大平台”。2016年7月，招商局获批开展国有资本投资公司试点，通过资本运营，实施股权运作、价值管理、有序进退，提升国有资本运行效率和回报，促进国有资本合理流动，调整优化国有资本布局结构，实现国有资产保值增值。截至2018年底，招商局利润总额、资产规模在央企中双列第一，连续十四年被国务院国资委评为A级中央企业。

4.“一带一路”建设取得新成就。自2013年“一带一路”倡议提出以来，招商局积极发挥自身产业综合优势，深入参与“一带一路”建设，全面推进全球化布局，不断加快“走出去”步伐，在全球20个国家和地区拥有56个港口，已初步形成较为完善的海外港口、物流、金融和园区网络。这些港口大都位于“一带一路”沿线国家和地区的重要点位，成熟的“前港—中区—后城”蛇口模式逐步在海外落地生根。

2018年，招商局的“一带一路”建设项目取得新进展：完成收购巴西第二大港口巴拉那瓜港口项目（TCP）和澳大利亚东岸最大港口纽卡斯尔港（Port of Newcastle），实现全球六大洲的布局。招商局参与投资的吉布提国际自贸区正式开园纳客，已有20多家企业入园。中白工业园建设取得重大进展，中白商贸物流园工程通过白俄罗斯国家验收，进入实质运营。截至2018年底，该园区已累计引进41家居民企业。中欧物流大通道班列数量、频次不断增加，线路布局日益完善并实现运营常态化。2018年，中国外运开行802列国际班列（含563列中欧班列和239列中亚班列），占全国总班列的13%，有力地提升了沿线国家和地区互联互通水平。

科技创新

2018年，招商局坚持“立足长远、把握当下、科技引领、拥抱变化”的战略原则和“质量第一、效益优先、规模适度”的战略理念，通过强化理念宣贯、完善体制机制、加大研发投入、建设双创示范基地、完善研究体系布局等工作，进一步将“创新驱动”作为招商局集团实现高质量发展的重要支撑，引领世界一流企业建设。

招商局举办2018年创新大会，提出实施以科技创新为核心的全面创新战略，聚焦“产业+科技”和“产业+互联网”，加快数字化转型，明确了未来方向。围绕投入扶持、考核激励、成果分享等关键问题，出台一系列事关长远的创新举措，进一步激发创新活力。全年科研投入约83亿元（含招商银行），同比增长33.9%，科研资金保障有力。完成“双创”示范基地三年建设年度评估任务，启动首届“招商杯”创意创新创业大赛，双创工作不断深化。组建招商局集团发展研究中心，提升集团研究能力，统筹集团研究资源。

1.2018年，招商局重大科技攻关项目：

（1）设计建造大型多功能饱和潜水支持船，填补中国大深度潜水作业支持船舶的空白。

大型多功能饱和潜水支持船由招商工业主导设计建造并深度参与基本设计，形成具有自主知识产权的核心技术。该船型能支持具有大深度、不间断、全海域潜水作业，并具有高冗余度、高安全性、高自动化等特点，总体性能指标达同类船型最高水平。该船型将大大提升应对大深度、大吨位应急打捞、大面积溢油及其他应急突发事件的快速处置能力，也使得招商工业成为中国唯一实现多功能饱和潜水支持船系列化、产业化的造船企业。

(2)自主设计建造首艘国产极地探险邮轮顺利下水。

由招商工业研发适航南北极特定航线的小型邮轮，是国内第一艘自主设计建造的极地探险邮轮，其顺利下水标志着中国在远洋船舶制造领域取得阶段性突破。邮轮在船型设计、室内布置、噪音舒适性和能源消耗等方面具有独特的技术优势，符合船舶冰级1A、POLAR CLASS 6(HULL)冰极符号及POLAR CAT-B极地服务区域的要求，在先进性、独特性上全球领先。

(3)构建水下隧道建造技术大型试验平台，达到国际先进水平。

招商交科院构建的36×31×3米大型水下隧道试验水池。水池根据实际条件设计外部边界条件以及隧道模型，产生各式流场环境，模拟真实水文环境。实验水池波高2.5－20厘米，周期0.50－2.00秒，最大平均流速0.27厘米/秒，能够实现多荷载耦合作用下沉管隧道纵向拖曳、横向沉放，水下盾构隧道和水下钻爆法隧道等大比尺模型试验，为开展水下隧道相关理论技术研究提供条件。项目已获发明专利10余项，并被验收专家组评为国际先进水平。

(4)自主研发AI码头调度决策系统，提高作业效率和服务水平。

招商港口摆脱对国外码头操作系统的依赖，自主开发了集装箱码头操作系统(CTOS)，并进行系统AI升级。该系统利用蛇口集装箱码头(SCT)的逻辑环境及部分年度货柜的运转数据，通过三维卷积神经网络生成模型，并利用AI技术形成码头的集装箱给位方案、拖车及设备调度计划，能够有效支持码头调度室无人化运作，降低货柜周转成本。该系统已获得3项软件著作权。

2.科研创新体系建设。

(1)深化创新制度体系建设。下发《集团关于进一步推动创新工作有关政策的通知》，通过建立涵盖创新全生命周期的扶持体系、创新成果“分润机制”、创新项目“绿色审批机制”等6大项措施，激发创新活力与动力。此外，招商局还对创新战略进行细化，进一步明晰了集团创新体系、战略目标、主要方向和重点任务。

广东省乐广高速公路。

(2)持续推进双创示范基地建设。围绕“四全(全链条、全流程、全周期、全要素)、四加(线上+线下、空间+资本、资源+机制、境内+境外)、四化(专业化、特色化、协同化、产业化)”双创示范基地建设目标，深入贯彻以资金链引导创业创新链、以创业创新链支持产业链、以产业链带动就业链的双创循环发展理念，持续开展一批双创工作，进一步取得工作成效。推动蛇口两大双创平台建设，完成平台建设预验收工作；启动员工双创基金第二批项目评审，累计对3个项目给予100万元资金支持；推动OpenBayes、厘米公寓等多个双创项目与招商局所属产业公司开展创新合作；协助筹办中央企业熠星大赛、首届“招商杯”创意创新创业大赛和“招商杯”粤港澳大湾区创新创业大赛。

(3)完善研究体系布局。组建招商局集团发展研究中心，提升招商局研究能力，统筹招商局研究资源。招商工业持续完善科技研发布局，落地招商工业欧洲研发中心，成立招商工业产业发展研究中心，筹备招商局海洋装备研究院(深圳)，获批招商局集团海洋工程技术中心，并申报筹备招商局邮轮研究院(上海)，已引进行业专家和高层次人才50余名，将形成产业发展研究、前瞻性产品和技术研发、技术中心“三位一体”的研究、研发和技术管理体系，科技引领能力进一步提升。

企业文化

2018年招商局集团继续完善企业文化体制机制，创新企业文化落地方式，逐步形成能够与集团新时代高质量发展相匹配的企业文化体系，使之成为集团迈向“世界一流”的软实力，将“立足长远、把握当下”定为年度企业文化主题，并围绕“牢固树立当下即是长远的高远境界和长远即是当下的实干精神”，开展系列宣贯和员工活动。以招商局集团网站、微信、头条号、杂志四大平台为媒介传播企业文化，以“公司日”活动、“员工之家”建设、招商课堂巡讲等为抓手落地企业文化，让企业文化成为系统内部各要素、各环节的调节剂和助推器，促进广大员工思想观念、精神面貌的深刻变化和素质的全面提升，增强企业的凝聚力，优化企业形象。

招商局港口集团股份有限公司

发展历程与成就

新中国成立70年来，招商局港口集团股份有限公司（简称招商港口）作为中国港口的重要建设者，也是中国港口发展历史的见证者。上市于1992年的招商港口伴随着中国的改革开放，在招商局集团的带领下实现了以下三大转变。

1.实现由多元化业务向港口综合服务商的转变。招商港口的前身是在香港成立的Attington Investment Limited，该公司是招商局打破国外公司船用涂料垄断，与丹麦老人牌集团合资组建而发展起来的控股企业。1992年7月，该公司在香港联交所上市（股票代码HK00144），成为第一家在香港上市的中资企业。经过多次业务领域拓展和更名，1998年公司更名为招商局国际有限公司（简称招商国际），业务更趋向于多元化的经营模式。

2001年后，招商国际将投资的重点集中到港口业务中，开始剥离与港口无关的非核心业务，明确公司定位为以港口业务为核心的交通基建业务，逐步成为以港口及港口相关业务为核心的上市公司。2010后，招商国际顺应国内外经济形势变化和市场变化，及时调整业务结构，2016年更名为招商局港口控股有限公司，2018年重组更名为招商局港口集团股份有限公司并在深圳证券交易所整体上市（001872），把“世界一流的港口综合服务商”作为公司发展愿景。通过实施国内战略、海外战略和创新战略三大举措，完成产业布局调整，探索商业模式的创新，逐步形成港口业务、保税物流园业务、港口配套业务及综合开发业务四大业务，为迈向世界一流的港口综合服务商奠定了坚实的基础。

2.实现由中国领先向世界领先的转变。招商港口在明确码头业务为主业后，在港口布局拓展的道路上，通过持续的投资收购、改造新建、重组整合，由弱变强，一步步巩固自身的行业地位。1999年，其收购亚洲空运中心（简称AAT）20%股权，将业务拓展至空港领域；2000年，收购并持有漳州招商局码头有限公司49%的股权，使其成为招商港口第一个拥有管理权的码头；2002年，完成对素有“改革开放第一港”的蛇口港（招商港务（深圳）有限公司）的收购。

2004年，招商港口晋升为香港恒生指数成份股。2005年，上海国际港务（集团）股份有限公司揭牌成立，招商港口持股30%。同年，招商港口成为“中国最大公共港口运营商”，在中国大陆的市场份额超过32%。2006年以来，招商港口继续入股国内各大枢纽港，并通过对持股公司进行重组不断完善国内的港口网络布局。逐步在中国沿海主要枢纽港建立了较为完善的港口网络群，所投资或投资并拥有管理权的码头遍及香港、深圳、宁波、上海等集装箱枢纽港。特别是在招商局集团的领导下，招商港口自2016年入股大连港，历时近3年推动辽宁港口整合项目落地，2019年1月4日，辽宁港口集团有限公司在大连市正式挂牌成立。

2008年以后，招商港口把握国企改革及区域港口一体化的契机，积极参与国内主要区域港口整合和重要港口集团并购重组，并以“巩固亚洲、完善非洲、拓展欧洲、突破美洲”为发展战略，把握国家“一带一路”建设实施机遇，在全球各个区域寻找潜在投资机会，加力完善全球港口网络布局。先后投资或收购尼日利亚、斯里兰卡、多哥等国和地区以及达飞旗下遍布欧洲、地中海盆地、非洲等地的多个集装箱码头。2019年，招商港口推进与CMA的战略合作，收购达飞航运旗下10个位于亚洲、欧洲、中东及加勒比等地区的码头股权，实现东南亚布局的突破。截至2019年末，招商港口业务覆盖全球六大洲18个国家和地区的50个港口。2019年，招商港口营业收入和利润总额双双突破百亿元大关，净利润创历史新高。

严阵以待。（胡孝鹏 摄）

2011年，招商港口成功持有科伦坡国际集装箱码头（简称CICT）55%股权。作为绿地项目，该工程建设仅用28个月，比斯方原计划60个月工期缩短53%。从2013年开始投产，CICT集装箱吞吐量屡创佳绩、操作效率保持世界一流，成为招商局“走出去”的一张靓丽的名片。2016年，码头被英国劳氏日报评为“中东及南亚地区推荐码头”。2017、2018年，连续被Asia Cargo News评为“亚洲400万标箱以下最佳码头”。

2013年2月，招商局港口控股有限公司收购吉布提港口有限公司（PDSA）23.5%股份，成为吉布提港的第二大股东，为吉布提打造东非地区航运中心做好了准备。2017年5月，吉布提多哈雷多功能码头（DMP码头）正式开港；2018年7月，吉布提国际自贸区完成起步区工程建设，在非洲吉布提、埃塞俄比亚、卢旺达等五国元首和非盟主席的共同见证下开园，成为“一带一路”建设中的一个重要支点。

3.实现部分港口科技由赶上时代向引领时代的转变。招商港口组织研发自主的码头操作管理系统，旨在将企业的管理经验标准化并固化在软件系统中，通过系统输出管理。2009年起，历时5年，招商港口旗下招商国际信息在多年TOS系统研发工作的基础上，研发出支持大型、专业码头的操作管理系统CMPort CTOS系统，打破了外国软件在中国大型码头的垄断局面，发展成为具有中国自主知识产权的高端码头操作管理软件。此外，招商国际信息还研发CMPort BTOS、CMPort DTOS等系统产品，与CTOS一起应用于招商港口内部，还成功拓展推广至海外码头和园区，相关的研发成果获得多项国家发明专利，从技术储备和支撑方面，有力地支持了招商港口及相关企业全面践行“一带一路”建设。

2019年6月，招商港口联合中国移动深圳分公司、华为技术有限公司等11家单位成立港口行业首个5G智慧创新实验室。致力于加强智慧港口建设，应用码头吊机远程控制技术、自动驾驶技术、5G通信技术等，把海星集装箱码头打造成为高度智能化的码头，同时形成传统集装箱码头整体智能化、自动化改造的解决方案。

招商港口总部持续研究区块链等新技术的创新应用，并取得了突破性进展。2019年4月，全国港口第一张区块链电子发票在招商港口旗下蛇口集装箱码头（SCT）开出。实现了码头、月结客户、税务监管方在发票领域的全流程监管，还将带动区块链技术在更多行业应用场景的复制与推广。2019年，招商港口累计开具电子发票2.8万余张，总金额近8亿元。

2018年成绩及经验

2018年是招商港口全面完成三年任期考核目标的收官之年，这一年，招商港口经营发展全面发力，港口布局多点突破，创新转型向纵深推进。

1.重大资产重组圆满完成。招商港口将优质香港上市资产注入境内上市公司，搭建了招商港口“A控红筹”的双平台资本架构，彻底解决了境内外平台同业竞争的结构性矛盾，深赤湾和招商港口的价值充分释放。项目创造业内多项第一。一是实现首例港股市场红筹上市公司控股权回归A股上市；二是创造2018年A股市场基础设施行业重组交易规模之最（250亿元人民币）；三是成为深交所首单存量上市公司更改证券代码，并实现A、B股代码同时转换案例。12月26日，001872正式重组上市。

2.港口整合取得重大突破。2016年入股大连港起，辽宁港口整合项目历时近3年，完成49.9%股权交割，实现项目落地，成为新时代做强、做优、做大国有企业的标志性事件。整合过程中，与多方展开谈判，推动核心交割先决条件全面达成，实现了多项突破性政策安排，太平湾手续合法化工作稳步推进，公益性资产顺利移交。随着整合进程的持续推进，招商港口南北母港呼应之势初步显现。001872重组上市也为参与深圳和广东港口整合打下了良好基础。

3.海外布局实现全球覆盖。2018年，招商港口继续谋求在全球主枢纽港、门户港以及市场潜力大、经济成长快、发展前景好的地区布局。在亚洲，积极探讨东南亚主要港口的合作。在欧洲，意大利项目进入实质性谈判阶段。在非洲，吉布提DMP多功能码头开港运营，肯尼亚项目快速推进。在南美洲和大洋洲，顺利完成TCP项目和澳大利亚纽卡斯尔港口项目交割。在拓展港口主业的同时，招商港口勇于担当，在海外PPC模式落地工作中迈出了关键步伐。

4.创新工作实现提速升级。2018年，招商港口创新产融合作模式。一是组建中国港口创新发展投资基金，推动产业协同与资源嫁接。二是管理创新升级。完成E-Port二期建设，实现对船公司、驳船公司、船代、报关行、拖车司机全覆盖。西部港区智慧指挥监控系统升级，实现港口高效运作。三是商业创新提速。小宗农产品项目经营取得初步成效。PRD Network项目打造了实时高效、便捷智能的“一体化”信息与交易平台。四是科技创新发力。RTG远程控制、中科天巡、全球集装箱智能化等项目积极推进，港口业务科技含量进一步提升。

5.党建工作从严从实推进。2018年，招商港口创新党建制度和学习形式。制订基层组织建设管理办法，制订“三重一大”集体决策制度，推进集体决策合规建设。落实中央加强基本组织、基本队伍、基本制度建设的要求，扩大党委书记与总经理“一肩挑”覆盖面，实现境内控股管理的三、四级实体和非实体公司100%完成党建入章程工作。

6.企业文化建设出新出彩。2018年，招商港口以企业文化大纲为核心，编制发行了《招商局港口企业文化手册》，以内刊、OA新闻和官方微信平台为载体，全面推进企业文化宣贯。继续以“共铸蓝色梦想”为主题，统筹开展各类公益活动。

招商局公路网络科技控股股份有限公司

发展历程

为适应改革开放的进一步深入和基础设施建设的快速发展。1993年12月，交通部成立"华建交通经济开发中心"。1996年，招商局集团正式进入收费公路投资经营业务，通过招商国际收购国内5条公路，不断拓展收费公路投资领域。1999年，交通部将华建交通经济开发中心成建制划入招商局，成为招商局集团的全资子公司。2004年，在新加坡主板上市的招商局亚太有限公司（简称"招商亚太"）收购招商局国际有限公司5条收费公路。

2009年，招商局集团对旗下公路企业进行整合，将招商亚太并入华建交通经济开发中心。2011年，更名为"招商局华建公路投资有限公司"，完成公司制改制。这一时期，招商公路全面实施市场化改革，推进战略转型，快速成长为跨区域布局、在全国公路行业具有重要影响力的一流企业，从高速公路开发建设者逐渐转变为投资开发运营商，为集团公路产业的发展奠定坚实基础。

多年来，招商公路始终专注于高速公路的投资经营与管理，经过持续优化和发展，招商公路初步实现"三个转型"（即从投资参股向控股经营转型、从投资管理向经营管理转型、从简单的分红回报向价值创造转型），成为集团现金流的稳定器，行业地位不断提升。

为实现"十三五"战略发展目标，打造国内领先的高速公路投资运营服务商，2016年，集团启动公路板块业务的重大战略重组，年内完成招商亚太私有化，成功引入战略投资者，完成股份制改造，成立招商局公路网络科技控股股份有限公司，并通过增资扩股，将具有50多年历史的招商局重庆交通科研设计院有限公司（简称"招商交科"）整体注入新公司。这次更名，又是一次新的改革创新，代表集团内部重组整合的不断深化，也是"传统产业+互联网"的重要探索，更是落实推进国家供给侧结构性改革的积极举措。

2017年12月25日，招商公路吸收合并华北高速公路股份有限公司（简称"华北高速"）取得圆满成功，正式登陆深圳证券交易所主板，股票代码001965。上市首日，招商公路夺下国内高速公路上市公司投资（主控、参股）收费公路总里程、总资产和净资产规模、净利润水平、公司总市值五项指标第一。

2018年6月8日，招商公路举行重庆项目管理启动仪式。

主要成就

作为集团下属公路板块核心资产，招商公路在集团整体业务构成中占有重要地位。招商公路重组上市项目是继2015年招商蛇口整体上市后，集团完成的又一重大资本运作，也是集团"产融结合、融融结合"战略的又一成功实践和重大突破，具有重要意义。

在重组上市过程中，招商公路先后攻克"非中概股沟通""四家平台整合""投资收益占比过高"等八大挑战，创下资本市场众多无先例记录，实现集团公路板块的整体上市。值得一提的是，作为中国高速公路行业有史以来规模最大的股权融资项目（105亿元），招商公路增资项目获得中国产权协会"最具影响力增资案例"奖项，并在证券时报主办的"第十二届中国上市公司价值评选"中获"第一届中国上市公司资本运作标杆奖"奖项。

截至2019年，招商公路的经营范围包括投资运营、交通科技、智慧交通及招商生态四大业务板块，投资路网覆盖全国19个省市、自治区和直辖市，投资经营收费公路总里程达8824公里，主控里程达954公里；同时，建有国家级、省部级等各类研究开发平台20个，设有博士后科研工作站1个，与高等院校联合共建博士点1个、硕士点5个，拥有雄厚的公路行业相关科技创新研究实力，形成涵盖从勘察、设计、特色施工，到投资、运营、养护、服务等公路全产业链业务形态，承接众多大型工程和项目，获得包括鲁班奖、詹天佑奖在内的100多项工程奖项。

2018年是招商公路完成重组上市后的第一年。公司把握高质量发展根本要求和稳中求进工作总基调，落实年初制定的经营目标和主要任务，扎实推进各项工作，改革发展呈现全面发力、多点突破的良好局面，取得一系列成果。

1.经营业绩。2018年，招商公路实

现营业收入67.59亿元，同比增加14.19亿元；实现利润总额48.70亿元，同比增加4亿元；实现归属母公司净利润39.10亿元，同比增加5.42亿元；收到投资分红13.62亿元，同比增加1.16亿元。本年末，公司总资产840.84亿元，归属于上市公司股东净资产454.63亿元。

2.主业投资。2018年，招商公路先后收购沪渝高速(重庆段)、渝黔高速(重庆段)、成渝高速(重庆段)、亳阜高速项目，新增主控里程276公里、参股里程109公里。招商公路管控里程达到954公里，覆盖全国10个省市、直辖市。

3."四化"建设。为不断提升运营服务水平，招商公路持续推进"标准化、规范化、信息化、智能化"(简称"四化"建设)，通过统一文明微笑服务标准，强化收费操作规范，塑造文明窗口形象，树立招商公路优质服务品牌。在规范化建设方面，规范梳理公司现有制度和业务流程，从制度层面强化风险管控力度；在标准化建设方面，初步建立营运管理评价指标模型，推进视觉识别系统在全系统的落地应用；在信息化、智能化方面，继续推进运营管理平台建设，推广安全信息系统应用，基本形成现代化安全创新管理机制，全年新增ETC车道16条，自助发卡车道33条，非人工车道车流量占比持续提高。

4.资本运作。招商公路充分重视资本市场平台，扎实推进资本运作，公司50亿元可转债发行方案获中国证监会无条件通过。成为近年来上市首年即完成再融资的少数案例之一，同时创造发行规模大、时间快等多项纪录。公司股票先后被纳入"沪深300指数样本股"和"深证成指样本股"，成为两个主要指数中唯一一家高速公路上市公司；相继获"中国上市公司资本运作标杆奖""中国百强企业奖"两项大奖。

5.科技生态。2018年内，旗下招商交科成功入选国企改革"双百行动"名单，为莫桑比克马普托跨海大桥提供的索缆制造安装和钢桥面铺装项目双双竣工，参与建设的"世纪工程"港珠澳大桥建成通车。

2018年12月18日，招商公路公开发行50亿元可转债方案获中国证监会发行审核委员会第195次会议审议通过。

在交通科技板块，新签拉萨—林周公路新改建工程(设计、勘察)、国道562线噶东互通—江孜段公路新建工程勘察设计多个重特大项目；长沙市营盘路湘江隧道和广南高速机电分别获"2016年—2017年度国家优质工程奖"；港珠澳大桥珠海连接线和潮漳高速项目获2016年—2017年度公路水运建设"平安工程"；在云南、贵州连续中标2个亿元级大型项目。缆索业务市场占有率达40%。

在招商生态板块，通过加强技术研发，研究形成四种分散式污水处理方案，获批四项流域治理实用新型专利技术，落地首个河道治理工程项目；完成镉污染农田钝化剂阶段性研发工作，承接首个工业污染场地土壤修复工程项目；先后获得《基于旅游视角的广那高速公路景观营造技术研究》等4项科研项目，连中两项综合公路服务区EPC项目。

6.创新转型。招商公路加速布局智能交通大数据、智慧收费、高速公路电子发票等新业务，探索创新类企业并购、业务合作等新模式，培育新的利润增长点。

2018年，旗下产业公司经营发展情况：招商新智成功收购广州华软公司，参与智慧收费业务的软件开发、产品研发和工程实施，通过购买服务模式承接天津市多义性路径标识站的建设和运营；行云数聚上线运营1年，平台注册用户即达514万，累计开票量1.91亿张，累计可抵扣税额约11亿元；交通广播项目已有19个省市频率获批，其中6个省市已实现发声。

创新研发情况：依托创新研究院，开展京津塘ITC工业试验、京津塘10公里WIFI试验、高速公路联网收费支撑平台等项目。

新业务拓展情况：完成湖南ITC公司投资，参与湖南ITC的建设和运营；参股雄安投资公司及海南投资公司，致力于智慧交通、智慧收费相关业务。

7."领路人"文化建设。2018年，招商公路继续强化"领路人"文化体系在全系统的建设，注重对新购项目的引导宣贯，多维度、多方式开展活动，营造积极向上的文化氛围。2018年内，深入挖掘公司党员先锋岗的典型事例，开展"新时代 新作为 党员先锋在行动"系列宣传报道42期，在全系统内开展学习先进典型的活动；筹建基层"员工之家"8所，开展"立足长远、把握当下"公司日、社会主义核心价值观实践教育月、"立足长远 把握当下"征文比赛等活动，有效提升员工的凝聚力及向心力，营造积极向上的文化氛围，展示出奋发有为、履责担当的良好形象。

招商局能源运输股份有限公司

基本概况

招商航运以招商局能源运输股份有限公司(以下简称招商轮船)为主要经营管理主体。2018年,航运业务板块各项工作都取得了新的进步,主要体现为:新局面、新势能、新模式、新气象、新动力、新收获。

业务整合升级。招商轮船顺利完成资产重组项目,招商南油重新上市,中外运航运完成退市程序,内部协同效应不断显现。一个"油散气特管网"全业态的招商航运平台基本定型,开创发展的新局面。

科技助推发展。全球首艘风帆VLCC和全球首艘智能VLOC相继交付运营,是智能船舶、智慧航运的阶段性成果。一个更加数字化、智能化的招商航运在科技道路上不断探索,积聚发展的新势能。

管理体系转型。制度体系和管理流程进一步优化,业财一体化初步落地,风险、内控、合规三位一体管理持续完善,管理基础不断夯实、精细化操作日益提升,战略管控日趋加强,开启航运发展的新模式。

文化融合深入。以"启航班""公司日"等活动为契机,促进企业文化融合,进行干部任职交流,完成招商航运宣传片和宣传画册的制作发行。全体船岸员工士气高涨、品牌建设不断加强,展现发展的新气象。

党建工作加强。完成集团巡视及整改工作,进一步加强审计和纪检监察,通过学习和实践不断加强各级党组织的战斗力。通过组织力的增强,注入发展的新动力。

质效提升共赢。狠抓经营效益、力推压减扭亏、统筹资金管理、开展集中采购,通过多措并举、内部协同,进一步提质增效,全面完成利润承诺首年目标。通过一系列的攻坚克难,赢得发展的新收获。

截至2018年底,招商航运旗下企业共计303家,其中经营实体39家,分布在全球9个国家和地区;合计经营管理船舶394艘(含订单),共4626万载重吨。2018年完成货运量2.85亿吨,货运周转量12493亿吨海里。

2018年,招商航运业务管理总资产为743亿元(人民币,下同),净资产344亿元。实现合并营业收入217亿元,同比增加6.78亿元,增长3.23%;2018年经营性利润总额19.79亿元,同比增加0.86亿元,增加4.53%;经营性归母净利润12.53亿元,同比减少1.52亿元,降低10.82%。

发展历程

秉承中国民族航运的百年基业,招商局能源运输股份有限公司于2004年成立,于2006年在A股上市(股票代码:601872),并以轮船招商局创世年份1872铸入其股票代码。凭借全球化视野、创新管理思维及专业管理机制,经过多年发展,招商轮船已成为提供油品运输、干散货运输、气体运输和特种运输四大核心专业运输服务的世界级领先航运企业。从2004年招商轮船成立,经过十五年的发展,招商局航运板块迅速发展,总资产从61亿元增长到755亿元,增长了11.4倍;净资产从30亿元增长到365亿元,增长了11.2倍;船舶数量从28艘增长到377艘,增长了12.5倍;船舶总吨位从326万吨增长到4500多万吨,增长了12.8倍。

智能航运

进入工业4.0时期,智能化已成为各装备制造业的发展趋势和发展热点。招商轮船积极践行科技创新,着力推进船岸一体的智能化研发,布局挖掘船舶运行大数据价值,主导研制船舶运营可视化平台,以数字化、智能化技术,致力于推进更加安全、高效、环保的船队运营管理。2016年,招商轮船在"明勇"轮、"凯恒"轮建立船舶智能感知物联网,与中船系统院合作开展试验型智能运行维护系统(SOMS系统)。2017年,招商轮船参与交通运输部《智能航运研讨和指导意见》的编写,并成为"中国智能船舶创新联盟"副理事长单位;同时,招商轮船作为唯一船东单位参研工信部"智能船舶1.0"研发专项,承揽全部四艘智能船舶示范应用,不仅有助于促进自身智能化管理,加强打造一流船队,也促进了行业的智能化发展,为智能船舶2.0/3.0奠定基础。

2018年11月,招商轮船订造并参与研发的全球首艘40万吨超大型智能矿砂船(VLOC)"明远"顺利交付。"明远"轮是"智能船舶1.0研发专项"超大型智能矿砂船示范应用项目依托工程。该智能船通过构建服务智能系统的网络平台和信息平台,实现了辅助自动驾驶、能效管理、设备运维、船岸一体通信、货物液化监测等五大智能模块功能,符合CCS《智能船舶规范》,符合国际船舶监控—报告—验证(MRV)规则要求。"明远"轮的成功交付,标志著招商轮船坚持科技引领的战略原则,开启了"智能航运"新时代,运用先进大数据、云计算、人工智能等技术,致力于打造更加安全、高效、节能、环保的世界一流船队。

绿色航运

2018年11月13日,招商轮船"凯力"轮顺利交付,"凯力"轮是全球首艘安装风帆装置的超大型原油船,载重吨30.8万吨。这是国内航运界的重大创新成果。"风帆技术示范应用开发"项目,是由招商轮船、大船集团、中船重工702所、中国船级社(CCS)等多家单位参与的国家高技术船舶科研计划,是国家工信部批复的围绕主力船型节能减排的创新性重点项目。招商轮船作为项目主要参研单位和船东,将VLCC实船作为风帆技术应用示范船,并为项目研发提供了从多可行方案和思路，为项目成功研发提供了重要保障。“凯力”轮的顺利交付，是对全球节能减排趋势的积极响应，对航运业在节能环保领域的探索有着深远的影响和意义，是招商轮船对绿色发展理念的坚定践行。

2018年主要工作

1.坚持安全稳定，强化安全管理。修改制定一系列安全管理规定，完善安全管理体系；组织开展“五个一”、“安全生产月”、典型事故案例警示教育、内外部安全管理交流等各种形式的安全活动，进一步提升全员安全意识；组织开展交叉检查、突击检查等多种形式的安全检查29艘次，登轮检查915艘次，出管理改进建议84项。

2.坚持战略定力，强化整合融合。顺利完成上海国际、深圳滚装、恒祥控股、经贸船务香港等四家公司的股权交割工作；招商南油重新恢复上市，成为沪深交易所建立重新上市制度以来的首例；中外运航运私有化获得股东大会通过，于2018年1月16日正式完成退市程序；继续推动经营平台、船管平台、船员平台和海外网点的管理整合工作。

3.坚持高效经营，强化市场意识。积极有效部署经营工作，加强大客户战略落地，实施全球化运营，船队效益总体上继续“跑赢大市，优于同行，好于预期”。油轮船队在市场运价持续低迷的形势下，着力巩固客户合作、推进市场开发，努力提升经营绩效。干散货船队在市场持续复苏的背景下，抢抓运价上行机遇，实现效益新突破。气体船队认真履行广东、福建和上海项目的商务合同，保障租金稳定收入；接收四艘冰级LNG船和两艘常规LNG船。滚装船队与广汽商贸、东风车城、长久物流等企业进一步达成共识、扩展合作。

4.坚持质效提升，强化发展质量。贯彻落实招投标与采购工作，全年在平台完成21项招标采购，成交金额

新海辽轮。

2.30亿元；完成2069项非招标采购，成交金额5.10亿元；备案项目8636项，备案金额逾百亿元；开展油漆、化学品、滑油等船用大宗产品的集中议价工作，控制采购成本。

5.坚持人才兴企，强化队伍建设。继续强化船岸队伍建设。员工培训方面，组织开展2期“启航班”培训、开展“招商轮船课堂”线上和线下培训，着重培养职业修养，开阔专业视野，提升管理能力。船员管理方面，制定《船员资源建设与管理规则》，推动船员管理更加规范；新建7个船舶“员工之家”，有效发挥吸引和稳定船员的积极作用。

6.坚持文化建设，强化品牌意识。文化宣传方面，共编写公司要闻、新船启航等各类稿件300多篇，出版《海之梦》内刊6期，《招商轮船》报纸12期；召开企业宣传年度工作会议。行业交流方面，作为合作伙伴和支持单位，积极参与香港海运周；出席2018年中国航海日论坛并获得“中国航海风云人物”奖、“最佳航运公司”提名奖等；出席第三届资本链接国际航运论坛并获得“中国航运论坛杰出领袖”奖。社会责任方面，继续设立招商轮船奖学金、助学金，2018年共发放资助金额120万元，资助学生440人；积极推动节能减排工作，2018年度船队节省燃油达14万吨，投入技术改造经费达8000万元。

7.坚持风险管控，强化合规建设。组织举办法律合规年度工作会，开展合规培训，初步搭建合规组织体系和制度体系；开展合规风险识别与评估工作，针对发现的问题提出优化措施建议；通过全面深入参与业务整合、重大项目、重要经营决策等活动，积极提供法律意见和专业支持，确保各项生产经营活动依法开展；着重加强法律纠纷案件管理，2018年办结案件31起，标的额1.20亿元，避免经济损失6000万元。

8.坚持党风建设，强化反腐倡廉。加强政治建设，党的领导进一步加强，修订完善“三重一大”事项决策制度和党委工作制度，强化公司党委在经营管理和改革发展中的领导作用；加强思想建设，“四个意识”进一步提高，照“五个覆盖、五个到位”要求，细化《学习宣传贯彻党的十九大精神、深化“两学一做”学习教育实施方案》；组织开展“不忘初心、牢记使命、勇创一流”主题教育活动；各级党组织利用“三会一课”、开设专题讲座或培训班、制作宣传展板等形式，分专题、多途径地宣贯十九大精神；加强组织建设，组织体系进一步完善，优化党组织设置，设立招商轮船上海联合党委，新设中外运航运党支部，加强船舶基层党组织建设，新设船舶党支部9个，累计设立船舶党支部95个，覆盖船员党员747名。

（文/图　招商轮船）

中国远洋海运集团有限公司70年发展历程与主要成就

企业概况

中国远洋海运集团有限公司（以下简称中远海运集团）由中国远洋运输（集团）总公司与中国海运（集团）总公司于2016年2月重组而成，总部设在上海，是中央直接管理的特大型国有企业。中远海运集团重组后，连续获评国务院国资委经营业绩考核A级、党建考核A级，连续入列《财富》世界500强，排名逐年提升。同时，中远海运集团为《福布斯》全球最受信赖公司2000强榜唯一上榜航运企业、“全球最佳表现者”奖获得者。

中远海运集团是新中国航运事业的开创者，历史追溯到1948年之前，参与了新中国航运70年从近海到远洋、从追随到领跑的历史进程，亲历了改革开放40年中国波澜壮阔的伟大变革，已成为全球最大航运物流企业。

历史沿革

1.中国海运（集团）总公司。1949年，在新中国的召唤下，香港招商局及招商局旗下“海辽”轮等17艘船舶，高举爱国主义旗帜，毅然宣布起义，回到人民的怀抱，大量滞留海外的私营航商先后北归。1949年5月，上海市军管会接管招商局轮船公司；1949年7月，中共旅大地区党委创办大连轮船公司；1949年10月，广州市军管会接管招商局轮船公司广州分公司。1950年4月，由招商局改组而成的国营轮船总公司在上海成立，统一经营全国国营轮船运输业务。1951年7月，中华人民共和国交通部在大连、上海、广州分设北洋、华东、华南区海运管理局，形成三大海运局，成为恢复新中国航运业的基础力量。1984年12月，交通部正式批准大连海运分局同上海海运局脱钩，成立交通部直属企业大连轮船公司。1985年4月，大连轮船公司正式成立。自此三大海运局已各具规模，成为海上运输与陆岸产业相配套的、生产与社会功能兼备的国有大型企业。

1997年7月，在上海海运（集团）公司、广州海运（集团）有限公司、大连海运（集团）公司、中国海员对外技术服务公司和中交船业公司五家交通部直属企业的基础上组建成立中国海运（集团）总公司。

2.中国远洋运输（集团）总公司。1951年2月，国营轮船总公司改组为中国轮船总公司，并迁往北京。1951年6月，新中国第一家中外合资企业——中波轮船股份公司成立，开辟了第一条沟通亚欧的国际远洋航线。此后，中国先后与捷克斯洛伐克、阿尔巴尼亚、坦桑尼亚成立合资公司，为中国自营远洋运输船队的建立和发展打下了良好的基础。1958年，交通部成立远洋运输局及其驻广州办事处，统一管理远洋船舶与外轮代理工作，筹建国家远洋运输企业和自营远洋船队。1961年4月，新中国第一家远洋运输企业——中国远洋运输公司（后更名为中国远洋运输总公司）在北京成立，与交通部远洋运输局合署办公。同日，中远广州分公司在广州成立。公司成立第二天，第一艘悬挂中华人民共和国国旗的“光华轮”首航印度尼西亚雅加达，接运受难华侨回国，标志着新中国远洋船队的诞生，开辟了中国远洋事业的新时代。从此，中国远洋运输走向快速发展之路。1992年12月，中国远洋运输总公司更名为中国远洋运输（集团）总公司，同时提出了“下海、登陆、上天”的多元化发展战略。集团成立后，作为第一家进入海外资本市场的中国国企，积极开拓海外事业并进军国际资本市场。1993年2月，由以中国远洋运输（集团）总公司为核心，中国外轮代理总公司、中国汽车运输总公司、中国船舶燃料供应总公司共同组建的中远集团在北京宣告成立。

3.组建中国远洋海运集团有限公司。2016年1月，经国务院批准，中国远洋运输（集团）总公司与中国海运（集团）总公司重组成立中国远洋海运集团有限公司。同年2月18日，中国远洋海运集团有限公司在上海正式成立。

1961年4月28日，新中国第一艘远洋船“光华”轮首航印尼接侨。图为在黄埔港起航时的欢送场景。

产业发展：打造6+1产业集群

中远海运集团成立后，贯彻落实习近平总书记重要指示，稳步推进重组改革，积极服务国家战略，大力推进高质量发展，实现了规模与效益、改革与发

2016年2月18日，中国远洋海运集团有限公司在上海正式成立。

展同步增长，成为全球最具竞争力的综合航运企业。

1.深化改革。中远海运集团以深化国企改革“1+N”系列文件为指导，不断推进“深改”“快改”，先后完成总部、集运、航运金融、能源运输、散运、码头、物流、重工、海外区域公司及海外网络、中远海控、船员和船舶管理体制、财务公司、信息资源等20多个重点领域重组整合，资产交易规模最大、涉及上市公司最多、复杂程度最高。在推进改革重组的同时，不断推进机制体制创新，重点抓好董事会建设、混合所有制改革、股权激励机制改革和市场化经营机制改革，进一步释放了改革红利，提升了改革效益，焕发了改革活力。

集团加快供给侧结构性改革，重组整合，通过资产重组、股权合作、战略联盟、联合开发等方式，推进央企专业化整合，发挥协同效应；创新发展，建立和完善技术创新体系，建设“互联网+”平台，促进跨界创新融合，培育战略性新兴产业；清理整顿，化解过剩产能，加快淘汰落后产能，清理亏损和低效无效资产；防范风险，关注债务高企和资金链紧张企业，加快资产重组，改善资产质量，防范和避免潜在风险。在深化改革中全面系统调整结构优化布局。

两个布局：一是优化产业布局。加强顶层设计，把制订发展战略作为改革重组的第一项重点工作，将结构调整纳入企业发展战略。按照“规模增长、盈利能力、抗周期性、全球公司”四大维度，制定了打造航运、物流、航运金融、装备制造、航运服务、社会化服务以及“互联网+”等“6+1”产业集群的战略规划。二是优化全球布局。作为航运业东半球平衡西半球的重要力量，集团服务国家“一带一路”战略，加快全球化布局。在海外设立十大区域公司。与“一带一路”沿线29个港口洽谈合作，成功收购多个海外码头股权。

五个结构：一是调整船队结构。落实拆旧造新政策，累计拆解老旧船304艘，新造大型化、节能环保船132艘，平均船龄降至8.6年。二是调整客户结构。推进国货国运，与28家央企签订战略合作协议。与淡水河谷签订25年长期运输合同，大客户比例显著提高。三是调整资产结构。在香港、上海打造两个航运金融平台。深化央企股权合作，与中船、武钢、国投等置换股权。四是调整管理结构。在直属企业推进规范董事会建设，实施差异化授权管理，提高投资决策效率。压缩管理层级，关闭340家公司，实现削减法人20%的目标。五是调整竞争结构。联合达飞、长荣、东方海外组建全球最大的“海洋联盟”，改变全球集装箱运输竞争格局。

2.产业集群。围绕“规模增长、盈利能力、抗周期性和全球公司”四个战略维度，中远海运集团着力布局航运、物流、航运金融、装备制造、航运服务、社会化产业和基于商业模式创新的互联网+相关业务“6+1”产业集群，优先发展集装箱运输、港口、综合物流、航运金融产业，进一步促进航运要素的整合，持续做强做优做大航运主业，全力打造全球领先的综合物流供应链服务商。

(1)航运产业集群。集装箱运输、码头投资经营、油轮运输、液化天然气运输、干散货运输和客轮运输业务构成了集团的航运产业集群。作为核心产业集群，进一步巩固中远海运集团全球第一大综合航运企业的地位。2018年，

2016年6月26日，中远海运集团旗下的“中远海运巴拿马”轮首航巴拿马运河新船闸。

集团收购东方海外，迅速进入全球班轮行业第一梯队，成为全球第三大班轮公司。2019年中远海运集运、东方海外实现协同效益5.58亿美元。2019年9月，中远海运旗下中国第一艘自主运营豪华邮轮“鼓浪屿”号首航，成功进军邮轮市场。2019年11月，中远海运收购海南港航控股有限公司，共同推动优化整合海南省港口和航运资源，助力海南自贸区（港）建设。

（2）物流产业集群。包括工程物流、货运代理、仓储网络、多式联运、船舶代理等业务。定位于全球领先的综合性第三方物流服务商，将成为中国企业走向海外市场优先选择的全球物流合作伙伴。

（3）航运金融产业集群。包括船舶租赁、航运保险、供应链金融、物流园区投资、股权投资和以“一带一路”基础设施投资为主的资产投资。其发展目标是，成为中国第一的航运金融及物流金融产业集群，立足中国，逐步在全球范围内建立领先地位。2019年5月，集团收购香港胜狮货柜旗下造箱资产，造箱产能跃居全球第二。

（4）装备制造产业集群。包括船舶制造、海洋工程制造、船舶维修和集装箱制造等业务。作为集团重要产业集群，将继续巩固在海洋工程装备和船舶制造及相关领域的核心技术、市场份额等方面的领先优势。

（5）航运服务产业集群。包括船舶管理、船员管理、船舶备件采购、通导技术管理和燃料、物料供应等业务，将为航运主业提供坚实的保障。

（6）社会化产业集群。包括地产资源开发、酒店管理、医院、学校等社会化服务业务，是打造新产业的孵化器，也是培育专业人才的基地。

（7）互联网+相关业务。基于商业模式创新的互联网+相关业务将以大数据的高品质服务新业态，推动各业务转型升级，实现互联网资源与航运要素的集成应用。

3.综合实力。中远海运集团完善的全球化服务筑就了网络服务优势与品牌优势。码头、物流、航运金融、修造船等上下游产业链形成了较为完整的产业结构体系。

中远海运是全球最大的综合航运企业和全球最大的码头运营商，海运主业涉及集装箱运输、港口码头、散货运输、能源运输、特种船运输和全球物流业务。在主要业务指标方面，实现了六个世界第一，即：综合运力世界第一：1.045亿载重吨/1297艘；干散货运力世界第一：4015万载重吨/420艘；油气运力世界第一：2532万载重吨/199艘；特种船队运力世界第一：434万载重吨/161艘；集装箱码头吞吐量世界第一：1.26亿标箱；全球船舶燃料销量世界第一：超过2600万吨。

另外，集装箱船队规模世界第三：307万标箱/501艘。集装箱租赁业务保有量规模达370万标箱，居世界第二。海洋工程装备制造接单规模以及船舶代理业务也稳居世界前列。

国际海运年会。

重组四年来，集团主要经济指标实现“四连增”。

营业总收入

2016年	2017年	2018年	2019年
1976亿元	2343亿元	2818亿元	3050亿元

利润总额

2016年	2017年	2018年	2019年
161亿元	193亿元	201亿元	230亿元

净利润

2016年	2017年	2018年	2019年
40亿元	150亿元	146亿元	166亿元

中远海运集团是最早进入国际资本市场的中国企业之一。集团在境内外控股11家上市公司。分别是中远海运控股（A+H股），中远海运发展（A+H股），中远海运能源（A+H股），中远海运特运（A股），中远海运港口（香港上市），中远海运科技（A股），中远海运国际香港（香港上市），中远海运国际新加坡（新加坡上市），PPA（希腊上市），东方海外（香港上市），海峡股份（A股）。

全球布局：成就全球最大航运企业

1.全球化历程。

（1）全球化初探时期（20世纪60年代—70年代末）。1961年新中国第一家国际海运企业——中国远洋运输公司宣告成立，同年新中国第一艘自营远洋船“光华”轮下海首航。3年后建立了中国到朝鲜、日韩、西欧的航线，到1970年航线扩大到非洲东部、红海沿岸、北美洲、波斯湾、孟加拉湾、东南亚和澳洲等地区，至1978年又进一步增加了中国至43个国家或地区的国际航线，初步形成了覆盖全球的航线布局。

（2）全球化布局时期（20世纪70年代末—21世纪初）。党的十一届三中全会提出改革开放，促使中远、中海向着经营管理的国际化迈进。1978年9月，

"平乡城"轮装载着162个国际标准箱驶离上海，标志着中国远洋集装箱运输的正式开始；1979年4月，中美建交后首航美国第一船"柳林海"轮到达美国，标志着中美海上航线正式开通。这一时期，中远分别在欧洲、美洲、亚洲、澳洲、非洲等近20个国家和地区派驻了航运代表。1980年建立第一家境外合营公司——荷兰跨洋公司；1988年建立第一家海外独资公司——中远(英国)有限公司。此后在汉堡成立了中远欧洲公司、汉远技术服务中心。初步形成了一个以国内为依托，以欧洲、北美、日本、东南亚和香港五大区域为辅设点的海外航运业务网络。1997年中海集团成立，依托沿海航运业务，很快将拓展至香港地区，并相继成立欧洲、北美、东南亚、西亚、非洲和南美七家控股公司，海外业务多元发展，形成较强的全球经营能力。

（3）全球化发展时期（21世纪初—2015年）。进入全球化发展新时期，在以中国大陆为中心，以香港、美洲、欧洲、新加坡、日本、澳洲、韩国、西亚、非洲等九大区域公司为辐射点的全球架构基础上，加快"走出去"战略实施步伐。2008年11月，成功获得希腊比雷埃夫斯港集装箱码头35年特许经营权。集团在海外的资产和收入逐步接近总资产和总收入的50%，主要国际化经营指数接近联合国"全球跨国公司100强"标准。

（4）全球化引领时期（2016年—2019年）。2016年2月，按照党中央、国务院安排，中远集团和中海集团合并为中远海运集团。新集团迅速整合，确立了新的愿景和战略方向：围绕"规模增长、盈利能力、抗周期性和全球公司"四个战略维度，在全球优化产业布局，整合航运要素，形成"6+1"产业集群。2018年7月，中远海运完成对东方海外的收购，使集装箱船队规模达到300万标箱，迅速进入全球班轮行业第一梯队，超越法国达飞，成为全球第三大班轮公司。

2.全球化布局。作为中国最早"走出去"以及国际化经营程度最高的央企之一，中远海运集团重组以来进一步加快全球化布局。集团国际化经营业务已遍布全球160多个国家和地区，航线覆盖全球1500多个港口，境外企业资产、企业收入、企业利润均超过集团总量的一半。

（1）全球化经营管理。中远海运集团设有香港、欧洲、北美、南美、东南亚、澳洲、日本、韩国、非洲和西亚等10大区域公司，在境外50多个国家和地区设有1050家企业。对境外的区域公司按照全球业务协同、信息共享沟通、新兴业务孵化、管理服务支持、国际人才培养五个平台进行了定位，逐渐以航运、物流为核心向多元业务进行转型，开辟海外经营与发展的新格局。

（2）全球化海运市场。国际产业转移演进为产业链条、产品工序的分解和全球化配置，客户对全球商品的需求也在日益提高。而航运业由于拥有运量大、运距长、运费低廉、节能环保等优点，是全球化经济贸易产业链中不可缺少的一环，因此对中远海运来讲，海运市场遍布全球各个角落。

（3）全球化海运资本。目前，中远海运集团境外资产占集团总资产的57.6%；境外收入占比年均达到56.2%；境外利润占比年均达到53.7%，并在香港、新加坡和希腊拥有7家上市公司，海外资本已在中远海运集团中占去半壁江山。

（4）全球化海运客户。中远海运的客户遍布全球，如印度、日本、韩国和西欧等国为世界煤炭的进口主体；原油进口大国主要集中在美国、欧洲、日本、中国和印度；全球谷物种植地集中在美国、阿根廷、巴西；中国作为世界工厂，品类齐全的各类产品远销世界各地，远洋航线通往世界每一个角落的客户。

（5）全球化海运人才。在中远海运

永盛轮首航北极。

中远海运比雷埃夫斯港。

一直注重对全球化人才的选拔、培养和任用。目前，中远海运集团境外员工总人数约19489人，其中外派中方员工仅489余人，各国当地员工占境外员工总数的97%。按集团新政策，海外企业正在逐步将部分关键岗位员工转换身份成为职业经理人。

（6）全球化海运交流。中远海运集团积极推动国际航运界交流合作，经外交部和交通运输部批准，自2004年起发起并牵头主办"国际海运年会"。作为国际航运界最重要的高峰论坛之一，年会研讨中国及全球的经贸形势与海运业的发展，在国际航运界及相关业界引起了很大反响，成为国际航运界规模最大、层次最高、最受瞩目的国际会议。年会不仅加深了国外对中国航运业的了解，而且提高了中国航运业在国际上的影响力和话语权，被业内外誉为"航运达沃斯"。尤其是近两年在中国国际进口博览会平台召开，更是引起了海内外的广泛关注，年会逾千人参加，是进博会最大的配套活动。

作为博鳌亚洲论坛的承办单位，从2001年起，中远海运每年以高度的政治责任感、使命感和奉献精神，为论坛活动的顺利进行提供高质量的服务保障，全力支持博鳌亚洲论坛发展，展现了跨国企业集团的形象和风采。中远海运集团已连续19年为博鳌亚洲论坛提供核心保障，并连续两年主办年会分论坛。

中远海运自2013年金砖国家工商理事会成立起即积极主导，投入其中。2019年，集团许立荣董事长作为理事会中方主席，与五国领导人及工商界代表对话，提出解决方案，加强和促进金砖五国工商界间经济、贸易、商务和投资的联系与合作。

2018年起，中远海运集团连续参加第一届和第二届进博会，2019年打造服务进博升级版，招展43家企业，1857平方米展位，为108个国家地区及国际组织687家展商提供主场运输服务，签约采购协议56亿元。

（7）全球化文化融合。中远海运在不同的国家和地区中实施跨文化管理，在异域文化环境中做到资本相容、智力相容、文化相容，把不同文化背景的各国员工凝聚起来，共同实施企业经营战略。

3.服务"一带一路"。在"一带一路"建设上，中远海运集团积极发挥海外业务以及各相关业务板块资源优势，以船舶为纽带，以港口投资为支点，以综合物流为支撑，以南北极运输为延伸，积极打造"点线面极"高效立体运营网络，为"一带一路"沿线国家及地区间的贸易往来、商品流通、基础设施建设等提供了全方位的综合物流供应链服务。

（1）突出支点作用，强化"一带一路"沿线港口布局。码头业务是中远海运集团的核心资源，是集团全球网络布局的基础和战略支撑点。中远海运集团在全球投资经营码头共56个，在"一带一路"沿线投资额达到558亿元，"一带一路"沿线投资码头18个，包括比利时、荷兰、希腊、阿联酋、西班牙、新加坡、土耳其、秘鲁等国码头。其中位于希腊的中远海运比雷埃夫斯港被称为"一带一路"建设的经典案例。比雷埃夫斯港是希腊最大港口，位于雅典西南约10公里处。2016年，中远海运集团成功中标比雷埃夫斯港港务局私有化项目，正式成为港务局控股股东并接手运营管理，当前直接和间接为当地1万多人创造了就业。该港现已成为地中海地区最大港口和全球发展最快的集装箱码头之一。希腊雅典经济与商业大学曾将"比雷埃夫斯港务局私有化案例"纳入MBA国际项目变革管理课程。

（2）突出纽带连接，优化"海上丝路"航线网络架构。为进一步推动"一带一路"互联互通，集团持续优化全球航线布局，相继开通欧亚等地区多条班轮航线。中远海运集运在"一带一路"沿线布局集装箱班轮航线189条，投入运力184万标箱，占集团总运力的62%。截至2019年11月，集团"一带一路"沿线完成集装箱运量1162万标箱，同比增长5.2%。完成散货运量7066万吨，同比增长16.6%；完成油气运量5589万吨（同比下降3%）；完成杂货运量851万计费吨，同比增长4.1%。

（3）突出全程物流，夯实"陆上丝路"物流服务基础。集团加大对亚欧海铁联运、亚欧国际班列业务的投入，先后开通班列共18列，2018年完成箱量2.35万标箱。支持互联互通南向通道建设，增加以广西钦州港为始发港或经停港的远洋航线，助推内陆沿边地区成为开放前沿，带动形成陆海内外联动、东西双向互济的开放格局。集团还大力推进以希腊比雷埃夫斯港为基地的"中欧陆海快线"建设，深入中东欧腹地开辟中国与东欧之间物流新通道。截至2019年11月，中欧陆海快线累计完成货量7.86万标箱，同比增长71%。此外，集团积极围绕"一带一路"沿线国家

中远海运国际海员。

和地区，加强物流、仓储等基础设施的投资和建设，先后收购新加坡高昇物流公司，投资哈萨克斯坦霍尔果斯东门无水港、阿联酋阿布扎比码头集装箱拆装箱场站等重大物流项目。

（4）突出空间拓展，开辟极地商业运营版图。

中远海运是全球唯一一家运营南北极航线的航运企业，成为“冰上丝绸之路”的先行者。自2013年开始探索北极航行以来，共派出18艘多用途船、半潜船，执行31个北极航次。2016年完成全球首个南极科考站建设的商业运输服务项目。已实现北极商业运营常态化、规模化运营，比经苏伊士运河传统航线节约大概7天—10天航程。中俄合作的亚马尔天然气项目被誉为“镶嵌在北极圈上的一颗能源明珠”，上海LNG作为亚马尔项目的重要参与者，承担起开辟“冰上丝绸之路”的历史重任。2019年，集团在俄罗斯与诺瓦泰克等4家公司签署了《关于北极海运有限责任公司的协议》。集团加大投资LNG运输接近50亿美元，未来计划将有越来越多的船舶穿越冰上丝路。

中远海运集团70年全球化发展之路，形成了独具中国企业特色的全球发展模式，即：全网络布局、全产业发展、全链条带动、全方位融合、全要素共享。

核心价值：海运即国运

1.文化理念。中远海运集团由原中远集团和中海集团重组而成。中远、中海在图强报国中风雨兼程，在改革大潮中齐头并进，形成了共同的文化理念和一致的价值追求。为大力弘扬集团优秀历史文化传统，适应企业发展战略需求，集团制订了《中国远洋海运集团企业文化核心价值理念纲要》。

中远海运集团以航海文化砥砺企业文化，以企业文化发展航海文化，不断创新和发展航海文化核心理念体系，衍生出“三舱精神”和“四个坚守”，已被纳入集团企业文化体系。

中远海运集团董事长、党组书记出席金砖国家工商理事会。

中远海运集团坚持把“跨文化”管理作为“走出去”战略的一项重要工作，构建了一套跨文化条件下的企业管理文化体系。

（1）“本土化”运作。尊重世界文化的多元性，适应所在国家和民族的本土文化，坚持“本土化”方针，承认差异、尊重差异、包容差异，加强文化相融，坚持“在撞击中融合、在融合中创新、在创新中发展”，构建了更加开放包容的新型文化，做到“入乡随俗”“求同存异”。

（2）“全球化”思维。集团顺应全球化发展趋势，坚持“全球化”思维，注重吸收西方先进管理经验和外籍管理人员智慧，融合东西方优势，将文化理念融入各项管理制度、工作标准、考评体系中，构建了“战略、管理与文化”三位一体的现代综合管理体系。

（3）“人本化”理念。集团把企业以人为本与员工以企为家统一起来，采取各种有效措施，消除国籍、民族、区域、种族隔阂和政治干扰，树立“进了企业门，就是企业人”的人文理念，增强了外籍员工对企业的认同感和归属感，培养和造就了一支具有世界眼光、业务精湛、综合素质过硬的国际化人才队伍。

（4）“公民化”责任。集团恪守诚信经营理念，积极为所在国当地社会提供最好的企业运营和产品服务；履行社会责任，推进节能减排与环境保护工作，参与当地公益和慈善事业；强化文化传播，提高所在国政府和当地人民对企业的认知，提升了企业国际影响，有效融入了当地主流社会。

2.社会责任。中远海运集团不忘初心、牢记使命，积极履行央企责任，发挥“大国顶梁柱”作用。在特殊情况下，中远海运作为国家船队，总是奋勇当先。

集团在历次海外撤侨工作中都扮演着重要的角色。20世纪60年代，“光华”轮、“新华”轮等一直活跃在新中国撤侨战线上；20世纪70年代，“明华”轮等赴越南、柬埔寨撤侨；20世纪90年代，“富清山”轮赴刚果撤侨；2000年6月，“阳江河”轮前往发生政变的所罗门群岛执行撤侨任务，绕航2389海里，历时99小时，成功接救117名侨胞。2011年2月，在利比亚发生的被誉为新中国历史上最大规模的撤侨行动中，“天福河”轮等16艘商船待命，其中“天福河”轮成功撤离559名同胞。此外，中远海运船队还担当了大量海上紧急救援任务，2019年全年海上搜救36起，成功救援104人。

原中远中海长期以来十分注重社会责任，分别建立了履行全球契约和社会责任的管理体系和长效机制。中远海运集团秉承原两家集团的可持续发展理念，继续发挥央企表率作用，将主动承担和积极履行社会责任纳入企业发展战略之中，构筑以履行经济责任、环境责任、社会责任为主要内容的企业责任体系，将善尽社会责任作为企业价值主流和文化根基。

中远海运慈善基金会是经国务院

中远海运银河轮。

批准、由民政部注册登记，由中远海运集团及成员单位捐资一亿元人民币作为原始基金发起，于2005年12月20日正式设立的全国性慈善基金会，是中国首批由中央企业发起设立的非公募、非营利性慈善机构，是中远海运集团履行企业社会责任的重要平台。集团重组后，中远海运慈善基金会作为中国首批由国有企业发起设立的非公募基金会，不断加强力量，已形成了“远航·追梦”“远航·家园”“远航·健康”等“远航”系列慈善品牌项目，其中“远航·追梦”基础教育捐助项目被民政部授予中华慈善奖——“最具影响力项目”。截至2019年12月，基金会组织实施慈善公益项目500多个，累计捐赠超过6亿元人民币。

集团扶贫援藏工作加大力度，对口援助湖南沅陵、湖南安化、云南永德、西藏洛隆、西藏类乌齐，2019年度投入扶贫资金6000万元，累计捐资超6亿元。目前，类乌齐、洛隆、安化已成功脱贫。集团扶贫工作连续两年获评国务院扶贫考核最高等级“好”。

3.重要荣誉。2018年12月，庆祝改革开放40周年大会在北京召开，会上中共中央、国务院表彰了改革开放杰出贡献人员。中远海运集团董事长、党组书记许立荣荣膺“改革先锋”，获习近平总书记亲切接见。2019年，中远海运所属上海海运退休职工杨怀远当选新中国成立70年“最美奋斗者”称号。

此外，集团重组以来，获得最具社会责任上市公司、金圆桌奖·董事会价值创造奖、国资委科技创新突出贡献企业、国务院国资委节能减排突出贡献企业等多项荣誉，荣登首届“新财富·中国最佳上市公司Top50”榜单。

70年大事记

1949年9月 “海辽”轮成为中华人民共和国第一艘升起五星红旗的商船。受它的鼓舞，“中央航空”和“中国航空公司”的12架飞机、国民党招商局13艘海轮相继起义，支撑起新中国最初的航运事业。

1951年6月 中国和波兰本着合作互利、股权对等的原则，合资组建了中波轮船股份公司，成立了新中国第一家合资公司。

1961年4月 新中国第一家远洋公司——中国远洋运输公司在北京成立。

1961年4月 新中国第一艘远洋船“光华”轮首航印尼接侨。“光华”轮首航是一次历史性、划时代的启航，标志着新中国远洋船队的诞生，开辟了中国远洋事业的新时代。

1968年4月 “黎明”轮首次开辟南北航线，打破台湾国民党当局对台湾海峡的军事封锁。

1978年9月 “平乡城”轮装载162个集装箱从上海港起航赴澳大利亚，同年11月返回上海，开辟了中国第一条国际集装箱班轮航线，结束了中国没有海运集装箱运输航线的历史。

1979年3月 “柳林海”轮由上海启航，横跨太平洋，于4月18日首次抵达美国西雅图港。从此，中美海上航线正式开通。

1979年5月 “眉山”轮于黄埔港启航，成功穿越台湾海峡，成为新中国第一艘穿越台湾海峡的远洋货轮。

1979年12月 “明华”轮开辟南太平洋旅游航线，成为新中国最早的国际旅游船。

1981年2月 “张家口”轮从上海首航美国旧金山等港口，开辟中美集装箱班轮运输航线。

1983年11月 “长柳”轮、“紫罗兰”轮分别自上海港和黄埔港启碇对开，同年12月在台湾海峡安全交会后续航。这是新中国客轮首次顺利通过台湾海峡。

1988年11月 中远总公司收购中好船务代理有限公司英方股份，使之成为中远在英国的独资公司，并于1989年8月经交通部批准更名为中远(英国)有限公司。这是中远第一家海外独资公司。从此，中远开始了跨国经营的历程。

1991年12月 南通远洋船务工程有限公司建成中国第一座15万吨级浮船坞“南通”号，结束了中国不能修理10万吨级以上大型船舶的历史。

1993年10月 在新加坡股市，中远一举收购当地“孙集团”公司615万股股票，成为最大股东，并更名为“中远投资(新加坡)有限公司”，成为中国第一家进入海外资本市场的国企，中远也从此正式进入国际资本市场，开辟了资产经营与资本经营并举的新航路。

2002年4月 中远航运股票在上海证券交易所挂牌交易，标志着中远集团航运主业正式登陆中国资本市场，被誉为“中国远洋第一股”。

2002年12月 由南通中远川崎建造的原油运输船舶“远大湖”轮正式交付大连远洋。这是第一艘由中国船厂为中国船东建造的VLCC。“远大湖”轮的投入使用，使中国船舶制造业首次实现了30万吨VLCC超级油轮“国轮国造”零的突破，也实现了中国企业自主经营管理VLCC零的突破。

2004年12月 中国首艘悬挂五星

红旗的VLCC——“新金洋”轮正式投入使用，实现了真正意义上的“国油国运”，填补了集团大型油轮在国家进口原油运输市场上的空白。

2005年1月 中远集团成为联合国全球契约试点单位。2007年3月，《中远集团2005年度可持续发展报告》荣登联合国全球契约典范报告榜，成为获此殊荣的第一个中国企业和全球第一个航运公司。

2005年4月 中国第一艘运载国产汽车出口的船舶“富泉口”轮投入运营，标志着中国汽车出口运输拥有了属于自己的专有通道，宣告了外国轮船垄断中国汽车出口远洋运输市场的历史结束。

2007年7月 中远集团以154.135亿美元（1228.825亿人民币）销售收入首次入选《财富》世界500强，排名第488位，此后排名逐步上升。

2008年4月 由大连远洋和招商轮船LNG运输投资有限公司在香港登记设立的中国液化天然气运输（控股）有限公司，投资建造的中国第一艘液化天然气船“大鹏昊”命名交船。“大鹏昊”轮的交付标志着中国LNG航运领域掀开了新的篇章。

2008年12月 “中远大洋洲”轮和“远河”轮分别开启新港—高雄港、洋山港—高雄港的直航航程，标志着2008年11月4日海协、海基两会在台北签署的《海峡两岸海运协议》的正式生效，也宣告了两岸同胞期盼已久的直接通邮、通航、通商成为现实。

2009年4月 希腊国会以149票对139票，通过了中远集团与希腊比雷埃夫斯港务局签署的码头专营协议。这是中国企业首次在国外获得港口的特许经营权。2016年8月，中远海运再次收购比港67%股权，正式成为比港经营者。

2009年6月 世界首座圆筒型超深水海洋钻探储油平台SEVAN650在启东中远海运海洋工程有限公司命名为“SEVAN DRILLER”（希望1号）。该平台“深海高稳性圆筒型钻探储油平台的关键设计与制造技术”项目获2011年度国家科技进步一等奖。

2009年9月 “中远之星”轮搭载175名大陆游客从厦门驶往台湾台中港，成为60年来海峡两岸间首艘定点定线船舶。

2013年8月 “永盛”轮在大连港出发，通过北极东北航道，9月10日，抵达目的港——荷兰鹿特丹，圆满完成北极东北航道首航任务，开创了中国商船首次经北极东北航道抵达欧洲的历史。此后，中远海运航行北极实现项目化、常态化、规模化运营。2016年，“永盛”轮再次破冰南极，中远海运是全球唯一一家穿越南北极，运营南北极航线的航运企业。

2016年1月 经国务院批准，中国远洋运输（集团）总公司与中国海运（集团）总公司重组成立中国远洋海运集团有限公司。同年2月18日，中国远洋海运集团有限公司在上海正式成立，成为世界第一大航运物流企业。

2016年6月 举世瞩目的巴拿马运河新船闸开通启用仪式隆重举行，中远海运集团旗下的“中远海运巴拿马”轮成为第一艘、也是当天唯一一艘通过新建船闸的新巴拿马型船舶而被载入国际航运史册。

2016年12月 中远海运特运新造的亚洲最大、全球第二大半潜船“新光华”轮在广州南沙投入营运。该船被形象地称之为海上“大力神叉车”，主要用于运输特大件货物。

2018年1月 由南通中远海运川崎建造的、国产首制具有完全自主知识产权的20000标准箱级集装箱船“中远海运白羊座”轮命名交付。该船不仅刷新中国完工交付最大箱位集装箱船纪录，同时也标志着中远海运超大型集装箱船建造始终保持在世界第一方阵。同年2月，中远海运集团21000标箱超大型集装箱船“中远海运宇宙”轮交付，标志着中国进入2万箱集装箱船新时代。

2018年7月 中远海运完成对东方海外的收购工作。收购后，集团集装箱船队规模迅速进入全球班轮行业第一梯队，成为全球第三大班轮公司，开启集运做强做优新航程。

2018年12月 国家主席习近平在巴拿马城同巴拿马总统巴雷拉共同参观巴拿马运河新船闸，听取许立荣董事长有关情况介绍，两国元首夫妇向“中远海运玫瑰”轮挥手致意并点赞。习近平主席与船长吴文峰通话，向全体船员表示深切关怀和亲切慰问。

2019年1月 中远海运所属中远海运港口有限公司与秘鲁火山矿业集团举行签约仪式，中远海运港口将以2.25亿美元向火山矿业收购秘鲁钱凯码头（TerminalcoPortuarioChancayS.A.）60%的股权。收购完成后，钱凯码头将成为中远海运集团在南美控股的第一个码头项目，也是在海外的第二个控股绿地港口项目。

2019年9月 由中国旅游集团和中国远洋海运集团共同投资运营的中国民族邮轮品牌“星旅远洋”旗下首艘豪华邮轮“鼓浪屿”号命名暨首航仪式在厦门举行，标志着中国第一艘自主运营的豪华邮轮正式亮相中国市场。

2019年11月 中远海运欧洲公司与希腊PEARL公司在希腊比雷埃夫斯港举行PEARL公司股权收购协议签约仪式。根据协议，中远海运欧洲公司所属陆海快线有限公司将收购PEARL公司60%股权。此次收购，将使中远海运获得在欧洲的铁路运营资质。

2019年11月 国家主席习近平与希腊总理米佐塔基斯视察比雷埃夫斯港，听取了集团董事长许立荣所做的港口运营和发展规划相关介绍，与当地员工进行了亲切交谈，发表了重要讲话。讲话中对中远海运经营比港给予高度评价，称“在这里看到，中国倡议的‘一带一路’不是口号和传说，而是成功的实践和精彩的现实”“比雷埃夫斯港项目是中希双方优势互补、强强联合、互利共赢的成功范例”。

2019年12月 中远海运意大利Vado Gateway码头正式投入试运营。

本篇责任编辑：刘　庶　戴利明

本篇责任校对：刘　庶　戴利明

石家庄市轨道交通有限责任公司

1.石家庄市轨道交通规划。石家庄市首期建设轨道交通1、2、3号线一期工程，按照国家发展改革委批复轨道交通建设规划(2012—2020年)，建设线路总长59.6公里。2015年12月31日，国家发展改革委批复新增1号线二期工程和3号线二期工程，线路长度为20.8公里。至2018年底，石家庄市轨道交通获批里程80.4公里。

石家庄市轨道交通线网方案体现为6条线组成的"大放射、小方格"轨道交通网，其中骨干线3条、辅助线3条，线网总长241.7公里，共设车站160座。其中，1、2、3号为骨干线路，线路总长162.7公里，设有车站100座。1号线位于中心城区，连接正定县、高新区；2号线连接正定县、中心城区、栾城区；3号线连接鹿泉、中心城区和藁城；4、5、6号为辅助线路，线路总长79公里，设有车站50座。4号线位于中心城区，连接长安区、裕华区、桥西区；5号线位于中心城区，串联桥西区、新华区南部及长安区，与4号线相扣成环；6号线位于中心城区，并向南延伸至裕华片区的内部填充线。

2017年6月26日，石家庄市轨道交通1号线一期工程和3号线一期工程正式开通试运营。

2.轨道交通建设运营情况。石家庄市轨道交通有限责任公司成立于2010年，是河北省唯一一家从事轨道交通建设和运营管理的公司。主要承担石家庄市轨道交通项目建设和地铁运营管理工作。2018年完成投资77.5亿元，同比增长32.7%，累计完成330亿元；首开工程30公里线路运行平稳，50公里在建线路整体进展顺利。

(1)工程建设。1号线二期工程全线实现"短轨通"，2018年12月，实现全线"洞通"，天元湖110千伏主变电站竣工送电。设备安装、装饰装修完成工程总量的60%以上；2号线一期工程全线有9座车站封顶，整体车站、土建工程和盾构区间完成总量90%以上，全线逐步进入二次砌筑及铺轨阶段；3号线一期工程北段车站全部封顶，区间工程实现"洞通"，3号线一期工程东段车站主体结构完成89%，区间完成85%，3号线二期工程全线5个车站和北乐乡车辆段开工建设。

(2)运营情况。首开工程30公里线路全年安全运行365天，运行里程达到247.4万列公里，列车正点率、列车运行图兑现率、服务设备设施可靠度均达到99%以上。列车服务可靠度、列车退出正线运营故障率等14项指标均符合国家要求。累计安全运送乘客1.28亿人次(日均客流23.1万人次)，2018年运送乘客8760万人次，日均客流24万人次，单日最高客运人数34.26万；新百广场站为1、3号线换乘站，是客流量最大的站点，最高日客运量达16万人次。

(3)资源开发。起草《关于优化配置土地资源支撑轨道交通建设的实施意见》。调研梳理沿线可开发土地，推进西兆通车辆段上盖等项目，初步确定"一级半"合作开发模式。完成嘉华车辆段上盖开发项目规划设计方案，拟上报石家庄市市政府，促成规划在新版城市总规中落地。星际天阶项目完成设计单位招标。

3.2018年轨道交通建设运营大事记。

5月2日 石家庄地铁运营分公司研发新型槽型轨、小型道岔专用道尺，获得国家专利。

5月10日 3号线二期工程(全长8.1公里)正式开工。

7月10日 石家庄地铁运营分公司研发具有自主知识产权的转向架检测装置及转向架检测套件。

10月10日 2号线建和桥桩基托换成功实施，成为河北省首例实施的桩基托换工程。

10月15日 河北省最长盾构区间——东庄站—会展中心站区间隧道实现单线贯通。

12月17日 地铁1号线二期工程实现"洞通"，主体土建工程完工。

12月29日 天元湖主变电站正式送电，主变电站的按期投用为1号线二期后续设备调试奠定了基础，为通车运营提供了电力保障。

●石家庄地铁在全线各车站自助购票机开通扫码购票功能，乘客可以通过手机扫码支付进行购买地铁单程票。

2018年5月，"中国很赞"主题地铁专列上线。

2018年6月26日，河北省省委常委、石家庄市市委书记邢国辉调研石家庄市轨道交通建设情况。

统计数据篇

STATISTICS PART

内容提要

此篇内容由国家统计局和中国国家铁路集团有限公司提供。主要包括：铁路、公路、水运、民航、邮政、城市交通等全国综合交通2018年统计数据和新中国成立70年交通运输主要指标统计数据。

——全国铁路营业里程13.17万公里

——全国铁路客运量33.75亿人

——全国铁路货运量40.26亿吨

——全国铁路固定资产投资8276.73亿元

——全国公路通车里程484.65万公里

——全国公路客运量136.72亿人

——全国公路货运量395.69亿吨

——全国公路水路固定资产投资23350.15亿元

——全国内河航道通航里程12.71万公里

——全国水路客运量2.80亿人

——全国水路货运量70.27亿吨

——全国民航客运量6.12亿人

——全国民航货邮量738.51万吨

——全国邮政业业务总量12345.2亿元

——全国城市轨道交通运营线路总长度5295公里

——全国城市公共交通客运总量1262.24亿人次

综合统计（COMPREHENSIVE STATISTICS）

国民经济主要指标（1978年—2018年）（1-1）

Principal Indicators of National Economy，1978-2018（1-1）

指 标	单 位	1978年	1980年	1985年	1990年	1995年	2000年	2001年	2002年	2003年	2004年	2005年	2006年
1. 年末人口数	万人	96259	98705	105851	114333	121121	126743	127627	128453	129227	129988	130756	131448
内：城镇人口数	万人	17245	19140	25094	30195	35174	45906	48064	50212	52376	54283	56212	58288
2. 年末就业人员数	万人	40152	42361	49873	64749	68065	72085	72797	73280	73736	74264	74647	74978
内：职工人数	万人	9499	10444	12358	14059	14908	11259	10792	10558	10492	10576	10850	11161
3. 国民总收入	亿元	3678.7	4587.6	9123.6	18923.3	60356.6	99066.1	109276.2	120480.4	136576.3	161415.4	185998.9	219028.5
4. 国内生产总值	亿元	3678.7	4587.6	9098.9	18872.9	61339.9	100280.1	110863.1	121717.4	137422.0	161840.2	187318.9	219438.5
第一产业	亿元	1018.5	1359.5	2541.7	5017.2	12020.5	14717.4	15502.5	16190.2	16970.2	20904.3	21806.7	23317.0
第二产业	亿元	1755.2	2204.7	3886.5	7744.3	28677.5	45664.8	49660.7	54105.5	62697.4	74286.9	88084.4	104361.8
内：工业	亿元	1621.5	2014.9	3478.3	6904.7	25023.9	40259.7	43855.6	47776.3	55363.8	65776.8	77960.5	92238.4
第三产业	亿元	905.1	1023.4	2670.7	6111.4	20641.9	39897.9	45700.0	51421.7	57754.4	66648.9	77427.8	91759.7
内：交通运输仓储邮电业	亿元	182.0	213.4	421.8	1167.2	3244.7	6161.9	6871.3	7494.3	7914.8	9306.5	10668.8	12186.3
5. 工业总产值	亿元	4237	5154	9716	23924	91894	85674	95449	110776	142271	201722	251620	316589
6. 农林牧渔业总产值	亿元	1397	1923	3619	7662	20341	24916	26180	27391	29692	36239	39451	40811
7. 全社会固定资产投资	亿元	669	911	2543	4517	20019	32918	37214	43500	55567	70477	88774	109998
内：基本建设投资	亿元	501	559	1074	1704	7404	13427	14820	17667	22729	–	–	–
更新改造投资	亿元	168	187	449	830	3299	5108	5924	6751	8444	–	–	–
8. 国家财政													
国家财政收入	亿元	1132	1160	2005	2937	6242	13395	16386	18904	21715	26396	31649	38760
内：中央	亿元	176	284	770	992	3257	6989	8583	10389	11865	14503	16549	20457
地方	亿元	956	875	1235	1945	2986	6406	7803	8515	9850	11893	15101	18304

注：1.产值数按当年价格计算；

2.1980年以后国民总收入与国内生产总值的差额为来自国外的初次分配收入净额。

3.2000年及以后年份，工业总产值为全部国有企业及年产品销售收入500万元以上的非国有企业完成的工业总产值。

国民经济主要指标（1978年—2018年）（1–2）

Principal Indicators of National Economy，1978–2018（1–2）

指 标	单 位	2007年	2008年	2009年	2010年	2011年	2012年	2013年	2014年	2015年	2016年	2017年	2018年
1. 年末人口数	万人	132129	132802	133450	134091	134091	134735	136072	136782	137462	138271	139008	139538
内：城镇人口数	万人	60633	62403	64512	66978	66978	69079	73111	74916	77116	79298	81347	83137
2. 年末就业人员数	万人	75321	75564	75828	76105	76420	76704	76977	77253	77451	77603	77640	77586
内：职工人数	万人	11427	11515	–	–	–	–	–	–	–	–	–	–
3. 国民总收入	亿元	270704.0	321229.5	347934.9	410354.1	483392.8	537329.0	588141.2	642097.6	683390.5	737074.0	820099.5	896915.6
4. 国内生产总值	亿元	270092.3	319244.6	348517.7	412119.3	487940.2	538580.0	592963.2	641280.6	685992.9	740060.8	820754.3	900309.5
第一产业	亿元	27674.1	32464.1	33583.8	38430.8	44781.4	49084.5	53028.1	55626.3	57774.6	60139.2	62099.5	64734.0
第二产业	亿元	126633.6	149956.6	160171.7	191629.8	227038.8	244643.3	261956.1	277571.8	282040.3	296547.7	332742.7	366000.9
内：工业	亿元	111693.9	131727.6	138095.5	165126.4	195142.8	244852.2	277979.1	308082.5	346178.0	383373.9	425912.1	305160.2
第三产业	亿元	115784.6	136823.9	154762.2	182058.6	216120.0	244852.2	277979.1	308082.5	346178.0	383373.9	425912.1	469574.6
内：交通运输仓储邮电业	亿元	14605.1	16367.6	16522.4	18783.6	21842.0	23763.2	26042.7	28500.9	30487.8	33058.8	37172.6	40550.2
5. 工业总产值	亿元	405177	507448	548311	698591	–	–	–	–	–	–	–	–
6. 农林牧渔业总产值	亿元	48652	57421	59311	67763	78837	86342	93194	97823	101894	106479	109332	113580
7. 全社会固定资产投资	亿元	137324	172828	224599	278122	311485	374695	446294	512021	562000	606466	641238	645675
内：基本建设投资	亿元	–	–	–	–	–	–	–	–	–	–	–	–
更新改造投资	亿元	–	–	–	–	–	–	–	–	–	–	–	–
8. 国家财政													
国家财政收入	亿元	51322	61330	68518	83102	103874	117254	129210	140370	152269	159605	172593	183360
内：中央	亿元	27749	32681	35916	42488	51327	56175	60198	64493	69267	72366	81123	85456
地方	亿元	23573	28650	32603	40613	52547	61078	69011	75877	83002	87239	91469	97903

注：依据第三次全国农业普查结果，对2007年—2016年农业牧渔业总产值数据进行了修订。

国民经济主要指标（1978年—2018年）（2–1）

Principal Indicators of National Economy，1978–2018（2–1）

指 标	单 位	1978年	1980年	1985年	1990年	1995年	2000年	2001年	2002年	2003年	2004年	2005年	2006年
9.社会消费品零售总额	亿元	1558.6	2140.0	4305.0	8300.1	23613.8	39105.7	43055.4	48135.9	52516.3	59501.0	67176.6	76410.0
10.海关进出口总额	亿美元	206.4	381.4	696.0	1154.4	2808.6	4742.9	5096.5	6207.7	8509.9	11545.5	14219.0	17604.0
内：出口额	亿美元	97.5	181.2	273.5	620.9	1487.8	2492.0	2661.0	3256.0	4382.3	5933.2	7619.5	9689.4
11.主要农产品产量													
粮食	万吨	30477	32056	37911	44624	46662	46218	45264	45706	43070	46947	48402	49804
棉花	万吨	216.7	270.7	414.7	450.8	476.8	441.7	532.4	491.6	486.0	632.4	571.4	753.3
12.主要林产品产量													
木材	万立方米	5162	5359	6323	5571	6767	4724	4552	4436	4759	5197	5560	6612
13.主要工业产品产量													
原煤	亿吨	6.18	6.20	8.72	10.80	13.61	12.99	13.81	14.55	17.22	19.92	22.05	23.73
原油	万吨	10405	10595	12490	13831	15005	16300	16396	16700	16960	17587	18135	18477
发电量	亿千瓦小时	2566	3006	4107	6212	10070	13556	14808	16540	19106	22033	25003	28657
生铁	万吨	3479	3802	4384	6238	10529	13101	15554	17085	21367	26831	34375	41245
粗钢	万吨	3178	3712	4679	6635	9536	12850	15163	18237	22234	28291	35324	41915
钢材	万吨	2208	2716	3693	5153	8980	13146	16068	19252	24108	31976	37771	46893
水泥	万吨	6524	7986	14595	20971	47561	59700	66104	72500	86208	96682	106885	123676
农用氮、磷、钾化肥	万吨	869.3	1232.1	1322.2	1879.7	2548.1	3186.0	3383.0	3791.0	3881.3	4804.8	5177.9	5345.1
14.工业企业年末固定资产													
原值	亿元	3193.4	3730.1	5956.2	11610.3	30935.7	78646.3	86293.0	93887.9	105557.1	125761.9	143143.6	168850.2
净值	亿元	2225.7	2528.0	3980.8	8088.3	17474.1	52798.4	56626.3	60820.3	68233.5	82137.5	92802.6	109949.4

注：1998年起，工业产品产量和工业企业年末固定资产均为全部国有企业及年产品销售收入500万元以上的非国有企业数据。

国民经济主要指标（1978年—2018年）（2-2）

Principal Indicators of National Economy，1978-2018（2-2）

指 标	单 位	2007年	2008年	2009年	2010年	2011年	2012年	2013年	2014年	2015年	2016年	2017年	2018年
9.社会消费品零售总额	亿元	89210.0	108487.7	132678.4	156998.4	183919.0	210307.0	237809.9	271896.1	300930.8	332316.3	366261.6	380986.9
10.海关进出口总额	亿美元	21737.3	25632.6	22705.4	29740.0	36418.7	38671.2	41589.9	43015.3	39530.3	36855.6	41071.6	46224.2
其中：出口额	亿美元	12177.8	14306.9	12016.1	15777.5	18983.8	20487.1	22090.0	23422.9	22734.7	20976.3	22633.7	24866.8
11.主要农产品产量													
粮食	万吨	50414	53434	53941	55911	58849	61223	63048	63965	66060	66044	66161	65789
棉花	万吨	759.7	723.2	623.6	577.0	651.9	660.8	628.2	629.9	590.7	534.3	565.3	610.3
12.主要林产品产量													
木材	万立方米	6977	8108	7068	8090	8146	8175	8438	8233	7200	7776	8398	8811
13.主要工业产品产量													
原煤	亿吨	25.26	27.88	29.73	32.35	35.20	36.50	36.80	38.74	37.47	34.11	35.24	36.8
原油	万吨	18632	19001	18949	20301	20288	20571	20947	21143	21456	19969	19151	18911
发电量	亿千瓦小时	32816	34669	37147	42072	47130	50210	53976	56496	58146	61332	64951	71118
生铁	万吨	47652	47067	55283	59733	64051	66354	70897	71375	69141	70227	71362	77105
粗钢	万吨	48929	50092	57218	63723	68528	72388	77904	82231	80383	80761	83138	92801
钢材	万吨	56561	58488	69405	80277	88620	95578	106762	112513	112350	104814	104642	110552
水泥	万吨	136117	140000	164398	188191	209926	220984	241614	249207	235919	241031	233084	220771
农用氮、磷、钾化肥	万吨	5825.0	6012.7	6385.0	6337.9	6419.4	6832.1	7037.0	6876.9	7432.0	6629.6	5891.7	5418.0
14.工业企业年末固定资产													
原值	亿元	198739.3	245352.8	278541.1	334839.4	386086.7	434474.3	–	–	–	–	–	–
净值	亿元	129123.6	151665.2	179547.1	211217.9	228774.4	256573.2	–	–	–	–	–	–

注：1.根据第三次全国农业普查结果，按照国际惯例，对2007年以后农业、畜牧业、渔业及农林牧渔业总产值等数据进行了修订。
2.钢材2016年产量根据有关专项调查进行了调整。

交通运输和邮政业就业人员数（2018年）

Employee Numbers of Transport and Posts, 2018

单位：人

地 区	铁路运输业	道路运输业	水上运输业	航空运输业	管道运输业	多式联运和运输代理业	装卸搬运和仓储业	邮政业
全 国	**1833800**	**3642970**	**357698**	**645957**	**33883**	**313777**	**432771**	**929159**
北 京	105933	279774	304	83122	4287	29218	14541	84799
天 津	11321	61561	12520	8923	525	13090	15327	9075
河 北	51072	121007	21244	5880	1453	1904	14550	28692
山 西	104705	76661	79	6514	–	2157	6932	17121
内蒙古	103833	65806	27	5252	104	923	6782	18227
辽 宁	107581	122535	15757	20106	808	12977	33319	16630
吉 林	58361	49051	54	6484	935	1640	12467	19664
黑龙江	126389	66041	3401	4667	613	1648	18237	29304
上 海	38340	181993	51285	91436	1443	84771	32383	24187
江 苏	20109	246682	62071	15061	8727	19643	36638	51465
浙 江	20421	173107	27727	13915	50	13259	20568	32082
安 徽	38727	133448	10923	4901	69	5931	10877	40304
福 建	40736	96647	15236	26260	63	11398	11651	28389
江 西	59669	93132	4591	4299	16	552	7529	20109
山 东	96131	224934	46669	8287	3817	16080	32729	47215
河 南	109329	201620	1698	8977	280	5279	24970	40539
湖 北	85818	157194	14728	9611	4557	3442	12471	60244
湖 南	72930	97592	2392	8982	306	1647	6607	28376
广 东	59100	397895	42287	132231	450	72078	50950	109102
广 西	63674	67507	5204	8692	–	1554	12975	28399
海 南	6361	23993	6329	25408	28	1139	3432	9606
重 庆	29705	133988	10343	15011	46	2333	6013	28037
四 川	66671	173568	1402	51954	612	2805	12194	64699
贵 州	34578	56007	586	12351	117	552	3661	10948
云 南	39568	75210	297	27058	261	3267	6890	18641
西 藏	36	5191	–	4135	–	–	236	839
陕 西	101135	110956	157	12012	769	2818	10783	34199
甘 肃	83282	44888	174	3686	–	383	3867	9538
青 海	23621	15526	–	2518	–	93	748	3219
宁 夏	18898	12258	124	2757	–	26	752	3841
新 疆	55766	77198	89	15467	3547	1170	1692	11669

交通运输业基本情况（2014年—2018年）（一）

Basic Conditions of Transport，2014–2018（1）

项　目	单　位	2014年	2015年	2016年	2017年	2018年
一、交通设施及线路						
1. 线路里程						
铁路营业里程	万公里	11.18	12.10	12.40	12.70	13.17
公路通车里程	万公里	446.39	457.73	469.63	477.35	484.65
其中：高速公路	万公里	11.19	12.35	13.10	13.64	14.26
全国公共汽电车运营线路总长度	万公里	81.78	89.43	98.12	106.94	119.95
全国轨道交通运营线路总长度	公里	2816	3195	3728	4570	5295
内河航道通航里程	万公里	12.63	12.70	12.71	12.70	12.71
其中：等级航道	万公里	6.54	6.63	6.64	6.62	6.64
定期航班航线里程	万公里	463.72	531.72	634.81	748.30	837.98
管道输油（气）里程	万公里	10.57	10.87	11.34	11.93	12.23
2. 桥梁	万座	75.71	77.92	80.53	83.25	85.15
3. 隧道	万处	1.24	1.40	1.52	1.62	1.77
4. 港口泊位数	个	31705	31259	30388	27578	23919
沿海港口泊位数	个	5834	5899	5887	5830	5734
内河港口泊位数	个	25871	25360	24501	21748	18185
5. 颁证民用航空机场	个	202	210	218	229	235
6. 邮路总长度	万公里	630.6	637.6	658.5	938.5	985.1
其中：航空邮路	万公里	347.33	355.88	372.91	599.61	654.49
铁路邮路	万公里	23.30	21.80	20.37	21.52	22.10
汽车邮路	万公里	236.25	248.65	264.47	315.62	307.25
二、交通运输工具拥有量						
1. 铁路						
客车拥有量	台	60629	67706	70872	72262	73199
货车拥有量	台	716578	768516	764783	808736	839213
机车拥有量	台	21096	21366	21453	21420	21482
2. 公路						
公路营运汽车拥有量	万辆	1537.93	1473.12	1435.77	1450.22	1435.48
载货汽车	万辆	1453.36	1389.19	1351.77	1368.62	1355.82
	万吨位	10292.47	10366.50	10826.78	11774.81	12872.97
载客汽车	万辆	84.58	83.93	84.00	81.61	79.66
	万客位	2189.55	2148.58	2140.26	2099.18	2048.11

交通运输业基本情况（2014年—2018年）（二）

Basic Conditions of Transport，2014–2018（2）

项　目	单　位	2014年	2015年	2016年	2017年	2018年
3. 城市客运						
全国公共汽电车运营车辆数	万辆	52.88	56.18	60.86	65.12	67.34
	万标台	59.79	63.29	68.73	73.93	76.79
全国轨道交通运营车辆数	辆	17300	19941	23791	28617	34012
	标台	41770	48165	57627	72879	–
全国出租汽车运营车辆数	万辆	137.01	139.25	140.40	1102823	1388876
4. 民用运输船舶拥有量						
艘数	艘	171977	165905	160144	144924	136975
净载重量	万吨位	25785.22	27244.29	26622.71	25651.63	25115.29
三、客货运输量						
货运量总计	万吨	4167296	4175886	4386763	4804850	5152732
铁路	万吨	381334	335801	333186	368865	402631
公路	万吨	3113334	3150019	3341259	3686858	3956871
水运	万吨	598283	613567	638238	667846	702684
民航	万吨	594	629	668	706	739
管道	万吨	73752	75870	73411	80576	89807
货物周转量总计	亿吨公里	181668	178356	186629	197373	204686
铁路	亿吨公里	27530	23754	23792	26962	28821
公路	亿吨公里	56847	57956	61080	66772	71249
水运	亿吨公里	92775	91772	97339	98611	99053
民航	亿吨公里	188	208	222	244	262
管道	亿吨公里	4328	4665	4196	4784	5301
客运量总计	万人	2032218	1943271	1900194	1848620	1793820
铁路	万人	230460	253484	281405	308379	337495
公路	万人	1736270	1619097	1542759	1456784	1367170
水运	万人	26293	27072	27234	28300	27981
民航	万人	39195	43618	48796	55156	61174
旅客周转量总计	亿人公里	28647	30059	31258	32813	34218
铁路	亿人公里	11242	11961	12579	13457	14147
公路	亿人公里	10997	10743	10229	9765	9280
水运	亿人公里	74	73	72	78	80
民航	亿人公里	6334	7283	8378	9513	10712
港口货物吞吐量	亿吨	124.52	127.50	132.01	140.07	143.51
三、交通建设投资						
1. 铁路固定资产投资	亿元	8088.00	8238.00	8015.00	8010.00	8276.73
2. 公路、水路固定资产投资	亿元	17171.51	18421.00	19887.63	23141.16	23350.15

各地区运输线路长度（2018年）

Length of Transport Routes by Region, 2018

单位：公里

地　区	铁路营业里程	内河航道里程	公路里程	等级公路	#高速	#一级	#二级	等外公路
总　计	**131651**	**127126**	**4846532**	**4465864**	**142593**	**111703**	**393471**	**380667**
北　京	1264	–	22256	22256	1115	1457	4029	–
天　津	1153	88	16257	16257	1262	1209	2986	–
河　北	7362	–	193252	188475	7280	6341	20987	4777
山　西	5441	467	143326	141012	5605	2731	15736	2314
内蒙古	12766	2403	202641	195636	6633	7791	17684	7005
辽　宁	6525	413	122974	115699	4331	4153	18305	7275
吉　林	5043	1456	105399	100599	3298	2163	9642	4799
黑龙江	6894	5098	167116	142959	4512	2729	11931	24156
上　海	466	2091	13106	13106	836	545	3615	–
江　苏	3062	24380	158729	156297	4711	15081	23439	2432
浙　江	2813	9761	120662	120339	4421	7046	10374	323
安　徽	4324	5641	208826	207942	4836	4863	11595	885
福　建	3514	3245	108901	92464	5155	1351	10887	16438
江　西	4278	5638	161941	135442	5931	2601	11613	26499
山　东	6336	1117	275642	274948	6057	11159	26177	693
河　南	5410	1403	268589	242775	6600	3692	27192	25814
湖　北	4341	8470	275039	265912	6367	6093	23179	9128
湖　南	5070	11496	240060	223667	6725	2068	14478	16393
广　东	4524	12112	217699	209131	9003	11329	18975	8568
广　西	5202	5707	125449	115702	5563	1554	13156	9748
海　南	1033	343	35023	34731	924	460	1045	292
重　庆	2326	4352	157483	133943	3096	952	8572	23541
四　川	4950	10818	331592	304830	7131	4178	16021	26762
贵　州	3565	3740	196908	156559	6453	1464	8433	40348
云　南	3848	4024	252929	220554	5184	1443	12222	32374
西　藏	785	–	97785	85473	38	578	1055	12312
陕　西	5002	1146	177128	161028	5475	1641	9734	16100
甘　肃	4672	911	143228	128071	4242	627	9156	15157
青　海	2349	674	82137	70157	3328	609	8525	11980
宁　夏	1373	130	35405	35355	1678	1895	3870	51
新　疆	5959	–	189050	154546	4803	1901	18056	34504

全国运输线路长度（1949年—2018年）（一）

Length of Transport Routes, 1949-2018（1）

单位：万公里

年 份	铁路营业里程	#铁路电气化里程	公路里程	#高速公路	内河航道里程	定期航班航线里程	#国际航线	管道输油（气）里程
1949	2.18	–	8.08	–	7.36	–	–	–
1950	2.22	–	9.96	–	7.36	1.14	0.69	–
1951	2.23	–	11.44	–	7.36	1.12	0.69	–
1952	2.29	–	12.67	–	9.50	1.31	0.51	–
1953	2.38	–	13.71	–	9.50	1.40	0.50	–
1954	2.45	–	14.61	–	9.50	1.52	0.50	–
1955	2.56	–	16.73	–	9.99	1.55	0.30	–
1956	2.65	–	22.63	–	10.36	1.91	0.49	–
1957	2.67	–	25.46	–	14.41	2.64	0.43	–
1958	3.02	–	42.18	–	15.20	3.30	0.44	0.02
1959	3.23	–	50.79	–	16.30	3.72	0.53	0.02
1960	3.39	–	51.95	–	17.39	3.81	0.53	0.02
1961	3.45	–	47.74	–	17.22	3.91	0.45	0.02
1962	3.46	0.01	46.35	–	16.19	3.53	0.44	0.02
1963	3.50	–	47.51	–	15.72	3.58	0.44	0.03
1964	3.69	–	47.92	–	15.69	3.85	0.44	0.03
1965	3.80	0.01	51.45	–	15.77	3.94	0.45	0.04
1966	3.93	–	54.36	–	14.72	3.94	0.45	0.07
1967	3.86	–	55.75	–	14.78	4.45	0.38	0.08
1968	3.88	–	57.17	–	14.78	4.01	0.44	0.09
1969	4.17	–	60.06	–	14.81	3.99	0.44	0.10
1970	4.37	0.03	63.67	–	14.84	4.06	0.44	0.12
1971	4.53	0.03	67.54	–	14.16	4.21	0.44	0.20
1972	4.63	0.04	69.99	–	14.06	4.25	0.44	0.23
1973	4.66	0.06	71.56	–	13.88	4.54	0.44	0.34
1974	4.75	0.06	73.79	–	13.74	8.13	3.71	0.42
1975	4.86	0.07	78.36	–	13.56	8.42	3.71	0.53
1976	4.91	0.07	82.34	–	13.74	9.78	4.09	0.63
1977	5.06	0.10	85.56	–	13.74	13.21	4.09	0.67
1978	5.17	0.10	89.02	–	13.60	14.89	5.53	0.83
1979	5.30	0.10	87.58	–	10.78	16.00	5.13	0.91
1980	5.33	0.17	88.83	–	10.85	19.53	8.12	0.87
1981	5.39	0.17	89.75	–	10.87	21.82	8.28	0.97
1982	5.33	0.18	90.70	–	10.86	23.27	9.99	1.04
1983	5.46	0.23	91.51	–	10.89	22.91	9.99	1.08
1984	5.48	0.30	92.67	–	10.93	26.02	10.74	1.10
1985	5.52	0.41	94.24	–	10.91	27.72	10.60	1.17

全国运输线路长度（1949年—2018年）（二）

Length of Transport Routes, 1949-2018（2）

单位：万公里

年　份	铁路营业里程	#铁路电气化里程	公路里程	#高速公路	内河航道里程	定期航班航线里程	#国际航线	管道输油（气）里程
1986	5.58	0.44	96.28	–	10.94	32.31	10.76	1.30
1987	5.60	0.46	98.22	–	10.98	38.91	14.89	1.38
1988	5.62	0.57	99.96	0.01	10.94	37.38	12.83	1.43
1989	5.70	0.64	101.43	0.03	10.90	47.19	16.64	1.51
1990	5.79	0.69	102.83	0.05	10.92	50.68	16.64	1.59
1991	5.78	0.78	104.11	0.06	10.97	55.91	17.74	1.62
1992	5.81	0.84	105.67	0.07	10.97	83.66	30.30	1.59
1993	5.86	0.89	108.35	0.11	11.02	96.08	27.87	1.64
1994	5.90	0.90	111.78	0.16	11.02	104.56	35.19	1.68
1995	6.24	0.97	115.70	0.21	11.06	112.90	34.82	1.72
1996	6.49	1.01	118.58	0.34	11.08	116.65	38.63	1.93
1997	6.60	1.20	122.64	0.48	10.98	142.50	50.44	2.04
1998	6.64	1.30	127.85	0.87	11.03	150.58	50.44	2.31
1999	6.74	1.40	135.17	1.16	11.65	152.22	52.33	2.49
2000	6.87	1.49	167.98	1.63	11.93	150.29	50.84	2.47
2001	7.01	1.69	169.80	1.94	12.15	155.36	51.69	2.76
2002	7.19	1.74	176.52	2.51	12.16	163.77	57.45	2.98
2003	7.30	1.81	180.98	2.97	12.40	174.95	71.53	3.26
2004	7.44	1.86	187.07	3.43	12.33	204.94	89.42	3.82
2005	7.54	1.94	334.52	4.10	12.33	199.85	85.59	4.40
2006	7.71	2.34	345.70	4.53	12.34	211.35	96.62	4.81
2007	7.80	2.40	358.37	5.39	12.35	234.30	104.74	5.45
2008	7.97	2.50	373.02	6.03	12.28	246.18	112.02	5.83
2009	8.55	3.02	386.08	6.51	12.37	234.51	91.99	6.91
2010	9.12	3.27	400.82	7.41	12.42	276.51	107.02	7.85
2011	9.32	3.43	410.64	8.49	12.46	349.06	149.44	8.33
2012	9.76	3.55	423.75	9.62	12.50	328.01	128.47	9.16
2013	10.31	3.60	435.62	10.44	12.59	410.60	150.32	9.85
2014	11.18	3.69	446.39	11.19	12.63	463.72	176.72	10.57
2015	12.10	7.47	457.73	12.35	12.70	531.72	239.44	10.87
2016	12.40	8.03	469.63	13.10	12.71	634.81	282.80	11.34
2017	12.70	8.66	477.35	13.64	12.70	748.30	324.59	11.93
2018	13.17	9.22	484.65	14.26	12.71	837.98	359.89	12.23

注：1.铁路电气化里程2014年及以前为国家铁路电气化里程，2015年起为全国铁路电气化里程。
2.2004年起内河航道里程为内河航道通航里程数（以下各表同）。
3.2005年起公路里程包括村道（以下各表同）。
4.2011年起民航航线里程改为定期航班航线里程（以下各表同）。

主要运输工具数量（1980年—2018年）（一）

Main Transport Vehicles，1980–2018（1）

指　标	单 位	1980年	1985年	1990年	1995年	1998年	2000年	2001年	2002年	2003年	2004年	2005年	2006年
铁路机车	台	10665	12156	13981	15554	15982	15253	15756	16026	16320	17022	17473	17799
国家铁路	台	10278	11770	13592	15146	15176	14472	14955	15159	15456	16066	16547	16904
合资铁路	台	–	–	–	–	420	454	453	510	505	604	578	581
地方铁路	台	387	386	389	408	386	327	348	357	359	352	348	314
铁路客车	辆	16367	21130	27538	32663	35204	37249	38780	39438	40487	41353	41974	42659
国家铁路	辆	16157	20872	27261	32404	34246	35989	37214	37942	38972	39766	40328	40945
合资铁路	辆	–	–	–	–	758	1057	1396	1343	1353	1452	1518	1578
地方铁路	辆	210	258	277	259	200	203	170	153	162	135	128	136
铁路货车	辆	270253	304613	368561	436414	443546	443902	453620	459017	510327	526894	548368	564899
国家铁路	辆	266376	300886	364966	432731	439326	439943	449921	446707	503868	520101	541824	558483
合资铁路	辆	–	–	–	–	903	937	1125	9894	4065	4546	4521	4360
地方铁路	辆	3877	3727	3595	3683	3317	3022	2574	2416	2394	2247	2023	2056
民用汽车	万辆	178.29	321.12	551.36	1040.00	1319.30	1608.91	1802.04	2053.17	2382.93	2693.71	3159.66	3697.35
其中：载客汽车	万辆	35.08	79.45	162.19	417.90	654.83	853.73	993.96	1202.37	1478.81	1735.91	2132.46	2619.57
载货汽车	万辆	129.90	223.20	368.48	585.46	627.89	716.32	765.24	812.22	853.51	893.00	955.55	986.30
其他机动车	万辆	30.55	94.60	462.33	1494.62	2770.72	4168.06	4724.05	6174.09	7108.90	7785.69	8595.42	8797.67
运输用拖拉机	万辆	–	178.35	462.58	591.91	772.00	820.92	826.02	1007.21	1120.57	997.82	1357.64	1524.28
民用运输机动船	艘	29588	260296	325858	299717	212093	185018	169329	165936	163813	166854	165900	157805
净载重量	万吨位	1220.78	2089.82	2909.01	4094.01	3889.66	4264.06	4552.67	4837.26	6074.52	7511.41	9075.64	9824.15
载客量	万客位	45.55	87.80	113.89	98.00	98.36	101.40	104.89	94.54	97.15	96.16	97.78	102.59
民用运输驳船	艘	71604	132682	82482	57998	48115	44658	41457	37041	40457	43846	41394	36555
净载重量	万吨位	474.39	–	906.67	944.97	901.94	864.05	896.87	868.31	987.11	1105.85	1103.01	1201.56
载客量	万客位	8.96	9.96	6.29	1.77	1.49	1.83	2.79	3.34	3.06	3.47	3.35	3.34
民用飞机	架	143	170	503	852	1004	982	1031	1112	1160	1245	1386	1614
运输飞机	架	143	170	204	416	523	527	566	602	664	754	863	998
通用航空飞机	架	–	–	217	306	278	301	296	335	343	365	383	457
教学校验飞机	架	–	–	82	130	203	154	169	175	153	126	140	159

注：1.从1990年起，民用飞机中含教学校验飞机。
2.从2006年起，拖拉机数据来源于各省农用机械管理部门，与历史数据不完全可比。

主要运输工具数量（1980年—2018年）（二）

Main Transport Vehicles，1980–2018（2）

指　标	单 位	2007年	2008年	2009年	2010年	2011年	2012年	2013年	2014年	2015年	2016年	2017年	2018年
铁路机车	台	18306	18437	18922	19431	20721	20797	20835	21096	21366	21453	21420	21482
国家铁路	台	17311	17336	17825	18349	19590	19625	19686	19990	–	–	–	–
合资铁路	台	660	755	826	803	836	875	865	813	–	–	–	–
地方铁路	台	335	346	271	279	295	297	284	293	–	–	–	–
铁路客车	辆	44213	45076	49354	52275	54731	57721	58965	60629	67706	70872	72262	73199
国家铁路	辆	42471	43215	47436	50391	52838	55764	56841	58898	–	–	–	–
合资铁路	辆	1639	1739	1803	1753	1743	1807	1974	1581	–	–	–	–
地方铁路	辆	133	122	115	131	150	150	150	150	–	–	–	–
铁路货车	辆	577521	591793	601412	625110	651145	670801	721850	716578	768516	764783	808736	839213
国家铁路	辆	571078	584961	594388	622284	644677	664333	715492	710127	–	–	–	–
合资铁路	辆	4409	4752	4902	1125	4930	4930	4785	4656	–	–	–	–
地方铁路	辆	2034	2080	2122	1701	1538	1568	1573	1795	–	–	–	–
民用汽车	万辆	4358.36	5099.61	6280.61	7801.83	9356.32	10933.09	12670.14	14598.11	16284.45	18574.54	20906.67	23231.23
其中：载客汽车	万辆	3195.99	3838.92	4845.09	6124.13	7478.37	8943.01	10561.78	12326.70	14095.88	16278.24	18469.54	20555.40
载货汽车	万辆	1054.06	1126.07	1368.60	1597.55	1787.99	1894.75	2010.62	2125.46	2065.62	2171.89	2338.85	2567.82
其他机动车	万辆	9434.03	9756.92	10489.01	11305.55	11549.16	11322.30	10546.65	9852.40	9570.42	7449.93	7607.88	6979.25
运输用拖拉机	万辆	1736.11	1850.99	2057.96	2137.45	2113.89	2163.57	2210.89	2242.21	2109.39	2211.79	2023.16	2028.00
民用运输机动船	艘	157544	152247	149367	155624	157950	158309	155340	154974	149659	144568	131746	125754
净载重量	万吨位	10644.11	11104.77	13330.40	16090.57	20260.20	21070.37	23131.76	24730.08	26143.40	25517.08	24675.08	24244.71
载客量	万客位	100.45	99.45	97.94	100.14	100.46	102.13	103.17	103.10	101.59	99.90	96.44	96.02
民用运输驳船	艘	34227	31943	27565	22783	21292	20282	17214	17003	16246	15576	13178	11221
净载重量	万吨位	1237.34	1312.14	1270.30	1142.29	1004.05	969.25	969.27	1045.24	1100.80	1105.63	976.55	870.57
载客量	万客位	2.23	1.41	0.22	0.23	0.38	0.38	0.13	0.13	0.14	0.31	0.31	0.30
民用飞机	架	1813	1961	2181	2405	3191	3589	4004	4168	4554	5046	5593	6134
运输飞机	架	1134	1259	1417	1597	1764	1941	2145	2370	2650	2950	3296	3639
通用航空飞机	架	457	484	555	606	1124	1320	1519	1798	1904	2096	2297	2495
教学校验飞机	架	222	218	209	202	303	328	340	359	–	–	–	–

各地区客运量（2018年）

Passenger Traffic by Region, 2018

单位：万人

地　　区	总 计	铁 路	公 路	水 运
总　　计	**1793820**	**337495**	**1367170**	**27981**
北　　京	58935	14357	44577	−
天　　津	17450	5075	12259	116
河　　北	47346	12211	35133	2
山　　西	23837	7958	15719	161
内 蒙 古	13268	5446	7823	−
辽　　宁	71343	14422	56355	566
吉　　林	31956	8446	23372	139
黑 龙 江	31568	10522	20739	307
上　　海	15845	12267	3151	427
江　　苏	120612	21204	97025	2383
浙　　江	98380	21870	72013	4497
安　　徽	63347	12337	50770	240
福　　建	48105	12096	34081	1929
江　　西	60686	11131	49302	253
山　　东	67443	15356	50044	2044
河　　南	110421	16383	93707	331
湖　　北	98350	16713	80990	648
湖　　南	106680	13943	91007	1729
广　　东	142144	34121	105249	2775
广　　西	47931	11100	36134	697
海　　南	14383	2958	9637	1788
重　　庆	60587	7707	52150	731
四　　川	98569	15116	81462	1991
贵　　州	93025	6761	84053	2211
云　　南	41484	5500	34642	1342
西　　藏	1399	352	1047	−
陕　　西	71583	10953	60269	361
甘　　肃	42185	5473	36634	78
青　　海	6443	1256	5092	95
宁　　夏	6137	653	5342	142
新　　疆	21204	3810	17394	−
不分地区	61174	−	−	−

注：不分地区数据为民航完成客运量61174万人。

全社会客运量（1949年—2018年）（一）

Passenger Traffic, 1949–2018 (1)

单位：万人

年份	总计	铁路	公路	水运	民用航空
1949	13695	10297	1809	1562	27
1950	20370	15691	2301	2377	1
1951	22334	16037	3350	2945	2
1952	24518	16352	4559	3605	2
1953	35627	22861	7439	5324	3
1954	37465	23290	8648	5523	4
1955	36764	20801	10312	5646	5
1956	50621	25211	18224	7177	9
1957	63821	31262	23772	8780	7
1958	75136	34569	31063	9492	12
1959	91183	47972	32569	10626	16
1960	106700	61822	32524	12333	21
1961	119835	77062	27601	15152	20
1962	122154	75003	30737	16397	17
1963	97538	51985	32857	12678	18
1964	94300	45085	37313	11878	24
1965	96334	41245	43693	11369	27
1966	108656	41413	54437	12780	26
1967	114067	46614	53874	13548	31
1968	111182	49994	47125	14038	25
1969	123859	52040	56266	15531	22
1970	130056	52455	61812	15767	22
1971	142931	56032	71227	15638	34
1972	160828	62809	80676	17297	46
1973	174805	65704	89771	19270	60
1974	182146	66924	95481	19647	94
1975	192969	70465	101350	21015	139
1976	201411	71249	108718	21298	146
1977	225007	79471	122919	22452	165
1978	253993	81491	149229	23042	231
1979	289665	86389	178618	24360	298
1980	341785	92204	222799	26439	343
1981	384763	95219	261559	27584	401
1982	428964	99922	300610	27987	445
1983	470614	106044	336965	27214	391
1984	530217	113353	390336	25974	554
1985	620206	112110	476486	30863	747
1986	688211	108579	544259	34377	996

全社会客运量（1949年—2018年）（二）

Passenger Traffic，1949-2018（2）

单位：万人

年 份	总 计	铁 路	公 路	水 运	民用航空
1987	746422	112479	593682	38951	1310
1988	809592	122645	650473	35032	1442
1989	791374	113805	644508	31778	1283
1990	772682	95712	648085	27225	1660
1991	806048	95080	682681	26109	2178
1992	860855	99693	731774	26502	2886
1993	996634	105458	860719	27074	3383
1994	1092882	108738	953940	26165	4039
1995	1172596	102745	1040810	23924	5117
1996	1245357	94797	1122110	22895	5555
1997	1326094	93308	1204583	22573	5630
1998	1378717	95085	1257332	20545	5755
1999	1394413	100164	1269004	19151	6094
2000	1478573	105073	1347392	19386	6722
2001	1534122	105155	1402798	18645	7524
2002	1608150	105606	1475257	18693	8594
2003	1587497	97260	1464335	17142	8759
2004	1767453	111764	1624526	19040	12123
2005	1847018	115583	1697381	20227	13827
2006	2024158	125656	1860487	22047	15968
2007	2227761	135670	2050680	22835	18576
2008	2867892	146193	2682114	20334	19251
2009	2976898	152451	2779081	22314	23052
2010	3269508	167609	3052738	22392	26769
2011	3526319	186226	3286220	24556	29317
2012	3804035	189337	3557010	25752	31936
2013	2122992	210597	1853463	23535	35397
2014	2032218	230460	1736270	26293	39195
2015	1943271	253484	1619097	27072	43618
2016	1900194	281405	1542759	27234	48796
2017	1848620	308379	1456784	28300	55156
2018	1793820	337495	1367170	27981	61174

注：1.从1979年起，公路运输包括社会车辆完成数量，从1984年起，还包括私营运输完成的数量（下表同）。
2.2008年，交通运输部组织开展了全国公路水路运输量专项调查，统计口径发生变化，公路水路客货运量和周转量数据，不宜进行历史对比。
3.2013年公路水路客货运输数据，源自2013年交通运输业经济统计专项调查，统计范围口径有所调整（下同）。

客运量构成（1949年—2018年）（一）

Composition of Passenger Traffic，1949–2018（1）

单位：%

年　份	总　计	铁　路	公　路	水　运	民用航空
1949	100.0	75.2	13.2	11.4	0.2
1950	100.0	77.0	11.3	11.7	0.0
1951	100.0	71.8	15.0	13.2	0.0
1952	100.0	66.7	18.6	14.7	0.0
1953	100.0	64.2	20.9	14.9	0.0
1954	100.0	62.2	23.1	14.7	0.0
1955	100.0	56.6	28.0	15.4	0.0
1956	100.0	49.8	36.0	14.2	0.0
1957	100.0	49.0	37.2	13.8	0.0
1958	100.0	46.0	41.3	12.6	0.0
1959	100.0	52.6	35.7	11.7	0.0
1960	100.0	57.9	30.5	11.6	0.0
1961	100.0	64.3	23.0	12.6	0.0
1962	100.0	61.4	25.2	13.4	0.0
1963	100.0	53.3	33.7	13.0	0.0
1964	100.0	47.8	39.6	12.6	0.0
1965	100.0	42.8	45.4	11.8	0.0
1966	100.0	38.1	50.1	11.8	0.0
1967	100.0	40.9	47.2	11.9	0.0
1968	100.0	45.0	42.4	12.6	0.0
1969	100.0	42.0	45.4	12.5	0.0
1970	100.0	40.3	47.5	12.1	0.0
1971	100.0	39.2	49.8	10.9	0.0
1972	100.0	39.1	50.2	10.8	0.0
1973	100.0	37.6	51.4	11.0	0.0
1974	100.0	36.7	52.4	10.8	0.1
1975	100.0	36.5	52.5	10.9	0.1
1976	100.0	35.4	54.0	10.6	0.1
1977	100.0	35.3	54.6	10.0	0.1
1978	100.0	32.1	58.8	9.1	0.1
1979	100.0	29.8	61.7	8.4	0.1
1980	100.0	27.0	65.2	7.7	0.1
1981	100.0	24.7	68.0	7.2	0.1
1982	100.0	23.3	70.1	6.5	0.1
1983	100.0	22.5	71.6	5.8	0.1
1984	100.0	21.4	73.6	4.9	0.1
1985	100.0	18.1	76.8	5.0	0.1
1986	100.0	15.8	79.1	5.0	0.1

客运量构成（1949年—2018年）（二）

Composition of Passenger Traffic，1949-2018（2）

单位：%

年 份	总 计	铁 路	公 路	水 运	民用航空
1987	100.0	15.1	79.5	5.2	0.2
1988	100.0	15.1	80.3	4.3	0.2
1989	100.0	14.4	81.4	4.0	0.2
1990	100.0	12.4	83.9	3.5	0.2
1991	100.0	11.8	84.7	3.2	0.3
1992	100.0	11.6	85.0	3.1	0.3
1993	100.0	10.6	86.4	2.7	0.3
1994	100.0	9.9	87.3	2.4	0.4
1995	100.0	8.8	88.8	2.0	0.4
1996	100.0	7.6	90.1	1.8	0.4
1997	100.0	7.0	90.8	1.7	0.4
1998	100.0	6.9	91.2	1.5	0.4
1999	100.0	7.2	91.0	1.4	0.4
2000	100.0	7.1	91.1	1.3	0.5
2001	100.0	6.9	91.4	1.2	0.5
2002	100.0	6.6	91.7	1.2	0.5
2003	100.0	6.1	92.2	1.1	0.6
2004	100.0	6.3	91.9	1.1	0.7
2005	100.0	6.3	91.9	1.1	0.7
2006	100.0	6.2	91.9	1.1	0.8
2007	100.0	6.1	92.1	1.0	0.8
2008	100.0	5.1	93.5	0.7	0.7
2009	100.0	5.1	93.4	0.7	0.8
2010	100.0	5.1	93.4	0.7	0.8
2011	100.0	5.3	93.2	0.7	0.8
2012	100.0	5.0	93.5	0.7	0.8
2013	100.0	9.9	87.3	1.1	1.7
2014	100.0	11.3	85.4	1.3	1.9
2015	100.0	13.0	83.3	1.4	2.2
2016	100.0	14.8	81.2	1.4	2.6
2017	100.0	16.7	78.8	1.5	3.0
2018	100.0	18.8	76.2	1.6	3.4

各地区旅客周转量（2018年）

Turnover of Passenger Traffic by Region, 2018

单位：亿人公里

地　区	总 计	铁 路	公 路	水 运
总　计	**34218.15**	**14146.58**	**9279.68**	**79.57**
北　京	254.43	154.57	99.87	–
天　津	276.51	199.90	76.40	0.21
河　北	1289.20	1061.40	227.61	0.19
山　西	393.95	234.23	159.64	0.08
内蒙古	337.14	214.71	122.43	–
辽　宁	938.79	641.29	291.46	6.05
吉　林	427.28	273.33	153.77	0.18
黑龙江	433.75	279.26	154.13	0.36
上　海	218.70	112.09	105.82	0.79
江　苏	1539.34	819.23	716.64	3.47
浙　江	1103.66	694.56	402.80	6.30
安　徽	1163.66	786.38	376.89	0.39
福　建	599.99	385.20	212.04	2.75
江　西	993.72	732.42	260.97	0.34
山　东	1289.61	783.28	493.57	12.76
河　南	1775.09	1063.29	711.19	0.61
湖　北	1258.91	800.74	453.44	4.74
湖　南	1463.10	979.54	479.93	3.63
广　东	2085.59	953.75	1120.71	11.13
广　西	816.65	462.26	351.10	3.29
海　南	130.54	52.06	74.38	4.10
重　庆	493.10	227.09	260.43	5.59
四　川	878.30	410.25	466.14	1.91
贵　州	798.67	322.82	469.08	6.77
云　南	431.57	158.92	269.63	3.02
西　藏	46.83	18.86	27.97	–
陕　西	797.97	510.36	286.98	0.62
甘　肃	634.71	401.28	233.31	0.13
青　海	141.01	90.14	50.77	0.10
宁　夏	88.31	40.78	47.46	0.07
新　疆	405.76	282.61	123.15	–
不分地区	10712.32	–	–	–

注：不分地区数据为民航完成旅客周转量10712.32亿人公里。

全社会旅客周转量（1949年—2018年）（一）

Turnover of Passenger Traffic，1949-2018（1）

单位：亿人公里

年 份	总 计	铁 路	公 路	水 运	民用航空
1949	154.99	130.01	7.96	15.17	1.85
1950	239.93	212.36	12.75	14.72	0.10
1951	269.55	230.47	17.19	21.66	0.23
1952	248.02	200.64	22.64	24.50	0.24
1953	349.95	281.68	33.82	34.12	0.33
1954	370.89	294.67	41.33	34.38	0.51
1955	353.45	267.42	50.26	35.20	0.57
1956	465.33	343.79	78.21	42.29	1.04
1957	496.55	361.30	88.07	46.38	0.80
1958	572.28	409.22	116.14	45.75	1.19
1959	711.70	517.21	139.71	53.35	1.43
1960	883.55	674.02	146.01	61.90	1.62
1961	1105.33	895.63	128.83	79.49	1.38
1962	1085.56	859.01	141.46	83.92	1.17
1963	726.56	532.11	134.25	58.80	1.40
1964	685.81	486.16	146.34	51.32	1.99
1965	697.04	478.99	168.20	47.37	2.48
1966	778.84	504.94	207.48	64.23	2.19
1967	863.76	595.35	200.00	65.96	2.44
1968	936.25	680.58	185.84	67.76	2.07
1969	1070.69	772.06	222.21	74.71	1.71
1970	1031.05	718.19	240.06	71.01	1.79
1971	1106.90	762.52	268.07	73.35	3.00
1972	1235.68	851.91	302.48	77.10	4.19
1973	1325.19	902.58	333.28	83.61	5.73
1974	1376.57	925.50	354.88	86.87	9.32
1975	1434.55	954.09	374.48	90.59	15.39
1976	1469.61	957.08	402.51	94.29	15.74
1977	1586.67	1022.73	448.12	97.48	18.34
1978	1743.10	1093.22	521.30	100.63	27.91

全社会旅客周转量（1949年—2018年）（二）

Turnover of Passenger Traffic，1949–2018（2）

单位：亿人公里

年　份	总　计	铁　路	公　路	水　运	民用航空
1979	1968.50	1216.17	603.29	114.01	34.99
1980	2281.30	1383.16	729.50	129.12	39.56
1981	2499.60	1472.63	839.00	137.81	50.16
1982	2742.80	1574.84	963.86	144.54	59.51
1983	3095.00	1776.51	1105.61	153.93	58.96
1984	3620.00	2046.38	1336.94	153.53	83.16
1985	4435.39	2416.14	1724.88	178.65	115.72
1986	4896.51	2586.71	1981.74	182.06	146.00
1987	5415.47	2843.06	2190.43	195.92	186.06
1988	6209.40	3260.31	2528.24	203.92	216.91
1989	6074.56	3037.41	2662.11	188.27	186.77
1990	5628.40	2612.63	2620.32	164.91	230.48
1991	6178.30	2828.10	2871.74	177.20	301.32
1992	6949.40	3152.24	3192.64	198.35	406.12
1993	7858.00	3483.30	3700.70	196.40	477.60
1994	8591.40	3636.00	4220.30	183.50	551.58
1995	9001.90	3545.70	4603.10	171.80	681.30
1996	9164.80	3347.60	4908.79	160.57	747.84
1997	10055.48	3584.90	5541.40	155.70	773.50
1998	10636.70	3773.40	5942.80	120.30	800.20
1999	11299.70	4135.90	6199.20	107.30	857.30
2000	12261.10	4532.60	6657.40	100.50	970.50
2001	13155.10	4766.80	7207.10	89.90	1091.40
2002	14125.60	4969.40	7805.80	81.80	1268.70
2003	13810.50	4788.60	7695.60	63.10	1263.20
2004	16309.08	5712.17	8748.38	66.25	1782.28
2005	17466.70	6062.00	9292.10	67.80	2044.90
2006	19197.20	6622.12	10130.85	73.58	2370.70
2007	21592.60	7216.31	11506.80	77.80	2791.73
2008	23196.70	7778.60	12476.11	59.18	2882.80
2009	24834.94	7878.89	13511.44	69.38	3375.24
2010	27894.26	8762.18	15020.81	72.27	4039.00
2011	30984.03	9612.29	16760.25	74.53	4536.96
2012	33383.09	9812.33	18467.55	77.48	5025.74
2013	27571.65	10595.62	11250.94	68.33	5656.76
2014	28647.10	11241.90	10996.80	74.34	6334.19
2015	30058.90	11960.60	10742.66	73.08	7282.60
2016	31258.47	12579.29	10228.71	72.33	8378.13
2017	32812.80	13456.92	9765.18	77.66	9513.04
2018	34218.15	14146.58	9279.68	79.57	10712.32

旅客周转量构成（1949年—2018年）（一）

Composition of Turnover of Passenger Traffic，1949-2018（1）

单位：%

年　份	总　计	铁　路	公　路	水　运	民用航空
1949	100.0	83.9	5.1	9.8	1.2
1950	100.0	88.5	5.3	6.1	0.0
1951	100.0	85.5	6.4	8.0	0.1
1952	100.0	80.9	9.1	9.9	0.1
1953	100.0	80.5	9.7	9.7	0.1
1954	100.0	79.4	11.1	9.3	0.1
1955	100.0	75.7	14.2	10.0	0.2
1956	100.0	73.9	16.8	9.1	0.2
1957	100.0	72.8	17.7	9.3	0.2
1958	100.0	71.5	20.3	8.0	0.2
1959	100.0	72.7	19.6	7.5	0.2
1960	100.0	76.3	16.5	7.0	0.2
1961	100.0	81.0	11.7	7.2	0.1
1962	100.0	79.1	13.0	7.7	0.1
1963	100.0	73.2	18.5	8.1	0.2
1964	100.0	70.9	21.3	7.5	0.3
1965	100.0	68.7	24.1	6.8	0.4
1966	100.0	64.8	26.6	8.2	0.3
1967	100.0	68.9	23.2	7.6	0.3
1968	100.0	72.7	19.8	7.2	0.2
1969	100.0	72.1	20.8	7.0	0.2
1970	100.0	69.7	23.3	6.9	0.2
1971	100.0	68.9	24.2	6.6	0.3
1972	100.0	68.9	24.5	6.2	0.3
1973	100.0	68.1	25.1	6.3	0.4
1974	100.0	67.2	25.8	6.3	0.7
1975	100.0	66.5	26.1	6.3	1.1
1976	100.0	65.1	27.4	6.4	1.1
1977	100.0	64.5	28.2	6.1	1.2
1978	100.0	62.7	29.9	5.8	1.6

旅客周转量构成（1949年—2018年）（二）

Composition of Turnover of Passenger Traffic, 1949-2018 (2)

单位：%

年 份	总 计	铁 路	公 路	水 运	民用航空
1979	100.0	61.8	30.6	5.8	1.8
1980	100.0	60.6	32.0	5.7	1.7
1981	100.0	58.9	33.6	5.5	2.0
1982	100.0	57.4	35.1	5.3	2.2
1983	100.0	57.4	35.7	5.0	1.9
1984	100.0	56.5	36.9	4.2	2.3
1985	100.0	54.5	38.9	4.0	2.6
1986	100.0	52.8	40.5	3.7	3.0
1987	100.0	52.5	40.4	3.6	3.4
1988	100.0	52.5	40.7	3.3	3.5
1989	100.0	50.0	43.8	3.1	3.1
1990	100.0	46.4	46.6	2.9	4.1
1991	100.0	45.8	46.5	2.9	4.9
1992	100.0	45.4	45.9	2.9	5.8
1993	100.0	44.3	47.1	2.5	6.1
1994	100.0	42.3	49.1	2.1	6.4
1995	100.0	39.4	51.1	1.9	7.6
1996	100.0	36.5	53.6	1.8	8.2
1997	100.0	35.7	55.1	1.5	7.7
1998	100.0	35.5	55.9	1.1	7.5
1999	100.0	36.6	54.9	0.9	7.6
2000	100.0	37.0	54.3	0.8	7.9
2001	100.0	36.2	54.8	0.7	8.3
2002	100.0	35.2	55.3	0.6	9.0
2003	100.0	34.7	55.7	0.5	9.1
2004	100.0	35.0	53.6	0.4	10.9
2005	100.0	34.7	53.2	0.4	11.7
2006	100.0	34.5	52.8	0.4	12.3
2007	100.0	33.4	53.3	0.4	12.9
2008	100.0	33.5	53.8	0.3	12.4
2009	100.0	31.7	54.4	0.3	13.6
2010	100.0	31.4	53.8	0.3	14.5
2011	100.0	31.0	54.1	0.2	14.6
2012	100.0	29.4	55.3	0.2	15.1
2013	100.0	38.4	40.8	0.2	20.5
2014	100.0	39.2	38.4	0.3	22.1
2015	100.0	39.8	35.7	0.2	24.2
2016	100.0	40.2	32.7	0.2	26.8
2017	100.0	41.0	29.8	0.2	29.0
2018	100.0	41.3	27.1	0.2	31.3

各地区货运量（2018年）

Freight Traffic by Region，2018

单位：万吨

地　区	总　计	铁　路	公　路	水　运
总　计	**5152732**	**402631**	**3956871**	**702684**
北　京	20873	596	20278	–
天　津	52221	9249	34711	8261
河　北	249323	19637	226334	3352
山　西	211497	85260	126214	23
内蒙古	232525	72506	160018	–
辽　宁	223346	19691	189737	13918
吉　林	52156	5615	46520	22
黑龙江	55190	11357	42943	889
上　海	106983	482	39595	66906
江　苏	233157	6171	139251	87735
浙　江	269083	4330	166533	98219
安　徽	406761	8066	283817	114877
福　建	136947	3518	96576	36854
江　西	174285	5155	157646	11484
山　东	354019	23247	312807	17964
河　南	259884	10461	235183	14240
湖　北	204307	4730	163145	36432
湖　南	229957	4468	204389	21101
广　东	416389	9293	304743	102353
广　西	190652	7140	153389	30123
海　南	22040	1068	12052	8921
重　庆	128491	1967	107064	19460
四　川	187385	7199	173324	6862
贵　州	102537	5513	95354	1670
云　南	140670	4661	135321	688
西　藏	2433	70	2363	–
陕　西	173245	42245	130823	177
甘　肃	70386	6087	64271	28
青　海	18905	3220	15685	–
宁　夏	38916	7159	31757	–
新　疆	97498	12469	85029	–
不分地区	90672			126

注：不分地区数据包括水运完成126.30万吨，民航完成738.51万吨，管道完成89807.14万吨。

全社会货运量（1949年—2018年）（一）

Freight Traffic, 1949–2018（1）

单位：万吨

年　份	总　计	铁　路	公　路	水　运	#远　洋	民用航空	管道输油（气）量
1949	18713	5589	10579	2543	–	–	–
1950	24396	9983	11729	2684	–	0.1	–
1951	28692	11083	13749	3860	–	0.2	–
1952	35605	13217	17247	5141	–	0.2	–
1953	49542	16131	26174	7237	–	0.4	–
1954	60286	19288	30834	10163	–	0.5	–
1955	65083	19376	33991	11715	–	0.5	–
1956	82002	24605	43504	13892	–	0.8	–
1957	89990	27421	46762	15806	–	0.8	–
1958	132377	38109	71726	22540	–	1.5	–
1959	206050	54410	117300	34337	–	2.6	–
1960	223052	67219	117200	38630	–	3.2	–
1961	132477	44988	61583	25903	–	2.9	–
1962	92185	35261	38909	18013	–	1.8	–
1963	94062	36418	39983	17659	–	1.8	–
1964	114168	41786	51336	21044	–	2.0	–
1965	133253	49100	59995	24155	–	2.5	–
1966	144289	54951	64268	25067	–	3.1	–
1967	123804	43089	58843	21868	–	3.5	–
1968	115053	42095	52979	19976	–	3.0	–
1969	138238	53120	62311	22804	–	3.3	–
1970	167913	68132	72929	26848	–	3.7	–
1971	194469	76471	86611	30230	–	3.3	1154
1972	211877	80873	95823	32916	–	3.0	2262
1973	[illegible]	83111	[illegible]	[illegible]	–	[illegible]	[illegible]
1974	223860	78772	106095	35198	–	3.5	3791
1975	251593	88955	117633	38968	–	4.7	6032
1976	253967	84066	122119	39875	–	5.3	7902
1977	290254	95309	142302	43731	–	5.3	8907
1978	319431	110119	151602	47357	3659	6.4	10347
1979	318258	111893	147935	47080	–	8.0	11342
1980	310841	111279	142195	46833	4292	8.9	10525
1981	298642	107673	134499	45532	–	9.4	10929
1982	311937	113495	138634	48632	–	10.2	11166
1983	323956	118784	144051	49489	–	11.6	11620
1984	339995	124074	151835	51527	–	15.0	12544

全社会货运量（1949年—2018年）（二）

Freight Traffic, 1949-2018（2）

单位：万吨

年 份	总 计	铁 路	公 路	水 运		民用航空	管道输油（气）量
					#远 洋		
1985	745763	130709	538062	63322	6627	19.5	13650
1986	853557	135635	620113	82962	7228	22.4	14825
1987	948229	140653	711424	80979	7984	29.9	15143
1988	982195	144948	732315	89281	8530	32.7	15618
1989	988435	151489	733781	87493	9027	31.0	15641
1990	970602	150681	724040	80094	9408	37.0	15750
1991	985793	152893	733907	83370	10567	45.2	15578
1992	1045899	157627	780941	92490	11191	57.5	14783
1993	1115902	162794	840256	97938	12508	69.4	14845
1994	1180396	163216	894914	107091	13421	82.9	15092
1995	1234938	165982	940387	113194	15251	101.1	15274
1996	1298421	171024	983860	127430	14213	115.0	15992
1997	1278218	172149	976536	113406	20287	124.7	16002
1998	1267427	164309	976004	109555	18892	140.1	17419
1999	1293008	167554	990444	114608	22621	170.4	20232
2000	1358682	178581	1038813	122391	22949	196.7	18700
2001	1401786	193189	1056312	132675	27573	171.0	19439
2002	1483447	204956	1116324	141832	29896	202.1	20133
2003	1564492	224248	1159957	158070	34002	219.0	21998
2004	1706412	249017	1244990	187394	39469	276.7	24734
2005	1862066	269296	1341778	219648	48549	306.7	31037
2006	2037060	288224	1466347	248703	54413	349.4	33436
2007	2275822	314237	1639432	281199	58903	401.8	40552
2008	2585937	330354	1916759	294510	42352	407.6	43906
2009	2825222	333348	2127834	318996	51733	445.5	44598
2010	3241807	364271	2448052	378949	58054	563.0	49972
2011	3696961	393263	2820100	425968	63542	557.5	57073
2012	4100436	390438	3188475	458705	65815	545.0	62274
2013	4098900	396697	3076648	559785	71156	561.3	65209
2014	4167296	381334	3113334	598283	74733	594.1	73752
2015	4175886	335801	3150019	613567	74685	629.3	75870
2016	4386763	333186	3341259	638238	79769	668.0	73411
2017	4804850	368865	3686858	667846	76030	705.9	80576
2018	5152732	402631	3956871	702684	76969	738.5	89807

注：1.从1979年起公路运输包括社会车辆完成数量，从1984年起包括私营运输完成数量（下表同）。
2.1993年及以后年份铁路货物运输指标口径调整，增加了行包运量（下表同）。
3.该表资料从2012年开始，将1980年以前的公路、水路货运历史数据按部门口径进行了调整（以下各表同）。

货运量构成（1949年—2018年）（一）

Composition of Freight Traffic, 1949-2018（1）

单位：%

年　份	总　计	铁　路	公　路	水　运	#远　洋	民用航空	管道输油（气）量
1949	100.0	29.9	56.5	13.6	–	–	–
1950	100.0	40.9	48.1	11.0	–	0.00	–
1951	100.0	38.6	47.9	13.5	–	0.00	–
1952	100.0	37.1	48.4	14.4	–	0.00	–
1953	100.0	32.6	52.8	14.6		0.00	
1954	100.0	32.0	51.1	16.9	–	0.00	–
1955	100.0	29.8	52.2	18.0	–	0.00	–
1956	100.0	30.0	53.1	16.9	–	0.00	–
1957	100.0	30.5	52.0	17.6	–	0.00	–
1958	100.0	28.8	54.2	17.0	–	0.00	–
1959	100.0	26.4	56.9	16.7	–	0.00	–
1960	100.0	30.1	52.5	17.3	–	0.00	–
1961	100.0	34.0	46.5	19.6	–	0.00	–
1962	100.0	38.3	42.2	19.5	–	0.00	–
1963	100.0	38.7	42.5	18.8	–	0.00	–
1964	100.0	36.6	45.0	18.4	–	0.00	–
1965	100.0	36.8	45.0	18.1	–	0.00	–
1966	100.0	38.1	44.5	17.4	–	0.00	–
1967	100.0	34.8	47.5	17.7	–	0.00	–
1968	100.0	36.6	46.0	17.4	–	0.00	–
1969	100.0	38.4	45.1	16.5	–	0.00	–
1970	100.0	40.6	43.4	16.0	–	0.00	–
1971	100.0	39.3	44.5	15.5	–	0.00	0.6
1972	100.0	38.2	45.2	15.5	–	0.00	1.1
1973	100.0	36.9	46.2	15.7		0.00	1.2
1974	100.0	35.2	47.4	15.7	–	0.00	1.7
1975	100.0	35.4	46.8	15.5	–	0.00	2.4
1976	100.0	33.1	48.1	15.7	–	0.00	3.1
1977	100.0	32.8	49.0	15.1	–	0.00	3.1
1978	100.0	34.5	47.5	14.8	1.1	0.00	3.2
1979	100.0	35.2	46.5	14.8	–	0.00	3.6
1980	100.0	35.8	45.7	15.1	1.4	0.00	3.4
1981	100.0	36.1	45.0	15.2	–	0.00	3.7
1982	100.0	36.4	44.4	15.6	–	0.00	3.6
1983	100.0	36.7	44.5	15.3	–	0.00	3.6
1984	100.0	36.5	44.7	15.2	–	0.00	3.7

货运量构成（1949年—2018年）（二）
Composition of Freight Traffic, 1949-2018（2）

单位：%

年　份	总　计	铁　路	公　路	水　运		民用航空	管道输油（气）量
					#远　洋		
1985	100.0	17.5	72.1	8.5	0.9	0.00	1.8
1986	100.0	15.9	72.7	9.7	0.8	0.00	1.7
1987	100.0	14.8	75.0	8.5	0.8	0.00	1.6
1988	100.0	14.8	74.6	9.1	0.9	0.00	1.6
1989	100.0	15.3	74.2	8.9	0.9	0.00	1.6
1990	100.0	15.5	74.6	8.3	1.0	0.00	1.6
1991	100.0	15.5	74.4	8.5	1.1	0.00	1.6
1992	100.0	15.1	74.7	8.8	1.1	0.01	1.4
1993	100.0	14.6	75.3	8.8	1.1	0.01	1.3
1994	100.0	13.8	75.8	9.1	1.1	0.01	1.3
1995	100.0	13.4	76.1	9.2	1.2	0.01	1.2
1996	100.0	13.2	75.8	9.8	1.1	0.01	1.2
1997	100.0	13.5	76.4	8.9	1.6	0.01	1.3
1998	100.0	13.0	77.0	8.6	1.5	0.01	1.4
1999	100.0	13.0	76.6	8.9	1.7	0.01	1.6
2000	100.0	13.1	76.5	9.0	1.7	0.01	1.4
2001	100.0	13.8	75.4	9.5	2.0	0.01	1.4
2002	100.0	13.8	75.3	9.6	2.0	0.01	1.4
2003	100.0	14.3	74.1	10.1	2.2	0.01	1.4
2004	100.0	14.6	73.0	11.0	2.3	0.02	1.4
2005	100.0	14.5	72.1	11.8	2.6	0.02	1.7
2006	100.0	14.1	72.0	12.2	2.7	0.02	1.6
2007	100.0	13.8	72.0	12.4	2.6	0.02	1.8
2008	100.0	12.8	74.1	11.4	1.6	0.02	1.7
2009	100.0	11.8	75.3	11.3	1.8	0.02	1.6
2010	100.0	11.2	75.5	11.7	1.8	0.02	1.5
2011	100.0	10.6	76.3	11.5	1.7	0.02	1.5
2012	100.0	9.5	77.8	11.2	1.6	0.01	1.5
2013	100.0	9.7	75.1	13.7	1.7	0.01	1.6
2014	100.0	9.2	74.7	14.4	1.8	0.01	1.8
2015	100.0	8.0	75.4	14.7	1.8	0.02	1.8
2016	100.0	7.6	76.2	14.5	1.8	0.02	1.7
2017	100.0	7.7	76.7	13.9	1.6	0.01	1.7
2018	100.0	7.8	76.8	13.6	1.5	0.01	1.7

各地区货物周转量（2018年）

Turnover of Freight Traffic by Region, 2018

单位：亿吨公里

地　区	总　计	铁　路	公　路	水　运
总　计	**204686.24**	**28820.99**	**71249.21**	**99052.82**
北　京	1034.22	866.82	167.41	–
天　津	2240.53	509.82	404.10	1326.60
河　北	13873.03	4832.00	8550.15	490.88
山　西	4489.44	2581.56	1907.75	0.13
内蒙古	5595.98	2610.35	2985.63	–
辽　宁	10654.45	1184.57	3152.29	6317.59
吉　林	1704.71	515.29	1189.23	0.20
黑龙江	1601.31	784.57	810.66	6.08
上　海	28299.85	9.77	299.29	27990.80
江　苏	8969.29	303.00	2544.35	6121.94
浙　江	11538.14	221.53	1964.10	9352.50
安　徽	11803.68	721.19	5451.62	5630.88
福　建	7646.24	147.35	1289.52	6209.37
江　西	4528.63	530.58	3759.94	238.11
山　东	10052.20	1357.00	6859.68	1835.52
河　南	8982.12	2066.44	5893.92	1021.75
湖　北	6675.50	869.97	2955.53	2850.00
湖　南	4386.56	812.75	3114.85	458.96
广　东	28338.33	270.60	3890.32	24177.41
广　西	4983.78	710.09	2683.05	1590.64
海　南	875.83	17.00	84.55	774.27
重　庆	3597.91	206.63	1152.75	2238.53
四　川	2946.09	861.02	1814.95	270.13
贵　州	1797.91	606.33	1146.51	45.07
云　南	1971.91	465.36	1489.23	17.33
西　藏	150.06	33.22	116.84	–
陕　西	4024.89	1723.00	2301.37	0.52
甘　肃	2609.93	1490.91	1118.97	0.05
青　海	551.36	275.62	275.74	–
宁　夏	627.68	229.49	398.19	–
新　疆	2483.87	1007.17	1476.70	–
不分地区	5650.78	–	–	87.56

注：不分地区数据包括民航完成262.50亿吨公里，管道完成5300.72亿吨公里。

全社会货物周转量（1949年—2018年）（一）

Turnover of Freight Traffic，1949—2018（1）

单位：亿吨公里

年 份	总 计	铁 路	公 路	水 运	#远 洋	民用航空	管道输油（气）量
1949	258	184.0	10.5	63.1	–	0.21	–
1950	457	394.1	11.9	51.3	–	0.01	–
1951	634	515.6	15.2	103.5	–	0.02	–
1952	767	601.6	19.6	145.8	–	0.02	–
1953	997	781.4	30.1	185.6	–	0.04	–
1954	1213	932.4	38.7	241.7	–	0.06	–
1955	1330	981.5	44.3	304.0	–	0.05	–
1956	1602	1203.5	55.1	343.6	–	0.08	–
1957	1826	1345.9	62.4	417.4	–	0.08	–
1958	2480	1855.3	102.6	522.3	–	0.13	–
1959	3347	2476.3	166.2	704.1	–	0.22	–
1960	3740	2766.9	187.8	784.9	–	0.26	–
1961	2665	2007.7	103.0	554.5	–	0.24	–
1962	2252	1721.1	75.1	456.0	–	0.15	–
1963	2363	1816.0	75.6	471.2	–	0.17	–
1964	2769	2126.0	87.3	555.0	–	0.20	–
1965	3485	2698.7	110.0	676.4	–	0.25	–
1966	3920	3018.9	128.9	771.8	–	0.32	–
1967	3069	2268.8	113.2	686.4	–	0.38	–
1968	3126	2238.8	95.3	791.7	–	0.32	–
1969	3774	2783.3	123.4	867.3	–	0.33	–
1970	4590	3496.0	154.0	939.9	–	0.35	–
1971	5236	3765.9	175.0	1285.2	–	0.32	9
1972	5685	3913.2	191.4	1523.6	–	0.29	57
1973	6342	4082.2	206.8	1965.9	–	0.30	87
1974	6367	3812.9	210.1	2180.6	–	0.42	163
1975	7594	4255.7	248.1	2827.8	–	0.60	262
1976	6979	3869.5	261.0	2490.4	–	0.73	357
1977	8063	4568.8	318.6	2787.9	–	0.76	387
1978	9928	5345.0	350.3	3801.8	2487	0.97	430

全社会货物周转量（1949年—2018年）（二）

Turnover of Freight Traffic，1949-2018（2）

单位：亿吨公里

年 份	总 计	铁 路	公 路	水 运	#远 洋	民用航空	管道输油（气）量
1979	11014	5598.7	351.0	4586.7	–	1.23	476
1980	11629	5717.5	342.9	5076.5	3532	1.41	491
1981	11747	5712.0	357.8	5176.3	–	1.70	499
1982	12540	6119.9	411.5	5505.3	–	1.98	501
1983	13466	6646.5	462.7	5820.0	–	2.29	534
1984	14920	7247.6	527.4	6569.4	–	3.11	572
1985	18365	8126.0	1903.0	7729.0	5329	4.15	603
1986	20147	8764.8	2118.0	8647.9	5948	4.81	612
1987	22229	9471.5	2660.4	9465.1	6576	6.52	625
1988	23826	9877.6	3220.4	10070.4	6966	7.32	650
1989	25592	10394.2	3374.8	11186.8	7689	6.93	629
1990	26208	10622.0	3358.0	11592.0	8141	8.20	627
1991	27987	10972.0	3428.0	12955.5	8990	10.10	621
1992	29218	11576.0	3755.0	13256.0	9034	13.42	617
1993	30647	12090.9	4071.0	13861.0	9134	16.61	608
1994	33435	12632.0	4486.0	15687.0	10268	18.59	612
1995	35909	13049.5	4695.0	17552.0	11938	22.30	590
1996	36590	13106.0	5011.0	17863.0	11254	24.93	585
1997	38385	13270.0	5272.0	19235.0	14875	29.10	579
1998	38089	12560.0	5483.0	19406.0	14920	33.50	606
1999	40568	12910.0	5724.0	21263.0	17014	42.30	628
2000	44321	13770.5	6129.4	23734.2	17073	50.27	636
2001	47710	14694.0	6330.4	25988.9	20873	43.72	653
2002	50686	15658.0	6783.0	27511.0	21733	51.60	683
2003	53859	17246.7	7099.5	28715.8	22305	57.90	739
2004	69445	19288.8	7840.9	41428.7	32255	71.00	815
2005	80258	20726.0	8693.0	49672.0	38552	78.90	1088
2006	88840	21954.4	9754.2	55485.7	42577	94.30	1551
2007	101419	23797.0	11355.0	64285.0	48686	116.39	1866
2008	110300	25106.3	32868.2	50262.7	32851	119.60	1944
2009	122133	25239.2	37188.8	57556.7	39524	126.23	2022
2010	141837	27644.1	43389.7	68427.5	45999	178.90	2197
2011	159324	29465.8	51374.7	75423.8	49355	173.91	2885
2012	173804	29187.1	59534.9	81707.6	53412	163.89	3211
2013	168014	29173.9	55738.1	79435.7	48705	170.29	3496
2014	181668	27530.2	56847.0	92774.6	55935	187.77	4328
2015	178356	23754.3	57955.7	91772.5	54236	208.07	4665
2016	186629	23792.3	61080.1	97338.8	58075	222.45	4196
2017	197373	26962.2	66771.5	98611.2	55084	243.55	4784
2018	204686	28821.0	71249.2	99052.8	51927	262.50	5301

货物周转量构成（1949年—2018年）（一）

Composition of Turnover of Freight Traffic，1949-2018（1）

单位：%

年份	总计	铁路	公路	水运	#远洋	民用航空	管道输油（气）量
1949	100.0	71.4	4.1	24.5	–	0.08	–
1950	100.0	86.2	2.6	11.2	–	0.00	–
1951	100.0	81.3	2.4	16.3	–	0.00	–
1952	100.0	78.4	2.6	19.0	–	0.00	–
1953	100.0	78.4	3.0	18.6	–	0.00	–
1954	100.0	76.9	3.2	19.9	–	0.00	–
1955	100.0	73.8	3.3	22.9	–	0.00	–
1956	100.0	75.1	3.4	21.4	–	0.00	–
1957	100.0	73.7	3.4	22.9	–	0.00	–
1958	100.0	74.8	4.1	21.1	–	0.01	–
1959	100.0	74.0	5.0	21.0	–	0.01	–
1960	100.0	74.0	5.0	21.0	–	0.01	–
1961	100.0	75.3	3.9	20.8	–	0.01	–
1962	100.0	76.4	3.3	20.2	–	0.01	–
1963	100.0	76.9	3.2	19.9	–	0.01	–
1964	100.0	76.8	3.2	20.0	–	0.01	–
1965	100.0	77.4	3.2	19.4	–	0.01	–
1966	100.0	77.0	3.3	19.7	–	0.01	–
1967	100.0	73.9	3.7	22.4	–	0.01	–
1968	100.0	71.6	3.0	25.3	–	0.01	–
1969	100.0	73.7	3.3	23.0	–	0.01	–
1970	100.0	76.2	3.4	20.5	–	0.01	–
1971	100.0	71.9	3.3	24.5	–	0.01	0.17
1972	100.0	68.8	3.4	26.8	–	0.01	1.00
1973	100.0	64.4	3.3	31.0	–	0.00	1.37
1974	100.0	59.9	3.3	34.2	–	0.01	2.56
1975	100.0	56.0	3.3	37.2	–	0.01	3.45
1976	100.0	55.4	3.7	35.7	–	0.01	5.12
1977	100.0	56.7	4.0	34.6	–	0.01	4.80
1978	100.0	53.8	3.5	38.3	25.0	0.01	4.33

货物周转量构成（1949年—2018年）（二）

Composition of Turnover of Freight Traffic，1949-2018（2）

单位：%

年份	总计	铁路	公路	水运	#远洋	民用航空	管道输油（气）量
1979	100.0	50.8	3.2	41.6	–	0.01	4.32
1980	100.0	49.2	2.9	43.7	30.4	0.01	4.22
1981	100.0	48.6	3.0	44.1	–	0.01	4.25
1982	100.0	48.8	3.3	43.9		0.02	4.00
1983	100.0	49.4	3.4	43.2	–	0.02	3.97
1984	100.0	48.6	3.5	44.0	–	0.02	3.83
1985	100.0	44.2	10.4	42.1	29.0	0.02	3.28
1986	100.0	43.5	10.5	42.9	29.5	0.02	3.04
1987	100.0	42.6	12.0	42.6	29.6	0.03	2.81
1988	100.0	41.5	13.5	42.3	29.2	0.03	2.73
1989	100.0	40.6	13.2	43.7	30.0	0.03	2.46
1990	100.0	40.5	12.8	44.2	31.1	0.03	2.39
1991	100.0	39.2	12.2	46.3	32.1	0.04	2.22
1992	100.0	39.6	12.9	45.4	30.9	0.05	2.11
1993	100.0	39.5	13.3	45.2	29.8	0.05	1.98
1994	100.0	37.8	13.4	46.9	30.7	0.06	1.83
1995	100.0	36.3	13.1	48.9	33.2	0.06	1.64
1996	100.0	35.8	13.7	48.8	30.8	0.07	1.60
1997	100.0	34.6	13.7	50.1	38.8	0.08	1.51
1998	100.0	33.0	14.4	50.9	39.2	0.09	1.59
1999	100.0	31.8	14.1	52.4	41.9	0.10	1.55
2000	100.0	31.1	13.8	53.6	38.5	0.11	1.43
2001	100.0	30.8	13.3	54.5	43.7	0.09	1.37
2002	100.0	30.9	13.4	54.3	42.9	0.10	1.35
2003	100.0	32.0	13.2	53.3	41.4	0.11	1.37
2004	100.0	27.8	11.3	59.7	46.4	0.10	1.17
2005	100.0	25.8	10.8	61.9	48.0	0.10	1.36
2006	100.0	24.7	11.0	62.5	47.9	0.11	1.75
2007	100.0	23.5	11.2	63.4	48.0	0.11	1.81
2008	100.0	22.8	29.8	45.6	29.8	0.11	1.76
2009	100.0	20.7	30.4	47.1	32.4	0.10	1.66
2010	100.0	19.5	30.6	48.2	32.4	0.13	1.55
2011	100.0	18.5	32.2	47.3	31.0	0.11	1.81
2012	100.0	16.8	34.3	47.0	30.7	0.09	1.85
2013	100.0	17.4	33.2	47.3	29.0	0.10	2.08
2014	100.0	15.2	31.3	51.1	30.8	0.10	2.38
2015	100.0	13.3	32.5	51.5	30.4	0.12	2.62
2016	100.0	12.7	32.7	52.2	31.1	0.12	2.25
2017	100.0	13.7	33.8	50.0	27.9	0.12	2.42
2018	100.0	14.1	34.8	48.4	25.4	0.13	2.59

旅客运输平均运距（1952年—2018年）

The Average Distance of Passenger Transport, 1952-2018

单位：公里

年 份	总 计	铁 路	公 路	水 运	民 航
1952	101	123	50	68	1200
1957	78	116	37	53	1143
1962	89	115	46	51	688
1965	72	116	38	42	919
1970	79	137	39	45	814
1975	74	135	37	43	1107
1978	69	134	35	44	1208
1980	67	150	33	49	1153
1985	72	216	36	58	1563
1986	71	238	36	53	1466
1987	73	253	37	50	1441
1988	77	266	39	58	1501
1989	77	267	41	59	1456
1990	73	273	40	61	1388
1991	77	297	42	68	1383
1992	81	316	44	75	1407
1993	79	330	43	73	1412
1994	79	334	44	70	1366
1995	77	345	44	72	1331
1996	74	353	44	70	1346
1997	76	384	46	69	1374
1998	77	397	47	59	1391
1999	81	413	49	56	1407
2000	83	431	49	52	1444
2001	86	453	51	48	1450
2002	88	471	53	44	1476
2003	87	492	53	37	1442
2004	92	511	54	35	1470
2005	95	524	55	34	1479
2006	95	527	54	33	1485
2007	97	532	56	34	1503
2008	81	532	47	29	1497
2009	83	517	49	31	1464
2010	85	523	49	32	1509
2011	88	516	51	30	1548
2012	88	518	52	30	1574
2013	130	503	61	29	1598
2014	141	488	63	28	1616
2015	155	472	66	27	1670
2016	165	447	66	27	1717
2017	177	436	67	27	1725
2018	191	419	68	28	1751

货物运输平均运距（1952年—2018年）

The Average Distance of Freightage,1952–2018

单位：公里

年 份	总 计	铁 路	公 路	水 运	#远 洋	民 航	管 道
1952	215	455	11	284	–	1000	–
1957	203	491	13	264	–	1000	–
1962	244	488	19	253	–	833	–
1965	262	550	18	280	–	1003	–
1970	273	513	21	350	–	951	–
1975	302	478	21	726	–	1280	434
1978	311	485	23	803	6797	1516	416
1980	374	514	24	1084	8229	1580	467
1985	246	622	35	1221	8041	2129	442
1986	236	646	34	1042	8229	2126	413
1987	234	673	37	1169	8236	2182	413
1988	243	681	44	1128	8166	2236	416
1989	259	686	46	1279	8518	2237	402
1990	270	705	46	1447	8653	2211	398
1991	284	718	47	1554	8508	2234	399
1992	279	734	48	1433	8073	2335	417
1993	275	743	48	1415	7302	2394	410
1994	283	774	50	1465	7650	2241	406
1995	291	786	50	1551	7828	2206	386
1996	282	766	51	1402	7918	2168	366
1997	300	771	54	1696	7332	2334	362
1998	301	764	56	1771	7898	2388	348
1999	314	771	58	1855	7522	2485	310
2000	326	771	59	1939	7440	2555	340
2001	340	761	60	1959	7570	2556	336
2002	342	764	61	1940	7270	2551	339
2003	344	769	61	1817	6560	2643	336
2004	407	775	63	2211	8172	2595	329
2005	431	770	65	2261	7941	2572	350
2006	436	762	67	2231	7825	2698	464
2007	446	757	69	2286	8265	2896	460
2008	427	760	171	1707	7757	2934	443
2009	432	757	175	1804	7640	2833	453
2010	438	759	177	1806	7923	3177	440
2011	431	749	182	1771	7767	3120	506
2012	424	748	187	1781	8115	3007	516
2013	410	735	181	1419	6845	3034	536
2014	436	722	183	1551	7485	3161	587
2015	427	707	184	1496	7262	3306	615
2016	425	714	183	1525	7280	3330	572
2017	411	731	181	1477	7245	3450	594
2018	397	716	180	1410	6746	3554	590

各地区民用汽车拥有量（2018年）（一）

Possession of Civil Motor Vehicles by Region，2018（1）

单位：辆

地　区	民用汽车	载客汽车				
			大型	中型	小型	微型
全国总计	**232312250**	**205554046**	**1583346**	**753975**	**201352154**	**1864571**
北　京	5740411	5279619	63513	75407	5125097	15602
天　津	2986534	2632689	26330	12523	2572800	21036
河　北	15299774	13303927	67493	22376	12926655	287403
山　西	6521468	5793170	35097	12389	5612309	133375
内蒙古	5319102	4682082	29552	11920	4584793	55817
辽　宁	7963726	6983557	73826	43007	6813845	52879
吉　林	4219217	3753886	35903	14361	3663685	39937
黑龙江	4774063	4098669	49927	21522	3994284	32936
上　海	3933670	3583715	50823	26321	3496406	10165
江　苏	17765728	16521036	115282	42482	16265741	97531
浙　江	15329500	13913234	73546	34237	13696371	109080
安　徽	8142020	6984472	54300	25224	6872320	32628
福　建	6228185	5456288	35682	23568	5360949	36089
江　西	5375517	4614506	29353	14563	4547875	22715
山　东	21282864	18834727	129436	41296	18347166	316829
河　南	14496817	12816534	78307	37516	12570471	130240
湖　北	7723954	6835684	60721	29233	6726340	19390
湖　南	7809581	7030719	59079	43882	6896806	30952
广　东	21162828	18913046	176738	56570	18600096	79642
广　西	5884199	5098487	38744	17208	4999987	42548
海　南	1268996	1105358	16318	5992	1077748	5300
重　庆	4191004	3728824	30758	11357	3678500	8209
四　川	10981677	9887686	76777	23246	9674071	113592
贵　州	4789814	4144862	30032	19923	4076886	18021
云　南	6774956	5801238	28821	21213	5696145	55059
西　藏	514484	343103	4626	4557	330164	3756
陕　西	6168042	5499397	40782	18037	5383994	56584
甘　肃	3150692	2575241	23659	11224	2529753	10605
青　海	1098654	914182	9065	5755	894247	5115
宁　夏	1447793	1130665	9872	3891	1110692	6210
新　疆	3966980	3293443	28984	23175	3225958	15326

各地区民用汽车拥有量（2018年）（二）

Possession of Civil Motor Vehicles by Region, 2018 (2)

单位：辆

地区	载货汽车					其他汽车
		重型	中型	轻型	微型	
全国总计	**25678242**	**7095346**	**1243928**	**17285252**	**53716**	**1079962**
北京	399915	68571	24300	305746	1298	60877
天津	335642	72206	10269	251050	2117	18203
河北	1933744	678256	45018	1208507	1963	62103
山西	702534	290609	12757	396994	2174	25764
内蒙古	609978	189913	15373	403828	864	27042
辽宁	941222	306023	45822	588763	614	38947
吉林	445711	147371	19580	278354	406	19620
黑龙江	647419	193900	44098	408736	685	27975
上海	328703	200503	49610	78587	3	21252
江苏	1162403	463355	113678	584837	533	82289
浙江	1367849	232815	41370	1086609	7055	48417
安徽	1118662	386482	29620	701929	631	38886
福建	747687	130040	21243	594600	1804	24210
江西	731868	248030	40154	443448	236	29143
山东	2368499	763595	82933	1519201	2770	79638
河南	1622244	547636	41727	1031574	1307	58039
湖北	843534	209102	59346	574708	378	44736
湖南	746678	158632	50876	536713	457	32184
广东	2179133	377113	114640	1664451	22929	70649
广西	758766	191660	55818	508923	2365	26946
海南	156690	16498	11742	128322	128	6948
重庆	442935	143348	28175	271400	12	19245
四川	1052060	256685	70631	724395	349	41931
贵州	621258	88724	35438	497054	42	23694
云南	946261	145942	54664	745532	123	27457
西藏	163295	35573	20274	106887	561	8086
陕西	626066	187631	27503	410472	460	42579
甘肃	555354	103352	28795	423000	207	20097
青海	175438	32581	7553	135178	126	9034
宁夏	306156	69083	8634	228206	233	10972
新疆	640538	160117	32287	447248	886	32999

全国民用汽车拥有量（1949年—2018年）（一）

Possession of Civil Motor Vehicles，1949–2018（1）

单位：万辆

年　份	民用汽车合计	#载客汽车	#载货汽车	私人汽车合计	#载客汽车	#载货汽车
1949	5.1	1.7	3.3	–	–	–
1950	5.4	1.7	3.6	–	–	–
1951	6.2	1.9	4.1	–	–	–
1952	6.6	2.0	4.4	–	–	–
1953	7.8	2.4	5.1	–	–	–
1954	9.0	2.6	6.0	–	–	–
1955	10.1	2.8	6.9	–	–	–
1956	11.7	3.2	8.0	–	–	–
1957	12.6	3.4	8.6	–	–	–
1958	17.3	3.9	12.7	–	–	–
1959	21.1	4.4	15.9	–	–	–
1960	22.4	4.3	17.3	–	–	–
1961	24.0	4.5	18.6	–	–	–
1962	24.8	4.7	19.1	–	–	–
1963	26.1	4.9	20.0	–	–	–
1964	27.6	5.3	20.9	–	–	–
1965	30.0	6.0	22.3	–	–	–
1966	31.9	6.4	23.6	–	–	–
1967	33.2	6.5	24.6	–	–	–
1968	34.8	6.6	26.7	–	–	–
1969	37.2	6.8	27.8	–	–	–
1970	42.4	7.5	32.0	–	–	–
1971	49.4	8.4	37.6	–	–	–
1972	57.7	10.0	43.7	–	–	–
1973	67.3	12.0	50.5	–	–	–
1974	78.6	14.3	58.6	–	–	–
1975	91.8	17.3	68.0	–	–	–
1976	106.7	20.3	78.5	–	–	–
1977	119.9	22.6	88.4	–	–	–
1978	135.8	25.9	100.2	–	–	–
1979	155.5	29.7	114.4	–	–	–
1980	178.3	35.1	129.9	–	–	–
1981	199.1	40.6	137.4			–
1982	215.7	44.2	148.1	–	–	–
1983	232.6	47.8	169.4	–	–	–
1984	260.4	56.3	188.4	–	–	–
1985	321.1	79.5	223.2	28.5	1.9	26.5
1986	362.0	96.6	246.6	34.7	3.4	31.2
1987	408.1	111.5	281.2	42.3	7.3	34.9

全国民用汽车拥有量（1949年—2018年）（二）

Possession of Civil Motor Vehicles，1949–2018（2）

单位：辆

年　份	民用汽车合计	#载客汽车	#载货汽车	私人汽车合计	#载客汽车	#载货汽车
1988	464.4	130.4	317.9	60.4	15.3	45.1
1989	511.3	146.4	346.4	73.1	20.3	52.8
1990	551.4	162.2	368.5	81.6	24.1	57.5
1991	606.1	185.2	398.6	96.0	30.4	65.6
1992	691.7	226.2	441.5	118.2	41.8	76.2
1993	817.6	286.0	501.0	155.8	59.9	94.0
1994	942.0	349.7	560.3	205.4	78.6	123.3
1995	1040.0	417.9	585.4	250.0	114.2	131.8
1996	1100.1	488.0	575.0	289.7	143.0	142.8
1997	1219.1	580.6	601.2	358.4	191.3	163.2
1998	1319.3	654.8	627.9	423.7	230.7	192.0
1999	1452.9	740.2	677.0	533.9	304.1	228.7
2000	1608.9	853.7	716.3	625.3	365.1	259.1
2001	1802.0	994.0	765.2	770.8	469.9	299.0
2002	2053.2	1202.4	812.2	969.0	623.8	341.3
2003	2382.9	1478.8	853.5	1219.2	845.9	367.4
2004	2693.7	1735.9	893.0	1481.7	1069.7	402.8
2005	3159.7	2132.5	955.6	1848.1	1383.9	452.1
2006	3697.4	2619.6	986.3	2333.3	1823.6	494.9
2007	4358.4	3196.0	1054.1	2876.2	2316.9	539.5
2008	5099.6	3838.9	1126.1	3501.4	2880.5	596.1
2009	6280.6	4845.1	1368.6	4574.9	3808.3	753.4
2010	7801.8	6124.1	1597.6	5938.7	4989.5	931.5
2011	9356.3	7478.4	1788.0	7326.8	6237.5	1067.4
2012	10933.1	8943.0	1894.7	8838.6	7637.9	1175.6
2013	12670.1	10561.8	2010.6	10501.7	9198.2	1275.5
2014	14598.1	12326.7	2125.5	12339.4	10945.4	1352.8
2015	16284.5	14095.9	2065.6	14099.1	12737.2	1330.7
2016	18574.5	16278.2	2171.9	16330.2	14896.3	1401.2
2017	20906.7	18469.5	2338.8	18515.1	17001.5	1478.4
2018	23231.2	20555.4	2567.8	20574.9	18930.3	1605.1

各地区私人汽车拥有量（2018年）（一）

Possession of Private Vehicles by Region，2018（1）

单位：辆

地　区	民用汽车	载客汽车				
			大型	中型	小型	微型
全国总计	**205749339**	**189302872**	**44829**	**203863**	**187318021**	**1736159**
北　京	4784946	4624639	4116	43583	4562764	14176
天　津	2501106	2329470	1053	4374	2306943	17100
河　北	14114814	12734148	6261	7330	12438748	281809
山　西	5883504	5429377	555	2545	5297438	128839
内蒙古	4883400	4431899	1324	4141	4372082	54352
辽　宁	6873844	6390794	6468	17826	6315659	50841
吉　林	3808616	3480403	4131	4770	3432798	38704
黑龙江	4257882	3787443	5163	8159	3742812	31309
上　海	3021415	3012600	1004	7518	2994378	9700
江　苏	15313573	14749981	305	8804	14653060	87812
浙　江	13464563	12621778	837	7103	12525536	88302
安　徽	7076250	6506645	605	4279	6470813	30948
福　建	5442023	4935482	374	4279	4896731	34098
江　西	4785236	4360156	197	1450	4337105	21404
山　东	19102607	17626062	4846	15529	17307453	298234
河　南	13182753	12134767	526	4321	12004224	125696
湖　北	6907919	6333079	385	4184	6310684	17826
湖　南	7223370	6584190	777	6727	6548504	28182
广　东	18611085	17336514	2878	21179	17247124	65333
广　西	5317386	4781924	325	4388	4735745	41466
海　南	1096620	973366	204	1410	968047	3705
重　庆	3625923	3396309	158	1261	3389237	5653
四　川	9753770	9073997	517	3349	8969069	101062
贵　州	4361916	3857053	218	1555	3838427	16853
云　南	6207172	5391075	243	2063	5336523	52246
西　藏	423255	279933	341	1459	275000	3133
陕　西	5549416	5090623	256	1426	5034430	54511
甘　肃	2655692	2261221	109	1457	2251175	8480
青　海	910477	783636	62	1058	778889	3627
宁　夏	1316675	1056127	167	1232	1048668	6060
新　疆	3292131	2948181	424	5104	2927955	14698

各地区私人汽车拥有量（2018年）（二）

Possession of Private Vehicles by Region，2018（2）

单位：辆

地　　区	载货汽车					其他汽车
		重型	中型	轻型	微型	
全国总计	**16051009**	**2087775**	**685926**	**13232490**	**44818**	**395458**
北　　京	145391	6767	2931	135607	86	14916
天　　津	165740	14082	3276	147276	1106	5896
河　　北	1353976	307885	33215	1011075	1801	26690
山　　西	443827	119300	6811	315682	1996	10300
内 蒙 古	440091	92005	8622	338684	780	11410
辽　　宁	471631	71048	24084	376084	415	11419
吉　　林	321164	73073	14763	232969	359	7049
黑 龙 江	462735	90009	32732	339416	578	7704
上　　海	6492	2640	1904	1948		2323
江　　苏	534640	165572	48461	320164	443	28952
浙　　江	831107	33600	12879	778364	6264	11678
安　　徽	554111	33876	12042	507639	554	15494
福　　建	498746	27844	11684	457487	1731	7795
江　　西	416919	33914	21365	361435	205	8161
山　　东	1440905	131066	44516	1263916	1407	35640
河　　南	1021019	103054	28266	888532	1167	26967
湖　　北	558088	76314	38914	442528	332	16752
湖　　南	621675	101611	41750	477896	418	17505
广　　东	1249399	91904	54215	1082873	20407	25172
广　　西	523613	74100	37995	409339	2179	11849
海　　南	120858	8762	9673	102319	104	2396
重　　庆	223893	8262	10283	205340	8	5721
四　　川	662447	58425	37468	566251	303	17326
贵　　州	494225	37823	23364	433000	38	10638
云　　南	803297	90505	43813	668879	100	12800
西　　藏	141889	29763	18784	92955	387	1433
陕　　西	443717	91110	21567	330627	413	15076
甘　　肃	386643	44917	19033	322524	169	7828
青　　海	123365	11273	5317	106671	104	3476
宁　　夏	255178	43517	7037	204405	219	5370
新　　疆	334228	13746	9132	310605	745	9722

各地区民用汽车新注册情况（2018年）（一）

New Registration Statistics on Civil Motor Vehicles by Region, 2018(1)

单位：辆

地 区	民用汽车	载客汽车	大型	中型	小型	微型
总 计	**26521129**	**23139385**	**155760**	**39514**	**22876458**	**67653**
北 京	547747	454570	2800	3709	447449	612
天 津	273321	237368	1963	624	231915	2866
河 北	1666401	1395631	4735	1443	1383844	5609
山 西	664948	560538	2967	658	555546	1367
内蒙古	426794	372085	2212	458	368925	490
辽 宁	632638	566363	3598	1101	561299	365
吉 林	346739	301993	2633	445	298785	130
黑龙江	414445	364621	4796	904	358769	152
上 海	503658	467164	3838	1203	461458	665
江 苏	2051374	1891811	10002	1758	1872303	7748
浙 江	1712563	1528157	7855	2061	1509916	8325
安 徽	1136308	981501	5743	1651	972645	1462
福 建	719039	630954	6954	1045	622027	928
江 西	763262	665440	3343	1052	660391	654
山 东	1966524	1658297	10977	1710	1638043	7567
河 南	1842447	1611226	8584	3347	1587458	11837
湖 北	1015161	890528	6455	1383	881973	717
湖 南	1061016	961434	9411	2760	947773	1490
广 东	2656358	2340606	21130	2461	2310807	6208
广 西	752725	657928	3743	1069	652454	662
海 南	163517	140124	2209	455	136630	830
重 庆	577381	515669	2438	535	510769	1927
四 川	1346193	1192619	7328	1364	1182321	1606
贵 州	731132	638270	3701	1562	632013	994
云 南	794237	656054	3304	1402	650711	637
西 藏	59821	34999	332	226	34357	84
陕 西	773894	677493	6273	1108	668639	1473
甘 肃	296864	240677	2359	534	237661	123
青 海	110159	89883	1041	367	88465	10
宁 夏	131188	99547	1159	163	98133	92
新 疆	383275	315835	1877	956	312979	23

各地区民用汽车新注册情况（2018年）（二）

New Registration Statistics on Civil Motor Vehicles by Region, 2018(2)

单位：辆

地　区	载货汽车	重型	中型	轻型	微型	其他汽车
总　计	**3238847**	**967089**	**49591**	**2220492**	**1675**	**142897**
北　京	84253	18751	2702	62800	–	8924
天　津	33881	9293	359	24194	35	2072
河　北	261494	91185	2503	167805	1	9276
山　西	101301	52712	473	48113	3	3109
内蒙古	52612	12342	384	39875	11	2097
辽　宁	63574	24441	1634	37499	–	2701
吉　林	42428	17049	524	24852	3	2318
黑龙江	47667	14180	1138	32349	–	2157
上　海	34041	22187	2026	9828	–	2453
江　苏	147481	55584	5452	86443	2	12082
浙　江	177207	39189	2458	135559	1	7199
安　徽	148052	47949	1708	98394	1	6755
福　建	84583	17739	1064	65779	1	3502
江　西	94050	36942	1072	56032	4	3772
山　东	298168	110229	2970	184594	375	10059
河　南	221511	79400	2259	139846	6	9710
湖　北	117819	32361	2755	82695	8	6814
湖　南	95219	19627	2020	73551	21	4363
广　东	304714	60461	3854	239207	1192	11038
广　西	91652	23930	1100	66621	1	3145
海　南	22648	2605	602	19440	1	745
重　庆	59356	25983	1304	32068	1	2356
四　川	147096	43712	2930	100454	–	6478
贵　州	89764	12756	991	76016	1	3098
云　南	134767	21681	695	112390	1	3416
西　藏	24233	8024	1734	14473	2	589
陕　西	90393	28034	1258	61099	2	6008
甘　肃	53968	8424	673	44871	–	2219
青　海	19427	3190	206	16030	1	849
宁　夏	30730	7736	122	22872	–	911
新　疆	64758	19393	621	44743	1	2682

各地区机动车及汽车驾驶员情况（2015年—2018年）

Driver Statistics on Civil Motor and Automobile Vehicles by Region, 2015-2018

单位：人

地　区	2015年		2016年		2017年		2018年	
	机动车驾驶员	#汽车驾驶员	机动车驾驶员	#汽车驾驶员	机动车驾驶员	#汽车驾驶员	机动车驾驶员	#汽车驾驶员
总　计	**328530456**	**280129937**	**358769829**	**303287721**	**360169437**	**316582041**	**410301633**	**369234248**
北　京	9775930	9735472	10345334	10306782	10835241	10796042	11203394	11158976
天　津	3892464	3885759	4121342	4115410	4340097	4334576	4563273	4558625
河　北	17463053	16801468	19014085	18437336	20319946	19819065	21607797	21167378
山　西	7639245	7457987	8575787	8408109	9275342	9123678	9765989	9635110
内蒙古	6280854	5711963	6829227	6306800	7265397	6786237	7628705	7184056
辽　宁	11342241	10542224	12146180	11381351	12902669	12168090	13238925	12523595
吉　林	6515476	5834351	6930384	6296516	7205891	6629825	7446022	6943449
黑龙江	7256735	6853062	7883546	7499099	8352255	7980275	8835735	8484135
上　海	6506686	6310930	6791244	6638239	7156813	7015493	7514652	7378706
江　苏	23856160	20724977	25682695	22846760	27323789	24768372	28734313	26418297
浙　江	17760872	16320563	19398278	18143538	20777093	19625862	22017418	20975217
安　徽	11218189	9774453	12615703	11355243	13924326	12814458	15049740	14079733
福　建	10145201	7435776	11020516	8388592	11848528	9317647	12599981	10173717
江　西	11373941	8221841	12384569	9429101	13105742	10319147	13760852	11130878
山　东	24675242	23404464	26458233	25324392	28041679	27032720	29400293	28507597
河　南	19967984	18139867	22778859	21142015	22765541	21427578	27694987	26389146
湖　北	12849495	10583298	14378525	3433351	15446027	13620759	16373265	14672265
湖　南	12396738	9579590	13772313	11043624	14808611	10991350	15590676	13105311
广　东	28747452	23797274	31335114	26561108	34153327	29530862	37557811	33066249
广　西	12057498	7681755	12892224	8723933	13690846	9779446	14359174	10772206
海　南	2049766	1451607	2226591	1633295	2118526	1135565	2508766	1938549
重　庆	6607670	4961515	7423890	5860405	8119654	6659539	8727563	7344324
四　川	17913885	13625968	19656134	15489967	21385315	17373777	22800501	18960423
贵　州	6991887	4773117	7864742	5597256	8773004	6595675	9642194	7536872
云　南	11159390	7397867	12113276	8329327	12955610	9193235	13877125	10116423
西　藏	273620	253013	316133	291941	421990	390012	502435	477011
陕　西	8853558	8079673	9471527	8733106	10242234	9532932	10945188	10258433
甘　肃	4895634	3810622	5540758	4392791	5970633	4862874	6313125	5251374
青　海	1319052	1130421	1434199	1254031	1535165	1364644	1622831	1453208
宁　夏	1756996	1528321	1936163	1704902	2080833	1848984	2191461	1977365
新　疆	4987542	4320739	5432258	4219401	5790577	5168757	6227442	5595620

各地区城市公共交通运营线路总长度（2018年）

Length of Public Transport Routes in Cities by Region, 2018

单位：公里

地　区	公共汽车、无轨电车	公交专用车道	轨道交通			
				地铁	轻轨	有轨电车
总　计	**1199455**	**12850**	**5295**	**4727**	**218**	**190**
北　京	19245	952	637	619	–	9
天　津	23920	65	227	167	52	8
河　北	62402	305	28	28	–	–
山　西	39811	495	–	–		
内蒙古	39134	330	–	–	–	–
辽　宁	35689	1028	240	113	104	23
吉　林	20850	242	118	39	62	18
黑龙江	33322	117	22	22	–	–
上　海	24504	364	705	670	–	–
江　苏	85667	1228	634	553	–	81
浙　江	104448	906	189	189	–	–
安　徽	39575	302	53	53	–	–
福　建	33131	246	54	54	–	–
江　西	33091	131	49	49	–	–
山　东	146625	1145	178	169	–	9
河　南	35728	786	94	94	–	–
湖　北	27276	438	300	300	–	–
湖　南	35062	496	69	50	–	–
广　东	118357	1450	830	801	–	28
广　西	30028	269	53	53	–	–
海　南	9259	25	–	–	–	–
重　庆	18942	122	313	215	–	–
四　川	49347	635	240	226	–	14
贵　州	18707	95	34	34	–	–
云　南	44954	94	89	89	–	–
西　藏	1853	–	–	–	–	–
陕　西	19736	270	123	123	–	–
甘　肃	15064	15	–	–	–	–
青　海	9845	15	–	–	–	–
宁　夏	8786	132	–	–	–	–
新　疆	14797	150	17	17	–	–

注：上海市轨道交通合计中包括磁悬浮运营线路总长度29公里；含江苏（昆山）境内约6公里。

各地区城市公共交通运营车（船）拥有量（2018年）（一）

Possession of Public Transport Vehicles and Vessels in Cities by Region, 2018(1)

单位：辆

地区	公共汽电车（标台）	公共汽电车	#天然气车	#液化石油气车	#无轨电车
总计	**767909**	**673430**	**164926**	**1524**	**2585**
北京	33980	24076	8583	–	1326
天津	15470	13813	719	–	–
河北	34392	31678	9835	2	–
山西	17922	16010	3280	14	78
内蒙古	12274	11445	3705	276	–
辽宁	28577	23924	6226	315	65
吉林	14186	13282	4858	–	–
黑龙江	22497	19770	2883	–	–
上海	21921	17476	111	–	354
江苏	56710	48046	10458	353	–
浙江	45413	41298	8618	94	73
安徽	28542	24765	5447	100	–
福建	22706	20738	2617	–	–
江西	15100	13699	1498	–	–
山东	68042	62474	13901	8	231
河南	37833	34259	3849	–	124
湖北	27674	23841	7899	–	40
湖南	34400	29344	2438	–	–
广东	75872	66349	11197	36	294
广西	16263	14835	1814	80	–
海南	5188	4786	584	–	–
重庆	15323	13237	8357	14	–
四川	38900	33742	19508	42	–
贵州	11333	9900	4180	–	–
云南	16628	16452	1406	–	–
西藏	860	714	–	–	–
陕西	18555	15873	6152	86	–
甘肃	9901	9177	3214	–	–
青海	4206	3897	2270	4	–
宁夏	4941	4312	2501	–	–
新疆	12301	10218	6818	100	–

注：2018年起，不再统计轨道交通标准营运台数。

各地区城市公共交通运营车（船）拥有量（2018年）（二）

Possession of Public Transport Vehicles and Vessels in Cities by Region, 2018(2)

单位：辆

地　区	轨道交通	地铁	轻轨	有轨电车	出租汽车	轮渡运营船数（艘）
总　计	**34012**	**31465**	**897**	**737**	**1388876**	**250**
北　京	5682	5594	–	28	70035	–
天　津	1130	954	152	24	31940	–
河　北	198	198	–	–	73383	–
山　西	–	–			42877	–
内蒙古	–	–	–	–	68000	–
辽　宁	1012	732	208	72	92790	–
吉　林	842	258	537	47	71235	–
黑龙江	150	150	–	–	104008	32
上　海	5302	5241	–	–	41881	41
江　苏	2926	2520	–	406	58575	15
浙　江	1176	1176	–	–	44625	5
安　徽	324	324	–	–	55330	–
福　建	408	408	–	–	22443	29
江　西	294	294	–	–	17375	3
山　东	529	522	–	7	72048	3
河　南	576	576	–	–	63398	–
湖　北	2068	2068	–	–	43060	42
湖　南	348	330	–	–	35475	6
广　东	5234	5116	–	118	66036	62
广　西	306	306			20291	–
海　南	–	–	–	–	7636	–
重　庆	1806	1032	–	–	24110	12
四　川	1889	1854	–	35	43605	–
贵　州	186	186	–	–	30696	–
云　南	492	492	–	–	29864	–
西　藏	–	–	–	–	2650	–
陕　西	1050	1050	–	–	35720	–
甘　肃	–	–	–	–	38095	–
青　海	–	–	–	–	13554	–
宁　夏	–	–	–	–	15973	–
新　疆	84	84	–	–	52168	–

注：轨道交通车辆中包括上海磁悬浮车辆17辆。

各地区城市公共交通客运量（2018年）

Passenger Traffic of Pubic Transport in Cities by Region, 2018

单位：万人次

地　区	客运总量	公共汽电车	轨道交通	出租汽车	轮　渡
总　计	**12622357**	**6969986**	**2127659**	**3516674**	**8038**
北　京	737838	318976	384842	34021	–
天　津	187419	109725	40834	36860	–
河　北	339777	197574	8760	133444	–
山　西	266129	160180	–	105949	–
内蒙古	274227	116198	–	158028	–
辽　宁	700346	382255	52642	265450	–
吉　林	362662	163430	14200	185033	–
黑龙江	571178	245878	8269	316783	248
上　海	641689	206233	370592	63760	1106
江　苏	742168	460823	155924	124851	570
浙　江	549824	380460	65422	103745	197
安　徽	386676	204020	15324	167332	–
福　建	287584	216581	10252	57726	3026
江　西	198577	128513	14176	55848	40
山　东	523355	382230	15388	125717	19
河　南	451066	273180	29341	148545	–
湖　北	572796	330055	103710	138151	880
湖　南	466782	286632	25030	155044	75
广　东	1257996	616970	495175	144143	1708
广　西	173305	117922	21361	34023	–
海　南	49314	33221	–	16093	–
重　庆	451126	252715	85787	112454	170
四　川	688474	400746	115756	171972	–
贵　州	329597	187797	744	141056	–
云　南	267670	164757	19958	82956	–
西　藏	22246	9628	–	12618	–
陕　西	440739	243630	73930	123179	–
甘　肃	232192	146587	–	85605	–
青　海	76779	45448	–	31332	–
宁　夏	78221	40041	–	38181	–
新　疆	294604	147584	244	146776	–

注：上海轨道交通客运量含江苏（昆山）境内约2149万人次。

省会城市和计划单列市公共交通运营线路总长度（2018年）

Length of Public Transport Routes in Provincial Capital Cities and Cities under Separate State Planning,2018

单位：公里

地　区	公共汽车、无轨电车	公交专用车道	轨道交通			
				地铁	轻轨	有轨电车
北　京	19245	952	637	619	–	9
天　津	23920	65	227	167	52	8
石家庄	3919	107	28	28	–	–
太　原	5720	154	–	–	–	–
呼和浩特	2720	240	–	–	–	
沈　阳	4966	417	59	59	–	–
大　连	5431	274	181	54	104	23
长　春	4721	200	118	39	62	18
哈尔滨	6280	117	22	22	–	–
上　海	24504	364	705	670	–	–
南　京	12028	221	394	378	–	17
杭　州	17104	164	115	115	–	–
宁　波	11895	169	75	75	–	–
合　肥	4352	147	53	53	–	–
福　州	4688	151	24	24	–	–
厦　门	7478	60	30	30	–	–
南　昌	6631	28	49	49	–	–
济　南	21388	231	178	169	–	9
青　岛	7017	205	–	–	–	–
郑　州	4883	444	94	94	–	–
武　汉	8875	216	300	300	–	–
长　沙	6603	226	69	50	–	–
广　州	24101	519	485	478	–	8
深　圳	21259	508	298	286	–	12
南　宁	4457	110	53	53	–	–
海　口	3352	25	–	–	–	
重　庆	16394	105	313	215	–	–
成　都	15300	377	240	226	–	14
贵　阳	5250	57	34	34	–	–
昆　明	11357	93	89	89	–	–
拉　萨	977	–	–	–	–	–
西　安	5817	245	123	123	–	–
兰　州	4062	15	–	–	–	–
西　宁	1399	15	–	–	–	–
银　川	2176	132	–	–	–	–
乌鲁木齐	3503	145	17	17	–	–

注：上海市轨道交通合计中包括磁悬浮运营线路总长度29公里；广州轨道交通运营线路长度含佛山境内约21公里。

省会城市和计划单列市公共交通运营车（船）拥有量（2018年）（一）

Possession of Public Transport Vehicles and Vessels in Provincial Capital Cities and Cities under Separate State Planning,2018（1）

单位：辆

地　　区	公共汽电车、轨道交通车辆合计	公共汽电车	#天然气车	#液化石油气车	#无轨电车
北　　京	29758	24076	8583	–	1326
天　　津	14943	13813	719	–	–
石 家 庄	5928	5730	3589	–	–
太　　原	2521	2521	1207	–	76
呼和浩特	2678	2678	1721	–	–
沈　　阳	6166	5782	1859	299	–
大　　连	6423	5795	1208	–	65
长　　春	5714	4872	3023	–	–
哈 尔 滨	7181	7031	2143	–	–
上　　海	22778	17476	111	–	354
南　　京	10977	9246	2429	–	–
杭　　州	11059	10249	3454	–	73
宁　　波	6664	6298	1642	–	–
合　　肥	5772	5448	2315	–	–
福　　州	4552	4384	484	–	–
厦　　门	4927	4687	723	–	–
南　　昌	4581	4287	668	–	–
济　　南	10249	9720	3859	–	125
青　　岛	6733	6733	1387	–	106
郑　　州	6973	6397	11	–	–
武　　汉	11677	9609	3204	–	40
长　　沙	9154	8806	224	–	–
广　　州	17970	15286	1490	36	276
深　　圳	19577	17177	–	–	–
南　　宁	4187	3881	1350	–	–
海　　口	2328	2328	326	–	–
重　　庆	14057	12251	8151	14	–
成　　都	17829	15940	12042	–	–
贵　　阳	3361	3175	2787	–	–
昆　　明	7103	6611	903	–	–
拉　　萨	542	542	–	–	–
西　　安	9581	8531	3584	–	–
兰　　州	3419	3419	1698	–	–
西　　宁	1781	1781	1423	4	–
银　　川	1802	1802	1172	–	–
乌鲁木齐	4466	4382	3217	–	–

注：公共汽电车、轨道交通车辆合计为两种交通方式车辆数相加。

省会城市和计划单列市公共交通运营车（船）拥有量（2018年）（二）

Possession of Public Transport Vehicles and Vessels in Provincial Capital Cities and Cities under Separate State Planning,2018（2）

单位：辆

地　　区	轨道交通	地铁	轻轨	有轨电车	出租汽车	轮渡运营船数（艘）
北　京	5682	5594	–	28	70035	–
天　津	1130	954	152	24	31940	–
石家庄	198	198	–	–	7815	–
太　原		–	–	–	8292	–
呼和浩特	–	–	–	–	6207	–
沈　阳	384	384		–	18966	–
大　连	628	348	208	72	11645	–
长　春	842	258	537	47	18534	–
哈尔滨	150	150	–	–	17870	32
上　海	5302	5241	–	–	41881	41
南　京	1731	1636	–	95	13354	15
杭　州	810	810	–	–	13375	–
宁　波	366	366	–	–	4797	2
合　肥	324	324	–	–	9402	–
福　州	168	168	–	–	6340	–
厦　门	240	240	–	–	5482	29
南　昌	294	294	–	–	5453	–
济　南	529	522	–	7	10867	3
青　岛	–	–	–	–	9267	–
郑　州	576	576	–	–	10854	–
武　汉	2068	2,068	–	–	17891	33
长　沙	348	330	–	–	7840	–
广　州	2684	2656	–	28	19988	48
深　圳	2400	2340	–	60	21551	–
南　宁	306	306		–	6829	–
海　口	–	–			2910	–
重　庆	1806	1032	–	–	21993	11
成　都	1889	1854	–	35	13101	–
贵　阳	186	186	–	–	8073	–
昆　明	492	492	–	–	8257	–
拉　萨	–	–	–	–	1670	–
西　安	1050	1050	–	–	14112	–
兰　州	–	–	–	–	10662	–
西　宁	–	–	–	–	5666	–
银　川	–	–	–	–	4991	–
乌鲁木齐	84	84	–	–	13133	–

注：轨道交通车辆中包括上海磁悬浮车辆17辆。

省会城市和计划单列市公共交通客运量（2018年）

Passenger Traffic of Pubic Transport in Provincial Capital Cities and Cities under Separate State Planning, 2018

单位：万人次

地　区	客运总量	公共汽电车	轨道交通	出租汽车	轮　渡
北　京	737838	318976	384842	34021	–
天　津	187419	109725	40834	36860	–
石家庄	66078	41841	8760	15477	–
太　原	59188	36596	–	22591	–
呼和浩特	42876	32680	–	10195	–
沈　阳	193931	111638	31603	50690	–
大　连	145657	92707	21039	31911	–
长　春	111029	66855	14200	29974	–
哈尔滨	190638	127083	8269	55038	248
上　海	641689	206233	370592	63760	1106
南　京	213690	88985	111881	12255	570
杭　州	228498	149241	52985	26272	–
宁　波	65404	42720	12437	10112	135
合　肥	98393	55449	15324	27620	–
福　州	64125	41589	6088	16448	–
厦　门	101050	80139	4165	13721	3026
南　昌	71129	38832	14176	18121	–
济　南	141933	104192	15388	22334	19
青　岛	88458	75879	–	12578	–
郑　州	139225	94272	29341	15612	–
武　汉	278570	144563	103710	29511	786
长　沙	120860	68457	25030	27373	–
广　州	589460	228511	302595	56885	1469
深　圳	389490	162858	187845	38787	–
南　宁	65925	33991	21361	10573	–
海　口	28059	19847	–	8212	–
重　庆	419735	235762	85787	98038	148
成　都	304556	161946	115756	26854	–
贵　阳	86841	55989	744	30108	–
昆　明	111715	79456	19958	12301	–
拉　萨	13557	8440	–	5117	–
西　安	255874	134815	73930	47130	–
兰　州	107865	79825	–	28040	–
西　宁	52834	33964	–	18870	–
银　川	34210	22345	–	11865	–
乌鲁木齐	106275	77096	244	28935	–

京津冀交通一体化主要交通运输指标情况（2018年）（一）

The Main Indicators of Transport by Beijing-Tianjin-Hebei Transportation Integration, 2018(1)

指 标	单 位	北 京	天 津	河 北
一、交通设施及运输线路				
1. 铁路营业里程	公里	1264.25	1153.43	7361.81
2. 公路通车里程	公里	22255.83	16256.74	193252.28
其中：高速公路	公里	1114.63	1261.81	7280.08
等级公路	公里	22255.83	16256.74	188475.36
3. 公共汽车、无轨电车运营线路总长度	公里	19245	23920	62402
4. 轨道交通运营线路长度	公里	637	227	28
5. 内河航道通航里程	公里	–	88	–
其中：等级航道	公里	–	88	–
6. 邮路总长度	公里	566266.10	126491.00	215993.40
基中：航空邮路	公里	480220.00	97700.00	77021.00
铁路邮路	公里	19655.00	–	–
汽车邮路	公里	67829.20	28791.00	138398.40
二、交通运输工具拥有量				
1. 公路				
公路营运汽车	万辆	24.39	18.83	138.22
（1）载货汽车	万辆	16.86	17.96	135.91
	万吨位	96.43	140.55	1537.95
（2）载客汽车	万辆	7.53	0.87	2.30
	万客位	82.66	36.55	68.46
2. 城市客运				
公共汽车、无轨电车运营车辆数	辆	24076	13813	31678
	标台	33980.1	15470.2	34391.7
轨道交通运营车辆数	辆	5682	1130	198
	标台	–	–	–
出租汽车运营车辆数	辆	70035	31940	73383
3. 营业性民用运输轮驳船拥有量				
（1）机动船				
艘数	艘	–	283	1641
净载重量	吨	–	4683149	1739268
载客量	客位	–	2982	21194

京津冀交通一体化主要交通运输指标情况（2018年）（二）

The Main Indicators of Transport by Beijing-Tianjin-Hebei Transportation Integration, 2018(2)

指 标	单 位	北 京	天 津	河 北
总功率	千瓦	–	1084148	441340
（2）驳船				
艘数	艘	–	10	–
净载重量	吨	–	32462	–
三、客货运输量				
1. 铁路运输				
客运量	万人	14357	5075	12211
旅客周转量	亿人公里	154.57	199.90	1061.40
货运量	万吨	596	9249	19637
货物周转量	亿吨公里	866.82	509.82	4832.00
2. 公路运输				
客运量	万人	44577	12259	35133
旅客周转量	亿人公里	99.87	76.40	227.61
货运量	万吨	20278	34711	226334
货物周转量	亿吨公里	167.41	404.10	8550.15
3. 城市客运				
公共汽车、无轨电车客运总量	亿人次	318976	109725	197574
轨道交通客运总量	亿人次	384842	40834	8760
出租汽车客运总量	亿人次	34021	36860	133444
客运轮渡客运总量	亿人次	–	–	–
4. 水路运输				
客运量	万人	–	116	2
旅客周转量	亿人公里	–	0.21	0.19
货运量	万吨	–	8261	3352
货物周转量	亿吨公里	–	1326.60	490.88
5. 邮政运输				
邮政业务总量	亿元	397.93	115.34	380.11
邮政函件业务量	亿件	2.14	0.24	0.49
包裹业务量	万件	190.2	36.8	128.3
快递业务量	万件	220875.6	57576.7	174136.2

长江经济带11省市交通运输主要指标情况（2018年）（一）

The Main Indicators of Transport by Yangtze River Economic Belt 11 Provinces and Cities, 2018(1)

指　标	单 位	上海	江苏	浙江	安徽	江西	湖北	湖南	重庆	四川	贵州	云南
一、交通设施及运输线路												
1. 铁路营业里程	公里	466.07	3061.77	2813.47	4324.21	4278.45	4340.55	5070.10	2326.44	4950.22	3564.70	3847.89
2. 公路通车里程	公里	13106.40	158728.66	120661.75	208826.25	161940.96	275039.31	240059.80	157483.41	331592.26	196907.59	252928.63
其中：高速公路	公里	835.55	4710.88	4420.97	4835.93	5931.43	6366.86	6724.57	3096.12	7131.37	6453.12	5183.68
等级公路	公里	13106.40	156296.87	120339.03	207941.55	135442.40	265911.52	223666.70	133942.67	304830.31	156559.20	220554.35
3. 公共汽车、无轨电车运营线路总长度	公里	24501.00	85667.00	104448.00	[illegible]	[illegible]	27276.00	37062.00	10942.00	49347.00	18707.00	11951.00
4. 轨道交通运营线路长度	公里	705	634	189	53	49	300	69	313	240	34	89
5. 内河航道通航里程	公里	2091	24380	9761	5641	5638	8470	11496	4352	10818	3740	4024
其中：等级航道	公里	1003	8752	5023	5064	2349	6008	4131	1863	3965	2519	3289
6. 邮路总长度	公里	110893.00	487431.90	729059.10	187071.60	98971.70	262099.60	369957.20	153099.00	347829.80	147277.00	291771.90
基中：航空邮路	公里	47102.00	244870.00	361407.00	38175.00	5953.00	150750.00	242928.00	92958.00	188820.00	91556.00	161944.00
铁路邮路	公里	8641.00	–	76491.00	1109.00	–	–	–	1939.00	2121.00	–	14391.00
汽车邮路	公里	54489.00	242561.90	290641.10	147780.60	92986.70	111349.60	126948.20	56179.00	150173.80	55721.00	115436.90
二、交通运输工具拥有量												
1. 公路												
公路营运汽车	万辆	25.92	90.63	38.15	71.97	37.90	38.06	34.53	29.74	62.07	19.62	53.07
（1）载货汽车	万辆	21.59	85.36	35.94	69.38	36.23	34.76	30.68	27.98	57.23	16.84	48.28
	万吨位	289.02	835.68	363.66	704.03	405.99	317.28	245.06	248.50	443.74	110.76	269.56
（2）载客汽车	万辆	4.33	5.27	2.22	2.59	1.67	3.30	3.85	1.76	4.84	2.78	4.79
	万客位	65.52	167.54	78.11	78.48	49.98	76.87	96.46	45.30	114.45	61.77	76.79
2. 城市客运												
公共汽车、无轨电车运营车辆数	辆	17476	48046	41298	24765	13699	23841	29344	13237	33742	9900	16452
	标台	21920.80	56709.90	45413.30	28542.00	15099.80	27674.00	34400.10	15322.70	38899.70	11333.30	16627.90
轨道交通运营车辆数	辆	5302	2926	1176	324	294	2068	348	1806	1889	186	492
	标台	–	–	–	–	–	–	–	–	–	–	–
出租汽车运营车辆数	辆	41881	58575	44625	55330	17375	43060	35475	24110	43605	30696	29864
3. 营业性民用运输轮驳船拥有量												
（1）机动船												
艘数	艘	1414	28631	14284	24308	2706	3172	4895	2774	4431	2057	1241
净载重量	吨	21320700	36970536	30276211	46649669	2524238	6720831	4285244	7133347	1281496	152449	168589
载客量	客位	38075	50825	87364	14782	13665	33345	71085	41720	47565	54654	31080

长江经济带11省市交通运输主要指标情况（2018年）（二）

The Main Indicators of Transport by Yangtze River Economic Belt 11 Provinces and Cities,2018(2)

指　标	单 位	上海	江苏	浙江	安徽	江西	湖北	湖南	重庆	四川	贵州	云南
总功率	千瓦	11360212	9497665	7366396	10584294	755427	1763237	1432873	1819403	553963	166093	133788
（2）驳船												
艘数	艘	47	4072	3	757	2	106	236	32	885	2	5
净载重量	吨	122339	3229548	13370	393021	1730	209505	22927	50460	54872	308	371
三、客货运输量												
1. 铁路运输												
客运量	万人	12267	21204	21870	12337	11131	16713	13943	7707	15116	6761	5500
旅客周转量	亿人公里	112.09	819.23	694.56	786.38	732.42	800.74	979.54	227.09	410.25	322.82	158.92
货运量	万吨	482	6171	4330	8066	5155	4730	4468	1967	7199	5513	4661
货物周转量	亿吨公里	9.77	303.00	221.53	721.19	530.58	869.97	812.75	206.63	861.02	606.33	465.36
2. 公路运输												
客运量	万人	3151	97025	72013	50770	49302	80990	91007	52150	81462	84053	34642
旅客周转量	亿人公里	105.82	716.64	402.80	376.89	260.97	453.44	479.93	260.43	466.14	469.08	269.63
货运量	万吨	39595	139251	166533	283817	157646	163145	204389	107064	173324	95354	135321
货物周转量	亿吨公里	299.29	2544.35	1964.10	5451.62	3759.94	2955.53	3114.85	1152.75	1814.95	1146.51	1489.23
3. 城市客运												
公共汽车、无轨电车客运总量	万人次	206233	460823	380460	204020	128513	330055	286632	252715	400746	187797	164757
轨道交通客运总量	万人次	370592	155924	65422	15324	14176	103710	25030	85787	115756	744	19958
出租汽车客运总量	万人次	63760	124851	103745	167332	55848	138151	155044	112454	171972	141056	82956
客运轮渡客运总量	万人次	1106	570	197	–	40	880	75	170	–	–	–
4. 水路运输												
客运量	万人	427	2383	4497	240	253	648	1729	731	1991	2211	1342
旅客周转量	亿人公里	0.79	3.47	6.30	0.39	0.34	4.74	3.63	5.59	1.91	6.77	3.02
货运量	万吨	66906	87735	98219	114877	11484	36432	21101	19460	6862	1670	688
货物周转量	亿吨公里	27990.80	6121.94	9352.50	5630.88	238.11	2850.00	458.96	2238.53	270.13	45.07	17.33
5. 邮政运输												
邮政业务总量	亿元	820.62	1050.23	2326.23	316.75	176.64	345.24	248.24	134.83	348.45	63.07	90.43
邮政函件业务量	亿件	5.74	2.26	2.62	0.40	0.28	0.74	0.22	0.15	0.28	0.93	0.24
包裹业务量	万件	222.8	139.8	150.9	59.2	44.5	61.6	41.5	25.6	88.7	10.3	40.0
快递业务量	万件	348648.8	438935.4	1011050.7	112322.4	61929.5	135307.7	78932.6	45795.4	145991.7	21193.7	33999.1

铁路统计（RAILWAY STATISTICS）

铁路与国民经济（2017年—2018年）

Railway and National Economy, 2017–2018

项　目	单 位	2017年	2018年	2018年比2017年增长（±%）
1.国内生产总值与铁路货运量				
国内生产总值(按当年价格计算)	亿元	820754.3	900309.5	9.7
铁路货运总量	万吨	368865	402631	9.2
每万元国内生产总值的货运量	吨	0.45	0.45	–
2.全国人口与铁路客运量				
全国总人口	万人	139008	139538	0.4
铁路客运量	万人	308379	337495	9.4
全国平均每人乘车次数	次	2.22	2.42	9.0
3.全国运输量与铁路运输量				
全国货运量(不含远洋)	亿吨	472.9	507.6	7.3
铁路货运总量	亿吨	36.89	40.26	9.1
铁路占全国比重	%	7.8	7.9	百分点 0.1
全国货物周转量(不含远洋)	亿吨公里	142289.00	152760.00	7.4
铁路货运总周转量	亿吨公里	26962.20	28820.00	6.9
铁路占全国比重	%	18.9	18.9	百分点 –
全国客运量	亿人	184.86	179.38	–3.0
铁路客运量	亿人	30.84	33.75	9.4
铁路占全国比重	%	16.7	18.8	百分点 2.1
全国旅客周转量	亿人公里	32813.0	34218.0	4.3
铁路旅客周转量	亿人公里	13456.90	14146.58	5.1
铁路占全国比重	%	41.0	41.3	百分点 0.3

全国铁路主要指标基本情况（2018年）

Basic Statistics of the Main Indicators of Railway System, 2018

项　目	单 位	2018年	项　目	单 位	2018年
一.运输设备			2. 旅客周转量	亿人公里	14146.58
1. 正线钢轨延展里程	公里	209637.9	国家铁路	亿人公里	14063.99
2. 营业里程	公里	131651.3	3. 货运总量	万吨	402631
3. 复线里程	公里	76346.3	国家铁路	万吨	319060
4. 电气化里程	公里	92185.1	4. 货运总周转量	亿吨公里	28820.99
5. 机车拥有量	台	21482	国家铁路	亿吨公里	25800.96
6. 客车拥有量	辆	73335	三、全国铁路固定资产投资	亿元	8276.73
7. 货车拥有量	辆	839213	四、国家铁路劳动经济		
二、运输			职工期末人数	万人	193.99
1. 客运量	万人	337495	其中：铁路运输业	万人	166.59
国家铁路	万人	331740			

注：1.货运总发送量、周转量为货物与行包之和。
　　2.国家铁路劳动经济含控股合资铁路。

全国铁路运输量与其他交通运输业比较（2018年）

Comparison between Railway Traffic and other Transportation Industry, 2018

运输方式	发送量		周转量	
	万人（吨）	构成（%）	亿人（吨）公里	构成（%）
货运总计（不含远洋）	**5075763**	**100.0**	**152759**	**100.0**
铁路(含行包)	402631	7.93	28821	18.9
公路	3956871	77.96	71249	46.6
水运（不含远洋）	625715	12.33	47126	30.8
民航	739	0.01	263	0.2
管道	89807	1.77	5301	3.5
客运总计	**1793820**	**100.0**	**34219**	**100.0**
铁路	337495	18.81	14147	41.3
公路	1367170	76.22	9280	27.1
水运	27981	1.56	80	0.2
民航	61174	3.41	10712	31.3

按地区分铁路客货运输量（2018年）

Passenger and Freight Traffic of Railway by Region, 2018

地　区	全国铁路客运量（万人）	全国铁路旅客周转量（百万人公里）	全国铁路货运量（万吨）	全国铁路货物周转量（百万吨公里）
合　计	**337495**	**1414658**	**402631**	**2882099**
北　京	14357	15457	596	86681
天　津	5075	19990	9249	50982
河　北	10011	106140	19637	483200
山　西	7958	23423	85260	258156
内蒙古	5446	21471	72506	261035
辽　宁	14422	64129	19691	118457
吉　林	8446	27333	5615	51529
黑龙江	10522	27926	11357	78457
上　海	12267	11209	482	977
江　苏	21204	81923	6171	30300
浙　江	21870	69456	4330	22153
安　徽	12337	78638	8066	72119
福　建	12096	38520	3518	14735
江　西	11131	73242	5155	53058
山　东	15356	78328	23247	135700
河　南	16383	106329	10461	206644
湖　北	16713	80074	4730	86997
湖　南	13943	97954	4468	81275
广　东	34121	95375	9293	27060
广　西	11100	46226	7140	71009
海　南	2958	5206	1068	1700
重　庆	7707	22709	1967	20663
四　川	15116	41025	7199	86102
贵　州	6761	32282	5513	60633
云　南	5500	15892	4661	46536
西　藏	352	1886	70	3322
陕　西	10953	51036	42245	172300
甘　肃	5473	40128	6087	149091
青　海	1256	9014	3220	27562
宁　夏	653	4078	7159	22949
新　疆	3810	28261	12469	100717

按地区分铁路线路里程（2017年—2018年）

Mileage of Railway Line by Region, 2017−2018

地　区	2017年		2018年	
	全国铁路正线延展里程（公里）	全国铁路营业里程（公里）	全国铁路正线延展里程（公里）	全国铁路营业里程（公里）
合　计	**200049.2**	**126969.9**	**209637.9**	**131651.3**
北　京	2112.0	1264.3	2112.3	1264.2
天　津	2226.2	1148.9	2235.7	1153.4
河　北	12441.5	7162.0	12793.4	7361.9
山　西	8843.4	5316.8	9065.5	5440.9
内蒙古	17006.2	12674.7	17197.3	12765.7
辽　宁	9508.4	5914.7	10780.3	6524.9
吉　林	7091.2	5044.1	7123.7	5043.0
黑龙江	8639.8	6232.2	9970.5	6894.4
上　海	836.3	465.1	833.6	466.1
江　苏	4813.6	2816.4	5347.7	3061.7
浙　江	4758.2	2624.0	5127.1	2813.5
安　徽	7266.8	4274.6	7503.3	4324.2
福　建	4892.0	3191.4	5447.6	3513.8
江　西	7244.3	4280.5	7261.9	4278.5
山　东	9472.4	5726.4	10718.6	6335.9
河　南	9942.2	5414.7	9965.0	5409.6
湖　北	7346.0	4215.5	7474.8	4340.5
湖　南	7681.3	4744.5	8330.8	5070.1
广　东	7138.0	4200.7	7805.2	4524.2
广　西	7879.9	5191.4	7895.1	5202.2
海　南	1700.6	1033.4	1700.6	1033.4
重　庆	3234.0	2166.0	3565.3	2326.4
四　川	7162.6	4831.7	7491.0	4950.2
贵　州	4936.8	3284.5	5548.1	3564.7
云　南	4944.9	3681.7	5304.8	3847.9
西　藏	780.3	785.1	700.3	785.1
陕　西	8314.6	4972.1	8374.7	5001.6
甘　肃	8095.5	4663.8	8107.9	4671.8
青　海	3425.2	2349.5	3418.8	2349.0
宁　夏	1594.0	1352.1	1608.1	1373.0
新　疆	8720.8	5946.9	8749.1	5959.4

国家铁路行政区域间货物交流（2018年）（一）

Freight Exchange of National Railway between Administration Regions,2018(1)

单位：万吨

发送＼到达	北京	天津	河北	山西	内蒙古	辽宁	吉林	黑龙江	上海	江苏	浙江	安徽	福建	江西	山东	河南	湖北
合计	**1364**	**12554**	**69872**	**7844**	**14746**	**27366**	**9425**	**10825**	**603**	**7708**	**4314**	**9874**	**3734**	**7439**	**24321**	**14188**	**9368**
北京	57	140	125	36	25	7	8	1	–	4	6	4	1	1	17	44	6
天津	37	5608	1731	121	1335	11	17	17	–	9	18	10	–	8	13	9	24
河北	690	2171	8401	652	97	360	64	94	41	186	57	77	11	147	858	525	223
山西	90	1065	17861	3651	294	1944	145	52	18	2562	305	1436	133	578	10342	3649	2339
内蒙古	102	2177	8893	163	11496	5410	5107	5298	16	77	46	48	8	114	387	286	173
辽宁	149	173	279	94	641	12940	1919	846	7	21	6	47	2	21	90	158	78
吉林	38	28	79	15	67	2341	1141	355	4	71	6	247	17	42	90	219	83
黑龙江	32	34	129	13	329	3962	731	3924	8	41	11	85	1	21	164	218	52
上海	7	3	4	4	2	3	4	6	1	20	13	13	15	22	15	33	15
江苏	1	3	18	703	19	7	6	12	19	1039	33	632	14	163	113	1269	41
浙江	8	2	2	7	14	3	7	2	61	29	2280	18	35	663	14	26	9
安徽	–	6	13	13	7	10	7	8	12	1119	211	4992	54	467	73	338	340
福建	2	1	5	3	4	2	2	2	30	6	62	5	2290	809	5	4	5
江西	3	–	1	2	13	3	2	3	28	15	303	27	609	2426	6	3	87
山东	55	12	1159	2029	47	18	19	27	12	563	67	447	35	259	9140	2021	246
河南	7	8	139	69	28	90	15	27	37	454	143	906	172	371	279	2299	1341
湖北	7	1	32	10	13	25	25	33	5	30	22	133	35	62	45	305	1570
湖南	4	4	3	3	12	4	1	1	11	42	35	4	12	145	17	6	93
广东	19	–	8	10	8	1	1	1	25	3	14	4	11	242	8	24	108
广西	1	–	1	3	–	14	1	1	2	2	15	12	4	18	10	47	37
海南	–	–	–	–	–	–	–	–	–	–	–	–	–	4	–	–	1
重庆	1	4	3	3	4	8	1	3	1	1	11	3	3	1	10	7	7
四川	11	7	21	10	14	5	12	4	39	26	17	20	8	17	50	53	128
贵州	1	1	20	18	8	6	15	46	2	13	14	3	106	38	50	171	330
云南	1	4	38	7	20	11	15	17	58	66	58	16	21	33	84	34	29
西藏	4	1	1	–	–	–	–	–	1	2	2	2	1	1	2	19	1
陕西	4	58	590	81	86	24	10	7	47	401	99	457	17	484	1840	1588	1442
甘肃	3	33	30	14	7	8	2	4	57	169	67	79	20	145	50	241	206
青海	5	21	76	35	118	30	39	16	4	136	53	71	11	42	199	112	168
宁夏	5	34	129	22	19	103	20	11	8	133	75	38	27	19	85	126	64
新疆	11	157	82	51	18	18	11	8	47	468	266	41	61	77	265	353	119

国家铁路行政区域间货物交流（2018年）（二）

Freight Exchange of National Railway between Administration Regions,2018(2)

单位：万吨

发送＼到达	湖南	广东	广西	海南	重庆	四川	贵州	云南	西藏	陕西	甘肃	青海	宁夏	新疆	合计
合计	**9040**	**6364**	**7236**	**1143**	**5892**	**12569**	**6352**	**7838**	**611**	**6271**	**6614**	**2234**	**1234**	**9490**	**318433**
北京	10	7	1	1	15	16	2	5	1	5	7	2	2	10	567
天津	22	6	–	–	11	34	6	13	1	10	41	9	70	54	9247
河北	100	64	24	1	129	191	76	63	8	53	37	5	12	42	15456
山西	1431	117	251	3	405	807	365	117	4	105	213	113	133	447	81787
内蒙古	181	20	26	1	103	287	37	48	7	200	198	45	91	53	41179
辽宁	37	7	2	1	20	76	24	41	2	36	13	4	6	22	17759
吉林	82	5	2	–	38	141	68	108	1	14	4	1	1	5	5314
黑龙江	99	11	1	–	78	394	93	97	19	41	15	8	5	14	10629
上海	23	29	8	1	20	78	10	16	4	35	5	3	3	27	443
江苏	40	36	13	1	37	225	51	79	8	763	324	130	11	123	5935
浙江	29	45	14	2	25	29	29	43	2	29	13	3	7	53	3503
安徽	102	38	31	1	18	54	30	42	2	28	22	2	4	22	8065
福建	12	130	11	–	27	31	13	26	1	7	5	1	1	15	3515
江西	738	305	49	2	85	57	155	92	2	4	6	1	4	14	5044
山东	114	37	63	–	160	329	122	128	9	799	293	82	286	318	18898
河南	602	328	292	2	186	478	249	213	33	82	233	138	2	381	9605
湖北	244	154	136	8	150	440	200	124	9	172	52	18	7	53	4120
湖南	2577	586	246	5	76	50	199	75	2	21	9	4	3	24	4274
广东	924	2846	1528	33	107	209	573	586	5	39	17	3	2	34	7394
广西	373	491	2755	28	214	437	803	1820	2	22	6	1	1	16	7138
海南	5	7	12	1026	1	3	2	6	–	–	–	–	–	1	1068
重庆	17	21	75	1	375	931	93	66	1	15	6	1	–	32	1705
四川	40	104	247	3	725	2555	426	689	18	64	97	13	2	77	5501
贵州	92	215	528	3	658	842	1273	844	1	31	34	17	2	131	5511
云南	71	234	703	15	132	726	446	1593	1	55	56	9	16	90	4658
西藏	1	4	1	–	–	2	–	–	2	1	12	7	–	–	70
陕西	867	50	62	–	1647	1462	727	299	29	2887	181	55	32	135	15670
甘肃	35	99	27	–	168	553	103	91	88	515	2771	276	43	147	6052
青海	58	29	28	–	59	149	24	47	302	31	174	1156	13	16	3220
宁夏	32	40	49	–	58	469	52	85	41	86	296	80	418	33	2658
新疆	81	298	51	5	161	513	99	382	6	122	1473	49	54	7102	12449

国家铁路行政区域间煤炭交流（2018年）（一）

Coal Exchange of National Railway between Administration Regions, 2018(1)

单位：万吨

到达 发送	北京	天津	河北	山西	内蒙古	辽宁	吉林	黑龙江	上海	江苏	浙江	安徽	福建	江西	山东	河南	湖北
合计	**298**	**9131**	**59482**	**2450**	**8464**	**9838**	**6214**	**6527**	**1**	**3992**	**1005**	**6731**	**497**	**3605**	**13933**	**6802**	**5383**
北京	3	118	59	–	–	2	–	–	–	–	–	–	–	–	3	–	–
天津	–	5005	–	–	–	–	–	–	–	–	–	–	–	–	–	–	–
河北	181	1833	4340	9	–	197	5	2	–	18		16	–	36	572	120	106
山西	91	1391	46105	2352	181	1540	109	18	–	1731	204	1258	51	512	9402	3378	2202
内蒙古	22	773	8031	–	8176	4582	4964	4765					–	1	37	1	–
辽宁	–	–	27	–	–	2389	172	9	–	–	–	–	–	–	–	–	–
吉林	–	–	1	–	1	32	483	5	–	–	–	–	–	–	–	–	–
黑龙江	–	–	–	–	11	991	480	1727	–	–	–	–	–	–	–	–	–
上海	–	–	–	–	–	–	–	–	–	–	–	–	–	–	–	–	–
江苏	–	–	–	–	–	–	–	–	–	525	–	187	–	9	80	18	6
浙江	–	–	–	–	–	–	–	–	–	–	696	–	–	9	–	–	–
安徽	–	–	9	–	–	3	–	–	1	999	70	4164	13	382	58	45	287
福建	–	–	–	–	–	–	–	–	–	–	4	–	339	552	–	–	–
江西	–	–	–	–	–	–	–	–	–	–	2	–	45	1169	–	–	–
山东	–	1	167	16	–	–	–	–	–	389	4	314	–	184	2018	160	177
河南	–	2	94	–	–	61	1	–	–	90	26	391	48	109	145	1391	1001
湖北	–	–	–	–	–	–	–	–	–	–	–	–	–	1	–	6	82
湖南	–	–	–	–	–	–	–	–	–	–	–	–	–	32	–	–	5
广东	–	–	–	–	–	–	–	–	–	–	–	–	–	78	–	–	–
广西	–	–	–	–	–	–	–	–	–	–	–	–	–	–	–	–	–
海南	–	–	–	–	–	–	–	–	–	–	–	–	–	–	–	–	–
重庆	–	–	–	–	–	–	–	–	–	–	–	–	–	–	–	–	–
四川	–	–	–	–	–	–	–	–	–	–	–	–	–	–	–	–	48
贵州	–	–	–	–	–	–	–	–	–	–	–	–	–	17	–	–	–
云南	–	–	–	–	–	–	–	–	–	–	–	–	–	3	–	–	–
西藏	–	–	–	–	–	–	–	–	–	–	–	–	–	–	–	–	–
陕西	–	7	546	71	53	–	–	–	–	230	–	333	–	413	1609	1421	1273
甘肃	–	–	2	–	–	–	–	–	–	10	–	56	–	100	–	170	174
青海	–	–	–	–	41	–	–	–	–	–	–	–	–	–	–	2	–
宁夏	–	–	102	–	2	41	–	–	–	–	–	11	–	–	8	71	20
新疆	–	–	–	2	–	–	–	–	–	–	–	–	–	–	–	20	2

国家铁路行政区域间煤炭交流（2018年）（二）

Coal Exchange of National Railway between Administration Regions, 2018(2)

单位：万吨

发送＼到达	湖南	广东	广西	海南	重庆	四川	贵州	云南	西藏	陕西	甘肃	青海	宁夏	新疆	合计
合　计	**3068**	**1543**	**2210**	**20**	**2212**	**2549**	**1778**	**966**	**11**	**2859**	**2397**	**507**	**428**	**1523**	**166422**
北　京	–	–	–	–	–	–	–	–	–	–	–	–	–	–	185
天　津	–	–	–	–	–	–	–	–	–	–	–	–	–	–	5005
河　北	35	33	–	–	–	–	–	–	–	–	–	–	–	–	7503
山　西	1244	15	160	–	181	321	210	14	–	2	6	–	–	53	72730
内蒙古	–	–	–	–	–	13	3	1	–	20	96	11	65	4	31563
辽　宁	–	–	–	–	–	–	–	–	–	–	–	–	–	–	2598
吉　林	–	–	–	–	–	–	–	–	–	–	–	–	–	–	523
黑龙江	–	–	–	–	–	–	–	–	–	–	–	–	–	–	3209
上　海	–	–	–	–	–	–	–	–	–	–	–	–	–	–	–
江　苏	8	–	–	–	–	–	–	–	–	–	–	–	–	–	832
浙　江	–	–	–	–	–	–	–	–	–	–	–	–	–	–	704
安　徽	51	1	14	–	–	–	–	–	–	–	–	–	–	–	6095
福　建	–	37	1	–	–	–	–	–	–	–	–	–	–	–	933
江　西	103	5	5	–	–	–	–	–	–	–	–	–	–	–	1329
山　东	34	–	27	–	–	–	9	–	–	–	–	–	–	–	3501
河　南	299	114	90	–	1	27	17	–	–	–	–	–	–	–	3909
湖　北	6	–	–	–	1	–	1	–	–	–	–	–	–	–	97
湖　南	354	52	79	–	–	–	7	–	–	–	–	–	–	–	529
广　东	177	1275	347	–	–	9	1	6	–	–	–	–	–	–	1893
广　西	14	–	1297	–	–	47	55	31	–	–	–	–	–	–	1445
海　南	–	–	–	20	–	–	–	–	–	–	–	–	–	–	20
重　庆	–	–	8	–	331	72	9	11	–	–	–	–	–	–	431
四　川	2	–	31		236	507	5	92	–	18	–	–	–	–	938
贵　州	30	6	144	–	22	346	866	579	–	–	–	–	–	–	2009
云　南	–	–	5	–	–	63	7	129	–	–	–	–	–	–	207
西　藏	–	–	–	–	–	–	–	–	–	–	–	–	–	–	–
陕　西	705	4	1	–	1335	738	498	47	–	2356	1	2	14	–	11655
甘　肃	3	1	–	–	93	213	73	21	–	398	1120	88	–	–	2523
青　海	–	–	–	–	–	2	2	3	11	–	39	387	–	–	487
宁　夏	2	–	1	–	2	150	4	6	–	65	208	9	350	–	1052
新　疆	1	–	–	–	10	40	11	27	–	–	927	10	–	1466	2517

中国铁路主要指标与国外铁路比较

Principal Indicators of China Railway Compared with Foreign Railway

指 标	单 位	中 国	美 国	俄罗斯	印 度	日 本	德 国	英 国	法 国	加拿大
1. 营业里程	公里	131651	151408	85626	68443	19249	33440	16294	29248	52131
其中：复　线	公里	76346	151408	38442	55604	6972	18542	12227	16553	16997
电气化	公里	92185	–	43851	29376	11701	20205	6125	16799	[illegible]
2. 路网密度										
按国土面积	公里/万平方公里	137.14	157.24	50.08	208.22	509.23	936.69	670.53	527.94	52.21
按人口	公里/万人	0.94	4.66	5.93	0.51	1.52	4.04	2.47	4.36	14.20
3. 机车拥有量	台	21482	27083	17691	11725	908	4115	249	3255	2762
4. 动车拥有量	台	26032	–	–	–	16332	16785	11107	14827	–
5. 客车拥有量	辆	73335	1214	20077	71825	25047	18055	12286	18118	426
6. 货车拥有量	辆	839213	1632448	1078189	279308	15714	80608	8284	12347	68574
7. 旅客发送量	亿人	33.75	0.31	11.57	82.86	90.15	20.88	16.41	12.19	0.04
旅客周转量	亿人公里	14146.58	102.39	1274.43	11776.99	2614.65	847.00	622.97	896.21	15.97
8. 货物发送量	亿吨	40.26	14.71	14.15	11.60	0.31	2.56	1.10	0.34	3.41
货物周转量	亿吨公里	28820.99	24451.32	25968.80	6929.16	214.51	882.37	192.30	148.42	3113.97
9. 换算密度	万换算吨公里/公里	3264	1622	3182	2733	1470	517	500	357	984
客运密度	万人公里/公里	1260	7	149	1721	1358	253	382	306	3
货运密度	万吨公里/公里	2826	1615	3033	1012	111	264	118	51	981

注：1. 中国为2018年数据；其他国家数据取自《铁组成员国2018年主要指标》或铁盟《2018年铁路统计简报》，为2010年—2018年数据。
2. 美国客车、客运仅为Amtrak公司的数据，货车、货运相关数据为一级铁路公司数据。其他为全美铁路运相关数据为一级铁路公司数据。其他为全美铁路 数据。
3. 各国人口数来自国家统计局政府网站国际统计数据。

全国铁路主要指标数据统计表（1949年—2018年）（一）

Basic Statistics of the Main Indicators of Railway System, 1949–2018(1)

指 标	单 位	1949年	1950年	1951年	1952年	1953年	1954年	1955年	1956年	1957年	1958年
一、线路及设备											
1.正线钢轨延展里程	公里	22855	23661	24620	25947	26647	27761	29206	31523	29119	33568
2.营业里程	公里	21810	22161	22303	22876	23794	24544	25564	26465	26708	30196
3.高速铁路	公里	–	–	–	–	–	–	–	–	–	–
4.电气化里程	公里	–	–	–	–	–	–	–	–	–	–
5.复线里程	公里	867	1148	1257	1410	1559	1835	1874	2062	2203	3149
6.机车拥有量	台	4069	4289	4118	4180	4363	4321	4218	4242	4251	4337
7.客车拥有量	辆	3987	5102	5322	5113	6299	7387	7927	8164	8566	8613
8.货车拥有量	辆	46487	55141	57077	62356	69124	70781	77268	83205	90249	99193
二、运输											
客运量	万人	10297	15691	16037	16352	22861	23290	20801	25211	31262	34569
国家铁路	万人	10297	15691	16037	16352	22861	23290	20801	25211	31262	34569
旅客周转量	亿人公里	130.01	212.36	230.47	200.64	281.68	294.67	267.42	343.79	361.30	409.22
国家铁路	亿人公里	130.01	212.36	230.47	200.64	281.68	294.67	267.42	343.79	361.30	409.22
货运量	万吨	5589	9983	11083	13217	16131	19288	19376	24605	27421	38109
国家铁路	万吨	5589	9983	11083	13217	16131	19288	19376	24605	27421	38109
货运总周转量	亿吨公里	184.00	394.06	515.55	601.60	781.39	932.40	981.51	1203.51	1345.90	1855.25
国家铁路	亿吨公里	184.00	394.06	515.55	601.60	781.39	932.40	981.51	1203.51	1345.90	1855.25
三、固定资产投资											
固定资产投资	亿元	–	2.04	4.00	5.29	7.31	10.50	12.99	18.28	13.81	22.62
其中：建设投资	亿元	–	1.62	3.27	3.35	5.93	8.28	10.00	14.88	11.08	18.64

注：货运总发送量、周转量为货物与行包之和。

全国铁路主要指标数据统计表（1949年—2018年）（二）

Basic Statistics of the Main Indicators of Railway System, 1949-2018(2)

指 标	单 位	1959年	1960年	1961年	1962年	1963年	1964年	1965年	1966年	1967年	1968年
一、线路及设备											
1.正线钢轨延展里程	公里	37180	39487	40181	40344	40784	42717	43909	45510	44889	45202
2.营业里程	公里	32256	33890	34469	34603	35002	36894	38025	39347	38615	38754
3.高速铁路	公里	–	–	–	–	–	–	–	–	–	–
4.电气化里程	公里	–	–	–	90	–	–	94	–	–	–
5.复线里程	公里	4641	5382	5445	5430	5434	5485	5588	5885	5962	6096
6.机车拥有量	台	5554	6053	6237	6248	6227	6496	6444	6658	6662	6862
7.客车拥有量	辆	8943	9718	10516	10543	10839	11226	10941	10799	10667	10632
8.货车拥有量	辆	116219	136379	139535	140944	142564	146650	148649	151872	154340	160075
二、运输											
客运量	万人	47972	61822	77062	75003	51985	45085	41245	41413	46614	49994
国家铁路	万人	47972	61822	77062	74067	51478	44618	40708	40830	45982	49308
旅客周转量	亿人公里	517.21	674.02	895.63	859.01	532.11	486.16	478.99	504.94	595.35	680.58
国家铁路	亿人公里	517.21	674.02	895.63	857.26	531.17	485.22	477.81	503.60	593.82	678.84
货运量	万吨	54410	67219	44988	[illegible]	[illegible]	[illegible]	[illegible]	[illegible]	[illegible]	[illegible]
国家铁路	万吨	54410	67219	44988	34598	35953	41230	48358	54150	42140	40970
货运总周转量	亿吨公里	2476.32	2766.88	2007.71	1721.08	1815.95	2126.03	2698.69	3018.92	2268.78	2238.77
国家铁路	亿吨公里	2476.32	2766.88	2007.71	1719.08	1814.59	2124.49	2696.39	3016.27	2265.74	2235.27
三、固定资产投资											
固定资产投资	亿元	36.88	34.85	10.80	3.10	4.97	9.35	22.61	23.87	17.58	12.21
其中：建设投资	亿元	28.12	27.37	8.62	2.64	4.08	8.08	20.85	20.74	14.83	9.09

全国铁路主要指标数据统计表（1949年—2018年）（三）

Basic Statistics of the Main Indicators of Railway System, 1949-2018(3)

指 标	单 位	1969年	1970年	1971年	1972年	1973年	1974年	1975年	1976年	1977年	1978年
一、线路及设备											
1.正线钢轨延展里程	公里	48287	50441	52205	53286	53798	54918	56230	56870	58494	59809
2.营业里程	公里	41679	43669	45284	46316	46595	47540	48639	49119	50638	51707
3.高速铁路	公里	–	–	–	–	–	–	–	–	–	–
4.电气化里程	公里	–	291	291	415	555	555	673	745	1030	1030
5.复线里程	公里	6343	6549	6680	6792	6917	7080	7161	7285	7376	7630
6.机车拥有量	台	7131	7504	7862	8253	8726	9406	9650	9900	9981	10179
7.客车拥有量	辆	10802	11279	11832	12289	12841	13413	13912	14138	14416	15029
8.货车拥有量	辆	168365	178816	191140	199041	214661	229124	238170	243060	241278	253636
二、运输											
客运量	万人	52040	52455	56032	62809	65704	66924	70465	71249	79471	81491
国家铁路	万人	51296	51646	55182	61220	64781	66040	69648	70489	78662	80729
旅客周转量	亿人公里	772.06	718.19	762.52	851.91	902.58	925.50	954.09	957.08	1022.73	1093.22
国家铁路	亿人公里	770.08	715.94	760.13	849.02	899.87	922.84	952.59	954.70	1020.15	1090.81
货运量	万吨	53120	68132	76471	80873	83111	78772	88955	84066	95309	110119
国家铁路	万吨	51787	66552	74190	78833	81294	76973	86746	82116	92711	107492
货运总周转量	亿吨公里	2783.33	3495.97	3765.94	3913.20	4082.18	3812.89	4255.65	3869.52	4568.84	5345.19
国家铁路	亿吨公里	2779.31	3491.35	3759.55	3905.09	4074.80	3805.77	4246.14	3860.72	4557.33	5333.46
三、固定资产投资											
固定资产投资	亿元	23.96	45.58	46.49	40.40	38.82	37.76	39.49	29.10	27.65	41.20
其中：建设投资	亿元	18.60	37.94	38.40	30.85	25.97	26.37	28.20	19.75	18.64	27.62

全国铁路主要指标数据统计表（1949年—2018年）（四）

Basic Statistics of the Main Indicators of Railway System, 1949-2018(4)

指 标	单 位	1979年	1980年	1981年	1982年	1983年	1984年	1985年	1986年	1987年	1988年
一、线路及设备											
1.正线钢轨延展里程	公里	61372	62067	62806	62593	64522	65296	66126	67456	68325	69133
2.营业里程	公里	[illegible]	[illegible]	53906	53317	54597	54764	55220	55818	55976	56236
3.高速铁路	公里	–	–						–	–	–
4.电气化里程	公里	1031	1667	1667	1787	2334	3015	4141	4430	4643	5738
5.复线里程	公里	7900	8119	8263	8613	9183	9671	9989	10613	11186	11771
6.机车拥有量	台	10514	10665	10758	10862	11058	11533	12156	12655	13110	13544
7.客车拥有量	辆	15542	16367	17313	18020	19013	19931	21130	22403	23745	25203
8.货车拥有量	辆	263425	270253	271048	273406	283550	295277	304899	318413	331904	344196
二、运输											
客运量	万人	86389	92204	95219	99922	106044	113353	112110	108579	112479	122645
国家铁路	万人	85611	91246	94236	98888	104946	112265	110913	107358	111414	121595
旅客周转量	亿人公里	1216.17	1383.16	1472.63	1574.84	1776.51	2046.38	2416.14	2586.71	2843.06	3260.31
国家铁路	亿人公里	1213.73	1380.37	1469.87	1572.00	1773.39	2043.15	2412.51	2583.11	2840.00	3257.31
货运量	万吨	[illegible]	[illegible]	[illegible]	[illegible]	[illegible]	[illegible]	[illegible]	[illegible]	[illegible]	[illegible]
国家铁路	万吨	109495	108584	104836	111048	116070	121215	127516	132219	136949	140555
货运总周转量	亿吨公里	5598.71	5717.53	5712.01	6119.86	6646.53	7247.64	8125.66	8764.38	9471.49	9877.59
国家铁路	亿吨公里	5588.68	5707.32	5701.34	6109.02	6634.45	7234.76	8111.60	8750.09	9455.65	9860.19
三、固定资产投资											
固定资产投资	亿元	42.85	39.47	32.25	47.98	63.46	86.47	107.75	118.66	134.14	152.31
其中：建设投资	亿元	27.20	25.20	15.04	25.93	37.41	51.55	65.85	65.23	70.68	71.46

全国铁路主要指标数据统计表（1949年—2018年）（五）

Basic Statistics of the Main Indicators of Railway System, 1949-2018(5)

指 标	单 位	1989年	1990年	1991年	1992年	1993年	1994年	1995年	1996年	1997年	1998年
一、线路及设备											
1.正线钢轨延展里程	公里	70727	72071	72424	93011	74212	75913	78018	84977	86648	87786
2.营业里程	公里	56996	57899	57826	58076	58603	59030	62389	64931	65970	66429
3.高速铁路	公里	–	–	–	–	–	–	–	–	–	–
4.电气化里程	公里	6372	6941	7804	8434	8935	8966	9703	10082	12027	12984
5.复线里程	公里	12528	13024	13380	13658	14315	15475	16909	18423	19046	19673
6.机车拥有量	台	13720	13981	14295	14467	14781	15085	15554	16082	16084	15982
7.客车拥有量	辆	26538	27538	27891	28722	29609	31268	32663	34516	35171	35204
8.货车拥有量	辆	356504	368636	373802	376913	393756	419578	436414	448280	442501	443546
二、运输											
客运量	万人	113805	95712	95080	99693	105458	108738	102745	94797	93308	95085
国家铁路	万人	112796	94888	94208	98788	104580	108009	102081	93551	91919	92991
旅客周转量	亿人公里	3037.41	2612.64	2828.05	3152.24	3483.30	3636.04	3545.70	3347.60	3584.86	3773.42
国家铁路	亿人公里	3034.37	2610.11	2824.84	3148.29	3479.38	3632.81	3542.61	3322.02	3543.53	3690.97
货运量	万吨	151489	150681	152893	157627	162794	163216	165982	171024	172149	164309
国家铁路	万吨	146805	146209	147898	152317	156791	157278	159473	161787	162010	153435
货运总周转量	亿吨公里	10394.18	10622.38	10971.99	11575.55	12090.90	12632.00	13049.48	13106.16	13269.88	12560.08
国家铁路	亿吨公里	10372.95	10601.20	10948.07	11548.51	12059.68	12600.56	13015.24	12935.02	13062.99	12304.53
三、固定资产投资											
固定资产投资	亿元	135.65	151.43	172.58	233.97	462.21	575.76	580.72	620.29	663.93	839.69
其中：建设投资	亿元	60.78	76.18	91.11	126.13	279.69	374.08	373.74	375.27	396.09	570.50

全国铁路主要指标数据统计表（1949年—2018年）（六）

Basic Statistics of the Main Indicators of Railway System, 1949–2018(6)

指 标	单 位	1999年	2000年	2001年	2002年	2003年	2004年	2005年	2006年	2007年	2008年
一、线路及设备											
1.正线钢轨延展里程	公里	89985	91968	95045	97548	99437	101067	102925	105315	106775	110713
2.营业里程	公里	67394	68650	70057	71898	73002	74408	75438	77084	77966	79687
3.高速铁路	公里		–	–	–	–	–	–	–	–	671
4.电气化里程	公里	14025	14864	17498	18115	18758	19303	20150	24433	25457	27555
5.复线里程	公里	20925	21408	23288	23951	24650	24908	25566	26404	27031	28856
6.机车拥有量	台	15196	15253	15756	16026	16320	17022	17473	17799	18306	18437
7.客车拥有量	辆	35317	37249	38780	39438	40487	41353	41974	42659	44243	45076
8.货车拥有量	辆	440211	443902	453620	459017	510327	526894	548368	564899	577521	591793
二、运输											
客运量	万人	100164	105073	105155	105606	97260	111764	115583	125656	135670	146193
国家铁路	万人	97725	101847	101680	101741	93634	107346	110651	119728	128712	144452
旅客周转量	亿人公里	4135.94	4532.59	4766.82	4969.38	4788.61	5712.17	6061.96	6622.12	7216.31	7778.60
国家铁路	亿人公里	4046.27	4414.68	4636.55	4803.05	4622.79	5511.96	5833.20	6353.27	6896.18	7739.15
货运量	万吨	167554	178581	193189	204956	224248	249017	[illegible]	[illegible]	[illegible]	[illegible]
国家铁路	万吨	157239	166056	179201	187578	199814	217816	231839	245476	262400	275243
货运总周转量	亿吨公里	12910.30	13770.49	14694.14	15658.42	17246.65	19288.77	20726.03	21954.41	23797.00	25106.29
国家铁路	亿吨公里	12649.81	13444.01	14368.82	15219.11	16475.58	18285.48	19533.36	20557.16	22112.46	22648.91
三、固定资产投资											
固定资产投资	亿元	819.48	805.27	898.25	962.73	859.92	901.38	1364.31	2088.35	2581.37	4168.47
其中：建设投资	亿元	570.17	526.78	581.39	623.52	528.62	531.55	880.18	1542.50	1789.99	3375.54

全国铁路主要指标数据统计表（1949年—2018年）（七）

Basic Statistics of the Main Indicators of Railway System, 1949–2018(7)

指 标	单 位	2009年	2010年	2011年	2012年	2013年	2014年	2015年	2016年	2017年	2018年
一、线路及设备											
1.正线钢轨延展里程	公里	119662	129453	133839	142338	152321	169807	186522	193444	200049	209609
2.营业里程	公里	85518	91179	93250	97625	103145	111821	120970	123992	126970	131651
3.高速铁路	公里	2430	4950	6601	9356	11028	16456	19838	22980	25164	29904
4.电气化里程	公里	35653	42464	46064	51029	55811	65217	74747	80310	86553	92185
5.复线里程	公里	33195	37487	39500	43749	48287	56819	64687	68073	71760	76346
6.机车拥有量	台	18922	19431	20721	20797	20835	21096	21366	21453	21420	21482
7.客车拥有量	辆	49354	52275	54731	57721	58820	60945	67706	70872	72262	73335
8.货车拥有量	辆	601412	628887	651175	670656	721850	716588	768516	764783	808736	839213
二、运输											
客运量	万人	152451	167609	186226	189337	210597	235704	253484	281405	308379	337495
国家铁路	万人	150798	164761	179199	187863	207541	232381	249558	277301	303837	331740
旅客周转量	亿人公里	7878.89	8762.18	9612.29	9812.33	10595.62	11604.75	11960.60	12579.29	13456.92	14146.58
国家铁路	亿人公里	7840.09	8725.72	9582.71	9783.99	10550.32	11556.36	11905.30	12527.88	13396.96	14063.99
货运量	万吨	333348	364271	393263	390438	396697	381334	335801	333186	368865	402631
国家铁路	万吨	277572	309541	329535	323559	322207	306942	271387	265206	291874	319060
货运总周转量	亿吨公里	25239.17	27644.13	29465.79	29187.09	29173.89	27530.19	23754.31	23792.26	26962.20	28820.99
国家铁路	亿吨公里	23649.88	25937.35	27631.66	27220.50	26845.01	25103.42	21598.38	21273.21	24091.70	25800.96
三、固定资产投资											
固定资产投资	亿元	7045.26	8426.52	5946.21	6580.25	6901.16	7485.75	8238.21	8015.00	8010.43	8028.42
其中：建设投资	亿元	6004.47	7074.59	4601.27	5215.46	5336.78	5522.26	6336.67	6424.65	6057.90	5993.44

公 路 统 计(HIGHWAY)

公路运输行业基本情况（2014年—2018年）

Basic Conditions of Highway Transportation Secter, 2014-2018

项 目	单 位	2014年	2015年	2016年	2017年	2018年
一、线路及设备						
1.公路线路里程	万公里	446.4	457.7	469.6	477.4	484.7
其中：高速公路	公里	111936	123523	130973	136449	142593
国道	公里	179178	185319	354849	358389	362979
其中：国家高速	公里	73052	79552	99159	102249	105514
省道	公里	322799	329662	313321	333782	372214
县道	公里	552009	554331	562103	550702	549676
乡道	公里	1105056	1113173	1147192	1157727	1173813
专用公路	公里	80338	81744	68325	72038	71669
村道	公里	2224533	2313066	2250469	2300831	2316179
有铺装路面	万公里	263.62	283.64	313.74	338.52	361.86
其中：沥青混凝土	万公里	73.10	79.02	87.96	93.03	100.11
水泥混凝土	万公里	190.52	204.63	225.78	245.49	261.74
简易铺装路面	万公里	48.13	46.55	42.70	40.96	37.58
未铺装路面	万公里	134.64	127.53	113.19	97.86	85.21
2.公路桥梁	万座	75.71	77.92	80.53	83.25	85.15
	万米	4257.89	4592.77	4916.97	5225.62	5568.59
公路隧道	万处	1.24	1.40	1.52	1.62	1.77
	万米	1075.67	1268.39	1403.97	1528.51	1723.61
3.公路渡口	处	2109	2048	1867	–	–
其中：机动渡口	处	883	855	784	–	–
4.公路营运汽车拥有量	万辆	1537.9	1473.1	1435.8	1450.2	1435.5
（1）载货汽车	万辆	1453.4	1389.2	1351.8	1368.6	1355.8
	万吨位	10292.5	10366.5	10826.8	11774.8	12873.0
（2）载客汽车	万辆	84.6	83.9	84.0	81.6	79.7
	万客位	2189.5	2148.6	2140.3	2099.2	2048.1
二、运输						
1.公路客、货运输量						
客运量	亿人	190.82	161.91	154.28	145.68	136.72
旅客周转量	亿人公里	12084.10	10742.66	10228.71	9765.18	9279.68
货运量	亿吨	333.28	315.00	334.13	368.69	395.69
货物周转量	亿吨公里	61016.62	57955.72	61080.10	66771.52	71249.21
2.国际集装箱运输量						
箱数	万TEU	7117.85	7201.88	7133.61	–	–
重量	万吨	84623.75	87025.33	90566.63	–	–
三、公路建设投资						
1.公路总投资	亿元	15460.94	16606.44	18099.15	21253.33	21335.18
内：线路及桥梁	亿元	15044.91	16031.22	17252.82	–	–
公路运输部门	亿元	93.71	93.14	123.34	–	–
内：运输车辆购置	亿元	89.04	83.84	92.84	–	–
2.新增生产能力						
新建公路里程	万公里	5.20	6.04	6.14	6.70	7.05
改建公路里程	万公里	20.51	22.37	26.84	25.53	27.94

注：由于四舍五入引起的数据不平衡未作调整。

公路线路里程（按技术等级分）（2018年）（一）

Length of Highway (by Technical Level), 2018（1）

单位：公里

地　区	总　计	等级公路						等外公路
		合　计	高　速	一　级	二　级	三　级	四　级	
总　计	**4846532**	**4465864**	**142593**	**111703**	**393471**	**437060**	**3381036**	**380667**
东部地区	**1284500**	**1243703**	**45095**	**60132**	**141619**	**143420**	**853438**	**40797**
中部地区	**1570296**	**1460308**	**43874**	**26940**	**125367**	**135513**	**1128615**	**109988**
西部地区	**1991735**	**1761853**	**53624**	**24631**	**126486**	**158128**	**1398983**	**229882**
北　京	22256	22256	1115	1457	4029	3970	11685	－
天　津	16257	16257	1262	1209	2986	1190	9610	－
河　北	193252	188475	7280	6341	20987	20455	133413	4777
山　西	143326	141012	5605	2731	15736	19422	97518	2314
内蒙古	202641	195636	6633	7791	17684	30877	132651	7005
辽　宁	122974	115699	4331	4153	18305	31312	57598	7275
吉　林	105399	100599	3298	2163	9642	9165	76330	4799
黑龙江	167116	142959	4512	2729	11931	34345	89443	24156
上　海	13106	13106	836	545	3615	2628	5483	－
江　苏	158729	156297	4711	15081	23439	16261	96805	2432
浙　江	120662	120339	4421	7046	10374	8860	89638	323
安　徽	208826	207942	4836	4863	11595	19939	166708	885
福　建	108901	92464	5155	1351	10887	8502	66568	16438
江　西	161941	135442	5931	2601	11613	14338	100959	26499
山　东	275642	274948	6057	11159	26177	29443	202112	693
河　南	268589	242775	6600	3692	27192	21470	183822	25814
湖　北	275039	265912	6367	6093	23179	11035	219237	9128
湖　南	240060	223667	6725	2068	14478	5798	194599	16393
广　东	217699	209131	9003	11329	18975	19185	150640	8568
广　西	125449	115702	5563	1554	13156	8676	86753	9748
海　南	35023	34731	924	460	1845	1615	29886	292
重　庆	157483	133943	3096	952	8572	5717	115605	23541
四　川	331592	304830	7131	4178	16021	14636	262864	26762
贵　州	196908	156559	6453	1464	8433	6918	133291	40348
云　南	252929	220554	5184	1443	12222	9715	191991	32374
西　藏	97785	85473	38	578	1055	10818	72984	12312
陕　西	177128	161028	5475	1641	9734	15891	128288	16100
甘　肃	143228	128071	4242	627	9156	13707	100338	15157
青　海	82137	70157	3328	609	8525	5001	52694	11980
宁　夏	35405	35355	1678	1895	3870	6205	21706	51
新　疆	189050	154546	4803	1901	18056	29968	99817	34504

公路线路里程（按行政等级分）（2018年）（二）

Length of Highway (by Administrative Level), 2018（2）

单位：公里

地　区	总　计	国　道	#国家高速公路	省道	县道	乡道	专用公路	村道
总　计	**4846532**	**362979**	**105514**	**372214**	**549678**	**1173813**	**71669**	**2316179**
东部地区	**1284500**	**87616**	**32512**	**81696**	**138564**	**351697**	**8044**	**616883**
中部地区	**1570296**	**100606**	**31299**	**121149**	**160063**	**402684**	**23007**	**762788**
西部地区	**1991735**	**174750**	**11703**	**169369**	**252051**	**419431**	**40618**	**936508**
北　京	22256	1921	683	2025	3856	7537	1360	5568
天　津	16257	1487	547	2436	1296	3669	985	6384
河　北	193252	15687	5365	10848	12002	45716	1790	107209
山　西	143326	11343	3456	6794	19887	48561	445	56296
内蒙古	202641	22264	5607	17489	39395	40108	937	82448
辽　宁	122974	10670	3561	10456	8704	30161	813	62170
吉　林	105399	9860	2654	4893	10711	28310	1577	50048
黑龙江	167116	14749	3382	13149	3327	49893	18756	67242
上　海	13106	716	477	1076	3101	6778	–	1435
江　苏	158729	8323	3449	8540	25343	51956	57	64510
浙　江	120662	7660	3262	4678	29022	19664	601	59037
安　徽	208826	11006	3632	16526	13546	34438	576	132734
福　建	108901	10727	3642	5427	15124	41905	123	35596
江　西	161941	11871	4177	12657	21806	41663	16	73928
山　东	275642	12892	4575	12814	28142	38101	2166	181525
河　南	268589	13956	4242	23414	27352	59082	–	144786
湖　北	275039	14130	4851	19495	27421	83884	611	129498
湖　南	240060	13690	4906	24220	36014	56852	1025	108258
广　东	217699	15244	6045	21876	9123	99685	135	71636
广　西	[illegible]	[illegible]	4076	10237	18096	28203	294	53657
海　南	35023	2288	908	1519	2851	6526	25	21813
重　庆	157483	8061	2636	10160	7053	13086	351	118773
四　川	331592	22462	5031	23405	22695	50036	4799	208195
贵　州	196908	11910	3458	20877	34648	45898	–	83575
云　南	252929	19408	4252	24107	51397	106918	3300	47799
西　藏	97785	13943	38	14978	18346	11759	10332	28426
陕　西	177128	13471	4541	4248	16002	23744	2177	117486
甘　肃	143228	12997	3548	17077	7956	10301	2654	92243
青　海	82137	13194	3112	8561	9149	21884	1543	27808
宁　夏	35405	3772	1350	2876	794	9182	1661	17121
新　疆	189050	18315	4055	15354	25520	58313	12571	58977

公路线路里程（按路面类型分）（2018年）（三）

Length of Highway (by Pavement Type), 2018（3）

单位：公里

地　区	总　计	有铺装路面（高级）			简易铺装路面（次高级）	未铺装路面（中级、低级、无路面）
		合　计	沥青混凝土	水泥混凝土		
总　计	**4846532**	**3618557**	**1001137**	**2617420**	**375834**	**852141**
东部地区	**1284500**	**1067797**	**368635**	**699162**	**96785**	**119919**
中部地区	**1570296**	**1318086**	**227323**	**1090763**	**57007**	**195204**
西部地区	**1991735**	**1232675**	**405180**	**827495**	**222042**	**537018**
北　京	22256	22256	17452	4804	–	–
天　津	16257	16257	12224	4033	–	–
河　北	193252	168899	64098	104802	8529	15824
山　西	143326	112694	40325	72369	15734	14899
内蒙古	202641	142432	75247	67186	11842	48367
辽　宁	122974	73048	54287	18761	22256	27699
吉　林	105399	88417	22720	65697	35	16946
黑龙江	167116	122827	15157	107670	680	43609
上　海	13106	13106	6929	6177	–	–
江　苏	158729	153736	54076	99660	1745	3247
浙　江	120662	117158	39857	77301	2603	900
安　徽	208826	192873	29959	162914	8409	7544
福　建	108901	90490	7843	82647	1458	16953
江　西	161941	126964	19745	107220	2348	32629
山　东	275642	209136	90039	119096	54629	11877
河　南	268589	222607	50222	172385	14997	30985
湖　北	275039	234648	27204	207444	13378	27013
湖　南	240060	217055	21990	195065	1425	21579
广　东	217699	169114	17931	151183	5433	43151
广　西	125449	89296	12143	77152	13717	22437
海　南	35023	34595	3898	30697	130	297
重　庆	157483	99901	20051	79850	8963	48619
四　川	331592	270909	50235	220674	14010	46673
贵　州	196908	110799	21305	89494	31959	54149
云　南	252929	149507	62520	86987	7248	96173
西　藏	97785	27080	21222	5858	594	70112
陕　西	177128	124608	32654	91954	17913	34607
甘　肃	143228	78492	19508	58984	32703	32033
青　海	82137	52707	14799	37908	2308	27123
宁　夏	35405	28532	17949	10583	2651	4222
新　疆	189050	58411	57546	865	78135	52504

各地区公路桥梁、隧道数（2018年）

Number of Highway Bridges and Tunnels by Region, 2018

地　区	桥梁（座）					隧道（处）
	总计	特大桥	大桥	中桥	小桥	
总　计	**851521**	**5053**	**98869**	**196950**	**550649**	**17738**
东部地区	**366711**	**2279**	**34219**	**86198**	**244015**	**5471**
中部地区	**260695**	**1166**	**26085**	**57006**	**176438**	**4205**
西部地区	**224115**	**1608**	**38565**	**53746**	**130196**	**8062**
北　京	6677	101	1051	1997	3528	135
天　津	2955	112	538	934	1371	5
河　北	43533	309	6244	10202	26778	727
山　西	15153	101	3116	3549	8387	994
内蒙古	20384	32	1821	3895	14636	42
辽　宁	47704	98	3220	8211	36175	266
吉　林	16820	27	1155	3588	12050	193
黑龙江	23017	35	1529	5236	16217	4
上　海	11291	84	678	3190	7339	2
江　苏	71043	279	4290	20036	46438	34
浙　江	50430	354	4419	12198	33459	1851
安　徽	38130	312	3078	7838	26902	339
福　建	28171	205	4220	5888	17858	1628
江　西	27903	75	3401	7741	16686	308
山　东	49496	101	3095	12474	33826	84
河　南	51041	118	4648	14205	32070	510
湖　北	41338	337	4695	7146	29160	1022
湖　南	47293	161	4463	7703	34966	835
广　东	48883	628	6036	9597	32622	711
广　西	19167	50	2751	5576	10790	798
海　南	6528	8	428	1471	4621	28
重　庆	12512	98	2149	2650	7615	709
四　川	42631	275	6923	9656	25777	1281
贵　州	23422	356	7534	5500	10032	1815
云　南	28737	229	7247	8728	12533	1095
西　藏	10949	41	686	2198	8024	91
陕　西	26696	375	5614	6170	14537	1507
甘　肃	12408	58	1694	3328	7328	498
青　海	7895	40	792	1868	5195	162
宁　夏	4815	22	519	1447	2827	26
新　疆	14499	32	835	2730	10902	38

各地区公路密度及通达情况（2018年）

Highway Density and Accessibility by Region, 2018

地　区	公路密度	公路通达率（%）		公路通畅率（%）	
	（公里/百平方公里）	乡（镇）	行政村	乡（镇）	行政村
总　计	**50.48**	**99.99**	**99.99**	**99.60**	**99.44**
东部地区	**120.89**	**99.99**	**99.99**	**99.99**	**99.97**
中部地区	**94.06**	**100.00**	**99.99**	**100.00**	**99.98**
西部地区	**28.88**	**99.99**	**99.98**	**99.09**	**98.16**
北　京	135.62	100.00	100.00	100.00	100.00
天　津	136.61	100.00	100.00	100.00	100.00
河　北	102.96	100.00	100.00	100.00	100.00
山　西	91.70	100.00	99.99	100.00	99.90
内蒙古	17.13	99.87	99.93	99.87	99.56
辽　宁	84.29	100.00	100.00	100.00	100.00
吉　林	56.24	100.00	100.00	100.00	100.00
黑龙江	36.81	100.00	99.99	100.00	99.97
上　海	206.69	100.00	100.00	100.00	100.00
江　苏	154.71	99.87	99.97	99.87	99.97
浙　江	118.53	100.00	99.96	100.00	99.96
安　徽	149.06	100.00	100.00	100.00	100.00
福　建	89.70	100.00	100.00	100.00	100.00
江　西	97.03	100.00	100.00	100.00	100.00
山　东	175.90	100.00	100.00	100.00	99.94
河　南	160.83	100.00	100.00	100.00	100.00
湖　北	147.95	100.00	100.00	100.00	100.00
湖　南	113.34	100.00	99.95	100.00	99.95
广　东	122.37	100.00	100.00	100.00	100.00
广　西	53.00	100.00	100.00	100.00	99.97
海　南	103.31	100.00	99.96	100.00	99.88
重　庆	191.12	100.00	100.00	100.00	100.00
四　川	68.00	100.00	100.00	99.93	99.96
贵　州	111.82	100.00	100.00	100.00	100.00
云　南	64.20	100.00	100.00	100.00	99.98
西　藏	7.96	99.85	99.81	82.77	46.27
陕　西	86.15	100.00	100.00	100.00	100.00
甘　肃	31.52	100.00	100.00	100.00	99.96
青　海	11.39	100.00	100.00	98.63	100.00
宁　夏	53.32	100.00	100.00	100.00	100.00
新　疆	11.39	100.00	99.86	99.92	99.45

高速公路里程居世界前30位的国家或地区

Highway Mileage Ranks Among the Top 30 Countries or Regions

单位：公里

序 号	国家或地区	高速公路	公路总里程	高速公路占比（%）	年 份
1	中国	142593	4846532	2.94	2018
2	美国	78143	6733024	1.16	2017
3	澳大利亚	51618	879814	5.87	2016
4	加拿大	17000	1304100	1.30	2013
5	德国	12996	229970	5.65	2016
6	法国	11612	1101000	1.05	2016
7	墨西哥	9796	393451	2.49	2016
8	日本	9000	1222000	0.74	2016
9	荷兰	7163	184119	3.89	2016
10	意大利	6943	256567	2.71	2016
11	韩国	4438	100428	4.42	2016
12	沙特阿拉伯	3891	221372	1.76	2005
13	英国	3688	397039	0.93	2017
14	智利	3305	82134	4.02	2016
15	西班牙	3039	666536	0.46	2016
16	葡萄牙	2737	22161	12.35	2011
17	土耳其	2542	242590	1.05	2016
18	伊朗	2401	215560	1.11	2016
19	塞浦路斯	2219	12886	17.22	2015
20	中国香港	2107	2107	100.00	2016
21	瑞典	2057	586854	0.35	2013
22	希腊	1842	117605	1.57	2016
23	瑞士	1840	71570	2.57	2016
24	比利时	1763	155210	1.14	2015
25	摩洛哥	1750	59084	2.96	2016
26	奥地利	1719	138696	1.24	2016
27	波兰	1637	420236	0.39	2016
28	匈牙利	1628	206563	0.79	2016
29	克罗地亚	1310	26754	4.90	2016
30	丹麦	1246	74557	1.67	2016

注：中、美、英、德、日、澳、印、中国香港等国家和地区数据源自其官方统计机构网上发布数据；其他国家数据源自国际路联的《世界道路统计》；美国高速公路对应原资料的州际公路。

各地区道路交通事故情况（2018年）

Basic Statistics on Road Traffic Accidents by Region, 2018

地　区	发生数（起）	死亡人数（人）	受伤人数（人）	直接财产损失（万元）
全　国	**244937**	**63194**	**258532**	**138455.9**
北　京	3242	1288	2800	3517.1
天　津	6223	750	6551	4041.7
河　北	4923	2494	4303	4838.0
山　西	7636	2102	8022	5092.4
内蒙古	4230	1003	4614	3116.3
辽　宁	4554	1860	4260	1909.5
吉　林	4895	1191	5593	3530.8
黑龙江	5119	1289	5606	5432.7
上　海	741	647	242	501.1
江　苏	12978	4490	11300	6442.4
浙　江	12565	3561	11410	4858.0
安　徽	10928	2626	11936	5418.7
福　建	9668	1809	10207	2109.9
江　西	6925	2015	7668	5937.0
山　东	13226	3600	12332	5572.6
河　南	19059	2670	21638	10938.1
湖　北	19207	4837	21218	13224.2
湖　南	4618	1124	5398	5522.8
广　东	24133	4917	24025	7865.8
广　西	17034	4459	19314	6038.1
海　南	2684	839	3145	1770.9
重　庆	4511	915	5268	1867.4
四　川	8804	2351	10427	7664.6
贵　州	12199	2327	15752	9327.1
云　南	6067	2755	5931	2930.7
西　藏	363	124	495	243.5
陕　西	6122	1501	6196	4685.9
甘　肃	3086	1270	3243	972.7
青　海	1281	508	1302	1167.6
宁　夏	1735	408	1735	680.8
新　疆	6181	1464	6601	1237.5

水 运 统 计(WATERWAY)

水运行业基本情况（2014年—2018年）

Basic Conditions of Waterway Transportation Sector, 2014-2018

项 目	单 位	2014年	2015年	2016年	2017年	2018年
一、航道和设备						
1. 内河航道通航里程	万公里	12.63	12.70	12.71	12.70	12.71
内：等级航道	万公里	6.54	6.63	6.64	6.62	6.64
2. 全国营业性民用运输船舶拥有量						
轮驳船．艘数	万艘	17.2	16.6	16.0	14.5	13.7
净载重量	万吨位	25785.2	27244.3	26622.7	25651.6	25115.3
载客量	万客位	103.2	101.7	100.2	96.0	96.3
集装箱箱位	万TEU	142.5	142.4	144.6	216.0	196.8
3. 全国港口码头泊位	个	31705	31259	30388	27578	23919
内：万吨级	个	2110	2221	2317	2366	2444
其中：沿海港口	个	5834	5899	5887	5830	5734
内：万吨级	个	1704	1807	1894	1948	2007
4. 主要规模以上港口生产用码头泊位	个	18864	18664	18075	18329	17290
内：万吨级	个	2020	2137	2216	2331	2470
其中：沿海港口	个	4970	5132	5152	6209	6150
内：万吨级	个	1614	1723	1793	1913	2019
二、运输量和吞吐量						
1. 水路客、货运输量						
客运量	万人	2.63	2.71	2.72	2.83	2.80
旅客周转量	亿人公里	74.3	73.1	72.3	77.7	79.6
货运量	万吨	59.8	61.4	63.8	66.8	70.3
货物周转量	亿吨公里	92774.6	91772.5	97338.8	98611.2	99052.8
2. 水路集装箱运输量						
水路集装箱箱运量	万TEU	5241	5171	5736	–	–
水路集装箱货运量	万吨	63996.5	64869.0	67420.7	–	–
3. 全国港口货物吞吐量	亿吨	124.52	127.50	132.01	140.07	143.51
内：外贸	亿吨	35.90	36.64	38.51	40.93	41.89
其中：沿海港口	万吨	803307	814728	845510	905698	946321
内：外贸	万吨	[illegible]	[illegible]	345341	–	–
4. 规模以上港口货物吞吐量	万吨	1118803	1146382	1188872	1267173	1334499
内：外贸	万吨	352930	361372	378584	402299	416294
其中：沿海港口	万吨	769557	784578	810933	865464	922392
内：外贸	万吨	320839	325326	339026	358817	372129
三、水运建设投资						
1. 水运总投资	亿元	1459.98	1521.32	1508.17	1238.88	1191.30
航道及航标建设	万元	3395634	4117270	4293552	–	–
港 口	万元	11204202	10454435	9880179	–	–
水运部门	万元	776337	641532	908009	–	–
内：运输船舶购置	万元	382623	255707	438057	–	–
2. 新增生产能力						
港口码头泊位个数	个	423	291	344	287	327
内：万吨级以上	个	119	85	89	–	–
年吞吐能力	万吨位	52485	47105	35822	–	–

全国内河航道通航里程（2018年）

Total Mileage of Navigable Inland Waterway, 2018

单位：公里

地区	总计	等级航道								等外航道
		合计	一级	二级	三级	四级	五级	六级	七级	
全国总计	**127126**	**66442**	**1828**	**3947**	**7686**	**10732**	**7613**	**17522**	**17114**	**60684**
北京	–	–	–	–	–	–	–	–	–	–
天津	88	88	–	–	–	47	–	42	–	–
河北	–	–	–	–	–	–	–	–	–	–
山西	467	139	–	–	–	–	118	21	–	328
内蒙古	2403	2380	–	–	–	555	201	1070	555	23
辽宁	413	413	–	–	56	–	140	217	–	–
吉林	1456	1381	–	–	64	227	654	312	124	75
黑龙江	5098	4723	–	967	864	1185	490	–	1217	375
上海	2091	1003	125	–	148	116	88	405	121	1088
江苏	24380	8752	370	506	1492	802	1004	2107	2471	15628
浙江	9761	5023	14	12	302	1251	477	1565	1401	4738
安徽	5641	5064	343	–	433	635	511	2431	712	577
福建	3245	1269	108	20	52	264	205	46	574	1977
江西	5638	2349	78	175	284	87	167	399	1160	3289
山东	1117	1029	–	9	272	72	57	381	238	88
河南	1403	1286	–	–	–	408	200	431	247	117
湖北	8470	6008	229	688	980	320	827	1757	1206	2462
湖南	11496	4131	–	385	645	274	85	1546	1196	7365
广东	12112	4414	551	69	641	236	620	961	1336	7698
广西	5707	3487	–	582	621	717	321	406	839	2221
海南	343	76	9	–	–	7	1	22	37	267
重庆	4352	1863	–	533	531	140	183	126	350	2490
四川	10818	3965	–	–	288	1110	389	589	1588	6853
贵州	3664	2519	–	–	–	813	272	936	499	1221
云南	4024	3289	–	–	14	1329	271	809	866	735
西藏	–	–	–	–	–	–	–	–	–	–
陕西	1146	558	–	–	–	137	9	164	248	588
甘肃	911	456	–	–	–	–	325	13	118	455
青海	674	663	–	–	–	–	–	663	–	12
宁夏	130	115	–	–	–	–	–	105	11	15
新疆	–	–	–	–	–	–	–	–	–	–

注：由于四舍五入引起的数据不平衡未作调整。

沿海规模以上港口码头泊位数（2018年）（一）

Berths of Principal Sea Ports, 2018（1）

港口名称	总计			生产用			非生产用	
	码头长度（米）	泊位个数（个）	#万吨级	码头长度（米）	泊位个数（个）	#万吨级	码头长度（米）	泊位个数（个）
总　计	**876523**	**6150**	**2019**	**814337**	**5302**	**1942**	**62186**	**848**
丹　东	7626	42	25	7626	42	25	–	–
大　连	44970	218	104	[illegible]	[illegible]	104	3077	25
营　口	19709	93	61	18975	86	61	734	7
锦　州	6274	24	21	6119	23	21	155	1
秦皇岛	17161	92	44	15928	72	44	1233	20
黄　骅	10527	50	35	10107	41	35	420	9
唐　山	31160	116	111	30849	114	111	311	2
天　津	39509	167	120	36783	145	120	2726	22
烟　台	34604	207	91	33474	197	91	1130	10
威　海	16058	99	33	15188	94	33	870	5
青　岛	30429	128	85	29308	122	85	1121	6
日　照	19203	75	64	18897	74	64	306	1
上　海	107234	1054	224	75410	573	181	31824	481
连云港	16634	73	59	16337	71	59	297	2
盐　城	9169	80	18	9169	80	18	–	–
嘉　兴	12423	105	35	12068	100	35	355	5
宁波-舟山	96840	707	178	92503	619	178	4337	88
#宁　波	55495	398	109	51932	331	109	3563	67
舟　山	41345	309	69	40571	288	69	774	21
台　州	14601	194	9	14401	192	9	200	2
温　州	16923	199	20	16785	198	20	138	1
福　州	28359	200	70	28015	194	62	344	6
#原福州	21670	141	62	21326	135	54	344	6
宁　德	6689	59	8	6689	59	8	–	–

沿海规模以上港口码头泊位数（2018年）（二）

Berths of Principal Sea Ports, 2018（2）

港口名称	总计			生产用			非生产用	
	码头长度（米）	泊位个数（个）	#万吨级	码头长度（米）	泊位个数（个）	#万吨级	码头长度（米）	泊位个数（个）
莆　田	6194	40	14	6194	40	14	–	–
泉　州	15464	94	25	15464	94	25	–	–
厦　门	31246	173	81	30222	154	80	1024	19
#原厦门	26953	148	73	26066	130	72	887	18
漳　州	4293	25	8	4156	24	8	137	1
汕　头	10223	91	19	9952	86	19	271	5
汕　尾	1813	14	3	1813	14	3	–	–
惠　州	10238	50	21	9748	43	21	490	7
深　圳	32932	156	76	31207	142	74	1725	14
虎　门	16959	114	33	16959	114	33	–	–
广　州	55285	556	96	50463	488	73	4822	68
中　山	2553	38	–	2513	35	–	40	3
珠　海	19872	163	28	19194	156	28	678	7
江　门	12481	150	5	11783	143	5	698	7
阳　江	2232	10	9	2232	10	9	–	–
茂　名	2384	16	9	2384	16	9	–	–
湛　江	17388	132	36	16353	119	36	1035	13
北部湾港	38567	274	88	37973	265	88	594	9
#北　海	7672	62	15	7612	61	15	60	1
钦　州	14552	84	34	14078	81	34	474	3
防　城	16343	128	39	16283	123	39	60	5
海　口	9867	70	34	9676	69	34	191	1
洋　浦	8916	44	26	8676	42	26	240	2
八　所	2488	12	9	2488	12	9	–	–

沿海规模以上港口吞吐量（2018年）

Turnover of Principal Sea Ports, 2018

港口名称	旅客吞吐量合计（万人）	#离港	货物吞吐量合计（万吨）	#外贸	港口名称	旅客吞吐量合计（万人）	#离港	货物吞吐量合计（万吨）	#外贸
总　计	**8803**	**4471**	**922392**	**372129**	**总　计**	**8803**	**4471**	**922392**	**372129**
丹　东	10	5	10066	2005	莆　田	–	–	3378	1364
大　连	593	298	46784	16119	泉　州	16	8	12832	3890
营　口	1	1	37001	9537	厦　门	862	436	21720	9226
锦　州	–	–	10960	1652	#原厦门	551	276	16772	8117
秦皇岛	2	1	23119	799	漳　州	311	160	4948	1109
黄　骅	–	–	28771	4526	汕　头	–	–	3963	1452
唐　山	–	–	63710	26773	汕　尾	–	–	1245	314
天　津	76	38	50774	27629	惠　州	–	–	7453	3588
烟　台	1243	618	44308	12685	深　圳	698	366	25127	18728
威　海	166	84	5570	2629	虎　门	22	13	15580	3345
青　岛	19	9	54250	39142	广　州	101	53	59396	13782
日　照	10	5	43763	29532	中　山	146	75	6527	533
上　海	315	158	68392	40206	珠　海	829	415	13799	2922
连云港	19	10	21443	11884	江　门	–	–	4418	235
盐　城	–	–	9808	1801	阳　江	–	–	2627	964
嘉　兴	–	–	9689	1240	茂　名	–	–	2540	1503
宁波-舟山	327	163	108439	49433	湛　江	1480	764	30185	8791
#宁　波	150	77	57652	34275	北部湾港	20	11	23986	13027
舟　山	176	86	50787	15158	#北　海	28	14	3387	1380
台　州	153	76	7167	618	钦　州	–	–	10150	4194
温　州	150	75	8239	544	防　城	–	–	10448	7453
福　州	21	10	17876	6544	海　口	1515	775	11883	353
#原福州	21	10	14586	5243	洋　浦	–	–	4206	2443
宁　德	–	–	3290	1301	八　所	–	–	1396	370

注：1. 从2007年起，烟台港统计范围包括原烟台港和龙口港。
2. 从2011年起，厦门港统计范围包括原厦门港和漳州港。

内河规模以上港口码头泊位数（2018年）（一）

Berths of Principal Inland Water Ports, 2018(1)

港口名称	总计			生产用			非生产用	
	码头长度（米）	泊位个数（个）	#万吨级	码头长度（米）	泊位个数（个）	#万吨级	码头长度（米）	泊位个数（个）
总　计	**791221**	**11148**	**451**	**753345**	**10521**	**437**	**37876**	**627**
哈尔滨	4086	54	–	4086	54	–	–	–
佳木斯	4640	51	–	4640	51	–	–	–
上　海	42005	839	–	41650	833	–	355	6
南　京	29958	236	66	29318	226	62	640	10
镇　江	22602	211	42	22482	209	42	120	2
苏　州	45640	297	127	45543	296	127	97	1
南　通	20165	114	67	19610	108	57	555	6
常　州	4134	32	9	4134	32	9	–	–
江　阴	16692	111	39	16542	109	39	150	2
扬　州	7446	42	23	7446	42	23	–	–
泰　州	20989	161	61	20989	161	61	–	–
徐　州	18247	264	–	18247	264	–	–	–
连云港				–	–	–	–	–
无　锡	40929	803	–	40849	801	–	80	2
宿　迁	5798	89	–	5798	89	–	–	–
淮　安	21584	364	–	21444	360	–	140	4
扬州内河	8918	180	–	8888	179	–	30	1
镇江内河	7400	129	–	7400	129	–	–	–
杭　州	25958	789	–	25915	788	–	43	1
嘉兴内河	58709	1064	–	54322	979	–	4387	85
湖　州	40217	766	–	40217	766	–	–	–
合　肥	8122	123	–	8122	123	–	–	–
亳　州	996	15	–	996	15	–	–	–
阜　阳	2239	35	–	2239	35	–	–	–
淮　南	1775	23	–	1775	23	–	–	–
滁　州	6519	92	–	6519	92	–		
马鞍山	9027	110	1	8977	109	1	50	1
芜　湖	13544	124	13	13544	124	13	–	–
铜　陵	7414	74	3	7369	73	3	45	1
池　州	8393	86	–	8393	86	–	–	–
安　庆	7621	90	–	6549	73	–	1072	17

内河规模以上港口码头泊位数（2018年）（二）

Berths of Principal Inland Water Ports, 2018(2)

港口名称	总计			生产用			非生产用	
	码头长度（米）	泊位个数（个）	#万吨级	码头长度（米）	泊位个数（个）	#万吨级	码头长度（米）	泊位个数（个）
南　昌	7122	108	–	6682	95	–	440	13
九　江	17516	176	–	15311	146	–	2205	30
武　汉	16456	162	–	14114	135	–	2342	27
黄　石	7892	89	–	7462	83		430	6
荆　州	7357	60	–	7357	60	–	–	–
宜　昌	24676	249	–	23175	231	–	1501	18
长　沙	1946	27	–	1267	18	–	679	9
湘　潭	2980	51	–	2980	51	–	–	–
株　洲	4427	74	–	4427	74	–	–	–
岳　阳	6652	70	–	6517	68	–	135	2
番　禺	4256	57	–	3927	52	–	329	5
新　塘	1839	36	–	1839	36	–	–	–
五　和	2604	48	–	2604	48	–	–	–
中　山	1461	22	–	1461	22	–	–	–
佛　山	19150	285	–	19150	285	–	–	–
江　门	6021	88	–	5749	84	–	272	4
虎　门	3335	54	–	3335	54	–	–	–
肇　庆	4274	60	–	4274	60	–	–	–
惠　州	1787	33	–	1717	32	–	70	1
南　宁	5894	94	–	5796	91	–	98	3
柳　州	1892	32	–	1892	32	–	–	
贵　港	8529	113	–	8529	113	–	–	–
梧　州	4832	78	–	4832	78	–	–	–
来　宾	3261	57	–	3261	57	–	–	–
重　庆	84771	1024	–	63760	664	–	21011	360
泸　州	3386	47	–	3386	47	–	–	–
宜　宾	7440	55	–	7440	55	–	–	–
乐　山	2428	38	–	1828	28	–	600	10
南　充	6774	285	–	6774	285	–	–	–
广　安	7416	193	–	7416	193	–	–	–
达　州	1080	15	–	1080	15	–	–	–

内河规模以上港口吞吐量（2018年）

Turnover of Principal Inland Water Ports, 2018

港口名称	旅客吞吐量合计（万人）	#离港	货物吞吐量合计（万吨）	#外贸	港口名称	旅客吞吐量合计（万人）	#离港	货物吞吐量合计（万吨）	#外贸
总　计	**1070**	**525**	**412107**	**44165**	**总　计**	**1070**	**525**	**412107**	**44165**
哈尔滨	–	–	109	–	南　昌	–	–	2884	79
佳木斯	–	–	159	30	九　江	17	8	11689	310
上　海	–	–	4656	–	武　汉	–	–	10318	1198
南　京	–	–	25199	3103	黄　石	–	–	4219	511
镇　江	–	–	15331	3750	荆　州	–	–	3798	46
苏　州	–	–	53227	13893	宜　昌	180	91	6868	67
南　通	–	–	26702	6063	长　沙	–	–	3469	119
常　州	–	–	4863	950	湘　潭	–	–	1644	–
江　阴	–	–	17560	4397	株　洲	–	–	859	–
扬　州	–	–	10129	972	岳　阳	9	4	11121	388
泰　州	–	–	24509	2196	番　禺	–	–	387	–
徐　州	–	–	3140	–	新　塘	–	–	701	7
连云港	–	–	2118	–	五　和	–	–	830	152
无　锡	–	–	5680	34	中　山	–	–	5439	201
宿　迁	–	–	1217	–	佛　山	57	29	8973	2350
淮　安	–	–	8769	–	江　门	4	2	4950	468
扬州内河	–	–	2442	…	虎　门	–	–	837	4
镇江内河	–	–	934	–	肇　庆	–	–	3921	280
杭　州	4	2	11812	11	惠　州	–	–	1304	–
嘉兴内河	–	–	10696	20	南　宁	–	–	736	–
湖　州	–	–	10486	170	柳　州	–	–	45	–
合　肥	–	–	4787	42	贵　港	–	–	7003	6
亳　州	–	–	258	–	梧　州	–	–	4002	87
阜　阳	–	–	564	–	来　宾	–	–	2093	–
淮　南	–	–	398	–	重　庆	686	333	20444	567
滁　州	–	–	1566	–	泸　州	–	–	1421	44
马鞍山	–	–	10355	1 195	宜　宾	8	4	1389	31
芜　湖	–	–	12016	305	乐　山	3	1	250	–
铜　陵	–	–	10008	31	南　充	30	15	587	–
池　州	–	–	6723	43	广　安	52	25	382	–
安　庆	–	–	2983	43	达　州	21	11	155	–

注：2009年起，重庆港统计范围发生变化，包括原重庆、涪陵、万州、重庆航管处四个港区，与历史数据不可比。

规模以上港口分货类吞吐量（2017年—2018年）

Turnover of Principal Ports by Commodity Classfication, 2017-2018

单位：万吨

货物名称	2018年			2017年		
	合　计	出　港	进　港	合　计	出　港	进　港
总　计	**1334499**	**574639**	**759860**	**1267174**	**541331**	**725843**
沿海港口合计	**922392**	**403883**	**518509**	**865464**	**375730**	**489734**
煤炭及制品	163896	93200	70696	151640	86674	64965
石油、天然气及制品	91356	23538	67817	85994	22989	63005
#原油	[illegible]	[illegible]	[illegible]	[illegible]	[illegible]	[illegible]
金属矿石	149176	26954	122221	145304	25438	119866
钢铁	32167	20911	11256	31768	20768	11000
矿建材料	73480	29005	44475	62825	24435	38390
水泥	8300	2643	5657	7112	2093	5019
木材	6202	725	5476	5649	724	4925
非金属矿石	20353	8563	11791	16679	7302	9378
化学肥料及农药	2544	1555	989	2374	1494	880
盐	1162	168	994	1179	168	1011
粮食	21138	7090	14048	21393	7103	14289
机械、设备、电器	21816	11770	10046	22171	12006	10164
化工原料及制品	15581	6651	8930	15245	6184	9061
有色金属	778	312	466	1014	312	702
轻工、医药产品	10938	5864	5074	9863	5241	4623
农林牧渔业产品	4393	1675	2718	4102	1295	2807
其他	299112	163259	135853	281151	151504	129647
内河港口合计	**412107**	**170756**	**241351**	**401710**	**165601**	**236109**
煤炭及制品	81066	24233	56833	81739	25057	56681
石油、天然气及制品	15231	5642	9589	14182	5172	9010
#原油	3218	610	2608	2981	633	2348
金属矿石	63051	21198	41853	57477	17899	39578
钢铁	20422	10278	10144	[illegible]	9061	[illegible]
矿建材料	[illegible]	[illegible]	67935	115355	46342	69014
水泥	26534	20440	6094	27284	20891	6393
木材	4361	1130	3232	4017	935	3081
非金属矿石	14804	8296	6508	12568	6310	6258
化学肥料及农药	2749	1494	1255	2492	1339	1153
盐	1164	482	683	1093	606	487
粮食	10382	3115	7268	11371	3577	7794
机械、设备、电器	1675	1406	269	1362	1034	327
化工原料及制品	12173	4795	7378	11683	4518	7165
有色金属	266	66	200	383	183	200
轻工、医药产品	2243	978	1265	2124	879	1245
农林牧渔业产品	1356	571	785	1494	628	865
其他	42465	22404	20061	38449	20365	18084

2018年港口货物吞吐量居世界前20位的港口

Port Cargo Throughput Ranked Among the Top 20 Ports in the World, 2018

计量单位：百万吨

序　号	港　口	所属国家或地区	吞吐量	备　注
1	宁波-舟山	中国	1084.4	内外贸货物
2	上海	中国	730.5	内外贸货物
3	唐山	中国	637.1	内外贸货物
4	新加坡	新加坡	630.2	内外贸货物
5	广州	中国	594.0	内外贸货物
6	青岛	中国	542.5	内外贸货物
7	苏州	中国	532.3	内外贸货物
8	黑德兰	澳大利亚	517.8	内外贸货物
9	天津	中国	507.7	内外贸货物
10	鹿特丹	荷兰	469.0	内外贸货物
11	大连	中国	467.8	内外贸货物
12	釜山	韩国	460.1	内外贸货物
13	烟台	中国	443.1	内外贸货物
14	日照	中国	437.6	内外贸货物
15	营口	中国	370.0	内外贸货物
16	光阳	韩国	301.9	内外贸货物
17	湛江	中国	301.9	内外贸货物
18	黄骅	中国	287.7	内外贸货物
19	南路易斯安娜	美国	275.1	内外贸货物
20	南通	中国	267.0	内外贸货物

资料来源：数据主要来源于上海航运交易所。

2018年集装箱吞吐量居世界前20位的港口

Turnover of Container Among the Top 20 Ports in the World，2018

计量单位：万TEU

序　号	港　口	所属国家或地区	吞吐量
1	上海	中国	4201
2	新加坡	新加坡	3660
3	宁波-舟山	中国	2635
4	深圳	中国	2574
5	广州	中国	2162
6	釜山	韩国	2159
7	香港	中国	1959
8	青岛	中国	1932
9	天津	中国	1601
10	迪拜	阿联酋	1495
11	鹿特丹	荷兰	1451
12	巴生	马来西亚	1232
13	安特卫普	比利时	1110
14	厦门	中国	1070
15	高雄	中国	1045
16	大连	中国	977
17	洛杉矶	美国	946
18	丹戎帕拉帕斯	马来西亚	896
19	汉堡	德国	877
20	长滩	美国	809

资料来源：数据主要来源于上海航运交易所。

民 航 统 计（CIVIL AVIATION）

民用航空航线及飞机架数
Number of Civil Aviation Routes and Civil Aircrafts

指 标	单 位	1990年	2000年	2005年	2010年	2015年	2016年	2017年	2018年
定期航班航线条数	**条**	**437**	**1165**	**1257**	**1880**	**3326**	**3794**	**4418**	**4945**
[illegible]	[illegible]	[illegible]	[illegible]	[illegible]	[illegible]	660	739	803	849
国内航线	条	385	1032	1024	1578	2666	3055	3615	4096
#港澳台地区航线	条	8	42	43	85	109	109	96	100
定期航班航线里程	**公里**	**506762**	**1502887**	**1998501**	**2765147**	**5317230**	**6348144**	**7483033**	**8379833**
国际航线	公里	166350	508405	855932	1070167	2394434	2828015	3245859	3598911
国内航线	公里	329493	994482	1142569	1694980	2922796	3520129	4237174	4780922
#港澳台地区航线	公里	10919	55759	61056	121437	171621	166812	147537	153105
定期航班通航机场	**个**	**94**	**139**	**135**	**175**	**206**	**216**	**228**	**233**
民用飞机期末架数	**架**	**503**	**982**	**1386**	**2405**	**4554**	**5046**	**5593**	**6134**
运输飞机	架	–	527	863	1597	2650	2950	3296	3639
大中型飞机	架	–	462	785	1453	2499	2789	3120	3452
#波音737	架	21	186	358	650	1104	1216	1357	1513
波音747	架	11	19	22	40	26	26	27	24
波音757	架	9	48	64	48	35	33	35	46
波音767	架	6	16	27	18	9	13	12	5
A320	架	–	60	115	281	645	728	814	892
小型飞机	架	–	65	78	144	151	161	176	187
通用航空飞机	架	–	301	383	606	1904	2096	2297	2495

注：2011年起民用航空航线条数改为定期航班航线条数，民用航空航线里程改为定期航班航线里程。

民用航空运输量及通用航空飞行时间

Civil Aviation Traffic and Flying Time of General Aviation

指标	单位	1990年	2000年	2005年	2010年	2015年	2016年	2017年	2018年
客运量	**万人**	**1660**	**6722**	**13827**	**26796**	**43618**	**48796**	**55156**	**61174**
国际航线	万人	114	690	1225	1931	4207	5162	5545	6367
国内航线	万人	1346	6031	12602	24838	39411	43634	49611	54807
#港澳台地区航线	万人	200	403	509	672	1020	985	1027	1127
旅客周转量	**万人公里**	**2304797**	**9705437**	**20449288**	**40389960**	**72825513**	**83781348**	**95130358**	**107123166**
国际航线	万人公里	516910	2328154	4524063	7589325	17168359	21603850	24765095	28226135
国内航线	万人公里	1576554	7377283	15925225	32800635	55657154	62177498	70365262	78897031
#港澳台地区航线	万人公里	211333	502405	709205	981817	1517768	1441033	1482485	1650525
货（邮）运量	**吨**	**369722**	**1967123**	**3067168**	**5610371**	**6292942**	**6680105**	**7058921**	**7385098**
国际航线	吨	81102	492356	771551	1926315	1868444	1931921	2220776	2427234
国内航线	吨	239467	1474767	2295618	3704056	4424498	4748184	4838144	4957864
#港澳台地区航线	吨	49153	135442	169247	216603	221014	219608	241502	234807
货（邮）周转量	**万吨公里**	**81825**	**502688**	**788954**	**1788982**	**2080683**	**2224493**	**2435523**	**2624991**
国际航线	万吨公里	43830	291550	452450	1253028	1411425	1503386	1705867	1870290
国内航线	万吨公里	31647	211133	336504	535954	669258	721108	729656	754701
#港澳台地区航线	万吨公里	6348	19495	26263	28700	28465	27505	30512	30150
总周转量	**万吨公里**	**249950**	**1225007**	**2612724**	**5384490**	**8516516**	**9625107**	**10830751**	**12065276**
国际航线	万吨公里	82595	465190	855235	1929689	2926107	3405834	3884753	4350189
国内航线	万吨公里	145156	759818	1757488	3454801	5590410	6219274	6945998	7715087
#港澳台地区航线	万吨公里	22199	56879	89509	115895	162201	154316	160960	175130
通用航空飞行时间	**小时**	**42524**	**48707**	**84859**	**139772**	**779338**	**764685**	**837496**	**937149**
农林业航空作业	小时	22674	22922	25428	28192	42064	51028	59578	–
#航空护林	小时	3573	–	–	–	10245	11943	15476	–
播种造林	小时	4605	–	–	–	1394	733	1157	–
工业航空作业	小时	19850	25785	36514	63886	85468	82875	89336	–

部分民航机场客货吞吐量（2017年—2018年）

Turnover of Passenger and Freight Traffic Handled by Part of Domestic Airports, 2017–2018

机　场	旅客吞吐量（人次）			货邮吞吐量（吨）		
	2018年	2017年	2018年比2017年增减（%）	2018年	2017年	2018年比2017年增减（%）
合　计	**1264688737**	**1147866788**	**10.2**	**16740229**	**16177345**	**3.5**
北京/首都	100983290	95786296	5.4	2074005	2029584	2.2
上海/浦东	74006331	70001237	5.7	3768573	3824280	1.5
广州/白云	69720403	65806977	5.9	1890560	1780423	6.2
成都/双流	52950529	49801693	6.3	665128	642872	3.5
深圳/宝安	49348950	45610651	8.2	1218502	1159019	5.1
昆明/长水	47088140	44727691	5.3	428292	418034	2.5
西安/咸阳	44653311	41857229	6.7	312637	259873	20.3
上海/虹桥	43628004	41884059	4.2	407155	407461	−0.1
重庆/江北	41595887	38715210	7.4	382161	366278	4.3
杭州/萧山	38241630	35570411	7.5	640896	589462	8.7
南京/禄口	28581546	25822936	10.7	365054	374215	−2.4
郑州/新郑	27334730	24299073	12.5	514922	502715	2.4
厦门/高崎	26553438	24485239	8.4	345529	338656	2.0
长沙/黄花	25266251	23764820	6.3	155513	138738	12.1
青岛/流亭	24535738	23210530	5.7	224534	232064	−3.2
武汉/天河	24500356	23129400	5.9	221576	185017	19.8
海口/美兰	24123582	22584815	6.8	168622	154496	9.1
天津/滨海	23591412	21005001	12.3	258735	268283	−3.6
乌鲁木齐/地窝堡	23027788	21500901	7.1	157726	156742	0.6

邮政统计（POSTAL STATISTICS）

各地区邮政业务量（2018年）

Business Volume of Postal Service by Region, 2018

地 区	邮政业业务总量（亿元）	函件（万件）	包裹（万件）	报刊期发数（万份）	订销报纸（万份）	订销杂志（万份）	汇兑（万笔）	纪特邮票（万枚）	快递（万件）	快递业务收入（万元）
合 计	**12345.2**	**267100.8**	**2407.6**	**12458.2**	**1727899.1**	**77496.9**	**2520.0**	**118076.4**	**5071042.8**	**60384253.8**
北 京	397.9	21428.5	190.2	477.9	64333.2	2506.8	113.0	9546.6	220875.6	3310328.2
天 津	115.3	2374.8	36.8	479.3	19629.4	895.7	20.6	2672.6	57576.7	874555.6
河 北	380.1	4914.5	128.3	519.0	76061.0	3569.3	48.4	4769.4	174136.2	1807779.7
山 西	94.1	1904.5	23.1	256.0	51939.6	1744.1	49.3	2880.3	30332.9	385467.2
内蒙古	44.4	670.7	39.5	204.2	32173.5	1171.1	30.3	2830.8	15182.3	299100.7
辽 宁	160.6	6190.3	68.3	453.8	51032.1	3160.6	92.4	4260.6	65363.7	879726.8
吉 林	72.6	1296.6	34.1	167.2	29663.0	1179.0	40.0	3018.3	22637.5	377131.5
黑龙江	93.7	2980.4	52.2	237.0	38140.7	1978.9	22.4	4939.9	30177.2	464325.9
上 海	820.6	57402.7	222.8	484.0	75282.0	2045.1	238.2	5219.0	348648.8	10202806.0
江 苏	1050.2	22602.1	139.8	969.4	146249.8	6029.1	265.9	7785.6	438935.4	4808932.1
浙 江	2326.2	26194.0	150.9	692.6	112100.9	4269.4	122.6	4804.3	1011050.7	7793024.1
安 徽	316.8	3970.7	59.2	487.7	63610.0	3485.2	24.9	4687.8	112322.4	1110120.0
福 建	499.0	9300.7	56.6	462.7	70726.5	2653.7	55.5	3591.3	211613.4	2066842.1
江 西	176.6	2763.5	44.5	349.7	51533.2	2001.4	63.3	4861.9	61929.5	670877.1
山 东	528.4	6368.7	173.0	853.9	107707.6	6236.3	115.0	6905.9	218701.1	2283960.8
河 南	436.7	10722.0	120.9	869.7	107727.7	4020.0	341.4	6648.2	152631.6	1529449.7
湖 北	345.2	7437.4	61.6	391.3	64157.1	2678.2	37.7	4976.7	135307.7	1437737.2
湖 南	248.2	2173.2	41.5	540.3	65560.0	4186.3	42.8	3880.8	78932.6	804691.3
广 东	3215.8	52909.9	156.8	569.2	70477.7	4771.3	132.3	6975.9	1296195.7	14117279.4
广 西	126.8	2867.4	48.2	417.8	33748.4	2566.2	71.8	1463.9	48101.1	615000.7
海 南	21.8	308.4	14.0	86.8	16497.6	520.4	13.2	570.3	7107.1	163135.3
重 庆	134.8	1492.2	25.6	304.6	29273.5	2743.8	17.6	2055.0	45795.4	580358.4
四 川	348.5	2776.2	88.7	687.9	105811.2	3883.5	97.2	4032.9	145991.7	1671575.4
贵 州	63.1	9287.9	10.3	209.0	39177.2	1885.9	97.5	3356.5	21193.7	404531.8
云 南	90.4	2450.0	40.0	251.7	44000.0	1575.7	112.7	2077.2	33999.1	471438.1
西 藏	4.2	79.3	29.7	117.4	14105.9	426.3	17.4	377.6	725.8	24297.1
陕 西	138.9	1636.3	107.5	301.8	46943.2	2010.0	40.4	3097.3	56876.5	673078.9
甘 肃	31.1	764.8	78.1	203.3	30984.3	1181.5	41.2	1763.5	8911.6	188515.3
青 海	7.2	271.7	54.9	51.5	10845.6	289.3	11.5	646.0	1897.2	47871.9
宁 夏	17.8	297.4	10.5	47.8	6976.9	364.9	18.0	1110.7	6771.3	81303.0
新 疆	38.0	1264.2	100.2	313.8	51430.7	1468.0	125.8	2269.6	11121.4	239012.4

注：快递业务量2006年及以前为邮政特快专递，2007年起为规模以上(年业务收入200万元以上)快递服务企业，2013年起为获得快递业务经营许可的快递服务企业业务量。

邮政业务量（1949年—2018年）（一）
Business Volume of Postal Service,1949-2018（1）

地　区	邮政业务总量（亿元）	营业网点（万处）	邮路总长度（万公里）	函件（亿件）	报刊期发数（万份）
1949	–	2.63	70.60	5.99	–
1950	–	3.70	86.31	6.46	300
1951	–	4.38	110.74	7.72	771
1952	–	4.95	128.97	8.09	1363
1953	–	5.16	151.47	9.46	1605
1954		4.82	164.00	10.37	2087
1955	–	4.38	173.94	11.50	2825
1956	–	4.47	181.13	14.38	3423
1957	–	4.54	222.26	16.41	3264
1958	–	6.07	301.29	17.34	7922
1959	–	5.86	420.61	23.15	5965
1960	–	6.17	408.51	28.28	4009
1961	–	5.18	318.80	25.55	2590
1962	–	4.45	266.54	22.75	2492
1963	–	4.40	286.55	20.21	3455
1964	–	4.37	306.47	19.96	4689
1965	–	4.38	349.28	21.76	5621
1966	–	4.48	368.06	22.39	4385
1967	–	4.51	367.31	21.69	3387
1968	–	4.46	366.23	20.72	2672
1969	–	4.46	371.32	22.68	2973
1970	–	4.50	397.71	23.70	3307
1971		4.59	428.80	24.38	4697
1972	–	4.62	448.58	25.04	5285
1973	–	4.85	451.14	26.35	5894
1974	–	4.83	464.09	26.11	6917
1975	–	4.87	479.63	27.34	7823
1976	–	4.89	483.60	27.79	8806
1977	–	4.96	486.02	28.50	8707
1978	14.9	4.96	486.33	28.35	11250

注：1.邮政业务总量2000年及以前按1990年不变单价计算，2001-2010年按2000年不变单价计算，2011年起按2010年不变价格计算。
2.营业网点1998年及以前为邮电局所，1999-2001年为邮政局所，2002-2006年为邮政局所和邮政代办点，2007年起为邮政企业和规模以上快递企业营业网点。
3.邮路总长度1981年及以前为邮路及农村投递路线总长度之和。

邮政业务量（1949年—2018年）（二）

Business Volume of Postal Service,1949-2018（2）

地　区	邮政业务总量（亿元）	营业网点（万处）	邮路总长度（万公里）	函件（亿件）	报刊期发数（万份）
1979	–	4.96	481.23	30.80	12680
1980	17.0	4.95	473.71	33.13	16431
1981	–	4.96	466.02	33.88	18124
1982	–	4.97	130.63	33.94	19598
1983	–	5.02	130.85	35.21	22933
1984	–	5.15	133.63	39.48	28141
1985	25.7	5.31	141.63	46.78	30172
1986	–	5.28	153.59	49.59	28731
1987	–	5.29	153.57	54.79	31005
1988	–	5.29	155.78	59.77	27443
1989	–	5.31	152.61	57.28	17704
1990	46.0	5.36	161.82	54.87	20078
1991	52.8	5.40	160.33	52.11	23277
1992	64.4	5.49	164.69	57.18	25104
1993	80.3	5.70	176.05	68.70	25511
1994	95.9	6.04	178.18	76.50	24096
1995	113.3	6.19	188.61	79.55	21689
1996	133.3	7.25	211.89	78.68	21157
1997	144.3	7.93	236.31	68.60	21875
1998	166.3	10.22	285.39	65.51	22989
1999	198.4	6.66	297.90	60.50	25035
2000	232.8	5.84	307.33	77.70	20090
2001	457.4	5.71	310.26	86.93	21811
2002	494.7	7.64	308.10	106.01	17620
2003	541.0	6.36	327.02	103.80	16594
2004	564.3	6.64	333.64	82.80	14789
2005	625.5	6.59	340.62	73.50	14601
2006	730.5	6.28	336.94	71.30	14373
2007	1213.7	7.07	353.30	69.50	13031
2008	1401.8	6.91	369.34	73.60	15658
2009	1639.9	6.57	402.78	75.30	13910
2010	1985.3	7.57	463.56	74.00	17158
2011	1607.7	7.87	514.03	73.80	15008
2012	2036.8	9.56	585.51	70.70	15402
2013	2725.1	12.51	589.72	63.41	15141
2014	3696.1	13.76	630.56	56.10	14937
2015	5078.7	18.86	637.64	45.80	15540
2016	7397.2	21.67	658.50	36.19	13618
2017	9763.7	27.80	938.47	31.48	12573
2018	12345.2	27.46	985.13	26.71	12458

各地区邮政业网点及邮递线路（2018年）

Postal Offices and Postal Delivery Routes by Region, 2018

地　区	营业网点（个）	信筒信箱（个）	农村投递路线（公里）	城市投递路线（公里）	邮路总长度（公里）	#航空邮路	#铁路邮路	#汽车邮路
全国总计	274635	122060	4030582	1711862	9851315	6544859	220980	3072496
北　京	5425	4562	19649	53376	566266	480220	19655	67829
天　津	2444	2594	20739	23614	126491	97700	–	28791
河　北	[illegible]	7681	206532	73378	215993	77021	–	138398
山　西	6779	1645	109231	38886	92465	38064	–	54291
内蒙古	4934	1600	161655	64788	247189	166400	3941	76544
辽　宁	7117	2997	112953	74632	255395	173207	5866	76209
吉　林	4659	1644	94677	30569	184623	145878	2996	35749
黑龙江	6155	2277	119373	43615	162299	84721	15802	61776
上　海	4716	3013	36760	51914	110893	47102	8641	54489
江　苏	15202	6870	257907	100031	487432	244870	–	242562
浙　江	25861	23912	200106	121946	729059	361407	76491	290641
安　徽	10479	2273	146884	50035	187072	38175	1109	147781
福　建	10255	7584	102319	41175	712096	585766	–	125997
江　西	7384	2039	90190	44143	98972	5953	–	92987
山　东	14762	4329	281181	116682	408336	272469	–	135693
河　南	14138	3602	191463	71680	412682	281749	3499	127235
湖　北	14210	2465	187782	56372	262100	150750	–	111350
湖　南	10433	2867	208932	99398	369957	242928	–	126948
广　东	25111	5092	270803	174986	1997304	1669961	40682	285943
广　西	8024	3165	107965	33298	316908	230554	–	86169
海　南	1767	3130	30662	19413	91597	73565	–	17551
重　庆	6786	2051	61069	34794	153099	92958	1939	56179
四　川	20170	12860	252983	63774	347830	188820	2121	150174
贵　州	8332	2112	122967	46434	147277	91556	–	55721
云　南	9100	1909	171871	40373	291772	161944	14391	115437
西　藏	1167	5405	86384	10249	94970	36600	1972	56398
陕　西	8366	1943	124468	38494	176855	98691	1385	75709
甘　肃	4725	2829	130145	41640	201669	122637	2769	76145
青　海	1098	526	42981	8685	88507	51729	2092	34686
宁　夏	1508	480	11743	11275	61000	52216	–	8784
新　疆	3692	1596	68209	32216	253210	179248	15629	58333

各地区邮政通信服务水平（2018年）

Postal Service Available by Region, 2018

地　区	平均每一营业网点服务面积（平方公里）	平均每一营业网点服务人口（万人）	平均每人每年发函件数（件）	平均每百人每年订报刊数（份）	已通邮的行政村比重（%）
全　国	**35.0**	**0.51**	**1.91**	**8.9**	**100.0**
北　京	3.1	0.40	9.95	22.2	100.0
天　津	4.5	0.64	1.52	30.7	100.0
河　北	19.3	0.77	0.65	6.9	100.0
山　西	22.1	0.55	0.51	6.9	100.0
内蒙古	222.9	0.51	0.26	8.1	100.0
辽　宁	21.1	0.61	1.42	10.4	100.0
吉　林	38.6	0.58	0.48	6.2	100.0
黑龙江	74.7	0.61	0.79	6.3	100.0
上　海	1.2	0.51	23.68	20.0	100.0
江　苏	6.6	0.53	2.81	12.0	100.0
浙　江	3.9	0.22	4.57	12.1	100.0
安　徽	12.4	0.60	0.63	7.7	100.0
福　建	11.7	0.38	2.36	11.7	100.0
江　西	21.7	0.63	0.59	7.5	100.0
山　东	10.2	0.68	0.63	8.5	100.0
河　南	11.3	0.68	1.12	9.1	100.0
湖　北	12.7	0.42	1.26	6.6	100.0
湖　南	20.1	0.66	0.31	7.8	100.0
广　东	7.2	0.45	4.66	5.0	100.0
广　西	28.7	0.61	0.58	8.5	100.0
海　南	19.2	0.53	0.33	9.3	100.0
重　庆	12.1	0.46	0.48	9.8	100.0
四　川	23.8	0.41	0.33	8.2	100.0
贵　州	20.4	0.43	2.58	5.8	100.0
云　南	41.8	0.53	0.51	5.2	100.0
西　藏	1028.3	0.29	0.23	34.1	100.0
陕　西	22.7	0.46	0.42	7.8	100.0
甘　肃	82.5	0.56	0.29	7.7	100.0
青　海	655.7	0.55	0.45	8.5	100.0
宁　夏	43.8	0.46	0.43	7.0	100.0
新　疆	433.4	0.67	0.51	12.6	100.0

本篇责任编辑、校对：左文胜

附录

APPENDIX

内容提要

——第七届“大美·中国交通”摄影大赛获奖作品特辑

大美·中国交通

（第七届）

摄影大赛获奖作品特辑

本社举办的第七届“大美·中国交通”摄影大赛恰逢新中国成立70周年，一幅幅宏大壮美的交通设施、坚定自信的交通人物的照片，成为献给中华人民共和国70年华诞的生日礼物。

第七届“大美·中国交通”摄影大赛共收到参赛作品600余幅，它们来自全国交通运输系统各行业，这些作品反映了中国交通各业的成就与风采。

本次大赛在行业初评的基础上，经专家评议选出30幅作品为获奖作品，其中金奖3幅，银奖9幅，铜奖18幅。它们兼具了思想性、艺术性、纪实性的统一，记录了时代前进的步伐，展示了交通人的精神风貌，给人们带来了美的享受。

在这些作品中，我们可以看到中国高铁穿越云海、如梦如幻；港珠澳大桥蜿蜒曲折、若隐若现；开路先锋遇山开路、刚毅自信……

本次评选，特别增加了交通人物照片的获奖比重，公路夫妻、开山战友等交通建设者的风采，在获奖作品中得到了充分的展现。

我们期待更多优秀作品的出现，让更多好作品走进“大美·中国交通”。

金奖

金奖 梦幻高铁 / 佘中云 摄影 （中国国家铁路集团有限公司）

【专家点评】

此幅照片展现的是渝利铁路蔡家沟特大桥上的动车，此片集日出、朝霞、云海、黎明、远山等于一身，用大桥和动车把主题烘托出来，结构完整，气势壮美，亦梦亦幻，是建设者创业精神美和构图视觉美的完美结合！

金奖 港珠澳大桥通车 （中国交通建设集团有限公司）

【专家点评】

构图简练，色彩淡雅。阳光透过云层照射在大桥和海面上，把港珠澳大桥表现得如诗如画。

金奖 公路勇士 / 卢立峰 摄影 （山东省交通运输厅）

【专家点评】

是近距离的人物照佳作，人物刻画生动，动作有力真实，抓拍的人物面目表情极具冲击力！完美有力地展现了劳动者的艰苦卓绝和英雄气概。

银奖

银奖 桥在云端——普立特大桥 / 李文圣 摄影 （云南省交通运输厅）

【专家点评】

俯视拍摄。大桥明亮的色彩在高山云雾中若隐若现，画面清新，意境唯美，充满想象力。

银奖 希望1号 （中国远洋海运集团有限公司）

【专家点评】

抓拍及时精准，曝光准确，所表达的气氛热烈，气势恢弘。漫天飞舞的花絮充满动感，表达了对创造世界最大的海洋探油平台的歌颂，以及获得成功后的喜悦！

银奖 林海通途 （内蒙古自治区交通运输厅）

【专家点评】

青山、绿水、白云，层次分明。一条V形路，如雄鹰展翅，画面优美。

银奖 雪域雅西 （四川省交通运输厅）

【专家点评】

图片中背景雅西高原，气候险恶，深山峡谷，雪厚沟深，摄影者在远距离拍摄，用流行青色做主调，雪景曝光准确，山林配色冷艳，而一抹红的大桥更显夺目，成功展现了雅西高速的雄姿。

银奖 山路弯弯　　（河南省交通运输厅）

【专家点评】

整图用当今流行的单一青色调处理，色调雅致，恰似中国水墨画，曝光恰到好处，近景远景结构分明，层层递进，公路曲线十分优美。

银奖 弹奏　　（招商局集团有限公司）

【专家点评】

红蓝黄色，线条明快，虽高空作业，但画面有美感，标题有意境。

银奖 凌空飞架 / 李 刚 摄影
（中国交通运输协会）

【专家点评】
用仰摄角度拍摄正在施工中的桥体，思路有创新。摄影者用重彩油画般的光影效果，突显了现代化施工中的"惊险美"。临空深邃，云朵冷艳，落日余晖却给建设者们带来暖意和希望。

银奖 刘家峡黄河大桥 / 白文本 摄影
（甘肃省交通运输厅）

【专家点评】
刘家峡黄河大桥横跨黄河两岸，碧水高山与弧形大桥浑然一体，雄浑与宁静形成对比之美。

银奖 夫妻嘱托
（吉林省交通运输厅）

【专家点评】
从家庭视角描写了公路建设者参与工程建设的主题，角度新颖。夫妻两人同穿工装，临别慰藉，感情真挚，抓拍时机准确，用光结构合理，场景生动感人！

铜奖

铜奖　七彩路 / 杨旭东　摄影　　（河南省交通运输厅）

铜奖　地铁1号线西南楼站盾构贯通　　（天津市交通运输委员会）

铜奖 彩练舞高原 / 李文圣 摄影 （云南省交通运输厅）

铜奖 腾飞的陇南机场 / 乔春春 摄影 （甘肃省交通运输厅）

铜奖 广西河百高速通车 （中国交通建设集团有限公司）

铜奖 莫桑比克马普托大桥通车 （中国交通建设集团有限公司）

铜奖 省际大通道兴安盟段科右中旗五角风景区 （内蒙古自治区交通运输厅）

铜奖 乌兰察布市机场快速通道 （内蒙古自治区交通运输厅）

铜奖 村路连起千万家 / 黄金峰 摄影 （陕西省交通运输厅）

铜奖 沿黄观光公路延安乾坤湾段 （陕西省交通运输厅）

铜奖 “朝天皓月”轮正式进入重庆两江游市场 （招商局集团有限公司）

铜奖 动车所里的小伙们 / 杨宝森 摄影 （天津市交通运输委员会）

铜奖 城际“耳语” / 戴 威 摄影 （天津市交通运输委员会）

铜奖 海拔5000米的升旗仪式 （中国远洋海运集团有限公司）

铜奖 夜魅黄河桥 / 朱 哲 摄影 （河南省交通运输厅）

铜奖 乡村如画 / 徐 伟 摄影 （山东省交通运输厅）

铜奖 品质工程 （吉林省交通运输厅）

铜奖 依山傍海的海南环岛高速公路 （海南省交通运输厅）

本篇责任编辑：刘　庶　戴利明
本篇责任校对：刘　庶　戴利明